Florian Dierl, Zoran Janjetović, Karsten Linne
Pflicht, Zwang und Gewalt

KLARTEXT

Florian Dierl, Zoran Janjetović, Karsten Linne

Pflicht, Zwang und Gewalt

Arbeitsverwaltungen und Arbeitskräftepolitik
im deutsch besetzten Polen und Serbien
1939–1944

Titelabbildungen:
Abbildung oben: Jüdische Zwangsarbeiter beim Straßenbau, Jugoslawien 1941;
Foto: Franke, PK 691; Bundesarchiv-Bildarchiv, Koblenz, Bild 101 I - 185-0135 - 04
Abbildung unten: Wartende Bevölkerung vor dem Arbeitsamt in Lodz, Polen,
29. September 1939; Foto: Heinrich Hoffmann; bpk – Bildagentur für Kunst, Kultur und Geschichte, Berlin, Nr. 50067470

Im Rahmen eines internationalen Forschungsprogramms mit dem Titel »Dokumentation der Zwangsarbeit als Erinnerungsaufgabe« hat die Stiftung »Erinnerung, Verantwortung und Zukunft« (EVZ) 13 Forschungsvorhaben gefördert, die sich mit verschiedenen Aspekten der Zwangsarbeit im Nationalsozialismus beschäftigten. Die unterstützten Projekte sollten dazu beitragen, Wissenslücken in der historischen Aufarbeitung der Zwangsarbeit, die Menschen aus ganz Europa für das Deutsche Reich leisten mussten, zu schließen und mehr über die Situation ehemaliger Zwangsarbeiterinnen und Zwangsarbeiter nach 1945 zu erfahren. Auch die vorliegende Studie »Pflicht, Zwang und Gewalt: Arbeitsverwaltungen und Arbeitskräftepolitik im deutsch besetzten Polen und Serbien 1939–1944« wurde im Rahmen dieses Forschungsprogramms realisiert.

Diese Veröffentlichung stellt keine Meinungsäußerung der Stiftung EVZ dar. Für inhaltliche Aussagen tragen die Autoren die Verantwortung.

Gedruckt mit freundlicher Unterstützung
der Stiftung »Erinnerung, Verantwortung und Zukunft«

1. Auflage Januar 2013

Satz und Gestaltung:
Klartext Medienwerkstatt GmbH, Essen

Umschlaggestaltung:
Volker Pecher, Essen

Druck und Bindung:
Griebsch & Rochol Druck GmbH & Co. KG

ISBN 978-3-8375-0808-6
Alle Rechte vorbehalten
© Klartext Verlag, Essen 2013

www.klartext-verlag.de

Inhalt

Dank 7

Vorwort
von Günter Saathoff, Vorstand der Stiftung
»Erinnerung, Verantwortung und Zukunft« 9

Vorwort
von Prof. Dr. Holm Sundhaussen 11

Einleitung 13

Karsten Linne
**Vorgeschichte: Die Entwicklung des Arbeitsmarkts
und der Arbeitsverwaltung im Deutschen Reich
bis zum Beginn des Zweiten Weltkriegs** 27
1. Arbeitsverwaltung und Arbeitsrecht 27
2. Arbeitsmarkt und Landarbeitermangel 34
3. Der »Ausländereinsatz« zu Kriegsbeginn:
   Polnische Kriegsgefangene als »Rettungsanker« 42

Karsten Linne
**Die deutsche Arbeitsverwaltung zwischen »Volkstumspolitik«
und Arbeiterrekrutierung – das Beispiel Warthegau** 47
1. Deutsche Besatzungspolitik im Warthegau: Ziele und Maßnahmen 47
2. Die Arbeitsverwaltung als Teil der deutschen Besatzungsmacht ... 63
3. Politik und Praxis der Arbeitskräfterekrutierung 87
4. Die Beteiligung der Arbeitsverwaltung an den Umsiedlungen im Warthegau 109
5. Der »Arbeitseinsatz«: Zwang und individuelle Handlungsspielräume 125
6. Jüdische Arbeitskräfte: Von der Zwangsarbeit zur Vernichtung 149
7. Fazit 168

Karsten Linne
**»Sklavenjagden« im Arbeiterreservoir –
das Beispiel Generalgouvernement** 171
1. Grundlinien der deutschen Besatzungspolitik
   im Generalgouvernement 171
2. »Volkstumspolitik« und Umsiedlungen im Generalgouvernement 175

3. Organisation und Personaltableau der deutschen Arbeitsverwaltung 181
4. Arbeitskräfterekrutierung für das Deutsche Reich 205
5. Der »Arbeitseinsatz« im Generalgouvernement 256
6. Die Arbeitsverwaltung und die Zwangsarbeit von Juden
   im Generalgouvernement 274
7. Der polnische Widerstand gegen die deutsche Arbeitsverwaltung 294
8. Fazit 314

Zoran Janjetović
**Arbeitskräfterekrutierung und Zwangsarbeit im
Militärverwaltungsgebiet Serbien 1941–1944** 317
1. Geographische und begriffliche Abgrenzung des Themas 317
2. Deutsche Wirtschaftsinteressen in Jugoslawien bis 1941 319
3. Struktur und politische Ziele des Besatzungsregimes in Serbien 322
4. Arbeitskräfterekrutierung als Form rechtlicher und
   ideologischer Diskriminierung 338
5. Arbeitskräftepolitik zwischen wirtschaftlicher Effizienz
   und rassistischer Hierarchisierung 360
6. Radikalisierung und Scheitern der Arbeitskräftepolitik
   für die serbische Kriegswirtschaft 381
7. »Arbeitseinsatz« als illusionäre Autonomie:
   Der Nationale Dienst zur Erneuerung Serbiens (NSOS) 431
8. Fazit 438

Florian Dierl
**Arbeitsverwaltungen und Arbeitskräftepolitik im besetzten Polen und
Serbien. Ein Vergleich** 443
1. Fragestellung und Erkenntnisziele 443
2. Strukturen und Ziele: Arbeitskräftepolitik als Variable
   der Besatzungsorganisation 446
3. Strategien und Akteure: Begrenzte Steuerungsoptionen
   und Handlungsspielräume 453
4. Fazit 461

Abkürzungsverzeichnis 465
Ungedruckte Quellen 467
Literaturverzeichnis 473
Ortsregister 501
Personenregister 507

Dank

Ein größeres wissenschaftliches Projekt verdankt sein Entstehen immer der Hilfe vieler Menschen. Die Autoren möchten allen daran Beteiligten ihren herzlichen Dank aussprechen. Für die finanzielle Förderung, durch die dieses Projekt erst ermöglicht wurde, sorgte die Stiftung „Erinnerung, Verantwortung und Zukunft" (EVZ). Für die Betreuung danken wir Martin Bock und seinem Team, Judith Blum und Ekaterina Engel. In der Schlussphase übernahmen Eduard Luft und Anna Henk diese Aufgabe. Die Stiftung EVZ richtete im November 2010 eine internationale Tagung zur Zwangsarbeit in Hitlers Europa aus, auf der wir erste Ergebnisse unserer Forschungen präsentieren durften. Ein von uns im Oktober 2010 am Osteuropa-Institut der Freien Universität Berlin veranstalteter Workshop wurde von der Hamburger Stiftung zur Förderung von Wissenschaft und Kultur Jan Philipp Reemtsmas finanziert.

Die wissenschaftliche Betreuung übernahmen Prof. Dr. Holm Sundhaussen vom Osteuropa-Institut der Freien Universität Berlin und Prof. Dr. Jan M. Piskorski von der Universität Stettin. Prof. Sundhaussen sorgte auch für die Anbindung des Projekts am Osteuropa-Institut und ermöglichte uns, dort im Wintersemester 2010/11 ein Seminar zum Themenbereich anzubieten.

Unser Dank gilt allen Mitarbeiterinnen und Mitarbeitern der konsultierten Archive und Bibliotheken. Vor allem möchten wir uns bei Herrn Peter Klein vom Bundesarchiv Berlin für die wie immer äußerst kompetente und sehr freundliche Betreuung bedanken, bei den überaus hilfsbereiten Mitarbeiterinnen im Lesesaal des Staatsarchivs in Lublin sowie bei Herrn Shaul Ferrero von den Yad Vashem Archives für seine unbürokratische Unterstützung.

Mit Rat und Tat standen uns hilfreich zur Seite: Dr. Andrej Angrick, Roland Borchers, Marcus und Elke Gryglewski, Matthias Kamm, Dr. Peter Klein, Doris Linne, Prof. Dr. Dieter Pohl, Dr. Sabine Rutar, Dr. Christian Schölzel, Dr. Valentina Stefanski und Prof. Dr. Georg Witte. Ihnen möchten wir genauso herzlich danken, wie denen, die in sehr uneigennütziger Weise Material zur Verfügung stellten: Martin Költzsch, Dr. Stephan Lehnstaedt, Dieter G. Maier und Mario Wenzel. Für das Material aus Washington sorgten dankenswerterweise Andre Becker und Felix Reinhuber.

Ohne die sprachliche Unterstützung von Ewa Babol (Lublin), Karolina Glijer (Warschau), Agata Golosz (Radom), Martin Kraft (Krakau), Bartek Melaniuk (Lodz) und Barbara Przybecka (Posen) wären die ausgedehnten Archivbesuche in Polen nicht möglich gewesen.

Für die Übersetzungen der polnischen Literatur danken wir Angelika Heigelmann aus Hamburg sehr herzlich. Ein sehr großer Dank gebührt Dr. Kateryna Kobchenko aus Kiew, die nicht nur übersetzte, sondern auch Material besorgte. Sehr herzlich danken wir zudem Slobodan Britvec und Konrad Petrovszky für die Übersetzung des serbischen Manuskriptteils.

Bei der Organisation des Projekts im Osteuropa-Institut unterstützten uns besonders Natalja Eisenblätter, Halina Zeman-Castillo und Alicja Fraszczynska, denen wir für ihr Engagement und ihren freundlichen Zuspruch sehr herzlich danken.

Berlin, im Februar 2012
Florian Dierl   Zoran Janjetović   Karsten Linne

Erforschen, Erinnern und Verstehen

Vorwort der Stiftung
»Erinnerung, Verantwortung und Zukunft«

Im Erinnern an die Gräuel der Nationalsozialisten wurde die millionenfache Zwangsarbeit lange Zeit vergessen oder bewusst verschwiegen. Um Wissenslücken in der historischen Aufarbeitung dieses Kapitels der deutschen und europäischen Geschichte zu schließen und mehr über die Situation ehemaliger Zwangsarbeiterinnen und Zwangsarbeiter nach 1945 zu erfahren, hat die Stiftung »Erinnerung, Verantwortung und Zukunft« (EVZ) zwischen 2008 und 2011 einmalig 13 internationale Forschungsprojekte unterstützt – darunter auch das hier vorliegende. Die daran beteiligten Wissenschaftler und Wissenschaftlerinnen haben in ihren Arbeiten verschiedene Aspekte der Zwangsarbeit untersucht, die Menschen für das Deutsche Reich innerhalb seiner Grenzen sowie in den verbündeten und besetzten Ländern leisten mussten. Hier haben Florian Dierl, Zoran Janjetović und Karsten Linne mit ihrer Studie über die Arbeitsverwaltungen und die Arbeitskräftepolitik im deutsch besetzten Polen und Serbien 1939–1944 einen wichtigen Beitrag geleistet.

Andere geförderte Forschungsprojekte befassten sich mit Themen wie den Zwangsarbeitslagern für Juden im Distrikt Krakau, der Zwangsarbeit von nach Transnistrien deportierten Roma, den Erfahrungen belarussischer Zwangsarbeiter und der Nachkriegslage ehemaliger Zwangsarbeiter in der sowjetischen Gesellschaft oder den Erinnerungen von bulgarischen Zeitzeugen.

Die von der Stiftung EVZ im November 2010 organisierte internationale Konferenz »Zwangsarbeit in Hitlers Europa«, an der 150 Wissenschaftler und Nachwuchswissenschaftler aus 17 Ländern teilnahmen, bildete den öffentlichen Abschluss des Forschungsprogramms. Sie bot die Möglichkeit, Forschungsergebnisse vorzustellen und zu vergleichen, mit namhaften Experten zu diskutieren und die wissenschaftliche Beschäftigung mit unterschiedlichen Aspekten des Themas zu vernetzen. Dadurch ist ein differenzierter Blick auf die nationalsozialistische Zwangsarbeit als transnationale Erfahrung in der europäischen Geschichte möglich geworden.

Nach dem Ende der Auszahlungen an ehemalige Zwangsarbeiter erfüllt die Stiftung EVZ mit ihrer Förderinitiative einen weiteren Auftrag: Sie unterstützt die internationale und nationale Auseinandersetzung mit der Zwangsarbeit im Nationalsozialismus und hilft Wissenslücken in der historischen Forschung zu schließen.

Die Stiftung »Erinnerung, Verantwortung und Zukunft« wurde im Jahr 2000 mit doppeltem Auftrag gegründet. Ihr vorrangiges Ziel war es zunächst, Ausgleichszahlungen an ehemalige Zwangsarbeiter und andere NS-Opfer zu leisten. Diese Aufgabe hat sie erfolgreich abgeschlossen: Von 2001 bis 2007 erhielten über 1,66 Millionen Menschen in fast 100 Ländern insgesamt 4,4 Milliarden Euro. Der zweite Auftrag der Stiftung EVZ bleibt: In Erinnerung an die Opfer nationalsozialistischen Unrechts setzt sie sich für die Stärkung der Menschenrechte und für Völkerverständigung ein. Sie engagiert sich weiterhin auch für die Überlebenden. Die Stiftung EVZ ist damit Ausdruck der fortbestehenden politischen und moralischen Verantwortung von Staat, Wirtschaft und Gesellschaft für das nationalsozialistische Unrecht.

Günter Saathoff
Vorstand der Stiftung EVZ

Vorwort

Gut 65 Jahre nach dem Ende des Zweiten Weltkriegs und ungeachtet einer breit gefächerten internationalen Forschung zu Kriegsverlauf, zur nationalsozialistischen Herrschaft, zum Holocaust, zu Widerstand und Kollaboration, zu Vertreibungen und Deportationen, zu den Tätern von Massenverbrechen usw. bestehen noch immer einige erstaunliche Forschungsdefizite. Sie sind zum Teil den Prioritäten in den vorangegangenen Jahrzehnten, zum Teil den Lücken in der Quellenüberlieferung und zum Teil der langjährigen Marginalisierung von Forschungsfeldern geschuldet. Zu letzteren gehört die Zwangsarbeit unter nationalsozialistischer Herrschaft, die erst in jüngster Vergangenheit einen ihrer Bedeutung angemessenen Raum in der Beschäftigung mit dem Zweiten Weltkrieg einzunehmen beginnt.

Die Geschichte des Zweiten Weltkriegs im östlichen Europa, vor allem im Donau-Balkan-Raum, gehörte seit Ende der 1980er Jahre zu einem der Schwerpunkte in Lehre und Forschung an der Abteilung Südosteuropäische Geschichte des Osteuropa-Instituts der Freien Universität Berlin. Ich selber habe mich Ende der 1970er/Anfang der 1980er Jahre in meiner Göttinger Habilitationsschrift mit der Wirtschaftsgeschichte Kroatiens im NS-Großraum 1941–45 beschäftigt. In den anschließenden Jahren bin ich wiederholt im Rahmen von Tagungen und Sammelwerken zu Spezialthemen aus der Geschichte des Weltkriegs im ehemaligen Jugoslawien zurückgekehrt: zur Vernichtung der Juden, zum kroatischen Konzentrationslager Jasenovac, zu den NS-Lagern in Serbien, zur Problematik von Kollaboration und Widerstand und zur Art, wie das sozialistische Jugoslawien mit dem Zweiten Weltkrieg als Gründungsmythos umging. Auch in verschiedenen Dissertationen standen der Zweite Weltkrieg und seine Auswirkungen (z.B. der Bürgerkrieg in Griechenland oder die slowenischen Häftlinge im Frauenkonzentrationslager Ravensbrück) im Zentrum der Untersuchung. Zwei aus Drittmitteln geförderte Projekte beschäftigten sich mit den Erinnerungsmustern an den Zweiten Weltkrieg. Natalija Bašić untersuchte in einem von der VW-Stiftung 2002–2005 finanzierten Projekt, wie der Zweite Weltkrieg in Mehrgenerationenfamilien Kroatiens und Serbiens heute erinnert wird. Und Ramona Saavedra-Santis rekonstruierte in ihrem DFG-Projekt (2008–2010) die KZ-Erfahrungen und die Prozesse biographischer Sinnbildung bei Überlebenden des Frauen-Konzentrationslagers Ravensbrück aus der ehem. Sowjetunion.

Nachdem ich in den Jahren 2000–2005 als Mitglied des wissenschaftlichen Beirats für das an der Universität Bochum angesiedelte Großprojekt »Zwangsarbeit im deutschen Kohlebergbau« (u.a. mit einem Teilprojekt von Sabine Rutar über Zwangsarbeit in serbischen und slowenischen Bergwerken) einen ersten Einblick in dieses schwierige Forschungsfeld gewonnen hatte, kam das von Florian Dierl und Karsten Linne konzipierte Projekt über die Arbeitsverwaltungen in Polen und Serbien wie gerufen.

Als dritter Bearbeiter des von der Stiftung »Erinnerung, Verantwortung und Zukunft« geförderten Projekts kam Zoran Janjetović aus Belgrad hinzu, mit dem ich bereits in den Jahren 1998–2004 unter dem Dach eines DAAD-Sonderprogramms zusammengearbeitet hatte. Die drei Autoren haben in oft mühseliger Kleinarbeit neue Einblicke in die Organisation, die Institutionengeschichte und den Alltag der Zwangsarbeit gewonnen. Der vergleichende Blick auf den Warthegau, das Generalgouvernement und das Militärverwaltungsgebiet Serbien macht Ähnlichkeiten und Unterschiede deutlich. Auch wenn offene Fragen bleiben, die vor allem den Quellenlücken geschuldet sind, ist die Erforschung der Zwangsarbeit mit diesem Projekt einen wichtigen Schritt weitergekommen.

Den drei Bearbeitern, der Stiftung »Erinnerung, Verantwortung und Zukunft«, welche die Durchführung des Projekts finanziell ermöglicht hat, und Prof. Jan M. Piskorski von der Universität Stettin, der uns mit Rat und Tat zur Seite stand, sei an dieser Stelle noch einmal ausdrücklich gedankt.

Berlin, im Februar 2012
Prof. Dr. Holm Sundhaussen

Einleitung

In den letzten Jahren erschienen vermehrt Studien zur NS-Besatzungspolitik in Ost- und Südosteuropa, die unser Wissen über die Strukturen der deutschen Gewaltherrschaft und die Art des Zugriffs auf die unterworfenen Gesellschaften differenzierten.[1] Dazu traten Arbeiten über die Rolle der Zivilverwaltung im NS-System – speziell bei der Judenvernichtung.[2] Aber immer noch fehlt es an institutionengeschichtlichen Untersuchungen zu fast allen zentralen Reichsbehörden, ihren regionalen Dependancen, sowie zu vielen NS-Sonderbehörden. Das gilt insbesondere für die Zeit des Zweiten Weltkrieges und für die Situation in den okkupierten Ländern. Trotz des Erkenntnisfortschritts ist die Bedeutung wichtiger Besatzungsinstitutionen, vor allem bei der wirtschaftlichen Ausbeutung der eroberten Gebiete noch nicht umfassend erforscht. Gerade im Politikfeld der Zwangsarbeit wissen wir wenig über die Ziele wie über das Zusammenwirken der verschiedenen deutschen und einheimischen Institutionen bei der Organisation des Zwangsarbeitereinsatzes. Die Tätigkeit der deutschen Arbeitsverwaltungen in diesen Gebieten rückt erst allmählich in den Blickpunkt des wissenschaftlichen Interesses.[3]

Wir untersuchen am Beispiel der deutschen Arbeitsverwaltungen im besetzten Polen (Reichsgau Wartheland und Generalgouvernement) und Jugoslawien (Serbien) deren Funktion im Herrschaftsgefüge des jeweiligen Besatzungsapparates sowie ihre Bedeutung für die nationalsozialistische Politik des Zwangsarbeitereinsatzes insgesamt. Ein besonderes Augenmerk widmen wir dem Verhältnis zwischen rassistisch-ideologischen und »pragmatischen« Elementen der Zwangsarbeiterrekrutierung.

Die Auswahl der oben genannten Regionen orientiert sich an unterschiedlichen Typen der deutschen Besatzungsverwaltungen in Bezug auf ihre strukturellen Unterschiede und vor allem der herrschaftlichen Durchdringung der unterworfenen Gesellschaften: von der Annexionsverwaltung (Warthegau) über die Kolonialverwaltung (Generalgouvernement) bis zur Kollaborationsverwaltung (serbisches Militärverwaltungsgebiet). Wir gehen dabei von der Annahme aus, dass sich analog zu den Herrschaftstypen ähnliche Strukturen der Arbeitsverwaltung ausbildeten.

---

1   Vgl. bspw.: Musial, Zivilverwaltung; Seidel, Besatzungspolitik; Roth, Herrenmenschen. Allgemeiner: Benz/Houwink ten Cate/Otto (Hg.), Bürokratie.
2   Vgl. bspw.: Maier, Arbeitseinsatz; Bürokratien; Friedenberger/Gössel/Schönknecht (Hg.), Reichsfinanzverwaltung; Stengel (Hg.), Vernichtung.
3   Vgl. zu den wenigen vorhandenen Arbeiten: Becker, Werbung; Eikel, »Weil die Menschen fehlen«; Grünfelder, Arbeitseinsatz. Bei den im Entstehen begriffenen Studien sei insbesondere auf die Arbeit von Tilman Plath zur Arbeiterrekrutierung in den baltischen Ländern während des Zweiten Weltkriegs verwiesen.

Seit den vierziger Jahren haben sich immer wieder Historiker an einer Typologie der deutschen Besatzungsregimes versucht. Wir knüpfen an den Militärhistoriker Hans Umbreit an, der folgende Unterscheidung der Verwaltungsstrukturen favorisiert: Die Ausdehnung der Reichsverwaltung mit einigen Sonderregelungen auf die formell annektierten Gebiete (unter anderem den Warthegau) und die zunehmend wie Reichsgebiet behandelten, formell aber noch nicht angegliederten Gebiete unter Chefs der Zivilverwaltungen. Die Einsetzung von Zivilverwaltungen oder zivilen Aufsichtsorganen für jene Länder, auf die nach der Art der Besetzung politische Rücksichten genommen wurden, darunter Staaten, deren »Schutz« das Deutsche Reich übernommen hatte, unter einem Reichsbevollmächtigten und Staaten mit »germanischer« Bevölkerung, die Teil des Großgermanischen Reiches werden sollten, unter Reichskommissaren, ferner deutsche Siedlungsgebiete, deren »Kolonisierung« schon während des Krieges geplant und begonnen wurde (unter anderem das Generalgouvernement). Drittens Gebiete mit Beibehaltung der Militärverwaltung aus Rücksicht auf die Erfordernisse der weiteren Kriegführung oder mangels politischen Interesses, unter Militär- oder Wehrmachtsbefehlshabern (unter anderem Serbien) und unter Oberbefehlshabern von Heeresgruppen oder Armeen in den rückwärtigen Heeres- und Armeegebieten.[4]

Dietrich Eichholtz bemerkte dazu, dass man das Problem der Typologie der nationalsozialistischen Besatzungsregime nicht losgelöst von der Voraussetzung betrachten dürfe, dass es sich eben um Unterschiede und Variationen innerhalb des Gesamtsystems der NS-Okkupation gehandelt habe. Dieses habe in jedem der besetzten Länder Europas ein besonderes Gepräge gehabt, geeint aber in den Hauptzielen wie der Vernichtung der Arbeiterbewegung in den betroffenen Ländern und der Ausplünderung ihrer Wirtschaft sowie – das könnte man hier hinzufügen – der Ausnutzung ihrer Arbeitskräfte.[5]

Sehr intensiv hat sich in den letzten Jahren Werner Röhr mit der Problematik auseinandergesetzt. Seine Überlegungen waren auch für unser Beispiel der Arbeitsverwaltungen von großem Nutzen. Er geht – anders als zum Beispiel Umbreit – davon aus, dass sich aus einer anfänglichen gewissen Planlosigkeit heraus, in einer bestimmten Kriegsphase ein »Okkupationssystem« bildete, das eben mehr als das viel zitierte »organisierte Chaos« darstellte.[6] Röhr hält es für sinnvoll, nach der Stellung der Okkupationsverwaltungen innerhalb der Okkupationsherrschaft zu fragen. Dabei geht es erstens um deren Verhältnis zu den ihnen vorgesetzten Reichsbehörden wie zu jenen, die ohne formelle Weisungsbefugnis real Okkupationspolitik betrieben. Zweitens handelt es sich um die formelle wie die reale Stellung der Besatzungsverwaltungen innerhalb der Gesamtheit derjenigen Kräfte, die auf dem Territorium des besetzten Landes Besatzungsfunktionen wahrnahmen bzw. Interessen der Besatzungsmacht oder ihrer Teilgruppen vertra-

---

4 Vgl. Umbreit, Expansion, S. 175 ff.
5 Vgl. Eichholtz, »Großgermanisches Reich«, S. 835 f.
6 Vgl. Houwink ten Cate/Otto (Hg.), Chaos.

ten und durchsetzten. Schließlich ist drittens nach den Zusammenhängen zwischen Okkupationszielen, Okkupationspolitik und ihren praktizierten Methoden sowie der institutionellen Verfasstheit der Okkupationsregime und der sie exekutierenden Kräfte zu fragen.

Für die uns interessierenden Gebiete kann man mit Röhr feststellen, dass der Reichsstatthalter des Warthegaues formal ausschließlich Hitler unterstand, persönlich und unmittelbar. In der Praxis jedoch erteilten ihm mehrere Oberste Reichsbehörden gleichzeitig Weisungen. Er vereinigte alle Verwaltungszweige in seiner Hand, darunter auch Teile der Reichssonderverwaltungen wie Finanzen, Justiz und Arbeitsverwaltung. Sie durchbrachen damit die Reichseinheitlichkeit der Verwaltung, was besonders bei den Finanzbehörden immer wieder zu Konflikten führte. Martin Broszat nannte die annektierten Gebiete Polens deshalb »Neuland nationalsozialistischer Verfassungsentwicklung«.[7] Das Fehlen einer die gesamte Okkupationspolitik konzipierenden, koordinierenden und regulierenden Instanz führte zwangsläufig dazu, dass eine ganze Reihe von Repräsentanten der NS-Führung Mitspracherechte beanspruchte. Ihr Einfluss auf die Okkupationspolitik hing von ihrer Stärke und Durchsetzungsfähigkeit ab, wobei zahlreiche Instanzen in divergierenden Richtungen wie in unterschiedlicher Stärke Einfluss darauf nahmen und noch mehr bemüht waren, dabei ihre Sonderinteressen durchzusetzen. Nicht nur die Obersten Reichsbehörden, auch ihre Außenstellen in den besetzten Ländern nahmen Einfluss, ab 1942 vor allem das Rüstungsministerium und der Generalbevollmächtigte für den Arbeitseinsatz.

Röhr unterscheidet folgende Ländergruppen, für die Zielprogramm und Herrschaftsmethoden, besatzungsrechtlicher Status und Art der Ingerenz bei der inneren »Neuordnung« des Landes miteinander korrelieren: 1. die offiziell annektierten Gebiete; 2. die faktisch, aber nicht formell annektierten Gebiete; 3. die als künftiger »deutscher Lebensraum« behandelten Länder unter Zivilverwaltung; 4. die als künftige Länder eines »Großgermanischen Reiches« angesehenen Gebiete unter einer zivilen Verwaltung; 5. die unter Militärverwaltung verbliebenen Länder, über deren territoriale und staatliche Perspektive eine Vorentscheidung unzweckmäßig schien sowie 6. die im Verlaufe des Krieges besetzten, ehemals verbündeten Länder. Zu den de jure und de facto annektierten Gebieten zählte auch der Warthegau, hier wurde die polnische Verwaltung restlos aufgelöst und die deutsche Verwaltung bis zur untersten Ebene ohne polnische Beamte aufgebaut. Als territoriale Verwaltungseinheiten erhielten die annektierten Gebiete im Wesentlichen die administrativen, politischen, militärischen, polizeilichen und wirtschaftlichen Strukturen entsprechender Provinzen bzw. Regierungsbezirke und Kreise Deutschlands. Für die polnische Bevölkerungsmehrheit dieser Gebiete aber fungierte die deutsche Reichsverwaltung faktisch und formell als Okkupationsverwal-

---

7 Vgl. Broszat, Polenpolitik, S. 118.

tung: Die polnische Bevölkerung unterlag diskriminierenden Sonderbestimmungen, von denen das Sonderstrafrecht für Polen und Juden die bekannteste ist; sie wurde schrittweise ausgesiedelt, ihre führenden Schichten wurden physisch vernichtet. Unter den künftigen »deutschen Lebensraum« fällt bei Röhr auch das Generalgouvernement. Dort wurde die polnische Verwaltung weitgehend aufgelöst, bestehen blieben aber eine polnische Polizei, ein polnisches Gerichtswesen sowie auf unterster Ebene polnische Gemeindevorsteher und Schultheißen. Autonome nationale Verwaltungsorgane wurden nicht zugelassen, auch wenn zahlreiche polnische Angestellte in den Verwaltungen der großen Städte – und der Arbeitsverwaltung – tätig waren. Bei den Militärverwaltungen kann man die kurze Episode der Chefs der Zivilverwaltungen in Polen vernachlässigen. Eine reine Militärverwaltung etablierten die deutschen Besatzer hingegen in Serbien. Sie erhielt die alleinige Zuständigkeit für alle Fragen der Besatzungsverwaltung und unterstand militärischem Kommando und militärischer Disziplin. In ihr konnten nur Angehörige der Wehrmacht tätig werden. Die in den umfangreichen Wirtschafts- und Verwaltungsstäben tätigen zivilen Fachleute waren in der Regel als Soldaten einberufen worden.[8]

Gleichzeitig werden aber auch die bedeutenden Parallelen der Herrschaftspraxis wie z.B. der starke Einfluss des SS- und Polizeiapparats, insbesondere bei der Partisanenverfolgung und der Umsetzung der »Volkstumspolitik«, oder die Beziehung zwischen Okkupationsregime und Kollaborationskräften betont. Zwangsarbeit wird dabei von uns als Resultante eines konfliktgeladenen Entscheidungsprozesses verstanden, der durch die Handlungsspielräume und Aushandlungsprozesse der Herrschaftsträger untereinander sowie zwischen Opfern und Tätern strukturiert wurde.

Konkret waren für uns die forschungsleitenden Fragen, die den Aufbau der Arbeit bestimmen: Welches waren die generellen Ziele der NS-Besatzungspolitik in den von uns betrachteten besetzten Gebieten, insbesondere bezogen auf die geplante »Volkstumspolitik«? Wie gestaltete sich der Aufbau der deutschen Arbeitsverwaltungen, sowohl vom praktischen Vorgehen als auch von der institutionellen Einbindung her? Zu welchen Mitteln und Methoden griffen die Arbeitsverwaltungen bei der Rekrutierung von Zwangsarbeitern für das Reichsgebiet? Wie war die komplementäre Arbeitsmarktsituation in den Gebieten selbst? Wie wurden die jüdischen Arbeitskräfte behandelt? Und schließlich: welche Reaktionen riefen die Aktivitäten der deutschen Arbeitsverwaltungen bei der Bevölkerung der untersuchten besetzten Gebiete hervor?

Die Untersuchung soll den Anteil der Arbeitsverwaltung an der Radikalisierung der Besatzungspolitik, aber auch an den Ergebnissen der deutschen »Ausbeutungsstrategie« näher bestimmen und die stabilisierenden bzw. gewalteskalierenden Einflüsse auf die deutsche Besatzungsherrschaft herausarbeiten. Der Vergleich der unterschiedlichen Typen

---

8   Vgl. Röhr, System, S. 11 ff. und S. 32 ff.

von Besatzungsverwaltung soll den Einfluss der Rassen- und Volkstumspolitik auf das Zwangsarbeiterprogramm deutlich machen und damit gleichzeitig Kriterien für eine stärker differenzierte typologische Einordnung der Besatzungsmodelle zur Verfügung stellen.

Die Territorien, die wie der Warthegau deutsche Siedlungsgebiete werden sollten, waren von einer vielfältigen ethnischen Zusammensetzung aus Polen, Juden, Reichsdeutschen, ansässigen Volksdeutschen und Rückwanderern, die der Parole »Heim ins Reich« folgten, gekennzeichnet. Die von den Besatzern intendierte ethnische »Flurbereinigung« sollte durch die Vertreibung von Juden und des überwiegenden Teils der Polen in das Generalgouvernement oder durch die Verschleppung der als »eindeutschungsfähig« geltenden Polen in das Altreichsgebiet realisiert werden. Bei den Volksdeutschen stellte sich allerdings die Frage, wie »deutsch« sie wirklich noch waren und bei den Rückwanderern, inwieweit sie sich für die Siedlung in den annektierten Gebieten oder im Altreich eigneten. Daher war eine Erfassung – ein *screening* – der gesamten Bevölkerung nach rassenideologischen Kriterien geplant.[9]

Bei der von den Nationalsozialisten angestrebten »Neuordnung Europas« spielten Polen – abgesehen von seiner Funktion als Arbeitskräftereservoir – und Jugoslawien zunächst eine untergeordnete Rolle. Erst im weiteren Kriegsverlauf gewannen sie als Rohstofflieferanten, aber auch als Produktionsstandorte der deutschen Kriegswirtschaft eine größere Bedeutung.

Dementsprechend organisierten die deutschen Besatzer ihre Verwaltungen, wobei die eingegliederten Gebiete eine Sonderstellung einnahmen. Im Generalgouvernement gab es eine Form der Kolonialverwaltung, die auf Grund ihrer zahlenmäßigen Schwäche auf den unteren Verwaltungsebenen die Beherrschten mit einbezog. In Serbien blieb es bei einer Militärverwaltung, die sich wiederum der Verwaltungsorganisation der serbischen Kollaborationsregierung bediente.[10]

Polen galt als »Testfall« und als Experimentierfeld für die deutsche Arbeitsverwaltung. Diese hatte den weitgehend uneingeschränkten Zugriff auf eine als inferior eingestufte Bevölkerung, gegenüber der die deutschen Besatzer als Herrenmenschen auftraten.[11] Serbien hingegen unterlag einer antislawisch ausgerichteten, aber wechselhaften Besatzungspolitik, die zwischen exzessiven Bestrafungsmaßnahmen und politischer Entscheidungslosigkeit oszillierte und eine umfassende Mobilisierung der arbeitsfä-

---

9 Vgl. Esch, »Gesunde Verhältnisse«; Wolf, Utopien.
10 Zur Frage, ob es sich bei der nationalsozialistischen Herrschaft über Europa um den Aufbau eines geplanten Imperiums handelte, oder ob es sich bei der Gestaltung der jeweiligen Besatzungsherrschaft eher um vom Kriegsverlauf und andere Faktoren beeinflusste ad-hoc-Entscheidungen handelte, vgl. jüngst: Mazower, Hitlers Imperium. Vgl. auch die Beiträge in: Houwink ten Cate/Otto (Hg.), Chaos.
11 Vgl. zur nationalsozialistischen Haltung gegenüber den Slawen: Connelly, Nazis; Schaller, Nationalsozialismus. Zur deutschen Herrenmenschen-Attitüde vgl. die neueren Arbeiten: Roth, Herrenmenschen; Lehnstaedt, Okkupation.

higen Bevölkerung aus organisatorischen und militärstrategischen Gründen zunächst nicht anstrebte.[12]

Im Altreich hatte sich der bereits vor Kriegsbeginn spürbare Mangel an Arbeitskräften durch die Einziehung von Millionen Männern zur Wehrmacht ab 1939 massiv verschärft. Die heftig geführte Diskussion zwischen den Führungsgruppen des NS-Regimes über die ideologische Akteptanz des »Ausländereinsatzes« und über die Arbeitsverpflichtung der deutschen Frauen wurde schließlich dahin entschieden, durch den systematischen Einbezug von »Fremdarbeitern« in die deutsche Kriegswirtschaft und den weitgehenden Verzicht auf die Beschäftigung von (verheirateten) Frauen in der Kriegsproduktion die Stabilität der »inneren Front« zu sichern.[13] Mit der Ernennung des thüringischen Gauleiters Fritz Sauckel zum Generalbevollmächtigten für den Arbeitseinsatz im März 1942, durch welche die NS-Führung auf die militärische und kriegswirtschaftliche »Winterkrise« von 1941/42 reagierte, erfuhr die Arbeitskräftepolitik einen Radikalisierungsschub. Zwangsarbeiter wurden millionenfach gewaltsam in das Reich verschleppt, zugleich waren die Besatzungsgebiete durch Produktionsübernahmen aus dem Reich und den zunehmenden Mangel an einheimischen Arbeitskräften ebenfalls stärker denn je auf die Zwangsmobilisierung von Arbeitskräften angewiesen. Die Entlastung der Kriegswirtschaft im Reich hatte so die Verstärkung der wirtschaftlichen Probleme und die Intensivierung der Ausbeutung in den Besatzungsgebieten zur Folge.

Die Arbeitskräftepolitik bestand nicht nur aus der Übertragung von Personal und Methoden des Zentrums auf die Peripherie des NS-Herrschaftsgebietes, sondern hatte je nach Besatzungsregion unterschiedliche Auswirkungen auf die jeweiligen Herrschaftspraktiken. Im Vergleich zwischen Polen und Serbien gilt es daher herauszuarbeiten, auf welche Weise die Protagonisten des NS-Regimes und ihre Helfer vor Ort den inhärenten Zielkonflikten begegneten und wie weit sie ihre Handlungsspielräume nutzten. Arbeitskräfterekrutierung und »Arbeitseinsatz« in den Besatzungsgebieten blieben in letzter Konsequenz auf das Reich bezogen, auch wenn regional verschiedene Präferenzen bei ihrer Umsetzung galten.

Forschungsstand und Quellenlage für Polen

Zur deutschen Arbeitsverwaltung im besetzten Polen gibt es kaum zusammenhängende Überlieferungen. Die Rekonstruktion von Abläufen und Prozessen bei der Arbeiterrekrutierung gestaltet sich daher schwierig und gelingt oft nur in Einzelfällen. Das größte Manko besteht im Fehlen des Aktenmaterials einzelner Arbeitsämter, dadurch tritt

---

12 Vgl. Schlarp, Ausbeutung der Kleinen.
13 Vgl. Herbert, Fremdarbeiter, S. 79 f.; Mason, Arbeiterklasse, S. 142 ff. Allerdings muss man hervorheben, dass die Frauenerwerbsquote in Deutschland zu dieser Zeit, verglichen mit Großbritannien und den USA, wesentlich höher war. Vgl. Evans, Dritte Reich, S. 453 ff.

eine Lücke für die Beschreibung und für die Analyse der Tätigkeit der Arbeitsverwaltung auf der operativen Ebene auf. Spärliche Überlieferungsreste lassen sich etwa zum Arbeitsamt Litzmannstadt im Staatsarchiv Łódź sowie zu den Arbeitsämtern Lublin und Chelm im Staatsarchiv Lublin finden. Ergänzt wird diese Überlieferung durch Material der Landratsämter (Warthegau) und der Stadt- und Kreishauptmannschaften (Generalgouvernement), die im Verlauf des Krieges beim Arbeitseinsatz an Bedeutung gewannen. Akten dieser Institutionen sind in allen Staatsarchiven der drei ehemaligen Regierungsbezirke des Warthegaues (Posen, Łódź und Inowrocław/Hohensalza) sowie in den Staatsarchiven der fünf Distrikte des Generalgouvernements (Warschau, Radom, Lublin, Krakau und Lemberg) vorhanden.

Dagegen sind die Quellen auf der mittleren Ebene, also der Distrikte im Generalgouvernement und der obersten Ebene, der Abteilungen Arbeit bei der Regierung bzw. bei der Reichsstatthalterei umso zahlreicher. Für die Abteilungen Arbeit bei den Chefs der Distrikte bieten die genannten Staatsarchive viel Material, besonders umfangreich ist hierbei die Überlieferung in Lublin. Akten der Abteilung Arbeit bei der Regierung des Generalgouvernements befinden sich vorrangig im Archiwum Akt Nowych und im Instytut Pamięci Narodowej in Warschau. Für Posen findet man im Bestand des Reichsstatthalters wertvolle Hinweise.

Weniger günstig ist die Situation hinsichtlich der Reichsebene. Dort ist man in erster Linie auf die im Hinblick auf unsere Untersuchung nicht sehr umfangreichen Unterlagen des Reichsarbeitsministeriums angewiesen, die im Bundesarchiv in Berlin lagern.

Zusätzlich gibt es in der Überlieferung von anderen Behörden nützliche Hinweise auf die Praxis der Arbeitsverwaltungen. Zu nennen sind hier vor allem die Akten der deutschen Polizei- und Justizbehörden in diversen polnischen Staatsarchiven. Für den Warthegau sind ferner die unterschiedlichen Überlieferungen zur Umwandererzentralstelle von großer Bedeutung; sie befinden sich in Posen und Łódź, im Instytut Pamięci Narodowej sowie im Berliner Bundesarchiv. Speziell für die Phase der Militärverwaltung wird man im Bundesarchiv-Militärarchiv in Freiburg fündig.

Insgesamt ist die Quellenlage für Polen – trotz des Fehlens von Akten der Arbeitsämter – recht vielfältig. Zu den meisten relevanten Fragen lässt sich Material finden, zumindest dann, wenn man sich auf eine breit angelegte Quellenrecherche einlässt. Besonders zu erwähnen sind zudem die zahlreichen bereits publizierten Quellen zur Besatzungspolitik in Polen, die auch die Tätigkeit der Arbeitsverwaltung berücksichtigen. Diese verdienstvollen Quelleneditionen erleichtern die Arbeit sehr wesentlich.[14]

---

14 Vgl. dazu: Die vom Instytut Zachodni in Poznań bereits seit 1945 herausgegebenen »Documenta Occupationis«; das seit 1946 von der Hauptkommission zur Untersuchung der deutschen Verbrechen in Polen publizierte »Biuletyn«; die vom Jüdischen Historischen Institut Warschau zusammengestellte Quellensammlung »Faschismus – Getto – Massenmord« sowie die neuere Dokumentation von Werner Röhr zur Okkupationspolitik in Polen aus

Angesicht der einigermaßen positiven Quellenlage überrascht es ein wenig, dass die Frage der Arbeiterrekrutierung in Polen bislang in der Literatur wenig Resonanz gefunden hat. Dieser Befund gilt sowohl für die polnische als auch für die deutsche Geschichtsschreibung. Besonders deutlich wird dies im Vergleich zur in den letzten Jahren sprunghaft angewachsenen Literatur über das Schicksal der polnischen Zwangsarbeiter im Deutschen Reich. Für jede Region, für jede größere Stadt gibt es Publikationen, zudem auch diverse Oral History-Projekte und literarisch-belletristische Verarbeitungen.[15]

In der polnischen Historiographie standen zunächst andere Probleme im Vordergrund; die Arbeiterrekrutierung wurde, wenn überhaupt, als eine unter vielen anderen Gewaltmaßnahmen der deutschen Besatzer abgehandelt. Die wissenschaftliche Auseinandersetzung mit dem Thema »Zwangsarbeit« war über lange Zeit auch durch politische Motive blockiert, da es zwangsläufig Fragen der Kollaboration berührte. Erst nach 1990 setzte eine differenziertere Sichtweise ein, welche die bislang dominierende Dichotomie von »Opfer« und »Widerstand« überwand.

Für die deutsche Geschichtsschreibung lässt sich das Manko damit erklären, dass es – neben der generellen Konzentration auf die Vorgänge im Deutschen Reich – hinsichtlich des besetzten Polen eine Fokussierung auf die Untersuchung des Holocaust gab, neben der die Zwangsarbeit verblasste. Zu einer verstärkten Aufarbeitung der wirtschaftlichen und sozialen Entwicklungen in den okkupierten Ländern kam es erst im Gefolge der Pionierstudie von Christian Gerlach zu Weißrussland.[16]

Somit kann man nur auf einem vergleichsweise wenig entwickelten Forschungsstand aufbauen. Bei der Sekundärliteratur sind die recht zahlreichen Studien zur deutschen Besatzungspolitik zu nennen, die sich aber ebenfalls zumeist mit dem Holocaust befassen und wenig über die Arbeitsverwaltung aussagen.[17] Zu unserem Themenkomplex haben zwei verdienstvolle ältere Werke Pionierarbeit geleistet, die sich allerdings überwiegend auf die Situation der polnischen Arbeitskräfte in Deutschland konzentrierten.[18] Ansätze, die Tätigkeit der deutschen Arbeitsverwaltung im besetzten Polen verstärkt zu thematisieren, finden sich vor allem in einigen neueren Arbeiten: Die Studie Robert Seidels zur Besatzungspolitik im Distrikt Radom etwa widmet dem Thema breiteren Raum.[19]

---

der Reihe »Europa unterm Hakenkreuz«. Sehr hilfreich ist auch die auf die Deportationen der Zwangsarbeiter aus dem Generalgouvernement zugeschnittene folgende Quellenedition: Wardzynska (Hg.), Deportacje.
15 Vgl. als ersten Überblick die Bibliographie zur Zwangsarbeit im NS-Staat des Bundesarchivs Berlin (http://www.bundesarchiv.de/findbuecher/Bibliographie_Zwangsarbeit/index.htm).
16 Vgl. Gerlach, Morde.
17 Vgl. bspw.: Eisenblätter, Grundlinien; Bömelburg/Musial, Besatzungspolitik; Röhr (Hg.), Okkupationspolitik (1989); ders., »Reichsgau Wartheland«.
18 Vgl. Seeber, Zwangsarbeiter und Herbert, Fremdarbeiter.
19 Vgl. bspw.: Musial, Zivilverwaltung, S. 115 ff.; Seidel, Besatzungspolitik, S. 137 ff.

Einleitung

Die Rekrutierung von Zwangsarbeitern durch die Arbeitsverwaltung wird überdies in einer ganzen Reihe von Überblicksdarstellungen am Rande erwähnt.[20] Bedeutsam sind die Publikationen von Jozef Kasperek zu den Arbeitsämtern, den Anwerbemethoden und den Zwangsarbeiterdeportationen im Distrikt Lublin sowie eine Berliner Magisterarbeit zur Zwangsarbeiterrekrutierung im Distrikt Warschau.[21] Zur Praxis deutscher Arbeitsämter im besetzten Polen gibt es lediglich zwei Aufsätze.[22] Einige wertvolle Hinweise kann man aus Arbeiten der Oral History ziehen.[23] Einzelaspekte des Themas sind recht gut bearbeitet, zum Beispiel die Frage der Selektion und Deportation von Polen aus dem Warthegau[24] oder der Komplex der Zwangsarbeit von Juden.[25]

Sehr hilfreich für unser Forschungsbemühen waren die historischen Gutachten für die deutschen Sozialgerichte, die im Kontext der Prozesse zu den Ghetto-Renten entstanden.[26] Zur Einordnung der in Polen und Jugoslawien verfolgten Politik der deutschen Arbeitsverwaltung, bot sich ein Blick auf andere Besatzungsgebiete in Osteuropa an. Hier ist die Literatur auch recht überschaubar.[27]

---

20 Vgl. z. B. die verdienstvollen Arbeiten von Czesław Łuczak (»Kraj Warty«, bes. S. 58 ff.; Polscy robotnicy, bes. S. 32 ff.; Polityka ludnościowa, bes. S. 136 ff.; Polacy, bes. S. 5 ff.; Praca przymusowa (1999), bes. S. 55 ff.; Praca przymusowa (2001), bes. S. 51 ff.) und Czesław Madajczyk (Polityka, bes. S. 629 ff.).
21 Vgl. Datner, Wywóz; Konieczny, Krajowy urząd pracy; Bonusiak, Rekrutacja. Zum Distrikt Lublin vgl.: Jozef Kasperek, Początki organizacji; ders., Zarys organizacyjny; ders., Metody werbunku; ders., Wywóz. bes. S. 50 ff. und S. 78 ff. Zum Distrikt Warschau vgl.: Kobler, Rekrutierung. In einer Diplomarbeit, die an der Fachhochschule des Bundes für öffentliche Verwaltung entstand, wird das Thema der Arbeiterrekrutierung ebenfalls behandelt. Vgl. Glatz, Rekrutierung.
22 Vgl. Adamska, Działalność und Pietrzykowski, Łowy na ludzi. Zur Rolle des Landesarbeitsamtes Schlesien beim Aufbau der deutschen Arbeitsverwaltung im besetzten Polen vgl.: Konieczny, Krajowy urząd pracy.
23 Vgl. bspw.: Abfahrt ins Ungewisse; Geraubte Leben; Lechner (Hg.), Schönes, schreckliches Ulm.
24 Vgl. Heinemann, Rasse; Marczewski, Hitlerowska koncepcja; Rutherford, Prelude; Rutowska, Wysiedlenia ; Wolf, Utopien.
25 Vgl. Alberti, Verfolgung, S. 228 ff.; Browning, Nazi Germany's Initial Attempt; ders., Judenmord, S. 93 ff.; Gruner, Jewish Forced Labor; Wenzel, Ausbeutung; Ziółkowska, Obozy pracy. Hinzu kommen die älteren, aber immer noch gültigen Aufsätze von Tatiana Berenstein. Vgl. dies., Obozy pracy; dies., Praca przymusowa.
26 Vgl. z. B.: Maier, Arbeitsverwaltung (2008); Lehnstaedt, Arbeitsverwaltung. Vgl. zum Gesamtkontext: Zarusky (Hg.), Ghettorenten.
27 Vgl. bspw.: Gerlach, Morde, bes. S. 449 ff.; Eikel, »Weil die Menschen fehlen«; Quinkert, Terror; dies., Propaganda, bes. S. 257 ff. und S. 340 ff. Auf die Arbeit in den besetzten Gebieten konzentrieren sich die Arbeiten von: Penter, Arbeiten für den Feind; dies., Zwangsarbeit (2005); dies., Hunger; dies., Zwangsarbeit (2007); dies., Kohle; Rutar, Arbeit und Überleben; dies., Volkstumspolitik; dies., Arbeit unter deutscher Besatzung. Mehrere Arbeiten zur deutschen Arbeitsverwaltung im besetzten Osteuropa sind zurzeit im Entstehen.

Forschungsstand und Quellenlage für Serbien

Die in der wissenschaftlichen Literatur häufig anzutreffende Behauptung, man wisse über die Zwangsarbeit in Osteuropa unter deutscher Herrschaft bislang sehr wenig,[28] ist im Falle Jugoslawiens und Serbiens nur teilweise berechtigt. Eine Reihe serbischer und deutscher Autoren hat sich im Rahmen ihrer Arbeiten zum Zweiten Weltkrieg in Serbien und Jugoslawien, wenn auch zumeist nur sporadisch, mit dem Thema der verschiedenen Formen von Zwangsarbeit in dieser Region auseinandergesetzt.[29] Zumeist wurden nur bestimmte Formen der Zwangsarbeit behandelt, wobei die größte Aufmerksamkeit dem Kupfererzbergwerk Bor galt.[30] Zudem ist festzustellen, dass in der Geschichtsschreibung aus zwei Gründen sehr wenig über Zwangsarbeit in Serbien bekannt ist: Der eine kann auf die mangelnde Rezeption der serbischen, jugoslawischen, zum Teil auch deutschen Geschichtsschreibung über Südosteuropa zurückgeführt werden. Der andere besteht darin, dass die verschiedenen Formen der Zwangsarbeit im besetzten Serbien nie systematisch erforscht wurden. Die vorhandene Literatur bleibt daher fragmentarisch. Die ideologischen Gründe hierfür erwuchsen aus dem sozialistischen Gesellschaftssystem, das in Jugoslawien nach dem Zweiten Weltkrieg eingeführt wurde. Die Träger dieses Systems, ehemalige Partisanen, waren viel eher am Loblied der Geschichtsschreibung auf den bewaffneten Kampf interessiert, als an einem Diskurs über sozialgeschichtliche Themen wie die Zwangsarbeit. Sie wurde daher in den allgemeinen Darstellungen zumeist lediglich als zusätzlicher Beweis des repressiven Charakters der Besatzung erwähnt. Die serbische bzw. jugoslawische Geschichtsschreibung war traditionell politikgeschichtlich orientiert, so dass sozialgeschichtliche Themen kaum Eingang in die Forschungen fanden. Auch bei den ausländischen Wissenschaftlern, die sich mit dem besetzten Serbien befassten, rückten diese Themen nicht in den Mittelpunkt,[31] auch nicht bei zwei Historikern, die ihre Werke der Wirtschaft im besetzten Serbien widmeten.[32] Es gab zudem auch politische Motive, eine Auseinandersetzung mit dem Thema Zwangsarbeit zu vermeiden: So wäre etwa die Frage einer

---

28 Vgl. ebd., S. 19; Spoerer, Recent Findings, S. 387.
29 Vgl. die Bibliographie in: Rutar, Arbeit, S. 2. Der Autor bedankt sich bei Frau Dr. Rutar, dass sie ihm diese und auch andere ihrer Arbeiten zur Einsicht vorgelegt hat.
30 Vgl. Pajić, Prinudni rad.
31 Vgl. Glišić, Teror, S. 243; Borković, Kontrarevolucija ; Petranović, Srbija; Živković, Ratna šteta, S. 171–185; Ristović, Nemački novi poredak, S. 262–267. Ähnlich ist die Darstellung in den Arbeiten, die sich mit dem besetzten Banat befassen. Egal, ob einheimische oder ausländische Arbeiten – sie erwähnen die Zwangsarbeit nur am Rande. Vgl. bspw. Popov Miša, Nemački, S. 197–201; Vegh, Le système; Ivković, Zatvori, S. 122–128; Shimizu, Deutsche Okkupation, S. 395–439; Völkl, Der Westbanat.
32 Vgl. Schlarp, Wirtschaft, S. 204–220; Aleksić, Privreda, S. 325–329.

genaueren Abgrenzung zwischen erzwungener und freier Arbeit[33] aufgeworfen worden, da die Arbeitsleistung unter den Bedingungen der Besatzung als eine Form der Kollaboration betrachtet werden konnte.[34] Das Thema betraf für einige Gebiete Jugoslawiens – Kroatien, Bosnien und Herzegowina – auch die interethnischen Beziehungen und alles, was diese während des Krieges äußerst belastete. Detailliertere Studien zur Zwangsarbeit hätten nämlich das tradierte Bild von den Opfern und Leiden der jugoslawischen Völker während der Okkupation beeinträchtigen können – ein Bild, das neben der ideologischen Legitimation des Tito-Regimes auch sehr konkret der Untermauerung von Entschädigungsansprüchen gegenüber der Bundesrepublik Deutschland aufgrund der erlittenen Kriegsschäden diente.[35] Die Dokumentation, welche die Forderungen belegen sollte, konnte allerdings aufgrund ihrer Methodologie, der unzureichenden Zeit für die Erhebung der Daten und nicht zuletzt ihres politischen Voluntarismus' einer wissenschaftlichen Prüfung nicht standhalten.[36] Man sollte erwähnen, dass auch in der Literatur über das Schicksal der Juden die Zwangsarbeit eine verhältnismäßig geringe Rolle spielt. Der Grund hierfür liegt im Ausmaß der jüdischen Verfolgung, angesichts derer die Zwangsarbeit – egal wie schwer oder erniedrigend sie gewesen sein mag – nur als ein kleiner oder weniger furchtbarer Teil der Geschichte des Holocaust erschien.[37]

---

33   Das bezog sich sowohl auf die Arbeit im okkupierten Land als auch auf die freiwillige Meldung zur Arbeit in Deutschland.
34   So werden z. B. im Dossier zu Milan Nedić, Präsident der serbischen Kollaborationsregierung, zwar viele Verbrechen erwähnt, die ihm zur Last gelegt werden, nicht aber die Verschickung zur Zwangsarbeit. Vielleicht sollte damit zum Ausdruck gebracht werden, dass man dieses für ein Verbrechen von zweitrangiger Bedeutung hielt, oder man wollte nicht die Frage provozieren, welche Arbeit freiwillig war und welche als Zwangsarbeit betrachtet werden muss. Vgl. Milan Nedić, in: AJ, 110, Nr. 802, unpag.
35   Laut offiziellen jugoslawischen Dokumenten über die Kriegsschäden, wurden aus dem Land 270.000 Menschen zur Zwangsarbeit deportiert. Vgl. Mémorandum du Gouvernement de la Yougoslavie démocratique fédérative au sujet des demandes de réparations yougoslaves à l'Allemagne, in: ebd., 54, 44/97; Comunication of the National Commission for War Damages concerning the destruction and damages which were committed in Yugoslavia by the German-Fascist occupiers and their sattelites and helpers, in: AJ, 54, 1/3. Aus diesen und anderen Dokumenten kann man nicht ganz klar ersehen, ob die aufgeführte Zahl nur diejenigen beinhaltete, die zur Arbeit ins Deutsche Reich gebracht wurden, oder auch die Zwangsarbeiter im Lande selbst. Als Schaden, der durch die Zwangsarbeit entstand, wird üblicherweise ein Betrag in Höhe von 810 Millionen US-Dollar angeführt, obwohl auch andere Beträge kursieren. Für Serbien wird die – wahrscheinlich unvollständige – Zahl von 64.291 Zwangsarbeitern angegeben, ohne Erklärung, ob deren Arbeit in Serbien, Deutschland oder einem anderen Gebiet geleistet wurde. Vgl. Zbirni spisak Zemaljske komisije za ratnu štetu za Srbiju za štetu počinjenu od strane Nemačke, 25.VII 1945–1.III 1946, in: AJ, 54, 20/46.
36   Vgl. Generalni sekretar Ministarstvu socijalne politike DFJ, Beograd 1. jun 1945, in: AJ, 54, 69–153; Janjetović, Od Auschwitza, S. 20.
37   Vgl. Romano/Kadelberg, The Third Reich, S. 676 ff.; Lebl, Do »Konačnog rešenja«, S. 303–308; Romano, Jevreji, S. 84 f.; Šosberger, Kažnjavanje, S. 225–234; Kovač, Banatski Nemci,

Schließlich hätte eine intensive Beschäftigung mit der Zwangsarbeit unter der deutschen Besatzung kritische Menschen auf den Gedanken bringen können, Parallelen zu der formal »freiwilligen« Massenarbeit, insbesondere der Jugend, in Jugoslawien während der ersten Nachkriegsjahre zu ziehen.

Was die Gründe technischer Natur betrifft, haben diese mehrere Aspekte: Der erste liegt in der Sprachbarriere, die die meisten deutschen Forscher bei diesem Thema haben. Ihrerseits haben die jugoslawischen und serbischen Historiker wenig getan, um ihre Ergebnisse den ausländischen Wissenschaftlern durch Übersetzungen näher zu bringen. Ein viel ernsthafteres Hindernis für Untersuchungen zur Zwangsarbeit im besetzten Serbien bilden die archivalischen Quellen. Wie für viele andere Themen, sind sie auch hinsichtlich der Zwangsarbeit fragmentarisch und zudem verstreut in einer Reihe von Archiven im In- und Ausland. Von den deutschen Archiven sind das Bundesarchiv in Berlin und das Bundesarchiv-Militärarchiv in Freiburg am wichtigsten für das Thema. Ein Teil der dort verwahrten Dokumente ist auf Mikrofilmen der National Archives in Washington[38] einsehbar, und einige Forscher nutzten diese Möglichkeit. Einige der Dokumente geben gute summarische Überblicke über die Anzahl der Zwangsarbeiter, sie spiegeln aber allzu oft nur die wirtschaftlichen Aspekte des Problems. Auch in den serbischen Archiven gibt es keine zusammenhängenden Bestände zum Thema. Die Dokumente sind verstreut und dazu sehr unvollständig. Die meisten Dokumente befinden sich im Belgrader Militärarchiv im Bestand der Nedić-Regierung, ferner im Archiv Jugoslawiens im Bestand der staatlichen Kommission für die Feststellung der Verbrechen der Besatzungsmacht und ihrer Helfer, in dem zahlreiche Erinnerungen der Zwangsarbeiter sowie eine kleinere Anzahl von deutschen Originalakten und Abschriften aufbewahrt werden. Weitere interessante Informationen bieten die Bestände der staatlichen Kommission für Kriegsschäden. Von den Archiven im Inland findet man das meiste Material im Historischen Archiv in Zaječar beziehungsweise in Negotin. Veröffentlichte Zeugnisse von einigen Zwangsarbeitern,[39] die überlebt haben, ergänzen das Bild vom Alltag der Zwangsarbeit, aber sie zeichnen sich ebenso wie die in Archiven aufbewahrten Zeugnisse durch eine sehr unterschiedliche Qualität aus. Leider ist eine große Anzahl von Zeugnissen, welche die Staatliche Kommission für die Feststellung der Verbrechen der Besatzer und ihrer Helfer gesammelt hat, sehr schematisch, teilweise ist auch deren Authentizität fragwürdig. Den Befragten (Zeugen) legte man häufig die Antworten in den Mund und zwar solche, welche die Kommission »hören« wollte. Glücklicherweise gibt es daneben aber viele Zeugnisse, in denen Zeu-

---

S. 55, 57–59, 63, 69–70, 81; Manoschek, »Serbien ist Judenfrei«, S. 35, 39.
38 Leider konnte ich die entsprechenden Mikrofilme, die das Militärarchiv in Belgrad ebenfalls besitzt, aus internen technischen Gründen nicht benutzen.
39 Vgl. Tolnai, Strme staze, S. 9 ff.; Radnoti, Borska beležnica; Spasojević, Preživeo je svaki deseti, S. 65–70; Putnik, Ada smrti, S. 72 ff.

gen ihre Lebensgeschichten frei erzählten. Die Schwäche dieser subjektiven Zeugnisse ist jedoch, dass sie zwar die Perspektive »von unten« wiedergeben bzw. die eigenen Erfahrungen der Zeugen darstellen. Auf dieser Basis kann die Vielfältigkeit des Handelns von Einzelpersonen oder von Behörden rekonstruiert werden, nicht aber deren strukturelle Voraussetzungen, etwa wie die höheren wie auch die lokalen Behörden ihre Entscheidungen darüber fällten, welche oder wie viele Menschen zur Arbeit rekrutiert wurden, aus welchen Landkreisen und Kommunen diese eingezogen werden sollten usw.

Derlei Fragen lassen sich allerdings auch nicht durch die Zeugnisse der ehemaligen Mitglieder des serbischen und des deutschen Verwaltungsapparates beantworten. Diese sehr raren und in der Regel unveröffentlichten Dokumente sind zudem teilweise apologetisch. Sie ermöglichen nur teilweise die Rekonstruktion der Verschickung zur Zwangsarbeit sowie der Motive der Befehlenden wie der Zwangsarbeiter. Da es der Staatlichen Kommission für die Feststellung der Besatzerverbrechen selten gelang, einzelne verantwortliche Personen zu identifizieren und Material über sie zu sammeln, ist es praktisch unmöglich, die personelle Zusammensetzung der deutschen und der serbischen für die Durchführung der Zwangsarbeit verantwortlichen Behörden zu rekonstruieren, da nur einzelne Namen der in diesem Bereich Tätigen überhaupt bekannt sind. Noch am besten erforscht ist die Leitungsebene, aber auch hier wissen wir wenig über die Zuständigkeiten, die Ansichten und Aktivitäten der Akteure.

Neben diesen Quellen gibt es Ankündigungen, Verordnungen, Regelungen usw., die in der Besatzungspresse veröffentlicht wurden. Was bislang fast völlig ausgeblendet blieb, ist der Propagandaaspekt: Die Presse veröffentlichte eine Vielzahl von Beiträgen zur Verherrlichung der Arbeit an sich, zum Propagieren der Pflichtarbeit, über die angebliche Sorge der Behörden um die Zwangsarbeiter. Dies betrifft sowohl die Arbeit in Serbien selbst, als auch die Werbung für die »freiwillige« Arbeit im Reich. Deshalb werden wir Bezug auf diesen Aspekt nehmen, umso mehr, als er auch die vernachlässigte Frage des deutschen Einflusses auf die Organisation der Zwangsarbeit in Serbien beleuchtet. Daneben stellte die Propaganda für die Pflichtarbeit auch einen wichtigen Bestandteil der Ideologie des Regimes von Milan Nedić dar, der als solcher nicht gesondert in der serbischen Geschichtsschreibung bearbeitet wurde.[40]

Eine Frage, über welche die Forschungsliteratur und die verfügbaren Quellen nicht genügend Auskunft geben, betrifft die Anwesenheit von Zwangsarbeitern aus anderen europäischen Ländern in Serbien.[41] Arbeiter aus Griechenland, Italien, Polen, Ungarn,

---

40 Mit der Ideologie von Milan Nedić und seinem Regime hat sich Milan Ristović beschäftigt, aber seine Analyse bezieht sich überwiegend auf diejenigen ideologischen Elemente, die das Bauerntum preisen. Vgl. Ristović, General M. Nedić. Ein anderes Werk desselben Autors behandelt die Frauenfrage in der Ideologie von Nedić. Vgl. ders., Položaj žena.
41 Die einzige Ausnahme bilden Juden aus Ungarn.

Holland, Frankreich Dänemark und Belgien[42] sowie aus dem benachbarten »Unabhängigen Staat Kroatien« wurden als Sträflinge nach Serbien geschickt, so wie die Menschen aus Serbien als Strafe zur Zwangsarbeit nach Deutschland, Norwegen und andere Länder gesandt wurden. Das zeigt nur, dass die Frage der Zwangsarbeit in Serbien und der Zwangsarbeiter aus Serbien im Kontext der Zwangsarbeit im besetzten Europa insgesamt betrachtet werden muss.

Die Frage der Zwangsarbeit in Serbien ist also kein völlig neues Thema, weder in der serbischen noch in der deutschen Geschichtsschreibung, aber es ist weit davon entfernt, genau genug erforscht worden zu sein.

---

42 Vgl. Marković, Stazama smelih, S. 186; Pajić, Prinudni rad, S. 241.

Karsten Linne
Vorgeschichte:
Die Entwicklung des Arbeitsmarkts und der Arbeitsverwaltung im Deutschen Reich bis zum Beginn des Zweiten Weltkriegs

1. Arbeitsverwaltung und Arbeitsrecht

Ein Reichsamt für Arbeitsvermittlung wurde 1920 gegründet und von Anfang an von Präsident Friedrich Syrup[1] geleitet. Das Gesetz über Arbeitsvermittlung und Arbeitslosenversicherung vom 16. Juli 1927 vereinigte die bisher kommunalen Arbeitsämter und die zu den Ländern gehörenden Landesämter für Arbeitsvermittlung mit dem Reichsamt für Arbeitsvermittlung zu einer Reichsbehörde, der auch weiterhin Syrup vorstand.[2] Die mit der staatlichen Beeinflussung des Arbeitsmarktes zusammenhängenden Verwaltungsaufgaben waren einheitlich auf die Reichsanstalt für Arbeitsvermittlung und Arbeitslosenversicherung und die ihr nach geordneten 13 Landesarbeitsämter und 360 Arbeitsämter mit etwa 860 Nebenstellen übertragen worden. Ihre mehrjährigen Erfahrungen auf dem Gebiet der Arbeitsvermittlung ließ die Reichsanstalt dem NS-Regime prädestiniert dafür erscheinen, die Arbeitsbeschaffungsmaßnahmen durchzuführen. Auch ihre reichseinheitliche Organisation, die sie von anderen Zweigen der inneren Verwaltung und der Arbeitsverwaltung, insbesondere den Gewerbeaufsichtsämtern, unterschied, sowie ihre Präsenz auf lokaler Ebene und ihr relativ großer Personalbestand sprachen für diese Entscheidung.

Die Nationalsozialisten suchten sich die politische Zuverlässigkeit der Reichsanstalt auf mehreren Wegen zu sichern: Die politischen Gegner in der Behörde schaltete man dadurch aus, dass die Selbstverwaltungsorgane entmachtet und die NS-Gegner aus den Diensten der Reichsanstalt entlassen wurden. Dem gleichen Zweck diente es, wenn dort das nationalsozialistische »Führerprinzip« eingeführt und auf diese Weise sowohl die Durchsetzungskraft der Führungsspitze innerhalb der Reichsanstalt als auch die Verantwortlichkeit der Führungsspitze der Reichsanstalt gegenüber der Reichsregierung verstärkt wurde. Seit März 1933 wurden die Befugnisse der Selbstverwaltungsorgane schrittweise durch eine Folge von Erlassen des Reichsarbeitsministers auf den Präsidenten der Reichsanstalt bzw. auf die Präsidenten der Landesarbeitsämter und die Leiter

---

1 Vgl. zu seiner Biographie: Maier, Arbeitsverwaltung und nationalsozialistische Judenverfolgung, S. 64; Staatssekretär.
2 Vgl. Maier, Arbeitsverwaltung und NS-Zwangsarbeit, S. 67.

der Arbeitsämter übertragen, bis die Selbstverwaltungsorgane aller ihrer Kompetenzen enthoben waren und sich selbst auflösten. Dies stärkte die interne Position des Präsidenten erheblich und schuf einen straffen hierarchischen Verwaltungsaufbau.[3]

Die Reichsanstalt lobte sich anlässlich ihres zehnjährigen Bestehens 1937 entsprechend selbst: Zwar habe ihre finanzielle Basis 1933 nicht ausgereicht, aber die Struktur gestimmt. »Damit aber war erreicht, daß nach der Machtübernahme eine Einrichtung zur Verfügung stand, die nach Durchführung des Führerprinzips und der Ausmerzung der politisch untragbaren Kräfte für die großen und wichtigen Aufgaben der deutschen Erhebung auf dem Gebiete des Arbeitseinsatzes von einer autoritären Staatsführung eingesetzt werden konnte.« Aus dem Beauftragten einer »wirtschaftlichen Selbstverwaltung« sei der »Beauftragte des Staates« geworden. Gleichzeitig damit vollzog sich – so die Autoren der Festschrift – ein grundsätzlicher Ausbau im Aufgabengebiet der Reichsanstalt. Die Arbeitsvermittlung wurde zu einer rein technischen und organisatorischen Ausgleichsfunktion, und an ihre Stelle trat die Planung im Arbeitseinsatz, »d.h. die bewußte Lenkung der Arbeitskräfte des Volkes nach den jeweiligen staatspolitischen Notwendigkeiten«. Nicht mehr die Wünsche einer rein privatwirtschaftlich orientierten Wirtschaft, sondern die Erfordernisse des Staates seien nun die Richtschnur für das Handeln der Dienststellen der Reichsanstalt geworden.[4]

Die Politik der Nationalsozialisten war von Anfang an auf Kriegsvorbereitung ausgerichtet. Sie bezogen daher die Reichsanstalt umgehend in ihre Rüstungsplanungen ein und gestalteten sie in eine kriegswichtige Behörde um. Ab 1934 erhielt die Reichsanstalt die ersten gesetzlichen Befugnisse zur Arbeitskräftelenkung. Die Grundlage für eine umfassendere staatliche Kontrolle und Beeinflussung des Arbeitsmarktes durch die Reichsanstalt schuf der Gesetzgeber dann in den Jahren 1935 und 1936: Zum einen wurden die Informationen über Beschäftigungsstruktur, Ausbildungsstand und Einsetzbarkeit der abhängig Beschäftigten durch die Einführung der Arbeitsbücher und Arbeitsbuchkarteien erheblich verbessert. Die Arbeitsbücher erlangten für die Arbeitseinsatzmaßnahmen der Vierjahresplanphase und vor allem für die Abstimmung des Personalbedarfs der Wehrmacht mit dem der Kriegsindustrie eine derartige Bedeutung, dass Syrup sie 1942 mit den Wehrpässen verglich. Im gleichen Zusammenhang bezeichnete er die Arbeitsämter als »zivile Wehrbezirkskommandos«. In der von Hermann Göring 1936 geschaffenen Vierjahresplanbehörde leitete Syrup – ergänzend zu seiner Präsidentenfunktion – die Geschäftsgruppe Arbeitseinsatz mit. Außerdem erhielt die Reichsanstalt geheime Mobilisierungsaufgaben, z. B. die Auswahl von Arbeitskräften für den Kriegseinsatz mit Hilfe der Arbeitsbuchkartei. Syrup wurde 1939 auch Mitglied

---

3   Vgl. Kranig, Lockung, S. 149 ff.; Schmuhl, Arbeitsmarktpolitik, S. 223 ff.; Rottenecker/Schneider, Geschichte, S. 113 f. Vgl. insgesamt zur Geschichte der Reichsanstalt bis 1939: Vergin, Arbeitseinsatzverwaltung, S. 113 ff.; Herrmann, Arbeitsmarkt.
4   Vgl. Zehn Jahre, S. 13 (Zitate ebd.). Vgl. dazu insgesamt: Adamy/Reidegeld, 60 Jahre.

des Reichsverteidigungsrates, dem höchsten Gremium in Fragen der Kriegsvorbereitung und Kriegsführung.[5]

Gewichtige organisatorische Änderungen in der Struktur der Reichsanstalt gab es im Zeichen der forcierten Aufrüstung seit der Jahreswende 1938/39. Ein Erlass Hitlers vom 21. Dezember 1938 bestimmte, dass die Aufgaben und Befugnisse des Präsidenten der Reichsanstalt für Arbeitsvermittlung und Arbeitslosenversicherung auf den Reichsarbeitsminister übergingen; er konnte nun die Aufgabenverteilung zwischen dem Reichsarbeitsministerium und der Reichsanstalt sowie innerhalb der Reichsanstalt selbst neu regeln. Die Reichsanstalt, die als Körperschaft des öffentlichen Rechts formal eine unabhängige Institution geblieben war, wurde nun als Hauptabteilung V in das Reichsarbeitsministerium eingegliedert und damit der Reichsregierung direkt unterstellt. Die Befugnisse des Präsidenten der Reichsanstalt gingen auf den Reichsarbeitsminister über. Der bisherige Präsident, Friedrich Syrup, wurde zum Staatssekretär und zum Leiter dieser Hauptabteilung.[6]

In einem Schreiben an Reichsarbeitsminister Seldte vom 13. Februar 1939 äußerte Reichsmarschall Göring die Erwartung, dass nach der Eingliederung der Hauptstelle der Reichsanstalt in dessen Ministerium, in naher Zukunft auch die Landesarbeitsämter und Arbeitsämter in die unmittelbare Reichsverwaltung überführt würden: »Ich begrüße diese Maßnahme zur Vereinfachung und Erhöhung der Schlagkraft der Arbeitsverwaltung.«[7] Mit der Verordnung über den Arbeitseinsatz vom 25. März 1939 erhoben die Nationalsozialisten die Landesarbeitsämter und Arbeitsämter zu Reichsbehörden, die dem Reichsarbeitsminister unterstellt waren. Dementsprechend wurden die Beamten der bisherigen Reichsanstalt für Arbeitsvermittlung und Arbeitslosenversicherung unmittelbare Reichsbeamte.[8] Ab 1. April 1939 wurden die Landesarbeitsämter und Arbeitsämter zu unmittelbar dem Reichsarbeitsminister unterstehenden Reichsbehörden. Mit dieser »Verreichlichung« sei der hoheitliche Charakter der Lenkung des Arbeitseinsatzes, etwa vergleichbar der Sicherung des militärischen Nachwuchses, wie er in der Wehrersatzverwaltung einen eigenen Apparat bedinge, auch organisatorisch anerkannt worden.[9] So vorbereitet ging die Arbeitsverwaltung in den Krieg – und auch

---

5   Vgl. Zweite Sitzung des Generalrats am 4. November 1936, in: BAB, R 26 IV, Nr. 5, Bl. 4–8, hier Bl. 6; Maier, Anfänge, S. 98 f.; Kranig, Lockung, S. 154 f.; Kahrs, Verstaatlichung, S. 156 f.
6   Vgl. Erlaß des Führers und Reichskanzlers über die Reichsanstalt für Arbeitsvermittlung und Arbeitslosenversicherung vom 21.12.1938, in: RGBl. T. I (1938) Nr. 223 vom 23.12.1938, S. 1892; Maier, Arbeitseinsatz, S. 13; Rottenecker/Schneider, Geschichte, S. 114; Elsner/Lehmann, Arbeiter, S. 167.
7   Vgl. Abschrift eines Schreibens des Beauftragten für den Vierjahresplan, Göring, an Reichsarbeitsminister Seldte vom 13.2.1939, in: BAB, R 2, Nr. 18454, Bl. 185–186 (Zitat Bl. 185).
8   Vgl. Verordnung über den Arbeitseinsatz vom 25. März 1939, in: RGBl., T. I 1939, Nr. 57 vom 27.3.1939, S. 575.
9   Vgl. Zschucke, Reichsarbeitsministerium, S. 39.

dort erfüllte sie ihre Aufgaben zur Zufriedenheit des nationalsozialistischen Regimes. So konnte der Ministerialrat im Reichsarbeitsministerium, Walther Stothfang, im Januar 1941 konstatieren, die Arbeitsverwaltung habe sich als »jederzeit einsatzbereites und schlagkräftiges Instrument zur planmäßigen Regelung des »Arbeitseinsatzes«, erwiesen und »in diesem Krieg die Feuerprobe mit Erfolg bestanden«.[10]

Am 10. Januar 1942 gab Göring im Sinne einer einheitlichen Steuerung des »Fremdarbeitereinsatzes« der Geschäftsgruppe Arbeitseinsatz der Vierjahresplanbehörde die uneingeschränkte Vollmacht zur Lenkung des gesamten Arbeitseinsatzes und zur Verteilung der nach Erfüllung der Wehrersatzforderungen verfügbaren Arbeitskräfte.[11]

Am 21. März 1942 erfolgte die Berufung des thüringischen Gauleiters Fritz Sauckel zum Generalbevollmächtigten für den Arbeitseinsatz, der in dieser Funktion Göring als Beauftragten für den Vierjahresplan direkt nachgeordnet war. In dem Erlass hieß es: »Die Sicherstellung der für die gesamte Kriegswirtschaft, besonders für die Rüstung erforderlichen Arbeitskräfte bedingt eine einheitlich ausgerichtete, den Erfordernissen der Kriegswirtschaft entsprechende Steuerung des Einsatzes sämtlicher verfügbaren Arbeitskräfte einschließlich der angeworbenen Ausländer und der Kriegsgefangenen sowie die Mobilisierung aller noch unausgenutzten Arbeitskräfte im Großdeutschen Reich einschließlich des Protektorats sowie im Generalgouvernement und in den besetzten Gebieten. Diese Aufgabe wird Reichsstatthalter und Gauleiter Fritz Sauckel als Generalbevollmächtigter für den Arbeitseinsatz im Rahmen des Vierjahresplans durchführen.«[12] Aus dem Reichsarbeitsministerium wurden die Abteilungen III (Lohn) und V (Arbeitseinsatz) ausgegliedert und Sauckel unterstellt, ebenso alle Landes- und Arbeitsämter.[13]

Mit seiner ersten Anordnung vom 6. April 1942 setzte er die Gauleiter zu Bevollmächtigten für den Arbeitseinsatz ein, um Partei und Behördenapparat enger miteinander zu verbinden. Sauckels Hauptaufgabe war es, innerhalb kürzester Zeit die riesige Arbeitskräftelücke durch die Rekrutierung von Arbeitskräften aus den besetzten Gebieten zu schließen. Allein im Zeitraum April bis Juli 1942 wurden über 1,6 Millionen ausländische Arbeitskräfte, davon ca. 970.000 russische Kriegsgefangene und Zivilar-

---

10 Vgl. Stothfang, Arbeitseinsatz, hier S. 6 (Zitate ebd.).
11 Vgl. Abschrift eines Rundschreibens des Beauftragten für den Vierjahresplan, Reichsmarschall Göring, an die Obersten Reichsbehörden und den Vierjahresplan vom 10.1.1942, in: BAB, R 26 IV, Nr. 46, unpag.; Vergin, Arbeitseinsatzverwaltung, S. 174 ff.
12 Erlaß des Führers über einen Generalbevollmächtigten für den Arbeitseinsatz vom 21. März 1942, in: RGBl., T. I 1942, Nr. 40 vom 21.4.1942, S. 179. Zur Berufung des GBA vgl.: Eichholtz, Vorgeschichte; Vergin, Arbeitseinsatzverwaltung, S. 182 ff. Zur Person Sauckels vgl.: Becker, Sauckel; Weißbecker, Sauckel; Raßloff, Sauckel; Lehnstaedt/Lehnstaedt, Sauckel.
13 Vgl. Anordnung zur Durchführung des Erlasses des Führers über einen Generalbevollmächtigten für den Arbeitseinsatz (vom Beauftragten für den Vierjahresplan) vom 27. März 1942, in: RGBl., T. I 1942, Nr. 40 vom 21.4.1942, S. 180.

beiter überwiegend mit Zwang nach Deutschland zum Arbeitseinsatz gebracht. Die Zahl der ausländischen Arbeitskräfte im Deutschen Reich erhöhte sich im Jahr 1942 auf insgesamt ca. 4 Millionen, im Jahr 1943 stieg sie auf ca. 6,5 Millionen und im Sommer 1944 sogar auf über 7 Millionen. Wegen der kontinuierlich zurückgehenden Zahl der deutschen Arbeitskräfte blieb jedoch der Arbeitskräftemangel bis zum Kriegsende eines der ungelösten Probleme der deutschen Kriegswirtschaft.[14]

In einer Rede im September 1942 skizzierte Sauckel, welche Mitarbeiter er erwartete: »Ich muß als Generalbevollmächtigter für den Arbeitseinsatz zu Anfang meiner Ausführungen die konsequente Forderung erheben: Beamter, Angestellter oder Arbeiter bei einer deutschen Arbeitsbehörde kann in Wirklichkeit nur der sein, der ein vorbehaltloser, überzeugter und bedingungslos gehorsamer Nationalsozialist ist.«[15]

Bereits Ende des Jahres 1942 wurde die Hauptabteilung V des Reichsarbeitsministeriums auf Betreiben Sauckels in die Hauptabteilungen V A (Arbeitseinsatz u. a.) und V B (Arbeits- und Sozialstatistik u. a.) aufgegliedert; mit Wirkung vom 4. März 1943 ging aus der Hauptabteilung V A die Hauptabteilung VI (»Europaamt für den Arbeitseinsatz«) und aus der Hauptabteilung V B die neue Hauptabteilung V hervor, deren drei Abteilungen für Arbeitseinsatzunterstützungen, Reichsstock für Arbeitseinsatz, Prüfungsdienst, öffentliche Arbeitsbeschaffung und Arbeits- und Sozialstatistik zuständig waren. Die zuständigen Abteilungen des Reichsarbeitsministeriums wurden Sauckel auch in personeller Hinsicht unterstellt. Der Generalbevollmächtigte für den Arbeitseinsatz erhielt die Befugnis, die Bezirke der Landesarbeitsämter und der Reichstreuhänder der Arbeit abzugrenzen und beide Institutionen zu vereinigen.[16]

Das Europaamt regelte in fünf (seit März 1944 sechs) Abteilungen neben dem Arbeitseinsatz von Frauen und Jugendlichen, den Belangen des Berufsnachwuchses, des zwischenstaatlichen Arbeitseinsatzes und des Arbeitseinsatzrechts im Wesentlichen den Einsatz sämtlicher in der deutschen Kriegswirtschaft tätigen deutschen und ausländischen Zivilarbeitskräfte, Kriegs- und Strafgefangenen unter Einbeziehung des »Arbeitseinsatzes von Juden«.[17] Die Schaffung des Europaamtes begründete Sauckel mit den steigenden Anforderungen auf dem Gebiete des Arbeitseinsatzes, welche »die restlose Mobilisierung aller verfügbaren Arbeitskräfte im deutschen Machtbereich und deren Konzentration auf die wichtigsten Arbeiten der Kriegswirtschaft« verlangten.[18] Zur weiteren Vorgehensweise erklärte er in einer Rede Anfang Januar 1943 unmissver-

---

14 Vgl. Maier, Arbeitseinsatz, S. 13 ff.; Kahrs, Hand, S. 31; Naasner, Machtzentren, S. 35 f.
15 Sauckel, Arbeitseinsatzmänner, S. 221.
16 Vgl. Zweiter Erlaß des Führers zur Durchführung des Erlasses über einen Generalbevollmächtigten für den Arbeitseinsatz vom 4. März 1943, in: Handbuch, S. 24.
17 Vgl. Naasner, Machtzentren, S. 48 f.
18 Vgl. Schnellbrief des Generalbevollmächtigten für den Arbeitseinsatz an die Obersten Reichsbehörden und sämtliche betroffenen Institutionen vom 22.12.1942, in: BAB, R 43 II, Nr. 652a, Bl. 28 (Zitat ebd.).

ständlich: »Wir werden die letzten Schlacken unserer Humanitätsduselei ablegen. Jede Kanone, die wir mehr beschaffen, bringt uns eine Minute dem Siege näher!«[19]

Ende Juli 1943 ordnete Sauckel die Errichtung von Gauarbeitsämtern in den Reichsverteidigungsbezirken an, welche die Aufgaben der Landesarbeitsämter und der Reichstreuhänder der Arbeit vereinigen sollten.[20] Diese Personalunion trug – so Sauckel – den fachlichen Anforderungen Rechnung und sichere zugleich eine schlagkräftige Mittelinstanz der Arbeitsverwaltung. Die zentrale Steuerung des Arbeitseinsatzes und des übergebietlichen Ausgleichs im Großdeutschen Reich und in den besetzten Gebieten sei unerlässlich.[21] Mit dem 1. September 1943 nahmen die Gauarbeitsämter ihren Dienst auf. Für jeden der 42 Reichsgaue der NSDAP war nunmehr ein Gauarbeitsamt vorhanden. Dadurch gab es eine Deckungsgleichheit zwischen dem Aufbau der Partei und der Arbeitsverwaltung; Gebietsüberschneidungen fielen weg. Ziel der Reorganisation war laut einem Ministerialrat des Reichsarbeitsministeriums die politische Stoßkraft und Aktivität der Partei, vor allem die der Gauleiter, für die Arbeitsverwaltung nutzbar zu machen.[22]

Die Arbeitsämter meldeten die in ihrem Bezirk fehlenden Arbeitskräfte über die Gauarbeitsämter an das Reichsarbeitsministerium in Berlin. Dieses koordinierte die Meldungen und wies die Anwerbekommissionen in den besetzten Ländern an, zu einem bestimmten Termin eine vorgegebene Zahl von Arbeitskräften zu rekrutieren und in das Reich zu transportieren. Da die Kommissionen und Arbeitseinsatzstäbe der Besatzungsverwaltungen dies nicht allein bewältigen konnten, erhielten sie vor Ort Unterstützung von den zivilen, polizeilichen und militärischen Stellen. Überall in den besetzten Gebieten waren – als eine der ersten Verwaltungsmaßnahmen – Arbeitsämter nach deutschem Muster und unter deutscher Leitung mit Angehörigen der Reichsanstalt errichtet worden. Ende 1943 versahen insgesamt knapp 2.500 Mitarbeiter in den besetzten Ländern ihren Dienst, allein in der Sowjetunion fast 1.000.[23]

Die arbeitsrechtliche Entwicklung ab 1933 war durch eine zunehmende Einengung der Arbeitnehmerrechte und durch verstärkten Zwang geprägt. Der grundlegenden politischen Wende folgten ebenso grundlegende Änderungen der Sozialpolitik, die sich schon in der offiziellen Terminologie zeigten. Im Sinne einer Militarisierung der Arbeit wurde aus der Arbeitsvermittlung der »Arbeitseinsatz«, die Arbeitsbeschaffung wurde zur »Arbeitsschlacht«, der Arbeiter selbst sollte als »Soldat der Arbeit« seinen »Dienst« tun, die Zuweisungskarte des Arbeitsamtes wurde zum »Gestellungsbefehl der Dienst-

---

19   Totaler Arbeitseinsatz, S. 233.
20   Vgl. Verordnung des Generalbevollmächtigten für den Arbeitseinsatz über die Gauarbeitsämter vom 27. Juli 1943, in: RGBl., T. I 1943, Nr. 72 vom 31.7.1943, S. 450.
21   Vgl. Rundschreiben des GBA an die Leiter der Gauarbeitsämter vom 1.8.1943, in: APLu, 498, Nr. 675, Bl. 31.
22   Vgl. Stothfang, Errichtung, S. 11 (Zitat ebd.).
23   Vgl. Maier, Anfänge, S. 118 f.

verpflichtung«, der Unternehmer wurde »Führer des Betriebes« und die Belegschaft seine »Gefolgschaft«.[24] Die Eingriffe des Staates in die Arbeitsmarktpolitik nahmen ebenso zu wie die Reglementierung der Arbeitsverhältnisse; im Mittelpunkt stand aber die Lenkung des »Arbeitseinsatzes«. Dazu diente auch das Gesetz zur Regelung des Arbeitseinsatzes vom 15. Mai 1934, das gegen die Landflucht gerichtet war und unter anderem Zuzugssperren für Gebiete mit hoher Arbeitslosigkeit einführte.[25] Mit der Einführung des Arbeitsbuches im Februar 1935 gab das Regime den Arbeitsämtern ein wirksames Kontrollinstrument an die Hand. Arbeitnehmer durften jetzt nur noch beschäftigt werden, wenn sie im Besitz eines ordnungsmäßig ausgestellten Arbeitsbuches waren. Die Arbeitsämter konnten so vor allem die berufliche Qualifikation und den Werdegang der einzelnen Arbeitnehmer registrieren und ihren Einsatz lenken.[26]

Mit der Notdienstverordnung vom Oktober 1938 konnten Arbeiter zu Notdienstleistungen herangezogen werden. Die Notdienstpflichtigen wurden aus ihren normalen Arbeitsverhältnissen herausgeholt und waren für die Dauer des Notdienstes zu beurlauben. Nur bei dem kurzfristigem Notdienst, der bis zu drei Tage dauerte, hatte der Arbeitnehmer Anspruch auf das regelmäßige Arbeitsentgelt und die sonstigen Bezüge aus seinem bisherigen Beschäftigungsverhältnis, ansonsten griffen neue Regelungen.[27] Die Verordnung hatte keinen durchschlagenden Erfolg. Der Beauftragte für den Vierjahresplan ersetzte sie deshalb durch eine verschärfte Verordnung vom 13. Februar 1939. Für Aufgaben, die der Beauftragte für den Vierjahresplan als besonders bedeutsam und unaufschiebbar bezeichnete, konnten die Arbeitsämter nun Arbeiter zur Dienstleistung verpflichten und private und öffentlichen Betriebe sowie Verwaltungen zur Abgabe von Arbeitskräften verpflichten. Der Dienstverpflichtete hatte während der Dauer seiner Beurlaubung aus seinem normalen Beschäftigungsverhältnis keinen Anspruch auf Gewährung von Arbeitsentgelt und sonstigen Bezügen aus diesem. Bei Verpflichtung zu Dienstleistungen von unbeschränkter Dauer erlosch das bisherige Beschäftigungsverhältnis. Neu war auch eine Beschränkung des Arbeitsplatzwechsels aus besonderen staatspolitischen Gründen. Den Arbeitsämtern konnte dabei durch den Reichsarbeitsminister ein Zustimmungsrecht vor der Lösung von Arbeitsverhältnissen eingeräumt werden; ebenso konnten Einstellungen an die Zustimmung gebunden werden. Diese

---

24 Vgl. Hundert Jahre, S. 403 f.
25 Vgl. Kranig, Arbeitsrecht, S. 110.
26 Vgl. Gesetz über die Einführung eines Arbeitsbuches vom 26.2.1935, zit. nach: Blanke u. a., Arbeitsrecht, S. 92 f.; Reidegeld, Sozialpolitik, S. 417.
27 Vgl. Dritte Verordnung zur Sicherstellung des Kräftebedarfs für Aufgaben von besonderer staatspolitischer Bedeutung (Notdienstverordnung) vom 15.10.1938, zit. nach: von Münch/Brodersen, Gesetze, S. 152–154. Bereits am 22. Juni 1938 war mit der »Verordnung zur Sicherstellung des Kräftebedarfs für Aufgaben von besonderer staatspolitischer Bedeutung« die Möglichkeit einer vorübergehenden Dienstverpflichtung gegeben. Vgl. Reidegeld, Sozialpolitik, S. 425.

Verordnung wurde aber – weil einzelne Branchen ausgespart waren – am 1. September 1939 wieder aufgehoben und durch die Verordnung über die Beschränkung des Arbeitsplatzwechsels (Arbeitsplatzwechselverordnung) ersetzt. Den Arbeitsämtern wurde darin eine totale Überwachung aller Arbeitsmarktbewegungen übertragen. Die Lösung von Arbeitsverhältnissen war damit ebenso wie die Einstellung in Arbeits- und Ausbildungsverhältnisse von der Zustimmung des Arbeitsamtes abhängig.[28]

2. Arbeitsmarkt und Landarbeitermangel

Gerade polnische Landarbeiter waren seit langen Zeiten traditionell in der deutschen Landwirtschaft beschäftigt. Diese »Auslandspolen« sorgten seit Mitte der 1880er Jahre für einen Konflikt zwischen wirtschaftlichem und politischem Interesse, der beklagte »Leutemangel« stand gegen die befürchtete »Überfremdungsgefahr«. Ein Ausweg schien in der zunehmenden Zentralisierung und Kontrolle der Arbeiteranwerbung zu liegen, die schließlich zu ihrer Verstaatlichung führten. Die 1905 gegründete Deutsche Feldarbeiter-Centralstelle war privat, stand aber unter der Aufsicht des preußischen Landwirtschaftsministeriums und wurde 1911 in Deutsche Arbeiterzentrale umbenannt.[29] Vor dem Ersten Weltkrieg beschäftigte die deutsche Landwirtschaft hauptsächlich Wanderarbeiter aus dem damaligen Russisch-Polen. Diese so genannten Sachsengänger nahmen im Frühjahr die Arbeit in den deutschen Betrieben auf und kehrten im Herbst, nach Beendigung der Hackfruchternte, wieder in ihre Heimat zurück.[30]

In der Weimarer Republik verlor Deutschland seinen Status als bedeutsamstes Ziel der kontinentaleuropäischen Arbeitsmigration. Ausländer und Arbeitsmigranten mussten durch das Nadelöhr staatlicher Arbeitsmarktpolitik, für die der Vorrang einheimischer Arbeitskräfte, das »Inländerprimat« galt. Der zunehmende Aufbau arbeitsmarktpolitischer Restriktionen in der Ausländerpolitik war vor allem gegen die große Zahl der polnischen Wanderarbeiter gerichtet. Parallel dazu lief die fortschreitende Verstaatlichung und Lenkung der Arbeitsmigration während der Weimarer Republik. Der spätere Präsident der Reichsanstalt für Arbeitsvermittlung und Arbeitslosenversicherung, Friedrich Syrup, hatte bereits im Sommer 1918 eine nur temporäre Auslän-

---

28 Vgl. Verordnung zur Sicherstellung des Kräftebedarfs für Aufgaben von besonderer staatspolitischer Bedeutung vom 13.2.1939, zit. nach: von Münch/Brodersen, Gesetze, S. 154–157; Rottenecker/Schneider, Geschichte, S. 117f.; Reidegeld, Sozialpolitik, S. 429.
29 Vgl. Herbert, Geschichte, S. 15ff. und S. 34ff.; Oltmer, Schutz; Bade, Wanderarbeiter; Vergin, Arbeitseinsatzverwaltung, S. 228ff. Vgl. allgemein dazu auch die ältere Darstellung: Nichtweiss, Saisonarbeiter.
30 Vgl. Die Tätigkeit der Arbeitsämter im Generalgouvernement von Bundesverwaltungsrat Dr. Eduard Köhl vom 4.7.1956, in: BABay, Ost-Dok. 13, Nr. 273, Bl. 1–21, hier Bl. 10.

derbeschäftigung in Abhängigkeit von den Konjunkturzyklen sowie in Saisonberufen (Landwirtschaft, Bausektor) gefordert.[31]

Die Deutsche Arbeiterzentrale war jenseits ihrer Funktionen bei Rekrutierung und Vermittlung ausländischer Arbeitskräfte von Beginn an auch Kontrollinstanz im System des »Legitimationszwangs«, mithilfe dessen zunächst nur die jährliche Fluktuation der Ausländerzuwanderung aufrechterhalten wurde. 1921 begann durch die Verbindung des Legitimationsverfahrens mit dem 1922 im Arbeitsnachweisgesetz rechtlich verankerten Genehmigungsverfahren die Kontingentierung der Ausländerzulassung. Der Arbeiterzentrale wurde das Monopol für die Vermittlung ausländischer Landarbeiter im Reich übertragen. Zunächst legten die Landesämter für Arbeitsvermittlung und seit 1927 die neue Reichszentrale für Arbeitsvermittlung und Arbeitslosenversicherung die Beschäftigungszahlen fest.[32]

Vom Umfang her war die Ausländerbeschäftigung in der Weimarer Republik zu vernachlässigen, 1928 erreichte sie mit 236.000 ihren Höchststand, 1932 waren nur noch 108.000 ausländische Arbeitskräfte im Reich tätig, bei denen es sich überwiegend um schon seit langem in Deutschland lebende Industriearbeiter aus der Tschechoslowakei, Polen, Holland und Österreich handelte.[33] Die nationalsozialistische Regierung übernahm 1933 ein rechtliches und administratives Instrumentarium, mit dem die Organisation des ausländischen Arbeitsmarktes in Deutschland zentralisiert und die Steuerungsmechanismen effektiviert worden waren; der Umfang der Ausländerbeschäftigung selbst war 1932 auf seinen arbeitsmarktpolitisch tragbaren Tiefstand reduziert.[34]

In der deutschen Landwirtschaft herrschte spätestens seit Beginn der dreißiger Jahre eine prekäre Lage: Schon im Rechnungsjahr 1933/34 gab es mehr offene Stellen als Arbeitssuchende; 1934 bereitete die Einbringung der Ernte Schwierigkeiten. Die deutsche Land- und Forstwirtschaft verlor zwischen 1925 und 1929 rund 828.400 Erwerbspersonen. Im Juni 1938 waren in diesem Bereich 513.000 Arbeiter und Angestellte weniger beschäftigt als fünf Jahre zuvor. Zwischen 1933 und 1939 wanderten nach Angaben von Staatssekretär Herbert Backe sogar 1,5 Millionen Menschen aus der Landwirtschaft ab. Besonders kleinere und kapitalschwächere Betriebe waren davon betroffen. Die Landflucht bildete ein allgemeines Problem in dieser Zeit; die stärkere Nachfrage von Industrie und Bauwirtschaft verschärfte es weiter. Außerdem war die Landwirtschaft überproportional von den Einberufungen zur Wehrmacht betroffen. Deshalb waren Landarbeiter die ersten Arbeitskräfte, die ab 1936 – trotz der Devisenschwierigkeiten – angeworben werden sollten. Der Generalrat des Vierjahresplans beschäftigte sich im November 1936 mit der Sicherstellung der erforderlichen Anzahl

---

31 Vgl. Kahrs, Verstaatlichung, hier S. 130 ff.
32 Vgl. Bade, Arbeitsmarkt, hier S. 172.
33 Vgl. Schmuhl, Arbeitsmarktpolitik, S. 257.
34 Vgl. August, Entwicklung, S. 311 ff.; Kahrs, Verstaatlichung, S. 171 ff.

an Landarbeitern. Nach Angaben von Syrup, standen für 1937 nur höchstens 25.000 reichsdeutsche Wanderarbeiter zur Verfügung. Deshalb sollte versucht werden, 1937 deutsch-stämmige Arbeiter aus den östlichen Nachbarstaaten heranzuziehen. Entsprechende Verhandlungen begannen Anfang 1937 mit der Tschechoslowakei, mit Österreich, den Niederlanden, Ungarn und Polen.[35]

Nachdem die deutsche Regierung 1932 die deutsch-polnische Vereinbarung über landwirtschaftliche Arbeiter von 1927 gekündigt hatte, fehlte zunächst eine formale Grundlage für die Beschäftigung polnischer Landarbeiter; illegale Beschäftigung wurde jedoch von den deutschen Behörden toleriert. Ab Ende 1936 gab es neue Verhandlungen mit der polnischen Regierung und im Juni 1937 eine Vereinbarung, nach der 10.000 polnische Landarbeiter in Deutschland arbeiten sollten. Daneben führte man mit Italien, Ungarn, der Tschechoslowakei und Jugoslawien Verhandlungen. Bei dem Versuch, die immer offensichtlicher werdenden Arbeitskräftedefizite in der Landwirtschaft auszugleichen, sah sich das Regime gezwungen, sogar einen seiner wichtigsten ideologischen Eckpfeiler, den völkischen Nationalismus, zurückzustellen. Am 1. April 1937 wurden die Grenzen für die ausländischen Landarbeiter wieder geöffnet. Die hereinkommenden etwa 67.000 landwirtschaftlichen Arbeitskräfte stammten zum größten Teil aus Österreich, daneben aus Polen, der Tschechoslowakei, Ungarn, Jugoslawien und den Niederlanden. Eine im Herbst 1937 von den Arbeitsämtern zusammen mit dem Reichsnährstand durchgeführte Erhebung ergab für 1938 einen Bedarf von 75.000 Wanderarbeitern, während sich der örtlich nicht zu deckende Bedarf an Dauerarbeitskräften auf 160.000 belief. Trotz aller »volks- und rassepolitischen Gefahren«, schien ein massiver Einsatz ausländischer Arbeitskräfte unumgänglich: »Die Reichsanstalt wird deshalb alles, was in ihren Kräften steht, tun, um weitere ausländische landwirtschaftliche Arbeitskräfte für den Einsatz in Deutschland zu gewinnen.«[36]

Aus der Land- und Forstwirtschaft Ostpreußens wurde berichtet, dass im Sommer 1937 die Verhandlungen über die Hereinnahme eines festen Kontingents polnischer Landarbeiter gescheitert waren. Von den sudetendeutschen Wanderarbeitern hatte Ostpreußen lediglich 15 bekommen. Dagegen war die Einwanderung illegaler polnischer Grenzgänger sehr umfangreich, ihre Erfassung allerdings unvollständig. Man schätzte die in Ostpreußen arbeitenden Polen auf mindestens 1.500. Auch in Schlesien spielte sich der illegale Arbeitseinsatz in der Landwirtschaft in dieser Zeit ein. Trotzdem gab es dort nach wie vor einen ungedeckten Bedarf von ungefähr 5 bis 6.000 Landarbeitern.[37]

---

35 Vgl. Dritte Sitzung des Generalrats vom 26. November 1936, in: BAB, R 26 IV, Nr. 5, Bl. 10–16, hier Bl. 14 f.; August, Entwicklung, S. 307 ff.
36 Vgl. Corni/Gies, Brot, S. 297; Bericht über die Hereinnahme ausländischer landwirtschaftlicher Arbeiter im Jahre 1938 der Reichsanstalt für Arbeitsvermittlung und Arbeitslosenversicherung vom Oktober 1938, in: BAB, ZC, Nr. 12162, Bl. 1 (Zitat Bl. 28).
37 Vgl. Auszug aus den Monatsberichten der Reichstreuhänder der Arbeit für Juni (und Juli) 1937, zit. nach: Mason, Arbeiterklasse, Dok. 41, S. 359–372, hier S. 366 f.

In Deutschland waren die Engpässe auf dem Arbeitsmarkt 1938 kaum mehr zu überwinden. Anfang 1938 wurde das Kontingent auf 60.000 Landarbeiter erhöht. Schwierigkeiten – wie später auch während des Krieges – entstanden dadurch, dass die Polen nun auch einzeln bei kleineren Bauern arbeiteten, da sich in zunehmendem Maße die Notwendigkeit ergeben hatte, sie auch in Gesindestellen, das heißt als Dauerarbeitskräfte einzusetzen. Davor arbeiteten sie fast durchweg in Kolonnen auf größeren Gütern, waren in so genannten Schnitterkasernen untergebracht und kamen mit der ortsansässigen Bevölkerung nur wenig in Berührung. Dieser Wechsel brachte eine längere Arbeitszeit, dazu im Verhältnis geringere Bezahlung und Klagen über das Essen mit sich. Insgesamt sollten 1938 100.000 Landarbeiter und 1939 dann 160.000 ins Reich geholt werden.[38] Am 10. Februar 1938 bezifferte Syrup die Zahl der Arbeitskräfte, die bei der Beibehaltung des Wirtschaftstempos zusätzlich benötigt würden, auf 600.000. Gegen eine verstärkte Hereinnahme ausländischer Arbeiter sprächen politische Gründe und vor allem der Devisenmangel. Zwar könnten aus Jugoslawien 10 bis 12.000 Landarbeiter verpflichtet werden; Devisen stünden aber nur für fünftausend zur Verfügung. Aus Polen waren 15 bis 20.000 Landarbeiter vorgesehen. Ein Jahr später berichtete er, dass etwa eine Million Arbeitskräfte fehlten, davon in der gewerblichen Wirtschaft 600.000.[39] In der Landwirtschaft stand die Reichsregierung 1938 »vor Toresschluß« (Timothy W. Mason). Die Jahresproduktion ging in fast allen arbeitsintensiven Bereichen deutlich zurück. Die Zahl der lohnabhängigen männlichen Landarbeiter war vom Sommer 1933 bis zum Sommer 1938 von 2,5 auf 2,1 Millionen, also um 16 Prozent gesunken. Auf diese Gruppe aber konnte die Landwirtschaft am wenigsten verzichten.[40]

Als Konsequenz der Verhandlungen erhielt zum Beispiel Ostpreußen ein Kontingent von 6.500 polnischen Landarbeitern, von denen 3.000 im Frühjahr 1938 eintrafen. Trotzdem fehlten dort Arbeitskräfte in größerem Maße schon bei der Frühjahrsbestellung.[41] Der Reichsarbeitsminister selbst schätzte den ungedeckten Bedarf der Landwirtschaft im April 1938 auf 250.000 Arbeitskräfte, sah aber keine andere Lösung als die der Wiedereinführung der Genehmigungspflicht für den Arbeitsplatzwechsel von Landarbeitern. Dieses Zwangsmittel hatte allerdings schon 1936 vollkommen versagt.[42]

Im Sommer 1938 bereitete der Einsatz polnischer Landarbeiter erste Schwierigkeiten. Nach Sachsen waren rund 5.500 Polen vermittelt worden. Die dortigen Arbeitsbedingungen bei kleineren Bauern unterschieden sich stark von denen großer Güter.

---

38 Vgl. August, Entwicklung, S. 311 ff.; Kahrs, Verstaatlichung, S. 171 ff.
39 Vgl. Erste Besprechung über Wirtschaftsfragen vom 10. Februar 1938 unter dem Vorsitz von Staatssekretär Körner, in: BAB, R 26 IV, Nr. 4, Bl. 39–45, hier Bl. 42; August, Entwicklung, S. 326.
40 Vgl. Mason, Arbeiterklasse, S. 111 f.
41 Vgl. Auszug aus den Monatsberichten der Reichstreuhänder der Arbeit für die Monate März und April 1938, zit. nach: Mason, Arbeiterklasse, Dok. 104, S. 636–647, hier S. 642.
42 Vgl. Mason, Arbeiterklasse, S. 112.

Akkordarbeit war nicht möglich, da die Arbeiten dauernd zwischen Feld, Wiese, Hof und Stall wechselten. Die Entlohnung war zum Teil hinsichtlich der Zeitberechnung ungenau. Alle diese Umstände führten zu Unruhe unter den polnischen Landarbeitern und zu zahlreichen Beschwerden beim Polnischen Konsulat. Negative Erfahrungen wurden auch aus Thüringen und Schlesien berichtet. Zum Teil hetzten nach diesen Angaben die Polen die übrigen Landarbeiter auf, die Polizei musste in mehreren Fällen eingreifen und die Polen über die Grenze abschieben.[43]

In diesem Sommer machten sich führende Vertreter des Regimes Gedanken über die Arbeitskräftesituation im Falle der Mobilisierung bzw. des Kriegsbeginns. In einer Runde bei Generalfeldmarschall Göring berieten die Teilnehmer am 16. Juli darüber, wie ein Absinken der Produktion in den kriegswichtigen Betrieben im Mobilisierungs-Fall verhindert werden könnte. Gleichzeitig debattierte man Vorbereitungen für die Verwendung von Kriegsgefangenen in der Landwirtschaft.[44]

Im dritten Quartal 1938 führte der Einsatz der polnischen Landarbeiter »auch weiterhin zu sachlich ungerechtfertigten Störungen des Arbeitsfriedens«. Den Polen sei der Arbeitermangel in Deutschland bekannt, und sie forderten deshalb immer wieder Löhne weit über Tarif. Häufig würden sie ihre Arbeitsstelle unter Vertragsbruch aufgeben und suchten sich eine andere oder versuchten, in Großbetrieben unterzukommen. Im Herbst 1938 verschlechterte sich die Situation im Rheinland, in der Pfalz und in Hessen-Nassau schlagartig, als die Baustellen am Westwall um Arbeiter zu werben begannen.[45]

Am 27. November 1938 sprach Darré auf dem Reichsbauerntag das Thema des Arbeitermangels in der deutschen Landwirtschaft offen an. 1938 fehlten nach seinen Aussagen bereits zehn Prozent der unverzichtbaren Arbeitskräfte in der deutschen Landwirtschaft (mehr als 250.000). Die Zahl der ausländischen Arbeitskräfte in der deutschen Landwirtschaft war zwar von Jahr zu Jahr seit 1933 gestiegen und hatte sich bis 1938/39 mehr als vervierfacht (188.545 Personen), reichte dennoch bei weitem nicht aus. Insgesamt war bis 1939 die Zahl der Beschäftigten in der deutschen Landwirtschaft pro 100 Hektar im Vergleich zu 1933 von 31,3 auf 26,8 Personen zurückgegangen. Besonders betroffen davon waren die kleinen Betriebe.[46]

Im Januar 1939 sprach Syrup in einer Rede im Reichsarbeitsministerium davon, dass sich im Kriegsfalle die aktuellen Schwierigkeiten auf dem Arbeitsmarkt noch erheblich

---

43 Vgl. Auszug aus den Monatsberichten der Reichstreuhänder der Arbeit für die Monate Mai und Juni 1938, zit. nach: Mason, Arbeiterklasse, Dok. 108, S. 653–663, hier S. 659 f.
44 Vgl. Ergebnis der Besprechung bei Generalfeldmarschall Göring in Karinhall am 16.7.1938 vom 18.7.1938, in: StaN, Rep. 502, KV-Anklage, Dokumente, Fotokopien, PS-1436.
45 Vgl. Auszug aus den Sozialberichten der Reichstreuhänder der Arbeit für das 3. Vierteljahr 1938 (allgemeiner Teil), zit. nach: Mason, Arbeiterklasse, Dok. 147, S. 847–855, hier S. 850 f. (Zitat ebd.).
46 Vgl. Corni, Hitler, S. 230 ff.

verstärken würden. Er hob dabei zwei Gruppen hervor, bei denen der Arbeitermangel besonders bedenklich sei: die Landarbeiter und die Bergarbeiter. 1938 habe das Reich zum teilweisen Ausgleich der abgewanderten heimischen Landarbeiter rund 120.000 ausländische Landarbeiter hereinholen müssen. Für 1939 prognostizierte er, dass eine weit höhere Zahl notwendig sein würde.[47] Bezog man wie der Wehrwirtschaftsstab den Mobilisierungsfall mit ein, so würde die Situation in der Landwirtschaft am schwierigsten, der Mangel an Arbeitskräften im Vergleich zu anderen Wirtschaftszweigen dort am stärksten auftreten. Es müsse daher im Interesse der Ernährungssicherung der Einsatz der erwarteten Kriegsgefangenen in erster Linie in der Landwirtschaft erfolgen.[48]

Die Reichsanstalt sorgte sich zu Beginn des Jahres 1939 ebenfalls um die Bereitstellung der erforderlichen Arbeitskräfte für die Landwirtschaft. Ihre Bemühungen um eine stärkere Mobilisierung inländischer Arbeitskräfte reichten bei weitem nicht aus. Es werde vielmehr ebenso wie in den letzten Jahren notwendig sein, in verstärktem Maße ausländische landwirtschaftliche Arbeitskräfte nach Deutschland zu holen.[49] Aufgrund der Devisenschwierigkeiten ließe sich ein Einsatz ausländischer Arbeitskräfte nur für die Landwirtschaft rechtfertigen. Die Reichsanstalt rechnete mit fast 200.000 Landarbeitern aus dem Ausland für 1939. Die Verhandlungen mit den ausländischen Regierungen gestalteten sich überaus schwierig, weil die Ausländer es im allgemeinen ablehnten, als Gesindekräfte in bäuerliche Betriebe zu gehen, wo sie besonders benötigt wurden, und weil sie bezüglich der Arbeitszeit und Entlohnung besondere Ansprüche stellten.[50] Nur kurze Zeit später konnte Syrup verkünden, dass die Deckung des Wanderarbeiterbedarfs im Wesentlichen gesichert sei. Aus »nationalpolitischen Gründen« durften die polnischen Wanderarbeiter nicht innerhalb der östlichen Grenzgebiete beschäftigt werden.[51]

Typisch für Sachlage und Methode war eine Denkschrift des Reichsstatthalters in Bayern an die Reichskanzlei über »Die Lage der Landwirtschaft in Bayern« vom 27. Februar 1939, in der dieser den verstärkten Einsatz ausländischer Arbeitskräfte forderte und hinzufügte: »obwohl ich mir über die teilweise damit verbundenen bevölkerungspolitischen Nachteile im klaren bin«. Auffällig war hierbei die eher wertfreie Formulierung, im Gegensatz zum sonst gebrauchten nationalsozialistischen Vokabular. Genau in diese

---

47 Vgl. Aufzeichnung aus der Volkswirtschaftlichen und Statistischen Abteilung der Reichsbank »Dr. Syrup über den Arbeitseinsatz« vom 9.1.1939, in: BAB, R 2501, Nr. 6585, Bl. 140–143, hier Bl. 141 f.
48 Vgl. Entwurf eines Schreibens des Wehrwirtschaftsstabes an J (V) vom 18.1.1939, in: BA-MA, RW 19, Nr. 2140, Bl. 309–312, hier Bl. 309.
49 Vgl. Stothfang, Aufgaben, S. 9.
50 Vgl. 36. Sitzung des Generalrats (Arbeitsausschuß) vom 1. Februar 1939, in: BAB, R 26 IV, Nr. 5, Bl. 204–207, hier Bl. 204.
51 Vgl. 37. Sitzung des Generalrats (Arbeitsausschuß) vom 15. Februar 1939 unter dem Vorsitz von Staatssekretär Körner, in: ebd., Bl. 209–213, hier Bl. 209.

Richtung ging bereits das Resultat einer Besprechung vom 12. Juli 1937: »Gegen die Hereinholung polnischer landwirtschaftlicher Dauerarbeiter werden von allen Seiten grundsätzliche Bedenken geltend gemacht, zugleich aber darauf hingewiesen, daß diese Bedenken gegenüber den Erfordernissen des Vierjahresplanes zurücktreten müssen.« Gleichzeitig hatten die so Argumentierenden aber bereits den kommenden Krieg im Blick. In diesem Sinne forderte Göring auf einer Sitzung am 19. Januar 1938 eine Anwerbung ausländischer Arbeitskräfte »ohne Rücksicht auf Volkstumsbelange«, denn »wenn einmal die Grenzen erweitert werden würden, so käme es nicht darauf an, wieviel Volksdeutsche in dem Gebiet säßen«.[52]

Mitte 1939 beschäftigte die deutsche Landwirtschaft auf Grund bilateraler Abkommen etwa 37.000 Italiener, 15.000 Jugoslawen, 12.000 Ungarn, 5.000 Bulgaren und 4.000 Holländer. Umstritten wegen der Devisenknappheit und der Kritik der Rassenideologen, die eine Gefahr für die »Blutreinheit« des deutschen Volkes sahen. Eine neue Situation ergab sich mit dem »Anschluß« Österreichs und mit der Annexion des Sudetenlandes, vor allem aber mit der Schaffung des »Protektorates Böhmen und Mähren« 1938/39. Es standen nun 100.000 österreichische Arbeitskräfte und – als ein qualitativer Sprung – 100.000 Tschechen zur Verfügung. Sicherheitspolizeiliche Bedenken führten dazu, dass ab August 1938 in der Berliner Polizeizentrale eine Ausländerzentralkartei eingerichtet wurde. Die Arbeitsverwaltung arbeitete bereits hier eng mit dem SD und den Abwehrstellen zusammen.[53]

Der eklatante Arbeitermangel in der Landwirtschaft konnte so allerdings nicht behoben werden. Die Situation spitzte sich im Frühjahr 1939 weiter zu. Laut einer Anordnung des Stellvertreters des Führers sollten in den Wintermonaten freigesetzte Arbeitskräfte durch freie Vermittlung, notfalls auch durch Dienstverpflichtung, landwirtschaftlichen Betrieben zugewiesen werden. Da mit einem saisonbedingten Zugang von Kräften aus der Industrie bei den Arbeitsämtern in größerem Umfange nicht zu rechnen sei und ein solcher Zugang auch gar nicht ausreiche, sollte in allen Arbeitsamtsbezirken geprüft werden, von welchen gewerblichen Betrieben Arbeitskräfte für einen vorübergehenden oder dauernden Einsatz in der Landwirtschaft abgegeben werden könnten, um die so ermittelten Arbeitskräfte dann beschleunigt der Arbeit in der Landwirtschaft zuzuführen.[54]

Für 1939 vereinbarte man mit Polen ein Kontingent von 90.000 Arbeitskräften, das später auf 115.000 erhöht wurde. Polen verweigerte aufgrund der gewachsenen außen-

---

52 Vgl. Lehmann, Ausländerbeschäftigung, S. 574 f. (Zitate ebd.).
53 Vgl. Schmuhl, Arbeitsmarktpolitik, S. 257 f.
54 Vgl. Abschrift einer Anordnung des Reichsarbeitsministers an die Präsidenten der Landesarbeitsämter vom 6.5.1939, in: BAB, NS 6, Nr. 329, Bl. 4–5, hier Bl. 4. Der Reichswirtschaftsminister hatte sich – trotz der Devisenprobleme – zur Hereinnahme von 80–90.000 polnischen Landarbeitern im Jahre 1939 bereit erklärt. Vgl. Schreiben des Reichsarbeitsministeriums, Dr. Wende, an das Auswärtige Amt vom 12.1.1939, in: PA-AA, R 48696, unpag.

politischen Spannungen die Gestellung des Kontingents für 1939, so dass die deutsche Landwirtschaft Mitte 1939 nur 70.000 ausländische Arbeitskräfte im Rahmen der zwischenstaatlichen Anwerbe-Kontingente beschäftigte. Der Reichsinnenminister erließ die Anordnung, dass polnische Arbeitskräfte auch ohne Papiere nach Deutschland hereingelassen werden durften. Seit dem Frühjahr 1939 überquerten polnische Landarbeiter mit Duldung der deutschen Behörden in großer Zahl illegal die Grenze. Sie sollten den vom Reichsarbeitsministerium entlang der Reichsgrenze errichteten Sammelstellen und vorgeschobenen Stützpunkten zugeführt werden, die vorerst im Bereich der Landesarbeitsämter Schlesien und Brandenburg eingerichtet worden waren. Die Leiter der Sammelstellen hatten eng mit den Grenzpolizeibehörden zusammenzuarbeiten und die aus Polen zuwandernden Arbeitskräfte möglichst vollständig zu erfassen, sie auf vorliegende Arbeitsverträge zu verpflichten und mit entsprechenden Papieren auszustatten. Als die Wehrmacht in Polen einrückte, marschierten Beamte dieser grenznahen Sammelstellen gleich mit.[55] Schlesische Bauern versuchten eigenmächtig, Arbeitskräfte aus der früheren Provinz Posen zu gewinnen, was dazu führte, dass Volksdeutsche von dort als Wanderarbeiter nach Schlesien gingen. Dieser Umstand war bei den deutschen Behörden unerwünscht. Die Arbeitsämter sollten die Betriebsführer darüber aufklären.[56]

Mit dem Kriegsbeginn änderten sich die Koordinaten nachhaltig. Göring drückte diesen Wandel später gegenüber dem Assistenten seines Verteidigers im Nürnberger Hauptkriegsverbrecherprozess so aus: »Meine Idee war: Abwarten! Denn ich brauchte die Polen ja als Arbeiter im Reich. Früher hatten mich doch immer die Devisenbeschränkungen gehindert, im größeren Umfange Fremdarbeiter, insbesondere Saisonarbeiter, ins Reich hereinzulassen. Das kostete doch immer so erhebliche Devisenbeträge, die ins Ausland abflossen! Alles das fiel nun fort.«[57] Am 16. November wies Göring die Arbeitsverwaltung an, »die Hereinnahme ziviler polnischer Arbeitskräfte, insbesondere polnische Mädchen in größtem Ausmaß zu betreiben. Ihr Einsatz und insbesondere ihre Entlöhnung müssen zu Bedingungen erfolgen, die den deutschen Betrieben leistungsfähige Arbeitskräfte billigst zur Verfügung stellen.« Darré präzisierte einige Tage später, im Jahre 1940 sollten der Landwirtschaft circa zwei Millionen polnische

---

55 Vgl. Vermerk aus dem Auswärtigen Amt, Rödiger, vom 18.4.1939, in: PA-AA, R 48696, unpag.; Die Tätigkeit der Arbeitsämter im Generalgouvernement von Bundesverwaltungsrat Dr. Eduard Köhl vom 4.7.1956, in: BABay, Ost-Dok. 13, Nr. 273, Bl. 1–21, hier Bl. 10; Schnellbrief des Reichsministers des Innern an die Landesregierungen, den Reichskommissar für das Saarland, den Preußischen Regierungspräsidenten und den Berliner Polizeipräsidenten vom 22.4.1939, in: BAB, R 58, Nr. 459, Bl. 18–19; August, Entwicklung, S. 311 ff.; Kahrs, Verstaatlichung, S. 171 ff.; Schmuhl, Arbeitsmarktpolitik, S. 298 f.
56 Vgl. Schreiben des Reichsarbeitsministeriums, Max Timm, an das Auswärtige Amt vom 28.6.1939, in: PA-AA, R 48697, unpag.
57 Vgl. Bross, Gespräche, S. 15 (Zitat ebd.).

Arbeitskräfte zur Verfügung stehen, sein Staatssekretär Backe kündigte im Dezember vor dem Generalrat der deutschen Wirtschaft an, dass »1 1/2 Millionen Polen ab Januar in die Bedarfsgebiete rollen« müssten.[58]

Eine weitere Sofortmaßnahme zur Verstärkung des polnischen Arbeitskräftepotentials in der deutschen Landwirtschaft bestand in der im Dezember 1939 verfügten Aufhebung der Rückkehrpflicht für polnische Landarbeiter durch Anordnung des Reichsarbeitsministers.[59]

3. Der »Ausländereinsatz« zu Kriegsbeginn: Polnische Kriegsgefangene als »Rettungsanker«

300.000 polnische Kriegsgefangene wurden, nachdem die Entscheidung für einen »Ausländereinsatz« und gegen eine umfassende Dienstverpflichtung deutscher Frauen gefallen war, sehr schnell – und zu 90 Prozent – in landwirtschaftlichen Betrieben im Reich zur Arbeit gebracht. Einen Teil von ihnen, darunter vor allem 85.000 ethnische Ukrainer, entließ die Wehrmacht bereits Anfang 1940 in den Zivilstatus. Bis auf ca. 37.000 wurden dann 1940/41 alle polnischen Kriegsgefangenen zu Zivilarbeitern »umgewandelt«.[60]

Überschwängliches Lob für diesen raschen Einsatz gab es in einer zeitgenössischen Fachzeitschrift. Der Autor, ein bekannter Staatswissenschaftler, bewunderte vor allem die Schnelligkeit, mit der sie der deutschen Landwirtschaft zugeführt wurden. Von den ins Reichsgebiet überführten polnischen Kriegsgefangenen seien häufig innerhalb weniger Tage 70 bis 80 Prozent als Landarbeiter verwendet worden. So seien noch für die Hackfruchternte 1939 rund 300.000 polnische Kriegsgefangene, vor allem zunächst im Osten des Reiches, zum Einsatz gebracht worden. Dieser schnelle Einsatz der polnischen Kriegsgefangenen sei vor allem auf die ausgezeichnete Zusammenarbeit der zuständigen Militärstellen mit der Arbeitseinsatzverwaltung zurückzuführen gewesen.[61]

Auf diesen engen Zusammenhang zwischen dem Kriegsbeginn und dem Höhepunkt der Ernte in Deutschland, machte bereits Edward L. Homze 1967 aufmerksam. Die

---

58 Vgl. Herbert, Fremdarbeiter, S. 79 (Zitate ebd.), ders., Ausländereinsatz, S. 19.
59 Vgl. Schminck-Gustavus, Zwangsarbeitsrecht, S. 165.
60 Vgl. Cybulski, Przenoszenie polskich; Herbert, Fremdarbeiter, S. 79 f.; ders., Ausländer-Einsatz, S. 123; Vergin, Arbeitseinsatzverwaltung, S. 285 ff.; August, Entwicklung, S. 331; Luczak, Arbeiter, S. 98. Vgl. allgemein zum Thema: Nowak, Kriegsgefangene. Zur rechtlichen Bewertung der Zwangsarbeit der Kriegsgefangenen vgl.: Mikos-Skuza, Deportacje, S. 141 ff.
61 Vgl. Willeke, Arbeitseinsatz, S. 199 f. Die Zahlen differieren leicht: Ulrich Herbert geht davon aus, dass im November 1939 bereits 250.000 und bis zum Jahresende ca. 300.000 polnische Kriegsgefangene in der deutschen Landwirtschaft eingesetzt worden seien. Vgl. Herbert, Fremdarbeiter, S. 78.

Einberufungen zur Wehrmacht, gerade eben auch aus den Kreisen der Landwirtschaft, hatten die Arbeitskräftesituation dort noch weiter verschärft, was zu einiger Nervosität bei den Entscheidungsträgern führte, so dass die polnischen Kriegsgefangenen so etwas wie ein »Rettungsanker« waren.[62] Die Planungen für ihren Einsatz hatten früh begonnen. Bereits im Juli 1938 hatte es erste Diskussionen in der NS-Führungsspitze über die Vorbereitungen für die Verwendung von Kriegsgefangenen in der Landwirtschaft gegeben.[63]

Der Wehrwirtschaftsstab nahm diesen Faden im Januar 1939 auf. In der Landwirtschaft würde im Kriegsfall der Mangel an Arbeitskräften im Vergleich zu anderen Wirtschaftszweigen am stärksten auftreten. Daher sollte hier »im Interesse der Ernährungssicherung« der Einsatz der Kriegsgefangenen in erster Linie erfolgen. Dafür sprächen auch die Erfahrungen des Ersten Weltkrieges, wo zwei Drittel aller Kriegsgefangenen in der Landwirtschaft beschäftigt waren.[64] Allgemein werde es darauf ankommen, bei dem Arbeitseinsatz eine möglichst zweckmäßige Auswahl der Kriegsgefangenen nach ihrer Eignung für die Arbeiten sicherzustellen und den Arbeitseinsatz in die Arbeitermangelgebiete zu lenken. Aus diesem Grunde sei die Beteiligung der Arbeitsämter und Landesarbeitsämter bei dem Arbeitseinsatz der Kriegsgefangenen von vornherein notwendig.[65]

Grundsätzlich sollten die Stammlager für die Kriegsgefangenen möglichst in den Bezirken angelegt werden, die voraussichtlich den größten und dringendsten Arbeiterbedarf hatten. Für jedes Stammlager hatte der Reichsarbeitsminister ein Landesarbeitsamt (bzw. Arbeitsamt) für federführend zu erklären, das im Lager die Erfassung der Gefangenen durchführen und den Kommandanten des Lagers in allen Arbeitseinsatzfragen beraten sollte. Soweit der Arbeitseinsatz der Kriegsgefangenen nicht zentral durch das OKW, den Generalbevollmächtigten für die Wirtschaft und den Reichsarbeitsminister gesteuert werde, gingen sämtliche Anforderungen von Arbeitskommandos an das zuständige Landesarbeitsamt, das zu der Dringlichkeit der Anforderung Stellung nehmen sollte. Der Einsatz selbst hatte in enger Zusammenarbeit zwischen Landesarbeitsamt und Stammlager zu erfolgen.[66]

---

62 Vgl. Homze, Labor, S. 23. Zur späteren, ähnlichen Interpretation vgl. Mason, Krise, S. 167.
63 Vgl. Ergebnis der Besprechung bei Generalfeldmarschall Göring in Karinhall am 16.7.1938 vom 18.7.1938, in: StaN, Rep. 502 KV-Anklage, Dokumente, Fotokopien, PS-1436, unpag.
64 Vgl. zum Arbeitseinsatz der polnischen Kriegsgefangenen im Ersten Weltkrieg: Herbert, Geschichte, S. 84 ff.
65 Vgl. Entwurf eines Schreibens des Wehrwirtschaftsstabes an J (V) vom 18.1.1939, in: BA-MA, RW 19, Nr. 2140, Bl. 309–312, hier Bl. 309.
66 Vgl. Schnellbrief des Generalbevollmächtigten für die Wirtschaft an das Oberkommando der Wehrmacht, Abteilung Inland, Major Breyer, vom 28.1.1939, zit. nach: IMG, Bd. 36, S. 545–549 (EC-488).

Bereits drei Wochen nach Kriegsbeginn verfügte fast jeder Wehrkreis bzw. jedes Landesarbeitsamt über ein Stalag. Das Reichsarbeitsministerium rechnete damit, dass sämtliche Lager bald voll belegt sein würden. Für die Landesarbeitsämter und Arbeitsämter ergab sich daraus nach Ansicht des Ministeriums die Aufgabe, den Einsatz der Kriegsgefangenen beschleunigt einzuleiten, um der Wirtschaft, insbesondere der Landwirtschaft, die dringend benötigten Arbeitskräfte zuzuführen und zugleich in den Stalags Platz für weitere Kriegsgefangene zu schaffen. Dazu wurden in den Lagern vom jeweils federführenden Arbeitsamt eigene Vermittlungsstellen eingerichtet.[67] Diese Außenstellen der Arbeitsämter in den Lagern waren zuständig für die Erfassung der Gefangenen mit Hilfe der im Stalag erstellten Arbeitseinsatzkarten. Sie wirkten mit bei der Zusammenstellung der Arbeitskommandos, beim Transport an den Arbeitsplatz sowie beim Abschluss der Verträge mit den Betrieben. Die Betriebe hatten ihren Arbeitskräftebedarf dem zuständigen Arbeitsamt zu melden, das sich an das für das Stalag zuständige Arbeitsamt wandte.[68]

Die Kriegsgefangenen wurden von der deutschen Wirtschaft in einem Maße benötigt, dass ihre Zahl schon im Dezember 1939 bei weitem nicht ausreichte – von den angeforderten über 450.000 Kriegsgefangene konnten nur die genannten 300.000 gestellt werden. Der größte Teil der Kriegsgefangenen – rund 270.000 Mann – war in der Landwirtschaft eingesetzt. Bereits zu diesem Zeitpunkt war den Verantwortlichen bewusst, dass der größte Teil der in landwirtschaftlichen Betrieben beschäftigten Kriegsgefangenen dort auch während der Wintermonate benötigt werden würde.[69] Von Wehrmachtsseite ging man davon aus, dass im Frühjahr 1940 circa eine Million ziviler polnischer Arbeitskräfte nach Deutschland kommen werde, die nicht zusammen mit den polnischen Kriegsgefangenen eingesetzt werden sollten.[70]

Die Kriegsgefangenen erwiesen sich im allgemeinen nach kurzer Einarbeitung als leistungsfähige Kräfte. Die meisten der landwirtschaftlichen Betriebe wollten deshalb die ihnen im Herbst zugeteilten Polen auch den Winter über behalten, um zu Beginn der Frühjahrsbestellung sofort über eingearbeitete Kräfte zu verfügen.[71]

Da durch die so genannten »Polen-Verordnungen« der staatspolizeiliche Zugriff auf die zivilen polnischen Arbeitskräfte nicht weniger umfassend war als derjenige der Wehrmacht auf die Kriegsgefangenen, wurden polnische Kriegsgefangene durch den Befehl des Oberkommandos der Wehrmacht vom 18. Mai 1940 in den zivilen Status

---

67 Vgl. Schnellbrief des Reichsarbeitsministers, Timm, an die Präsidenten der Landesarbeitsämter vom 22.9.1939, in: BA-MA, RW 19, Nr. 2140, Bl. 11–12, hier Bl. 11 VS+RS.
68 Vgl. Schmuhl, Arbeitsmarktpolitik, S. 298.
69 Vgl. Abschrift eines Schreibens des Generalbevollmächtigten für die Wirtschaft, Dr. Posse, an den Reichsminister des Innern vom 5.12.1939, in: BA-MA, RW 19, Nr. 2141, Bl. 234–236.
70 Vgl. Aktenvermerk über eine Besprechung beim Chef des Allgemeinen Wehrmachtsamtes, Generalmajor Reinecke, am 18.12.1939, in: ebd., Bl. 232 VS + RS.
71 Vgl. Stothfang, Monate, S. 5 f.; Timm, Arbeitseinsatz, S. 99.

entlassen. Sie mussten sich verpflichten, jede vom Arbeitsamt zugewiesene Arbeit zu verrichten und die Arbeitsstelle ohne Genehmigung des Arbeitsamtes und der Polizeibehörden nicht zu verlassen. Zutreffend bemerkte das Reichsministerium für Bewaffnung und Munition zu der Anordnung, dass sich praktisch überhaupt nichts ändere, die ehemaligen Kriegsgefangenen würden weiter an ihrem bisherigen Einsatzort arbeiten. Die Beaufsichtigung der Polen gehe lediglich von der Wehrmacht auf die Polizei über.[72]

Die Kriegsgefangenen wurden am Arbeitsort entlassen, also nicht in das zuständige Stalag zurückgeführt und von den militärischen Dienststellen dem für den Arbeitsort zuständigen Arbeitsamt übergeben. Die entlassenen Kriegsgefangenen waren von den Arbeitsämtern ebenso wie die polnischen Zivilarbeiter zu behandeln und zu erfassen.[73] Für den zivilen Sektor des Arbeitseinsatzes der Kriegsgefangenen blieb auch im Generalgouvernement ausschließlich die Arbeitsverwaltung zuständig. Zentral geleitet wurde er von der Geschäftsgruppe Arbeitseinsatz des Beauftragten für den Vierjahresplan.[74]

---

72   Vgl. Rundschreiben des Reichsministers für Bewaffnung und Munition an die nachgeordneten Behörden vom 1.7.1940, zit. nach: Doc. Occ., Bd. IX, Dok. 40, S. 67–69; Schäfer, Zwangsarbeiter, S. 31 f.; Schminck-Gustavus, Zwangsarbeitsrecht, S. 165.
73   Vgl. Schnellbrief des Reichsarbeitsministers an die Präsidenten der Landesarbeitsämter vom 20.5.1940, zit. nach: Doc. Occ., Bd. X, Dok. I-33, S. 77–78.
74   Vgl. Runderlaß Nr. 171/41 der Hauptabteilung Arbeit in der Regierung des Generalgouvernements an die Leiter der Abteilungen Arbeit bei den Gouverneuren der Distrikte und die Leiter der Arbeitsämter im Bereich des Generalgouvernements vom 20.10.1941, in: IPN, 196 PB, Nr. 359, Bl. 147–152; Rundschreiben von Staatssekretär Körner, Beauftragter für den Vierjahresplan, vom 14.11.1941, in: StaN, Rep. 502 KV-Anklage, Dokumente, Fotokopien, PS-1193; Eidesstattliche Erklärung von Walter Stothfang vom 24.3.1947, in: ebd., NI-5672.

Karsten Linne
Die deutsche Arbeitsverwaltung zwischen »Volkstumspolitik« und Arbeiterrekrutierung – das Beispiel Warthegau

1. Deutsche Besatzungspolitik im Warthegau: Ziele und Maßnahmen

In der Anfangsphase des Krieges gegen Polen lassen sich die geplanten organisatorischen Maßnahmen für die einzugliedernden Gebiete und für das spätere »Generalgouvernement« nicht immer scharf voneinander trennen. In einem »Führer-Erlass« an den Oberbefehlshaber des Heeres vom 8. September 1939 steckte Hitler die ersten Strukturen für das besetzte Gebiet ab: Die Gesamtleitung der zunächst einzurichtenden Militärverwaltung übertrug er einem Oberbefehlshaber Ost. Das besetzte Ostgebiet wurde nach der Verordnung in vier Militärbezirke (Westpreußen, Posen, Łódź und Krakau) unterteilt, an deren Spitze jeweils ein Befehlshaber stand. Als untere Hierarchieebene der Verwaltung waren deutsche Land- und Stadt-Kommissare vorgesehen. Der Oberbefehlshaber und die Befehlshaber erhielten je einen Verwaltungsstab mit einem entsprechenden Verwaltungschef zur Seite gestellt.[1] Der folgende Erlass Hitlers vom 25. September 1939 über die »Organisation der Militärverwaltung in den besetzten ehemals polnischen Gebieten« bestätigte nochmals die Struktur und das Personaltableau.[2]

Die Ablösung der Militärverwaltung war allerdings bereits Anfang Oktober beschlossene Sache; der angestrebte »Volkstumskampf« in den einzugliedernden Ostgebieten duldete keine Abhängigkeit vom Oberbefehlshaber des Heeres und etwaigen gesetzlichen Bindungen.[3] Der entsprechende Erlass Hitlers vom 8. Oktober 1939 bestimmte die Bildung der Reichsgaue Westpreußen und Posen als Teile des Deutschen Reichs. An der Spitze stand jeweils ein Reichsstatthalter, dem sämtliche Verwaltungszweige untergeordnet wurden. Die Sonderbehörden auf der Kreisebene – wie z. B. die Arbeitsämter – waren bis auf Weiteres den Landräten unterstellt.[4] In den eingegliederten Gebieten

---

1 Vgl. Führer-Erlaß an den Oberbefehlshaber des Heeres vom 8.9.1939, zit. nach: Moll, »Führer-Erlasse«, Dok. Nr. 6, S. 92–94, hier S. 93.
2 Vgl. Erlaß des Führers über die Organisation der Militärverwaltung in den besetzten ehemals polnischen Gebieten vom 25.9.1939, in: BA-MA, RH 2, Nr. 131, Bl. 30–34; Umbreit, Weg, S. 36.
3 Vgl. ebd., S. 41.
4 Vgl. Erlaß des Führers und Reichskanzlers über Gliederung und Verwaltung der Ostgebiete vom 8.10.1939, in: RGBl., T. I 1939, Nr. 204 vom 18.10.1939, S. 2042–2043; Seeber, Zwangsarbeiter, S. 101.

differenzierte sich die Verwaltung langsam aus. In der Behörde des Reichsstatthalters wurden einzelne Abteilungen für die unterschiedlichen Verwaltungsaufgaben eingerichtet, darunter eine Abteilung 5 »Wirtschaft und Arbeit«.[5]

Der am 26. Oktober 1939 proklamierte Reichsgau Posen (seit 1940: Wartheland)[6] war mit 43.943 Quadratkilometern und 4,5 Millionen Einwohnern fast so groß wie alle anderen eingegliederten polnischen Gebiete zusammen. Über seine endgültige territoriale Gestalt war erst im November 1939 entschieden worden, als das Industriegebiet um Łódź vom Generalgouvernement abgetrennt und dem Reichsgau Posen zugeteilt wurde. Gegliedert war er in die drei Regierungsbezirke Posen, Kalisch (später nach dem in »Litzmannstadt« umbenannten Łódź verlegt) und Hohensalza (Inowrocław).[7]

Die eingegliederten Gebiete waren die industriell und landwirtschaftlich am weitesten entwickelten Teile Polens, in denen etwa vier Fünftel der Industrie konzentriert waren, insbesondere in Oberschlesien (Steinkohle und Stahl), aber auch in Łódź (Textilindustrie). Hier wurden vor 1939 die gesamte Kohle und der gesamte Zink Polens gefördert, 97,5 Prozent des Roheisens und 90 Prozent des Stahls produziert, aber auch 70 Prozent des polnischen Zuckers erzeugt; die Getreideerträge lagen hier beträchtlich höher als im Landesdurchschnitt. Insbesondere das Wartheland galt im Vorkriegspolen als landwirtschaftliches Überschussgebiet. Deshalb sollten die Gebiete schnell in die Wirtschaft des Reiches integriert und ihre Produktionskapazitäten, Rohstoffe und Arbeitskräfte für die Bedürfnisse der Kriegswirtschaft genutzt werden. Aus diesen Gründen ging dort die Periode der Plünderungen und Konfiskationen der ersten Wochen bald zu Ende, und die deutschen Besatzer begannen mit der systematischen Ausbeutung aller wirtschaftlichen Ressourcen. Im Zuge der Eingliederung dieser Gebiete in das Deutsche Reich strebten die deutschen Besatzer deren »Entpolonisierung«, d.h. die Vertreibung von acht Millionen Polen und Juden sowie die Enteignung jeglichen polnischen wie jüdischen Besitzes an. Solange die Polen in diesen Gebieten in der Überzahl waren und eben auch als billige Arbeitskräfte gebraucht wurden, sollten sie von der deutschen Bevölkerung ferngehalten und überdies in allen Lebensbereichen schlechter gestellt werden.[8] In der Folge wies der Warthegau von allen besetzten bzw. eingegliederten Gebieten die höchste Zahl an Enteigneten und Ausgesiedelten auf, ebenfalls den größten Anteil an den zur Zwangsarbeit ins Altreich Verschleppten (12,2 Prozent der Gesamtbevölkerung – im Gegensatz zu 10,3 Prozent im Generalgou-

---

5 Vgl. Zweite Verordnung zur Durchführung des Erlasses des Führers und Reichskanzlers über Gliederung und Verwaltung der Ostgebiete vom 2.11.1939, in: RGBl., T. I 1939, Nr. 218 vom 4.11.1939, S. 2133–2134.
6 Vgl. Zweiter Erlaß des Führers und Reichskanzlers zur Änderung des Erlasses über Gliederung und Verwaltung der Ostgebiete vom 29.1.1940, in: ebd., T. I 1940, Nr. 23 vom 5.2.1940, S. 251.
7 Vgl. Röhr, Reichsgau, S. 34 f.
8 Vgl. Musial, Schlachtfeld, S. 18 f.; Röhr, Okkupationspolitik (1992), S. 49 f.; Janicki, Wirtschaftspolitik.

vernement und 3,5 Prozent in Oberschlesien und Westpreußen) und nicht zuletzt auch den größten Anteil an Polen, die in die Konzentrationslager verbracht wurden.[9]

Die Grundlinien der geplanten Entwicklung im besetzten Polen wurden während einer Besprechung führender Angehöriger des Reichssicherheitshauptamtes (RSHA) am 21. September 1939 festgelegt. Demnach sollten die früheren preußischen Provinzen als Reichsgaue in das Deutsche Reich eingegliedert werden. Zudem plante man einen »Gau mit fremdsprachiger Bevölkerung« mit dem Verwaltungssitz Krakau, der als »Niemandsland« außerhalb des neu zu schaffenden »Ostwalls« liegen sollte. Einigkeit bestand darüber, die Juden in dieses Gebiet zu deportieren. Die polnische Führungsschicht sollte »unschädlich gemacht«, d. h. getötet oder in Konzentrationslager verbracht werden. In erster Linie sollten jedoch die jüdischen Kleinsiedler vom Lande vertrieben und mit der restlichen jüdischen Bevölkerung in städtischen Ghettos konzentriert werden, um eine bessere Kontroll- und spätere Abschiebemöglichkeit zu haben. Für die polnischen Arbeiter sahen die RSHA-Planer ebenfalls die Vertreibung und eine unsichere ökonomische Zukunft vor. »Ziel ist: der Pole bleibt der ewige Saison- und Wanderarbeiter, sein fester Wohnsitz muß in der Gegend von Krakau liegen.«[10]

Aufmerksamen Beobachtern, wie den Vertrauensleuten der SPD, fiel sofort auf, dass die Arbeitskräfte der wichtigste wirtschaftliche Gewinn Deutschlands in Polen waren, gerade bei dem Entzug von Arbeitskräften durch die Mobilisierung und dem gleichzeitigen Bedürfnis nach weiterer Steigerung der Produktion. In dieser Lage müsse der Gewinn an Arbeitskräften, den Deutschland aus den 20 Millionen Polen ziehen könne, sehr hoch veranschlagt werden.[11]

Am 8. Dezember 1939 bekräftigte Göring seine Vorgaben: Oberstes Ziel aller im Osten – und damit meinte er sowohl die eingegliederten Gebiete wie auch das Generalgouvernement – zu treffenden Maßnahmen hatte die Stärkung des deutschen Kriegspotentials zu sein. Diesem Ziel müssten alle Maßnahmen untergeordnet werden, auch der Versuch die neuen Gaue sofort auf den Standard des Altreichs zu bringen. Die Wirtschaft konnte nach Göring nur dann in der gewünschten Weise aufrechterhalten und gesteigert werden, wenn genügend Arbeitskräfte im Lande blieben. Alle geplanten Deportationen seien darauf abzustellen, dass brauchbare Arbeitskräfte nicht betroffen sein würden.[12]

---

9 Vgl. Dlugoborski, Besatzungspolitik, S. 334; Luczak, Arbeiter, S. 98 f.
10 Vgl. Vermerk über die Einsatzgruppenleiterbesprechung mit dem Amtschef am 21.9.1939 vom 27.9.1939; in: BAB, R 58, Nr. 825, Bl. 26–30 (Zitat Bl. 29).
11 Vgl. Deutschland-Berichte der Sozialdemokratischen Partei Deutschlands, 6 (1939) 9, November 1939, S. 1063 f.
12 Vgl. Abschrift des Protokolls einer Sitzung über Ostfragen unter dem Vorsitz des Ministerpräsidenten Generalfeldmarschall Göring am 12.2.1940 von Friedrich Gramsch, in: BA-MA, RW 19, Nr. 5934, unpag.

Der im Warthegau als Reichsstatthalter und Gauleiter eingesetzte Arthur Greiser[13], ehemaliger Senatspräsident der Freien Stadt Danzig, verfolgte eine Politik der strikten Trennung zwischen Polen und Deutschen in seinem Herrschaftsgebiet. Nur, da man auf die polnischen Arbeitskräfte noch angewiesen sei, sei ein tägliches Zusammensein zwischen deutschen und polnischen Angehörigen eines Betriebes noch nicht zu vermeiden. Gerade deshalb hielt er strenge Richtlinien für erforderlich: Deutsche, die über das dienstlich oder wirtschaftlich notwendige Maß hinaus Umgang mit Polen pflegten, sollten in Schutzhaft genommen werden, in schweren Fällen käme die Überführung in ein Konzentrationslager in Betracht.[14]

Der Warthegau bildete das Zentrum der Massenaussiedlungen von Polen und Juden aus den »eingegliederten Ostgebieten«, von hier wurden nicht nur hunderttausende Polen vertrieben, hier befanden sich auch die Schaltstellen und die organisatorischen Zentren für die Massenaussiedlung aus den anderen annektierten Gebieten Polens. Sie sollten jeweils Raum schaffen für die Ansiedlung »volksdeutscher« Siedler aus Ost- und Südosteuropa. Die meisten dieser Ansiedler wurden im Wartheland untergebracht. Vor dem Hintergrund dieser Bevölkerungstransfers spielten sich die Aktivitäten der deutschen Arbeitsverwaltung ab.[15]

Der Reichsgau Wartheland wurde deshalb zum mit Abstand wichtigsten Experimentierfeld nationalsozialistischer Rassenpolitik in Polen. Hier war nicht nur die Rückeroberung der nach dem Ersten Weltkrieg verlorenen und die Annexion niemals zum Deutschen Reich gehöriger Gebiete das Ziel, vielmehr sollte die Politik der »Germanisierung« durch die Vernichtung, Deportation und Inhaftierung der »Fremdvölkischen« sowie »unnützer Esser« wie der Geisteskranken und anderer Behinderter stattfinden. Der »Mustergau Wartheland« sollte als Vorbild für das Deutsche Reich nach dem Krieg dienen, ein »Exerzierplatz des Nationalsozialismus« sein.[16]

Germanisierungs- und Volkstumspolitik

Den besetzten polnischen Westgebieten kam eine besondere Bedeutung zu: Traditionell bildeten sie deutsches Interessengebiet, in ihnen gab es einen relativ starken deutschen Bevölkerungsanteil von gebietsweise bis zu 17 Prozent. Im Selbstverständ-

---

13 Vgl. zu seiner Person: Epstein, Model Nazi; Kershaw, Greiser; Łuczak, Greiser.
14 Vgl. Richtlinien Arthur Greisers, Reichsstatthalter im Reichsgau Wartheland, für das Verhalten der deutschen Einwohner zur polnischen Bevölkerung vom 25.9.1940, zit. nach: Röhr, Okkupationspolitik (1989), Dok. 77, S. 190; Marczewski, Zagadnienie.
15 Vgl. Nawrocki, Wysiedlanie; Röhr, »Reichsgau Wartheland«, S. 40 f.; Marczewski, Hitlerowska koncepcja, bes. S. 222 ff.; Janicki, Wieś w Kraju Warty, S. 61 ff.; Łuczak, »Kraj Warty«, S. 48 ff.
16 Vgl. Alberti, »Exerzierplatz«, S. 111; Matelski, Polityka germanizacji; Madajczyk, Okkupationspolitik, S. 513 f.

nis der Besatzer handelte es sich beim Warthegau nicht um eine Besetzung, sondern um die Wiedereingliederung alten deutschen bzw. »germanischen Kulturbodens«.[17] Schon frühzeitig machten die Nationalsozialisten deutlich, dass ihnen für den Warthegau eine radikale Germanisierungspolitik vorschwebte. Dazu sollte jedem Ort möglichst schnell »ein deutsches Gepräge« gegeben werden. Zur Veränderung des äußeren Erscheinungsbildes gehörte auch, dass arbeitslose, »herumlummernde« Polen von der Straße verschwinden und deshalb zu Notstandsarbeiten herangezogen, wenn nötig in Zwangsarbeiterkolonnen zusammengefasst werden sollten.[18]

Gerade der Reichsstatthalter und Gauleiter Greiser betonte bei jeder sich bietenden Gelegenheit die überragende Bedeutung der Volkstumspolitik für den Aufbau des Warthegaues. Seine zwei zentralen Forderungen lauteten: »1.) Deutscher Boden darf nur in Hand von Deutschen sein. 2.) Es muß ein lebendiger Wall von deutschen Menschen unsere Grenzen schützen.« Deshalb müssten eine Sichtung des vorhandenen Volkstums und ein forcierter Siedlungsvorgang stattfinden.[19] Himmler unterstrich diese Ziele bei einem Besuch der Einwandererzentralstelle (EWZ) in Łódź am 13. Dezember 1939: »Die rassische Untersuchung soll verhindern, daß sich im neu besiedelten Osten Mongolentypen entwickeln. Ich möchte hier eine blonde Provinz schaffen.«[20]

Aber man sollte sich von diesen ideologischen Vorgaben nicht blenden lassen. Resümierend stellt ihnen gegenüber der Militärhistoriker Hans-Erich Volkmann in Bezug auf Polen fest: »Die nationalsozialistische Expansionspolitik war in viel stärkerem Maße, als dies die historische Forschung bislang zur Kenntnis genommen hat, ökonomisch motiviert.« Eine Bewertung der NS-Volkstumsideologie, des kulturpolitischen Sendungsbewusstseins und der Revisionsforderungen als Dominanten des Polenfeldzuges würde argumentativ zu kurz greifen und die wichtige wirtschaftliche Komponente des Handelns ausblenden. Die Wirtschaftspolitik gegenüber dem Reichsgau Wartheland geriet sehr rasch in ein unaufhebbares Dilemma, als sich die Unmöglichkeit erwies, kriegswirtschaftliche Erfordernisse mit volkstumspolitischen Zielsetzungen in Einklang zu bringen. Dabei blieb die Volkstumspolitik weit hinter ihren gesteckten Zielen zurück: Ende 1941 machten Deutsche nur 14, Polen hingegen 80 und Juden 6 Prozent

---

17 Vgl. Hansen, Warthegau, S. 55; Heinemann, »Rasse«, S. 187 f. Vgl. zum Scheitern der nationalsozialistischen »Germanisierungspolitik«: Łuczak, »Kraj Warty«, S. 63 ff.; Madajczyk, Polityka III Rzeszy, Bd. 1, S. 324 ff.
18 Vgl. Abschrift der Richtlinien für den Verwaltungsaufbau in den Kreisen und Städten der Provinz Posen des Chefs der Zivilverwaltung, Greiser, vom 29.9.1939, in: BAB, R 138 II, Nr. 15, Bl. 1–2, hier Bl. 1.
19 Vgl. Vortrag von Greiser auf der Befehlshabertagung in Bad Schachen, Oktober 1943, in: IfZ, ED 34/1, Bl. 34–38 (Zitat Bl. 34).
20 Durchschrift eines Schreibens des Chefs des Rasse- und Siedlungshauptamtes der SS Pancke an den Reichsführer SS, Reichskommissar für die Festigung deutschen Volkstums vom 26.12.1939, in: BAB, NS 2, Nr. 60, Bl. 3–6, hier Bl. 4.

der Bevölkerung des Warthegaues aus. Dabei stammten nur 10 Prozent aller Deutschen aus dem Altreich, während die »Umsiedler« 38 Prozent der deutschen Bevölkerung stellten. Der Anteil der Polen an der Gesamtarbeiterschaft nahm ab 1940 zu und lag im Bereich der Rüstungswirtschaft 1942 bei 80 bis 90 Prozent. Der Verzicht auf polnische Arbeitskräfte erwies sich als unmöglich, da der Zuzug aus dem Altreich nicht in ausreichendem Maße stattfand. Noch nicht einmal deutsche Führungskräfte waren in genügender Zahl vorhanden.[21]

»Rassenmusterung« und »Durchschleusung«

Am 6. Oktober 1939, wenige Wochen nach Kriegsbeginn, verkündete Hitler in einer Reichstagsrede die Absicht, in den Ostgebieten »eine neue Ordnung der ethnographischen Verhältnisse, das heißt, eine Umsiedlung der Nationalitäten« schaffen zu wollen.[22] Einen Tag später übertrug er Himmler die praktisch-organisatorische Seite der so genannten »Volkstumspolitik«; dieser gründete daraufhin die Institution des Reichskommissars für die Festigung deutschen Volkstums (RKF).[23] In den eingegliederten Ostgebieten sollte zunächst die gesamte jüdische und ein Teil der polnischen Bevölkerung vertrieben, das heißt in aller Regel in das Generalgouvernement »abgeschoben« werden. Zwei Gruppen von Polen sollten bleiben: Leute, die als Arbeitskräfte gebraucht wurden, und solche, von denen man annahm, dass sie »eingedeutscht« werden könnten. Gerade die letzteren wurden erneut einer genauen Selektion unterworfen – man nannte das »Feinauslese«. Die Familien wurden hinsichtlich ihrer »rassischen«, körperlichen und beruflichen Qualitäten untersucht. Die Auswahl nach den Kriterien der Arbeitsfähigkeit und Qualifikation stand dabei an erster Stelle. Geeignete Arbeitskräfte wurden dem Arbeitsamt übergeben, das die weitere Verteilung innerhalb des Warthegaus oder, häufiger, in das Altreich übernahm. Insgesamt ging es darum, dass »die rassisch wertvollen Sippen dem Polentum abgeschöpft werden« sollten.[24]

Wie die Vertreibung der polnischen und jüdischen Bevölkerung in das Generalgouvernement vonstatten gehen sollte, machte Hitler einigen Spitzenvertretern des Regimes am 17. Oktober 1939 deutlich. Das Generalgouvernement sollte als Auffangplatz dienen, um das alte und neue Reichsgebiet »zu reinigen von Juden und Polaken«. Gab

---

21 Vgl. Volkmann, Ideologie, S. 422 (Zitat ebd.); Łuczak, »Kraj Warty«, S. 63 ff.
22 Vgl. Reichstagsrede Hitlers am 6.10.1939, zit. nach: Domarus, Hitler, S. 1377–1393, hier S. 1383 (Zitat ebd.). Aus den Versatzstücken der Hitlerschen Rhetorik formierte sich, so Sybille Steinbacher, innerhalb kurzer Zeit ein unter dem Begriff »Volkstumspolitik« firmierendes Programm. Vgl. Steinbacher, Musterstadt, S. 79.
23 Vgl. Stiller, Reichskommissar sowie nach wie vor die ältere Arbeit von Koehl, RKFDV.
24 Vgl. Aly, Selektion, S. 137 ff.; Esch, Migrationssteuerung, S. 195 ff. Bezeichnenderweise sieht Esch die Rolle der Arbeitsämter ausschließlich in der Verteilung der Arbeitskräfte und ignoriert ihre Beteiligung an den »rassischen Überprüfungen« etc.

es zunächst die eigenständige Strategie einer forcierten Vertreibung aller »Fremdvölkischen«, so richteten sich die Planungen für die zukünftigen Deportationen ab Oktober nach den Bedürfnissen der anzusiedelnden Volksdeutschen. Die Aussiedlungen richteten sich somit nach den zu beschlagnahmenden Objekten und nicht primär nach rassischen Gesichtspunkten.[25]

Den Auftrag zur »Rassenmusterung« der Volksdeutschen und der Polen, offiziell als »Durchschleusung« bezeichnet, hatte der RKF dem Rasse- und Siedlungshauptamt der SS (RuSHA) erteilt. Hierbei verschränkten sich die Zielsetzungen einer möglichst umfassenden Germanisierungspolitik und eines effektiven Arbeitseinsatzes im Krieg. Dem trug der Chef des RuSHA, Günther Pancke, Rechnung, als er am 20. November 1939 für Himmler einen Durchführungsvorschlag zur »Polenauslese« formulierte: Bei der Evakuierung polnischer Dörfer sollten »für uns tragbare, rassisch wie politisch nicht vollkommen unerwünschte Landarbeiter« nicht ins Generalgouvernement deportiert werden. Tatsächlich wurden umgehend »rassisch wertvolle« Polen von eigens gebildeten Kommissionen aus den Transporten ins Generalgouvernement herausgefiltert und als Arbeitskräfte im Altreich eingesetzt.[26] So sollte durch die »rassischen Musterungen« der Widerspruch zwischen kriegswirtschaftlicher Notwendigkeit und ideologischen Prämissen aufgehoben und die Rekrutierung von Zwangsarbeitern mit den ursprünglichen SS-Plänen zu einer nationalsozialistischen Besatzungs- und Germanisierungspolitik der annektierten polnischen Gebiete verbunden werden.[27]

Die grundsätzliche Problematik des Zusammenhangs zwischen Arbeitsmarkt- und Volkstumspolitik hob die Rüstungsinspektion des Wehrkreises hervor. Der Arbeitseinsatz könne im Interesse einer Festigung des deutschen Volkstums in diesem »völkischen Kampfraum« nur im Zusammenhang mit den bestehenden Volkstumsfragen betrachtet werden.[28]

In seinem so genannten Fernplan bekräftigte das Reichssicherheitshauptamt Ende November 1939 das langfristige Ziel einer »rassischen Musterung« der Polen. Diese sei notwendig, da man bei der angestrebten Besiedlung der neuen Ostgebiete und der damit verbundenen Deportation der Polen und Juden nicht den Bedarf der deutschen Landwirtschaft an polnischen Wanderarbeitern ignorieren dürfe. Das RSHA wollte die als rassisch wertvoll eingestuften Polen im Reichsgebiet »ansetzen«, und sie sollten sich dort allmählich assimilieren. Auf diese Weise sollte das »Polentum«, vor allem die pol-

---

25 Vgl. Alberti, Exerzierplatz, S. 115.
26 Vgl. Durchschrift eines Schreibens des Chefs des Rasse- und Siedlungshauptamtes-SS, Pancke, an den Reichsführer-SS vom 20.11.1939, in: BAB, NS 2, Nr. 60, Bl. 51–59, hier Bl. 55. Vgl. dazu: Heinemann, Rasse, S. 194 f.
27 Vgl. Durchschrift eines Schreibens des Chefs des Rasse- und Siedlungshauptamtes-SS, Pancke, an den Reichsführer-SS vom 20.11.1939, in: BAB, NS 2, Nr. 60, Bl. 51–59, hier Bl. 55.
28 Vgl. Geschichte des Kriegseinsatzes der Rüstungsinspektion des Wehrkreises XXI, Teil II vom 1. Oktober 1940 bis zum 31. Dezember 1941, in: BA-MA, RW 20–21, Nr. 11, Bl. 25.

nische Intelligenz geschwächt werden. Bei dieser »rassischen Auslese« unter den Polen sollten die aus nationalsozialistischer Sicht weniger wertvollen Menschen teilweise zunächst in den Ostprovinzen selbst als Land- und Industriearbeiter verbleiben, ein anderer Teil in das Generalgouvernement deportiert werden, um dort als Arbeitskräfte für die vorgesehenen großen Bauvorhaben zur Verfügung zu stehen.

Die technische Durchführung dieses Mammutprogramms sollte nach detaillierten Teilplänen erfolgen. Als erste Maßnahme war – vom Westen beginnend – die Deportation der Juden in das Generalgouvernement vorgesehen. Ebenso sollten sofort die ehemals politisch führenden Polen ohne Rücksicht auf ihre rassische Zugehörigkeit abgeschoben werden. Nach dieser ersten »ethnischen Säuberung« sollte in einer zweiten Etappe die rassische Beurteilung der Polen in den Ostprovinzen erfolgen. Dafür sollten alle Polen die Arbeitsämter durchlaufen, wo eine kurze unbemerkte rassische Überprüfung durch einen SS-Arzt oder SS-Führer stattfinden sollte, der das Ergebnis auf der Volkszählungskarte zu vermerken hatte. Die Beurteilung unterschied lediglich zwei Gruppen: »Für Verschickung in das Reich geeignet« und »Nicht zur Verschickung in das Reich geeignet«. Auf Grund der Ergebnisse dieser Musterung hatten die Landräte in Zusammenarbeit mit den Arbeitsämtern zu klären, welche Polen der zweiten Kategorie ohne Gefährdung der Wirtschaft des betreffenden Kreises in das Generalgouvernement abgeschoben und welche für die Arbeit im Reich geeigneten Polen zu einem sofortigen Einsatz in der Landwirtschaft abgegeben werden konnten.[29]

Die Prämisse der SS-Stellen war, dass nur Landarbeiter die deutsche Grenze überqueren durften, die vorher eine politische und rassische Prüfung durchlaufen hatten. In einem Entwurf des RuSHA vom März oder April 1940 wurde dann bereits die Rekrutierung von Zwangsarbeitern explizit mit der Auswahl »Wiedereinzudeutschender« verbunden und die zur Deportation vorgesehenen Menschen in drei Gruppen selektiert: »A« (Assimilation), »S« (Saisonarbeiter) und »U« (Untauglich). In einer Besprechung mit Vertretern der Arbeitsverwaltung Posen und Danzig unterstrich Albert Rapp, Leiter des SD-Abschnitts Posen, am 11. Januar 1940, dass zu »der bisherigen Aktion der Evakuierung und der Unterbringung von Balten und Wolhyniendeutschen« nun als dritter Aspekt »die Abschiebung der vom Reich geforderten polnischen Landarbeiter hinzugekommen« sei. Rapp stieß mit seinem Vorschlag, diese rassisch zu mustern allerdings bereits zu diesem frühen Zeitpunkt auf den Widerstand der Zivilverwaltung. So forderte der Vertreter der Abteilung für Wirtschaft und Arbeit des Reichsstatthalters in Posen einen sofortigen Stopp aller Abschiebungen, da sich diese in der Arbeitskräf-

---

29 Vgl. Fernplan der Umsiedlung in den Ostgebieten, vom Reichssicherheitshauptamt, Ehlich, o.Dat. (Ende November 1939), in: BAB, R 69, Nr. 1146, Bl. 1–13, hier Bl. 2 ff.; Aly, Endlösung, S. 70 f.; Roth, Generalplan. Vgl. allgemein zu den Deportationen in das Generalgouvernement: Rutowska, Wysiedlenia, bes. S. 45 ff.; Marczewski, Hitlerowska koncepcja, bes. S. 225.

tebilanz negativ bemerkbar gemacht hätten. Aber diese Position war angesichts der Forderungen Görings nach Arbeitskräften für das Reich nicht zu halten.

Der Leiter der Amtsgruppe III B im RSHA, Hans Ehlich, schlug in einer Denkschrift für Heydrich vom 25. Januar 1940 die Einrichtung von »Umwanderungszentralstellen« vor, die eine »Bestandaufnahme« der polnischen Bevölkerung durchführen und sich dabei »in den Evakuierungsvorgang als Filter einschalten, um den rassisch wertvollen Teil der Polen nach dem Altreich« lenken sollten.[30] Diese Vorüberlegungen führten schließlich zur Gründung der »Umwandererzentralstelle« (UWZ) in Posen am 24. April 1940.[31]

Bei den »Wiedereindeutschungsverfahren« ging es laut Himmler darum, »einerseits rassisch wertvolle Familien dem deutschen Arbeitseinsatz zuzuführen, andererseits, dem polnischen Volkstum diejenigen nordisch bestimmten Familien zu entziehen, aus denen sich erfahrungsgemäß die polnische Führerschicht in der Hauptsache zu ergänzen pflegt«. Die ersten Transporte von »wiedereindeutschungsfähigen« Polen waren bereits im Sommer 1940 ins Altreich gerollt. Insgesamt kamen durch das Votum der Rasseprüfer mindestens 30.000 bis 35.000 Polen zum Zwecke der »Wiedereindeutschung« ins Altreich, wobei allerdings erst im Jahre 1942 wirklich hohe Transportzahlen erreicht wurden. Zunächst führte das RuSHA in Litzmannstadt die Transporte ins Altreich selbst durch, später in Kooperation mit dem Arbeitsamt in Łódź.[32]

Von den rund acht Millionen Polen und Juden im annektierten polnischen Gebiet wollte Himmler eine Million bereits in einem Jahr entfernt wissen. Es gelang seinen Einsatzstäben bis Ende 1944 insgesamt rund eine Million Polen zu vertreiben bzw. zu »verdrängen«, davon zwei Drittel aus dem Warthegau. Die Aussiedlung erfolgte in Kampagnen, den so genannten Nahplänen. Der Schwerpunkt der demographischen »Flur-

---

30 Vgl. Wolf, Utopien, S. 130 ff. (Zitate S. 133 f.); Bericht von Ehlich an Heydrich, o.Dat. (2.2.1940), unpag., in: BAB, ZR 890, A.2. Für die Überlassung einer Kopie danke ich Götz Aly. Zu Ehlich und zur Amtsgruppe III B vgl.: Roth, Ärzte.
31 Vgl. zur UWZ: Esch, Migrationssteuerung.
32 Vgl. Heinemann, Rasse, S. 282 f. und S. 286 ff. Im Mai 1940 resümierte Himmler dieses Vorhaben gegenüber seinen Höheren SS- und Polizeiführern in den annektierten Gebieten wie folgt: »Eine Eindeutschung der Ostprovinzen kann nur gemäss rassischer Erkenntnis erfolgen, indem die Bevölkerung dieser Provinzen gesiebt wird. Die rassisch Wertvollen, die tatsächlich blutlich, ohne Schaden anzurichten – ein Teil sogar mit Nutzen für uns –, von uns in unseren Volkskörper aufgenommen werden können, müssen als einzelne Familien nach Deutschland ins Altreich verpflanzt werden (...). Der andere Teil, der rassisch nicht verschmelzbar ist, bleibt so lange im Lande, wie wir ihn als Arbeitskraft zum Aufbau der Provinzen brauchen und wird im Verlauf de nächsten 5–10 Jahre ohne jede Ausnahme und Gnade ins Generalgouvernement, als Sammelbecken der für Deutschland rassisch nicht Brauchbaren abgeschoben.« Schreiben des Reichsführers SS an die Höheren SS- und Polizeiführer Ost, Nordost, Weichsel, Warthe und Südost vom 20.5.1940, zit. nach: Biuletyn, Bd. XXI, Dok. 9, S. 74.

bereinigung« lag im Warthegau, hier wurden die meisten Polen ausgesiedelt, hierhin wurden die meisten auslandsdeutschen Siedler gelenkt. Ab dem 16. März 1941 stoppte die Wehrmacht alle Transporte in das Generalgouvernement wegen der Vorbereitung des Krieges gegen die Sowjetunion. Bis Kriegsende konnten die Ausgesiedelten nicht mehr in das Generalgouvernement abgeschoben werden. Zahlreiche Polen wurden aber weiterhin von Haus und Hof vertrieben, nur sollten sie jetzt als Arbeitskräfte im Wartheland verbleiben, und sei es als Knechte auf ihrem eigenen Hof. Diese Fortsetzung der Vertreibungspolitik wurde euphemistisch »Verdrängung« genannt.[33]

Bereits im September 1939 begannen die deutschen Besatzer damit, Polen aus den ins Reich eingegliederten Gebieten in das Generalgouvernement auszusiedeln; planlos und mit größter Eile verliefen die entsprechenden, oft brutalen Aktionen. Diesen »wilden« Aussiedlungsaktionen fielen, zusammen mit den auf ähnliche Weise »verschobenen« Juden, fast 135.000 polnische Staatsbürger zum Opfer. In seiner Eigenschaft als Reichskommissar für die Festigung deutschen Volkstums ordnete Himmler am 30. Oktober 1939 an, dass in den Monaten November 1939 bis Februar 1940 aus den ehemals polnischen, jetzt reichsdeutschen Provinzen und Gebieten alle Juden auszusiedeln seien, ferner aus der Provinz Posen »eine noch vorzuschlagende Anzahl besonders feindlicher polnischer Bevölkerung«.[34]

Auch die im Dezember 1939 begonnenen »planmäßigen« Aussiedlungsaktionen wurden in gleicher Eile und mit gleichem Eifer durchgeführt, besonders im Warthegau, wo zwischen dem 1. Dezember 1939 und dem 20. Januar 1940 150.000 Polen ausgesiedelt wurden.[35] Heydrich, der die »ethnischen Säuberungen« zentral leitete, legte zunächst zwei Nah-, einen Zwischen- und einen Fernplan fest. Der erste Nahplan war bereits am 17. Dezember 1939 erfüllt worden: In 80 Transporten deportierte man insgesamt 87.883 Polen und Juden in das Generalgouvernement.[36] Als »Verschubmasse«, die den Baltendeutschen Platz machen musste, wurden Anfang 1940 an hervorgehobener Stelle die Juden definiert, während aus der polnischen Bevölkerung nur ein genau umrissenes Segment abgeschoben werden sollte. Der übrige Teil der Bevölkerung verblieb zunächst und stand für wechselnde Arbeitsaufgaben zur Verfügung: zum einen im betreffenden Gebiet selbst, zusätzlich aber auch im Rahmen des Arbeitseinsatzes im Altreich. Damit hatte sich aber auch gezeigt, dass sowohl in Bezug auf die jüdische als auch die polnische Bevölkerung die ursprüngliche Konzeption Himmlers, die eingegliederten Ostgebiete

---

33 Vgl. Röhr, Reichsgau, S. 43 ff. Vgl. zur Ansiedlung der »volksdeutschen Rücksiedler«: Harvey, Management; dies., »Der Osten braucht dich!«.
34 Vgl. Anordnung 1/II des Reichskommissars für die Festigung Deutschen Volkstums vom 30.10.1939, zit. nach: Biuletyn, Bd. XII, Dok. 2, S. 3F.
35 Vgl. Dlugoborski, Besatzungspolitik, S. 312 f.
36 Vgl. Haar, Differenzkonstruktionen, S. 111.

möglichst sofort von jeglicher nichtdeutscher Bevölkerung zu befreien, vorerst gescheitert war.[37]

Die zugunsten der Wolhyniendeutschen aus dem Warthegau deportierten Polen transportierte man von ihren bisherigen Wohnsitzen aus nach Łódź, wo sie in der städtischen Badeanstalt entlaust und dann dem UWZ-Lager I, Wiesenstraße 4, zugeleitet wurden.[38] Auf dem Hofe des Lagers erwartete sie ein Angehöriger des dortigen SS-Rasse- und Siedlungsstabes und musterte sie grob, er nahm eine »oberflächliche Auslese jener Familien vor, die auf Grund ihres Aussehens geeignet erscheinen, ins Altreich abtransportiert zu werden«. Die anderen warteten in den Aufenthaltsräumen bzw. in einem anderen Lager auf ihren Abtransport ins Generalgouvernement. Sie betraten die »Schleuse« überhaupt nicht; Polizeikräfte transportierten sie sofort nach dem Lager II Luisenstraße ab. Auf den anderen Teil wartete nun die »Durchschleusung« im Lager Wiesenstraße: Nach Aufnahme der Personalien und Erfassung in der Kartei wurden diese Polen nach Familien »rassisch gemustert« und gesundheitlich untersucht. Die rassische Bewertung teilte in die Kategorien AR (ins Altreich zur Assimilierung), GG (ins Generalgouvernement Abzuschiebende) und WA (Wanderarbeiter) auf. Falls sich herausstellte, dass ein Teil der Familie »rassisch minderwertig« erschien, konnte die komplette Familie abgelehnt werden. Ein Arzt des Arbeitsamtes untersuchte diese Familien, und einzelne Familienmitglieder, die als rassisch gut eingestuft wurden, konnten zum Arbeitseinsatz ins Reich kommen. Jene Familien, die bei der Musterung als voll tauglich befunden wurden, fotografierte man anschließend, die erwachsenen Familienmitglieder erhielten Fremdenpässe des Deutschen Reiches. Diese Personen wurden dem Vertreter des Arbeitsamtes übergeben, der für den Abtransport in das Lager III Konstantynów sorgte. Nach einer leicht differierenden Darstellung stellte man diesen Polen bei der »Durchschleusung« auch eine Arbeitserlaubniskarte aus. In Konstantynów wurde den Polen von einem Beauftragten der UWZ der Fremdenpass und die Kennkarte ausgehändigt und gleichzeitig auf der Lagerkarteikarte (Familienkarte) die von der Wiesenstraße mit nach Konstantynów ging, vermerkt, wohin sie in Arbeit vermittelt wurden. Gleiches galt für die Einzelpersonen, nachdem sie vom Arbeitsamt gemustert und als Saisonarbeiter für den kurzfristigen Arbeitseinsatz tauglich befunden wurden.

Im Lager Luisenstraße fand durch einen Vertrauensmann und einen Arzt des Arbeitsamtes unter den bei der groben Musterung abgelehnten Personen eine Werbung als Saisonarbeiter für das Reich statt. Die tauglichen Personen wurden vor ihrem

---

37 Vgl. Esch, Verhältnisse, S. 336 f.
38 Zu den wolhyniendeutschen Rücksiedlern vgl.: Döring, Umsiedlung. Zu Łódź als Drehkreuz der Deportationen vgl.: Leniger, Volkstumsarbeit, S. 94 ff.; ders., »Heim ins Reich«, S. 91 ff. und zeitgenössisch: Volkstumsneuordnung. Bis Ende Mai 1940 existierte in Posen ein großes Durchgangslager für Polen, die aus dem Warthegau ausgesiedelt werden sollte. Es wurde dann zugunsten der entsprechenden Lager in Łódź aufgelöst. Vgl. Rutowska, Lager Glowna.

Abtransport nach Konstantynów letztmalig einem Angehörigen des SS-Rasse- und Siedlungsstabes vorgeführt, der »krasse Abweichungen von der europäischen Norm« zurückweisen konnte. Der Abtransport dieser Saisonarbeiter nach Konstantynów wurde ebenso vom Arbeitsamt übernommen, wie die gesamte Unterbringung und Verpflegung der für das Reich bestimmten Einzelpersonen und Familien.[39]

Der damals 19jährige Kazimierz Bączkiewicz aus Ciążeń in der Nähe von Konin, berichtet über seinen Aufenthalt im UWZ-Lager in Łódź im Mai 1941: »Im Lager unterzog man uns verschiedenen Hygienemaßnahmen, unter anderem wurde unsere Kleidung mit Dampf behandelt. Das gesamte Gepäck wurde uns zur Kontrolle abgenommen und alle Lebensmittel und spitzen Gegenstände konfisziert. Anschließend wurde unsere Identität festgestellt und wir mussten uns einer anthropologischen Begutachtung unterziehen, bei der wir völlig nackt waren. Es wurden unsere Fingerabdrücke genommen und Polizeifotos gemacht, mit einem Schild mit einer Nummer um den Hals. Tagsüber mussten wir im Garten, der zum Lagergelände gehörte, arbeiten. Das gesamte Personal des Lagers in Łódź, bis auf diejenigen, die das Essen austeilten, trug Uniformen mit SS-Abzeichen. (…) Nach einer Woche im Lager in Łódź wurde eine kleinere Gruppe von acht Familien, darunter meine Eltern und ich, in einen Zug geladen und über Wrocław (Breslau) und Leipzig nach Deutschland deportiert. Unterwegs wurden die einzelnen Familien den jeweiligen Adressaten zugeteilt.«[40]

Mit der Bindung der Rekrutierung von Zwangsarbeitern an eine rassische Selektion durch Eignungsprüfer des RuSHA war es den SS-Stellen im April 1940 gelungen, ihren Einfluss weiter auszudehnen. Der Erfolg sollte jedoch nur von kurzer Dauer sein, da bald deutlich wurde, dass die rassischen Selektionen den Zugriff auf Zwangsarbeiter zu stark beschränkten. Die Bereitschaft, das umständliche Procedere zu umgehen, wuchs parallel zum Arbeitskräftemangel. Erste Vorboten dieser Niederlage lassen sich bereits in einem Schreiben von Rolf-Heinz Höppner, des Beauftragten für die UWZ im Wartheland, vom 9. Mai 1940 herauslesen, der gegenüber der Abteilung Wirtschaft und

---

39 Vgl. Rundschreiben des Leiters der Umwandererstelle Lodz, Barth, an Rapp, das RSHA, den Polizeipräsidenten von Łódź, den ärztlichen Vertreter des Arbeitsamtes und die Rasse- und Siedlungsführer im Hause vom 1.4.1940, in: USHMM, RG 15.015 M, Reel 2, fol. 109, p. 16–17; Durchschrift einer Anweisung der UWZ für das Lager Litzmannstadt vom 17.4.1940, in: IPN, 69, Nr. 144, Bl. 1–3; Rundschreiben der Umwandererzentralstelle Posen an die Umwanderungs-Außenstellen vom 1.4.1940, in: BAL, B 162, Nr. 537, Bl. 82–88, hier Bl. 85 ff. Auch in: IPN, 68, Nr. 130, Bl. 44–50; Wolf, Utopien, S. 137 ff. Wie Götz Aly anmerkt, wurde mit diesem Verfahren eine zweite Selektion – nach der nach Beruf und Wohnungen – etabliert, die eine Linderung des kriegsbedingten Arbeitermangels im Reich versprach und nach wirtschaftlicher Opportunität vorging. Vgl. Aly, Endlösung, S. 111 f. Zur scharfen Unterscheidung der UWZ zwischen »Evakuierten« und »Wanderarbeitern« vgl.: Schreiben der Dienststelle Litzmannstadt der UWZ Posen an die UWZ Posen, Höppner, vom 5.8.1940, in: IPN, 69, Nr. 20, Bl. 19.
40 Zit. nach: Geraubte Leben, S. 48 f.

Arbeit des Reichsstatthalters »schärfste Bedenken« gegen die Absicht äußerte, Familien, die rassisch nicht überprüft waren, an der UWZ vorbei direkt an deutsche Betriebe zu vermitteln.[41]

Der Reichsführer-SS erließ deshalb im Oktober 1940 eine neue grundlegende Anordnung: Demnach sollte die »Vorauslese« der »einzudeutschenden Polensippen« im Rahmen der Umwandererzentralstelle stattfinden und von Angehörigen des Rasse- und Siedlungshauptamtes durchgeführt werden. Die nach deren Einschätzung für den »Ansatz« im Altreich geeigneten Polen sollten der Außenstelle des RuSHA zur »Feinauslese« und die dabei für untauglich befundenen Familien sollten wieder der UWZ zum Abtransport in das Generalgouvernement überstellt werden.[42]

Mitte März 1941 stoppte die SS die Umsiedlungen vorübergehend, die Transportkapazitäten der Reichsbahn wurden nun dringend für die Vorbereitung des Russlandfeldzuges benötigt. Doch schon im Sommer 1941 begannen erneute Vertreibungen aus dem Warthegau, diesmal nicht als Transporte in den Osten, sondern als »Verdrängung zu Verwandten im gleichen Gau«. Bis zum Januar des Jahres 1943 waren insgesamt 343.516 Menschen aus dem Warthegau ins Generalgouvernement deportiert oder zur Zwangsarbeit nach Deutschland gebracht worden. 149.412 wurden im gleichen Gau »verdrängt«, so dass sich bis dahin eine Gesamtzahl von fast 500.000 Vertriebenen ergibt. Bis Ende 1944 folgten noch weitere 130.000 Aussiedlungen und Verdrängungen. Die meisten dieser Menschen wurden zum Arbeitseinsatz ins Altreich oder vor Ort gezwungen.[43]

Der Stopp der Deportationen entzog der UWZ die Grundlage ihrer Tätigkeit. Vor diesem Hintergrund hatte sie die Vertreibungen kurzfristig ausgesetzt und wurde damit zum Störfaktor bei der Arbeitskräfterekrutierung, weil sie die vom Reichsarbeitsministerium sofort geforderten 4.000 Arbeitskräfte nicht zur Verfügung stellen konnte. Höppner wurde schließlich am 31. März 1941 aus dem RSHA mitgeteilt, dass »nichteindeutschungsfähige« polnische Arbeitskräfte selbstverständlich auch über die Landesarbeitsämter vermittelt werden könnten. Die UWZ sollte lediglich bei den Arbeitsämtern darauf dringen, eine Übersicht über diese Personen zu erhalten, so dass diese erfasst und nach Beendigung ihres Arbeitseinsatzes in das Generalgouvernement abgeschoben werden konnten. Höppner musste eingestehen, dass die Abschaffung der rassischen Musterung durch den Krieg notwendig geworden war. Das RSHA hatte damit die Kontrolle über die Rekrutierung von polnischen Zwangsarbeitern in den annektierten westpolnischen Gebieten verloren.[44]

---

41 Vgl. Wolf, Utopien, S. 140.
42 Vgl. Abschrift einer Anordnung des Reichsführers SS vom 30.10.1940, in: IPN, 69, Nr. 1, Bl. 31.
43 Vgl. Heinemann, Rasse, S. 226 f.
44 Vgl. Wolf, Utopien, S. 143 f.

Am 10. Mai 1941 genehmigte Greiser offiziell, die Polen innerhalb der Kreise zu »verdrängen«. Dabei wurden die polnischen Familien auf einen Sammelplatz geschafft, wo sie von einem »Fliegenden Kommando« der UWZ unter Mitarbeit des Arbeitsamtes und des RuSHA selektiert wurden. Gleichzeitig wurde die Gendarmerie informiert, um ein »Umherziehen« der Polen zu verhindern. Jedoch bemerkte die UWZ, dass viele Menschen trotzdem die ihnen zugewiesenen Gemeinden verließen, um anderswo eine Arbeit anzunehmen oder bei Verwandten zu wohnen, hier wurde in Absprache mit dem Arbeitsamt auf eine Strafverfolgung verzichtet. Der erweiterte 3. Nahplan setzte diese Praxis fort, fügte jedoch der »Umvolkung« einen neuen Aspekt hinzu, nämlich die Kombination agrarwirtschaftlicher Strukturbereinigung mit der Beschaffung von Zwangsarbeitern. In der im Sommer 1942 einsetzenden »Z-Hof-Aktion« wurden zwei Aufgaben gleichzeitig angegangen: Die kleinen Subsistenzhöfe, die für die polnische Agrarstruktur typisch waren und wenig Überschüsse für den Markt abwarfen, sollten zu Betrieben mit etwa 15 Hektar zusammengelegt werden. Als Betreiber waren zunächst ausgewählte polnische Bauern, später Deutsche vorgesehen. Die übrigen Familien wurden auf ihre Verwendungsfähigkeit als Zwangsarbeiter in der deutschen Landwirtschaft hin selektiert. Betroffen waren insgesamt 155.230 Menschen, von denen 38.168 – gefordert waren 40.000 – ins Altreich kamen. Der Rest wurde in der üblichen Weise »verdrängt«.[45] War man bereits seit 1939 davon ausgegangen, für jeden deutschen Ansiedler zwei Polen aussiedeln zu müssen, um zu akzeptablen Hofgrößen zu kommen, sollten nun alle verbliebenen polnischen Höfe aufgelöst und arrondiert werden, soweit ihre Bewohner nicht zu den »auf Antrag des Arbeitsamtes aus arbeitseinsatzmäßigen Gründen von der Verdrängung auszunehmenden Polen« gehörten. Die ausgearbeiteten Vorschläge für die Z-Höfe wurden zunächst von je einem Vertreter des Arbeitsstabes, der Ostland und des Arbeitsamtes mit den zuständigen Amtskommissaren und Gendarmerieposten durchgesprochen und festgelegt.[46]

Die »Deutsche Volksliste«

Zugleich hatte es Greiser mit einem ehemals deutschen, seit Generationen eingesessenen Bevölkerungsteil zu tun, der inzwischen völlig oder teilweise polonisiert worden war und in dieser Hinsicht als eine »Zwischenschicht« betrachtet werden konnte.

---

45 Vgl. Esch, Migrationssteuerung, S. 200; Marczewski, Hitlerowska koncepcja, S. 233 f. Gut die Hälfte des polnischen Bodens war in der Vorkriegszeit meistens in kleine, oft winzige Parzellen zersplittert. Vier Millionen polnischer »Bauern« besaßen überhaupt kein Land. Die hohe verdeckte Arbeitslosigkeit, das Massenelend und der Hunger waren für diese Landbevölkerung ebenso charakteristisch wie geringe Produktivität und das verbreitete Verharren in Subsistenzwirtschaft für ihre Wirtschaftsweise. Vgl. Röhr, Okkupationspolitik (1992), S. 46.
46 Vgl. Arbeitsanweisung für die Z-Aktion 1942, in: IPN, 69, Nr. 139, Bl. 1–2; Esch, Kolonisierung, S. 150; Janicki, Wieś w Kraju Warty, S. 76.

Diese »Volksdeutschen« sprachen nicht nur überwiegend Polnisch, sondern hatten sich teilweise auch mit den polnischen politischen Zielen identifiziert. So war Greiser bestrebt, die Maßstäbe der Eintragung in die Deutsche Volksliste (DVL), die im Warthegau im Oktober 1939 eingerichtet wurde, besonders hoch anzulegen. Jeder Bewerber sollte einer rassischen Untersuchung unterzogen werden, die objektiven Gründe seines Bekenntnisses zum Deutschtum (Herkunft, Muttersprache usw.) mussten genau überprüft werden.[47]

Das Privileg der Aufnahme in die DVL sollten nur diejenigen erhalten, die sich aktiv für das Deutschtum eingesetzt hatten bzw. unzweifelhaft eine deutsche Herkunft nachweisen konnten. Bis Mai 1940 enthielt die DVL im Warthegau deshalb nur zwei Kategorien: »Bekenntnisdeutsche« und »Deutschstämmige«. Mit Himmlers »Erlaß für die Überprüfung und Aussonderung der Bevölkerung in den eingegliederten Ostgebieten« vom 12. September 1940 und endgültig durch die »Verordnung über die Deutsche Volksliste und die deutsche Staatsangehörigkeit in den eingegliederten Ostgebieten« vom 4. März 1941 erfolgte hier eine Differenzierung. Es wurden nun vier Kategorien der DVL unterschieden, in die jeweils definierte Gruppen von Personen, die vor 1939 die polnische Staatsangehörigkeit besessen hatten, aufgenommen werden sollten. Grundsätzlich war die Volkslistenzugehörigkeit nicht mit deutscher Staatsangehörigkeit gleichzusetzen. Nur die Gruppen 1 und 2 der DVL erhielten automatisch die deutsche Staatsangehörigkeit, Gruppe 3 erhielt diese bis Anfang 1942 nur auf individuellen Antrag, anschließend automatisch mit einer 10-jährigen Widerrufsfrist.

In die Gruppe 1 sollten »Volksdeutsche« aufgenommen werden, die in Polen vor 1939 ansässig waren, sich durch ein »Bekenntnis zum Deutschtum« hervorgetan hatten bzw. aus dem Baltikum, der Sowjetunion und Südosteuropa ausgesiedelt worden waren. Gruppe 2 umfasste deutschsprachige Staatsbürger Polens, die sich vor 1939 nicht aktiv zum »Deutschtum« bekannt hatten. Die Gruppe 3 sollte »deutschstämmige« und »eindeutschungsfähige« Staatsbürger Polens umfassen. Mitglieder dieser Gruppe waren aus führenden Lebensbereichen des Dritten Reichs ausgeschlossen und konnten keine NSDAP-Mitgliedschaft, kein Beamtenverhältnis und keine leitenden Positionen erreichen, erhielten jedoch gewisse Privilegien und Zulagen. Männliche Mitglieder der Gruppe 3 wurden ab Mai 1941 wehrpflichtig. In Gruppe 4 sollten »deutschstämmige« Personen, die politisch im »Polentum« aufgegangen waren, eingetragen werden; diese Gruppe, die auch als »Renegaten« bezeichnet wurde, besaß kein Recht auf Urlaub, erhielt niedrigere Lebensmittelrationen und wurde mit der so genannten »Polenabgabe« belastet; für deren Kinder war nur der Besuch der Grundschule vorgesehen. Allen Angehörigen der Volksliste waren Eheschließungen mit Polen untersagt, eine »rassische Überprüfung« der Kandidaten sollte stattfinden.

---

47 Vgl. Dlugoborski, Besatzungspolitik, S. 332 f. Zur außenpolitischen Instrumentalisierung der deutschen Minderheit vgl.: Wolf, Minderheiten.

Personen mit weniger als 50 Prozent »Deutschstämmigkeit«, »die aber in rassischer Hinsicht einen erwünschten Bevölkerungszuwachs darstellten«, sollten ebenfalls in die DVL aufgenommen werden. Diese Menschen hätten deutsches Blut in den Adern, es reichte wohl ihr Urkundennachweis nicht aus, um das geforderte Maß zu beweisen, aber es sei damit nicht gesagt, dass sie tatsächlich polnischstämmig sein müssten. Sehr interessant scheint in diesem Zusammenhang die Bewertung, dass neben der urkundlichen Abstammung und dem rassischen Erscheinungsbild die Haltung und Leistung der Personen zur Beurteilung herangezogen werden sollte, da die Leistung angeblich »Ausdruck des deutschen Menschen« sei.[48]

Bereits aus diesem kurzen Durchgang wird sichtbar, wie sehr bei der Rekrutierung zur DVL politische (»Bekenntnis zum deutschen Volkstum«), ethnische und soziale (Abstammung, »rassische Eignung«) Kriterien miteinander vermischt wurden, die in detaillierten Fragebögen überprüft werden sollten. In der Praxis handhabe die Verwaltung in den einzelnen Gebieten die Richtlinien entsprechend den eigenen ideologischen Vorstellungen und den politischen und wirtschaftlichen Bedürfnissen. Im Warthegau diente die DVL primär einer strikten Ausgrenzung, so dass die Zahl der aufgenommenen Personen klein blieb und sich auf die »volksdeutsche« Bevölkerung beschränkte.[49] Das »Eindeutschungsverfahren« erwies sich so zwar als rassistisch motiviert, im Endeffekt aber vor allem an sozioökonomische Erwägungen angepasst. Die Praxis zeigte deutlich, dass soziale und wirtschaftliche Kriterien mindestens so schwer wogen, wie der Nachweis der richtigen rassischen Herkunft.[50]

Selbst der fanatische Polenhasser Greiser musste konzedieren, dass bei der Eingruppierung in die Deutsche Volksliste, die dazu ersonnen war, »die Spreu vom Weizen zu trennen«, Probleme auftauchten. Die »vielen völkischen Mischehen« waren für ihn dabei eines der größten. Die vorhandenen »Verflechtungen von Abstammungen, Sprache, Gesinnung, Verhalten u. a. m. ergaben Verwicklungen, deren richtige, d. h. gerechte und vorausschauende Beurteilung keineswegs einfach war«.[51]

Hinsichtlich der »rassischen Musterung« der Angehörigen der Abteilung 3 der DVL ordnete der Reichskommissar für die Festigung deutschen Volkstums an, solche Personen auszusortieren, die rassisch nicht geeignet seien, in die deutsche Volksgemeinschaft aufgenommen zu werden: »Ein Zustrom blutsmäßig unerwünschter Elemente in den deutschen Volkskörper muß aber unbedingt unterbunden werden.« Personen mit einem oder mehreren nichtdeutschen Großelternteilen waren in die rassische Über-

---

48 Vgl. Vertraulicher Bericht über die Eignungsuntersuchungen in der Deutschen Volksliste im Reichsgau Wartheland der Außenstelle Litzmannstadt des Rasse- und Siedlungshauptamtes der SS vom 29.5.1942, in: APP, 299, Nr. 1131, Bl. 138–154 (Zitat Bl. 152).
49 Vgl. Bömelburg/Musial, Besatzungspolitik, S. 64 ff. Siehe die guten Zusammenfassungen bei: Gosewinkel, Einbürgern, S. 407 ff.; Wolf, Volksliste und allgemein: Kundrus, Regime.
50 Vgl. Esch, Kolonisierung, S. 148.
51 Vgl. Greiser, Aufbau, S. 68.

prüfung einzubeziehen. Ein negatives Ergebnis dieser Überprüfung hatte zwangsläufig die Ablehnung des Aufnahmeantrages bzw. die Streichung aus der DVL zur Folge.[52]

Bestätigt wurde diese Haltung in einem Schreiben des RKF an Greiser. Demnach sei es »aus unserem Blutsgedanken heraus unverantwortlich, mit den Wasserpolen, Kaschuben und deutsch-polnischen Mischlingen slawisches Blut in größtem Umfange in unseren deutschen Volkskörper ohne eine rassische Überprüfung aufzunehmen«.[53] Angesichts des bereits weit fortgeschrittenen Verfahrens der DVL im Warthegau, einigten sich der Reichsführer-SS und der Reichsstatthalter auf eine Sonderregelung bei der rassischen Überprüfung. Sie sollte unverzüglich durch die vorgesehenen Kommissionen des RuSHA vorgenommen werden, unabhängig vom Verfahren der DVL. Die rassisch »Ausgemerzten« wurden umgehend durch die UWZ und das Arbeitsamt erfasst, sobald ihnen die Ausweise entzogen worden waren.[54]

Im Gegensatz zur Praxis der DVL in Danzig-Westpreußen und Ostoberschlesien, wo sie dazu benutzt wurde, möglichst große Teile der polnischen Bevölkerung zu assimilieren, sollte sie im Warthegau die Segregation bestätigen. So war hier die Zahl der in die Gruppen III und IV Eingetragenen äußerst gering. Sie machte nur zwei Prozent der Gesamtbevölkerung aus, dagegen in Westpreußen 44,3 Prozent, in Oberschlesien 38 Prozent und im ehemals preußischen Teil dieser Provinz sogar 68,5 Prozent.[55]

2. Die Arbeitsverwaltung als Teil der deutschen Besatzungsmacht

Der »Eilmarsch« in das besetzte Polen

Ein Indiz für die überragende Bedeutung, die den polnischen Arbeitskräften von deutscher Seite zugemessen wurde, liegt in der Schnelligkeit, mit der die Arbeitsverwaltung beim Aufbau ihrer Organisation in den eroberten Territorien vorging: Bereits am dritten Kriegstag richtete sie das erste Arbeitsamt im oberschlesischen Rybnik ein, in den folgenden Tagen weitere in Oberschlesien und den angrenzenden Teilen Polens. Bis

---

52 Vgl. Abschrift von Abschrift der Anordnung 50/I des Stabshauptamtes des RKF vom 23.9.1941, in: APP, 305, Nr. 67, Bl. 4–5 (Zitat Bl. 4).
53 Vgl. Abschrift eines geheimen Schreibens des Reichskommissars für die Festigung deutschen Volkstums an den Reichsstatthalter und Gauleiter Greiser vom 30.9.l941, in: ebd., 299, Nr. 1131, Bl. 69–70 (Zitate Bl. 69).
54 Vgl. Durchschrift eines Rundschreibens des SD-Abschnitts Litzmannstadt an die SD-Außenstellen vom 25.10.1941, in: ebd., 305, Nr. 67, Bl. 2–3; Rundschreiben des Reichsstatthalters im Warthegau an die Regierungspräsidenten in Posen, Hohensalza, Litzmannstadt vom 3.3.1942, in: ebd., 299, Nr. 1131, Bl. 117.
55 Vgl. Röhr, »Reichsgau Wartheland«, S. 42 und S. 51.

Mitte September arbeiteten 30, Ende September bereits 70 Dienststellen im polnischen Besatzungsgebiet.[56]

Die Arbeitseinsatz-Beauftragten, die den Chefs der Zivilverwaltung bei den einzelnen Armee-Oberkommandos zugeteilt gewesen waren, übernahmen dabei zugleich auch die Einrichtung der zivilen Arbeitseinsatzverwaltung. Sie forcierten einen Aufbau von »unten her« durch die Schaffung einer möglichst großen Zahl von Arbeitsämtern, wobei die Fragen der künftigen Gestaltung der übergeordneten Instanzen zunächst zurückgestellt werden sollten.[57]

Der wirtschaftlichen Bedeutung Oberschlesiens entsprechend und der Tatsache, dass in dieser Kriegsphase erstmals größere Gebiete von der Wehrmacht besetzt worden waren, errichtete das Landesarbeitsamt Schlesien in den großen oberschlesischen Industriezentren die ersten Arbeitsämter. Für sie war jeweils ein Stamm von Angehörigen der Arbeitsämter des Altreichs, bestehend aus einem Beamten des höheren Dienstes als Leiter des Amtes und, je nach der Bedeutung und Größe des Bezirks, einer Anzahl Kräfte des gehobenen Dienstes verantwortlich. Die anfallende Arbeit erforderte jedoch bald die zusätzliche Einstellung volksdeutscher Arbeitskräfte aus dem besetzten Gebiet. So verfügte das Arbeitsamt Kattowitz bereits am 14. September über eine Zahl von 128, das Arbeitsamt Königshütte von 80 Mitarbeitern.

Um diese organisatorischen Maßnahmen auf das gesamte Operationsgebiet auszudehnen, wies der Oberbefehlshaber des Heeres am 6. September die Chefs der Zivilverwaltungen an, Arbeitsämter in den besetzten Gebieten zu errichten. Der Reichsarbeitsminister beauftragte daraufhin am gleichen Tage die Präsidenten der Landesarbeitsämter, die an das polnische Gebiet angrenzten, diese Arbeitsämter einzurichten, also mit Personal und Material auszustatten, ihre Unterbringung zu regeln und ihnen die ersten fachlichen Weisungen zu erteilen.[58] Der Reichsarbeitsminister nahm ferner in diesem »Errichtungserlass« eine Aufteilung des polnischen Besatzungsgebiets unter

---

56 Vgl. August, Entwicklung, S. 333 f.; Maier, Anfänge, S. 114; Glatz, Rekrutierung, S. 25 f.; Schmuhl, Arbeitsmarktpolitik, S. 300. Wie schnell das zuständige Landesarbeitsamt Schlesien vorging, geht aus nachfolgender Aufstellung über die Errichtung der Dienststellen hervor: 3.9.1939 (Rybnik), 4.9.1939 (Pszczyna, Tarnowskie Góry), 5.9.1939 (Lubliniec, Königshütte, Kattowitz), 6.9.1939 (Bielsko, Teschen, Karwin), 7.9.1939 (Będzin, Sosnowiec, Mysłowice), 8.9.1939 (Leszno, Rawicz, Krotoszyn, Ostrów Wielkopolski, Kępno, Wieluń, Tschenstochau), 9.9.1939 (Kalisz), 11.9.1939 (Piotrków Trybunalski, Sieradz, Radomsko), 12.9.1939 (Łódź, Konskie, Kielce), 14.9.1939 (Olkusz), 18.9.1939 (Sandomierz), 19.9.1939 (Opatów, Radom). Vgl. Rachner, Arbeitseinsatz, S. II 370.
57 Vgl. Gschliesser, Arbeitseinsatz, Sp. 739; Nawrocki, Hitlerowska okupacja, S. 190 f.
58 Vgl. Durchschrift eines Rundschreibens des Reichsarbeitsministers, Dr. Syrup, an die Landesarbeitsämter Ostpreußen, Pommern, Brandenburg, Schlesien und die Zweigstelle Österreich des Reichsarbeitsministeriums vom 6.9.1939, in: BAB, R 3901, Nr. 20279, Bl. 15–16. Auch in: BA-MA, RW 46, Nr. 92, unpag. und in ebd., RW 46, Nr. 836, Bl. 64. Zur Rolle des Landesarbeitsamtes Schlesien vgl.: Konieczny, Krajowy urząd pracy.

die Landesarbeitsämter in so genannte Betreuungsabschnitte vor, so dass die Zweigstelle Ostmark des Reichsarbeitsministeriums das ehemals österreichische Galizien, das Landesarbeitsamt Schlesien Oberschlesien und das Olsagebiet sowie das an Galizien grenzende Kongresspolen und die Provinz Posen bis zur Linie Leszno-Kalisz-Łódź, das Landesarbeitsamt Brandenburg die nördlich dieser Linie gelegenen Teile der ehemaligen Provinz Posen und Kongresspolens bis zur Linie Netzebruch-Weichsellauf betreuen sollten, während das übrige Gebiet auf die Landesarbeitsämter Pommern und Ostpreußen verteilt wurde. Die Auswahl der Orte, in denen Dienststellen eingerichtet werden sollten, blieb den zuständigen Landesarbeitsämtern überlassen.[59]

Direkt mit Kriegsbeginn stießen Mitarbeiter des Landesarbeitsamtes Danzig sofort hinter der kämpfenden Truppe in den späteren Gau Danzig-Westpreußen vor, um in allen wichtigen Städten Arbeitsämter einzurichten. Bereits am 3. September 1939 wurde das Arbeitsamt Dirschau (Tczew) errichtet, einen Tag später das in Preußisch-Stargard (Starogard Gdański), und am 8. September wurde das Arbeitsamt in Bromberg (Bydgoszcz) eröffnet. Nach eigenen Aussagen war der Wagen des Landesarbeitsamtes der erste, der überhaupt von Danzig nach Bromberg gelangte. Ausgerüstet war die Aufbaugruppe unter anderem mit einem Schild »Arbeitsamt Bromberg«, einer Hakenkreuzfahne für das Arbeitsamt und einem Führerbild für die Abfertigungsräume. Als sie am Abend in Bromberg eintrafen, waren die Kämpfe in der Stadt noch nicht beendet: »An allen Ecken und Enden wurden noch unter stärkster Gegenwirkung der polnischen Heckenschützen Häuser erstürmt, und die Schießereien setzten sich die ganze Nacht hindurch fort. Trotzdem wurde am nächsten Morgen das Arbeitsamt eröffnet und die Hakenkreuzfahne herausgehängt.«[60]

Da Fachvermittler aus dem Reichsgebiet nur in geringer Anzahl zur Verfügung standen, sollte verstärkt auf im besetzten Gebiet wohnhafte Volksdeutsche zurückgegriffen werzz den. Zu ihrer Einführung in die vordringlichsten Aufgaben der Vermittlung benötigte man jedoch einen gewissen Stab eingearbeiteter Vermittler. Sie sollten beim weiteren Vormarsch abschnittsweise wieder abgezogen und neu eingesetzt werden. Der für den Arbeitseinsatz beim Armeeoberkommando 14 verantwortliche Ernst von Gschließer bat um sechs Vermittler, man solle »rasch arbeitende und entschlußfreudige Kräfte« auswählen, »da im besetzten Gebiet vielfach erst mit einer allmählichen Befriedung der Bevölkerung zu rechnen« sei. Deshalb sollten SS- und SA-Mitglieder ihre Uniformen tragen und mit Handfeuerwaffen ausgerüstet werden.[61]

---

59 Vgl. Rachner, Arbeitseinsatz; Maier, Arbeitsverwaltung, S. 2; Maier, Anfänge, S. 114.
60 Vgl. Eilmarsch (Zitat ebd.).
61 Vgl. Abschrift eines Schreibens des Chefs der Zivilverwaltung beim Armeeoberkommando 14, Dr. Gschließer, an die Zweigstelle Österreich des Reichsarbeitsministeriums für Arbeitseinsatz und Arbeitslosenhilfe, Friedrich Gärtner, vom 4.9.1939, in: BAB, R 3901, Nr. 20152, Bl. 27–28 (Zitat Bl. 27). Auch in: BA-MA, RH 20-14, Nr. 181, Bl. 141–142.

In seinem Tätigkeitsbericht von Ende September konnte der Chef der Zivilverwaltung in Posen, Arthur Greiser, über den Aufbau der Arbeitsverwaltung berichten, dass in der Provinz Posen bereits 15 Hauptstützpunkte mit insgesamt 17 Nebenstellen errichtet worden waren, die sich über das ganze Land verteilten.[62] Die Hauptstützpunkte befanden sich in Posen (Stadt und Land), Nowy Tomyśl, Szamotuły, Chodziez, Hohensalza (Inowrocław), Gnesen (Gniezno), Jarocin, Rawicz, Leszno, Konin, Kalisz, Ostrów Wielkopolski, Sieradz, Kępno und Krotoszyn. Für die Hauptstützpunkte waren jeweils sechs reichsdeutsche Fachkräfte vorgesehen, für die Nebenstellen zwei; den Rest der Mitarbeiter sollten geeignete Volksdeutsche bilden.[63] Die Wirtschaftsabteilung des Chefs der Zivilverwaltung in Posen konnte Anfang Oktober vermelden, dass die Hauptstützpunkte bis auf Konin und Sieradz besetzt und von den Nebenstellen bisher neun mit reichsdeutschem Arbeitsamtspersonal ausgestattet worden waren. Damit arbeiteten im Bezirk Posen 72 reichsdeutsche Fachkräfte, die auf 130 verstärkt werden sollten.[64]

Die Struktur der Arbeitsverwaltung im späteren Reichsgau Wartheland war im Oktober noch im Fluss. So forderte der Landrat in Posen, dass für den Kreis Posen-Land außer der Nebenstelle des Arbeitsamtes in Żabikowo, weitere Nebenstellen eingerichtet werden müssten. Mit der Einrichtung nur einer Nebenstelle sei der Arbeitseinsatz in dem annähernd 120.000 Einwohner zählenden Kreis nicht ausreichend zu organisieren.[65]

Die schlechte personelle und finanzielle Ausstattung, speziell der Neben- und vor allem der Hilfsstellen, sollte noch eine Weile Bestand haben. So konnte der Leiter des Arbeitsamtes Hohensalza für die Hilfsstelle Argenau nur eine Hilfskraft erübrigen. Darüber hinaus war es ihm unmöglich, weitere Kräfte einzustellen bzw. zu bezahlen.[66]

Die Gründung der Reichsgaue Danzig-Westpreußen und Posen sowie des Regierungsbezirks Kattowitz und des Generalgouvernements brachte Änderungen in der Kooperation der dortigen Arbeitsverwaltung mit den Reichsstellen. Die Betreuungsabschnitte der benachbarten Landesarbeitsämter änderten sich: Das Landesarbeitsamt Ostpreußen übernahm die zur Provinz Ostpreußen, das Landesarbeitsamt Schlesien die zur Provinz Schlesien tretenden ehemals polnischen Gebiete. Für die organisatorische Zusammenfassung der in den Reichsgauen Danzig-Westpreußen und Posen errichteten

---

62 Vgl. Tätigkeitsbericht des Chefs der Zivilverwaltung, Greiser, Nr. 4 für die Zeit vom 21. bis 28. September 1939 vom 29.9.1939, in: APP, 298, Nr. 50, Bl. 37–45, hier Bl. 43 f.
63 Vgl. Schreiben des CdZ an den Leiter der Arbeitseinsatzstelle Lissa vom 30.9.1939, in: ebd., 458 Landratsamt Lissa, Nr. 134, Bl. 1–7, hier Bl. 2 ff. Auch in: ebd., 465, Nr. 228, Bl. 3–9.
64 Vgl. Tätigkeitsbericht der Wirtschaftsabteilung, Anfang Oktober 1939, in: ebd., 298, Nr. 50, Bl. 48–49, hier Bl. 49.
65 Vgl. Lagebericht für die erste Hälfte des Monats Oktober 1939 des Landrats Posen an den CdZ vom 21.10.1939, in: ebd., Nr. 27, Bl. 12–19, hier Bl. 16.
66 Vgl. Schreiben des Arbeitsamtes Hohensalza an den Bürgermeister in Argenau vom 19.12.1939, in: API, 56, Nr. 1860, Bl. 7.

Arbeitsämter blieb es zunächst beim alten Zustand, die benachbarten Landesarbeitsämter leisteten wie bisher die noch erbetene Verwaltungshilfe.[67]

Ende Oktober richtete Reichsstatthalter Greiser in seiner Behörde eine Abteilung Wirtschaft und Arbeit ein, für die Ministerialdirigent Werner Tettenborn verantwortlich war. Zu den Mitarbeitern zählte auch bereits der spätere Reichstreuhänder der Arbeit, Leiter des Landesarbeitsarbeitsamtes und der Abteilung Arbeit, Oberregierungsrat Ernst Kendzia.[68]

In der Anfangsphase gab es einige organisatorische Konflikte und regionale Verschiebungen bzw. neue Gebietszuteilungen. Der ehemalige Leiter des Fachgebietes Verwaltung der Abteilung Arbeit beim Reichsstatthalter in Posen erinnerte sich 1959 daran, dass er in Łódź erschien, um dort ein Arbeitsamt einzurichten, jedoch bereits eine vom Landesarbeitsamt Schlesien etablierte Dienststelle vorfand. Erst bei der später erfolgten territorialen Fixierung des Reichsgaues Wartheland wurden dann auch die Bezirke der Arbeitsämter genauer abgegrenzt. Im Laufe der Zeit übernahm das Landesarbeitsamt Posen die Betreuung der Arbeitsämter an Stelle der Heimat-Landesarbeitsämter.[69]

Anfang November war die Gliederung und die Bezirkseinteilung der Arbeitsämter in den besetzten polnischen Gebieten immer noch nicht genau klar. Im Reichsgau Posen sollten voraussichtlich siebzehn Arbeitsämter eingerichtet werden, die in der Regel für jeweils zwei bis drei Landkreise zuständig waren: Chodziez, Szamotuły, Nowy Tomyśl, Posen, Leszno, Rawicz, Jarocin, Ostrów Wielkopolski, Gnesen (Gniezno), Hohensalza (Inowrocław), Włocławek, Kutno, Konin, Kalisz, Łódź, Sieradz, Wieluń.[70]

Der Reichsarbeitsminister äußerte sich im Februar 1940 stolz und zufrieden über die aus seiner Sicht sehr erfolgreiche Arbeit, die die Arbeitsämter bei der Besetzung Polens geleistet hätten: »Keine andere Verwaltung war in der Lage, so schnell die neu gestellten Aufgaben anzupacken und so rasch gut eingearbeitete Kräfte zur Verfügung zu stellen. (...) In sehr vielen Fällen sind die Arbeitsämter als erste Behörden eingerückt – oft dann schon, als die Kämpfe noch in der Umgegend tobten. Vielfach haben die Dienststellen der Arbeitseinsatzverwaltung zunächst die ganze Verwaltungsarbeit allein geleistet. (...)

---

67 Vgl. Abschrift eines Rundschreibens des Reichsarbeitsministers an die Präsidenten der Landesarbeitsämter Ostpreußen, Pommern, Brandenburg, Schlesien und die Zweigstelle des Reichsarbeitsministeriums in Wien vom 30.10.1939, in: BAB, R 2, Nr. 5066, Bl. 19–20, hier Bl. 19.
68 Vgl. Rundschreiben des Reichsstatthalters an alle Abteilungen vom 30.10.1939, in: APP, 299, Nr. 2, Bl. 5–8, hier Bl. 7.
69 Vgl. Tonbandaufnahme eines Gesprächs über die Arbeitsverwaltung im ehemaligen Reichsgau Wartheland, in der korrigierten Fassung vom 1.5.1959, in: BABay, Ost-Dok. 13, Nr. 163, Bl. 1–24, hier Bl. 4 f.
70 Vgl. Rundschreiben des Reichsarbeitsministers, Dr. Rachner, an die Präsidenten der Landesarbeitsämter Danzig-Westpreußen, Ostpreußen und Schlesien, Landestreuhänder Kendzia und die Abteilung Arbeit in Krakau vom 10.11.1939, in: BA-MA, RW 19, Nr. 943, Bl. 46–49, hier Bl. 48 f.

Für jeden Einsichtigen ist es klar, daß solche erfolgreiche nationale Arbeit nur möglich war, weil wir in der glücklichen Lage sind, über eine einzigartige Arbeitseinsatzverwaltung zu verfügen.«[71]

Der Aufbau der Organisation: Erste konkrete Schritte

Es kam zunächst darauf an, schnell einen Überblick darüber zu gewinnen, in welchem Umfange die vorhandenen Arbeitskräfte an Ort und Stelle gebraucht wurden und ob danach noch Kräfte für einen Einsatz im Altreich zur Verfügung standen. Auch auf diesem Gebiet liefen die ersten Maßnahmen rasch an: Ende September rollten bereits mehrere Züge landwirtschaftlicher Wanderarbeiter in die verschiedenen Bedarfsgebiete des Reiches.[72] Im Bereich des Arbeitsamtes Pleß (Pszczyna) stellten die Mitarbeiter in einer ersten Übersicht fest, dass es etwa 33.000 Arbeitslose gab, die nicht im Bezirk in Arbeit zu bringen waren. So fuhren schon in den ersten Monaten Sonderzüge mit Arbeitskräften ins Altreich. Das gleichzeitig stärkere Anlaufen der Wirtschaft des Bezirks ermöglichte es, auch dort viele Arbeitskräfte unterzubringen.[73]

Das früheste Schriftstück, in dem die Erfassung von Arbeitskräften für den Arbeitseinsatz im Reich und die Einrichtung der entsprechenden Dienststellen im besetzten polnischen Gebiet ausdrücklich erwähnt wurden, war ein Erlass des Reichsarbeitsministers vom 6. September 1939, in dem es unter anderem zu den Dienststellen der Arbeitseinsatzverwaltung hieß: »Ihre Aufgabe ist es, unverzüglich die notwendigen Vorkehrungen zu treffen, um alle für den Arbeitseinsatz im Reich, insbesondere in der Landwirtschaft, in Frage kommenden Arbeitskräfte aus den besetzten Gebieten zu erfassen und die Betriebe und Verwaltungen des besetzten Gebietes durch ihre Ausstattung mit all den erforderlichen Arbeitskräften so schnell als möglich der deutschen Wirtschaft dienstbar zu machen.«[74]

---

71 Reichsminister Seldte, S. V 53 f. Diese »Erfolge« sollten der Nachwelt erhalten bleiben, deshalb wurden die Arbeitsämter im Gau Danzig-Westpreußen schon im November 1939 aufgefordert, zu einer Sammlung »geschichtlich wertvollen Materials über den Aufbau der Arbeitseinsatzverwaltung« im Gau beizutragen. Vgl. Schreiben des kommissarischen Leiters des Arbeitsamtes Bromberg an den Präsidenten des Landesarbeitsamtes Danzig-Westpreussen vom 19.12.1939, zit. nach: Esman/Jastrzebski, Pierwsze, Dok. Nr. 54, S. 140–144, hier S. 140.

72 Vgl. Rachner, Arbeitseinsatz. Der stellvertretende Leiter des Arbeitsamtes Posen wies darauf hin, dass zu den ersten Aufgaben der Arbeitsämter gehörte, die Bergung der Hackfruchternte und die notwendigsten Arbeiten der Herbstbestellung sicherzustellen. Vgl. Fuhrmann, Arbeitseinsatz, S. 33 f.

73 Vgl. Bericht des Arbeitsamtes Pleß, o.Dat. (Mai 1941), zit. nach: Doc. Occ., Bd. XI, Dok. III-14, S. 255–256, hier S. 255.

74 Vgl. Durchschrift eines Rundschreibens des Reichsarbeitsministers, Dr. Syrup, an die Landesarbeitsämter Ostpreußen, Pommern, Brandenburg, Schlesien und die Zweigstelle Öster-

Die schnelle Registrierung der polnischen Arbeitskräfte war eines der Hauptziele der Arbeitsverwaltung, weil sie die notwendige Grundlage aller weiteren Aktivitäten bildete. Entsprechend rasch gingen die neu eingerichteten Arbeitsämter vor: Bereits am 15. September forderte das Arbeitsamt in Posen den dortigen Stadtkommissar Gerhard Scheffler zur Angabe der Arbeitslosen auf.[75] Genauso bemüht war die Arbeitsverwaltung darum, die registrierten Arbeitslosen möglichst rasch und planmäßig bei Aufräumungsarbeiten etc. einzusetzen. Insbesondere in Posen, wo es Mitte September 20.000 Arbeitslose gab, war dieses Problem drängend.[76]

Schon in den ersten Tagen des Krieges organisierten Wehrmacht und Polizei in einigen Orten Razzien. Mehrere tausend Polen wurden festgenommen und als »Zivilgefangene« zur Arbeit nach Ostpreußen gebracht.[77] Einige Tage später ergriffen auch die deutschen Arbeitsämter die Initiative: Im September wurden mehrere hundert Polen aus Bromberg (Bydgoszcz) und Gnesen (Gniezno) nach Westpommern, ca. 4.000 Polen aus Danzig-Westpreußen ebenfalls nach Westpommern und ca. 3.000 Polen aus Oberschlesien nach Niederschlesien zur Arbeit deportiert. Im nächsten Monat sanken die Zahlen, da man mit dem Einsatz der polnischen Kriegsgefangenen begann.[78]

Nach der Konsolidierung der Arbeitsverwaltung kristallisierte sich deren grundlegende Struktur heraus: Als oberste Instanz fungierte die Abteilung Arbeit beim Reichsstatthalter im Warthegau, die sich in zwei Fachgebiete teilte, die Verwaltung und das Landesarbeitsamt. Der Verwaltung war der Bereich des Reichstreuhänders der Arbeit zugeordnet. Der Abteilung Arbeit waren die Arbeitsämter als die eigentlich ausführenden Organe nachgeordnet. Sie waren den Landräten bzw. Oberbürgermeistern angegliedert, bildeten also keinen eigenen Verwaltungszug.[79]

Im April 1940 gab es außer in Posen zwölf Arbeitsämter im Warthegau (Gnesen, Hohensalza, Jarocin, Kalisz, Chodziez, Włocławek, Leszno, Łódź, Ostrów Wielkopolski, Szamotuły, Sieradz, Koło) mit insgesamt 40 Nebenstellen. Noch immer war die Unterbringung der Arbeitsämter oftmals eher provisorisch; es handelte sich häufig um frühere Schulgebäude, aber auch um Zollgebäude, Privathäuser, Gebäude der Sozialversicherung, ein ehemaliges Gewerkschaftshaus sowie – im Falle Środa Wielkopolska –

---

reich des Reichsarbeitsministeriums vom 6.9.1939, in: BAB, R 3901, Nr. 20279, Bl. 15–16 (Zitat Bl. 15). Auch in: BA-MA, RW 46, Nr. 92, unpag. und in ebd., RW 46, Nr. 836, Bl. 64.
75 Vgl. Protokoll der Besprechung beim A.O.K. am 15. September 1939, in: APP, 298, Nr. 47, Bl. 11–14, hier Bl. 14.
76 Vgl. Protokoll über die A.O.K.-Besprechung vom 16. September 1939, in: ebd., Bl. 15–16, hier Bl. 15.
77 Vgl. zum Zwangsarbeitereinsatz von Polen in Ostpreußen: Kozieło-Poklewski, Rozmiary; ders., Zagraniczni robotnicy przymusowi, bes. S. 82 ff.
78 Vgl. Liedke, Gesichter, S. 24 f.
79 Vgl. Verwaltungs-Jahrbuch 1942/43, T. II, S. 30 f.

sogar um die frühere Privatwohnung eines Schulrates.[80] Das Arbeitsamt Łódź war in einem ehemaligen Kaufhaus eingerichtet worden. Das Gebäude musste natürlich für die neuen Anforderungen stark umgebaut werden. Auch später ergab sich im Zuge der Aufgabenerweiterung häufiger die Notwendigkeit, neue und damit auch größere Gebäude für die Arbeitsämter zu übernehmen.[81]

Auch die sonstige materielle Ausstattung der Arbeitsämter ließ zunächst zu wünschen übrig. Ein ernstes Problem bildete in dem weitläufigen Land und bei dem weitmaschigen Netz der Nebenstellen die mangelnde Motorisierung. Vorschläge, jeder Nebenstelle wenigstens ein Motorrad zur Verfügung zu stellen, wurden angesichts der Versorgungsschwierigkeiten auf die Ausstattung mit Dienstfahrrädern zurückgeschraubt.[82]

Nicht völlig abgeschlossen war die Aufteilung der Arbeitsamtsbezirke, immer wieder kam es hier zu neuen Grenzziehungen und zur Neueinrichtung von Arbeitsämtern. Es waren vor allem wirtschaftliche und verkehrstechnische Gründe, die zu Neugliederungen führten. So sollte beispielsweise der Arbeitsamtsbezirk Warthbrücken (Koło), der die Kreise Konin, Warthbrücken und Kutno umfasste, neu eingeteilt werden, da es auf die Dauer unmöglich erschien, dass das Hauptamt in Warthbrücken mit rund 13.000 Einwohnern blieb und in Kutno mit rund 30.000 Einwohnern nur eine Nebenstelle existierte. Deshalb plante die Abteilung Arbeit, den Kreis Kutno vom Bezirk des bisherigen Arbeitsamtes Warthbrücken abzutrennen und in Kutno ein eigenständiges Arbeitsamt einzurichten, dem die Kreise Kutno, Lentschütz (Łęczyca) und Waldrode (Gostynin) zugeteilt werden sollten.[83]

Die Eingliederung des Kreises Lentschütz in den neu zu gründenden Arbeitsamtsbezirk Kutno hätte die Grenze der Regierungsbezirke Łódź und Hohensalza (Inowrocław) überschritten. Der Regierungspräsident in Posen vertrat jedoch die Ansicht, dass die geographische Übereinstimmung der Amtsbezirke von Sonderbehörden mit denen

---

80 Vgl. Übersicht über die Arbeitsämter der Abteilung Arbeit vom 29.4.1940, in: APP, 299, Nr. 3139, Bl. 12–13. Glaubt man den Nachkriegsaussagen Beteiligter, so fiel es leichter, Arbeitsämter in den früheren deutschen Gebieten einzurichten, als etwa in Kutno oder Warthbrücken. Diese Dienststellen seien sehr primitiv eingerichtet gewesen und sowohl in der Unterbringung als auch in der Arbeit gegenüber den Arbeitsämtern in Szamotuły, Gnesen (Gniezno) oder in Posen weit zurückgeblieben. Vgl. Tonbandaufnahme eines Gesprächs über die Arbeitsverwaltung im ehemaligen Reichsgau Wartheland, in der korrigierten Fassung vom 1.5.1959, in: BABay, Ost-Dok. 13, Nr. 163, Bl. 1–24, hier Bl. 5 f.
81 Vgl. Schreiben des Reichsbauamts Litzmannstadt an den Reichsstatthalter, Abteilung VII/2 Hochbau, vom 22.6.1940, in: APP, 299, Nr. 3139, Bl. 68; Schreiben der Abteilung Arbeit an das Reichsbauamt Posen vom 6.1.1942, in: ebd., Bl. 57–58.
82 Vgl. Schreiben des Arbeitseinsatzreferenten Abteilung IIa des Arbeitsamtes Litzmannstadt, Dr. Scherer, an die Verwaltung des Arbeitsamtes vom 9.6.1941, in: BAB, Filme, Nr. 72800, Bl. 122.
83 Vgl. Schreiben der Abteilung Arbeit an den Reichsstatthalter, Abteilung I/20 vom 26.8.1941, in: APP, 299, Nr. 885, Bl. 18–19.

der allgemeinen inneren Verwaltung besonders vorteilhaft sei: »Wenn es schon nicht möglich ist, für jeden Kreis ein eigenes Arbeitsamt zu errichten, so sollte man doch wenigstens nicht die Grenzen des Regierungsbezirks überschneiden.«[84]

In einer Übersicht vom November 1941 hatte sich die Zahl der Arbeitsämter im Warthegau auf 15 erhöht, die zudem über insgesamt 44 Nebenstellen verfügten. In Kutno und Wieluń waren neue Arbeitsämter errichtet worden und Krotoszyn war nun eine Nebenstelle des Arbeitsamtes in Ostrów Wielkopolski.[85] Das Reichsarbeitsministerium legte die endgültige bezirkliche Gliederung der Arbeitsämter im Warthegau im März 1942 fest. Die Zahl der Arbeitsämter blieb bei 15, die geographische Einteilung änderte sich in einigen Fällen leicht.[86] Sehr rasch stellte sich aber heraus, dass sich im Kreise Lentschütz (Łęczyca) die Zuständigkeit zweier Arbeitsämter, nämlich des Arbeitsamtes Łódź und des Arbeitsamtes Kutno, als sehr ungünstig erwies. Der Reichsstatthalter verfügte deshalb, dass künftig nur das Arbeitsamt Łódź für den Kreis Lentschütz zuständig sein sollte.[87]

Umstrittene Verwaltungsstruktur

Nach dem Erlass Hitlers über die Gliederung und Verwaltung der Ostgebiete vom 8. Oktober 1939 wurden sämtliche Verwaltungszweige dem Reichsstatthalter zugewiesen. Man sah also ganz bewusst von der Schaffung selbständiger Behörden der Arbeitsverwaltung – Landesarbeitsamt und Reichstreuhänder der Arbeit – ab. Der Reichsarbeitsminister reklamierte hingegen, dass in den beiden neuen Reichsgauen Danzig-Westpreußen und Posen die Mittelinstanz der Arbeitsverwaltung nicht eine Unterabteilung der jeweiligen Reichsstatthalterei bilden sollte, sondern dass sie ent-

---

84 Vgl. Schreiben des Regierungspräsidenten in Posen an den Reichsstatthalter vom 15.9.1941, in: ebd., Bl. 24–25 (Zitat Bl. 24). Der Reichsarbeitsminister bestätigte die Errichtung der Arbeitsämter Kutno und Wieluń sowie die Neuaufteilung der Arbeitsamtsbezirke mit Wirkung vom 1. Oktober 1941. Vgl. Schnellbrief des Reichsstatthalters an den Reichsarbeitsminister vom 25.9.1941, in: ebd., Bl. 32; Kopie eines Schreibens des Reichsarbeitsministers an den Präsidenten des Landesarbeitsamtes vom 29.9.1941, in: ebd., Bl. 50.
85 Vgl. Übersicht über die Arbeitsämter und deren Nebenstellen nach dem Stande vom 1.11.1941, in: ebd., Nr. 3140, Bl. 1.
86 Vgl. Erlass Nr. 238/42: Bezirkliche Gliederung der Arbeitsämter im Reichsgau Wartheland, in: Runderlasse, 4 (1942) 21 vom 7.3.1942, S. 127. Bis 1944 blieb die Zahl der Arbeitsämter stabil bei 15. Vgl. Handbuch, S. 290. Im Januar 1945 sollten die Arbeitsämter in das Altreichsgebiet zurückgeführt und in Dienststellen des Gauarbeitsamtes Mark Brandenburg einquartiert werden. Das Gauarbeitsamt Wartheland verließ am Abend des 20. Januar 1945 mit seinen Mitarbeitern Posen und wurde über Berlin nach Potsdam-Babelsberg geleitet. Vgl. Bericht über die Tätigkeit der Ausweichstelle des Gauarbeitsamtes des Warthelandes von Ernst Kendzia vom 28.2.1945, zit. nach Räumung, S. 41–42.
87 Vgl. Vermerk aus der Reichsstatthalterei vom 2.9.1942, in: APP, 299, Nr. 885, Bl. 124.

sprechend den Verhältnissen im Altreichsgebiet selbständigen Behörden übertragen werde. Dabei sollten das Amt des Präsidenten des Landesarbeitsamtes und das des Reichstreuhänders der Arbeit in Personalunion verbunden sein. Für Posen hatte er nach einem Vorschlag Greisers den Landestreuhänder der Arbeit in Danzig, Ernst Kendzia, in Aussicht genommen.[88]

Der Reichsminister des Innern rechtfertigte die Eingliederung der Arbeitsverwaltung in die Behörde des Reichsstatthalters mit der besonderen Lage und den besonderen Aufgaben in den Ostgebieten – damit meinte er in erster Linie die Umsiedlungs- und Volkstumspolitik. Sie erforderten geradezu eine Zusammenfassung und einheitliche Ausrichtung aller mit der allgemeinen Verwaltung in enger Beziehung stehenden Sachgebiete.[89] Der Reichsarbeitsminister protestierte mehrmals scharf gegen den Verwaltungsaufbau und hielt Sonderverwaltungen nach dem Vorbild des Altreichs für sachlich notwendig. Er wünschte sich ihm unmittelbar und ausschließlich unterstehende Landesarbeitsämter und Reichstreuhänder der Arbeit in den eingegliederten Ostgebieten.[90]

Die Unselbständigkeit der Arbeitsverwaltung in den eingegliederten Ostgebieten führte nach Ansicht des Reichsarbeitsministers zu vermehrter Bürokratie. So müsste für die Tarifordnungen dort zusätzlich noch die Zustimmung des Reichsministers des Innern vorliegen; beim Reichsstatthalter im Wartheland schaltete sich außerdem noch der ständige Vertreter des Reichsstatthalters ein, der die vorbereiteten Entwürfe nochmals durch den Justitiar seiner Verwaltungsabteilung überprüfen lasse. Der Gedanke der Vereinfachung der Verwaltung werde damit in sein Gegenteil verkehrt.[91] Der Reichsarbeitsminister wollte sich offensichtlich im Frühjahr 1940 nicht mehr damit abfinden, dass es in den neuen Reichsgauen keine selbständigen Landesarbeitsämter und Reichstreuhänder der Arbeit gab, und strebte deshalb eine Stellung seiner nachgeordneten Behörden an, wie sie Finanz und Justiz bereits durchgesetzt hatten. Obwohl Hitler, dem Lammers die Angelegenheit vorgetragen hatte, den Wünschen des Arbeitsministers nicht grundsätzlich abgeneigt war, bekämpfte das Innenministerium jedes weitere Ausscheren aus der »Einheit der Verwaltung« in der Mittelinstanz vehement.[92] Der Reichsminister des Innern beharrte auf seinem Standpunkt: Er hielt die Unterstellung

---

88 Vgl. Abschrift eines Schreibens des Reichsarbeitsministers an den Reichsminister des Innern vom 22.11.1939, in: BAB, R 2, Nr. 18454, Bl. 211–213.
89 Vgl. Abschrift eines Schreibens des Reichsministers des Innern an den Reichsarbeitsminister vom 16.12.1939, in: ebd., R 43 II, Nr. 1332a, Bl. 12–13, hier Bl. 12.
90 Vgl. Abschrift eines Schreibens des Reichsarbeitsministers an den Beauftragten für den Vierjahresplan vom 23.1.1940, in: ebd., Bl. 3–7, hier Bl. 3 ff. In sehr ähnlichen Wendungen wiederholte Reichsarbeitsminister Seldte diese Mahnung in einer Rede zum Amtswechsel im Landesarbeitsamt Mitteldeutschland am 1. Februar 1940. Vgl. Weiterer Ausbau, S. 34.
91 Vgl. Schreiben des Reichsarbeitsministers an den Reichsminister und Chef der Reichskanzlei, Lammers, vom 27.2.1940, in: ebd., Bl. 14–16.
92 Vgl. Rebentisch, Führerstaat, S. 181.

des Landesarbeitsamtspräsidenten unter den Reichsstatthalter und den Regierungspräsidenten als seinem allgemeinem Vertreter für unverzichtbar.[93]

Der Reichsstatthalter verteidigte die Eingliederung der Sachgebiete in seine Behörde, sie seien in dem Erlass vom 27. Dezember 1939 ausdrücklich als Arbeitsgebiete der Abteilung V (Wirtschaft und Arbeit) aufgeführt. Eine weitere Verselbständigung dieser Fachgebiete sei mit dem Grundsatz der Einheit der Verwaltung unvereinbar und auch allgemein unzweckmäßig. Der Reichsstatthalter wollte deshalb die bisherige Regelung beibehalten.[94]

Kendzia wies gegenüber dem Reichsarbeitsministerium auf die seiner Meinung nach besondere Stellung des Landesarbeitsamtes (LAA) und der Dienststelle des Reichstreuhänders der Arbeit im Rahmen der Behördenorganisation im Warthegau hin. Er hob hervor, dass es ihm durch gute persönliche Beziehungen zum Gauleiter und Reichsstatthalter gelungen sei, der Abteilung Arbeit eine gewisse Selbständigkeit zu erhalten. Trotzdem wirke sich die Tatsache, dass der Reichsstatthalter das LAA und die Dienststelle des Reichstreuhänders der Arbeit als eine seiner Behörde eingegliederte Abteilung ansähe, hemmend auf deren Arbeit aus. Der Einfluss des Reichsstatthalters wurde in der Folgezeit durch den Erlass des Generalbevollmächtigten für die Reichsverwaltung vom 24. Juni 1941 noch gesteigert. Die innere Verwaltung war noch stärker bestrebt, auf die Verwaltungsführung der Arbeitseinsatzverwaltung Einfluss zu nehmen. Wie Kendzia beklagte, glaubten auch bereits einige Landräte eine Dienstaufsichtsbefugnis über die Tätigkeit der Arbeitsämter zu haben. Dementsprechend habe sich die Zusammenarbeit zwischen den Dienststellen der inneren Verwaltung und seinen Dienststellen, wesentlich verschlechtert.[95]

Die Reichsstatthalterei verwies in den Auseinandersetzungen auf eine neue Verordnung über den Arbeitseinsatz in den eingegliederten Ostgebieten vom 17. September 1941. Danach blieb der Erlass des Führers und Reichskanzlers über Gliederung und Verwaltung der Ostgebiete vom 8. Oktober 1939 unberührt.[96] Damit sei erneut festgelegt worden, dass dem Reichsstatthalter sämtliche Verwaltungszweige, also auch die im Altreich von den Landesarbeitsämtern und den Reichstreuhändern der Arbeit wahrzunehmenden Arbeitsgebiete zugewiesen seien.[97]

---

93 Vgl. Schreiben des Reichsministers des Innern, Staatssekretär Stuckart, an den Reichsminister und Chef der Reichskanzlei, Lammers, vom 26.4.1940, in: BAB, R 43 II, Nr. 1332a, Bl. 40; Entwurf einer Verordnung über die Neuordnung der Reichsarbeitsverwaltung, in: ebd., Bl. 44–45.
94 Vgl. Abschrift eines Schreibens des Reichsstatthalters an den Reichsminister des Innern vom 31.1.1941, in: APP, 299, Nr. 885, Bl. 11–13.
95 Vgl. Abschrift eines Schreibens der Abteilung V A, Kendzia, an den Reichsarbeitsminister vom 29.9.1941, in: ebd., Bl. 44–46.
96 Vgl. Zweite Verordnung über den Arbeitseinsatz in den eingegliederten Ostgebieten vom 17.9.1941, in: RGBl. T. I 1941, Nr. 111 vom 2.10.1941, S. 594–596, hier S. 596.
97 Vgl. Vermerk aus der Reichsstatthalterei vom 13.10.1941, in: APP, 299, Nr. 885, Bl. 15.

Greiser wachte auch fortan eifersüchtig über die Unterstellung der Arbeitsverwaltung und monierte Verselbständigungstendenzen. Besonders beanstandete er die unberechtigte Anwendung des Titels »Reichstreuhänder der Arbeit« in Veröffentlichungen und im sonstigen Dienstgebrauch. Er betonte in diesem Zusammenhang sehr nachdrücklich, dass es in den eingegliederten Ostgebieten weder einen »Reichstreuhänder der Arbeit« noch ein »Landesarbeitsamt« gebe, sondern lediglich die Abteilung »Arbeit« bei der Behörde des Reichsstatthalters.[98]

Der Berliner Arbeitsrechtler Wolfgang Siebert hatte für seinen Aufsatz zur Arbeitsverwaltung in der Zeitschrift »Reich, Volksordnung, Lebensraum«[99] in Posen Informationen über die Stellung der Arbeitsverwaltung im Warthegau eingeholt. Der Leiter der Abteilung I »Allgemeine, innere und finanzielle Angelegenheiten« der Reichsstatthalterei, Regierungsdirektor Herbert Mehlhorn, beschrieb deren Eingliederung in die Abteilung Wirtschaft und Arbeit beim Reichsstatthalter: »Die Abteilung »Arbeit« ist ihrerseits untergliedert in das Fachgebiet »Landesarbeitsamt«, das die Aufgaben der Arbeitseinsatzverwaltung zu erledigen hat, das Fachgebiet »Reichstreuhänder der Arbeit«, das die im übrigen Reichsgebiet den Reichstreuhändern der Arbeit obliegenden Aufgaben wahrzunehmen hat, und das Fachgebiet »Gewerbeaufsicht«. Diese Fachgebiete sind unmittelbar dem Abteilungsleiter der Abteilung »Arbeit« unterstellt. Sie sind also nicht selbständig.«[100]

Der Reichsarbeitsminister war trotz allem bestrebt, die Zusammenarbeit zwischen den Behörden der Arbeitsverwaltung und der inneren Verwaltung zu fördern. Er wies die Leiter der Arbeitsämter an, mit den beteiligten Landräten eine vertrauensvolle Zusammenarbeit zu pflegen. Es sollte zumindest eine Pflicht zur laufenden gegenseitigen Unterrichtung geben.[101]

---

98 Vgl. Schreiben des Reichsstatthalters an die Abteilung V/A vom 18.12.1941, in: ebd., Bl. 76.
99 Vgl. Siebert, Entwicklung (1942), S. 301.
100 Vgl. Durchschrift eines Schreibens des Leitenden Regierungsdirektor Dr. Mehlhorn an Professor Wolfgang Siebert vom 8.1.1942, in: APP, 299, Nr. 885, Bl. 58–60 (Zitat Bl. 58). Sehr ähnlich schilderte Siebert dann den Aufbau in einem 1943 erschienenen Buch über die Entwicklung der staatlichen Arbeitsverwaltung: Im Reichsgau Wartheland seien sämtliche Verwaltungszweige dem Reichsstatthalter zugewiesen und damit auch die Arbeitsverwaltung in der Mittelstufe vollständig in die allgemeine Verwaltung eingegliedert. Die Abteilung Arbeit sei nur ein Teil der Reichsstatthalterbehörde; der Leiter der Abteilung sowohl dem Reichsstatthalter wie dem Regierungspräsidenten als dessen allgemeinem Vertreter unterstellt. Darüber hinaus seien gemäß dem Führererlass vom 8. Oktober 1939 auch die Sonderbehörden in der Kreisstufe, also auch die Arbeitsämter und Gewerbeaufsichtsämter, den Landräten unterstellt. Vgl. Siebert, Entwicklung (1943), S. 81.
101 Vgl. Abschrift eines Schreibens des Reichsarbeitsministers an die Präsidenten der Landesarbeitsämter vom 14.4.1942, in: APP, 465, Nr. 228, Bl. 138. Aufgrund der Initiative des Reichsarbeitsministers ging auch der Generalbevollmächtigte für die Reichsverwaltung davon aus, dass sich nun eine gute Zusammenarbeit zwischen den beiden Verwaltungen ergeben

In der Reichsstatthalterei debattierte man ebenfalls das Verhältnis zwischen Landräten und Arbeitsämtern auf der unteren Ebene. Eine Anfrage des stellvertretenden Gauleiters August Jäger bei dem Landrat des Kreises Gnesen (Gniezno) erbrachte – überraschenderweise – eine positive Antwort. Dieser berichtete über gute Kontakte zu den wechselnden Leitern der Arbeitsämter Ostrów und Gnesen. Dabei hatte es immer eine gegenseitige Unterrichtung gegeben.[102] Ganz anders reagierte der Landrat des Kreises Hermannsbad (Ciechocinek). Er bemängelte besonders die mangelnde Kommunikation: »Noch niemals hat das Landratsamt von einem bedeutsameren Bericht des Arbeitsamtes abschriftlich Kenntnis erhalten und ich muss annehmen, daß auch die übrigen Landräte in dieser Hinsicht unberücksichtigt geblieben sind.«[103]

Ein anderer Landrat klagte darüber, dass Amtskommissare und Gendarmerie-Posten immer stärker durch die Arbeitsämter belastet würden. So sei das Arbeitsamt dazu übergegangen, sich die vorgeladenen flüchtigen Polen von der Gendarmerie vorführen zu lassen, die aber mit anderen wichtigeren Aufgaben bereits überlastet war. Durch diese Entwicklung seien die Amtskommissare vom Arbeitsamt in einer Weise belastet, die über den Rahmen des normalen Amtshilfeersuchens hinausgehe.[104] Die Spitze der Arbeitsverwaltung nahm diese Kritik auf: Das Gauarbeitsamt ersuchte auf Grund der Beanstandungen die Leiter der Arbeitsämter, ihre Mitarbeiter anzuweisen, dass andere Dienststellen von den Arbeitsämtern nicht über Gebühr in Anspruch genommen, und dass das Rechtshilfeverfahren nicht missbraucht würde.[105]

Korrupte »Ostnieten«? Das Personaltableau der Arbeitsverwaltung

In der Verwaltung der eingegliederten Gebiete sollte eine hohe deutsche Verwaltungsdichte erreicht werden, da eine polnische Administration nicht vorgesehen war. In den Warthegau kamen insgesamt etwa 6.000 Beamte aus dem Reich, viele von ihnen waren vor 1933 der NSDAP beigetreten, also ideologisch besonders motiviert. Hoch war auch der Anteil derer, die bereits vor 1919 in diesen Gebieten tätig gewesen waren.[106]

---

würde. Vgl. Abschrift eines Schreibens des Generalbevollmächtigten für die Reichsverwaltung an die Reichsverteidigungskommissare vom 9.5.1942, in: ebd., Bl. 156–157.

102 Vgl. Schreiben des Landrates des Kreises Gnesen an Ministerialdirektor Jäger vom 13.1.1944, in: ebd., 299, Nr. 885, Bl. 157–158.

103 Vgl. Schreiben des Landrates des Kreises Hermannsbad an Ministerialdirektor Jäger vom 17.1.1944, in: ebd., Bl. 160–164, hier Bl. 161 (Zitat Bl. 163).

104 Vgl. Schreiben des Landrats des Kreises Welun an den Reichsstatthalter, Oberregierungsrat Reischauer, vom 22.1.1944, in: ebd., Bl. 176–177.

105 Vgl. Abschrift eines Rundschreibens des Gauarbeitsamtes an die Leiter der Arbeitsämter im Reichsgau Wartheland vom 19.2.1944, in: ebd., 465, Nr. 105, Bl. 158–159.

106 Vgl. Pohl, Reichsgaue, S. 400 f. Vgl. allgemein zu den deutschen Beamten im Warthegau: Porzycki, Posłuszni, bes. S. 66 ff. Als Referenz für das Generalgouvernement vgl.: Lehnstaedt, »Ostnieten«.

Bei der Organisation der Verwaltung gab es aber von Anfang an Personalprobleme. Das entging auch dem Sicherheitsdienst der SS nicht, der regelmäßig in seinen »Meldungen aus dem Reich« im September 1940 darüber berichtete. Aus seiner Sicht häuften sich die Fälle, in denen charakterlich und fachlich »minderwertige« Beamte und Angestellte von ihren Heimatdienststellen in die eingegliederten Ostgebiete abgeordnet wurden.[107]

In einer Ansprache zur Eröffnung der Reichsgautheater Posen am 18. März 1941 skizzierte Goebbels seine Vorstellung von den künftig in den Ostgebieten tätigen Deutschen – auch den Verwaltungsmitarbeitern: Der Osten sei nicht mehr der »Schuttabladeplatz für im Reich gescheiterte Beamte und Offiziere«, kein »Strafversetzungsfeld für kurzsichtige Behörden, die nach dem Grundsatz verfahren, daß das, was in unserem Vaterlande sich als unbrauchbar erwiesen hat, für den Osten immer noch gut genug, wenn nicht eigentlich sogar zu schade sei«.[108] Der Sicherheitsdienst kam keine drei Monate später allerdings zu einer anderen Einschätzung. Demnach entsprachen die vorhandenen Beamten nur zu einem Teil den an sie gestellten Anforderungen. Teilweise seien sie offenbar von ihren Heimatbehörden abgeschoben worden. So habe ein Landrat im Regierungsbezirk Hohensalza erklärt, dass von den ihm unterstellten Kräften etwa zwanzig in den Osten strafversetzt worden seien.[109]

Bei den propagierten Kriterien tauchte immer wieder der Topos auf, dass »nur die Besten in den Osten gehören«. Zu den besonderen Anforderungen zählten die »volkspolitischen Aufgaben«; der Beamte galt als Repräsentant des deutschen Volkes. Verfehlungen fielen doppelt schwer auf die deutsche Gemeinschaft zurück. Auch dieser gegenüber habe der Beamte eine Vorbildfunktion zu erfüllen.[110]

Der damalige Verwaltungsreferent des Landesarbeitsamtes Brandenburg war an der Aufstellung der einzelnen Trupps beteiligt, die den Kern der jeweiligen Arbeitsämter bilden sollten. Nach dem Krieg erinnerte er sich, dass die Auswahl danach erfolgte, wie das Personal von den einzelnen Arbeitsämtern abgegeben werden konnte. Das Landesarbeitsamt Brandenburg gab seiner Einschätzung nach für den höheren Dienst durchweg nur die »zweite Garnitur« an das Wartheland ab. Es habe sich in erster Linie um jüngere Nachwuchskräfte des höheren Dienstes oder auch um ältere und erfahrene Beamte gehandelt, die aber vorwiegend als Stellvertreter in den Arbeitsämtern des Landesarbeitsamtsbezirks tätig waren. Die übrigen Kräfte, die sich nur zum Teil freiwillig für diese Aufgabe meldeten, wurden von den einzelnen Arbeitsämtern ausge-

---

107 Vgl. Meldungen aus dem Reich, Nr. 165 vom 24.2.1941, zit. nach: Boberach, Meldungen, Bd. 6, S. 2032–2044, hier S. 2040.
108 Reichsminister, S. 2.
109 Vgl. Meldungen aus dem Reich, Nr. 192 vom 9.6.1941, zit. nach: Boberach, Meldungen, Bd. 7, S. 2380–2393, hier S. 2390.
110 Vgl. Der Beamte im Osten, in: Mitteilungsblätter für die weltanschauliche Schulung der Ordnungspolizei, Gruppe A, Folge 14 vom 10.5.1941, zit. nach: APP, 1235, Nr. 71, Bl. 155–157.

sucht. Dabei sei es nicht ausgeblieben, dass viele Arbeitsämter und Dienststellenleiter sich bei dieser Gelegenheit unliebsamer Mitarbeiter entledigten und diese abstellten. Trotzdem habe es sich nicht nur um unqualifizierte und charakterlich schlechte, ungeeignete Kräfte gehandelt.[111]

Wir haben uns bemüht, einige beispielhafte Biographien von Mitarbeitern der Arbeitsämter zu rekonstruieren, wobei die bruchstückhafte Aktenüberlieferung einen limitierenden Faktor bildet. Allgemein lässt sich sagen, dass nur die wichtigsten Stellen mit Fachkräften aus dem Altreich besetzt werden konnten. Über die Hälfte des Personals bestand aus eingesessenen oder umgesiedelten Volksdeutschen. Der größte Teil von ihnen beherrschte die deutsche Sprache nur unvollkommen. Der Schulungsplan für die Mitarbeiter beinhaltete daher nicht nur Fachfragen, sondern eben auch Deutschunterricht.[112] Deutsch als Amtssprache konnte bei den Arbeitsämtern im östlichen Warthegau zunächst nicht komplett durchgesetzt werden. Trotzdem wurde auch dort angestrebt, im Geschäftsverkehr nur noch die deutsche Sprache zu benutzen.[113]

Else Bonk, Angestellte des Arbeitsamtes Wieluń, war eine Volksdeutsche – und deshalb mit ihrem Lebensweg wohl typisch für viele Mitarbeiter der Arbeitsämter im Warthegau. Sie wurde am 4. Oktober 1909 in Bierzow (Kreis Kępno) als Kind deutschstämmiger Kleinbauern geboren. Nach der vierklassigen Volksschule arbeitete sie von 1924 bis 1936 in der elterlichen Landwirtschaft, übte danach verschiedene Tätigkeiten aus und war ab Anfang 1942 beim Arbeitsamt Wieluń beschäftigt. Frau Bonk wurde in die DVL aufgenommen und besaß die deutsche Staatsbürgerschaft. Ihre Bewerbung als kaufmännische Angestellte vom August 1942 wurde noch mit Rotstift korrigiert: »ewangelisch«, »endlassen« etc.[114] Das Arbeitsamt beurteilte ihre schriftliche Bewerbung so, dass sie »trotz ihrer nicht einwandfreien Deutschkenntnisse (4 Jahre polnische Volksschule!)« unter Berücksichtigung des besonderen Mangels an deutschen Kräften als Hilfsangestellte geeignet erschien. Sie sollte zum Besuch eines Deutschkurses für Fortgeschrittene verpflichtet werden.[115]

Frau Bonk wurde dann ab Anfang November 1942 bei der Nebenstelle Schildberg (Ostrzeszów) als Karteiführerin in der landwirtschaftlichen Vermittlung beschäftigt. Ihre Beurteilung war gut, sie wurde als fleißig, gewissenhaft und charakterlich integer

---

111 Vgl. Tonbandaufnahme eines Gesprächs über die Arbeitsverwaltung im ehemaligen Reichsgau Wartheland, in der korrigierten Fassung vom 1.5.1959, in: BABay, Ost-Dok. 13, Nr. 163, Bl. 1–24, hier Bl. 2f.
112 Vgl. Fuhrmann, Arbeitseinsatz, S. 34.
113 Vgl. Rundschreiben Nr. 216 des Arbeitsamtes Litzmannstadt vom 22.9.1942, in: APŁo, 217, Nr. 2, Bl. 133.
114 Vgl. Bewerbungsschreiben als kaufmännische Angestellte von Else Bonk beim Arbeitsamt Welungen vom 12.8.1942, in: ebd., Nr. 11, Bl. 16–18.
115 Vgl. Schreiben der Abteilung Berufsberatung an die Personalstelle des Arbeitsamtes Welungen vom 19.10.1942, in: ebd., Bl. 36.

eingestuft. Dementsprechend erfolgten 1943 und 1944 höhere Eingruppierungen, da sie – wie es in einem Leistungsbericht der Nebenstelle Schildberg an den Leiter des Arbeitsamtes Wieluń hieß – die ihr übertragenen Aufgaben »willig und gewissenhaft« ausführte und ihr »Benehmen zu einem Anstoss keinen Anlass« bot.[116]

Aber nicht alle volksdeutschen Kräfte integrierten sich so erfolgreich wie Frau Bonk. Der Angestellte Mützner wurde im August 1942 als Hilfskraft in der Metallvermittlung des Arbeitsamtes Łódź eingesetzt. Bei Dienstantritt musste ihm zunächst erst einmal das Alphabet beigebracht werden, danach wurde er mit einfachen Aufgaben betraut, die er nicht zur Zufriedenheit ausführte. Nach Aussagen des zuständigen Abteilungsleiters hatte er eine langsame Auffassungsgabe und war aus all diesen Gründen nicht geeignet, seinen Posten auszufüllen. Der Abteilungsleiter bat daher um einen Austausch, da Mützner völlig ungeeignet erschien.[117]

Als Hilfskräfte stellte das Arbeitsamt Łódź auch junge Frauen ein, die direkt aus dem Kriegshilfsdienst kamen, so die 19-jährige Lucie Renz als Hilfsvermittlerin für die speziellen Berufsgruppen. Sie arbeitete sich rasch ein und erledigte ihre Arbeit mit großem Engagement. Trotz ihrer kurzen Einarbeitungszeit galt sie schon bald als eine gute Hilfe bei der Vermittlung.[118]

Einen interessanten Karriereweg hatte der Regierungsinspektor Alfred Huwald hinter sich. Er wurde am 2. November 1903 in Boimstorf, Kreis Helmstedt, geboren. Nach dem Besuch der Volksschule absolvierte er eine kaufmännische Lehre. Seit 1921 war Huwald in diversen Firmen als kaufmännischer Angestellter und Buchhalter tätig. Seit März 1926 war er im Arbeitsnachweis des Magistrats der Stadt Eberswalde, dann im dortigen Arbeitsamt als Arbeitsvermittler und Abteilungsleiter der Vermittlung bis Ende Juni 1934 beschäftigt. Huwald, der am 1. Mai 1933 in die NSDAP eintrat, war offensichtlich vorgeworfen worden, stark mit der SPD sympathisiert zu haben und Obmann des Zentralverbandes der Angestellten (ZdA) im Arbeitsamt gewesen zu sein sowie auf andere Angestellte starken Druck ausgeübt zu haben, in den ZdA einzutreten. Nach eigenen Aussagen hatte er seine Kündigung unter Druck eingereicht. Er versuchte jedenfalls vergeblich, sie zurückzuziehen und bat um seine Weiterbeschäftigung.[119]

---

116 Vgl. Leistungsbericht der Nebenstelle Schildberg des Arbeitsamtes Welungen vom 16.6.1943, in: ebd., Bl. 45; Leistungsbericht der Nebenstelle Schildberg an den Leiter des Arbeitsamtes Welun vom 30.8.1944, in: ebd., Bl. 58 (Zitat ebd.).
117 Vgl. Durchschrift eines Schreibens der Abteilung IIa M 4 an das Abteilungsbüro IIa vom 18.11.1942, in: ebd., Nr. 13, unpag.
118 Vgl. Abschrift einer Aktennotiz der Abteilung IIa W 2 an das Abteilungsbüro IIa vom 23.7.1943, in: ebd., unpag.
119 Vgl. Erklärung Huwalds an den Vorsitzenden des Arbeitsamtes Eberswalde vom 28.6.1934, in: ebd., Nr. 16, Bl. 48; NSDAP-Mitgliedskarte von Alfred Huwald, in: BAB, 3100 Reichskartei, Film J 0146, unpag.

Danach verblieb er ein Jahr ohne Anstellung, bevor er dann bis Juni 1938 als kaufmännischer Angestellter bei der Firma Hirsch Kupfer-Messingwerke in Finow arbeitete. Im Anschluss gelang ihm die Rückkehr in die Arbeitsverwaltung, in der Huwald Beschäftigung als Arbeitsvermittler im Arbeitsamt Berlin fand.[120] Von dort ordnete ihn das Landesarbeitsamt Brandenburg im Juli 1941 als Gruppenleiter im Arbeitseinsatz in den Bezirk des Landesarbeitsamtes Warthegau ab, das über den weiteren Einsatz verfügen sollte. Huwald landete zunächst als Gruppenleiter beim Arbeitsamt Warthbrücken (Koło), danach wechselte er in gleicher Funktion zum Arbeitsamt Kutno.[121] Dort war man über seine mutmaßliche frühere politische Einstellung orientiert. Trotzdem bot er nach seiner Abordnung in den Warthegau durch sein gezeigtes Verhalten »die unbedingte Gewähr dafür, daß er jederzeit rückhaltlos für den nationalsozialistischen Staat eintritt und ihn wirksam vertritt.«[122]

Im November 1942 erfolgte die Berufung Huwalds in das Beamtenverhältnis und seine Ernennung zum Regierungsinspektor.[123] Ein Jahr später wurde er durch den Präsidenten des Gauarbeitsamtes als Gruppenleiter für den gewerblichen Arbeitseinsatz zum Arbeitsamt Welungen abgeordnet.[124] Interessant ist, dass Huwald bei dem Entwurf eines Fragebogens zur politischen Beurteilung in der Rubrik »Frühere politische Parteien und Verbände« seine Mitgliedschaft im Zentralverband der Angestellten in der Zeit vom November 1928 bis 1933 offen angab.[125]

Der Leiter des Arbeitsamtes in Łódź, Günther Fonck, wurde am 29. September 1900 als Sohn eines Oberleutnants in Erfurt geboren. Er besuchte die Gymnasien zu Kolmar, Berlin, Spandau, Erfurt und zuletzt das Prinz Heinrich Gymnasium in Berlin-Schöneberg, wo er 1918 das Abitur ablegte. Im Juni 1918 trat er als Fahnenjunker in das Feldartillerie-Regiment 75 ein und wurde im Dezember 1918 entlassen. Im Januar 1919 beteiligte er sich als Freiwilliger der Garde-Kavallerie-Schützen-Division an den Kämpfen gegen den Spartakus-Bund in Berlin. 1920 trat Fonck zur Marinebrigade Ehrhardt über, der er bis 1928 angehörte. Von 1928 bis 1930 war er Mitglied des »Stahlhelms«. Foncks beruflicher Werdegang begann als kaufmännischer Lehrling bei der AEG von 1919 bis 1922. In den Jahren 1922/23 war er Angestellter beim Reichskommissar für Ein- und

---

120 Vgl. Lebenslauf vom 18.7.1940, in: APLo, 217, Nr. 16, Bl. 8–9.
121 Vgl. Abschrift eines Schreibens des Reichsarbeitsministers an den Präsidenten des Landesarbeitsamtes Brandenburg vom 17.7.1941, in: ebd., Bl. 154; Verwaltungs-Jahrbuch 1942/43, T. II, S. 77.
122 Vgl. Erklärung des Arbeitsamtes Kutno vom 27.2.1942, in: APLo, 217, Nr. 16, Bl. 181 (Zitat ebd.).
123 Vgl. Abschrift der Ernennungsurkunde des Reichsstatthalters vom 5.11.1942, in: ebd., Bl. 196.
124 Vgl. Durchschrift eines Schreibens des Arbeitsamtes Kutno an Huwald vom 6.11.1943, in: ebd., Bl. 209.
125 Vgl. Entwurf eines Fragebogens über politische Beurteilung des Arbeitsamtes Welun vom 23.8.1944, in: ebd., Bl. 226.

Ausfuhr. Nach einem volkswirtschaftlichen Studium promovierte er 1926 in Rostock mit einer Arbeit zum Berliner Textilhandel. Von 1926 bis 1930 arbeitete Fonck in leitender Position in verschiedenen Betrieben der Zellstoff- und Textilindustrie. 1930 trat er als Hilfsreferent beim Landesarbeitsamt Schlesien ein und war von 1933 bis 1939 Leiter der Arbeitsämter in Kreuzburg und Ratibor. Seit 1939 leitete er das Arbeitsamt Łódź. Fonck wurde 1936 zum Regierungsrat und 1939 zum Oberregierungsrat befördert. Er trat am 1. Mai 1933 in die NSDAP und am 1. April 1934 in die SS ein.[126]

Der ehrenamtliche SD-Mitarbeiter und Fürsorgereferent beim SS-Abschnitt XXXXIII Litzmannstadt heiratete am 5. März 1945 die 26-jährige Stenotypistin Herta Freudenfeld. Sie war eine Volksdeutsche aus Lettland, die im März 1940 nach Łódź gekommen war und dort als Sekretärin im Arbeitsamt gearbeitet hatte.[127]

Manche Mitarbeiter waren nur kurzfristig von Arbeitsämtern des Altreichs abgeordnet. So wurde ein Angestellter des Arbeitsamtes Emden innerhalb von zwei Monaten dem Arbeitsamt Łódź sechsmal als Werber und Transportbegleiter zugewiesen. Da er sich gut einarbeitete, seine Leistung überdurchschnittlich und auch seine sonstige Beurteilung positiv waren, strebte das Arbeitsamt Łódź erfolgreich seine reguläre Abordnung an.[128]

Auch sonst gab es beim Arbeitsamt Łódź diverse befristet abgeordnete Angestellte aus Arbeitsämtern des Altreichs, wie Leipzig und Offenbach.[129]

Zu den zahlreichen polnischen Mitarbeitern und vor allem Mitarbeiterinnen, fehlen weitgehend schriftliche Zeugnisse. Aus den wenigen erhaltenen Hinweisen kann man aber ablesen, dass sie sich oft sehr rasch und gut einarbeiteten. Ein Beispiel dafür war die polnische Angestellte Stanislawa Natysiak, die der Arbeitsbuchstelle des Arbeitsamtes Łódź seit September 1942 zugeteilt worden war. Ihre Leistungen lagen weit über dem Durchschnitt, und sie sollte bereits zwei Monate nach ihrem Arbeitsbeginn höher eingruppiert werden.[130]

Mit der Disziplin vieler Mitarbeiter scheint es nicht gut bestellt gewesen zu sein. Mehrfach lassen sich entsprechende Klagen finden. Es konnte sich dabei um einen

---

126 Vgl. Handschriftlicher Lebenslauf, in: BAB, RS, Film B 0426, Bl. 1460; SS-Personalkarte von Günther Fonck, in: ebd., SS/SSO, Film 215, Bl. 319; Fonck, Entwicklung; Verwaltungs-Jahrbuch 1939, T. II, S. 44; Verwaltungs-Jahrbuch 1941, T. II, S. 194; Verwaltungs-Jahrbuch 1942/43, T. II, S. 78.
127 Benachrichtigung des Standesamtes an das Rasse- und Siedlungshauptamt vom 5.3.1945, in: BAB, RS, Film B 0426, Bl. 1422; R. u. S.-Fragebogen von Herta Freudenfeld vom 7.1.1945, in: ebd., Bl. 1492–1494.
128 Vgl. Durchschrift eines Schreibens der Abteilung IIa an den Leiter des Arbeitsamtes Litzmannstadt vom 13.8.1940, in: APŁo, 217, Nr. 13, unpag.
129 Vgl. Schreiben der Abteilung IIa an die Abteilung Verwaltung des Arbeitsamtes Litzmannstadt vom 16.10.1942, in: ebd., unpag.
130 Vgl. ebd.

heimlich aus der Abteilung Verwaltung entwendeten Teppich handeln oder um unentschuldigt fehlende Mitarbeiter, die im Zweifelsfall auch noch Akten mitnahmen.[131] Mangelnde Leistungen, offensichtliches Desinteresse und hohe Fehlzeiten bildeten ein ständiges Ärgernis für die Arbeitsamtsleiter, aber die Sanktionsmöglichkeiten waren angesichts fehlender geeigneter Bewerber gering. Es blieb nur die Versetzung in eine andere Abteilung oder die Kündigung.[132] Zur Aufrechterhaltung der Disziplin ergriff der Leiter des Arbeitsamtes Łódź die Initiative und ordnete an, dass kein Mitarbeiter während der Dienstzeit die Dienstgebäude ohne Erlaubnis verlassen durfte. Ein überaus deutlicher Hinweis darauf, dass dieses Verhalten bis dahin üblich war.[133] Nur wenig später verbot der Leiter den Verkehr seiner Mitarbeiter mit Ausländern.[134] Trotz der restriktiven Maßnahmen rissen die Disziplinlosigkeiten nicht ab. Immer wieder erschienen Mitarbeiter unpünktlich zum Dienst, überzogen die Mittagspause weit über das vorgesehene Maß oder verließen vorzeitig ihren Arbeitsplatz. Als Konsequenz führte der Leiter Pünktlichkeitskontrollen durch die Abteilungsleiter ein.[135]

Unregelmäßigkeiten gab es nach den Beobachtungen des Amtsleiters auch beim Außendienst der Arbeitsamtsmitarbeiter. Er ordnete deshalb an, dass der Außendienst grundsätzlich nur noch mit schriftlicher Genehmigung der zuständigen Abteilungs- bzw. Nebenstellenleiter wahrgenommen werden durfte.[136] Mit dem Fortschreiten des aus deutscher Sicht negativen Kriegsverlaufs, wurde die Disziplin der Mitarbeiter nicht besser. Der Leiter des Arbeitsamtes bemängelte, seine früheren diesbezüglichen Rundschreiben seien wohl »in Vergessenheit geraten« und würden keineswegs mehr genügend beachtet.[137]

Nicht zuletzt wegen des dort existierenden Ghettos kam es gerade in Łódź zu persönlichen Bereicherungen von Mitarbeitern der lokalen Arbeitsverwaltung. So wollte der stellvertretende Arbeitsamtsleiter, Regierungsrat Werner Storch, der für die Aus-

---

131 Vgl. Schreiben des Abteilungsleiters IIa an den Amtsleiter des Arbeitsamtes Litzmannstadt vom 19.3.1941, in: ebd., Nr. 7, Bl. 119; Durchschrift eines Schreibens der Abteilung IIa 3 an den Amtsleiter des Arbeitsamts Litzmannstadt vom 18.4.1941, in: ebd., Nr. 13, unpag.
132 Vgl. Abschrift einer Beurteilung an den Amtsleiter des Arbeitsamtes Litzmannstadt vom 27.6.1941, in: ebd., unpag.
133 Vgl. Rundschreiben Nr. 99 des Arbeitsamtes Litzmannstadt vom 21.10.1941, in: ebd., Nr. 2, Bl. 11.
134 Vgl. Rundschreiben Nr. 118 des Arbeitsamtes Litzmannstadt vom 19.11.1941, in: ebd., Bl. 30.
135 Vgl. Rundschreiben Nr. 158 des Arbeitsamtes Litzmannstadt vom 5.3.1942, in: ebd., Bl. 84; Rundschreiben Nr. 218 des Arbeitsamtes Litzmannstadt vom 22.9.1942, in: ebd., Bl. 135.
136 Vgl. Rundschreiben Nr. 297 des Arbeitsamtes Litzmannstadt vom 19.7.1943, in: ebd., Nr. 3, Bl. 29.
137 Vgl. Rundschreiben Nr. 330 des Arbeitsamtes Litzmannstadt vom 21.10.1944, in: ebd., Bl. 92–93, hier Bl. 92.

wahl der jüdischen Arbeitskräfte zuständig war,[138] zwei Pelze »erwerben« und wandte sich vertrauensvoll an die Ghettoverwaltung; die versprach, der Bitte nachzukommen.[139]

Ein spezieller Korruptionsfall betraf einen der ranghöchsten Beamten der Arbeitsverwaltung im Warthegau: Gegen den am 9. Juli 1895 geborenen Regierungsdirektor Walter Döpke lief in Posen ab Ende 1942 ein Ermittlungsverfahren. Der promovierte Chemiker war seit 1931 NSDAP-Mitglied und auf Veranlassung der Gauleitung in das Arbeitsamt Schwerin eingetreten, zu dessen Leiter er später avancierte. Er kam Ende 1939 nach Posen zum Landesarbeitsamt, wo er zunächst Personalfragen bearbeitete und dann zum Fachgebietsleiter II Landesarbeitsamt aufstieg, insbesondere verantwortlich für Arbeitseinsatz und Bauwirtschaft. Zeitweise vertrat er den Präsidenten, außerdem war er ständiger Vertreter des Reichstreuhänders der Arbeit. Döpke wohnte zunächst mit mehreren Deutschen in der Wohnung einer Polin, mit der er ein Verhältnis begann, weswegen er auch im Juli 1942 an das Landesarbeitsamt Brandenburg versetzt wurde. Der Ermittlungsbericht der Gestapo offenbarte, dass Döpke im Oktober 1940 für zwei Wochen Besuch von Frau und Tochter erhalten hatte. Er meldete diese jedoch danach nicht bei der Lebensmittelversorgung ab und bezog auf deren Karten bis August 1941 Lebensmittel. Anfang 1940 lernte er einen Prokuristen einer Molkereibetriebsgesellschaft kennen, der ihm offensichtlich unter der Hand Butter überließ, während er diesem Arbeitskräfte für Molkereibauten zuschanzte. Die Gestapo führte ihn am 29. Dezember 1942 dem Amtsrichter in Posen vor, daraufhin wurde er verhaftet. Das Amtsgericht Posen verurteilte Döpke in der Hauptverhandlung am 10. März 1943 wegen unbefugten Bezuges von Lebensmittelkarten zu zehn Monaten Gefängnis und wegen schwerer Beamtenbestechung unter Zubilligung mildernder Umstände zu einem Jahr Gefängnis, die Gesamtstrafe belief sich auf ein Jahr und sechs Monate.[140]

Korruption trat auch in anderen Konstellationen auf. So hatte ein Oberwachtmeister der Reserve erfahren, »dass auf dem Arbeitsamt in Litzmannstadt durch verschiedene Angestellte gegen hohe Geldbeträge falsche Ausweispapiere und Bescheinigungen für Polen ausgestellt« wurden. Er erstattete daraufhin Anzeige. Die Ermittlungen verliefen am Ende im Sande, alle Zeugen bestritten, irgendetwas in dieser Richtung erzählt

---

138 Vgl. Klein, Gettoverwaltung, S. 298.
139 Vgl. Aktennotiz aus der Gettoverwaltung von Biebow an Meyer vom 22.9.1941, in: APŁo, 221/IX, Nr. 29221, Bl. 135. Vgl. allgemein zu Disziplin und Moral der deutschen Beamten: Porzycki, Posłuszni, S. 140 ff.
140 Vgl. Urteil des gehobenen Amtsgerichts Posen in der Strafsache gegen Regierungsdirektor Walter Döpke vom 10.3.1943, in: BAB, R 3001, Nr. 158059, Bl. 16; Schreiben des Oberstaatsanwalts in Posen an den Reichsarbeitsminister, ORR Stengel, vom 15.1.1943, in ebd., Bl. 1–3; Schreiben des Oberstaatsanwalts in Posen an den Reichsarbeitsminister, Reg.-Dir. Stengel, vom 11.3.1943, in: ebd., Bl. 13–14; Verwaltungs-Jahrbuch 1939, T. II, S. 55; Verwaltungs-Jahrbuch 1942/43, T. II, S. 30 f.

zu haben, noch irgendwen auf dem Arbeitsamt zu kennen.[141] Der Leiter des Arbeitsamtes nutzte eine Presseveröffentlichung über einen Korruptionsfall von Angestellten des Arbeitsamtes Ansbach, der scharf geahndet worden war, um seinen Mitarbeitern zu drohen: »Mein besonderer Hinweis auf diese Ausführungen erfolgt, weil ich unter allen Umständen vermieden wissen will, dass ähnliche Vorkommnisse ein gerichtliches Einschreiten gegen Gefolgschaftsmitglieder meines Amtes erforderlich machen könnten.«[142]

Die Gerüchte darüber, dass sich im Arbeitsamt Łódź für den Arbeitsdienst in Deutschland vorgesehene Polen durch Zahlung von Bestechungsgeldern freikaufen konnten, rissen nicht ab. Die Gestapo in Łódź wandte sich an ihre Kollegen in Potsdam, weil sie Hinweise darauf hatte, dass eine bei der AEG in Hennigsdorf bei Berlin beschäftigte Polin Informationen darüber haben könnte. Die Polin wurde daraufhin von der Gestapo in Hennigsdorf verhört, gab aber an, nichts mit der Angelegenheit zu tun zu haben. Auch dieser Fall wurde zu den Akten gelegt.[143] Die Gerüchte entbehrten jedoch offensichtlich nicht einer realen Grundlage: Am 10. Dezember 1943 wurden »einige Gefolgschaftsmitglieder [des Arbeitsamtes, K. L.] wegen Annahme von Geschenken bzw. Belohnungen von Polen im Zusammenhang mit an sich nicht pflichtwidrigen Amtshandlungen« vom Sondergericht III in Łódź zu Freiheitsstrafen verurteilt. Der Leiter des Arbeitsamtes rechnete mit erheblich höheren Freiheitsstrafen für weitere Mitarbeiter. Falls künftig ähnliche Fälle durch das Sondergericht zur Aburteilung kommen müssten, sollten, so der vorsitzende Richter, die Angeklagten als »Volksschädlinge« behandelt werden.[144] Im April 1944 wurde wiederum ein Mitarbeiter des Arbeitsamtes fristlos entlassen, da ihm die Annahme eines größeren Geldbetrages nachgewiesen werden konnte.[145]

Eine »beispielhafte« Karriere: Ernst Kendzia

Ernst Kendzia wurde am 2. April 1893 in Breslau als Sohn eines Schmiedemeisters geboren. Er besuchte die Volksschule und absolvierte von 1907 bis 1910 eine kaufmännische Lehre. Bis zum Kriegsbeginn arbeitete Kendzia bei Firmen in Breslau und Danzig. Im

---

141 Vgl. Anzeige des Oberwachtmeisters der Reserve der Schutzpolizei Johann Trautner bei der Gestapo Litzmannstadt vom 5.5.1942, in: APLo, 201, Nr. 27, Bl. 1; Aussage von Janina Olejniczak bei der Gestapo Litzmannstadt vom 8.5.1942, in: ebd., Bl. 3.
142 Vgl. Rundschreiben Nr. 226 des Arbeitsamtes Litzmannstadt vom 21.10.1942, in: ebd., 217, Nr. 2, Bl. 144–145 (Zitat Bl. 144).
143 Vgl. Bericht der Gestapo Potsdam an die Gestapo Litzmannstadt vom 9.11.1942, in: ebd., 201, Nr. 90, Bl. 124–125; Vermerk der Gestapo Litzmannstadt vom 17.11.1942, in: ebd., Bl. 126.
144 Vgl. Rundschreiben Nr. 309 des Arbeitsamtes Litzmannstadt vom 14.12.1943, in: ebd., 217, Nr. 3, Bl. 56–57 (Zitat Bl. 56).
145 Vgl. Rundschreiben Nr. 320 des Arbeitsamtes Litzmannstadt vom 13.4.1944, in: ebd., Bl. 75.

Ersten Weltkrieg brachte es Kendzia im II. Garde-Grenadier-Regiment zum Unteroffizier und wurde mit dem Eisernen Kreuz sowie dem Kriegsverdienstkreuz Zweiter Klasse dekoriert. Kendzia heiratete im Juli 1918 Melitta Heinrich; das Ehepaar bekam im Oktober 1920 einen Sohn. Ab Dezember 1918 war er bei der Kämmereikasse Danzig angestellt, 1920 ging Kendzia zur Reichstreuhandgesellschaft, erst in Danzig, bevor er nach Königsberg als Leiter berufen wurde. Nach deren Auflösung arbeitete er als Prokurist in Danzig. Von 1926 bis Mitte 1929 betrieb er eigene Firma in Zoppot (Sopot), Ende 1929 kam er zur Danziger Papierfabrik, wo er bis 1933 verblieb.

Kendzia trat am 1. Februar 1931 in die NSDAP und am 25. Juni 1933 in die SS ein. In der Danziger NSDAP avancierte er bereits 1932 zum Ortsgruppenleiter und zum Gauobmann der Nationalsozialistischen Betriebszellenorganisation. Er war vom Mai 1933 bis zum Februar 1935 Gauwalter der DAF, daneben trat er als Gauredner auf. Ebenfalls im Mai 1933 wurde Kendzia in den Danziger Volkstag gewählt. Ab dem 1. Juni 1935 wurde Kendzia durch Befürwortung der NSDAP in der Abteilung Sozialwesen beim Senat in Danzig eingestellt, kurze Zeit später zum Leiter der Berufsorganisationen sowie zum Treuhänder der Arbeit berufen und als Regierungsrat in das Beamtenverhältnis übernommen. Als gleichzeitiger Leiter des Arbeitsamtes saß er im Danziger Senat und lernte dort Greiser kennen. 1938 erfolgte seine Ernennung zum Oberregierungsrat.[146]

Die guten Kontakte zu Greiser sorgten dann dafür, dass dieser Kendzia nach Posen holte. Er bekleidete bereits Anfang Oktober 1939 den Posten des Reichstreuhänders der Arbeit beim Chef der Zivilverwaltung in Posen.[147] Nach dem Ende der Militärherrschaft und der Gründung des Reichsgaues Posen war Oberregierungsrat Kendzia am 30. Oktober 1939 als Mitarbeiter der neu gegründeten Abteilung V Wirtschaft und Arbeit der Reichsstatthalterei tätig.[148] Aber auch bei später geplanten Revirements blieb Kendzia im Spiel. So sollte er Sachbearbeiter für Arbeitsfragen in einem von Herbert Mehlhorn zu leitenden Führungsstab Wirtschaft werden.[149] In dieser Zeit nahm er die Geschäfte der Reichstreuhänderverwaltung und zugleich der Arbeitseinsatzverwaltung wahr, und der Reicharbeitsminister hielt im Dezember 1939 die endgültige Übertragung dieser Aufgaben auf ihn für »im Belange der Lohnpolitik und des Arbeitseinsatzes

---

146 Vgl. SS-Personalkarte, in: BAB, SSO, Nr. F 163A, Bl. 468–469; Bogen zur Dienstlaufbahn, in: ebd., Bl. 472; Fragebogen und Lebenslauf: vom 15.2.1938, in: ebd., Bl. 475–478; Handschriftlicher Lebenslauf (o.Dat.), in: ebd., Bl. 479; Lebenslauf von Ernst Kendzia, verfasst vom Bund der Danziger in Celle, in: ebd., R 3901, Nr. 20382, Bl. 25; Durchschrift eines undatierten Vermerks aus Waldheim, in: ebd., DO 1, Nr. 3521, Bl. 18 VS+RS; Alberti, Verfolgung, S. 60.
147 Vgl. Schreiben der Abteilung Arbeit beim Oberverwaltungschef beim Oberbefehlshaber Ost vom 6.10.1939, in: ebd., R 3901, Nr. 101640, Bl. 57.
148 Vgl. Rundschreiben des Reichsstatthalters an alle Abteilungen vom 30.10.1939, in: APP, 299, Nr. 2, Bl. 5–8, hier Bl. 7.
149 Vgl. Abschrift eines Schreibens des Reichsstatthalters in Posen an den Beauftragten für den Vierjahresplan vom 15.7.1940, in: BAB, R 1501, Nr. 207873, unpag.

besonders auch kriegswirtschaftlich unbedingt erforderlich«. Er beabsichtigte, Kendzia zum Reichstreuhänder der Arbeit und zum Präsidenten des Landesarbeitsamtes vorzuschlagen. Dessen Ernennung erfolgte kurze Zeit später; zu diesen Funktionen gehörte die Leitung der Abteilung V/A Arbeit.[150]

Parallel dazu – und für den beruflichen Aufstieg sehr förderlich – entwickelte sich seine Karriere in der SS ebenfalls prächtig. Die Beurteilungen über ihn fielen günstig aus: Sein »rassisches Gesamtbild« zeichnete ein Bericht von 1937 als »nordisch mit ostischem Einschlag«, seinen Charakter als »offen, selbstbewusst, zuverlässig«, er attestierte ihm einen starken Willen, eine sehr gute Allgemeinbildung, einen gesunden Menschenverstand sowie ein sehr gutes Auffassungsvermögen. Seine nationalsozialistische Weltanschauung galt als »gefestigt u. bewusst«, sein Auftreten und Benehmen als »jederzeit einwandfrei«.[151]

Noch hilfreicher war allerdings die Protektion durch Wilhelm Börger, Ministerialdirektor im Reichsarbeitsministerium und SS-Brigadeführer, der Kendzias SS-Karriere maßgeblich förderte. In einem Schreiben an Himmler vom November 1939 pries er Kendzia, dessen NSDAP-Eintritt er zwei Jahre vordatierte, für eine Beförderung an. Kendzias Stellung als Reichstreuhänder der Arbeit und Präsident des Landesarbeitsamtes in Posen, bei der er wie alle dort seinen Dienst in Uniform versehe, verlange einen entsprechenden und damit höheren SS-Rang. Seine Verdienste um die Partei werde Gauleiter Greiser, der seine Versetzung nach Posen veranlasst habe, bestätigen.[152] Börgers Intervention hatte Erfolg; Kendzia wurde noch im selben Monat zum Obersturmbannführer befördert. Am 20. April 1941 erfolgte seine Ernennung zum Standartenführer, ebenfalls durch Börgers Zutun.[153]

Die Abteilung V Wirtschaft und Arbeit der Reichsstatthalterei war in die Verfolgung und Vernichtung der warthelländischen Juden involviert. Deren Referat V/A »Arbeit« steuerte unter Kendzia seit Herbst 1940 den Arbeitseinsatz der Juden im Warthegau. Ab Herbst 1941 wurde er Herbert Mehlhorns Stellvertreter – der die Abteilung I »Allgemeine, innere und finanzielle Angelegenheiten« leitete – als Leiter der Sachgruppe »Unterbringung und Arbeitseinsatz von Juden und Zigeunern im Reichsgau Wartheland«.[154]

---

150 Vgl. Abschrift eines Schreibens des Reichsarbeitsministers an den Reichsminister des Innern und den Reichsminister der Finanzen vom 7.12.1939, in: ebd., unpag. (Zitat ebd.).
151 Vgl. Personal-Bericht vom 20.12.1937 vom Führer des SS-Abschnitts XXVI Danzig, SS-Brigadeführer Maack, in: ebd., SSO, Nr. F 163A, Bl. 473–474 (Zitate ebd.).
152 Vgl. Schreiben des SS-Brigadeführers Wilhelm Börger an den Reichsführer-SS und Chef der Deutschen Polizei vom 4.11.1939, in: ebd., Bl. 494. Zur Person Börgers vgl.: Klee, Personenlexikon, S. 60f.
153 Vgl. Abschrift eines Schreibens des Chefs des SS-Personalhauptamtes an den SS-Brigadeführer Wilhelm Börger vom 9.4.1941, in: ebd., SSO, Nr. F 163A, Bl. 482..
154 Vgl. Alberti, Verfolgung, S. 60.

Greiser war wohl sehr zufrieden mit seiner Arbeit, denn er verlieh Kendzia 1942 das Gauehrenzeichen, am 30. Januar 1943 das Goldene Ehrenzeichen der NSDAP und am 26. Oktober 1943 das Ehrenzeichen des Reichsgaues Wartheland 1939. Am 30. Januar 1944 folgte die Verleihung des Kriegsinvalidenkreuzes I. Klasse.[155]

Kendzia zeigte sich entsprechend ideologisch motiviert und kommentierte beispielsweise das Attentat auf Hitler vom 20. Juli 1944: »Eine kleine Clique Verblendeter versuchte, dem Führer in seinem gigantischen Ringen um die Freiheit des deutschen Volkes und Europas in den Arm zu fallen. Das Schicksal hat sie gerichtet. Die Vorsehung erhielt uns den Führer.«[156]

Kendzia blieb bis zum 20. Januar 1945 in Posen, dann wurde das Gauarbeitsamt zunächst nach Berlin, später nach Potsdam-Babelsberg verlegt. Dort verfasste er einen Bericht über die Tätigkeit der Ausweichstelle.[157] Danach verschlug es ihn nach Oberschlema ins Erzgebirge. Dort wurde er am 2. Juli 1945 verhaftet und zunächst in das Gefängnis nach Aue, später in ein Lager in Mühlberg an der Elbe gebracht. Bis März 1950 soll Kendzia im NKWD-Speziallager in Buchenwald eingesessen haben, auf jeden Fall aber im selben Jahr im Zuchthaus Waldheim.[158]

Kendzia wurde wegen der Ausbeutung und Misshandlung von polnischen Arbeitskräften in den Waldheimer Prozessen angeklagt und in der Sitzung vom 13. Mai 1950 durch die Sechste Große Strafkammer als Hauptverbrecher zum Tode verurteilt. Als Gründe gab das Gericht an, Kendzia sei aus Überzeugung in die NSDAP eingetreten, habe sich jederzeit für die Ziele der Partei eingesetzt und propagandistisch in der Öffentlichkeit gewirkt. Entscheidend war aber seine führende Position in der Arbeitsverwaltung des Warthegaues: »In dieser Stellung ist der Verurteilte verantwortlich gewesen für die Zwangsverschleppung polnischer Männer, Frauen und Kinder nach Deutschland. Es ist bekannt, daß diese Zwangsarbeiter unter menschenunwürdigen Bedingungen arbeiten mussten und ein großer Teil von ihnen durch Hunger und faschistischen Terror zu Grunde gingen.« Gegen das Urteil legte Kendzia Revision ein, die aber abgelehnt wurde, womit das Urteil am 1. Juli 1950 Rechtskraft erlangte.[159] Er wurde in der Nacht

---

155 Vgl. Meldung vom 29.3.1943, in: BAB, SSO, Nr. F 163A, Bild 503; Meldung vom 9.3.1944, in: ebd., Bild 502.
156 Kendzia, Tat.
157 Vgl. Bericht über die Tätigkeit der Ausweichstelle des Gauarbeitsamtes des Warthelandes von Ernst Kendzia vom 28.2.1945, zit. nach: Räumung, S. 41–42.
158 Vgl. Schreiben von Melitta Kendzia an den Oberfinanzpräsidenten in Hannover vom 1.11.1949, in: BAB, R 3901, Nr. 20382, Bl. 5–6; Lebenslauf von Ernst Kendzia, verfasst vom Bund der Danziger in Celle, in: ebd., Bl. 25.
159 Vgl. Durchschrift eines undatierten Vermerks aus Waldheim, in: ebd., DO 1, Nr. 3521, Bl. 18 VS+RS (Zitat Bl. 18 RS). Vgl. zusammenfassend zu den politischen Schauprozessen: Haase, Waldheimer »Prozesse«.

vom 3. auf 4. November 1950 im Zuchthaus Waldheim hingerichtet. Die Sterbeurkunde vermerkte lapidar, er sei »verstorben«.[160]

3. Politik und Praxis der Arbeitskräfterekrutierung für das Reich
Die Steuerung der »Arbeiterwerbung«

Leider gibt es nur relativ wenige valide Zahlenangaben zu den aus dem Warthegau in das Altreich deportierten Arbeitskräften. Bis zum Juli 1941 kamen nach amtlichen Angaben 140.000 landwirtschaftliche und 91.000 gewerbliche Arbeitskräfte in das Altreich. Bis Ende 1941 erhöhte sich ihre Zahl auf 261.607 Arbeitskräfte (173.717 Männer und 87.890 Frauen), von denen rund 100.000 auf die gewerbliche Wirtschaft entfielen.[161]

Aus den eingegliederten Ostgebieten arbeiteten nach offiziellen Angaben vom 30. September 1944 insgesamt 609.309 Polen im Reich, von denen wegen Krankheiten und Invalidität ca. 37.000 Personen zurückgekehrt waren. Die Anzahl der – hier nicht erfassten – bei Bombenangriffen getöteten, in Gefängnisse und Konzentrationslager verschleppten Polen betrug ca. zehn Prozent. Insgesamt wurden so aus den eingegliederten Gebieten etwa 700.000 Polen zur Zwangsarbeit ins Reich deportiert. Tadeusz Janicki geht davon aus, dass zwei Drittel von ihnen – etwa 450.000 Arbeitskräfte – aus dem Warthegau kamen.[162] Neuere Schätzungen geben für die gesamten annektierten Gebiete Polens eine etwas höhere Zahl von insgesamt 730.000 Arbeitern an, davon stammten zweifellos die meisten aus dem Warthegau. Dort waren es 12,2 Prozent der Bevölkerung, die deportiert wurden, da sich hier die deutsche Verwaltung der »überflüssigen« polnischen Bevölkerung entledigen wollte. Dagegen lag der Anteil der deportierten Polen in Ostoberschlesien und Danzig-Westpreußen bei nur 3,5 Prozent, da dort der Bedarf an Arbeitern sehr hoch war und ein großer Teil der Bevölkerung zudem in die »Deutsche Volksliste« aufgenommen wurde.[163] Neben der Arbeiterrekrutierung im Zuge der so genannten Umsiedlungen, bei denen die Arbeitsverwaltung massiv beteiligt

---

160 Vgl. Schreiben des Präsidenten der Bundesanstalt für Arbeitsvermittlung und Arbeitslosenversicherung an die Staatsanwaltschaft bei dem Landgericht Hannover vom 15.12.1965, in: BAL, B 162, Nr. 27148, Bl. 167q; Sterbeurkunde des Standesamtes der Stadt Waldheim für Ernst Kendzia vom 23.8.1951, in: BAB, DO 1, Nr. 3521, Bl. 3; Klein, Kulmhof/Chelmno, S. 321f.
161 Vgl. Bericht der Rüstungsinspektion XXI über die wehrwirtschaftliche Lage im Monat Juli 1941 vom 12.7.1941, in: BA-MA, RW 20–21, Nr. 14, unpag.; Geschichte des Kriegseinsatzes der Rüstungsinspektion des Wehrkreises XXI, Teil III vom 1. Januar 1942 bis zum 31. März 1942, in: ebd., Nr. 12, S. 13.
162 Vgl. Pilichowski, Verjährung, S. 59; Janicki, Wieś w Kraju Warty, S. 76.
163 Vgl. Röhr, Wirtschaftspolitik, S. 226f.; Bömelburg/Musial, Besatzungspolitik, S. 54f.; Musial, Recht, S. 39.

war, stehen in diesem Abschnitt die Aufbringung und Deportation von landwirtschaftlichen »Wanderarbeitern« im Vordergrund.

Die Rekrutierung landwirtschaftlicher Arbeitskräfte und deren Verschickung in das Altreich begannen im Warthegau frühzeitig: Bereits Ende September 1939 bot man dem Landesarbeitsamt Breslau und dem Arbeitsamt Frankfurt/Oder Arbeitskräfte als Erntehelfer an.[164] Und am 27. September setzte das Arbeitsamt Łódź 232 Landarbeiter und Gesindekräfte nach Schlesien in Marsch.[165] Bis Ende Dezember 1939 schickte die Arbeitsverwaltung etwa 20.000 polnische Arbeiter aus dem Warthegau in das Reich; die Forderungen der Reichsbehörden umfassten aber 100.000 Landarbeiter aus diesem Gebiet.[166]

Viele der Arbeitskräfte wurden direkt von ihrem Wohnort in einem Zug zum Bahnhof in das Altreich befördert. Diese Form des Transports war in der Regel für die Menschen aus dem westlichen und mittleren Teil der eingegliederten Ostgebiete sowie aus Oberschlesien vorgesehen. Dagegen wurden die aus Łódź und aus Westpreußen stammenden Polen zunächst in Sammellager gebracht. Dort blieben sie, bis eine bestimmte Zahl von Rekrutierten erreicht worden war, so dass ein Sammelzug zusammengestellt werden konnte.[167]

Der damalige Regierungspräsident Greiser legte zunächst Wert darauf, nicht Landarbeiter, sondern vor allem Bauern und Bauernsöhne für die Arbeit im Altreich zu rekrutieren. Die Landarbeiter würden im Warthegau selbst gebraucht.[168]

In einer hochrangig besetzten Sitzung am 11. Januar 1940 in Posen diskutierten die Teilnehmer die Frage der in das Altreich abzustellenden polnischen Landarbeiter. Kendzia erklärte, dass die von Göring geforderte Gestellung von 100.000 polnischen Landarbeitern aus dem Warthegau unmöglich sei. Die Deportation der Juden habe die polnischen Arbeiter unersetzlich gemacht, und er forderte eine Aussetzung der Abschiebungen in das Generalgouvernement. Selbstverständlich konnte sich Kendzias radikaler Vorschlag nicht durchsetzen, ihm wurde aber versichert, dass nur noch die städtische Bevölkerung deportiert werden sollte. Nach Kendzias Angaben hatte der Warthegau bis Ende Dezember 1939 rund 20.000 Arbeiter an das Reich abgegeben. Deshalb habe man für die Hackfruchternte bereits Juden heranziehen müssen, die nunmehr aber auch deportiert würden. Vorrangiges Ziel sei jetzt die Sicherstellung von genügend

---

164 Vgl. Abschrift des Protokolls über die Besprechung beim AOK am 22.9.1939, in: APP, 298, Nr. 47, Bl. 25–27, hier Bl. 26; Protokoll über die Quartiermeisterbesprechung vom 30.9.1939, in: ebd., Bl. 39–42, hier Bl. 41.
165 Vgl. Schreiben des Arbeitsamts Lodsch an die Abteilung Arbeit vom 29.11.1939, in: ebd., 299, Nr. 2799, Bl. 479; Senft, Jeńcy wojenni, S. 26 ff.
166 Vgl. Rutherford, Prelude, S. 126.
167 Vgl. Liedke, Gesichter, S. 48 f.
168 Vgl. Lagebericht des Regierungspräsidenten Greiser für die Zeit vom 1. bis zum 15. Dezember 1939 vom 23.12.1939, in: BAB, R 138 II, Nr. 4, Bl. 1–28, hier Bl. 20 f.

Landarbeitern für den Warthegau selbst. Die Sitzungsteilnehmer einigten sich auf vier Optionen: entweder einzelne Polen »freiwillig« in das Altreich abzugeben, statt sie ins Generalgouvernement zu deportieren, das gleiche mit kompletten polnischen Familien zu machen, oder einzelne Arbeitskräfte zwangsweise in das Altreich zu bringen, mit der Garantie, nichts gegen ihre Familien zu unternehmen, bzw. einzelne Familienmitglieder aus polnischen Landarbeiterfamilien in das Reich zu werben, den Rest der Familie dann aber in das Generalgouvernement abzuschieben. Nach den Ausführungen des Leiters der Umwandererzentralstelle Posen, Albert Rapp, sollten die Arbeitsämter die Erfassung der Freiwilligen, die in das Altreich geschickt werden sollten, übernehmen und dabei auch prüfen, ob die jeweilige Person »geeignet für das Reich oder zur Abschiebung zu empfehlen« sei.[169]

Die relative Zurückhaltung der Arbeitsverwaltung bei den Landarbeitern wurde durch die Zahlen des Arbeitsmarktes gestützt. Demnach herrschte bereits Anfang 1940 Mangel in ihrer Berufsgruppe, außerdem bei Forstarbeitern, Bergarbeitern, Schlossern, Drehern und ähnlichen Berufen.[170]

Die Arbeitsämter stellten zu Beginn des Jahres 1940 eine steigende Nachfrage nach landwirtschaftlichen Arbeitskräften im Gau fest. Auch aus dem Altreichsgebiet lagen zahlreiche Aufträge auf Stellung von Arbeitskräften vor. Sie blieben aber, gemäß einer Anordnung des Landesarbeitsamtes, zunächst unberücksichtigt. Das Arbeitsamt Krotoszyn hielt, nachdem die Mitarbeiter die Zahl der vorhandenen Arbeitskräfte einerseits und der Bedarfsanforderungen der Landwirtschaft des eigenen Bezirks andererseits ermittelt hatten, eine Abgabe von Arbeitskräften in das Altreich kaum für möglich. Galt diese Aussage für den Februar 1940, so änderte sich auch im Folgemonat nichts daran: Die Nachfrage nach landwirtschaftlichen Arbeitskräften hielt weiter an, überzählige Kräfte waren nicht vorhanden. Aus diesem Grunde konnten auch die zahlreichen vorliegenden Aufträge aus dem Altreich auf Zuweisung von landwirtschaftlichem Personal nicht berücksichtigt werden.[171]

Das Reichsarbeitsministerium erlegte dem Landesarbeitsamt in Posen im April 1940 bestimmte Kontingente an polnischen Landarbeitern auf, die dieses anhand der im Januar und Februar des Jahres durchgeführten Erhebungen auf die Arbeitsämter des

---

169 Vgl. Bericht über die Besprechung am 11.1.1940 in Posen vom 11.1.1940, in: USHMM, RG 14.015 M, Reel 2, fol. 146, Bl. 9–15 (Zitat Bl. 15). Auch in: IPN, 68, Nr. 146, Bl. 3–8; Rutherford, Prelude, S. 126 f.
170 Vgl. Meldungen aus dem Reich, Nr. 48 vom 2.2.1940, zit. nach: Boberach, Meldungen, Bd. 3, S. 715–724, hier S. 717 f.
171 Vgl. Abschrift des Berichts über Arbeitseinsatz und Arbeitslosenhilfe für den Monat Februar 1940 des Arbeitsamtes Krotoschin an den Leiter des Arbeitsamtes Jarotschin vom 29.2.1940, in: APP, 457, Nr. 33, Bl. 177–180, hier Bl. 177; Bericht über Arbeitseinsatz und Arbeitslosenhilfe für den Monat März 1940 des Arbeitsamtes Krotoschin an den Leiter des Arbeitsamtes Jarotschin vom 20.3.1940, in: ebd., Bl. 241–244, hier Bl. 241.

Warthegaues aufteilte. So waren bis zu diesem Zeitpunkt bereits weit über 30.000 polnische Landarbeiter den Aufnahme-Landesarbeitsämtern im Altreich zugeführt worden. Weitere 25.000 wurden angeworben und sollten Anfang Mai auf Grund eines mit der Reichsbahn festgelegten Abbeförderungsplanes in das Altreich geschickt werden.[172]

Die noch vorhandenen Arbeitslosen bildeten nach wie vor die bevorzugte Rekrutierungsgruppe. Im Juni 1940 konnte das Arbeitsamt Krotoszyn weitere Arbeitslose erfassen und Transporte von Arbeitskräften für das Altreich zusammenstellen: »Wenn diese erfreuliche Tatsache festgestellt werden kann, so ist das in erster Linie auf die enge Zusammenarbeit der Gendarmerie und des Arbeitsamts zurückzuführen.« Ende des Monats waren im Bezirk praktisch keine registrierten Arbeitslosen mehr vorhanden, deshalb hielt das Arbeitsamt die Erfassung der noch nicht gemeldeten Arbeitslosen, deren Zahl auf etwa 500 bis 600 geschätzt wurde, für dringend notwendig. Sie stieß jedoch auf erhebliche Schwierigkeiten, da es diesen Personen immer wieder gelang, sich dem Zugriff der Polizei oder des Arbeitsamtes zu entziehen.[173]

Nach Angaben des Reichsarbeitsministeriums waren bis zum 7. Juli 1940 aus dem Reichsgau Wartheland sowie den Regierungsbezirken Zichenau (Ciechanów) und Kattowitz rund 126.000 landwirtschaftliche Arbeitskräfte an das Reich abgegeben worden. Man kann davon ausgehen, dass der überwiegende Teil von ihnen aus dem Warthegau stammte.[174]

Im Zuge der zunehmenden Forderungen nach landwirtschaftlichen Arbeitskräften durch das Reich schritt die Arbeitsverwaltung zu intensiveren so genannten Auskämmaktionen. Die Landesbauernschaft Wartheland rief im Juni 1940 ihre Kreisbauernschaften dazu auf, »jede nur irgendwie entbehrliche polnische Arbeitskraft« zu erfassen und an das Altreich abzugeben. Bei dieser Erfassungsaktion sollten die Leiter der Arbeitsämter, die Landräte und Kreisleiter, die Kreisbauernführer und die Kreislandwirte zusammenarbeiten und sich über die Einzelheiten des Vorgehens verständigen. Das Landesarbeitsamt war damit einverstanden und hatte die Leiter der Arbeitsämter bereits darüber unterrichtet.[175] Bevorzugt berücksichtigt wurden nach wie vor die landwirtschaftlichen Gebiete im Altreich mit einem hohen Arbeitermangel. So sollten sämtliche landwirt-

---

172 Vgl. Schnellbrief des Landesarbeitsamtes an die Regierungspräsidenten in Posen, Kalisch, Hohensalza vom 25.4.1940, in: ebd., 465, Nr. 205, Bl. 41–42, hier Bl. 41.
173 Vgl. Lagebericht des Gendarmeriekreises Krotoschin für die Zeit vom 5.6. bis 20.6.1940 vom 24.6.1940, in: ebd., 457, Nr. 33, Bl. 343–349 hier Bl. 343 (Zitat ebd.); Bericht über Arbeitseinsatz und Arbeitslosenhilfe für den Monat Juni 1940 des Arbeitsamtes Krotoschin an den Leiter des Arbeitsamtes Jarotschin vom 25.6.1940, in: ebd., Bl. 352–355, hier Bl. 352.
174 Vgl. Durchschrift eines Schreibens des Reichsarbeitsministeriums, Timm, an das Reichsministerium für Ernährung und Landwirtschaft, Ministerialrat Dr. Lorenz, vom 17.7.1940, in: BAB, R 3601, Nr. 1752, Bl. 6.
175 Vgl. Rundschreiben des Verwaltungsrates der Landesbauernschaft Wartheland an die Kreisbauernschaften vom 19.6.1940, in: APP, 465, Nr. 205, Bl. 46–48.

schaftlichen Arbeitskräfte, die im Bezirk des Arbeitsamtes Łódź durch die Auskämmaktion geworben werden konnten, in den Bezirk des Landesarbeitsamtes Pommern vermittelt werden.[176]

Im Einvernehmen mit dem Präsidenten des Landesarbeitsamtes in Posen sollten ab März 1941 die jeweiligen Arbeitsämter gemeinsam mit den Kreisbauernschaften insbesondere jene Arbeitskräfte aus den landwirtschaftlichen Betrieben anwerben, deren Bauern ausgesiedelt werden sollten. Die UWZ war bereit, sämtliche ledigen Personen aus den Betrieben unverzüglich zu deportieren und als Einzelarbeitskräfte in das Altreich zu schicken, es kämen aber auch ganze Familien dafür in Betracht. Um weitere Arbeitskräfte zu beschaffen, sollten die im Lager in Łódź untergebrachten »Evakuierten« ebenfalls nochmals »ausgekämmt« werden. Alle diese Maßnahmen verweisen auf die bereits eingetretene schwierige Arbeitsmarktsituation. Mit der Reichsbahn liefen parallel dazu Verhandlungen über eine Bereitstellung von Einzelwaggons, damit der Arbeitseinsatz nicht durch die Zusammenstellung von kompletten Transportzügen verzögert würde – auch dieses Vorgehen zeigt die Dringlichkeit der Lage.[177]

Mit einem Vertreter des Landesbauernführers einigte sich Kendzia darauf, dass aus Betrieben mit mehr als 25 Hektar Fläche die abzugsfähigen Arbeitskräfte den Arbeitsämtern durch die Kreisbauernschaften bekannt gegeben werden sollten. Bei den kleineren Betrieben sollte der jeweilige Bezirkslandwirt dem Arbeitsamt diese Kräfte mitteilen.[178]

Im Februar 1941 stellte Göring die Forderung, aus Danzig-Westpreußen, dem Warthegau und dem Generalgouvernement weitere 250.000 Facharbeiter und Landarbeiter für das Altreich aufzubringen. Davon sollte der größte Anteil auf den Warthegau entfallen. In einer Besprechung der UWZ mit dem Leiter des Arbeitsamtes Łódź wurde die Frage diskutiert, wie man der Forderung nach Arbeitskräften Rechnung tragen könne. Die Zahl der »Wanderarbeiter« reichte nicht zur Deckung des Bedarfes aus. Es war weiterhin verboten, komplette Familien ohne Überprüfung ihrer »rassischen Eignung« in das Altreich zu verbringen. Zur Behebung des Arbeitermangels waren nach Ansicht der UWZ folgende Wege möglich: Die polnischen Landarbeiterfamilien, die für das Generalgouvernement vorgesehen waren, kämen als Wanderarbeiter in das Altreich und sollten nach einer befristeten Zeit in das Generalgouvernement deportiert werden, oder man nähme nur die Väter und verbringe diese in das Altreich.[179]

---

176 Vgl. Durchschrift eines Schreibens des Landesarbeitsamtes Posen an den Kreislandwirt in Litzmannstadt vom 19.7.1940, in: ebd., 299, Nr. 2799, Bl. 405.
177 Vgl. Abschrift eines Aktenvermerks über eine Besprechung am 11.3.1941, in: BAB, R 3601, Nr. 1752, Bl. 160.
178 Vgl. Ergebnisse einer Arbeitstagung am 2.4.1941 in Posen vom 2.4.1941, in: APP, 304, Nr. 3, Bl. 143–145. Auch in: IPN, 62, Nr. 350, Bl. 3–4.
179 Vgl. Abschrift eines Fernschreibens des Leiters der UWZ Litzmannstadt, Krumey, an den Chef der Sicherheitspolizei und des SD in Posen und an das Reichssicherheitshauptamt,

Nur kurze Zeit später setzte sich Kendzia mit den UWZ-Vertretern zur Beratung zusammen und diskutierte die bisherigen Erfahrungen bei der Auskämmaktion in Łódź. Es wurde dabei festgestellt, dass von den Arbeitsämtern bislang fast ausschließlich ledige Arbeitskräfte angefordert worden waren. Kendzia wollte deshalb die Arbeitsämter nochmals anweisen, in verstärktem Maße auch Familien in Łódź anzufordern. Die Abteilung Arbeit wollte beim Reichsarbeitsministerium erreichen, dass bei der Arbeiterverschickung nach dem Altreich in diesem Jahre auch Familien mit geringer Kinderzahl mitgeschickt werden könnten.[180]

Zumindest komplette Familien, die deportiert werden sollten, unterzog die SS »einer eingehenden politischen, rassischen, gesundheitlichen und arbeitseinsatzmässigen Überprüfung« in den Sammellagern. Die hierbei als tauglich zum Einsatz im Altreich befundenen Familien wurden auf »freiwilliger Basis« vom zuständigen Arbeitsamt zum Einsatz als Landarbeiterfamilien im Altreich vermittelt. Die von der UWZ nicht zum Einsatz im Altreich als tauglich befundenen und diejenigen, die nicht »freiwillig« in das Altreich gehen wollten, wurden in das Generalgouvernement deportiert.[181]

Die UWZ bekam im Frühjahr 1940 wiederholt Anfragen von den Arbeitsämtern, ob es möglich sei, Familien in das Altreich zu vermitteln, die von den Landräten von ihren Höfen entfernt worden waren, um für Baltendeutsche oder andere Platz zu machen. Die UWZ lehnte eine Deportation in das Generalgouvernement ab und erhob auch gegen eine Vermittlung in das Reichsgebiet schärfste Bedenken, da diese Familien rassisch nicht überprüft seien.[182]

Der Einsatz von »nichteindeutschungsfähigen« polnischen Familien im Altreich durch die Arbeitsämter sollte laut Hermann Krumey, dem Leiter der UWZ in Łódź, hingegen nur durch die UWZ erfolgen, damit diese Familien auch erfasst würden. Offensichtlich waren einzelne Arbeitsämter in dieser Frage vorgeprescht und hatten bereits solche Familien vermittelt. Zwischen dem Reichssicherheitshauptamt und dem Reichsarbeitsministerium bestand eine Abmachung, dass infolge des dringenden Bedarfs des Altreichs an Arbeitskräften und des Göring-Erlasses vom 18. Februar 1941, nach dem die volkstumspolitischen Überlegungen zeitweilig hinter den rüstungswirtschaftlichen Notwendigkeiten zurücktreten mussten, die Anwerbung von polnischen Familien in das Altreich als »P-Polen« möglich sei. Der Bedarf an polnischen Familien wurde von einem Vertreter des Reichsarbeitsministeriums mit etwa 4.000 beziffert. Durch die Deportati-

---

Ehlich, vom 25.2.1941, in: ebd., 68, Nr. 146, Bl. 23–24. Auch in: USHMM, RG 14.015 M, Reel 2, fol. 146, Bl. 23–24.

180 Vgl. Aktenvermerk des stellvertretenden Inspekteurs der Sicherheitspolizei und des SD in Posen, Höppner, vom 7.3.1941, in: IPN, 68, Nr. 146, Bl. 26–27. Auch in: USHMM, RG 14.015 M, Reel 2, fol. 146, Bl. 26–27.

181 Vgl. Abschrift eines Vermerks aus der Umwandererzentralstelle Posen, III RS, SS-Sturmbannführer Dr. Menz, vom 16.3.1940, in: BAB, R 75, Nr. 3, Bl. 1–2, hier Bl. 2.

182 Vgl. Aktenvermerk von Höppner vom 9.5.1940, in: IPN, 68, Nr. 146, Bl. 18.

onen könne diese Zahl in der erforderlichen kurzen Zeit nicht erreicht werden. In seiner Antwort wies das Amt III B des Reichssicherheitshauptamtes – damit im Gegensatz zu Krumey – darauf hin, dass der Einsatz von »nichteindeutschungsfähigen« polnischen Familien im Altreich selbstverständlich nur durch das Arbeitsamt und nicht durch die UWZ zu erfolgen habe. Die betreffenden Familien sollten vor ihrer Verbringung in das Altreich von der UWZ lediglich namentlich erfasst werden, damit später – bei einer eventuell nach dem Kriege durchzuführenden Deportation der Familien in das Generalgouvernement – eine Kontrollmöglichkeit gegeben sei.[183] Innerhalb der UWZ herrschte jedenfalls Unklarheit über das weitere Vorgehen bei der Vermittlung von polnischen Familien in das Altreich. So war es unsicher, ob polnische Familien durch die Arbeitsämter in das Altreich vermittelt werden durften. In Grätz hatte der SS-Arbeitsstab Familien selbständig in das Altreich vermittelt. Man befürchtete nun einen Nachahmungseffekt bei anderen Dienststellen. Wenn überhaupt Familien in das Altreich vermittelt würden, dann sollte das nur auf dem Wege über die UWZ geschehen, damit nachher keine Ersatzansprüche gestellt werden könnten.[184]

Das Reichssicherheitshauptamt teilte der UWZ hingegen mit, dass polnische Familien in das Altreich auch durch das Arbeitsamt eingesetzt werden könnten. Allerdings legte das RSHA Wert darauf, dass diese Familien zumindest von der UWZ erfasst wurden. Die UWZ erbat sich dafür Listen der Familien, die von den Arbeitsämtern nach dem Altreich vermittelt wurden, von der Abteilung Arbeit.[185] Kendzia unterrichtete die Arbeitsämter im Warthegau dementsprechend. Er wies die Arbeitsämter an, der UWZ die gewünschten Listen mit Angaben zu den Familienmitgliedern zur Verfügung zu stellen. Diejenigen Familien, die wirklich durch die Lager in Łódź »durchgeschleust« wurden, waren bei diesen Meldungen nicht zu berücksichtigen.[186]

Entsprechend der Verfügung des Reichsstatthalters vom 29. April 1941 übersandten die Arbeitsämter Listen der bisher ins Altreich vermittelten polnischen Frauen mit ihren Kindern an die UWZ. Die Ehemänner der Frauen befanden sich bereits im Altreich, die Frauen wurden von den landwirtschaftlichen Betrieben, in denen die Män-

---

183 Vgl. Fernschreiben des stellvertretenden Inspekteurs der Sicherheitspolizei und des SD in Posen, Höppner, an das Reichssicherheitshauptamt, Amt III B, Müller, vom 27.3.1941, in: ebd., Bl. 44–45; Abschrift eines Fernschreibens des RSHA, Amt III B, Müller, an Höppner vom 31.3.1941, in: ebd., Bl. 50; Rutherford, Prelude, S. 201.

184 Vgl. Fernschreiben der UWZ Litzmannstadt, Krumey, an die UWZ Posen, Höppner, vom 30.3.1941, in: USHMM, RG 15.015 M, Reel 4, fol. 259, Bl. 43.

185 Vgl. Durchschrift eines Schreibens von Höppner an die Abteilung Arbeit, Kendzia, vom 2.4.1941, in: IPN, 68, Nr. 146, Bl. 51–52.

186 Vgl. Abschrift von Abschrift der Rundverfügung Nr. 407 des Landesarbeitsamtes, Kendzia, an die Arbeitsämter im Reichsgau Wartheland vom 29.4.1941, in: APP, 1009, Nr. 2, Bl. 31.

ner arbeiteten, angefordert. Sämtliche Familien waren nicht durch die Lager in Łódź »geschleust« worden.[187]

Im Gegensatz zur Zahl der Einzelpersonen, bei denen es sich in den meisten Fällen nicht um Deportationen, »sondern um das Werben – allerdings mit Zwang – von Arbeitskräften« handelte, spielten nach Ansicht der UWZ Familien ohnehin eine eher untergeordnete Rolle. Kinder ab 14 Jahren sollten als volle Arbeitskräfte dienen, da man keinerlei Interesse habe, »das Polentum in diesen Altersstufen irgendwie zu schonen«, man sei im Gegenteil froh, »wenn gerade diese halbwüchsige Jugend von den Straßen verschwindet und einer nutzbaren Arbeitsleistung zugeführt wird«.[188] Nachdem der RKF in Folge des Göring-Erlasses seine bisherigen grundsätzlichen Bedenken gegen die Zulassung »volkspolnischer Vollfamilien« für einen Arbeitseinsatz im Reich zurückgestellt, dafür aber Richtlinien erlassen hatte, stimmte der Reichsarbeitsminister ihnen im Wesentlichen zu. Er legte selbst fest, die Sesshaftmachung dieser Familien unter allen Umständen zu verhindern, es sei nur ihr vorübergehender Einsatz – höchstens für die Dauer eines Jahres – in landwirtschaftlichen Betrieben vorgesehen. Sobald Ersatz zur Verfügung stünde, müssten sie ins Generalgouvernement zurückbefördert werden.[189]

Für das Gebiet des Altreiches ordnete der Generalbevollmächtigte für den Arbeitseinsatz Ende 1943 an, dass auch polnische Familien mit Kindern unter 14 Jahren einzusetzen waren und als einsatzfähig in der Landwirtschaft und in der gewerblichen Wirtschaft alle über zehn Jahre alten Personen galten. Nun wies der Reichsarbeitsminister Anfang Mai 1944 die nachgeordneten Dienststellen an, sogar die Beschäftigung von Kindern über zehn Jahre in der gewerblichen Wirtschaft zuzulassen, wenn sie mit geeigneten leichteren, ihrer Leistungsfähigkeit entsprechenden Arbeiten beschäftigt werden konnten.[190]

In einer ersten Bilanz verkündete der Generalbevollmächtigte für den Arbeitseinsatz Ende November 1942 stolz seine Erfolge. Unter seiner Aufsicht gelang es vom 1. April bis zum 1. Dezember 1942 insgesamt 2.749.652 Arbeitskräfte in das Altreich zu bringen. Von diesen Arbeitskräften kamen 38.369 aus dem Warthegau, dagegen immerhin noch 291.756 aus dem Generalgouvernement, einschließlich Galizien. Allerdings waren diese Zahlen nichts mehr im Vergleich zu den aus den besetzten Ostgebieten Deportierten

---

187 Vgl. Schreiben des Arbeitsamtes Samter an die Umwandererzentrale in Posen vom 17.6.1941, in: BAB, Filme, Nr. 72934, Bl. 16–17, hier Bl. 16.
188 Vgl. Durchschrift eines Schreibens von Höppner an die Aussenstelle des RuSHA in Litzmannstadt vom 30.5.1941, in: IPN, 68, Nr. 146, Bl. 59–60, hier Bl. 60 (Zitate ebd.).
189 Vgl. Abschrift eines Schreibens des Reichsarbeitsministers, Syrup, an die Präsidenten der Landesarbeitsämter vom 9.6.1941, in: APR, 209, Nr. 827, Bl. 505–507.
190 Vgl. Rundschreiben des Reichsarbeitsministeriums vom 5.5.1944, zit. nach: Röhr, Okkupationspolitik (1989), Dok. 176, S. 298.

(1.375.567) und auch nichts im Vergleich zu den in der gleichen Zeit neu eingesetzten Kriegsgefangenen (417.524).[191]

Die Zahlen für das erste Halbjahr 1943 zeigten ein ähnliches Bild. Es wurden in dieser Zeit nur noch 15.726 Arbeitskräfte aus dem Warthegau in das Altreich gebracht, aus dem Generalgouvernement hingegen 102.324.[192]

Trotz des weitgehenden Verzichts auf Propagandamaßnahmen für freiwillige Meldungen bei den Arbeitsämtern, gab es diese durchaus, zumindest in der Anfangsphase.[193] Dabei muss man immer berücksichtigen, dass diese »freiwilligen« Meldungen unter der terroristischen Herrschaft eines Besatzungsregimes stattfanden und ein Arbeiten für den Feind bedeuteten. Sie waren primär durch die ökonomischen Zwänge einer unter den Kriegsfolgen leidenden Wirtschaft im Warthegau motiviert, wie durch die vorhandenen Traditionen, Saisonarbeit in der deutschen Landwirtschaft zu suchen. Wie groß der Anteil der freiwilligen Meldungen war, lässt sich aufgrund fehlenden Zahlenmaterials nicht belegen. Klar ist nur die Tendenz, dass die freiwilligen Meldungen sehr rasch nachließen, als Nachrichten über die Lebensumstände polnischer Landarbeiter im Altreich in die Öffentlichkeit drangen. Im Rückblick, und mit klar exkulpatorischer Tendenz, berichtete Georg Nitschke, erster Leiter des Arbeitsamtes Ostrów Wielkopolski[194], nach dem Krieg über die freiwilligen Meldungen polnischer Arbeitskräfte zum Einsatz im Altreich. Angeblich kamen in der Anfangsphase aus sämtlichen Gemeinden Freiwilligenmeldungen, die so zahlreich waren, dass er an die Amtskommissare und Gemeindevorsteher herantreten musste, damit sie nur die entbehrlichen Kräfte für einen Abtransport in das Altreich berücksichtigten. Selbst Nitschke musste aber zugeben, dass die Freiwilligenmeldungen zurückgingen, als die Polen registrieren mussten, in Deutschland als Menschen zweiter Klasse behandelt zu werden.[195] Trotz-

---

191 Vgl. Übersicht des Generalbevollmächtigten für den Arbeitseinsatz über den Arbeitseinsatz nach dem Stande vom 30. November 1942, in: BAB, R 3901, Nr. 20029, Bl. 69–72.

192 Vgl. Bericht des Generalbevollmächtigten für den Arbeitseinsatz über die Aufgaben und Ergebnisse auf dem Gebiete des Arbeitseinsatzes vom 1. Januar bis 30. Juni 1943, in: ebd., Bl. 128–140, hier Bl. 138 RS.

193 Vgl. Liedke, Gesichter, S. 29. Laut Czesław Łuczak und Włodzimierz Bonusiak verzichtete die Arbeitsverwaltung auf jede Werbung für den freiwilligen Arbeitseinsatz in Deutschland. Vgl. Luczak, Arbeiter, S. 95; Bonusiak, Rekrutacja, S. 42.

194 Später war Nitschke dort Leiter der Abteilung Arbeitseinsatz. Vgl. Verwaltungs-Jahrbuch 1941 II, S. 194; Vgl. Verwaltungs-Jahrbuch 1942/43 II, S. 79.

195 Vgl. Bericht für die Archivsammlung der Vertriebenen beim Bundesarchiv für den Reichsgau Wartheland von Regierungshauptmann Georg Nitschke vom 26.1.1956, in: BABay, Ost-Dok. 8, Nr. 865, Bl. 3–5, hier Bl. 3. Greiser behauptete im März 1940, dass die bis dahin an das Reich abgegebenen 30.000 Arbeitskräfte sich allesamt freiwillig gemeldet hätten. Vgl. Stellungnahme des Reichsstatthalters in Posen zu den einzelnen Punkten aus den Berichten des Auswärtigen Amtes über die polnische Presse und andere Feindpropaganda betreffend Polen vom 9.3.1940, in: PA-AA, R 60691, unpag. Tadeusz Janicki geht davon aus, dass die

dem kam es wohl in Einzelfällen vor, dass sich Arbeiter auch im Jahre 1941 noch aus eigenem Antrieb meldeten. Im Landkreis Kosten erhielten einige Polen positive Nachrichten aus dem Altreich über bessere Bezahlung und Behandlung und wollten dort freiwillig arbeiten.[196]

Um die notwendigen Unterlagen für eine planmäßige Gestaltung des Arbeitseinsatzes zu gewinnen, mussten die Arbeitsämter die geeigneten Kräfte zunächst restlos erfassen und sich einen Überblick über den Kräftebedarf des eigenen Bezirks verschaffen. Nach Ansicht von Kendzia waren die Arbeitskräfte nur in den seltensten Fällen bei den Arbeitsämtern als Arbeit suchend gemeldet. Deshalb hätten die Arbeitsämter Gemeinde für Gemeinde in Zusammenarbeit mit den Landräten zu prüfen. Die Amtsvorsteher sollten die Listen aufstellen, und das Arbeitsamt dann in Zusammenarbeit mit dem Landrat und dem Kreisbauernführer festlegen, welche Kräfte entbehrlich seien.[197]

In einigen Orten erfassten die Arbeitsämter die polnischen Arbeitskräfte anlässlich der Ausgabe der Lebensmittelkarten durch den zuständigen Vermittler. Bei Mangelberufen erfolgte dann eine sofortige Zuweisung in Arbeitsstellen.[198] In Łódź kooperierte das Arbeitsamt mit dem Ernährungs- und Wirtschaftsamt; Lebensmittelkarten wurden ab April 1942 nur noch dann an polnische Haushalte ausgegeben, wenn der Nachweis der Registrierung beim Arbeitsamt für sämtliche Haushaltsangehörige erbracht war. Die Ausgabe von Lebensmittelkarten erfolgte nur noch, wenn eine Eintragung des Arbeitgebers oder ein Meldestempel des Arbeitsamtes vorhanden waren.[199] Dieses Verfahren bezog sich auch auf die in den Haushalten lebenden Jugendlichen. Wie die damals 17-jährige Irena Gajda aus Łódź berichtete, verweigerte man ihren Eltern im April 1943 die Ausgabe der Lebensmittelkarten, um sie zu zwingen, die Jugendliche zum Arbeitsamt zu schicken. Irena Gajda meldete sich daraufhin beim Arbeitsamt und wurde später über das Sammellager in Łódź nach Berlin deportiert.[200]

Trotz dieser verschärften Erfassungsmaßnahmen blieb es aber offensichtlich so, dass sehr viele Polen, obgleich sie Arbeitskarten besaßen, in denen auch ein Arbeits-

---

meisten Freiwilligen eher eine Beschäftigung in Nachbargebieten des Deutschen Reiches suchten, um so eine Deportation in das Altreich zu entgehen. Vgl. Janicki, Wieś w Kraju Warty, S. 76.

196 Vgl. Lagebericht für die Zeit vom 1. bis 30.4.1941 des Gendarmeriekreises Kosten an die Gendarmerie-Hauptmannschaft in Lissa vom 3.5.1941, in: APP, 456, Nr. 23, Bl. 88–90, hier Bl. 88.
197 Vgl. Rundschreiben des Landesarbeitsamtes Posen, Kendzia, an die Arbeitsämter vom 10.1.1940, in: IPN, 196 PG, Nr. 36, Bl. 93–97, hier Bl. 93 ff.
198 Vgl. Rundschreiben des Arbeitsamtes Litzmannstadt, Abteilung Arbeitseinsatz, Nr. 146 vom 12.2.1942, in: APLo, 217, Nr. 2, Bl. 68–69.
199 Vgl. Rundschreiben Nr. 166 des Arbeitsamtes Litzmannstadt vom 20.4.1942, in: ebd., Bl. 90.
200 Vgl. Berliner Geschichtswerkstatt, Zwangsarbeit, S. 49.

vermerk eingetragen war, keiner geregelten Arbeit nachgingen, also nicht ordnungsgemäß für den Arbeitseinsatz erfasst waren. Einige ignorierten die Vorschriften der Arbeitsverwaltung komplett und reisten beispielsweise ohne Durchlassschein in das Altreich.[201]

Der Reichsstatthalter forderte die Arbeitsämter später auf, in Zusammenarbeit mit den Wirtschaftsämtern und auf Basis von deren Unterlagen, alle Polen vorzuladen, die für einen Arbeitseinsatz in Betracht kämen.[202]

Sonderformen: Namentliche Anforderungen und direkte Anwerbungen

Es kam häufiger vor, dass Landarbeiter aus dem Warthegau, die bereits in Deutschland gearbeitet hatten, von ihren früheren Arbeitgebern namentlich angefordert wurden.

So forderte die Besitzerin eines Saatzuchtbetriebes aus dem thüringischen Weida namentlich sieben polnische Arbeitskräfte aus dem Bezirk des Arbeitsamtes Warthbrücken (Koło) an, die aber nicht kamen. Nach Rücksprache mit ihrem zuständigen Arbeitsamt fuhr sie selbst nach Warthbrücken, wurde dort aber sehr abweisend empfangen. Die Mitarbeiter des Arbeitsamtes behaupteten, ihr Auftrag läge noch gar nicht vor und wenn es eine namentliche Anforderung sei, so werde sie sowieso nicht bearbeitet, da das dem Arbeitsamt zu viele Probleme bereite. Sie holte die Leute dann selbst nach Warthbrücken.[203]

Im Falle Pommerns, für das eigentlich andere Anwerbegebiete vorgesehen waren, schaltete sich sogar der Präsident des dortigen Landesarbeitsamtes ein. Die Abteilung Arbeit in Posen hatte die Vermittlung von 40 namentlich genannten Kräften für dessen Amtsbezirk abgelehnt, da der davon betroffene Kreis Lask sein Kontingent von 4.000 Personen bereits erfüllt hatte. Daraufhin intervenierte er zugunsten eines Arbeitgebers, bei dem eine Kolonne Wanderarbeiter aus dem Warthegau bereits seit vielen Jahren beschäftigt wurde, und der diese erneut namentlich angefordert hatte.[204] Auch bei anderen namentlichen Anforderungen wurden die Landesarbeitsämter des Altreichs aktiv: So wandte sich der Präsident des Landesarbeitsamtes Bayern direkt an das

---

201 Vgl. Lagebericht des Amtskommissars der Amtsbezirke Neustadt bei Pinne – Stadt und Land – vom 25.3.1942, in: APP, 449, Nr. 36, Bl. 59–61, hier Bl. 61.
202 Vgl. Bekanntmachung Nr. 7 des Leiters des Arbeitsamtes Welun vom 12.1.1943, zit. nach: Doc. Occ., Bd. XIII, Dok. VII-22, S. 267.
203 Vgl. Durchschrift eines Schreibens von Marianne Seidemann an das Landesarbeitsamt Erfurt vom 5.4.1941, in: APP, 299, Nr. 2800, Bl. 1 und Bl. 23.
204 Vgl. Schreiben des Präsidenten des Landesarbeitsamtes Pommern an das Landesarbeitsamt Posen vom 18.4.1940, in: ebd., Nr. 2799, Bl. 414; Durchschrift eines Schreibens der Abteilung Arbeit, Thöricht, an den Präsidenten des Landesarbeitsamtes Pommern vom 11.4.1940, in: ebd., Bl. 415.

Landesarbeitsamt Posen, um fünf namentlich genannte polnische Landarbeiterinnen für drei bayerische Arbeitsämter anzufordern.[205]

In Fällen, in denen die ursprünglich namentlich angeforderten Arbeitskräfte nicht mehr zur Verfügung standen, behielten sich die Arbeitsämter vor, Ersatzkräfte zu stellen, um die Aufträge zu erfüllen. Polnische Arbeiter mit Dauerarbeitsplätzen im eigenen Bezirk standen von vornherein nicht für eine Vermittlung zur Verfügung.[206]

Es kam im Frühjahr 1940 immer häufiger vor, dass Besitzer größerer landwirtschaftlicher Betriebe aus dem Altreich auf eigene Faust, mitunter auch mit Zustimmung ihres Heimatarbeitsamtes, eigene Anwerber in den Warthegau schickten, um Arbeitskräfte zu rekrutieren. Das Landesarbeitsamt verurteilte eine solche »wilde« Werbung, da sie den geregelten behördlichen Arbeitseinsatz beeinträchtigte. Vor allem aber beraubten diese Werbungen die Arbeitsverwaltung ihrer Kontrollmöglichkeiten und untergruben gleichzeitig ihr Monopol auf die Vermittlung von Arbeitskräften. Deshalb sollten alle privaten Anwerber landwirtschaftlicher Arbeitskräfte sofort angehalten und zur sofortigen Rückreise, gegebenenfalls mit polizeilichem Zwang, veranlasst werden. Falls sie sich widersetzten, waren sie zu verhaften.[207] Die Landesarbeitsämter des Altreiches gestatteten es einzelnen Arbeitgebern aber, eigene Beauftragte zur Anwerbung von Angehörigen der in den Betrieben bereits beschäftigten Landarbeiter in den Warthegau zu schicken. Auch diese direkte Anwerbung sollte dem Landesarbeitsamt in Posen gemeldet werden, das dann die notwendigen Weisungen erteilte.[208]

Einige Landwirte sandten ihre Vorarbeiter, so genannte Vorschnitter, in den Warthegau. Diese in der Regel polnischen Vorschnitter warben dann in den Dörfern direkt Landarbeiter an. So wollte ein Landwirt aus dem sächsischen Löbau zusammen mit seinem polnischen Vorschnitter im Kreis Łask persönlich Landarbeiter anwerben. Das Arbeitsamt Löbau fragte deswegen um Erlaubnis und Unterstützung des Arbeitsamtes Sieradz nach. Der Landwirt sollte beim Arbeitsamt Sieradz vorsprechen und hatte sich an die Weisungen des Arbeitsamtes zu halten.[209]

Daneben engagierten sich einige Kreisbauernschaften des Altreichs ohne Auftrag bei direkten Anwerbungen. Hierbei kam es aber immer wieder zu Interventionen der Arbeitsämter des Warthegaues, die sich weigerten, die Arbeiter ziehen zu lassen, da sie

---

205 Vgl. Schreiben des Präsidenten des Landesarbeitsamtes Bayern an das Landesarbeitsamt Posen vom 21.6.1940, in: ebd., Bl. 8.
206 Vgl. Schreiben des Arbeitsamtes Posen an den Reichsstatthalter vom 29.4.1941, in: ebd., Nr. 2800, Bl. 16.
207 Vgl. Schnellbrief des Landesarbeitsamtes an die Regierungspräsidenten in Posen, Kalisch, Hohensalza vom 25.4.1940, in: ebd., 465, Nr. 205, Bl. 41–42.
208 Vgl. Schreiben des Präsidenten des Landesarbeitsamtes Hessen an H. Wicke, Hofgut Rudlos in Lauterbach, vom 16.5.1940, in: ebd., 299, Nr. 2799, Bl. 85.
209 Vgl. Schreiben des Arbeitsamts Löbau an den Leiter des Arbeitsamts Sieradz vom 31.5.1940, in: ebd., Bl. 468.

für die laufenden Arbeiten benötigt würden.[210] Auch Ende 1941 kam es noch zu direkten Anwerbungen: So berichtete ein Arbeitgeber aus dem Kreis Grätz (Grodzisk Wielkopolski), dass bei ihm beschäftigte Polen ihre Arbeitsstelle verlassen und sich nach Leipzig zur Arbeit begeben hätten. Dieses Verschwinden stand offensichtlich mit dem wiederholten Auftauchen von Anwerbern in Zusammenhang, die oft die Arbeitskräfte gleich mit in das Altreich nahmen.[211] Ähnlich verfuhr im März 1942 auch ein Bauer aus dem niederschlesischen Kreisau (Krzyżowa), der im Kreis Krotoszyn einige Landarbeiterinnen anwarb. Ohne Vermittlung des Arbeitsamts Krotoszyn und ohne Grenzausweis brachte er die Frauen über die frühere Reichsgrenze. Durch diese Handlungsweise werde – so das Urteil des zuständigen Gendarmeriepostens – dem Arbeitsamt jegliche Kontrollmöglichkeit über die vorhandenen und einzusetzenden Arbeitskräfte entzogen, zumal der Fall kein Einzelfall sei, wie man im Vorjahr häufiger beobachten konnte. Dieses »illegale Anwerben« von Arbeitern sei »ein Krebsschaden an der Bereitstellung von Arbeitskräften seitens der Arbeitsämter«.[212]

Das Reichsarbeitsministerium konnte sich trotz der Wünsche einzelner Arbeitgeber, einen in ihrem Betrieb tätigen polnischen Vorschnitter oder sonstigen Betriebsangehörigen zur Anwerbung oder Abholung von polnischen landwirtschaftlichen Arbeitskräften in den Warthegau zu entsenden, 1942 genauso wenig wie im Vorjahr zu einer allgemeinen Zulassung der Entsendung von Vorschnittern durchringen. Das Ministerium wies die Arbeitsämter erneut an, auf eine namentliche Anforderung zu drängen.[213]

Gegen Kriegsende bekam – aufgrund des eklatanten Arbeitskräftemangels – die Praxis der direkten Anwerbung noch einmal Konjunktur: Wie das Gaustabsamt der NSDAP im Mai 1944 berichtete, nahmen die »wilden Werbungen« wieder zu. Fabrikbesitzer, Gewerbetreibende und Bauern klagten darüber, dass polnische Arbeitskräfte plötzlich ohne jeden Grund ihren Arbeitsplatz verließen und danach spurlos verschwunden waren. Angehörige der verschwundenen Arbeitskräfte gaben an, dass diese bei der Organisation Todt beschäftigt seien. Allein aus dem Kreise Kutno waren 80 bis 100 Arbeitskräfte verschwunden. In einem Brief einer dieser Personen fand sich eine Bescheinigung einer Baufirma aus Ohlau (Oława), die in einem OT-Gerätelager arbeitete, und die diesem bestätigte, von der Firma verpflichtet worden zu sein und ihm eine ungehinderte Reise zusichern sollte. Das Gaustabsamt sprach in diesem Zusam-

---

210 Vgl. Abschrift eines Vermerks des Reichsarbeitsministers vom 21.6.1940 für das Landesarbeitsamt Posen vom 24.6.1940, in: ebd., Bl. 442; Schreiben des Arbeitsamtes Litzmannstadt an das Landesarbeitsamt in Posen vom 3.7.1940, in: ebd., Bl. 404.
211 Vgl. Lagebericht des Amtskommissars Opalenitza-Land vom März 1942, in: ebd., 449, Nr. 36, Bl. 16–25, hier Bl. 21.
212 Vgl. Schreiben des Gendarmeriepostens Sulmierschütz, Kreis Krotoschin, an den Landrat des Kreises Krotoschin vom 14.4.1942, in: ebd., 457, Nr. 34, Bl. 70 (Zitat ebd.).
213 Vgl. Rundschreiben des Reichsarbeitsministers an die Präsidenten der Landesarbeitsämter vom 16.4.1942, zit. nach: Doc. Occ., Bd. X, Dok. IV-36, S. 388–391, hier S. 390 f.

menhang sogar von Sabotage gegen die gesetzlichen Anordnungen und befürchtete, dass das Beispiel Schule machen könnte. Die Baufirma sollte deshalb »rücksichtslos zur Verantwortung« gezogen werden.[214]

Beorderungen und Arbeitsbefehle

Die am häufigsten praktizierte Form der Rekrutierung blieb die »Beorderung«, bei der die Arbeitskräfte auf Grund der bestehenden Arbeitspflicht oder der Verordnung zur Sicherstellung des Kräftebedarfs für Aufgaben von besonderer staatspolitischer Bedeutung vom 13. Februar 1939[215] vom Arbeitsamt vorgeladen wurden. Trotz der mit diesen Vorladungen verbundenen Strafandrohungen erschienen viele Personen nicht beim Arbeitsamt. In aller Regel versuchte das Arbeitsamt dann, diese Personen von der Polizei vorführen zu lassen.[216]

Die Arbeitsämter schickten mit folgendem Wortlaut an ausgewählte Personen »Arbeitsbefehle«, verbunden mit dem Hinweis, dass die Nichterfüllung der auferlegten Verpflichtungen bestraft werde:

»Arbeitsbefehl
auf Grund der Verordnung zur Sicherstellung des Kräftebedarfs für Aufgaben von besonderer staatspolitischer Bedeutung vom 13. Februar 1939 (RGBl. I S. 206) und der Dienstpflicht-Durchführungsverordnung vom 2. März 1939 (RGBl. I S. 403).
[Angaben zur Person, K. L.]
Sie werden hiermit
für die Zeit vom 8.7.1941 bis auf weiteres
zur Dienstleistung als Hilfsarbeiterin
bei Braunschweiger Konservenfabrik verpflichtet.
Sie haben sich am 8.7.41 um 9 Uhr im Arbeitsamt Gnesen mit vollem Gepäck zur Arbeitsaufnahme zu melden.
Die Hinweise auf der Rückseite sind zu beachten. Die Arbeitsbedingungen sind Ihnen bekanntgegeben worden.
Gnesen, den 4.7.41«[217]

---

214 Vgl. Bericht des Gaustabsamtes, Hauptstelle Berichts- und Informationswesen vom 7.–13.5.1944, in: BAB, NS 6, Nr. 412, Bl. 8 VS und RS (Zitate ebd.). Vgl. zur Rekrutierung durch die Organisation Todt in den eingegliederten polnischen Gebieten: Denkiewicz-Szczepaniak, Polska siła robocza, S. 59 ff.
215 Vgl. Kranig, Arbeitsrecht, S. 147 f.; Łuczak, Polscy robotnicy przymusowi, S. 36.
216 Vgl. Schreiben des Arbeitsamtes Litzmannstadt an den Polizeipräsidenten in Litzmannstadt vom 21.3.1942, in: APŁo, 217, Nr. 12, Bl. 15. Vgl. zur Rolle der Polizei bei der Arbeiterrekrutierung: Nawrocki, Terror policyjny, S. 89 ff.
217 Zit. nach: Liedke, Gesichter, S. 28.

Die Vorladungen wurden dadurch erleichtert, dass die deutschen Arbeitsämter über Verzeichnisse von beschäftigten und arbeitslosen Polen verfügten. Sie wurden schon im September und Oktober 1939 mit Hilfe der dort ansässigen Volksdeutschen fertig gestellt und auch später auf gleiche Weise aktualisiert.[218]

Die Vorladungen des Arbeitsamtes wurden teilweise direkt von der Gendarmerie überbracht, wie Kazimiera Kosanowska berichtet: »Am 14. November 1942 kam zu uns ein Gendarm nach Hause, ein Volksdeutscher, mit einer Vorladung für mich. Am nächsten Tag (...) sollte ich mich unverzüglich beim Arbeitsamt in Leczyca [Lentschütz, K.L.] zwecks Registrierung melden. (...) Er warnte meine Mutter, daß ich nicht versuchen sollte, davonzulaufen, denn in diesem Fall müßte (...) die ganze Familie mit schärfsten Repressalien rechnen.«[219]

Die Vorführungen derjenigen Personen beim Arbeitsamt, die auf die Vorladungen nicht reagiert hatten, war Sache der Gendarmerie, ohne sie kamen die Arbeitsämter dabei nicht aus.[220] Das führte im Laufe der Zeit zu einem dementsprechenden Arbeitsanstieg bei der Exekutive und zu Klagen. Diese wurden vor allem dann laut, wenn das Ersuchen des Arbeitsamtes auf falschen Angaben beruhte. In einem Fall aus dem Kreis Kalisz, zeigte der Vorzuladende der Gendarmerie eine Bescheinigung des Arbeitsamtes vor, dass er für einen Arbeitseinsatz nicht in Frage käme. Dieselbe Dienststelle hatte auch das Vorführungsersuchen unterschrieben. Im dem folgenden Schreiben an das Arbeitsamt hieß es dazu: »Außerdem macht es bestimmt keine Freude, wenn man bei diesem Wetter bei verschneiten Wegen Dienstgänge verrichten muß, die keinen bestimmten Zweck erfüllen. Als nette »Zugabe« haben wir weiter noch den Vorzug, daß wir uns ansehen können, wie der Pole uns grinsend ihre Bescheinigung vorzeigt.«[221]

Die sich häufenden Fälle, in denen von den Arbeitsämtern Vorgeladene den Aufforderungen verspätet oder überhaupt nicht Folge leisteten, nahm Greiser im April 1942 zum Anlass für neue öffentliche Drohungen. Die Betreffenden hätten der Vorladung unverzüglich nachzukommen; falls sie am persönlichen Erscheinen verhindert seien, hätten an ihrer Stelle Familienangehörige auf der Dienststelle zu erscheinen. Falls dies nicht geschehe, würden die Lebensmittelkarten der Familien eingezogen sowie die Ausgabe von Bezugsscheinen aller Art gesperrt. Bei weiterem Widersetzen drohte er mit Standgerichten.[222]

---

218 Vgl. ebd., S. 29.
219 Zit. nach: Berliner Geschichtswerkstatt, Zwangsarbeit, S. 24.
220 Vgl. Tätigkeitsübersicht des Gendarmeriepostens Treuensiegen für den Monat Juli 1942 vom 31.7.1942, in: APP, 1018, Nr. 12, Bl. 332.
221 Vgl. Durchschrift eines Schreibens des Gendarmeriepostens Treuensiegen an den Gendarmeriekreis in Kalisch vom 7.12.1942, in: ebd., Bl. 25; Durchschrift des Schreibens an das Arbeitsamt in Kalisch vom 7.12.1942, in: ebd., Bl. 26 (Zitat ebd.).
222 Vgl. Bekanntmachung des Gauleiters und Reichsstatthalters im Reichsgau Wartheland, Arthur Greiser, vom 13.4.1942, zit. nach: Doc. Occ., Bd. XIII, Dok. VII-16, S. 262.

Da Unterlagen über die operative Tätigkeit der Arbeitsämter im Warthegau weitgehend fehlen, kann man die Praxis der Beorderungen nur anhand von Einzelbeispielen aufzeigen. Ein solches ist der Befehl der Arbeitsamtsnebenstelle Argenau vom 17. Dezember 1939, verteilt an arbeitslose Jugendliche, die darin aufgefordert wurden, sich am nächsten Tag zum Abtransport in das Altreich auf dem Bahnhof einzufinden.[223]

Heranziehen kann man in erster Linie die Berichte Betroffener: So bekam die 14-jährige Krystyna Kolodziej aus Łódź 1942 eine Vorladung vom Arbeitsamt und wurde 1943 nach Erfurt deportiert. Die 17-jährige Franciszka Owczarek aus dem Kreis Leszno bekam eine Aufforderung, innerhalb von 24 Stunden beim Arbeitsamt in Leszno zu erscheinen, ausgestattet mit Essen für zwei Tage. Sie wurde am 28. Juni 1940 nach Deutschland deportiert.[224]

Die 16-jährige Anna aus Łódź erhielt ebenfalls eine Aufforderung vom Arbeitsamt, sich dort zu melden; ihr wurde mitgeteilt, dass sie nach Deutschland zur Arbeit vermittelt würde. Ihre Mutter versuchte zu intervenieren, worauf ihr angedroht wurde, dass sie ebenfalls nach Deutschland geschickt würde. Anna wehrte sich nicht, weil sie keinen Sinn darin sah und Nachteile für die eigene Situation und die ihrer Familie befürchtete. Sie wurde über das Sammellager in Łódź nach Köln deportiert.[225]

Anders lag der Fall bei einer jungen Frau, die in einem Dorf nördlich von Wieluń lebte. Sie floh zu ihrer Schwester, als sie vom Arbeitsamt die schriftliche Aufforderung erhielt, sich dort einzufinden. Nach zwei Tagen kehrte sie nach zu Hause zurück, kam aber auch der zweiten Aufforderung nicht nach. Nach der dritten Aufforderung versteckte sie sich im Wald. Im Januar 1942 wurde sie in einem Städtchen beim Einkaufen gefasst, nach Wielun gebracht und von dort in das Altreich deportiert.[226]

Die Arbeitsämter behielten die Form der schriftlichen Beorderung bei, verschärften jedoch den Ton noch weiter, nun drohte man mit einer Bestrafung nach »kriegsrechtlichen Bestimmungen« bei Nichtbefolgung.[227]

Der ehemalige Leiter des Arbeitsamtes Kalisz erinnerte sich in der Nachkriegszeit, dass die Dienstverpflichtungen polnischer Arbeitskräfte im Warthegau das bei weitem am häufigsten verwendete Rekrutierungsinstrument bildeten; sie stellten die »normalen« Vermittlungen zur Arbeit im Altreich weit in den Schatten. Er verglich diese Dienstverpflichtungen mit denen im Deutschen Reich – obwohl es sich beim War-

---

223 Vgl. Durchschrift eines Schreibens des Bürgermeisters von Argenau an den Landrat des Kreises Hohensalza vom 17.12.1939, in: API, 56, Nr. 1860, Bl. 1.
224 Vgl. Lechner, Ulm, S. 209 und S. 265.
225 Vgl. Stefanski, Zwangsarbeit, S. 78 f.
226 Vgl. ebd., S. 80 f.
227 Vgl. Durchschrift eines Schreibens des Leiters des Arbeitsamtes Freihaus an Csesław Papuga vom 19.11.1944, in: APLo, 201, Nr. 89, Bl. 91; Schreiben des Arbeitsamtes Freihaus an den Gendarmerieposten Klucksdorf vom 23.11.1944, in: ebd., Bl. 89; Vernehmungsniederschriften vom 5.12.1944, in: ebd., Bl. 92.

thegau um ein besetztes Land handelte –, und betonte, dass sie stets offen behandelt worden seien.[228]

Auch der polnische Historiker Czesław Łuczak geht davon aus, dass das Verschicken von Arbeitsbefehlen an ausgesuchte Personen in den eingegliederten Ostgebieten insgesamt die dominante Form der Rekrutierung von Arbeitskräften blieb, obwohl in einigen Großstädten – wie z. B. in Łódź – zu diesem Zweck auch Razzien durchgeführt worden seien.[229] Nach Auswertung der Berichte über polnische Zwangsarbeiter in Braunschweig kommt Karl Liedke zu einem anderen Ergebnis. Von den aus den eingegliederten Ostgebieten stammenden, in Braunschweig tätigen Arbeitern waren 100 durch einen Arbeitsbefehl rekrutiert worden und 87 im Zuge von Razzien – also ein durchaus hoher Anteil.[230]

Kontrollen und Razzien

Auf Anforderung der Arbeitsämter veranstaltete die Polizei als Reaktion auf die schwieriger werdende Rekrutierung von Arbeitskräften verstärkt »unvermutet Razzien nach herumlungernden Arbeitslosen«. Diese Razzien brachten zunächst recht gute »Erfolge«, und eine größere Zahl an Arbeitskräften konnte so den Arbeitsämtern zugeführt werden.[231] Bereits im Sommer 1940 berichtete der Chef der Ordnungspolizei über 800 »arbeitsscheue« Polen, die bei Razzien und Sonderkontrollen festgenommen und den Arbeitsämtern zugeführt worden seien.[232]

In Städten wie Posen führte die Schutzpolizei die Kontrollen zur Erfassung arbeitsloser Polen ebenfalls im Einvernehmen mit dem Arbeitsamt durch. Dabei wurden männliche Polen im Alter von 14 bis 65 Jahren und Polinnen im Alter von 14 bis 40 Jahren erfasst. Ausgenommen von der Erfassung waren lediglich solche Polen, die »offensichtlich blöde oder arbeitsunfähig« waren. Bei einer solchen Erfassungsaktion im April 1941 errichtete die Polizei Kontrollstellen an insgesamt 15 Brücken und Straßenunterführungen in Posen. Die Personen waren dahingehend zu kontrollieren, ob sie beim Arbeitsamt

---

228 Vgl. Tonbandaufnahme eines Gesprächs über die Arbeitsverwaltung im ehemaligen Reichsgau Wartheland, in der korrigierten Fassung vom 1.5.1959, in: BABay, Ost-Dok. 13, Nr. 163, Bl. 1–24, hier Bl. 21 f.
229 Vgl. Łuczak, Polscy robotnicy, S. 35 f.
230 Vgl. Liedke, Gesichter, S. 30.
231 Vgl. Lagebericht des Chefs der Ordnungspolizei, Stand 31. Mai 1940 vom 15.6.1940, in: BAB, R 19, Nr. 334, Bl. 24–36, hier Bl. 30 (Zitat ebd.). Włodzimierz Bonusiak behauptet, Razzien und »Menschenjagden« seien eine Seltenheit gewesen. Die hier aufgeführten Beispiele sprechen allerdings eine andere Sprache. Vgl. Bonusiak, Rekrutacja, S. 43.
232 Vgl. Der Chef der Ordnungspolizei, Tätigkeitsbericht der im Generalgouvernement und in den wiedergewonnenen Ostgebieten eingesetzten Einheiten der Ordnungspolizei nach dem Stande vom 15. Juli 1940, vom 5.8.1940, in: PA-AA, R 60691, unpag.

gemeldet waren. Als Nachweis dafür galten die Beschäftigungskarte für Erwerbstätige und die Ausweiskarte für Erwerbslose und Pflichtarbeiter, die beide vom Arbeitsamt ausgestellt sein mussten und vor höchstens acht Tagen abgestempelt sein durften. Konnten die kontrollierten Polen nicht den Nachweis führen, dass sie beim Arbeitsamt gemeldet waren, so hielt die Polizei sie fest, um sie später dem Arbeitsamt zuzuführen. Hatten die Polen ihre Beschäftigungs- oder Ausweiskarte lediglich vergessen, konnten ihnen nur noch Bescheinigungen und Ausweise mit offiziellen Siegeln helfen. In Zweifelsfällen entschieden die den Kontrollstellen zugeteilten Angestellten des Arbeitsamts.[233]

Auf Bitten des Arbeitsamtes führte die Schutzpolizei in Posen zur Erfassung der Polen große und kleine Aktionen, Absperrungen und Durchsuchungen von Häuserblocks und Grünanlagen durch. Außerdem wurden die Polen bei allen sich bietenden Gelegenheiten im Wacht-, Ermittlungs- und Bürodienst daraufhin kontrolliert, ob sie in Beschäftigung bzw. unter Kontrolle des Arbeitsamtes standen. Durch diese Maßnahmen der Schutzpolizei konnte eine große Zahl arbeitsloser Polen dem Arbeitsamt zugeführt werden.[234] Eine Kontrolle arbeitsloser Polen der Posener Schutzpolizei erstreckte sich im Juni 1941 »auf alle Stellen, an denen Polen Schlange stehen, wie Wirtschaftsämter, Lebensmittelgeschäfte, Tabakläden usw.«[235]

Der ehemalige Posener Oberbürgermeister, Gerhard Scheffler, schilderte die Kontrollen in seinen Nachkriegserinnerungen: »Mitunter wurden ganze Straßenzüge polizeilich abgeriegelt und alle menschlichen Wesen darin auf ihren Arbeitseinsatz überprüft. Einige Male stieß ich auch auf Straßenbahnzüge, die polizeilich angehalten waren und in denen das Gleiche erfolgte. Wie ich hörte, ließ man dann die ohne Arbeitskarte Gefaßten gar nicht mehr los – man hätte sie auch erneut suchen müssen – sondern verfrachtete sie gleich nach dem Altreich.«[236]

Auch in Łódź wies der dortige Polizeipräsident auf Anregung des Arbeitsamtes hin die Polizeireviere an, bei Personenkontrollen auch den Besitz eines Arbeitsbuches zu prüfen. Falls der Einwohnererfassungsschein der kontrollierten Polen nicht den Stempelaufdruck »Inhaber des Arbeitsbuches – Nr. ...« trug, übermittelte die Polizei dem Arbeitsamt deren Namen.[237]

---

233 Vgl. Rundschreiben des Kommandos der Schutzpolizei Posen vom 22.4.1941, in: BAB, R 70 Polen, Nr. 202, Bl. 14–15 und Anhang: Richtlinien für die Kontrollen zur Erfassung arbeitsloser Polen, Bl. 16–20 (Zitat Bl. 14).
234 Vgl. Lage- und Tätigkeitsbericht des Kommandos der Schutzpolizei in Posen für die Zeit 1.7.1940 bis 31.12.1941 vom 28.1.1942, in: BAL, B 162, Nr. 20940, Bl. 459–476, hier Bl. 464.
235 Rundschreiben des S.AK. West Posen der Schutzpolizei an die Reviere vom 25.6.1942, in: BAB, R 75, Nr. 14, unpag.
236 Gerhard Scheffler, Lebenserinnerungen 1900–1949, von Ende September 1949, in: BAK, N 1681, Nr. 4, S. 388 f.
237 Vgl. Rundschreiben Nr. 299 des Arbeitsamtes Litzmannstadt vom 10.8.1943, in: APŁo, 217, Nr. 3, Bl. 31.

Lucyna aus Łódź verließ im Juli 1941 früh morgens das Haus, um ihre Mutter abzuholen, die aufs Land gefahren war, um Milch und Milchprodukte zu besorgen. Bei dieser Gelegenheit wurde sie in der Nähe des Ghettos gefasst und zum Arbeitsamt gebracht. Dort wurde sie registriert und untersucht. Anschließend kam sie in ein Sammellager und wurde nach ungefähr einem Monat nach Deutschland deportiert.[238] Ähnlich erging es der 17-jährigen Schwester von Halina Kolodziej, die ebenfalls im Frühling 1941 in Łódź während einer nächtlichen Razzia aufgegriffen wurde. Halina Kolodziej selbst nahm man bei dieser Razzia nicht mit, weil sie klein und dünn war und nicht wie ein 14-jähriges Mädchen aussah.[239]

Vermehrte Razzien, mit denen Arbeitskräfte rekrutiert wurden, fanden auch in Kleinstädten wie Schrimm statt. Am 8. Februar 1942 – einem Sonntag – veranstaltete die dortige Schutzpolizei eine solche, gemeinschaftlich mit dem Leiter sowie einigen Angestellten des dortigen Arbeitsamtes. Man kontrollierte die Arbeitspapiere sämtlicher Polen, die nach dem Ende einer Vorführung aus dem örtlichen Kino strömten. Dabei konnte man 20 weiblicher und 15 männlicher Polen habhaft werden, die bisher noch nicht erfasst worden waren. Sie wurden geschlossen dem Arbeitsamt »zugeführt«, von wo aus das Weitere veranlasst werden sollte.[240] Selbst in kleinen Gemeinden des Landkreises Kalisz beteiligten sich die Gendarmerieposten an den Kontrollen und verhafteten Polen, die dem Arbeitsamt in Kalisz übergeben wurden.[241]

Eine weitere Form des überraschenden Zugriffs bestand darin, Straßenbahnen und Züge zu kontrollieren, wie Maria Andrzejewska berichtet: »Zur Zwangsarbeit wurde ich am 17. November 1942 aus der Straßenbahn zwischen Ozorkow und Łódź abgeholt. Die Bahn wurde einfach zwischen zwei Haltestellen gestoppt, man ließ alle Männer aussteigen, und die Frauen wurden unter Bewachung der Gestapo nach Łódź zur Desinfektion gebracht.« Nach fünf Tagen im Sammellager brachte man sie zum Bahnhof Łódź-Kaliska, von wo aus sie in das Altreich deportiert wurde.[242]

Von einzelnen Deutschen gab es Kritik an den brutalen Razzien. Am 13. Mai 1941 vertraute der deutsche Bürgermeister des kleinen Ortes Poddębice, etwas nordwestlich von Łódź gelegen, seinem Tagebuch an, dass sein polnisches Dienstmädchen eine Freundin bei ihm verstecken durfte, weil das Arbeitsamt »wieder eine der gefürchteten

---

238 Vgl. Stefanski, Zwangsarbeit, S. 80.
239 Vgl. Lechner, Ulm, S. 207.
240 Vgl. Schreiben der Schutzpolizeidienstabteilung an den Bürgermeister in Schrimm vom 9.2.1942, in: APP, 465, Nr. 228, Bl. 107.
241 Vgl. Lagebericht des Gendarmeriepostens Treuensiegen vom 1.5.–28.5.1941 vom 27.5.1941, in: ebd., 1018, Nr. 12, Bl. 243–245, hier Bl. 244; Lagebericht des Gendarmeriepostens Treuensiegen vom 28.5.–28.6.1941 vom 28.6.1941, in: ebd., Bl. 239–242, hier Bl. 240; Lagebericht des Gendarmeriepostens Treuensiegen vom 28.7.–28.8.1941 vom 28.8.1941, in: ebd., Bl. 230–232, hier Bl. 231.
242 Zit. nach: Berliner Geschichtswerkstatt, Zwangsarbeit, S. 61.

Razzien« veranstaltete. Der Bürgermeister kritisierte das Vorgehen des Arbeitsamtes, das sich nicht scheute, »solche Leute nachts aus dem Bett zu holen« scharf: Die Methode sei »scheußlich«, sie erinnere an »Sklavenfang.« Drei Monate später konnte er von einer weiteren nächtlichen Razzia des Arbeitsamtes berichten, bei der Männer und Frauen aus dem Bett heraus erfasst wurden: »Richtige Sklavenjagden sind das, unwürdig einer Kulturnation. Begreiflicherweise ist die polnische Bevölkerung in heller Aufregung. Die rekrutierten Fremdarbeiter wurden schon heute früh auf Lastautos nach Kutno befördert. Von da aus fahren sie ins Altreich.« Es gelang ihm gerade noch, drei seiner Bauhilfsarbeiter, die ebenfalls deportiert werden sollten, kurz vor dem Abtransport zurückzuholen. Im Mai 1942 schien er angesichts des brutalen Vorgehens zu resignieren: »Das Arbeitsamt, das Schreckensinstitut aller Einheimischen, wird seine Sklavenjagden wohl weiterhin fortsetzen.«[243]

Die Behandlung der Bevölkerung durch die Arbeitsämter

Schon frühzeitig wandten die Arbeitsämter bzw. deren Mitarbeiter teilweise rabiate Methoden an. Aus Gnesen (Gniezno) ist der Fall des dortigen Leiters des Arbeitsamtes, Griffion Stierling, bekannt, der Frauen schlug, die sich weigerten, eine bestimmte Arbeit anzunehmen. Stierling wurde aufgrund einer Anzeige des örtlichen Leiters der Feldgendarmerie verhaftet und der Oberstaatsanwaltschaft vorgeführt. Dort gab er zu, ein polnisches Mädchen geschlagen zu haben. Er behauptete jedoch, dass dieses mit Wissen und Einwilligung seines Dienstvorgesetzten sowie des Landesarbeitsamtes Posen erfolgte und dass zur Mobilisierung der Arbeitslosen zur Landarbeit, »drastische Mittel wie die hier geübten« notwendig seien. Auch in den Nachbararbeitsämtern werde auf dieselbe Weise »das arbeitsscheue poln. Gesindel der Städte der Landarbeit zugeführt«. Die Schläge bestätigte auch ein Mitarbeiter des Arbeitsamtes Gnesen in seinem Verhör. Er gab ohne weiteres zu, dass geschlagen worden sei, rechtfertigte die Behandlung aber ebenfalls: »Jeder der arbeitslos ist, muß sich auf dem Arbeitsamt melden. Wer das nicht tut, wird bestraft.« Die meisten würden dieser Anordnung nicht folgen, man müsse sich also gegen Widerstände durchsetzen. »Das Schlagen der ungehorsamen Elemente habe ich nicht für verboten gehalten, weil es sein mußte, um sich durchzusetzen. Es besteht auch eine Anordnung von oben: wenn jemand die Arbeit verweigert, dann muß er durch eine körperliche Züchtigung darauf aufmerksam gemacht werden, daß er zu arbeiten hat.« Stierling hatte dem Kreisamtsleiter der NSDAP sogar die »Schlagwerkzeuge«, die in seinem Vorzimmer hingen, gezeigt, der das durchaus in Ordnung fand.[244]

---

243 Vgl. Hohenstein, Tagebuch, S. 126 f., S. 181 und S. 258 (Zitate ebd.).
244 Vgl. Niederschrift über eine Verhandlung vom Oberstaatsanwalt in Gnesen vom 4.12.1939, zit. nach: Seeber, Zwangsarbeiter, S. 271–272 (Zitate ebd.). Auf einer Tagung hatte Stierling erklärt, dass in Gnesen (Gniezno) die Polen am härtesten behandelt würden. Er »habe

Der Staatsanwalt bekam dann in der Tat Schwierigkeiten mit dem Leiter der Abteilung Arbeit in Posen, Ernst Kendzia, der mit außerordentlichen Vollmachten ausgestattet in Gnesen erschien und die Anweisung hatte, das Vorgehen der Staatsanwaltschaft und der Polizei gegenüber Stierling zu prüfen. Falls erforderlich, sollte er sogar eine Bestrafung der in Frage kommenden Beamten durch den Reichsführer-SS herbeiführen. Er warf dem Staatsanwalt vor, überstürzt gegen Stierling vorgegangen zu sein; der Staatsanwalt habe unter dem Eindruck der Anzeige, in der von »sadistischen Misshandlungen« die Rede gewesen sei, Stierling im Arbeitsamt verhaften lassen. Kendzia nahm an, dass das Verfahren bald niedergeschlagen werde.[245] Auf persönliches Betreiben des Gauleiters Greiser hin, wurde das Verfahren tatsächlich später eingestellt.[246]

Neben den SS- und Polizeibehörden verwirklichten die Arbeitsämter – so der polnische Historiker Czesław Madajczyk – am konsequentesten die Politik der schonungslosen Härte gegenüber den »Untermenschen«, indem sie die Polen lediglich als Arbeitskraft behandelten. Schläge, Fußtritte und andere Misshandlung durch Arbeitsamtsmitarbeiter gehörten in den ersten Jahren der Besatzung zum normalen Alltag. So berichtet Madajczyk, dass die Polin Maria Goralczyk, von einer Beamtin des Arbeitsamtes in Posen vor den Körper gestoßen, sich nicht mehr beherrschen konnte und zurückschlug. Dafür verhängte das Sondergericht gegen sie das Todesurteil, das am nächsten Tag auch als vollstreckt bekannt gegeben wurde. Sie sei aber wahrscheinlich schon vorher von zwei Beamten des Arbeitsamtes zu Tode geprügelt worden.[247] Diese Vermutung stützt die Nachkriegsaussage eines polnischen ehemaligen Beschäftigten des Arbeitsamtes, demnach hätten zwei Beamte des Arbeitsamtes die Polin in den Keller gebracht und sie dort so verprügelt, dass sie wahrscheinlich schon im Arbeitsamt starb.[248]

---

eine eigene motorisierte Prügelkolonne geschaffen, die in das Land fahre und jede polnische Arbeitsverweigerung mit schärfsten Mitteln breche. Dies wirke Wunder. (...) Die Arbeitsunwilligen müssten durch Strafen gezwungen werden, und zwar zunächst durch Prügelstrafen und dann durch regelmäßigen Lohnabzug.« Vgl. Bericht über die Tagung der Reichstreuhänder der Arbeit der Ostgebiete in Posen am 9.10.1941 vom 10.10.1941, in: IZP, IZ Dok. I-78, S. 7 (Zitat ebd.).

245 Vgl. Niederschrift des Ersten Staatsanwalts in Gnesen über eine Unterredung mit dem Präsidenten des Landesarbeitsamtes Posen am 8.12.1939, in: BAB, R 138 II, Nr. 3, Bl. 12–13.
246 Vgl. Tonbandaufnahme eines Gesprächs über die Arbeitsverwaltung im ehemaligen Reichsgau Wartheland, in der korrigierten Fassung vom 1.5.1959, in: BABay, Ost-Dok. 13, Nr. 163, Bl. 1–24, hier Bl. 14. Dort wird auch berichtet, dass Stierling über seinem Schreibtisch einen Ochsenziemer hängen hatte mit der Überschrift »Maßnahme zur Förderung der Arbeitsaufnahme«. Vgl. ebd. Bl. 13 f.
247 Vgl. Madajczyk, Okkupationspolitik. S. 221. Vgl. dazu auch den Bericht im Organ der Internationalen Transportarbeiter-Föderation: Die polnische Arbeiterin.
248 Vgl. Zeugenaussage von Stefan Bienert von 1947, zit. nach: Knigge/Lüttgenau/Wagner (Hg.), Zwangsarbeit, S. 51. Der »Ostdeutsche Beobachter« berichtete hingegen, dass Maria Goralczyk dem Oberstaatsanwalt in Posen vorgeführt worden sei. Vgl. Todesstrafe für

Neben Schlägen und Misshandlungen nutzten Mitarbeiter der Arbeitsämter die dortige Anwesenheit der Polen aber auch dazu, diese dort sofort festzusetzen. So berichtet Zofia Sledzinska aus Łódź: »1941 vollendete ich mein 14. Lebensjahr und wurde im Arbeitsamt festgenommen und in eine in ein Lager umgewandelte Fabrik in der ul. Kopernika verfrachtet.« Dort blieb sie einen Monat und wurde dann – als der Sammeltransport voll war – in das Altreich deportiert.[249]

Der 1927 geborene Julian Oleg Nowak aus Posen ging am 13. November 1941 mit einer Bescheinigung seines Lehrherren in das dortige Arbeitsamt, um sich registrieren zu lassen: »Während des Wartens wurden wir ständig herumgestoßen und von irgendwelchen Beamten angebrüllt – immer auf Deutsch, eine Sprache, die die meisten überhaupt nicht verstanden.« Als er an der Reihe war, wurden ihm sein Ausweis und die Bestätigung seiner Klempnerwerkstatt abgenommen. Nach einigen weiteren Stunden wurde ihm und den anderen Wartenden mitgeteilt, dass sie ohne schriftliche Erlaubnis das Arbeitsamt nicht verlassen durften. Daraufhin breitete sich eine hektische Unruhe aus, und jeder versuchte irgendwie aus dem Arbeitsamt herauszukommen. Als die deutschen Beamten das merkten, drängten sie alle in einen Korridor zusammen und bewachten die Polen. Ein volksdeutscher Dolmetscher erklärte ihnen, dass ein Teil bereits für den Arbeitseinsatz im Altreich vorgesehen sei. Diese erhielten ihren Ausweis nicht zurück, sondern stattdessen eine Überweisung zur ärztlichen Untersuchung. Mit dem Untersuchungsbefund sollten sie sich dann nach zwei Tagen wieder beim Arbeitsamt melden. Der Dolmetscher erinnerte sie zum Abschied noch einmal daran, dass die Beamten ihre Ausweise hätten. Wer sich also nicht freiwillig melde, müsse damit rechnen, dass seine Angehörigen in Haft genommen würden.[250]

Ähnliches widerfuhr Irena Gajda aus Łódź, die sich als 17-jährige im April 1943 beim Arbeitsamt registrieren lassen musste: »Als ich das Zimmer betrat, öffnete die Deutsche während sie mit mir sprach eine Tür am Ende des Korridors und stieß mich hinein.« Am Abend, als das Zimmer voll war, wurden die Festgesetzten in ein Sammellager gebracht und von dort deportiert.[251]

---

gewalttätige Polin. Schnell gesühnter Angriff auf Beamtinnen des Arbeitsamtes, in: Ostdeutscher Beobachter vom 20. Februar 1942, zit. nach ebd.
249 Vgl. Lechner, Ulm, S. 306 (Zitat ebd.).
250 Vgl. Nowak, Lager, S. 34 ff. (Zitat S. 34).
251 Vgl. Berliner Geschichtswerkstatt, Zwangsarbeit, S. 49 f. (Zitat ebd.).

4. Die Beteiligung der Arbeitsverwaltung an den Umsiedlungen im Warthegau

Die Deportationen und »Verdrängungen« der Polen

Die deutsche Arbeitsverwaltung war bei den volkstumspolitisch motivierten Umsiedlungs- und Verdrängungsaktionen auf drei Feldern tätig: Bei den Deportationen und »Verdrängungen« der Polen, bei der Vertreibung bzw. Ghettoisierung der Juden – die an anderer Stelle behandelt wird – und bei der Ansiedlung der so genannten Volksdeutschen im Warthegau. In allen drei Fällen stellt sich die Frage nach dem Verhältnis der arbeitsmarktpolitischen ›Rationalität‹ zur volkstumspolitischen ›Irrationalität‹. Eine Frage, der man sich nicht abstrakt, sondern nur durch die Analyse der jeweiligen konkreten Situation annähern kann.

Bereits Ende 1939 zeichnete sich der Konflikt zwischen dem »volkstumspolitisch« argumentierenden SS-Komplex und der eher wirtschaftlich orientierten Arbeitsverwaltung bei den Deportationen ab. Einen Tag, nachdem der letzte Transport des ersten Nahplans den Warthegau verlassen hatte, erließ Greiser am 18. Dezember 1939 eine Anordnung an die Landräte und Oberbürgermeister, in der er polnische Arbeiter in der Provinz für unersetzlich erklärte, weil es an Deutschen fehle. Diese Arbeiter sollten, damit die Wirtschaftsunternehmen nicht stillstünden, von den Evakuierungen ausgenommen bleiben. Solche, die sich bereits in den Durchgangslagern befanden, sollten auf eine Anfrage des Arbeitsamts hin wieder freigelassen werden. Für die Zurückstellung musste der Unternehmer mit dem lokalen Arbeitsamt Kontakt aufnehmen und dort das spezielle Wissen und die Fähigkeiten des jeweiligen Arbeiters dokumentieren, ferner versichern, dass kein deutscher Ersatz für ihn vorhanden sei. Das Arbeitsamt entschied dann über den Antrag.[252]

Die Abteilung Wirtschaft präzisierte am selben Tage diese Einschaltung der Arbeitsämter in die »Umsiedlung«. Demnach mussten unentbehrliche Arbeitskräfte von ihnen ausgenommen werden, um das »wirtschaftliche Wiederaufbauwerk im Warthegau« nicht zu gefährden. Den Arbeitsämtern wurde deshalb die Möglichkeit zur Stellungnahme eingeräumt. Erklärte der Leiter des zuständigen Arbeitsamts eine für die Deportation vorgesehene Arbeitskraft für unentbehrlich, so sie von der Deportation auf Zeit zurückzustellen.[253]

Kendzia gab diese Anweisungen an die Arbeitsämter weiter. Bei den kommenden Deportationen sollten die Arbeitsämter verstärkt eingeschaltet werden, damit den Erfordernissen des Arbeitseinsatzes stärker Rechnung getragen werde. Die Betriebe

---

252 Vgl. Rutherford, Prelude, S. 107.
253 Vgl. Runderlass Nr. 9 der Abteilung Wirtschaft an die Oberbürgermeister und Landräte vom 18.12.1939, in: IPN, 196 PG, Nr. 36, Bl. 123.

hatten dem zuständigen Arbeitsamt Karteikarten der unabkömmlichen Arbeitskräfte einzureichen, dieses schickte sie an die zuständige SD-Außenstelle weiter. Die SD-Außenstelle gab nach Prüfung die Karten derjenigen Polen, die für eine Deportation in Aussicht genommen waren, dem Arbeitsamt zurück; dieses hatte wiederum zu überprüfen, ob die Arbeitskraft tatsächlich unabkömmlich war. Die SD-Außenstelle würde den Anträgen des Arbeitsamtes entsprechen, sofern nicht gewichtige sicherheitspolizeiliche Gründe dem entgegenstünden. Falls die zu deportierende Arbeitskraft nach Prüfung durch das Arbeitsamt entbehrlich erschien, war gleichfalls die SD-Außenstelle in diesem Sinne zu unterrichten. Gehörte die für eine Deportation in Aussicht genommene Arbeitskraft einem Mangelberuf an, – z. B. Werkmeister in einer Maschinenfabrik –, so war sogar eine Zurückstellung bis zum Kriegsende vorgesehen.[254] In einer Besprechung, an der der Leiter des Landesarbeitsamtes teilnahm, wurde das weitere Vorgehen bei den Deportationen festgelegt. Sie sollten demnach am 15. Januar 1940 wieder aufgenommen werden. Der SD sagte zu, die Wünsche der Rüstungsinspektion und der übrigen Bedarfsträger weitestgehend zu berücksichtigen. Mit dem Start des Zwischenplans war das System der Zurückstellungen also etabliert.[255]

Bei einer Aussprache des Rüstungskommandos Litzmannstadt beim HSSPF einigte man sich darauf, dass die karteimäßige Erfassung der polnischen Arbeitskräfte für ihre Überprüfung aus »Tarnungsgründen« durch das Arbeitsamt vorgenommen werden solle. Dieses leitete die Karten zwecks Überprüfung an den Höheren SS- und Polizeiführer weiter. Nach erfolgter Überprüfung wurde für jede polnische Arbeitskraft ein Ausweis ausgestellt, der wiederum aus »Tarnungsgründen« nach wie vor vom Arbeitsamt unterschrieben wurde. Trotzdem kam es immer wieder vor, dass reklamierte und mit Ausweiskarten versehene polnische Facharbeiter aus ihren Wohnungen geholt und deportiert wurden. Das Rüstungskommando erreichte in den meisten Fällen eine Rückgängigmachung. Es handelte sich – so die offizielle Lesart – fast durchweg um Übergriffe ungeschulter Hilfsorgane. Die Zusammenarbeit mit dem Höheren SS- und Polizeiführer blieb »immer die denkbar beste«.[256]

---

254 Vgl. Rundschreiben des Landesarbeitsamtes, Kendzia, an die Leiter der Arbeitsämter Gnesen, Hohensalza, Kalisch, Leslau, Lodsch, Posen vom 9.1.1940, in: ebd., Bl. 113–114; Abschrift eines Rundschreibens der Abteilung Arbeit, Kendzia, an die Leiter der Arbeitsämter im Warthegau, vom Dezember 1939, in: ebd., Bl. 122.
255 Vgl. Anlage 5 zum Bericht der Rüstungsinspektion XXI vom 10.1.1940, in: BA-MA, RW 20–21, Nr. 13, unpag.; Rutherford, Prelude, S. 128 f.
256 Vgl. KTB des Rüstungskommandos Litzmannstadt für die Zeit vom 4.1. bis 5.8.1940, in: ebd., RW 21–39, Nr. 1, Bl. 32 ff.

Polnische Landarbeiter

Unter Vorsitz von SS-Standartenführer Otto Ohlendorf fand am 5. Januar 1940 eine Besprechung mit Regierungsrat Helmut Kaestner vom Reichsarbeitsministerium statt, bei der die Frage der polnischen Landarbeiter behandelt wurde. Man einigte sich darauf, dass zur Vermeidung einer doppelten Deportation der Polen aus den Ostgauen in das Generalgouvernement und von dort in das Altreich, die rassisch geeigneten landwirtschaftlichen Arbeitskräfte direkt ins Reich gebracht werden sollten. Zur Klärung der Details sollten SS-Sturmbannführer Ehlich und SS-Hauptsturmführer Eichmann nach Posen zu einer Besprechung mit Mitarbeitern der Arbeitsämter Posen und Danzig kommen.[257]

In dieser Konferenz am 11. Januar 1940 besprachen die beteiligten Dienststellen die Details. Teilnehmer waren neben Kendzia, Kaestner vom Reichsarbeitsministerium, Vertreter des Landesarbeitsamts Danzig sowie des Arbeitsamts Posen. Kendzia erklärte, dass die Bedarfsdeckung an Landarbeitern für den Warthegau Vorrang habe, die Deportationen nach dem Generalgouvernement deshalb eingestellt werden müssten. SS-Sturmbannführer Ehlich erklärte, dass die SS von ihrem ursprünglichen Plan, die ins Reich zu verbringenden Polen einer rassischen Auslese zu unterwerfen, wieder abgekommen sei, da die große Zahl der für diesen Zweck benötigten »Musterungsreferenten« nicht zur Verfügung stünde.[258]

Der Reichskommissar für die Festigung deutschen Volkstums betonte unermüdlich, dass die »Eindeutschung von Polenfamilien guten Blutes« keine Frage des Arbeitseinsatzes, sondern ein volkstumspolitisches Problem sei. Die zu evakuierenden Polen würden einer äußerst strengen rassischen und ärztlichen Überprüfung unterzogen und nur die besten Sippen könnten im Altreich eingesetzt und assimiliert werden. Sie sollten in vorbildlich geleiteten Betrieben untergebracht und entsprechend gefördert werden. Die Auswahl der Einsatzstellen erfolgte in Zusammenarbeit mit der Landesbauernschaft und den Arbeitsämtern. Der Leiter der UWZ hatte in Verbindung mit dem Arbeitsamt Łódź die Polenfamilien in die jeweiligen SS-Oberabschnittsgebiete einzuweisen. Er überstellte die zum Abtransport bestimmten Familien dem Arbeitsamt Łódź zur Weiterführung an die Einsatzstellen.[259]

---

257 Vgl. Fernschreiben des Geheimen Staatspolizeiamtes, SS-Obersturmführer Lorenz, an die Gestapo Posen vom 5.1.1940, in: USHMM, RG 14.015 M, Reel 2, fol. 146, p. 1. Vgl. dazu auch: Rutherford, Prelude, S. 139; Aly, Endlösung, S. 76; Wildt, Generation, S. 494.
258 Vgl. Bericht über die Besprechung am 11.1.1940 in Posen vom 11.1.1940, in: USHMM, RG 14.015 M, Reel 2, fol. 146, p. 9–15 hier p. 9ff.
259 Vgl. Entwurf zu einer Anweisung an die Höheren SS- und Polizeiführer aus dem Rasse- und Siedlungshauptamt der SS, Reichskommissar für die Festigung deutschen Volkstums, o.Dat. (Mai 1940), in: BAB, NS 2, Nr. 160, Bl. 6–8, hier Bl. 6f.

Wie die Arbeitsverwaltung die Deportationen und die sich aus ihnen ergebenden Probleme für den Arbeitsmarkt betrachtete, geht aus einem Bericht des Arbeitsamtes Krotoszyn vom September 1940 hervor. In diesem Monat waren etwa 70 polnische Bauern aus verschiedenen Dörfern des Bezirks deportiert worden, um deutschen Umsiedlern aus Galizien Platz zu machen. Die Gesamtzahl der Deportierten belief sich mittlerweile auf rund 300 Personen. Mit den Bauern war aber auch eine große Anzahl mithelfender Familienangehöriger abgewandert. Die deutschen Umsiedler, die nicht annähernd einen so großen Kinderreichtum wie die Polen aufwiesen, mussten nun fremde Arbeitskräfte anfordern. Der Bedarf konnte vom Arbeitsamt nicht gedeckt werden, zumal der Bezirk durch die Abgabe von Arbeitern an das Altreich keine ausreichenden Reserven mehr zu Verfügung hatte.[260]

In manchen Kreisen scheinen die Zusammenlegungen aber durchaus die von den Besatzungsbehörden gewünschten Effekte gehabt zu haben. So lobte ein Bericht aus dem Amtsbezirk Bentschen (Zbąszyń)-Land die im »Siedlungswesen« geleistete Arbeit; durch Landzuteilungen an Volksdeutsche seien verschiedene »wirtschaftlich unvorteilhafte polnische Bauernhöfe aufgelöst« worden. Dadurch habe man erreicht, dass die Polen »bodenlos« wurden und den deutschen Bauern als Arbeitskräfte zur Verfügung stünden. Die »verdrängten« Polen wurden bei den Aktionen vom Arbeitsamt erfasst und nach anderen Bezirken abgegeben.[261]

Wie ein Bericht des Arbeitsamtes Jarocin zeigte, nahmen die SS-Ansiedlungsstäbe bei den Deportationen polnischer Familien auf die Belange des Arbeitseinsatzes und der Wirtschaft wenig Rücksicht. So wurden wiederholt Angehörige der Mangelberufe oder des ländlichen Handwerks deportiert, sodass in einzelnen Berufsgruppen die Lücken immer größer wurden.[262] Auf der anderen Seite informierten die SS-Arbeitsstäbe die Arbeitsämter über die »Verdrängungen« innerhalb der Kreise, und die UWZ sorgte dafür, dass die Vermittlung der Verdrängten in Arbeit durch die Arbeitsämter geschah.[263]

Als Anfang 1941 die Widerstände im Generalgouvernement gegen weitere Deportationen aus den westlichen Gebieten wuchsen, rechneten die SS-Planer damit, dass auf absehbare Zeit Polen als Land- und Industriearbeiter im Warthegau zurückblieben.

---

260 Vgl. Arbeitseinsatzbericht für den Monat September 1940 des Arbeitsamtes Krotoschin an das Arbeitsamt Jarotschin vom 27.9.1940, in: APP, 457, Nr. 33, Bl. 525–529, hier Bl. 525 f.
261 Vgl. Lagebericht des Amtskommissars des Amtsbezirks Bentschen-Land vom 20.3.1942, in: ebd., 449, Nr. 36, Bl. 34–39 (Zitate Bl. 35 f.).
262 Vgl. Schreiben der Abteilung Arbeit an SS-Standartenführer Damzog vom 16.1.1941, in: IPN, 68, Nr. 146, Bl. 22.
263 Vgl. Durchschrift eines Schreibens des SS-Arbeitsstabes Schrimm an den Gendarmerieposten Schrimm vom 24.4.1941, in: APP, 465, Nr. 102, Bl. 90; Abschrift eines Rundschreibens der UWZ Litzmannstadt, Damzog, an die UWZ-Außenstellen vom 29.5.1941, in: ebd., 1009, Nr. 2, Bl. 42–43, hier Bl. 43.

Das erforderte ein Umdenken in der bei den Deportationen verfolgten Politik. Bisher war man von SS-Seite davon ausgegangen, den Bedarf an Arbeitern später durch Wanderarbeiter aus dem Generalgouvernement decken zu können. Deshalb war man bei den Deportationen auch wie folgt verfahren: »Die besten Polen werden evakuiert. Die allerbesten davon gehen ins Altreich. Die schlechtesten aber bleiben im Warthegau.« Vertreter des Arbeitsamtes suchten sich unter den Polen in den Lagern in Łódź bereits geeignete aus. Das verschärfte aber die Situation auf dem Lande, wo die leistungsunfähigen und »minderwertigen« Polen verblieben.[264]

Die UWZ verständigte sich mit der Arbeitsverwaltung Anfang März 1941 darauf, die polnischen Arbeitskräfte in Łódź für die deutsche Kriegswirtschaft zu sichern. Kendzia hatte die Arbeitsämter bereits angewiesen, die Zahl der für die Arbeit ausgewählten einzelnen Polen zu erhöhen. Das Arbeitsamt in Łódź sollte arbeitsfähige Polen nicht mehr zur Deportation empfehlen, sondern – im Gegenteil –, solche Polen sollten aus den UWZ-Lagern wieder entlassen werden.[265]

Vertreter des Landesarbeitsamts Posen und der Dienststelle Litzmannstadt der UWZ verhandelten am 21. März 1941 über die Stellung von arbeitseinsatzfähigen Polen für das Altreich durch die UWZ. Es sollten jede Woche zwei Züge mit nicht arbeitseinsatzfähigen Polen von Łódź in das Generalgouvernement gestellt werden, was unbedingt notwendig sei, um jeden zweiten Tag 800 arbeitseinsatzfähige Polen über Łódź in das Altreich zu vermitteln, da die nicht arbeitseinsatzfähigen Polen nicht in ihre früheren Wohnorte zurückgebracht werden könnten. Dabei ventilierten die Beteiligten auch den bereits früher diskutierten Plan, so genannte Polenreservate einzurichten, in die diese gebracht werden könnten. Die Reservate erleichterten nach Ansicht der Planer die Überwachung und spätere Deportation, boten außerdem ein Arbeitskräftereservoir für die anstehenden Arbeiten.[266]

Auf die Idee der Reservate kam das Landesarbeitsamt später wieder zurück. Die Arbeitskräfte, die aus dem Warthegau stammten und im Reichsgebiet krank oder arbeitsunfähig geworden waren, wurden von den Arbeitsämtern des Altreichs den Abgabearbeitsämtern zurückgeschickt. Monatlich kamen im Warthegau etwa 1.000 von ihnen an. Von diesen war nach Nachuntersuchungen ca. die Hälfte einsatz- und ausgleichsfähig. Sie wurden größtenteils wieder dem übrigen Reichsgebiet zur Verfügung gestellt. Die nicht Einsatzfähigen wurden durch die UWZ dem Lager Konstantynów zugeführt. Das Landesarbeitsamt empfahl, »die Frage der gesammelten Unterbringung

---

264 Vgl. Abschrift eines Vermerks aus der Planungsabteilung des SS-Ansiedlungsstabes Litzmannstadt vom 28.2.1941, in: BAB, R 49, Nr. 3071, Bl. 1–5, hier Bl. 3 f. (Zitat Bl. 3).
265 Vgl. Rutherford, Prelude, S. 198 f.
266 Vgl. Aktenvermerk von Krumey, UWZ Litzmannstadt, gesandt an UWZ Posen, Damzog, am 21.3.1941, in: IPN, 68, Nr. 146, Bl. 40–41. Zu den »Polenreservaten« vgl.: Stoch, Polenreservate.

der Asozialen zu klären«, wobei man der Schaffung von Reservaten den Vorzug gab. Dadurch würde eine erhebliche Beruhigung der gesamten Lage herbeigeführt werden, da den ausgesiedelten Polen etwas Land zur Verfügung gestellt werden müsste, damit sie sich selbst ernähren könnten. Es bestanden bereits solche Reservate, etwa bei Kalisz (Waldwasser) sowie in den Kreisen Ostrów Wielkopolski und Wieluń.[267]

Ab Mitte 1941 wurden auf schlechten und uninteressanten Böden »Polenreservate« für Obdachlose und Umherziehende eingerichtet, in welche die Unerwünschten abgeschoben wurden, und wo sie als ständig abrufbares Arbeitskräftepotential zur Verfügung standen. Die Idee zu diesem Vorgehen stammte ursprünglich vom »Ansiedlungsstab Süd« der für Oberschlesien zuständig war und die »Freimachung« von Höfen und Wohnungen für deutsche Siedler mit Zwangsarbeiterreservoirs für die deutsche Industrie zu verknüpfen gedachte.[268]

Einzelne Vertreter der Arbeitsämter machten auch selbst Vorschläge mittels forcierter Deportationen polnischer Bauern, mehr Arbeitskräfte für das Reich stellen zu können. Der Leiter des Arbeitsamtes Hohensalza schlug vor, auch die polnischen Kleinbauern mit heranzuziehen und deren kleine Besitzungen zusammenzulegen oder zu verpachten.[269] Letztlich konnte man so zwei Ziele gleichzeitig verfolgen: Platz für die volksdeutschen Umsiedler zu schaffen und Arbeitskräfte für die deutsche Wirtschaft zu rekrutieren, gleichsam eine Versöhnung von Ideologie und Ökonomie. Später kam man auf diese Vorstellungen zurück: In einer Besprechung bei Kendzia am 7. Februar 1942 über die Freimachung von landwirtschaftlichen Arbeitskräften für das Altreich, wurde genau diese Lösung diskutiert, die Zusammenlegung kleinbäuerlicher Betriebe. Es galt, die Anforderung des Reichs nach 20.000 landwirtschaftlichen Arbeitskräften aus dem

---

267 Vgl. Durchschrift eines Aktenvermerks von Regierungsrat Diez vom Landesarbeitsamt vom 3.7.1942, in: IPN, 69, Nr. 139, Bl. 46. Auch die UWZ plädierte für die Einrichtung von Reservaten für Arbeitskräfte, die für einen Einsatz im Altreich untauglich waren sowie sonstigen verdrängten Polen, welche bisher behelfsweise in der näheren oder weiteren Umgebung ihres ehemaligen Wohnortes untergebracht waren. Vgl. Bericht der UWZ Posen, Dienststelle Litzmannstadt, für den Monat Juli 1942 vom 5.8.1942, zit. nach: Biuletyn, Bd. XXI, Dok. 42, S. 113–114.
268 Vgl. Esch, Migrationssteuerung, S. 201. In Kalisz (Waldwasser) befanden sich im August 1942 3.804 Personen, von denen vom Arbeitsamt 1.100 ausgleichsfähige Kräfte herausgezogen wurden, die verbliebenen arbeitsfähigen Personen wurden bei den beginnenden Erntearbeiten sowie bei einer Notstandsmaßnahme im Gebiet eingesetzt. Im Reservatsgebiet des Kreises Ostrów Wielkopolski befanden sich 1.100 Personen, im Kreise Wieluń 894 Personen, von denen die Arbeitsämter 183 bzw. 84 Personen vermittelten. Vgl. Erfahrungsbericht eines SS-Führers über die Errichtung von Polenreservaten in den Kreisen Kalisch, Ostrowo und Welungen vom 13.8.1942, in: IPN, 69, Nr. 139, Bl. 59–60.
269 Vgl. Schreiben der Aussenstelle Hohensalza der UWZ Posen an die UWZ Posen vom 10.4.1941, in: ebd., 68, Nr. 146, Bl. 54.

Warthegau zu erfüllen. Die Beteiligten vereinbarten, dass die UWZ dafür zuständig sein sollte.[270]

»Eindeutschungsfähige« Polen

Die UWZ plante, die Erfassung »eindeutschungsfähiger« Polen zunächst in einem Probekreis, nämlich in Wollstein (Wolsztyn), zu testen. An dieser Erfassung sollten neben dem Landrat auch das Gesundheits- und das Arbeitsamt beteiligt werden: »Das Arbeitsamt überprüft den Arbeitseinsatz, das Gesundheitsamt untersucht die Polen gesundheitlich, die für eine Eindeutschung in Frage kommen.«[271] Ziel dieser Probeerfassung war es, die gesamte polnische Bevölkerung in drei Gruppen zu kategorisieren: Erstens für die »Wiedereindeutschung« Taugliche, zweitens Asoziale, unheilbar Kranke und Polen mit »außereuropäischem Bluteinschlag«, die bei Wiederaufnahme der Deportationen zuerst ausgesiedelt werden sollten sowie drittens alle übrigen Polen. Das Arbeitsamt sollte die Arbeitskarten allgemein überprüfen und die frühere und jetzige Berufseingruppierung vornehmen und entsprechend vermerken.[272]

Das Programm wurde erweitert, es kamen der Amtsbezirk Schroda (Środa Wielkopolska)-Land sowie der Kreis Litzmannstadt-Land hinzu. Durch die erfolgende berufsmäßige Aufteilung war es nach Ansicht der UWZ möglich, auf längere Sicht zu disponieren, welche Berufsgruppen und in welcher Zahl entsprechende Arbeitskräfte etwa nach Kriegsende heranzuziehen waren. Die Arbeitsämter hatten bei dieser Erfassung die Möglichkeit, alle bisher arbeitsmäßig noch nicht erfassten Polen zu registrie-

---

270 Vgl. Abschrift eines Aktenvermerks von Krumey vom 14.2.1942, in: BAB, R 75, Nr. 10, unpag.
271 Vgl. Abschrift eines Aktenvermerks von SS-Sturmbannführer Höppner vom 20.8.1941, in: ebd., Nr. 7, Bl. 8 (Zitat ebd.). Die Überprüfung des Arbeitseinsatzes der Polen lag auch im Interesse des Landesarbeitsamtes, das eine komplette Registrierung bei dieser Gelegenheit vornehmen konnte. Vgl. Vermerk von Krumey vom 7.10.1941, in: IfZ, MA 225, frame 2409679 f. Im Gegenzug sorgten die Arbeitsämter dafür, dass die UWZ einen Überblick über den polnischen Anteil an den Arbeitnehmern der Kreise Kolmar (Chodziez) und Scharnikau (Czarnków) bekam, aufgeschlüsselt nach Angestellten, Arbeitern, Handwerkern usw. Diese statistischen Angaben dienten als Basismaterial für die späteren Deportationen und wurden auch weiteren Behörden zur Verfügung gestellt. Vgl. Aufstellung des Arbeitsamtes Kolmar vom 8.8.1941, in: APP, 1009, Nr. 2, Bl. 96.
272 Vgl. Arbeitsplan für die probeweise Erfassung der Polen im Kreise Wollstein vom 10.12.1941, in: ebd., 468, Nr. 50, Bl. 5–6; Arbeitsplan für die probeweise Erfassung der Polen im Kreise Wollstein von SS-Obersturmbannführer Krumey vom 15.12.1941, in: IfZ, MA 225, frame 24096684 f. Die Kommandos erfassten 9.347 polnische Familien mit insgesamt 32.322 Personen. Vgl. Abschrift eines Schreibens des Erfassungskommandos der UWZ Wollstein an die UWZ Posen vom 7.3.1942, in: BAB, R 75, Nr. 7, Bl. 9–11.

ren und damit den weiteren Arbeitseinsatz zu sichern. In insgesamt 45 Tagen wurden 12.912 Familien mit zusammen 44.782 Personen »durchgeschleust«.[273]

Bisweilen kritisierte die Abteilung Arbeit die »Eindeutschung« von in Beschäftigung stehenden polnischen Arbeitskräften. Überwiegend fand die Bereitstellung von »wiedereindeutschungsfähigen« Personen im Warthegau aber im besten Einvernehmen mit dem RuSHA, Außenstelle Litzmannstadt, statt. So stellten die Arbeitsämter dem RuSHA laufend Hausgehilfinnen polnischen Volkstums zur Verfügung, die sich nach Auffassung der Arbeitsämter für eine »Wiedereindeutschung« eigneten. Der Reichskommissar für die Festigung deutschen Volkstums äußerte in einem Schreiben an den Reichsarbeitsminister die Bitte, die Arbeitsämter anzuweisen, dass alle in den Ostgebieten tätigen Arbeitskräfte zur rassischen Überprüfung auf ihre »Wiedereindeutschungsfähigkeit« durch die Außenstelle des RuSHA in Łódź herangezogen werden könnten und dass diese Arbeitskräfte bei Eignung ins Altreich abgegeben werden müssten. Die Abteilung Arbeit hielt es hingegen für bedenklich, schon jetzt aus volkstumspolitischen Gründen diese Arbeitskräfte bei Eignung an das Altreich abzugeben, solange im Warthegau die Ansiedlung Volksdeutscher als Ersatz für die abzuziehenden polnischen Kräfte in ausreichendem Umfange noch nicht durchgeführt werden könne. Ein größerer Abzug beeinträchtige die dem Warthegau gestellten Aufbau- und Rüstungsaufgaben und sei deshalb nicht zu verantworten. Man erwartete daher, dass in jedem Einzelfall das zuständige Arbeitsamt angehört werde. Auf keinen Fall könne das RuSHA von sich aus in festen Arbeitsverhältnissen befindliche Polen zum Zwecke der »Eindeutschung« zur Untersuchung vorladen und sie aus ihren Beschäftigungsverhältnissen herausziehen.[274]

Insgesamt entwickelte sich die Zusammenarbeit der Arbeitsverwaltung mit dem SS-Komplex gut. So arrangierte man sich bei der Deportation »eindeutschungsfähiger« Polinnen in das Altreich; das Landesarbeitsamt sagte die Mitarbeit der Arbeitsämter zu und wies diese entsprechend an: Die mit der Zusammenarbeit mit dem RuSHA bzw. mit den Rassepflegern bei den SS-Standarten betrauten speziellen Vermittlungskräfte hatten laufend Polinnen, die durch Fluktuation arbeitslos geworden waren und für »eindeutschungsfähig« gehalten wurden, den SS-Stellen namhaft zu machen. Diese Personen wurden von den Rassepflegern nach Vereinbarung eines Termins in das Arbeitsamt vorgeladen und dort auf ihre »Eindeutschungsfähigkeit« hin vorgeprüft. Auf diese

---

273 Vgl. Durchschrift eines Schreibens der UWZ, Dienststelle Litzmannstadt, SS-Obersturmbannführer Krumey, an den Reichsstatthalter, Regierungsdirektor Mehlhorn, vom 28.4.1942, in: APP, 299, Nr. 1161, Bl. 1 und Vorläufiger Abschlußbericht über die Probeerfassung der polnischen Bevölkerung im Warthegau im gesamten Kreise Wollstein und in je einem Amtsbezirk des Kreises Schroda (Amtsbezirk Schroda-Land) und in Litzmannstadt-Land (Amtsbezirk Königsbach), in: ebd., Bl. 2–27.
274 Vgl. Kopie eines Schreibens der Abteilung Arbeit an das Rasse- und Siedlungshauptamt vom 27.7.1942, in: ebd., Nr. 1131, Bl. 378–380.

Weise sicherten sich die Arbeitsämter ihre Mitarbeit. Einen weitergehenden Antrag des RuSHA, auch die Polinnen in den Betrieben zu überprüfen, lehnte das Landesarbeitsamt jedoch ab, da es darin eine Gefährdung der Durchführung kriegswichtiger Aufgaben sah.[275]

Besonders deutlich gemacht werden kann die intensive Kooperation an der so genannten »Feldarbeiteraktion« 1942. Das Reichsarbeitsministerium hatte die gesamte Aktion zur Aufbringung von Landarbeitern veranlasst. Die SS-Arbeitsstäbe verbanden sie mit der Zusammenlegung von Kleinstbetrieben zu größeren Höfen. Die dabei »freiwerdenden« Familien wurden von der UWZ erfasst. Bei der Aufstellung der entsprechenden Listen sollten die Arbeitsämter von Anfang an beteiligt werden, damit nur landwirtschaftliche Arbeitskräfte erfasst würden. Vor allem durften die nicht in das Altreich Deportierten nicht mehr auf ihren alten Besitz zurückkehren, sondern sollten im Zweifelsfall in einem Nachbarort in einer ebenfalls freigewordenen Stelle als Landarbeiter untergebracht werden. Dem Arbeitsamt oblag die grundsätzliche Entscheidung über die Einsatzfähigkeit der Polen. Der stets anwesende Beamte des Arbeitsamtes hatte eine harte »Auskämmung« vorzunehmen, um eine möglichst große Zahl Einsatzfähiger zu gewinnen. Nach Mitteilung des Reichsarbeitsministeriums musste wenigstens die Hälfte der Kinder einer Familie arbeitseinsatzfähig sein. Falls dies nicht der Fall war, sollten in Łódź, wo sie in den Lagern noch einmal vom Arbeitsamt überprüft wurden, den jeweiligen Familien jugendliche »Einzelgänger« zugeteilt werden. Die Arbeitsämter hatten die im Warthegau verbleibenden Arbeitskräfte umgehend zu vermitteln.[276]

Die große Zahl der wegen ihres Alters nicht den geltenden Bestimmungen entsprechenden und deswegen nicht einsatzfähigen Familien rührte nach Ansicht der UWZ daher, dass die zuständigen Arbeitsämter in den vergangenen zwei Jahren eine bedeutende Anzahl arbeitsfähiger Polen, die Angehörige dieser Familien waren, als »Einzelgänger« herausgezogen und in das Altreich deportiert hatten. Die Aktion habe ferner gezeigt, dass die beteiligten Arbeitsämter über den Begriff »arbeitseinsatzfähig« verschiedener Auffassung waren. Erst, nachdem die ersten Transporte abgegangen waren,

---

275 Vgl. Kopie der Rundverfügung Nr. 5/86 des Landesarbeitsamtes vom 19.1.1942 an die Leiter der Arbeitsämter, in: ebd., Bl. 376–377. Die Bedeutung der »Volkstumspolitik« für die Arbeitsverwaltung zeigte sich auch in einer im Januar 1942 stattfindenden Tagung des Reichsarbeitsministeriums über »Ostfragen«, bei der dieser Punkt eine große Rolle spielte: »Es ist deshalb verständlich, wenn der Behandlung von Volkstumsfragen ein breiter Raum gewidmet war. Hierzu gaben die Grundlage sachkundige Vorträge von Reichstreuhänder der Arbeit Kendzia, Warthegau, und Präsident Gabriel, Danzig-Westpreußen. Übergeordneter Gesichtspunkt jeglicher Neugestaltung in den Ostgebieten ist die Mehrung und Festigung deutschen Volkstums.« Vgl. Bues, Arbeitstagung, S. V 84 (Zitat ebd.).
276 Vgl. Abschrift eines Vermerks von Krumey vom 19.4.1942, in: BAB, R 75, Nr. 10, unpag.; Durchschrift des Berichts der UWZ, Dienststelle Litzmannstadt für die Zeit vom 3.3.1942 bis 6.5.1942 vom 30.5.1942, in: ebd., Nr. 4, unpag.

und die Aufnahmearbeitsämter einen großen Teil der vermittelten Kräfte zurückgeschickt hatten, kam es auf Grund von Beschwerden der Arbeitsämter im Warthegau zu einer einheitlichen Regelung und grundsätzlichen Klärung in dieser Frage durch das Reichsarbeitsministerium.[277]

Zunehmende Schwierigkeiten

Selbst Greiser musste einsehen, dass seine rassische und seine wirtschaftliche Mission unvereinbar waren. Während des 3. Nahplans traf er die Entscheidung, keine arbeitsfähigen Polen mehr in das Generalgouvernement zu deportieren. Sie sollten nun vorrangig im Warthegau selbst eingesetzt werden, unter keinen Umständen sollten sie deportiert werden. Die Rüstungsinspektion im Wehrkreis XXI (Wartheland) bestätigte die fast totale Abhängigkeit der dortigen Rüstungsbetriebe von den polnischen Arbeitskräften, die im Herbst 1940 80 bis 95 Prozent der gesamten Arbeitskräfte in diesen Betrieben stellten.[278]

Die Anordnung Greisers, nach der die bei der Ansiedlung der Volksdeutschen zu verdrängenden Polen keineswegs den Warthegau verlassen sollten, wurde auch den SS-Ansiedlungsstäben mitgeteilt. Vor allem sollten diese Polen nicht mehr über die Arbeitsämter in das Altreich vermittelt werden, da sie aktuell oder später dringend als Arbeitskräfte benötigt wurden. Die Landräte sollten sie solange durch zusätzliche Arbeit beschäftigen, bis durch größere Vorhaben die Möglichkeit gegeben war, alle polnischen Arbeitskräfte einzusetzen.[279]

Nach wie vor fanden aber offensichtlich noch Deportationen in das Generalgouvernement statt, wie ein Schreiben des Kommandanten des Durchgangslagers Litzmannstadt an das Lager Konstantynów des Arbeitsamts vom 27. September 1941 zeigt: »Die im dortigen Lager befindliche Klusak Blanka aus Kosten ist aus dem Lager zu entlassen und wird über das Arbeitsamt hier, zum Arbeitsamt Krakau, Lunelskastr. 25, III. Stock, Zimmer 59 vermittelt. Der Familienerfassungsbogen ist auszufüllen und nach hier zu senden. Vor Abfahrt hat sie sich den Reiseschein im Arbeitsamt Litzmannstadt, Moltkestr. 16, Zimmer 119, abzuholen.«[280] Und in der Tat hob der Reichsstatthalter, sich dem Druck der Anforderungen aus dem Reichsgebiet beugend, seine Verfügung vom 11. Sep-

---

277 Vgl. Abschlußbericht der UWZ-Außenstelle Kempen über die AA-Aktion im Kreise Welungen vom 14.5.1942, in: ebd., unpag.
278 Vgl. Rutherford, Prelude, S. 205 f.
279 Vgl. Rundschreiben des Beauftragten des RKF an die SS-Ansiedlungsstäbe Litzmannstadt und Posen sowie die SS-Arbeitsstäbe vom 29.8.1941, in: APP, 304, Nr. 5, Bl. 50.
280 Vgl. Schreiben des Kommandanten des Durchgangslagers Litzmannstadt (Flotwellstraße 4) an das Lager Konstantinow vom 27.9.1941, in: APLo, 206, Nr. 5, Bl. 25.

tember 1941, nach der die Vermittlung von Arbeitskräften in das Altreich verboten war, bereits knapp drei Wochen später vorübergehend wieder auf.[281]

Insgesamt forderte das Reichsarbeitsministerium ab Anfang März 1942 kurzfristig 40.000 Arbeitskräfte aus dem Warthegau für das Altreich an. In Zusammenarbeit mit der »Reichsland« [Reichsgesellschaft für Landbewirtschaftung m. b. H., K. L.], welche die Planung der »Z«-Höfe vornahm, sorgte die UWZ dafür, dass die durch Zusammenlegung von Klein- und Kleinstbetrieben freigewordenen Arbeitskräfte dem Arbeitseinsatz im Altreich zur Verfügung gestellt werden konnten. In dieser Aktion wurden durch die UWZ 43 Transporte an die Bestimmungsorte im Altreich abgefertigt. Ausgesiedelt wurden bei dieser Aktion insgesamt 155.230 Personen, davon waren für den Arbeitseinsatz im Altreich 38.168 Personen geeignet. Die zurückbleibenden Polen wurden, soweit sie nicht sofort im Warthegau in Arbeit vermittelt werden konnten, in der üblichen Weise »verdrängt«.[282]

Im Laufe der Zeit bereitete die Gewinnung von Arbeitskräften aus Umzusiedelnden immer größere Schwierigkeiten. Der Generalbevollmächtigte für den Arbeitseinsatz forderte im Februar 1943, in kürzester Zeit 3.400 landwirtschaftliche Familien aus dem Warthegau nach Frankreich zu schicken. Deren Aufbringung sollte nicht im Wege der Zusammenlegung von kleinen Höfen erfolgen, sondern die Familien aus den bei der Aktion des vergangenen Jahres als untauglich Eingestuften ausgewählt werden. Sowohl Frankreich als auch das Altreich müssten dabei nach Ansicht der UWZ »mit einer minderen Qualität der Menschen rechnen«.[283]

In diese Richtung entwickelte sich die Aufbringung von Arbeitskräften insgesamt. Die dem Landesarbeitsamt Posen im Frühjahr 1943 von der UWZ für den Arbeitseinsatz im Altreich zur Verfügung gestellten 7.111 Personen waren durchweg bereits verdrängte Polen, die nach den früher geltenden Bestimmungen nicht einsatzfähig gewesen waren, jetzt aber nach den neuen Bestimmungen auch in das Altreichsgebiet deportiert werden konnten.[284]

---

281 Vgl. Durchschrift eines Rundschreibens der UWZ Posen, Krumey, an die UWZ-Außenstellen vom 3.10.1941, in: APP, 1009, Nr. 2, Bl. 180.
282 Vgl. Abschlußbericht über die Arbeit der UWZ im Rahmen des erweiterten 3. Nahplanes (Ansetzung der Reste der Umsiedlergruppen, Besserstellung der Volksdeutschen und Landzulagen) im Reichsgau Wartheland für das Jahr 1942 vom 31.12.1942, in: BAB, R 75, Nr. 9, Bl. 1–25, hier Bl. 4.
283 Vgl. Vermerk von Krumey über eine Besprechung beim Präsidenten des Landesarbeitsamtes Posen am 23.2.1943 vom 24.2.1943, in: ebd., Nr. 10, unpag.
284 Vgl. Schreiben von Krumey, o.Dat. (Juni 1943), zit. nach: Doc. Occ., Bd. XIII, Dok. 1–64, S. 63 f.; Lagebericht der UWZ, Dienststelle Litzmannstadt, Krumey, für das Generalgouvernement und den Warthegau für Juli 1943, in: BAB, R 75, Nr. 4, unpag. Tadeusz Janicki geht von 5.094 Familien aus, die im Zuge der »Z-Hofbildung« im Frühjahr 1943 deportiert wurden, die meisten davon nach Frankreich. Vgl. Janicki, Wieś w Kraju Warty, S. 76; Marczewski, Hitlerowska koncepcja, S. 238.

Bei Aussiedlungen auf »kaltem Wege«, wie man sie Ende 1943 noch durchführte, wurden die Familien den Arbeitsämtern zur weiteren Verwendung gemeldet. Die Arbeitsämter wiesen die Gendarmerie an, die so bezeichneten Familien bei »wilden Aussiedlungen« zu sammeln und dem Arbeitsamt vorzuführen, wo sie im Falle der Einsatzfähigkeit gleich festgehalten wurden: »Besonders im Laufe des Oktober wurden zahlreiche Fälle bekannt, wo Aussiedlungen im Auftrage der Arbeitsämter durchgeführt wurden. In einigen Fällen, in welchen die Gendarmerieposten bzw. Kreisführer Rückfrage über die Rechtmäßigkeit der von den Arbeitsämtern gestarteten Aktionen hielt, konnte durch das Eingreifen der UWZ im letzten Augenblick die Verschleuderung großer Vermögenswerte verhindert werden.« Solche Fälle hatte es auch schon früher gegeben, deshalb hatte die Abteilung Arbeit im Juni 1943 die Arbeitsämter in einem Erlass angewiesen, alle Vermittlungen von Familien nur über die UWZ vorzunehmen.[285]

Selbst zu Beginn des Jahres 1944 liefen die »Verdrängungen« weiter, und die Probleme blieben auch die gleichen. So kritisierte das Gauamt für Volkstumsfragen den Verbleib der ehemaligen polnischen Besitzer in unmittelbarer Nähe ihres früheren Besitzes. Im Einvernehmen mit dem Gauarbeitsamt und dem Landesbauernführer erteilte man den Arbeitseinsatzdienststellen im Gau die Anweisung, diese ehemaligen polnischen Besitzer möglichst weit weg von ihrem einstigen Besitz einzusetzen. Dazu bekamen die Ortsbauernführer den Auftrag, diese Polen den Arbeitsämtern zu melden. Allerdings waren viele dieser Polen jetzt als Arbeiter und Angestellte z. B. der Reichsbahn, der Reichspost oder ländlicher Industrien tätig und ihre Fortvermittlung in andere Gegenden dadurch unmöglich. Trotzdem sollte, da das Weiterwohnen der ehemals polnischen Besitzer in unmittelbarer Nähe ihres bisherigen Wohnortes volkstumspolitisch unerwünscht war, jedoch in allen Fällen, in denen es irgend möglich sei, eine Fortvermittlung durch das Arbeitsamt erfolgen.[286]

Mitte 1944 brachte man vor allem noch Schwarzmeer- und Transnistriendeutsche in den Warthegau. Auch für sie wurden nach wie vor kleinbäuerliche polnische Arbeitskräfte familienweise deportiert. Die Deportationen lagen in den Händen der EWZ[287], die Weiterleitung der Arbeitskräfte an den GBA jedoch nun beim Landesarbeitsamt. Diese Arbeitsteilung führte zu Konflikten: Es gab offensichtlich eine Anordnung für die Arbeitsämter, solche Polenfamilien in das Altreich zu deportieren, die mindestens zur Hälfte aus arbeitseinsatzfähigen Mitgliedern bestanden. So hätten die Arbeitsbehörden von vielen Hundert Polen, die zur Deportation vorgeschlagen worden seien, nur

---

285 Vgl. Lagebericht der Dienststelle Litzmannstadt der UWZ Posen für das Generalgouvernement und den Warthegau für dem Monat Oktober 1943 vom 4.11.1943, in: IPN, 69, Nr. 32, Bl. 206–208, hier Bl. 207 f. (Zitat ebd.).
286 Vgl. Rundschreiben des Gauamts für Volkstumsfragen vom 1.3.1944, in: APP, 299, Nr. 1174, Bl. 65–66.
287 Zur EWZ vgl.: Strippel, Einwandererzentralstelle.

die besten herausgesucht und die übrigen wieder in die Kreise zurückgeschickt. Diese Regelung entsprach nicht dem Wunsch des Reichsstatthalters und nicht seinem Ziel, den Gau zu »germanisieren«. Er forderte, man müsse diejenigen polnischen Familien »loswerden«, die weder rassisch noch gesundheitlich noch arbeitseinsatzmäßig etwas nützten, »d. h. also auf gut deutsch, wir müssen die schlechten los werden und die guten hier behalten«. Wenn die Arbeitsämter an diesem politisch-völkischen Grundsatz vorbeigingen und nicht mitzögen, so habe die ganze Sache keinen Sinn. Der Reichsstatthalter bat deshalb Kendzia, die Arbeitsämter anzuweisen, wesentlich großzügiger als bisher zu verfahren.[288]

Bei der Schaffung von weiteren Unterbringungsmöglichkeiten für die Schwarzmeerdeutschen im Warthegau durften auch polnische Arbeitskräfte abgezogen werden. Die Deportationen sollten in der bisherigen Weise ausschließlich durch die Dienststellen der UWZ in Łódź in engstem Einvernehmen mit dem jeweils zuständigen Arbeitsamt durchgeführt werden. Sie durften erst dann vorgenommen werden, wenn der Einsatz oder der vorgesehene Abtransport der zu deportierenden Polen durch die Arbeitseinsatzverwaltung sichergestellt war.[289] Ähnlich sollte bei der Ansiedlung der übrigen Russlanddeutschen verfahren werden. Die für sie deportierten polnischen Familien sollten überwiegend in Frankreich und in gewissen Teilen des Altreichs untergebracht werden. Die für das Altreich vorgesehenen Landarbeiterfamilien sollten möglichst bis zur Hälfte arbeitseinsatzfähig sein; die für Frankreich bestimmten mussten über mindestens zwei arbeitseinsatzfähige Personen verfügen. Jugendliche vom 12. Lebensjahr an und ältere Personen, die bisher mittätig waren, wurden als arbeitseinsatzfähig betrachtet. Familienverbände konnten durch bisher allein lebende Verwandte vergrößert werden. Von den Arbeitsämtern nicht Angenommene sollten in den Kreisen anderweitig untergebracht werden. Bei der Auswahl der zu deportierenden Familien waren die jeweils zuständigen Arbeitsämter einzuschalten.[290]

Aufgrund der guten Erfahrungen sowie des weiteren Bedarfs der Reichslandbetriebe in Frankreich, ordnete das Gauarbeitsamt Posen den Abzug von weiteren 5.000 Familien zum Zwecke des Arbeitseinsatzes in Frankreich sowie im Reichsgebiet an. So

---

288 Vgl. Schreiben von Gauleiter Greiser an den Präsidenten des Landesarbeitsamtes Posen, Ernst Kendzia, vom 28.4.1944, zit. nach: Doc. Occ., Bd. XIII, Dok. III-42, S. 157 f. (Zitat S. 157).
289 Vgl. Rundschreiben des Gauleiters und Reichsstatthalters des Reichsgaues Wartheland an sämtliche Kreisleiter und Landräte vom 21.3.1944, in: IPN, 196 PG, Nr. 13, Bl. 188.
290 Vgl. Rundschreiben des Beauftragten des Reichskommissars für die Festigung deutschen Volkstums an die Kreisleiter, Landräte und Ansiedlungsstäbe vom 23.5.1944, in: ebd., Bl. 191–193.

deportierten die Behörden in der Zeit vom 15. März bis zum 22. April 1944 insgesamt 4.000 Familien mit rund 16.500 Personen.[291]

Als eine Art Schlussbilanz der Deportationen kann man den Monatsbericht der UWZ vom Oktober 1944 lesen: Ausgesiedelt wurden ab 1939 435.167 Personen. Dem Arbeitsamt für den Arbeitseinsatz in Altreich und Warthegau wurden insgesamt 26.485 ledige Personen und 25.832 Familien mit 118.128 Personen zur Verfügung gestellt. Im Rahmen der Frankreichaktion kamen 23.512 Personen hinzu, im Rahmen der »Verdrängungsaktion« 15.882, insgesamt für das Arbeitsamt also 157.522 Personen.[292]

Die Ansiedlung der Volksdeutschen

Die Arbeitsverwaltung war von Anfang an Teil der Umsiedlungsmaschinerie: Am 1. November 1939 verfügte Greiser anlässlich der Einrichtung des »Gaukommissariats für die Einwanderung«, das für die Umsiedlung der Baltendeutschen zuständig war, diesem einen Beauftragten für den Arbeitseinsatz zuzuordnen, nämlich Ernst Kendzia.[293]

Bereits Ende November fanden erste Besprechungen zwischen der Einwanderungs-Beratungsstelle, die über eine eigene Abteilung Arbeitseinsatz verfügte, und dem Arbeitsamt Posen darüber statt, ob die Beschäftigung einer baltendeutschen Berufsberaterin im Arbeitsamt Posen möglich sei. Es bestand grundsätzliche Bereitschaft seitens des Arbeitsamtes, das eine Abwanderung von Fachkräften in die Kriegswirtschaft des Altreichs erwartete, was von der Vertreterin der Einwanderungs-Beratungsstelle kritisiert wurde, da diese einer Ansiedlung der Baltendeutschen und Stärkung des Deutschtums zuwiderlaufe. Bemerkenswert ist in diesem Zusammenhang der abschließende Kommentar: »Wie aus diesen Äußerungen hervorgeht, geht Dir. Block beim Arbeitsamt ausschliesslich von rein wirtschaftlichen Überlegungen aus, ohne Verständnis für

---

291 Vgl. Bericht des Gaustabsamtes, Hauptstelle Berichts- und Informationswesen vom 23.–29.4.1944, in: BAB, NS 6, Nr. 412, Bl. 6.
292 Vgl. Monatsbericht für Oktober 1944 von SS-Hauptsturmführer Püschel, UWZ Litzmannstadt, vom 1.11.1944, zit. nach: Doc. Occ., Bd. XIII, Dok. III-43, S. 158–160, hier S. 158f. Wie eng die Zusammenarbeit zwischen UWZ und Arbeitsverwaltung war, lässt sich nicht zuletzt am Aktenplan der UWZ ablesen, bei dem für das Arbeitsamt ein eigener Punkt reserviert war, inklusive einer Sonderakte »Durch das Arbeitsamt ins AR [Altreich, K. L.] vermittelte Polen«. Vgl. Aktenplan der UWZ, o.Dat., in: IPN, 69, Nr. 13, Bl. 1–3, hier Bl. 2.
293 Vgl. Verfügung des Reichsstatthalters vom 1.11.1939, in: APP, 299, Nr. 4, Bl. 5–6, hier Bl. 5. Zur »Rücksiedlungsaktion« vgl.: Schulze, Führer. Zu den baltendeutschen Rücksiedlern vgl.: Bosse, Umsiedler. Zur Überprüfung der Volksdeutschen vgl.: Jachomowski, Umsiedlung, S. 137 ff.; Heinemann, Blut, S. 171 ff. Vgl. allgemein zur Ansiedlung: Łuczak, Pod niemieckim jarzmen, S. 68 ff.; ders., »Kraj Warty«, S. 70 ff.

die Gründe, die für eine geschlossene Ansiedlung der Rückwanderer sprechen, aufzubringen.«[294]

Die Abteilung Arbeitseinsatz der Einwanderer-Beratungsstelle verteilte derweil die eintreffenden Baltendeutschen – einschließlich der Bauern – auf die Kreise. Sie versuchte dabei, »wertvolle Berufsträger«, wie Ärzte und Apotheker herauszuziehen und über die entsprechenden Berufsverbände anzusiedeln; in Bezug auf die Handwerker gab es ähnliche Überlegungen.[295] Dem Arbeitsamt Hohensalza (Inowrocław) war es gelungen, die dort Mitte Dezember eintreffenden Baltendeutschen innerhalb von zwei Wochen zum großen Teil in Arbeitsstellen und Wohnungen einzuweisen. Allerdings war die Auswahl beschränkt und den Rückwanderern keine Möglichkeit gegeben, die Zuweisungen abzuschlagen. Die Methode funktionierte nach Aussage des Arbeitsamtsleiters gut, war aber mit sehr viel Härten verbunden. Arbeit sei genug vorhanden, man könne jede Woche etwa 100 Rückwanderer aufnehmen.[296] Anfang Dezember beteiligte sich auch erstmalig der Leiter des Arbeitsamts Posen, Direktor Fritz Block, an der Verteilung der Baltendeutschen. Er war bestrebt, hauptsächlich die guten Kräfte in Posen zu behalten, die schlechten hingegen in die Provinz abzugeben.[297]

Beide Parteien einigten sich kurze Zeit später auf eine intensive Zusammenarbeit. So sollten vier Mitarbeiter aus dem Landesarbeitsamt an das Amt für Balteneinsatz abgegeben werden.[298] Trotzdem kam es immer wieder zu Reibereien. So beanstandete Block, dass die Sachbearbeiter der Abteilung Planung von sich aus Arbeitgeber aufsuchten, um den Bedarf an Arbeitskräften festzustellen. Er betonte, dass das Recht der Arbeitsvermittlung in Posen ausschließlich Sache des Arbeitsamtes sei. Zukünftig sollten alle Volksdeutschen, die eine Arbeitsstelle suchten, zunächst von der Abteilung Personal-Planung beraten und dann an die Vertrauensleute beim Arbeitsamt verwiesen werden.[299] Später wurden zwei Angestellte der Dienststelle Einwandererberatung

---

294 Vgl. Aktenvermerk aus der Abteilung Arbeitseinsatz der Volksdeutschen Einwanderer-Beratungsstelle (Amt für Balteneinsatz), Barbara Kupffer, vom 28.11.1939, in: APP, 800, Nr. 80, Bl. 23 (Zitat ebd.).
295 Vgl. Tätigkeitsbericht der Abteilung Arbeitseinsatz der Volksdeutschen Einwanderer-Beratungsstelle, W. Girgensohn, an SS-Standartenführer Dr. E. Kroeger, vom 2.12.1939, in: ebd., Bl. 30–32, hier Bl. 30.
296 Vgl. Aktenvermerk von Girgensohn vom 5.1.1940, in: ebd., Bl. 79.
297 Vgl. Durchschrift eines Aktenvermerks der Abteilung Arbeitseinsatz, W. Girgensohn, vom 6.12.1939, in: ebd., Bl. 41. Block bemühte sich auch um die Vermittlung einer Gruppe baltendeutscher Ingenieure in die Dessauer Junkers-Werke, was ihm die Kritik der Einwanderer-Beratungsstelle einbrachte. Diese hatte ihre eigenen Pläne und wollte die Ingenieure im Warthegau vermitteln. Vgl. Bericht der Abteilung Personal-Planung an Stabsführer Dr. E. Kroeger vom 20.1.1940, in: ebd., Bl. 96.
298 Vgl. Aktenvermerk der Einwandererberatung der Vomi, Zweigstelle Posen, Girgensohn, vom 29.1.1940, in: ebd., Bl. 111–112.
299 Vgl. Aktenvermerk der Abteilung Personal-Planung vom 6.2.1940, in: ebd., Bl. 141.

an das Arbeitsamt Posen abkommandiert, »wodurch engste Fühlungnahme mit dem Arbeitsamt bestand«.³⁰⁰

Das Monopol der Arbeitsämter zur Arbeitsvermittlung wurde aber auch weiterhin von der Einwandererzentralstelle in Frage gestellt. Die EWZ reklamierte im Rahmen der Umsiedlung deutscher Volksgruppen das Recht für sich, die Umsiedler für den Einsatz im neuen Siedlungsgebiet über ihre Berufseinsatzstelle zu erfassen.³⁰¹ Auf Grund eingehender Befragung der Umsiedler und Prüfung vorhandener Unterlagen legten die Mitarbeiter unter Benutzung der in den anderen Dienststellen der EWZ festgestellten Merkmale für jeden Umsiedler über 15 Jahren eine Karteikarte an. Diese Karteikarte enthielt Angaben über Herkunftsland und Heimatort sowie über die Einsatzfähigkeit und die Staatsangehörigkeit. Neben der gründlichen Erstellung eines Berufsbildes, Angaben über Schulbesuch etc. wurde von der Berufseinsatzstelle durch Befragung des Umsiedlers ein möglichst genaues Bild über dessen bisher ausgeübte Tätigkeit erstellt. Für die Arbeit waren Fachkräfte des Reichsarbeitsministeriums abgeordnet und Hilfskräfte aus den Reihen der Umsiedler und Volksdeutschen ausgebildet worden.

Der Einsatz der Umsiedler erfolgte nicht durch die Berufseinsatzstellen, sondern durch die Ansiedlungsstellen bei den Höheren SS- und Polizeiführern der einzelnen Gaue als Beauftragte des Reichskommissars für die Festigung deutschen Volkstums. Nur der Einsatz der für das Altreich vorgesehenen Umsiedler wurde, soweit es sich nicht um selbständige bäuerliche Betriebsführer handelte, die vom Reichsnährstand betreut wurden, durch die Landesarbeitsämter und Arbeitsämter koordiniert.³⁰²

Auch bei der Umsiedlung der Volksdeutschen aus dem Generalgouvernement in den Warthegau im Oktober 1940 griffen die Arbeitsämter ein. Da neben Bauern und

---

300 Vgl. Aufgaben der Abteilung Personal-Planung der Einwandererberatung der Volksdeutschen Mittelstelle vom 26.3.1940, in: ebd., Bl. 208–209.

301 Das Reichsarbeitsministerium ordnete an die Berufseinsatzstelle in Spitzenzeiten bis zu 85 Beamte und Angestellte ab. Vgl. Tätigkeitsbericht der Berufseinsatzstelle bei der Einwandererzentralstelle Nord-Ost in Litzmannstadt, gesandt an das Reichsarbeitsministerium, Abteilung Va, vom 27.8.1940, in: BAB, R 69, Nr. 41, Bl. 9–22, hier Bl. 21. Vgl. allgemein zur Arbeit der Berufseinsatzstelle: Abschlussbericht über die Erfassung der Deutschen aus Galizien, Wolhynien und dem Narewgebiet durch die Einwandererzentralstelle, o.Dat. (Herbst 1940), in: ebd., R 49, Nr. 283, Bl. 1–82, hier Bl. 15 f.

302 Vgl. Tätigkeitsbericht der Berufseinsatzstelle bei der Einwandererzentralstelle Nord-Ost in Litzmannstadt, gesandt an das Reichsarbeitsministerium, Abteilung Va, vom 27.8.1940, in: ebd., R 69, Nr. 41, Bl. 9–22, hier Bl. 17 f.; Schreiben der Berufseinsatzstelle der Einwandererzentralstelle Litzmannstadt an die Information der EWZ vom 5.9.1940, in: ebd., Nr. 1231, Bl. 5–10, hier Bl. 5 und 8; Stephan Döring, Umsiedlung, S. 205 f. Die Berufseinsatzstellen vervollständigten die Leistungsgutachten und legten die Eingruppierung in die Berufsgruppen fest. Ferner trugen sie die Ermittlungen des Leistungsgutachtens auf der EWZ-Karte ein. Vgl. Anordnung Nr. 185 des Leiters der Einwandererzentralstelle vom 20.5.1942, in: APŁo, 205, Nr. 15, Bl. 142–150, hier Bl. 147 f.

Städtern auch Handwerker und Arbeiter aus kleineren Städten und Dörfern kamen, die bislang bei den Planungen unberücksichtigt geblieben waren, mussten sich die Arbeitsämter auf neue Aufgaben bei der »sofortige(n) Vermittlung von geeigneten Arbeitsplätzen« einstellen.[303]

Bei der Ansiedlung der in den Gau kommenden Schwarzmeerdeutschen, die einem beschleunigten Arbeitseinsatz zugeführt werden sollten, erwies es sich als notwendig, die Arbeitsämter in weiterem Maße als bisher einzuschalten. Der RKF ordnete deshalb an, den Arbeitseinsatz der »angesetzten« Arbeitskräfte durch die SS-Ansiedlungsstäbe gemeinsam mit den zuständigen Arbeitsämtern zu überprüfen. Wenn die Arbeitsstelle adäquat sei, sollte der Umsiedler aus der Betreuung der SS-Ansiedlungsstäbe ausscheiden und weiter vom Arbeitsamt betreut werden.[304]

5. Der »Arbeitseinsatz«: Zwang und individuelle Handlungsspielräume

Notstands-, Pflicht- und Gemeinschaftsarbeiten

Die erste Periode nach der Beendigung der Kriegshandlungen war geprägt von Aufräumarbeiten und der Beseitigung der Kriegsschäden. Sehr früh mokierte sich Greiser dabei über den aus seiner Sicht ungenügenden Arbeitseinsatz der polnischen Bevölkerung. Auf seinen Inspektionsfahrten sei ihm aufgefallen, dass in einigen Orten sogar am Sonntagnachmittag die Arbeitskommandos der Wehrmacht »im Schweisse ihres Angesichts die von polnischen Truppen und Insurgenten gesprengten Brücken und Strassen wiederherstellten, während die polnische Zivilbevölkerung mit Händen in den Hosentaschen dabeistand oder sich spazierengehenderweise betätigte«. Er forderte, dass dieser »unmögliche Zustand« sofort beseitigt würde und ordnete deshalb die Zusammenfassung der polnischen Zivilbevölkerung in Arbeitskolonnen an, soweit sie nicht arbeitstätig war. Diese Arbeitskolonnen sollten in erster Linie der Wehrmacht und deren Baukommandos zur Instandsetzung von Brücken und Strassen zur Verfü-

---

303 Vgl. Schnellbrief der Abteilung Arbeit an die Arbeitsämter Lissa, Hohensalza, Gnesen, Kolmar, Samter, Jarotschin und Posen vom 21.10.1940, in: APP, 304, Nr. 3, Bl. 80–82, hier Bl. 80. Die engen Kontakte der Arbeitsverwaltung zur SS zeigten sich auch in der Tatsache, dass jedem SS-Ansiedlungsstab eines Landkreises auch ein Vertreter des zuständigen Arbeitsamtes angehörte. Vgl. Durchschrift eines Rundschreibens des Reichsstatthalters an die Regierungspräsidenten und Landräte vom 1.3.1940, in: ebd., Bl. 12–17, hier Bl. 14.
304 Vgl. Rundschreiben des Beauftragten des Reichskommissars für die Festigung deutschen Volkstums in Posen an die Kreisleiter, Landräte und Ansiedlungsstäbe vom 17.5.1944, in: BAL, B 162, Nr. 887, Bl. 181–183, hier Bl. 182 f.

gung stehen. Arbeitslosenunterstützung sollte grundsätzlich nur gezahlt werden, wenn der Unterstützungsempfänger Arbeit leistete.[305]

Die Einsätze polnischer Erwerbsloser in Kolonnen für Aufräumungsarbeiten, Straßenausbesserung, Wehrmachtsarbeiten etc., galten als Notstandsarbeiten (Pflichtarbeiten), für die eine Entschädigung zwischen 20 und 30 Groschen polnischer Währung pro Stunde gezahlt wurde. Bei Bedürftigkeit erhielten die Erwerbslosen zusätzlich Wohlfahrtshilfe.[306]

Die Berichte aus den Landkreisen zeigten, dass die Arbeitseinsatzstellen mit Erfolg arbeiteten. In Wreschen setzte die dortige Arbeitseinsatzstelle Kolonnen von arbeitslosen Polen bei der Hackfruchternte ein und nahm zahlreiche Vermittlungen Erwerbsloser in Arbeitsstellen vor.[307]

Wie kompromisslos bei diesem frühen Arbeitseinsatz von polnischen Kräften vorgegangen wurde, zeigt ein Bericht des Landrates des Kreises Kolmar (Chodziez): »Um die Polen zu etwas intensiverer Arbeit anzuhalten, lasse ich die Arbeitskolonnen der Polen vom Selbstschutz beaufsichtigen. Die Sonntagsarbeit wird ebenfalls durchgeführt mit Hilfe des Selbstschutzes. Am Sonntag, den 8.10.1939, versuchten die Polen in Usch bei der Sonntagsarbeit zu streiken. Der Rädelsführer wurde der Gestapo übergeben und die nötigen Maßnahmen getroffen, um einen ähnlichen Versuch nicht mehr aufkommen zu lassen.«[308] Trotzdem gab es immer wieder Klagen über die angeblich notorisch faulen Polen – eben der stereotype Gegenentwurf zu den »fleißigen« und kreativen Deutschen.[309] Besonders die nicht arbeitenden Jugendlichen waren den Deutschen dabei ein Dorn im Auge. Bereits im Oktober 1939 hatte Himmler besondere Anweisungen zu deren beschleunigten Arbeitseinsatz gegeben.[310] Im Kreis Schrimm (Śrem) war man dementsprechend gegen das »Herumstehen und Herumtreiben von polnischen Halbwüchsigen« vorgegangen. Befriedigt stellte die Gendarmerie fest, dass nun

---

305 Vgl. Rundschreiben des Chefs der Zivilverwaltung, Greiser, an die Landräte und Oberbürgermeister vom 20.9.1939, in: APP, 465, Nr. 228, Bl. 1–2 (Zitat Bl. 1); Lagebericht des Chefs der Zivilverwaltung vom 25.9.1939, in: ebd., 298, Nr. 50, Bl. 27–36, hier Bl. 33; Łuczak, Pod niemieckim jarzmen, S. 147 ff.
306 Vgl. Sonderanordnung des Reichstreuhänders der Arbeit, Arbeitseinsatz, Dr. Mehlhorn, vom 4.10.1939, in: APP, 465, Nr. 228, Bl. 11.
307 Vgl. Durchschrift eines Lageberichts des Landrats Wreschen an den Chef der Zivilverwaltung in Posen vom 16.10.1939, in: ebd., 298, Nr. 27, Bl. 3–4.
308 Vgl. Durchschrift eines Lageberichts des Landrats des Kreises Kolmar an den Chef der Zivilverwaltung vom 16.10.1939, in: ebd., Bl. 2. Zum »Volksdeutschen Selbstschutz« vgl.: Nawrocki, Policja hitlerowska, S. 51 ff.; Jansen/Weckbecker, Selbstschutz; dies., Miliz
309 Vgl. Schatz/Woeldike, Freiheit.
310 Vgl. Niederschrift über die Quartiermeisterbesprechung am 9.10.1939, in: APP, 298, Nr. 47, Bl. 1–2, hier Bl. 1.

alle arbeitsfähigen Polen arbeiteten; falls man Ansammlungen von jugendlichen Polen wahrnehmen sollte, wollte man sofort die nötigen Maßnahmen ergreifen.[311]

Im November normalisierte sich die Situation, die Arbeitsämter begannen mit der systematischen Erfassung der Arbeitskräfte, vor allem der Arbeitslosen, die Arbeitslosenunterstützung erhielten und dafür als Pflichtarbeiter gemeinnützige Arbeit leisteten. Die Zahl der Arbeitslosen nahm mit der Belebung der Wirtschaft kontinuierlich ab.[312] Anfang 1940 rechnete das Landesarbeitsamt damit, dass die von den Arbeitsämtern erfassten Arbeitslosen in absehbarer Zeit gänzlich untergebracht sein würden. Es werde also darauf ankommen, auch diejenigen Personen zu erfassen, die sich bisher dem Zugriff der Arbeitsämter zu entziehen verstanden hätten. Einige Arbeitsämter griffen die »Drückeberger« mit Hilfe von Polizeistreifen auf und vermittelten sie in Pflichtarbeit. Diese Methode sollte nun auf den gesamten Warthegau ausgedehnt werden. Renitenten »Arbeitsverweigerern« drohte die Einweisung in ein Arbeitslager.[313]

Auch in der Folgezeit behielten vielerorts die Behörden die Heranziehung der Polen zu Gemeinschaftsarbeiten bei, nun vor allem für Wegeinstandsetzung, die Reinigung von Gräben usw. Nachdem es unter der arbeitsfähigen polnischen Bevölkerung kaum noch Arbeitslose gab, sollten allgemeine Grundsätze für die Gemeinschaftsarbeiten aufgestellt werden.[314] Wie die Heranziehung der Polen zu unentgeltlichen Gemeinschaftsarbeiten konkret aussah, ergibt sich aus dem Bericht des Amtskommissars in Moosburg (Przedecz), Kreis Leslau (Włocławek). Dort wurden alle männlichen Arbeitslosen herangezogen, durchschnittlich arbeiteten 4.000 Personen fünf Stunden täglich. Minderbemittelte erhielten als Entgelt Brot zugeteilt. Der Amtskommissar in Kowal zog Polen laufend zu Spanndiensten heran. Die Arbeiten, bei denen Baumaterialien aller Art herangeschafft wurden, leisteten die Betroffenen völlig unentgeltlich ab.[315]

Der Regierungspräsident in Posen hielt es nach Beendigung der Hackfruchternte und mit der eintretenden kalten Witterung im November 1940 für wahrscheinlich, dass Arbeitskräfte frei würden, die man nicht sogleich in der freien Wirtschaft unterbrin-

---

311 Vgl. Schreiben des Gendarmeriepostens in Dolzig an den Gendarmeriekreisführer in Schrimm vom 22.4.1940, in: ebd., 1235, Nr. 5, Bl. 79.
312 Vgl. Abschrift eines Berichts über Arbeitseinsatz und Arbeitslosenhilfe für den Monat November 1939 des Arbeitsamts Krotoschin an das Landesarbeitsamt vom 30.11.1939, in: ebd., 457, Nr. 33, Bl. 61–64, hier Bl. 61; Arbeitseinsatz-Bericht des Arbeitsamtes Krotoschin vom 30.11.1939, in: ebd., Bl. 79.
313 Vgl. Rundschreiben Nr. 28 des Landesarbeitsamtes, Kendzia, an sämtliche Arbeitsämter vom 15.2.1940, in: ebd., 465, Nr. 228, Bl. 43.
314 Vgl. Schreiben des Reichsstatthalters an die Regierungspräsidenten in Posen, Hohensalza und Litzmannstadt vom 23.8.1940, in: ebd., Bl. 49–50, hier Bl. 49.
315 Vgl. Schreiben des Landrates des Kreises Leslau an den Regierungspräsidenten in Hohensalza vom 3.10.1940, in: IPN, 62, Nr. 8, Bl. 60. Die Akte belegt, dass die Gemeinschaftsarbeiten sehr unterschiedlich gehandhabt wurden, denn in vielen Kreisen zog die Verwaltung Polen überhaupt nicht zu solchen heran.

gen oder ins Altreich schicken könne. Einzelne Kreise müssten deshalb wohl wieder vorübergehend Pflichtarbeiten einführen.[316] Im Zeichen des wachsenden Bedarfs an Arbeitskräften im Warthegau nahm die Bedeutung der Pflichtarbeit tatsächlich wieder zu. Das Arbeitsamt Łódź rechnete im September 1941 mit einem steigenden Einsatz von Pflichtarbeitern. Behördenintern wechselte die Zuständigkeit für sie von der Abteilung Arbeitslosenhilfe auf die Abteilung Arbeitseinsatz. Dadurch hoffte der Arbeitsamtsleiter für einen restlosen Übergang der Meldepflicht von Arbeitslosen auf die einzelnen Vermittlungsstellen sorgen zu können und die Entlassungen freier Arbeitskräfte wegen Einstellung von Pflichtarbeitern zu vermeiden. Die Zuweisung der Pflichtarbeiter an die Träger der jeweiligen Maßnahme erfolgte durch die einzelnen Vermittlungsstellen. Sie wählten die Pflichtarbeiter aus den Reihen der in der Kartei bereits als Unterstützungsempfänger verzeichneten Arbeitslosen aus.[317]

Arbeit in der Kriegs- und Rüstungswirtschaft

Im Verlauf des Krieges wurde die Kriegs- und Rüstungswirtschaft des Warthegaues enorm ausgedehnt, durch Produktionsanpassungen der vorhandenen Betriebe, vor allem aber durch die Verlagerung reichsdeutscher Firmen nach dort. Der Wandel des ursprünglich als »Korn- und Kartoffelkammer des Reiches« vorgesehenen Warthegaus, brachte die Schließung von Ladengeschäften und Handwerksbetrieben sowie die Stilllegung nicht kriegswichtiger Industrien, vor allem der Textilindustrie in Łódź mit sich.[318]

Es kam zwar auch in anderen Bereichen zu einem Arbeitermangel, allgemein an Facharbeitern[319], speziell im Bauwesen[320], aber auch selbst an Landarbeitern[321]. Das beste Beispiel, um die verfahrene Situation zwischen Deportationen in das Generalgouvernement und Arbeiterabzug in das Altreich darzustellen, bleibt aber die expan-

---

316 Vgl. Rundschreiben des Regierungspräsidenten an die Landräte und den Oberbürgermeister der Gauhauptstadt vom 18.11.1940, in: APP, 468, Nr. 71, Bl. 72.
317 Vgl. Rundschreiben Nr. 93 des Arbeitsamtes Litzmannstadt vom 23.9.1941, in: APLo, 217, Nr. 2, Bl. 4–5.
318 Vgl. Landau/Tomaszewski, Wirtschaftsgeschichte, S. 220 ff.; Röhr, Wirtschaftspolitik, bes. S. 237 ff.; Volkmann, Ideologie, bes. S. 437 f.; Luczak, Wirtschaftspolitik, bes. S. 96 f.
319 Vgl. Bericht über den Bestand des Arbeitseinsatzes im Monat September 1942, in: Arbeitseinsatz, Nr. 11, September 1942, unpag.
320 Vgl. Bekanntmachung des Leiters des Arbeitsamtes Jarotschin vom 26.11.1940, in: APP, 465, Nr. 228, Bl. 63.
321 Der Mangel an Arbeitskräften in der Landwirtschaft war so groß, dass die über 15 Jahre alten Arbeitskräfte ausnahmslos der Landwirtschaft zur Verfügung gestellt werden sollten. Der Bedarf der Forstwirtschaft sollte beispielsweise aus Frauen und schulentlassenen Jugendlichen gedeckt werden. Vgl. Schreiben der Nebenstelle Scharnikau des Arbeitsamtes Kolmar an die Reichsgräfliche Oberförsterei in Goray vom 17.2.1942, in: ebd., 944, Nr. 238, unpag.

dierende Rüstungsindustrie mit ihrer wachsenden Bedeutung für den weiteren Kriegsverlauf.

Noch vor Ende des Jahres 1939 sah das Rüstungskommando in Łódź, die Gefahr der Deportationen und des Abzugs von Arbeitskräften; es habe bereits eine Flut von »wilden Fang-Kommissionen« aus dem Altreich eingesetzt.[322] Bereits zu diesem Zeitpunkt zeichnete sich die Konfliktlinie im Kampf um die knapper werdenden polnischen Arbeitskräfte ab, die sich bis zum Kriegsende durchziehen sollte: Der Widerstreit zwischen den Anforderungen des Reichs nach Arbeitskräften auf der einen Seite und den Interessen der Rüstungswirtschaft bzw. der Rüstungsinspektion im Warthegau auf der anderen Seite. Die expandierende Rüstungsindustrie im Warthegau wehrte sich heftig gegen den Abzug von Arbeitskräften. Die Rüstungsinspektion fühlte sich dabei als die Interessenvertreterin der Firmen und versuchte, die Arbeitsämter für ihre Sicht der Dinge zu gewinnen.[323] Im Februar 1940 bemühte sich die Rüstungsinspektion des Gaues erfolgreich um die Rückholung bereits deportierter polnischer Facharbeiter für die von ihr betreuten Industriebetriebe.[324]

Im März 1940 beabsichtigte das Reichsluftfahrtministerium eine größere Zahl polnischer Facharbeiter aus dem Bezirk Łódź abzuziehen. Gemeinsam mit dem Landesarbeitsamt Posen und dem Arbeitsamt Łódź, versuchte das dortige Rüstungskommando, den Abzug zu verhindern.[325] Zu der entscheidenden Sitzung am 19. März 1940 erschienen neben Oberregierungsrat Walter Letsch vom Reichsarbeitsministerium, Vertreter der Arbeitsämter Łódź und Warschau sowie des Landesarbeitsamtes Posen. Es ging primär um die Frage, in welchem Umfang das Arbeitsamt Łódź in der Lage war, polnische Arbeitskräfte ins Altreich oder in den Warthegau abzugeben. Letsch wies darauf hin, dass im Altreich für vordringliche Fertigungen der Wehrmacht noch 250.000 Metallarbeiter fehlten. Es sollten nur dort Kräfte abgezogen werden, wo sich dies örtlich ohne gravierende Nachteile für die Wirtschaft ermöglichen ließe. Der Vertreter des Rüstungskommandos betonte, ein Verzicht auf die in Łódź vorhandene Rüstungskapazität sei nicht möglich. Deshalb müssten die dort vorhandenen Arbeitskräfte unbedingt verbleiben. Der Vertreter des Arbeitsamtes Łódź hob hervor, dass ein wesentlicher Überschuss an polnischen Metallarbeitern nicht zu verzeichnen sei. Das Reichsarbeits-

---

322 Vgl. KTB des Rüstungskommandos Litzmannstadt für die Zeit vom 26.8.1939–30.12.1939, Zusammenfassung über die Ereignisse in der Zeit vom 19.IX.39 bis 31.XII.39, in: BA-MA, RW 21–39, Nr. 1, Bl. 19–22, hier Bl. 21.
323 Vgl. Anlage 4 zum Bericht der Rüstungsinspektion XXI vom 5.3.1940, in: ebd., RW 20–21, Nr. 13, unpag.
324 Vgl. Anlage 4 zum Bericht der Rüstungsinspektion XXI vom 21.2.1940, in: ebd., unpag.
325 Vgl. KTB des Rüstungskommandos Litzmannstadt für die Zeit vom 4.1. bis 5.8.1940, Woche vom 10.3. mit 16.3.1940, in: ebd., RW 21–39, Nr. 1, Bl. 36.

ministerium verzichtete im Endeffekt darauf, aus dem Bezirk des Arbeitsamtes Łódź Metallarbeiter für das Altreich abzuziehen.[326]

Neben dem stärker in Erscheinung tretenden Arbeitermangel beeinträchtigte vor allem die schlechte Ernährungssituation die Arbeit in der Rüstungswirtschaft. Sie zeichnete sich bereits zum Jahreswechsel 1939 ab und war unter anderem durch das zunehmende Missverhältnis zwischen dem Lohn- und dem Preisniveau bedingt. Die Löhne wurden nach Vorkriegsnormen gezahlt, während sich die Preise für die meisten Waren vervielfachten.[327]

Die Rüstungsinspektion klagte über die sinkende Leistungsfähigkeit der polnischen Arbeitskräfte infolge unzureichender Lebensmittelversorgung. Die Arbeiter seien kaum mehr in der Lage, die geforderten Arbeiten zu erledigen. Beeinträchtigend wirke sich auch die ständige Bedrohung durch Deportationen aus. Unter den beschäftigten Arbeitskräften befänden sich viele, die im Laufe eines Monats viermal umgesiedelt wurden, die völlig mittellos seien und kaum über Bekleidung verfügten. Deshalb forderte die Rüstungsinspektion für die Arbeitskräfte der mit der Fertigung für die Wehrmacht beschäftigten Betriebe Schutz vor Deportationen und eine ausreichende Versorgung mit Lebensmitteln.[328]

Aber die Lage besserte sich kaum, viele Unternehmer beklagten das Absinken der Leistungsfähigkeit der polnischen Arbeiter, bedingt durch die mangelnde Ernährung. Das führte zu einem zunehmenden Krankenstand, Arbeitsausfall usw.[329]

Ähnliche Engpässe gab es in der Versorgung mit Heizmaterial. Die polnischen Arbeitskräfte waren im Dezember 1940 schon seit längerer Zeit ohne jede Hausbrandversorgung, so teilte z. B. die Firma Centra aus Posen mit, dass täglich bis 120 Arbeiter und Arbeiterinnen deswegen nicht zur Arbeit erschienen. In neunzig Prozent der Fälle lagen ärztliche Atteste über Arbeitsunfähigkeit vor. Von anderen Firmen gingen ähnliche Berichte ein.[330]

---

326 Vgl. KTB des Rüstungskommandos Litzmannstadt für die Zeit vom 4.1. bis 5.8.1940, Abschrift einer Niederschrift über eine Sitzung im Arbeitsamt Litzmannstadt am 19.3.1940 von Abteilungsleiter Köllermann, Arbeitsamt Litzmannstadt, in: ebd., Bl. 125; Anlage 4 zum Bericht der Rüstungsinspektion XXI vom 9.4.1940, in: ebd., RW 20–21, Nr. 13, unpag.
327 Vgl. Rüstungswirtschaftlicher Lagebericht für die Zeit vom 20.12.1939–24.1.1940 der Rüstungs-Inspektion Ober-Ost, Generalleutnant Franz Barckhausen, in: BABay, Ost-Dok. 8, Nr. 818, Bl. 9–16, hier Bl. 13; Łuczak, Pod niemieckim jarzmem, S. 167 ff.; Madajczyk, Polityka III Rzeszy, Bd. 2, S. 7 ff.
328 Vgl. Anlage 2 zum Bericht der Rüstungsinspektion XXI vom 14.8.1940, in: BA-MA, RW 20–21, Nr. 13, unpag.
329 Vgl. Meldungen aus dem Reich, Nr. 328 vom 22.10.1942, zit. nach: Boberach, Meldungen, Bd. 11, S. 4354–4365, hier S. 4359.
330 Vgl. Lagebericht für die Zeit vom 1.12.–7.12.1940, in: BA-MA, RW 20–21, Nr. 1, Bl. 177; Lagebericht für die Zeit vom 22.12.–31.12.1940, in: ebd., Bl. 180–182.

Bis Ende 1941 änderte sich an der angespannten Arbeitsmarktsituation wenig: Frei werdende Arbeitskräfte vermittelten die Arbeitsämter sofort in dringliche Fertigungen. Weitere Anforderungen von Arbeitskräften durch die anlaufenden neuen Rüstungsbetriebe konnten nur mit großen Schwierigkeiten befriedigt werden. Auch bei den bisher schon bestehenden Rüstungsbetrieben trat durch Erteilung neuer Aufträge immer weiterer Arbeiterbedarf auf. Die Schwierigkeiten zeigten sich daran, dass die Deutschen Waffen- und Munitionsfabriken versuchsweise 30 Flamen und Holländer einstellten und dass der Firma sogar 147 »Zigeuner« zugewiesen wurden.[331]

Im ersten Halbjahr 1942 verschlechterte sich die Lage auf dem Arbeitsmarkt weiter. Sie war nach Aussagen der Rüstungsinspektion XXI durch einen Mangel an deutschen Fach- und Führungskräften in der Rüstungswirtschaft gekennzeichnet. Trotz des durch Betriebs- und Auftragsverlagerungen ständig steigenden Bedarfs, fanden nach wie vor Abzüge von polnischen Arbeitskräften ins Altreich statt: »Die Zentralstellen glauben, der Warthegau habe unerschöpfliche Reserven, und scheinen sich keine Gedanken darüber zu machen, dass man nicht gleichzeitig Arbeitskräfte wegnehmen und eine neue Industrie, für welche man zahlreiche Arbeitskräfte braucht, im Gau aufbauen kann.« Die trostlose Lage auf dem Arbeitsmarkt zeigte sich auch darin, dass die zuständigen Arbeitsämter einem im Aufbau befindlichen feinmechanischen Rüstungsbetrieb 100 polnische Arbeiterinnen und der Reichsbahn 1.500 dringend benötigte Arbeitskräfte nicht mehr zuweisen konnten. Erschwert wurde die Situation noch dadurch, dass vollwertige Arbeitskräfte an das Altreich abgegeben wurden und überwiegend Alte, Kranke, körperlich Behinderte, Ehefrauen mit Kindern usw. zurückblieben. Und selbst diese wurden durch weitere Auskämmungen der Arbeitsämter abermals herausgeholt. Reichsfirmen, die neue Betriebe im Warthegau einrichten wollen, schulten mit Billigung des Landesarbeitsarbeitsamtes häufig polnische Kräfte im Altreich und behielten sie dann dort – unter Bruch der Vereinbarungen.[332] Im Juni 1942 setzten erneut Deportationen polnischer Rüstungsarbeiter ein, die das Rüstungskommando Litzmannstadt zu Interventionen veranlassten. Allerdings konnten nur vereinzelt wichtige Arbeitskräfte geschützt werden.[333]

Der Leiter der Elektrotechnischen Werke AG in Żychlin berichtete dem Rüstungsinspekteur über die Behandlung der polnischen Mitarbeiter, von denen es 487 gab, bei einem Gesamtpersonal von 549 Personen. Er verwahrte sich mit dem Argument der notwendigen Produktionssteigerung gegen äußere Eingriffe, die den Arbeitsablauf

---

331 Vgl. Bericht der Rüstungsinspektion über die wehrwirtschaftliche Lage im Monat November 1941 vom 12.12.1941, in: ebd., Nr. 15, unpag.
332 Vgl. Geschichte des Kriegseinsatzes der Rüstungsinspektion des Wehrkreises XXI, Teil III vom 1. Januar 1942 bis zum 31. März 1942, in: ebd., Nr. 12, S. 13 ff. (Zitat S. 13).
333 Vgl. KTB des Rüstungskommandos Litzmannstadt für die Zeit vom 1.1.1942–30.6.1942, in: ebd., RW 21–39, Nr. 3, hier Bl. 9.

störten. Dies habe zu erheblichen Differenzen mit den örtlichen Behörden geführt, »die gegenüber der arbeitsrechtlichen die politische Behandlung der Polen in den Vordergrund stellen«. Damit meinte er die Beschlagnahme von Möbeln, Fahrrädern und Lebensmittelvorräten, aber auch die Tatsache, dass Arbeiter von der Polizei geschlagen wurden. Hinzu kam, dass die den polnischen Arbeitern zugeteilten Lebensmittel nicht ausreichend waren. Er forderte – selbst auf die Gefahr hin, als »Polenfreund« bezeichnet zu werden – eine Verbesserung der Lebensumstände seiner polnischen Arbeiter.[334]

Kendzia wies – basierend auf einem Erlass des Generalbevollmächtigten für den Arbeitseinsatz – im Oktober 1942 die Arbeitsämter mit allem Nachdruck an, sich zunächst auf die Vermittlung von Arbeitskräften für »kriegs- und lebenswichtige Aufgaben« zu konzentrieren. Dazu zählten vor allem die Rüstungswirtschaft, die Landwirtschaft, die lebensnotwendigen Bedarfsgüter sowie kriegsentscheidende Baumassnahmen. Bevor der Bedarf für diese Aufgaben nicht restlos gedeckt sei, dürften Arbeitskräfte für andere Fertigungen und Aufgaben nicht zugewiesen bzw. sollten aus Betrieben mit weniger wichtiger Fertigung abgezogen werden. Die Arbeitsämter hatten nach Deckung dieses vordringlichen Bedarfs in ihrem eigenen Bezirk überschüssige Arbeitskräfte anderen Bezirken im Warthegau, die unter Mangel an Arbeitskräften für wichtige Fertigungen litten, zur Verfügung zu stellen.[335] Das Arbeitsamt Łódź wollte dementsprechend die gesamte Fluktuation auf dem Arbeitsmarkt so lenken, dass die freiwerdenden Kräfte den kriegs- und lebenswichtigen Aufgaben zuflossen. Zur Deckung des vordringlichen Bedarfs waren gegebenenfalls Kräfte aus Betrieben mit weniger wichtiger Fertigung umzusetzen.[336] Auf der anderen Seite übersandte das Arbeitsamt Listen der »Schonbetriebe« an die Auskämmkommissionen. Bei diesen Betrieben war grundsätzlich von einem Abzug von Arbeitskräften abzusehen.[337]

Immerhin gelangen dem Rüstungskommando kleine Erfolge. So konnte man für das erste Quartal 1943 berichten, dass in Kooperation mit der Umwandererzentralstelle

---

334 Vgl. Schreiben der Elektrotechnischen Werke AG, Werk Zychlin, an den Rüstungsinspekteur des Wehrkreises XXI, Oberst Lebsanft, vom 15.9.1941, zit. nach: Doc. Occ., Bd. XIII, Dok. VII-8, S. 245–249 (Zitat S. 245). Aber nicht alle Firmen kümmerten sich in dieser Form um ihre Mitarbeiter. Bei den Deutschen Waffen- und Munitionsfabriken in Posen wurde für die polnischen Arbeiter die Prügelstrafe bei Betriebsunfällen eingeführt. Vgl. Bericht über die Tagung der Reichstreuhänder der Arbeit der Ostgebiete in Posen am 9.10.1941 vom 10.10.1941, in: IZP, IZ Dok. I-78, S. 6.
335 Vgl. Runderlass Nr. 5/42 der Abteilung Arbeit beim Reichsstatthalter im Warthegau, Kendzia, an die Leiter der Arbeitsämter im Bezirk vom 10.10.1942, in: APLo, 217, Nr. 6, Bl. 14; Rundschreiben des Regierungspräsidenten in Posen an den Oberbürgermeister der Gauhauptstadt Posen und die Landräte im Bezirk vom 21.10.1942, in: APP, 465, Nr. 229, Bl. 45.
336 Vgl. Auswertungs-Verfügung des Arbeitsamtes Litzmannstadt vom 20.10.1942, in: APLo, 217, Nr. 6, Bl. 12–13, hier Bl. 12.
337 Vgl. Schreiben des Arbeitsamtes Litzmannstadt an die Auskämmkommission und die Nebenstellen vom 2.3.1943, in: ebd., Bl. 57.

sowie durch schnelleres Eingreifen in dringenden Fällen, eine Deportation von polnischen Rüstungsarbeitern vermieden werden konnte.[338]

Das Gerangel um die knapper werdenden Arbeitskräfte verschärfte sich auch innerhalb des Gaues. Im August 1943 forderte die Rüstungsinspektion XXI Posen in Łódź 20 Arbeitskräfte für die Deutschen Waffen- und Munitionsfabriken Posen an, die das dortige Rüstungskommando rekrutieren und nach Posen abstellen sollte. Das Arbeitsamt sprach sich dabei gegen einen Abzug nach außerhalb aus.[339]

Den Anforderungen aus dem Altreich konnten sich die Arbeitsämter des Warthegaues trotz allem nicht entziehen. Der stellvertretende Leiter des Arbeitsamtes Łódź, Werner Storch, musste gegenüber den bohrenden Fragen des dortigen Rüstungskommandos einräumen, dass trotz des Kräftemangels noch laufend Arbeitskräfte auf Anforderung durch das Arbeitsamt dem Altreich zur Verfügung gestellt wurden. Bei den Militärs entstand der Eindruck, dass »das Arbeitsamt bei erforderlichem Pflichtbewusstsein und Verantwortungsgefühl seiner Leiter« durchaus in der Lage sei, den Kräftebedarf der Wehrmachtsbetriebe durch Zuweisung von Arbeitern aus der Textilindustrie zu decken. Hierzu sah sich der Leiter des Arbeitsamtes »bedauerlicherweise nicht in der Lage, weil er sich seiner vorgesetzten Dienststelle gegenüber nicht widersetzen« wollte.[340] An diesem Zustand änderte sich in der Folgezeit wenig. Der Mangel an Facharbeitern konnte durch die Arbeitsämter auch durch ein vereinfachtes Zuweisungsverfahren nicht behoben werden. Aus den Stammwerken des Altreiches kamen nur wenige Arbeitskräfte in die in den Warthegau verlagerten Betriebe, und die Rekrutierung von Anlernkräften für die Ausbildungswerkstätten zeitigte ebenfalls nur mäßige Erfolge, da von 1.000 Plätzen nur 537 durch Zuweisungen des Arbeitsamtes Łódź besetzt werden konnten. Trotzdem zog das Arbeitsamt nach wie vor Arbeitskräfte aus den Betrieben heraus und transportierte sie in das Altreich.[341]

Im September 1943 startete eine erneute Aktion zur Auskämmung des zivilen Sektors (AZS-Aktion). Am 20. September fand dazu eine Besprechung beim Arbeitsamt

---

338 Vgl. KTB des Rüstungskommandos Litzmannstadt für die Zeit vom 1.1.–31.3.1943, Überblick über die wesentlichen Probleme, ihre Entwicklung und Lösung, in: BA-MA, RW 21–39, Nr. 5, Bl. 30–32, hier Bl. 31.

339 Vgl. KTB des Rüstungskommandos Litzmannstadt für die Zeit vom 1.7.–30.9.1943, Eintrag vom 3.8.1943, in: ebd., Bl. 4 RS. Dieses Vorgehen kam häufiger vor. Im Februar 1944 sollten 25 Schlosser, sechs Dreher und fünf Fräser aus Łódź an die DWM abgestellt werden. Vgl. KTB des Rüstungskommandos Litzmannstadt des Reichsministers für Rüstung und Kriegsproduktion für die Zeit vom 1. Januar 1944 bis 31. März 1944, Eintrag vom 7.2.1944, in: ebd., Nr. 6, Bl. 4 RS.

340 Vgl. KTB des Rüstungskommandos Litzmannstadt für die Zeit vom 1.7.–30.9.1943, Abschrift eines Aktenvermerks über die Sitzung am 26.8.1943 von Dr. Eifrig vom 27.8.1943, in: ebd., Nr. 5, Bl. 19–20 RS (Zitate Bl. 20 VS und RS).

341 Vgl. KTB des Rüstungskommandos Litzmannstadt für die Zeit vom 1.7.–30.9.1943, Überblick über die wesentlichen Probleme, ihre Entwicklung und Lösung, in: ebd., Bl. 7–9 RS.

Posen statt, bei der die Entscheidung, welche Betriebe Arbeitskräfte zu dieser AZS-Aktion abgeben mussten und in welcher Anzahl, auf die Fachgruppen delegiert wurde.[342] Durch die Aktion sollten im Warthegau insgesamt 27.000 Arbeitskräfte zunächst für die Rüstungsbetriebe des Warthegaues und danach des Altreiches gewonnen werden. Dadurch, dass die Wirtschafts- und Fachgruppen allein entscheiden konnten, war der Schutz der Firmen mit Wehrmachtfertigung für die Rüstungsinspektion schwieriger geworden. Teilweise wurden auch diese Betriebe »ausgekämmt«. Immerhin konnte die vorgesetzte Dienststelle – das Wehrwirtschafts- und Rüstungsamt – eine Reihe Firmen durch besondere Anordnung vor einem Eingriff schützen.[343] Die Zahl der aufzubringenden Arbeitskräfte wurde später auf 24.000 gesenkt, von ihnen sollten 10.000 für einen Arbeitseinsatz im Altreich zur Verfügung gestellt werden. Als Beispiel für eine erfolgreiche Kooperation galt dem Rüstungskommando Posen der Fall der dortigen Deutschen Waffen- und Munitionsfabriken, die für vordringliche Fertigung der 30-mm-Maschinenkanone MK 108 einen dringenden Arbeitskräftebedarf von 113 Facharbeitern und 130 Ungelernten anmeldeten. In Zusammenarbeit des Rüstungskommandos mit dem Arbeitsamt Posen bestimmte man die Firmen, die Arbeitskräfte abzugeben hatten. Zwei Kommissionen nahmen sofort die Arbeit auf, und bereits am nächsten Tag war ein Teil der Angeforderten bei der Firma tätig.[344]

Demgegenüber beklagte sich das Rüstungskommando Litzmannstadt sehr heftig über die vom dortigen Arbeitsamt geübte Praxis, »in rücksichtsloser und sinnloser Weise Arbeitskräfte aus den hiesigen Betrieben zum Abtransport ins Altreich« herauszuholen. Es handelte sich um Betriebe, die zwar vom Landwirtschaftsamt betreut werden, aber zum Teil einen hohen Prozentsatz von Wehrmachtaufträgen hatten. Auch energische Interventionen beim Arbeitsamt änderten daran nichts, da sich dieses auf eine Anordnung des Landesarbeitsamtes zurückzog. Kendzia war eine Woche zuvor in Łódź gewesen und hatte diese Anweisungen, über die das Rüstungskommando nicht informiert wurde, direkt erteilt: »Von einer fruchtbaren Zusammenarbeit zwischen Landesarbeitsamt und Rüstungsdienststellen kann nach diesen Vorkommnissen kaum mehr gesprochen werden.«[345]

---

342 Vgl. KTB des Rüstungskommandos Posen für die Zeit vom 1. Juli 1943 bis 30. September 1943, Eintrag vom 20.9.1943, in: ebd., RW 21–49, Nr. 4, Bl. 8.
343 Vgl. KTB der Rüstungsinspektion XXI des Reichsministers für Bewaffnung und Kriegsproduktion für die Zeit vom 1. Juli bis 30. September 1943, Rüstungswirtschaftliche Entwicklung im III. Vierteljahr, in: ebd., RW 20–21, Nr. 6, Bl. 25–26, hier Bl. 26.
344 Vgl. KTB des Rüstungskommandos Posen für die Zeit vom 1. Juli 1943 bis 30. September 1943, Überblick über die wesentlichen Probleme, ihre Entwicklung und Lösung, in: ebd., RW 21–49, Nr. 4, Bl. 10–11, hier Bl. 11.
345 Vgl. KTB des Rüstungskommandos Litzmannstadt für die Zeit vom 1.10.–31.12.1943, Aktenvermerk des Rüstungskommandos, Oberstleutnant Schlee, für die Rüstungsinspektion XXI Posen vom 12.10.1943, in: ebd., RW 21–39, Nr. 5, Bl. 67–68 (Zitate Bl. 67 VS und RS).

Die AZS-Aktion erreichte im dritten Quartal 1943 ihren Höhepunkt und Abschluss. Im Bereich des Rüstungskommandos Litzmannstadt konnten 14.380 Arbeitskräfte umgesetzt werden, davon mussten allerdings 5.914 in das Altreich und 501 in den Arbeitsamtsbezirk Posen abgegeben werden.[346]

Wie dramatisch die Arbeitskräftesituation im Warthegau war, zeigte sich daran, dass ab Ende 1943 erstmalig 3.200 Jugendliche im Alter von zwölf bis dreizehn Jahren eingesetzt wurden. Da sie nicht unmittelbar in der Rüstungsindustrie arbeiten konnten, wurde ein Ringtausch mit anderen Arbeitskräften vorgenommen.[347] Und auch die Umsetzungen gingen zurück und betrugen im Januar und Februar 1944 nur noch 284 Arbeitskräfte. Die in den beiden Jahren zuvor von der Arbeitseinsatzverwaltung »ausgekämmten« Betriebe verfügten einfach nur noch über verhältnismäßig wenige volleinsatzfähige und ausgleichsfähige Mitarbeiter.[348] Die vom Wehrwirtschafts- und Rüstungsamt befohlenen Umsetzungen hatten nach einem halben Jahr bei weitem nicht die von den Rüstungsbetrieben benötigte Zahl an Arbeitskräften erbracht. Umso mehr muss es verwundern, dass der Präsident des Gauarbeitsamtes, Kendzia, auf einer Sitzung am 17. März 1944 vollmundig erklärte, er werde bis zum 30. Juni für die Rüstungsindustrie 20.000 Arbeitskräfte aufbringen, und zwar ohne die befohlenen Umsetzungen.[349] Kendzia versuchte dieses Versprechen durch eine – im Einvernehmen mit dem Gauleiter – angeordnete Erfassungsaktion aller polnischen Arbeitskräfte der Jahrgänge 1920 bis 1927 zu erfüllen.[350]

Unter dem Eindruck des unaufhaltsamen Vorrückens der Roten Armee wurden im Warthegau die Abwehrmaßnahmen verstärkt. Hierzu zählten in erster Linie Schanzarbeiten. Ein Erlaß des Reichsstatthalters in seiner Funktion als Reichsverteidigungskommissar vom 30. Juli 1944 regelte die Verpflichtungen zum »kurzfristigen Notdienst«. Die dafür verpflichteten Personen hatten sich mit Arbeitskleidung, Spaten, Schaufel oder Spitzhacke sowie Marschverpflegung für drei Tage und Lebensmittelkarten zu melden. Sie unterlagen den Kriegsgesetzen und wurden, falls sie sich nicht meldeten, nach die-

---

346 Vgl. KTB des Rüstungskommandos Litzmannstadt für die Zeit vom 1.10.–31.12.1943, Überblick über die wesentlichen Probleme, ihre Entwicklung und Lösung, in: ebd., Bl. 61–63, hier Bl. 62 RS.
347 Vgl. KTB der Rüstungsinspektion XXI des Reichsministers für Rüstung und Kriegsproduktion für die Zeit vom 1. Januar bis 31. März 1944, Eintrag vom 1.1.1944, in: ebd., RW 20–21, Nr. 8, Bl. 4.
348 Vgl. KTB der Rüstungsinspektion XXI des Reichsministers für Rüstung und Kriegsproduktion für die Zeit vom 1. Januar bis 31. März 1944, Eintrag vom 28.2.1944, in: ebd., Bl. 8.
349 Vgl. KTB der Rüstungsinspektion XXI des Reichsministers für Rüstung und Kriegsproduktion für die Zeit vom 1. Januar bis 31. März 1944, Eintrag vom 17.3.1944, in: ebd., Bl. 10.
350 Vgl. SD-Berichte zu Inlandfragen vom 11.4.1944 (Weiße Serie), zit. nach: Boberach, Meldungen, Bd. 16, S. 6476–6481, hier S. 6478.

sen bestraft.³⁵¹ Spätestens im Herbst 1944 stand dann der Abzug von Arbeitskräften aus Wirtschaft und Verwaltung zu den Schanzarbeiten mit etwa 300.000 Personen im Vordergrund. Die Umsetzungsaktionen in die Rüstungsindustrie wurden fast ganz aufgegeben, alle freien Kräfte bei Schanzmaßnahmen eingesetzt.³⁵² Selbst polnische Frauen und Kinder im Alter von 12 bis 14 Jahren wurden in Moschin im Kreise Schrimm in diesem Rahmen für besondere Arbeiten wie dem Anbringen von Tarnungen usw. in Kooperation mit dem Arbeitsamt eingesetzt.³⁵³

Kontrolle des Arbeitsmarktes und der Löhne

Die Arbeitsämter bemühten sich, ihren Monopolanspruch auf die Regulierung des Arbeitsmarktes und der Arbeitsbeziehungen durchzusetzen. Vor allem sollte die Einstellung von Arbeitskräften der vorherigen Zustimmung des Arbeitsamtes bedürfen. Aber selbst öffentliche Behörden und Dienststellen hielten sich nicht immer an diese Forderung. Dadurch sahen die Arbeitsämter den planmäßigen Arbeitseinsatz empfindlich gestört.³⁵⁴

Greiser ordnete Anfang Oktober 1939 an, dass alle Entlassungen von Arbeitskräften der vorherigen schriftlichen Genehmigung der zuständigen Arbeitseinsatzstelle bedurften. Ohne diese vorherige schriftliche Zustimmung durfte niemand seinen Arbeitsplatz verlassen, genauso war es verboten, ohne vorherige schriftliche Zustimmung aus dem Bezirk der Arbeitseinsatzstelle abzuwandern, um außerhalb des Bezirks ein Arbeitsverhältnis einzugehen. Zuwiderhandlungen wurden strengstens bestraft.³⁵⁵

Immer wieder versuchten die Arbeitsämter, einen Überblick über die Arbeitskräftesituation in ihrem jeweiligen Bezirk zu bekommen. Ziel war es, »jede Arbeitskraft, sei es im Warthegau, sei es im Altreich, nutzbringend anzusetzen«.³⁵⁶

---

351 Vgl. Heranziehungsbescheid zum kurzfristigen Notdienst des Amtskommissars des Amtsbezirks Löwenstadt-Stadt für Jan Bartczak vom 16.8.1944, in: APLo, 201, Nr. 85, Bl. 73.
352 Vgl. Durchschrift eines Schreibens des Wehrwirtschaftsoffiziers des Wehrkreiskommandos XXI an das OKW, Feldwirtschaftsamt, vom 10.10.1944, in: BA-MA, RW 46, Nr. 484, unpag.
353 Vgl. Schreiben des SS-Führungsstabes VI/1 Moschin an die Kreisleitung der NSDAP Schrimm und an das Arbeitsamt Schrimm vom 3.12.1944, in: APP, 465, Nr. 198, Bl. 63; Durchschrift eines Schreibens des Kreisleiters in Schrimm an das Arbeitsamt in Jarotschin vom 6.12.1944, in: ebd., Bl. 60; Madajczyk, Okkupationspolitik, S. 220f.
354 Vgl. Abschrift eines Schreibens des Arbeitsamtes Jarotschin an den Landrat des Kreises Schrimm vom 22.11.1939, in: APP, 465, Nr. 228, Bl. 25.
355 Vgl. Bekanntmachung des CdZ, Greiser, betr. Arbeitseinsatz vom 9.10.1939, in: ebd., Bl. 12; Anordnung Nr. 42, Bekanntmachung betr. Arbeitseinsatz vom 10.10.1939, in: Verordnungsblatt, Nr. 4 vom 21.10.1939, S. 34.
356 Vgl. Schreiben des Arbeitsamtes Jarotschin an das Kreisbauamt Schrimm vom 20.4.1940, in: APP, 465, Nr. 228, Bl. 45 (Zitat ebd.).

Der Reichsstatthalter ordnete – offensichtlich auf Vorschlag des Treuhänders der Arbeit Kendzia – am 12. Oktober 1939 an, dass jeder erwerbstätige Einwohner der Stadt Posen ab sofort ständig eine deutschsprachige Beschäftigungsbescheinigung seines Arbeitgebers bei sich zu führen hatte. Alle Arbeitslosen hatten sich sofort bei der zuständigen Arbeitseinsatzstelle zur Arbeitsvermittlung anzumelden und sich als Ausweis eine Meldekarte ausstellen zu lassen. Zuwiderhandlungen gegen diese Anordnung sollten strengste Bestrafung zur Folge haben.[357]

Recht früh gab es Vorschläge, analog zum Altreich, auch im Warthegau das Arbeitsbuch einzuführen, um eine bessere Kontrolle der Arbeitskräfte zu gewährleisten. Das Arbeitsamt Krotoschin hielt es im Dezember 1939 – entgegen der Auffassung des Landesarbeitsamtes – für erwägenswert das Arbeitsbuch einzuführen, um auch gerade diejenigen Arbeitskräfte zu erfassen, die sich bisher auf jede Art dem Zugriff durch das Arbeitsamt hätten entziehen können.[358]

Trotzdem verzichtete die politische Führung im Warthegau zunächst auf die Einführung des Arbeitsbuches und setzte an seine Stelle die Beschäftigungskarte, die jeder Arbeitende mit sich zu führen hatte. Beim Ausscheiden aus einer Beschäftigung bzw. beim Antritt eines neuen Arbeitsverhältnisses musste die Beschäftigungskarte dem Arbeitsamt zur Eintragung des Sichtvermerks vorgelegt werden. Dabei wurde die im Arbeitsamt vorhandene Karteikarte, die in Inhalt und Form der Arbeitskarte entsprach, aktualisiert. Mit der Einführung des Arbeitsbuches am 1. Oktober 1941 an Stelle der Beschäftigungskarte erhoffte sich die Arbeitsverwaltung eine noch bessere Kontrolle und Lenkung der Arbeitskräfte zu erreichen.[359]

Das Arbeitsbuch sollte »die zweckentsprechende Verteilung der Arbeitskräfte in der deutschen Wirtschaft gewährleisten«. Es war ein amtlicher Ausweis über die Berufsausbildung und den beruflichen Werdegang des Arbeitsbuchinhabers und diente als technisches Hilfsmittel »für einen nach staatspolitischen Gesichtspunkten ausgerichteten planmäßigen Arbeitseinsatz«.[360]

---

357 Vgl. Rundschreiben der Abteilung Arbeitseinsatz des Treuhänders der Arbeit, Kendzia, an die Leiter der Arbeitseinsatzstellen vom 22.10.1939, in: ebd., 298, Nr. 66, Bl. 29. Die Meldekontrolle wurde im Arbeitsamt Łódź mit Hilfe von Stempelmaschinen und einer monatlich wechselnden Buchstabenkombination vorgenommen. Vgl. Rundschreiben des Arbeitsamtes Litzmannstadt, Abteilung Arbeitseinsatz, Nr. 107 vom 30.10.1941, in: APLo, 217, Nr. 2, Bl. 18.
358 Vgl. Bericht über Arbeitseinsatz und Arbeitslosenhilfe für den Monat Dezember 1939 des Arbeitsamtes Krotoschin an das Arbeitsamt in Jarotschin vom 4.1.1940, in: APP, 457, Nr. 33, Bl. 133–135, hier Bl. 134.
359 Vgl. Fuhrmann, Arbeitseinsatz, S. 34; Zweite Verordnung über den Arbeitseinsatz in den eingegliederten Ostgebieten vom 17.9.1941, in: RGBl. T. I 1941, Nr. 111 vom 2.10.1941, S. 594–596, hier S. 596.
360 Vgl. Dienstanweisung des Landesarbeitsamtes Wartheland zur Durchführung der Arbeitsbuchaufgaben (Nur für den inneren Dienst), o.Dat. (1941), in: APLo, 217, Nr. 17 (Zitate S. 5).

Ab dem Juni 1943 verzeichneten die Arbeitsämter auch wegen Arbeitsvertragsbruchs getroffene Maßnahmen auf den Arbeitsbuchkarten.[361] Ab dem 1. Dezember 1943 drohten Arbeitgebern, die Arbeitskräfte ohne Arbeitsbuch beschäftigten, Geld- oder Haftstrafen.[362]

Im Warthegau traten sehr bald Verordnungen des Reichstreuhänders für den öffentlichen Dienst in Kraft. In der vom 19. Dezember 1939 datierten war z. B. festgelegt, den im öffentlichen Dienst beschäftigten Polen lediglich 70 bis 80 Prozent der tariflichen Vergütung unter Abzug von 10 Prozent Steuern und Sozialleistungen zu zahlen. Eine andere vom 19. Mai 1940 sah für die in Privatbetrieben beschäftigten Polen eine Entlohnung in Höhe von 80 Prozent des eigentlichen Tarifsatzes vor. Mitte 1940 wandelte man die bisherigen Abzüge in eine »Sozialausgleichsabgabe« um. Auf Vorschlag des Obmannes der Deutschen Arbeitsfront des Warthegaus, Albert Derichsweiler, erließ Greiser im Dezember 1941 die Verfügung, den Polen unabhängig von dieser Steuer die Bruttovergütung um 20 Prozent herabzusetzen und erst von da an alle weiteren Abzüge zu berechnen. Bei hoher Arbeitsleistung war der Unternehmer berechtigt, nur 15 oder zehn Prozent abzuziehen und mit Zustimmung des Arbeitsamtes sogar den vollen Tariflohn zu zahlen. Die speziellen Abzüge sowie die Nichtzuerkennung einzelner Zuschläge trugen dazu bei, dass die Schere zwischen den Nettolöhnen der polnischen und der deutschen Arbeiter, verglichen mit ihrem Bruttoverdienst, noch weiter auseinanderklaffte. So erreichten im Juli 1942 die Nettolöhne der polnischen Bauarbeiter im Warthegau nur 57 Prozent der jeweiligen deutschen Einkünfte. Die Angestelltengehälter beliefen sich im Warthegau auf 46 bis 54 Prozent der deutschen Beamtenbezüge.[363]

Mit Wirkung vom 1. Juli 1940 wurde der bei den Polen einzubehaltende Lohn- und Gehaltsanteil von 20 auf 15 Prozent gesenkt, allerdings die Berechnungsgrundlage geändert. Nun erfolgte der »Polenabzug« nicht mehr bevor, sondern nachdem die übrigen Steuern und Sozialabgaben vom Bruttolohn abgezogen worden waren.[364]

In der Reichsstatthalterei war man über die Tendenz hin zu nominell gleichen Tarifen für deutsche und polnische Beschäftigte erbost. Der »Polenabzug« bilde keinen

---

Mit der Einführung des Arbeitsbuchs war – so ein Mitarbeiter der Abteilung Arbeit – »eine weitere wesentliche Voraussetzung für einen planmäßigen Einsatz der Arbeitskräfte im Gaugebiet geschaffen«. Regierungsrat Diez, Warthegau, S. 5.

361 Vgl. Rundschreiben Nr. 286 des Arbeitsamtes Litzmannstadt vom 2.6.1943, in: ebd., Nr. 3, Bl. 12–13, hier Bl. 12.
362 Vgl. Verordnung zur Arbeitsbuchpflicht der Arbeiter und Angestellten im Reichsgau Wartheland vom 18.11.1943, in: Amtliche Mitteilungen, 4 (1943) 23 vom 15.12.1943, S. 302; Bekanntmachung über die Verordnung zur Arbeitsbuchpflicht der Arbeiter und Angestellten im Reichsgau Wartheland vom 15.12.1943, in: ebd., Nr. 24 vom 31.12.1943, S. 309.
363 Vgl. Madajczyk, Okkupationspolitik, S. 263 ff.
364 Vgl. Neuregelung des Polenabzuges, in: Amtliche Mitteilungen, 1 (1940) 7 vom 1.7.1940, S. 102.

adäquaten Ausgleich, da deutsche Arbeitskräfte wesentlich mehr Ausgaben für das Organisationsleben aufzubringen hätten.[365] Ab dem 1. August 1940 hatten die polnischen Arbeitskräfte eine »Sozialausgleichsabgabe« in Höhe von 15 Prozent als Zuschlag zur Einkommensteuer zu entrichten. Mit der Ersten Durchführungsverordnung vom 10. August 1940 wurden die landwirtschaftlichen Arbeitskräfte von der Zahlung der Abgabe befreit.[366]

Die »Anordnung über die arbeitsrechtliche Behandlung der polnischen Beschäftigten« vom 5. Oktober 1941 hatte Polinnen und Polen bereits aus einer ganzen Reihe von sozialen Versorgungsleistungen ausgeschlossen. So gab es für sie z. B. keine Lohnfortzahlung im Krankheitsfalle, soweit es sich nicht um einen »unverschuldeten Betriebsunfall« handelte. Auf einer Tagung der Reichstreuhänder der Arbeit am 9. Oktober 1941 bemängelte Kendzia, die Anordnung sei noch zu milde. Greiser erklärte daraufhin die Reichsanordnung für ungültig im Gebiet des Reichsgaus Wartheland.[367]

Die Bestimmungen des Reichsarbeitsministers, die zwar vielfältiges Sonderrecht für Polen schufen, jedoch andererseits – wenn auch in stark verwässerter Form – am Prinzip des gleichen Lohns für gleiche Arbeit festhielten, passten den Verwaltungschefs der eingegliederten Ostgebiete nicht in ihr Konzept des »Volkstumskampfes«. Die Behörde des Reichsstatthalters klagte schon vor Erlass der reichsrechtlichen Regelungen darüber, wie falsch die Politik des gleichen Lohns und der Gleichstellung der Polen in den Tarifordnungen für die einzelnen Berufsgruppen seien, da die polnischen Kräfte schlechte Disziplin und Leistungen – angeblich nur ca. 40 bis 60 Prozent der Arbeitsleistung von deutschen Kräften – zeigten und gezielt langsam arbeiteten; eine Behauptung, die im offenen Gegensatz zu den Erfahrungen in allen anderen Ostgebieten stand. Dementsprechend stieß das Prinzip des grundsätzlich gleichen (Netto-) Lohnes für Deutsche und Polen in der Anordnung des Reichsarbeitsministers vom 5. Oktober 1941 im Warthegau auf lebhaften Widerspruch. Greiser lehnte die Gewährung gleicher Tarife für Polen ab. Man müsse, so hieß es aus Posen weiter, gerade wegen der »Volkstumsfrage« ein nach Arbeitsleistung gestaffeltes Akkordsystem einführen, den Urlaubsanspruch streichen und, falls die Arbeitsverwaltung Einspruch erhebe, die Partei in Anspruch nehmen, um diesen Plan durchzusetzen.[368]

---

365 Vgl. Bericht der Abteilung I/50 an den Reichsstatthalter in Posen vom 30.7.1941, in: BAB, R 138 II, Nr. 2, Bl. 27–44, hier Bl. 29.
366 Vgl. Verordnung über die Erhebung einer Sozialausgleichsabgabe vom 5.8.1940, in: Amtliche Mitteilungen, 1 (1940) 10/11 vom 15.8./1.9.1940, S. 184–185; Erste Verordnung zur Durchführung der Verordnung über die Erhebung einer Sozialausgleichsabgabe vom 10.8.1940, in: ebd., S. 185–186.
367 Vgl. Bericht über die Tagung der Reichstreuhänder der Arbeit der Ostgebiete in Posen am 9. Oktober 1941 vom 10. Oktober 1941, in: IZP, IZ Dok. I-78; Michael G. Esch, »Gesunde Verhältnisse«, S. 335 f.
368 Vgl. Majer, »Fremdvölkische«, S. 408 f.

Seit dem 15. Februar 1942 wurde polnischen Arbeitskräften ein Zuschlag von zehn Prozent für Mehrarbeit über 60 Stunden gezahlt sowie von 20 Prozent bei Nacht- und Sonntagsarbeit. Der Lohn lag grundsätzlich bei 80 Prozent des Tariflohnes, bei überdurchschnittlichen Leistungen bei bis zu 90 Prozent und bei höchstqualifizierten überdurchschnittlichen Arbeitsleistungen bekamen Polen einen Lohn wie Deutsche, aber nur mit Zustimmung des Arbeitsamtes. Bestimmungen über den Urlaub fanden bis zur Beendigung des Krieges auf polnische Beschäftigte keine Anwendung.[369]

Um die polnische Arbeiterschaft im Warthegau zu spalten, ließ sich die politische Führung um Greiser etwas Besonderes einfallen: Man wollte eine neue »Elite« polnischer Arbeiter kreieren und ihnen Vergünstigungen gegenüber der breiten Masse der Arbeiter gewähren. Natürlich geschah dies mit dem Hintergedanken, sich so auch ihre Loyalität sichern zu können. Im Herbst 1942 gab es Diskussionen um die Gründung eines »Verbandes der Schutzbefohlenen« oder eines »Verbandes der Leistungspolen«. Man entschied sich, wohl um die Notwendigkeit einer aktiven Haltung interessierter Polen hervorzuheben, für die zweite Variante. Am 25. Oktober 1942 gab Greiser die Gründung des »Verbandes für Leistungspolen« bekannt. Man gewährte ihnen zunächst sechs Tage Urlaub und ab 6. September 1943 weitere Erleichterungen wie die Beibehaltung der Wohnung und ein Gehalt sowie Lebensmittelrationen wie den »Deutschstämmigen«, ferner Vorrang in Geschäften vor anderen Polen und Erleichterungen bei Reisen. Weiterhin gab es für sie jedoch Einschränkungen bei Bewegungsfreiheit, Polizeistunde, Benutzung von öffentlichen Verkehrsmitteln etc. Offiziell als wirtschaftliche Maßnahme angepriesen, handelte es ich in Wirklichkeit um ein politisches Mittel, um die Einheit im polnischen Lager zu stören.[370]

Formal geregelt wurde die arbeitsrechtliche Behandlung von »Leistungspolen« in der privaten Wirtschaft durch eine Anordnung vom 25. März 1943. Wichtigster Punkt war die Gleichstellung mit den Deutschen hinsichtlich der Lohnhöhe.[371] Und auch für den öffentlichen Dienst ordnete Greiser für sie hundertprozentigen Tariflohn und die Zahlung entsprechender Mehrarbeitszuschläge an.[372]

Nach der Anordnung des GBA über die Aussetzung des Urlaubs für die polnischen Beschäftigten vom März 1943, kam für die »Leistungspolen« eine weitere Bevorzugung

---

369 Vgl. Erste Ergänzungsanordnung des Reichsstatthalters über die arbeitsrechtliche Behandlung der polnischen Beschäftigten im Reichsgau Wartheland in der Neufassung vom 15.2.1942, zit. nach: Doc. Occ., Bd. XIII, Dok. VII-12, S. 253–257, hier S. 255.
370 Vgl. Orlowski, »Polnische Wirtschaft«, S. 356 f.
371 Vgl. Runderlass Nr. 14 des Reichstreuhänders der Arbeit im Warthegau, Kendzia, an die Leiter der Arbeitsämter im Reichsgau Wartheland vom 29.3.1943, zit. nach: Doc. Occ., Bd. X, Dok. III-24, S. 298–299.
372 Vgl. Rundschreiben des Reichsstatthalters, Dr. Mehlhorn, an die Gauselbstverwaltung, die Regierungspräsidenten in Posen, Hohensalza und Litzmannstadt und die Abteilungen der Reichsstatthalterei vom 28.5.1943, in: APP, 1026, Nr. 14, Bl. 1.

hinzu: Der jeweilige Arbeitgeber konnte ihnen bis zu sechs Tagen bezahlten Urlaub pro Jahr gewähren. Mit Genehmigung des Arbeitsamtes durfte in »Fällen von besonderer Dringlichkeit« unbezahlte Freizeit gewährt werden.³⁷³

Widerständiges Verhalten und Strafen

Der Widerstand der polnischen Bevölkerung zeigte sich in einer verbreiteten passiven Resistenz. Im Gnesener Bezirk wurde beispielsweise beobachtet, »daß Frauen, die zur Kartoffelernte eingesetzt waren, zu dieser Arbeit in Stöckelschuhen und mit Handschuhen und geschminkten Lippen erschienen und auch bei der Arbeit ostentativ die Handschuhe anbehielten«.³⁷⁴ Im Warthegau wuchs der Widerstand gegen die Rekrutierung der Arbeiter für die Arbeit im Altreich. Viele Polen flohen aus den Sammellagern, aus Arbeitertransporten oder wurden im Altreich vertragsbrüchig und kehrten illegal in den Warthegau zurück. Die Gendarmerie berichtete immer wieder von solchen Fällen, in der Regel dann, wenn sie der Gesuchten habhaft geworden war.³⁷⁵ Bei den Gefassten war nach Verbüßung einer Haftstrafe in einem Arbeitserziehungslager häufig die Überstellung an der zuständige Arbeitsamt und eine erneute Deportation in das Altreich vorgesehen.³⁷⁶

Seit Frühjahr 1940 verstärkte sich die ablehnende Haltung der polnischen Bevölkerung des Warthegaues gegenüber der Arbeiterrekrutierung, was sich auch daran zeigte, dass nach den Berichten der Arbeitsämter die freiwillige Anwerbung nun auf »allergrößten Widerstand« stieß. Kendzia gab der sich steigernden Gegenpropaganda die Schuld an diesem Umstand. Neben dieser tatsächlich vorhandenen Gegenpropaganda und den Nachrichten über die schlechte Behandlung der polnischen Arbeitskräfte im Altreich, machten auch unwahre Gerüchte die Runde – und wurden geglaubt. So z. B. jenes, dass männliche Arbeitskräfte zum Stellungsbau an der Westfront eingesetzt würden, während polnische Mädchen für deutsche Bordelle bestimmt seien. Die Arbeitsämter

---

373 Vgl. Rundschreiben Nr. 303 des Arbeitsamtes Litzmannstadt vom 14.10.1943, in: APLo, 217, Nr. 3, Bl. 40–41, hier Bl. 40.
374 Vgl. Schreiben des Inspekteurs der Sicherheitspolizei Posen an das Reichssicherheitshauptamt vom 14.11.1940, zit. nach: Młynarczyk, Nation, S. 153. Vgl. allgemein zum Widerstand: Pietrowicz, Widerstandsbewegung.
375 Vgl. Erfolgsmeldung über durchgeführte Kriegsfahndung des Gendarmeriepostens Bornhagen, Kreis Kalisch, an den Gendarmeriekreis Kalisch vom 27.3.1943, in: APLo, 203, Nr. 3, Bl. 5; Erfolgsmeldung über durchgeführte Kriegsfahndung des Gendarmeriepostens Wierschky, Kreis Schieratz, an die Kriminalpolizeistelle Litzmannstadt vom 30.3.1943, in: ebd., Bl. 7.
376 Schreiben der Gestapo Litzmannstadt, Abteilung II E2, an die Gestapo-Aussendienststelle Schieratz vom 18.9.1943, in: APLo, 202, Nr. 17, Bl. 199.

mussten immer wieder feststellen, dass sich die Polen vor und teilweise auch nach der Anwerbung dem bevorstehenden Abtransport in das Altreich entzogen.[377]

Ein probates Mittel, sich dem Zugriff des Arbeitsamtes zu entziehen, bestand für die Polen in einem ständigen Wohnungswechsel innerhalb des Stadtgebietes. Um dieses Vorgeben zu unterbinden, das eine geordnete Karteiführung und Erfassung unmöglich machte, ordnete der Polizeipräsident in Łódź auf Drängen des Arbeitsamtes restriktive Maßnahmen an. So sollten die Polizeireviere in der Stadt Umzugsmeldungen von Polen nur dann annehmen, wenn diese eine Unbedenklichkeitbescheinigung des Arbeitsamtes vorlegen konnten.[378]

Deutliche Kritik an den Rekrutierungsmethoden der Arbeitsämter übte die UWZ. Sie monierte die ungenügende Bewachung der von der Gendarmerie den Arbeitsämtern vorgeführten Arbeitskräfte und belegte dieses mit einem Fall aus dem Arbeitsamt Freihaus (Zdunska-Wola), wo von 17 Personen innerhalb weniger Stunden 13 aus dem Arbeitsamt flüchten konnten.[379]

Ein Beispiel für einen Arbeitsvertragsbruch bildet der Fall einer Landarbeiterin, die in den Kreis Mogilno vermittelt worden war. Sie verließ am 17. Juli 1940 ihren Arbeitsplatz – ohne Grund, wie es damals hieß. Die Polizei »belehrte« sie und brachte sie an ihren Arbeitsplatz zurück. Zwei Monate später verließ sie diesen erneut, auch nach wiederholter Aufforderung kehrte sie nicht zurück. Sie wurde daraufhin vom Amtsgericht Mogilno wegen unerlaubten Arbeitsplatzwechsels zu sechs Monaten Gefängnis verurteilt.[380]

Die Nachrichten über Fluchten im Altreich wurden an die Arbeitsverwaltung im Warthegau weitergegeben, da die berechtigte Vermutung bestand, dass die Geflohenen versuchen würden, in ihre Heimat zurückzukehren. Das Landesarbeitsamt wandte sich dann an das zuständige Arbeitsamt mit der Bitte, zu prüfen, ob die Flüchtigen wirklich dorthin zurückkehrten. Gegebenenfalls waren sie den zuständigen Behörden zur Bestrafung zu melden: »Es geht nicht an, dass die im Altreich so dringend benötigten Arbeitskräfte eigenmächtig die Arbeitsstelle verlassen. Schon im Interesse der

---

377 Vgl. Schreiben des Landesarbeitsamtes, Kendzia, an die Regierungspräsidenten Posen, Hohensalza, Kalisch vom 26.4.1940, in: APP, 465, Nr. 205, Bl. 43–44; Politischer Lagebericht des Generalstaatsanwalts in Posen an den Reichsminister der Justiz vom 3.4.1941, in: BAB, R 3001, Nr. 23383, Bl. 68–74, hier Bl. 70.
378 Vgl. Rundschreiben Nr. 215 des Arbeitsamtes Litzmannstadt vom 21.9.1942, in: APLo, 217, Nr. 2, Bl. 132.
379 Vgl. Lagebericht der Dienststelle Litzmannstadt der UWZ Posen für das Generalgouvernement und den Warthegau für dem Monat Oktober 1943 vom 4.11.1943, in: IPN, 69, Nr. 32, Bl. 206–208, hier Bl. 208.
380 Vgl. Schreiben der Nebenstelle Mogilno des Arbeitsamtes Hohensalza an das Amtsgericht in Mogilno vom 2.10.1940, in: API, 552, Nr. 219, Bl. 1.

Verhütung des überhand nehmenden Vertragsbruches muss mit allen Mitteln dagegen eingeschritten werden.«[381]

Ein Landarbeiter, der seine Arbeitsstelle im Landkreis Liegnitz (Legnica) in Niederschlesien verlassen hatte und in den Warthegau zurückgekehrt war, um seine schwerkranke Schwester zu besuchen, wurde vom Amtsgericht Rawitsch deswegen zu einer Gefängnisstrafe von zwei Monaten und zwei Wochen verurteilt. Im Urteil hieß es dazu: »Die Fälle, in denen polnische Arbeitskräfte, die zum Einsatz gebracht sind, die Arbeitsstelle verlassen, sind verhältnismäßig zahlreich. Die deutsche Wirtschaft ist jedoch auf diese Kräfte angewiesen. Um die polnischen Arbeiter am Verlassen ihres Arbeitsplatzes zu hindern, müssen demnach strenge Strafen verhängt werden.«[382]

Die Gerichte rechtfertigten die oftmals recht hohen Urteile häufig damit, dass die Arbeitsvertragsbrüche geeignet seien, »nachteilige Auswirkungen auf andere polnische Arbeiter nach sich zu ziehen«, also mit der Furcht vor einer massenhaften Nachahmung.[383] Die Häufigkeit der Arbeitsvertragsbrüche zeigte sich an den entsprechend langen Listen, die von der Abteilung Arbeit veröffentlicht wurden.[384]

Zu den widerständigen Haltungen gehörte, dass Landarbeiter, die zum Urlaub im Warthegau weilten, nicht mehr an ihre Arbeitsstellen im Altreich zurückkehren wollten. Es häuften sich die Fälle, in denen sie angaben, nicht über das zur Rückreise notwendige Geld zu verfügen. Aus Sicht des Arbeitsamtes Krotoschin erschien es wünschenswert, die Betriebsführer zu veranlassen, von Beurlaubungen polnischer Arbeitskräfte generell abzusehen, es sei denn, dass die Gründe hierfür amtlicherseits an Ort und Stelle geprüft worden seien.[385]

Die Abteilung Arbeit wurde mit Gesuchen von Arbeitsämtern aus dem gesamten Altreich überhäuft, welche die Zurückführung polnischer Arbeitskräfte verlangten, die von den Arbeitgebern von sich aus beurlaubt worden waren. Da den Arbeitsämtern nicht zugemutet werden könne, diese angeblichen Vertragsbrecher einzeln ausfindig zu machen und zurückzuführen, entschied Kendzia, dass die nicht ordnungsmäßig beurlaubten Polen nicht zurückbefördert würden.[386]

---

381 Vgl. Schreiben des Reichsarbeitsministers an das Landesarbeitsamt Posen vom 19.1.1940, in: APP, 299, Nr. 2799, Bl. 4; Durchschrift eines Schreibens des Landesarbeitsamtes Posen, Thöricht, an das Arbeitsamt Lodsch vom 1.2.1940, in: ebd., Bl. 5 (Zitat ebd.).
382 Vgl. Urteil des Amtsgerichts Rawitsch gegen Josef Laski, geb. 25.11.1911 in Wolborz, vom 14.11.1940, in: ebd., 282, Nr. 1547, Bl. 4 (Zitat ebd.).
383 Vgl. Urteil des Amtsgerichts Lissa gegen Stefan Kochalek, geb. 14.5.1925 in Leczyn, vom 6.8.1942, in: ebd., Nr. 1542, Bl. 9 (Zitat ebd.).
384 Vgl. bspw.: Bestrafungen wegen Arbeitsvertragsbruches, in: Amtliche Mitteilungen, 3 (1942) 10 vom 31.5.1942, S. 110.
385 Vgl. Arbeitseinsatzbericht für den Monat September 1940 des Arbeitsamtes Krotoschin an das Arbeitsamt Jarotschin vom 27.9.1940, in: APP, 457, Nr. 33, Bl. 525–529, hier S. 528 f.
386 Vgl. Die Lage des Arbeitseinsatzes im Reichsgau Wartheland im Monat Februar 1942, in: Arbeitseinsatz, Nr. 5, März 1942, unpag.

Es gab aber auch Fälle, in denen die Landarbeiter nur behaupteten, Urlaub zu haben. So kam eine polnische Landarbeiterin nach Argenau (Gniewkowo) im Landkreis Hohensalza (Inowrocław), ohne Urlaubsgenehmigung vom Arbeitsamt und ohne Passierschein. Sie gab an, drei Wochen Urlaub zu haben, für die Rückfahrt aber kein Geld zu besitzen. Nach mehreren Verhören beim Arbeitsamt und dem Versprechen, die Rückreise in Kürze anzutreten, geschah jedoch nichts. Sie wurde lediglich von der Arbeitsamtshilfsstelle in Argenau angewiesen, sich in Hohensalza einen Gutschein und einen Passierschein zu verschaffen und die Rückreise sofort anzutreten. Auch das zeigt die relative Hilflosigkeit der Arbeitsverwaltung, die in der Regel immer auf die Hilfestellung der exekutiven Gewalt angewiesen war.[387]

Aber auch bei regulärem Urlaub blieben die Arbeitskräfte häufig in ihrer Heimat. So hatte ein Hilfsschlosser, der vom Arbeitsamt Zduńska Wola ins Altreich nach Berlin-Grünau vermittelt worden war, wegen einer Fehlgeburt seiner Frau fünf Tage Urlaub erhalten. Diesen dehnte er auf fünf Monate aus. Auf Veranlassung des Arbeitsamtes Zduńska Wola wurde er der Geheimen Staatspolizei Sieradz zugeführt, mit der Bitte, ihn in das Arbeitserziehungslager Ostrów Wielkopolski einzuweisen: »Da es unmöglich ist, dass ein gelernter Schlosser schon seit voriges (sic!) Jahr sich dem Arbeitseinsatz entzieht, bitte ich, denselben mit dem nächsten Transport dem Erziehungslager Ostrowo zuzuleiten.«[388]

Einen speziellen, schwer zu beurteilenden Fall, stellen die aus Krankheitsgründen von der Arbeit im Reich in den Warthegau Zurückgekehrten dar. Nach Angaben des Landesarbeitsamtes Posen waren es bis zum Herbst 1942 knapp 7.000. Die Arbeitsämter ließen sie untersuchen und kamen zu dem Ergebnis, dass mehr als 4.500 von ihnen voll oder beschränkt einsatzfähig waren. Unter den Rückkehrern befanden sich viele schwangere Polinnen, bei denen die UWZ eine Abtreibung »als Schlag an die Wurzel des polnischen Volkstums« empfahl, dem deutschen Staat müsse jedes Mittel recht

---

387 Vgl. Schreiben des Gendarmeriepostens Argenau an den Landrat in Hohensalza vom 2.1.1941, in: API, 549, Nr. 82, Bl. 201. Teilweise traten die Urlauber auch mit fälschlicherweise im Altreich ausgestellten Papieren auf, die sie als Reichsbürger auswiesen. Einige führten einen Wehrpass mit sich. Diese Personen sollten sofort dem jeweiligen Landrat vorgeführt werden. Vgl. Rundschreiben des Landrates des Kreises Schrimm an die Amtskommissare des Kreises, den Gendarmeriekreisführer und die Gendarmerieposten vom 9.8.1940, in: APP, 1235, Nr. 5, Bl. 100.
388 Vgl. Durchschrift eines Schreibens des Gendarmeriepostens Zdunska-Wola an die Geheime Staatspolizei in Schieratz vom 11.2.1943, in: APLo, 202, Nr. 18, Bl. 79; Schreiben des Arbeitsamtes Zdunska-Wola an die Schutzpolizei Zdunska-Wola vom 11.2.1943, in: ebd., Bl. 80 (Zitat ebd.). Oft war die Einweisung in das Arbeitserziehungslager Ostrowo nur der Auftakt für die danach vorgesehene Verbringung des Arbeitsvertragsbrüchigen in ein Konzentrationslager. Vgl. Schreiben der Staatspolizeistelle Litzmannstadt an die Außendienststelle Schieratz vom 6.7.1943, in: ebd., Nr. 16, Bl. 115.

sein, um »die hemmungslose Fortpflanzung des rassisch unbrauchbaren Polentums zu verhindern«.[389]

Angesichts der immer enger werdenden Situation auf dem Arbeitsmarkt und wachsenden Widerständen der polnischen Bevölkerung, sah sich die Arbeitsverwaltung genötigt, an sämtliche öffentlichen Dienststellen mit der Bitte heranzutreten, Bekanntmachungen des Gauleiters auszuhängen, in denen die polnischen Arbeitskräfte zur strikten Beachtung arbeitsamtlicher Maßnahmen unter Androhung schwerster Bestrafungen bei unbotmäßigem Verhalten aufgefordert wurden.[390] Der Befehlshaber der Ordnungspolizei wies seine nachgeordneten Dienststellen an, die Arbeitseinsatzbehörden bei der Durchführung der gegen arbeitsunwillige Polen gerichteten Maßnahmen zu unterstützen. Anträge der Arbeitsverwaltung sollten angenommen und den zuständigen Staatspolizeistellen weitergeleitet werden, da von dort alle weiteren Maßnahmen, insbesondere auch die Zusammenstellung der Standgerichte, durchgeführt würden.[391]

Die Bestrafung der Polen, die auf die Vorladung des Arbeitsamtes hin nicht erschienen, oder sich weigerten, die ihnen zugewiesenen Arbeitsstellen anzutreten, fiel hart aus. Die Gestapo sollte sie im Regierungsbezirk Łódź in das neu errichtete Straflager in Ostrów Wielkopolski oder in eine sonstige »Erziehungsmaßnahme« einweisen. Das Arbeitsamt hatte hierzu Anzeige unter Mitteilung des Tatbestandes bei der Geheimen Staatspolizei Łódź zu stellen.[392]

Polnische Arbeitskräfte, die der Aufforderung des Arbeitsamtes, sich zum Arbeitseinsatz zu stellen nicht nachkamen und durch Flucht zu entziehen versuchten, wurden ebenfalls als »Arbeitsunwillige« von der Gestapo zur Verbüßung einer »Erziehungshaft« in das Arbeitserziehungslager in Ostrowo eingewiesen.[393]

---

389 Vgl. Durchschrift des Berichts der UWZ, Dienststelle Litzmannstadt für den Monat September 1942 vom 2.10.1942, in: BAB, R 75, Nr. 4, unpag. (Zitat ebd.). Insgesamt führten die Arbeitsämter aus dem Altreich nach Angaben des Gauarbeitsamtes Posen 1942 9.279 polnische Arbeitskräfte in den Warthegau zurück. Ihre amtsärztliche Untersuchung ergab: 3.276 volleinsatzfähig, 3.194 beschränkt einsatzfähig und 2.328 nicht einsatzfähig, dazu 931 schwangere Polinnen. 1943 kehrten nur noch 5.338 Arbeitskräfte zurück. Vgl. Abschrift eines Schreibens des Gauarbeitsamtes, Regierungsrat Diez, an den Generalbevollmächtigten für den Arbeitseinsatz vom 19.2.1944, in: IPN, 62, Nr. 346, Bl. 6.
390 Vgl. Abschrift eines Rundschreibens des Regierungspräsidenten in Posen an die Landräte und den Oberbürgermeister der Gauhauptstadt Posen vom 7.5.1942, in: APP, 465, Nr. 228, Bl. 114.
391 Vgl. Tagesanordnung des Befehlshabers der Ordnungspolizei Nr. 75 vom 12.5.1942, in: ebd., 1008, Nr. 5, Bl. 27–28, hier Bl. 27.
392 Vgl. Rundschreiben Nr. 188 des Arbeitsamtes Litzmannstadt vom 26.6.1942, zit. nach: Doc. Occ., Bd. XIII, Dok. 1–45, S. 48–49 (Zitate S. 48).
393 Vgl. Schreiben der Aussendienststelle Schieratz an die Staatspolizeistelle Litzmannstadt vom 22.6.1943, in: APLo, 202, Nr. 16, Bl. 114.

Bezeichnend für das Klima der Gewalt waren die Anweisungen der Staatspolizeistelle Hohensalza (Inowrocław) vom November 1941, die sich auch an die Leiter der Arbeitsämter richteten. Die Geheime Staatspolizei bemängelte die uneinheitliche Behandlung »arbeitsunwilliger« Polen durch die Arbeitsämter und die bisherigen dürftigen Ergebnisse. Deshalb richtete man im Übergangslager der Staatspolizeistelle Hohensalza eine besondere Abteilung »Arbeitserziehung« ein, um die »Möglichkeit schärferen Durchgreifens« zu haben. In den Augen der Gestapo »arbeitsscheue« und arbeitsunwillige Polen bedürften »einer wiederkehrenden, handgreiflichen Belehrung«, Milde sei hier nicht am Platze, es müsse nach dem Grundsatz »Hart, aber gerecht« energisch durchgegriffen werden. Zur Unterstützung des Arbeitsamtes würden Beamte der Staatspolizeistelle Hohensalza bzw. ihrer Außendienststellen mit den Vertretern des Arbeitsamtes monatliche Rundreisen durch ihren Bezirk zwecks Ahndung besonders schwerwiegender Fälle durchführen. In Fällen von Arbeitsvertragsbrüchen, Arbeitsverweigerungen etc., in denen Polen sich Deutschen aktiv widersetzten, sollten sofortige Festnahmen erfolgen.[394] Und die Arbeitsämter waren durchaus geneigt, immer rascher die Gestapo einzuschalten, wenn sich die polnischen Arbeitskräfte nicht zur Arbeit meldeten und besonders dann, wenn es sich um dringliche Anforderungen handelte.[395]

Sehr deutlich wurde hier der Leiter des Arbeitsamtes Sieradz, der im Falle eines Arbeiters, der seine Arbeitsstelle ohne Genehmigung verlassen hatte, an die Gestapo schrieb: »Um die Zahl der Vertragsbrüche herabzumindern, ist es erforderlich, dass der/die Vorgenannte mit allen Mitteln und unter allen Umständen auf seine alte Arbeitsstelle zurückgeführt wird. Ich verweise in diesem Zusammenhang auf den Erlaß des Reichsarbeitsministers vom 15.6.1940 – III b 392/40 g – und bitte, die vorgesehenen polizeilichen Maßnahmen durchzuführen, damit dem Vertragsbrüchigen zunächst einmal die notwendige Arbeitsmoral beigebracht und er in Zukunft vor weiteren Verstößen abgeschreckt wird.«[396] In einigen Fällen übergaben die Arbeitsämter die Arbeitsflüchtigen direkt der Gestapo.[397]

Bei Arbeitsvertragsbrüchen waren auch die Arbeitgeber nicht zimperlich und forderten eine entsprechende Behandlung der Arbeitskräfte vom Arbeitsamt. Bezeich-

---

394 Vgl. Rundschreiben der Staatspolizeistelle Hohensalza an die Landräte und Oberbürgermeister, die Leiter der Arbeitsämter etc. vom 29.11.1941, in: BAL, B 162, Nr. 21742, Bl. 526–528 (Zitate Bl. 527).
395 Vgl. Durchschrift eines Schreibens des Arbeitsamtes Schieratz an die Reichstreuhänderverwaltung im Hause vom 12.2.1942, in: APLo, 202, Nr. 21, Bl. 30; Schreiben des Leiters des Arbeitsamtes Schieratz an die Gestapo-Aussendienststelle Schieratz vom 16.2.1942, in: ebd., Bl. 29.
396 Vgl. Schreiben des Leiters des Arbeitsamtes Schieratz an die Geheime Staatspolizei in Schieratz vom 16.1.1942, in: ebd., Nr. 18, Bl. 185.
397 Vgl. Schreiben des Leiters des Arbeitsamtes in Schieratz an die Geheime Staatspolizei in Schieratz vom 26.3.1942, in: ebd., Nr. 16, Bl. 62.

nend hierfür ist der Fall eines bei einem deutschen Lebensmittelgroßhändler in Sieradz beschäftigten polnischen Hausmädchens, das am 14. Februar 1942 angeblich ohne Erlaubnis und unter dem Vorwand, zum Arbeitsamt gehen zu wollen, ihren Arbeitsplatz verließ. Der Arbeitgeber brandmarkte sie in seinem Schreiben an das Arbeitsamt als »Straßendirne«, die als Hausmädchen auf keinen Fall in Frage kam, da sie unsauber sei und stehle. Er beschwor die Gefahr, dass sie sich mit deutschen Soldaten einlassen und so das Ansehen der deutschen Wehrmacht schädigen könne, deshalb beantragte er ihre Einweisung in ein Arbeitslager. Das Arbeitsamt wandte sich an die Gestapo, mit der Bitte, sie festzunehmen und »das Weitere zu veranlassen«.[398]

Im Zeichen des für Deutschland zunehmend negativeren Kriegsverlaufs häuften sich die widerständigen Verhaltensweisen und gleichzeitig verschärfte die Arbeitsverwaltung ihre Strafmaßnahmen: »Disziplinlose Beschäftigte, denen eine Einordnung schwerfällt, hat es zu allen Zeiten gegeben. Sie können aber heute, wo es auf jede Arbeitsstunde ankommt und die geringste Möglichkeit ausgeschaltet werden muß, daß die Disziplinlosigkeit des einen die Leistungsfreude des anderen hemmt, weniger denn je in Kauf genommen werden. Jeder, der bewußt gegen die allgemeine Disziplin verstößt, und damit die Leistungsfähigkeit unserer Kriegswirtschaft schädigt, muß wissen, daß ihm unverzüglich mit allen gebotenen Mitteln zu Leibe gegangen wird.«[399]

Zur Disziplinierung sollten nach dem Willen der Arbeitsverwaltung betriebliche Mittel – Belehrungen, Verwarnungen, Lohnkürzungen etc. – eingesetzt werden, welche die Bekämpfung der Arbeitsvertragsbrüche und der sonstigen Disziplinlosigkeiten mit der notwendigen Schnelligkeit gewährleisteten. Bei deutschen Arbeitnehmern sollte nach dem Ausschöpfen der betrieblichen Erziehungsmittel die Strafanzeige bei dem Leiter des zuständigen Arbeitsamtes erfolgen, bei polnischen Arbeitskräften die Strafanzeige bei der Gestapo.[400] Die Accumulatoren-Fabrik AG in Posen überstellte einen Arbeiter, bei dem die Verantwortlichen davon ausgingen, dass er durch Werkstrafen nicht zu bessern sei, direkt der Gestapo für eine »entsprechende Belehrung«.[401]

---

398 Vgl. Abschrift eines Schreibens des Leiters des Arbeitsamtes Schieratz an die Geheime Staatspolizei in Schieratz vom 19.2.1942, in: ebd., Nr. 18, Bl. 1.
399 Abschrift einer Bekanntmachung über die Bekämpfung von Arbeitsvertragsbrüchen der Abteilung Arbeit, Kendzia, vom 23.1.1943, in: APP, 1016, Nr. 13, Bl. 46–48, hier Bl. 46. Abgedruckt als Bekanntmachung über die Bekämpfung von Arbeitsvertragsbrüchen vom 23.1.1943, in: Amtliche Mitteilungen, 4 (1943) 2, vom 31.1.1943, S. 15.
400 Vgl. Wirksame Bekämpfung der Arbeitsvertragsbrüche und der sonstigen Arbeitsdisziplinlosigkeiten vom 26.1.1944, in: ebd., 5 (1944) 2 vom 31.1.1944, S. 13–14; Zur Bekämpfung von Arbeitsvertragsbrüchen und sonstigen Arbeitsdisziplinlosigkeiten, in: ebd., Nr. 14 vom 31.7.1944, S. 170–171.
401 Vgl. Durchschrift eines Schreibens der Accumulatoren-Fabrik AG, Werk Posen, an die Geheime Staatspolizei Posen vom 12.7.1944, in: APP, 1023, Nr. 4, Bl. 17.

Immer häufiger gelangten auch von ihren Arbeitsstellen im Altreich geflüchtete polnische Arbeitskräfte zurück in den Warthegau. Die Arbeitsämter überstellten sie, falls sie ihrer habhaft wurden, an die Polizei, von der sie in der Regel an die Gestapo weitergegeben wurden.[402] Das primäre Ziel bestand häufig darin, die flüchtige Arbeitskraft – insbesondere in der Landwirtschaft – wieder an ihren Arbeitsplatz zurückzubringen, worauf die Arbeitsämter bestanden.[403] Hingegen lehnten sie die Rückführung von Arbeitskräften, die ohne ihre Genehmigung im Altreich Arbeit angenommen hatten ab, da sie im Warthegau gebraucht würden.[404]

Im August 1943 war das Arbeitserziehungslagers Litzmannstadt fertig gestellt worden und das dortige Arbeitsamt ordnete an, die »in arbeitseinsatzmässiger Hinsicht erziehungsbedürftigen Polen« von jetzt ab in dieses Lager zu überstellen. Das frühere Verfahren blieb weitgehend in Kraft, neu war jedoch die Vereinbarung mit der Gestapo, dass das Arbeitsamt die Strafdauer vorschlagen konnte. Dabei sollte aber berücksichtigt werden, dass dringend benötigte Facharbeiter durch die Haft nicht zu lange der Kriegswirtschaft entzogen würden.[405] Für die »Behandlung« arbeitsvertragsbrüchiger und arbeitsunwilliger polnischer Arbeitskräfte war ausnahmslos die Geheime Staatspolizei zuständig.[406]

Die Arbeitsämter waren bemüht, die Arbeitsvertragsbrüche einzudämmen, auch, weil sie deren Vorbildfunktion für die anderen Arbeitskräfte fürchteten. Deshalb forderten sie immer häufiger die Einweisung in die Arbeitserziehungslager. So auch im Falle eines polnischen Arbeiters, der unentschuldigt der Arbeit fernblieb und angeblich vor seinen Kollegen damit geprahlt hatte, dass ihm deswegen nichts passieren werde. Nach Ansicht des Arbeitsamtes Kalisch sollte er wegen Aufsässigkeit und Arbeitsverweigerung in ein Straflager gebracht werden. Pikanterweise hatte ihm das Arbeitsamt nur eine gute Woche vorher wegen eines schmerzhaften Beinleidens seine Untauglichkeit attestiert und ihn zu seinem Wohnort zurückbefördern lassen.[407]

---

402 Vgl. Schreiben der Aussendienststelle Schieratz an das Amtsgericht Schieratz vom 11.2.1942, in: APLo, 202, Nr. 16, Bl. 61; Vernehmungsniederschrift des Gendarmeriepostens Argenau vom 21.6.1941, in: API, 554, Nr. 295, unpag.

403 Vgl. Vermerk der Kriminalpolizei Krotoschin vom 18.9.1941, in: APP, 457, Nr. 34, Bl. 148; Urteil des Amtsgerichts Lissa gegen Eduard Stanislaus Malec, geb. 9.8.1923 in Lissa, vom 3.3.1942, in: ebd., 282, Nr. 1548, Bl. 14.

404 Vgl. Vermerk des Landrates des Kreises Krotoschin vom 25.9.1941, in: ebd., 457, Nr. 34, Bl. 150; Schreiben des Arbeitsamtes Ostrowo, Nebenstelle Krotoschin, an den Landrat des Kreises Krotoschin vom 7.11.1941, in: ebd., Bl. 573.

405 Vgl. Rundschreiben Nr. 298 des Arbeitsamtes Litzmannstadt vom 6.8.1943, in: APLo, 217, Nr. 3, Bl. 30.

406 Vgl. Schreiben der Staatspolizeileitstelle Posen an den Polizeipräsidenten vom 22.6.1943, in: APP, 1026, Nr. 15, Bl. 12–13.

407 Vgl. Schreiben des Arbeitsamts Kalisch, Nebenstelle Turek, an die Gestapo-Außenstelle Schieradz vom 6.10.1943, in: APLo, 202, Nr. 16, Bl. 65; Bescheinigung des Arbeitsamtes

Das Arbeitsamt Łódź forderte noch im Oktober 1944 eine Firma dazu auf, eine arbeitsvertragsbrüchige Mitarbeiterin bei der Gestapo anzuzeigen, was die Firma zwei Wochen später auch tat.[408] Allerdings stellte sich zu dieser Zeit bei den Anzeigen immer häufiger heraus, dass die vom Arbeitsamt der Gestapo gemeldeten Arbeitsvertragsbrüchigen bei den Schanzarbeiten oder durch Umsetzung in anderen Fabriken beschäftigt waren.[409]

Die drakonischen Strafen hielten bis zum bitteren Ende an: Selbst noch im Januar 1945 wandte sich der Kommandeur des Sammellagers der Luftwaffe in Litzmannstadt, der 286 polnische Arbeitskräfte für Erweiterungsarbeiten am Flugplatz zugewiesen bekommen hatte, an die Gestapo. Die Arbeitskräfte hatten sich unerlaubt entfernt und zeigten trotz mehrfacher Ermahnung keine Neigung zur Arbeit, so dass sie nach wiederholtem Fernbleiben von der Arbeit aus ihren Wohnungen geholt wurden. Er bat die Gestapo, diese »arbeitsscheuen Elemente« für 56 Tage in das Arbeitserziehungslager Litzmannstadt einzuweisen.[410]

6. Jüdische Arbeitskräfte: Von der Zwangsarbeit zur Vernichtung

Vermittlung durch die Arbeitsverwaltung

Bereits unmittelbar nach ihrem Einmarsch rekrutierten Wehrmacht, Einsatzgruppen und Zivilbehörden Juden zur Zwangsarbeit. Im Laufe der Zeit wurde das chaotische System der Razzien und Treibjagden durch ein neues ersetzt. Etwa ab Anfang Oktober 1939 forderten die deutschen Behörden in den meisten Städten und Orten die Juden auf, sich registrieren zu lassen, um jüdische Arbeitskolonnen zu bilden. Am 6. oder 7. Oktober 1939 war in Łódź der »Arbeitseinsatz« für Juden verfügt worden. Um die wahllose Verpflichtung von Juden zur Zwangsarbeit aus den Wohnungen heraus oder von der Straße weg zu verhindern, schlug die jüdische Gemeinde vor, selbst ein tägliches

---

Kalisch vom 28.9.1943, in: ebd., Bl. 69. »Hartnäckige« Fälle von Arbeitsverweigerung konnten auch drei Monate bis zu einem Jahr Straflager nach sich ziehen. Vgl. Schreiben des Leiters des Arbeitsamtes Gnesen an die Amtsanwaltschaft in Dietfurt vom 21.7.1943, in: API, 550, Nr. 453, Bl. 1; Urteil des Amtsgerichts in Rawitsch vom 7.12.1943, in: APP, 282, Nr. 1538, Bl. 11.

408 Vgl. Schreiben des Arbeitsamtes Litzmannstadt an die Ziegelei Lehmann in Pabianitz vom 20.10.1944, in: APLo, 201, Nr. 85, Bl. 352; Anzeige der Firma gegen Sofia Dytwinska am 3.11.1944 bei der Gestapo Litzmannstadt, in: ebd., Bl. 351.

409 Vgl. Rundschreiben Nr. 331 für Abteilung II des Arbeitsamtes Litzmannstadt vom 6.11.1944, in: ebd., 217, Nr. 3, Bl. 94.

410 Vgl. Schreiben des Sammellagers der Luftwaffe Litzmannstadt an die Geheime Staatspolizei Litzmannstadt vom 6.1.1945, in: ebd., 201, Nr. 85, Bl. 1.

Kontingent von Arbeitskräften zu stellen. So gründete der »jüdische Ältestenrat« in Łódź am 7. Oktober 1939 eine spezielle Abteilung »Arbeitseinsatz«. Dort mussten sich sämtliche Juden der Stadt im Alter von 18 bis 60 Jahren registrieren lassen. Wer nicht »freiwillig« arbeiten wollte, konnte sich für 5 Złoty oder 2,50 Reichsmark freikaufen. Die dabei erzielten Summen verwendete der Judenrat zur Entlohnung der Arbeiter. Der in Łódź residierende Chef der Zivilverwaltung der 8. Armee, Harry von Craushaar, akzeptierte diese Regelung und forderte die jüdische Gemeinde Mitte Oktober 1939 auf, täglich 600 Männer für den Arbeitseinsatz zu stellen.[411]

Im Warthegau wurden bis November erste Ghettos eingerichtet, bis Ende Februar 1940 sollten ca. 100.000 Juden von dort in die Gegend um Lublin verbracht werden. Zunächst sollten die ländlichen Kreise und die Städte Posen, Gnesen (Gniezno) und Hohensalza (Inowrocław) geräumt werden. Die neu gebildeten »Judenräte« mussten in einer Kartei die Arbeitskräfte erfassen. Auf dieser Basis wurden 1941/42 dann Zehntausende von der Arbeitsverwaltung für Straßen- und Meliorationsarbeiten in Lagern interniert, oder auch in Ghettobetrieben, wie Łódź, eingesetzt.[412]

Anders als im Generalgouvernement, wo am 26. Oktober 1939 ein allgemeiner Arbeitszwang für Juden eingeführt wurde, war die jüdische Zwangsarbeit im Warthegau zunächst nicht einheitlich geregelt. Festgelegt wurde nur, dass weder Polen noch Juden ab dem 9. November 1939 Arbeitslosenunterstützung erhalten sollten. Lediglich die Pflichtarbeit sollte entlohnt werden. Ansonsten folgte die Heranziehung der Juden zu Zwangsarbeiten in den ersten Monaten der Besatzung keinem einheitlichen Muster. Art, Dauer und Form des Einsatzes variierten von Ort zu Ort. Vermutlich sahen die Behörden im Warthegau für eine gauweite Regelung keine Notwendigkeit, erwarteten sie doch eine schnelle Deportation aller Juden in das Generalgouvernement. Mehr und mehr gingen die Behörden jedoch dazu über, die »Judenarbeit« unter ihre Kontrolle zu stellen.[413] Die fehlende einheitliche Regelung fand ihren Ausdruck auch in der Tatsache, dass die unterschiedlichsten Dienststellen, Juden zur Arbeit verpflichteten. So beklagte sich der Landrat des Kreises Łask im April 1940: »Ich habe wiederholt feststellen müssen, daß einzelne Dienststellen von sich aus Juden sowohl im einzelnen als auch in Arbeitskolonnen für Arbeiten einsetzen.«[414]

Da der ursprüngliche Plan einer Deportation aller im Warthegau lebenden polnischen Juden in das Generalgouvernement misslang, etablierten sich zwei unterschiedliche Arbeitssysteme für Juden: Das Arbeitsprogramm des Łódźer Ghettos durch das

---

411 Vgl. Schreiben des stellvertretenden Chefs der Zivilverwaltung beim Wehrkreisbefehlshaber in Łódź an das jüdische Rabbinat in Łódź vom 13.10.1939, zit. nach: Faschismus, Dok. 147, S. 199; Alberti, Verfolgung, S. 124f.; Freund/Perz/Stuhlpfarrer, Getto, S. 18.
412 Vgl. Gruner, Organisation, S. 45; ders., Forced Labor (2006), S. 178f.
413 Vgl. Alberti, Verfolgung, S. 125; Ziółkowska, Obozy pracy, S. 17ff.
414 Durchschrift eines Schreibens des Landrates des Kreises Lask an sämtliche Dienststellen des Kreises Lask vom 24.4.1940, in: BAB, R 138 II, Nr. 16, unpag.

städtische Wirtschaftsamt und im Rest des Warthegaus die durch die Arbeitsverwaltung organisierte Zwangsarbeit, bei der die lokalen Arbeitsämter die Juden rekrutierten.[415]

Im Warthegau registrierte man sehr genau die Gründung der »Organisation Schmelt« in Oberschlesien.[416] Von dem neuen Reichsbeauftragten erhoffte man sich die beschleunigte Inangriffnahme des Baues der Reichsautobahn von Łódź nach Frankfurt/Oder, bei der ein »Massenaufgebot« von Juden zum Einsatz gebracht werden könne. Insgesamt sollten nach Meinung des Regierungspräsidenten in Łódź Juden grundsätzlich nur für Großmaßnahmen eingesetzt werden, da dort weniger Polizeikräfte zur Aufsicht benötigt würden. Keinesfalls sollten Juden privaten Firmen zur Verfügung gestellt, sondern lediglich Stadtgemeinden und Kreisen für »Massenarbeiten« überlassen werden.[417]

Zwangsarbeitslager für Juden entstanden seit Winter 1940/41 zunächst im westlichen Teil des Warthegaus für den Reichsautobahnbau von Frankfurt/Oder nach Posen sowie in Posen selbst. Dort waren die Ernährungssätze von Beginn an unzureichend und lagen in der Regel noch unter denen im Ghetto Litzmannstadt. Der Alltag war ebenfalls von Willkür, Misshandlungen und vorsätzlichen Tötungen geprägt. In den Lagern gab es so gut wie keine Behandlungsmöglichkeiten für die Kranken, es herrschten katastrophale Hygieneverhältnisse. Die Folge war eine extrem hohe Ausfallquote, sei es durch Verletzungen, sei es durch Tod. Trotz des immer akuter werdenden Arbeitermangels starben bis Mitte 1941 in den warthelädischen Ghettos und Zwangsarbeiterlagern für Juden schätzungsweise über 15.000, allein in Litzmannstadt etwa 13.000.[418]

Kendzia teilte auf einer Sitzung in Łódź am 12. November 1940 mit, dass nun – entgegen der früheren Einstellung – beabsichtigt sei, Juden bei der projektierten Reichsautobahn Frankfurt/Oder – Posen im Grenzgebiet des Altreiches einzusetzen. Dabei würde es sich aber um keinen Einsatz von gigantischen Ausmaßen handeln, da auf einen Kilometer Strecke vernünftigerweise nur 100 bis 120 Juden beschäftigt werden könnten, sodass vielleicht insgesamt 4.500 Juden in Betracht kämen. Die Gesamtzahl der Juden im Regierungsbezirk Litzmannstadt wurde auf 220.000 Personen geschätzt und die Zahl der einsatzfähigen Juden auf rund 30.000. Es sollte mit allen Mitteln versucht werden, dass sich die Juden durch den Ertrag eigener Arbeit selbst erhielten. Kendzia beabsichtigte, aus dem Ghetto Spezialarbeiter, wie Schneider, Bautischler und Schuhmacher herauszuziehen und in Rüstungsbetrieben des Altreichs unterzubringen, wo sie kaserniert werden sollten. Kendzia schlug vor, für die Arbeit der Juden außer-

---

415 Vgl. Gruner, Forced Labor (2002), S. 41.
416 Vgl. zur Organisation Schmelt: Konieczny, Zwangsarbeit; ders., »Organizacia Schmelt«; Gruner, Forced Labor (2006), S. 214 ff.
417 Vgl. Wesentliche Merkpunkte über den Verlauf der Sitzung im Regierungsgebäude zu Litzmannstadt am 9.11.1940 von Stadtoberinspektor Quay vom 9.11.1940, in: APLo, 221/VII, Nr. 28531a, Bl. 166–170.
418 Vgl. Alberti, »Exerzierplatz«, S. 120; Ziółkowska, Obozy pracy, S. 30 ff.; dies., Zwangsarbeitslager.

halb des Ghettos einen Sondertarif mit dem niedrigsten Tarifsatz einzuführen und die Aufteilung des Nettolohnes so vorzunehmen, dass 20 Prozent dem jüdischen Arbeiter verblieben und 80 Prozent der Verwaltung zufielen. Er schloss seine Ausführungen mit dem Versprechen, »nach besten Kräften zu helfen in der Hoffnung, daß der Warthegau bald durch eine radikale Lösung von der Judenplage völlig befreit« sein werde.[419]

Greiser teilte dem Reichsarbeitsministerium mit, dass für einen Einsatz außerhalb des Warthegaues insgesamt 73.123 Juden (42.187 männliche und 30.936 weibliche) zur Verfügung stünden. Das Reichsarbeitsministerium war optimistisch, sie im Altreichsgebiet einsetzen zu können. Nachdem Göring durch Erlass vom 18. Februar 1941 die Reichsstatthalter und Reichsverteidigungskommissare angewiesen hatte, rassenpolitische Gesichtspunkte bis nach Beendigung des Krieges zurückzustellen, seien Schwierigkeiten beim Einsatz der Juden aus dem Warthegau im übrigen Reichsgebiet nicht mehr zu erwarten. Beschäftigungsmöglichkeiten für sie seien vorhanden, und es lägen bereits diverse Anforderungen vor, unter anderem 1.000 Juden für den Bau der Reichsautobahn Frankfurt/Oder, 180 für die Bodetalsperre im Harz, 1.200 für die Siemens-Schuckert-Werke in Brandenburg und Mitteldeutschland, 7.000 für die Reichsautobahn in Danzig.[420]

Der Reichsarbeitsminister reagierte rasch und appellierte an die Landesarbeitsämter, auf den Einsatz dieser Juden nicht zu verzichten. Deshalb müssten im gesamten Reichsgebiet sofort geeignete Beschäftigungsmöglichkeiten bereitgestellt werden. Das Reichsarbeitsministerium schlug als geeignete Beschäftigungsmöglichkeiten für die Juden aus dem Warthegau insbesondere solche Arbeitsstellen vor, durch die andere Arbeitskräfte für den Einsatz bei dringlicheren Arbeiten freigemacht werden könnten. Sie sollten also als eine Art »Reserve« fungieren. Der Reichsarbeitsminister legte Wert darauf, dass die Juden in Gruppen, getrennt von den übrigen Arbeitskräften, eingesetzt würden. Um die Begegnungen mit der übrigen Bevölkerung auf ein Mindestmaß zu beschränken, sollten sie in Lagern untergebracht werden.[421]

Nur drei Wochen später musste der Reichsarbeitsminister seinen Erlass aber schon wieder aufheben, da Hitler nunmehr entschieden hatte, jüdische Arbeitskräfte aus dem Generalgouvernement und dem Warthegau nicht im Reichsgebiet einzusetzen.[422]

---

419 Vgl. Wesentliche Merkpunkte über den Verlauf der Sitzung im Rathaus zu Litzmannstadt am 12.11.1940 von Stadtoberinspektor Quay vom 12.11.1940, in: APLo, 221/VII, Nr. 28531a, Bl. 171–178 (Zitate Bl. 172 und Bl. 178).
420 Vgl. Vermerk aus dem Reichsarbeitsministerium, Dr. Letsch, vom 14.3.1941, in: BAB, R 3901, Nr. 20193, Bl. 98.
421 Vgl. Schnellbrief des Reicharbeitsministers an die Präsidenten der Landesarbeitsämter vom 14.3.1941, in: ebd., Bl. 99. Auch in: BA-MA, RW 19, Nr. 1187, Bl. 199–200.
422 Vgl. Schnellbrief des Reichsarbeitsministers, Syrup, an die Präsidenten der Landesarbeitsämter vom 7.4.1941, in: BAB, R 3901, Nr. 20193, Bl. 97. Auch in: BA-MA, RW 19, Nr. 1187, Bl. 198; Schreiben des Reichsarbeitsministers, Timm, an das Wehrwirtschafts- und

Nachdem der Einsatz von jüdischen Arbeitskräften im Altreich aufgrund des Vetos von Hitler gescheitert war, entstanden zunächst Verzögerungen, da die Arbeitsämter neue Vorbereitungen für deren Verwendung im Gau treffen mussten. Sie wurden nunmehr insbesondere bei Erdarbeiten an Autobahnen und sonstigen geeigneten Baustellen eingesetzt. Problematisch war dabei nach Einschätzung der Rüstungsinspektion die Beschaffung von Baracken, da man es für unbedingt erforderlich hielt, die Juden in ihrer Freizeit von den anderen Arbeitskräften zu separieren.[423]

Das Landesarbeitsamt ging daran, die jüdischen Arbeitskräfte innerhalb des Gaues zu verteilen. So sollten insgesamt 2.000 aus dem Ghetto von Łódź schnellstens nach Posen abtransportiert werden. Hans Biebow, Leiter der Ernährungs- und Wirtschaftsstelle des Ghettos, schlug vor, den Hauptteil dieser Arbeitskräfte aus den Landkreisen des Regierungsbezirks Litzmannstadt abzuziehen, zumal diese Juden »noch unkontrolliert auf dem Lande handeln und schachern« könnten.[424] Wie auf einer Tagung der Kreiswirtschaftsberater Anfang Mai 1941 in Posen berichtet wurde, sollten nach Greisers Vorstellungen die arbeitenden Juden die nicht arbeitenden miternähren.[425]

Am 18. Juni 1941 wünschte die Autobahnverwaltung »dringend einen Austausch« der auf ihren Baustellen im Warthegau beschäftigten 500 Juden: »Die Juden sind aus dem Ghetto in Litzmannstadt zugewiesen worden, aber größtenteils krank und seuchengefährlich. Erstrebt wird ein Austausch mit Polen.«[426] Ende Dezember 1940 arbeiteten noch 1.300 Juden auf der Autobahnbaustelle Frankfurt/Oder – Posen. Sie lebten in Barackenlagern, und das Ghetto bekam – zumindest theoretisch – 80 Prozent ihres Lohns für die »zurückgebliebenen Juden zur Verfügung gestellt«, wie es in einem Gutachten des Reichsrechnungshofs vom Februar 1941 über das Ghetto Łódź hieß.[427] Aber ihr Arbeitseinsatz stellte aus Sicht der Ghettoverwaltung eine »starke Verlustquelle« dar, über die mit dem Landesarbeitsamt in Posen verhandelt wurde.[428] Trotzdem ver-

---

Rüstungsamt, Dr. Krull, vom 12.4.1941, in: ebd., Bl. 197; Gruner, Forced Labor (2006), S. 185. Aber so schnell erreichte die neue Nachricht die Arbeitsämter nicht. In Łódź war man noch einige Tag später damit beschäftigt, 160 Jüdinnen für den Abtransport nach dem Altreich vorzubereiten. Vgl. Schreiben des Arbeitsamtes Litzmannstadt an das Wirtschafts- und Ernährungsamt Ghetto, Biebow, vom 9.4.1941, in: APŁo, 221/IX, Nr. 30021, Bl. 351.

423 Vgl. Bericht der Rüstungsinspektion über die wehrwirtschaftliche Lage im Monat Mai 1941 vom 12.5.1941, in: BA-MA, RW 20–21, Nr. 14, unpag.
424 Vgl. Durchschrift eines Schreibens der Gettoverwaltung, Biebow, an das Arbeitsamt Litzmannstadt vom 9.5.1941, in: APŁo, 221/IX, Nr. 30021, Bl. 340 (Zitat ebd.).
425 Vgl. Schreiben der NSDAP-Kreisleitung Lissa an das Kreisbauamt Lissa vom 20.5.1941, in: APP, 458, Nr. 134, Bl. 18.
426 Vgl. Schreiben der UWZ Posen an den SD-Leitabschnitt Posen vom 24.7.1941, in: IPN, 68, Nr. 146, Bl. 70. Das Schreiben zitierte einen Tätigkeitsbericht der UWZ-Außenstelle Grätz.
427 Vgl. Aly, Endlösung, S. 289.
428 Vgl. Monatsbericht der Gettoverwaltung für den Monat August 1941 von Biebow vom 3.9.1941, in: APŁo, 221/IX, Nr. 29245, Bl. 315–317, hier Bl. 316.

sprach Greiser im Oktober 1941 vollmundig, dass die Autobahnen im Gaugebiet von Juden gebaut würden.[429]

Neben ihrem Einsatz auf Baustellen wurden jüdische Arbeitskräfte spätestens seit Ende 1940 auch für die rasch wachsende Rüstungsindustrie im Warthegau zu einem interessanten Faktor. Die Rüstungsinspektion XXI klagte zu diesem Zeitpunkt bereits über fehlende Facharbeiter. Immerhin konnte der wichtigste Sofortbedarf an Arbeitskräften für dringliche Fertigungen durch die Arbeitsämter befriedigt werden. Um den Mangel an Arbeitskräften weiter zu mildern, verstärkten die Arbeitsämter den Einsatz von Juden.[430]

Im Herbst 1941 forderte das Landesarbeitsamt angesichts der angespannten Arbeitseinsatzlage, dass auch der Judeneinsatz im Interesse der Kriegswirtschaft und der gesamten Aufbauarbeit im Gau einheitlich und zentral gelenkt werden sollte. Die Erfassung der arbeitsfähigen Juden müsse bis Ende September abgeschlossen sein, erst danach habe man eine Übersicht. Vor jeder geplanten Maßnahme müsse die Genehmigung des Landesarbeitsamtes eingeholt werden.[431] In diesen Monaten intensivierte die Arbeitsverwaltung den jüdischen Arbeitseinsatz, weil Kräfte bei der Ernte fehlten.[432]

Im März 1942 – mehr als zwei Monate nach der Wannseekonferenz – genehmigte das Landesarbeitsamt für wichtige Arbeitsvorhaben immer noch die Zuweisung jüdischer Arbeitskräfte, wenn die Arbeiten den Einsatz von Kolonnen gestatteten und in kürzeren Zeitabschnitten durchführbar waren.[433] Dabei konnte man sich auf eine Anordnung von Göring vom 27. März 1942 berufen, in der er befahl, dass im Reichsgebiet »Juden, die in einem kriegswichtigen Betrieb beschäftigt sind, bis auf weiteres

---

429 Tag der Freiheit 1941. Der große Rechenschaftsbericht von Gauleiter und Reichsstatthalter Arthur Greiser, Posen 1941, zit. nach: BAB, N 2313, Nr. 31, Bl. 53–78, hier Bl. 64.
430 Vgl. KTB der Rüstungsinspektion XXI des Reichsministeriums für Bewaffnung und Munition für die Zeit vom 1.11.1939–31.12.1940, Lagebericht für die Zeit vom 8.12.–14.12.1940, in: BA-MA, RW 20–21, Nr. 1, Bl. 178.
431 Vgl. Rundverfügung Nr. 557 des Landesarbeitsamtes an sämtliche Arbeitsämter vom 12.9.1941, in: APLo, 221/IX, Nr. 29686, Bl. 104–105. Laut Anna Ziółkowska handelt es sich um einen weitergegebenen Runderlass der Reichsstatthalterei, in dem Greiser die Beschäftigung der jüdischen Arbeitskräfte der einheitlichen und zentralen Lenkung des Landesarbeitsamtes Posen unterstelle. Vgl. Ziółkowska, Zwangsarbeitslager, S. 181, Anm. 7.
432 Vgl. Gruner, Forced Labor (2006), S. 187. Im Januar 1942 fand in der Reichsschule des Reichsarbeitsministeriums eine Tagung über »Ostfragen« statt, an der führende Vertreter der Arbeitsverwaltung des Warthegaus beteiligt waren. Die Bedeutung der jüdischen Arbeitskräfte wurde dadurch unterstrichen, dass Kendzia über sie referierte. In dem Bericht über die Tagung wurde das Hitler-Diktum, dieser Krieg bedeute das Ende des europäischen Judentums, zitiert und lakonisch hinzugefügt: »Bis dahin ist im deutschen Raum die jüdische Arbeitskraft so zweckmäßig als nur angängig anzusetzen.« Vgl. Bues, Arbeitstagung, S. V 85 (Zitat ebd.).
433 Vgl. Schreiben des Regierungspräsidenten in Posen an den Oberbürgermeister in Posen und die Landräte des Bezirks vom 27.3.1942, in: APP, 458, Nr. 12, Bl. 68.

nicht mehr evakuiert werden« dürften. Himmler ordnete am 18. Mai 1942 an, dass junge »arbeitsfähige« Juden vorläufig von der Vernichtung zurückgestellt werden sollten. Im Warthegau machte sich der forcierte Einsatz sowjetischer Zivilarbeiter kaum bemerkbar, da diese zum größten Teil im Altreich beschäftigt wurden. Im Gegenteil kam es vermehrt zum Abzug polnischer Arbeitskräfte aus dem Warthegau in das Altreich. Ein Ersatz aller jüdischen Arbeitskräfte durch polnische und sowjetische Zivilarbeiter, wie es im Reichsgebiet vorgesehen war und mehr und mehr auch praktiziert wurde, stand daher bis auf weiteres im Warthegau nicht zur Debatte.[434]

Während die SS im Sommer 1942 die Kontrolle über die jüdischen Arbeitskräfte im Generalgouvernement erlangte, passierte dies im Warthegau nicht. Die Beschäftigung jüdischer Arbeitskräfte war hier nach wie vor von der Genehmigung durch die Abteilung Arbeit beim Reichsstatthalter abhängig; das galt auch für Ghetto-Insassen. Die Abteilung entwickelte für das Verleihen der Arbeitskräfte ähnliche Methoden wie die SS und übergab die Verantwortung für die Aufrechterhaltung von deren Produktivität an die Arbeitgeber.[435]

In den Landgemeinden ging man bei der Rekrutierung jüdischer Arbeitskräfte nicht zimperlich vor. In Belchatów im Kreis Łask hatte das Arbeitsamt Juden für den Arbeitseinsatz bereitzustellen, »die nachts zusammen gefangen wurden«. Wie üblich flüchteten hierbei verschiedene Juden oder hielten sich versteckt. Dafür wurden nun ihre Frauen oder Töchter zum Arbeitsamt geführt, um zu erreichen, dass auf diese Weise die Männer sich einfinden würden. Die Männer kamen nicht und es wurde die Frage gestellt, was man mit den Frauen und Mädchen anfangen sollte. Der Leiter des Arbeitsamtes Sieradz wollte ihnen »einen Denkzettel geben«. Dafür mussten sie sich zum großen Teil nackt ausziehen und wurden mit der Peitsche und mit dem Stock geschlagen. Der Leiter des Arbeitsamtes gab nicht nur die Anordnung, sondern führte die Bestrafung selbst mit durch, wobei er auch eine schwangere Frau schlug.[436]

Die konkrete Verteilung der aus dem Ghetto Litzmannstadt kommenden »Judentransporte« an die Firmen, übernahmen die einzelnen Arbeitsämter. Diese bauten auch die entsprechenden »Judenkarteien« auf.[437] Eine generelle Anordnung des Reichstreuhänders der Arbeit regelte im Juni 1942 die Beschäftigung der jüdischen Arbeitskräfte im Warthegau. Demnach war sie nur mit Zustimmung der Abteilung Arbeit zulässig;

---

434 Vgl. Alberti, Verfolgung, S. 441.
435 Vgl. Gruner, Forced Labor (2006), S. 191.
436 Vgl. Schreiben des Amtskommissars der Stadt Belchatow an den Landrat des Kreises Lask vom 27.6.1942, in: BAL, B 162, Nr. 20965, Bl. 525–526 (Zitat Bl. 525).
437 Vgl. Abschrift eines Schreibens des Arbeitsamtes Posen an den Leiter des Arbeitsamtes Litzmannstadt vom 10.6.1942, in: APLo, 221/IX, Nr. 30021, Bl. 51; Durchschrift eines Schreibens des Abteilungsbüros IIa an die Abteilung Verwaltung des Arbeitsamtes Litzmannstadt vom 12.6.1942, in: ebd., 217 Arbeitsamt Litzmannstadt, Nr. 7, Bl. 170.

Anträge auf Zuweisung jüdischer Arbeitskräfte waren an das für den Beschäftigungsort zuständige Arbeitsamt zu richten.[438]

Bei den außerhalb des Ghettos eingesetzten Arbeitskräften gab es Verwaltungsprobleme. Die Abteilung Arbeit beklagte sich bei den Arbeitsämtern darüber, von ihnen nicht über Veränderungen beim Arbeitseinsatz der Juden unterrichtet zu werden. Die in der Abteilung Arbeit geführte »Lager- und Massnahmenkartei« bliebe dadurch unvollständig. Deshalb sollten die Arbeitsämter zum 15. und 30. eines jeden Monats Veränderungsmeldungen abgeben. An die Ghettoverwaltung Litzmannstadt sollte am 5. und 20. jeden Monats eine Übersicht über die eingesetzten Juden gegeben werden.[439] Diese Meldungen trafen dann auch ordnungsgemäß ein.[440]

Noch im November 1942 waren allein im Arbeitsamtsbezirk Posen über 5.000 jüdische Arbeitskräfte eingesetzt.[441] Die Situation in den Lagern war grauenhaft. So starben alleine im Judenlager Flughafen Kreising (Krzesiny) bei Posen in der Zeit vom 10. November bis zum 6. Dezember 1942 190 Menschen; bei vielen wurde »Herzschwäche« als Todesursache diagnostiziert.[442]

Die Arbeitsämter meldeten der Ghettoverwaltung auch die Juden, die in das Konzentrationslager Chełmno/Kulmhof gebracht wurden. Das Arbeitsamt Posen berichtete, dass aus den Judenlagern des Bezirks im Januar 1943 191 jüdische Arbeitskräfte »abgeschoben« worden seien.[443]

Die obligatorischen Veränderungsmeldungen verzeichneten ab Frühjahr/Sommer 1943 immer häufiger Todesurteile, Todesfälle und Arbeitsunfälle.[444] So wurden drei

---

438 Vgl. Abschrift über die Anordnung über die Beschäftigung jüdischer Arbeitskräfte im Reichsgau Wartheland der Abteilung Arbeit, Fachgebiet Reichstreuhänder der Arbeit, vom 17.6.1942, in: ebd., 221/IX, Nr. 29245, Bl. 328–329. Sonst mit Datum 25.6.1942. So auch in: APP, 465, Nr. 228, Bl. 158–159.

439 Vgl. Abschrift eines Rundschreibens der Abteilung Arbeit an die Leiter der Arbeitsämter im Warthegau vom 25.8.1942, in: APlo. 221/IX, Nr. 29686, Bl. 34–35, hier Bl. 34; Schreiben der Abteilung Arbeit, Landesarbeitsamt, an die Gettoverwaltung Litzmannstadt vom 26.8.1942, in: ebd., Bl. 32.

440 Vgl. Schreiben des Arbeitsamtes Posen an den Oberbürgermeister von Litzmannstadt vom 5.9.1942, in: ebd., Nr. 29685, Bl. 1; Schreiben des Arbeitsamtes Zdunska-Wola an den Oberbürgermeister von Litzmannstadt vom 21.11.1942, in: ebd., Nr. 29688, Bl. 13.

441 Vgl. Übersicht über die im Arbeitsamtsbezirk Posen vorhandenen und eingesetzten Juden nach dem Stande vom 1.11.1942, A 3-Meldung, in: ebd., Bl. 8.

442 Vgl. Schreiben des Tiefbauunternehmens Heinrich Exner, Judenlager Kreising, Lagerleitung, an die Gettoverwaltung Litzmannstadt vom 13.12 1942, in: ebd., Nr. 29699, Bl. 144 – Aufstellungen Bl. 145–172.

443 Vgl. Schreiben des Arbeitsamtes Posen an die Gettoverwaltung Litzmannstadt vom 18.2.1943, in: ebd., Nr. 29685, Bl. 14.

444 Vgl. Veränderungsnachweis aus dem Reichsbahn-Gemeinschaftslager, Hochtief GmbH, vom 15.6.1943, in: ebd., Nr. 29697, Bl. 109; Veränderungsnachweis aus dem Reichsbahn-Ge-

Juden aus dem Reichsbahnlager der Hochtief GmbH durch die Geheime Staatspolizei Litzmannstadt am 20. Mai 1943 zum Tode verurteilt.[445]

Aus dem Bezirk des Arbeitsamtes Samter wurde Ende August 1943 noch von jüdischen Arbeitskräften berichtet, die von einer Gutsverwaltung durch die Geheime Staatspolizei nach Łódź zurückbefördert wurden.[446]

Danach lassen sich nur noch Hinweise auf die Arbeit der so genannten »jüdischen Mischlinge« und »jüdisch Versippter« finden, das allerdings bis zum Oktober 1944.[447]

Streit um die Entlohnung

Am 27. Juli 1940 erließ Greiser eine Anordnung, nach der Arbeitgeber jüdischen Arbeitskräften den Standardlohn zu zahlen hatten. Real änderte sich an deren Lebenssituation dadurch aber nichts, denn sie erhielten lediglich 35 Prozent des Lohnes ausbezahlt, während der Rest in eine spezielle Kasse floss.[448] Die Abteilung Arbeit regelte zunächst nur die Zahlung von Sonn- und Feiertagszuschlägen, Familien- und Kinderzulagen, Geburten- oder Heiratsbeihilfen, Sterbegeld etc., die an Juden nicht zu zahlen waren.[449]

Die Arbeitsämter hatten häufig Schwierigkeiten mit den Zahlungen durch die Träger der Arbeiten. So beklagte sich das Arbeitsamt Łódź beim Judenarbeitslager Posen-Stadion darüber, dass von Anfang April bis Ende Juli 1941 für die nach dort vermittelten 400 jüdischen Arbeitskräfte keinerlei Geldüberweisungen für die Angehörigen eingegangen seien.[450]

Auch die »regulären« Beschäftigungsverhältnisse jüdischer Arbeitskräfte in der Privatwirtschaft hatten einen bemerkenswert ungeregelten Charakter. Die Abteilung Arbeit verzichtete zunächst auf eine Festlegung der Lohn- und Arbeitsbedingungen von Juden, die bei privaten Firmen beschäftigt waren, da nach Ansicht von Kendzia der eigentliche Zweck ihrer Beschäftigung fürsorglicher Art war, um den Unterhalt ihrer Familienangehörigen durch die Ghettoverwaltungen oder die zuständigen Fürsorgestellen sicherzustellen. Daher müsse ein Lohn festgesetzt werden, der unter Berücksichti-

---

meinschaftslager, Hochtief GmbH, vom 15.6.1943, in: ebd., Bl. 110; Veränderungsnachweis des Kreisbauamtes Lissa an das Arbeitsamt Lissa vom 16.6.1943, in: APP, 458, Nr. 19, Bl. 84.
445 Vgl. Veränderungsnachweis aus dem Reichsbahn-Gemeinschaftslager, Hochtief GmbH, vom 15.6.1943, in: APLo, 221/IX, Nr. 29697, Bl. 109.
446 Vgl. Schreiben des Arbeitsamtes Samter an die Gettoverwaltung Litzmannstadt vom 3.9.1943, in: ebd., Nr. 29690, Bl. 17.
447 Vgl. Schreiben des Kommandeurs der Sicherheitspolizei in Posen an den Landrat des Kreises Kosten vom 7.10.1944, in: APP, 456, Nr. 21, Bl. 32.
448 Vgl. Gruner, Forced Labor (2006), S. 182.
449 Vgl. Anordnung über die arbeitsrechtliche Behandlung der Juden vom 12.10.1940, in: Amtliche Mitteilungen, 1 (1940) 14 vom 15.10.1940, S. 240–241.
450 Vgl. Abschrift eines Schreibens des Arbeitsamtes Litzmannstadt an das Judenarbeitslager Posen-Stadion vom 25.7.1941, in: APLo, 221/IX, Nr. 30021, Bl. 305.

gung der Arbeitsleistung einen ausreichenden Überschuss abwerfe. Kendzia hielt für Verpflegung und Unterkunft höchstens 1,50 RM täglich für zulässig. Darüber hinaus zog er einen generellen Stundenlohn von 0,30 RM in Erwägung, von dem die jüdischen Arbeitskräfte 20 Prozent des Betrages, der nach Abzug der Kosten sowie der Lohnsteuer und Sozialausgleichsabgabe verblieb, als Taschengeld behalten durften.[451]

Zumindest für Juden, die bei öffentlichen Trägern beschäftigt waren, galt dieser Stundenlohn von 0,30 RM bereits. Sie waren zwar nicht versicherungspflichtig, mussten aber die Sozialausgleichsabgabe entrichten. Überschüsse aus ihrer Tätigkeit sollten an die Ghettoverwaltung oder die Amtskommissare abgeführt werden.[452]

Für Regierungspräsident Friedrich Uebelhör stellten diese Bestimmungen »nur den Versuch einer Teillösung dar, ohne Rücksicht auf die sachlichen und politischen Wirkungen nach anderen Seiten hin«. Er kritisierte bei diesem Erlass nicht gefragt worden zu sein und verurteilte ihn, weil er vielleicht den Bedürfnissen der Arbeitsverwaltung entspräche und den Wünschen der Unternehmer entgegenkäme, jedoch die Erfüllung seines Auftrages unmöglich machen würde. Diesen Auftrag sah er darin, in seinem Regierungsbezirk die Juden so einzusetzen, dass der Ertrag zu ihrem notdürftigen Unterhalt ausreiche, ohne dass öffentliche Mittel benötigt würden. Für ihn kam nur eine Regelung in Betracht, die Rücksicht auf die finanziellen Bedürfnisse der Stadt- und Landkreise nahm. Er kritisierte ferner die schlechte Behandlung der Juden im Arbeitseinsatz, vor allem deren mangelhafte Ernährung. Von 4.000 bei auswärtigen Tiefbauarbeiten beschäftigten Łódźer Juden sei nach neun Monaten fast ein Viertel als dauernd arbeitsunfähig zurückgekehrt. Unternehmer machten auf deren Kosten Gewinne, während die öffentliche Hand für die Versorgung der übrigen Juden zahlen müsse. Uebelhör schlug vor, die Juden nach dem Baugewerbetarif für die polnischen Arbeiter zu entlohnen, den Höchstsatz für Verpflegung und Unterkunft auf 1 RM und das Taschengeld auf 15 Prozent herabzusetzen. Er war offensichtlich für seine Kritik von der Ghettoverwaltung munitioniert worden, die vor allem die 30 Rpf. Stundenlohn für völlig unzureichend für den Unterhalt der Familien hielt.[453]

Eine einheitliche Regelung über die arbeitsrechtliche Behandlung jüdischer Arbeitskräfte stand aber nach wie vor aus. Die entsprechende Durchführungsverordnung des Reichsarbeitsministers vom Oktober 1941 trat in den eingegliederten Ostgebieten nicht in Kraft. Bei Besprechungen mit Vertretern des Reichsarbeitsministeriums in Posen

---

451 Vgl. Vermerk der Abteilung Arbeit über die Besprechung am 7.8.1941 vom 8.8.1941, in: ebd., Nr. 29686, Bl. 99–102. Zu den Debatten um eine Vereinheitlichung der Beschäftigungsverhältnisse vgl.: Ziółkowska, Zwangsarbeitslager, S. 181 f.
452 Vgl. Rundverfügung Nr. 503 der Abteilung Arbeit, Kendzia, vom 13.8.1941, in: APLo, 221/IX, Nr. 29686, Bl. 96–98.
453 Vgl. Abschrift eines Schreibens des Regierungspräsidenten in Litzmannstadt, Uebelhoer, an das Landesarbeitsamt vom 14.9.1941, in: ebd., Nr. 29245, Bl. 343–346; Schreiben der Gettoverwaltung an Uebelhoer vom 1.9.1941, in: ebd., Bl. 348–351.

einigte man sich darauf, dass die in den Judenwohnbezirken selbst oder in deren Betrieben beschäftigten Juden aus dem Geltungsbereich aller sozialrechtlichen Bestimmungen herausgenommen werden sollten. Das galt nicht für die bei privaten Unternehmern oder öffentlichen Verwaltungen der Ostgebiete eingesetzten Juden.[454]

Ende November 1941 fand im Reichsarbeitsministerium eine Besprechung zu diesen Fragen unter dem Vorsitz von Ministerialdirektor Werner Mansfeld statt; der Warthegau wurde durch Kendzia vertreten. Mansfeld führte aus, dass sich die geplante Einführung der Durchführungsverordnung über die Beschäftigung von Juden vom 31. Oktober 1941 in den eingegliederten Ostgebieten nur auf die im freien Arbeitsverhältnis tätigen Juden erstrecken, also nur die außerhalb der Ghettos beschäftigten Juden erfassen solle. Kendzia erklärte, dass sich zurzeit im Warthegau etwa 300.000 Juden aufhielten, was wohl zu hoch gegriffen war. Das sei aber nur ein vorübergehender Zustand, da bis Ende März 1942 alle Juden – bis auf die arbeitseinsatzfähigen – deportiert werden sollten. Bereits jetzt seien »alle Juden erfaßt und massiert untergebracht; es laufe keiner mehr frei herum«. Soweit die jüdischen Arbeitskräfte beim Straßen- oder auf Autobahnbau beschäftigt würden, wären sie in geschlossenen Lagern untergebracht. Auch sonst erfolge ihr Arbeitseinsatz nur geschlossen und gruppenweise. Die Einführung der Durchführungsverordnung sei daher weder erwünscht noch erforderlich. Nachdem sich auch die übrigen Vertreter aus den eingegliederten Ostgebieten negativ geäußert hatten, hielt Mansfeld die Einführung der Durchführungsverordnung dort für nicht erforderlich.[455]

Laut einem Aktenvermerk der Ghettoverwaltung soll Kendzia auf der Besprechung auch geäußert haben, dass im Warthegau »kein Privatunternehmer einen Profit aus der Leistung der Juden ziehen« könne. Nach den Ausführungen der verschiedenen Vertreter erfolgte die schlechteste Bezahlung der Juden für diejenigen, die außerhalb des Ghettos Litzmannstadt arbeiteten. Diese Tatsache belege die »Unterentlohnung« der aus dem Ghetto abgegebenen Arbeitskräfte.[456] Auf jeden Fall funktionierte, wie zahlreiche Beschwerden zeigen, die Überweisung der Lohnüberschüsse in das Ghetto Litzmannstadt offensichtlich nicht.[457]

Nach dem Willen des Reichsstatthalters sollten ab März 1942 die Lohnverrechnungen der Firmen und Behörden für jüdische Arbeitskräfte nur noch mit der Ghettoverwaltung Litzmannstadt stattfinden. Überweisungen an die verschiedenen Amtskom-

---

454 Vgl. Abschrift eines Schnellbriefes des Reichsarbeitsministers an den Reichstreuhänder der Arbeit in Posen vom 31.10.1941, in: BAB, R 3001, Nr. 22057, Bl. 206.
455 Vgl. Vermerk aus dem Reichsministerium des Innern über die Ressortbesprechung im Reichsarbeitsministerium am 28.11.941, in: ebd., Bl. 208.
456 Vgl. Aktenvermerk der Gettoverwaltung, Biebow, vom 8.12.1941, in: APLo, 221/IX, Nr. 29686, Bl. 95.
457 Vgl. Schreiben des Leiters des Arbeitsamtes Leslau an die Gettoverwaltung Litzmannstadt vom 6.12.1941, in: ebd., Nr. 29591, Bl. 20.

missare durften nicht mehr stattfinden, alle Löhne der eingesetzten Juden sollten auf das Konto der Ghettoverwaltung bei der Stadtsparkasse Litzmannstadt überwiesen werden.[458]

Kendzia traf im Juni 1942 die Anordnung, dass pro Kalendertag und jüdischer Arbeitskraft – gleichgültig ob arbeitseinsatzfähig oder nicht – 0,70 RM an die Ghettoverwaltung überwiesen werden sollten. Davon hatte die Ghettoverwaltung die Aufwendungen für die Versorgung der außerhalb arbeitenden Juden mit Arbeitskleidung und Schuhwerk zu bestreiten. Die Träger der jeweiligen Arbeiten waren für die Abführung der Beträge haftbar; sie hatten ferner für Unterkunft, Verpflegung, ärztliche Betreuung usw. zu sorgen.[459]

Von den 70 Rpf. sollten 50 Rpf. zum Unterhalt der nicht arbeitsfähigen Juden und 20 Rpf. für die Einkleidung, inklusive Schuhe genutzt werden.[460] Wie bereits vor Erlass der Anordnung, bereiteten die Überweisungen an die Ghettoverwaltung Litzmannstadt aber erhebliche Probleme, und einige Firmen hielten sich nicht daran, die 70 Rpf. auch für die bei ihnen arbeitsunfähig gewordenen Juden zu überweisen. Die Bauleitung des Flughafens Posen-Kreising brachte gar für jeden arbeitsunfähigen Juden eine Reichsmark in Abzug.[461]

Selbst die Ermahnungen des Reichstreuhänders der Arbeit an die Firmen, dass die Juden grundsätzlich amtsärztlich untersucht und für arbeitstauglich befunden worden waren, nutzten nicht viel. Nach Ansicht des Reichstreuhänders mussten die Firmen »wenigstens das Notwendigste tun, um diese Arbeitskräfte einsatzfähig zu erhalten«.[462] Da keine Besserung eintrat, ordnete der Reichstreuhänder an, dass für jede jüdische Arbeitskraft die Pauschalgebühr in Höhe von 70 Rpf. abzuführen sei, ohne Rücksicht

---

458 Vgl. Durchschrift eines Schreibens der Gettoverwaltung Litzmannstadt an das Tiefbauamt Posen vom 19.5.1942, in: ebd., Nr. 29684, Bl. 352. Das Landesarbeitsamt sollte die Firmen, denen es jüdische Arbeitskräfte zugewiesen hatte, entsprechend instruieren. Vgl. Durchschrift eines Schreibens der Gettoverwaltung, Ribbe, an das Landesarbeitsamt vom 22.5.1942, in: ebd., Nr. 30021, Bl. 50.

459 Vgl. Aktennotiz von Ribbe vom 2.6.1942, in: ebd., Nr. 29686, Bl. 93–94; Abschrift über die Anordnung über die Beschäftigung jüdischer Arbeitskräfte im Reichsgau Wartheland der Abteilung Arbeit, Fachgebiet Reichstreuhänder der Arbeit, vom 17.6.1942, in: ebd., Nr. 29245, Bl. 328–329. Sonst mit Datum 25.6.1942. So auch in: APP, 465, Nr. 228, Bl. 158–159.

460 Vgl. Durchschrift eines Schreibens von Oberbürgermeister Ventzki an die Abteilung Arbeit, Präsident Kendzia, vom 25.6.1942, in: APLo, 221/IX, Nr. 29686, Bl. 48–49.

461 Vgl. Durchschrift eines Schreibens der Gettoverwaltung Litzmannstadt an den Oberbürgermeister der Gauhauptstadt Posen, Bauleitung Flughafen Posen-Kreising, vom 19.9.1942, in: ebd., Nr. 29683, Bl. 24; Abschrift eines Schreibens der Abteilung Arbeit, Fachgebiet Reichstreuhänder der Arbeit, an die Posener Flughafen-Gesellschaft mbH vom 15.12.1942, in: ebd., Bl. 49.

462 Vgl. Abschrift eines Schreibens der Abteilung Arbeit, Fachgebiet Reichstreuhänder der Arbeit, Heusler, an den Betriebsführer der Ostdeutsche Chemische Werke GmbH Soda- und Ätznatronfabrik in Hohensalza vom 3.11.1942, in: ebd., Nr. 29685, Bl. 360 (Zitat ebd.).

darauf, ob die Arbeitskraft später vorübergehend arbeitsunfähig werde.[463] Die »Leihgebühr« für die Juden in Höhe von 70 Rpf. pro Tag und Person wurde offensichtlich nach und nach von den Trägern bezahlt.[464]

Das Ghetto Litzmannstadt als »Drehscheibe« für den Einsatz jüdischer Arbeitskräfte

Am 10. Dezember 1939 wurde die Einrichtung des Ghettos Łódź angeordnet. Es sollte mit einer Mauer umgeben werden, auch um die Auskämmung der anderen Stadtbezirke zu erleichtern. Die Arbeitskraft der Opfer stand im Zentrum des Interesses. Das Ghetto sollte zwar lediglich als Zwischenstation für die Abschiebung der Juden ins Generalgouvernement dienen, trotzdem zählte die Registrierung von Arbeitern in den Ghettos zu den ersten Schritten.[465]

Der Plan, die Juden zu bestimmten Arbeiten zu zwingen, war seitens der deutschen Ghettoverwaltung mit der Vorstellung verbunden, dass sich das Ghetto aus sich selbst heraus erhalten würde und außerdem einen Nutzen für die deutsche Kriegswirtschaft erzielen könnte. Das traf sich mit den Vorstellungen des »Judenältesten«, Chaim Rumkowski, der von der Erwartung ausging, durch produktive Arbeit das Ghetto unentbehrlich zu machen und so zumindest einem großen Teil der Juden das Überleben zu ermöglichen. Er baute einen großen und diversifizierten Industriekomplex im Łódźer Ghetto auf, der fast ausschließlich für die deutsche Rüstungsindustrie produzierte. Nicht zuletzt deshalb wurde das Łódźer Ghetto als letzte jüdische Gemeinschaft in Polen von den deutschen Besatzern vernichtet.[466]

Nach der Bildung des Ghettos in der Stadt Łódź sollten zum Arbeitseinsatz zunächst die Juden herangezogen werden, die nach wie vor außerhalb des Ghettos ihren Wohnsitz hatten. Sie sollten in festgelegten Kasernenblocks konzentriert und in Arbeitsabteilungen zusammengefasst zum geschlossenen Arbeitseinsatz gebracht werden.[467]

Der Charakter des Ghettos in Łódź änderte sich immer mehr hin zu einem »Arbeitsghetto«. Danach konnte es als ein wesentlicher Bestandteil der Gesamtwirtschaft des

---

463 Vgl. Schreiben des Reichstreuhänders der Arbeit für den Reichsgau Wartheland an das Bauhauptamt in Posen vom 21.12.1942, zit. nach: Blumental, Dokumenty, Dok. Nr. 113, S. 304–305.
464 Vgl. Schreiben des Oberbürgermeisters von Litzmannstadt, Getto-Verwaltung, an das Kreisbauamt in Lissa vom 19.1.1943, in: APP, 458, Nr. 19, Bl. 9.
465 Vgl. Gruner, Forced Labor (2006), S. 180 ff. Vgl. allgemein zum Ghetto Litzmannstadt: Klein, Ghettoverwaltung; Löw, Juden; Horwitz, Ghettostadt.
466 Vgl. Freund/Perz/Stuhlpfarrer, Getto, S. 23 f.
467 Vgl. Rundschreiben des Regierungspräsidenten zu Kalisch, Uebelhör, an die örtlichen Partei- und Polizeibehörden sowie an die wirtschaftlichen Institutionen über die Errichtung eines Ghettos in Łódź vom 10.12.1939, zit. nach: Faschismus, Dok. 40, S. 81.

Gaues angesehen werden, in dem rund 40.000 jüdische Arbeitskräfte in erster Linie für die Rüstungsindustrie tätig waren. Es gab aber zu keinem Zeitpunkt die Möglichkeit, die Bewohner so zu ernähren, dass die Arbeitskraft der Zwangsarbeiter auf Dauer gesichert war.[468]

Im August 1941 gab es dort rund 5.000 arbeitsunfähige Personen, die nach Auffassung von Kendzia »auf irgendeine Art und Weise aus dem Getto abzuschieben«, also zu ermorden waren. Die Ghettoverwaltung zögerte, ohne den Befehl einer übergeordneten Dienststelle, von sich aus so zu verfahren.[469]

Die Ghettoverwaltung Litzmannstadt wehrte sich in der Folgezeit vehement gegen Anforderungen des Arbeitsamtes. Biebow sah angesichts der Fülle von Aufträgen, die im Ghetto erfüllt wurde, keine Möglichkeit Arbeitskräfte abzugeben. Im Gegenteil: Auch im Ghetto werde es in Kürze an arbeitsfähigen Kräften mangeln. »Ich bin der Überzeugung, dass während des Krieges, wo die Versorgung der Truppen allem voranzustellen ist, die Juden bestimmt zweckmässiger auf diesem Gebiet eingesetzt werden, anstatt wie es vielfach auf dem Lande geschieht, Arbeiten durchgeführt werden, die ebenso gut nach dem Kriege auch noch in Angriff genommen werden können.«[470]

Um die jüdischen Arbeitskräfte gab es ein regelrechtes Gerangel zwischen Arbeitsamt und Ghettoverwaltung. Diese sicherte dem Arbeitsamt zu, dass eine Kartei im Ghetto über alle Juden zwischen 15 und 60 Jahren aufgebaut werden sollte. Das Ghetto konnte nach Aussagen von Biebows Stellvertreter, Friedrich Wilhelm Ribbe, als »reines Dezimierungsgetto« keine Juden abgeben, da es diese im »eigenen Kriegseinsatz« benötige.[471]

Auch bei weiteren Anforderungen des Arbeitsamts – etwa die Gestellung von 706 Juden für den Einsatz in Niederschlesien – blockte die Ghettoverwaltung ab, da nach ihrer Aussage alle entbehrlichen Arbeitskräfte, die sich in guter gesundheitlicher Verfassung befanden, bereits das Ghetto verlassen hätten. Lediglich kleinere Anforderungen für Hohensalza und Posen glaubte man noch erfüllen zu können. Im übrigen verwies die Ghettoverwaltung auf die jüdischen Arbeitskräfte aus den Landbezirken, die man einsetzen könne, zumal die Landräte immer wieder gebeten hätten, man möchte so schnell

---

468 Vgl. Trunk, Lodz, S. 148 ff.; Scheffler, Getto, S. 13 f.
469 Vgl. Aktennotiz von Friedrich Wilhelm Ribbe für Hans Biebow vom 28.8.1941, in: APLo, 221/IX, Nr. 29446, Bl. 36 (Zitat ebd.); Aktennotiz aus der Gettoverwaltung von Biebow an Ribbe vom 6.9.1941, in: ebd., Nr. 29221, Bl. 11; Klein Gettoverwaltung, S. 549.
470 Vgl. Durchschrift eines Schreibens der Gettoverwaltung, Biebow, an das Arbeitsamt Litzmannstadt vom 17.9.1941, in: APLo, 221/IX, Nr. 30021, Bl. 294 (Zitat ebd.). Für die Richtigkeit dieser Aussage spricht, dass Biebow intern dazu aufforderte, keine neuen Aufträge mehr anzunehmen. Vgl. Aktennotiz von Ribbe für Czarnulla vom 27.9.1941, in: ebd., Nr. 29446, Bl. 45; Schreiben der Gettoverwaltung, Biebow, an die Abteilungsleiter vom 2.10.1941, in: ebd., Bl. 10.
471 Vgl. Aktennotiz von Ribbe vom 9.10.1941, in: ebd., Nr. 29236, Bl. 20–21, hier Bl. 20.

wie möglich ihre Gebiete »judenfrei« machen.[472] Das Arbeitsamt ließ aber nicht locker und zweifelte die Kriegswichtigkeit der Betriebe im Ghetto offen an. Jedenfalls forderte man eine genaue Aufstellung sämtlicher Betriebe im Getto, in der die Art, Dringlichkeit und Zahl der Beschäftigten, getrennt nach Männern und Frauen, angegeben werden sollten.[473] Und es wurden auch immer wieder jüdische Arbeitskräfte aus dem Ghetto abgegeben, »vorübergehend ausgesiedelt«, wie es hieß, zum Beispiel zur Arbeit in den Zuckerfabriken in Oberschlesien.[474]

Die gesundheitliche Situation im Ghetto Litzmannstadt war im Sommer 1942 dermaßen schlecht, dass Biebow es für unmöglich hielt, Arbeitskräfte für Erdarbeiten heranzuziehen, »weil infolge der schlechten Ernährung die Leistungsfähigkeit der Juden so herabgemindert sei, daß die Litzmannstädter Juden nur eine Belastung für die Reichsbahn darstellen würden.« Aufgrund der gegenüber dem Landesarbeitsamt gemachten Zusagen seien dennoch 1.000 Mann herausgesucht worden, darunter auch Fachkräfte.[475]

Biebow bat das Arbeitsamt Łódź erneut, künftig von Anforderungen weiterer jüdischer Arbeitskräfte abzusehen. Es sei bereits sehr schwierig gewesen, für die Reichsbahn Arbeitskräfte ausfindig zu machen, die noch zu Erd- und Bahnarbeiten körperlich fähig waren. Außerdem lägen den Werkstätten im Ghetto umfangreiche Aufträge vor, die den Einsatz jedes Arbeiters ab zehn Jahren (!) erforderten. Die schlechte Zufuhr an Lebensmitteln bedinge, »daß ein langsamer, aber sicherer Kräfteverfall bei den Juden zu beobachten« sei.[476]

Im Frühsommer 1942 ging die Gestapo nach der dritten Deportationswelle dazu über, »arbeitsfähige« Juden aus den Landkreisen im Regierungsbezirk Litzmannstadt – samt ihrer Fertigung – in das Ghetto Łódź zu überführen, während die »arbeitsunfähigen« Juden in Chelmno/Kulmhof ermordet wurden. Die Räumung der Ghettos von Osorkow und Zdunska-Wola hatte das Rüstungskommando bis zum August 1942 aufschieben können, um die dortige Fertigung von Winterkleidung für die Truppe nicht zu unterbrechen. Bis zum 30. Juni 1942 wurden 7.649 Juden in das Ghetto Łódź verbracht. Die Auflösung des Ghettos verzögerte sich allerdings auf Intervention der Rüstungs-

---

472 Vgl. Durchschrift eines Schreibens der Gettoverwaltung an das Arbeitsamt Litzmannstadt vom 11.11.1941, in: ebd., Nr. 30021, Bl. 276–277.
473 Vgl. Schreiben des Arbeitsamtes Litzmannstadt an die Gettoverwaltung Litzmannstadt vom 28.11.1941, in: ebd., Nr. 29187, Bl. 224.
474 Vgl. Schreiben des Ältesten der Juden in Litzmannstadt an die Gettoverwaltung Litzmannstadt vom 18.12.1941, in: ebd., Nr. 30021, Bl. 267.
475 Vgl. Durchschrift eines Schreibens der Gettoverwaltung Litzmannstadt, Biebow, an den Oberbürgermeister Ventzki in Litzmannstadt vom 23.6.1942, in: ebd., Nr. 29686, Bl. 44 (Zitat ebd.).
476 Durchschrift eines Schreibens der Gettoverwaltung, Biebow, an das Arbeitsamt Litzmannstadt vom 26.6.1942, in: ebd., Nr. 30021, Bl. 164–166 (Zitat Bl. 164).

inspektion Posen dort, wo jüdische Arbeitskräfte in größerer Zahl für die Wehrmacht arbeiteten.[477]

Im Ghetto Litzmannstadt arbeiteten laut Ghettoverwaltung Ende September 1942 74.568 Juden.[478] Das Ghetto blieb der größte Rüstungsbetrieb in der Stadt bis Anfang 1944, als von 80.000 Juden nach den Schätzungen des Wehrwirtschaftsoffiziers im Wehrkreiskommando XXI ca. 95 Prozent für die deutsche Rüstung arbeiteten, davon zwei Drittel im Textilgewerbe, der Rest in Tischlerei- und einigen wenigen Metallfertigungsbetrieben. Bis dahin war der Abtransport der Juden mit Rücksicht auf ihre rüstungswirtschaftliche Bedeutung nicht erfolgt.[479]

Von der »Umsiedlung« zur Vernichtung

Greisers Interesse an der Vertreibung der jüdischen Bevölkerung war groß, lebten doch in seinem anvisierten deutschen »Mustergau« nach einer Statistik des Reichsinnenministeriums mehr Juden als Deutsche. Allein in Łódź, der nach Warschau größten jüdischen Gemeinde Polens, fand er nach der Flucht von ca. 70.000 Juden – und den ersten Umsiedlungen – noch 164.000 vor.[480]

Die »Abschiebung« der Juden sollte möglichst rasch geschehen, »eine Zurückstellung aus wirtschaftlichen oder sonstigen Gründen« käme nicht in Betracht, so der Vertreter des Reichskommissars für die Festigung deutschen Volkstums im Warthegau, »und zwar aus der grundsätzlichen Erwägung heraus, daß in Anbetracht der in genügender Anzahl vorhandenen arbeitslosen Polen eine Notwendigkeit zur Zurückstellung nicht bestehen« könne.[481]

Die Selektion der jüdischen Bevölkerung ging im Warthegau mit der Planung von Zwangsarbeitsprojekten einher. Am 31. Januar 1941 nahm der für Łódź zuständige Regierungsvizepräsident Walter Moser an, dass ein größerer Teil der arbeitsunfähigen Ghettobewohner im Frühjahr 1941 in das Generalgouvernement deportiert und eventuell durch arbeitsfähige Juden aus dem Gebiet des Warthegaues ersetzt werden würde. Am 7. März schrieb der stellvertretende Inspekteur der Sicherheitspolizei Posen,

---

477 Vgl. KTB des Rüstungskommandos Litzmannstadt für die Zeit vom 1.1.1942–30.6.1942, in: BA-MA, RW 21–39, Nr. 3, Bl. 8; Alberti, Verfolgung, S. 445.
478 Vgl. Durchschrift eines Schreibens der Gettoverwaltung, Biebow, an das Stadtsteueramt Litzmannstadt vom 6.11.1942, in: APLo, 221/IX, Nr. 29187, Bl. 53.
479 Vgl. Schreiben des Wehrwirtschaftsoffiziers des Wehrkreiskommandos XXI an den Wehrwirtschaftsstab im OKW vom 6.3.1944, in: BA-MA, RW 46, Nr. 484, unpag.
480 Vgl. Scheffler, Getto, S. 12.
481 Vgl. Abschrift eines Rundschreibens des Beauftragten des RKF im Warthegau an den Reichsstatthalter, die Regierungspräsidenten, die Landräte und Stadtkommissare sowie an die Leiter der Stapo- und SD-Leitstellen vom 14.1.1940, in: BAB, R 75, Nr. 2, Bl. 22–24, hier Bl. 23 (Zitate ebd.).

Rolf-Heinz Höppner, über ein Gespräch, das er drei Tage zuvor unter anderem mit Kendzia über die Auswahl arbeitseinsatzfähiger Polen in Łódź geführt hatte: »Um dem Befehl des Gauleiters, die arbeitsfähigen Juden nicht in das Generalgouvernement abzuschieben, nachzukommen, wurde festgelegt, daß das Arbeitsamt Litzmannstadt durch Besprechungen mit den Regierungs-Präsidenten erreichen will, die arbeitsfähigen Juden zunächst vorübergehend in das Ghetto in Litzmannstadt bringen zu lassen, um sie von dort aus anzusetzen. Der Rest der Juden wird evakuiert, auch wenn die Familien dadurch auseinandergerissen werden.«[482]

Bis zum Sommer 1941 war unklar, in welche Richtung sich der Arbeitseinsatz der Juden im Warthegau entwickeln würde. Klar war aber, dass eine wie auch immer geartete Lösung eng mit ihrer möglichen Vernichtung zusammenhing. Dass wird aus dem bekannten Aktenvermerk Höppners vom 16. Juli 1941 deutlich, der die Diskussionen in der Reichsstatthalterei zusammenfasste. In seinem Anschreiben an Eichmann erklärte Höppner, dass die Vorschläge »teilweise phantastisch« klängen, seiner Ansicht nach aber durchaus durchzuführen seien. Bei den Besprechungen in der Reichsstatthalterei wurde von verschiedenen Stellen die »Lösung der Judenfrage« im Reichsgau Wartheland angeschnitten. Man schlug dort unter anderem vor, sämtliche Juden des Warthegaus in ein Lager für 300.000 Personen zu sperren, das in der Nähe der »Kohlemagistrale« in Barackenform errichtet werden und das eigene Wirtschaftsbetriebe umfassen sollte. Arbeitsfähige Juden könnten nach Bedarf zu Arbeitskommandos zusammengestellt und aus dem Lager herausgezogen werden. Regierungspräsident Uebelhör wünschte aber offensichtlich nicht, dass das Ghetto Litzmannstadt verschwand, »da er mit ihm ganz gut zu verdienen scheint. Als Beispiel, wie man an Juden verdienen kann, wurde mir mitgeteilt, dass das Reichsarbeitsministerium aus einem Sonderfonds für jeden in der Arbeit eingesetzten Juden RM 6,- bezahlt, der Jude aber nur 80 Pfg. kostet.« Allerdings bestünde in diesem Winter die Gefahr, dass die Juden nicht mehr ernährt werden könnten: »Es ist ernsthaft zu erwägen, ob es nicht die humanste Lösung ist, die Juden, soweit sie nicht arbeitseinsatzfähig sind, durch irgendein schnellwirkendes Mittel zu erledigen. Auf jeden Fall wäre dies angenehmer, als sie verhungern zu lassen.«[483]

Die Handlungsmotivation scheint dabei der bei der Ermordung der unheilbar Kranken sehr ähnlich gewesen zu sein. Menschen, die in keiner Weise mehr verwertbar waren, sollten beseitigt werden, damit sie nicht – was der leistungsbetonten nationalsozialistischen Gesellschaftsorganisation widersprochen hätte – dem »Volkskörper«

---

[482] Vgl. Aktenvermerk des stellvertretenden Inspekteurs der Sicherheitspolizei und des SD in Posen, Höppner, vom 7.3.1941, in: IPN, 68, Nr. 146, Bl. 26–27 (Zitat Bl. 27). Auch in: USHMM, RG 14.015 M, Reel 2, fol. 146, p. 26–27; Aly, »Endlösung«, S. 264f.

[483] Vgl. Schreiben des SS-Sturmbannführers Höppner, Posen, an das Reichssicherheitshauptamt, Amt IV B 4, Eichmann, vom 16.7.1941, mit Anlage »Lösung der Judenfrage im Reichsgau Wartheland«, in: BAB, R 58, Nr. 954, Bl. 189–191 (Zitate ebd.).

zur Last fielen. Wichtig aber bleibt, dass im Zusammenhang mit den selbst geschaffenen Engpässen in der Siedlungspolitik, vor allem mit der Unmöglichkeit, die jüdische Bevölkerung abzuschieben, der Gedanke der Ermordung eines großen Teiles dieser Menschen aufgebracht wurde.[484]

Die endgültige Entscheidung zur Tötung der »arbeitsunfähigen« Juden im Warthegau fiel im Sommer/Herbst 1941.[485] Der größte Teil der Juden des Warthelandes wurde ab Ende 1941 bis 1943 in Chełmno/Kulmhof ermordet, dem ersten reinen Vernichtungszentrum für Juden überhaupt. Bereits ab September 1941 wurden größere Zahlen von Juden erschossen oder in Gaswagen ermordet.[486]

Bis Ende des Sommers 1942 wurden die Aktivitäten zur Liquidierung der Ghettos im Warthegau ohne Unterbrechungen fortgesetzt. Ab Februar zeichnete sich jedoch eine deutliche Veränderung ab: Nach der ersten Vernichtungswelle beschloss man nun, auch Selektionen vorzunehmen, das heißt eine bestimmte Anzahl von Ghettoinsassen zur Zwangsarbeit auszuwählen. Diese Änderung erfolgte auf Grund von Beschlüssen der Führungsspitze des Reichssicherheitshauptamts sowie von Entscheidungen, die schon bei der Wannsee-Konferenz vom 20. Januar 1942 getroffen worden waren. Dort hatte man vereinbart, einen geringen Prozentsatz der Juden vorerst am Leben zu lassen, um deren Arbeitskraft zur Zwangsarbeit auszunutzen. Die Arbeitsbedingungen sollten zu einem allmählichen Sterben sämtlicher jüdischen Zwangsarbeiter führen, gemäß dem als »Vernichtung durch Arbeit« beschriebenen Programm der Nationalsozialisten.

Am 1. Mai 1942 schickte Gauleiter Greiser Himmler ein Schreiben, in dem er diesem mitteilte, dass die von Himmler und Heydrich abgesegnete Aktion zur Ermordung der 100.000 Juden des Warthegaus in ein bis zwei Monaten abgeschlossen sein würde. Zweifellos lässt sich der Formulierung dieses Schreibens entnehmen, dass man vorhatte, zumindest für einen gewissen Zeitraum von der totalen Vernichtung der gesamten jüdischen Bevölkerung des Warthegaus abzusehen, um einen Teil von ihnen als Zwangsarbeiter einzusetzen. In Übereinstimmung mit dieser Politik wurden fortan während der Liquidierung eines Ghettos Selektionen vorgenommen, bei denen man jeweils einige Männer und Frauen auswählte, die zur Zwangsarbeit bestimmt waren. Ein kleiner Prozentsatz von ihnen wurde in die über den gesamten Warthegau verstreuten Zwangsarbeiterlager gebracht, den Großteil – 18.500 Männer und Frauen – schaffte man ins Ghetto Łódź. Dieses war das einzige Ghetto, das noch eine Weile bestehen bleiben sollte, während sämtliche anderen Ghettos der Kleinstädte im Warthegau vollständig liquidiert wurden.[487]

---

484 Vgl. Esch, »Gesunde Verhältnisse«, S. 348 f.
485 Vgl. Alberti, Verfolgung, S. 400 ff.
486 Vgl. Krakowski, Todeslager, bes. S. 51 ff.; Alberti, Verfolgung, S. 412 ff.; Rieß, Anfänge, S. 245.
487 Vgl. Krakowski, Todeslager, S. 77 f.

Ende August 1942 ordnete das RSHA an, alle Ghettobewohner unter zehn und über 65 Jahren, alle Kranken und alle Arbeitslosen aus dem Ghetto in das Vernichtungslager Chełmno/Kulmhof zu schicken. Das Ghetto sollte ein reines Arbeitslager werden. Am 1. und 2. September räumte die Gestapo die Krankenhäuser. Vom 5. bis 12. September galt im Ghetto eine »Allgemeine Gehsperre«, in deren Verlauf Kinder, Kranke und alte Menschen deportiert wurden. Statt der geplanten 20.000 fielen der »Aussiedlungsaktion« 15.685 Menschen zum Opfer, darunter 5.860 Kinder. Nach der »Sperre« lebten noch knapp 90.000 Juden im Ghetto Litzmannstadt.[488]

Ende 1942 arbeiteten 73.782 Juden in über 90 Ghettos, 85 Prozent davon für die deutsche Kriegswirtschaft. Hinzu kamen 21.000 jüdische Zwangsarbeiter, die in Lager und anderen Städten untergebracht waren. Insgesamt 95.112 Juden verrichteten am 1. Januar 1943 Zwangsarbeit im Warthegau.[489]

Im August 1943 waren nach einem Erlass des Reichsführers-SS die im Warthegau noch außerhalb des Ghettos Litzmannstadt in Arbeitslagern geschlossen zur Arbeit eingesetzten Juden »nunmehr endgültig abzutransportieren«. Den Trägern der Arbeitsvorhaben wurde empfohlen, die in Angriff genommenen Arbeiten beschleunigt abzuschließen. Die Gestellung von Ersatzarbeitskräften bliebe Aufgabe der Arbeitsämter. Das Landesarbeitsamt in Posen war entsprechend unterrichtet worden.[490] Die Auflösung der Arbeitslager zog sich hin. So wurden die Juden aus dem Kreis Lissa erst Ende August abtransportiert. Gleiches galt für die städtischen Judenlager in Posen. Die arbeitsfähigen Juden wurden jeweils in das Ghetto Litzmannstadt, die arbeitsunfähigen in das KZ Auschwitz verbracht.[491] Aber auch danach gab es offensichtlich in den Landkreisen noch vereinzelt Arbeitslager für Juden.[492]

Selbst im Nachhinein wird die intensive Mitwirkung der Arbeitsämter beim Arbeitseinsatz der Juden noch einmal deutlich, so zum Beispiel, wenn das Tiefbauamt Posen in einem Schreiben an die Ghettoverwaltung Litzmannstadt betonte, man habe Juden nur auf Veranlassung des hiesigen Arbeitsamtes abgegeben.[493]

---

488 Vgl. Löw, Juden, S. 282.
489 Vgl. Gruner, Forced Labor (2006), S. 192.
490 Vgl. Schreiben des Landrates des Kreises Lissa an das Kreisbauamt vom 17.8.1943, in: APP, 458, Nr. 19, Bl. 126. Laut Klein ist dieser Erlass Himmlers nicht überliefert. Vgl. Klein, Gettoverwaltung, S. 608, Anm. 119.
491 Vgl. Abschrift eines Schreibens der Gestapo Posen an den Landrat des Kreises Lissa vom 27.8.1943, in: APP, 458, Nr. 19, Bl. 121; Schreiben der Bauabteilung bei der Stadtverwaltung in Posen an die deutsche Ghettoverwaltung in Łódź vom 31. August 1943, zit. nach: Faschismus, Dok. 366, S. 434.
492 Vgl. Schreiben der Staatspolizeileitstelle Posen an den Landrat des Landkreises Kosten vom 9.10.1943, in: APP, 456, Nr. 21, Bl. 29–30.
493 Vgl. Schreiben des Tiefbauamtes Posen an die Gettoverwaltung Litzmannstadt vom 11.10.1943, in: APŁo, 221/IX, Nr. 29684, Bl. 11.

7. Fazit

Die deutschen Planungen für Polen sahen, vereinfacht ausgedrückt, zwei Besatzungsregime vor: die so genannten eingegliederten Gebiete und ein zunächst nicht näher definiertes »Nebenland« des Reiches. Während die eingegliederten Gebiete rasch »germanisiert« und in die deutsche Kriegswirtschaft integriert werden sollten, war für das später als »Generalgouvernement« bezeichnete zentrale und östliche Polen dessen rücksichtslose Ausbeutung und Nutzung als Abschiebeterritorium für Polen und Juden aus den westlichen Gebieten vorgesehen.

Das überwiegend agrarisch geprägte Wartheland sollte zur »Korn- und Kartoffelkammer« des Reiches entwickelt werden, gleichzeitig aber auch als Rekrutierungsgebiet für Landarbeiter dienen. Entsprechend diesen Zielsetzungen wurde die zunächst etablierte Militärverwaltung rasch durch eine zivile Verwaltung nach dem Vorbild des Reiches – wenn auch mit kleineren Modifikationen – abgelöst: Unter einem Reichsstatthalter arbeiteten drei Regierungspräsidenten, in den Kreisen herrschten Landräte. Ebenso zügig richtete die deutsche Arbeitsverwaltung ihren Apparat dort ein. Die Arbeitsämter, die den deutschen Truppen auf dem Fuße folgten, waren sehr häufig die ersten Zivilbehörden in den gerade besetzten Orten. Ihre ersten Schritte richteten sich auf eine Registrierung der Arbeitslosen sowie deren teilweisen Abtransport ins Reichsgebiet.

Der Aufbau der deutschen Arbeitsverwaltung orientierte sich im Warthegau, analog zur übrigen Verwaltung, an der des Reichsgebiets, wies aber eine wesentliche Abweichung auf: Sie bildete keinen autonomen Verwaltungszweig, keine Sonderverwaltung. Die Arbeitsämter waren jeweils für zwei bis fünf Kreise zuständig und den Landräten unterstellt. Ihre fachlichen Weisungen erhielten sie vom Landesarbeitsamt, das eine Fachabteilung in der Abteilung Arbeit bildete, die wiederum in die Reichsstatthalterei eingegliedert war. Damit war eine stärkere Politisierung der Tätigkeit verbunden. Allerdings gab es immer wieder Versuche des Reichsarbeitsministeriums, einen separaten Verwaltungszweig aufzubauen. Bei den Mitarbeitern der Arbeitsverwaltung handelte es sich häufig um Beamte, die von ihren Heimatbehörden abgeschoben worden waren. Nicht wenige unter ihnen zeichneten sich durch Mangel an Disziplin und Anfälligkeit für Korruption aus.

Der Warthegau war dasjenige der eingegliederten Gebiete, in dem die »Germanisierungspolitik« am radikalsten durchgesetzt wurde. Dazu wurden Juden und Polen Zug um Zug in das Generalgouvernement vertrieben und im Gegenzug volksdeutsche Rücksiedler aus Ost- und Südosteuropa hereingebracht. Aufgrund des Arbeitermangels in der deutschen Kriegswirtschaft rückten die Polen aber in das Visier der Arbeitsverwaltung: die »eindeutschungsfähigen« unter ihnen sollten langfristig im Reichsgebiet angesiedelt, ein Teil der übrigen als Saisonarbeiter dorthin deportiert werden. Die Aufteilung setzte ein aufwändiges und zeitraubendes volkstumspolitisches *screening* der polnischen Bevölkerung voraus. Dieses System geriet immer stärker in Konflikt mit den steigenden Anforderungen der deutschen Kriegswirtschaft nach Arbeitskräften.

Der Konflikt wurde im Zeichen des Krieges zugunsten der Arbeitskräfterekrutierung gelöst; die Volkstumsfragen wurden auf die Zeit nach dem Kriegsende verschoben. Auch Reichsstatthalter Greiser musste rasch einsehen, dass er auf die Polen als billige Arbeitskräfte in der Wirtschaft des Warthegaues nicht verzichten konnte. Volkstums- und Arbeitsmarktpolitik standen aber nicht nur gegeneinander, sondern ergänzten sich in manchen Punkten: So waren die Probeerfassungen auf beide Bereiche bezogen, und die ehemaligen Landarbeiter der nun vertriebenen polnischen Bauern waren ein bevorzugtes Rekrutierungsziel der Arbeitsverwaltung. Insgesamt war die Arbeitsverwaltung massiv an den Deportationen und »Verdrängungen« von Polen beteiligt.

Im Falle des Warthegaues ist es schwierig, verschiedene Phasen bei den Formen der Arbeiterrekrutierung voneinander abzugrenzen, typisch war eher die gleichzeitige Anwendung verschiedener Methoden. Die vorherrschenden Rekrutierungsformen bildeten die Beorderung bzw. Dienstverpflichtung. Razzien spielten angesichts der zunehmend ablehnenden Haltung der Bevölkerung eine immer wichtigere Rolle. Die zunächst erfolgreiche Werbung von Freiwilligen nahm im Laufe der Zeit stark ab. Recht häufig kam es dort hingegen zu direkten Anwerbungen und namentlichen Anforderungen von Arbeitskräften durch Arbeitgeber aus dem Altreich, meistens von Personen, die bei ihnen bereits gearbeitet hatten. Im Verlauf des Krieges nahm die Zahl derer, die den Beorderungen und Dienstverpflichtungen Folge leisteten, rapide ab. Die Vorführung dieser Personen beim Arbeitsamt war Sache der Gendarmerie, ohne sie kamen die Arbeitsämter dabei nicht aus. Den Familien der Nichterschienenen drohten Repressalien, wie z. B. der Einzug ihrer Lebensmittelkarten, die Beschlagnahme von Haus und Hof, oder ein Schicksal als Geiseln. Trotzdem nahm der passive – und teilweise aktive – Widerstand der polnischen Bevölkerung gegen die Deportationen zur Arbeit im Altreich durch Fluchten, Arbeitsvertragsbrüche etc. ständig zu.

Maßgebend für die Vorgehensweise der Arbeitsverwaltung waren zwei antagonistische Entwicklungen: Die sich steigernden Anforderungen des Reiches auf der einen und der wachsende Bedarf an Arbeitskräften im Warthegau selbst, der durch die verstärkte Einbeziehung in die deutsche Kriegswirtschaft bedingt war, auf der anderen Seite. Dabei griff die Arbeitsverwaltung zu immer härteren Maßnahmen und nahm gleichzeitig immer weniger Rücksicht auf die volkstumspolitischen Vorgaben. Deutlich wird dieser Umstand in den sich wandelnden Kriterien für den Einsatz ganzer Landarbeiterfamilien im Reichsgebiet.

Ab 1941 wurde die Kriegswirtschaft im vor alliierten Luftangriffen sicheren Warthegau durch Verlagerung von Betrieben aus dem Gebiet des Altreiches und durch Neugründungen ausgebaut. Die nowendigen Kontingente an Arbeitern sowie das Personal für die parallel dazu intensivierte landwirtschaftliche Erzeugung hatte ebenfalls die Arbeitsverwaltung aufzubringen. Hierzu versuchte sie mit verschiedenen Maßnahmen den Arbeitsmarkt zu kontrollieren und Personen, die sich der Arbeit entzogen mit drastischen Mitteln zu disziplinieren. Trotzdem machte sich ein immer stärkerer Arbeitskräftemangel, vor allem an Facharbeitern, bemerkbar.

Umso mehr erstaunt, dass die Arbeitsverwaltung die jüdischen Arbeitskräfte, die ebenfalls unter ihrer Aufsicht standen, nicht zielgerichteter einsetzte. Sie kam in diesem Bereich erst spät zu einheitlichen Regelungen. Aber auch diese waren unbefriedigend, da sie von den Firmen, die jüdische Arbeitskräfte beschäftigten, unterlaufen wurden. Neben diesem privatwirtschaftlichen Einsatz dominierten die Zwangsarbeitslager für jüdische Arbeitskräfte, die für Großbauten, Meliorationsarbeiten etc. eingerichtet wurden. Das Ghetto Litzmannstadt fungierte dabei zunehmend als Drehscheibe für die jüdischen Arbeitskräfte.

Die Arbeitsverwaltung deportierte aus den eingegliederten Gebieten Polens etwa 700.000 bis 730.000 Personen zur Zwangsarbeit ins Reich, davon stammten zweifellos die meisten aus dem Warthegau. Die Anzahl derer, die darunter im Reich angesiedelt werden sollten, lässt sich kaum noch genau angeben. Die SS-Stellen stellten der Arbeitsverwaltung für den Arbeitseinsatz in Altreich und Warthegau 118.000 Personen zur Verfügung.

Entscheidend für die Praxis der deutschen Arbeitsverwaltung im Warthegau war der Einfluss der besatzungs- und vor allem der volkstumspolitischen Ziele. Diese Determinanten hatten weitaus stärkeres Gewicht bei der Zwangsarbeiterrekrutierung, als die strukturelle Prägung der Arbeitsverwaltung durch die Form der Besatzungsherrschaft sowie ihren eigenen Aufbau. Die deutschen Ambitionen zur »Germanisierung« des Warthegaues führten zu der spezifischen Trennung der polnischen Arbeitskräfte in reine Saisonarbeiter und solche, die als »eindeutschungsfähig« betrachtet wurden und dauerhaft im Gebiet des Alteiches angesiedelt werden sollten. Auch wenn diese Grenzziehung unter dem Druck des kriegsbedingten Arbeitskräftemangels verschwamm, beeinflusste sie doch die Praxis der deutschen Arbeitsverwaltung bis zum Schluss.

Karsten Linne
»Sklavenjagden« im Arbeiterreservoir – das Beispiel Generalgouvernement

1. Grundlinien der deutschen Besatzungspolitik im Generalgouvernement

Am 26. Oktober 1939 wurde das Generalgouvernement gegründet, als vorläufige »Heimstätte des polnischen Volkes«. Es war ein koloniales, und komplett abhängiges »Nebenland« des Reiches. Seine rund 10,6 Millionen Einwohner waren staatenlos. Mit einer Fläche von 95.609 Quadratkilometern war das Generalgouvernement etwas größer war als die vier eingegliederten Ostgebiete zusammen und hatte wirtschaftlich primär die Funktion eines Arbeitskräftereservoirs für das Reich. Darüber hinaus sollte es nach dem Willen der Nationalsozialisten als Sammelbecken für Polen und Juden dienen, vornehmlich für die aus den eingegliederten westpolnischen Gebieten vertriebenen.[1] Martin Broszat war wohl der erste, der auf die Bedeutung dieser Bevölkerungstransfers und ihre »unmittelbaren psychologisch-politischen Rückwirkungen« hinwies, die vor allem die Deportationen der Arbeitskräfte in das Reich hervorriefen und die dem polnischen Widerstand gegen die deutsche Herrschaft stärksten Auftrieb gaben.[2]

An der Spitze der Verwaltung stand der Generalgouverneur Hans Frank, der Hitler direkt unterstellt war. Sein Stellvertreter, Josef Bühler, leitete das Amt des Generalgouverneurs, das in verschiedene Fachabteilungen und Ämter gegliedert war.[3] Die mittlere Instanz bildeten die vier Distriktverwaltungen (Krakau, Warschau, Radom, Lublin und ab 1. August 1941 Galizien in Lemberg) unter der Führung eines Gouverneurs, der seinerseits Frank untergeordnet war. Als untere Verwaltungsebene fungierten die Kreis- und Stadthauptleute. Sie stellten mit ihren Ämtern das organisatorische »Rückgrat« der deutschen Zivilverwaltung dar und waren die eigentlichen Vollstrecker der deutschen Besatzungspolitik.[4]

Bereits in einer Unterredung am 2. Oktober 1939 hatte sich Hitler sehr dezidiert über seine Vorstellungen zur Zukunft der polnischen Arbeitskräfte geäußert und reprodu-

---

1 Vgl. Umbreit, Weg, S. 125 f.; Steinbacher, Musterstadt, S. 80; Musial, Recht, S. 34; Dlugoborski, Einleitung, S. 23 ff.; Röhr, Wirtschaftspolitik, S. 226 f. Vgl. nach wie vor insgesamt: Eisenblätter, Grundlinien.
2 Vgl. Broszat, Polenpolitik, S. 105.
3 Vgl. Erlaß des Führers und Reichskanzlers über die Verwaltung der besetzten polnischen Gebiete vom 12.10.1939, in: RGBl. T. I 1939, Nr. 210 vom 24.10.1939, S. 2077–2078.
4 Vgl. zu den Kreis- und Stadthauptleuten: Roth, Herrenmenschen.

zierte dabei seine lang gehegten Vorurteile: Die Polen seien keine qualifizierten Arbeiter, geradezu zu niederen Tätigkeiten geboren; sie müssten, um leben zu können, ihre eigene Arbeitskraft exportieren. Dazu sollten sie ins Reich kommen und dort Arbeit in der Landwirtschaft, im Straßenbau und bei ähnlichen Tätigkeiten leisten, ihr Wohnsitz bliebe aber Polen. Sobald die Ernte vorbei sei, könnten sie dorthin zurückkehren. Zusammengefasst war das Gouvernement für Hitler die »Ausleih-Zentrale für ungelernte Arbeiter, insbesondere für landwirtschaftliche Arbeiter«.[5]

Nur einen Tag später referierte Generalgouverneur Frank die Anordnungen Hitlers: Demnach kam »nur eine Ausnutzung des Landes durch rücksichtslose Ausschlachtung, Abtransport aller für die deutsche Kriegswirtschaft wichtigen Vorräte, Rohstoffe, Maschinen, Fabrikationseinrichtungen, Herausziehen der Arbeitskräfte zum Einsatz im Reich, Drosselung der gesamten Wirtschaft Polens auf das für die notdürftigste Lebenshaltung der Bevölkerung unbedingt notwendige Minimum« in Betracht. Polen sollte wie eine Kolonie behandelt werden, die Polen würden dann die »Sklaven des Großdeutschen Weltreiches« werden.[6] Hitler betonte, dass die dortige Verwaltung nicht die Aufgabe habe, aus dem Generalgouvernement »eine Musterprovinz oder einen Musterstaat nach deutscher Ordnung zu schaffen oder das Land wirtschaftlich und finanziell zu sanieren«. Das Gebiet sollte als militärische Pufferzone gegenüber der Sowjetunion ebenso wie für einen späteren militärischen Aufmarsch gegen sie ausgenutzt werden. Dazu müsste die dafür notwendige Infrastruktur, wie Bahnen, Straßen und Nachrichtenverbindungen in Ordnung gehalten und ausgebaut werden. Darüber hinaus sollte eine Konsolidierung der Verhältnisse aber vermieden werden. Im Gegenteil, die »totale Desorganisation« und die Ingangsetzung eines »Teufelswerks« waren die Ziele.[7]

Dem Generalgouvernement maßen die deutschen Besatzer in wirtschaftlicher Hinsicht also zunächst keine größere Bedeutung bei. Dessen einzige Funktion sah Hitler – wie erwähnt – darin, dem Reich als Arbeiterreservoir zu dienen: »Wir wollen dort nur Arbeitskräfte schöpfen.« Die Folgen dieser Politik bestanden in Massenarbeitslosigkeit, Inflation und Güterknappheit. Die deutsche Rüstungswirtschaft und Franks Verwaltung stellten rasch fest, dass diese Verhältnisse negative Folgen für das Reich selbst haben würden. Ab Ende 1939 zeichnete sich deshalb eine neue Entwicklung ab. Man ging seit Dezember dazu über, die Rüstungsbetriebe – ab Januar 1940 auch die übrige Industrie – wieder in Gang zu setzen. Beschleunigt wurde diese Entwicklung dadurch, dass das Generalgouvernement als Aufmarschgebiet für den Krieg mit der Sowjetunion dienen

---

5 Vgl. Aktenvermerk von Martin Bormann über eine Unterredung mit Hitler, Frank und anderen am 2.10.1939, in: Trial, Bd. 39, Dok. USSR-172, S. 425–429, hier S. 426 ff. (Zitat S. 429).
6 Zit. nach: August, Entwicklung, S. 330 (Zitate ebd.).
7 Vgl. Niederschrift über die Besprechung des Führers mit Chef OKW über die künftige Gestaltung der polnischen Verhältnisse zu Deutschland am 17.10.1939 vom 20.10.1939, in: Trial, Bd. 26, Dok. 864-PS, S. 377–383 (Zitate S. 381 f.); Dlugoborski/Madajczyk, Ausbeutungssysteme, S. 404 f.

sollte und deshalb stabilere Verhältnisse und eine funktionierende Infrastruktur und Versorgungsmöglichkeiten für die Truppe vonnöten waren.[8]

Ab 1940/41 wurde das Generalgouvernement dann immer stärker in die Kriegswirtschaft des Reiches einbezogen. Die Zahl der Betriebe, die direkt dafür produzierten, wuchs von 186 im September 1940 auf 259 im Oktober 1941, 358 waren es im September 1942 und 404 im Juni 1944. Gleichzeitig raubten die deutschen Besatzer die polnische Landwirtschaft weiter aus; das einstige Einfuhr- wurde ein Ausfuhrgebiet für Lebensmittel.[9] Der aus der Ausplünderungspolitik resultierende Mangel an Lebensmitteln bzw. das entsprechende Ansteigen der Lebensmittelpreise zog sich wie ein roter Faden durch die Entwicklung des Generalgouvernements und führte unter anderem zum Anwachsen des »Schleichhandels« und einem blühenden Schwarzmarkt. Auf der anderen Seite beeinträchtigte er die Leistungsfähigkeit der Arbeitskräfte bis hin zu deren Ausfall.[10]

Frank ging im Zuge der geänderten Wirtschaftspolitik davon aus, dass die Polen »eine Heimstätte« im Generalgouvernement behielten, es nicht germanisiert würde. Es sei aber im Generalgouvernement den Polen »vollends das Rückgrat zu brechen, sodaß nie wieder der geringste Widerstand geleistet werden« könne.[11]

Perspektivisch sah Frank allerdings auch für das Generalgouvernement nach wie vor dessen »Germanisierung« als Ziel an. Er erklärte in einer Regierungssitzung am 11. März 1942, das Gebiet sei endgültig für die deutsche »Wiederbesiedlung« vorgesehen. Deshalb müsse es von Polen und Ukrainern freigemacht werden. Der zeitliche Rahmen erstrecke sich dabei zwar über Jahrzehnte, aber man müsse in diese Richtung arbeiten, auch wenn der Krieg dies erschwere.[12]

Frank kategorisierte die Menschen des Generalgouvernements; dabei standen die Juden für ihn an unterster Stelle: »Die Juden interessieren mich überhaupt nicht. Ob die etwas zu futtern haben oder nicht, ist für mich die letzte Frage.« Die zweite Kategorie bildeten für ihn die Polen, die nicht oder kaum arbeitsfähig waren. Sie wollte er mit den übrigbleibenden Resten ernähren und sie ansonsten auf ihre Selbsthilfe verweisen. Die nächste Gruppe nach den Ukrainern, die einen Sonderstatus besaßen, bildeten die

---

8 Vgl. Die Industrialisierung des Generalgouvernements (Teil A: Die Entwicklung der Industrie im Gebiet des Generalgouvernements seit dem Weltkrieg) von Helmut Meinhold, aus dem Institut für Deutsche Ostarbeit, Sektion Wirtschaft, vom Dezember 1941, in: BAB, R 52 IV, Nr. 144d, Bl. 243 und Bl. 312f.
9 Vgl. Musial, Schlachtfeld, S. 19ff. (Zitat S. 19); Luczak, Wirtschaftspolitik, S. 88f.
10 Vgl. Eintrag im DTB von Frank vom 20.11.1942, zit. nach: Präg/Jacobmeyer, Diensttagebuch, S. 573.
11 Vgl. Teilniederschrift über die Sitzung des Reichsverteidigungsausschusses am 2.3.1940 in Warschau vom 4.3.1940, in: BA-MA, RH 53-23, Nr. 22, Bl. 97–105, hier Bl. 97 (Zitate ebd.).
12 Vgl. Eintrag im DTB von Frank vom 11.3.1942, Regierungssitzung, zit. nach: Präg/Jacobmeyer, Diensttagebuch, S. 469.

arbeitenden Polen, für die man sorgen müsse, weil das Deutsche Reich einen Nutzen von ihnen hatte.[13]

Der deutschen Abhängigkeit von den polnischen Arbeitskräften war sich Frank sehr bewusst, und er drängte später auf eine andere Politik ihnen gegenüber. Ihm war klar, dass es bei den Anforderungen des Reiches und denen der wachsenden Rüstungsindustrie im Generalgouvernement geradezu ein »Ringen um die polnische Arbeitskraft« gab: »Wir sind ja von den Polen hierin abhängig. Wenn die Polacken die Züge nicht fahren, wer fährt sie dann? Wenn die hunderttausend polnischen Eisenbahner die Züge nicht fahren, könnten wir den Aufmarsch einstellen.« Die Meinung, dass man gleichzeitig Krieg führen und weltanschauliche Kämpfe ausfechten könne, sei ein Irrtum. Wenn man den Krieg gewinnen wolle, müsse man pragmatisch vorgehen; die Fragen der Volkstumspolitik müssten auf die Nachkriegszeit verschoben werden.[14]

Der systematisch ausgeübte Terror war konstitutives Element der deutschen Besatzungsherrschaft im Generalgouvernement. Er diente als zentrales Instrument bei der Durchsetzung, Stabilisierung und Erhaltung der deutschen Herrschaft in diesem Gebiet. Mit ihm sollte die Bevölkerung kontrolliert und zum Gehorsam gezwungen werden. Seine Wirkungen durchdrangen Anpassung, Kollaboration und Widerstand gleichermaßen.[15] Den Terror übten – neben der Wehrmacht[16] – vor allem SS, Polizei, Selbstschutz und Sonderdienst aus.[17] Der Winter 1939/40 war im Generalgouvernement geprägt von Terror- und Mordaktionen die der Einschüchterung der Bevölkerung und der Dezimierung ihrer Führungsschicht dienten. Einen Höhepunkt in dieser Hinsicht bildete im Frühjahr 1940 die »Allgemeine Befriedungs-Aktion«. Diese Form der »Volkstumspolitik« durch pauschale Mordaktionen entsprach Hitlers Zielen.[18] Terror und Widerstand schaukelten sich im Laufe der Zeit gegenseitig hoch. Gleichzeitig wuchs in Teilen der NS-Führungsriege die Erkenntnis, dass die Umsiedlungs- und Vernichtungspolitik gegenüber den Polen angesichts des realen Kriegsverlaufes dysfunktional sein könnte. Oder wie Frank es lakonisch ausdrückte: »Auf Grund dieser Sachlage gewinnt

---

13 Vgl. Eintrag im DTB von Frank vom 23.4.1940, Arbeitssitzung, zit. nach: ebd., S. 186 f.; Esch, Verhältnisse, S. 330.
14 Eintrag im DTB von Frank vom 14.4.1942, zit. nach: Präg/Jacobmeyer, Diensttagebuch, S. 489 (Zitate ebd.).
15 Vgl. Baberowski/Doering-Manteuffel, Ordnung, S. 59 ff.; Röhr, Terror; Chodakiewicz, Nazis, S. 2.
16 Vgl. Böhler, Auftakt.
17 Vgl. Mallmann/Böhler/Matthäus, Einsatzgruppen; Foedrowitz, Suche; Borodziej, Terror; Mallmann, Missgeburten; Jansen/Weckbecker, Selbstschutz.
18 Vgl. Birn, SS- und Polizeiführer, S. 197 f.

man doch plötzlich die Einsicht, daß man nicht gleichzeitig das Polentum vernichten und andererseits mit der Arbeitskraft des Polentums Berechnungen anstellen kann.«[19]

2. »Volkstumspolitik« und Umsiedlungen im Generalgouvernement

Experimentierfeld Zamość

Die »Volkstumspolitik« und die Ansiedlungen Volksdeutscher gewannen im Generalgouvernement nicht die zentrale Bedeutung wie im Warthegau. Nach den Fernzielen der nationalsozialistischen Lebensraumpolitik und den im »Generalplan Ost« festgelegten Vorstellungen beabsichtigte Himmler als Reichskommissar für die Festigung deutschen Volkstums aber auch das Generalgouvernement mit deutschen Bauern und Handwerkern zu durchsetzen sowie regelrechte Schneisen durch die von Polen bewohnten Gebiete zu schlagen. Im Dezember 1942 schien die Aufnahmefähigkeit des Warthegaues für die volksdeutschen Rücksiedler weitgehend erschöpft zu sein, so dass Himmler den Distrikt Lublin zu ihrem neuen Ansiedlungsgebiet bestimmte. Begonnen wurde mit der Kreishauptmannschaft Zamość, wo sich die im »Generalplan Ost« vorgesehenen Besiedlungsachsen schnitten. Anfang Oktober 1942 befahl Himmler die »Freimachung« dieses geplanten ersten Siedlungsbereiches von der polnischen und ukrainischen Bevölkerung, soweit sie nicht noch als Arbeitskräfte vor Ort gebraucht wurde.[20]

Um es vorwegzunehmen, die hochfliegenden Germanisierungspläne der SS für das Generalgouvernement scheiterten weitgehend. Die beabsichtigte dortige Ansiedlung der Volksdeutschen war, so Isabel Heinemann, »ein einziger Mißerfolg«. Aber die Aus- und Umsiedlungen in der Region Zamosc mit ihren zwei Phasen der »Pazifizierung« und »Extermination« wiesen den Weg zukünftiger Politik gegenüber der einheimischen Bevölkerung im Osten. Dies bedeutete eine unbarmherzige Selektion zum Zwecke der »Verwertung als Arbeitskräfte« oder der Vernichtung, wenn die Menschen nicht arbeitsfähig waren.[21]

In der Region Zamość lief bereits seit längerer Zeit eine Aktion zur »völkischen Rückgewinnung polonisierter deutschstämmiger Siedlungen«. Deshalb forderte die SS von der Arbeitsverwaltung, die »eindeutschungsfähigen« Polen aus der Region nicht

---

19 Vgl. Eintrag im DTB von Frank vom 14.12.1942, Arbeitstagung der Politischen Leiter des Arbeitsbereichs Generalgouvernement der NSDAP, zit. nach: Präg/Jacobmeyer, Diensttagebuch, S. 590 (Zitat ebd.).
20 Vgl. Umbreit, Herrschaft, S. 237 ff. Vgl. insgesamt zum Komplex Zamosc: Madajczyk, Zamojszczyzna; ders., Generalplan; Wasser, Raumplanung; ders., Germanisierung; ders., Umsetzung.
21 Vgl. Heinemann, Rasse, S. 415 (Zitat ebd.); Wasser, Raumplanung, S. 118 f.

als Landarbeiter nach Deutschland zu schicken.[22] Nur ein Vierteljahr später regte die SS dann aber an, einzelne Personen auf geeignete Arbeitsstellen im Altreich zu vermitteln. Sie würden so in einer rein deutschen Umgebung schneller und besser »eingedeutscht« werden können, als im Distrikt Lublin. Die Abteilung Arbeit nahm die betreffenden Dörfer zunächst von der Landarbeiterwerbung aus und war auch damit einverstanden, dass die in Betracht kommenden Personen allmählich in geeigneten Arbeitsstellen im Altreich untergebracht wurden.[23]

Zwischen Ende November 1942 und März 1943 wurden fast 110.000 Polen und Ukrainer aus 300 Dörfern in den Kreisen Zamość, Hrubieszów und Tomaszów-Lubelski zwangsevakuiert, im August 1943 – im Zusammenhang mit der »Sicherungsaktion Werwolf« – auch im Kreis Bilgoraj.[24] Innerhalb von drei Wochen siedelten die SS-Stäbe alleine bis Ende 1942 aus 60 Dörfern der Region Zamość insgesamt 9.771 Personen aus. Von diesen verblieben dort als Gesindekräfte bzw. Facharbeiter 2.716 Personen. Die übrigen wurden im Lager Zamość selektiert. Dabei befanden die Rassegutachter der SS 314 Personen für »wiedereindeutschungsfähig«, die meisten, nämlich 5.147, fielen in die Wertungsgruppe III und waren damit nur als Arbeitskräfte von Bedeutung, während 1.594 Personen in das Arbeitslager in Auschwitz gebracht wurden. Von den Angehörigen der Wertungsgruppe III kamen 1.751 zum Arbeitseinsatz in das Altreich, insgesamt 3.274 Personen in die »Rentendörfer« und 806 verblieben zum Arbeitseinsatz im Generalgouvernement. Allerdings stellten diese 9.771 erfassten Personen lediglich 28,9 Prozent der zur Deportation Vorgesehenen dar; der Rest war vorher geflüchtet.[25] Bis zum Beginn der blutigen »Antipartisanenaktionen« Ende Juni 1943 waren insgesamt 16.618 evakuierte Menschen rassisch überprüft worden, davon 416 zur »Wiedereindeutschung« ausgesucht, 9.658 zum Transport ins Altreich oder zum Verbleib als Arbeitskräfte vor Ort bestimmt und 3.399 für das Arbeitslager Auschwitz oder ein Zugrundegehen in »Rentendörfern« vorgesehen. Durch die danach einsetzende Menschenjagd wuchs die Zahl der Evakuierten in nur vier Wochen bis Ende Juli auf fast 50.000 an.[26]

---

22 Vgl. Schreiben des Volkspolitischen Referats und Beauftragten der Volksdeutschen Mittelstelle beim SSPF im Distrikt Lublin an den Leiter der Abteilung Arbeit beim Chef des Distrikts vom 21.3.1941, in: APLu, 498, Nr. 756, unpag. (Zitat ebd.).
23 Vgl. Schreiben des Volkspolitischen Referats und Beauftragten der Volksdeutschen Mittelstelle beim SSPF im Distrikt Lublin an die Abteilung Arbeit im Amt des Distriktchefs vom 16.7.1941, in: ebd., unpag.; Schreiben der Abteilung Arbeit beim Chef des Distrikts Lublin an die Hauptabteilung Arbeit bei der Regierung des Generalgouvernements vom 25.7.1941, in: ebd., unpag.
24 Vgl. Black, Globocnik, S. 109 f.
25 Vgl. Bericht über die Arbeit der Umwandererzentralstelle Zweigstelle Zamosc von Beginn der Aktion in Zamosc vom 27.11. bis 31.12.1942 vom 31.12.1942, in: BAB, R 75, Nr. 9, Bl. 26–33, hier Bl. 29 f.
26 Vgl. Heinemann, Rasse, S. 407 f. und S. 410 ff. Vgl. zu den in Auschwitz Ermordeten: Kubica, Extermination.

Im Falle der Region Zamość praktizierte die Umwandererzentralstelle Litzmannstadt ein Deportationsmodell, das ohne fremdes Abschiebeterritorium funktionierte, da Eindeutschung und Zwangsarbeit, der Abtransport in Hungerreservate und der nach Auschwitz kombiniert wurden. Dabei brachte man die polnischen Familien der Wertungsgruppen I und II nach Łódź zur »Eindeutschung« bzw. Feinmusterung. Von den Angehörigen der Wertungsgruppen III und IV wurden die Kinder zusammen mit den über 60 Jahre alten Polen ausgesondert und in die »Rentendörfer« gebracht. Die 14 bis 60 Jahre alten arbeitsfähigen Angehörigen der Wertungsgruppe III – ohne arbeitsunfähigen Anhang – wurden zum Arbeitseinsatz in das Reich vermittelt. Im Einvernehmen mit dem Generalbevollmächtigten für den Arbeitseinsatz sollten sie die noch kriegswichtige Arbeiten leistenden Juden ersetzen. Die Angehörigen der Wertungsgruppe IV im Alter von 14 bis 60 Jahren wurden nach Auschwitz gebracht.[27] Dieser enge Zusammenhang zwischen den Deportationen und der Aufbringung von polnischen Arbeitskräften wurde immer wieder betont. Kriegswirtschaftliche Belange waren zu berücksichtigen, »d. h. polnische Facharbeiter dürfen, soweit sie in kriegswichtigen Betrieben z. Zt. nicht entbehrlich sind, mit ihren Familienangehörigen zunächst nicht evakuiert werden.«[28]

Der Tausch der restlichen jüdischen Zwangsarbeiter in den Berliner Rüstungsbetrieben gegen polnische der Wertungsgruppe III im Oktober 1942 war zwischen dem Reichssicherheitshauptamt, dem Generalbevollmächtigten für den Arbeitseinsatz und dem Landesarbeitsamt Berlin-Brandenburg abgestimmt worden. Von diesem wurde für die Musterung der ausgesiedelten Polen auf ihre Arbeitstauglichkeit hin eigens ein Amtsvertreter nach Zamość entsandt, der parallel zu dem dort ansässigen Arbeitsamt tätig wurde. Der Generalbevollmächtigte für den Arbeitseinsatz informierte die Landesarbeitsämter darüber, dass die durch den Einsatz der polnischen Arbeitskräfte freiwerdenden Juden »Zug um Zug ausgesiedelt« würden.[29]

Am 25. Januar 1943 fuhr aus Zamość ein Güterzug mit 1.000 jungen Polen und Polinnen nach Berlin, um dort die Arbeitsplätze von »Rüstungsjuden« einzunehmen, die nun mit ihren Familienmitgliedern mit demselben Zug nach Auschwitz deportiert

---

27 Vgl. Abschrift eines Schreibens des Chefs der Sicherheitspolizei und des SD, IV B 4 a, an den Reichsführer SS vom 31.10.1942, in: IPN, 196 PB, Nr. 255, Bl. 9.; Aly, Endlösung, S. 243 f.
28 Vgl. Schnellbrief des Reichssicherheitshauptamtes Abteilung IV B 4a an die UWZ Posen, Dienststelle Litzmannstadt, Zweigstelle Zamosc, Krumey, vom 6.11.1942, in: ebd., Bl. 10; Richtlinien für die Durchführung der im Zuge der Ansetzung von Volksdeutschen im Generalgouvernement erforderlichen Evakuierung von Polen der Abteilung IV B 4a des Reichssicherheitshauptamtes vom 14.11.1942, in: ebd., 69, Nr. 159, Bl. 140–143, hier Bl. 140 f. (Zitat Bl. 141).
29 Vgl. Wasser, Raumplanung, S. 121; Abschrift eines Schreibens des Generalbevollmächtigten für den Arbeitseinsatz an die Präsidenten der Landesarbeitsämter vom 26.11.1942, in: StaN, Rep. 502 KV-Anklage, Dokumente, Fotokopien, L-61.

wurden. Dort wurde der Zug mit Gepäck für die deutschstämmigen Umsiedler beladen und zurück nach Zamość geschickt. Die Volksdeutschen reisten parallel dazu in Personenwagen an, wurden vom SS-Ansiedlungsstab empfangen und in dem von Polen und zuvor schon von Juden »geräumten« Gebiet angesiedelt, wo man sie in 20-Hektar-Höfe einwies, die aus jeweils fünf polnischen Bauernwirtschaften zusammengelegt worden waren. Von Zamość fuhr der Zug noch einmal nach Auschwitz, dieses Mal beladen mit 1.000 Polen, die von der Sicherheitspolizei und den Rasseprüfern der SS als besonders »unerwünscht« eingestuft worden waren.[30]

Die Resultate dieser »Umsiedlungsaktion« waren katastrophal: Die Hauptabteilung Ernährung und Landwirtschaft wies darauf hin, dass die Aussiedlung tausender polnischer Bauern große Unruhe in dem landwirtschaftlich bedeutenden Distrikt auslöste und den »Erzeugungswillen« der Landbevölkerung lähmte.[31] Diese Unruhe ging so weit, dass sich der Gouverneur des Distrikts Lublin, Ernst Zörner, auf einer Polizeibesprechung am 25. Januar 1943 für eine Verschiebung der Deportationen aussprach, da er »die völlige Einstellung aller Bestellungs- oder Erntearbeiten« befürchtete. Aber auch die weitere Gestellung von Arbeitskräften für das Reich würde durch überstürzte Maßnahmen auf diesem Gebiet stark gefährdet.[32] Selbst im Distrikt Warschau spürte man noch die Auswirkungen. Zahlreiche aus dem Distrikt Lublin deportierte Personen wurden in den Kreisen Garwolin und Siedlce neu angesiedelt. Die polnische Widerstandsbewegung argumentierte mit dieser Aktion und verbreitete das Gerücht, dass es den Polen ebenso wie den Juden ergehen werde, auf dem Transport seien 2.000 Kinder erfroren. Die Deportationen aus der Region Zamość versetzten die Bevölkerung in einem Masse in Erregung, wie es in Polen zuvor noch niemals beobachtet wurde.[33]

Die Behandlung umgesiedelter Polen und »Volksdeutscher«

Die Arbeitsverwaltung betreute die aus dem nun sowjetisch beherrschten Ostpolen ankommenden polnischen Landarbeiter. Die Abteilung Arbeit beim Gouverneur des Distrikts Lublin bestimmte, dass auch diese Arbeitskräfte bei der Landarbeiteraktion

---

30 Vgl. Aly, Endlösung, S. 380 f.
31 Vgl. Entwurf eines Schreibens des Beauftragten für den Vierjahresplan, Geschäftsgruppe Ernährung, an Reichsmarschall Göring vom 13.1.1943, in: BAB, R 26 IV, Nr. 33, Bl. 12–14, hier Bl. 12 f.
32 Vgl. Eintrag im DTB von Frank vom 25.1.1943, Polizeibesprechung, zit. nach: Präg/Jacobmeyer, Diensttagebuch, S. 604 ff. (Zitat S. 610).
33 Vgl. Bericht des Gouverneurs des Distrikts Warschau an den Generalgouverneur für die Monate Dezember 1942 und Januar 1943 vom 11.2.1943, in: APW, 482, Nr. 2, Bl. 190–211, hier Bl. 191.

für das Altreich angeworben werden konnten.[34] In der Zeit von April bis Juni 1940 kamen rund 34.000 Menschen zunächst in die Grenzstadt Przemyśl. Dort richtete die Arbeitsverwaltung fünf Übergangslager ein. Von den ankommenden Personen wurden 8.267 ins Altreich gebracht, die übrigen im Generalgouvernement angesiedelt, davon 19.645 im Distrikt Krakau. Sachbearbeiter der Abteilung Arbeit des Distrikts Krakau waren bereits als Beauftragte in der Deutsch-Sowjetrussischen Umsiedlungskommission bestellt worden. Sie reisten in das sowjetische Interessengebiet, kontrollierten und begleiteten dort die Umsiedlungsaktionen.[35] Im Lager in Chełm erfasste das dortige Arbeitsamt die aus der Sowjetunion in das Generalgouvernement zurückgeführten Polen für den Arbeitseinsatz im Altreich. In der zweiten Maihälfte 1940 wurden alleine dort 1.773 von ihnen als Landarbeiter angeworben.[36]

Ein großes Betätigungsfeld der Arbeitsverwaltung im Generalgouvernement bildete die Betreuung und Vermittlung der aus den eingegliederten Ostgebieten deportierten Polen. So trafen im Dezember 1939 20 Transporte mit rund 30.000 Menschen von Februar bis März 1940 20.000 Menschen im Distrikt Krakau ein. Die Arbeitsverwaltung erfasste die Transporte, die in den Abgangsstationen bereits nach den einzelnen Zielbahnhöfen zusammengestellt worden waren, verpflegte sie auf der Durchreise und betreute sie ärztlich.[37]

Die Arbeitsämter versuchten sich teilweise direkt aus der Gruppe der aus den annektierten Gebieten Deportierten zu bedienen, um mit den entsprechenden Arbeitskräften die Lücken bei den Mangelberufen abzudecken. So wandte sich das Arbeitsamt Lublin an die Umwandererzentralstelle Litzmannstadt und suchte um deutschsprachige polnische Stenotypistinnen und Maschinenschreiberinnen nach.[38]

Generalgouverneur Frank schlug im Januar 1941 angesichts der erwarteten Ansiedlung von etwa 800.000 Polen und Juden im Generalgouvernement vor, »einen gewaltigen Export von Arbeitskräften nach dem Reich in Gang zu setzen« und andererseits die Deportierten im Generalgouvernement bei großen Arbeitsvorhaben zu beschäftigen. Dazu zählte er die Weichselregulierung, Meliorationsarbeiten, Flurbereinigungen sowie den Wohnungs- und Straßenbau. Alle diese Projekte sollten mit dem »hereinstürmen-

---

34 Vgl. Durchschrift eines Schreibens der Abteilung Arbeit beim Gouverneur des Distrikts Lublin an den Leiter des Arbeitsamtes Biala-Podlaska vom 2.4.1940, in: APLu, 498, Nr. 759, Bl. 29.
35 Vgl. Bericht der Abteilung Arbeit im Amt des Chefs des Distrikts Krakau »Die Aufbauarbeit im Distrikt Krakau« vom Juli 1940, in: ebd., Nr. 727, S. 38 f.
36 Vgl. Schreiben des Arbeitsamtes Chelm an den Leiter der Abteilung Arbeit im Amt des Generalgouverneurs vom 31.5.1940, in: ebd., Nr. 743, unpag.
37 Vgl. Bericht der Abteilung Arbeit im Amt des Chefs des Distrikts Krakau »Die Aufbauarbeit im Distrikt Krakau« vom Juli 1940, in: ebd., Nr. 727, S. 38 f.
38 Vgl. Durchschrift eines Schreibens des Arbeitsamtes Lublin an die Umwanderungs-Zentrale Litzmannstadt, Obersturmbannführer Schwarzhuber, vom 8.10.1940, in: ebd., 509, Nr. 76, Bl. 104.

den Arbeitsquantum« forciert angegangen werden: »Dieses Generalgouvernement ist von oben bis unten voller Arbeitsmöglichkeiten.«[39]

Im Rahmen der Volkstumspolitik mühte sich die Arbeitsverwaltung darum, die Beschäftigungsmöglichkeiten der Volksdeutschen zu verbessern. Nicht immer mit großem Erfolg, wie der Bericht der Abteilung Arbeit im Distrikt Warschau vom Januar 1942 zeigt. Demnach entsprachen die Ergebnisse einer Sonderaktion zur Arbeitsbeschaffung für Volksdeutsche durchaus nicht den Erwartungen, da nur 40 Prozent der gemeldeten Volksdeutschen in Arbeit gebracht werden konnten. 45 Prozent hingegen waren durch Krankheit, Alter, Nebenbeschäftigung, Betreuung von Angehörigen etc. nicht oder beschränkt einsatzfähig, so dass bei ihnen eine Arbeitsvermittlung scheiterte. Der Rest war sehr schwierig zu behandeln: »Diese Leute machten den Eindruck, als ob ihnen an einer geordneten Arbeit nichts gelegen ist, wohl aber an Schnapskonzessionen, Hausverwaltungen und Stellen, bei denen monatlich Zl. 1000.– und mehr verdient werden.«[40]

Auf der anderen Seite durften die Volksdeutschen und die »Deutschstämmigen« ab Mitte 1942 nicht mehr als Arbeitskräfte in das Altreich abgegeben werden. Nach einer grundsätzlichen Entscheidung des Reichskommissars für die Festigung deutschen Volkstums wurden sie dringend für die zukünftige Besiedlung des Generalgouvernements benötigt. Der Staatssekretär für Sicherheitswesen wies die Hauptabteilung Arbeit deshalb an, dort, wo es zu entsprechenden Erfassungen durch die Arbeitsämter gekommen sei, diese rückgängig zu machen.[41] Bis dahin wurden sie frei angeworben. Nun ordnete die Hauptabteilung Arbeit an, dass »Angehörige des deutschen Volkstums« für einen Arbeitseinsatz im Altreich nicht mehr in Frage kamen. Auch wenn sie sich freiwillig dafür melden sollten, war ihre Meldung nicht anzunehmen.[42]

Ab April 1943 ergab sich dann die Notwendigkeit, in bestimmten Fällen Volksdeutsche trotzdem ins Reich zu vermitteln. Hierbei verfolgte die Arbeitsverwaltung in erster Linie volkstumspolitische Ziele: Etwa um sie aus ihrer »fremdvölkischen« Umgebung oder Bindung zu lösen, oder um sie aus erzieherischen Gründen im Reich einzusetzen. Die Arbeitsämter sollten dabei besonders sorgfältig vorgehen und erst dann zur Ver-

---

39 Vgl. Eintrag im DTB von Frank vom 11.1.1941, zit. nach: Präg/Jacobmeyer, Diensttagebuch, S. 319 f. (Zitate ebd.).
40 Vgl. Bericht des Gouverneurs des Distrikts Warschau für den Monat Januar 1942 vom 10.2.1942, in: BAB, R 52 III, Nr. 21, Bl. 5–37, hier Bl. 27 (Zitat ebd.).
41 Vgl. Durchschrift eines Schreibens des Staatssekretärs für Sicherheitswesen im Generalgouvernement und Beauftragten des Reichskommissars für die Festigung deutschen Volkstums an die Hauptabteilung Arbeit vom 17.7.1942, in: APLu, 498, Nr. 756, unpag.
42 Vgl. Runderlaß Nr. 137/42 der Hauptabteilung Arbeit bei der Regierung des Generalgouvernements, Gschließer, an die Leiter der Abteilungen Arbeit in den Ämtern der Distrikte und die Leiter der Arbeitsämter im Bereiche des Generalgouvernements vom 14.8.1942, in: BAB, Filme, Nr. 72388, Bl. 149.

mittlung schreiten, wenn die Arbeitsstelle für den Volksdeutschen feststand. Auf dem Transport sollten die volksdeutschen Arbeitskräfte streng von den polnischen Arbeitern getrennt werden.[43] Interessant ist in diesem Zusammenhang das Verfahren, das für die aus Wolhynien stammenden Volksdeutschen, die Ende 1943 kamen, vorgesehen war: Die Arbeitsverwaltung sollte sie überprüfen und die Arbeitsfähigen in das Reich zum Arbeitseinsatz abstellen. Solche, die nicht als arbeitsfähig eingestuft wurden, sollten hingegen in Polen verbleiben.[44]

3. Organisation und Personaltableau der deutschen Arbeitsverwaltung

Die Frühphase

Am 16. und 17. September 1939 trafen unter Führung des Präsidenten Friedrich Gärtner von der Zweigstelle Wien des Reichsarbeitsministeriums 25 Beamte und Angestellte der Arbeitsverwaltung in Krakau ein und errichteten sofort Dienststellen. Allgemein bestand die erste Aufgabe darin, sowohl die geeigneten Gebäude für die Unterbringung der Ämter als auch zweisprachiges Personal zu beschaffen. Am 18. September 1939 begann das Arbeitsamt Krakau seine Tätigkeit, am 21. September die Arbeitsämter in Chrzanow, Neu-Sandez und Tarnów und am 2. Oktober eröffneten die Arbeitsämter in Rzeszów und Krosno. Im November 1939 gab es bereits fünf Arbeitsämter (Krakau, Tarnów, Rzeszów, Jasło, Nowy Sącz) mit insgesamt 20 Nebenstellen. Durch Aufrufe wurden die Arbeitslosen aufgefordert, sich zur Erfassung bei den Arbeitsämtern zu melden. Deren Registrierung wurde sofort in Angriff genommen und machte rasche Fortschritte. Im Vordergrund stand die Vermittlung von 170.000 Landarbeitern aus dem Distrikt nach Österreich, Südwestdeutschland, dem Sudetenland und Bayern.[45]

Der neue Leiter des Krakauer Arbeitsamtes, Diplom-Volkswirt Stadler, war schon am 14. September in der Stadt eingetroffen und übernahm am nächsten Tag das Gebäude des bisherigen polnischen Arbeitslosenfonds, um darin das neue Arbeitsamt

---

43 Vgl. Runderlaß Nr. 111/43 der Hauptabteilung Arbeit in der Regierung des Generalgouvernements, Gschließer, an die Leiter der Abteilungen Arbeit in den Ämtern der Distrikte und die Leiter der Arbeitsämter vom 29.4.1943, in: APLu, 498, Nr. 675, Bl. 111
44 Vgl. Schreiben der Abteilung Innere Verwaltung beim Gouverneur des Distrikts Lublin an die Abteilung Arbeit vom 1.11.1943, in: ebd., Nr. 743, unpag.
45 Vgl. Bericht der Abteilung Arbeit im Amt des Chefs des Distrikts Krakau »Die Aufbauarbeit im Distrikt Krakau« vom Juli 1940, in: ebd., Nr. 727, hier S. 14f.; Schreiben der Abteilung Arbeit beim Chef des Distrikts Krakau an den Chef des Distrikts Krakau vom 24.1.1940, zit. nach: Doc. Occ., Bd. X, Dok. IV-7, S. 329–334, hier S. 329 ff.; Arbeitsbericht 1939 der Abteilung Arbeit beim Chef des Distriktes Krakau vom 18.6.1940, in: APK, 33, Nr. J 8160, Bl. 483–495, hier Bl. 486.

einzurichten. Bis zum 10. November hatten sich mehr als 41.000 der geschätzten 45.000 Arbeitslosen im Arbeitsamt gemeldet. Fast 10.000 Menschen erschienen täglich zur Meldekontrolle, und jeden zweiten Tag zahlte das Arbeitsamt an etwa 5.500 Personen die Unterstützung für jeweils zwei Wochen aus. Stolz äußerte sich Stadler dazu: »Das alles in gänzlich unzulänglichen Räumen mit meist improvisierten Einrichtungen und mit einem Personal, das sich nur zu einem 1/5 aus Fachleuten von den reichsdeutschen Arbeitsämtern, zu 4/5 aber aus neu eingestellten Einheimischen zusammensetzt!«[46]

Der Aufbau der Arbeitsämter erfolgte durch die vom Reichsarbeitsminister zugeteilten angrenzenden Mittelbehörden des Reichs; für die an Schlesien angrenzenden Gebiete durch das Landesarbeitsamt Schlesien in Breslau. Dort rekrutierte man Mitarbeiter aus den Arbeitsämtern und sandte sie in Gruppen von fünf bis 15 Mann nach Übereinkunft mit dem Generalkommando in die jeweils als besetzt gemeldeten bedeutenderen Städte, um Arbeitsämter zu errichten. Grenzarbeitsämter waren jeweils als Betreuungsämter bestimmt worden; z. B. für Kielce das Arbeitsamt Beuthen, das einen regelmäßigen Kurierdienst einrichtete und auch die Geldversorgung übernahm. Das Arbeitsamt stellte zunächst volksdeutsche Mitarbeiter ein, da deren Zahl dort jedoch nicht sehr groß war, sehr bald auch Polen in größerem Umfang. Das Personal setzte sich aus 25 bis 30 Reichs- und Volksdeutschen und ca. 150 Polen zusammen.[47]

Im späteren Distrikt Radom registrierten die Arbeitsämter von Mitte September bis Anfang Oktober 1939 die Arbeitslosen, die sich wegen der herrschenden Not und Erwerbslosigkeit auch zahlreich meldeten. Verbunden mit der Auszahlung der Unterstützung war die Unterzeichnung einer Bestätigung, dass sich der Unterstützungsempfänger auf Anweisung des Arbeitsamtes zur Arbeit in Deutschland zur Verfügung stellen musste, wenn er sonst keine Arbeit hatte.

Die ersten Rekrutierungen polnischer Zivilarbeiter begannen fast zeitgleich, bereits während der Zeit der Militärverwaltung. Die Methoden, die hier angewandt wurden, beruhten vorwiegend auf Zwang. Die Wehrmacht und die ihr unterstellten zivilen Lokalbehörden (Landräte, Arbeitsämter) sowie die Einsatzgruppen der Sicherheitspolizei gingen so vor, dass sie nach der Eroberung polnischer Ortschaften entweder Razzien veranstalteten oder die Bewohner namentlich aufforderten, sich am Bahnhof zum Abtransport ins Reich einzufinden. Bei Nichtbefolgung drohten sie mit Gefängnis- und sogar Todesstrafen. Die dabei eingefangenen Polen wurden dann als »Zivilgefangene« zum Arbeitseinsatz in der Landwirtschaft des Reichs gebracht, meistens nach Ostpreußen und Niederschlesien. So stellten etwa die Stadt und der Kreis Tschenstochau 4.000 Männer und Frauen für Gesindearbeiten in Deutschland. Bis zum Ende der Militärver-

---

46 Vgl. R. Stadler, Acht Wochen Arbeitsamt Krakau, in: Krakauer Zeitung vom 14.11.1939, zit. nach: BAB, R 2, Nr. 5066, Bl. 2 (Zitat ebd.).
47 Vgl. »Bericht über die Tätigkeit im Generalgouvernement« von Herbert Reichstein vom 22.5.1956, in: BAL, B 162, Nr. 1930, Bl. 590–598, hier Bl. 590 ff.

waltung am 25. September 1939 wurden aus den besetzten polnischen Gebieten insgesamt mehr als 10.000 Polen ins Reich deportiert.[48]

Die für das Arbeitsamt Lublin vorgesehenen Beamten waren am 4. Oktober 1939 mit dem Kraftwagen in Breslau gestartet, und zwei Tage später nahm das Arbeitsamt bereits seine Tätigkeit auf. Kurz nach der Eröffnung wurde ein Aufruf an die Bevölkerung veröffentlicht, der einen Massenansturm auf das Arbeitsamt zur Folge hatte, da bei vielen die Hoffnung auf eine finanzielle Unterstützung bestand. Sehr rasch registrierten die Mitarbeiter 1.250 männliche und 660 weibliche Arbeitsuchende. Die nach Lublin gekommenen 20 reichsdeutschen Kräfte reichten bei weitem nicht aus, um die Arbeit zu bewältigen, und es mussten weitere, geeignete Kräfte eingestellt werden. In kurzer Zeit erhöhte sich der Personalbestand des Amtes von 20 auf 65 Mitarbeiter.[49]

Einen guten Einblick in die recht schwierigen Verhältnisse der Frühphase gibt ein Bericht über die Einrichtung des Arbeitsamtes in Chełm: »Dem zur Einrichtung des Arbeitsamtes Cholm eingeteilten Personal wurde in Lublin am 6.10.39 mitgeteilt, dass an eine Weiterfahrt nach Cholm noch nicht zu denken sei, da zur Zeit noch die russischen Truppen dort lägen. (…) Am 11.10. fuhr der für Cholm eingesetzte Dienststellenleiter, Herr Pomper, mit zwei Angestellten nach Cholm um dort mit der nunmehr deutschen Kommandantur wegen Diensträumen zu verhandeln. Das Erstaunen war gross, da es niemand erwartete, dass bereits schon deutsche Zivilverwaltungen einrückten, zumal kurz vorher erst die deutschen Truppen eingetroffen waren. (…) Mit Hilfe von polnischen Arbeitern, die wir als Dienstpflichtarbeiter beschäftigten, wurde zunächst das Gebäude gesäubert. Ein Teil der Abgeordneten sorgte für die Aufsicht, der andere Teil war ständig unterwegs Möbel zu beschlagnahmen. (…) Am 17.10. war es soweit, dass die Dienststelle eröffnet werden konnte.«[50]

Die Betreuung der Arbeitseinsatzdienststellen im gesamten dem Generalgouverneur für die besetzten polnischen Gebiete unterstellten räumlichen Bereich übernahm Ende Oktober einheitlich das Landesarbeitsamt Schlesien. Das in die Dienststellen des vorgenannten Bereichs von anderen Landesarbeitsämtern und der Zweigstelle Ostmark abgeordnete Personal durfte ohne die Zustimmung des Landesarbeitsamts Schlesien nicht zurückgezogen oder ausgetauscht werden; es blieb weiterhin von seinem Heimatamt abgeordnet. Für das Generalgouvernement übernahm das Landesarbeitsamt Schlesien auch die Mittelbeschaffung für die Arbeitsämter. Mit Ausnahme des Distrikts

---

48 Vgl. Seidel, Besatzungspolitik, S. 100 f. und S. 138.
49 Vgl. Tätigkeitsbericht des Arbeitsamtes Lublin vom Oktober 39 – August 1941, in: APLu, 509, Nr. 8, Bl. 1–14, hier Bl. 1 und Bl. 4.
50 Bericht über die Einrichtung des Arbeitsamtes in Cholm von Amtsleiter Hans Pomper vom 17.10.1939, in: ebd., 498, Nr. 691, Bl. 6–8, hier Bl. 6.

Warschau war das Landesarbeitsamt für die finanzielle Betreuung aller Arbeitsämter des Generalgouvernements zuständig.⁵¹

Fast zeitgleich ordnete die bereits etablierte Abteilung Arbeit im Amt des Generalgouverneurs die Errichtung von entsprechenden Abteilungen bei den Chefs der Distrikte an. Die Abteilung Arbeit war zunächst für die folgenden Sachgebiete zuständig: 1. Allgemeine Sozialpolitik, Sozialverfassung, Lohn- und Wirtschaftspolitik, Arbeitsrecht, Arbeitsschutz, Gewerbeaufsicht. 2. Arbeitseinsatz, Arbeitslosenhilfe, Öffentliche Arbeitsbeschaffung. 3. Sozialversicherung, Soziale Fürsorge (soweit zum Geschäftsbereich des Reichsarbeitsministeriums gehörend). 4. Wohnungs- und Siedlungswesen, Städtebau und Planungswesen, Bau- und Bodenrecht, Baupolizei. Nach genau diesem Muster sollten die Abteilungen Arbeit bei den Chefs der Distrikte aufgebaut werden.⁵²

Struktur der Arbeitsverwaltung

In Krakau leitete zunächst der ehemalige Staatssekretär des Reichsarbeitsministeriums, Johannes Krohn, die Abteilung Arbeit, doch schon am 18. November 1939 übernahm Max Frauendorfer diese Aufgabe. Er wurde am 21. Februar 1943 von Wilhelm Struve abgelöst. Die Arbeitsverwaltung im Generalgouvernement erhielt unter Frauendorfers Ägide bereits im Februar 1940 ihre grundsätzliche Struktur.

In den Distrikten Krakau, Lublin, Radom und Warschau, welche die nächste Verwaltungsebene bildeten, gab es jeweils eine eigene Abteilung Arbeit, der wiederum fünf Arbeitsamtsbezirke unterstellt waren. In den Kreis- bzw. Stadthauptmannschaften, welche die unterste deutsche Administrationsebene in Polen bildeten, war jeweils ein Arbeitsamt bzw. eine Nebenstelle vorhanden; darüber hinaus gab es in einigen weiteren Städten Nebenstellen, alleine das Arbeitsamt Warschau verfügte über 19. Als 1941 der Distrikt Galizien hinzukam, wurden dort neben dem Dienstsitz Lemberg noch in Drohobycz, Stanislau und Tarnopol Arbeitsamtsbezirke mit insgesamt zwölf Nebenstellen eingerichtet, so dass es im Sommer 1942 insgesamt 21 Arbeitsämter und 86 Nebenstellen gab.⁵³

---

51 Vgl. Abschrift eines Rundschreibens des Reichsarbeitsministers an die Präsidenten der Landesarbeitsämter Ostpreußen, Pommern, Brandenburg, Schlesien und die Zweigstelle des Reichsarbeitsministeriums in Wien vom 30.10.1939, in: BAB, R 2, Nr. 5066, Bl. 19–20, hier Bl. 19; Schreiben des Leiters der Abteilung Arbeit im Amt des Generalgouverneurs an den Leiter der Abteilung Finanzen vom 8.12.1939, in: AAN, 111, Nr. 650, Bl. 3–4, hier Bl. 3.
52 Vgl. Abschrift eines Schreibens des Leiters der Abteilung Arbeit im Amt des Generalgouverneurs für die besetzten polnischen Gebiete, Krohn, an den Distriktschef in Lublin vom 3.11.1939, in: APLu, 498, Nr. 686, Bl. 1.
53 Vgl. Material der 1. Kreishauptleutetagung des Distrikts Galizien am 2.9.1941, in: IPN, 196 PB, Nr. 286, Bl. 101–137, hier Bl. 111; Lehnstaedt, Arbeitsverwaltung, S. 4 ff.

Der Aufbau der Arbeitsämter gliederte sich in Hauptamt, Nebenstellen, Hilfsstellen und Stützpunkte. Ein Arbeitsamtsbezirk umfasste mindestens zwei Kreishauptmannschaften, die Nebenstelle betreute den Bezirk einer Kreishauptmannschaft, die Hilfsstelle mehrere Sammelgemeinden, Stützpunkte wurden nur bei vorübergehendem Bedarf eingerichtet. Im Hauptamt waren die Stelle des Amtsleiters, seines Stellvertreters, die Leiter der Abteilungen, teilweise – je nach Größe des Amtes – z. B. auch einzelne Vermittlerstellen mit reichsdeutschen Kräften zu besetzen. Beim Aufbau der Arbeitsverwaltung war von vornherein auf die Schaffung nicht zu kleiner Bezirke geachtet worden. So zählten – von den großen Arbeitsämtern Warschau und Krakau abgesehen – die Amtsbezirke der meisten Arbeitsämter mehrere Hunderttausend Einwohner. Nirgends überschnitten sich ihre Grenzen mit denen der allgemeinen Verwaltung.[54]

Nach und nach verdichtete die Arbeitsverwaltung das Netz ihrer Dienststellen im Generalgouvernement. Im Februar 1940 wurden beispielsweise im Bezirk des Arbeitsamtes Lublin zwei weitere Nebenstellen in Puławy und in Krasnik eingerichtet, die mit mindestens je zwei Kräften besetzt werden sollten. Inklusive der bereits bestehenden in Janow und Lubartów gab es nun vier Nebenstellen, die einmal pro Woche vom Hauptamt aus aufgesucht werden sollten.[55] Je schwieriger es wurde, Arbeitskräfte zu rekrutieren, desto enger knüpfte die Arbeitsverwaltung das Netz ihrer Nebenstellen. Zur Landarbeiteraktion 1941 richtete sie deshalb im Distrikt Lublin zusätzlich noch weitere Stützpunkte ein. Im Bezirk des Hauptamtes Lublin wurden vier Stützpunkte eingerichtet, im Bereich der Nebenstellen Krasnik und Puławy entstanden ebenfalls weitere Außenstellen. Die Errichtung dieser Stützpunkte hatte selbstverständlich auch eine vermehrte Einstellung von Personal zur Folge, wobei allerdings aufgrund des herrschenden Personalmangels nicht alle Außenstellen mit reichsdeutschem Personal besetzt werden konnten und hier auf polnische Kräfte zurückgegriffen werden musste. Bis Mitte 1942 gab es praktisch in jeder größeren Gemeinde oder in ihrer Nähe eine Vertretung des Arbeitsamtes.[56]

---

54 Vgl. Richtlinien über die Organisation der Arbeitsämter im Generalgouvernement, o.Dat., in: ebd., Nr. 359, Bl. 217–220; Ernst von Gschliesser, Der Arbeitseinsatz im Generalgouvernement, in: Soziale Praxis, 49 (1940) 24 vom Dezember 1940, Sp. 739–746, hier Sp. 744 f.
55 Vgl. Abschrift eines Schreibens des Leiters des Arbeitsamtes Lublin, Britze, an den Leiter der Abteilung Arbeit im Amt des Generalgouverneurs vom 29.2.1940, in: APLu, 498, Nr. 690, Bl. 43. Siehe dazu auch das Beispiel des Arbeitsamtes Ostrowiec Świętokrzyski. Vgl. Rundverfügung Nr. 8/40 des Leiters des Arbeitsamtes Ostrowitz vom 6.1.1940, in: APR, 379, Nr. 24, Bl. 3; Schreiben des Arbeitsamtes Ostrowitz an die Nebenstelle in Opatow vom 3.2.1940, in: ebd., Bl. 6–7.
56 Vgl. Tätigkeitsbericht des Arbeitsamtes Lublin vom Oktober 1939 – August 1941 vom 16.9.1941, in: APLu, 509, Nr. 8, Bl. 1–14, hier Bl. 6; Roth, Herrenmenschen, S. 122.

Die Abteilung Arbeit in der Regierung des Generalgouvernements wurde im Juli 1941 in »Hauptabteilung Arbeit« umbenannt.[57] Sie nahm den gesamten Geschäftsbereich des Reichsarbeitsministeriums wahr und regelte nun folgende Aufgaben: Arbeitsrecht und Arbeitsschutz (Gruppe I), Arbeitseinsatzverwaltung (Gruppe II), Sozialversicherung (Gruppe III), Wohnungs- und Siedlungswesen (Gruppe IV), Militärversorgung (Gruppe V), wirtschaftliche Betreuung (Gruppe VI). In der Organisation der Abteilungen Arbeit bei den Distriktschefs und in den Arbeitsämtern spiegelte sich dieser organisatorische Aufbau wider.[58]

Der Hauptabteilung Arbeit unterstanden direkt die Abteilungen Arbeit in den Distrikten sowie die Arbeitsämter und deren Nebenstellen, 16 Sozialversicherungskassen, zwei Dienststellen für Kriegsbeschädigtenfürsorge und eine Hauptanstalt für Sozialversicherung.

Die Abteilungen Arbeit in den Distriktverwaltungen führten die Aufsicht über die Arbeitsämter, zu denen zunächst 63, später etwa 75 Nebenstellen gehörten. Der Aufbau und die Verwaltung der Arbeitsämter erfolgten nach den Grundsätzen und Richtlinien des Reichsgebiets. Im Sommer 1942 unterstanden der Hauptabteilung Arbeit fünf Abteilungen der Distriktverwaltungen und – nach Zusammenlegung bzw. Herabstufung zu Nebenstellen – insgesamt 21 Arbeitsämter, 86 Nebenstellen, drei Außenstellen und ein Durchgangslager in Lublin.[59]

Mit der Einrichtung von Ausgleichsstellen der Abteilungen Arbeit bei den Chefs des Distrikts und der gleichzeitigen Etablierung von Ausgleichsstellen für die Vermittlung von Angestellten bei den Arbeitsämtern Krakau und Warschau strebte die Arbeitsverwaltung die Schaffung von Einrichtungen an, die den Landesarbeitsämtern im Reich entsprachen. Dieser Schritt sollte dem Mangel abhelfen, der durch das Fehlen einer wirksamen Mittelinstanz entstanden war. Die Abteilungen »Arbeit« bei den Distrikten

---

57 Vgl. Runderlaß 653/41 Anschrift der »Hauptabteilung Arbeit« bei der Regierung des Generalgouvernements, in: Runderlasse, Nr. 58 vom 12.7.1941, S. 305.

58 Selbst der Aufbau der Nebenstellen wurde später angeglichen, wie das Beispiel aus Ostrów und Sokołów zeigt: I Arbeitsrecht, Lohnpolitik, Arbeitsschutz und Gewerbeaufsicht, II Arbeitspflicht, Arbeitseinsatz, Arbeitsbeschaffung, Arbeitslosenhilfe, Arbeitskarte und Judeneinsatz, III Sozialversicherung, IV Wohnungs- und Siedlungswesen, V Militärversorgung, VI Soziale Betreuung, soziale Selbstverwaltung, Berufserziehung und Berufsertüchtigung. Geschäftsordnung für das Arbeitsamt Siedlce vom Leiter Dr. Köhl vom 29.1.1941, in: APW, 489, Nr. 812, Bl. 1–16, hier Bl. 1 f.

59 Vgl. Maier, Arbeitsverwaltung, S. 7 ff.; Frauendorfer, Neuordnung, S. 136 f. Siehe auch: ders., Aufgaben. 1943 hatte sich die Zahl der Arbeitsämter, auch durch den neuen Distrikt Galizien, auf nunmehr 21 erhöht, die über 85 Nebenstellen und 250 Stützpunkte verfügten. Bei den Arbeitsämtern und den Abteilungen Arbeit der Distrikte arbeiten zu diesem Zeitpunkt insgesamt rund 4.300 ständige Mitarbeiter, darunter lediglich 732 Reichsdeutsche. Vgl. Gschliesser, Arbeitsrecht, S. 232. 1944 gab es noch 20 Arbeitsämter im Generalgouvernement. Vgl. Handbuch, S. 290.

sollten analog den Landesarbeitsämtern im Reich zuständig werden für alle Fragen des innerbezirklichen und zwischenbezirklichen Ausgleiches von Arbeitskräften.[60]

Die Berufung Sauckels zum Generalbevollmächtigten für den Arbeitseinsatz im März 1942 brachte auch für die Arbeitsverwaltung im Generalgouvernement Änderungen. Hitler ermächtigte ihn, »Maßnahmen zu treffen, die den geordneten Arbeitseinsatz für die deutsche Kriegswirtschaft unter allen Umständen gewährleisten«. Zu diesem Zweck konnte Sauckel bei den Dienststellen der Militär- und Zivilverwaltung ihm direkt unterstellte Beauftragte ernennen, die den für Arbeitseinsatz und Lohnpolitik zuständigen militärischen und zivilen Dienststellen Weisungen erteilen konnten.[61] Nur kurze Zeit später wandte er sich an Frank und teilte ihm mit, dass er den Präsidenten des Landesarbeitsamts Rheinland, Wilhelm Struve, zu seinem Beauftragten im Generalgouvernement bestellt habe.[62]

Von Ende August 1942 an beseitigte der GBA die bisher eingeschränkte Selbständigkeit der Arbeitsverwaltungen der besetzten Gebiete fast vollständig. In einer Anordnung vom 22. August 1942 legte er für den »zweckmäßigen Einsatz der Arbeitskräfte der besetzten Gebiete« fest, dass diese »in erster Linie zur Befriedigung des kriegswichtigen Bedarfs in Deutschland selbst einzusetzen« seien. Am 25. Oktober gab Sauckel einen Erlass über die Stellung seiner Beauftragten heraus. Diese sollten eine einheitliche Lenkung und Ordnung des Arbeitseinsatzes garantieren und hätten die Pflicht, nach seinen Weisungen »die Anwerbung und Sicherstellung« der Arbeitskräfte für das Reich zu gewährleisten, ebenso den Arbeitseinsatz innerhalb der besetzten Gebiete zu ordnen.[63]

60 Vgl. Memorandum des Leiters der Abteilung Arbeit beim Chef des Distrikts Krakau für die Besprechung bei der Abteilung Arbeit des Generalgouvernements am 13.9.1940, in: APK, 33 SMKr, Nr. 9, Bl. 405–411, hier Bl. 405 f. Gerade die gesteigerten Baumassnahmen und die allgemeine Wirtschaftsbelebung sowie die zunehmende Arbeiterknappheit in Mangelberufen machten einen verstärkten überbezirklichen Ausgleich notwendig. Vgl. Runderlaß Nr. 143/40 der Abteilung Arbeit im Amt des Generalgouverneurs für die besetzten polnischen Gebiete, Dr. Gschliesser, an die Leiter der Abteilungen Arbeit bei den Chefs der Distrikte und die Leiter der Arbeitsämter im Bereich des Generalgouvernements vom 8.10.1940, in: AAN, 111, Nr. 1414/1, Bl. 158–163, hier: Bl. 158.
61 Vgl. Erlaß des Führers zur Durchführung des Erlasses über einen Generalbevollmächtigten für den Arbeitseinsatz vom 30. September 1942, in: Trial, Bd. 29, Dok. PS-1903, S. 93–94.
62 Vgl. Schreiben des Generalbevollmächtigten für den Arbeitseinsatz an den Reichsarbeitsminister und Generalgouverneur Frank vom 10.10.1942, in: BAB, R 3901, Nr. 110014, Bl. 135 VS+RS.
63 Vgl. Eisenblätter, Grundlinien, S. 374 f.; Rundschreiben des Generalbevollmächtigten für den Arbeitseinsatz an die Obersten Reichsbehörden und die obersten Behörden in den besetzten Ländern vom 25.10.1942, in: ebd., R 43 II, Nr. 652a, Bl. 27 (Zitate ebd.).

Zusammenarbeit mit anderen Dienststellen

Der Einfluss der Kreis- und Stadthauptleute auf die Arbeitsämter war durch mehrere Faktoren zunächst formal begrenzt: Organisatorisch waren die Arbeitsämter eigenständige Behörden und der jeweiligen Kreishauptmannschaft lediglich angegliedert. Damit war nicht der Kreishauptmann Dienstvorgesetzter des Leiters des Arbeitsamtes, sondern die Abteilung »Arbeit« des Distrikts. Über ein Weisungsrecht verfügte der Kreishauptmann nur, soweit es für die »Wahrung einer einheitlichen politischen Linie« notwendig war. Da die Arbeitsamtsbezirke in der Regel zwei Kreise umfassten, wurde die mögliche Einflussnahme des Kreishauptmanns weiter eingeschränkt, denn das Arbeitsamt befand sich unter Umständen in einer anderen Kreisstadt. Deshalb konnte es vorkommen, dass mehrere Kreishauptleute mit womöglich widerstreitenden Interessen auf das gleiche Arbeitsamt einzuwirken versuchten. Wiederholt forderten sie eine engere Verbindung zwischen Arbeitsamt und Kreishauptmann; wobei sie zumeist als beste Lösung eine Eingliederung der Arbeitsämter als Abteilung in das Amt des Kreishauptmannes befürworteten.[64] Gleichwohl funktionierte die Zusammenarbeit in der Praxis zumeist reibungslos.[65]

In den ersten Besatzungsjahren führten die Arbeitsämter ihre Aufgaben als Hoheitsaufgaben in eigener Zuständigkeit und Verantwortung durch. Ab 1942 gab es immer wieder Versuche, die Fachverwaltungen unter der Leitung des höchsten politischen Beamten, also des Kreis- bzw. Stadthauptmannes, zusammenzufassen. Mit dem Gesetz über die Einheit der Verwaltung vom Herbst 1942 sollten die Fachverwaltungen dann wieder stärker den politischen Beamten der Distrikte unterstellt werden. Für die Arbeitsämter bedeutete dies, dass fachfremde Einflussnahme und Kompetenzstreitigkeiten, insbesondere mit Dienststellen der Partei sowie der Polizei und SS, zunahmen. Im Ergebnis führte dieses dazu, dass die betreffenden Fachverwaltungen ihre Selbstän-

---

64 Vgl. Lagebericht für den Monat August 1940 des Kreishauptmannes des Kreises Starachowice an den Generalgouverneur in Krakau vom 9.9.1940, in: IZP, IZ Dok. I-151, Bd. 7, Bl. 31–36, hier Bl. 32.
65 Vgl. Roth, Herrenmenschen, S. 122 f. Wie es in der Verwaltungsanordnung Nr. 2 zur Verordnung über die Einheit der Verwaltung vom 1. Dezember 1940 dargelegt wurde, blieb im Falle der Angliederung die bisherige Sonderbehörde »ein selbstverantwortlich arbeitendes Amt im Rahmen der allgemeinen Verwaltungsbehörde« – das traf auch auf die Arbeitsämter zu. Der Kreishauptmann war in diesen Fällen nicht Dienstvorgesetzter der Leiter, verfügte aber über ein Weisungsrecht »zur Wahrung einer einheitlichen politischen Linie oder zum Ausgleich widerstreitender Gesichtspunkte mehrerer Verwaltungszweige«. Dienstvorgesetzter blieb der Distriktschef bzw. die zuständige Abteilung. Vgl. Rundschreiben des Staatssekretärs in der Regierung an die Mitglieder der Regierung, die Distriktschefs und die Kreis- und Stadthauptleute vom 31.3.1941, in: APR, 209, Nr. 34, Bl. 84–101, hier Bl. 84 f. (Zitate ebd.).

digkeit behielten und die Aufgaben weiterhin in eigener Zuständigkeit durchführten, ihre Hoheitsbefugnisse aber auf den Kreis- bzw. Stadthauptmann übergingen.[66]

Von Seiten der Gouverneure gab es im September 1942 Kritik an den Leitern der Abteilungen Arbeit in den Distrikten. Diese hätten ihnen gegenüber die Behinderung der eigenen Arbeit durch die Hauptabteilung Arbeit in der Regierung des Generalgouvernements ebenso beklagt wie das Fehlen ausreichender Polizeikräfte für die Landarbeiterwerbung. Die Gouverneure fühlten sich zu wenig unterrichtet und bemängelten die Zusammenarbeit der Abteilungen Arbeit mit sämtlichen anderen Abteilungen sowie den Kreishauptleuten. Sie vertraten die Auffassung, dass die Abteilungen Arbeit in ihren Ämtern nur eine Art »Briefträger« darstellten. Frauendorfer forderte die Abteilungsleiter auf, sofort diesen Eindruck bei den Gouverneuren zu beseitigen und die Angelegenheit mit ihnen zu regeln.[67] Er warnte in den Debatten um eine Umstrukturierung der Arbeitsverwaltung im September 1942 eindringlich davor, die nach seiner Ansicht klar durchgegliederte und erfolgreiche Organisation zu verändern. Insbesondere wehrte er sich gegen die Übertragung von Verantwortungen seiner Hauptabteilung auf die Kreishauptleute. Als Argument führte er unter anderem an, dass der Kreishauptmann in Tarnopol in seinem Kreis die Arbeitererfassungsaktion verboten habe, deshalb dürfe eine solche Aktion nicht ortsgebunden auf die Kreishauptleute übergehen.[68]

Im Februar 1943 bemühte sich die Regierung im Generalgouvernement um eine Vereinfachung der Verwaltung und reduzierte ihr Handeln auf drei große Aufgabengebiete. Dazu zählte die Steigerung der landwirtschaftlichen Produktion, die Arbeitererfassung für das Reich und die Wirtschaft des Generalgouvernements sowie die Aufrechterhaltung der Versorgung und der Rüstungswirtschaft im eigenen Gebiet. Angesichts dieser Einschränkung sollte den Kreishauptleuten im Sinne der »Einheit der Verwaltung« die unmittelbare Befehlsgewalt über alle Arbeitsbereiche übertragen werden. Die Arbeit der Verwaltung sollte dementsprechend nun in das Amt des Kreishauptmannes eingegliedert werden, so dass dieser unter anderem der Dienstvorgesetzte des Arbeitsamtsleiters würde. Struve wies in diesem Zusammenhang darauf hin, dass die Zusammenarbeit bisher auch ohne eine Verlagerung der Kompetenzen funktioniert

---

66 Vgl. »Bericht über die Tätigkeit im Generalgouvernement« von Herbert Reichstein vom 22.5.1956, in: BAL, B 162, Nr. 1930, Bl. 590–598, hier Bl. 597; Maier, Arbeitsverwaltung, S. 7 ff. Bei der Arbeitererfassung bedeutete dies die faktische Unterstellung der Arbeitsämter unter die Kreishauptmänner. Vgl. Abschrift eines Rundschreibens des Gouverneurs des Distrikts Radom an den Chef des Amtes den SS- und Polizeiführer und die Leiter der Abteilungen, die Leiter der Arbeitsämter und die Kreis- und Stadthauptleute vom 2.10.1942, in: APR, 209, Nr. 792, Bl. 513–516.
67 Vgl. Niederschrift über die Sitzung in der Hauptabteilung Arbeit in Krakau am 25.9.1942, in: APLu, 498, Nr. 695, Bl. 12–13, hier Bl. 12 RS.
68 Vgl. Eintrag im DTB von Frank vom 21.9.1942, Hauptabteilungsleitersitzung, zit. nach: IfZ, Fb 105/25, Bl. 5911–5929, hier Bl. 5916–5918, hier Bl. 5918.

und die Arbeitsämter in politischen Fragen stets den Wünschen der Kreishauptmänner oder Gouverneure Rechnung getragen hätten. Er befürchtete demgegenüber eine Störung des Dienstbetriebs, falls sich die Kreishauptleute »um jede Kleinigkeit kümmern« würden.[69]

Ernst von Gschließer, ehemals Leiter der Abteilung Arbeitseinsatz in der Hauptabteilung Arbeit, attackierte in einer – der eigenen Rechtfertigung dienenden – Nachkriegsaussage die Kreishauptmänner für die oft radikale Arbeitererfassung, da sie dabei häufig nur die politischen Erfordernisse ihres Bezirkes im Auge gehabt hätten. Die Einheit der Verwaltung habe dabei den Anschein erweckt, dass »viele politische und verwerfliche Maßnahmen, wie Razzien in den Straßen, Verhaftung Jugendlicher nach Kino- oder Kirchenbesuch, als solche des Arbeitseinsatzes gedeutet wurden«. Dabei hätten sie nur in Ausnahmefällen solchen Zwecken gedient und seien ausdrücklich untersagt worden.[70]

Die Abteilung Arbeit im Distrikt Warschau kritisierte die wahllosen Verhaftungen polnischer Arbeiter auf dem Weg zu ihrer Arbeitsstelle durch die Polizei, das leiste einer »Bolschewisierung« Vorschub und schmiede eine »Einheitsfront des Hasses«. Das galt auch für die Razzien und Festnahmen von Arbeitern unter Nichtachtung aller Ausweise, die den Arbeitseinsatz im Distrikt empfindlich störten. Mit dem Kommandeur der Sicherheitspolizei wurde deshalb vereinbart, dass die Arbeitsämter zukünftig zu solchen Maßnahmen mit herangezogen würden.[71]

In einer Stellungnahme aus der Nachkriegszeit äußerte sich Frauendorfer zu den Konflikten der Arbeitsverwaltung mit SS und Polizei. Er bemängelte deren selbständiges Vorgehen, so habe er sich wiederholt dagegen verwahren müssen, dass die Polizei Razzien veranstaltete und Verhaftungen vornahm und dann wahrheitswidrig erklärte, die Verhafteten kämen zum Arbeitseinsatz nach Deutschland.[72]

---

69 Vgl. Arbeitssitzung am 2.2.1943, in: BAB, R 52 II, Nr. 200, Bl. 42–43, hier Bl. 42 RS und 43 VS (Zitat Bl. 43 VS).
70 Vgl. Stellungnahme zu den Feststellungen des Bundesarchivs betreffend den Sektor Arbeit im Generalgouvernement von Ernst von Gschließer vom 30.6.1960, in: BABay, Ost-Dok. 13, Nr. 272, Bl. 1–20, hier Bl. 8 f. (Zitat ebd.).
71 Vgl. Durchschrift des Tätigkeitsberichts der Abteilung Arbeit im Distrikt Warschau für den Monat September 1940 vom 3.10.1940 an den Chef des Amtes, in: IPN, 196 PB, Nr. 359, Bl. 132–139, hier Bl. 134 und Bl. 136.
72 Vgl. Stellungnahme zu der Ausarbeitung des Bundesarchives über das Generalgouvernement, Sektor Arbeit, von Dr. Frauendorfer, vom 20.7.1961, in: BABay, Ost-Dok. 13, Nr. 271, Bl. 2–8, hier Bl. 7 f. Bei dieser Stellungnahme aus der Nachkriegszeit schwang bei Frauendorfer natürlich auch das Bestreben mit, sich selbst zu entlasten.

Korruption

Die Arbeitsämter galten allgemein als bestechliche Behörde, ihre Mitarbeiter waren dafür bekannt, sich auf jede nur mögliche Art und Weise zu bereichern. Diese Bestechlichkeit lässt sich an den Korruptionsvorwürfen gegen die Mitarbeiter des Warschauer Durchgangslagers in der ulica Skaryszewska zeigen. Beschwerdeführer waren zwei Kreishauptmänner aus dem Distrikt Warschau, Ernst Gramß (Sokołów) und Carl Ludwig Freudenthal (Garwolin). Beide führten als Grund für ihre Beschwerden keineswegs idealistische Vorstellungen an, sie argumentieren vielmehr äußerst pragmatisch. So kritisierten sie, dass ihnen Schwierigkeiten bei der Erfüllung der Zwangsarbeiter-Kontingente entstanden, weil ein Teil der in ihrem Kreis festgenommenen Personen aus dem Durchgangslager aufgrund von Korruption wieder frei kam. Die in Warschau aufgrund der mangelnden Aufsicht Entwichenen wurden den Kreishauptmännern nicht auf die von ihnen zu stellenden Kontingente angerechnet. Beide nannten zudem Personen aus ihren Bezirken, die sich im Durchgangslager freigekauft haben sollten.[73] Da es ähnliche Vorfälle auch schon zuvor in anderen Arbeitsämtern gab, wie z. B. in Tschenstochau, konnte man von einem allgemeinen Phänomen ausgehen.[74]

Wie der Kreishauptmann in Sokołów im Oktober 1943 mitteilte, werde die Arbeitererfassung von der Bevölkerung solange als eine typische Schikane aufgefasst, »solange die Möglichkeit besteht, sich durch Bestechung freizukaufen, was anscheinend grosse Ausmaße angenommen hat«. So würden nur diejenigen getroffen, die nicht im Besitze größerer Geldsummen seien. Der Gouverneur des Distrikts Warschau kündigte »drakonische Maßnahmen« für den Fall an, dass Mitarbeiter der Arbeitsverwaltung wirklich in diese Bestechungen verwickelt seien.[75] Die Abteilung Arbeit des Distrikts schritt gegen die Missstände ein und behauptete, dass sich die bisherigen Bestechungsvorgänge bis auf Einzelfälle verringert hätten. Sie ließen sich aber »bei der Mentalität des polnischen Menschen« nicht ganz abstellen.[76] In Radom wurde eine polnische Angestellte des Arbeitsamtes wegen Bestechlichkeit – sie hatte Geld und Lebensmittel angenom-

---

73 Vgl. Schreiben des Kreishauptmannes in Garwolin an den Gouverneur des Distrikts Warschau vom 11.8.1943, in: APW, 482, Nr. 78, Bl. 25; Kobler, Rekrutierung, S. 87 f. Vgl. allgemein zur Korruption im Generalgouvernement: Bajohr, Parvenüs, S. 77 ff.
74 Vgl. Schreiben des Arbeitsamtes Radom an den Leiter des Arbeitsamtes Tschenstochau vom 30.9.1941, in: APR, 209, Nr. 812, Bl. 166–167.
75 Vgl. Rundschreiben des Gouverneurs des Distrikts Warschau an die Leiter der Abteilung Arbeit und Gesundheitswesen vom 15.10.1943, in: APW, 482, Nr. 34, Bl. 1–2 (Zitat Bl. 1).
76 Vgl. Schreiben der Abteilung Arbeit an den Gouverneur des Distrikts Warschau vom 30.11.1943, in: ebd., Bl. 6 (Zitat ebd.).

men – entlassen, verhaftet und von der Sicherheitspolizei in ein Konzentrationslager eingewiesen.[77]

Einige Mitarbeiter der Arbeitsämter im besetzten Polen machten die Freistellung der für die Arbeit in Deutschland bestimmten Polen zu ihrer zusätzlichen Einnahmequelle. In der polnischen Literatur werden die Arbeitsämter als eine »der korruptesten Institutionen überhaupt« (Czesław Madajczyk) beschrieben. Aus der Sicht polnischer Eltern, deren minderjährige Kinder zwangsweise zur Arbeit nach Deutschland gebracht wurden, war es wichtig, es zu versuchen, diese zurück nach Polen zu holen. Wer Geld, Gold oder Juwelen besaß, konnte beim Arbeitsamt mit Erfolg »vorsprechen«.[78]

Personalstruktur

Das Reichsarbeitsministerium entsandte in das Generalgouvernement vor allem Beamte und Angestellte aus Schlesien, Pommern, Ostpreußen und von der Zweigstelle des Ministeriums in Wien. Die Funktionsstellen waren mit etablierten Arbeitsamtsmitarbeitern besetzt, die sich gerade auf der Leitungsebene auch nationalsozialistisch bewährt haben mussten. Doch unterhalb dieser Ebene war das nicht mehr ausschließlich der Fall. Die Anzahl dieser Mitarbeiter wuchs im Laufe des Krieges immer mehr an. Waren 1940 noch 782 Reichs- und Volksdeutsche in der Arbeitsverwaltung tätig, so stieg ihre Zahl trotz der ständig wachsenden Rekrutierungen der Wehrmacht bis 1944 auf immerhin 1.135 an, was eine Zunahme von beinahe 50 Prozent bedeutete. Mehr als doppelt so viele Angestellte waren jedoch Polen, die häufig von der bisherigen polnischen Sozialverwaltung übernommen wurden. Sie hatten nur nachrangige Tätigkeiten zu erfüllen und waren den deutschen Beschäftigten untergeordnet; für die Erfüllung der umfangreichen Aufgaben gerade im Umgang mit polnischen Arbeitskräften waren sie unerlässlich – schon allein deshalb, weil für sie keine Sprachbarriere bestand, während die meisten deutschen Besatzer in Polen die Landessprache nicht oder nur sehr wenig beherrschten.[79]

Die Arbeitsverwaltung im Generalgouvernement litt von Anfang an unter dem Mangel an deutschen Fachkräften. Deshalb forderte sie immer wieder von den Landesarbeitsämtern des Altreiches, neue Mitarbeiter für das Generalgouvernement abzu-

---

77 Vgl. Verfügung des Leiters des Arbeitsamtes Radom, Dr. Köhl, vom 25.2.1943, in: APR, 379, Nr. 2, Bl. 3. Ein Werber der Nebenstelle Busko gestand, Lebensmittel entgegengenommen zu haben und dafür für die Freilassung von Angeworbenen gesorgt zu haben. Vgl. Polizeiprotokoll der Vernehmung von Edward Kubicki am 20.9.1943 in Busko, in: ebd., 209, Nr. 834, Bl. 25–26.
78 Vgl. Liedke, Gesichter, S. 32 f. Die Korruption öffnete naturgemäß der Denunziation Tür und Tor. Vgl. Schreiben (eines Mitarbeiters der Abteilung Arbeit des Distrikts) an Pavlu vom 12.11.1940, in: APK, 33, Nr. J 8160, Bl. 449–461, hier Bl. 455.
79 Vgl. Lehnstaedt, Arbeitsverwaltung, S. 4 ff.

ordnen.⁸⁰ Der Bedarf an reichsdeutschen Verwaltungsmitarbeitern war groß, denn sie sollten die Leitungspositionen vollständig besetzen. An einen Zwang zur Arbeitsaufnahme war aber grundsätzlich nicht gedacht. Man wollte durch die »Gewährung gewisser finanzieller Vorteile« einen »Anreiz für ein längeres Verweilen im Generalgouvernement« geben.⁸¹

Mangels genügend geeigneten Personals, ergriffen Arbeitsämter selbst die Initiative und schalteten Anzeigen in den Zeitungen des Generalgouvernements, um so Hilfskräfte zu rekrutieren. Die Abteilung Arbeit verurteilte diese Praxis jedoch und betonte, dass den Dienststellen ihres Bereichs die erforderlichen Kräfte aus dem Reichsgebiet nur auf Anforderung der Abteilung durch den Reichsarbeitsminister zur Verfügung gestellt würden. Genauso kritisierte man die häufigen Versprechen einer außertariflichen Vergütung.⁸²

Jedem der vier Distrikte des Generalgouvernements wurden Landesarbeitsamtsbezirke als Aufnahmegebiete zugeteilt. Diese entsandten eigene Werbekräfte, welche die Arbeitsämter bei der Anwerbung und Auswahl unterstützten. Insgesamt waren zeitweise bis zu 80 Werbereinheiten unterwegs, die sich vor allem wegen der erforderlichen polnischen Sprachkenntnisse überwiegend aus Polen und Volksdeutschen zusammensetzten. Die Werbekräfte waren in der Regel nur befristet von ihren Heimatämtern abgeordnet. Speziell für die Anwerbung polnischer Landarbeiter wurde auch eine Reihe von Angehörigen des Reichsnährstandes abgestellt.⁸³

Mit der Eingliederung des Distrikts Galizien in das Generalgouvernement im August 1941 stieg der Bedarf an reichsdeutschen Kräften für die Arbeitsverwaltung weiter an. Der Reichsarbeitsminister forderte, dass die Arbeitsämter den freiwilligen Arbeitskräften, die von ihren bisherigen Arbeitgebern freigegeben wurden, keine Schwierigkeiten bereiten sollten. Es sollte sich dabei um solche Arbeitskräfte handeln, »die aus freiem Entschluss unter den schwierigen Verhältnissen des Generalgouvernements zu leben und zu arbeiten gewillt, aber auch zuverlässig, verantwortungsbewusst, gesund und in

---

80 Vgl. Schreiben des Reichsarbeitsministers an den Präsidenten des Landesarbeitsamtes Westfalen vom 26.4.1941, in: BAB, R 3903 (alt R 163), Nr. 16, unpag.
81 Vgl. Maier, Arbeitsverwaltung, S. 9 ff.
82 Vgl. Dienstanweisung der Abteilung Arbeit im Amt des Generalgouverneurs, Dr. Zapf, vom 25.10.1940, in: AAN, 111, Nr. 1414/4, Bl. 4.
83 Vgl. Rundschreiben der Abteilung Arbeit bei der Regierung des Generalgouvernements, Dr. Berthold, an die Leiter der Abteilungen Arbeit bei den Chefs der Distrikte und die Leiter der Arbeitsämter im Bereich des Generalgouvernements vom 20.5.1941, in: ebd., Nr. 1414/2, Bl. 17; Durchschrift eines Schreibens des Verwaltungsamtes des Reichsbauernführers an das Reichsarbeitsministerium vom 10.6.1941, in: BAB, R 3601, Nr. 1752, Bl. 134; Maier, Arbeitsverwaltung, S. 32. Teilweise wurden polnische Landarbeiter, die im Reich gearbeitet hatten, als Hilfswerber eingestellt. Vgl. Durchschrift des Arbeitsberichts der Abteilung Arbeit im Distrikt Radom an die Abteilung Innere Verwaltung beim Chef des Distrikts Radom vom 26.9.1941, in: APR, 209, Nr. 843, Bl. 3–20, hier Bl. 9.

der Lage sind, die im allgemeinen gegenüber dem Altreich erhöhten Vollmachten des einzelnen Angestellten wahrzunehmen«.[84]

In einem Nachkriegsbericht unterschied ein ehemaliger Angehöriger der Arbeitsverwaltung scharf zwischen den ersten Mitarbeitern, die von den Landesarbeitsämtern entsandt wurden und jenen, die später kamen. Während es sich bei der ersten Gruppe durchweg um tüchtige und aktive Personen handelte, seien die später Rekrutierten durch die relativ hohen Trennungsentschädigungen, die besseren Ernährungsbedingungen im Generalgouvernement und die dortigen Möglichkeiten, im Altreich rare Artikel beschaffen zu können, angelockt worden. Derlei Begleitumstände hätten natürlich auch »Glücksritter« angesprochen, die nicht immer fachlich geeignet und würdige »Vertreter des Deutschtums« gewesen seien. Die Arbeitsämter im Reich seien oft froh gewesen, solches Personal loszuwerden.[85]

Der Historiker Bogdan Musial resümiert, dass es sich beim Personal der gesamten Zivilverwaltung im Generalgouvernement nicht selten um gewöhnliche Kriminelle, Versager und Abenteurer, strafversetzte und abgehalfterte Beamte, aber auch um »Ostraum-Visionäre« und fanatische Nationalsozialisten gehandelt habe. Diese Menschen seien weder die Elite noch der Querschnitt der deutschen Gesellschaft gewesen. Die personelle Zusammensetzung der Verwaltung im Generalgouvernement habe vielmehr das Ergebnis einer negativen Auslese dargestellt.[86] Dieses Urteil wird man hinsichtlich der Arbeitsverwaltung wohl allenfalls für die unteren Dienstränge teilen können.

Ende 1940 waren in den 120 Dienststellen der Abteilung Arbeit 2.783 Männer und Frauen beschäftigt, darunter befanden sich 478 Reichsdeutsche, 325 Volksdeutsche, 1.872 Polen und 108 Ukrainer.[87] Nach einer Aufstellung vom 10. September 1940 beschäftigte die Abteilung Arbeit der Regierung 78 Beamte, Angestellte und Arbeiter. Die meisten waren vom Reichsarbeitsministerium dorthin abgeordnet worden. Nach einer Statistik vom 31. Dezember 1943 waren 541 Beschäftigte der Reichsarbeitsverwaltung zu den Dienststellen im Generalgouvernement abgeordnet worden. 1942/43 waren im Arbeitsamt Lublin etwa 190, im Arbeitsamt Luków etwa 110 und im Arbeitsamt Zamość etwa

---

84 Vgl. Rundschreiben des Reichsarbeitsministers betr.: Angestellte für das Generalgouvernement, Verwaltung und Wirtschaftsgruppen vom 28.11.1941, in: APW, 482, Nr. 1158, Bl. 2–3 (Zitat Bl. 2 RS). Auch in: AAN, 111, Nr. 1414/2, Bl. 24–26.
85 Vgl. »Die Tätigkeit der Arbeitsämter im Generalgouvernement« von Bundesverwaltungsrat Dr. Eduard Köhl vom 4.7.1956, in: BABay, Ost-Dok. 13, Nr. 273, Bl. 1–21, hier Bl. 8 f. Typisch war der Kampf gegen Disziplinlosigkeiten, wie z. B. unentschuldigtes Fehlen. Vgl. Schreiben des Leiters des Arbeitsamtes Ostrowiec an den Angestellten Oskar Pulgrabia vom 1.6.1940, in: APR, 399, Nr. 130, Bl. 24.
86 Vgl. Musial, Zivilverwaltung, S. 85 f.; Lehnstaedt, Ostnieten.
87 Vgl. »Die Tätigkeit der Arbeitsämter im Generalgouvernement« von Bundesverwaltungsrat Dr. Eduard Köhl vom 4.7.1956, in: BABay, Ost-Dok. 13, Nr. 273, Bl. 1–21, hier Bl. 8.

75 Männer und Frauen beschäftigt.[88] Das Arbeitsamt Lemberg wies für den Dezember 1942 die erstaunlich hohe Zahl von 333 nichtdeutschen Mitarbeitern auf.[89]

Wie die oben genannten Zahlen belegen, bestand der bei weitem größte Teil der Mitarbeiter der Arbeitsverwaltung im Generalgouvernement aus polnischen Arbeitskräften. Sie hatten ein Problem, das sie mit allen anderen polnischen Arbeitskräften teilten: die schlechte Versorgung, vor allem mit Nahrungsmitteln. Diese Schwierigkeiten erkannte auch der Leiter des Warschauer Arbeitsamtes an. In aller Regel seien seine polnischen Mitarbeiter durchaus arbeitswillig, aber aufgrund der Mangelerscheinungen kaum in der Lage, die Arbeit qualitativ und quantitativ zu erledigen. Dadurch steige bei ihnen zwangsläufig die Neigung, ihre Kräfte zu schonen und häufiger Pausen einzulegen, ebenso mehrten sich die Bitten um Entlassung.[90]

Wohl durch diesen und ähnliche Berichte aufgeschreckt, reagierte die Hauptabteilung Arbeit und thematisierte ebenfalls die außergewöhnlichen Belastungen der nichtdeutschen Angestellten und Arbeiter der Arbeitsämter, wie zum Beispiel Überstunden und Sonntagsarbeit. Außerdem müsse »der polnische oder ukrainische Angestellte selbst dauernd Zwangsmaßnahmen gegen seine Volksangehörigen anwenden (…), wie Zwangsarbeit, Bewachung von Landarbeitertransporten, Verpflichtung zum Baudienst und anderes mehr«. Dadurch werde er von ihnen boykottiert, was die Beschaffung von Lebensmitteln zusätzlich erschwere. Deshalb richtete die Hauptabteilung Arbeit eine Anzahl von Betriebsküchen ein. Bei den Arbeitsämtern waren zu der Zeit bereits 2.893 nichtdeutsche Arbeiter und Angestellte beschäftigt.[91]

Die im öffentlichen Dienst – also auch in der Arbeitsverwaltung – beschäftigten Nichtdeutschen mussten ab März 1941 eine besondere Verpflichtungserklärung unterzeichnen. Gleichzeitig wurde mit der Sicherheitspolizei gedroht, für die es von besonderer Bedeutung sei, zu erfahren, welche Personen die Abgabe dieser Verpflichtungserklärung ablehnten.[92]

---

88 Vgl. Maier, Arbeitsverwaltung, S. 9 ff.
89 Vgl. Verzeichnis der nichtdeutschen Gefolgschaftsmitglieder des Arbeitsamtes Lemberg für den Monat Dezember 1942, in: DALO, R 39, 1, Nr. 144, Bl. 8–13. Zur Frage, ob es sich bei der Mitarbeit der Polen an der deutschen Besatzungsverwaltung um Kollaboration handelte vgl.: Borodziej, Debatte und Friedrich, Widerstandsmythos; ders., Zusammenarbeit und allgemeiner: Madajczyk, Polen.
90 Vgl. Durchschrift des Berichts des Arbeitsamtes Warschau, Hoffmann, an den Leiter der Abteilung Arbeit beim Gouverneur des Distrikts Warschau für den Monat Februar 1942 vom 6.3.1942, in: APW, 486, Nr. 1856, Bl. 15–20, hier Bl. 15.
91 Vgl. Schreiben des Leiters der Hauptabteilung Arbeit an den Leiter der Hauptabteilung Finanzen vom 17.4.1942, in: AAN, 111, Nr. 714, Bl. 6–7.
92 Vgl. Dienstanweisung der Abteilung Arbeit im Amt des Generalgouverneurs, Dr. Berthold, vom 28.4.1941, in: ebd., Nr. 1414/4, Bl. 90. In der Erklärung hieß es u. a.: »Ich verpflichte mich, in Gehorsam gegenüber der deutschen Verwaltung meine Dienstobliegenheiten treu und gewissenhaft zu erfüllen. An einen dem ehemaligen polnischen Staat oder seinen Organen

Die Beamten der Arbeitseinsatzstäbe in den besetzten Gebieten bekamen zu Beginn des Jahres 1943 neue Uniformen mit einem feldgrauen Rock ohne Rangabzeichen, langer Hose, Stiefelhose, Mantel, Mütze, Dolch mit Gehänge, Portepee und Koppel, Pistolenhalter und Pistole sowie einer Hakenkreuzarmbinde am linken Oberarm, die als oberen Abschluss einen schwarzen Streifen mit der Aufschrift »Arbeitseinsatzstab« trug. Also eine recht militärische Art und Weise, in der sich die Mitarbeiter einer Zivilverwaltung im Generalgouvernement präsentierten.[93] Diese neue Einkleidung sollte nur von kurzer Dauer sein, denn bereits im Oktober desselben Jahres gab es Änderungen: Die Uniformstücke aus grauem Tuch wurden eingezogen, weil sie von nicht zur Wehrmacht gehörenden Organisationen nicht getragen werden durften. Die Oberbekleidungsstücke waren nun aus Uniformeinheitstuch in erdbrauner Färbung gefertigt, die Mütze war in der Form der neuen Feldschirmmütze der Wehrmacht gearbeitet. Der Rock wurde offen mit Braunhemd und schwarzem Binder getragen. Zu der Uniform wurde die Hakenkreuzbinde getragen, darauf befand sich ein Schriftband mit der Aufschrift »Arbeitseinsatzstab«. Dazu gab es diverse unterschiedliche, ebenfalls militärisch anmutende, Dienstrangabzeichen vom Verwaltungsarbeiter bis zum Präsidenten.[94]

Als Inszenierung von Macht trug die Uniform – ebenso wie die repräsentativen Gebäude der Arbeitsverwaltung, so der Warschauer »Palast unter den vier Winden« der dortigen Abteilung Arbeit – dazu bei, das Überlegenheitsgefühl gegenüber der polnischen und jüdischen Bevölkerung, das viele Verwaltungsmitarbeiter schon als ideologisches Gepäck ins Generalgouvernement mitbrachten, noch weiter zu verstärken.[95]

Leitende Mitarbeiter: Wilhelm Struve – Ernst von Gschließer – Martin Kraft – Manfred Sorge

Leider kann man wegen der fehlenden Überlieferung einzelner Arbeitsämter keine Kurzporträts von einfachen reichs- oder volksdeutschen, geschweige denn polnischen Mitarbeitern der Arbeitsämter erstellen. Deshalb kann sich der Blick nur auf einige der leitenden Mitarbeiter richten. Hierbei wird deutlich, dass es sich um eine Mischung zwischen klassischen Laufbahnbeamten, die durch die Versetzung in das Generalgouvernement avancierten, und reinen Parteikarrieristen handelte.

---

oder seiner politischen Organisation geleisteten Treu- oder Diensteid oder an eine entsprechende Verpflichtung halte ich mich nicht gebunden.« Verpflichtungserklärung (für polnische Angestellte im öffentlichen Dienst), undat., in: APK, 33, Nr. J 13904, Bl. 7.
93 Vgl. Gauleiter Sauckel, S. 9.
94 Vgl. Mitschke, Uniform.
95 Vgl. Kobler, Rekrutierung, S. 86.

Wilhelm Struve

Der Nachfolger von Max Frauendorfer als Leiter der Hauptabteilung Arbeit in der Regierung des Generalgouvernements, Wilhelm Struve, war einer dieser Parteikarrieristen. Er wurde am 21. Dezember 1895 in Kassel als Sohn des Privatsekretärs Wilhelm Struve geboren. Struve besuchte die Volksschule und trat 1910 als Lehrling bei der Firma Mangold in Kassel ein. Schon nach kurzer Zeit nahm ihn seine Mutter aus der Lehre, weil er zu Hause helfen musste die Familie zu ernähren. Von 1910 bis 1913 absolvierte er nach eigenen Angaben dennoch eine kaufmännische Lehre. 1912 verstarb auch seine Mutter, nachdem sein Vater bereits sechs Jahre zuvor gestorben war. Struve verdiente sich seinen Lebensunterhalt als Hilfsarbeiter. Von 1913 bis 1914 war er Gehilfe bei der Firma Georg Hamel in Kassel. Am 4. September 1914 meldete er sich freiwillig zum Heeresdienst. Von Oktober 1917 bis November 1918 war er als Hilfsdreher zur Rüstungsindustrie abgestellt. Nach 1918 ging er zu einem Grenzschutzregiment nach Schlesien, im Januar 1920 zur Brigade Ehrhardt. Bis 1923 war er »reisetätig« und eignete sich kaufmännisches Wissen an. Ab Ende 1922 war er bei seinem Bruder, einem Schuhmacher in Neuwied tätig, dann wurde er von der Stadt Neuwied als Bürohilfsangestellter beschäftigt. Von Mitte 1924 an leitete er selbständig als Filialleiter der Firma Jos. Wolkenfeld, Niederlahnstein, die Filiale in Neuwied, die er ein Jahr später auf eigene Rechnung übernahm. 1927 musste er aufgeben, angeblich, weil wegen seines Engagements für die NSDAP zwei Drittel der Kundschaft wegblieb. Danach belieferte er Privatleute mit Butter und Kaffee, gab im Mai 1930 aber sein Geschäft auf, weil Robert Ley ihn als Bezirksleiter des Regierungsbezirks Trier einsetzen wollte. Struve übernahm auf Wunsch der Partei hauptamtlich diese Position.

1927 war Struve in die NSDAP und die SA eingetreten und wurde Vertrauensmann der Gauleitung für den Kreis Neuwied. Ein Jahr später wurde er Gauredner und kommissarischer Schulungsleiter der Ortsgruppe Neuwied, außerdem SA-Truppführer. 1929 avancierte er zum Fraktionsführer in Stadt- und Kreisrat von Neuwied, 1930 zum Bezirksleiter im Regierungsbezirk Trier. Im folgenden Jahr wurde er Organisationsleiter bei der Gauleitung Koblenz-Trier, 1932 Mitglied des Preußischen Landtages. Ab April 1933 war er Gauamtsleiter für Kommunalpolitik, ab Oktober desselben Jahres auch Landrat von Koblenz. Seine Karriere beim Arbeitsamt begann 1933 als Leiter der Arbeitsbeschaffung und Leiter der Personalabteilung für die Arbeitsämter im Gau Koblenz-Trier. Am 24. Februar 1934 wurde Struve als Politischer Leiter vereidigt. Seinen letzten politischen Schliff erhielt er auf den Ordensburgen Vogelsang und Sonthofen.[96]

---

96 Vgl. Lebenslauf von Struve vom 22.9.1933 für den Oberpräsidenten der Rheinprovinz, o.Dat., in: BAB, R 3901, Nr. 110014, unpag.; Personalfragebogen vom 14.6.1940, in: ebd., unpag.; Stammbuch für Wilhelm Struve vom 23.5.1944, in: IfZ, Fb 106/48, unpag.; Personalfragebogen von Wilhelm Struve vom 2.3.1954, in: BAB, R 3901, Nr. 20445, Bl. 1–2, hier Bl. 1.

Im Jahre 1939 verwandte sich Gauleiter Gustav Simon für Struve beim Reichsarbeitsminister, um ihn auf den Sessel des Leiters des Landesarbeitsamtes Rheinland zu hieven, da Struve »sich seit längerer Zeit ein größeres Arbeitsgebiet« wünschte. Man einigte sich auf eine Einarbeitungszeit für Struve.[97] Er bekleidete ab dem 1. März 1940 das Amt des kommissarischen Präsidenten des Landesarbeitsamtes Rheinland, ab 1. Juni 1940 war er dessen Präsident.[98]

Am 15. Oktober 1942 bestimmte der Generalbevollmächtigte für den Arbeitseinsatz ihn als seinen Beauftragten für das Generalgouvernement. In Personalunion übernahm er im Februar 1943 auch die Leitung der Hauptabteilung Arbeit.[99]

Ernst von Gschließer

Einen anderen Weg war Ernst von Gschließer gegangen, der zwar auch Parteiaktivist war, gleichzeitig als Volljurist aber bereits auf eine Karriere in der Arbeitsverwaltung zurückblicken konnte. Er wurde am 12. September 1898 als Sohn eines Kaiserjägeroffiziers in Innsbruck geboren. Nach der Gymnasialzeit in Bozen und Innsbruck, erwarb er im Jahre 1922 an der Universität Innsbruck den Doktorgrad beider Rechte. Nach mehreren Monaten Gerichtspraxis trat er im März 1922 beim Landesarbeitsamt in Innsbruck als Sekretär ein und übernahm im Oktober desselben Jahres die Geschäftsführung des Amtes, später wurde er mit der Leitung des Landesarbeitsamtes Tirol betraut. Am 15. September 1936 wurde er zum Landesarbeitsamt in Wien als Stellvertreter des leitenden Beamten versetzt. Im März 1938 avancierte er zum Leiter des Landesarbeitsamtes in Wien.

Im Januar 1934 war Gschließer in die NSDAP eingetreten. Bereits ein Jahr zuvor war er für deren Wirtschaftlichen Nachrichtendienst tätig geworden, 1934 als Organisator und Leiter des NS-Hilfswerkes für bedürftige Parteimitglieder und Familienangehörige Gefangener und Geflüchteter für den Gau Tirol, sodann nach Eingliederung des Hilfswerkes in die Formationen der Partei Obsorge für arbeitslose Parteimitglieder durch Unterbringung in Posten etc.[100]

Ab dem 27. August 1939 gehörte Gschließer zum Stab des Chefs der Zivilverwaltung beim Armeeoberkommando 14.[101] Er wurde dann Arbeitseinsatzreferent in der Dienststelle Krakau; war aber nach Ansicht seiner österreichischen Vorgesetzten als stellvertretender Leiter eines Landesarbeitsamtes geeignet. Selbst wollte er das Arbeitsamt Salzburg übernehmen, was nicht möglich war. Er wurde nun für eine Verwendung

---

97 Vgl. Schreiben von Gauleiter Gustav Simon an Reichsarbeitsminister Seldte vom 20.11.1939, in: ebd., Nr. 110014, Bl. 34.
98 Vgl. Personalfragebogen vom 14.6.1940, in: ebd., unpag.
99 Vgl. Stammbuch für Wilhelm Struve vom 23.5.1944, in: IfZ, Fb 106/48, unpag.
100 Vgl. Fragebogen des Reichsstatthalters in Wien vom 10.5.1938, in: BAB, R 3901,Nr. 103643, unpag.
101 Vgl. Lebenslauf vom 17.9.1939, in: ebd., unpag.

in leitender Position in den besetzten Gebieten von Holland, Belgien, Frankreich oder Norwegen vorgeschlagen, da er in Polen ausgezeichnete Aufbauarbeit geleistet habe.[102]

Frauendorfer hob hervor, dass Gschließer als Leiter des gesamten Gebietes des Arbeitseinsatzes für den Distrikt Krakau und ständiger Stellvertreter des Leiters der Abteilung Arbeit beim Chef des Distriktes wesentlichen Anteil an dem organisatorischen Aufbau der Arbeitseinsatzverwaltung im Distrikt gehabt habe. Insbesondere wurden von ihm zügig die technischen Voraussetzungen für die Vermittlung von Arbeitskräften nach dem Reichsgebiet geschaffen. Im Juli 1940 wurde Gschließer in die Hauptabteilung Arbeit als Leiter der Abteilung Arbeitseinsatz und Arbeitslosenhilfe berufen. Damit war er der unmittelbar Verantwortliche für die Zwangsarbeiterdeportationen.[103]

Gschließer ist ein Paradebeispiel dafür, wie nach dem Krieg die Verantwortlichen der Arbeitsverwaltung ihre Beteiligung bagatellisierten oder leugneten. In seinem Beitrag für die Ost-Dokumentation behauptete er, die Arbeitsämter hätten mit dem Einsatz der jüdischen Arbeitskräfte im Generalgouvernement nie etwas zu tun gehabt. Dabei war er selbst in der Hauptabteilung Arbeit für eben diesen Arbeitseinsatz im gesamten Generalgouvernement zuständig, er unterschrieb wichtige Erlasse und publizierte sogar mehrfach in Aufsätzen darüber.[104]

Martin Kraft
Martin Kraft wurde am 4. Juli 1899 in Zierenberg geboren; von 1919 bis 1924 studierte er Chemie an der Universität Marburg, danach folgte ein pädagogisches Zusatzstudium. Im Februar 1939 absolvierte er die Fachprüfung an der Verwaltungsschule Neubabelsberg mit »befriedigend«. Von Januar bis Juni 1933 war als Angestellter in der Berufsberatung beim Arbeitsamt Jena tätig, von Juni 1933 bis Oktober 1936 als Vermittler, später als Abteilungsleiter im Arbeitseinsatz beim Arbeitsamt Suhl. Ab Oktober 1936 war Kraft Abteilungsleiter für Arbeitseinsatz im Arbeitsamt Erfurt, ab Herbst 1937 Hilfsreferent für Arbeitseinsatz im Landesarbeitsamt Mitteldeutschland. Von August 1939 an war er kurzfristig bis Oktober Abteilungsleiter im Arbeitsamt Halberstadt.[105]

---

102 Vgl. Schreiben der Zweigstelle Österreich des Reichsarbeitsministeriums an den Reichsarbeitsminister vom 1.6.1940, in: ebd., unpag.
103 Vgl. Schreiben des Leiters der Abteilung Arbeit in der Regierung des Generalgouvernements an den Reichsarbeitsminister vom 30.6.1941, in: ebd., unpag. (Zitate ebd.); Verwaltungs-Jahrbuch 1941, T. II, S. 200.
104 Vgl. Maier, Arbeitsverwaltung, S. 65.
105 Vgl. Personalbogen von Martin Kraft vom Arbeitsamt Warschau vom 23.9.1940, in: APW, 482 Amt des Gouverneurs des Distrikts Warschau, Nr. 413, Bl. 3; Verwaltungs-Jahrbuch 1938, S. 495. Demzufolge war Kraft 1938 Leiter der Abteilung Vermittlung beim Arbeitsamt Erfurt.

Ende Oktober 1939 wurde Martin Kraft dann in das Generalgouvernement nach Warschau abgeordnet. Dort setzte Kraft seine Karriere im Bereich der Arbeitsverwaltung nicht nur fort, sein Aufstieg gewann hier zudem auch an Tempo: In den ersten Monaten war er beim Arbeitsamt Warschau für Organisation und Minderheitenbetreuung verantwortlich, dann Leiter des Hauptgebiets II Arbeitseinsatz und damit für die Rekrutierung von Zwangsarbeitern zuständig. Der Leiter des Arbeitsamtes war sehr zufrieden mit Kraft, der ihn wesentlich unterstützt habe, er sei ein geschickter und anpassungsfähiger Mitarbeiter, der auch selbständig neue Probleme anzupacken wisse. Kraft strebte eine Verwendung im höheren Dienst an und bat um wohlwollende Prüfung.[106] Da sich in Fragen der Beförderung Krafts nicht so rasch etwas tat, legte der Leiter des Warschauer Arbeitsamtes gegenüber dem Präsidenten des Landesarbeitsamtes Mitteldeutschland noch einmal nach: Aus der Schar der eher mediokren Kräfte, mit denen die Arbeitsverwaltung im Generalgouvernement bestückt sei, rage Kraft mit seiner Verantwortungsfreudigkeit und seinen Fachkenntnissen heraus.[107]

Ende 1941 wechselte er vom Arbeitsamt in die Abteilung Arbeit beim Chef des Distrikts und wurde dort Leiter der Unterabteilung für Arbeitseinsatz. Er befasste sich also nun auf der nächst höheren Verwaltungsebene mit der Zwangsarbeiterrekrutierung. Ab 1942 war er Stellvertreter des Leiters der Abteilung Arbeit, und im Januar 1944 stieg er zu deren kommissarischen Leiter auf.[108]

In einem Vorschlag zur Verleihung des Kriegsverdienstkreuzes I. Klasse an Kraft vom Juli 1944 hieß es zu seiner Person, er habe sich in der ganzen Zeit seiner Tätigkeit ohne Rücksicht auf die ihm drohenden Gefahren stets durch besonderen Einsatz hervorgetan. Es sollte »eine Auszeichnung seines steten Einsatzes und seiner ausserordentlichen Leistung auf dem Gebiete der Beschaffung von Arbeitskräften und damit gleichzeitig eine Anerkennung auch für die übrigen Mitglieder der Arbeitseinsatzverwaltung sein«.[109]

Manfred Sorge
Manfred Sorge wurde als am 4. Mai 1906 als Sohn eines Reichsbankdirektors in Forst geboren. Seine erste juristische Staatsprüfung legte er im Juli 1931 in Naumburg a/S. ab und war danach drei Jahre im Vorbereitungsdienst beschäftigt. Er trat im April 1933 der

---

106 Vgl. Schreiben des Leiters des Arbeitsamtes Warschau an den Präsidenten des LAA Mitteldeutschland vom 27.1.1940, in: APW, 482, Nr. 413, Bl. 31; Verwaltungs-Jahrbuch 1941, T. II, S. 203.
107 Vgl. Schreiben des Leiters des Arbeitsamtes Warschau an den Präsidenten des LAA Mitteldeutschland vom 28.5.1940, in: APW, 482, Nr. 413, Bl. 32–33.
108 Vgl. Kobler, Rekrutierung, S. 83 f.
109 Vgl. Schreiben des Leiters der Hauptabteilung Arbeit in der Regierung des Generalgouvernements, Struve, an die Kanzlei des Generalgouverneurs vom 14.7.1944, in: BAB, R 52 II, Nr. 130, Bl. 13–15 (Zitat Bl. 15).

NSDAP bei und im September 1933 wurde er SA-Mitglied.[110] Das Zeugnis des Leiters des – von angehenden Juristen obligatorisch zu absolvierenden – »Gemeinschaftslagers Hanns Kerrl«, fiel positiv aus. Er sei »ein offener und heiterer Charakter, der sich seiner ruhigen, bestimmten Art bei seinen Kameraden durchzusetzen wusste«, dabei eine »eine ernste Lebensauffassung« mitbrachte. Das war nach Meinung des Lagerkommandanten auf seinen Werdegang zurückzuführen. Er hatte seine Schulzeit von 1924 bis Herbst 1926 unterbrochen und war während dieser Zeit als Schiffsjunge und Matrose zur See gefahren, um erst dann das Reifezeugnis zu erwerben.[111]

Zwar bestand er die große juristische Staatsprüfung im Mai 1935 mit »ausreichend«, brachte aber keine überragenden Leistungen in den Prüfungen und im Vorbereitungsdienst und hinterließ auch keinen nachhaltigen persönlichen Eindruck bei seinen Vorgesetzten. Deshalb konnte dem Gesuch des Assessors auf Übernahme in den Probedienst für die Laufbahn für das Amt des Richters und Staatsanwalts nicht entsprochen werden, obwohl an »an seiner bejahenden Haltung zum neuen Staate« keine Zweifel bestanden.[112]

Sorge trat deshalb in die Arbeitsverwaltung ein.[113] Als Assessor wurde er Abteilungsleiter und kommissarischer Stellvertreter des Amtsleiters beim Arbeitsamt Mühlhausen in Thüringen.[114] 1941 hatte er Karriere im Generalgouvernement gemacht: Der zum Regierungsrat Beförderte war stellvertretender Leiter des Arbeitsamtes Krakau.[115] Später leitete er das Arbeitsamt Siedlce.[116]

Ein »Quereinsteiger« in Leitungsfunktion: Max Frauendorfer

Max Frauendorfer wurde am 14. Juni 1909 in München geboren. Er trat am 1. Mai 1928 in die NSDAP ein, fünf Monate später auch in die SS. Sein erstes juristisches Examen legte er im Oktober 1931 ab, danach absolvierte er seine Referendarszeit beim Amtsgericht München und promovierte im Dezember 1932 in Erlangen. Von März bis Mai 1933 war er der Polizeidirektion München zugeteilt, gleichzeitig ehrenamtlicher Referent der

---

110 Vgl. Zulassungsbogen des Kammergerichtspräsidenten Berlin an das Reichs-Justizprüfungsamt vom 28.1.1935, in: ebd., R 3012, Nr. 445, unpag.; Fragebogen zur Durchführung des Gesetzes zur Wiederherstellung des Berufsbeamtentums vom 7. April 1933 vom 3.10.1933, in: ebd., unpag.
111 Vgl. Zeugnis des Lagerkommandanten des »Gemeinschaftslager Hanns Kerrl« vom 9.5.1935, in: ebd., unpag. (Zitate ebd.).
112 Vgl. Bericht des Kammergerichtspräsidenten Berlin an den Reichsminister der Justiz vom 11.10.1935, in: ebd., unpag. (Zitat ebd.); Durchschrift eines Schreibens des Reichsministers der Justiz an den Kammergerichtspräsidenten Berlin vom 5.11.1935, in: ebd., unpag.
113 Vgl. Verwaltungs-Jahrbuch 1938, S. 560.
114 Vgl. Verwaltungs-Jahrbuch 1938, S. 497.
115 Vgl. Verwaltungs-Jahrbuch 1941, T. II, S. 200.
116 Vgl. Verwaltungs-Jahrbuch 1942/43, T. II, S. 287.

Reichsleitung der NSDAP. Im März avancierte er zum Leiter des Amts für ständischen Aufbau der NSDAP und im September 1934 zum Hauptamtsleiter des Schulungsamtes der NSDAP. Im April 1935 erfolgte seine Beförderung zum SS-Obersturmbannführer. Im Juni 1936 schloss ihn Ley wegen Differenzen aus der Reichsleitung der DAF aus. Im Mai 1938 absolvierte Frauendorfer die große juristische Staatsprüfung. Von Juni 1937 bis September 1938 war er als Referent für Organisationsfragen in der Reichswirtschaftskammer in Berlin tätig. Im Februar 1939 wurde er durch Erlass des Reichsjustizministeriums in den Anwalts-Anwärterdienst übernommen. Vom Oktober 1938 bis zum September 1939 war er unbezahlter Mitarbeiter des Reichstreuhänders der Arbeit in Berlin auf dem Gebiet der Lohnpolitik. Ab Ende September 1939 war er in Polen und wurde am 18. November 1939 als Nachfolger Krohns mit der Leitung der Abteilung Arbeit in der Regierung des Generalgouvernements beauftragt. Im September 1941 erfolgte seine Ernennung zum Reichstreuhänder der Arbeit, im Oktober 1941 zum Ministerialdirigent, im September 1942 zum Präsidenten der Hauptabteilung Arbeit und rückwirkend ab August 1942 wurde Frauendorfer auf eine Planstelle als Regierungspräsident gesetzt. Vom Februar 1943 bis zum April 1945 leistete er Wehrdienst aufgrund freiwilliger Meldung.[117]

Die Konflikte mit Ley und anderen NSDAP-Vertretern stoppten Frauendorfers steile Karriere zunächst. Mit dem Überfall auf Polen bot sich ihm allerdings eine neue Chance: Frank holte den ehemaligen Hauptamtsleiter seines Reichsrechtsamtes in seinen neuen Stab. Frauendorfer agierte zunächst als rechte Hand von Staatssekretär Krohn, den das Reichsarbeitsministerium nach Polen delegiert hatte, um die Arbeitsbereiche Arbeit und Soziales in der Besatzungsverwaltung zu übernehmen.[118]

Er wurde offiziell am 18. November 1939 mit der Leitung der Abteilung Arbeit betraut und nahm die Dienstgeschäfte »zur besonderen Zufriedenheit« wahr. Frauendorfer gab an, dass ihm ein Behördenapparat vorgeschwebt habe, der sich an der Oberost-Verwaltung aus dem Ersten Weltkrieg orientierte. Um diese Linie gegen die bestehenden Widerstände durchsetzen zu können, habe er die ihm unterstellten Beamten überzeugen und an entscheidenden Stellen persönlich seit langem bekannte Mitarbeiter einsetzen müssen.[119]

---

117 Vgl. Präg/Jacobmeyer, Diensttagebuch, S. 948.
118 Vgl. Schlemmer, Grenzen, S. 687 f.
119 Vgl. Lebenslauf von Max Frauendorfer vom 1.11.1950, in: BAB, R 3901, Nr. 20355, Bl. 4–14, hier Bl. 7 f.; Erklärung von Johannes Krohn für Max Frauendorfer vom 15.3.1965, in: ebd., Nr. 20354, Bl. 36–45, hier Bl. 39 f.; Schreiben des Generalgouverneurs für die besetzten polnischen Gebiete an Reicharbeitsminister Seldte vom 28.10.1939, in: ebd., Nr. 102977, Bl. 23; Schreiben des Reichsarbeitsministers an den Reichsminister des Innern und den Reichsminister der Finanzen vom 7.3.1940, in: ebd., Nr. 20346, Bl. 3–4; Stellungnahme der Abteilung IV des Reichsfinanzministeriums vom 25.3.1940, in: ebd., Bl. 4–5. Zur Oberost-Verwaltung

Ab Anfang 1941 kam Frauendorfer in Kontakt mit Ulrich von Hassell, dem ehemaligen deutschen Botschafter in Rom und Widerstandskämpfer; ein Umstand, den er zu seiner späteren Verteidigung nutzen sollte.[120] Es kam es zu regelmäßigen Besuchen bei von Hassell. Im Mai 1941 berichtete Frauendorfer darüber, dass Himmler 180 polnische Landarbeiter wegen Geschlechtsverkehrs mit deutschen Frauen hatte hängen lassen. Frauendorfer hatte dagegen bei Himmler persönlich protestiert, da er unter solchen Umständen keine Landarbeiter werben konnte.[121] In weiteren Gesprächen informierte Frauendorfer von Hassell auch über die Judenmorde im Generalgouvernement und die systematische Liquidierung der polnischen »Intelligenz«.[122]

In Frauendorfers Entnazifizierungsakten findet sich ein 1950 verfasster politischer Tätigkeitsbericht, in dem er behauptete, Ende 1941 in einer Sitzung der gesamten Verwaltung des Generalgouvernements mit einer längeren Rede Stellung gegen die Misshandlung und Erschießung von Juden durch die SS bezogen zu haben. Er habe zuvor einen Bericht eines Arbeitsamtes über diese Vorgänge erhalten. Von diesem Zeitpunkte an sei er von der SS und Polizei offen bekämpft worden. Schon vorher will Frauendorfer gegen die Erschießung jüdischer Facharbeiter, die in einem Wehrmachtbetrieb arbeiteten, bei Göring und beim Oberkommando der Wehrmacht protestiert haben. Im Herbst 1942 verlangte Frauendorfer nach eigenen Angaben auf der Tagung aller deutschen Präsidenten der Landesarbeitsämter und Reichstreuhänder der Arbeit in Weimar, von Sauckel und von Rüstungsminister Speer erneut, gegen die Verhaftungen und Erschießungen von Juden vorzugehen.[123]

Ab September 1942 forcierte Frauendorfer seine Einberufung zur Wehrmacht. Auch wenn seine genauen Absichten nicht bekannt waren, so gab es doch Differenzen zwischen Frauendorfer und Frank in Bezug auf die Organisation des Arbeitseinsatzes. Frauendorfer nahm offenbar an, in einer Hauptabteilungssitzung, in der es um die Einbeziehung der Kreishauptleute bei der Arbeitererfassung ging, eine starke Einbuße seines Prestiges erlitten zu haben.[124] Sauckel informierte Himmler über den Wunsch Frauendorfers, seine Uk-Stellung aufzuheben, um zur Wehrmacht einberufen zu wer-

---

vgl.: Liulevicius, Kriegsland. Zur dortigen deutschen Arbeitskräftepolitik vgl. Westerhoff, Arbeitskräftepolitik, S. 92 ff.
120 Vgl. Eintrag vom 19.1.1941, in: Hassell, Deutschland, S. 145.
121 Vgl. Eintrag vom 18.5.1941, in: ebd., S. 168 f. Siehe dazu: Eintrag vom 22.3.1941, in: Dienstkalender, S. 121.
122 Vgl. Einträge vom 20.12.1942 und vom 15.5.1943, in: Hassell, Deutschland, S. 232 und S. 251 f.
123 Vgl. Politischer Tätigkeitsbericht von Dr. Max Frauendorfer vom 1.11.1950, in: IfZ, Sp 58, Bl. 5–16, hier Bl. 11 f.
124 Vgl. Eintrag im DTB von Frank vom 22.9.1942, Tagesablauf, zit. nach: ebd., Fb 105/25, Bl. 5930–5939, hier Bl. 5930. Vgl. dazu: Auszug aus der Niederschrift über die 10. Hauptabteilungsleitersitzung am 21. September 1942 unter Vorsitz des Herrn Generalgouverneurs Dr. Frank, Anlage 2, in: IPN, 196 PB, Nr. 256, Bl. 165–166.

den. Zuvor hatte sich Frauendorfer seit eineinhalb Jahren wiederholt im Reichsarbeitsministerium darum bemüht, für die Waffen-SS freigegeben zu werden.[125]

Ministerialdirektor Wilhelm Börger aus dem Reichsarbeitsministerium schlug Frauendorfer als Beauftragten Sauckels für die besetzten niederländischen Gebiete vor, im Gegenzug sollte Wilhelm Struve diese Position im Generalgouvernement übernehmen. Sauckel schloss sich diesem Vorschlag an.[126] Dementsprechend kündigte Frauendorfer Himmler sein Ausscheiden aus dem Dienst des Generalgouvernements für den 1. November 1942 und gleichzeitig seine Versetzung nach Holland an. Die Antwort Himmlers fiel frostig aus: Bei jedem anderen, so der Reichsführer-SS, hätte er die Entlassung aus der SS verfügt. Er griff Frauendorfer an, der »doch himmelweit entfernt von dem früheren SS-Mann Frauendorfer« und »total Zivilist und Präsident geworden« sei. Himmler beendete sein Schreiben mit einem bedeutungsschwangeren Satz: »Daß das Urteil der SS-Männer im Generalgouvernement über Sie kein gutes ist, wundert mich heute nicht mehr.«[127]

Nach Kriegsende tauchte Frauendorfer unter falschem Namen mit seiner Ehefrau im Allgäu und in München unter. Über Mittelsmänner ließ er im Oktober 1950 bei den amerikanischen Behörden in der Bundesrepublik vorfühlen, ob er noch eine Auslieferung nach Polen zu fürchten hätte. Nachdem dies von amerikanischer Seite verneint wurde, führte Frauendorfer wieder seinen echten Namen. Er unterzog sich einem Spruchkammerverfahren, bei dem er trotz vieler Persilscheine im Januar 1951 als Hauptbelasteter eingestuft wurde. Nach einer Revision wurde das Verfahren jedoch eingestellt und die zuvor verhängte Strafe aufgehoben. Anschließend nahm er seine Berufstätigkeit wieder auf und wurde leitender Angestellter der Allianz-Versicherung, wo er zuletzt die Position eines Direktors für den Bereich Industrie inne hatte. Sein Beitritt zur CSU erfolgte am 13. Dezember 1956. Dort stieg er bald zum zweiten Schatzmeister der Partei auf und war Kandidat für die bayerische Landtagswahl im November 1958. Aufgrund von Kritik an Frauendorfers NS-Vergangenheit innerhalb und außerhalb der CSU schei-

---

125 Vgl. Fernschreiben des Generalbevollmächtigten für den Arbeitseinsatz, Fritz Sauckel, an den Reichsführer-SS und Chef der Deutschen Polizei, Heinrich Himmler, vom 25.9.1942, in: BAB, NS 19, Nr. 1105, Bl. 10; Schreiben des Ministerialdirektors im Reichsarbeitsministerium, Wilhelm Börger, an SS-Obergruppenführer Wolff vom 25.9.1942, in: ebd., Bl. 9. Am 2. Oktober 1942 traf sich Frauendorfer mit Himmler. Vgl. dazu: Eintrag vom 2.10.1942, in: Dienstkalender, S. 576.
126 Vgl. Abschrift eines Schreibens des Reichsarbeitsministers, Börger, an den Generalbevollmächtigten für den Arbeitseinsatz vom 9.10.1942, in: BAB, R 3901, Nr. 110014, Bl. 134; Schreiben des Generalbevollmächtigten für den Arbeitseinsatz an den Reichsarbeitsminister und Generalgouverneur Frank vom 10.10.1942, in: ebd., Bl. 135 VS+RS.
127 Vgl. Fernschreiben von Frauendorfer an den Reichsführer-SS, Heinrich Himmler, vom 19.10.1942, in: ebd., NS 19, Nr. 1105, Bl. 21; Durchschrift eines Schreibens des Reichsführers-SS, Heinrich Himmler, an Präsident Frauendorfer vom 29.10.1942, in: ebd., Bl. 22–23 (Zitat Bl. 23).

terte jedoch seine Kandidatur. Aus demselben Grund missglückte Anfang 1963 auch sein geplanter Einzug in den Bundestag als Nachrücker. Es folgte noch ein 1963 eröffnetes und später eingestelltes Ermittlungsverfahren bezüglich seiner Tätigkeiten in der NS-Zeit. Zudem wurden in einem Verfahren etwaige Rentenanwartschaften aus seiner Tätigkeit im Generalgouvernement nicht anerkannt. Frauendorfer verstarb am 25. Ende Juli 1989 zurückgezogen in Tutzing.[128]

4. Arbeitskräfterekrutierung für das Deutsche Reich

Die Anwerbung von Freiwilligen

Den Normalfall der Arbeitskräfterekrutierung im Generalgouvernement bildete die über die Arbeitsämter vorgenommene namentliche Aufforderung zum Arbeitseinsatz. Sie konnte die Form der Beorderung auf Grundlage der eingeführten Arbeitspflicht, oder der Dienstverpflichtung annehmen. Eine weitere Variante bestand darin, den regionalen oder kommunalen Gebietskörperschaften bestimmte Quoten oder Kontingente an zu stellenden Arbeitskräften aufzuerlegen. Mit der Etablierung des Generalgouvernements änderte sich die Rekrutierungspraxis zwar für ein paar Monate etwas, man ging zurückhaltender vor und setzte eher auf Freiwilligkeit. Das sollte sich aber spätestens im April 1940 bereits wieder ändern. Dabei spielte für die deutsche Arbeitsverwaltung in erster Linie die Anzahl der nach Deutschland transportierten Zwangsarbeiter eine Rolle. Dementsprechend wandte sie die Rekrutierungsmethoden nicht systematisch, sondern willkürlich an. So kam es zur Gleichzeitigkeit von brutalen Straßenrazzien auf der einen und Propaganda für die Werbung von Freiwilligen auf der anderen Seite. Eine Einteilung in Phasen ist dadurch nahezu unmöglich. Das im Vergleich zu den besetzten westeuropäischen Ländern brutalere Vorgehen bei der Arbeiterrekrutierung ist primär mit den vorgegebenen Zielen der Besatzungspolitik und der rassistischen und »herrenmenschlichen« Haltung zu erklären, die dem Selbstverständnis der meisten Mitarbeiter der deutschen Arbeitsverwaltung entsprach.[129]

Man kann bei den ins Reich verschickten Arbeitern hinsichtlich der Art ihrer Rekrutierung in etwa zwischen zwei Gruppen unterscheiden: denjenigen, die – nach formalen Kriterien – »freiwillig« zur Arbeit ins Reich fuhren, und denjenigen, die mit Gewalt deportiert wurden. »Freiwillig« meldeten sich die Menschen zumeist aus wirtschaft-

---

128   Vgl. insgesamt zur Nachkriegskarriere Frauendorfers: Schlemmer, Grenzen; ders., Löcher.
129   Vgl. Spoerer, Zwangsarbeit, S. 46 f.; Kobler, Rekrutierung, S. 19. Namentliche Anforderungen von Arbeitskräften aus dem Generalgouvernement durch Arbeitgeber aus dem Altreich hab es wohl – im Gegensatz zum Warthegau – hier nicht sehr häufig. Vgl. Schreiben des Arbeitsamtes Würzburg an den Leiter des Arbeitsamtes Krakau 24.3.1941, in: APK, 426, Nr. 31, unpag.; Schreiben des Arbeitsamtes Neu-Sandez an das Sammellager Krakau vom 14.5.1941, in: ebd., Nr. 360, unpag.

licher Not oder aus familiären und politischen Gründen. Zunächst war die durch den Kriegsverlauf im Herbst 1939 verursachte und verschärfte Armut der entscheidende Anlass für die Meldung von 40.000 Menschen aus dem Generalgouvernement im November und Dezember 1939 und im ersten Vierteljahr 1940 zum Arbeitseinsatz im Reich.[130] Eine zusätzliche Motivation boten die Versprechungen der deutschen Behörden, dass nach der Erfüllung des Arbeitsvertrages eine schnelle Rückkehr in die Heimat möglich sei und auch eine finanzielle Abfindung garantiert werde. In den späteren Jahren gingen Menschen vor allem deswegen zur Arbeit ins Reich, um mit ihren dort bereits befindlichen Familienangehörigen zusammen sein zu können. Die Zahl jener, die sich im engeren Sinne »freiwillig«, also ohne jeglichen wirtschaftlichen, familiären oder politischen Druck meldeten, war allerdings gering und betraf in erster Linie Jugendliche, die vornehmlich aus Abenteuerlust nach Deutschland wollten. Insgesamt lag – so Czesław Łuczak – die Zahl derjenigen Polen, die sich freiwillig zur Arbeit meldeten, bei einigen Zehntausend und damit bei etwa fünf Prozent der Gesamtzahl der polnischen Arbeitskräfte, die in Deutschland während des Zweiten Weltkriegs beschäftigt wurden.[131]

Da – wie bereits erwähnt – einem Teil der polnischen Bevölkerung die Wanderarbeit in Deutschland etwas Geläufiges war, bereitete in der ersten Zeit die Werbung Freiwilliger keine großen Schwierigkeiten. Die Abteilung Arbeit beim Generalgouverneur flankierte die Werbung: Man ließ Broschüren und Flugblätter in polnischer Sprache drucken, welche die Parolen der Gegenpropaganda entkräften sollten (ein Flugblatt stellte z. B. in Versen und bunten Bildern dem »Dummen«, der sich nicht anwerben ließ, den »Klugen« gegenüber, der nach Deutschland ging und mit einem selbstverdienten Fahrrad in die Heimat zurückkehrte).[132] Genau wie im Warthegau, war auch im Generalgouvernement die Werbung durch so genannte Vorschnitter, also meistens polnische Vorarbeiter, zugelassen.[133]

Die Zahlen der freiwillig Geworbenen entwickelten sich jedoch nicht in dem Maße, wie von der deutschen Arbeitsverwaltung erhofft. Maßgeblich dazu trug die schlechte Behandlung der polnischen Arbeiter und Arbeiterinnen im Reich bei, die sich schnell im besetzten Polen herumsprach. Auf der anderen Seite hielt die deutsche Arbeitsverwaltung die Werbung »Freiwilliger« fast bis zum Ende der Besatzungsherrschaft auf-

---

130 Vgl. Liedke, Gesichter, S. 31.
131 Vgl. Luczak, Arbeiter, S. 97.
132 Vgl. »Die Tätigkeit der Arbeitsämter im Generalgouvernement« von Bundesverwaltungsrat Dr. Eduard Köhl vom 4.7.1956, in: BABay, Ost-Dok. 13, Nr. 273, Bl. 1–21, hier Bl. 11; Seidel, Besatzungspolitik, S. 139.
133 Vgl. Schreiben der Abteilung Arbeit im Amt des Generalgouverneurs an den Leiter der Abteilung Arbeit beim Chef des Distrikts Radom vom 11.6.1940, in: APR, 209, Nr. 817, Bl. 63; Schreiben der Abteilung Arbeit im Distrikt Radom an den Leiter des Arbeitsamtes Bad Oldeslohe vom 17.8.1940, in: ebd., Bl. 6.

recht, selbst in Warschau bis zum Warschauer Aufstand. Das kann man durchaus als ein Indiz dafür werten, dass diese Methode, die auch parallel zu den Zwangsmaßnahmen, weiter betrieben wurde, immer noch gewisse Erfolge brachte. Es gab bis in die späteren Kriegsjahren hinein Berichte über freiwillige Meldungen. Insgesamt ist die Hypothese jedoch schwer zu beweisen, da die Frage des Anteils der Freiwilligen an den polnischen Zwangsarbeitern bis heute nicht zufrieden stellend beantwortet werden konnte. Trotzdem kann man wohl Łuczak Schätzung von einem Freiwilligenanteil von fünf Prozent als zu niedrig zurückweisen.[134]

Ein Beispiel für eine Bekanntmachung eines Arbeitsamtes – in diesem Fall Lublin vom Januar 1940 – zur Arbeitsaufnahme in Deutschland soll hier ausführlicher zitiert werden: »Wer noch bereit ist, Arbeit in der deutschen Landwirtschaft aufzunehmen und sich bisher noch nicht beim Arbeitsamt oder seinem zuständigen Wojt gemeldet hat, dem wird Gelegenheit geboten, sich durch besondere Werbekolonnen des Arbeitsamts Lublin vormerken zu lassen. In der Stadt Lublin und für die Ortschaften der näheren Umgebung erfolgen die Meldungen ausschließlich beim Arbeitsamt. Für die Vermittlung ins Reich kommen nur Arbeiter und Arbeiterinnen zwischen 16 und 40 Jahren in Betracht. Sie müssen körperlich tauglich und für landwirtschaftliche Arbeiten geeignet sein.« Es folgten der genaue Meldeort und Meldetag.[135] Diese Bekanntmachung war Teil der Kampagne zur Aufbringung von 1,2 Millionen Arbeitskräften, die vom Reich für das Jahr 1940 angefordert wurden. In Zusammenarbeit mit den Landesarbeitsämtern stellte die Abteilung Arbeit einen Plan auf, um die Anwerbung einheitlich durchführen zu können. Sie begann mit einer Propagandaaktion, Plakate wurden verteilt und die einzelnen Arbeitsämter entfalteten propagandistische Aktivitäten.[136]

Generalgouverneur Frank wandte sich mit einem Aufruf am 25. Januar 1940 an die polnische Bevölkerung, in dem er die angeblich günstigen Arbeitsbedingungen für polnische Landarbeiter und Landarbeiterinnen in Deutschland anpries. Bewusst knüpfte er hierbei an die Vorkriegstraditionen an und rief alle arbeitsfähigen Personen, die mit Landarbeit vertraut waren, auf, sich zum Arbeitseinsatz in Deutschland zu melden.[137]

---

134 Vgl. Kobler, Rekrutierung, S. 53 und S. 59.
135 Vgl. Bekanntmachung des Leiters des Arbeitsamtes Lublin, Britze, vom 13.1.1940, in: IPN, 196 PB, Nr. 359, Bl. 10.
136 Vgl. Eintrag im DTB von Frank vom 19.1.1940, Abteilungsleitersitzung, zit. nach: Präg/Jacobmeyer, Diensttagebuch, S. 97.
137 Vgl. Aufruf von Generalgouverneur Frank »An die polnische Bevölkerung!« vom 25.1.1940, zit. nach: Doc. Occ., Bd. IX, Dok. 7, S. 12. Der Aufruf erschien auch in den Zeitungen des Generalgouvernements. In der Warschauer Zeitung vom 25.1.1940 hieß es: »Der Generalgouverneur für die besetzten polnischen Gebiete Reichsminister Dr. Frank, fordert in einem Aufruf die polnische Bevölkerung des Generalgouvernements auf, sich zum Einsatz in der reichsdeutschen Landwirtschaft zu melden. Alle mit der landwirtschaftlichen Arbeit vertrauten Männer und Frauen zwischen dem 16. und 50. Lebensjahr können zu überaus

Zur Unterstützung der Werbekampagne im Frühjahr 1940 wurden zwei Werbeplakate mit einer Auflage von je 50.000 und eine Reihe von Flugblättern mit einer Auflage von 500.000 bis zu einer Million Exemplaren herausgegeben, außerdem Lautsprecherwagen eingesetzt und Artikel veröffentlicht. Auf der Sitzung des Generalrats des Vierjahresplans am 14. Februar 1940 äußerte der Staatssekretär im Reichsministerium für Ernährung und Landwirtschaft, Herbert Backe, seine Unzufriedenheit mit den bisherigen Anwerbeergebnissen und forderte, bis zum 1. April mindestens 400.000 Menschen herbeizuschaffen; wenn es dabei im Generalgouvernement Schwierigkeiten gebe, müsse man Gewalt anwenden.[138]

Das System der freiwilligen Werbung stieß rasch an seine Grenzen: Bereits Ende 1939 kam es teilweise zu Zwangsmaßnahmen. Für den 14. Februar 1940 ist erstmals verbürgt, dass eine Warschauer Straßenbahn von Polizeikräften umstellt und alle arbeitsfähigen Personen zum »Arbeitseinsatz« im Reich abtransportiert wurden.[139]

In den ersten Monaten des Jahres 1940 spitzte sich die Situation zu: Der Anforderung von 1,2 Millionen Arbeitskräften für das Reich stand gleichzeitig ein Rückgang der Meldungen gegenüber. In dieser Situation stellte die Arbeitsverwaltung auf das System der Kontingent-Gestellungen um. Daneben bemühte sie sich aber auch weiterhin durch groß angelegte Propagandaaktionen, die freiwillige Werbung zu forcieren. Trotz dieser Intensivierung der Werbemaßnahmen berichteten die Kreishauptleute im Februar 1940 über große Schwierigkeiten.[140]

Im März und April häuften sich die Klagen. Bereits Anfang März 1940 diskutierte man auf oberster Verwaltungsebene die Anwendung von Zwangsmitteln. Der Generalgouverneur erklärte, dass der Grundsatz der Freiwilligkeit zunächst nicht aufgegeben werden solle.[141]

Frank erwog unter Anwendung der Arbeitspflichtverordnung einen »leisen Zwang« auszuüben; Maßnahmen, die nach außen hin Aufsehen erregten, wollte er weiterhin

---

günstigen Arbeitsbedingungen überall im Reich auf deutschen Bauernhöfen arbeiten.« Zit. nach: Schaller, Nationalsozialismus, S. 207.
138 Vgl. August, Entwicklung, hier S. 342 ff. Vgl. insgesamt zur Propaganda für den Arbeitseinsatz in Deutschland: Jockheck, Propaganda, bes. S. 294 ff.
139 Vgl. Jacobmeyer, Überfall, S. 29. Wie ein am 10. Februar 1940 nach Paris gesandter Bericht vermerkte, hatten sich in Warschau bei der Anwerbung nur 40 Freiwillige eingefunden. Vgl. Szarota, Warschau, S. 84. Für eine Zusammenfassung der Gründe für die Probleme bei der Erfassung vgl.: Bericht des Arbeitsamtes Warschau, Hoffmann, vom 12.6.1942, in: YVA, O.6, Nr. 198, S. 53–62, bes. S. 57.
140 Vgl. Monatsbericht des Kreishauptmannes Warschau-Land an den Chef des Distrikts für den Monat Februar 1940 vom 20.2.1940, in: APW, 486, Nr. 3, Bl. 35–37, hier Bl. 36.
141 Vgl. Eintrag im DTB von Frank vom 3.3.1940, Sitzung der Sachbearbeiter für Fragen der Ernährung und Landwirtschaft im Distrikt Warschau, zit. nach: Präg/Jacobmeyer, Diensttagebuch, S. 140 f.

vermeiden: »Das gewaltsame Verfrachten von Leuten habe alles gegen sich.«[142] Auf einer Sitzung in Berlin beharrte Frank auf seinem Standpunkt, dass man zwar mit Gewalt »nach der Methode des Sklavenhandels« bei genügendem Polizeiaufgebot und bei Aufbringung genügender Transportmittel eine entsprechende Zahl von Arbeitskräften zusammenbringen könne, dass aber aus einer Reihe von Gründen das Mittel der Propaganda unter allen Umständen den Vorzug verdiene.[143]

Am 24. April 1940 richtete Frank an die polnische Bevölkerung erneut einen Aufruf, der die freiwillige Anwerbung de facto beendete: »Um eine gerechte Ordnung herbeizuführen, mache ich deshalb der polnischen Bevölkerung zur Pflicht, sich auf Aufforderung durch die Arbeitsämter und Gemeinden für die Landarbeit nach Deutschland zur Verfügung zu stellen. (...) Wer nach einer solchen Aufforderung durch die Behörden versucht, sich dieser Arbeitspflicht zu entziehen, wird schwer bestraft. Die Polizei wird dafür sorgen, dass es keinem gelingt, sich der Arbeit zu entziehen.«[144]

Trotzdem setzte die Arbeitsverwaltung auch zukünftig auf den flankierenden Einsatz von Propagandamitteln. Im Februar 1941 verstärkte sie die Presseaktivitäten; zusätzlich verwendete man Lichtbilder, die Polen im Reich bei der Arbeit, in ihren Unterkünften, beim Essen und in der Freizeit zeigten. Propagandistisch verwertete die Arbeitsverwaltung auch die Rückkehr der Urlauber aus Deutschland, die von Vertretern der Arbeitsämter auf den Bahnhöfen empfangen und auch danach betreut wurden.[145] Der Chef des Distrikts Krakau berichtete für den Dezember 1940 ebenfalls, dass die aus dem Reich auf Weihnachtsurlaub weilenden polnischen Arbeiter vielfach werbend gewirkt hätten.[146]

Und offensichtlich gab es in der Folgezeit noch »freiwillige« Meldungen zur Arbeit in Deutschland. Aus Lukow berichtete das dortige Arbeitsamt im April 1941 über eine größere Anzahl landwirtschaftlicher Arbeitskräfte, die sich in den letzten Monaten bereit erklärt hatte, Arbeit in Deutschland aufzunehmen. Im Bezirk des Arbeitsamtes Lublin gab es auch im Februar 1942 noch Freiwillige. Trotz verstärkter Gegenpropa-

---

142 Vgl. Eintrag im DTB von Frank vom 4.3.1940, Dienstversammlung der Kreis- und Stadthauptmänner des Distrikts Lublin, zit. nach: ebd., S. 143 ff. (Zitat S. 144).
143 Vgl. Niederschrift über die Besprechung der Frage der polnischen Landarbeiter und deren Behandlung im Reich u. a. am 12.3.1940 in Berlin, in: Trial, Bd. 29, (Dok. 2233-PS), S. 388–392 (Zitate S. 389).
144 Vgl. Aufruf von Generalgouverneur Frank an die polnische Bevölkerung vom 24.4.1940, in: AAN, 111, Nr. 1414/1, Bl. 65–66. Auch in: IPN, 196 NTN PB, Nr. 359, Bl. 61–62.
145 Vgl. Lagebericht für den Monat Februar 1941 des Chefs des Distrikts Lublin an den Chef des Amtes der Regierung des Generalgouvernements vom 6.3.1941, in: ebd., Nr. 281, Bl. 15–18, hier Bl. 18; Besprechungsnotiz über eine Besprechung in der Hauptabteilung Propaganda am 26.11.1941 vom 26.11.1941, in: ebd., Nr. 359, Bl. 159–160.
146 Vgl. Lagebericht für den Monat Dezember 1940 des Chefs des Distrikts Krakau an den Chef des Amtes in der Regierung des Generalgouvernements, Staatssekretär Bühler, vom 27.2.1941, in: BAB, R 52 III, Nr. 16, Bl. 1–32, hier Bl. 23.

ganda wurden bis zum Monatsschluss aus dem Amtsbezirk 443 Arbeitskräfte nach dem Reich in Marsch gesetzt.[147]

Zwar gab es auch noch im Frühjahr 1942 vereinzelte freiwillige Meldungen zum Arbeitseinsatz in Deutschland, sie ließen jedoch immer weiter nach, nicht zuletzt, da die Verdienstmöglichkeiten im »Schleichhandel«, also auf dem Schwarzen Markt, außerordentlich gut waren.[148] Einzig im neu hinzugekommenen Distrikt Galizien ergaben sich noch reale Möglichkeiten, Freiwillige anzuwerben. Zwar gab es auch hier im Sommer 1942 schon eine starke Gegenpropaganda, aber die Kreishauptmänner vertrauten auf eine wirkungsvolle Propaganda der Regierung und massiven Einsatz von Werbematerial.[149]

Im Winter 1942 kam die freiwillige Werbung im Generalgouvernement insgesamt fast vollständig zum Erliegen.[150]

Der Leiter der Hauptabteilung Arbeit, Wilhelm Struve, forderte aber selbst noch im Dezember 1943 zu neuen Propagandaaktionen auf; der in seinem Auftrag hergestellte Werbefilm »Jenseits der Grenze, ein Besuch im Reich« lief seit zwei Monaten mit 20 Kopien in den Kinos des Generalgouvernements und mit fünf Kopien durch transportable Vorführungsapparate in kinolosen Orten.[151] Bemerkenswert erscheint, dass trotz allem selbst Anfang 1944 noch eine offensive Werbung für den Arbeitseinsatz in Deutschland betrieben wurde. Die Hauptabteilung Propaganda legte drei Bildplakate

---

147 Vgl. Bekanntmachung des Arbeitsamtes Lukow vom 29.4.1941, zit. nach: Wardzynska, Deportacje, Dok. 43, S. 83–84, hier S. 83; Bericht des Arbeitsamtes Lublin über die Entwicklung des Arbeitseinsatzes im Monat Februar 1942 im Arbeitsamtsbezirk Lublin vom 5.3.1942, in: APLu, 509, Nr. 8, Bl. 27–32, hier Bl. 29.

148 Vgl. Bericht des Gouverneurs des Distrikts Warschau für den Monat April 1942 vom 12.5.1942, in: APW, 482, Nr. 2, Bl. 72–91, hier Bl. 86. Auch in: BAB, R 52 III, Nr. 21, Bl. 76–96.

149 Vgl. Eintrag im DTB von Frank vom 28.–30.7.1942, Dienstbesprechung in Tarnopol, zit. nach: Präg/Jacobmeyer, Dienstagebuch, S. 527. Nach eigenen Angaben der Abteilung Arbeit hatte man bis Ende November 1941 immerhin über 60.000 Arbeitskräfte aufbringen können. Vgl. Aufstellung der Abteilung Arbeit im Distrikt Galizien vom 27.11.1941, in: DALO, R 35, 2, Nr. 215, Bl 1. Sandkühler relativiert die Zahl der in Galizien für das Reich rekrutierten Arbeitskräfte jedoch stark. Vgl. Sandkühler, Endlösung, S. 98.

150 Vgl. Arbeitseinsatzbericht der Hauptabteilung Arbeit für den Monat November 1942 vom 17.12.1942, in: APW, 489, Nr. 836, Bl. 62–72, hier Bl. 62.

151 Vgl. Runderlaß Nr. 259/43 der Hauptabteilung Arbeit in der Regierung des Generalgouvernements, Struve, an die Leiter der Abteilungen Arbeit in den Ämtern der Distrikte und die Leiter der Arbeitsämter vom 23.12.1943, in: APLu, 498, Nr. 675, Bl. 142–144, hier Bl. 143. Auch in: APW, 482, Nr. 16, Bl. 2–4. Struve hatte aber auch darauf hingewiesen, dass in der Propaganda tunlichst irreführende oder unwahre Angaben zu vermeiden seien, da sie zu erheblicher Verstimmung bei den Angeworbenen führten. Vgl. Abschrift eines Schreibens des Leiters der Hauptabteilung Arbeit, Struve, an die Gouverneure der Distrikte Krakau, Warschau, Lublin, Radom und Galizien in Lemberg vom 26.7.1943, in: DALO, R 54, 1c, Nr. 137, Bl. 28.

auf (»Wir fahren nach Deutschland«, »Polinnen als landwirtschaftliche Hausgehilfinnen« und »Polinnen helfen in der Industrie«), die jeweils in einer Auflage von 45.000 Exemplaren an die Stadt- und Kreishauptmannschaften verteilt wurden. Dazu kam das Flugblatt »Grüsse aus Deutschland« mit einer Auflage von 300.000 Exemplaren. Weitere Flugblätter und Bildplakate befanden sich gemäß eines »Aktionsplans« bereits im Druck.[152]

Die Arbeiterrekrutierung war im Frühjahr 1944 praktisch am Ende; dennoch setzte sich Struve zu diesem Zeitpunkt für eine Verstärkung der Freiwilligenwerbung ein.[153] In der Endphase des Krieges spielte offensichtlich die Angst vieler Polen vor der Roten Armee eine Rolle, sich zur Verschickung in das Reich zu melden. Diese Angst wurde natürlich von der deutschen Verwaltung weiter geschürt und instrumentalisiert, um freiwillige Arbeitskräfte zu werben.[154]

Informationsbüros

Die Arbeitsverwaltung schlug noch einen anderen Weg ein, um die Werbung von freiwilligen Arbeitskräften voranzutreiben: Sie richtete nach außen getarnte, private Werbebüros ein, die unter Ausschluss jeden Verwaltungs- oder Polizeizwanges Arbeiter für das Reich gewinnen sollten. Die Werbebüros wurden gezielt außerhalb der Arbeitsamtsgebäude eingerichtet und sollten den polnischen Arbeitern den direkten Kontakt mit Vertretern deutscher Betriebe ermöglichen. Diese Methode hatte zunächst Erfolg, führte in einigen Fällen aber auch zur ungewollten Abwanderung von Rüstungsarbeitern.[155]

Wie die Informationsbüros warben, kann man aus einer Anzeige im »Nowy Kurier Warszawski«, der polnischsprachigen Warschauer Besatzungszeitung, vom 7./8. Feb-

---

152 Vgl. Schreiben des Leiters der Hauptabteilung Propaganda in der Regierung des Generalgouvernements an den Gouverneur des Distrikts Warschau vom 10.2.1944, in: APW, 482, Nr. 16, Bl. 28.
153 Vgl. Eintrag im DTB von Frank vom 19.4.1944, Regierungssitzung, zit. nach: Präg/Jacobmeyer, Diensttagebuch, S. 832 ff. Erst am 21. Juni 1944 stellte der Beauftragte Speers, Karl-Otto Saur, in einer Besprechung in Krakau die Einstellung der Verschickung von Arbeitskräften aus dem Generalgouvernement in Aussicht, und Frank stimmte am 7. Juli 1944 zu, diese einzustellen. Vgl. Eisenblätter, Grundlinien, S. 338.
154 Vgl. Eintrag im DTB von Frank vom 16.2.1944, Gouverneur- und Hauptabteilungsleitersitzung, zit. nach: Präg/Jacobmeyer, Diensttagebuch, S. 801; Aufruf des Stadthauptmannes von Lemberg, Dr. Höller, an die Bevölkerung Lembergs vom 15.3.1943, in: DALO, R 37, 6, Nr. 28, Bl. 12.
155 Vgl. Dienstbesprechung der Arbeitseinsatzleiter am 13.11.1941 in Krakau, in: APR, 209, Nr. 843, Bl. 21–22; Rüstungswirtschaftlicher Lagebericht der Rüstungsinspektion im Generalgouvernement für den Monat November 1941 vom 13.12.1941, in: BA-MA, RW 23, Nr. 9, Bl. 125–145, hier Bl. 140; Maier, Arbeitsverwaltung, S. 44.

ruar 1942 ersehen: »Männer und Frauen ab 16 Jahre, Facharbeiter und Unausgebildete, erhalten Arbeit in Deutschland zu sehr günstigen Bedingungen.– Wer sich meldet, kann den Arbeitsplatz frei wählen. Informationen und Anmeldung in Warschau in den INFORMATIONSBÜROS NOWY SWIAT 68 und TARGOWA 21. Täglich von 9 bis 15 Uhr. Sonn- und Feiertage 11 bis 13 Uhr.« Der Ton war also betont sachlich gehalten, es wurden gezielt Facharbeiter angesprochen, die mittlerweile in der polnischen Bevölkerung verhassten Arbeitsämter wurden nicht erwähnt.[156] In Aufrufen versuchte das Lemberger Informationsbüro sogar an die Traditionen der nach der Lehre wandernden Handwerksburschen anzuknüpfen.[157] Zu dieser Propaganda zählten auch entsprechende Werbeplakate, die in Lemberg mit Rücksicht auf die ansässige Bevölkerung dreisprachig gehalten waren.[158]

Zufrieden über die Ergebnisse des neu eingerichteten Informationsbüros zeigte sich das Arbeitsamt Lublin. Dort erschienen im Februar 1942 562 Personen, von denen 196 angeworben werden konnten. Hiervon waren 67 Personen ins Reich und 129 an die Ausbildungswerkstatt der Luftwaffe in Tschenstochau vermittelt worden. Die im Informationsbüro angeworbenen Arbeitskräfte setzen sich wesentlich aus dem Personenkreis der so genannten »unsichtbaren Arbeitslosen« zusammen. Von den im Monat Februar im Büro Erschienenen waren allein 488 arbeitslos, während nur 74 Personen in einem Arbeitsverhältnis standen.[159] Das Lemberger Informationsbüro registrierte 1942 insgesamt 7.644 Besucher, von denen 6.251 angeworben und 4.818 wirklich vermittelt wurden. 3.109 von ihnen gingen in das Reich, 1.666 in die Ausbildungswerkstätten und 43 zur Ostbahn.[160]

Um den Vermittlungserfolg aufrechterhalten zu können, sollten die Informationsbüros, die als »Auskunft über Arbeitsmöglichkeiten« firmierten, in größeren Städten häufiger ihre Räumlichkeiten wechseln und auch in andere Orte verlegen.[161]

---

156 Zit. nach: Kobler, Rekrutierung, S. 54 und S. 59. In Lemberg suchte das Informationsbüro in Anzeigen z.B. nach Metallfacharbeitern für »die in herrlicher deutscher Landschaft liegende größte Landmaschinenfabrik Europas«. Vgl. Beispiele für Anzeigen des Informationsbüros in polnischen und ukrainischen Zeitungen (o.Dat.), in: DALO, R 54, 1c, Nr. 147, Bl. 3 (Zitat ebd.).
157 Vgl. Undatierter Aufruf des Informationsbüros »Handwerker und Arbeiter Galiziens!«, in: ebd., Bl. 9.
158 Vgl. Dreisprachiges Werbeplakat des Informationsbüros (o.Dat.), in: ebd., Bl. 39.
159 Vgl. Bericht des Arbeitsamtes Lublin über die Entwicklung des Arbeitseinsatzes im Monat Februar 1942 im Arbeitsamtsbezirk Lublin vom 5.3.1942, in: APLu, 509, Nr. 8, Bl. 27–32, hier Bl. 29f.
160 Vgl. Jahresstatistik des Informationsbüros für das Jahr 1942, in: DALO, R 54, 1c, Nr. 150, Bl. 2. Die Informationsbüros wickelten auch direkte Anforderungen reichsdeutscher Firmen ab. Vgl. Auftragszettel vom 10.4.1943, in: ebd., Nr. 136, Bl. 3.
161 Vgl. Abteilungsleiterbesprechung bei der Hauptabteilung Arbeit in der Regierung des Generalgouvernements am 17.3.1942, in: APR, 209, Nr. 843, Bl. 34–36.

In einem Runderlass nahm die Hauptabteilung Arbeit Ende April 1942 zu der neuartigen Werbemethode über die Informationsbüros Stellung. Es habe sich an verschiedenen Stellen, an denen das Verfahren bereits zur Anwendung gelangt sei, als praktisch und sehr erfolgreich erwiesen, bei der Anwerbung von Arbeitskräften auf Freunde und Bekannte zurückzugreifen, die von den bei den Informationsbüros vorsprechenden Bewerbern benannt wurden. Mit Blick auf den immer stärker werdenden Bedarf an Arbeitskräften im Reichsgebiet und im Generalgouvernement käme der intensiven Einzelwerbung größere Bedeutung zu. Die auf diese Weise ermittelten Arbeitskräfte waren von den Informationsbüros mit persönlich adressierten Einzelschreiben folgenden Inhalts zu benachrichtigen: »Von einem Ihrer Freunde habe ich erfahren, daß Sie vielleicht bereit wären, sich für die Aufnahme einer Arbeit in einem Betrieb in Deutschland zur Verfügung zu stellen. Da uns im Augenblick wieder in größerer Zahl von deutschen Betrieben offene Stellen zur Verfügung stehen, bitte ich Sie an einem der nächsten Tage in unserem Informationsbüro (...) vorzusprechen.« In dem Schreiben versprach das Arbeitsamt beste Lohn- und Arbeitsbedingungen sowie gute Unterkunft und Verpflegung. Der Angeschriebene wurde aufgefordert, Freunde und Bekannte auf diese Möglichkeiten hinzuweisen. Wenn aufgrund eines solchen Schreibens ein Besuch bei dem Informationsbüro nicht innerhalb von zwei Wochen erfolgte, war der Empfänger des Schreibens mit einem Erinnerungsschreiben nochmals zur Vorsprache zu bitten. Das Erinnerungsschreiben war ebenfalls recht höflich gehalten, wies auf die offenen Stellen und den unverbindlichen Charakter des Informationsgesprächs hin.[162] Selbst bei Interessenten, die – trotz Zusage – nicht zu einem Transport erschienen waren, blieben die Informationsbüros freundlich und man unterstellte, dass sie »wahrscheinlich Schwierigkeiten hatten, mitzufahren«. Ihnen unterbreitete man neue Angebote.[163]

Anfang 1943 hatten sich die relativen Erfolge der Werbebüros aber erschöpft, die Zahlen der Besucher gingen zurück, häufig handelte es sich bei ihnen zudem nun um solche, die eine Arbeitsstelle hatten. Deshalb sollten einige der Büros geschlossen werden. Angesichts der mit ihrer Errichtung verbundenen hohen Kosten, sollten sie bei einem gewissen Minimum an Vermittlungen aber bestehen bleiben.[164]

---

162 Vgl. Runderlaß Nr. 64/42 der Hauptabteilung Arbeit an die Leiter der Arbeitsämter im Bereich des Generalgouvernements und die Leiter der Abteilungen Arbeit bei den Chefs der Distrikte vom 28.4.1942, in: IPN, 196 PB, Nr. 359, Bl. 191–192 (Zitat Bl. 191 RS). Siehe auch: Undatiertes Anschreiben des Informationsbüros, in: DALO, R 54, 1c, Nr. 147, Bl. 44.
163 Vgl. Undatiertes Erinnerungsschreiben des Informationsbüros, in: ebd., Bl. 20.
164 Vgl. Durchschrift eines Schreibens der Abteilung Arbeit beim Gouverneur des Distrikts Galizien an die Hauptabteilung Arbeit vom 5.5.1943, in: ebd., Nr. 142, Bl. 5; Schreiben der Hauptabteilung Arbeit an die Leiter der Abteilungen Arbeit in den Distrikten und die Leiter der Arbeitsämter in Bereich des Generalgouvernements vom 13.2.1943, in: APR, 209, Nr. 814, Bl. 61.

Erste Zwangsmaßnahmen und Einführung der »Befehlsstäbe«

Die Entwicklung der Diskussion um die Einführung von Zwangsmaßnahmen bei der Arbeiterrekrutierung im Generalgouvernement war symptomatisch für die Situation der dortigen Arbeitsverwaltung: Sie wurde von mehreren Seiten unter Druck gesetzt, hinkte eigentlich immer der Entwicklung hinterher und konnte lediglich reagieren.

Im Frühjahr 1940 häuften sich die Berichte über nachlassende Erfolge bei der Werbung Freiwilliger – immer öfter mussten Polizeikräfte die Werbekolonnen unterstützen.[165]

Für die schlechter werdende Stimmung waren vor allem die ausbleibenden Lohnüberweisungen für die Angehörigen, erste Berichte über die schlechte Behandlung und Diskriminierung der polnischen Arbeitskräfte im Reich und die Arbeitsweise der Bürgermeister verantwortlich, die willkürlich Leute für den Arbeitseinsatz in Großdeutschland meldeten, die selbst Grund und Boden besaßen.[166]

Am 21. März berichtete Frauendorfer über die bisherigen Ergebnisse der Landarbeiterwerbung. Nach seinen Aussagen war bis dahin das Mögliche getan worden, er rechnete damit, dass in den nächsten vier bis sechs Wochen die Zahl von 400.000 Arbeitskräften erreicht werde. Eine weitere Steigerung sei aber nur unter Anwendung von Zwangsmitteln zu erzielen.[167]

Die Abteilung Arbeit im Distrikt Lublin verfasste Ende März einen Eilbericht, der über den Stand der Landarbeiterwerbung berichtete. Demnach war der Erfolg der verteilten Plakate und der Flugblätter außerordentlich gering zu veranschlagen. Nüchtern stellte der Bericht fest, die Werbeaktion könne nur noch unter Zwang erfolgen. Alle Arbeitsämter im Distrikt klagten über den passiven Widerstand der polnischen Bevölkerung. Die bestellten Polen kämen nur zu zehn bis 30 Prozent zur Werbung und von den angeworbenen Kräften erschien höchstens die Hälfte oder überhaupt gar keiner tatsächlich zum Abtransport. Die Werber waren mit Hilfe der Polizei dabei, die Nichterschienenen festzustellen und aufzusuchen. Sie waren einstimmig der Auffassung, dass nur mit rücksichtslosem Zwang das Kontingent gestellt werden könne.[168]

Im April wurde der Misserfolg der bisherigen Maßnahmen vollends offenkundig. Der Kreishauptmann von Skierniewice berichtete über geringe Ergebnisse bei der freiwilligen Landarbeiterwerbung; er machte dafür vor allem die Schwierigkeiten bei der Überweisung von Lohnersparnissen durch die in das Reichsgebiet vermittelten Arbeits-

---

165 Vgl. Durchschrift eines Schreibens des Arbeitsamtes Lukow an den Leiter der Abteilung Arbeit beim Chef des Distriktes Lublin vom 17.3.1940, in: APLu, 498, Nr. 759, Bl. 55.
166 Vgl. Lagebericht des Polizeibataillons 104 für die Zeit vom 21.2.–5.3.1940 vom 5.3.1940, in: ebd., 515, Nr. 104, Bl. 72–73.
167 Vgl. Eintrag im DTB von Frank vom 21.3.1940, zit. nach: IfZ, MA 120/1, Bl. 232.
168 Vgl. Eilbericht betr. Landarbeiteraktion im Distrikt Lublin, o.Dat. (Ende März 1940), in: APLu, 498, Nr. 739, Bl. 5–8, hier Bl. 5.

kräfte an ihre Angehörigen verantwortlich. Hinweise auf Probleme bei der Werbung von Freiwilligen gab es auch von anderen Kreishauptmännern.[169] Der Kreishauptmann von Tomaszow fasste seine Erfahrungen kurz und bündig zusammen: »Die Landarbeiterwerbung war praktisch so gut wie erfolglos, solange kein Zwang ausgeübt werden durfte.«[170] Auch die Abteilung Arbeit im Distrikt Warschau musste ernüchtert feststellen, dass sich die Werbung auf freiwilliger Basis im April dem Nullpunkt näherte.[171]

Die Zahl von rund 210.000 verschickten Arbeitern blieb weit hinter den hochgesteckten Zielen zurück. Damit gewann die Diskussion um die Anwendung von Zwang an Schwung. In einigen Kreisen bereitete die Verwaltung den Einsatz für Zwangsmaßnahmen offensichtlich schon im April vor, auch wenn man – wie im Falle Jaroslau – am Erfolg zweifelte, da die erforderlichen Polizeikräfte nicht zur Verfügung standen.[172] Die militärischen Expansionen der Deutschen nach Nord- und Westeuropa ließen Polen in der internationalen Aufmerksamkeit in den Hintergrund treten und machten so den Weg frei für eine »Wende zur Gewalt«. Am 21. April ließ Frank seine taktischen Bedenken fallen und gab grünes Licht für ein brutaleres Vorgehen.[173]

Am 22. und 23. April hielten sich die Staatssekretäre Friedrich Syrup und Herbert Backe in Krakau auf, um die Gründe für den Misserfolg der Anwerbeaktion zu klären und nach Abhilfe zu suchen. Syrup sprach sich für eine vorsichtige Anwendung von Zwangsmaßnahmen aus und setzte sich für eine materielle Besserstellung der polnischen Arbeitskräfte im Reich ein. Frauendorfer schlug eine Verbindung von Einschüchterung, Drohung und Polizeieinsatz vor, unterstützt durch materielle Stimulierung und Bevorzugung der Familien, die einen Angeworbenen stellten. Im Ergebnis wurde der zitierte neue Aufruf an die polnische Bevölkerung veröffentlicht, in dem jetzt Strafen

---

169 Vgl. Auszug aus dem Lagebericht des Kreishauptmannes von Skierniewice für den Monat April 1940, in: IPN, 196 PB, Nr. 269, Bl. 132; Auszug aus dem Lagebericht des Kreishauptmannes in Ostrow-Mazowiecki für den Monat April 1940, in: ebd., Bl. 131; Lageberichte der Kreis- und Stadthauptleute für den Monat April 1940, zusammengestellt von der Abteilung Innere Verwaltung im Amt des Generalgouverneurs, o.Dat., in: ebd., Bl. 99–101; Auszug aus dem Lagebericht des Kreishauptmannes von Sanok für den Monat April 1940, in: ebd., Bl. 123.
170 Vgl. Auszug aus dem Lagebericht des Kreishauptmannes von Tomaszow für den Monat April 1940, in: ebd., Bl. 128.
171 Vgl. Lagebericht für den Monat April 1940 der Abteilung Arbeit beim Chef des Distarikts Warschau, Dr. Schare, an den Amtschef vom 6.5.1940, in: ebd., Nr. 271, Bl. 173–176, hier Bl. 174.
172 Vgl. Auszug aus dem Lagebericht des Kreishauptmannes in Jaroslau für den Monat April 1940, in: ebd., Nr. 269, Bl. 122.
173 Vgl. Roth, Herrenmenschen, S. 124 ff. Diese Wende war im Generalrat bereits am 17. April von Syrup eingeleitet worden, der zusammen mit Backe in Krakau die technischen Fragen und die Erfolgsaussichten klären sollte. Vgl. Niederschrift über die 8. Sitzung des Generalrats vom 17. April 1940 von Ministerialdirigent Dr. Friedrich Gramsch, in: StaN, Rep. 502, KV-Anklage, Dokumente, Fotokopien, NID-15581.

für jene angedroht wurden, die sich der Arbeitspflicht entzogen.[174] Am 26. April 1940 präzisierte der Leiter der Abteilung Arbeit im Amt des Generalgouverneurs die Vorgehensweise bei der zukünftigen Landarbeiterwerbung in einem Runderlass: Zunächst sollte den Wojts eröffnet werden, dass die Gemeinden, welche die geforderten Kontingente nicht aufbrachten, mit Zwangsmaßnahmen rechnen mussten. Die Leiter der Arbeitsämter hatten bei nicht vollständiger und termingemäßer Gestellung »unverzüglich dem zuständigen Polizeiführer und Kreishauptmann Mitteilung zu machen. Alsdann werden unverzüglich die vom Höheren SS- und Polizeiführer beim Herrn Generalgouverneur in Aussicht genommenen Zwangsmaßnahmen einsetzen. Für die Durchführung der Maßnahmen sind ausschließlich die Dienststellen der Polizei verantwortlich; die Arbeitsämter sind an ihnen nicht beteiligt.« Die Kreishauptmänner und die Leiter der Arbeitsämter gingen in den folgenden Wochen so vor, dass sie in den einzelnen Gemeinden Bekanntmachungen anschlagen ließen, in denen die 16- bis 25-jährigen Bewohner zu einer Eignungsüberprüfung für die Arbeit im Reich aufgefordert wurden. Bei Nichterscheinen drohten sie mit Gefängnisstrafen.[175] Die Einschaltung von Polizei und Wehrmacht in die Arbeitererfassung bestätigte offensichtlich nur eine bereits geübte Praxis.[176]

Bei einer Besprechung der Kreishauptleute des Distrikts Krakau in Tarnów am 30. April 1940, an der auch von Gschließer teilnahm, erklärten diese einstimmig, dass sie sich von der freiwilligen Werbung nicht den erwarteten Erfolg versprachen. Die Wojts und Schulzen hätten in wiederholten Fällen selbst darum gebeten, Zwangsmaßnahmen gegen die Polen durchzuführen, da sie um ihr Leben bangten und die Aufträge nicht mehr durchführen könnten. Gemeinsam forderten die Kreishauptleute die Abstellung eines Polizeizuges an jede Kreishauptmannschaft für die Dauer von zwei bis drei Monaten, um die am Gestellungstage nicht erschienenen Polen sofort oder nach wenigen Tagen »überfallartig zu holen«.[177]

---

174 Vgl. August, Entwicklung, hier S. 342 ff.; Maier, Arbeitsverwaltung, S. 37.
175 Vgl. Runderlaß Nr. 57/1940 der Abteilung Arbeit im Amt des Generalgouverneurs, Frauendorfer, an die Leiter der Abteilungen Arbeit bei den Chefs der Distrikte und die Leiter der Arbeitsämter im Bereich des Generalgouvernements vom 26.4.1940, in: AAN, 111, Nr. 1414/1, Bl. 58–63 (Zitat Bl. 62); Seidel, Besatzungspolitik, S. 142 f. Diese geplante Vorgehensweise wurde auch den Kreishauptmännern mitgeteilt. Vgl. Rundschreiben der Abteilung Arbeit beim Chef des Distrikts Radom an die Kreishauptleute vom 4.5.1940, in: APR, 208, Nr. 24, Bl. 11.
176 Vgl. Lagebericht für den Monat April 1940 der Abteilung Arbeit beim Chef des Distrikts Warschau, Dr. Schare, an den Amtschef vom 6.5.1940, in: IPN, 196 PB, Nr. 271, Bl. 173–176, hier Bl. 174.
177 Vgl. Niederschrift des Leiters der Abteilung Arbeit im Amt des Chefs des Distrikts Krakau, Pavlu, über die Besprechung mit den Kreishauptleuten in Tarnow am 30.4.1940 vom 2.5.1940, in: ebd., Nr. 359, Bl. 74–75.

In einer Abteilungsleitersitzung am 10. Mai 1940 betonte Generalgouverneur Frank, dass die Zwangsmaßnahmen bei der Rekrutierung von polnischen Arbeitskräften auf den Druck des Reiches hin eingeführt worden seien. Dieser Zwang beinhalte die Möglichkeit der Inhaftnahme von Polen, was zu einer gewissen Unruhe geführt habe, die sich nach einzelnen Berichten sehr stark ausbreite und die zu Schwierigkeiten auf allen Gebieten führen könne. Eine Verhaftung von jungen Polen beim Verlassen des Gottesdienstes oder der Kinos werde zu noch mehr Unruhe führen. »An sich habe er gar nichts dagegen einzuwenden, wenn man das arbeitsfähige, oft herumlungernde Zeug von der Straße weghole. Der beste Weg wäre dafür aber die Veranstaltung einer Razzia, und es sei durchaus berechtigt, einen Polen auf der Straße anzuhalten und ihn zu fragen, was er tue, wo er beschäftigt sei usw.«[178]

Zu diesem Zeitpunkt waren die Polizeiaktionen voll angelaufen und ein Beispiel aus dem Bezirk des Arbeitsamtes Lubartów zeigt, dass dabei nicht zimperlich vorgegangen wurde. Als am 15. Mai 60 Polizisten um 3.30 Uhr in mehreren Orten die geworbenen, aber nicht erschienenen Arbeitskräfte jagten, war das bereits die zweite größere Polizeiaktion in diesem Gebiet. Die Zahl der Polizeikräfte war jedoch nicht ausreichend, die Abstände zwischen den einzelnen Posten waren zu groß. So konnten nur 41 Arbeitskräfte gefangen genommen werden, darunter aber nur ein Teil der gesuchten Arbeiter, denn, »die Mehrzahl hatte sich schon vor der Zeit in Sicherheit gebracht oder flüchtete während der Aktion in den nahen Wald. Es wurden daher als Ersatz die noch angetroffenen Jugendlichen mitgenommen.«[179]

Im Kreis Warschau-Land hatten selbst die durchgeführten Zwangsmaßnahmen zunächst nur geringe Erfolge. Die zur Verfügung gestellten Polizeikräfte waren nach Aussagen des Kreishauptmannes häufig viel zu schwach. Die Dörfer wurden nachts meistens von der für die Landarbeiter-Verschickung in Frage kommenden Bevölkerung verlassen. Die Leute hielten sich in den Wäldern oder außerhalb ihrer Wohnungen versteckt. Auch tagsüber blieb ein Teil der Landbevölkerung der Feldarbeit fern.[180] Auch im Kreis Łowicz verschärfte sich die Situation bei der Rekrutierung von Landarbeitern. Ohne Anwendung unmittelbaren Zwangs, war kein erfolgreiches Ergebnis zu erzielen. Die für die Entsendung vorgesehenen Personen hatten meist vor den entsprechenden Aktionen schon Kenntnis erhalten und die Flucht ergriffen.[181]

---

178 Vgl. Eintrag im DTB von Frank vom 10.5.1940, Protokoll der Abteilungsleitersitzung, zit. nach: Präg/Jacobmeyer, Diensttagebuch, S. 198 (Zitat ebd.) und BAB, R 52 II, Nr. 226, Bl. 19–34, hier Bl. 31.
179 Vgl. Schreiben des Arbeitsamtes Lukow an die Abteilung Arbeit beim Chef des Distrikts Lublin vom 15.5.1940, in: APLu, 498, Nr. 759, Bl. 395–396, hier Bl. 395 (Zitat ebd.).
180 Vgl. Monatsbericht des Kreishauptmannes Warschau-Land an den Chef des Distrikts für den Monat Mai 1940 vom 5.6.1940, in: APW, 486, Nr. 3, Bl. 56–59, hier Bl. 57f.
181 Vgl. Bericht des Kreishauptmannes in Lowicz vom 20.6.1940, zit. nach: Wardzynska, Deportacje, Dok. 29, S. 74.

Im Kreis Nowy Targ ging das Arbeitsamt dazu über, die landwirtschaftlichen Arbeiter, die sich trotz entsprechender Aufforderung nicht zum Abtransport nach Deutschland stellten, durch Polizeikommandos festnehmen zu lassen: »Man scheut sich auch nicht, derartige Aktionen am Sonntag vormittags durchzuführen. Als am Sonntag, den 19. Mai 1940 vormittags ein Dorf der Gemeinde Ludźmierz umstellt werden sollte, ergriff die Bevölkerung die Flucht, auf die Fliehenden wurden Schreckschüsse abgegeben. Bei der Flucht sind 5 Goralen in ihrer Sonntagskleidung durch das reissende Hochwasser des Dunajecflusses geschwommen.« Anstelle der Entflohenen wurden Verwandte des Betreffenden (darunter auch alte Frauen und Männer) festgenommen und als Geiseln nach Nowy Targ transportiert, wo sie solange verblieben, bis der Gestellungspflichtige sich meldete.[182]

Im Zeichen der immer schwieriger werdenden Rekrutierung von Arbeitskräften für das Reich, gab es wichtige organisatorische Änderungen: Der Einfluss der Kreishauptmänner und der Polizei auf die Arbeitererfassung wurde durch die Bildung sogenannter Befehlsstäbe im September 1942 weiter gestärkt. Der Distrikt Warschau hatte bis zum 15. Oktober 1942 20.000 Arbeitskräfte dem Reich zur Verfügung zu stellen. Der Gouverneur bildete, um einen planmäßigen Ablauf der Aktion zu gewährleisten und um die Einheitlichkeit der zur Anwerbung und zum Abtransport der Angeworbenen erforderlichen Maßnahmen zu wahren, Befehlsstäbe. Sie bestanden im Amt des Distrikts Warschau aus dem Gouverneur, dem SS- und Polizeiführer und dem Leiter der Abteilung Arbeit. In den Kreishauptmannschaften bildeten der Kreishauptmann, der Vertreter des Arbeitsamtes und der Gendarmeriezugführer, die Befehlsstäbe.[183]

In dem Kontext gab es auch Überlegungen bei den Gouverneuren, die Organisation der Arbeitererfassung gänzlich abzuändern. Nach Ansicht des Gouverneurs des Distrikts Galizien, Otto Wächter, sollte eine ähnliche Methode wie bei den erfolgreichen Ernteerfassungsausschüssen angewandt werden. Genügend Beamte und Angestellte der Arbeitsverwaltung stünden dazu zur Verfügung. Die Arbeitsämter sollten dazu Außenstellen bei den Kreishauptmännern schaffen. Die übrigen Gouverneure schlossen sich dem Standpunkt Wächters an. Frauendorfer hielt dagegen, das die Arbeitsverwaltung während zweier Jahre bewiesen habe, dass sie ihre Aufgaben erfüllt habe. Er

---

182 Vgl. Lagebericht für den Monat Mai 1940 des Kreishauptmannes des Kreises Neumarkt an das Amt des Generalgouverneurs, Chef des Amtes, vom 31.5.1940, in: IPN, 196 PB, Nr. 272, Bl. 76–86, hier Bl. 77. Ähnliche Berichte gab es auch aus anderen Kreishauptmannschaften. Vgl. Lagebericht des Kreishauptmannes des Kreises Sokolow-Wengrow an die Abteilung Innere Verwaltung vom 5.6.1940, in: ebd., Bl. 237–239, hier Bl. 239.
183 Vgl. Verwaltungsanordnung des Gouverneurs des Distrikts Warschau vom 10.9.1942, in: APW, 489, Nr. 77, Bl. 25–26; Maier, Arbeitsverwaltung, S. 44; Roth, Herrenmenschen, S. 137 ff. In Galizien wurden Ende Oktober 1942 ebenfalls Befehlsstäbe auf Kreis- und Distriktsstufe gebildet. Vgl. Rundschreiben des Gouverneurs des Distrikts Galizien, Dr. Wächter, vom 30.10.1942, in: DALO, R 2042, 1, Nr. 30, Bl. 8 VS+RS.

hegte Bedenken, die Verantwortung seiner Hauptabteilung auf die Kreishauptleute zu übertragen.[184]

Zusätzlich zu den Befehlsstäben etablierten einige Kreishauptmänner in den Gemeinden Arbeitererfassungsausschüsse. Ein solcher Ausschuss bestand aus mindestens sechs Personen, dem Bürgermeister, dem Gemeindesekretär, dem zuständigen Pfarrer, zwei Lehrkräften und mindestens einem geeigneten angesehenen Bauern. In den Gemeinden, in denen Polnische Hilfskomitees bestanden, gehörte der örtliche Leiter des Hilfskomitees ebenfalls zu dem Ausschuss. Die Mitglieder der Arbeitererfassungsausschüsse waren für die pünktliche Gestellung der angeforderten Arbeitskräfte verantwortlich und im Falle mangelhafter Pflichterfüllung zusammen mit ihren Familienangehörigen selbst für die Arbeit im Reich oder die Einweisung in ein Verwaltungsstraflager vorgesehen. Außerdem konnte bei Vernachlässigung der Pflichten ihr gesamtes Vermögen und das ihrer Familienangehörigen beschlagnahmt werden.[185]

Die Bildung und die Tätigkeit der Befehlsstäbe für die Arbeitererfassung erfüllte auch im Arbeitsamtsbezirk Siedlce bis zum Januar 1943 nicht die in sie gesetzten Erwartungen und brachte nicht die erhofften Erfolge. Im Gegenteil, aus Sicht des Arbeitsamtes waren zunächst Hemmungen und Widerstände zu überwinden.[186] In den Besprechungen der Befehlsstäbe erfolgte die Aufteilung der auferlegten Kontingente. Im Falle der Kreishauptmannschaft Ostrów vereinbarte der Kreislandwirt mit dem Leiter der Arbeitsamtsnebenstelle, dass von den Gütern möglichst keine Arbeiter abgezogen, sondern auf diese nur in den dringendsten Notfällen zurückgegriffen werden sollte. Die Beteiligten nahmen zwei Aktionen in Aussicht, eine Nachtaktion, in der die rund 150 Arbeitskräfte, die sich trotz rechtzeitiger Aufforderung nicht gestellt hatten, aus ihren Wohnungen geholt werden sollten. Falls sie nicht angetroffen würden, war ein Familienmitglied in Schutzhaft zu nehmen, bis sich der Beorderte stellte. In einer späteren Tagesaktion in Poremba hatte man 160 Arbeitskräfte im Visier: »Als Druckmittel werden Beschlagnahmungen von Vieh angewandt, desgl. die Drohung mit Auschwitz und Enteignung des gesamten Betriebes.« Den Erfolg dieser Aktionen beschrieb der Kreishauptmann hinterher als beträchtlich. Nach seinen Aussagen konnten rund 250 Arbeitskräfte für den Einsatz im Reich rekrutiert worden. Weitere Aktionen waren für die kommenden Monate geplant.[187]

---

184 Vgl. Auszug aus der Niederschrift über die 10. Hauptabteilungsleitersitzung am 21.9.1942 unter Vorsitz des Herrn Generalgouverneurs Dr. Frank, Anlage 2, in: IPN, 196 PB, Nr. 256, Bl. 165–166.
185 Vgl. Rundschreiben des Kreishauptmannes in Radomsko an sämtliche Bürgermeister im Kreise einschließlich Stadt Radomsko vom 17.10.1942, in: ebd., Nr. 268, Bl. 110 VS+RS.
186 Vgl. Bericht des Arbeitsamtes Siedlce über den Arbeitseinsatz im Monat Dezember 1942 vom 4.1.1943, in: APW, 489, Nr. 837, Bl. 80–83, hier Bl. 82.
187 Vgl. Aktenvermerk des Kreishauptmannes in Ostrów über eine Besprechung am 21.1.1943 vom 23.1.1943, in: ebd., Nr. 78, Bl. 3–4 (Zitat Bl. 4); Zweimonatsbericht des Kreishauptman-

Die Befehlsstäbe im Distrikt Radom standen unter dem Vorsitz des Vizegouverneurs bzw. der Kreishauptleute und umfassten vor allem die Polizei und die Arbeitsverwaltung. Die Erfassung der Arbeitskräfte erfolgte im Wesentlichen nach dem Grundsatz der möglichsten Vermeidung schärferer Zwangsmaßnahmen. Die Bürgermeister wurden aufgefordert, eine Liste aller derjenigen Personen an das Arbeitsamt einzureichen, die sowohl nach wirtschaftlichen als auch nach sonstigen Gesichtspunkten entbehrlich waren. Die benannten Arbeitskräfte wurden daraufhin vom Arbeitsamt dienstverpflichtet. Insoweit sie der Beorderung nicht Folge leisteten, übernahm es die Polizei, zusammen mit den Angehörigen des Arbeitsamtes, die Leute zwangsweise vorzuführen. Um die Bürgermeister zu einer möglichst intensiven Mitarbeit anzureizen, wurden monatlich an die drei erfolgreichsten Gemeinden aus jedem Kreis Preise in Form von Wodka, Lebensmitteln, Textilien und sonstigen Verbrauchsgütern gegeben. Trotz der Schwierigkeiten durch die negative Haltung der Bevölkerung und den Versuchen der hiesigen Firmen und Dienststellen, ihr Arbeiterpersonal zu behalten, erschien das Resultat recht erfolgreich. Vom ersten Kontingent in Höhe von 26.000 Arbeitskräften, das bis zum Jahresende 1942 zu stellen war, wurden 41.435 Personen in die Sammellager gebracht und schließlich 24.154 ins Reich abtransportiert, also 92,9 Prozent des Solls. Beim zweiten Kontingent bis April 1943 ergab sich eine Erfüllung des Solls zu immerhin noch 89,67 Prozent.[188]

Der Kreishauptmann in Sokołów berichtete im Januar 1944 über eine Vorbesprechung des dortigen Befehlsstabes Arbeitererfassung, zu dem neben dem Leiter des Arbeitsamtes und der Nebenstellen, der stellvertretende Kreishauptmann, der Leiter Innere Verwaltung, der Führer der Gendarmerie und der Zugführer der Schutzpolizei gehörten. Der Führer der Gendarmerie erklärte, dass er die Anweisung habe, die Arbeitererfassung weitestgehend zu unterstützen, es der Gendarmerie aber verboten sei, »Menschenjagden« wie früher üblich, durchzuführen. Er habe lediglich Amtshilfe zu leisten. Der Leiter des Arbeitsamtes schlug vor, Beorderungen mit der Unterschrift des Kreishauptmannes auszustellen und ein Schreiben des Kreishauptmannes an die ca. 1.200 bereits Beorderten, die sich nicht gestellt hatten, zu schicken. Gemischte Kommandos von Gendarmerie, Sonderdienst und polnischer Polizei sollten am Gestellungstag eingesetzt werden. Vorgesehen waren Strafmaßnahmen gegen die nächsten Angehörigen der Untergetauchten durch Beschlagnahme von Vieh und Inhaftierung

---

nes in Ostrów an den Chef des Amtes beim Gouverneur des Distrikts Warschau für die Monate Dezember 1942 und Januar 1943 vom 25.1.1943, in: ebd., Nr. 19, Bl. 13–14, hier Bl. 14.

188 Vgl. Eintrag im DTB von Frank vom 26.5.1943, Arbeitssitzung in Radom, zit. nach: Doc. Occ., Bd. VI, Dok. 15, S. 333–336, hier S. 334 f. Gschließer hatte sich im November 1942 an den Gouverneur gewandt, damit er für eine Steigerung des Aufkommens durch Sofortmaßnahmen und Erhöhung der Gemeindeauflagen sorgen sollte. Vgl. Fernschreiben der Abteilung Arbeitseinsatz der Hauptabteilung Arbeit an den Leiter der Abteilung Arbeit im Amt des Distrikts Radom vom 5.11.1942, in: APR, 209, Nr. 815, Bl. 186–187.

von Angehörigen in Treblinka. Wirklich erfolgversprechend erschienen aber nur das »Abriegeln von Dörfern« und die Aushebung der Eingeschlossenen. Das werde zwar weitere Unruhe bringen, sei aber zur Erfüllung des Kontingents unumgänglich.[189]

Rekrutierungsformen: Beorderungen und Dienstverpflichtungen

Die anhand der von den Wojts und Soltys erstellten Namenslisten verschickten Beorderungen boten der Arbeitsverwaltung ein zielgerichtetes Mittel zur Arbeiterrekrutierung. Die Grundlage dafür bildete die Verordnung über die Einführung der Arbeitspflicht für die polnische Bevölkerung im Generalgouvernement vom 26. Oktober 1939[190] und die Erste Durchführungsverordnung zu dieser Verordnung vom 31. Oktober 1939.[191] Darauf basierend wurde die betreffende Arbeitskraft zur Arbeitsleistung im Reich verpflichtet. Die dortige Beschäftigung sollte im Rahmen eines – in der Regel auf neun Monate – befristeten Arbeitsverhältnisses erfolgen, die Entlohnung und die übrigen Arbeitsbedingungen sich nach der Tarifordnung für polnische landwirtschaftliche Arbeitskräfte richten. In der Beorderung wurde die Möglichkeit zur Überweisung von Lohnersparnissen und zur Beantragung von Sonderunterstützungen für nahe Angehörige erwähnt. Nach Ablauf der neunmonatigen Arbeitsleistung im Reiche stand es den Beorderten theoretisch frei, in das Generalgouvernement zurückzukehren oder den Vertrag zu verlängern. Wer der Beorderung nicht Folge leistete, konnte vom Gericht zu Gefängnis und einer Geldstrafe verurteilt werden. Die Geldstrafe konnte in unbeschränkter Höhe, also auch im Werte des gesamten Besitzes, ausgesprochen werden. Diese Strafe traf im Zweifelsfall auch Angehörige oder sonstige Personen, die zur Verweigerung der Arbeitspflicht Beihilfe leisteten.[192]

Der Text, der den Betroffenen vom zuständigen Arbeitsamt übersandt wurde, war fast immer identisch: »Auf Grund der §§ 1 und 3 der Verordnung des Herrn Generalguverneurs für die besetzen polnischen Gebiete vom 26. Oktober 1939 über die Einführung der Arbeitspflicht, der Ersten Durchführungsverordnung vom 31. Oktober 1939 und des Aufrufs des Herrn Generalgouverneurs vom 24. April 1940 an die polnische Bevölkerung beordere ich Sie hierdurch zur Arbeitsleistung als Landarbeiter im Deut-

---

189 Vgl. Schreiben des Kreishauptmannes in Sokolow an den Gouverneur des Distrikts Warschau vom 22.1.1944, in: APW, 482, Nr. 16, Bl. 35–37, hier Bl. 36.
190 Vgl. Verordnung über die Einführung der Arbeitspflicht für die polnische Bevölkerung des Generalgouvernements vom 26.10.1939, in: VOBlGG, 1939, Nr. 1 vom 26.10.1939, S. 6.
191 Vgl. Erste Durchführungsverordnung zur Verordnung vom 26. Oktober 1939 über die Einführung der Arbeitspflicht für die polnische Bevölkerung des Generalgouvernements vom 31.10.1939, in: ebd., Nr. 2 vom 2.11.1939, S. 14 f.
192 Vgl. Zweisprachiges Formular »Behördliche Beorderung zur Landarbeit in Deutschland«, verschickt vom Arbeitsamt Lublin an Stefan Bartusiak, an 18.4.1941, in: APLu, 509, Nr. 74, Bl. 8–9.

schen Reich. Sie haben sich am ... um ... Uhr in ... zur ärztlichen Untersuchung und dem daran anschliessenden Abtransport einzufinden. Arbeitspapiere, Arbeitskleidung sowie Wegzehrung für 2 Tage sind mitzubringen. Wer dieser Beorderung nicht Folge leistet, wird zwangsweise vorgeführt und streng bestraft.«[193]

Bei den Beorderungen verknüpften die Arbeitsämter die angeblich guten Erfahrungen der auf Urlaub weilenden Landarbeiter als Lockmittel mit offenen Drohungen. In einem entsprechenden Formular des Arbeitsamtes Lublin vom März 1942 hieß es, die Urlauber hätten sich sehr wohlwollend über den Aufenthalt im Reich geäußert; besonders hätten sie die gute Behandlung, Verpflegung und Unterbringung hervorgehoben. In dem Formular wurden die Eltern von Beorderten angesprochen, die sich nicht gestellt hatten. Sie sollten ihre Kinder zur Aufnahme von Landarbeit im Reich bewegen. Bei der »freiwilligen« Meldung bekämen sie 50 Zloty als Ausrüstungsbeihilfe und 4 Zloty als Zehrgeld überwiesen. Sollten die Beorderten der freiwilligen Meldung nicht nachkommen, drohte der Leiter des Arbeitsamtes Zwangsmaßnahmen an – die 54 Zloty würden zudem auch nicht gezahlt.[194]

Der 17-jährige Wladyslaw Lepieszka bekam im Juli 1941 den Bescheid vom Arbeitsamt in Lowicz über die Ausreise nach Deutschland zur Zwangsarbeit: »Ich meldete mich nicht, also holten sie meine Mutter ab und steckten sie ins Gefängnis. Nach einer Woche stellte ich mich, meine Mutter wurde freigelassen, und mich brachte man zur Sammelstelle in Warschau. (...) Nach ein paar Tagen fuhr ich mit einem Transport nach Deutschland.«[195]

Bei der Landarbeiteraktion 1941 sollte vor allem die Einzelbeorderung über die aus der Kartei individuell ausgewählten Arbeitskräfte angewandt werden. Auch hier rechnete Frauendorfer aufgrund der bisherigen Erfahrungen damit, dass der Beorderung in zahlreichen Fällen nicht gefolgt werden würde. In diesen Fällen gebe es nur die Möglichkeit, die Beorderten durch die Polizei den Arbeitsämtern bzw. ihren Nebenstellen und Stützpunkten zuzuführen. Die Arbeitsämter würden ihrerseits, insbesondere durch Strafandrohung, von vornherein für die erforderliche Klarheit über die Bedeutung der Beorderung und die Folgen im Falle der Nichtbeachtung sorgen. Sie hatten Verzeichnisse der nicht erschienenen Arbeitskräfte in Form von Fahndungslisten den

---

193 Vgl. Runderlaß Nr. 57/1940 der Abteilung Arbeit im Amt des Generalgouverneurs, Frauendorfer, an die Leiter der Abteilungen Arbeit bei den Chefs der Distrikte und die Leiter der Arbeitsämter im Bereich des Generalgouvernements vom 26.4.1940, Anlage 3: Behördliche Beorderung, in: IPN, 196 PB, Nr. 359, Bl. 54–63, hier Bl. 63. Vgl. auch: Verpflichtungsbescheid der Arbeitsamtsnebenstelle Neumarkt vom 22.6.1942, in: APK, 426, Nr. 31, unpag.
194 Vgl. Zweisprachiges Formular des Arbeitsamtes Lublin, verschickt am 30.3.1942, in: APLu, 509, Nr. 73, Bl. 77.
195 Zit. nach: Geschichtswerkstatt, Zwangsarbeit, S. 42.

zuständigen Polizeistellen zuzuleiten, damit die Erfassung der betreffenden Personen systematisch betrieben werden konnte.[196]

Üblich war auch der Versuch der Arbeitsämter, die Beorderungen mittels Geldstrafen durchzusetzen. So wurden nach der ersten Aufforderung, der nicht Folge geleistet wurde, 40 und nach der zweiten 200 Zloty fällig. Wer auch der zweiten Aufforderung nicht nachkam, dem drohte nicht nur die Eintreibung der Strafe, sondern auch die Pfändung seines Viehs und die Enteignung seines sonstigen Besitzes. Konnte die Strafe nicht eingetrieben werden, setzte das Arbeitsamt eine zweimonatige Haftstrafe fest. Immerhin gab es die Möglichkeit für den Betroffenen, gegen diesen Strafbescheid Beschwerde einzulegen. Allerdings blieben die Beschwerden ohne Aussicht auf Erfolg und entbanden außerdem nicht von der Pflicht zur Fahrt nach Deutschland.[197] Im Bezirk des Arbeitsamtes Ostrowiec Świętokrzyski stufte im März 1941 dessen Leiter den Fall einer Gemeinde, aus der sich von 191 Beorderten kein einziger gemeldet hatte, als Sabotage ein und verlangte deren strenge Bestrafung.[198]

Der Kreishauptmann in Sokołów gab der Bevölkerung seines Kreises im Oktober 1942 bekannt, dass er im Einvernehmen mit dem Leiter der dortigen Arbeitsamtsnebenstelle das »Einfangen von Arbeitskräften für das Reich« innerhalb seines Kreisgebietes allen Werbern strengstens untersagt habe. Es sei von nun an somit nicht mehr der Fall, dass Jungen und Mädchen auf den Strassen, den Feldern und den Höfen aus ihrer Arbeit herausgegriffen und abtransportiert würden. Für dieses »Entgegenkommen« erwartete er aber, dass diejenigen, die eine Beorderung oder Aufforderung zur Arbeitsleistung ins Reich erhielten, dieser auch nachkämen. Der Kreishauptmann ließ aber keinen Zweifel darüber, bei Nicht-Befolgung der Beorderung gegen die Betreffenden scharf vorgehen zu wollen: »Der Beorderte, der sich nicht freiwillig stellt, kommt nicht ins Reich, sondern nach Treblinka.«[199]

Die Geschäftsgruppe Arbeitseinsatz des Vierjahresplans kündigte am 29. Januar 1942 an, dass zur Ausfüllung der durch die starken Einberufungen zur Wehrmacht und die gesteigerten umfangreichen Rüstungsaufgaben entstandenen Lücken, verstärkt Arbeitskräfte aus den besetzten Gebieten im Deutschen Reich eingesetzt werden soll-

---

196 Vgl. Abschrift eines Schreibens der Abteilung Arbeit im Amt des Generalgouverneurs für die besetzten polnischen Gebiete, Frauendorfer, an den Befehlshaber der Ordnungspolizei im Generalgouvernement vom 24.1.1941, in: BAB, R 70 Polen, Nr. 180, Bl. 75–77. Auch in: IfZ, Fb 95/34, Bl. 642–644.
197 Vgl. Strafbescheid (Vordruck) gegen Helena Goidzik des Arbeitsamtes Lublin vom 27.5.1941, in: APLu, 509, Nr. 75, Bl. 16; Zweiter Strafbescheid des Arbeitsamtes (Formular), ausgestellt am 5.9.1941, in: ebd., 498, Nr. 787, Bl. 144.
198 Vgl. Schreiben des Leiters des Arbeitsamtes Ostrowitz an den Leiter der Abteilung Arbeit beim Chef des Distrikts Radom vom 18.3.1941, in: APR, 209, Nr. 819, Bl. 357.
199 Vgl. Bekanntmachung des Kreishauptmannes in Sokolow, Ernst Gramß, vom 31.10.1942, zit. nach: Bigorajska/Pietruczuk-Kurkiewiczowa, Litera, Faksimile nach S. 16 (Zitate ebd.).

ten, eben auch aus dem Generalgouvernement. Die Verwaltungen in den besetzten Gebieten sollten Vorschriften vorbereiten, die einen zwangsweisen Einsatz von Arbeitskräften aus ihren Gebieten in Deutschland ermöglichten, damit sie umgehend erlassen werden könnten, wenn die Anwerbung auf freiwilliger Grundlage nicht den gewünschten Erfolg haben sollte.[200]

Im Generalgouvernement wurde auf Grundlage dieser Anordnung am 13. Mai 1942 die »Verordnung zur Sicherstellung des Kräftebedarfs für Aufgaben von besonderer staatspolitischer Bedeutung« erlassen.[201] Diese so genannte Dienstpflichtverordnung gab die Möglichkeit, jeden Polen »gesetzlich« zu zwingen, den Arbeitsplatz zu wechseln und in die Rüstungsindustrie zu gehen. In erster Linie aber sollte die Dienstpflichtverordnung dazu dienen, jeden polnischen Arbeiter auch außerhalb des Generalgouvernements, also vornehmlich im Reich, einsetzen zu können. Streng waren die Strafbestimmungen angelegt. Wer seiner Dienstverpflichtung nicht nachkam, insbesondere, wer pflichtwidrig der Arbeit fernblieb, die Arbeit verweigerte oder sie sabotierte, wurde mit Gefängnis, in schweren Fällen mit Zuchthaus bestraft. Der nächste Schritt zur Verwirklichung des Erlasses war der Befehl Himmlers vom 19. Juli 1942 an den HSSPF Friedrich-Wilhelm Krüger, die aktive Mitwirkung der SS und Polizei bei den Arbeiterrekrutierungen zu organisieren.[202]

Die Grenzen zwischen Beorderung und Dienstverpflichtung verschwammen, wie ein Beispiel aus Nowy Targ zeigt. Das persönlich adressierte Schreiben war als »Behördliche Beorderung« deklariert, nahm aber im Text Bezug auf die Dienstpflichtverordnung. Der Betreffende sollte landwirtschaftliche Arbeit im Reich leisten. Er hatte sich an einem bestimmten Datum reisefertig im Arbeitsamt Neumarkt zu melden und sollte dort ärztlich untersucht werden und, falls für tauglich befunden, mit dem daran anschließenden Transport ins Reich gebracht werden. Das Arbeitsamt drohte gleichzeitig bei Nichtbefolgung dieser Dienstverpflichtung mit Gefängnis, in schweren Fällen mit Zuchthaus.[203]

---

200 Vgl. Rundschreiben der Geschäftsgruppe Arbeitseinsatz des Beauftragten für den Vierjahresplan, Mansfeld, an die Spitzen der Verwaltung in den besetzten Gebieten, unter anderem an die Hauptabteilung Arbeit bei der Regierung des Generalgouvernements, vom 29.1.1942, zit. nach: Trial, Bd. 27 (Dok. PS-1183), S. 53–55.
201 Vgl. Verordnung zur Sicherstellung des Kräftebedarfs für Aufgaben von besonderer staatspolitischer Bedeutung (Dienstverpflichtungsverordnung) vom 13. Mai 1942, in: VOBlGG, 1942, Nr. 40 vom 26.5.1942, S. 255–257.
202 Vgl. Seeber, Zwangsarbeiter, S. 131; Kranig, Arbeitsrecht, S. 164; Abschrift eines Schreibens des Reichsführers SS an den Höheren SS- und Polizeiführer Ost vom 19.7.1942, in: BAB, NS 19, Nr. 1757, Bl. 1–3. Zu Krüger vgl.: Thompson, Krüger.
203 Vgl. Behördliche Beorderung des Arbeitsamtes von Neumarkt (Nowy Targ) vom 4.8.1942, zit. nach: Erinnerung, S. 48 (Faksimile). Siehe auch: Formular des Kreishauptmannes in Minsk Mazowiecki, Distrikt Warschau, Dr. Bittrich (1942/43 verwendet), zit. nach: Seeber, Zwangsarbeiter, S. 268.

Der Hauptteil, der 140.000 Arbeitskräfte, die in der Herbstaktion 1942 für das Reich zu stellen waren, sollten im Wege der Dienstverpflichtung aufgebracht werden. Die Abteilungen Arbeit legten die Kontingente unter Berücksichtigung der bisherigen Abgabe und der Bevölkerungszahlen auf die Arbeitsämter um. Frank leitete diese Direktiven an alle Hauptabteilungen und Ämter in der Regierung sowie an die Gouverneure weiter und bestätigte so noch einmal die Rekrutierung über Dienstverpflichtungen.[204]

Die Dienstverpflichtung wurde immer mehr zum Mittel der Wahl. Die Rüstungsinspektion konstatierte, dass sich im ersten Vierteljahr 1943 durch den starken Druck der Widerstandsbewegung auf die Bevölkerung die Erfassung der für den Einsatz ins Reich bestimmten polnischen Arbeitskräfte immer schwieriger gestaltete. Der freiwillige Einsatz sei kam fast völlig zum Erliegen gekommen. Nur noch auf dem Wege des Zwanges, also vornehmlich durch Dienstverpflichtungen mit nachfolgenden polizeilichen Zwangsgestellungen sei es überhaupt möglich gewesen, im ersten Vierteljahr 1943 rund 87.500 Personen für das Reich abzustellen.[205]

Kleinbäuerliche Betriebskarteien und Auskämmungen

Im Laufe der Zeit avancierten die kleinbäuerlichen Betriebskarteien zum wichtigsten Instrument bei der Rekrutierung von Landarbeitern. Wohl im Vorgriff auf eine spätere Bodenneuordnung und Zerschlagung der kleineren landwirtschaftlichen Betriebe legte sie die Arbeitsverwaltung bei der Kontingentierung für den Arbeitseinsatz neben den Einwohnermeldekarteien vorrangig zugrunde. Aus ihnen suchten die zuständigen Amtsinhaber (Gemeindevögte, Dorfschulzen u. ä.) gemeinsam mit den Vertretern des jeweiligen Arbeitsamtes sowie dem Kreislandwirt die geeigneten Personen aus. Die kleinbäuerlichen Betriebskarteien gaben Auskunft über die Zahl der Familienmitglieder, die auf einem Anwesen lebten, den Umfang und den Viehbestand dieser Kleinwirtschaft und damit Aufschluss darüber, ob eine Überbesetzung bestand.[206]

---

204 Vgl. Runderlaß Nr. 144/42 der Hauptabteilung Arbeit in der Regierung des Generalgouvernements, Gschließer, an die Leiter der Abteilungen Arbeit in den Ämtern der Distrikte und die Leiter der Arbeitsämter im Bereich des Generalgouvernements vom 22.8.1942, in: APLu, 509, Nr. 2, Bl. 164–170, hier Bl. 166 f.; Rundschreiben des Generalgouverneurs an alle Hauptabteilungen und Ämter in der Regierung und die Gouverneure der Distrikte vom 24.8.1942, in: IPN, 196 PB, Nr. 261, Bl. 59 VS+RS. Immer häufiger musste auch bei dieser Methode die Polizei eingesetzt werden, um die Nichterschienenen beim Arbeitsamt vorzuführen. Vgl. Lagebericht der Abteilung Arbeitseinsatz im Distrikt Radom vom 9.10.1942, in: APR, 209, Nr. 843, Bl. 43–45.
205 Vgl. KTB der Rüstungsinspektion im Generalgouvernement für das 1. Vierteljahr 1943, Die wesentlichen Probleme, ihre Entwicklung und ihre Lösung im 1. Vierteljahr 1943, in: BA-MA, RW 23, Nr. 3, Bl. 6–11, hier Bl. 7.
206 Vgl. Wasser, Raumplanung, S. 122; Stellungnahme zu den Feststellungen des Bundesarchivs betreffend den Sektor Arbeit im Generalgouvernement von Ernst von Gschließer

Als Termin für die Fertigstellung der kleinbäuerlichen Betriebskartei war der 30. Januar 1941 vorgesehen, konnte aber nicht eingehalten werden. Die Überprüfung der Kartei – also der eingesandten Auswertungsbögen – sollte in der jeweils zuständigen Dienststelle möglichst nur durch deutsche Vermittler erfolgen. Für die Auswahl der zu Beordernden galten in erster Linie betriebliche und gesamtwirtschaftliche Gesichtspunkte. Richtsätze für die Beurteilung des Eigenbedarfs der Betriebe – bezogen auf die Hektargröße – waren dabei vorgegeben. Soziale Belange sollten ebenfalls beachtet werden: Die Untergrenze lag bei 16 Jahren, die Obergrenze bei 50 Jahren, bei kinderreichen Familien sollte die Belastung der Hausfrau berücksichtigt, also z. B. die schulentlassene mithelfende Tochter nicht beordert werden.[207]

Aber auch die Rekrutierung über die Betriebskartei war nicht immer erfolgreich: So hatten z. B. in einem Ort im Kreise Zamość von 137 an Hand der Betriebskartei erfassten und zur Untersuchung bestimmten Männer nur 37 der Vorladung Folge geleistet. 21 davon waren vom Arzt zurückgestellt worden. Von den noch 16 Übriggebliebenen, an die dann eine Beorderung gelangte, erschienen jedoch nur vier zum Abtransport ins Reich.[208] Beim ersten Transport des Arbeitsamtes Siedlce konnten von 600 Beorderten nur 18 in Marsch gesetzt werden. Der größte Teil war überhaupt nicht erschienen, viele mussten zurückgestellt werden, weil in der kleinbäuerlichen Betriebskartei nicht nur Kranke und Behinderte, sondern auch zur Familie zählende Personen aufgeführt waren, die überhaupt nicht in der Gemeinde wohnten.[209] Bei Durcharbeitung der kleinbäuerlichen Betriebskartei stellte das Arbeitsamt Tschenstochau ebenfalls fest, dass bei den für eine Beorderung vorgesehenen Personen ein großer Teil für einen landwirtschaftlichen Arbeitseinsatz im Reich nicht in Frage kam.[210]

vom 30.6.1960, in: BABay, Ost-Dok. 13, Nr. 272, Bl. 1–20, hier Bl. 6. Der Leiter der Abteilung Arbeit im Distrikt Krakau kritisierte die Fokussierung der Betriebskartei auf die landwirtschaftlichen Kleinbetriebe. Wenn eine solche Betriebskartei angelegt werde, so sei die Erfassung der gesamten landwirtschaftlichen Betriebe mit keiner wesentlichen Mehrarbeit verbunden. Vgl. Memorandum des Leiters der Abteilung Arbeit beim Chef des Distrikts Krakau für die Besprechung bei der Abteilung Arbeit des Generalgouvernements am 13.9.1940, in: APK, 33 SMKr, Nr. 9, Bl. 405–411, hier Bl. 407 f.

207 Vgl. Runderlass Nr. 9/41 der Abteilung Arbeit bei der Regierung des Generalgouvernements an die Leiter der Abteilungen Arbeit bei den Chefs der Distrikte und die Leiter der Arbeitsämter im Bereich des Generalgouvernements vom 7.2.1941, in: APR, 209, Nr. 819, Bl. 385–389, hier Bl. 385 ff.
208 Vgl. Meldungen aus dem Reich, Nr. 170 vom 13.3.1941, zit. nach: Boberach, Meldungen, Bd. 6, S. 2102–2111, hier S. 2110.
209 Vgl. Bericht des Arbeitsamtes Siedlce über den Arbeitseinsatz im Monat März 1941 vom 4.4.1941, in: APW, 489, Nr. 837, Bl. 17–19, hier Bl. 17.
210 Vgl. Schreiben des Arbeitsamtes Tschenstochau an die Abteilung Arbeit im Amt des Chefs des Distrikts Radom vom 7.4.1941, in: APR, 209, Nr. 819, Bl. 355–356, hier Bl. 355.

Nach Aussagen des Ministerialrats Max Timm aus dem Reichsarbeitsministerium umfasste die kleinbäuerliche Betriebskartei Anfang 1942 sämtliche über eine Million zählenden Betriebe bis 20 ha unter Angabe der Größe, der Betriebsart und aller im Betrieb wohnenden Personen. Sie habe sich als Unterlage für die Anwerbung bewährt.[211]

Im Oktober 1942 wurde im Distrikt Warschau an der Komplettierung der kleinbäuerlichen Betriebskartei noch fieberhaft gearbeitet.[212] Kein Wunder, denn sie wurde dringend für die Frühjahrsaktion 1943 benötigt. Dabei sollte die kleinbäuerliche Betriebskartei durch die Arbeitsämter und die Gemeinden durchgearbeitet und zusätzlich der Kleinhandel nach Arbeitskräften ausgekämmt werden.[213]

Noch im Februar 1944 gab es laut Frank in den bäuerlichen Familienwirtschaften personelle Reserven, die ohne nennenswerte Beeinträchtigung der Erzeugungsaufgaben abgezogen werden könnten. Die Hauptabteilung Arbeit richtete ihre Maßnahmen daher in erster Linie auf die Auskämmung dieser bäuerlichen Betriebe aus. Als Grundlage dafür diente den Arbeitsämtern auch hier die gesamte bäuerliche Betriebskartei, nach der die von den Gemeinden in Erfüllung ihres Kontingents zu stellenden Personen unter genauer Berücksichtigung des Eigenbedarfs der Betriebe ausgewählt wurden.[214]

Im Zeichen immer knapper werdender Arbeitskräftereserven, gewann eine neue Form der Gewinnung von Arbeitskräften an Bedeutung: die so genannten Auskämmungen. Die Arbeitsverwaltung versuchte, in der Landwirtschaft und in den Betrieben »überzählige« Arbeitskräfte aufzuspüren, die an anderen Stellen besser Verwendung finden sollten. Dafür bildeten Arbeitseinsatzverwaltung, Rüstungskommando und andere Dienststellen Prüfungsausschüsse, die über die Auskämmungen zu befinden hatten. Im Falle einer Landwirtschaftlichen Kreishandelsgenossenschaft in Kielce befand der Ausschuss im November 1943, dass ihre Arbeiten ab Mitte Dezember einen kleineren Umfang haben würden und eine Verminderung der Mitarbeiterzahl, die zurzeit rund 380 Angestellte und Arbeiter betrug, vertretbar sei.[215]

---

211 Vgl. Timm, Einsatz, S. V 7.
212 Vgl. Rundschreiben der Abteilung Arbeit m Distrikt Warschau an die Leiter der Arbeitsämter im Distrikt vom 27.10.1942, in: APW, 489, Nr. 77, Bl. 22.
213 Vgl. Schreiben der Abteilung Arbeit des Distrikts Radom an den Gouverneur des Distrikts vom 23.1.1943, in: APR, 209, Nr. 823, Bl. 1.
214 Vgl. Rundschreiben des Generalgouverneurs an die obersten Behörden des Generalgouvernements, die Gouverneure der Distrikte und die Kreis- und Stadthauptleute vom 29.2.1944, zit. nach: Wardzynska, Deportacje, Dok. 87, S. 142–144, hier S. 142 f.
215 Vgl. Abschrift einer Niederschrift über die Betriebsprüfung bei der Firma Landwirtschaftliche Kreishandelsgenossenschaft Kielce durch die Prüfungskommission für Arbeitseinsatz am 26. November 1943, in: IPN, 105, Nr. 246, Bl. 9. Häufig konzentrierten sich die Auskämmungen auf den Einzelhandel. Vgl. Durchschrift eines Schreibens der Abteilung Arbeit an den Gouverneur des Distrikts Radom vom 22.2.1943, in: APR, 209, Nr. 810, Bl. 328; Seidel, Besatzungspolitik, S. 151.

Das Arbeitsamt Lublin war schon im Juli 1941 angesichts der erschöpften Arbeitskräftereserven dazu übergegangen, Arbeitskräfte durch die Auskämmung von Betrieben zu gewinnen. Es sollten dabei nicht nur überzählige Kräfte, sondern auch solche aus den Betrieben herausgezogen werden, die durch arbeitslose, ortsgebundene Personen ersetzt werden konnten.[216] Oftmals sperrten sich jedoch Firmen und die lokale Verwaltung gegen die Auskämmungen. So verschonten ukrainische Ortsvorsteher in Galizien ihren Bekanntenkreis und benannten einseitig Polen als ausgleichsfähige Arbeitskräfte.[217]

Kontingente und die Einbeziehung der polnischen Verwaltung

In der Amtsleitersitzung vom 17. und 18. Januar 1940 wurde beschlossen, den Distrikten und Kreisen Kontingente aufzuerlegen. Auf Grund dieser Kontingente hatten die unteren Organe die Zahlen für jede einzelne Gemeinde zu errechnen und die Eintreibung zu überwachen.[218]

In einem Schreiben vom 19. März 1940 teilte das Arbeitsamt Lublin dem Bürgermeister in Lubartów mit, dass dort zwölf Tage später eine Anwerbung von polnischen Arbeitskräften für den Einsatz im stattfinden sollte. Der Bürgermeister, so die lapidare Mitteilung, hatte aus seiner Gemeinde 400 Personen abzustellen. Ihm oblag es, notfalls unter Hinzuziehung von Selbstschutz bzw. polnischen Polizeikräften, unbedingt dafür zu sorgen, dass die festgesetzte Zahl zur Anwerbung erschien: »Die Nichtbefolgung dieser Aufforderung zieht nach Rücksprache mit dem Kreishauptmann in Lubartow Weiterungen nach sich.« Knapp einen Monat später informierte das Arbeitsamt den Bürgermeister darüber, dass alle Gemeinden eine namentliche Aufstellung über diejenigen Personen einzureichen hätten, die zur Anwerbung nach Deutschland trotz Abkömmlichkeit in den Werbebüros nicht erschienen waren.[219]

Auch später kamen immer wieder neue Anforderungen nach Arbeitskräften auf den Bürgermeister von Lubartów zu: Im September 1942 hatte er 55 Arbeitskräfte abzugeben und sollte deshalb der Arbeitsamtsdienststelle Lubartów eine Liste derjenigen

---

216 Vgl. Schreiben des Arbeitsamtes Lublin an die Industrie- und Handelskammer Lublin vom 25.7.1941, in: APLu, 498, Nr. 808, Bl. 205.
217 Vgl. Schreiben des Leiters des Arbeitsamtes in Drohobycz an den Kreishauptmann vom 12.3.1943, in: DALO, R 2042, 1, Nr. 30, Bl. 38–41.
218 Vgl. Seeber, Zwangsarbeiter, S. 117. Herbert hält die Form der den Gemeinden auferlegten Kontingente für die typische und vorherrschende im Generalgouvernement. Vgl. Herbert, Fremdarbeiter, S. 99 f.
219 Vgl. Schreiben des Arbeitsamtes Lublin, Giebel, an den Bürgermeister in Lubartow vom 19.3.1940, in: IPN, 196 PB, Nr. 359, Bl. 45 (Zitat ebd.); Schreiben des Arbeitsamts Lublin an den Bürgermeister in Lubartow vom 15.4.1940, in: ebd., Bl. 51; Seeber, Zwangsarbeiter, S. 132; Maier, Arbeitsverwaltung, S. 36.

Gemeindebewohner mit genauer Anschrift und Geburtsdatum übergeben, die für den Einsatz im Reich geeignet und abkömmlich waren. Der Bürgermeister hatte dann die Verpflichtungsbescheide den entsprechenden Personen zu überbringen.

Bis zum Jahresende 1942 hatte die Gemeinde weitere 155 Arbeitskräfte zu stellen. Der Kreishauptmann betonte gegenüber dem Bürgermeister die Kriegsnotwendigkeit und machte ihn persönlich für die Erfüllung des Kontingents verantwortlich. Er sollte sofort gemeinsam mit den Werbern des Arbeitsamts und den Kreislandwirten die für das Reich geeigneten Personen an Hand der Einwohnermelderegister und der kleinbäuerlichen Kartei feststellen und die Personen auf einer Liste erfassen. »Ich erwarte nun von Ihnen, dass Sie sich mit Ihrem ganzen Verwaltungsapparat im viel stärkeren Masse als bisher für die Stellung der Arbeitskräfte in das Reich einsetzen und dass das Kontingent restlos erfüllt wird.«[220]

Wie versucht wurde, die unteren Verwaltungsebenen einzubinden, zeigt sich auch in einem Rundschreiben des Kreishauptmannes in Radzyń Podlaski an die Bürgermeister seines Kreises. Für den Erfolg der Landarbeiter-Aktion seien die Werber auf die Unterstützung der Bürgermeister angewiesen. Falls die Bürgermeister die Kontingente erfüllten, versprach der Kreishauptmann ihnen eine Prämie von 100 Zloty für den Monat Mai, bei gleich bleibenden Erfolgen auch für Juni.[221] Der Leiter des Arbeitsamtes Radzyń Podlaski wies die Bürgermeister im Arbeitsamtsbezirk Lukow an, die Bekanntmachungen zur Meldepflicht weiterzugeben und sich dafür einzusetzen, dass insbesondere die männlichen Kräfte ihrer Meldepflicht beim Arbeitsamt Lukow sofort nachkamen. Bei Nichtbefolgung dieser Anordnung drohte er mit einer strengen Bestrafung.[222]

Die Anforderungen des Reichs an Arbeitskräften leitete die Arbeitsverwaltung auch an die lokalen Verwaltungsorgane weiter. So wandte sich die Abteilung Arbeit im Distrikt Warschau an die Leiter der Arbeitsämter und teilte ihnen die Aufteilung der Kontingente für die einzelnen Kreise des Distrikts mit. Es müsse alles getan werden, um

---

220 Vgl. Schreiben des Kreishauptmannes Lublin-Land an den Bürgermeister in Lubartow vom 12.9.1942, in: IPN, 196 PB, Nr. 359, Bl. 239; Schreiben des Kreishauptmannes Lublin-Land an den Vogt der Gemeinde Lubartow vom 13.11.1942, in: ebd., Bl. 240 VS+RS (Zitat Bl. 240 RS).
221 Vgl. Rundschreiben des Kreishauptmannes in Radzyn an die Bürgermeister der Kreishauptmannschaft vom 26.5.1940, in: ebd., Bl. 107 RS. Laut der Abteilung Innere Verwaltung sollte es sich bei den 100 Zloty allerdings um eine Aufwandsentschädigung für einen verstärkten persönlichen Einsatz der Wojts handeln. Vgl. Rundschreiben der Abteilung Innere Verwaltung im Amt des Generalgouverneurs an die Abteilungen Innere Verwaltung bei den Distriktchefs und die Kreishauptleute vom 16.5.1940, in: APR, 208, Nr. 24, Bl. 14–15.
222 Vgl. Schreiben des Leiters des Arbeitsamtes Radzyn in Lukow an die Bürgermeister im Bezirk des Arbeitsamtes Lukow vom 7.10.1940, in: IPN, 196 PB, Nr. 359, Bl. 131. In anderen Fällen gab es sehr detaillierte Anweisungen für die Vorgehensweise der Wojts und Soltys. Vgl. »Merkblatt und Dienstanweisung für Landvögte und Dorfschulzen auf dem Gebiete des Arbeitseinsatzes« des Kreishauptmannes von Tomaszow-Mazowiecki vom 30.8.1942, in: APR, 209, Nr. 815, Bl. 211–214.

die geforderten Zahlen zu erreichen. Dazu sollten die Soltys und Wojts weitestgehend eingeschaltet werden.[223]

In der Zeit vom 1. September bis zum 31. Dezember 1942 hatte der Distrikt Warschau 27.000 Arbeitskräfte für das Reich zu stellen. Zu diesem Zweck erlegte die Arbeitsverwaltung den einzelnen Kreishauptmannschaften ein Netto-Soll und ein Brutto-Soll auf, da die Erfahrung gezeigt hatte, dass etwa 35 Prozent aller gestellten Personen für die Verschickung ins Reich nicht in Frage kamen. Von den bis Anfang Dezember letztlich erfassten 21.419 Personen konnten denn auch nur 13.009 ins Reich verschickt werden, da die übrigen infolge von Krankheit oder aus sonstigen dringenden Gründen zurückgestellt werden mussten. Der Kreishauptmann in Łowicz hatte nicht nur das ihm gestellte Kontingent erfüllt, sondern darüber hinaus noch einen größeren Prozentsatz freiwilliger Arbeiter erbringen können. Dies sei ihm dadurch gelungen, dass er denjenigen, die sich am Gestellungstermin einfanden, Wodka und Zigaretten zuteilte und auch diejenigen Soltys, die das ihrer Gemeinde auferlegte Kontingent erreichten, mit größeren Mengen Schnaps prämierte.[224]

Ein Beispiel dafür, wie den Gemeinden bzw. den lokalen polnischen Autoritäten gedroht wurde, wenn die auferlegten Kontingente nicht erfüllt wurden, findet sich in einem Schreiben des Kreishauptmannes von Radomsko an den Vogt der Gemeinde Koniecpol, der nach einer Meldung des Arbeitsamtes Tschenstochau das geforderte Kontingent an Arbeitskräften für das Reich nicht annähernd gestellt hatte. Im Falle der Nichtgestellung der angeforderten Arbeitskräfte drohte der Kreishauptmann, gegen den Arbeitserfassungsausschuß der Gemeinde und gegen den Vogt selbst mit aller Schärfe vorzugehen. Er setzte ihm eine letzte Frist von fünf Tagen; sollte auch sie erfolglos verstreichen, wollte er unverzüglich polizeiliche Zwangsmaßnahmen gegen die Mitglieder der betreffenden Arbeitserfassungsausschüsse ergreifen.[225]

---

223 Vgl. Rundschreiben der Abteilung Arbeit m Distrikt Warschau an die Leiter der Arbeitsämter im Distrikt vom 27.10.1942, in: APW, 489, Nr. 77, Bl. 22. Der Gouverneur des Distrikts Galizien machte im November 1942 die Kreishauptmänner persönlich dafür verantwortlich, dass bis zum Monatsende 75 Prozent der Sollzahlen aufgebracht würden. Vgl. Rundschreiben des Gouverneurs des Distrikts Galizien, Dr. Wächter, vom 16.11.1942, in: DALO, R 54, 1c, Nr. 2, Bl. 14–15.

224 Vgl. Zweimonatsbericht des Gouverneurs des Distrikts Warschau für die Monate Oktober und November 1942 an den Staatssekretär der Regierung des Generalgouvernements vom 10.12.1942, in: IPN, 196 PB, Nr. 285, Bl. 233–250, hier Bl. 236ff. Auch in: APW, 482, Nr. 2, Bl. 172–189. Bei den Prämien sollte es offensichtlich bleiben. Noch im Januar 1944 wollte die Generaldirektion der Monopole zwei Millionen Zigaretten und 100.000 Liter Wodka für die Erfassungsaktion in diesem Jahr bereitstellen. Vgl. Schreiben der Hauptabteilung Arbeit an die Leiter der Abteilungen Arbeit in den Distrikten und die Leiter der Arbeitsämter in Bereich des Generalgouvernements vom 26.1.1944, in: APR, 209, Nr. 814, Bl. 35.

225 Vgl. Schreiben des Kreishauptmannes des Kreises Radomsko an den Vogt der Gemeinde Koniecpol-Land vom 15.4.1943, in: IPN, 196 PB, Nr. 268, Bl. 111.

Die Arbeitsverwaltung nutzte das System der gemeindlichen Auflagen unter »Solidarhaftung«, also der Kontingentierung auch für die Rekrutierung von Arbeitern, die im Generalgouvernement selbst, teilweise in der Nähe der betreffenden Gemeinden eingesetzt werden sollten. Nach Aussagen des Leiters der Abteilung Arbeitseinsatz und Arbeitslosenhilfe in der Hauptabteilung Arbeit, Ernst von Gschließer, baute man diese »Kollektivheranziehung« zur Arbeitergestellung im Herbst 1943 systematisch aus. Die Methode fand ihre Hauptverwendung vor allem beim Bahnbau, dabei wurde den Gemeinden jeweils ein Kontingent von Arbeitskräften auferlegt, das während einer bestimmten Zeit täglich zu stellen war. Die Gemeinden hafteten kollektiv für die Erfüllung der Kontingente.[226]

Bei den Kontingentierungen blieb es bis in das Jahr 1944 hinein. Der Kreishauptmann in Łowicz behauptete in einer Bekanntmachung, die den Gemeinden des Kreises auferlegten Kontingente an Arbeitskräften, die für das ganze Jahr 1944 galten, seien so niedrig, dass sie ohne weiteres erfüllt werden könnten. Dörfer, die ihrer Pflicht nicht rechtzeitig oder nicht in vollem Umfange nachkamen, würden mit schweren Geldbußen belegt und hätten außerdem binnen einer Woche eine um die Hälfte höhere Zahl an Arbeitskräften als ursprünglich beordert, zu stellen. Erfüllten sie ihre Pflicht auch dann nicht, drohten polizeiliche Zwangsmaßnahmen.[227]

Wie Robert Seidel für den Distrikt Radom zeigen kann, fiel die Belastung der einzelnen Kreise und Städte sehr unterschiedlich aus. Sie reichte von fast drei Prozent im Kreis Radom-Land bis nahezu 17 Prozent im Kreis Kónskie. Diejenigen Kreise, die am stärksten von landwirtschaftlichen Kleinstbetrieben geprägt waren, mussten die meisten Einwohner abgeben. Den deutschen Behörden ging es in erster Linie darum, sich der in ihren Augen unproduktiven und entbehrlichen Arbeitskräfte zu entledigen.[228]

Ein Weg, um zu einer gewissen Angleichung zu kommen und das Aufkommen an Arbeitskräften insgesamt zu steigern, bestand darin, den Gemeinden Mindestquoten aufzuerlegen. Im Distrikt Radom ging man dabei im Januar 1943 von einer Quote von zwei Promille der Gesamtbevölkerung aus. Es gelang trotz Polizeieinsatzes aber nicht überall, dieses Ziel zu erreichen. Schutzpolizei und Gendarmerie gingen rigoros vor und zerrissen bisweilen sogar wichtige Ausweispapiere der Festgenommenen. In Radom nahm die Polizei auf dem Bahnhof Schmuggler aus Warschau fest, um die Quote zu erfüllen, was natürlich dem Sinn der Anordnung widersprach.[229]

---

226 Vgl. Arbeitseinsatzbericht für den Monat Oktober 1943 der Hauptabteilung Arbeit in der Regierung des Generalgouvernements, Dr. Gschließer, vom 31.11.1943, in: BAB, R 52 IV, Nr. 13c, Bl. 117–118, hier Bl. 117 VS.
227 Vgl. Bekanntmachung des Kreishauptmannes in Lowitsch, Volkmann, vom 25.1.1944, in: APW, 491, Nr. 8, Bl. 4.
228 Vgl. Seidel, Besatzungspolitik, S. 157.
229 Vgl. Abschrift eines Schreibens des Gouverneurs des Distrikts Radom an die Kreis- und Stadthauptleute und die Leiter der Arbeitsämter des Distrikts vom 8.1.1943, in: APR, 209,

Jahrgangsweise Erfassung und Musterungen

Anfang Februar 1943 warf Staatssekretär Bühler in einer Regierungssitzung die Frage auf, ob nicht eine Musterung und Beorderung ganzer Jahrgänge der polnischen Bevölkerung für die Arbeit im Reich oder im Generalgouvernement durchgeführt werden könne. Struve hielt solche Maßnahmen für unbedingt geboten, die Exekutivkräfte für die Erfassung dieser polnischen Arbeitskräfte seien aber nicht ausreichend.[230] Ab Mitte April startete die Arbeitsverwaltung dieses Verfahren versuchsweise im Distrikt Galizien. Dieser erste Versuch verlief gut, von einigen Anfangsschwierigkeiten abgesehen. Deshalb hoffte Bühler, für die weiteren Anforderungen des Reiches eine die Bevölkerung des Generalgouvernements nicht unnötig beunruhigende Art der Arbeitererfassung gefunden zu haben.[231] Die Abteilung Arbeit im Distrikt Lublin räumte anlässlich der Musterung und Erfassung der Jahrgänge 1918 bis 1921 ein, dass die Aktion wohl nur dann Erfolg haben werde, wenn genügend Polizeikräfte zum Schutz der Musterungskommissionen und für die Erfassung der Nichterschienenen zur Verfügung stünden.[232]

Laut dem Generalbevollmächtigten für den Arbeitseinsatz sollte der Distrikt Lublin zwischen dem 1. Januar und 30. April 1943 18.000 Arbeitskräfte für das Reich stellen. Die bisherigen Maßnahmen hatten nicht den gewünschten Erfolg gezeigt, brachten

---

Nr. 810, Bl. 22–23; Schreiben des Arbeitsamtes Kielce an die Abteilung Arbeit beim Gouverneur des Distrikts Radom vom 4.2.1943, in: ebd., Bl. 26; Schreiben des Arbeitsamtes Radom an den Leiter der Abteilung Arbeit beim Gouverneur des Distrikts Radom vom 4.2.1943, in: ebd., Bl. 28–29.

230 Vgl. Eintrag im DTB von Frank vom 2.2.1943, Arbeitssitzung, zit. nach: BAB, R 52 II, Nr. 200, Bl. 41–43. Bereits ab Mai 1940 war die jugendliche Bevölkerung im Alter von 16 bis 25 Jahren aufgefordert worden, sich zur Erfassung und Eignungsprüfung in den Arbeitsämtern zu melden. Vgl. Bekanntmachung des Kreishauptmannes Radom, Dr. Egen und des Leiters des Arbeitsamtes Radom, Büsing, vom 21.5.1940, in: APR, 208, Nr. 24, Bl. 33; Bekanntmachung des Stadthauptmannes von Tschenstochau, Dr. Wendler, und des Leiters des Arbeitsamtes Hettmer vom 23.5.1940, in: IPN, 196 PB, Nr. 268, Bl. 60–61; Bekanntmachung des Arbeitsamtes Warschau, Regierungsdirektor Hoffmann, vom 19.9.1940, in: BAB, R 102 I, Nr. 3, Bl. 12; Schreiben des Arbeitsamtes Lemberg an den Leiter des Arbeitsamtes vom 19.1.1942, in: DALO, R 39, 1, Nr. 3, Bl. 2.

231 Vgl. Eintrag im DTB von Frank vom 20.4.1943, Hauptabteilungspräsidenten-Sitzung, zit. nach: Wardzynska, Deportacje, Dok. 84, S. 139–140, hier S. 139.

232 Vgl. Tätigkeitsbericht der Abteilung Arbeit beim Chef des Distriktes Lublin vom 21.4.1943, in: APLu, 498, Nr. 688, Bl. 4–8, hier Bl. 6. Zu der Zeit lief auch die so genannte Bergbau-Aktion mit einem Soll von 50.000 Arbeitern. Das Ergebnis war relativ unbefriedigend; die erstmalig erprobte jahrgangsweise Auskämmung in Galizien zeigte, dass zwar fast 100 Prozent der Aufgeforderten zur Musterung erschienen, jedoch nach der Ausmusterung den Behörden nicht Folge leisteten. Es erschienen dann nur 30 bis 50 Prozent, während die größere Hälfte durch Polizeikräfte herbeigeholt werden müsse. Vgl. Eintrag im DTB von Frank vom 20.4.1943, Hauptabteilungspräsidenten-Sitzung, zit. nach: Präg/Jacobmeyer, Diensttagebuch, S. 650.

eher sogar eine rückläufige Entwicklung. Das Kontingent konnte nur zu 61 Prozent erfüllt werden. Deshalb schritt man auch hier zur Musterung der männlichen Dienstpflichtigen der Jahrgänge 1918 bis 1921. Sie sollte jeweils in zwei bis drei günstig gelegenen Orten jedes Landkommissariats, in den Städten bezirksweise erfolgen. Die Musterungskommissionen setzten sich aus dem Kreishauptmann oder dessen Stellvertreter als Vorsitzendem, dem Leiter der örtlichen Arbeitseinsatzdienststelle sowie einem aufsichtsführenden deutschen Arzt zusammen. Dazu traten zwei bis drei polnische oder ukrainische Ärzte, ein Vertreter des Komitees der vorherrschenden Volksgruppe, der zuständige Vogt und Bürgermeister sowie der angesehenste Geistliche und ein Lehrer oder Gemeindesekretär des Dorfes.

Die Gemusterten wurden in folgende Kategorien eingeteilt: »Für den sofortigen Arbeitseinsatz im Reich geeignet« (»T I, II und III«, je nach körperlicher Eignung), »zum Verbleib auf der bisherigen Arbeitsstelle wegen Unabkömmlichkeit«, »untauglich für das Reich, jedoch dem Arbeitsamt für kriegswichtige Verwendung im Distrikt zu überstellen«, »für eine spätere Nachmusterung wegen derzeitiger Krankheit und dergleichen vorgesehen« oder »dauernd nicht einsatzfähig«. Die nicht zur Musterung Erschienenen sollten am nächsten oder übernächsten Tag zum folgenden Musterungstermin in der Nachbargemeinde zwangsweise vorgeführt werden.[233]

Im Kreis Drohobycz in Galizien brachte die Musterung, trotz der als fehlerhaft kritisierten Musterungslisten, recht gute Erfolge. Fast alle der über 2.000 in Betracht kommenden Personen erschienen, von ihnen wurden immerhin über 1.200 als für das Reich tauglich gemustert.[234]

Razzien und andere »Fangaktionen«

In Städten wie Warschau begannen die Razzien auf Arbeitskräfte im Februar 1940. Der damals sechszehnjährige Jan Kokólka wurde am 8. Mai 1940 festgenommen. Im Zentrum von Warschau hörte er plötzlich Schreie von Frauen und ein auf Deutsch gerufenes »Halt! Raus!«. »Zu einer Flucht war es schon zu spät. Es war eine Razzia, die ich zum ersten Mal sah und der ich zum ersten Mal begegnete. Alles passierte so schnell, dass ich nicht weiß, wie ich mich auf der Ladefläche eines Lastwagens wiederfand, die mit einer Plane abgedeckt war. Danach brachten uns die Deutschen nach Praga in irgend-

---

233 Vgl. Rundschreiben des Gouverneurs des Distrikts Lublin an die Kreishauptleute des Distrikts und den Stadthauptmann in Lublin vom 28.4.1943, in: BAB, R 102 II, Nr. 14, Bl. 39–41, hier Bl.
234 Vgl. Schreiben des Leiters des Arbeitsamtes Drohobycz an den Kreishauptmann vom 30.4.1943, in: DALO, R 2042, 1, Nr. 30, Bl. 109–110. In Galizien gerieten die Musterungen der jüngeren Jahrgänge in Konkurrenz zu den Meldungen zur SS-Division Galizien. Vgl. Dritte Bekanntmachung über die Musterung zum Arbeitseinsatz des Stadthauptmannes in Lemberg, Dr. Höller, vom 3.5.1943, in: ebd., R 37, 6, Nr. 28, Bl. 9.

ein Schulgebäude, dort kamen wir in ein Bad und unsere Kleider wurden desinfiziert. Danach wurden alle registriert und am nächsten Tag wurde der ganze Transport nach Deutschland zur Zwangsarbeit, vor allem zur Landarbeit, verschickt.«[235]

Die brutalen Erfassungsmethoden der deutschen Besatzer durch Razzien und andere »Fangaktionen« wurden auch im Ausland sehr genau registriert.[236]

Den Polen waren bei den sich verschärfenden Zwangsmaßnahmen vor allem die Festnahmen junger Leute ein Dorn im Auge, da sie zum Landarbeiterdienst ins Reich transportiert wurden, häufig, ohne dass man ihren Eltern Nachricht gab. Der Stadthauptmann von Krakau berichtete, dass in der Stadt eine starke Nervosität herrschte, weil angeblich junge Leute zwangsweise von der Straße weg gefangen und nach Deutschland transportiert würden.[237]

Ende Mai 1940 reagierte das Arbeitsamt Lublin auf die schwachen freiwilligen Meldungen mit einer Razzia am Frohnleichnamstag, einem hohen katholischen Feiertag. Dabei wurden 87 Personen erfasst, von denen das Arbeitsamt 47 nach Deutschland abtransportierte. »Die moralische Wirkung dieser Razzia hat sich allerdings in den nächsten Tagen ausgewirkt. Meldungen beim Arbeitsamt gehen besser ein.«[238]

Die damals 17-jährige Izabela Ucińska fiel der deutschen Arbeitsverwaltung in Lublin in die Hände: »Anfang Mai 1941 wurde ich auf der Straße von Deutschen angehalten, die eine Razzia veranstalteten. Gleichzeitig mit mir wurden etliche Dutzend andere Leute angehalten. Trotz aller Bemühungen meiner Eltern wurde ich unter Zwang nach Deutschland deportiert.«[239]

Der 1925 geborene Mieczyslaw Listwon berichtet über die »Fangaktionen«: »Razzien führte man immer in der Nacht durch. In dieser Zeit übernachtete ich auf einem Friedhof in einem Grab, um nicht verschleppt zu werden. Eines Tages, Anfang Februar 1942 machte ich (ich war damals 16) mit anderen Kindern eine Schneeballschlacht. Plötzlich hielt ein deutscher LKW an und die Polizisten nahmen uns fest. Wir wurden zuerst nach Tschenstochau, dann nach Kassel gebracht.«[240]

Der 1926 geborene Julian Banas geriet am 10. Oktober 1942, nach einer Fahrt von Warschau nach Deblin, wohin seine Familie von Posen aus deportiert worden war, beim

---

235 Zit. nach: Kobler, Rekrutierung, S. 27; Szarota, Warschau, S. 84; Luczak, Arbeiter, S. 96.
236 Vgl. Slavery, S. 7f.; German New Order, S. 287f. Das Organ der Internationalen Transportarbeiter-Föderation berichtete, dass für die »Sklavenjagden« in Polen ein neues Wort geprägt wurde, das Panik erzeuge: »Branka« (von branie – nehmen). Vgl. Branka. Bei einer Razzia in Otwock soll es 17 Tote gegeben haben. Vgl. Branka – 17 Tote.
237 Vgl. Eintrag im DTB von Frank vom 9.5.1940, zit. nach: Präg/Jacobmeyer, Diensttagebuch, S. 195f.
238 Vgl. Notizen über Landarbeiteraktion anlässlich der Amtsleiterbesprechung im Arbeitsamt Lublin am 6.6.1940, in: APLu, 498, Nr. 694, Bl. 42–45, hier Bl. 42 (Zitat ebd.).
239 Zit. nach: Geraubte Leben, S. 37.
240 Zit. nach: Lechner, Ulm, S. 221.

Verlassen des Zuges in eine Razzia. Das Areal um den Bahnhof herum war von deutscher Polizei umstellt, unter ihnen befanden sich auch Deutsche in Zivilkleidung, also mutmaßlich Angestellte des Arbeitsamtes. Alle Personen jüngeren und mittleren Alter mussten sich ausweisen. Wer kein Arbeitsbuch oder keine Arbeitskarte bei sich hatte, wurde festgenommen. Insgesamt erging es neben Banas weiteren vierzig bis fünfzig Personen so. Sie wurden unter Polizeibegleitung mit dem Zug nach Lublin gebracht. Vom Bahnhof aus fuhren sie mit Lastkraftwagen zur Sammelstelle, einer großen Schule.[241]

Ende 1942 gab es auf höchster Ebene Kritik an den »Fangaktionen«, die für sehr viel Unruhe in der polnischen Bevölkerung sorgten. Vor allem die Umstellung von Schulen, die Verfrachtung von »Mädchen und 14-jährigen Knaben unter Polizeibewachung« sowie die Erschießung von Flüchtenden sorgten für eine verbreitete Missstimmung.[242]

Insbesondere die Erfassungsaktionen vom Januar 1943 hatten negative Effekte. In Warschau wurden in der Zeit vom 15. bis 22. Januar 1943 etwa 15.000 Menschen willkürlich von den Straßen, aus Wohnungen und sogar aus Kirchen eingefangen und nach dem Reich transportiert. Wie Gouverneur Ludwig Fischer berichtete, zerrissen die deutschen Dienststellen dabei die von ihnen ausgestellten Beschäftigungsnachweise und verschickten auch polnische Arbeiter, die bereits in der Rüstungsindustrie im Generalgouvernement arbeiteten. Mit dieser Aktion, die auf Befehl Himmlers durchgeführt worden war, sollten den Konzentrationslagern gesunde, arbeitsfähige Häftlinge zugewiesen werden. Ludwig Losacker, Präsident der Hauptabteilung Innere Verwaltung, kritisierte im Nachhinein, dass dabei »planlos Leute von den Straßen, aus den Kirchen und Wohnungen weggeholt« worden seien, was sich überaus ungünstig auf die Stimmung der Bevölkerung ausgewirkt habe.[243] Auch später wollte die Arbeitsverwaltung – wie im Distrikt Warschau im Sommer 1943 – auf »Großaktionen« zur Aufbringung von Arbeitskräften verzichten, um eine Beunruhigung der Bevölkerung zu vermeiden.[244]

Razzien veranstaltete die Polizei auch, um den »Schleichhandel« einzudämmen. Sie hatten immer den Nebeneffekt, dass dabei Arbeitskräfte aufgegriffen wurden. Nach einer solchen Aktion im Mai 1942 auf dem Schwarzmarkt in Warschau, konnten 200 Arbeitskräfte ins Reich geschickt und 450 Personen in Warschau zur Arbeit eingesetzt werden.[245]

---

241 Vgl. Abfahrt, S. 27 f.
242 Vgl. Eintrag im DTB von Frank vom 8.12.1942, Hauptabteilungsleitersitzung, zit. nach: Präg/Jacobmeyer, Diensttagebuch, S. 585.
243 Vgl. Seeber, Zwangsarbeiter, S. 138; Eintrag im DTB von Frank vom 31.5.1943, Arbeitssitzung zur Sicherheitslage, zit. nach: Präg/Jacobmeyer, Diensttagebuch, S. 681, Anm. 42.
244 Vgl. Rundschreiben der Abteilung Arbeit im Distrikt Warschau, Dr. Mannherz, an die Leiter der Arbeitsämter im Distrikt vom 6.7.1943, in: APW, 489, Nr. 808, Bl. 2.
245 Vgl. Durchschrift des Berichts des Arbeitsamtes Warschau, Hoffmann, an den Leiter der Abteilung Arbeit beim Gouverneur des Distrikts Warschau für den Monat Mai 1942 vom 5.6.1942, in: ebd., 486, Nr. 1856, Bl. 10–13.

Arbeitskräfte wurden 1943 fast nur noch durch Razzien, bevorzugt solchen zur Kontrolle des illegalen Handels, aufgebracht. So konnte die Polizei nach einer Razzia auf dem Markt in Lublin im Oktober 1943 dem Arbeitsamt ca. 40 Personen zuführen. Eine ähnliche Aktion im Februar 1944 erbrachte 20 Personen, die dem Arbeitsamt überwiesen wurden.[246]

Gegen Ende des Jahres 1943 rechnete die Arbeitsverwaltung angesichts der gesamtpolitischen Einstellung der Bevölkerung sowie speziell ihrer Haltung gegenüber den eigenen Maßnahmen, nicht mehr mit großen Erfolgen bei der Rekrutierung von Arbeitskräften. Es waren auch keine großen Reserven mehr vorhanden. Bezeichnend dafür war die Erfahrung des Arbeitsamtes Krakau: Bei einer Razzia der Polizei auf einem Trödelmarkt, wurden insgesamt 2.700 Personen überprüft. Von ihnen erfüllten lediglich 93, also nur knapp 3,5 Prozent die Voraussetzungen, ins Reich überstellt zu werden. Andere Bezirke meldeten ähnliche Erfahrungen. Allenfalls in den organisierten Widerstandsgruppen, den vom Baudienst Geflüchteten usw. sah die Arbeitsverwaltung noch gewisse Arbeitskraftreserven, die für sie aber praktisch nicht greifbar waren.[247]

Die willkürlichen Fangaktionen hatten aber auch dazu geführt, wie das Rüstungskommando beklagte, dass viele Arbeiter durch die scharfen polizeilichen Maßnahmen beunruhigt waren. Sie blieben vielfach der Arbeit fern, nachdem etliche von ihnen auf dem Wege zur Arbeit verhaftet worden waren. Der Kommandeur der Sicherheitspolizei und des SD sagte Ende Oktober 1943 zu, dass nur solche Arbeiter in Haft bleiben und bestraft werden sollten, deren staatsfeindliche Haltung erwiesen sei.[248]

Eine typische Razzia aus der Spätphase schildert der damals 16 Jahre alte Berufsschüler Stanislaw Masny in seinen unveröffentlichten Lebenserinnerungen. Am 19. Mai 1944 saß er mittags auf einer Bank im Park Pederewski in Warszawa-Praga, weil er früher Schulschluss hatte: »Nach knapp zwanzig Minuten hörte ich Schüsse und Gebrüll in deutscher Sprache. Schnell wurde mein Versteck in den Büschen entdeckt und mit Tritten und Schlägen mit dem Gewehrkolben trieb man mich zum Tor auf der Seite des Rondo Waszyngtona. Dort segregierten die Gendarmen die Leute.« Den Abtransport

---

246 Vgl. Lagebericht des Stadthauptmannes von Lublin für den Monat Oktober 1943 vom 1.11.1943, in: APLu, 499, Nr. 8, Bl. 52–53, hier Bl. 52; Lagebericht des Stadthauptmannes von Lublin für den Monat Februar 1944 vom 1.3.1944, in: ebd., Bl. 66–67. Aktionen gegen den illegalen Handel fanden regelmäßig statt und erbrachten – als Nebeneffekt – auch immer wieder Arbeitskräfte. Vgl. Lagebericht des Stadthauptmannes von Lublin für den Monat März 1944 vom 3.4.1944, in: ebd., Bl. 71–72.
247 Vgl. Arbeitseinsatzbericht für den Monat September 1943 der Hauptabteilung Arbeit in der Regierung des Generalgouvernements, Dr. Gschließer, vom 21.10.1943, in: BAB, R 52 IV, Nr. 13c, Bl. 134.
248 Vgl. KTB des Rüstungskommandos Warschau für die Zeit vom 1. Oktober bis 31. Dezember 1943, Vierteljahresabschluss für die Zeit vom 1. Oktober – 31. Dezember 1943, in: BA-MA, RW 23, Nr. 20, Bl. 61–64, hier Bl. 61.

ins Durchgangslager beschreibt Masny folgendermaßen: »(...) mich luden sie zusammen mit den anderen Festgenommenen auf die budy [Lastwagen] und brachten uns in die ulica Skaryszewska.«[249]

Die Razzien wurden bis zum bitteren Ende durchgeführt. Anfang November 1944 kündigte der Kreishauptmann von Łowicz ständige Polizeikontrollen und -razzien an, bei denen »immer wieder alle auf den Straßen sich herumtreibenden arbeitsfähigen Elemente aufgegriffen« und in ein Straflager gebracht werden sollten. Er wollte diese Razzien solange aufrechterhalten, bis in der Stadt Łowicz das auferlegte Soll an Arbeitskräften erfüllt sei.[250]

Strafen und Repressalien

Die angewandten Repressalien nutzten sich mit der Zeit immer mehr ab. Die Schwierigkeiten, die polnische Bevölkerung für einen Arbeitseinsatz im Reich zu rekrutieren, so klagte das Arbeitsamt Siedlce im Oktober 1942, ließen selbst bei Wegnahme von Vieh und angedrohter Enteignung nicht wesentlich nach. Neben der Beschlagnahme des Viehes hätten so auch zum Teil die Eltern und andere Angehörige als Geiseln festgenommen werden müssen, um die Gestellung der Arbeitspflichtigen zu erreichen.[251]

Die »Strafwut« einzelner Arbeitsamtsleiter ging selbst den Vorgesetzten bisweilen zu weit. Im Falle einer 15-Jährigen hatte der Leiter des Arbeitsamtes Łuków Strafantrag beim Sondergericht Lublin gestellt, weil sie der Dienstverpflichtung nicht nachgekommen war. Der Leiter begründete sein Vorgehen mit der damaligen Überlastung und Erfolglosigkeit bei der Arbeiterrekrutierung. Er zog schließlich den Strafantrag zurück.[252]

Um auch an die »unsichtbaren Arbeitslosen« heranzukommen, also an jene, die sich nicht beim Arbeitsamt arbeitslos meldeten, erdachte sich die Arbeitsverwaltung immer neue Repressionsmöglichkeiten. Ein beliebtes Mittel war die Verknüpfung der Meldung mit der Ausgabe der Lebensmittelkarten. Dieses Verfahren regte der Leiter der Arbeitsamtsnebenstelle Lubartów gegenüber dem Bürgermeister der Gemeinde im August 1941 an. Falls sich die beschäftigungslosen Personen nicht dem Arbeitseinsatz zur Verfügung stellten, sollten keine Lebensmittelkarten an sie ausgegeben werden.[253]

---

249   Zit. nach: Kobler, Rekrutierung, S. 46 f.
250   Vgl. Bekanntmachung des Kreishauptmannes von Lowicz, Claus Volksmann, vom 8.11.1944, zit. nach: Musial, Zivilverwaltung, S. 62.
251   Vgl. Bericht des Arbeitsamtes Siedlce über den Arbeitseinsatz im Monat Oktober 1942 vom 2.11.1942, in: APW, 489, Nr. 837, Bl. 75–76, hier Bl. 75.
252   Vgl. Schreiben des Leiters des Arbeitsamtes Lukow an den Leiter der Abteilung Arbeit beim Chef des Distrikts Lublin vom 14.10.1942, in: APLu, 498, Nr. 788, Bl. 82–83.
253   Vgl. Schreiben der Nebenstelle Lubartow des Arbeitsamtes in Radzyn in Lukow an den Bürgermeister von Lubartow vom 25.8.1941, in: IPN, 196 PB, Nr. 359, Bl. 146. Dieses Ver-

Aber selbst diese Maßnahme griff nicht immer, da etliche Arbeitskräfte auf die Abholung der Lebensmittelkarten verzichteten, um sich der Erfassung zu entziehen.[254] Diesen Umstand musste Gschließer auf einer Sitzung der Rüstungskommission Anfang November 1942 einräumen. Der Entzug habe bisher auf die polnische Bevölkerung fast gar keinen Eindruck gemacht. Der Aufforderung, sich beim Arbeitsamt zu melden, um wieder in den Besitz der Lebensmittelkarten zu gelangen, sei nur ein verschwindend kleiner Prozentsatz nachgekommen. Die meisten seien wohl in den »Schleichhandel« ausgewichen.[255]

Sehr erfindungsreich zeigte sich in dieser Hinsicht das Arbeitsamt Lublin, das den dortigen Stadthauptmann zur Erfassung von Arbeitskräften in städtischen Bezirken zu einer Anordnung anregte, durch die bei der Ausgabe von Kennkarten eine Überprüfung der Beschäftigungsverhältnisse stattfand. Damit einhergehend wurde für diejenigen polnischen Einwohner der Stadt Lublin im Alter von 14 bis 60 Jahren eine Aufenthaltsbeschränkung angeordnet, die keiner gemeinnützigen Arbeit nachgingen, sich nicht beim Arbeitsamt gemeldet hatten, sich der öffentlichen Arbeitspflicht entziehen, pflichtwidrig von der Arbeit fernblieben oder die Arbeit verweigerten. Der Leiter des Arbeitsamtes hielt diese Regelung für so gelungen, dass er sie allen Arbeitsämtern zur Nachahmung empfahl.[256]

Immer häufiger verlangten die Arbeitsämter bei Arbeitsverweigerungen eine exemplarische Bestrafung, da sie diese als ein Mittel gegen den wachsenden passiven Widerstand der polnischen Bevölkerung betrachteten.[257] Auch die bei Nichtbefolgung der Dienstverpflichtungen verhängten harten Strafen blieben weitgehend ohne Erfolg. Im Dezember 1942 verurteilte das Sondergericht Radom einen Mann, der nicht die Auffor-

---

fahren fand u. a. auch in Krakau Anwendung. Vgl. Bekanntmachung »Ausgabe der Lebensmittelkarten für den Monat Oktober 1941 betreffend«, vom 22.9.1941, in: APK, 1576, Nr. 41, Bl. 1113–1115.

254 Vgl. Bericht des Arbeitsamtes Lublin über die Entwicklung des Arbeitseinsatzes im Monat März 1942 im Arbeitsamtsbezirk Lublin vom 7.4.1942, in: APLu, 509, Nr. 8, Bl. 33–40, hier Bl. 34 f.; Abschrift eines Schreibens des Arbeitsamtes Tschenstochau an die Hauptabteilung Arbeit bei der Regierung des Generalgouvernements vom 21.9.1942, in: APR, 209, Nr. 810, Bl. 154.

255 Vgl. KTB der Rüstungsinspektion im Generalgouvernement vom 1. Oktober bis 31. Dezember 1942, Abschrift des Protokolls über die 2. Sitzung der Rüstungskommission am 4.11.1942, in: BA-MA, RW 23, Nr. 2, Bl. 47–56, hier Bl. 51 RS.

256 Notizen zum Lagebericht für den Monat Mai 1942 des Leiters des Arbeitsamtes Lublin, Godau, vom 10.6.1942, in: APLu, 498, Nr. 693, Bl. 5–8, hier Bl. 7.

257 Vgl. Schreiben des Arbeitsamtes Ostrowitz an das Sondergericht in Radom vom 30.6.1941, in: APR, 399, Nr. 154, Bl. 3. Ab Februar 1943 an sollten Arbeitskräfte bei widersetzlichen Handlungen für mindestens vier Wochen in ein Zwangsarbeitslager eingeliefert werden. Vgl. Schreiben des Leiters der Hauptabteilung Arbeit an die Leiter der Abteilungen Arbeit in den Distrikten und die Leiter der Arbeitsämter in Bereich des Generalgouvernements vom 27.2.1943, in: ebd., 209, Nr. 814, Bl. 67–68.

derung zur Arbeitsaufnahme befolgt hatte und sich nach Ergreifung aus dem Sammellager Tschenstochau entfernte, zu einem Jahr und drei Monaten Zuchthaus.[258] Im Januar verurteilte das Gericht einen weiteren Arbeiter wegen ähnlicher Vergehen ebenfalls zu einem Jahr und drei Monaten Zuchthaus. Das Urteil wurde zur Abschreckung vom Arbeitsamt Lukow öffentlich ausgehängt: »Wer den vom Arbeitsamt vorgenommenen Dienstverpflichtungen nicht nachkommt, hat in schweren Fällen mit ähnlichen Zuchthausstrafen zu rechnen.«[259]

Wurden die Beorderten nicht von der Polizei angetroffen, nahm diese häufig Angehörige als Geiseln. Bei einer solchen Aktion im Januar 1943 im Kreis Ostrów verschleppte sie zwei Mütter und drohte an, diese kämen nach Auschwitz, wenn sich die Söhne nicht am anderen Tag beim Arbeitsamt meldeten. Ein weiteres probates Mittel war die Beschlagnahme von Vieh.[260]

Diese Zwangsmaßnahmen wurden auch bei der Gestellung von 100.000 Arbeitskräften im Jahre 1944 angewandt: »Von entscheidender Bedeutung ist dabei ein ausreichender, wo notwendig konzentrierter Einsatz der Exekutive in der bei der Ernteerfassung bewährten Form. Wo dies allein den nötigen Erfolg nicht sichert, muss die Anwendung von Zwangsmassnahmen wie Landentziehung, Viehbeschlagnahmung, Wohnungsräumung, Lebensmittelentziehung, Einweisung in Arbeitserziehungslager und dergl. vorgesehen werden.«[261]

Die Arbeitsverwaltung legitimierte ihr brutales Vorgehen mit der Notwendigkeit, Arbeitskräfte stellen zu müssen und mit der oppositionellen Einstellung der Bevölkerung. Deshalb müsse – so das Arbeitsamt Lublin – auch mit Zwangs- und Strafmaßnahmen vorgegangen werden. Es wäre nie möglich gewesen im Laufe der Zeit die angeforderten Kräfte zu stellen, »wenn nicht durch das schreckende Beispiel einer Bestrafung, seien es Geld- oder Freiheitsstrafen«. Zumindest teilweise habe die Bestrafung recht abschreckend auf einen großen Teil der Bevölkerung gewirkt. Dieselben Erfahrungen habe man bei der Verhängung von Ordnungsstrafen im Wege des Verwaltungsstraf-

---

258 Vgl. Runderlaß 7/43 der Hauptabteilung Arbeit an die Leiter der Abteilungen Arbeit in den Distrikten und die Leiter der Arbeitsämter vom 10.1.1943, in: APLu, 498, Nr. 674, unpag.
259 Vgl. Bekanntmachung des Arbeitsamtes Lukow vom Januar 1943, in: ebd., 498 Amt des Distrikts Lublin – Archivamt, Nr. 91, Bl. 3 (Zitat ebd.).
260 Vgl. Durchschrift eines Schreibens des Kreishauptmannes in Ostrów an den Leiter der Arbeitsamts-Nebenstelle Ostrów, Pürschel, vom 29.1.1943, in: APW, 489, Nr. 78, Bl. 9–10, hier Bl. 10.
261 Vgl. Runderlaß Nr. 259/43 der Hauptabteilung Arbeit in der Regierung des Generalgouvernements, Struve, an die Leiter der Abteilungen Arbeit in den Ämtern der Distrikte und die Leiter der Arbeitsämter vom 23.12.1943, in: APLu, 498, Nr. 675, Bl. 142–144, hier Bl. 142 (Zitat ebd.). Auch in: APW, 482, Nr. 16, Bl. 2–4.

verfahrens gemacht. Allerdings seien bei insgesamt 1.308 verhängten Ordnungsstrafen lediglich in 231 Fällen die Strafen bezahlt worden.[262]

Die Gemeinden, die das ihnen auferlegte Kontingent nicht erfüllten, wurden mit Kollektivstrafen überzogen. Für jede beorderte, aber nicht erschienene Arbeitskraft hatten sie hohe Summen zu zahlen. Im Kreise Garwolin kamen so für die Gemeinde Górzno 378.000 Zloty und für die Gemeinde Prawda 720.000 Zloty als Strafzahlungen zusammen. Für jede taugliche Arbeitskraft, die noch erschien, sollte sich dieser Betrag um 3.000 Zloty verringern.[263] Auch in anderen Kreisen des Distrikts Warschau gingen die Kreishauptmänner dazu über, Kollektivstrafen zu verhängen. Nach den Erfahrungen in den Kreisen Sokołów und Ostrów zeigte sich, dass sich danach immerhin eine gewisse Anzahl Beorderter stellte. Die Abteilung Arbeit des Distrikts rechnete allerdings nicht damit, dass solche Maßnahmen auf Dauer erfolgreich sein würden.[264]

Kritik an den Erfassungsmethoden

Von Seiten der Kreishauptmannschaften gab es Kritik an den Rekrutierungsmethoden. Der Leiter der Abteilung Arbeit beim Chef des Distrikts Krakau reagierte auf einen solchen Vorstoß aus dem Kreis Neumarkt mit eigenen Attacken. Die Anregung des Kreishauptmannes, vor Anwendung von Zwangsmaßnahmen alle anderen Möglichkeiten auszuschöpfen, wies Rudolf Pavlu mit dem Hinweis zurück, dass dieses schon geschehen sei. Den Klagen über die allzu harte Durchführung der Landarbeitergestellungsaktion hielt er entgegen, dass es sich dabei nur um die Vorführung von solchen Personen handele, die der Ladung des Arbeitsamtes nicht nachgekommen seien. Im Übrigen hielt er die Abstützung der Landarbeiteraktion durch »behördliche Machtmittel« für richtig.[265]

Inhaltliche Kritik an den Erfassungsmethoden machte sich ebenfalls immer stärker bemerkbar, da klar wurde, dass die Steigerung der Repressionen auch keine besseren Ergebnisse mehr zeitigte. Der Sonderbeauftragte Generalgouvernement der Geschäftsgruppe Ernährung des Vierjahresplans, Heinrich Pehle, forderte, dass die Arbeitsver-

---

262 Vgl. Tätigkeitsbericht des Arbeitsamtes Lublin vom Oktober 1939 – August 1941 vom 16.9.1941, in: APLu, 509, Nr. 8, Bl. 1–14, hier Bl. 14.
263 Vgl. Bekanntmachung des Kreishauptmannes des Kreises Garwolin vom 14.3.1944, zit. nach: Doc. Occ., Bd. IX, Dok. 183, S. 279.
264 Vgl. Bericht der Abteilung Arbeit des Distrikts Warschau an den Amtschef für die Monate April und Mai 1944 vom 6.6.1944, in: APW, 482, Nr. 76, Bl. 1–6, hier Bl. 3.
265 Vgl. Stellungnahme des Leiters der Abteilung Arbeit beim Chef des Distrikts Krakau, Pavlu, zum Lagebericht Mai 1940 des Kreishauptmannes von Neumarkt, o.Dat. (Anfang Juni 1940), in: IPN, 196 PB, Nr. 359, Bl. 117–119; Durchschrift eines Rundschreibens des Leiters der Abteilung Arbeit im Distrikt Krakau an die Kreishauptleute vom 17.6.1940, in: ebd., Bl. 127.

waltung ihre »Wild-Westmethoden im Arbeiterfang für das Reich« sofort einstellen müsse. Durch die planlosen, völlig unvorbereiteten Maßnahmen der Arbeitsämter entstehe viel Unruhe und Prestigeverlust, bei nur sehr geringem Erfolg. Sobald ein Auto erscheine, liefen alle wild davon, aus Angst vom Fleck weg ins Reich transportiert zu werden. Pehle, der alle Distrikte bereist hatte, plädierte für mehr Ruhe und Überlegung, für das System der Kontingentverteilung auf die einzelnen Gemeinden.[266] Der

Selbst einzelne Arbeitsämter kritisierten die allzu rigorose Art der Erfassung. Der Leiter des Arbeitsamtes Tschenstochau merkte dazu an: »Es hat den Anschein, dass in vielen Fällen überhaupt keine Überprüfung der ergriffenen Arbeitskräfte, nicht einmal eine solche oberflächlichster Art, vorgenommen wird. Sonst wäre es nicht zu erklären, dass immer wieder Krüppel, Schwachsinnige, hochschwangere Frauen, Kinder, Volksdeutsche, Baudienstmänner, Rüstungsarbeiter, Feuerwehrmänner, willkürlich aufgegriffene Urlauber usw. dem Lager zugeführt werden.«[267]

Der Beauftragte des Generalbevollmächtigten für den Arbeitseinsatz für das Generalgouvernement kritisierte Ende November 1942 die aus seiner Sicht wenig erfolgreiche Arbeitererfassung in Galizien. Gouverneur Wächter teilte mit, dass der Einsatz der verfügbaren Polizeikräfte bereits seit Juli laufend stattfinde. Allerdings sei die Polizei durch Arbeitererfassung, Ernteerfassung, Judenumsiedlungen und allgemeine Sicherheitsaufträge derart überlastet, dass eine weitere Intensivierung nicht möglich schien. Diese Aussagen waren offensichtlich eine Reaktion auf die Kritik, im Distrikt Galizien würden kaum Zwangsmaßnahmen angewandt. In diesem Zusammenhang warnte Wächter: »Wir nähern uns derzeit der Grenze, an der es zweifelhaft erscheint, ob der für das Reich mit Zurverfügungstellung minderwertiger Arbeitskräfte erzielte Erfolg, die durch die konzentrierten Erfassungsaktionen entstehende politische Unruhe mit ihren schwerwiegenden Folgen in allen anderen kriegswichtigen Belangen rechtfertigt.«[268]

---

266 Vgl. Schreiben des Höheren SS- und Polizeiführers Ost, Krüger, an den Reichsführer-SS und Chef der Deutschen Polizei, Himmler, vom 30.10.1942, in: BAB, NS 19, Nr. 2648, Bl. 50–51, im Anhang: Bericht von Heinrich Pehle »Generalgouvernement – ernährungswirtschaftliche Lage« vom 28.10.1942, Bl. 52–61, hier Bl. 59 f. Bereits kurz zuvor hatte sich Krüger – etwas scheinheilig – über die »Menschenjagden« beklagt. Für sie machte er den ungünstigen Einfluß der Arbeitsämter auf die Polizei verantwortlich. Vor allem ginge bei der Erfassung von Arbeitskräften für das Reich nicht an, dass Arbeitskräfte, die zu dringenden Arbeiten gebraucht würden, »weggefangen« werden. Er verwies dabei auf technische Arbeiter in Elektrizitätswerken. Vgl. Abschrift von Abschrift eines Schreibens des HSSPF, Staatssekretär für das Sicherheitswesen, an den Gouverneur des Distrikts Radom vom 14.10.1942, in: APR, 209, Nr. 815, Bl. 203.
267 Schreiben des Arbeitsamtes Tschenstochau an die Abteilung Arbeit im Amt des Distrikts Radom vom 12.2.1943, in: ebd., Nr. 810, Bl. 172–173, hier Bl. 172. Vgl. dazu: Seidel, Besatzungspolitik, S. 152 f.
268 Vgl. Abschrift eines Fernschreibens des Gouverneurs von Galizien, Wächter, an den Beauftragten des Generalbevollmächtigten für den Arbeitseinsatz für das Generalgouvernement

Kritik von Seiten der Regierung des Generalgouvernements gab es an der Erfassung von Schülern und Schülerinnen, die als Arbeitskräfte ins Reich verpflichtet wurden. Die bei der Erfassung angewandten brutalen Methoden hätten politische Auswirkungen gehabt, die unerwünscht seien. Staatssekretär Bühler ordnete daher an, dass bis zur endgültigen Regelung des bei der Erfassung von Arbeitskräften aus den Reihen der Schulpflichtigen zu beachtenden Verfahrens Schüler und Schülerinnen zum Arbeitseinsatz im Reich nicht mehr abgezogen werden durften.[269]

Eine sehr pointierte Kritik trug der Leiter des Ukrainischen Hauptausschusses vor, der um die Privilegien seiner Volksgruppe bangte. Die Methoden der Arbeitererfassung hielt er für nicht richtig, sie hätten die Nervosität in der Bevölkerung noch gesteigert: »Wilde rücksichtslose Menschenjagd, wie sie überall in Stadt und Land, auf Strassen, Plätzen, Bahnhöfen, ja sogar in Kirchen sowie nachts in Wohnungen durchgeführt wird, hat das Sicherheitsgefühl der Einwohner erschüttert. Jedermann ist der Gefahr ausgesetzt, irgendwo und irgendwann von den Polizeiorganen plötzlich und unerwartet gefasst und in ein Sammellager geschleppt zu werden.« Für diese Behauptung führte er einige Beispiele an: So war in Sokal während einer derartigen Aktion ein Schüler ums Leben gekommen und ein anderer verwundet worden. In Krakau waren 19 ukrainische Arbeiter aus Galizien, die alle mit Ausweisen versehen waren, einem Transport sowjetischer Kriegsgefangener zugeteilt und in das Straflager in Graz eingeliefert worden. 95 Ukrainer aus Galizien seien durch das Arbeitsamt Mitte Januar 1942 zur Arbeit im Reich angeworben, dann aber über Ostpreußen nach Pskow in Russland geschickt worden, wo sie durch die sehr harten Bedingungen größtenteils ums Leben gekommen seien. Er erwähnte ferner den Fall einer Arbeitererfassung durch vorgetäuschte Musterung und das mehrfache Einfangen von Schülern während des Schulunterrichts.[270]

Die unteren Dienststellen der Arbeitsverwaltung nahmen es allerdings mit der relativen Bevorzugung der ukrainischen Bevölkerung offensichtlich nicht so genau. Das Ukrainische Komitee in Biała Podlaska habe berichtet, dass in den südlichen Gemeinden des Bezirks »die Aushebung von landwirtschaftlichen Arbeitern nach Deutschland mit Hilfe der Jagdmethoden auf afrikanische Neger« stattfand. Entgegen der Forderung

vom 24.11.1942, in: BAB, NS 19, Nr. 2664, Bl. 41–43 (Zitat Bl. 42f.).
269 Vgl. Durchschrift eines Schreibens des Staatssekretärs in der Regierung des Generalgouvernements, Bühler, an die Gouverneure vom 7.1.1943, in: APLu, 498, Nr. 774, Bl. 28. Kurz zuvor hatte es entsprechende Proteste aus den Distrikten gegeben. Vgl. Durchschrift eines Schreibens der Abteilung Wissenschaft und Unterricht beim Gouverneur des Distrikts Radom an die Hauptabteilung Wissenschaft und Unterricht bei der Regierung des Generalgouvernements vom 7.12.1942, in: APR, 209, Nr. 880, Bl. 41.
270 Vgl. Schreiben von Wolodymyr Kubijowytsch, Leiter des Ukrainischen Hauptausschusses, an Generalgouverneur Frank vom 25.2.1943, in: Trial, Bd. 27 (1526-PS), S. 298–324, hier S. 300.

nach Aufbau des nationalen Lebens, würden Ukrainer willkürlich auf Transportlisten gesetzt, unter anderem mit der Bemerkung: »Da hast Du Deine Ukraine.«[271]

Der Chef der Reichskanzlei behandelte in seiner generellen Kritik an Generalgouverneur Frank und den Zuständen in dessen Herrschaftsbereich auch die Frage der Arbeitererfassung. Nachdem es verabsäumt worden sei, die notwendigen Voraussetzungen für einen planmäßig gelenkten Arbeitseinsatz durch eine hinreichende Versorgung der Bevölkerung zu schaffen, stellten sich der Erfassung der Arbeitskräfte für diesen Einsatz die größten Schwierigkeiten entgegen. Die Erfassung der Arbeitskräfte müsse nun mit mehr oder weniger gewaltsamen Methoden erfolgen, indem zum Beispiel die durch die Arbeitsämter eingesetzten Organe wahllos Kirchen- oder Kinobesucher einfingen, und nach dem Reich abtransportierten: »Daß durch solche Methoden nicht bloß der Arbeitswille und das Vertrauen der Bevölkerung in einem Maße untergraben werden, dem aller Terror keinen Einhalt zu gebieten vermag, ist ebenso klar wie die Folge einer Stärkung der polnischen Widerstandsbewegung.«[272]

Maßnahmen in der Endphase des Krieges:
»Sauckel-Aktion« 1944 und Warschauer Aufstand

Hitler hatte am 4. Januar 1944 Sauckel den Auftrag gegeben, weitere 4,1 Millionen ausländische Arbeitskräfte in das Reich zu bringen. Dementsprechend erging am 29. Februar an die Arbeitsämter des Generalgouvernements die Anweisung, bis Juli 100.000 Arbeitskräfte zu mobilisieren. Dazu hieß es in der Anordnung Franks, dass in den gewerblichen Berufen nur wenige Reserven vorhanden seien, die 100.000 Arbeitskräfte »aber ohne Schwierigkeiten noch aus den bäuerlichen Familienbetrieben herauszuziehen« wären. So war die Maßnahme also auf die Auskämmung der Bauernhöfe gerichtet. Neu war hierbei nicht der Hinweis auf den »höchstmöglichen Einsatz« der Polizei, sondern die generelle Anregung, »den Gemeinden im Sinne der kollektiven Verantwortlichkeit empfindliche Bußen aufzuerlegen«. Damit sollte die gegenseitige Unterstützung der Bauern ausgeschaltet und den Flüchtigen die Möglichkeit genommen werden, auf die Hilfe der Dorfbewohner zu rechnen, weil diese die Kollektivstrafe fürchten mussten. Im Frühjahr 1944 standen aber immer weniger Exekutivorgane zur Verfügung, und die Anforderungen des Reiches konnten bis zum 19. April nur zu 30 Prozent und bis zum 10. Mai zu 40 Prozent erfüllt werden. Der Arbeitsmarkt des Generalgouvernements war bereits so ausgelaugt, dass explizite Schon- und Sperrgebiete eingerichtet werden

---

271 Vgl. Bericht von Wolodymyr Kubijowytsch aus Krakau vom 16.3.1940 »Ein Blick auf Verhältnisse im Kreis Biala Podlaska«, in: APLu, 498, Nr. 757, unpag. (Zitate ebd.).
272 Vgl. Geheime Denkschrift betr. »Die Zustände im Generalgouvernement« vom Reichsminister und Chef der Reichskanzlei Lammers vom 12.4.1943, in: StaN, Rep. 502 KV-Anklage, Dokumente, Umdrucke deutsch, PS-2220, S. 7 f. (Zitat S. 8).

mussten, um regional einen totalen Zusammenbruch zu verhindern. Am 12. Mai 1944 konstatierte Frank, dass die Arbeitsämter ihren Aufgaben »völlig hilflos« gegenüber stünden. Erst die Zerschlagung des Warschauer Aufstandes im August/September sorgte wieder für neue Zwangsarbeiterkontingente. Die Arbeitsämter, Polizei und SS nutzten die verzweifelte Lage der Warschauer Bevölkerung nach dem Aufstand, um die Zahl der Arbeitskräfte in der Rüstungsindustrie in die Höhe zu bringen.[273]

Entsprechend gering fielen die Zahlen in den einzelnen Kreishauptmannschaften aus. In Siedlce konnten im April und Mai 1944 ganze 596 Arbeitskräfte für die Arbeit im Reich gestellt werden, in den ersten fünf Monaten des Jahres waren es 1.803 Personen. Das Soll betrug hingegen 3.105 Arbeitskräfte brutto und 2.300 Arbeitskräfte netto. Die Werbung von Arbeitskräften für das Reich musste Ende Mai eingestellt worden, um Freiwillige für Befestigungsarbeiten der Wehrmacht zu rekrutieren – es meldete sich jedoch nur ein einziger Freiwilliger.[274]

Die eingehenden Meldungen über den Verlauf der Sauckel-Aktion 1944 waren insgesamt alles andere als ermutigend. Der Kreishauptmann in Warschau berichtete über einen sehr schleppenden Verlauf: Im Januar konnten ganze 137 und im Februar 261 Arbeitskräfte ins Reich abgestellt werden. Die Ergebnisse der den einberufenen Gemeindeversammlungen folgenden Gestellungstermine waren größtenteils gleich null, indem nur etwa drei bis acht Prozent der dienstverpflichteten Personen gestellt wurden. Der Kreishauptmann machte dafür die gegnerische Propaganda und die schlechte Sicherheitslage verantwortlich. Deshalb wollte er nun eine Bekanntmachung plakatieren lassen, die der Bevölkerung Zwangsmaßnahmen androhte – insbesondere Geldbußen von 10.000 Zloty für jede nicht termingerecht gestellte Arbeitskraft. Sollte auch diese Maßnahme nicht fruchten, so sah sich der Kreishauptmann letzten Endes auf reine Polizeiaktionen angewiesen.[275] Auch in Sokołów kamen die Polen den Beorderungsbescheiden des Arbeitsamtes nicht mehr nach. Deshalb ordnete der Kreishauptmann an, dass komplette Dörfer für die Gestellung der Beorderten verantwortlich zu machen und für jeden Flüchtigen kollektiv 10.000 Zloty Strafe zu zahlen seien. Unabhängig davon,

---

273 Vgl. Eintrag im DTB von Frank vom 12.1.1944, Schlußsitzung der 3. Deutschen Landwirtschaftlichen Führertagung im Generalgouvernement in Zakopane, zit. nach: Präg/Jacobmeyer, Diensttagebuch, S. 769, Anm. 1; Eintrag im DTB von Frank vom 13.1.1944, zit. nach: ebd., S. 770; Rundschreiben des Generalgouverneurs an den Staatssekretär der Regierung, den Staatssekretär für das Sicherheitswesen, die Leiter der Hauptabteilungen und Ämter, die Gouverneure der Distrikte und die Kreis- und Stadthauptleute vom 29.2.1944, in: APW, 482, Nr. 16, Bl. 26–27. Auch in: IPN, 196, Nr. 261, Bl. 89–90; Seeber, Zwangsarbeiter, S. 141; Maier, Arbeitsverwaltung, S. 46 f.

274 Vgl. Bericht des Kreishauptmanns in Siedlce an den Gouverneur des Distrikts Warschau für die Monate April und Mai 1944 vom 2.6.1944, in: APW, 482, Nr. 68, Bl. 4–6, hier Bl. 6 RS.

275 Vgl. Schreiben des Kreishauptmannes in Warschau an den Gouverneur des Distrikts Warschau vom 1.3.1944, in: ebd., Nr. 16, Bl. 24.

blieb die Beorderung trotzdem nach wie vor rechtskräftig. Im Zweifelsfall haftete das gesamte Dorf mit seinem lebenden und toten Inventar.²⁷⁶

Der Kreishauptmann in Łowicz ordnete nach dem Ablauf der Gestellungstermine eine Durchkämmung sämtlicher Gemeinden nach gestellungspflichtigen Arbeitskräften an, die nicht erschienen waren, »damit nicht diejenigen Personen, die sich nicht gestellt haben, besser davonkommen als solche, die als Ersatzleute gegriffen sind. Ein solcher Zustand würde eine vollkommene Zerstörung der gesamten Arbeitsmoral mit sich bringen.« Sie waren in jedem Dorf namentlich festzustellen, die Höfe zu kontrollieren, im Zweifelsfall vorhandene Geschwister mitzunehmen, nicht jedoch der Bauer und seine Frau. Ansonsten sollten Kühe und Pferde requiriert und behalten werden, wenn sich der Betreffende nicht innerhalb einer Woche stellte. Bei der nichtbäuerlichen Bevölkerung verfügte der Kreishauptmann, dass die Betreffenden und ihre Familien keine Lebensmittelkarten mehr erhielten und permanent nach den Flüchtigen kontrolliert würden. In den Städten sollten neben den Entzug der Lebensmittelkarten bei den Familien noch die zwangsweise Räumung der Wohnungen und die Konfiszierung wertvollen Mobiliars treten.²⁷⁷

Im Kreis Grojec lief die Erfassung zumindest zufriedenstellend. Der Kreishauptmann rechnete mit einer Erfüllung des Brutto-Kontingents von 2.700 Menschen. Allerdings hatte er nicht berücksichtigt, dass für die Abteilung Arbeit die Erfüllung der Netto-Zahl maßgebend war. Er sei erst durch einen reinen Zufall über diesen Sachverhalt unterrichtet worden. So konnte er nur ein Netto-Ist von knapp 50 Prozent vorweisen, hoffte aber auf eine weitere Steigerung in den nächsten Wochen. Bitter beklagte er sich in diesem Zusammenhang nicht nur über die Abteilung Arbeit, sondern vor allem über das Arbeitsamt Skierniewice, das sich so gut wie gar nicht beteiligt habe.²⁷⁸

Mitte Mai 1944 erstatteten die Gouverneure Bericht über den Verlauf der Sauckel-Aktion. Im Distrikt Radom war – so Gouverneur Kundt – aufgrund der politischen Entwicklung und der Sicherheitslage die Arbeitererfassung trotz größter Anstrengung äußerst schwierig. Die Zahl von 15.000 Mann, die der Distrikt stellen sollte, werde nur zu 46 Prozent erreicht werden können. Der Gouverneur des Distrikts Krakau, Carl Lud-

---

276   Vgl. Bekanntmachung des Kreishauptmannes in Sokolow, Gramss, vom 9.3.1944, zit. nach: Erinnerung, S. 58 (Faksimile).
277   Vgl. Anordnung betr. Arbeitererfassung des Kreishauptmanns in Lowicz vom 1.3.1944, in: APW, 491, Nr. 8, Bl. 1. Offensichtlich zeigten diese Maßnahmen zumindest im Kreis Lowicz Wirkung. Der Kreishauptmann berichtete stolz über die hundertprozentige Erfüllung des Kontingents. Bis zum Ende der Erfassungsperiode am 10. März war das Kontingent zu 95 Prozent erfüllt; fünf Tage später ganz. Vgl. Schreiben des Kreishauptmannes in Lowitsch an den Gouverneur des Distrikts Warschau vom 15.3.1944, in: ebd., 482, Nr. 16, Bl. 23.
278   Vgl. Durchschrift des Berichts des Kreishauptmannes Grojec, Zimmermann, an den Gouverneur des Distrikts Warschau für die Monate Februar und März 1944 vom 8.4.1944, in: ebd., Nr. 68, Bl. 7–10, hier Bl. 9 f.

wig Ehrenreich von Burgsdorff, stellte fest, dass die Arbeitsämter und ihre Nebenstellen hinsichtlich der Arbeitererfassung völlig hilflos geworden seien.[279] Im Distrikt Radom lief die Erfassungsaktion mit Hilfe der Polizei weiter. Wie die Ereignismeldungen des SS- und Polizeiführers zeigten, gab es gerade im Juli 1944 mehrere große Polizeiaktionen zur Arbeitererfassung, bei denen eine größere Zahl an Arbeitskräften den Arbeitsämtern zugeführt werden konnte. Am 21. Juli konnte die Polizei auf einen Schlag 432 Kinobesucher in Kielce dem Arbeitsamt übergeben.[280]

Während der Evakuierungs- und Räumungsmaßnahmen kam es schließlich zur letzten großen Menschenjagd. Nach einer Anordnung der Regierung des GG vom 29. August 1944 sollten insbesondere qualifizierte Arbeitskräfte erfasst und nach Deutschland abtransportiert werden. Ab September führten spezielle »Arbeitseinsatzkommandos« der Wirtschaftsführer bei der 9. Armee und der 4. Panzerarmee, die auf dem Gebiet des Distrikts Radom operierten, gemeinsam mit den Zivil- und Polizeibehörden entsprechende Großaktionen durch. Im September griffen sie in dieser Region etwa 6.300 Menschen auf, von denen 2.380 an den GBA überstellt wurden. Von August bis Ende Dezember 1944 wurden so von Einheiten der 4. Panzerarmee über 30.000 »Wehr- und Arbeitsfähige« erfasst, etwa ein Drittel wurde nach Deutschland deportiert.[281]

Tausende in Warschau lebende Polen wurden Opfer deutscher Vergeltungsmaßnahmen, die sie als Reaktion auf den Warschauer Aufstand vom August 1944 trafen. Über 63.000 Zivilisten kamen ums Leben. Zeitgleich mit der systematischen Zerstörung der Stadt begannen die Deutschen die Deportation der Zivilbevölkerung. Zuerst waren für Männer, alleinstehende Frauen und Jugendliche beiderlei Geschlechts über 14 Jahre Konzentrationslager als Zielstationen vorgesehen. Frauen mit kleinen Kindern wurden dagegen zur Arbeit nach Deutschland deportiert. Anfang September 1944 verfügte Himmler, dass auch Männer, die auf weitere Kämpfe verzichten und sich freiwillig ergeben würden, zur Arbeit nach Deutschland gebracht werden sollten. Ihr leidvoller Weg wird von einem Betroffenen geschildert: »Nach dem Ausbruch des Warschauer Aufstandes wurde ich zusammen mit meinen Eltern in einer Gruppe von etwa 600 Personen in ein ehemaliges Studentenwohnheim, Narutowicz-Straße, während des Krieges für Schupo bestimmt, gebracht. (...) Am 12. August erreichten wir Dulag 121 in Pruszkow, wo wir zwei Tage verbrachten. Am 14. August in den Nachmittagsstunden wurden wir in 40-Personen-Gruppen in die Güterwaggons gepfercht. Am nächsten Tag kam der

---

279 Vgl. Eintrag im DTB von Frank vom 12.5.1944, Gouverneurs-Sitzung, zit. nach: Wardzynska, Deportacje, Dok. 89, S. 147–148.
280 Vgl. Tägliche Ereignismeldung des SS- und Polizeiführers im Distrikt Radom vom 20.7.1944, in: IPN, 105, Nr. 32A, Bl. 7–13; Tägliche Ereignismeldung des SS- und Polizeiführers im Distrikt Radom vom 21.7.1944, in: ebd., Bl. 14–19.
281 Vgl. Seidel, Besatzungspolitik, S. 156 f.

etwa 15–20 Waggons zählende Zug ins KZ Oranienburg-Sachsenhausen. Hier wurden alle Männer, darunter auch mein Vater, von ihren Familien getrennt und im KZ festgehalten. Die alleinstehenden Frauen wurden ins KZ Ravensbrück überführt. Frauen und kleine Kinder brachte man wieder in die Güterwaggons. Der jetzt kürzere Zug fuhr ab. Am nächsten Tag stiegen wir auf einem Bahnhof aus und gingen ca. 5 km in ein Lager. Es gab dort Holzbaracken und große Zelte [im KZ Bergen-Belsen, K.L.]. Am 17. oder 18. August wurden wir zurück auf den Bahnhof eskortiert. Auf dem Bahnhof wurden wir in kleinere Gruppen geteilt; man befahl uns, in die vorbestimmten Waggons einzusteigen. Für meine Gruppe – ca. 200 Personen – wurden zwei oder drei Personenwaggons zugeteilt. Am nächsten Tag kam der Zug nach Braunschweig. Dort gingen wir unter Aufsicht eines Polizisten zum Arbeitsamt.«[282]

Eine andere Zeitzeugin, die 1927 geborene Aleksandra Jelinek, schildert die Vorgänge wie folgt: »Nach der Niederschlagung des Aufstandes wurde ich, wie alle Stadtbewohner von Warschau, ins Übergangslager nach Pruszkow deportiert. Ich war 17 Jahre alt und völlig alleine, ohne die Familie, von der ich damals nichts wußte. Im Lager in Pruszkow, es waren riesengroße Fabrikhallen, saßen wir auf dem Betonfußboden. Es war kalt, und es herrschte Hunger: Wir bekamen einen halben Liter Suppe pro Tag. Nach drei Tagen wurde eine Selektion durchgeführt: Alte und Kranke wurden weit weg aufs Land geschickt, die Jüngeren zur Zwangsarbeit nach Deutschland, Österreich oder in die Tschechoslowakei, je nach Anforderungen einzelner Betriebe. Zusammen mit einer Gruppe von jungen Menschen wurden wir in Viehwaggons eingeladen und in unbekannte Richtungen verschleppt.«[283]

Die aus Warschau Deportierten wurden in großer Zahl im Gebiet des Altreichs zum Arbeitseinsatz gebracht. Die Transporte wurden über die Durchgangslager der Gauarbeitsämter geleitet, die Deportierten wurden dort wie üblich ausländerpolizeilich erfasst und gekennzeichnet.[284] Insgesamt waren nach dem Schlussbericht von Gouverneur Ludwig Fischer vom 20. Dezember 1944 durch die Lager Pruszków und Ursus 350.617 Personen durchgeschleust worden, von denen 347.488 weitergeleitet wurden. Von diesen gelangten 153.810 Personen zum Arbeitseinsatz ins Reich. Damit wurden nach dem Warschauer Aufstand fast ebenso viele Menschen aus dem Distrikt Warschau zur Zwangsarbeit nach Deutschland gebracht wie insgesamt in den fünf Besatzungsjahren zuvor. Damit wird der Exodus der Warschauer Bevölkerung nach der Niederschla-

---

282 Vgl. Liedke, Gesichter, S. 38 f. (Zitat ebd.).
283 Zit. nach: Geschichtswerkstatt, Zwangsarbeit, S. 37.
284 Vgl. Abschrift eines Schreibens des Chefs der Sipo und des SD an alle Staatspolizeileitstellen vom 19.8.1944, in: APP, 465, Nr. 107, Bl. 18.

gung des Aufstands zu einem der letzten großen »Erfolge« bei der Rekrutierung von Zwangsarbeitern für NS-Deutschland.[285]

Landarbeiter für das Reich

Gemäß Hitlers Vorstellung vom Generalgouvernement als der »Ausleih-Zentrale« für ungelernte Arbeiter, standen Landarbeiter im Mittelpunkt der deutschen Rekrutierungspolitik. Erst im Verlaufe des Krieges erwies sich die Notwendigkeit, für die deutsche Rüstungsindustrie auch gewerbliche Arbeiter anzuwerben. Zahlenmäßig betrachtet machten sie aber immer den weitaus geringeren Teil aus, wobei man berücksichtigen muss, dass der bei weitem größte Teil der polnischen Industriearbeiterschaft in den Deutschland eingegliederten Gebieten lebte.[286] Dazu nur einige Beispiele: Einen eklatanten Arbeitskräftemangel gab es spätestens seit Kriegsbeginn im deutschen Bergbau. Deshalb sollten auch im Generalgouvernement alle verfügbaren Bergarbeiter einschließlich der berufsfremd Beschäftigten restlos erfasst werden. Bis Ende 1940 gelang es der Arbeitsverwaltung, die geforderte Zahl von Bergarbeitern zu stellen, und zwar 11.000 Mann für den Ruhrbergbau, weitere 5.000 für den Kohlentransport und Kohlenhandel.[287]

Genauso dringend benötigte man Facharbeiter, vor allem Metall- und Baufacharbeiter. Hier war das Reservoir im Generalgouvernement aber rasch erschöpft. Auch der neu hinzukommende Distrikt Galizien konnte wegen seiner überwiegend landwirtschaftlichen Struktur kaum Entlastung bringen.[288]

In der Abteilungsleiterbesprechung am 21. April 1940 musste Frauendorfer schließlich eingestehen, dass bis dahin nur ungefähr 50.000 gewerbliche Arbeiter ins Reich abtransportiert worden waren. Ursprünglich vorgesehen waren allerdings 250.000. Bis zum Oktober 1941 stieg die Zahl angeblich auf 100.000 an. Ihre Anwerbung bereitete, so Frauendorfer, keine unüberwindlichen Probleme, da sie infolge der höheren Löhne

---

285 Vgl. Kobler, Rekrutierung, S. 80 f. In anderen Quellen ist die Rede von 67.000 Arbeitskräften, die dem GBA zur Verfügung gestellt wurden. Vgl. Umbreit, Herrschaft, S. 223.
286 Vgl. Deutschland-Berichte, 6 (1939) 9, November 1939, S. 1064.
287 Vgl. Herbert, Fremdarbeiter, S. 104 ff.; Runderlaß Nr. 64/40 der Abteilung Arbeit im Amt des Generalgouverneurs für die besetzten polnischen Gebiete, Eberbach, an die Leiter der Abteilungen Arbeit bei den Chefs der Distrikte und die Leiter der Arbeitsämter im Bereich des Generalgouvernements vom 9.5.1940, in: AAN, 111, Nr. 1414/1, Bl. 78–79. Auch in: IPN, 196 PB, Nr. 359, Bl. 85–86. Eintrag im DTB von Frank vom 16.12.1940, Regierungssitzung, zit. nach: IfZ, MA 120/7, Bl. 44 f.
288 Vgl. Rüstungswirtschaftlicher Lagebericht der Rüstungsinspektion im Generalgouvernement für den Monat Oktober 1941 vom 13.11.1941, in: BA-MA, RW 23, Nr. 9, Bl. 108–124, hier Bl. 119.

im Reich sich eher zu einer Arbeitsaufnahme bereit erklärten als die Landarbeiter.[289] Ende November 1941 lagen bei der Hauptabteilung Arbeit 720 Aufträge auf Vermittlung von rund 37.000 gewerblichen Arbeitskräften für die Rüstungswirtschaft des Reichs vor. Die Arbeitseinsatzbehörden konnten diesen Anforderungen nur äußerst zögernd nachkommen. Im Monat Oktober waren in das Reichsgebiet noch rund 17.500 gewerbliche Arbeitskräfte und rund 27.500 landwirtschaftliche Arbeiter abgegeben worden.[290] Durch die ständigen Überweisungen von Facharbeitern an das Reich bereitete bald die Deckung des vordringlichsten Bedarfs – vor allem an Metallfacharbeitern – im Generalgouvernement selbst ernste Schwierigkeiten.[291]

Die deutsche Arbeitsverwaltung versuchte bei ihrer Landarbeiterwerbung bewusst an die Traditionen polnischer Saisonarbeit in Deutschland anzuknüpfen. In dem Aufruf des Arbeitsamtes von Biała Podlaska hieß es explizit, polnische Arbeitskräfte würden 1940 »wie in den Vorjahren« nach Deutschland in die Landwirtschaft vermittelt. Das Arbeitsamt versprach die Betreuung und ordnungsmäßige Vermittlung der Arbeitskräfte, ebenso einwandfreie Unterkunft, Bekleidung und tarifliche Entlohnung sowie Fürsorge für die zurückbleibenden Angehörigen.[292] Max Timm, Ministerialrat im Reichsarbeitsministerium und einer der Planer des »Ausländereinsatzes«, betonte ebenfalls die Traditionen der Vorkriegszeit. In den polnischen Gebieten habe es von jeher einen Überschuss an landwirtschaftlichen Arbeitskräften gegeben, von hier seien deshalb vor dem Weltkriege alljährlich mehrere hunderttausend Landarbeiter als Saisonarbeiter in landwirtschaftliche Betriebe nach Deutschland gewandert.[293]

Angesichts der Dringlichkeit, mit der Deutschland Landarbeiter benötigte, war es klar, dass deren Aufbringung und Transport ins Reich oberste Priorität hatten. Entsprechend früh begann die Zivilverwaltung damit. Der Landkommissar für den Kreis

---

289 Vgl. Eintrag im DTB von Frank vom 21.4.1940, Besprechung über Arbeiterverschickung in das Reich, zit. nach: Präg/Jacobmeyer, Diensttagebuch, S. 176; Maier, Arbeitsverwaltung, S. 37; Kriegswirtschaftlicher Lagebericht Nr. 5 des Wehrwirtschafts- und Rüstungsamtes im OKW, Thomas, vom 1.2.1940, in: BA-MA, RW 4, Nr. 308, Bl. 3–9, hier Bl. 7; Eintrag im DTB von Frank vom 10.10.1941, Abteilungsleitersitzung, zit. nach: Wardzynska, Deportacje, Dok. 49, S. 89–91, hier S. 89; Eintrag im DTB von Frank vom 18.10.1941, Abteilungsleitersitzung, zit. nach: ebd., Dok. 48, S. 88–89, hier S. 89.
290 Vgl. Rüstungswirtschaftlicher Lagebericht der Rüstungsinspektion im Generalgouvernement für den Monat November 1941 vom 13.12.1941, in: BA-MA, RW 23, Nr. 9, Bl. 125–145, hier Bl. 140.
291 Vgl. Runderlaß Nr. 145/42 der Hauptabteilung Arbeit in der Regierung des Generalgouvernements, Gschließer, an die Leiter der Abteilungen Arbeit in den Ämtern der Distrikte und die Leiter der Arbeitsämter im Bereich des Generalgouvernements vom 22.8.1942, in: BAB, Filme, Nr. 72388, Bl. 173.
292 Vgl. Bekanntmachung des Leiters des Arbeitsamtes Biala-Podlaska, Godau, vom 15.1.1940, in: APLu, 498, Nr. 753, unpag.
293 Vgl. Timm, Arbeitseinsatz; Kaestner, Einsatz, S. 25f.

Tschenstochau berichtete bereits Ende Oktober 1939 über 4.000 Männer und Frauen, die als Gesindekräfte in die Landwirtschaft nach Deutschland vermittelt wurden. Nach Mitteilungen des Arbeitsamtes ging die größte Zahl von ihnen nach Pommern, gefolgt vom Landesarbeitsamt Mitteldeutschland.[294] Wie prekär die Lage auf dem deutschen Arbeitsmarkt war, zeigte sich in der Aufhebung der Rückkehrpflicht für polnische Landarbeiter. Nach der Verordnung über ausländische Arbeitnehmer vom 23. Januar 1933 war ihre Beschäftigung auf die Zeit vom 15. Februar bis zum 15. Dezember eines jeden Jahres beschränkt gewesen.[295]

Auf einer Amtsleitertagung am 17. und 18. Januar 1940 klärten die beteiligten Ressorts die grundsätzlichen Fragen, die mit der Erfassung der für die deutsche Landwirtschaft benötigten polnischen Arbeitskräfte zusammenhingen. Die Leiter der Abteilungen Arbeit bei den Distriktschefs sollten sofort mit den Gouverneuren Besprechungen organisieren, zu denen die Vertreter der involvierten Abteilungen einzuladen waren. Dabei sollten sie die Dringlichkeit der Aufgabe und die Notwendigkeit der Zusammenarbeit aller beteiligten Stellen betonen, insbesondere die Mitwirkung der Kreishauptmänner. Danach hatten die Kreishauptmänner durch die Amtsvorsteher in jeder Ortschaft zu prüfen, wie viele Arbeitskräfte für den Einsatz in der deutschen Landwirtschaft zur Verfügung stünden.

Als Ausgangspunkte für die Transporte ins Reich wurden die Bahnstationen in Warschau, Sochaczew, Lublin, Radom, Tschenstochau und Krakau festgelegt. Unter keinen Umständen durften für die Landwirtschaft geeignete Arbeitskräfte in die Industrie vermittelt werden.[296]

Nach Ansicht des Gouverneurs des Distrikts Krakau bedeutete die Vermittlung von Landarbeitern für die unter starkem Kräftemangel leidende deutsche Landwirtschaft eine der wichtigsten Hilfsleistungen, die dem Reich von der Verwaltung im Generalgouvernement geleistet werden könne. Sie bildete daher die zentrale Aufgabe der Arbeitsämter des Generalgouvernements.[297]

---

294 Vgl. Lagebericht des Landkommissars für den Landkreis Tschenstochau an den Chef der Zivilverwaltung vom 28.10.1939, in: BA-MA, RH 20–14, Nr. 177, Bl. 267–269, hier Bl. 267; Schreiben des Arbeitsamtes Tschenstochau an die Abteilung Arbeitseinsatz und Arbeitslosenhilfe des Verwaltungschefs beim Militärbefehlshaber in Krakau vom 31.10.1939, in: APK, 426, Nr. 308, Bl. 1–2.
295 Vgl. Schreiben des Landrates des Kreises Glatz an die Ortspolizeibehörden des Kreises vom 11.12.1939, zit. nach: Doc. Occ., Bd. X, Dok. I-1, S. 3.
296 Vgl. Rundschreiben des Leiters der Abteilung Arbeit im Amt des General-Gouverneurs an die Leiter der Abteilungen Arbeit bei den Chefs der Distrikte und die Leiter der Arbeitsämter im Bereich des General-Gouvernements vom 19.1.1940, in: AAN, 111, Nr. 650, Bl. 15–16. Auch in: IPN, 196 PB, Nr. 359, Bl. 22–23.
297 Vgl. Anordnung des Chefs des Distrikts Krakau zur Gestellung von Arbeitskräften für die deutsche Landwirtschaft vom 25.1.1940, in: ebd., Bl. 34–36.

Anfang März 1940 war der Reichsarbeitsminister noch optimistisch, der deutschen Landwirtschaft etwa 800.000 polnische Arbeitskräfte aus dem Generalgouvernement und den eingegliederten Ostgebieten zuführen zu können. Zwar sei das Anlaufen dieser Arbeitergestellung bisher durch die Auswirkungen des ungewöhnlich langen und harten Winters erschwert worden, trotzdem seien die ersten Transporte bereits in den Aufnahmebezirken eingetroffen. Von Mitte Februar bis Mitte März seien 107.000 Arbeitskräfte vermittelt worden, davor hätten die Arbeitsämter bereits 80.000 polnische Landarbeiter ins Altreich geholt.[298] Stabsleiter Reichert vom Reichsministerium für Ernährung und Landwirtschaft betonte in einer Sitzung Anfang März 1940 erneut, es müsse unbedingt eine Million Landarbeiter in das Altreich geschickt werden. Gegebenenfalls sei eine Dienstpflicht für sie einzuführen.[299] An der Auswahl dieser Landarbeiter gab es zum Teil vehemente Kritik von den Aufnahmearbeitsämtern. So beschwerte sich das Arbeitsamt Elmshorn darüber, dass sich in einem Transport aus Radomsko und Końskie mit insgesamt 56 männlichen und 52 weiblichen Arbeitskräften 50 Kinder befanden. Unter ihnen waren drei Säuglinge und ca. 20 Kinder im Alter von ein bis drei Jahren sowie ca. 20 Kinder im Alter von vier bis sechs Jahren, weitere zehn im Alter von sieben bis zwölf Jahren. Die ärztliche Untersuchung erbrachte Läusebefall bei 33 Personen, dazu weitere Krankheiten.[300]

Trotz aller Bemühungen wurde selten das angestrebte Soll an Landarbeitern erreicht. So auch in Hrubieszów, wo zu den allgemeinen Problemen der Landarbeiterwerbung noch die Tatsache hinzutrat, dass es sich um ein intensiv bewirtschaftetes landwirtschaftliches Überschussgebiet handelte, aus dem nicht zu viele Arbeitskräfte herausgezogen werden konnten.[301] Aber natürlich entwickelte sich die Aktion regional unterschiedlich. So erzielte man im Kreis Końskie mit polizeilicher Hilfe zufriedenstellende Ergebnisse. Allein im April 1940 wurden von dort 3.092 Personen verschickt. Dabei hatte die Reise eines Gemeindevorstehers ins Reich einen guten propagandistischen Erfolg.[302] Demgegenüber klagte der Kreishauptmann des ebenfalls im Distrikt Radom gelegenen und direkt angrenzenden Kreises Tomaszów Mazowiecki über eine praktisch erfolglose freiwillige Landarbeiterwerbung. Erst die Anwendung von Zwangsmaßnah-

---

298 Vgl. Durchschrift eines Schreibens des Reichsarbeitsministers an den Reichsminister und Chef der Reichskanzlei, Dr. Lammers, vom 4.3.1940, in: BAB, R 3901, Nr. 20144, Bl. 42–49, hier Bl. 46.
299 Vgl. Eintrag im DTB von Frank vom 7.3.1940, zit. nach: Doc. Occ., Bd. VI, Dok. 13, S. 326–328 und Präg/Jacobmeyer, Diensttagebuch, S. 148 f. (Zitat S. 149).
300 Vgl. Schreiben des Arbeitsamtes Elmshorn an das Reichsarbeitsministerium, Min.-Rat Dr. Timm, vom 2.4.1940, in: APR, 209, Nr. 811, Bl. 7–8.
301 Vgl. Auszug aus dem Lagebericht des Kreishauptmannes in Hrubieszow für den Monat April 1940, in: IPN, 196 PB, Nr. 269, Bl. 129.
302 Vgl. Auszug aus dem Lagebericht des Kreishauptmannes von Konskie für den Monat April 1940, in: ebd., Bl. 126.

men in einem Teil des Kreises brachte bessere Resultate. Innerhalb des Monats April wurden über 1.300 Arbeiter nach dem Reich befördert. Um die Werbung besonders wirksam zu gestalten, wurde im Einvernehmen mit dem Arbeitsamt Końskie, das für beide Kreise zuständig war, der Bürgermeister von Topolice zu einem zehntägigen Aufenthalt nach Berlin, Hamburg und Schleswig-Holstein geschickt.[303] In Krasnystaw im Distrikt Lublin hatte die Landarbeiterwerbung für das Reich dadurch recht gute Erfolge gehabt, dass die polnischen Lehrer für die Werbung mit herangezogen wurden.[304]

Im Kreis Warschau-Land hingegen war die Landarbeiterverschickung ins Reich im April 1940 »auf dem toten Punkt angelangt«. Man erhoffte sich vor allem von den vorbereiteten Zwangsmaßnahmen einem wesentlich besseren Erfolg, als dies bisher auf dem Grundsatz der Freiwilligkeit erreicht werden konnte. Im gesamten Distrikt Warschau gingen die Ergebnisse in der Anwerbung landwirtschaftlicher Arbeiter für das Reich noch mehr zurück.[305]

Frauendorfer legte den Finger in die Wunde, als er dem Generalgouverneur erläuterte, dass die ungenügende Bezahlung der polnischen Landarbeiter im Reich eines der größten Hemmnisse in der Landarbeiterwerbung sei. Der Lohn der Landarbeiter sei so gering, dass eine Überweisung von Geld an die Familien nicht möglich sei. Sie müssten im Generalgouvernement von der Fürsorge unterstützt werden. Von großer Wichtigkeit sei auch, dass die Behandlung der polnischen Landarbeiter in Deutschland einheitlich geregelt werde und dass Missgriffe unterblieben.[306]

Ein Problem zog sich wie ein roter Faden durch die Anfangsphase der Landarbeiterwerbung im Generalgouvernement: Es stellte sich sehr rasch heraus, dass die den Angeworbenen zugesagte Möglichkeit, einen Teil ihres Lohnes aus Deutschland zur Unterstützung ihrer Familien in das Generalgouvernement zu transferieren, aus unterschiedlichen Gründen nicht funktionierte.[307] Bis zum Anlaufen des Transfers von

---

303 Vgl. Auszug aus dem Lagebericht des Kreishauptmannes von Tomaszow für den Monat April 1940, in: ebd., Bl. 128. Am 12. April fuhren zwei Wojts aus dem Arbeitsamtsbezirk Konskie nach Berlin, Hamburg und Neumünster. Vgl. Entwurf eines Schreibens der Abteilung Arbeit im Distrikt Radom an die Abteilung Arbeit beim Generalgouverneur vom 5.5.1940, in: APR, 209, Nr. 17, Bl. 117–118.
304 Vgl. Lageberichte der Kreis- und Stadthauptleute für den Monat April 1940, zusammengestellt von der Abteilung Innere Verwaltung im Amt des Generalgouverneurs, o.Dat., in: IPN, 196 PB, Nr. 269, Bl. 99–101, hier Bl. 100.
305 Vgl. Monatsbericht des Kreishauptmannes Warschau-Land an den Chef des Distrikts für den Monat April 1940 vom 8.5.1940, in: APW, 486, Nr. 3, Bl. 52–54, hier Bl. 53 (Zitat ebd.); Bericht des Distrikts Warschau für die Zeit vom 11.4. bis 10.5.1940 vom 9.5.1940, in: IPN, 196 PB, Nr. 271, Bl. 143–158, hier Bl. 148f. Auch in: BAL, B 162, Nr. 20946, Bl. 41–56.
306 Vgl. Eintrag im DTB von Frank vom 7.5.1940, Besprechung mit Dr. Frauendorfer, zit. nach: IfZ, MA 120/2, Bl. 411f.
307 Vgl. Eintrag im DTB von Frank vom 6.2.1940, Besprechung mit Dr. Frauendorfer, zit. nach: ebd., MA 120/1, Bl. 66.

Lohnersparnissen ermächtigte Frauendorfer die Arbeitsämter, an die zurückbleibenden Familienangehörigen zur Sicherstellung deren Lebensunterhalts auf Antrag Arbeitslosenhilfe zu zahlen. Nach jeweils zwei Wochen war durch Befragen dieser Unterstützungsempfänger festzustellen, ob und in welcher Höhe inzwischen eine Überweisung von Lohnersparnissen erfolgte.[308]

Auch in einem neuen Erlass vom März 1942 über die Unterstützungszahlungen an die zurückbleibenden Familienangehörigen, musste die Hauptabteilung Arbeit einräumen, dass die an die Landarbeiter im Reich gezahlten Löhne nicht so hoch seien, dass eine wesentliche Unterstützung der Angehörigen allgemein angenommen werden könne.[309]

Die Höhe der von den polnischen Arbeitskräften in das Generalgouvernement überwiesenen Lohnersparnisse schätzte man 1940 auf ca. 40 bis 50 Millionen Zloty – eine angesichts der Devisen- und Clearingsituation des Generalgouvernements durchaus nicht unwesentliche Summe. Diese Größenordnung wurde in der Realität wohl nicht ganz erreicht.[310]

Bereits die ersten Berichte über die Landarbeiteraktion 1941 klangen nicht sehr positiv. Der Kreishauptmann von Krasnystaw beobachtete innerhalb der Bevölkerung eine stärkere Unruhe auf Grund der Landarbeiterverschickung nach dem Altreich. Insbesondere deshalb, weil die im Vorjahr verschickten Arbeiter trotz Versprechens der damaligen Werber nicht zurückgekehrt seien. Die freiwilligen Meldungen wurden immer seltener. Deshalb war es kein Wunder, dass es trotz der verstärkten Werbe- und Propagandamaßnahmen doch fraglich erschien, ob im Distrikt Lublin das vom Reich geforderte Kontingent polnischer Landarbeiter in Höhe von 50.000 Polen gestellt werden könne.[311]

Auch im Distrikt Warschau berichtete ein Teil der Kreishauptleute über eine verstärkte passive Resistenz der polnischen Bevölkerung gegenüber den Anordnungen der deutschen Behörden. Die Vorarbeiten für die Landarbeiterwerbung in das Reich waren im Februar 1941 so gut wie abgeschlossen. Das Gesamtkontingent an Landarbeitern

308 Vgl. Runderlaß Nr. 16/1940 des Leiters der Abteilung Arbeit im Amt des Generalgouverneurs, Frauendorfer, an die Leiter der Arbeitsämter und die Leiter der Abteilungen Arbeit bei den Chefs der Distrikte vom 16.2.1940, zit. nach: Doc. Occ., Bd. IX, Dok. 9, S. 14–15.
309 Vgl. Schreiben der Hauptabteilung Arbeit an den Leiter des Arbeitsamtes Lublin vom 28.3.1942, zit. nach: ebd., Bd. X, Dok. V-14, S. 469.
310 Vgl. Loose, Kredite, S. 383 ff.
311 Vgl. Lagebericht für den Monat Februar 1941 des Kreishauptmannes von Krasnystaw an die Abteilung Innere Verwaltung im Amt des Gouverneurs des Distrikts Lublin vom 1.3.1941, in: IPN, 196 PB, Nr. 281, Bl. 24–25, hier Bl. 24. Auch in: BAL, B 162, Nr. 20946, Bl. 387–388. Lagebericht für den Monat Februar 1941 des Chefs des Distrikts Lublin an den Chef des Amtes der Regierung des Generalgouvernements vom 6.3.1941, in: IPN, 196 PB, Nr. 281, Bl. 15–18, hier Bl. 18.

betrug für das Generalgouvernement 220.000; der Distrikt Warschau hatte hiervon 37.400 aufzubringen, die in der Hauptsache nach Pommern und Lothringen verschickt werden sollten. Für die Werbung richtete die Arbeitsverwaltung 250 Stützpunkte im Distrikt ein, als organisatorische Grundlage für die Erfüllung des Kontingents.[312]

Der Sicherheitsdienst sorgte sich wegen des geringen Erfolgs der Anwerbung polnischer Landarbeiter im Generalgouvernement. In seinen »Meldungen aus dem Reich« referierte er Berichte aus den Distrikten Krakau und Lublin, wo trotz umfangreicher Vorbereitungen die Werbung nur schleppend vorankam.[313] Insgesamt schnitt der Distrikt Lublin bei den Ergebnissen der Landarbeiterwerbung schlecht ab. Er stellte zwar 26 Prozent der gesamten Landbevölkerung des Generalgouvernements, aber nur 14 Prozent des bisherigen Aufkommens der Landarbeiteraktion. Die Ursachen für den insgesamt unbefriedigenden Erfolg des Distrikts lagen nach einer Analyse der Abteilung Arbeit in der Regierung des Generalgouvernements hauptsächlich in drei Tatsachen begründet: 1. Die Arbeitsämter wurden durch den Kräftebedarf bei Bauvorhaben des Heeres von der Landarbeiteraktion stark abgelenkt. 2. Die Landwirtschaft des Distrikts war auf Grund ihrer guten Bodenverhältnisse die produktivste im Generalgouvernement und bot der Bevölkerung relativ gute Lebensmöglichkeiten. 3. Die militärischen Bewegungen im Zusammenhang mit den Vorbereitungen zum Überfall auf die Sowjetunion provozierten Gerüchte, die die Bevölkerung veranlassten, jeder Maßnahme des Arbeitsamtes, die mit dem Verlassen von Haus und Hof verbunden war, ablehnend gegenüber zu treten. Das Resümee der Abteilung Arbeit fiel verhalten aus. Angesichts des hohen Eigenbedarfs des Distrikts an Arbeitskräften, sei unsicher, ob die Landarbeiteraktion überhaupt weitergeführt werden könne. Eine nennenswerte Steigerung des Erfolges sei nur durch Verstärkung der polizeilichen Fahndung möglich.[314]

Zwar drückten die gestiegenen Anforderungen für Arbeitskräfte im Generalgouvernement selbst, wie das »Otto-Programm«, auf den Arbeitsmarkt. Die Misserfolge der ersten Landarbeitertransporte im Frühjahr 1941 waren nach Ansicht des Arbeitsamtes Siedlce aber nicht auf diese Umstände zurückzuführen, »sondern einzig und allein auf den Widerstand der Beorderten, die vielfach die Annahme der Beorderung verweigert haben«. Beim ersten Transport aus diesem Bezirk konnten von 600 Beorderten nur 18 in Marsch gesetzt werden. Der größte Teil war überhaupt nicht erschienen, viele mussten zurückgestellt werden, weil in der kleinbäuerlichen Betriebskartei nicht nur

---

312 Vgl. Bericht des Chefs des Distrikts Warschau für den Monat Februar 1941 an den Staatssekretär vom 10.3.1941, in: ebd., Bl. 47–53, hier Bl. 49. Auch in: BAL, B 162, Nr. 20946, Bl. 401–408.
313 Vgl. Meldungen aus dem Reich, Nr. 170 vom 13.3.1941, zit. nach: Boberach, Meldungen, Bd. 6, S. 2102–2111, hier S. 2110 f.
314 Vgl. Bericht der Abteilung Arbeit beim Generalgouverneur über die Prüfung der Landarbeiteraktion in den Arbeitsämtern Lukow, Lublin, Cholm und Zamosc im Distrikt Lublin vom 9.5.1941, in: APLu, 498, Nr. 753, unpag.

Kranke und Behinderte, sondern auch zur Familie zählende Personen aufgeführt waren, die überhaupt nicht in der Gemeinde wohnten.[315] Die abwartende und teilweise stark ablehnende Haltung der Bevölkerung bereitete der Arbeitsverwaltung bei der Landarbeiterverschickung weiterhin große Schwierigkeiten. Wie bereits im Vorjahr, setzte eine regelrechte »Binnenwanderung« mit dem Ziel ein, sich dem Zugriff der Arbeitsämter zu entziehen. Trotzdem war es möglich, die Zahl der in das Reich verschickten Landarbeiter, die noch Ende März 5.477 betragen hatte, im April auf 10.827 zu erhöhen.[316]

Angesichts der immer schwieriger werdenden Rekrutierung bei der Landarbeiteraktion 1942 ließ der Reichsarbeitsminister im Generalgouvernement auf Jugendliche zurückgreifen. Unter ihnen durften sich auch männliche Jugendliche unter 16 Jahren befinden. Sobald es die Transportverhältnisse zuließen, sollten die Arbeitsämter die Werbung von Jugendlichen in vollem Umfang aufnehmen.[317]

In einem Zwischenfazit zur Landarbeiteraktion 1942 vom Juni kam Gschließer zu dem Ergebnis, dass im Bereich des Generalgouvernements – außer Galizien – die Erwartungen allgemein nicht erfüllt wurden. Im Gegenteil, gerade in den letzten Wochen sei ein steiles Abfallen des Werbeaufkommens zu verzeichnen gewesen und auch in den Sommermonaten sei kein nochmaliges Ansteigen zu erwarten. Deshalb verlagerte die Hauptabteilung die Werbung nach Galizien, wo eine Intensivierung noch lohnend erschien. Aus den übrigen Distrikten zog die Arbeitsverwaltung dazu Werber ab und setzte sie nach Galizien in Marsch.[318]

Im Distrikt Lublin konnte die Arbeitsverwaltung lediglich 6.000 »Freiwillige« registrieren. Ein großflächiger Polizeieinsatz erbrachte dann innerhalb weniger Wochen 40.000 Arbeitskräfte. Laut SS- und Polizeiführer Globocnik, verbot der Gouverneur aber den weiteren Polizeieinsatz unter dem Hinweis darauf, dass auch nicht der Schein einer Gewaltmaßnahme erweckt werden dürfe. Die Polizei wurde zurückgezogen und die Folge war, dass danach keine nennenswerten weiteren Kontingente mehr gestellt werden konnten. Globocnik brandmarkte Gouverneur Zörners Methoden als »Nach-

---

315 Vgl. Bericht des Arbeitsamtes Siedlce über den Arbeitseinsatz im Monat März 1941 vom 4.4.1941, in: APW, 489, Nr. 837, Bl. 17–19.

316 Vgl. Bericht des Distriktchefs in Warschau für den Monat April 1941 an den Staatssekretär vom 12.5.1941, in: IPN, 196 PB, Nr. 281, Bl. 69–92, hier Bl. 84f. Auch in: BAL, B 162, Nr. 20946, Bl. 416–439.

317 Vgl. Runderlaß Nr. 41/42 der Hauptabteilung Arbeit bei der Regierung des Generalgouvernements an die Leiter der Abteilungen Arbeit bei den Chefs der Distrikte und die Leiter der Arbeitsämter im Bereiche des Generalgouvernements vom 23.3.1941, in: IPN, 196 PB, Nr. 359, Bl. 188.

318 Vgl. Rundschreiben der Hauptabteilung Arbeit, Dr. von Gschliesser, an die Leiter der Abteilungen Arbeit in den Ämtern der Distrikte Krakau, Warschau, Lublin, Radom und die Leiter der Arbeitsämter in diesen Distrikten vom 11.6.1942, in: AAN, 111, Nr. 714, Bl. 120–121, hier Bl. 120.

sicht gegenüber Polen bei der Landarbeiterwerbung«.[319] Die Schwierigkeiten bei der Gestellung von Arbeitskräften zeigten sich dann in der Tat in ganzer Schärfe im Herbst 1942. Fast übereinstimmend berichteten die Neben- und Hilfsstellen des Arbeitsamts Lublin, dass sich die Dorfschulzen und Wojts für die Durchführung der Herbstaktion nicht immer voll einsetzen könnten, da sie mit der Kontingenterfassung der Getreide- und Hackfruchternte zu stark in Anspruch genommen seien. Bei der Beorderung zur Arbeitsaufnahme im Reich hatten sich im Allgemeinen fast nur zehn Prozent der Verpflichteten gemeldet. Zwangsmaßnahmen konnten kaum durchgeführt werden, da Polizei hierfür nicht zur Verfügung stand bzw. durch andere Arbeiten überlastet war. Hinzu kam, dass die Deportationen der Juden größere Lücken rissen und das Arbeitsamt mit der Ersatzgestellung beschäftigt war. Diese Ersatzkräfte gingen dann aber dem Arbeitseinsatz im Reich verloren.[320]

Angesichts der sich 1943 weiter zuspitzenden Situation auf dem Arbeitsmarkt, griff die Arbeitsverwaltung verstärkt auch auf Familien mit Kindern zurück. Als einsatzfähig galten nun auch Familien, bei denen neben dem Elternpaar die Hälfte der übrigen Familienmitglieder für einen Arbeitseinsatz in Betracht kam. Dabei konnten auch Kinder vom vollendeten zwölften Lebensjahr an gerechnet werden. Ursprünglich hatte Himmler verfügt, dass Familien mit mehr als einem Kind unter zehn Jahren nicht für den Einsatz in Frage kommen sollten. Er stellte seine Bedenken aber zurück.[321]

5. Der Arbeitseinsatz im Generalgouvernement
Arbeitsmarkt und Vermittlungstätigkeit

Vereinfacht ausgedrückt, geriet der Arbeitsmarkt des Generalgouvernements durch zwei antagonistische Zielsetzungen der deutschen Besatzer unter Druck: Auf der einen Seite standen die – vor allem zu Beginn der Besatzungszeit – sehr hohen Anforderungen des Reiches nach Arbeitskräften, die erst im Laufe des Krieges etwas abnahmen. Auf der anderen Seite wuchs der Bedarf an Arbeitskräften im Generalgouvernement selbst

---

319 Vgl. Abschrift einer Denkschrift des SSPF im Distrikt Lublin Globocnik über das »Verhalten des Gouverneurs Zörner gegenüber der fremdvölkischen Bevölkerung« vom 26.8.1942, in: BAB, NS 19, Nr. 1755, Bl. 7–18, hier Bl. 15 (Zitat Bl. 7).
320 Vgl. Bericht des Arbeitsamtes Lublin über die Entwicklung des Arbeitseinsatzes im Monat Oktober 1942 im Arbeitsamtsbezirk Lublin, in: APLu, 498, Nr. 739, Bl. 27–32, hier Bl. 28.
321 Vgl. Abschrift eines Fernschreibens des GBA, Timm, an die Adjutantur des Reichsführers SS vom 2.7.1943, in: IfZ, Fb 106/48, unpag.; Abschrift eines Fernschreibens von Himmler an den GBA Sauckel vom 3.7.1943, in: ebd., unpag. Nur wenig später galten sogar Kinder ab zehn Jahren als einsatzfähig. Vgl. Abschrift eines Schreibens der Abteilung Arbeitseinsatz in der Hauptabteilung Arbeit, Dr. Gschliesser, an den Leiter der Abteilung Arbeit des Distrikts Radom vom 16.9.1943, in: DALO, R 54, 1c, Nr. 137, Bl. 15.

ständig, da das Besatzungsgebiet immer stärker in die deutsche Rüstungswirtschaft mit einbezogen und zudem arbeitsintensive Infrastrukturmaßnahmen begonnen wurden. Diese beiden widerstrebenden Tendenzen brachten permanente Spannungen mit sich, auch unter den beteiligten Institutionen.

Der polnische Arbeitsmarkt war geprägt durch den agrarischen Grundcharakter des Landes, dessen Industrialisierung aber in der Vorkriegszeit Fortschritte gemacht hatte. In dem Jahrzehnt von 1921 bis 1931 ging der Anteil der auf dem Lande arbeitenden Bevölkerung von über 75 Prozent auf 73 Prozent zurück. Davon gehörten rund drei Fünftel der Landwirtschaft an, weniger als ein Fünftel zu Bergbau und Industrie, ein Zehntel dem Handel und Verkehr.[322]

Die problematische Situation auf dem deutschen Arbeitsmarkt verlangte nach Ansicht des Reichsarbeitsministeriums zwingend nach einer Zwangsrekrutierung ziviler polnischer Arbeitskräfte in großem Umfang. Im Februar 1940 veranschlagte das Ministerium den Gesamtbedarf an landwirtschaftlichen Arbeitskräften im Deutschen Reich auf 780.000. Davon sollten 700.000 offene Arbeitsplätze mit polnischen Kräften besetzt werden. Bereits Mitte November 1939 hatte Göring in seiner Funktion als Beauftragter für den Vierjahresplan den Arbeitsverwaltungen die Weisung erteilt, zivile polnische Arbeitskräfte »in größtem Ausmaße« nach Deutschland zur Arbeit zu bringen. Im Januar 1940 forderte Generalgouverneur Frank, als Bevollmächtigter Görings die Bereitstellung von mindestens einer Million Land- und Industriearbeitern, davon etwa 750.000 landwirtschaftliche Arbeitskräfte.[323]

Spätestens im Sommer 1940 gab es in einigen Gebieten des Generalgouvernements keine Arbeitslosen mehr. Allerdings merkte beispielsweise der Kreishauptmann des Kreises Ilza an, es trieben sich dort noch viele Hunderte von Landstreichern und »Eckenstehern« herum, die durch das Arbeitsamt bisher nicht erfasst worden seien. Die dort produzierenden Stahlwerke Braunschweig waren bereits auf Arbeitskräfte aus den Nachbarbezirken angewiesen.[324]

Im Bericht des Kreishauptmannes von Pulawy für den August 1940 kam die Konkurrenzsituation klar zum Ausdruck: Die freiwilligen Meldungen für einen Einsatz in Deutschland hätten gänzlich aufgehört, da viele Arbeitskräfte beim Straßenbau und bei neu eröffneten Firmen Beschäftigung fänden. Da die Nachfrage nach Arbeitskräften bereits größer als das Angebot war, hatte der Kreishauptmann das dortige Arbeitsamt

---

322 Vgl. Bericht über den Aufbau im Generalgouvernement bis 1. Juli 1940, Bd. III, in: IPN, 196 PB, Nr. 279, Bl. 2–248, hier Bl. 146 f. Vgl. allgemein zur wirtschaftlichen Entwicklung Polens: Landau/Tomaszewski, Wirtschaftsgeschichte.
323 Vgl. Schäfer, Zwangsarbeiter, S. 24 f.; Herbert, Fremdarbeiter, S. 79 f.
324 Vgl. Lagebericht für Mai 1940 des Kreishauptmannes des Kreises Ilza an den Generalgouverneur vom 9.6.1940, in: IPN, 196 PB, Nr. 272, Bl. 143–153, hier Bl. 150; Lagebericht für den Monat Juni 1940 des Kreishauptmannes des Kreises Ilza an den Generalgouverneur vom 10.7.1940, in: ebd., Nr. 273, Bl. 115–119, hier Bl. 119.

angewiesen, ein Zwangsarbeitslager einzurichten, in dem er die »arbeitsscheuen Elemente« unterbringen und zur Arbeit heranziehen wollte.[325] Ähnliches war auch aus anderen Kreisen zu vernehmen. In Starachowice hatte sich die Lage auf dem Arbeitsmarkt »weiter versteift«. Konkret hieß das, es fehlten ca. 500 Arbeitskräfte, von denen für Straßenbauarbeiten 200 und für den Ausbau eines Krankenhauses 100 benötigt wurden. Trotzdem waren vom Arbeitsamt etwa 60 Kräfte in das Altreich vermittelt worden. Außerdem hatte es etwa 270 Juden abgezogen. Der Kreishauptmann warf dem Arbeitsamt vor, den Bedarf für einen wichtigen Abschnitt beim Straßenbau bei seiner Vermittlungstätigkeit nicht berücksichtigt zu haben.[326]

Frühzeitig machte sich ein Mangel an Fachkräften bemerkbar, vor allem in der Metall- und in der Flugzeugindustrie. Beide Branchen boomten im Zeichen der Verlagerung von Rüstungsbetrieben in das Generalgouvernement und der Forcierung der dortigen Produktion. Im September 1940 konnte der Bedarf an Drehern, Fräsern, Werkzeugschlossern und anderen Spezialarbeitern im Distrikt Warschau von der Arbeitsverwaltung nicht mehr gedeckt werden. Als problematisch erwies sich, dass die polnischen Arbeitskräfte bei jedem Besuch der Vermittlungsstellen der Meinung waren, die Anwerbungen für örtliche Zwecke seien nur ein Täuschungsmanöver, um Arbeitskräfte für den Einsatz im Reich zu rekrutieren.[327]

Mit den Vorbereitungen zum Krieg gegen die Sowjetunion verschärfte sich die Arbeitsmarktsituation im Generalgouvernement weiter. Besonders in den östlichen Teilen stieg der Bedarf an Arbeitskräften rapide an. Als Auftraggeber traten hauptsächlich die Rüstungsbetriebe, Wehrmachtsdienststellen und Baustammlager in Erscheinung. Die Arbeitsämter hatten zudem mehr denn je mit der mangelnden Arbeitsdisziplin zu kämpfen. Es war keine Seltenheit, dass 50 bis 60 Prozent und mehr der Belegschaft ihren Arbeitsstellen fernblieb.[328] Insgesamt konstatierte die Hauptabteilung Arbeit im Sommer 1941 einen großen Bedarf an Arbeitskräften für Straßenbau- und Instandsetzungsarbeiten, der bei weitem nicht gedeckt werden konnte.[329]

---

325 Vgl. Lagebericht des Kreishauptmannes von Pulawy für den Monat August 1940 vom 7.9.1940, in: BAB, R 52 III, Nr. 23, Bl. 94–106, hier Bl. 102 f.
326 Vgl. Lagebericht für den Monat August 1940 des Kreishauptmannes des Kreises Starachowice an den Generalgouverneur in Krakau vom 9.9.1940, in: IZP, IZ Dok. I-151, Bd. 7, Bl. 31–36, hier Bl. 31 f.
327 Vgl. Bericht des Gouverneurs für den Distrikt Warschau für den Monat September 1940 vom 3.10.1940, zit. nach: Wardzynska, Deportacje, Dok. 36, S. 78.
328 Vgl. Lagebericht für den Monat Juni 1941 der Abteilung Gouverneur beim Chef des Distrikts Krakau vom 5.8.1941, in: IPN, 196 PB, Nr. 281, Bl. 132–144, hier Bl. 141 f.
329 Vgl. Arbeitseinsatzbericht der Hauptabteilung Arbeit in der Regierung des Generalgouvernements für den Monat Juli 1941 vom 22.8.1941, in: IfZ, MA 679/9, frame 310–313, hier frame 310.

Der zunehmende Arbeitskräftemangel im Generalgouvernement ließ sich spätestens im Herbst 1941 nicht mehr verheimlichen. Die Rüstungsinspektion stellte nüchtern fest, dass bei der steigenden Fertigung der Bedarf an Facharbeitern vielfach nicht gedeckt werden konnte. Das Reservoir der alten Gebiete des Generalgouvernements vor allem an Metall- und Bau-Facharbeitern müsse im Wesentlichen als erschöpft bezeichnet werden. Auch der neue Distrikt Galizien könne wegen seiner überwiegend agrarischen Struktur kaum Entlastung bringen.[330]

Frauendorfer rief Ende November 1941 die Dienststellen der Arbeitsverwaltung auf, vordringlich die Heeresdienststellen, die für den Nachschub, die Kraftfahrzeuginstandsetzung usw. verantwortlich waren, mit Arbeitskräften zu versorgen. Einige Arbeitsämter gingen von sich aus dazu über, aufgrund der Arbeitspflichtverordnung die angeforderten Arbeitskräfte ganz oder teilweise aus Betrieben mit nicht-kriegswirtschaftlicher Fertigung herauszuziehen und sie zur Arbeitsleistung in Betrieben mit staatspolitisch vordringlichen Aufgaben zu verpflichten.[331]

Der im Generalgouvernement an sich nur geringe Bestand an Metallfacharbeitern hatte sich nach Aussagen der Hauptabteilung Arbeit durch die ständige Überweisung derartiger Kräfte in das Reich bis zum August 1942 bereits so erheblich vermindert, dass die Deckung des vordringlichsten Bedarfs im Generalgouvernement selbst schon seit längerer Zeit ernste Schwierigkeiten bereitete, bzw. zum Teil unmöglich war. In einer Besprechung zwischen Sauckel und Frank vereinbarten diese deshalb am 18. August, dass zukünftig keine Metallfacharbeiter mehr aus dem Generalgouvernement in das Reich überwiesen werden sollten.[332] Besonders dieser Mangel an Facharbeitern drückte auf den Arbeitsmarkt des Generalgouvernements. Das musste auch die Hauptabteilung Arbeit im Herbst 1942 einräumen. Bereits seit zwei Jahren hatten sich keine entsprechenden freien Arbeitskräfte mehr bei den Arbeitsämtern gemeldet. Arbeitskräfte konnten nach ihrer Einschätzung nur noch aus der so genannten »stillen Reserve« beschafft werden. Deren Erfassung gestaltete sich schwierig und zeitaufwändig.[333]

---

330 Vgl. Auszug aus dem Rüstungswirtschaftlichen Lagebericht für den Monat Oktober 1941 der Rüstungsinspektion im Generalgouvernement vom 13.11.1941, in: BAB, R 52 VI, Nr. 8, Bl. 18–20, hier Bl. 19.
331 Vgl. Runderlaß Nr. 197/41 des Leiters der Hauptabteilung Arbeit bei der Regierung des Generalgouvernements, Frauendorfer, an die Leiter der Abteilungen Arbeit bei den Gouverneuren der Distrikte und die Leiter der Arbeitsämter im Bereiche des Generalgouvernements vom 28.11.1941, in: ebd., Filme, Nr. 72388, Bl. 2–4.
332 Vgl. Runderlaß Nr. 145/42 der Hauptabteilung Arbeit in der Regierung des Generalgouvernements, Gschließer, an die Leiter der Abteilungen Arbeit in den Ämtern der Distrikte und die Leiter der Arbeitsämter im Bereich des Generalgouvernements vom 22.8.1942, in: ebd., Bl. 173.
333 Vgl. Abschrift eines Schreibens der Hauptabteilung Arbeit an den Wehrkreisbefehlshaber im Generalgouvernement, Oberst Forster, vom 6.10.1942, in: BA-MA, RH 53-23, Nr. 87, Bl. 161; Durchschrift eines Rundschreibens des Oberquartiermeisters Qu. 2 beim W.i.G.,

In ihrem Arbeitseinsatzbericht für den Monat Februar 1943 konnte die Hauptabteilung Arbeit vermelden, dass in diesem Monat die Gesamtzahl der seit September 1939 ins Reich transportierten Arbeitskräfte eine Million überschritten hatte. Allein in dem Berichtsmonat vermittelten die Arbeitsämter des Generalgouvernements 35.140 Arbeitskräfte nach dem Reich und 56.588 Arbeitskräfte innerhalb des Generalgouvernements, also zusammen 91.728 Personen. Diese Trends setzten sich im Folgemonat fort; die Zahl der im Generalgouvernement vermittelten Arbeitskräfte konnte sogar auf 70.281 gesteigert werden. Innerhalb des Generalgouvernements kamen jetzt noch 0,24 Arbeitsuchende auf eine offene Stelle. Die gemeldeten Arbeitsuchenden genügten im Allgemeinen weder fachlich noch hinsichtlich ihres Gesundheitszustandes oder ihrer Ausgleichsfähigkeit den gestellten Ansprüchen. Und obwohl im April die Vermittlungszahl im Generalgouvernement gegenüber dem Vormonat noch einmal um fast 10.000 gesteigert werden konnte, stand dem ein weiteres Anwachsen der offenen Stellen um rund 20.000 am Monatsende entgegen. Man näherte sich einem Punkt, an dem der ungedeckte Bedarf im Generalgouvernement den des Reiches zahlenmäßig überstieg.[334]

Zunehmend machte sich bei den polnischen Arbeitskräften im Generalgouvernement eine ablehnende bis widersetzliche Haltung bemerkbar. Sie äußerte sich im zeitweiligen oder dauernden Fernbleiben von der Arbeitsstelle oder ganz allgemein in dem, was die deutschen Behörden als »Arbeitsbummelei« beklagten. Das Arbeitsamt Reichshof (Rzeszów) meldete im September 1943 für eine einzige Abteilung eines Großbetriebes den Ausfall von 14.227 Arbeitsstunden in dem Monat. Ein Großbetrieb im Bezirk des Arbeitsamtes Kielce gab seinen Arbeitsausfall mit rund 30 Prozent an. Das bedeutete nach Aussagen der Hauptabteilung Arbeit, dass die gesamten Zuweisungen der Arbeitsämter an diese Betriebe den Verlust an Arbeitsstunden noch nicht annähernd ausgleichen konnten.[335]

Die Arbeitsverwaltung steigerte die Zahl der im Generalgouvernement vermittelten Arbeitskräfte im Februar 1944 auf sagenhafte 101.614 – das war gegenüber dem Vorjahr fast eine Verdoppelung. Verantwortlich dafür war in erster Linie der rasante Anstieg der

---

Oberst Forster, an den Wehrmachtsführungsstab, den Chef des Heeresstabes, den Generalquartiermeister und den Chef der Heeresrüstung vom 8.10.1942, in: ebd., Bl. 159.

334 Vgl. Arbeitseinsatzbericht für den Monat Februar 1943 der Hauptabteilung Arbeit der Regierung des Generalgouvernements vom 24.3.1943, in: BAB, R 52 IV, Nr. 13b, Bl. 42–43, Arbeitseinsatzbericht für den Monat März 1943 der Hauptabteilung Arbeit der Regierung des Generalgouvernements, Dr. Gschließer, vom 21.4.1943, in: ebd., Bl. 28–29; hier Bl: 28; Arbeitseinsatzbericht für den Monat April 1943 der Hauptabteilung Arbeit der Regierung des Generalgouvernements, Dr. Gschließer, vom 21.5.1943, in: ebd., Bl. 17–18, hier Bl. 17; Arbeitseinsatzbericht für den Monat Mai 1943 der Hauptabteilung Arbeit der Regierung des Generalgouvernements, Dr. Gschließer, vom 21.6.1943, in: ebd., Bl. 2–3, hier Bl. 2.

335 Vgl. Arbeitseinsatzbericht für den Monat September 1943 der Hauptabteilung Arbeit in der Regierung des Generalgouvernements, Dr. Gschließer, vom 21.10.1943, in: ebd., Nr. 13c, Bl. 134.

kurzfristigen Zuweisungen. Unabhängig davon, waren es vor allem zwei Bereiche, die einen Anstieg des gesamten Einsatzes im Generalgouvernement brachten: der Bausektor und die Wehrmachtdienststellen. Ihnen wurden rund 56 Prozent aller Arbeitskräfte im Generalgouvernement zugewiesen.[336]

Die Steuerung des Arbeitsmarktes: Arbeitspflicht und Pflichtarbeit

Am 26. Oktober 1939 wurde per Verordnung die Arbeitspflicht für alle polnischen Bewohner des Generalgouvernements zwischen dem 18. und 60. Lebensjahr eingeführt. Lediglich Personen, die eine »dauernde gemeinschaftsnützliche Beschäftigung« nachweisen konnten, fielen nicht darunter. Im Rahmen dieser öffentlichen Arbeitspflicht sollten landwirtschaftliche Arbeiten, die Errichtung und Instandhaltung öffentlicher Gebäude, der Bau von Straßen, Wasserstraßen und Eisenbahnen, die Regulierung von Flüssen und die Arbeiten zur Landeskultur geleistet werden. Die Arbeitspflichtigen waren »nach gerecht erscheinenden Sätzen« zu entlohnen.[337] In einer ersten Durchführungsverordnung wurde näher geregelt, dass die Arbeitspflichtigen durch die zuständigen Arbeitsämter zur Dienstleistung zugewiesen wurden. Wer seiner Arbeitspflicht nicht nachkam, wer der Arbeit fernblieb oder sie verweigerte, konnte mit Gefängnis- und Geldstrafen belegt werden. Dabei hatte der Leiter des Arbeitsamts den Strafantrag zu stellen.[338]

Bereits am 14. Dezember räumte Frank den Chefs der Distrikte die Möglichkeit ein, die Arbeitspflicht auch auf Jugendliche zwischen dem 14. und 18. Lebensjahr auszudehnen. Der Arbeitseinsatz der Jugendlichen sollte dabei ihrer Leistungsfähigkeit angepasst werden.[339] Der Chef des Distrikts Warschau dehnte im März 1941 die Arbeitspflicht auf Jugendliche zwischen dem 14. und 18. Lebensjahr aus, und Anfang Juli 1941 folgte sein Kollege aus dem Distrikt Lublin mit der entsprechenden Maßnahme.[340]

---

336 Vgl. Arbeitseinsatzbericht für den Monat Februar 1944 der Hauptabteilung Arbeit in der Regierung des Generalgouvernements, Dr. Gschließer, vom 30.3.1944, in: ebd., Bl. 28.
337 Vgl. Verordnung über die Einführung der Arbeitspflicht für die polnische Bevölkerung des Generalgouvernements vom 26.10.1939, in: VOBlGG, 1939, Nr. 1 vom 26.10.1939, S. 6. Madajczyk merkt an, dass sich die Unterschiede zwischen der Arbeitspflicht für Polen und dem Arbeitszwang für Juden in der Praxis immer mehr verwischten. Vgl. Madajczyk, Okkupationspolitik, S. 221f.
338 Vgl. Erste Durchführungsverordnung zur Verordnung vom 26.10.1939 über die Einführung der Arbeitspflicht für die polnische Bevölkerung des Generalgouvernements vom 31.10.1939, in: VOBlGG, 1939, Nr. 2 vom 2.11.1939, S. 14f.
339 Vgl. Verordnung über die Erstreckung der Arbeitspflicht für die polnische Bevölkerung des Generalgouvernements vom 14.12.1939, in: ebd., Nr. 13 vom 21.12.1939, S. 224f.
340 Vgl. Anordnung des Chefs des Distrikts Warschau vom 18.3.1941, in: APW, 489, Nr. 809, Bl. 28; Durchschrift einer Anordnung des Distriktchefs in Lublin über die Erstreckung der

Frank forderte die Distriktschefs am 31. Oktober 1939 auf, die Zahlung von Arbeitslosenunterstützung von der Leistung von Pflichtarbeit abhängig zu machen. Dabei stellte er es in das Ermessen der Arbeitsämter, welche Maßnahmen sie als geeignet anerkannten. Es sollte sich dabei aber in erster Linie um Aufräumungs- und Instandsetzungsarbeiten handeln. Von dieser Praxis sollte großflächig Gebrauch gemacht werden.[341] Im Bezirk des Arbeitsamtes Tschenstochau erhöhte sich die Zahl der Pflichtarbeiter im Oktober 1939 erheblich. Bei zwölf Maßnahmen waren insgesamt 3.211 Pflichtarbeiter beschäftigt. Träger der Maßnahmen waren überwiegend die Kommunalbehörden, es handelte es sich vor allem um Straßenarbeiten, Aufräumungsarbeiten und Flussregulierungen.[342]

Von den 6.687 Unterstützungsempfängern im Bezirk des Arbeitsamtes Lublin befanden sich Ende November 1939 bei 47 Maßnahmen 6.579 Personen in Pflichtarbeit. Grundsätzlich, so das Ergebnis des Arbeitsamtes, werde also jetzt von jedem Unterstützungsempfänger Pflichtarbeit verrichtet, ausgenommen hiervon waren nur die Volksdeutschen, die sich im Selbstschutz betätigten und eine männliche und weibliche Arbeitskolonne, die »Arbeitsbereitschaft«, die sich täglich beim Arbeitsamt meldete und für besondere Verwendungen zur Verfügung stand.[343]

Mit der »Verordnung über die Gewährung einer Arbeitslosenhilfe« vom 16. Dezember 1939 wurde dieser Bereich offiziell geregelt. Ein Rechtsanspruch auf die Unterstützung bestand nicht, außerdem wurde sie nur Bedürftigen gezahlt. Die Hauptunterstützung betrug im Höchstfall 9 Zloty wöchentlich, für den ersten Angehörigen wurden 4,20, für jeden weiteren 2,40 Zloty gewährt. Die Chefs der Distrikte bestimmten die Höhe der Arbeitslosenhilfe; sie konnten einzelne Kreise, Personen und Personengruppen von ihr ausschließen. Die Arbeitslosenhilfe wurde ganz oder teilweise entzogen, wenn der Empfänger oder ein Zuschlagsberechtigter »arbeitsunwillig« war. Damit ging die Arbeitsverwaltung gegen Arbeitslose, vor allem Jugendliche vor, die sich einem Arbeitseinsatz im Deutschen Reich entziehen wollten. Die Auszahlung der Arbeitslosenhilfe konnte »von der Leistung gemeinnütziger Arbeit abhängig gemacht werden (Pflichtarbeit)«. Der Leiter des Arbeitsamtes bestimmte die geeignete Maßnahme. Pflichtarbeit sollte nur dort durchgeführt werden, »wo es untunlich ist, die Arbeit im freien Arbeitsverhältnis oder im Wege der Arbeitspflicht« auszuführen. Die wichtigsten Einsatzgebiete waren Auf- und Abbauarbeiten, Aufräumungs- und Reinigungsarbeiten,

---

Arbeitspflicht für die nichtdeutsche Bevölkerung des Generalgouvernements vom 9. Juli 1941, in: APLu, 498, Nr. 764, unpag.

341 Vgl. Rundschreiben des Gouverneurs für die besetzten polnischen Gebiete, Frank, an die Distriktchefs im Generalgouvernement vom 31.10.1939, in: ebd., Nr. 690, Bl. 30–31.

342 Vgl. Arbeitseinsatzbericht für den Monat Oktober 1939 des Arbeitsamtes Tschenstochau vom 1.11.1939, in: APK, 426, Nr. 308, Bl. 4.

343 Vgl. Arbeitseinsatzbericht des Arbeitsamtes, Dienststelle Lublin des Landesarbeitsamtes Schlesien für den Monat November 1939, in: APLu, 498, Nr. 758, unpag.

Instandsetzungsarbeiten an Straßen und Brücken. Während der Pflichtarbeit erhielten die Arbeitslosen grundsätzlich nur ihre Arbeitslosenhilfe weiter.[344]

Die Arbeitsämter zahlten Unterstützungen an die Arbeitslosen, um deren Arbeitsfähigkeit für einen späteren Arbeitseinsatz zu erhalten. Gleichzeitig diente die gezahlte Arbeitslosenhilfe zur sozialen Disziplinierung, denn in der Regel setzte sie die Ableistung von Pflichtarbeit voraus und sollte nur dort ausbezahlt werden, wo die Bevölkerung keine anderen Möglichkeiten hatte, ihr Dasein zu fristen, also vornehmlich in Industriegebieten. Dadurch konnten außerdem Arbeiten im Reichsinteresse erledigt werden, die sonst unterblieben wären. Scharf unterschied die Arbeitsverwaltung zwischen Pflichtarbeit und Arbeitspflicht: Sollte letztere im ordentlichen Arbeitsverhältnis durchgeführt und die Arbeitslosigkeit damit beseitigt werden, so war die Pflichtarbeit bei fort gezahlter Arbeitslosenhilfe abzuleisten. Die Pflichtarbeiter sollten streng überwacht und bei fehlendem Arbeitseifer vorübergehend einem besonderen Arbeitskommando unter Bewachung durch die SS zugewiesen werden. Falls auch diese »vorübergehende Erziehungsmaßnahmen« nichts nutzen, war die Arbeitslosenhilfe zu entziehen.[345]

Weitere Kontrollmaßnahmen

Die planmäßige Erfassung und Lenkung der Arbeitskräfte bereitete der Arbeitsverwaltung im Generalgouvernement lange Zeit Probleme. Eine Besserung zeichnete sich erst mit der Einführung einer Arbeitskarte Ende Dezember 1940 ab, die sich zunächst nur auf gewerbliche Berufsgruppen beschränken sollte. Sie hatte »eine zweckentsprechende Verteilung der Arbeitskräfte im Generalgouvernement zu gewährleisten«. Arbeiter und Angestellte, die Inhaber einer Arbeitskarte sein mussten, durften nur noch beschäftigt werden und sich beschäftigen lassen, wenn sie im Besitz einer vom Arbeitsamt ausgestellten Arbeitskarte waren.[346]

Frauendorfers Ansicht nach hatte diese Arbeitskarte im Generalgouvernement eine ähnliche Funktion wie das 1935 eingeführte Arbeitsbuch in Deutschland. Vorrangig soll-

---

344 Vgl. Verordnung über die Gewährung einer Arbeitslosenhilfe des Generalgouverneurs für die besetzten polnischen Gebiete, Frank, vom 16.12.1939, in: VOBlGG, 1939, Nr. 13 vom 21.12.1939, S. 226–228 (Zitate S. 227); Maier, Arbeitsverwaltung, S. 22 ff.
345 Vgl. Abschrift eines Schreibens des Leiters der Abteilung Arbeit im Amt des Generalgouverneurs, Frauendorfer, an die Abteilungen Arbeit bei den Chefs der Distrikte vom 27.1.1940, in: BAB, R 2, Nr. 5066, Bl. 28–31.
346 Vgl. Verordnung über die Einführung einer Arbeitskarte im Generalgouvernement des Generalgouverneurs Frank vom 20.12.1940, in: VOBlGG, 1940, Nr. 73 vom 30.12.1940, S. 377–378; Gschliesser, Arbeitsrecht, S. 233 ff. Vgl. dazu das Muster einer Arbeitskare (Karta Pracy), undat., in: APK, 33, Nr. J 13904, Bl. 575–607 sowie Arbeitsanweisung des Arbeitsamtes Krakau, Dr. Nitsche, zur Erstellung einer Arbeitskarte vom 9.12.1940, in: DALO, R 39, 1, Nr. 2, Bl. 1–3.

ten die Fachkräfte der Eisen- und Metallindustrie sowie Angehörige einiger sonstiger Mangelberufe festgestellt und erfasst werden, die nicht ihrem erlernten oder angelernten Beruf entsprechend eingesetzt waren oder in Betrieben arbeiteten, deren Erzeugung nicht als vordringlich eingestuft wurde. Darüber hinaus sollte die Einführung der Arbeitskarte die Arbeitskraftreserven erfassen, um den immer stärker steigenden Bedarf an Arbeitskräften vornehmlich in der Rüstungsindustrie und für staatspolitisch bedeutsame Bauvorhaben decken zu können. Die Arbeitnehmer der für die Kriegsproduktion wichtigsten Wirtschaftszweige, z. B. die Eisen- und Metallindustrie, mussten ab dem 1. August 1941 im Besitz der Arbeitskarte sein; ab dem 15. Oktober 1941 folgten weitere Branchen, schließlich ab 1. Februar 1942 die restlichen gewerblichen Arbeitnehmer, ab 1. Juni 1942 wurden auch die der öffentlichen Verwaltungen mit der Arbeitskarte ausgestattet.[347]

Am 1. September 1941 war die Ausgabe der Arbeitskarten beim Arbeitsamt Lublin im Sektor Metall, der als erster bearbeitet wurde, beendet. Jede dazugehörige Person musste einen Antrag mit dem beruflichen Werdegang und den vorhandenen Berufskenntnissen, dem Besuch von Fachschulen usw. ausfüllen: »Dadurch ist das Arbeitsamt in die Lage versetzt, sich von jedem einzelnen ein genaues Berufsbild zu machen und dies in den für die Vermittlung vorgesehenen Karteikarten festzuhalten. Erst wenn diese Unterlagen vollständig vorliegen, ist das Arbeitsamt in der Lage, den Arbeitseinsatz so zu lenken, wie es einerseits die Wirtschaft, andererseits aber auch die Veranlagung und Begabung des einzelnen Arbeitssuchenden verlangen.«[348]

Im Laufe der Zeit übernahm die Regierung des Generalgouvernements weitere im Reich geltende Vorschriften für den Arbeitsmarkt. Mit der »Verordnung über die Beschränkung des Arbeitsplatzwechsels« vom 22. Februar 1940 ermöglichte Frank eine weitgehende Lenkung der Arbeitskräfte durch die Arbeitsämter: Kündigungen, sowohl von Seiten der Betriebe als auch der Arbeitnehmer selbst, durften nur ausgesprochen werden, »wenn das Arbeitsamt der Lösung des Arbeitsverhältnisses zugestimmt« hatte. Andererseits waren Einstellungen nur erlaubt, wenn ebenfalls die Zustimmung des Arbeitsamtes vorlag. Das Arbeitsamt hatte dabei »staatspolitische und soziale Gesichts-

---

347 Vgl. Runderlaß Nr. 155/40 der Abteilung Arbeit im Amt des Generalgouverneurs für die besetzten polnischen Gebiete, Dr. Frauendorfer, an die Leiter der Abteilungen Arbeit bei den Chefs der Distrikte und die Leiter der Arbeitsämter im Bereich des Generalgouvernements vom 31.10.1940, in: AAN, 111, Nr. 1414/1, Bl. 228–233, hier Bl. 228; Niederschrift über die Dienstbesprechung der Abteilungsleiter sowie der Kreis- und Stadthauptleute des Distrikts Lublin am 5.12.1940, in: BAB, R 52 III, Nr. 17, Bl. 62–69, hier Bl. 65; Maier, Arbeitsverwaltung, S. 15 ff.
348 Vgl. Tätigkeitsbericht des Arbeitsamtes Lublin vom Oktober 1939 – August 1941 vom 16.9.1941, in: APLu, 509, Nr. 8, Bl. l. 1–14, hier Bl. 11 (Zitat ebd.).

punkte sowie die allgemeinen Richtlinien des Arbeitseinsatzes und der Lohnpolitik zu berücksichtigen«.³⁴⁹

Die »Verordnung über die Verteilung von Arbeitskräften, Arbeitsvermittlung, Berufsberatung und Lehrstellenvermittlung« vom 20. Februar 1941 legte die ausschließliche Zuständigkeit der Abteilung Arbeit und der Arbeitsämter für die genannten Aufgaben fest.

Aufgrund der Verknappung des Kräftepotenzials und des Versuchs vieler polnischer Arbeitskräfte, sich einem Einsatz im Reich zu entziehen, erließ die Regierung am 13. Mai 1942 die »Verordnung zur Sicherstellung des Kräftebedarfs für Aufgaben von besonderer staatspolitischer Bedeutung (Dienstpflichtverordnung)«. Dadurch konnten die Arbeitsämter – wie oben bereits beschrieben – für »unaufschiebbare Aufgaben« Bewohner des Generalgouvernements zur »Dienstleistung aller Art innerhalb und außerhalb des Generalgouvernements« verpflichten. Während der Dienstpflicht war der Arbeitnehmer von seinem bisherigen Beschäftigungsverhältnis beurlaubt. Bei einer Verpflichtung von unbeschränkter Dauer erlosch es dagegen. Zuwiderhandlung wurde mit Gefängnis, in schwereren Fällen mit Zuchthaus bedroht. Mit seiner letzten die Arbeitskräfterekrutierung betreffenden »Verordnung über die Bestrafung von Zuwiderhandlungen gegen Arbeitseinsatzvorschriften (Arbeitseinsatzstrafverordnung)« fasste Frank am 16. Februar 1944 die Strafbestimmungen der vorangegangenen Verordnungen zusammen und verschärfte sie generell.³⁵⁰

Die Sogwirkung der Rüstungsindustrie

Der verstärkte Aufbau einer deutschen Rüstungsindustrie im Generalgouvernement durch die Übernahme polnischer Betriebe, den Neuaufbau von Rüstungswerken und später durch Verlagerungen aus dem Reichsgebiet, entfaltete eine enorme Sogwirkung auf dem Arbeitsmarkt. Immer mehr Arbeitskräfte wurden hier benötigt; dieser industrielle Sektor trat in zunehmend schärfere Konkurrenz zu den Transporten von Arbeitskräften in das Reichsgebiet, speziell im Falle der Facharbeiter.³⁵¹

Der enorme Kräftebedarf der Rüstungsindustrie wird deutlich, wenn man sich die Vermittlungszahlen aus dem Distrikt Warschau in die Kriegswirtschaft des Generalguvernements anschaut. Nach Angaben der Abteilung Arbeit des Distrikts vom Sommer 1944 vermittelte die Arbeitsverwaltung im letzten Quartal 1939 15.544 Arbeits-

---

349   Vgl. Verordnung über die Beschränkung des Arbeitsplatzwechsels vom 22.2.1940, zit. nach: Doc. Occ., Bd. VI, Dok. 8, S. 318–319 (Zitate ebd.). Mit der Durchsetzung dieser Verordnung gab es zunächst Probleme. Vgl. Abschrift eines Rundschreibens des Arbeitsamtes Krakau, ORR Nitsche, an die Leiter der Betriebe des Arbeitsamsbezirks Krakau vom 2.4.1940, in: DALO, R 39, 1, Nr. 1, Bl. 1.
350   Vgl. Maier, Arbeitsverwaltung, S. 14 f.; Seidel, Besatzungspolitik, S. 103.
351   Vgl. ebd., S. 110 f.

kräfte, 1940 183.407, 1941 211.051, 1942 177.001, 1943 144.674 und in den ersten fünf Monaten 1944 64.577, insgesamt also fast 800.000 Arbeitskräfte. Besonders stark war der Bedarf an Arbeitskräften innerhalb des Distrikts Warschau selbst, da dort die Rüstungsindustrie einen starken Aufschwung nahm.[352]

Bis Mitte 1940 trat im Bereich der Rüstungsinspektion kein Mangel an Facharbeitern auf. Lediglich die Gewehrfabrik Radom meldete einen lokal nicht mehr zu befriedigenden Bedarf an 200 Facharbeitern, der aber durch Ausgleich aus anderen Distrikten zu decken war. Gleichwohl machte sich die Konkurrenz der Landarbeiterwerbung für das Reich bereits bemerkbar, zumal die Arbeitsämter in mehreren Fällen nicht nur arbeitslose Facharbeiter, sondern sogar Rüstungsarbeiter aus den Betrieben herauszogen und nach Deutschland zu verschicken versuchten.[353]

Rüstungsinspekteur Franz Barckhausen machte in einer Besprechung mit Frank seinem Ärger über den Abzug von Arbeitern aus der Rüstungsindustrie Luft, dem eine konkrete Vereinbarung mit der Abteilung Arbeit entgegenstand. Zwar trüge die entsprechende Verordnung des Leiters der Abteilung Arbeit vom 15. Mai 1940[354] dieser Übereinkunft Rechnung, jedoch verstießen in der Praxis die unteren Verwaltungsorgane gegen sie. Es würden Facharbeiter auch solche, die in der Rüstungsindustrie arbeiteten und mit Ausweisen versehen seien, gewaltsam erfasst und abtransportiert.[355]

Die Rüstungsindustrie geriet aufgrund widersprüchlicher Prioritäten unterschiedlicher Instanzen im Reich unter enormen Druck: Während die Wehrmacht auf der Intensivierung der Produktion und Einhaltung der Liefertermine beharrte, forderte Sauckel, immer neue Kontingente polnischer Zwangsarbeiter für den Einsatz im Reich. In der gleichen Zeit radikalisierte sich die Haltung Himmlers, der immer entschlossener die

---

352 Vgl. Bericht der Abteilung Arbeit beim Chef des Distrikts Warschau, o.Dat. (Juli 1944), in: AAN, 111, Nr. 1414/6, Bl. 1–5, hier Bl. 1f.

353 Vgl. Rüstungswirtschaftlicher Lagebericht für die Zeit vom 27.3. bis 14.5.40 der Rüstungsinspektion Oberost, Generalleutnant Franz Barckhausen, in: BABay, Ost-Dok. 8, Nr. 818, Bl. 33–43, hier Bl. 36.

354 Vgl. Rundschreiben des Leiters der Abteilung Arbeit im Amt des Generalgouverneurs an die Abteilungsleiter und den Chef des Amtes, Bühler, den Leiter der Dienststelle für den Vierjahresplan, Bührmann, und den Leiter der Rüstungsinspektion Ober-Ost, Barckhausen, vom 15.5.1940, zit. nach: Doc. Occ., Bd. X, Dok. IV-18, S. 356–357. Frauendorfer wies hier die Arbeitsämter explizit an, polnische Arbeitskräfte, die in einer deutschen Verwaltung, einem Rüstungsbetrieb usw. beschäftigt waren, von einer Anwendung der Arbeitspflicht grundsätzlich auszunehmen. Lediglich in den Fällen, in denen durch das Arbeitsamt eine gleichwertige Arbeitskraft nichtdienstpflichtiger Jahrgänge gestellt werden könne, sollte ein Austausch möglich sein. Jeder dieser Fälle sollte aber eingehend geprüft werden. Vgl. ebd., S. 357.

355 Vgl. »Die Lage der Rüstungsindustrie im Generalgouvernement«, Vortrag von Generalleutnant Barckhausen, Rüstungsinspektion Oberost, anlässlich der Besprechung mit dem Generalgouverneur am 5. und 6.6.1940, in: BABay, Ost-Dok. 8, Nr. 821, Bl. 2–9, hier Bl. 5f.

vollständige Ermordung der jüdischen Bevölkerung forcierte. Dazu kam noch, dass zwischen Mai und August 1942 etwa 340.000 Polen nach Deutschland verschickt wurden, die oftmals direkt aus den kriegswichtigen Betrieben herausgeholt worden waren. Um die schwierige Lage auf dem Arbeitsmarkt zu entspannen, einigte sich die Rüstungsinspektion mit den SS- und Polizeibehörden im Mai 1942 darauf, etwa 100.000 jüdische Zwangsarbeiter in ihren Betrieben zu beschäftigen.[356]

Gefahr drohte dem Arbeitskräftebestand in der Rüstungsindustrie des Generalgouvernements aber noch von anderer Seite: Angesichts des Mangels an Rüstungsarbeitern im Reich, beabsichtigte der Generaldirektor der Hasag-Werke, Paul Budin, von den in den Werken Skarzysko-Kamienna beschäftigten Arbeitern etwa 2.000 der deutschen Rüstungsindustrie zur Verfügung zu stellen. Auf seine Werbungen hätten sich nicht genügend Arbeiter gemeldet, und nun wollte er diese 2.000 Arbeiter einfach aus dem Betrieb heraus verhaften und nach Deutschland bringen. Frauendorfer äußerte die schwersten Bedenken gegen den Plan, und auch Generalgouverneur Frank war strikt dagegen und wollte Budin gegebenenfalls wegen Sabotage aus dem Generalgouvernement ausweisen lassen.[357] Diesem vehementen Auftreten widersprach dann allerdings ein Runderlass Frauendorfers vom 24. April 1942, der wiederum einen Erlass des Reichsarbeitsministeriums zitierte, auf den sich Budin offensichtlich berufen hatte. Danach war es möglich, in größerem Umfange als bisher, Arbeitskräfte aus den Rüstungsbetrieben des Generalgouvernements anzuwerben und möglichst in die jeweiligen Stammbetriebe der Firmen ins Reich zu bringen.[358] Und Frauendorfer musste in dieser Frage noch weiter zurückrudern. In einem späteren Runderlass hatte er sich auch den Forderungen des Generalbevollmächtigten für den Arbeitseinsatz zu beugen, der mit Rücksicht auf die gespannte Arbeitseinsatzlage im Rüstungssektor angeordnet hatte, dass der Rüstungsindustrie im Reich mehr Arbeitskräfte als bisher zugeführt werden sollten.[359]

Es zeigte sich allerdings rasch, dass die von Budin und anderen forcierte Umsetzung von Rüstungsarbeitern aus dem Generalgouvernement in die Stammbetriebe im Reichsgebiet ein Fehlschlag war. Nach den Feststellungen der Rüstungsinspektion hatten nur

---

356 Vgl. Młynarczyk, Judenmord, S. 334. Zur Bedeutung der jüdischen Arbeitskräfte für die Rüstungsindustrie vgl.: Budraß, Arbeitskräfte.
357 Vgl. Eintrag im DTB von Frank vom 17.3.1942, Besprechung mit Hauptabteilungspräsident Dr. Frauendorfer, zit. nach: IfZ, MA 120/7, Bl. 173 f.
358 Vgl. Runderlaß Nr. 60/42 der Hauptabteilung Arbeit in der Regierung des Generalgouvernements, Frauendorfer, an die Leiter der Abteilungen Arbeit in den Ämtern der Distrikte und die Leiter der Arbeitsämter vom 24.4.1942, in: APLu, 509, Nr. 2, Bl. 40–43, hier Bl. 40.
359 Vgl. Runderlaß Nr. 81/42 des Leiters der Hauptabteilung Arbeit bei der Regierung des Generalgouvernements, Frauendorfer, an die Leiter der Abteilungen Arbeit bei den Gouverneuren der Distrikte und die Leiter der Arbeitsämter im Bereiche des Generalgouvernements vom 19.5.1942, in: BAB, Filme, Nr. 72388, Bl. 83–84.

wenige Stammbetriebe an diesen Umsetzungen Interesse gezeigt.[360] Die Hauptabteilung Arbeit teilte die negative Einschätzung der Umsetzungsaktion; sie habe »in keiner Weise den Erwartungen entsprochen«. Selbst bei der Hasag konnte nur ein Teil der Dienstverpflichteten – 860 von 2.000 – ins Reich geschickt werden, viele blieben einfach der Arbeit fern.[361] Im August 1942 kam dann die Entscheidung des Wehrwirtschafts- und Rüstungsamtes, den zwangsweisen Abzug von Arbeitskräften aus Rüstungsbetrieben des Generalgouvernements zu beenden. Künftig sollten nur noch Arbeitskräfte, die sich freiwillig für einen Einsatz im Reich meldeten, genommen werden.[362]

Das Rüstungskommando Radom mokierte sich im Sommer 1942 über die Praktiken der Arbeitsverwaltung zur Aufbringung von Arbeitskräften, »die in einzelnen Fällen zu komischen Situationen führten«. So wurden Arbeiter von der Straße aufgegriffen und zur Umsetzung nach dem Reich für Zwecke der Rüstungsindustrie gebracht, obwohl sie in der Rüstungsindustrie des Generalgouvernements tätig waren und sich entsprechend ausweisen konnten.[363]

Generalgouverneur Frank erkannte, dass die Quadratur des Kreises auf dem Gebiete der Rüstungsarbeiter nicht gelingen konnte. Auf einer Abteilungsleitersitzung im Dezember 1942 beklagte er, das Reich verfolge dem Generalgouvernement gegenüber keine einheitliche Linie. Auf der einen Seite solle man dem Reich möglichst viele Arbeitskräfte abstellen, auf der anderen Seite verlege das Reich in zunehmendem Maße Rüstungsbetriebe und damit Arbeitsaufträge in das Generalgouvernement. Beides lasse sich nicht vereinbaren. Sauckel stehe auf dem Standpunkt, dass in erster Linie eine hundertprozentige Kapazitätsauslastung der Rüstungsindustrie des Reiches herbeigeführt werden müsse. Hitler habe aber entschieden, dass das Generalgouvernement in die Rüstungsanstrengungen des Reiches integriert werden solle. Er, Frank, könne also nicht dulden, dass im Generalgouvernement die für die eigenen Rüstungsbetriebe notwen-

---

360   Vgl. Abschrift eines Schreibens des Chefs des Oberkommandos der Wehrmacht, General Thomas, an die Rüstungsinspektion im Generalgouvernement vom 19.5.1942, in: ebd., Bl. 108–109.
361   Vgl. Runderlaß Nr. 101/42 der Hauptabteilung Arbeit in der Regierung des Generalgouvernements, Frauendorfer, an die Leiter der Abteilungen Arbeit in den Ämtern der Distrikte und die Leiter der Arbeitsämter vom 18.6.1942, in: APLu, 509, Nr. 2, Bl. 103–105, hier Bl. 103; Schreiben des Reichsministers für Bewaffnung und Munition an die Rüstungskommandos im Generalgouvernement vom 10.6.1942, in: ebd., Bl. 106–107.
362   Vgl. Runderlass Nr. 134/42 der Hauptabteilung Arbeit in der Regierung des Generalgouvernements, Gschliesser, an die Leiter der Abteilungen Arbeit in den Ämtern der Distrikte und die Leiter der Arbeitsämter im Bereich des Generalgouvernements vom 11.8.1942, in: IPN, 196 PB, Nr. 359, Bl. 237.
363   Vgl. KTB des Rüstungskommandos Radom vom 1. Juli bis 30. September 1942, Überblick des Dienststellenleiters über die in der Berichtszeit aufgetretenen wesentlichen Probleme, in: BA-MA, RW 23, Nr. 16, Bl. 7–9, hier Bl. 9.

digen Arbeitskräfte ins Reich weggeholt würden.³⁶⁴ Wie eine Bestätigung dieser Worte klangen die Aussagen der Rüstungskommission über das dritte Quartal 1942. Demnach hatte sich die allgemeine Arbeitseinsatzlage weiter verschärft. Facharbeiter, vor allem Metallarbeiter, stünden fast kaum noch zur Verfügung.³⁶⁵

Die Hauptabteilung Arbeit bemühte sich nach wie vor, die Anforderungen des Reiches nach Rüstungsarbeitern zu erfüllen. Trotz widriger Witterung und Transportproblemen gelang es, im Dezember 1942 31.595 Arbeiter ins Reich zu schicken. Im gleichen Monat des Vorjahres waren es nur 12.319 gewesen. Dieses Ergebnis konnte trotz der wachsenden Abneigung der Bevölkerung gegen eine Arbeitsaufnahme im Reich durch Einzelbeorderungen und strenge Maßnahmen gegenüber den Beorderten sowie unter starkem Druck auf Einzelpersonen und Gemeinden erreicht werden.³⁶⁶

Am 19. Dezember 1942 hatte die Hauptabteilung Arbeit die Abteilungen Arbeit in den Distrikten und die Arbeitsämter im Generalgouvernement aufgefordert, alle erforderlichen Maßnahmen zu ergreifen, um im Monat Januar 30.000 Arbeitskräfte aus dem Generalgouvernement für die Rüstungswirtschaft des Reiches zu stellen. Bis Ende Januar konnten aber nur rund 15.000 Arbeitskräfte ins Reich abtransportiert werden, also die Hälfte des Solls.³⁶⁷

Im ersten Quartal 1943 konnte der Bedarf der Rüstungswirtschaft an Facharbeitern – vor allen an Metallwerkern – nicht gedeckt werden. Es gelang den beteiligten Dienststellen jedoch, nach entsprechenden Interventionen an maßgebender Stelle einer weiteren Verschärfung der Mangellage dadurch vorzubeugen, dass die Kräfteanforderungen der Rüstungsbetriebe im Generalgouvernement für ihre vordringlichen Fertigungen künftig als mit den Transferforderungen des Reiches gleichrangig behandelt wurden.³⁶⁸ Die Entwicklung verschärfte sich im zweiten Quartal 1943 weiter. Um wenigstens den vordringlichsten Kräftebedarf zu decken, wurde nach dem Vorbild des im Reich geltenden so genannten Rotzettel- und Listenverfahrens den Rüstungsbetrieben die Möglichkeit eröffnet, den Sofortbedarf für die vordringliche Fertigung in einem

---

364 Vgl. Eintrag im DTB von Frank vom 8.12.1942, Abteilungsleitersitzung, zit. nach: Wardzynska, Deportacje, Dok. 74, S. 122–124, hier S. 123.
365 Vgl. KTB der Rüstungsinspektion im Generalgouvernement vom 1. Oktober bis 31. Dezember 1942, Die wesentlichen Probleme, ihre Entwicklung und Lösung im 4. Vierteljahr 1942, in: BA-MA, RW 23, Nr. 2, Bl. 5–7, hier Bl. 5.
366 Vgl. Arbeitseinsatzbericht der Hauptabteilung Arbeit für den Monat Dezember 1942 vom 28.1.1943, in: APW, 489, Nr. 836, Bl. 74–84, hier Bl. 74.
367 Vgl. Runderlaß Nr. 22/43 der Hauptabteilung Arbeit in der Regierung des Generalgouvernements, Struve, an die Leiter der Abteilungen Arbeit in den Ämtern der Distrikte und die Leiter der Arbeitsämter im Bereich des Generalgouvernements vom 29.1.1943, in: APLu, 498, Nr. 675, Bl. 60.
368 Vgl. KTB der Rüstungsinspektion im Generalgouvernement für das 1. Vierteljahr 1943, Die wesentlichen Probleme, ihre Entwicklung und ihre Lösung im 1. Vierteljahr 1943, in: BA-MA, RW 23, Nr. 3, Bl. 6–11, hier Bl. 7.

Sonderverfahren geltend zu machen. Die Kräfteanforderungen in diesem Sonderverfahren wurden von den verantwortlichen Stellen der Rüstungswirtschaft nach Grund und Höhe eingehend überprüft und erst nach Abschluss dieser Prüfung der Arbeitseinsatzverwaltung vorgelegt.[369]

Die Beschaffung von Arbeitskräften war später nur »noch über dieses« Verfahren »möglich« und selbst innerhalb der dafür geltenden Anforderungen mussten die Arbeitsämter Dringlichkeitseinstufungen vornehmen. Freie Arbeitskräfte waren praktisch überhaupt nicht mehr vorhanden, sie konnten nur noch durch Umsetzungen, Stilllegungen von weniger wichtigen Betrieben oder innerbetriebliche Rationalisierungsmaßnahmen gewonnen werden.[370]

Im Mai 1944 erklärte Frank, das Generalgouvernement könne wegen seiner Rüstungsindustrie »kein Arbeiterreservoir für das Reich mehr darstellen«, und beauftragte Struve, »den Reichsstellen seine schärfsten Bedenken gegen eine weitere Verschickung von polnischen Arbeitskräften ins Reich mitzuteilen«. Nach Struve hatte die Arbeitsverwaltung alleine im März 1944 101.000 Arbeitskräfte den Einzelbetrieben zugewiesen. Bevorzugt wurden dabei die Bedürfnisse der Rüstungsindustrie und vor allem die Schwerpunktprogramme wie das Jägerprogramm. Frank trug sich mit dem Gedanken, Struve die freie Verfügung über die Verschickung von Arbeitskräften ins Reich zu entziehen und von einer Einwilligung des Rüstungsinspekteurs und des Leiters der Hauptabteilung Wirtschaft abhängig zu machen.[371]

Im Zeichen der sowjetischen Sommeroffensive 1944 geriet die Rüstungsfertigung in immer schärfere Konkurrenz zu dem gewaltigen Bedarf der Wehrmacht an Arbeitskräften für Schanz- und sonstige Arbeiten, aber auch zu dem Bauprogramm der Ostbahn. Die Anforderungen der Rüstungsindustrie konnten aber – laut Struve – immer gedeckt werden. Schwierigkeiten bereitete nach wie vor die Gestellung von Spitzenkräften, von Facharbeitern usw., die nicht mehr in dem gewünschten Umfange zu finden seien.[372]

Infrastrukturmaßnahmen und Zwangsarbeit für die Wehrmacht

Eine besondere Herausforderung für die Arbeitsverwaltung stellten die umfangreichen Arbeitskräfteanforderungen dar, die sich im Rahmen des so genannten »Otto-Pro-

---

369 Vgl. KTB der Rüstungsinspektion im Generalgouvernement für das 2. Vierteljahr 1943, Die wesentlichen Probleme, ihre Entwicklung und ihre Lösung im 2. Vierteljahr 1943, in: ebd., Bl. 40–46, hier Bl. 42.
370 Vgl. KTB des Rüstungskommandos Krakau für die Zeit vom 1. April 1944 bis 30. Juni 1944, Überblick des Dienststellenleiters über die in der Berichtszeit aufgetretenen wesentlichen Probleme, in: ebd., Nr. 12, Bl. 64–66, hier Bl. 64f.
371 Vgl. Eintrag im DTB von Frank vom 10.5.1944, zit. nach: BAB, R 52 II, Nr. 217, Bl. 11.
372 Vgl. Eintrag im DTB von Frank vom 7.7.1944, Regierungssitzung, zit. nach: Wardzynska, Deportacje, Dok. 91, S. 153–154.

gramms« ergaben. Seit Sommer/Herbst 1940 lief unter diesem Decknamen im Zuge der Kriegsvorbereitungen gegen die Sowjetunion der massive Ausbau des Straßen- und vor allem des Schienennetzes im Generalgouvernement.[373]

Der Generalgouverneur teilte seinen Distriktschefs Anfang September 1940 mit, dass der Leiter der Abteilung Bauwesen, Präsident Theodor Bauder, ein umfassendes Straßenbauprogramm mit größter Beschleunigung durchzuführen habe. Dieses Programm stünde in der Dringlichkeitsstufe vor allen sonstigen Maßnahmen sowohl der Wehrmacht als auch der Zivilverwaltung. Der Abteilung Arbeit in der Regierung des Generalgouvernements fiel dabei die Aufgabe zu, die für das Programm notwendigen Arbeitskräfte unter allen Umständen bereitzustellen.[374] Wie der Kräftebedarf des »Otto-Programms« auf den ohnehin angespannten Arbeitsmarkt des Generalgouvernements drückte und eine Konkurrenz für die Arbeitskräftetransporte ins Reich bildete, geht aus den Berichten der Arbeitsämter, spätestens seit März 1941 hervor.[375]

Im Zusammenhang mit den Vorbereitungen an der Ostfront zur Sommeroffensive 1942 stieg auch im Generalgouvernement der Kräftebedarf der Wehrmacht außerordentlich an. In verstärktem Masse mussten für dringende Interessen der Wehrmachtsdienststellen Arbeitskräfte aus anderen Betrieben heraus verpflichtet werden.[376]

Im Sommer 1942 bildete der Kräftebedarf der Ausbesserungswerke und Betriebswerkstätten der Ostbahn die wichtigste Herausforderung für die Abteilung Arbeit beim Chef des Distrikts Warschau. Alle mobil gemachten Metallhandwerker wurden ausschließlich den Eisenbahnausbesserungswerken Praga und Pruszków zugeführt. Diese notwendige Bevorzugung der Ostbahn bei der Zuteilung von Facharbeitern verschärfte wiederum die Mangellage in den Rüstungsbetrieben. Die Abteilung führte die immer stärkere Verknappung an Bau-, Fach- und Hilfsarbeitern aber in erster Linie auf die umfangreichen Arbeiten des »Otto-Programms« zurück.[377]

Neben dem »Otto-Programm« ergab sich ein umfangreiches Betätigungsfeld für die Arbeitsverwaltung durch die zunehmende Zahl an Wehrmachtsbauten. Dabei handelte es sich primär um den Ausbau von Flug- und von Truppenübungsplätzen. Im Distrikt

---

373 Vgl. Seidel, Besatzungspolitik, S. 262.
374 Vgl. Abschrift eines Rundschreibens des Generalgouverneurs an die Distriktschefs und die Abteilungen im Amt des Generalgouverneurs vom 9.9.1940, in: APW, 489, Nr. 453, Bl. 4–5; Schnellbrief des Reichsarbeitsministers, Dr. Letsch, an den Transportchef beim Generalstab des Heeres vom 11.12.1940, in: BA-MA, RH 4, Nr. 456, Bl. 80.
375 Vgl. Bericht des Arbeitsamtes Siedlce über den Arbeitseinsatz im Monat März 1941 vom 4.4.1941, in: APW, 489, Nr. 837, Bl. 17–19, hier Bl. 17.
376 Vgl. Bericht des Gouverneurs des Distrikts Warschau an die Regierung des Generalgouvernements für den Monat März 1942 vom 13.4.1942, in: ebd., 482, Nr. 1538, Bl. 25–35, hier Bl. 27.
377 Vgl. Bericht des Gouverneurs des Distrikts Warschau vom 15. August für die Monate Juni und Juli 1942 an den Staatssekretär der Regierung des Generalgouvernements, in: IPN, 196 PB, Nr. 285, Bl. 172–199, hier Bl. 178.

Lublin stellte die Bauleitung der Luftwaffe kaum erfüllbare Ansprüche an die Kreishauptleute zur Gestellung von Gespannen; dafür wurden nach Angabe der Arbeitsämter 8 bis 10.000 Arbeitskräfte neu angefordert, während bisher schon eine erhebliche Anzahl Arbeiter hierbei beschäftigt war.[378]

Angesichts der näher rückenden Front mussten immer mehr Arbeitskräfte für Wehrmachtsaufgaben, insbesondere Schanzarbeiten, gestellt werden. Für militärische Sicherungsarbeiten in den Distrikten Krakau, Radom und Warschau forderte die Wehrmacht im Mai 1944 50.000 zivile Arbeitskräfte an. Allen Stadt- und Landgemeinden sollten die Arbeitsämter ihre Auflagen mitteilen, wobei als allgemeiner Maßstab ein Prozent der Wohnbevölkerung zugrunde gelegt wurde. Die Arbeitsverwaltung sollte sich unter Zurückstellung anderer Aufgaben voll in den Dienst dieser Aktion stellen. Für die Dauer der Haupterfassungsaktion sollten die Gestellungen von Arbeitskräften für das Reich weitgehend in den Hintergrund treten. Den Verpflichteten sicherte man zu, dass sie nach Beendigung ihrer zweimonatigen Dienstleistung unverzüglich in ihre Heimat entlassen und bei künftigen öffentlichen Arbeitsverpflichtungen außerhalb der Wohngemeinde nach Möglichkeit geschont würden. Die Bedingungen waren verhältnismäßig gut: Volle Wehrmachtsverpflegung und zusätzlich Schnaps und Tabak, Entlohnung und Sozialversicherung wie in einem ordnungsmäßigen Arbeitsverhältnis, bei freier Kost und Logis.[379]

Für die beabsichtigten Baumaßnahmen der Wehrmacht forderte der Leiter der Abteilung Arbeit im Distrikt Warschau das Arbeitsamt Skierniewice ebenfalls auf, ein Prozent der Bevölkerung des Bezirks als Arbeitskräfte zu stellen. Die entsprechenden Beorderungen sollten bis zum 1. Juni vorbereitet sein. Dazu sollte sich das Arbeitsamt mit den Kreishauptleuten des Amtsbezirks in Verbindung setzen und mit diesen zusammen das aufzubringende Soll und den Gestellungstag bekannt geben.[380]

---

378 Vgl. Lagebericht für den Monat Februar 1941 des Chefs des Distrikts Lublin an das Amt des Generalgouverneurs vom 6.3.1941, in: BAB, R 52 III, Nr. 17, Bl. 45–50, hier Bl. 48 f.
379 Vgl. Rundschreiben des Staatssekretärs der Regierung und des Staatssekretärs für das Sicherheitswesen an die Distriktgouverneure Krakau, Radom und Warschau vom 18.5.1944, in: IPN, 196 PB, Nr. 261, Bl. 93–94. Auch in: in: BAB, R 102 I, Nr. 25, Bl. 2–5; Geheimes Rundschreiben des Staatssekretärs der Regierung, Bühler, und des Staatssekretärs für das Sicherheitswesen, Koppe, an die Gouverneure der Distrikte Krakau, Radom und Warschau vom 22.5.1944, in: APW, 489, Nr. 108, Bl. 1–6, hier Bl. 1; Schreiben des Kreishauptmannes Radom-Land an die Bürgermeister und Vögte der Kreishauptmannschaft vom 31.5.1944, in: APR, 251, Nr. 340, Bl. 36–38.
380 Vgl. Schreiben der Abteilung Arbeit beim Gouverneur des Distrikts Warschau an den Leiter des Arbeitsamtes Skierniewice vom 25.5.1944, in: APW, 489, Nr. 108, Bl. 15. Der Kreishauptmann in Ostrów gab den Auftrag zum Beispiel an den Bürgermeister der Stadt Wyszkow weiter, der die Dorfschulzen und Lehrer für die freiwillige Werbung einspannen sollte. Vgl. Schreiben des Kreishauptmannes in Ostrow an den Bürgermeister der Stadt Wyszkow vom 26.5.1944, in: ebd., Bl. 11. Im Bezirk des Arbeitsamtes Lublin wurden für die Schanzarbeiten

In Galizien konzentrierte man sich auf die Erfassung der Wehrpflichtigen, um dem Feind keine wehrfähigen Männer in die Hände fallen zu lassen. Die Arbeitsverwaltung erfasste im Sommer 1944 120.000 Männer, die auf bestimmte wehrwichtige Aufgaben des Distrikts verteilt wurden; so z. B. 73.000 als Schanzarbeiter im Frontgebiet, eine Anzahl beim Straßenbau usw. 18.000 wurden ins Reich vermittelt und rund 20.000 meldeten sich als Freiwillige für die Wehrmacht oder Waffen-SS.[381]

Die Front rückte bedrohlich näher, am 24. Juli nahm die Rote Armee Lublin ein, am 1. August brach der Warschauer Aufstand aus. Der Stadthauptmann von Radom forderte Mitte August 1944 alle nichtdeutschen arbeitsfähigen Personen im Alter von 14 bis 60 Jahren auf, die nicht in einem vom Arbeitsamt anerkannten festen Arbeitsverhältnis standen oder ihre Arbeitsplätze verlassen hatten, sich sofort zu einem kriegswichtigen Arbeitseinsatz beim Arbeitsamt zu melden. Wer der Aufforderung nicht unverzüglich nachkam, sollte als Saboteur betrachtet werden. Gegen solche Personen würden Wehrmacht und Polizei mit den schärfsten Mitteln vorgehen.[382]

Die zivile Arbeitsverwaltung arbeitete eng mit den militärischen Stäben zusammen und stellte Mitarbeiter zur Auskämmung der Auffanglager bzw. Weiterleitung der Arbeitskräfte zur Verfügung.[383] In der Endphase des Krieges erfasste die Wehrmacht dann selbst Arbeiter, die sie aus den Gefechtszonen herauszog, um ihr Überlaufen zur Roten Armee zu verhindern. So übergab das 56. Panzerkorps im November 1944 735 Wehrfähige zwei Lagern des Generalbevollmächtigten für den Arbeitseinsatz, von denen 298 ins Reich gebracht wurden. Der Rest wurde der Truppe für Stellungsbauarbeiten zurückgegeben und kaserniert. In der Zeit von August bis November 1944 wurden im Armeebereich westlich der Weichsel insgesamt 28.287 Personen erfasst, im November allerdings nur noch 2.157, von denen 1.720 ins Reich verbracht wurden. Der GBA richtete eigene Stäbe bei den Armeeoberkommandos ein, die recht erfolgreich Freiwilligenwerbung betrieben.[384]

Die Abteilung Arbeitseinsatz der Hauptabteilung Arbeit plante, etwa 13.000 Polen der jüngeren Jahrgänge – von insgesamt 26.000 bei der Ostbahn beschäftigten nicht-

---

auch Schüler eingesetzt. Vgl. Schreiben der Abteilung Arbeit beim Gouverneur des Distrikts Lublin an den Amtschef vom 5.7.1944, in: BAB, R 102 II, Nr. 13, Bl. 34.

381 Vgl. Eintrag im DTB von Frank vom 7.7.1944, Regierungssitzung, zit. nach: Präg/Jacobmeyer, Diensttagebuch, S. 879.

382 Vgl. Bekanntmachung des Stadthauptmannes von Radom vom 18.8.1944, zit. nach: Erinnerung bewahren, S. 118 (Faksimile). Auch in: APR, 1192, Nr. 475.

383 Vgl. Lagebericht für September 1944 des Heeresgruppenwirtschaftsführers beim Oberkommando der Heeresgruppe Mitte vom 5.10.1944, zit. nach: Doc. Occ., Bd. XII, Dok. 111, S. 347–366, hier S. 360 f.

384 Vgl. Lagebericht des Armeewirtschaftsführers beim Panzerarmee Oberkommando 4, Nr. 11/44 für den Monat November 1944 vom 29.11.1944, zit. nach: ebd., Dok. 146, S. 505–520, hier S. 517 f.

deutschen männlichen Bediensteten – Richtung Westen zu evakuieren. Die Ostbahn lehnte das ab, weil der Betrieb zusammenbrechen würde, da keine deutschen Ersatzkräfte zur Verfügung standen und man außerdem befürchtete, dass dann auch die älteren Jahrgänge der Arbeit fern blieben. Gleichzeitig organisierte die Arbeitsverwaltung die Rückführung nicht mehr arbeitsfähiger polnischer Arbeitskräfte aus dem Reichsgebiet in das Generalgouvernement statt. Dies ging natürlich nur, falls das Zielgebiet noch unter deutscher Verwaltung stand.[385]

6. Die Arbeitsverwaltung und die Zwangsarbeit von Juden im Generalgouvernement

Die Anfangsphase

Die Arbeitsverwaltung war nur für eine begrenzte Zeit für den Arbeitseinsatz von Juden im Generalgouvernement verantwortlich. Er unterstand zunächst der SS, als er jedoch kaum funktionierte, wurde er der Arbeitsverwaltung übergeben. Nachdem die Vernichtung der Juden beschlossen worden war, ging er wieder in die Hände der SS über. Dieter Pohl machte darauf aufmerksam, dass der erste große Einsatz von Juden zur Zwangsarbeit früh begann. Möglicherweise lag schon im September 1939 ein zentraler Erlass für jüdische Zwangsarbeit vor. Tatsächlich ließen die Landräte und Arbeitsämter an vielen Orten jüdische Arbeitskolonnen bilden. Darüber hinaus zog die Wehrmacht fast überall willkürlich Juden zu »kostenlosen Hilfsdiensten« heran.[386]

Bereits vor der Zählung der gesamten jüdischen Bevölkerung am 28. Oktober 1939 fiel dem Warschauer Judenrat die Aufgabe zu, die deutschen und städtischen Dienststellen mit Arbeitskräften zu versorgen, was am 21. Oktober 1939 mit 360 Arbeitern begann. Dieses erste so genannte Arbeiterbataillon wuchs bis Mitte Dezember 1939 auf 2.395 Mann an, später stellte es bis zu 10.000 Arbeitskräfte pro Tag.[387]

Am 26. Oktober 1939 unterzeichnete Hans Frank die »Verordnung über die Einführung des Arbeitszwangs für die jüdische Bevölkerung des Generalgouvernements«. Sie

---

385 Vgl. Schreiben der Generaldirektion der Ostbahn an die Abteilung Arbeitseinsatz in der Hauptabteilung Arbeit bei der Regierung des Generalgouvernements vom 30.12.1944, in: IPN, 94, Nr. IX/11, Bl. 12; Fernschreiben der Abteilung Arbeitseinsatz der Hauptabteilung Arbeit in der Regierung des Generalgouvernements an die Präsidenten des Gauarbeitsamtes in … vom 23.11.1944, in: ebd., Bl. 11. Zu den Zwangsevakuierungen bei Näherrücken der Front und dem anschließenden Abtransport der Arbeitsfähigen nach Deutschland vgl.: Liedke, Gesichter, S. 37f.
386 Vgl. Pohl, Judenpolitik, S. 28.
387 Vgl. Bericht über die Tätigkeit des Judenrates in Warschau vom 7. Oktober 1939 bis zum 31. Dezember 1940, in: JHI, 221, Nr. 1, Bl. 1–22. hier Bl. 5f. Auch in: APW, 483, Nr. 6, Bl. 1–22; Lehnstaedt, Arbeitsverwaltung, S. 9f.

sah deren Zusammenfassung in »Zwangsarbeitertrupps« vor und eine Beschäftigung insbesondere beim Straßen- und Kanalbau sowie bei der Errichtung von Grenzbefestigungen.[388] Mit der Zweiten Durchführungsvorschrift vom 12. Dezember 1939 bestimmte der Höhere SS- und Polizeiführer Krüger unter anderem, dass jeder jüdische Bewohner vom vollendeten 14. bis zum 60. Lebensjahr grundsätzlich dem Arbeitszwang unterlag, der in der Regel zwei Jahre dauerte und eine Unterbringung in Lagern vorsah.[389]

Trotz der Tatsache, dass nach Franks Verordnung die eigentliche Regelung der jüdischen Zwangsarbeit dem Höheren SS- und Polizeiführer und damit der Obhut des SS- und Polizeiapparates unterstand, behielten anfänglich die Kreis- und Stadthauptleute die Oberhand bei der Nutzung der jüdischen Arbeitskräfte. Die Judenräte erhielten von ihnen in der Regel lediglich den Auftrag zu einer festgelegten Zeit eine bestimmte Anzahl von Zwangsarbeitern zu stellen. Dabei wurde deren Entlohnung auf die Judenräte abgewälzt, die sie vor große finanzielle Probleme stellte.[390]

Der kommissarische Landrat des Kreises Końskie im Distrikt Radom richtete eine jüdische Sonderverwaltung ein, die unter anderem täglich 250 Juden zur Arbeitsleistung unter Aufsicht des Bau-Bataillons zur Verfügung stellen musste.[391] In Piotrków Trybunalski musste die dortige jüdische Gemeinde nach einer Verfügung des Stadtkommissars ab dem 2. Dezember 1939 täglich 1.000 männliche Angehörige für Zwangsarbeiten stellen.[392] Unter Berufung auf die Verordnung vom 26. Oktober 1939 forderte der Kreishauptmann von Sanok alle männlichen Juden dazu auf, sich unverzüglich bei den zuständigen Judenräten zur Erfassung zu melden.[393] Ähnlich gestaltete sich die

---

388 Vgl. Verordnung über die Einführung des Arbeitszwanges für die jüdische Bevölkerung des Generalgouvernements vom 26. Oktober 1939, in: VOBlGG, 1939, Nr. 1 vom 26.10.1939, S. 6 f.; Gruner, Forced Labor (2006), S. 231.
389 Vgl. Zweite Durchführungsvorschrift zur Verordnung vom 26. Oktober 1939 über die Einführung des Arbeitszwanges für die jüdische Bevölkerung des Generalgouvernements (Erfassungsvorschrift) vom 12. Dezember 1939, in: VOBlGG, 1939, Nr. 14 vom 23.12.1939, S. 246–248. Am 20. Januar 1940 regelte Krüger detailliert die Form der Erfassung und Gestellung der Arbeitskräfte durch die Judenräte. Vgl. Dienstbefehl an die Judenräte für die Erfassung und Gestellung der Juden zur Zwangsarbeit vom 20. Januar 1940, in: Weh, Recht, A 428. Vgl. insgesamt zu den rechtlichen Grundlagen: Maier, Arbeitsverwaltung, S. 48 f.
390 Vgl. Młynarczyk, Judenmord, S. 140 ff.
391 Vgl. Siebter Lagebericht des kommissarischen Landrats des Kreises Konskie an den Chef des Distrikts Radom vom 29.10.1939, in: BAB, R 102 III, Nr. 2, Bl. 1–13, hier Bl. 9. Auch in: IPN, 196 PB, Nr. 270, Bl. 147–159.
392 Vgl. Abschrift einer Verfügung des Stadtkommissars der Stadt Petrikau vom 1.12.1939, in: JHI, Ring I, Nr. 958, Bl. 11.
393 Vgl. Bekanntmachung über die Erfassung der Juden zur Zwangsarbeit des Kreishauptmanns von Sanok, Dr. Albert Schaar, vom 7. März 1940, zit. nach: Faschismus, Dok. 157, S. 209.

Aufforderung des Stadthauptmannes von Tschenstochau. Auch dort mussten sich die männlichen Juden beim Ältestenrat zwecks Eintragung in die Kartei melden.[394]

Teilweise begannen die Kreishauptmänner bereits selbst damit, den Arbeitseinsatz der Juden umzuorganisieren, um ihn rationeller zu gestalten. Der Kreishauptmann von Tarnów verpflichtete statt des dadurch in Geldnöte geratenen Judenrates die anfordernden Stellen, für Verpflegung und Bezahlung der jüdischen Arbeitskräfte aufzukommen. Das geschah nicht aus humanitären Erwägungen, sondern weil er davon ausging, dass »zu sehr unterernährte Juden für eine entsprechende Arbeitsleistung noch unbrauchbarer sind als Juden ansonsten so wie so zu sein pflegen«. Der Kreishauptmann hatte im Einvernehmen mit dem Arbeitsamt in Tarnów mit den zwei dort tätigen deutschen Straßenbaufirmen die Zahlung von 30 Groschen pro Arbeitsstunde zur Sicherung der Ernährung an den Judenrat vereinbart: Ihr Einsatz als Zwangsarbeiter ermögliche lediglich die Beschäftigung und dürftige Ernährung eines Teiles der männlichen Juden aber nicht der Frauen und Kinder: »Die Lösung des Judenproblems wird mit steigender Verengung ihrer Verdienstmöglichkeiten immer dringender.«[395]

»Arbeitseinsatz« unter der Aufsicht der Arbeitsämter

Den deutschen Besatzungsbehörden wurde früh bewusst, dass die Juden in Polen ein großes Arbeitskräftereservoir bildeten. Neben der SS und Polizei waren auch Frank und mit ihm die zivilen Dienststellen der Ansicht, dass man die Arbeitskraft der Juden nutzen müsse. Trotz dieser gemeinsamen Linie kann man die ersten Versuche in dieser Richtung, speziell die frühen Arbeitslager für Juden, als einen kompletten Fehlschlag bezeichnen. In einer Besprechung am 30. Mai 1940 kritisierte der Inspektor der Sicherheitspolizei im Generalgouvernement, Bruno Streckenbach, das Durcheinander der unterschiedlichen Institutionen, das zur »planlosen« Nachfrage nach jüdischen Arbeitskräften geführt habe.[396]

Anfang Juni 1940 erklärte Frauendorfer, die Bewirtschaftung der jüdischen Arbeitskräfte sei generell Sache der Polizei. Es sei aber so, dass in der Praxis die Abteilung Arbeit im Benehmen mit der Polizei die Juden an den Stellen einsetze, an denen ihr

---

394 Vgl. Aufruf des Stadthauptmannes von Tschenstochau, Dr. Wendler an die jüdische Bevölkerung vom 8.3.1940, in: IPN, 196 PB, Nr. 268, Bl. 56; Aufruf vom 16.3.1940, in: ebd., Bl. 58.
395 Vgl. Lagebericht des Kreishauptmannes in Tarnow vom 10.6.1940, in:ebd., Nr. 272, Bl. 98–105, hier Bl. 103 f. (Zitate ebd.). Chistopher Browning machte darauf aufmerksam, dass die deutsche Politik der Ausbeutung jüdischer Arbeitskraft in Polen zwiespältig war und sich veränderte, ohne jedoch je den Rahmen zu verlassen, der durch die Ideologie und die langfristigen politischen Prioritäten und Ziele des NS-Regimes abgesteckt war. Vgl. Browning, Judenmord, S. 125. Ähnlich argumentierend Herbert, Arbeit.
396 Vgl. Browning, Nazi Germany's, hier S. 171 ff.; Gruner, Forced Labor (2006), S. 239. Vgl. insgesamt dazu: Madajczyk, Okkupationspolitik, S. 228 f.

andere Arbeitskräfte nicht zur Verfügung stünden.[397] Mitte Juni 1940 ging die Verantwortung für den Arbeitseinsatz der Juden im Generalgouvernement dann endgültig auf die Abteilung Arbeit über. In einem Schreiben an Frauendorfer erklärte Krüger, dass durch den zunehmenden Bedarf an Arbeitskräften »die Erfassung und Lenkung der Arbeitskraft der jüdischen Bevölkerung nicht nur im Wege der freien Arbeitsvermittlung, sondern auch durch Anwendung der Vorschriften über den Arbeitszwang der Abtlg. Arbeit zu übertragen« sei. Deshalb sollte die beim Höheren SS- und Polizeiführer erstellte Zentralkartei über sämtliche zwangsarbeitspflichtigen Juden der Abteilung Arbeit überlassen werden, die dann für eine zweckentsprechende Aufteilung dieser Kartei auf die einzelnen Distrikte und Kreise bzw. Arbeitsämter sorgen würde.[398]

Drei Wochen später teilte die Abteilung Arbeit im Amt des Generalgouverneurs den Abteilungen Arbeit in den Distrikten diesen Wechsel der Kompetenzen offiziell mit. Dabei wurde die nunmehrige Zuständigkeit für Erfassung und Lenkung der jüdischen Arbeitskraft nicht nur durch freie Vermittlung, sondern auch durch Anwendung der Vorschriften über den Arbeitszwang für Juden besonders betont. Die Beschäftigung der Juden sollte zwar grundsätzlich auf der Grundlage der Verordnung vom 26. Oktober 1939 erfolgen, aber in allen geeigneten Fällen zunächst der Versuch einer Beschäftigung der Juden im freien Arbeitsverhältnis unternommen werden. Die Beschäftigung der Juden verfolgte demnach zwei Ziele: die rationelle Ausnutzung ihrer Arbeitskraft und die Sicherung ihres eigenen und des Lebensunterhalts ihrer Familien. Demgemäß konnte sich der Arbeitseinsatz der Juden in zwei Formen vollziehen, durch Beschäftigung der nicht zur Zwangsarbeit aufgerufenen Juden im freien Arbeitsverhältnis mit entsprechender Entlohnung und durch die Einberufung von Juden zur Zwangsarbeit ohne Entlohnung. Diese Form sollte vorrangig bei größeren Projekten, bei denen eine große Anzahl von Zwangsarbeitern beschäftigt, in Lagern untergebracht und bewacht werden konnte, angewandt werden. Um den Trägern der Arbeit einen Anreiz zur Beschäftigung von Juden zu geben, sollte die Beschäftigung im Allgemeinen auf Akkordbasis erfolgen, wobei der Leistungslohn für Juden etwa 20 Prozent unter dem gleichen Lohn für polnische Arbeitskräfte lag.[399] Gegen diese Regelung gab es vehementen Widerstand

---

397 Vgl. Eintrag im DTB von Frank vom 6./7.6.1940, Wirtschaftstagung, zit. nach: Präg/Jacobmeyer, Diensttagebuch, S. 230 ff.
398 Vgl. Schreiben des HSSPF Ost an den Leiter der Abteilung Arbeit im Amt des Generalgouverneurs für die besetzten polnischen Gebiete, Frauendorfer, vom 13.6.1940, in: BAB, R 102 II, Nr. 24, Bl. 1–2.
399 Vgl. Rundschreiben der Abteilung Arbeit im Amt des Generalgouverneurs an die Leiter der Abteilungen Arbeit bei den Chefs der Distrikte und die Leiter der Arbeitsämter vom 5.7.1940, in: APLu, 498, Nr. 745, Bl. 9–14; Browning, Judenmord, S. 96 f. Die Arbeitsämter forderten nun in der Regel die jüdischen Arbeitskräfte direkt beim zuständigen Judenrat an. Vgl. Schreiben der Arbeitsamtsnebenstelle Kressendorf an den Judenrat in Kressendorf vom 22.10.1940, in: APK, 1576, Nr. 75, Bl. 41.

der lokalen Behörden, vor allem gegen die vorgesehene Bezahlung der Zwangsarbeiter. Auf einer von Frauendorfer geleiteten Konferenz am 6. August 1940 stand das Thema jüdische Zwangsarbeit erneut auf der Tagesordnung. Die meisten Arbeitskräfte wurden aufgrund des Baues der Festungsanlagen im Distrikt Lublin benötigt, deshalb sei ein Ausgleich zwischen den Distrikten notwendig. Man einigte sich darauf, dass die SS spezielle Aushebungen arbeitsfähiger Juden im Distrikt Lublin durchführen solle, aber »im Einvernehmen und unter Beteiligung der zuständigen Arbeitsämter«.[400]

Mit der Übernahme des jüdischen Arbeitseinsatzes schufen die Arbeitsämter zusätzliche Organisationseinheiten, die – getrennt von den übrigen Vermittlungsstellen – den Einsatz der Juden regelten. Vermutlich nicht nur in Lublin wurden »unter Anlehnung an den Kreis bereits bestehender Außenstellen auch für den jüdischen Teil der Bevölkerung besondere Judeneinsatzstellen errichtet (...), zumeist in den Orten, wo sich bereits Stützpunkte befanden.« Einrichtungen in einzelnen Ghettos mit einem eigenen Leiter richtete die Arbeitsverwaltung offiziell unter anderem in Krakau (Nebenstelle Judenwohnbezirk) und Warschau (Nebenstelle Warschau-Judenwohnbezirk) ein. Auch in Lemberg war ab 1941 die »Judeneinsatzstelle« in einem eigenen Gebäude untergebracht und beschäftigte unter der Leitung des deutschen Arbeitsamtsbeamten Heinz Weber 60 bis 70 jüdische Angestellte.[401] Er berichtete darüber in einer Nachkriegsaussage: »Etwa im August/September 1941 kam ich vom Arbeitsamt Reichshof, wohin ich vom Arbeitsamt Karlsruhe abgeordnet war, zum Arbeitsamt Lemberg. Ich wurde beauftragt, vom Reg. Direktor Dr. Nitsche, dem Leiter des Arbeitsamtes Lemberg, die jüdische Arbeitsvermittlung wahrzunehmen. Bis dato oblag der jüdische Arbeitseinsatz dem Judenrat der Stadt Lemberg. Ich habe weisungsgemäß, ich glaube es war in einer ehem. Schule, Am Missionsplatz 1, eine jüdische Vermittlungsstelle eingerichtet. Die Vermittlungsstelle wurde genau nach deutschem Muster eingerichtet, d. h. als Vermittler waren Juden bzw. Jüdinnen tätig, die vom Judenrat empfohlen waren. Es wurde nach deutschen Vermittlungsgrundsätzen gearbeitet. Ich war als einziger Reichsdeutscher Leiter dieser Zweigstelle Lemberg. Meine Aufgabe bestand im Wesentlichen darin, von Dienststellen und Behörden und Privatbetrieben Aufträge über Arbeitskräfte anzunehmen.«[402]

---

400 Vgl. Browning, Nazi Germany's, hier S. 171 ff. Zur Sonderstellung des Distrikts Lublin bei der Ausbeutung der jüdischen Zwangsarbeit vgl. Pohl, Judenpolitik, S. 79 ff.
401 Vgl. Maier, Arbeitsverwaltung, S. 49 f. Auch das Arbeitsamt Tarnów richtete eine eigene Dienststelle Judeneinsatz ein. Ab dem 5. August 1940 waren Anforderungen auf Gestellung jüdischer Arbeitskräfte ausnahmslos an diese Dienststelle zu richten. Vgl. Rundschreiben des Leiters des Arbeitsamtes Tarnow an Behörden, Polizei und Firmen in der Stadt vom 25.7.1940, in: USHMM, RG 15.020 M, Reel 8, fol. 635.
402 Zeugenvernehmung Heinz Weber im Polizeipräsidium Karlsruhe am 14.10.1960, in: BAL, B 162, Nr. 2137, Bl. 640–645, hier Bl. 640; Pohl, Judenverfolgung, S. 133 f.

Erst nachdem Judeneinsatzstellen eingerichtet worden waren, wuchs die Zahl der vermittelten jüdischen Arbeitskräfte schlagartig. Ende Juni 1941 vermittelte das Arbeitsamt Lublin bereits 11.790 jüdische Männer und 345 jüdische Frauen. Sie kamen meistens für kurzfristige Aufträge zum Be- und Entladen von Zügen, Abfahren von Kriegs- und Baumaterial, Schneeräumung im Winter, Aufräumarbeiten etc. zum Einsatz. Im März 1942 vermittelte das Arbeitsamt zur Dauerbeschäftigung 2.139 jüdische Männer und 215 jüdische Frauen. Für kurzfristige Aufträge setzte man dagegen 7.622 jüdische Männer und 297 Frauen ein. Ähnlich gestaltete sich die jüdische Arbeitsvermittlung in anderen Arbeitsbezirken des Distrikts Lublin. Trotz des – nach Musial – ernst gemeinten Versuchs der Arbeitsverwaltung, die Juden in freien Arbeitsverhältnissen zu beschäftigen und unentgeltliche Zwangsarbeit abzuschaffen, gelang es nicht, den rasch fortschreitenden Prozess der Verelendung der jüdischen Bevölkerung aufzuhalten. Weil erstens die vorgesehene Entlohnung viel zu gering war, zweitens sich viele Dienststellen weigerten, den vorgesehenen Satz zu zahlen.[403]

Über die furchtbaren Zustände in den Lagern für jüdische Zwangsarbeiter gibt ein Bericht des Judenrates von Lublin Auskunft. Im Arbeitslager in Tyszowce verursachten die schlimmen hygienischen Bedingungen die Verlausung sämtlicher Arbeiter; gepaart mit ihrer Unterernährung bestand die Gefahr einer Seuche. Der psychische Zusammenbruch und die allgemeine physische Erschöpfung der Arbeiter veranlassten den Judenrat, sich an das Arbeitsamt Lublin mit der Bitte zu wenden, Schritte zum Austausch der in Tyszowce befindlichen Arbeiter zu unternehmen. Im Lager Jastkow wurden die jüdischen Zwangsarbeiter verprügelt, es wurde auch geschossen. Auch dort hatten die Arbeiter keine entsprechenden Quartiere und waren unterernährt. Die Lage in Sobianowice war ähnlich, dort verweigerte die Lagerleitung den Arbeitern sogar das Essen, »wobei empfohlen wird, die Erde zu fressen«.[404]

Selbst Mitarbeiter der Arbeitsämter beschwerten sich über die Bedingungen in den Lagern für jüdische Zwangsarbeiter. So seien die Zustände im Zwangsarbeiterlager Lipie im Kreis Nowy Sącz »auf die Dauer im Interesse des Arbeitseinsatzes nicht tragbar«. Die Lohnzahlung an den Judenrat funktionierte nicht, Ernährung und Unterbringung der Zwangsarbeiter waren katastrophal. Vom Standpunkt des Arbeitseinsatzes habe es »keinen Sinn mit den Arbeitskräften, auch wenn es Juden sind, Raubbau zu treiben«, da polnische Arbeiter im angeforderten Ausmaß nicht zu beschaffen seien. Die Schuld an den Verhältnissen liege bei der Baufirma, die dieses Lager betrieb, sie müsse dem einzel-

---

403   Vgl. Musial, Zivilverwaltung, S. 168 ff.
404   Vgl. Denkschrift des Judenrats von Lublin an den Stadthauptmann von Lublin vom 31.7.1940, in: BAB, R 8150, Nr. 483, Bl. 382–383 (Zitat Bl. 383). Für den August 1941 wurde über die Erschießung von Juden berichtet, die aus den Lagern geflohen waren. Vgl. Monatsbericht der Arbeitsamts-Nebenstelle für den jüdischen Wohnbezirk in Warschau für den Monat August 1941, Hoffmann, vom 29.8.1941, in: YVA, O.6, Nr. 198, S. 3–8, hier S. 4. Vgl. allgemein zu den Lagern: Pohl, Zwangsarbeiterlager.

nen jüdischen Zwangsarbeiter eben das geben, »was zu seiner Erhaltung als Arbeitskraft und nicht als Jude« unbedingt erforderlich sei.[405]

Bereits im Juni 1940 hatte Frauendorfer gegenüber Frank festgestellt, dass die Tätigkeit der Juden in den Arbeitsbataillonen und Lagern sie vielfach von produktiverer Arbeit abhalte, die in der freien Wirtschaft erreichbar sei. Getreu dieser Devise handelte die Arbeitsverwaltung: Ihr ging es um deren möglichst effiziente Ausbeutung für die deutsche Kriegswirtschaft. Dafür schien Frauendorfer Zwangsarbeit nicht die geeignete Maßnahme zu sein, und auch die Arbeitsbataillone stellten keine dauerhafte Lösung dar, da sie nur für Hilfstätigkeiten verwendbar waren. Der Leiter des Warschauer Arbeitsamtes Hoffmann formulierte diese Interessenlage im März 1942 sehr deutlich, als er forderte, dass es »keine Fangaktionen, keine Lager von ausgemergelten Menschen, keine unmöglichen Arbeitsansprüche« mehr geben dürfe.[406]

Diese instrumentelle Haltung der Arbeitsverwaltung gegenüber den Juden zeigte sich auch bei deren Deportation aus Krakau, bei der auf wirtschaftliche Belange Rücksicht genommen wurde. Laut Anordnung der Abteilung Arbeit im Amt des Generalgouverneurs verblieb in der Stadt eine Anzahl von Handwerkern und die Angehörigen von Handels- und freien Berufen, die nicht sofort ersetzt werden konnten. Auch bei der Einweisung der Juden in neue Wohnorte sollte deren Arbeitskraft sofort genutzt werden. Die Verteilung der deportierten Judenfamilien sollte deshalb insbesondere auf solche Orte vorgenommen werden, in deren näherer Umgebung Bauvorhaben mit stärkerem Kräftebedarf vorhanden waren. Die Leiter der Arbeitsämter sollten sich mit allen in Frage kommenden Bedarfsträgern (Ostbahn, Straßenbauleitungen, Forstverwaltungen, Kreishauptmannschaften etc.) »in Verbindung setzen und alle Einsatzmöglichkeiten für Juden festzustellen, um so die Grundlage für die Intensivierung des jüdischen Arbeitseinsatzes und darüber hinaus für eine konstruktive Lösung der Juden-Evakuierung in Krakau zu gewinnen«.[407]

---

405 Vgl. Abschrift eines Berichts über das jüdische Zwangsarbeitslager Lipie von Adalbert Szepessy, Vertreter des Arbeitsamtes Neu Sandez im Lager Lipie, an das Arbeitsamt Neu Sandez, Abteilung II/5a, vom 22.9.1940, in: BAL, LO Verschiedenes, Nr. 17, Bl. 436–443 (Zitate Bl. 436 und Bl. 441).
406 Vgl. Bericht über die Besprechung am 20. März 1942, in: YVA, O.6, Nr. 198, S. 32–40 (Zitat S. 34); Lehnstaedt, Arbeitsverwaltung, S. 16 f.; Browning, Vernichtung, S. 48.
407 Vgl. Runderlaß Nr. 105/40 der Abteilung Arbeit im Amt des Generalgouverneurs für die besetzten polnischen Gebiete an die Leiter der Abteilungen Arbeit bei den Chefs der Distrikte und die Leiter der Arbeitsämter im Bereich des Generalgouvernements vom 25.7.1940, in: IPN, 94, Nr. IX/12, Bl. 10–13 (Zitat Bl. 12). Ab dem 1. März 1941 entschied das Arbeitsamt über das weitere Verbleiben von zunächst von der Deportation zurückgestellten Juden in Krakau. Es hatte für jeden einzelnen Juden laufend zu prüfen, ob durch Gestellung einer »arischen« Ersatzkraft die Voraussetzungen für die Deportation geschaffen werden konnten. Vgl. Amtsverfügung des Arbeitsamtes Krakau, Dr. Nitsche, vom 27.2.1941, in: DALO, R 39, 1, Nr. 2, Bl. 10–11.

Um den Bedarf der Wirtschaft möglichst genau zu erfüllen, war eine exakte Erfassung der jüdischen Arbeitskräfte notwendig. Unter Rückgriff auf die Karteien des HSSPF bezeichnete die Abteilung Arbeit diese bereits im Juli 1940 als im Wesentlichen abgeschlossen. Für arbeitslose Juden galt seit dem 1. Dezember 1940 eine allgemeine Meldepflicht, nach der sich diejenigen, die nicht in einem Beschäftigungsverhältnis standen, jede Woche beim Arbeitsamt zu melden hatten. Sehr bald erwies sich jedoch die Unzulänglichkeit der Arbeitsamtskartei, die lediglich die Juden ohne regelmäßige Beschäftigung erfasst hatte und vor allem erlernte Berufe nur unvollständig wiedergab. Dazu kam, dass sie nicht aktualisiert worden war und angesichts der Deportationen etwa in das Warschauer Ghetto kaum mehr verlässliche Zahlen lieferte. Deshalb verließ sich die Arbeitsverwaltung auf Schätzungen.[408]

Zusätzlich zur Neuordnung der »Judenkartei« sollten die Arbeitsämter eine Suchkartei erstellen. Im Vordergrund stand eine lückenlose Erfassung der arbeitsfähigen Juden durch die Arbeitsämter. Zur besseren Übersicht erhielten diejenigen, die sich beim Arbeitsamt gemeldet hatten, auf dem unteren Kontrollabschnitt den Stempel des Arbeitsamts; auf der Rückseite des Kontrollabschnittes wurde vermerkt, wo die betreffende Person arbeitete und seit wann sie dort beschäftigt war. Bis Mitte August 1940 mussten alle Juden einen gültigen Ausweis mit Kontrollabschnitt des Arbeitsamtes besitzen.[409]

In einer »Judeneinsatzbesprechung« in der Abteilung Arbeit im Amt des Generalgouverneurs fielen Anfang August 1940 wichtige Entscheidungen über das weitere Vorgehen. Der für den Arbeitseinsatz zuständige Oberregierungsrat Gschließer betonte die Notwendigkeit der Verlagerung des Judeneinsatzes von verschiedenen Hilfsleistungen bei Behörden und sonstigen Dienststellen zum »Masseneinsatz bei staatspolitisch bedeutsamen Bauvorhaben«. Der Vertreter der Gruppe Wasserwirtschaft taxierte den weiteren Bedarf in den bereits eingerichteten Lagern des Distrikts Lublin auf etwa 3.000 jüdische Arbeitskräfte, die sofort bereit gestellt werden müssten. Darüber hinaus würden noch 1.800 Arbeitskräfte für die Talsperre von Roznow und weitere 2.000 für kleine Bauvorhaben in den einzelnen Distrikten benötigt. Der Vertreter der Gruppe Straßenbau reklamierte einen noch zu deckenden Gesamtbedarf an Arbeitskräften von 12.000 Mann, wovon ein erheblicher Teil besonders in den Steinbrüchen eingesetzt werden soll-

---

408   Vgl. Lehnstaedt, Arbeitsverwaltung, S. 13 ff.
409   Vgl. Notizen über die Amtsleiterbesprechung am 1.8.1940, in: APLu, 498, Nr. 694, Bl. 55–57, hier Bl. 55 f.; Rundschreiben der Abteilung Arbeit beim Chef des Distrikts Lublin an sämtliche Dienststellen im Distrikt vom 16.8.1940, in: ebd., Nr. 678, Bl. 31. Ab 1. Dezember 1940 wurde eine allgemeine wöchentliche Meldepflicht für Juden eingeführt. Vgl. Bekanntmachung Nr. 260 der Judeneinsatzstelle des Arbeitsamtes Krakau vom 28.12.1940, in: YVA, O.6, Nr. 390, unpag.

te.⁴¹⁰ Gschließer gab zusammenfassend die Anordnungen, dass aus den sofort in Lublin zu erfassenden Juden in erster Linie der Bedarf der Wasserwirtschaft in diesem Distrikt mit 2.700 Arbeitskräften zu decken sei. Darüber hinaus sollten alle verfügbaren Juden des Distrikts den Grenzbefestigungsarbeiten zugeführt werden. Die Distrikte Warschau und Radom hatten sofort Transporte für diese Arbeiten in Lublin zusammenzustellen. Der Distrikt Krakau sollte in erster Linie aus den dort verfügbaren Juden den Bedarf der Talsperre Rożnów, sowie der Straßenbauverwaltung decken. Nach Möglichkeit sollten aber im Zuge der Deportationen aus Krakau auch Kräfte nach Lublin zu den Grenzsicherungsarbeiten abgegeben werden.⁴¹¹ Die Transporte von jüdischen Zwangsarbeitern in den Distrikt Lublin liefen in den nächsten Wochen an. Aus dem Distrikt Warschau kamen wöchentlich zwei Transporte mit je 700 jüdischen Zwangsarbeitern. Im Monat August stellten die Arbeitsämter des Distrikts für die Arbeiten im Distrikt Lublin vier Transporte mit zusammen 2.800 Juden zur Verfügung. Im Zuge dieser Maßnahmen und Aufgaben errichtete die Abteilung Arbeit des Distrikts in Warschau ein jüdisches Auffanglager, in dem die Zusammenstellung und geschlossene Abgabe der Transporte erfolgte. Der Distrikt Radom entsandte bis Anfang September 1940 insgesamt 7.223 jüdische Zwangsarbeiter in den Distrikt Lublin. Diese Verschickungen lassen sich bis zu den Arbeitsämtern herunter verfolgen. So gab das Arbeitsamt Ostrowiec im Distrikt Radom »mehrere hundert Juden« nach Lublin ab.⁴¹² Trotz der Anstrengungen der anderen Distrikte konnte der Bedarf an jüdischen Arbeitskräften für die Bauvorhaben im Distrikt Lublin nicht vollständig gedeckt werden. Dem Projekt des Grenzgrabens wurden rund 7.000, der Wasserwirtschaftsstelle 2.038 und der Straßenbaudienststelle Zamość 2.120 jüdische Zwangsarbeiter zugewiesen.⁴¹³ Einzelne Kreishauptmänner

410 Vgl. Protokoll über die Judeneinsatzbesprechung bei der Abteilung Arbeit im Amt des Generalgouverneurs am 6. August 1940, in: APLu, 498, Nr. 906, Bl. 1–7, hier Bl. 2 ff. Zu den Lagern im Distrikt Krakau vgl.: Wenzel, Ausbeutung.
411 Vgl. Protokoll über die Judeneinsatzbesprechung bei der Abteilung Arbeit im Amt des Generalgouverneurs am 6. August 1940, in: APLu, 498, Nr. 906, Bl. 1–7, hier Bl. 5; Musial, Zivilverwaltung, S. 164.
412 Vgl. Tätigkeitsbericht der Abteilung Arbeit beim Chef des Distrikts Warschau für den Monat August 1940 vom 3.9.1940, in: BAB, R 52 III, Nr. 18, Bl. 38–48, hier Bl. 42; Aufstellung über die von den Arbeitsämtern des Distriktes Radom nach Lublin verschickten Juden, Anfang September 1940, in: APLu, 498, Nr. 749, Bl. 85; Auszug aus dem Lagebericht für August 1940 des Stadtkommissars der Stadt Ostrowiec an den Kreishauptmann in Opatow vom 5.9.1940, in: IPN, 196 PB, Nr. 274, Bl. 142; Monatsbericht des Kreishauptmannes von Skierniewice für den Monat August 1940 vom 9.9.1940, in: BAB, R 52 III, Nr. 23, Bl. 15–20, hier Bl. 18.
413 Vgl. Lagebericht vom Monat August 1940 der Abteilung Innere Verwaltung beim Chef des Distrikts Lublin an den Chef des Amtes der Regierung des Generalgouvernements vom 7.9.1940, in: IPN, 196 PB, Nr. 274, Bl. 106–115, hier Bl. 111 f.

beschwerten sich über eine Verschickung der jüdischen Arbeitskräfte, da sie im Kreis für dringende Arbeiten benötigt würden.[414]

Nach wie vor hatte die Arbeitsverwaltung Mühe, ihren Anspruch auf die alleinige Hoheit über den Einsatz der jüdischen Arbeitskräfte durchzusetzen. Frauendorfer sah sich immer wieder genötigt, in entsprechenden Rundschreiben darauf hinzuweisen. Die ausschließliche Zuständigkeit der Arbeitsämter wurde von einzelnen Dienststellen, die sich weigerten, jüdische Arbeitskräfte zu entlassen oder ihnen Verpflegung und Unterkunft zu gewähren, ignoriert. Gleiches galt für die nach wie vor gängige Heranziehung von Juden zu persönlichen Hilfeleistungen und Reinigungsarbeiten. Dafür durften zukünftig nur noch für Außen- und Erdarbeiten untaugliche jüdische Arbeitskräfte herangezogen werden.[415] Einzelne Polizeistellen – vorrangig im Distrikt Lublin – veranstalteten selbständig Razzien nach Juden und nahmen keine Rücksicht darauf, ob sie beschäftigt waren oder nicht. Aber auch an anderen Orten trieben Wehrmachts- und Zivildienststellen von der Straße weg zu irgendwelchen Arbeiten, ohne Rücksicht darauf, ob sie in wehrwirtschaftlich wichtigen Betrieben beschäftigt waren.[416] Im September 1940 resümierte Frauendorfer frustriert die bisherigen Erfahrungen: »Der Judeneinsatz bereitet nach wie vor erhebliche Schwierigkeiten. Vor allem ist die Leistungsfähigkeit meist sehr gering, dazu treten die Schwierigkeiten bezüglich der Entlohnung, Unterbringung und Verpflegung. Auch die völlig unzulängliche Kleidung führt infolge der dadurch sehr hohen Anfälligkeit gegen Krankheit zu grossen Ausfällen. Dazu stossen die Arbeitsämter bei ihren Bemühungen um einen geregelten Arbeitseinsatz der Juden immer wieder auf geringes Verständnis bei anderen Stellen.«[417]

Die Meldungen zur täglichen Arbeitspflicht sanken trotz schärfster Drohungen. Das Arbeitsamt Lublin forderte die jüdischen Arbeitspflichtigen Ende September 1940 nochmals auf, sich unbedingt zweimal wöchentlich an den vorgeschriebenen Tagen zur Arbeit zu melden. Wer zukünftig diese Pflicht nicht erfüllte, sollte sofort in das

---

414 Vgl. Schreiben des Kreishauptmannes in Ilza an das Arbeitsamt in Radom vom 2.9.1940, in: APR, 209, Nr. 806, Bl. 4–5.
415 Vgl. Abschrift des Runderlasses Nr. 121/40 der Abteilung Arbeit, Frauendorfer, in der Regierung des Generalgouvernements an die Leiter der Abteilungen Arbeit bei den Chefs der Distrikte und die Leiter der Arbeitsämter im Bereich des GG vom 20.8.1940, in: USHMM, RG 15.020 M, Reel 8, fol. 1047b.
416 Vgl. Schreiben der Abteilung Arbeit im Distrikt Lublin an den SS- und Polizeiführer vom 20.8.1940, in: YVA, O.53, Nr. 79, Bl. 37; Rundschreiben des Gouverneurs des Distrikts Galizien, Dr. Lasch, an alle Abteilungen und Ämter, den SS- und Polizeiführer, den Kommandeur der Ordnungspolizei, den Kommandeur der Sicherheitspolizei, den Stadthauptmann, den Beauftragten der NSDAP und den Vierjahresplan vom 28.11.1941, in: DALO, R 35, 9, Nr. 33, Bl. 4.
417 Vgl. Textbericht der Abteilung Arbeit im Amt des Generalgouverneurs für den Monat September 1940 vom 25.10.1940, in: IPN, 94, Nr. IX/12, Bl. 18–27, hier Bl. 20.

Arbeitslager Belzec eingewiesen werden. Falls der Einberufene in diesem Falle selbst nicht zu erreichen war, werde ein Mitglied seiner Familie festgenommen und betraft.[418]

Einzelne Arbeitsämter verschärften die Aktionen gegen Juden immer weiter. Das Arbeitsamt Łuków forderte alle männlichen Juden, die in keinem Arbeitsverhältnis standen, auf, täglich bei der Judeneinsatzstelle des Arbeitsamtes zur Meldekontrolle zu erscheinen. Wer sich dieser Kontrolle verweigerte, sollte mit dem Entzug der Lebensmittelkarten, Ordnungsstrafen bis Zl. 200.- oder der Überführung in das Zwangsarbeiterlager Lublin bestraft werden.[419] Die Todesstrafe wurde im Februar 1942 im Kreis Puławy über vier Juden verhängt, »für Unpünktlichkeit und Nachlässigkeit bei der Arbeit«.[420]

Im März 1942 lagen beim Arbeitsamt Lublin die Ergebnisse der »Judenvermittlung« bedeutend niedriger als im Vormonat, da wegen der Deportationen das Ghetto abgesperrt wurde. Von den 40.000 in Lublin ansässigen Juden blieben nur 2.000 zunächst verschont. Bei ihnen handelte es sich um 800 Facharbeiter und ihre Angehörigen. Vor Beginn der Aktion fand eine Besprechung zwischen Globocnik und Vertretern des Arbeitsamtes statt, durch die sichergestellt werden sollte, dass die laufenden Arbeiten während der Deportationen nicht gestört wurden. Die Facharbeiter erhielten dazu in ihrer Meldekarte einen Stempelaufdruck durch das Arbeitsamt und gleichzeitig durch den SD und wurden anhand dieser Ausweise von der Aussiedlung freigestellt. Die deportierten einsatzfähigen Juden werden von der SS in Zwangsarbeiterlagern zusammengefasst und von dort aus zur Arbeit bei Meliorationen, Flussregulierungen usw. eingesetzt. Die Vermittlungstätigkeit der »Judeneinsatzstelle« des Arbeitsamtes Lublin hatte damit praktisch aufgehört. Das Arbeitsamt teilte nun dem Zwangsarbeiterlager der SS die Aufträge mit, während die Auswahl der Zwangsarbeiter und deren Gestellung durch die SS erfolgten. Da sich die jüdischen Arbeitskräfte in den letzten Monaten mit allen Mitteln der Zuweisung in Arbeit zu entziehen versucht hätten, begrüßte das Arbeitsamt deren Unterbringung in Zwangsarbeiterlagern.[421]

In Lemberg überprüfte das Arbeitsamt die Listen der von den Dienststellen und Firmen als unentbehrlich benannten jüdischen Arbeitskräfte und verteilte Arbeitskar-

---

418 Vgl. Bekanntmachung des Arbeitsamtes Lublin vom 20. September 1940, zit. nach: Faschismus, Dok. 177, S. 231.
419 Vgl. Bekanntmachung des Leiters des Arbeitsamtes Lukow, Schumacher, vom 5.12.1941, in: APLu, 498 Amt des Distrikts Lublin – Archivamt, Nr. 91, Bl. 1.
420 Vgl. Bericht des Arbeitsamtes Lublin über die Entwicklung des Arbeitseinsatzes im Monat Februar 1942 im Arbeitsamtsbezirk Lublin vom 5.3.1942, in: ebd., 498, Nr. 739, Bl. 21–26, hier Bl. 26 (Zitat ebd.).
421 Vgl. Bericht des Arbeitsamtes Lublin über die Entwicklung des Arbeitseinsatzes im Monat März 1942 im Arbeitsamtsbezirk Lublin vom 7.4.1942, in: ebd., 509, Nr. 8, Bl. 33–40, hier Bl. 39.

ten an die als »Arbeitsjuden« anerkannten. Die übrigen sollten auswärts zum Einsatz gelangen, um »arische« Arbeitskräfte für kriegswichtige Aufgaben freizumachen.[422]

Zentrale Aufmerksamkeit widmete die deutsche Arbeitsverwaltung der Entlohnung der polnischen Juden. Bei sämtlichen Firmen und Institutionen, die jüdische Arbeitskräfte beschäftigten, wurde auf deren Bezahlung geachtet. Freilich stand dahinter nicht Philanthropie, sondern die schlichte Erkenntnis, dass nur so die Juden optimal ausgebeutet werden konnten: maximalen Nutzen brachten ausschließlich Arbeiter, die ausreichend ernährt und versorgt waren – und diese Ernährung und Versorgung war nur durch Entlohnung möglich. Die Lohnzahlung für jüdische Arbeit im Generalgouvernement kann ab Herbst 1940 als Regelfall angenommen werden. Sie wurde von der Arbeitsverwaltung flächendeckend durchgesetzt, selbst bei den Juden in den Arbeitslagern im Distrikt Lublin. In einem Schreiben des Warschauer Arbeitsamtes an den Judenrat vom 16. November 1940, in dem insgesamt 700 Arbeitskräfte für den Eisenbahnbau in Puławy und Łęczna angefordert wurden, hieß es: »Bei beiden Maßnahmen wird der tarifliche Lohn gezahlt«, darüber hinaus wurde auch die Verpflegung gestellt. Ähnliches war etwa im Ghetto Lublin zu beobachten, wo bezahlte Arbeiter für die Lager im Frühjahr 1941 mittels öffentlicher Aushänge gesucht wurden. Diesen Grundsatz bestätigte auch die Abteilung Arbeit des Distrikts Lublin, als sie Ende November 1940 schrieb, dass die jüdischen Arbeiter »nach Tarif entlohnt« würden und »außerdem noch Verpflegung« erhielten. In der Praxis allerdings erfolgte auch häufig die Entlohnung in Naturalien.[423]

Um die Bezahlung der durch die Arbeitsämter vermittelten jüdischen Arbeitskräfte gab es langwierige Auseinandersetzungen. Im Distrikt Lublin beklagten sich die Arbeitsämter darüber, dass einzelne deutsche Dienststellen dagegen protestierten, die jüdischen Arbeiter überhaupt zu entlohnen. Da eine eigene Tarifordnung für sie noch nicht vorlag, orientierten sich die Arbeitsämter an dem im Runderlass vom 5. Juli 1940

---

422 Vgl. Anordnung des Stadthauptmannes Dr. Höller vom 25.3.1942, in: DALO, R 37, 4, Nr. 140, Bl. 43–44. Wie weit diese Vorstellung von jüdischen Arbeitskräften als einsetzbarer Reserve ging, zeigte sich im Falle des Leiters der »Arbeitsamts-Nebenstelle für den jüdischen Wohnbezirk« in Warschau, der deren Einsatz außerhalb des Ghettos forderte, »wo es die wirtschaftliche Kriegslage im Augenblick in Warschau jeweils erfordern« würde. Vgl. Bericht über die Besprechung am 20. März 1942, in: YVA, O.6, Nr. 198, S. 32–40, hier S. 39 (Zitat ebd.).
423 Vgl. Schreiben des Leiters des Arbeitsamtes Warschau, Reg.Direktor Hoffmann, an den Judenrat in Warschau vom 16.11.1940, in: JHI, Ring I, Nr. 221, Bl. 3 (Zitat ebd.); Lehnstaedt, Arbeitsverwaltung, S. 21 und S. 27 f. (Zitat S. 27); Költzsch, Arbeitnehmer, S. 16. Aber es gab auch später immer wieder Streitigkeiten um die Lohnzahlung zwischen Arbeitsämtren und Firmen. Vgl. Schreiben des Arbeitsamtes in Drohobycz an die Städtische Werkstätte in Drohobycz vom 27.10.1941, in: DALO, R 1951, 1, Nr. 509, Bl. 5.

vorgesehenen 20-prozentigen Abschlag gegenüber den an Polen gezahlten Löhnen.[424] Gegenüber der von verschiedenen Seiten geäußerten Kritik, die Löhne für jüdische Arbeitskräfte seien zu hoch angesetzt, betonte Frauendorfer, dass am Grundsatz der 80-prozentigen Entlohnung festgehalten werden müsse, da sonst die Erhaltung der Arbeitskraft der eingesetzten Juden nicht gewährleistet sei.[425]

Nachdem die industrielle Vernichtung der Juden des Generalgouvernements einmal angelaufen war, bestand allerdings keine Notwendigkeit mehr für Lohnzahlungen, da es den Besatzern nun egal war, ob die Juden bei der Arbeit oder in den Todeslagern starben. Im September 1942 dekretierte daher der SSPF in Warschau, dass Lohnzahlungen an Juden ab sofort verboten seien.[426]

Arbeitsverwaltung und Holocaust

Maßgeblich deshalb, weil es an der Aktenüberlieferung einzelner Arbeitsämter mangelt, lässt sich die Mittäterschaft der Arbeitsverwaltung am Holocaust und dessen Vorstufen nur partiell dokumentieren. Eines dieser Beispiele ist die Beauftragung des Leiters der Abteilung Arbeit im Distrikt Krakau mit der Leitung und Durchführung der »Judenaussiedlungsaktion« aus Krakau Mitte November 1940, die bis dahin beim Stadthauptmann lag. Anlass hierzu war eine Reihe von »Unzukömmlichkeiten«, vor allem aber die Tatsache, dass zu diesem Zeitpunkt immer noch 50.000 Juden in Krakau wohnten, ja, diese Zahl in den letzten Monaten durch erneuten Zuzug sogar gewachsen war.[427]

Wie ein Zeitzeuge berichtete, begann jeder Massenmord an Juden mit einer Verordnung über ihre Neuregistrierung. Die arbeitenden Juden erhielten von den Arbeitsämtern, die für die Zurückstellung der unverzichtbaren jüdischen Facharbeiter verantwortlich waren, neue Arbeitsausweise. Jene, die keine »wehrwichtige« Arbeit leisteten, wurden in den folgenden Monaten getötet. In Lemberg wurden Anfang März 1942 alle Juden neu registriert. Im Judenviertel herrschten daraufhin Unruhe und Angst, die bei kriegswichtigen Betrieben beschäftigten Juden bemühten sich sofort um die neuen Arbeitsausweise. Die neuen Arbeitsausweise berechtigten dazu, ein weibliches Mitglied der Familie am Leben zu erhalten. Die Arbeiter hatten häufig die Entscheidung zu tref-

---

424 Vgl. Notizen über die Amtsleiterbesprechung am 1.8.1940, in: APLu, 498, Nr. 694, Bl. 55–57, hier Bl. 56.
425 Vgl. Protokoll über die Judeneinsatzbesprechung bei der Abteilung Arbeit im Amt des Generalgouverneurs am 6. August 1940, in: ebd., Nr. 906, Bl. 1–7, hier Bl. 6f.
426 Vgl. Lehnstaedt, Arbeitsverwaltung, S. 29.
427 Vgl. Lagebericht für den Monat Dezember 1940 des Chefs des Distrikts Krakau an den Chef des Amtes in der Regierung des Generalgouvernements, Staatssekretär Bühler, vom 27.12.1940, in: BAB, R 52 III, Nr. 16, Bl. 1–32, hier Bl. 24. Vgl. allgemein zur Situation der Juden in Krakau: Löw, Juden.

fen, ob sie ihre Frau oder ihre Mutter schützen wollten. Die männlichen Mitglieder der Familien konnten durch den Ausweis eines Arbeiters nicht gerettet werden.[428]

Die Ausgabe neuer Arbeitsbescheinigungen belebte den Handel mit diesen Bescheinigungen, an dem in erster Linie deutsche Unternehmer und Firmenverwalter verdienten. Die von Deportation und Tod Bedrohten bezahlten oft große Summen für einen »wehrwichtigen« Arbeitsplatz. Am 25. März 1942 verfügte der Lemberger Stadthauptmann Egon Höller, dass binnen zwei Tagen alle öffentlichen und privaten Arbeitgeber »Listen der zur Zeit noch nicht entbehrlich erscheinenden jüdischen Facharbeitskräfte« beim Arbeitsamt einzureichen hätten. Dieses hatte dann zusammen mit anderen interessierten Dienststellen über die Anerkennung der »Arbeitsjuden« und die Vergabe entsprechender Armbinden und Ausweise zu entscheiden. Das Arbeitsamt entschied so an zentraler Stelle über Weiterbeschäftigung oder Nichtbeschäftigung eines Menschen und damit über Leben und Tod.[429]

Die Räumung des Lubliner Ghettos begann am 16./17. März 1942. Im Folgemonat lagen die Ergebnisse der Vermittlung jüdischer Arbeitskräfte naturgemäß bedeutend niedriger, da das Ghetto abgeriegelt wurde. Von 40.000 in Lublin ansässigen Juden wurden 38.000 deportiert. Die verbleibenden 2.000 Juden setzten sich aus 800 Facharbeitern und deren Angehörigen zusammen. Vor Beginn der Räumung des Ghettos fand eine Besprechung zwischen dem SS- und Polizeiführer und dem Arbeitsamt statt, durch die sichergestellt wurde, dass die laufenden Arbeiten während der Aussiedlungsaktion nicht gestört wurden. Die Juden erhielten in ihrer Meldekarte einen Stempelaufdruck durch das Arbeitsamt und gleichzeitig durch den SD und wurden anhand dieser Ausweise von der Aussiedlung freigestellt.[430]

Als Ende April/Anfang Mai 1942 die Räumung aller Ghettos angekündigt wurde, veranlasste die Hauptabteilung Arbeit in Krakau sofort eine Zählung aller jüdischen Arbeiter. Damit hatte sie noch vor dem HSSPF einen Gesamtüberblick über die Dimension der bevorstehenden »Judenaktionen«. Es gibt laut Dieter Pohl Indizien dafür, dass die Hauptabteilung Arbeit auf dieser Basis in die Gesamtplanung der Judenvernichtung im Generalgouvernement eingeschaltet wurde.[431]

Mitarbeiter der Arbeitsämter waren auch direkt an den Deportationen von Juden und damit an ihrer Vernichtung beteiligt. Für eine Deportation aus Kolomea hatte das dortige Arbeitsamt zusammen mit der Sicherheits- und der Schutzpolizei angeordnet,

---

428   Vgl. Szende, Jude, S. 240 f.
429   Vgl. Aly/Heim, Vordenker, S. 451 f. Über die Bestechlichkeit vieler Arbeitsamtsmitarbeiter, die gegen Geld oder Wertsachen entsprechende Bescheinigungen ausstellten, berichtete der Zeitzeuge Calel Perechodnik in seinem Tagebuch. Vgl. ders., Mörder, S. 50 f.
430   Vgl. Bericht des Arbeitsamtes Lublin über die Entwicklung des Arbeitseinsatzes im Monat März 1942 im Arbeitsamtsbezirk Lublin vom 7.4.1942, in: APLu, 509, Nr. 8, Bl. 33–40, hier Bl. 39; Musial, Zivilverwaltung, S. 231.
431   Vgl. Pohl, Judenverfolgung, S. 287.

dass sich die Juden zur Registrierung auf dem Sammelplatz des Arbeitsamtes einzufinden hatten. 5.300 Juden erschienen, weitere 600 griff die Polizei bei einer Razzia im Judenviertel auf.[432]

Laut der Aussage eines beim Kommandeur der Sicherheitspolizei in Lemberg tätigen Kriminalsekretärs, musste die Zahl der deportierten Juden erst durch die Arbeitsämter gemäß einem von der Hauptabteilung Arbeit aufgestellten »Gross-Plan« freigegeben werden. Dabei sei es zu Konflikten zwischen den Interessen der Gouverneure, die eine große Anzahl deportierter Juden an den Generalgouverneur melden wollten, und den Vertretern der Arbeitsämter gekommen, die größere Deportationen wertvoller Arbeitskräfte nicht gerne sahen.[433]

An den Judendeportationen aus Reichshof und Przemysl sollen ebenfalls Mitarbeiter der Arbeitsämter aktiv mitgearbeitet haben. In beiden Fällen gab es einige Tage vor den Deportationen Besprechungen mit dem Stabsführer des SS- und Polizeiführers im Distrikt Krakau, an denen die Leiter der Arbeitsämter teilnahmen.[434] Dieses Vorgehen war offensichtlich üblich, wie sich in anderen Nachkriegsverfahren vor deutschen Gerichten zeigte. In Galizien nahmen Mitarbeiter der Arbeitsverwaltung an den vor den Deportationen von hochrangigen SS-Führern initiierten »Einsatzbesprechungen« teil. Bei diesen Besprechungen wurde entschieden, welche Arbeitskräfte von den Deportationen ausgenommen werden und welche Aufgaben den verschiedenen beteiligten Dienststellen während der Aktion zufallen sollten.[435] Auch bei der Deportation der letzten Juden aus Snjatyn im Herbst 1943 war die Arbeitsverwaltung involviert. Die Registrierung der Juden wurde von der Sicherheitspolizei unter Hinzuziehung des Personals des Arbeitsamtes durchgeführt.[436]

Bei den Selektionen anlässlich der ersten großen Deportationswelle aus dem Krakauer Ghetto in der ersten Juniwoche 1942 überwachte der Referent für Judenangelegenheiten des Kommandeurs der Sicherheitspolizei, Wilhelm Kunde, eine Kommission, zu der auch Beamte des Arbeitsamtes zählten. Die Angehörigen der Kommission

---

432 Vgl. Bericht des Kompanieführers 7. Polizeiregiment 24, Wassermann, an den Kommandeur der Ordnungspolizei Galizien: »Umsiedlungsaktion« in Ostgalizien vom 14.9.1942, zit. nach: Longerich, Ermordung, Dok. 81, S. 216–221, hier S. 216.
433 Vgl. Aussage von Kriminalsekretär Oswald Müller in Freising am 27.6.1945, in: IPN, 164, Nr. 2376, Bl. 40–41. Für den Hinweis auf diese Aussage danke ich Dieter Pohl.
434 Vgl. Anklageschrift gegen Martin Fellenz, Stabsführer des SS- und Polizeiführers im Distrikt Krakau, der Oberstaatsanwaltschaft Flensburg vom 5.4.1962, in: IfZ, Gf 01.03, S. 182 und S. 188.
435 Vgl. Anklageschrift der Staatsanwaltschaft Darmstadt gegen Herbert Härtel und andere vom 12.2.1966, in: BAL, B 162, Nr. 4730, Bl. 168 f.
436 Vgl. Zeugenaussage von Friedrich Lutterloh am 3.10.1967 in Otterndorf, in: ebd., Nr. 2245, Bl. 8386–8399, hier Bl. 8397.

entschieden nach einem Blick auf die Kennkarte und auf den betreffenden Juden, ob dieser dem Transport angeschlossen werden sollte oder im Ghetto verbleiben durfte.[437]

Der ehemalige Leiter des Arbeitsamtes im galizischen Stanislau, Konrad Büsing, musste in einer Nachkriegsaussage die Mitwirkung der Arbeitsämter an so genannten »ABC-Registrierungen«, also Selektionen der jüdischen Bevölkerung nach deren Arbeitsfähigkeit vor den entsprechenden Deportationen einräumen. Über das weitere Schicksal der als arbeitsunfähig Selektierten wollte er aber nichts gewusst haben.[438]

Darüber, was mit den deportierten Juden geschah, konnte indes bei den Mitarbeitern der Arbeitsverwaltung kein Zweifel herrschen: »Über diese Vorgänge wurde im allgemeinen auch in unserer Dienststelle gesprochen. Es ist seinerzeit auch darüber gesprochen worden, was mit den Juden gemacht wurde, d. h. welchem Zweck die Abtransportierung diente. Es hieß ganz allgemein, die Juden würden vergast oder erschossen. Darüber wurde auch im Kollegenkreis ganz offen gesprochen. M. E. müßte jeder Kollege davon auch gehört haben. Ich halte es für Unsinn, wenn einer erklärt, das sei nicht der Fall.«[439]

Nach Musial gibt es gewisse Anzeichen dafür, dass die Arbeitsverwaltung aus der allgemeinen Stimmung des Massenmordes ausscherte. Er muss allerdings einräumen, dass es schwierig zu sagen ist, ob diese Haltung durch den tatsächlichen Arbeitskräftemangel oder auch durch moralische Skrupel bedingt war. Ein Überlebender aus Radom berichtete darüber, dass der Leiter des dortigen Arbeitsamtes, Kleiner, die Juden aufgefordert habe, sich dringend zur Arbeit vermitteln zu lassen und eine Beschäftigung anzunehmen, um sich auf diese Weise vor den kommenden »Aktionen« zu schützen. Bei der »Aussiedlung« aus Hrubieszów im Juni 1942 bewirkte der Leiter der dortigen Arbeitsamtsnebenstelle, Stüber, dass noch etwa 50 bis 60 Juden, die bereits für die »Aussiedlung« ausgesondert worden waren, freigestellt wurden.[440] In diesem Zusammenhang wird immer wieder auf das Beispiel von Adalbert Szepessy hingewiesen. Anfang Juni 1942 verhaftete die SS den Leiter der »Nebenstelle Judenwohnbezirk« des Arbeitsamtes Krakau wegen »Judenfreundlichkeit« und schloss die Dienststelle. HSSPF Krüger

---

437 Vgl. Anklageschrift gegen Wilhelm Kunde, Hermann Heinrich und Franz-Josef Müller der Staatsanwaltschaft bei dem Landgericht Kiel wegen Mordes vom 26.9.1966, in: IfZ, Gk 05.09, Bl. 75.
438 Vgl. Zeugenaussage von Konrad Büsing in Dortmund am 27.3.1963, in: BAL, B 162, Nr. 4998, Bl. 2293–2397, hier Bl. 2395. Gruppe A bildeten die noch benötigten Handwerker und Facharbeiter, die geschützt werden sollten. Zwangsarbeiter für die Zwangsarbeitslager des SSPF fielen in die Kategorie B; »Arbeitsunfähige«, die sofort vernichtet werden sollten, in Gruppe C. Vgl. Sandkühler, Endlösung, S. 173.
439 Vgl. Zeugenvernehmung von Hans Hantelmann durch die Zentralstelle im Lande Nordrhein-Westfalen in Goslar am 9.2.1966, in: BAL, B 162, Nr. 6287, Bl. 784–790, hier Bl. 788. Hantelmann war beim Arbeitsamt in Jasło beschäftigt gewesen.
440 Vgl. Musial, Zivilverwaltung, S. 273 f.; Maier, Arbeitsverwaltung, S. 64 f.

gab an, »dass Szepessy an Juden Ausweise ausgestellt habe, die es diesen ermöglichten, durch Hinweis auf ihre Dienstleistung weiterhin von der Ausweisung aus Krakau ausgenommen zu werden«. Frank verfügte schließlich die sofortige Freilassung des Inhaftierten. Dazu kam es aber erst einige Wochen später. Zuvor war Szepessy auf Weisung von Himmler in das Konzentrationslager Sachsenhausen verbracht worden, aus dem er dann am 24. November 1942 entlassen wurde.[441]

Erneuter Wechsel der Zuständigkeit

Mit Erlass Franks vom 3. Juni 1942 gingen die »Judenangelegenheiten« an das Sachgebiet der Sicherheitspolizei über. Eines der Ziele der »Aktion Reinhardt« war, die einsatzfähigen jüdischen Arbeitskräfte in Zwangsarbeiterlagern zusammenzufassen, von wo aus sie zu Meliorationsarbeiten eingesetzt werden sollten. Mit dem Beginn der Räumung des Ghettos Lublin endete die Zuständigkeit des Arbeitsamtes Lublin für den jüdischen Arbeitseinsatz in der Stadt. Für die Stadt Lublin sanktionierte der Gouverneur Zörner am 16. April 1942 den neuen Zustand, indem er mit einer Anordnung den Kommandeur der Sicherheitspolizei für den jüdischen Arbeitseinsatz in der Stadt Lublin als zuständig erklärte. Die Außenstellen des Arbeitsamtes Lublin wie die anderen Arbeitsämter im Distrikt vermittelten dagegen die jüdischen Arbeitskräfte noch bis zum Herbst 1942.[442]

Das Ende der Zuständigkeit der Arbeitsämter kündigte sich auch in Krakau an. Hier wies der Leiter des Arbeitsamtes den Leiter der Nebenstelle-Judenwohnbezirk Krakau an, dort ein Plakat »Nebenstelle vorübergehend geschlossen« anzubringen und dem Postamt die Weisung zu geben, eingehende Telefongespräche auf das Hauptamt umzuleiten. Die Arbeitsvermittlung sollte in den Räumen der Nebenstelle unter der Leitung eines SS-Mannes weitergeführt werden.[443]

Gschließer erklärte auf einer Besprechung am 5. Juni 1942, dass bei dem derzeitigen Prüfungsverfahren bei Auflösung der Ghettos die Ausscheidung der arbeitsfähigen Juden nach der Kennkarte erfolge. Das sei nicht ausreichend, denn die Kennkarte gäbe nicht wieder, ob der Mann etwa noch einsatzfähig sei, ob er etwa nur Angelernter sei oder wirklich Facharbeiter usw. Wichtig sei dabei der derzeitige Einsatz. Wenn ein Jude einsatzfähig sei, müsse er dem Arbeitseinsatz erhalten bleiben.[444]

---

441 Vgl. Bericht des Leiters der Nebenstelle-Judenwohnbezirk des Arbeitsamtes Krakau, Adalbert Szepessy, vom 3.6.1942, in: BAL, LO Verschiedenes, Nr. 17, Bl. 444–447; Eintrag im DTB von Frank vom 28.9.1942, Regierungssitzung, zit. nach: Präg/Jacobmeyer, Diensttagebuch, S. 566 f.; Maier, Arbeitsverwaltung, S. 60 f.
442 Vgl. Musial, Zivilverwaltung, S. 278 f.
443 Vgl. Bericht des Leiters der Nebenstelle-Judenwohnbezirk Krakau, Adalbert Szepessy vom 4.6.1942, in: BAL, LO Verschiedenes, Nr. 17, Bl. 448.
444 Vgl. Niederschrift über die Besprechung am 5.6.1942 bei der Rüstungsinspektion im Generalgouvernement betr.: Judeneinsatz im Generalgouvernement, in: DaimlerChrysler Kon-

In einer Hauptabteilungsleitersitzung der Regierung am 22. Juni 1942 warnte Frauendorfer vor einer »Umsiedlung« der Juden, da man auf den jüdischen Arbeitseinsatz absolut angewiesen sei, dieser Auffassung hätte sich auch der Rüstungsinspektor im Generalgouvernement angeschlossen. Mangels polnischer Facharbeiter seien diese Arbeitskräfte nicht zu ersetzen. »Die Juden sollen den von der SS durchgeführten Aktionen zwar nicht entzogen, aber für die Dauer des Krieges arbeitsmäßig erhalten bleiben.«[445]

Am 25. Juni 1942 brachte ein Erlass der Hauptabteilung Arbeit dann für die Arbeitsverwaltung das offizielle Ende ihrer Zuständigkeit beim Einsatz jüdischer Arbeitskräfte. Da in diesem Fall Belange der Polizei auf das Engste berührt würden, bestimmte Frauendorfer, dass der Arbeitseinsatz von Juden nur noch nach vorherigem Einvernehmen mit dem örtlichen zuständigen Polizeiführer vorgenommen werden durfte. Er erwartete, dass die Polizei in Zukunft den Einsatz der jüdischen Arbeitskräfte in gewissem Umfange, insbesondere für die Rüstungsindustrie, selbst vornehmen würde. In diesen Fällen entfiele die Vermittlungstätigkeit der Arbeitsämter. Etwaigen Bitten der Polizei um Unterstützung durch die Arbeitsämter sei selbstverständlich nach Möglichkeit zu entsprechen.[446]

Trotzdem wandten sich in der Folgezeit immer wieder Rüstungsbetriebe in Fragen der Vermittlung jüdischer Arbeitskräfte an die zuständigen Arbeitsämter. So bat die Flugmotorenwerk Reichshof GmbH beim dortigen Arbeitsamt um die Zuweisung von 400 jüdischen Metallhandwerkern. Falls nicht so viele Fachkräfte zur Verfügung stünden, wollte das Werk geeignete jüdische Arbeitskräfte anlernen.[447]

Auch in anderen Gebieten vermittelten die Arbeitsämter nach wie vor jüdische Arbeitskräfte. Der Judenrat in Wengrow schickte Anfang August 1942 auf Auftrag des Arbeitsamtes 50 Männer zur Arbeit nach Ostrów. Sie sollten in einem Lager untergebracht werden. Am 22. August forderte der Kreishauptmann von Ostrów insgesamt 16 jüdische Handwerker für seine Kreishauptmannschaft an.[448] Die Nebenstelle »Jüdischer

---

zernarchiv, MBA VO 175 Flugmotorenwerk Reichshof/Rzeszów, Nr. 18, Bl. 1–5 (Zitat Bl. 5). Für die Überlassung einer Kopie danke ich Martin Költzsch.

445 Vgl. Eintrag im DTB von Frank vom 22.6.1942, Hauptabteilungsleitersitzung, zit. nach: Präg/Jacobmeyer, Diensttagebuch, S. 516f. (Zitat S. 516).

446 Vgl. Runderlaß Nr. 113/42 der Hauptabteilung Arbeit, Frauendorfer, an die Leiter der Abteilungen Arbeit bei den Chefs der Distrikte und die Leiter der Arbeitsämter im Bereiche des Generalgouvernements vom 25.6.1942, in: IPN, 196 PB, Nr. 335, Bl. 69. Auch in: Ebd., 94, Nr. IX/12, Bl. 40 und in: APLu, 509, Nr. 1, Bl. 67.

447 Vgl. Schreiben der Flugmotorenwerk Reichshof GmbH an das Arbeitsamt Reichshof vom 30.6.1942, in: DaimlerChrysler Konzernarchiv, MBA VO 175 Flugmotorenwerk Reichshof/Rzeszów, Nr. 26, unpag. Für die Überlassung der Kopie danke ich Martin Költzsch. Zu den jüdischen Arbeitskräften in Rzeszów vgl. Weitz, Einsatz, S. 171f.

448 Vgl. Schreiben des Obmannes des Judenrates in Wengrow an den Kreishauptmann in Ostrow vom 9.8.1942, in: APW, 489, Nr. 70, Bl. 4; Schreiben des Amtsleiters des Amtes

Wohnbezirk« des Arbeitsamtes Warschau gab Ende August bekannt, dass Arbeitsplatzwechsel nur mit dessen vorheriger Genehmigung vollzogen werden durften: »Wer seine Arbeitsstelle verlässt wird sofort ausgesiedelt.«[449]

Am 19. Juli 1942 hatte Himmler befohlen, die Vernichtung der Juden im Generalgouvernement zu beschleunigen und bis zum Ende des Jahres weitgehend abzuschließen. Danach durften sich laut Befehl keine Juden mehr dort aufhalten, außer in den Sammellagern Warschau, Krakau, Tschenstochau, Radom und Lublin.[450] Mit der »Aktion Reinhardt« begann die endgültige Vernichtung der Juden im Generalgouvernement.[451]

Gegenüber 1940/41 nahm 1942 der Umfang der jüdischen Zwangsarbeit ab. Großprojekte wurden kaum noch durchgeführt, einzelne Arbeitslager aufgelöst. Im Juli 1942 berichtete der Leiter des Arbeitsamtes Przemyśl über den Einsatz jüdischer Arbeitskräfte, und er warnte vor deren weiterem Abzug. Der bereits erfolgte Abzug von 1.000 Juden nach Lemberg habe bereits empfindliche Störungen in der Wirtschaft, vor allem aber bei der Ostbahn, verursacht. Er schlug deshalb vor, die »Aussiedlung« der Juden zunächst nur auf arbeitsunfähige Personen zu beschränken.[452] Krüger erklärte am 14. August 1942, dass sämtliche jüdischen Zwangsarbeiter auf Dauer verschwinden sollten, und am 5. September erteilte Keitel den Befehl, alle von der Wehrmacht für militärische Hilfsdienste und in der Rüstungswirtschaft des Generalgouvernements beschäftigten jüdischen Arbeitskräfte durch Polen zu ersetzen.[453] Hitler entschied bei einer Besprechung mit Speer am 20. bis 22. September, dass die jüdischen Facharbeiter zunächst im Generalgouvernement verbleiben sollten. Im Vordergrund stand jetzt der

---

Innere Verwaltung beim Kreishauptmann in Ostrow an den Leiter der Aussenstelle Ostrow des Arbeitsamtes Siedlce vom 22.8.1942, in: ebd., Bl. 11. Auch in: BAK, ZSg 122, Nr. 99, Bl. 781.

449 Vgl. Anordnung des Arbeitsamtes Warschau vom 25.8.1942, abgedruckt in: Grabitz/Scheffler, Spuren, S. 167 (Zitat ebd.).

450 Vgl. Abschrift eines Schreibens des Reichsführers SS an den Höheren SS- und Polizeiführer Ost vom 19.7.1942, in: BAB, NS 19, Nr. 1757, Bl. 1–3. Browning betont, dass auch während der Phase der »produktiven« Nutzung jüdischer Arbeitskräfte das ideologische Endziel ihrer späteren Vernichtung durch die Nationalsozialisten nicht aus den Augen verloren wurde. Vgl. Browning, Judenmord, S. 93 f.

451 Vgl. Musial, Ursprünge und speziell zur Hochburg des jüdischen Zwangsarbeitereinsatzes: Pohl, Stellung.

452 Vgl. Bericht von SS-Hauptsturmführer Meichert betr. Bildung eines »Wehrmachtsghettos für Juden« in Przemysl vom 24.8.1942 (Darin zitiert: Bericht des Leiters des Arbeitsamtes Przemysl, ROI Neumann, an den Kreishauptmann in Przemysl vom 20.7.1942), in: IfZ, MA 331, fr. 2654908–2654916, hier fr. 2654912 ff.

453 Vgl. Abschrift eines Schreibens des Chefs des Oberkommandos der Wehrmacht, Keitel, an den Militärbefehlshaber im Generalgouvernement vom 5.9.1942, in: BAB, NS 19, Nr. 2462, Bl. 1; KTB Nr. 1 des Oberquartiermeisters beim Militärbefehlshaber im Generalgouvernement vom 1.5.1941 bis 31.12.1943, Eintrag vom 12.9.1942, in: BA-MA, RH 53–23, Nr. 80, unpag.

Arbeitseinsatz für den Bedarf der Wehrmacht. Im Herbst 1942 wurden die meisten kleineren Lager auf dem Lande aufgelöst, dafür in einigen Städten »Arbeitsghettos« oder größere Zwangsarbeitslager errichtet.[454]

Natürlich gelang der Austausch der jüdischen Arbeitskräfte nicht umgehend, und so klagten Wehrmachtsdienststellen auch weiterhin darüber, dass jüdische Arbeitskräfte abgezogen wurden. Etwa bei einer Warschauer Firma, die für den Generalquartiermeister arbeitete. Dort waren sämtliche 240 jüdischen Spezialarbeiter deportiert worden und die Produktion damit vollkommen stillgelegt. Der Höhere SS- und Polizeiführer lehnte die Rücknahme des erfolgten Abzugs ab, obwohl die vordringliche Fertigung der Waren vom Oberkommando des Heeres angeordnet wurde.[455] Der Wehrkreisbefehlshaber berichtete, dass die ohne Benachrichtigung der meisten Wehrmachtdienststellen einsetzenden Deportationen bereits starke Behinderungen im Nachschub und Verzögerungen in der kriegswirtschaftlichen Sofortproduktion gebracht hätten. Nach den Unterlagen der Hauptabteilung Arbeit betrug die Gesamtzahl der gewerblichen Arbeiter etwas mehr als eine Million, hiervon über 300.000 Juden. Unter diesen waren etwa 100.000 Facharbeiter. In den einzelnen, für die Wehrmacht arbeitenden Betrieben, schwankte die Zahl der Juden unter den Facharbeitern zwischen einem Viertel und 100 Prozent, wie bei den für die Winterbekleidung arbeitenden Textilbetrieben. In anderen Betrieben, zum Beispiel in der wichtigen Fahrzeugfabrikation, waren die Schlüsselkräfte Juden. Die sofortige Entfernung dieser jüdischen Arbeitskräfte hätte, so der Wehrkreisbefehlshaber, zur Folge, dass das Kriegspotential des Reiches erheblich gesenkt und die Versorgung der Front sowie der Truppen des Generalgouvernements stocken würde. Wenn die kriegswichtigen Arbeiten nicht leiden sollten, könnten die Juden erst nach Ausbildung des Ersatzes, Zug um Zug freigegeben werden. Er bat darum, die Aussiedlung der in den gewerblichen Betrieben tätigen Juden bis dahin auszusetzen.[456]

Als Antwort auf die Denkschrift des Wehrkreisbefehlshabers kann man einen Befehl Himmlers vom 9. Oktober 1942 lesen. Er gab die Anordnung, jüdische Textilarbeiter in Konzentrationslagern in Warschau und Lublin zusammenzufassen, in denen dann Wehrmachtsaufträge über die SS abgewickelt werden sollten. Gleichzeitig kündigte der Reichsführer-SS an, gegen alle diejenigen, die mit »angeblichen Rüstungsinteressen« opponierten, in Wirklichkeit aber »lediglich die Juden und ihre Geschäfte unterstüt-

---

454 Vgl. Pohl, Judenpolitik, S. 158 ff.
455 Vgl. KTB Nr. 1 des Oberquartiermeisters beim Militärbefehlshaber im Generalgouvernement vom 1.5.1941 bis 31.12.1943, Eintrag vom 13.9.1942, in: BA-MA, RH 53–23, Nr. 80, unpag.
456 Vgl. Schreiben des Wehrkreisbefehlshabers im Generalgouvernement O.Qu./Qu.2 an den Wehrmachtsführungsstab vom 18.9.1942, in: ebd., Nr. 87, Bl. 116–118. Auch in: BAL, B 162, Nr. 21546, Bl. 399–401. Vgl. zu den Auseinandersetzungen: Madajczyk, Okkupationspolitik, S. 222 f.

zen« wollten, unnachsichtig vorzugehen. Die jüdischen Arbeiter, die in »wirklichen Rüstungsbetrieben«, also in Waffenfabriken und Autowerkstätten arbeiteten, sollten schrittweise herausgelöst und durch Polen ersetzt werden. Im Osten des Generalgouvernements sollten einige wenige jüdische »KL-Großbetriebe« aufgebaut werden.[457]

Aber auch Himmler musste Zugeständnisse an die kriegswirtschaftlichen Notwendigkeiten machen und schloss mit dem Oberkommando der Wehrmacht einen Kompromiss, der vorsah, in kriegswichtigen Betrieben, die den Winterbedarf der Front sicherstellten, zunächst auf einen generellen Abzug der jüdischen Arbeitskräfte zu verzichten.[458] Am 13. Oktober 1942 vereinbarten Wehrmacht und SS das weitere Vorgehen. Einzelne jüdische Arbeiter militärischer Dienststellen sollten demnach sofort ohne Rücksicht auf Ersatz abgezogen werden. Durch die Wehrmachtdienststellen eingerichtete Judenlager waren der SS zu übergeben; diese führte dann die Arbeiter den einzelnen Dienststellen zu. In den direkt für den Militärbefehlshaber oder eine OKW-Dienststelle arbeitenden Rüstungsbetrieben sollten die dort tätigen Juden zunächst zusammengefasst und anschließend durch Austausch »geschlossene Judenbetriebe« geschaffen werden. Bei allen Maßnahmen galt als oberstes Ziel, keine Störung in der Produktion hervorzurufen.[459]

7. Der polnische Widerstand gegen die deutsche Arbeitsverwaltung
Fluchten und Arbeitsvertragsbrüche

Beim polnischen Widerstand gegen die Aktivitäten und Maßnahmen der deutschen Arbeitsverwaltung kann man zwei Richtungen unterscheiden: den individuellen Widerstand von Einzelpersonen gegen Rekrutierung und Zwangsarbeit, durch Fluchten, Arbeitsvertragsbrüche etc. und den organisierten Widerstand von Gruppen, der sich unter anderem gegen die Mitarbeiter und Dienststellen der Arbeitsverwaltung wandte.

Vor dem Hintergrund der brutalen deutschen Besatzungsherrschaft im Generalgouvernement schaukelten sich auch im Tätigkeitsbereich der Arbeitsverwaltung Repression und Terror einerseits sowie Widersetzlichkeit und Widerstand andererseits gegenseitig hoch. Im Zuge dieser Eskalation bekam die Deportation von Arbeitskräften

---

457 Vgl. Anordnung Himmlers vom 9.10.1942, in: BA-MA, RH 53–23, Nr. 87, Bl. 146–147 (Zitat Bl. 146).
458 Vgl. Fernschreiben des Wehrmachtsführungstabes im OKW an die betroffenen Dienststellen vom 6.10.1942, in: BAB, NS 19, Nr. 1766, Bl. 1.
459 Vgl. Rundschreiben des Wehrkreisbefehlshabers im Generalgouvernement an die untergeordneten Stellen vom 14.10.1942, in: BA-MA, RH 53–23, Nr. 70, unpag.; Sandkühler, Endlösung, S. 183.

auch gewisse politisch-militärische Aspekte: Man wollte eine möglichst große Zahl arbeitsfähiger, aber zugleich kampffähiger junger Männer loswerden.[460]

Schon frühzeitig gab es Nachrichten darüber, dass sich polnische Arbeitskräfte der Rekrutierung durch Flucht entzogen. Im April 1940 berichtete das Polizeibataillon Zamość, dass sich viele der von den Soltys gemeldeten Personen beim Erscheinen des Werbekommandos in die Wälder oder in die Umgebung flüchteten. Die Stimmung in der Bevölkerung war stark aufgeheizt, es gab Stimmen, man werde keine Arbeiter mehr für Deutschland stellen, da die jungen Polen für den kommenden Aufstand gebraucht würden.[461] Auf der anderen Seite kamen aber auch Fälle vor, in denen die Landbevölkerung unter Druck gesetzt wurde, sich den Erfassungen zu entziehen. Im Kreis Sochaczew ritt kurz vor Abgang eines Sammeltransportes ein Bote von Haus zu Haus und drohte den zur Abreise bereiten Arbeitern schwere Strafen an, wenn sie nach Deutschland fahren würden. General Sikorski werde Polen in Kürze befreien und dann diejenigen zur Verantwortung ziehen, die den deutschen Behörden keinen Widerstand entgegengesetzt hätten.[462]

Der Kreishauptmann von Nowy Sącz meldete für den Mai 1940 die Abneigung weiter Kreise der Landbevölkerung zur Arbeit in Deutschland. Deshalb erschien an den Gestellungstagen meistens nur ein Bruchteil der Gestellungspflichtigen, während die anderen in die umliegenden Wälder geflüchtet oder nicht auffindbar waren. Aus Rzeszów wurde für den gleichen Zeitraum mitgeteilt, dass nur 30 Prozent der Verpflichteten wirklich abtransportiert werden konnten. Viele flohen schon vor der Erfassung durch die Arbeitsverwaltung, begünstigt durch die lokalen Gegebenheiten: »Das auf dem Lande sehr gut funktionierende Nachrichtennetz trägt dazu bei, diese Maßnahmen zu vereiteln, so daß es manchmal vorkommen konnte, daß man bei der Durchkämmung einzelner Dörfer auf Erfassung von Arbeitspflichtigen fast keinen Menschen mehr im Dorf antreffen konnte.«[463] Dieses Fluchtverhalten führte dazu, dass die Dörfer nicht nur nachts von den für die Landarbeiter-Verschickung in Frage kommenden Personen verlassen wurden, sondern dass auch tagsüber ein Teil der Landbevölkerung der eigenen

---

460 Vgl. Dlugoborski/Madajczyk, Ausbeutungssysteme, hier S. 414. Vgl. allgemein zur Repression als Herrschaftsinstrument des Besatzungsregimes: Baberowski/Doering-Manteuffel, Ordnung, S. 59 ff.
461 Vgl. Lagebericht des Polizeibataillons 104 für die Zeit vom 25.3.–4.4.1940 vom 3.4.1940, in: APLu, 515, Nr. 104, Bl. 81–83, hier Bl. 81.
462 Vgl. Bericht des Distrikts Warschau für die Zeit vom 11.3. bis 10.4.1940 vom 15.4.1940, in: IPN, 196 PB, Nr. 270, Bl. 14–30, hier Bl. 14. Auch in: BAL, B 162, Nr. 20944, Bl. 16–32.
463 Vgl. Lagebericht für den Monat Mai 1940 des Kreishauptmannes zu Neu-Sandez an das Amt des Generalgouverneurs, Chef des Amtes, vom 31.5.1940, in: IPN, 196 PB, Nr. 272, Bl. 71–75, hier Bl. 72 f.; Lagebericht für den Monat Mai 1940 des Kreishauptmannes in Rzeszow an den Generalgouverneur vom 31.5.1940, in: ebd., Bl. 87–94, hier Bl. 89; Lagebericht für den Monat Mai 1940 des Kreishauptmannes des Kreises Ostrow-Mazowiecki an den Generalgouverneur vom 4.6.1940, in: ebd., Bl. 215–222 (Zitat Bl. 221).

Feldarbeit fernblieb. Gerade in der wärmeren Jahreszeit nahmen die Fluchten vor der Erfassung zu.[464] Vor allem in den waldreichen polnischen Gebieten ergab sich die Möglichkeit, vor dem Zugriff der deutschen Arbeitsverwaltung zu fliehen: »Sie flüchten bei Herannahen der deutschen Polizei in die Wälder und halten sich dort tagelang auf, auch nächtliche, unvermutete Aushebungen zeitigen nur geringe Erfolge.« Die Geflüchteten konnten sich durch »Schleichhandel« relativ leicht ihren Lebensunterhalt verdienen. In Teilen des Kreises Puławy hielten sich die »Arbeitsunwilligen« in größerer Anzahl in den Wäldern auf und machten durch Überfälle die Gegend unsicher. Später leisteten die Arbeitskräfte den Beorderungen durch die Arbeitsämter in immer geringerem Maße Folge. Im ersten Quartal 1941 hätten die Polen – so das Urteil des Kreishauptmannes von Sokołów-Wengrow – allmählich begriffen, dass ihre größte Stärke in der passiven Resistenz liege.[465]

Das Arbeitsamt Siedlce berichtete für den April 1941, dass 90 Prozent der Beorderten nicht erschienen, von 2.000 Beorderten kamen ganze 180. Hinzu kamen trotz Bewachung Fluchten aus den Transportzügen nach Warschau.[466] Die Hauptabteilung Arbeit vertrat im Juli 1941 bereits die Ansicht, dass der allgemeine Widerstand der polnischen Bevölkerung umso grösser sei, je stärker die Polizei zum Einsatz gelange.[467] Allein im Bereich des Arbeitsamtes Lublin hatte die Arbeitsverwaltung im September 1941 der Polizei 7.437 Personen zur Fahndung gemeldet. Von diesen konnten innerhalb kürzerer Zeit lediglich 973 Personen dem Arbeitsamt, seinen Außenstellen oder dem Landarbeiterlager zugeführt werden.[468]

Das Arbeitsamt Warschau suchte Ende 1942 nach 9.000 Personen, die sich dem Arbeitseinsatz entzogen hatten, diese Zahl stieg bis zum Juni 1943 auf über 12.000 an.

---

464 Vgl. Lagebericht Monat Mai 1940 des Kreishauptmannes Warschau-Land an das Amt des Generalgouverneurs, Chef des Amtes, vom 5.6.1940, in: ebd., Bl. 240–243, hier Bl. 241 f.; Lagebericht des Kreishauptmannes des Kreises Puławy an die Abteilung Innere Verwaltung vom 8.6.1940, in: ebd., Bl. 124–130, hier Bl.

465 Vgl. Lagebericht für Mai 1940 des Kreishauptmannes in Radzyn vom 9.6.1940, in: ebd., Bl. 131–132 (Zitat Bl. 131 RS); Lagebericht für den Monat Juni 1940 des Kreishauptmannes von Opatow an den Generalgouverneur vom 10.7.1940, in: ebd., Nr. 273, Bl. 131–136, hier Bl. 132; Lagebericht des Kreishauptmannes des Kreises Puławy an die Abteilung Innere Verwaltung vom 8.7.1940, in: IPN, 196 PB, Nr. 273, Bl. 96–103, hier Bl. 100; Jacobsmeyer, Widerstandsbewegung, hier S. 665.

466 Vgl. Bericht des Arbeitsamtes Siedlce über den Arbeitseinsatz im Monat April 1941 vom 3.5.1941, in: APW, 489, Nr. 837, Bl. 20–22.

467 Vgl. Schreiben der Hauptabteilung Arbeit an die Leiter der Abteilungen Arbeit bei den Chefs der Distrikte und die Leiter der Arbeitsämter im Bereich des Generalgouvernements vom 18.7.1941, in: APR, 209, Nr. 819, Bl. 71–73.

468 Vgl. Tätigkeitsbericht des Arbeitsamtes Lublin vom Oktober 39 – August 1941, in: APLu, 509, Nr. 8, Bl. 1–14, hier Bl. 6.

Darin zeigte sich die durch unterschiedliche Faktoren – Repressionen, schlechte Ernährungslage etc. – geförderte Bereitschaft zu einem wachsenden Widerstand.[469]

Die passive Resistenz gegen die Rekrutierungen ging so weit, dass sich in manchen Fällen Polen Armbinden anlegten, durch welche die Juden gekennzeichnet waren, um nicht zur Zwangsarbeit ins Reich verschickt zu werden. Im Frühjahr 1940 wurde dieses Verhalten aus Lublin berichtet.[470] Eine weitere Methode sich der Erfassung oder später auch der Arbeit zu entziehen, bestand darin, sich Krankheitsbescheinigungen polnischer Ärzte ausstellen zu lassen. Dabei wurde ein Kranker mit den Papieren eines Arbeitsunwilligen zu einem polnischen Arzt geschickt, ließ sich dort untersuchen und seine Arbeitsunfähigkeit attestieren. Diese Bescheinigungen wurden bei den Arbeitsämtern oder Arbeitgebern abgegeben und auf Grund dessen die Polen von der Arbeit befreit, meistens sogar entlassen.[471]

Die Verzweiflung der Polen zeigte sich auch darin, dass selbst aus von der Polizei umstellten Dörfern noch Fluchtversuche gewagt wurden. In der Kreishauptmannschaft Sokolów versuchte der Großteil der Jugendlichen aus dem Dorf Krypy zu fliehen, um der Erfassung zu entgehen. Die Polizei schoss auf die Flüchtenden und verletzte fünf von ihnen dabei.[472]

Es kam häufig zu Fluchten aus den Zügen; aus einem Transport von 65 Personen flohen Ende Juli 1941 auf der Strecke von Lublin nach Warschau-Ost 27 Personen aus den verschlossenen Abteilen durch die Fenster.[473] Von einem anderen Warschauer Transport mit 320 Zwangsarbeitern wurde berichtet, dass 108 von ihnen entflohen.[474]

---

469 Vgl. KTB des Rüstungskommandos Warschau für die Zeit vom 1. April bis 30. Juni 1943, Vierteljahres-Abschluss, in: BA-MA, RW 23, Nr. 20, Bl. 29–30.
470 Vgl. Deutsche Rüstungswirtschaft in Polen 1939/40, Teil III Rüstungswirtschaft in Polen, B. Probleme, die die Rüstungswirtschaft beeinflussten, hg. von der Gruppe General Jansen im Stab des Wehrwirtschafts- und Rüstungsamtes, Bearbeiter Rittmeister Dr. Varain, abgeschlossen am 25.11.1941, in: StaN, Rep. 502 KV-Anklage, Dokumente, Fotokopien, EC-344 (21), S. 71; Lagebericht des Polizeibataillons 104 vom 6.5.1940, in: APLu, 515, Nr. 104, Bl. 41–43, hier Bl. 41; Musial, Recht, hier S. 47.
471 Vgl. Rundschreiben des Kommandeurs der Sicherheitspolizei Radom an das Reichssicherheitshauptamt, Amt IV D 2, den Befehlshaber der Sicherheitspolizei und die Abteilung III A Sonderkommando des Befehlshabers der Sicherheitspolizei Warschau vom 7.10.1942, in: IPN, 105, Nr. 136, Bl. 1–2.
472 Vgl. Schreiben des Kreishauptmanns in Sokolow an den Gouverneur des Distrikts Warschau vom 3.5.1944, in: APW, 482, Nr. 16, Bl. 18.
473 Vgl. Bericht eines Mitarbeiters des Arbeitsamtes Lublin vom 4.8.1941, in: APLu, 498, Nr. 764, unpag.
474 Vgl. Deutsche Rüstungswirtschaft in Polen 1939/40, Teil III Rüstungswirtschaft in Polen, B. Probleme, die die Rüstungswirtschaft beeinflussten, hg. von der Gruppe General Jansen im Stab des Wehrwirtschafts- und Rüstungsamtes, Bearbeiter Rittmeister Dr. Varain, abgeschlossen am 25.11.1941, in: StaN, Rep. 502 KV-Anklage, Dokumente, Fotokopien, EC-344 (21), S. 71.

Bereits im Februar 1940 hatte die Abteilung Arbeit im Amt des Generalgouverneurs angeordnet, die Zubringerzüge durch Begleiter zu sichern. Um die weiter um sich greifenden Fluchten zu unterbinden, ordnete der Befehlshaber der Ordnungspolizei Krakau an, bei Fluchtversuchen aus fahrenden Zügen grundsätzlich ohne Anruf sofort von der Schusswaffe Gebrauch zu machen.[475] Aber auch die Anwesenheit der Ordnungspolizei konnte die Fluchten bei den Arbeitertransporten nicht gänzlich verhindern. Aus einem Transport von Lublin nach Łódź konnten mehr als acht polnische Arbeiter bei den vielen Aufenthalten des Zuges in nahe gelegene Wälder entkommen.[476] Kurze Zeit später flohen aus einem Transport von polnischen Zivilarbeitern aus Warschau in der Nähe von Kutno 100 Arbeiter, nachdem einer die Notbremse betätigt hatte. Am 28. Februar 1943 entkamen unter ähnlichen Umständen 200 Arbeitskräfte.[477]

Auch in den Sammellagern der für den Abtransport nach Deutschland vorgesehenen Landarbeiter waren Fluchten an der Tagesordnung. Im Landarbeiterlager Lublin wurde im Juni 1941 deshalb von der dortigen Polizeidirektion ein zweiter deutscher Polizeibeamter zur verstärkten Überwachung zur Verfügung gestellt. Allerdings waren die beiden für die Bewachung von über 200 Personen zuständig.[478]

Auf dem Weg vom Landarbeiterlager Lublin zur Entwesungsanstalt entkamen im März 1943 30 Arbeitskräfte aufgrund zu schwacher Bewachung. Dieser Umstand erboste den Leiter der Arbeitsamtsnebenstelle Puławy, der wütend anmerkte, dass seine Mitarbeiter diese Arbeitskräfte unter schwierigsten Umständen rekrutiert und im Feldarbeiterlager abgeliefert hätten. Bei den Polen ginge bereits das Motto um, sich erst einmal nach Deutschland verpflichten zu lassen, in Lublin könne man dann immer noch bequem entfliehen. Man habe schon mehrfach eine Beseitigung dieses Missstandes

---

475 Vgl. Rundschreiben der Abteilung Arbeit im Amt des Generalgouverneurs für die besetzten polnischen Gebiete an die Leiter der Abteilungen Arbeit bei den Chefs der Distrikte und die Leiter der Arbeitsämter im Bereich des Generalgouvernements vom 23.3.1940, zit. nach: Maier, Beteiligung, unpag.; Erlaß des Bezirkskommandos Krakau vom 24.1.1942, zit. nach: Doc. Occ., Bd. IX, Dok. 106, S. 156; Maier, Arbeitsverwaltung, S. 34.

476 Vgl. Schreiben des Kommandeurs der Ordnungspolizei im Distrikt Lublin an den Leiter des Arbeitsamtes Lublin vom 27.1.1943, in: APLu, 498, Nr. 774, Bl. 15.

477 Vgl. Fernschreiben der Staatspolizeistelle Hohensalza an das GPK. in Kutno vom 1.3.1943, in: APP, 1016, Nr. 13, Bl. 56. Bei den Transporten Geflüchtete, die abermals in die Fänge der Arbeitsverwaltung gerieten, wurden im Distrikt Warschau in das Arbeitslager Treblinka eingeliefert und im Einzelfall danach zum erneuten Abtransport in das Reich vorgesehen. Vgl. Durchschrift eines Schreibens der Arbeitsamt-Nebenstelle Ostrow an den Kreishauptmann vom 17.12.1943, in: APW, 489, Nr. 827, Bl. 2.

478 Vgl. Schreiben des Arbeitsamtes Lublin an die Abteilung Arbeit beim Chef des Distrikts Lublin vom 14.7.1941, in: APLu, 498, Nr. 794, Bl. 9. Zu Fluchten aus dem Sammellager in Krakau vgl.: Durchschrift eines Schreibens der Arbeitsamtsnebenstelle Neumarkt an das Kommando der polnischen Polizei in Czarny-Dunajec vom 30.7.1942, in: APK, 426, Nr. 31, unpag.

verlangt und geeignete Sicherheitsmaßnahmen angemahnt.⁴⁷⁹ Trotz Bewachung und umfangreicher Sicherungsmaßnahmen gelang es nicht, die Fluchten aus dem Sammellager der Abteilung Arbeit in Lublin zu unterbinden. Das dortige Arbeitsamt verdächtigte die polnischen Polizeibeamten, die unter Führung deutscher Polizei das Lager bewachten, die Flucht der Arbeitskräfte zu begünstigen.⁴⁸⁰

Erstaunlicherweise gibt es relativ wenig Dokumente zu Arbeitsvertragsbrüchen im Generalgouvernement. Deshalb kann man hier nur einzelne Hinweise geben. So wurden dem Arbeitsamt Sosnowiec nach eigenen Aussagen laufend vertragsbrüchige polnische Arbeitskräfte von der Kriminalpolizei zugeführt. Das Arbeitsamt schickte sie in ihre Heimat zurück mit der Aufforderung, sich bei dem zuständigen Arbeitsamt zu melden, was sie selbstverständlich nicht taten. Sie mussten durch die Sicherheitspolizei nach teilweise langwieriger Fahndung wieder ergriffen und zwangsweise vorgeführt werden.⁴⁸¹ Die Hauptabteilung Arbeit vermerkte für den Monat Juli 1941 bei den Arbeitskräften, die für Straßenbau- und Instandsetzungsarbeiten eingesetzt waren, seien Arbeitsvertragsbrüche an der Tagesordnung gewesen.⁴⁸² Man kann davon ausgehen, dass sich dieses Muster durchzog und wir es in erster Linie mit einem Problem der lückenhaften Überlieferung zu tun haben. Für den März 1942 berichtete beispielsweise das Arbeitsamt Lublin über Fahndungen nach Arbeitsvertragsbrüchigen, die aber auf immer größere Schwierigkeiten stießen, da die polnische Untergrundbewegung ein energisches Einschreiten der Polizei behindere.⁴⁸³

Nicht zuletzt diese Schwierigkeiten führten zur Forderung des Arbeitsamtes Lublin nach härteren Maßnahmen gegen Arbeitsvertragsbrüche. Eine Anzeige beim Gericht helfe kaum, weil die eingeleiteten Verfahren zu lange dauerten, und das Personal des

---

479 Vgl. Abschrift eines Schreibens des Nebenstellenleiters Pulawy an den Leiter des Arbeitsamtes in Lublin vom 3.3.1943, in: APLu, 498, Nr. 774, Bl. 24; Bericht des Arbeitsamtes Lukow über die Beschäftigung und Arbeitslosigkeit im Monat Mai 1942, in: ebd., Nr. 739, Bl. 60–75, hier Bl. 68.
480 Vgl. Durchschrift eines Schreibens der Abteilung Arbeit beim Chef des Distrikts Lublin an den Leiter des Wohnungsamtes bei der Stadthauptmannschaft Lublin vom 17.2.1943, in: ebd., Nr. 794, Bl. 4.
481 Vgl. Schreiben des Arbeitsamtes Radom an die Abteilung Arbeit bei der Regierung des Generalgouvernements vom 28.2.1941, in: APR, 209, Nr. 812, Bl. 113–114.
482 Vgl. Arbeitseinsatzbericht der Hauptabteilung Arbeit in der Regierung des Generalgouvernements für den Monat Juli 1941 vom 22.8.1941, in: IfZ, MA 679/9, fr. 310–313, hier fr.310. Für den Mai 1941 wurde aus dem Distrikt Radom bereits über vermehrte Arbeitsfluchten – insbesondere bei Straßenbauunternehmen – berichtet. Vgl. Rundschreiben des Chefs des Amtes beim Chef des Distrikts Radom an sämtliche Kreis- und Stadthauptleute und Stadtkommissare vom 14.5.1941, in: APR, 209, Nr. 24, Bl. 578–579.
483 Vgl. Bericht des Arbeitsamtes Lublin über die Entwicklung des Arbeitseinsatzes im Monat März 1942 im Arbeitsamtsbezirk Lublin vom 7.4.1942, in: APLu, 509, Nr. 8, Bl. 33–40, hier Bl. 35.

Arbeitsamtes nicht ausreiche, um solche Verstöße sofort zu ahnden. Gute Erfolge habe das Arbeitsamt im Stadtbezirk Lublin mit der Aussiedlung von Personen und deren Familienangehörigen gemacht, die sich dem Arbeitseinsatz entzögen.[484]

Natürlich gab es – genauso wie im Warthegau – auch Fälle, in denen Arbeitsvertragsbrüchige aus dem Altreich in das Generalgouvernement flüchteten. Die Hauptabteilung Arbeit ordnete an, dass im Reich vertragsbrüchig gewordene polnische Arbeitskräfte auf den alten Arbeitsplatz zurückzuführen seien. Der Vertragsbruch musste auf der Arbeitskarte der betreffenden Arbeitskraft vermerkt werden. Ein Einsatz von im Reich vertragsbrüchig gewordenen Polen innerhalb des Generalgouvernements sollte auf diese Weise unterbunden werden.[485]

Die Arbeitsämter Neu-Sandez und Neumarkt berichteten über Arbeitsvertragsbrüchige aus dem Altreich, die sich vor dem Zugriff der Polizei versteckt hielten.[486] Ebenso kehrten polnische Arbeitskräfte aus ihrem Urlaub nicht wieder an ihren Arbeitsplatz im Altreich zurück.[487] Das Arbeitsamt Stolp wandte sich im Dezember 1942 an das Arbeitsamt Lublin und forderte die Rückführung eines Landarbeiters, der von der Geheimen Staatspolizei dem Arbeitsamt übergeben worden war und der an seine Arbeitsstelle zurückkehren sollte. Das Arbeitsamt Stolp bestand aus »erzieherischen Gründen« auf der Rückführung und das Arbeitsamt schickte den Landarbeiter an die Gestapostelle in Köslin.[488] Und ähnlich wie im Warthegau waren auch im Generalgouvernement bei den Arbeitsvertragsbrüchen die Grenzen zwischen bewusstem widerständigen Handeln und privaten, familiären Gründen fließend. Das Arbeitsamt Berlin verlangte vom Arbeitsamt Krakau unter anderem die Rückführung einer jun-

---

484   Vgl. Bericht des Arbeitsamtes Lublin über die Entwicklung des Arbeitseinsatzes im Arbeitsamtsbezirk Lublin im Monat Oktober 1942 vom 6.11.1942, in: ebd., Bl. 47–53, hier Bl. 49.
485   Vgl. Abschrift eines Schreibens der Hauptabteilung Arbeit bei der Regierung des Generalgouvernements an das Stabsamt des Arbeitsbereichs Generalgouvernement der NSDAP vom 17.7.1942, in: BAB, Filme, Nr. 72388, Bl. 128.
486   Vgl. Schreiben des Arbeitsamtes Neu-Sandez, Nebenstelle Neumarkt an das Arbeitsamt Neisse, Nebenstelle Grottkau vom 18.3.1941, in: APK, 426, Nr. 31, unpag.; Schreiben der Arbeitsamtsnebenstelle Neumarkt an den Posten der polnischen Polizei in Makow-Podhalanski vom 5.12.1941, in: ebd., unpag.
487   Vgl. Schreiben der Firma Heimbach & Schneider, Filiale Bregenz, an das Arbeitsamt Neu-Sandez vom 26.11.1941, in: ebd., unpag.; Abschrift eines Schreibens des Arbeitsamtes Recklinghausen an Jan Lukaszek in Majerzykowka, Kreis Krakau vom 23.4.1942, in: ebd., unpag.
488   Vgl. Schreiben des Arbeitsamtes Stolp an den Leiter des Arbeitsamtes Lublin vom 9.12.1942, in: APLu, 498, Nr. 908, Bl. 35–36. In einem ähnlich gelagerten Fall argumentierte das Landesarbeitsamt Nordmark mit der schwierigen Arbeitseinsatzlage in seinem Bezirk. Vgl. Schreiben des Präsidenten des Landesarbeitsamtes Nordmark an den Leiter der Abteilung Arbeit des Distrikts Radom vom 6.3.1942, in: APR, 209, Nr. 838, Bl. 163.

gen polnischen Arbeiterin, die wegen des Todes ihres Vaters einige Tage Sonderurlaub erhalten hatte und nicht wieder nach Berlin auf ihren Arbeitsplatz zurückgekehrt war.[489]

Organisierter Widerstand

Neben individuellen widerständigen Handlungen spielte im Generalgouvernement der organisierte Widerstand unterschiedlicher Couleur eine wichtige Rolle. Er richtete sich frühzeitig gegen die verhasste deutsche Arbeitsverwaltung und versuchte, deren Aktivitäten zu sabotieren. Diese Vorgehensweise hatte zwei Vorteile: Sie brachte Sympathien bei der polnischen Bevölkerung und schwächte die Kriegswirtschaft des Gegners. Neben den »Umsiedlungen« in das Generalgouvernement stellte die Verschickung der Zwangsarbeiter zur Arbeit nach Deutschland, »den in seiner Gesamtauswirkung vielleicht fühlbarsten und härtesten Eingriff der deutschen Polenpolitik im GG dar. Er gab vor allem dem polnischen Widerstand gegenüber der deutschen Herrschaft stärksten Auftrieb.«[490] Der polnische Widerstand im Generalgouvernement erhielt immer wieder neuen personellen Zuwachs durch Menschen, die vor dem Zugriff der Deutschen in die Wälder flohen, aber auch durch aus den Lagern geflüchtete polnische und sowjetische Kriegsgefangene sowie durch gezielt eingeschleuste sowjetische Partisanen. Besonders stark entwickelte sich dieser Widerstand in den östlichen Teilen des Generalgouvernements. Die deutschen Besatzer versuchten, alle Widerstandsgruppen in toto als »Banden« und ihre Angehörigen als »Banditen« zu stigmatisieren.[491]

Dabei hatte die deutsche Besatzungspolitik die Partisanen nicht nur mobilisiert, sondern ihnen auch ein operatives Konzept aufgenötigt. Bis Mitte 1942 war die sicherheitspolitische Lage im Generalgouvernement weitgehend unproblematisch gewesen. Doch die dann einsetzenden wahllosen Festnahmen, die so genannten »Fangaktionen« auf Straßen, Bahnhöfen, in Kinos usw., führten zu einer aufsässigen Stimmung in der Bevölkerung. Bei der Durchkämmung von Dörfern griff die Polizei zu scharfen Maßnahmen, von denen oft zahlreiche Unschuldige hart betroffen wurden. Deshalb verschlechterte sich daraufhin trotz des verstärkten Einsatzes von Polizeikräften die Sicherheitslage weiterhin. Der auslösende Faktor aber, und bald auch der maßgebliche Zielpunkt für das entstehende operative Konzept der Partisanengruppen, war die Zwangsarbeiterpolitik. Die öffentlichen Plakate zur Einberufung aller Männer der Jahrgänge 1918 bis 1921 hatten eine verheerende Wirkung gehabt; nach ihrem Aushang setzten schlagartig

---

489   Vgl. Schreiben des Arbeitsamtes Berlin, Vermittlungsabteilung für sozialpflegerische Berufe, an das Arbeitsamt Krakau vom 12.4.1943, zit. nach: Maier, Beteiligung, unpag.
490   Vgl. Broszat, Polenpolitik, S. 105 (Zitat ebd.).
491   Vgl. Jockheck, Banditen.

Überfälle auf Hunderte von Gemeindeämtern ein, in denen alle Einwohnerlisten verbrannt wurden.[492]

Außer der gewalttätigen Form des Widerstands – durch Überfälle auf Dienststellen, Zerstören von Karteien oder Attentaten gegen Mitarbeiter der Arbeitsverwaltung – gab es auch gewaltfreie Formen, wie eine gezielte Gegenpropaganda gegen die Rekrutierung von Zwangsarbeitern. Sie setzte früh ein und konzentrierte sich offensichtlich auf die Transportzüge und Sammellager. Unter anderem wurde behauptet, die Sonderzüge würden überhaupt nicht nach Deutschland fahren, um so die Arbeitskräfte zum Verlassen der Züge aufzufordern. Der Erfolg dieser Propaganda war nicht unbeträchtlich. Ein anderes kursierendes Gerücht besagte, dass die Impfung der ins Reich gehenden Arbeiter die Wirkung einer Sterilisierung habe.[493]

Offenbar reagierte die Mehrheit der polnischen Bevölkerung im Generalgouvernement auf individuelle und institutionelle Versuche der Zusammenarbeit mit der Besatzungsmacht mit Missbilligung und Abscheu. Auch wenn nur einige bereit waren, ihr Leben zu riskieren und aktiv im Widerstand mitzuwirken, begannen viele, sich nach den allgemeinen Anordnungen aus dem Untergrund zu richten. Die Aufrufe zum Boykott, zur »stillen Sabotage« oder zur Teilnahme an polnischen Feiern zeigten besonders in den größeren Städten immer mehr Wirkung: Als Erfolg der Flüsterpropaganda kann ein verstärkter Widerstand gegen die Verschickung der Landarbeiter nach Deutschland gewertet werden.[494]

Zu den gewaltlosen Formen des Widerstandes gehörte auch das organisierte Fälschen einschlägiger Dokumente. Im Sommer 1943 wurde bei einer Konferenz von Gestapo und Arbeitsamtsvertretern geschätzt, dass ein Viertel der Arbeitskarten und 15 Prozent der Kennkarten gefälscht waren. Die Heimatarmee erhielt täglich etwa 120 Anfragen für neue Dokumente, monatlich wurden durchschnittlich 360 Personalausweise, 1.540 Arbeitskarten, 675 Meldekarten und weitere Dokumente produziert. Es war damit eine der erfolgreichsten Formen des Widerstands.[495]

---

492 Vgl. Jacobsmeyer, Widerstandsbewegung, hier S. 678.
493 Vgl. Abschrift eines Schreibens der Zweigstelle Nürnberg des Landesarbeitsamts Bayern an die Abteilung Arbeit beim Generalgouverneur für die besetzten polnischen Gebiete vom 8.3.1940, zit. nach: Maier, Beteiligung, unpag.; Lagebericht für den Monat Mai 1940 des Kreishauptmannes in Miechow an den Generalgouverneur vom 8.6.1940, in: IPN, 196 PB, Nr. 272, Bl. 62–76, hier Bl. 64. Die polnische Exilregierung verbreitete von London aus entsprechende Propagandaschriften. In Warschau wurde eine Geheimzeitung mit »Gräuelnachrichten« über die deutsche Landarbeit gefunden. Vgl. Bericht des Distrikts Warschau für die Zeit vom 11.3. bis 10.4.1940 vom 15.4.1940, in: ebd., Nr. 270, Bl. 14–30, hier Bl. 14. Auch in: BAL, B 162, Nr. 20944, Bl. 16–32.
494 Vgl. Młynarczyk, Nation, S. 153.
495 Vgl. Kobler, Rekrutierung, S. 49, Anm. 65.

Überfälle und Attentate

Eine Zunahme der Widerstandsaktionen gegen den Landarbeitereinsatz im Reich registrierte der Sicherheitsdienst der SS bereits im April 1940; die Sabotage der Arbeitererfassung sei ein wesentliches Element des Widerstandes geworden.[496] Im Distrikt Krakau verschärfte sich die Situation im Frühjahr 1940. Der Leiter der Abteilung Arbeit musste sich die Kritik der Kreishauptmänner gefallen lassen; diese machten für die Entwicklung des Widerstandes das Fehlen unverzüglicher Strafmaßnahmen verantwortlich. Den Schulzen und Wojts wurde mit Erschlagen oder Anzünden ihrer Häuser gedroht. Ein Wojt war bereits erschossen worden, nachdem er Landarbeiter gemeldet hatte.[497] Angriffe auf die lokalen polnischen Autoritäten wurden auch aus anderen Orten gemeldet, in denen Bürgermeister und Gemeindevorsteher angegriffen und verprügelt wurden. In mehreren Fällen wurden an Bürgermeisterämtern die Scheiben eingeschlagen, in einem Falle wurde einem Schulzen das Haus angezündet.[498]

Im Distrikt Warschau richtete die Heimatarmee im Januar 1941 ihr Augenmerk auf die Aktivitäten der deutschen Arbeitsverwaltung. Der Befehl Nr. 11 des Bezirks Warschau sah vor, die Rekrutierungen zur Zwangsarbeit zu lähmen. So sollte für die Jugend in den Dörfern ein Alarmsystem aufgebaut werden, des Weiteren waren Fluchtwege aus bedrohten Dörfern festzulegen und Verstecke einzurichten.[499]

Massivere Störungen bei der Erfassung von Arbeitskräften gab es aber erst im Zuge der Landarbeiteraktion im Frühjahr 1942. Im Bereich der Arbeitsamtsnebenstelle Chełm trat eine Gruppe von über zehn Personen in Erscheinung, die schwer bewaffnet in das Gemeindeamt in Pokrowka eindrang und Auskünfte erzwang. In Cholm befürchtete man für den Sommer eine Zunahme dieses »Bandenunwesens«. Man könne dann den Werbern nicht zumuten, die einzelnen Dörfer aufzusuchen und Arbeitskräfte für das Reich zu rekrutieren.[500] Mag dieser Überfall noch nicht zielgerichtet gewesen sein, so beklagte der Leiter des Arbeitsamtes Lublin kurze Zeit später, dass die Aktivitäten der »Banden« Formen annähmen, die eine Fahndung nach Arbeitsvertragsbrüchigen durch die Polizei stark behinderten. In diesem Zusammenhang erwähnte er die Erschießung eines polnischen Werbers im Kreis Puławy durch »Banditen«.[501] Im Sommer häuften

---

496 Vgl. Meldungen aus dem Reich, Nr. 79 vom 19.4.1940, zit. nach: Boberach, Meldungen, Bd. 4, S. 1019–1031, hier S. 1030.
497 Vgl. Maier, Arbeitsverwaltung, S. 38.
498 Vgl. Lagebericht für den Monat Mai 1940 des Kreishauptmannes in Miechow an den Generalgouverneur vom 8.6.1940, in: IPN, 196 PB, Nr. 272, Bl. 62–76, hier Bl. 64.
499 Vgl. Madajczyk, Okkupationspolitik, S. 225, Anm. 20.
500 Vgl. Schreiben der Arbeitsamts-Nebenstelle Cholm an den Leiter des Arbeitsamtes Lublin vom 2.4.1942, in: BAB, Filme, Nr. 72388, Bl. 43–45, hier Bl. 43 f.
501 Vgl. Bericht des Arbeitsamtes Lublin über die Entwicklung des Arbeitseinsatzes im Monat März 1942 im Arbeitsamtsbezirk Lublin vom 7.4.1942, in: APLu, 509, Nr. 8, Bl. 33–40, hier Bl. 35.

sich solche und ähnliche Berichte. Nun war es für die unbewaffneten Werber gefährlich, in den abgelegenen Dörfern tätig zu werden. Die Widerstandsgruppen hielten in vielen Fällen Arbeitskräfte von der Abfahrt nach dem Durchgangslager in Warschau ab.[502] Es gab gezielte Überfälle auf Arbeitslager, um die dort befindlichen Arbeitskräfte freizulassen.[503] Die Furcht vor den Widerstandsgruppen behinderte die Tätigkeit der Arbeitsverwaltung nun stark. Nach einem Überfall mit Toten auf ein Sägewerk bei Tomaszów, befürchteten die Mitarbeiter der dortigen Nebenstelle einen Angriff auf ihre Dienststelle und ließen prophylaktisch wertvolles Aktenmaterial nach Zamość überführen.[504] Die zunehmenden Überfälle auf Arbeitslager im Generalgouvernement brachten Himmler dazu, im November 1942 sich mit mehreren Telegrammen an den Höheren SS- und Polizeiführer Krüger zu wenden. Himmler forderte die schärfste Bekämpfung der »Banditen«; speziell russische Offiziere, die »Zersetzungspropaganda« betrieben, seien sofort zu erschießen.[505]

Eine Serie von Razzien durch den HSSPF brachte im Januar 1943 in Warschau zwar die Verhaftung von 15.000 Personen, verschärfte aber im Zusammenspiel mit den Umsiedlungen in der Region Zamość die Sicherheitslage dramatisch. In der Folge kam es zu Attentaten und einem Sprengstoffanschlag auf das Arbeitsamt Warschau sowie einem Überfall auf die dortige Kasse der Sozialversicherungsanstalt. Nach dem Willen Himmlers sollten die gefassten »Bandenverdächtigen« in die Konzentrationslager eingeliefert werden.[506]

Im März 1943 stieg die Zahl der Attentate, die Widerstandsbewegung griff die Schwächen der deutschen Arbeitsverwaltung auf und riet der Bevölkerung, den Aufrufen kollektiv nicht zu folgen. Die Aktionen des Untergrunds lähmten die Arbeitseinsatzverwaltung in weiten Teilen des Generalgouvernements. Bei Überfällen auf die Arbeitsämter und ihre Nebenstellen sowie auf Gemeindeämter wurden die Karteien

---

502 Vgl. Bericht des Arbeitsamtes Siedlce über den Arbeitseinsatz im Monat Mai 1942 vom 2.6.1942, in: APW, 489, Nr. 837, Bl. 62–65, hier Bl. 64.
503 Vgl. Schreiben des Leiters des Arbeitsamtes Lukow an die Hauptabteilung Arbeit im Amt des Generalgouverneurs vom 6.6.1942, in: APLu, 498, Nr. 769, Bl. 3–4.
504 Vgl. Durchschrift eines Schreibens des Leiters des Arbeitsamtes Zamosc an den Leiter der Abteilung Arbeit beim Gouverneur des Distrikts vom 10.6.1942, in: ebd., Nr. 699, Bl. 27–28.
505 Vgl. Fernschreiben von Himmler, an den HSSPF Ost Krüger vom 15.11.1942, in: BAB, NS 19, Nr. 1433, Bl. 31; Fernschreiben von Himmler an den HSSPF Ost Krüger vom 17.11.1942, in: ebd., Bl. 32, Fernschreiben von Himmler an HSSPF Ost Krüger und SS-Gruppenführer Müller vom 22.11.1942, in: ebd., Bl. 33; Fernschreiben von Himmler an HSSPF Ost Krüger vom 22.11.1942, in: ebd., Bl. 34.
506 Vgl. Fernschreiben des Reichsführers-SS, Himmler, an den SS-Gruppenführer Müller vom 11.1.1943, in: ebd., Nr. 2648, Bl. 176; Bericht des Gouverneurs des Distrikts Warschau an die Regierung des Generalgouvernements für die Monate Dezember 1942 und Januar 1943 vom 10.2.1943, in: APW, 482, Nr. 1538, Bl. 95–105, hier Bl. 95.

und Akten, die für die Aushebung der Arbeitskräfte erforderlich waren, vernichtet; polnische Mitarbeiter wurden eingeschüchtert, besonders eifrige von ihnen zum Tode verurteilt und hingerichtet. Am 5. März 1943 gelang es der kommunistischen Volksgarde in einer spektakulären Aktion, einen Zug zu stoppen und rund 300 Personen zu befreien.

Bezeichnend für die sich verschlechternde Sicherheitslage, besonders im Distrikt Lublin, war die Mitteilung der Arbeitsamtsnebenstelle Pulawy, dass das Polizeikommando in Wawolnica wegen des Eindringens von »Banditen« nachts Wachen aufstellen musste. Der zuständige Oberwachtmeister hatte daraufhin dem Nebenstellenleiter geraten, die Werbung abzubrechen: »Wenn schon die deutsche Polizei glaubt, nicht mehr in der Lage zu sein, die Werbung durchzuführen, was soll man dann erst von der polnischen Polizei und den nichtdeutschen Werbern erwarten!«[507]

Bei den systematisch betriebenen aktiven Gegenaktionen des polnischen Widerstands standen die kleinbäuerlichen Betriebskarteien im Mittelpunkt vieler Überfälle. Ihre Zerstörung warf die Arbeitsverwaltung gewaltig zurück, da eine monatelange Kleinarbeit für ihren Aufbau vonnöten war.[508]

Im Mai 1943 erfolgten mehrere Überfälle auf Hilfsstellen des Arbeitsamtes Lublin; dabei wurden immer die kleinbäuerlichen Betriebskarteien und sonstigen schriftlichen Unterlagen zerstört. »Durch die Vernichtung der kleinbäuerlichen Betriebskartei sind die vom Überfall betroffenen Hilfsstellen auf Wochen hinaus nicht in der Lage, die Werbetätigkeit aufzunehmen, weil die erforderlichen Unterlagen zur Erfassung des noch abzugsfähigen Personenkreises erst neu erstellt werden müssen. Die Neuerstellung stösst aber deswegen auch auf Schwierigkeiten, weil die Gemeinden zum grössten Teil abgebrannt sind.«[509]

Die polnische Widerstandsbewegung, die sich inzwischen ein klareres Bild über die Bedeutung des Einsatzes polnischer Arbeitskräfte für die deutsche Kriegswirtschaft verschafft hatte, griff zu gezielten Aktionen gegen die Zwangsrekrutierungen. Die Operationen der Widerstandsbewegung, insbesondere die der Volksgarde und der Heimatarmee, konzentrierten sich darauf, die angelegten Karteien über die Kleinbauernwirtschaften zu vernichten, auf dem Abtransport befindliche Polen aus den Eisenbahnzügen zu befreien und die Beamten der Arbeitsämter zu töten. Im April 1943 wurden so in 40

---

507 Vgl. Schreiben des Leiters des Arbeitsamtes Lublin an die Abteilung Arbeit vom 29.3.1943, in: APLu, 498, Nr. 774, Bl. 27 (Zitat ebd.).
508 Vgl. Arbeitseinsatzbericht für den Monat März 1943 der Hauptabteilung Arbeit der Regierung des Generalgouvernements, Dr. Gschließer, vom 21.4.1943, in: BAB, R 52 IV, Nr. 13b, Bl. 28–29, hier 28 RS; Abschrift eines Schreibens des Vorsitzers der Rüstungskommission im Generalgouvernement an den Reichsminister für Bewaffnung und Munition vom 24.5.1943, in: IfZ, MA 1017, fr. 265–279, hier fr. 268.
509 Vgl. Bericht des Arbeitsamtes Lublin über die Entwicklung des Arbeitseinsatzes im Monat Mai 1943 im Arbeitsamtsbezirk vom 5.6.1943, in: APLu, 498, Nr. 739, Bl. 76–81, hier Bl. 76 f. (Zitat Bl. 77).

Fällen Außenstellen und Lager von Arbeitsämtern niedergebrannt. Die Widerstandsbewegung beseitigte auf diese Weise auch die Reste an Loyalität mancher Kreise der polnischen Gesellschaft.[510]

Nachhaltigen Eindruck auf die Besatzer machten bewaffnete Aktionen, die sich gegen die Deutschen direkt richteten: Am 9. April 1943 erhielt der Leiter des Warschauer Arbeitsamtes und der Abteilung Arbeit des Distrikts Warschau, Curt Hoffmann, unerwartet Besuch in seinem Büro. Vorbei an allen Wachposten waren zwei Männer der Heimatarmee bis zum Behördenchef vorgedrungen. Ohne Umschweife vollstreckte einer der beiden das Todesurteil und erschoss Hoffmann. Weitere Aktionen folgten rasch aufeinander: Am 13 April wurde ein Mitarbeiter des Warschauer Arbeitsamtes auf offener Straße erschossen; drei Tage später fiel der Leiter der Sozialversicherung in Warschau einem Anschlag zum Opfer. In schneller Folge wurden auch in den nächsten Wochen Mitarbeiter der Arbeitsämter sowie besonders eifrige Vögte getötet, so dass es örtlich zu Unterbrechungen der Aushebung von Arbeitern kam.[511]

Die Hauptabteilung Arbeit reagierte auf die Überfälle mit der Idee, bei den gefährdeten Arbeitsämtern elektrische Alarmanlagen einbauen zu wollen.[512] Präsident Struve hielt die Angriffe auf die Arbeitsverwaltung im Generalgouvernement mittlerweile zu Recht für planmäßig. Es seien bis Anfang April 1943 allein elf Arbeitsämter bzw. ihre Karteien durch Überfälle zerstört worden. Angriffe auf polnische Werber in Form von Erschießungen, tätlichen Beleidigungen und Bedrohungen seien an der Tagesordnung. Die Planmäßigkeit der Überfälle ging nach Meinung Struves auch daraus hervor, dass dem erschossenen Warschauer Arbeitsamtsdirektor Hoffmann zunächst ein Sprengstoffpaket zugeschickt worden war, bei dessen Öffnung ein Feuerwehrmann den Tod fand. Die Überfälle auf die Arbeitsämter seien zudem in einem dreiseitigen Flugblatt angekündigt worden.[513] Auch das Ausland wurde nun auf die Attentate aufmerksam: Der in New York erscheinende »Aufbau« brachte Anfang Mai 1943 einen Artikel »Nazibeamte in Warschau« erschossen, der über das Attentat auf Hugo Dietz, einen Angestellten des Warschauer Arbeitsamtes, berichtete. Der polnische Widerstand fei-

---

510 Vgl. Madajczyk, Okkupationspolitik, S. 225f.
511 Vgl. Roth, Herrenmenschen, S. 120.
512 Vgl. Schreiben der Hauptabteilung Arbeit in der Regierung des Generalgouvernements an die Hauptabteilung Finanzen in der Regierung des Generalgouvernements vom 12.4.1943, zit. nach: Maier, Beteiligung, unpag.
513 Vgl. Eintrag im DTB von Frank vom 12.4.1943, Regierungssitzung, zit. nach: Wardzynska, Deportacje, Dok. 83, S. 138. Struve war durch den Bericht Fischers informiert, der davon sprach, dass Hoffmann eine »Höllenmaschine« zugesandt worden sei. Ferner berichtete Fischer, dass das polnische Personal in der deutschen Arbeitsverwaltung systematisch eingeschüchtert werde und deshalb aus den Ämtern fortstrebe. Vgl. Bericht des Gouverneurs des Distrikts Warschau für die Monate Februar und März 1943 an die Regierung des Generalgouvernements vom 12.4.1943, in: APW, 482, Nr. 1538, Bl. 106–114, hier Bl. 108.

erte dieses Attentat, da mit ihm der »eigentliche Organisator der Nazi-Menschenjagd in Warschau« ausgeschaltet worden sei.[514]

Der polnische Widerstand verbreitete Rundschreiben, in denen dazu aufgerufen wurde, die deutsche Arbeitsverwaltung systematisch zu stören. Die Angriffe auf deren Personal nahmen ständig zu. Es verging kaum noch eine Woche, in der nicht polnische Werber und Angestellte erschossen wurden. Präsident Struve sah deshalb den einzigen Ausweg in einer Beruhigung der Sicherheitslage, die zu diesem Zeitpunkt aber bereits utopisch schien.[515]

In ihrem Arbeitseinsatzbericht für den Monat April 1943 kam die Hauptabteilung Arbeit zu der Einschätzung, dass die polnischen Widerstandskreise die Bedeutung des Arbeitseinsatzes für die Kriegswirtschaft voll erkannt und daher die Arbeitseinsatzverwaltung im Generalgouvernement zum besonderen Ziel ihrer Aktionen gemacht hätten, wovon über 40 niedergebrannte Neben- und Hilfsstellen, Sammellager usw. nebst zahlreichen Todesopfern an deutschen und polnischen Angestellten der Arbeitsämter zeugten.[516]

Der Distrikt Lublin bildete die Hochburg des bewaffneten polnischen Widerstandes. Die Werbung von Arbeitskräften für den Einsatz im Reich gestaltete sich hier immer schwieriger und war einem Bericht des Arbeitsamtes Lublin über den April 1943 zufolge nur unter Einsatz des eigenen Lebens durchzuführen. Am 19. April wurde der Leiter einer Arbeitsamtshilfsstelle durch vier Genickschüsse getötet. In Ryki wurde das Gemeindeamt ausgeraubt und unter anderem wurden auch die Erfassungslisten der Jahrgänge 1918 bis 1921, die für die geplante Musterung aufgestellt worden waren, gestohlen. Fast alle Hilfsstellenleiter im Amtsbezirk meldeten, dass sie ihren Außendienst einstellen mussten, weil ihnen kein Schutz gewährt werde. Im Bezirk der Nebenstelle Bulawywow kam die Werbung von Arbeitskräften nach der Ermordung der vier Werber gänzlich zum Erliegen.[517]

---

514 Vgl. Nazibeamte in Warschau erschossen, in: Aufbau, 9 (1943) 19 vom 7.5.1943 (Zitat ebd.). Dietz leitete die Nebenstelle des Warschauer Arbeitsamtes in Otwock und beteiligte sich nach Zeugenaussagen aus der Nachkriegszeit aktiv an der Liquidierung des dortigen Ghettos am 19. August 1942. Er wurde als jemand beschrieben, der die Juden häufig schlug und vor dem alle Angst hatten. Vgl. Zeugenvernehmung von Nekricz Gota in Tel Aviv, o.Dat., in: BAL, B 162, Nr. 6852, Bl. 42–45, hier Bl. 45; Zeugenvernehmung von Simon Friedman in New York am 2.10.1964, in: ebd., Nr. 6854, Bl. 54–56, hier Bl. 56.

515 Vgl. Eintrag im DTB von Frank vom 20.4.1943, Hauptabteilungspräsidenten-Sitzung, zit. nach: Präg/Jacobmeyer, Diensttagebuch, S. 650.

516 Vgl. Arbeitseinsatzbericht für den Monat April 1943 der Hauptabteilung Arbeit der Regierung des Generalgouvernements, Dr. Gschließer, vom 21.5.1943, in: BAB, R 52 IV, Nr. 13b, Bl. 17–18, hier Bl. 17 RS.

517 Vgl. Bericht des Arbeitsamtes Lublin über die Entwicklung des Arbeitseinsatzes im Monat April 1943 im Arbeitsamtsbezirk Lublin vom 6.5.1943, in: APLu, 509, Nr. 8, Bl. 41–42. Die Hauptabteilung Arbeit forderte alle Arbeitsämter im Bereich des Generalgouvernements

Ein Blick auf die zweite Maihälfte 1943 illustriert den Umfang der Widerstandsaktionen: Am 19. Mai misslang ein Anschlag auf den Stadtkommissar von Siedlce, einen Tag darauf wurden die Akten des Arbeitsamtes in Skierniewice zerstört, am 21. Mai tötete eine Einheit der Heimatarmee einen Angehörigen des Arbeitsamtes Minsk Mazowiecki. Zwei Tage später fand ein misslungener Bombenanschlag auf den Kreishauptmann in Garwolin statt. Tags darauf wurde der Kreishauptmann in Ostrów auf offener Straße erschossen, drei weitere Deutsche kamen dabei ums Leben. Am 26. Mai fiel der Leiter des Amtes für Wirtschaft in der Kreishauptmannschaft Sochaczew einem Anschlag zum Opfer. Ein Attentat auf den Kreishauptmann in Sokolów scheiterte am 27. Mai. In der zweiten Maihälfte kamen noch weitere Funktionsträger ums Leben, wie der Leiter des Arbeitsamtes in Łowicz, der Polizeichef in Jarosław sowie eine Reihe polnischer Vögte. Diese Attentate gingen einher mit der Zerstörung von Einrichtungen der Arbeitsverwaltung, so des Arbeitsamtes in Jedrzejów, das niedergebrannt wurde, ebenfalls in der Nacht vom 23. auf den 24. Mai das Arbeitsamt in Biała Podlaska. Zahlreiche Gemeindeämter und Arbeitsämter wurden überfallen und die Karteien und andere Akten zerstört; diese Aktionen rissen auch den Sommer über nicht ab.[518]

Der zunehmende Druck der Widerstandsbewegung beeinträchtigte nicht nur die Arbeitererfassung für das Reich, sondern auch die kriegswirtschaftlich wichtige Produktion im Generalgouvernement selbst. Die polnischen Rüstungsarbeiter wurden durch den Widerstand unter Druck gesetzt, man ließ die Arbeiter an vielen Stellen nicht mehr zur Arbeit, bedrohte die Arbeitswilligen, schoss sie nieder, überfiel ihre Häuser und Wohnungen und zerstörte sie. In der Folge waren die Arbeiter in manchen Werken derart eingeschüchtert, dass sie überhaupt nicht mehr zur Arbeit erschienen. So stieg im Hasag-Werk in Skarżysko-Kamienna Mitte Mai 1943 die Zahl der nicht zur Arbeit Erschienenen um 600 an. Kein polnischer Vorgesetzter, Werkmeister oder Ingenieur könne es unter den gegebenen Verhältnissen wagen, gegen einen polnischen Arbeiter scharf aufzutreten. Er bekäme sein Todesurteil zugestellt, das bei der ersten sich bietenden Gelegenheit vollstreckt werde. Ein polnischer Werkmeister im Werk

---

dazu auf, schnellstens von den Überfällen zu berichten, die Vorkommnisse klar und kurz zu schildern und dabei auch Drohbriefe etc. zu melden. Vgl. Runderlaß Nr. 114/43 der Hauptabteilung Arbeit, Rhetz, an die Leiter der Arbeitsämter im Bereich des Generalgouvernements vom 18.5.1943, in: APW, 489, Nr. 836, Bl. 99.

518 Vgl. Roth, Herrenmenschen, S. 142 ff. Im Arbeitsamtsbezirk Radom gingen die Bürgermeister und Schulzen im Mai 1944 der Arbeiteraufbringung kaum noch nach, da sie von »Banden« bedroht wurden. Vgl. Bericht über die Entwicklung des Arbeitseinsatzes im Arbeitsamtsbezirk Radom für den Monat Mai 1944 an die Hauptabteilung Arbeit bei der Regierung des Generalgouvernements vom 1.6.1944, in: APR, 208, Nr. 24, Bl. 71–75, hier Bl. 72.

Ostrowice, der seine Arbeiter zur Arbeit anhielt, wurde überfallen, schwer verwundet und später im Krankenhaus ermordet.[519]

Der Leiter der Abteilung Arbeit im Distrikt Radom klagte über die mangelnde Polizeipräsenz, ihr bliebe für die Mitwirkung bei der Arbeitererfassung keine Zeit mehr. Alle Nachtaktionen würden grundsätzlich von ihr abgelehnt, weil die damit verbundene Lebensgefahr zu groß sei. Die Arbeitsämter seien damit auf sich selbst angewiesen. Das Polizeisonderkommando des Arbeitsamtes Kielce sei am hellen Tage in seinem Kraftwagen von einer ca. 50 Mann starken Widerstandsgruppe angehalten und dabei ein Werber des Arbeitsamtes erschossen worden.[520]

Im Distrikt Lublin überschlugen sich die Ereignisse, allein im Kreis Chełm gab es innerhalb von drei Wochen 105 Raubüberfälle. In vier Gemeinden dieses Kreises konnten aufgrund der unsicheren Lage die bereits verpflichteten Arbeitskräfte nicht dem Arbeitsamt zugeführt werden. Im gesamten Distrikt musste die Werbetätigkeit stark eingeschränkt werden. Ein großer Teil der verpflichteten Arbeitskräfte hatte sich den Widerstandsgruppen angeschlossen. Auf vier Hilfsstellen des Arbeitsamtes Lublin wurden Überfälle verübt und sämtliche Unterlagen, wie kleinbäuerliche Betriebskarteien, Arbeitskarten, sonstige schriftlichen Unterlagen, sowie die Büromaterialien und die Einrichtungsgegenstände vernichtet.[521]

Im Distrikt Warschau hatten sich in den ersten fünf Monaten des Jahres 1943 insgesamt 1.885 Überfälle ereignet. Das umfasste aber nur die gemeldeten Überfälle, während die wirkliche Zahl vermutlich erheblich höher lag. Dabei waren 178 Personen getötet worden, darunter 86 Deutsche; 247 Personen, darunter 80 Deutsche, wurden zumeist schwer verletzt. Das Ziel der Widerstandsgruppen bestand nach Ansicht von Gouverneur Fischer darin, die deutsche Verwaltungsarbeit lahm zu legen. Die Mitarbeiter der deutschen Arbeitseinsatzverwaltung und der Kreishauptmannschaften stünden auf besonders gefährdetem Posten. Am 3. April verschwand der reichsdeutsche Werber Otto Schüssler spurlos; es bestand kein Zweifel darüber, dass er einem Verbrechen zum Opfer fiel. Am 9. April wurde – wie bereits erwähnt – der Leiter der Abteilung Arbeit und des Arbeitsamtes Warschau, Regierungsdirektor Curt Hoffmann, in seinem

---

519 Vgl. Abschrift eines Schreibens des Vorsitzers der Rüstungskommission im Generalgouvernement an den Reichsminister für Bewaffnung und Munition vom 24.5.1943, in: IfZ, MA 1017, fr. 265–279, hier fr. 268 f.
520 Vgl. Eintrag im DTB von Frank vom 26.5.1943, Arbeitssitzung in Radom, zit. nach: Doc. Occ., Bd. VI, Dok. 15, S. 333–336, hier S. 335 f.
521 Vgl. Abschrift eines Berichts der Nebenstelle Cholm an den Leiter des Arbeitsamtes Lublin vom 29.5.1943, in: APLu, 498, Nr. 739, Bl. 82–83; Bericht des Arbeitsamtes Lublin über die Entwicklung des Arbeitseinsatzes im Monat Mai 1943 im Arbeitsamtsbezirk vom 5.6.1943, in: ebd., Bl. 76–81, hier Bl. 76 f.; Musial, Zivilverwaltung, S. 66; Meldungen aus dem Generalgouvernement für die Zeit vom 1. bis 30. Juni 1943 des Befehlshabers der Sicherheitspolizei und des SD im Generalgouvernement, in: APP, 305, Nr. 3, Bl. 29.

Arbeitszimmer erschossen. Am 13. April wurde der Angestellte Hugo Dietz des Arbeitsamtes Warschau auf dem Wege zur Dienststelle so schwer verletzt, dass er einige Tage danach starb. Am 16. April wurde der Leiter der Sozialversicherungskasse Warschau, Bruno Kurth, ermordet. Am 10. Mai wurde der Regierungsinspektor Fritz Geist vom Arbeitsamt Warschau durch einen Brustschuss schwer verletzt, auch er verstarb später. Dazu kamen mehrere Brandstiftungen, Sprengstoffattentate und sonstige Anschläge auf Gebäude der Arbeitseinsatzverwaltung, wobei die Karteien und sämtliche Unterlagen vernichtet wurden. So legten beispielsweise am 1. Mai 1943 unbekannte Täter zwei Sprengkörper an das Arbeitsamt Ostrów und brachten sie zur Detonation. Das Gebäude wurde dabei stark beschädigt.[522]

Nach der Schätzung von Dieter G. Maier verloren bei Attentaten des polnischen Widerstandes insgesamt im Generalgouvernement mindestens 25 Mitarbeiter der deutschen Arbeitsverwaltung ihr Leben. Diese Zahl scheint zu niedrig angesetzt zu sein, da alleine in Warschau bis zum Juli 1944 zehn Mitarbeiter getötet wurden.[523]

Der Oberquartiermeister beim Militärbefehlshaber im Generalgouvernement resümierte die Sicherheitslage nüchtern: Demnach hatten sich im Mai 1943 4.132 Überfälle ereignet, also alle 10,5 Minuten ein Überfall. Die Überfälle auf Arbeitsämter, Gemeindeämter mit Karteien, sowie auf Betriebe, die für die Ernährung und Kriegswirtschaft von großer Bedeutung waren, hatten an Heftigkeit und Planmäßigkeit zugenommen. Die Bekanntgabe der Arbeitsdienstpflicht löste schlagartig Angriffe auf Arbeitsämter aus.[524]

Ende Mai 1943 gelang den deutschen Polizeikräften ein Schlag gegen eine sozialistische Widerstandsgruppe in Radzyń Podlaski im Distrikt Lublin. Im Bericht darüber hieß es, dieser Gruppe sei es bei ihren Überfällen auf die Gemeindeämter hauptsächlich auf die Vernichtung der Akten angekommen. Dadurch wollte sie die Einziehung der

---

522   Vgl. Bericht des Gouverneurs des Distrikts Warschau für die Monate April und Mai 1943 an die Regierung des Generalgouvernements vom 9.6.1943, in: APW, 482, Nr. 1538, Bl. 115–126, hier Bl. 118 f.; Durchschrift eines Schreibens des Kreishauptmannes in Ostrow an die Hauptabteilung Innere Verwaltung der Regierung des Generalgouvernements, Dr. Losacker, vom 10.6.1943, in: ebd., 489, Nr. 129, Bl. 7–8; Eintrag im DTB von Frank vom 18.6.1943, Arbeitstagung der Distriktverwaltung Warschau, zit. nach: Präg/Jacobmeyer, Diensttagebuch, S. 686.

523   Vgl. Maier, Arbeitsverwaltung, S. 64; Schreiben des Leiters der Hauptabteilung Arbeit in der Regierung des Generalgouvernements, Struve, an die Kanzlei des Generalgouverneurs vom 14.7.1944, in: BAB, R 52 II, Nr. 130, Bl. 13–15, hier Bl. 15.

524   Vgl. KTB Nr. 1 des Oberquartiermeisters beim Militärbefehlshaber im Generalgouvernement vom 1.5.1941 bis 31.12.1943, Eintrag vom 4.6.1943, in: BA-MA, RH 53–23, Nr. 80, unpag. Schon einen Monat zuvor hatte er betont, die Zwangsmaßnahmen auf dem Gebiete der Arbeitskräftebeschaffung hätten eine planmäßige Aktion gegen deutsche Zivilbehörden und deren leitende Beamte ausgelöst. Diese »Terrormaßnahmen« gingen aus dieser Sicht von kommunistischer Seite aus und wurden von Moskau gesteuert. Vgl. ebd., Eintrag vom 1.5.1943, in: ebd.

landwirtschaftlichen Kontingente sowie die Erfassung zum polnischen Baudienst und zum Arbeitseinsatz im Reichsgebiet verhindern.[525]

Das sehr erfolgreiche Vorgehen der polnischen Widerstandsgruppen gegenüber der deutschen Arbeitsverwaltung hielt das Jahr 1943 über an. So überfiel eine bewaffnete Gruppe Ende September – um nur ein Einzelbeispiel herauszugreifen – einen Soltys im Bereich des Arbeitsamtes Ostrów und raubte Listen über die zum Arbeitseinsatz erfassten Personen.[526]

Das Rüstungskommando Radom bestätigte den Erfolg der Widerstandsbewegung; die Tätigkeit der Arbeitseinsatzbehörden außerhalb der größeren Städte sei in einem Ausmaße behindert, das praktisch einem Einstellen dieser Tätigkeit gleichkäme. »Solange diesen Behörden nicht wieder ein einigermassen gesichertes Arbeiten gewährleistet ist, solange immer wieder Ämter überfallen, die Beamten ermordet und das Karteimaterial vernichtet wird, solange wird es auch unmöglich sein, selbst die dringendsten Anforderungen nach Arbeitskräften zu befriedigen, gleichgültig welches Verfahren hierfür vorgeschrieben ist.«[527]

Auch das Jahr 1944 begann mit Angriffen auf die deutsche Arbeitsverwaltung und deren Mitarbeiter. Am 1. Februar wurde der Gruppenleiter des Arbeitsamtes Warschau Lübbert auf dem Wege zur Dienststelle von »Banditen« durch drei Schüsse niedergestreckt. Er war innerhalb der letzten neun Monate der sechste Tote, den das Arbeitsamt Warschau zu beklagen hatte. Am 9. Februar gab es einen Überfall auf die Werbekolonne des Arbeitsamtes Siedlce, bei der ein Sonderdienstmann erschossen und ein weiterer verschleppt wurde. Am 15. Februar berichtete Gouverneur Fischer über verstärkte Widerstandsaktivitäten wie Überfälle auf Werberkolonnen mit Todesfällen und Verwundungen sowie Zerstörung von Arbeitsamtsdienststellen mit dem Ziel der Einstellung der Werbemaßnahmen.[528] Sechs Tage später drangen etwa sieben mit Pistolen und Maschinenpistolen bewaffnete Täter in die Büroräume des Arbeitsamtes in Tluszcz ein und vernichteten die Erfassungslisten, indem sie diese Listen im Garten

---

525 Vgl. Meldung wichtiger staatspolizeilicher Ereignisse des RSHA, Amt IV, Nr. 5 vom 30. Juli 1943, in: APP, 305, Nr. 4, Bl. 69–81, hier Bl. 80.
526 Vgl. Durchschrift eines Schreibens des Kreishauptmannes in Ostrow an Reg.Obersekretär Drollinger im Hause vom 29.9.1943, in: APW, 489, Nr. 122, Bl. 100.
527 Vgl. KTB des Rüstungskommandos Radom für die Zeit vom 1. Juli – 30. September 1943, Überblick des Dienststellenleiters über die in der Berichtszeit aufgetretenen wesentlichen Probleme, in: BA-MA, RW 23, Nr. 17, Bl. 105–108, hier Bl. 106 (Zitat ebd.).
528 Vgl. Bericht der Abteilung Arbeit im Distrikt Warschau an den Amtschef für die Monate Dezember 1943 und Januar 1944 vom 7.2.1944, in: APW, 482, Nr. 1155, Bl. 1–12, hier Bl. 1; Bericht des Kreishauptmanns in Siedlce an den Gouverneur des Distrikts Warschau für die Monate Februar und März 1944 vom 8.4.1944, in: ebd., Nr. 68, Bl. 1–3, hier Bl. 2 RS; Maier, Arbeitsverwaltung, S. 46.

verbrannten.⁵²⁹ Das sollte aber erst der Auftakt für eine ganze Serie von Überfällen und Anschlägen im Distrikt Warschau sein, die auf die Arbeitsverwaltung zielten. Am 28. Februar wurde der Pkw der Arbeitsamtsnebenstelle Ostrów auf der Fahrt zu einer Erfassungsaktion von Mitgliedern einer Widerstandsgruppe beschossen. Der Wagen kam von der Straße ab und die Insassen, der Leiter der Arbeitsamtsnebenstelle, der Leiter der Arbeitsamtshilfsstelle sowie ein Kraftfahrer wurden erschossen. Am selben Tag raubten sechs Bewaffnete bei dem Soltys in Tuchlin die Einberufungskarten der erfassten polnischen Arbeiter für das Reich und verbrannten sie.⁵³⁰

Im März und April nahmen die Attacken auf die deutsche Arbeitsverwaltung weiter zu: Am 22. März überfielen bewaffnete Täter das Arbeitsamt in Legionowo und verbrannten die in einem Büro befindlichen Akten. Zwei Tage später war das Arbeitsamt in Rambertow an der Reihe; hier wurden die Karteien zerstört. Am 1. April gab es eine ganze Serie von Überfällen: Etwa zehn bewaffnete Widerstandskämpfer drangen in das Arbeitsamt in Otwock ein und vernichteten sämtliche Akten. Am selben Tag verbrannten Bewaffnete einen Teil der Akten und Karteiblätter der Hilfsstelle des Arbeitsamtes Jeziorna, den anderen Teil nahmen sie mit. Etwa zur gleichen Zeit überfielen Widerstandskämpfer die Arbeitsamtsnebenstelle in Piaseczno. Sie erschossen deren Leiter und verbrannten den größten Teil der Akten und der Karteiblätter bzw. nahmen ihn mit. In den Arbeitsämtern in Mlociny und in Falenica wurden die Akten an diesem Tag ebenfalls vernichtet. Zwei Tage später raubten Bewaffnete die Akten, Karteien und Dienstsiegel des Arbeitsamtes in Wlochy.⁵³¹

Der Bericht von Gouverneur Fischer für die Monate März und April fasste die Ereignisse zusammen, erwähnte weitere Überfälle und Attentate und kam zu dem Schluss: »Dieses Anwachsen der Unsicherheit wirkt sich ausserordentlich erschwerend auf die gesamte Werbeaktion aus. Es ist den Banditen nicht nur darum zu tun, das die Grundlage der Werbung bildende Aktenmaterial zu vernichten, sondern durch rücksichtslo-

---

529 Vgl. Tägliche Ereignismeldung der Gendarmerie Warschau vom 22.2.1944, in: ebd., 486, Nr. 1123, Bl. 164.
530 Vgl. Durchschrift eines Schreibens des Amtes Innere Verwaltung beim Kreishauptmann in Ostrow an die Hauptabteilung Innere Verwaltung bei der Regierung des Generalgouvernements, Dr. Bühler, vom 1.3.1944, in: ebd., 489, Nr. 129, Bl. 168–169, hier Bl. 168; Durchschrift eines Schreibens des Amtes Innere Verwaltung beim Kreishauptmann in Ostrow an die Hauptabteilung Innere Verwaltung bei der Regierung des Generalgouvernements, Dr. Bühler, vom 17.3.1944, in: ebd., Bl. 176–178), hier Bl. 176.
531 Vgl. Tägliche Ereignismeldung der Gendarmerie Warschau vom 22.3.1944, in: ebd., 486, Nr. 1123, Bl. 132; Tägliche Ereignismeldung der Gendarmerie Warschau vom 25.3.1944, in: ebd., Bl. 129–130a, hier Bl. 129; Tägliche Ereignismeldung der Gendarmerie Warschau vom 1.4.1944, in: ebd., Bl. 121; Tägliche Ereignismeldung der Gendarmerie Warschau vom 2.4.1944, in: ebd., Bl. 120; Tägliche Ereignismeldung der Gendarmerie Warschau vom 3.4.1944, in: ebd., Bl. 118–119; Tägliche Ereignismeldung der Gendarmerie Warschau vom 4.4.1944, in: ebd., Bl. 116–117, hier Bl. 116.

ses Morden gleichzeitig die übrigen Werbekolonnen zur Einstellung ihrer Tätigkeit zu zwingen.«[532]

Die Bekämpfung der Widerstandsgruppen verknüpfte die deutsche Arbeitsverwaltung nun immer häufiger mit der Gewinnung von Arbeitskräften. Am 12. Juli 1943 startete der Höhere SS- und Polizeiführer eine Aktion zur »Bandenbekämpfung« im Kreise Krasnik im Distrikt Lublin, dabei brachte die Polizei bereits in den ersten drei Tagen rund 4.000 Personen in ein provisorisches Lager in Budzyn. SS-Gruppenführer Globocnik entschied, dass die Männer ohne Frauen in das Altreich zum Arbeitseinsatz zu bringen seien.[533]

Bei einer Aktion am 22. Februar 1944 in Slobow in der Kreishauptmannschaft Warschau-Land konnte die Gendarmerie einen Mann der Arbeitsamtsnebenstelle Radzymin zuführen. Einen Tag später waren es nach der Festnahme von »Banditen« in Dobrzyń acht Personen, die in Radzymin landeten. Am 12. März konnten bei einer Aktion in Bialoleka zwar keine »Banditen« festgenommen, dafür aber insgesamt zehn Arbeitskräfte dem Arbeitsamt Warschau zugeführt werden. Am 25. März fand in mehreren Orten des Kreises Warschau-Land eine Aktion Festnahme von bewaffneten Gruppen statt. Dabei führte die Gendarmerie der Arbeitsamtsnebenstelle Radzymin elf Arbeitskräfte zu. Zwei Tage später erbrachte eine große Razzia nach »Banditen« auf dem Wochenmarkt in Karczew, bei der ungefähr 3.500 Personen kontrolliert wurden, zwar keine der Gesuchten, dafür aber 175 Personen für das Arbeitsamt Warschau.[534]

Bei einem Großeinsatz der Gendarmerie, Schutzpolizei, Wehrmacht und Sicherheitspolizei gegen »Banditen« am 17. April 1944 im Raum von Poremba und Braszczyk wurden insgesamt 166 Personen festgenommen, von denen 73 der Sicherheitspolizei als Bandenangehörige bzw. Verdächtige überstellt und 93 Personen dem Arbeitsamt zugeführt wurden.[535]

---

532 Vgl. Bericht des Gouverneurs des Distrikts Warschau für die Monate Februar und März 1944 an die Regierung des Generalgouvernements vom 15.2.1944, in: ebd., 482, Nr. 1538, Bl. 174–184, hier Bl. 177 (Zitat ebd.).
533 Vgl. Lagebericht der UWZ, Dienststelle Litzmannstadt, Krumey, für das Generalgouvernement und den Warthegau für Juli 1943 (o.Dat.), zit. nach: Biuletyn, Bd. XXI, Dok. 62, S. 141–144, hier S. 142.
534 Vgl. Tägliche Ereignismeldung der Gendarmerie Warschau vom 24.2.1944, in: APW, 486, Nr. 1123, Bl. 162; Tägliche Ereignismeldung der Gendarmerie Warschau vom 25.2.1944, in: ebd., Bl. 159; Tägliche Ereignismeldung der Gendarmerie Warschau vom 13.3.1944, in: ebd., Bl. 141; Tägliche Ereignismeldung der Gendarmerie Warschau vom 27.3.1944, in: ebd., Bl. 128; Tägliche Ereignismeldung der Gendarmerie Warschau vom 28.3.1944, in: ebd., Bl. 126.
535 Vgl. Durchschrift eines Schreibens des Amtes Innere Verwaltung beim Kreishauptmann in Ostrow an die Hauptabteilung Innere Verwaltung bei der Regierung des Generalgouvernements, Dr. Bühler, vom 3.5.1944, in: ebd., 489, Nr. 129, Bl. 201–203, hier Bl. 201.

8. Fazit

Das Generalgouvernement galt als ein »Nebenland« des Reiches, das eine Art »Kolonialverwaltung« bekam. An der Spitze stand der Generalgouverneur, darunter waren in den Distrikten Gouverneure verantwortlich, in den Kreisen regierten Kreis- bzw. Stadthauptmänner. Anders als im Warthegau gab es hier eine polnische Verwaltung auf der lokalen Ebene durch Bürgermeister, Vögte und Schulzen, eine polnische Polizei sowie eine starke polnische Fraktion in vielen deutschen Dienststellen, zum Beispiel in den Arbeitsämtern.

Beim Generalgouvernement stand zunächst fest, dass das Gebiet rigoros im Interesse der deutschen Kriegswirtschaft ausgebeutet werden sollte. Erst später, mit der sich dort etablierenden und rasch expandierenden Rüstungsindustrie, wandelten sich diese Vorstellungen etwas. Insbesondere die Ausbeutung der landwirtschaftlichen Ressourcen hielt jedoch an, das frühere Ein- wurde zu einem Ausfuhrgebiet von Lebensmitteln. In erster Linie stellte das Gebiet für die deutschen Besatzer aber ein Arbeitskräftereservoir dar, nach Hitlers Worten eine »Ausleih-Zentrale für ungelernte Arbeiter, insbesondere für landwirtschaftliche Arbeiter«. Die polnischen Arbeitskräfte sollten dementsprechend von vornherein nur als Saisonarbeiter in das Reich deportiert werden.

Die im Warthegau so dominierende »Volkstumspolitik« spielte im Generalgouvernement eine untergeordnete Rolle. Für das Generalgouvernement war nach dem »Generalplan Ost« prinzipiell erst dessen sehr viel spätere »Eindeutschung« vorgesehen. Allerdings begann die SS in der Region Zamość bereits während des Krieges mit sehr brutalen Deportationen, die genau dieses Ziel verfolgten. Die beabsichtigte dortige Ansiedlung von Volksdeutschen scheiterte jedoch weitgehend und die damit verbundenen Deportationen polnischer Familien sorgten für chaotische Verhältnisse in der dortigen Landwirtschaft.

Im Generalgouvernement gab es drei Hierarchiestufen beim Aufbau der Arbeitsverwaltung: Die Arbeitsämter, deren Bezirke jeweils zwei Kreishauptmannschaften umfassten und die einem Kreishauptmann angegliedert waren, unterstanden den Abteilungen Arbeit in den Distrikten. Diese waren beim jeweiligen Gouverneur des Distrikts angesiedelt. Die oberste Ebene bildete die Abteilung – später Hauptabteilung – Arbeit beim Generalgouverneur. Auch in diesem Fall kann man von einer stärkeren politischen Einflussnahme ausgehen, vor allem auf der untersten Ebene, wo die Kreishauptmänner später auch einen großen Teil der operativen Tätigkeiten selbst übernahmen. Je schwieriger es wurde, Arbeitskräfte zu rekrutieren, desto enger knüpfte die Arbeitsverwaltung das Netz ihrer Nebenstellen.

Wie im Falle des Warthegaues, ist es auch beim Generalgouvernement schwierig, verschiedene Phasen bei den Formen der Arbeiterrekrutierung voneinander abzugrenzen, typisch war auch hier eher deren Gleichzeitigkeit. Auch hier bildeten die Beorderung bzw. Dienstverpflichtung die vorherrschenden Rekrutierungsformen. Weitaus stärker als im Warthegau griff hier die Arbeitsverwaltung zu Razzien als Rekrutierungsform. Auf der anderen Seite spielte aber auch die Werbung von Freiwilligen – unabhängig davon, wie man die »Freiwilligkeit« in einem besetzen Land generell bewerten mag – hier eine größere Rolle als im Warthegau. Die Zahl der Freiwilligen nahm jedoch rasch ab. Komplementär dazu stieg die Zahl derer, die sich den Beorderungen und Dienstverpflichtungen durch Flucht entzogen, rasant an. Die Vorführung dieser Personen beim Arbeitsamt war Sache der Polizei, ohne sie kamen die Arbeitsämter dabei nicht aus. Den Familien der Nichterschienenen drohten harte Repressalien, wie z.B. der Einzug ihrer Lebensmittelkarten, die Beschlagnahme von Haus und Hof, oder ein Schicksal als Geiseln.

Im Generalgouvernement ersann die Arbeitsverwaltung, nachdem die Werbung von Freiwilligen nicht mehr die gewünschten Erfolge zeitigte, eine Reihe weiterer Rekrutierungsmethoden; dazu zählten den Gemeinden auferlegte Kontingente und Prozentquoten ebenso wie der Versuch, ganze Jahrgänge einzuberufen. Alle diese Versuche gingen Hand in Hand mit einer stärkeren Beteiligung der lokalen polnischen Verwaltung. Deren Repräsentanten wurden dann auch für die Misserfolge dieser Aktionen mit verantwortlich gemacht. Insgesamt bemühte sich die Arbeitsverwaltung darum, die Rekrutierung durch den Einbau von »Befehlsstäben«, welche die involvierten Dienststellen zusammenfassten, zu straffen und besser zu koordinieren.

Prägend für das Generalgouvernement und besonders spektakulär waren die von der Arbeitsverwaltung mit Hilfe massiver Polizeikräfte durchgeführten Razzien, die mehr und mehr den Charakter von »Sklavenjagden« annahmen. Bei abnehmenden Erfolgen, sorgten sie für Unruhe und Unmut in der polnischen Bevölkerung. Besonders negativ nahmen die Polen die Verhaftung Jugendlicher und die Umstellung von Kirchen auf. In der Spätphase des Krieges war den deutschen Besatzern jedes Mittel recht, um an Arbeitskräfte zu gelangen. Die »Sauckel-Aktion 1944« und vor allem die Zwangsdeportation von arbeitsfähigen Personen nach der Niederschlagung des Warschauer Aufstandes sind Belege dafür. Neben diesen gewaltsamen Rekrutierungsmethoden versuchte die Arbeitsverwaltung aber auch weiterhin, Arbeiter gezielt und freiwillig zu rekrutieren, dafür wurden externe »Informationsbüros« errichtet, die vor allem Fachkräfte anwerben sollten.

Überragende Bedeutung erlangte im Falle des Generalgouvernements die Rekrutierung von Landarbeitern. Angesichts der Dringlichkeit, mit der Deutschland Landarbeiter benötigte, war es klar, dass deren Aufbringung und Transport ins Reich oberste Priorität hatten. Entsprechend früh begann die Zivilverwaltung damit. Aber auch bei ihnen gelang es der Arbeitsverwaltung nur sehr selten das jeweils geforderte Soll zu erreichen. Informationen über die miserable Bezahlung der polnischen Landarbeiter in Deutschland und mehr noch über ihre schlechte Behandlung, verbreiteten sich im Generalgouvernement sehr rasch und sorgten dafür, dass sich immer mehr der Rekrutierung entzogen. Negativ wirkten sich auch die Probleme beim Lohntransfer in das Generalgouvernement und damit verbunden die Sorge um die Lage der zurückbleibenden Angehörigen aus.

Die harten Methoden bei der Rekrutierung von Zwangsarbeitern setzte im Generalgouvernement eine Spirale von Gewalt und Gegengewalt in Gang, die aufgrund der geographischen Situation und der Schwäche der Besatzungsmacht zu Anschlägen auf Mitarbeiter und Einrichtungen der Arbeitsverwaltung und offenem Widerstand führten. Dadurch wurde die Arbeiterrekrutierung erheblich erschwert. Neben diesem organisierten Widerstand gab es aber auch individuelle Formen, von der passiven Resistenz über Fluchten, bis zu Arbeitsvertragsbrüchen. Die Arbeitsämter entwickelten sich zu den am meisten gehassten Organisationen der Besatzungsverwaltung.

Auch im Generalgouvernement geriet die Arbeitsverwaltung immer stärker unter Druck, da sie auf der einen Seite die sich steigernden Anforderungen des Reiches befriedigen und auf der anderen Seite den wachsenden Bedarf an Arbeitskräften in Polen selbst, der durch die verstärkte Einbeziehung in die deutsche Kriegswirtschaft bedingt war, decken sollte. Verschärft wurde die Situation auch hier dadurch, dass die jüdischen Arbeitskräfte dem Arbeitsmarkt entzogen und zusammen mit der übrigen jüdischen Bevölkerung ermordet wurden. Die jüdischen Arbeitskräfte unterstanden im Generalgouvernement nur zeitweise der Arbeitsverwaltung, die aber durch die Beteiligung an Selektionen auch an deren Vernichtung mitwirkte.

Vor allem die rasch expandierende Rüstungsindustrie löste eine enorme Nachfrage nach Arbeitskräften aus. Sehr schnell ergab sich dabei ein Mangel an Facharbeitern, der kaum kompensiert werden konnte. Die umfangreichen Infrastrukturmaßnahmen im Dienste der Wehrmacht – in der Endphase des Krieges auch die Schanzarbeiten – erforderten weitere große Kontingente an Arbeitskräften.

Zoran Janjetović
Arbeitskräfterekrutierung und Zwangsarbeit im Militärverwaltungsgebiet Serbien 1941–1944

1. Geographische und begriffliche Abgrenzung des Themas

Wir werden uns nicht mit dem gesamten Gebiet der heutigen Republik Serbien befassen, sondern nur mit jenen Gebieten, die sich unter der Kontrolle des Dritten Reiches befanden. Dies schließt den östlichen Teil von Syrmien aus, der Teil des »Unabhängigen Staates Kroatien« (NDH) wurde, die Batschka, die von Ungarn annektiert wurde, sowie diejenigen Teile des Kosovos und Metohijas, die das faschistische Italien für seine Schöpfung »Großalbanien« annektierte. Demgegenüber interessieren uns diejenigen Gebiete, die unter deutschem Einfluss verblieben, entweder durch direkte deutsche Besatzungsverwaltung oder durch eine von Volksdeutschen geführte Verwaltung (das Banat) sowie die bulgarische militärische Besatzung mit einer serbischen Verwaltungsbehörde, die wiederum die Aufträge der deutschen Besatzungsmacht durchsetzte.

Neben dem so definierten geographischen Rahmen ist es erforderlich, den Begriff der Zwangsarbeit selbst zu definieren. Da sie aufgrund der spezifischen Eigenschaft des Besatzungsregimes in Serbien ihre Besonderheiten hatte, ist es erforderlich, sich zwar an die Definitionen, die für andere Teile Europas vorgeschlagen wurden, zu halten, sie aber an die spezifischen Bedürfnisse dieser Arbeit anzupassen. Wir sind der Meinung, dass es dabei zweckmäßig ist, mit der Definition der Internationalen Arbeitsorganisation (International Labour Organization – ILO) anzufangen. Demnach ist es »ein Merkmal der Zwangsarbeit [...], dass wirtschaftlicher und sozialer Bedarf nicht die Hauptmotivation darstellt, sondern es ist die Arbeit unter Strafandrohung, d. h. die Grundlage für die Gründung des Arbeitsverhältnisses ist die Drohung mit Strafe bei Nicht-Zustimmung. Die Zwangsarbeit ist weiter die Arbeit oder die Dienstleistung, die der Arbeiter gegen seinen Willen bzw. nicht freiwillig ausführt, sowie die Arbeit als Form der Diskriminierung aufgrund der politischen Gesinnung, der nationalen, ethnischen oder religiösen Zugehörigkeit, der sexuellen Orientierung und anderen nicht-wirtschaftlichen Gründen. Es handelt sich um Zwangsarbeit, wenn für bestimmte Arbeiter bzw. Arbeiterinnen oder Gruppen diskriminierende arbeitsrechtliche Bestimmungen bestehen.«[1] Mark Spoerer glaubt, dass »eine vernünftige Definition der Zwangsarbeit und seiner verschiedenen Stadien« die folgenden wichtigen Kriterien enthalten sollte: 1.) ob der Arbeiter oder die Arbeiterin das Arbeitsverhältnis mit einer kurzen Kündigungsfrist beenden

---

1 Gruenfelder, U radni stroj, S. 14.

konnte; 2.) die gesetzlichen Standards durchsetzen konnte; 3.) Unzufriedenheit mit den Lebens- und Arbeitsbedingungen äußern konnte; 4.) ob die Wahrscheinlichkeit seines/ihres Überlebens der Überlebenswahrscheinlichkeit des normalen (oder lokalen) Arbeiters/Arbeiterin ähnlich war.[2] Wir werden sehen, dass alle hier angeführten Kriterien der Zwangsarbeit auf die Situation im besetzten Serbien zutrafen: man arbeitete unter Strafenandrohung und nicht aus wirtschaftlichen Motiven, einige Gruppen (Juden, Roma) wurden gezwungen, allein aufgrund ihrer ethnischen Zugehörigkeit zu arbeiten. Ebenso wurden die Angehörigen der Widerstandsbewegung oder auch nur Verdächtige der Zwangsarbeit unterworfen. Die Menschen konnten ihre Arbeitsstelle nicht legal verlassen oder ihre häufig unwürdigen oder gefährlichen Arbeits- und Lebensbedingungen beeinflussen. Wenn man außerdem die Unmöglichkeit des Arbeitsplatzwechsels sogar für qualifizierte Arbeitskräfte, sowie die Zwangsabgaben der Landwirte berücksichtigt, so trifft Sabine Rutars Urteil zu, wonach im besetzten Serbien jedes Arbeitsverhältnis in der Kriegswirtschaft – und die gesamte Wirtschaft war für die deutschen Kriegsanstrengungen tätig – eine Form der Zwangsarbeit war.[3] Zur Zwangsarbeit sollte auch der Arbeitsdienst (Nacionalna služba za obnovu Srbije [NSOS] –Nationaler Dienst zur Erneuerung Serbiens) gerechnet werden, dessen Projekte indirekt der Besatzungsmacht dienten sowie die Verpflichtung zur Fronarbeit (»kuluk«). Dies existierte zwar bereits vor dem Krieg, aber ihr kam unter den Kriegsbedingungen eine besondere Bedeutung für die Besatzungsbehörden zu. Der nach dem deutschen Modell aufgebaute Nationale Dienst war ein besonderer Ausdruck der Ideologie des Kollaborationsregimes von Milan Nedić.

Schließlich diente die Zwangsarbeit zur Bestrafung der gewöhnlichen Kriminellen, vor allem der Spekulanten und der Schwarzhändler. Auch wenn sie seit Jahrhunderten eine gängige Praxis war, so galt diese Form der Bestrafung in der Besatzungszeit in erster Linie der Stärkung der nationalen Einheit – mit einer starken Prise sozialer Demagogie. Die deutschen und die serbischen Kollaborationsbehörden definierten Zwangsarbeit im engeren Sinne als Strafe für folgende Kategorien von Menschen: verurteilte Kriminelle, inhaftierte Mitglieder der Widerstandsbewegungen, sowie Personen, die sich der »Pflichtarbeit« entzogen hatten, wie sie für alle arbeitsfähigen Männer zwischen dem 17. und 45. Lebensjahr Ende 1941 eingeführt worden war,[4] sei es dadurch, dass sie entkamen, oder dass sie andere Verfehlungen während der »Pflichtarbeit« begingen. Aus der Sicht eines gewöhnlichen Bürgers gab es jedoch kaum Unterschiede, obwohl die Bedingungen der »Zwangsarbeit« im engeren Sinne etwas schwerer waren. Wenn man sich an

---

2   Vgl. Spoerer, Recent Findings, S. 376 (Zitat ebd.).
3   Vgl. Rutar, Arbeit, S. 4.
4   Vgl. Uredba o obaveznom radu i ograničenju slobode uposlenja (Verordnung über die Pflichtarbeit und die Beschränkung der Beschäftigungsfreiheit), in: Službene novine vom 30.12.1941, S. 1. Mehr dazu in der Fortsetzung des Artikels.

der oben angeführten Definition von Zwangsarbeit orientiert, so änderten die subtilen Entscheidungen der damaligen Behörden sicherlich nichts Substantielles am Charakter der zu leistenden Arbeiten, sondern machten lediglich die graduellen Unterschiede hinsichtlich der Dauer und Schwere der Arbeit bzw. der Strenge der Behandlung deutlich.

2. Deutsche Wirtschaftsinteressen in Jugoslawien bis 1941

Die Zwangsarbeit in den vom Deutschen Reich besetzten europäischen Ländern hatte die Funktion, die kriegswirtschaftlichen Bedürfnisse des Dritten Reiches zu befriedigen. Diese Bedürfnisse waren auch bereits vor dem Krieg vorhanden gewesen und durch den objektiven Bedarf der deutschen Wirtschaft sowie die Kriegsvorbereitungen bedingt. In Bezug auf Südosteuropa waren die deutschen Interessen vor dem Krieg in erster Linie auf die Beschaffung von Lebensmitteln und Rohstoffen gerichtet. Daneben gab es seit 1937 im Deutschen Reich einen wachsenden Bedarf an Arbeitskräften, der seit Kriegsbeginn besonders schnell anstieg. Das Königreich Jugoslawien entsprach als Produzent vor allem von Nahrungsmitteln und industriellen Rohstoffen, insbesondere bestimmten Erzen, den deutschen Vorstellungen von einer komplementären »Ergänzungswirtschaft«.

Bereits die Regierungen der Weimarer Republik interessierten sich für den jugoslawischen Markt, und die globale Wirtschaftskrise ab 1929 beeinflusste die rasante wirtschaftliche Annäherung der beiden Länder. Wegen der ökonomischen Unterentwicklung Jugoslawiens und seiner geringen Verflechtung mit der Weltwirtschaft spürte man dort erst etwas später die Auswirkungen der großen Krise. Sie betrafen das Land dann aber doch stark, vor allem weil die traditionellen Verbündeten Frankreich und die Tschechoslowakei nicht mehr in der Lage waren, die wichtigsten jugoslawischen Exportgüter, d.h. die landwirtschaftlichen Erzeugnisse, zu kaufen. Dagegen besaß Deutschland einen Überschuss an Industriegütern und einen Mangel an landwirtschaftlichen Erzeugnissen, insbesondere an bestimmten Rohstoffen. Allerdings fehlte es ihm an Devisen. Die beiderseitige wirtschaftliche Annäherung begann Anfang der dreißiger Jahre und wurde erheblich beschleunigt, als Hitler zur Macht gelangte. Im Jahre 1934 wurde ein deutsch-jugoslawisches Handelsabkommen auf Clearing-Basis abgeschlossen: Die Lieferungen von jugoslawischen Agrarprodukten und Rohstoffen sollte das Reich mit seinen industriellen Erzeugnissen bezahlen. Dabei war es bereit, für die erforderlichen Lieferungen auch Preise zu bezahlen, die über den Weltmarktpreisen lagen.

Im Laufe der nächsten sechs Jahre gelang es dem Deutschen Reich durch Änderungen beim Verrechnungskurs der Reichsmark gegenüber dem jugoslawischen Dinar sowie durch die Verspätung und Verringerung von Lieferungen ein Handelsdefizit gegenüber Jugoslawien aufzubauen. Zusätzlich war das Land wegen des Mangels an alternativen Märkten an die deutsche Wirtschaft gebunden. Dabei beeinflusste Deutschland nicht nur die Preise, den Verrechnungskurs und die Warenmengen, sondern auch die Struktur der jugoslawischen Agrarproduktion. Das Reich nutzte seine Position des Schuldners sowohl wirtschaftlich, als auch politisch, indem die wirtschaftliche Bindung Südosteuropas an das Reich auf die Schwächung des französischen politischen Einflusses in diesem Teil Europas und die Lockerung der Kleinen Entente zwischen Jugoslawien, Rumänien und der Tschechoslowakei zielte.[5]

Der Kriegsbeginn machte die jugoslawische Position noch schwieriger, da er den Handel mit den westlichen Ländern weitgehend unterband und das Land in eine noch abhängigere Stellung vom Reich brachte. Mit der Niederlage Frankreichs und der Isolierung Großbritanniens erfolgten zugunsten der Deutschen auch Änderungen in den Eigentumsverhältnissen des Kupfererzbergwerks in Bor, welches das größte seiner Art in Europa und besonders wichtig für die deutsche Kriegswirtschaft war. Zudem kamen einige kleinere Bergwerke unter deutsche Kontrolle.[6]

Neben den landwirtschaftlichen Produkten und Rohstoffen war Deutschland seit 1937 auch an Arbeitskräften aus Jugoslawien interessiert. Es hatte sie im Reich auch früher gegeben, aber wegen der noch bestehenden Arbeitslosigkeit in Deutschland wurden zwischen 1933 und 1937 keine Saisonarbeiter angefordert.[7] Seit 1939 nahm Deutschlands Interesse an ausländischen Arbeitskräften zu, so dass man von Jugoslawien verlangte, in diesem Jahr 7.000 Saisonarbeiter und 5.000 festangestellte Arbeiter zu entsenden. Es gelang den jugoslawischen Behörden, die Gesamtzahl auf 10.000 zu reduzieren, was der Anzahl der in Jugoslawien beschäftigten Deutschen entsprach.[8] Die jugoslawischen Arbeiter waren zum Teil mit den Lebens- und Arbeitsbedingungen in Deutschland nicht zufrieden, obwohl sie in ihrer Heimat arbeitslos und nicht an einen hohen Lebensstandard gewöhnt waren. Sie konnten weder ihre Ersparnisse an die Familienangehörigen in Jugoslawien überweisen, noch konnten sie ihre Arbeitsplätze wechseln.[9] Dies geschah im Einklang mit den damals geltenden restriktiven Bestimmungen des Arbeitsrechtes in Deutschland und trug klare Merkmale von Zwang. In diesen Entwicklungen

---

5   Vgl. Schlarp, Wirtschaft, S. 28–53; Ristović, Nemački novi poredak, S. 10–22; Vinaver, Svetska ekonomska kriza; Lukač, Treći rajh, Bd. 1, S. 107 f., 114–120, Bd. 2, S. 33–40; Mitrović, Ergänzungswirtschaft; Cvijetić, The Ambitions; Schumann, Aspekte; Schröder, Südosteuropa; Colotti, Penetrazione economica; Šimončić, The Influence; Mitrović, Nemački privredni; ders. Nacistička ideja; ders., Kontinuität; Schönfeld, Deutsche Rohstoffsicherungspolitik, S. 215–229; Höpfner, Deutsche Südosteuropapolitik; Aleksić, Privreda, S. 101–109. Zu apologetischen deutschen Darstellungen vgl. bspw.: Wuescht, Jugoslawien, S. 79–108.
6   Vgl. Schönfeld, Deutsche Rohstoffsicherungspolitik, S. 224–227, 229–235; Pajić, Prinudni rad, S. 25 f.; Schlarp, Wirtschaft, S. 53–74; Avramovski, Treći rajh, S. 51–125.
7   Vgl. Kolar-Dimitrijević, Movement, S. 332 ff. Im Laufe der Jahre 1935 und 1936 gingen lediglich etwa 500 Volksdeutsche aus Jugoslawien zur Arbeit nach Deutschland. Sie wurden primär als künftige Propagandisten angeworben, teilweise auch, um ihren sozial gefährdeten Landsleuten in Jugoslawien zu helfen. Vgl. ebd. S. 335; Biber, Nacizem, S. 112 f.
8   Vgl. Kolar-Dimitrijević, Movement, S. 342.
9   Vgl. ebd., S. 342 ff.

zeigten sich bereits einige Mechanismen, um zunächst freiwillige Arbeit langsam in eine erzwungene umzuwandeln. Die Tatsache, dass den jugoslawischen Arbeitern weniger als den deutschen[10] gezahlt wurde, brachte ihre Arbeitsbedingungen näher an die oben angeführte Definition der Zwangsarbeit heran. Im Frühjahr 1941, vor dem Angriff auf Jugoslawien, forderte Deutschland von der dortigen Regierung 8.000 landwirtschaftliche sowie eine unbegrenzte Anzahl nichtlandwirtschaftlicher Arbeitskräfte an.[11] Bald nach der Besetzung Jugoslawiens stellte sich heraus, dass der tatsächliche deutsche Bedarf an Arbeitskräften weitaus größer war.

Das Königreich Jugoslawien lag nicht in der Hauptrichtung der NS-Expansion. Wie die anderen Länder Südosteuropas sollte es nur mit Rohstoffen, Lebensmitteln und Arbeitskräften die deutsche Eroberungspolitik unterstützen. Deswegen war ein militärischer Angriff auf Jugoslawien zunächst auch nicht geplant. Nach längerem Druck und bestimmten Zugeständnissen, die die anderen Satellitenstaaten nicht bekommen hatten, trat Jugoslawien, da es keinen anderen Ausweg hatte, dem Dreimächtepakt am 25. März 1941 bei. Aber zwei Tage später wurde die Regierung Cvetković-Maček, die den Beitritt zum Pakt unterzeichnet hatte, durch einen Offiziersputsch gestürzt.[12] Hitler beschloss umgehend, Jugoslawien als unzuverlässigen Partner und ständigen Unsicherheitsfaktor zu zerschlagen, zu besetzen und aufzuteilen. Diese Entscheidung stand jedoch nicht im Einklang mit den wirtschaftlichen Interessen des Reiches. Im Gegenteil, die Zerstückelung der wirtschaftlichen Einheit Jugoslawiens konnte dem Zufluss von notwendigen Rohstoffen und landwirtschaftlichen Produkten schaden.[13]

Die Aufteilung des Territoriums wurde deshalb so durchgeführt, dass die vitalen wirtschaftlichen Interessen Deutschlands mit einem minimalen Aufwand an deutschen Militär-, Polizei- und Verwaltungskräften gewahrt blieben. In bezug auf Serbien lagen die deutschen Hauptinteressen in der Lieferung von Nahrungsmitteln – vor allem Weizen und Mais – sowie von Metallerzen. Dazu kam Kupfer aus dem Kupfererzbergwerk Bor, das Anfang 1941 aus der französischen Mehrheitsbeteiligung in deutsche Hände überging. Darüber hinaus waren die deutschen Behörden an den Eisenbahnlinien und

---

10 Vgl. ebd. S. 348. Jugoslawische Arbeiter duldeten die Konkurrenz der Polen, der Gastarbeiter und Kriegsgefangenen und bald auch der Franzosen und Belgier, die wegen schlechter Lebensbedingungen in ihren Ländern nach Deutschland kamen.
11 Vgl. ebd., S. 350 f. Die beiden Länder trafen am 16. August 1939 ein Abkommen über die Beschäftigung von nicht in der Landwirtschaft bechäftigten Arbeitern, denen die Bezahlung der geleisteten Überstunden garantiert wurde.
12 Ausführlicher zu dem Putsch vgl.: Janjetović, 27. ožujak 1941, sowie die dort angeführte Literatur.
13 Vgl. Schlarp, Wirtschaft, S. 75–87; Schönfeld, Deutsche Rohstoffsicherungspolitik, S. 236; Petranović, Istorija Jugoslavije, Bd. 1, S. 360–404, Bd. 2, S. 25–39.

dem schiffbaren Lauf der Donau interessiert.[14] Der jugoslawische Teil des Banats wurde Bestandteil des besetzten Serbiens und spielte im Kriegsverlauf eine wichtige Rolle bei der Versorgung des Reiches mit Getreide und Industriepflanzen.

3. Struktur und politische Ziele des Besatzungsregimes in Serbien

Die Aufteilung Serbiens und die Bildung des Militärverwaltungsgebietes

Die Teilung Jugoslawiens wurde analog zu Hitlers Auffassung durchgeführt, der die Schuld am Putsch vom 27. März nicht nur der serbischen militärischen und politischen Elite gab, sondern dem gesamten serbischen Volk.[15] Aus diesem Grund, und um die Interessen der verbündeten Länder Italien, Bulgarien und Ungarn und des neu gegründeten »Unabhängigen Staates Kroatien« zu befriedigen, wurde das Territorium des besetzten Serbiens auf möglichst enge Grenzen reduziert.[16] Das Gebiet, das dem Königreich Serbien bis zum Ersten Balkankrieg angehört hatte, stand zusammen mit dem serbischen Teil des Banats unter deutscher Verwaltung. Während des Krieges folgten mehrere Änderungen der territorialen Aufteilung, immer im Einklang mit den Bedürfnissen der deutschen Besatzungsmacht. Das Ziel war es, deutsche Kräfte soweit wie möglich zu entlasten. So besetzten die Italiener 1941 einen Teil des Sandschaks und erweiterten später ihr Territorium nach Norden, indem sie Rudo, Priboj, Nova Varoš und Sjenica okkupierten. Im Kosovo und in Metohija, das Italien zum größten Teil dem Kollaborationsregime »Großalbanien« angeschlossen hatte, erweiterten die italienischen Truppen ihr Territorium nach Priština und Uroševac und bis Orlova Čuka.[17]

---

14 Vgl. Die Wirtschaftslage im Bereich des Kommandierenden Generals und Befehlshabers in Serbien. Zweiter Gesamtbericht des Generalbevollmächtigten für die Wirtschaft in Serbien vom Juli 1942, in: BAB, R 26 VI, Nr. 692; Marjanović, The German Occupation System, S. 272 f.
15 Vgl. ebd., S. 264. Hitler hegte als Österreicher seit dem Ersten Weltkrieg die Animosität gegen die Serben als Störfaktor auf Balkan.
16 Vgl. Schlarp, Wirtschaft, S. 90. Das Problem des Definierens der serbischen Grenzen ist teilweise auch durch die Einfügung Serbiens in das Königreich der Serben, Kroaten und Slowenen, beziehungsweise Jugoslawien 1918 bedingt. Innerhalb dieses Staates wurden die Grenzen Serbiens oder der »Serbischen Länder«, wie die Nationalisten das Gebiet nannten, nie gezogen, bzw. kein Verwaltungsgebiet umfasste die historische und ethnisch von Serben besiedelten Territorien.
17 Vgl. Božović/Vavić, Surova vremena, S. 41; Schlarp, Wirtschaft, S. 93 ff.; Marjanović, The German Occupation System, S. 270. Den Italienern wurde es erlaubt, ihre Besatzung bis zu dieser Linie zu erweitern, weil es häufig zu Zwischenfällen im Gebiet Priština und Kosovska Mitrovica kam, wo das wichtige Bergwerk Trepča lag. Den Deutschen war die Nutzung der Eisenbahn Kosovska Mitrovica – Kačanik erlaubt sowie die Beibehaltung der ganzen Belegschaft auf den Stationen. Vgl. Schlarp, Wirtschaft, S. 93.

Die bulgarische Besatzungszone erstreckte sich zunächst bis zur Linie Pirot – Vranje – Skopje. Bereits am 28. Mai 1941 wurde ihre Zone so erweitert, dass sie den Rest des Bezirkes Niš einschloss, den gesamten Bereich Poljanice, während die Bezirke Gnjilane, Gračanica und Nerodimlje im Kosovo Italien zugeordnet wurden. Im Sommer 1941 verwaltete Bulgarien unter seiner Besatzung folgende Teile Südostserbiens: Caribrod, Lužica, Bosiljgrad, Masurica, Bojanica, Preševo und Pčinj, Teile der Bezirke Palanka und Vlasotince sowie das Gebiet nordöstlich von Zaječar, zwischen Timok und der ehemaligen Staatsgrenze. Nach der Entsendung von zwei deutschen Divisionen an die Ostfront wurde Ende 1941 die bulgarische Besatzungszone im Norden bis zur Linie südlich von Bor, Lapovo und Kragujevac erweitert und im Süden bis zur ehemaligen serbischen Grenze, allerdings verblieb das für die deutsche Kriegswirtschaft wichtige Bergwerk Trepča weiter im deutschen Hoheitsbereich.[18] Im Januar 1943 besetzte das bulgarische 1. Besatzungskorps nach dem Abzug der deutschen 342. Infanteriedivision Südserbien bis an den Fluss Ibar. Als Ersatz für die an eine andere Front verlegte Waffen-SS-Division »Prinz Eugen« und später auch die deutsche 297. Infanteriedivision, marschierten bulgarische Einheiten in das Gebiet zwischen Valjevo und Krupanj ein. Im Sommer 1943 waren bulgarische Truppen auf etwa 90 Prozent des serbischen Territoriums stationiert, wobei die Exekutivgewalt formell weiterhin von der Regierung Nedić ausgeübt wurde.[19] All dies bedeutete, dass nur ein kleiner Teil Serbiens unter direkter deutscher Herrschaft stand, einschließlich der Hauptstadt Belgrad. Unter deutscher Kontrolle blieb auch der serbische Teil des Banats. Hitler hatte das Gebiet zunächst Ungarn versprochen, aber da auch Rumänien darauf Anspruch erhob, blieb es bis Kriegsende ein Teil des besetzten Serbiens.[20]

Die Organisation der Besatzungsverwaltung und die Zuständigkeit für den »Arbeitseinsatz«

Nicht weniger kompliziert als die Frage der Grenzen war die Frage der Besatzungsverwaltung in Serbien. Sie bestand im Grunde, wenn auch nicht von Anfang an, aus zwei Komponenten: der deutschen und der serbischen, von denen die erste immer dominant war. Die Besatzungsverwaltung setzte sich aus den militärischen, wirtschaftlichen, polizeilichen und diplomatischen Behörden zusammen, deren Handlungsweise weitgehend unkoordiniert und von häufigen Gegensätzen geprägt war. Auf der Seite der serbischen Kollaborationsregierung gab es zwar eine hierarchische Ordnung, die aber wegen der fehlenden Autorität der Regierung, der Aktivitäten von Partisanen und

---

18 Vgl. Božović/Vavić, Surova vremena, S. 43; Marjanović, The German Occupation System, S. 269 ff.; Petranović, Srbija, S. 345 ff.
19 Vgl. Madajczyk, »Restserbien«, S. 464 f.
20 Vgl. Le système, S. 495; Völkl, Der Westbanat, S. 13–29; Schlarp, Wirtschaft, S. 90 f.

Tschetniks sowie des passiven Widerstandes der Bevölkerung kaum zum Tragen kam. Die Angelegenheiten komplizierten sich zusätzlich durch das Weiterbestehen einer de facto autonomen Verwaltung im Banat und im Bezirk Kosovska Mitrovica. Diese Faktoren beeinflussten die wirtschaftlichen Maßnahmen im Interesse des Deutschen Reiches sowie die Organisation und Durchführung der Zwangsarbeit erheblich. Gleichzeitig verstärkte das Bestehen mehrerer rivalisierender deutscher Ämter den Druck auf die serbische Bevölkerung, die den an sie gestellten Anforderungen nachkommen sollte.

Im besetzten Serbien wurde mit Anordnung vom 20. April 1941 eine deutsche Militärverwaltung eingeführt, die bis 1943 die militärische und zivile Herrschaft umfasste. Zwei Tage später ernannte das Oberkommando des Heeres den Militärbefehlshaber in Serbien. Bis zum 2. Mai diente in dieser Position der General der Flieger Helmuth Förster, vom 2. Juni bis 28. Juli der General der Flak-Artillerie Ludwig von Schröder, danach der General der Flieger Heinrich Danckelmann, und während der Niederschlagung des Partisanenaufstandes im Herbst, vom 19. September bis 5. Dezember 1941 der General der Gebirgstruppen Franz Böhme. Nach dem 17. Juli 1941 verblieb in Serbien das Höhere Kommando LXV unter dem Armeeoberkommando (AOK) 12 in Athen. Böhme wurde Bevollmächtigter Kommandierender General in Serbien. Er vereinigte die gesamte militärische Macht und wurde bald zum Befehlshaber ernannt. Die beiden Funktionen wurden erst am 1. März 1942 offiziell miteinander verbunden. Als General Paul Bader (11. Dezember 1942 – August 1943) diese Position übernahm, hieß sie Kommandierender General und Befehlshaber in Serbien, und war seit Dezember 1942 dem Wehrmachtsbefehlshaber im Südosten (d. h. dem Oberbefehlshaber Südost in Athen) untergeordnet. Seit dem 8. August 1943 befand sich das Oberkommando Südost in Belgrad.[21]

Innerhalb der deutschen Militärverwaltung waren die Kompetenzen geteilt zwischen dem Kommandostab, der für die militärischen Angelegenheiten zuständig war und dem Verwaltungsstab, der die Landesverwaltung führen und die lokalen Zivilbehörden beaufsichtigen sollte. Der Verwaltungsstab bestand hauptsächlich aus Wehrmachtsbeamten. Der erste Chef des Verwaltungsstabs war Staatsrat SS-Gruppenführer Harald Turner, sein Stellvertreter der Oberkriegswirtschaftsrat SS-Sturmbannführer Georg Kiessel. Turner wurde im November 1942 durch Egon Bonner ersetzt. Der Verwaltungsstab selbst wurde im Januar 1943 auf das Niveau einer Verwaltungsabteilung herabgestuft und dem Kommandostab des Militärbefehlshabers in Serbien untergeordnet. Diese Entwicklung der Geschehnisse wurde teilweise durch die Abneigung der Wehrmacht gegenüber Turner als SS-Repräsentanten verursacht sowie durch die Feindseligkeit des Anfang 1942 ernannten Höheren SS- und Polizeiführers August Meyszner ihm gegenüber. Meyszner, der einen starken anti-serbischen Kurs befürwortete, warf

---

21 Vgl. Aleksić, Privreda, S. 129 f.; Völkl, Der Westbanat, S. 46–48; Shimizu, Deutsche Okkupation, S. 128 ff.

Turner eine übermäßige Nachgiebigkeit und sogar Freundschaft mit den Serben vor. Der Verwaltungsstab setzte seine Anweisungen mit Hilfe der serbischen Behörden oder über die Feldkommandanturen durch. Von ihnen gab es vier: Belgrad, 599, Smederevo, 610, Niš, 809 und Užice 816. Seit Dezember 1941, als die neue administrative Teilung des serbischen Territoriums durchgeführt wurde, wurden teilweise Feldkommandanturen neu geordnet, um mit den ebenfalls neu geschaffenen Bezirken zu harmonieren, so dass ihre Sitze nun in Belgrad, Šabac, Kraljevo und Niš waren. Unter sich hatten sie ihre Büros und acht Kreiskommandanturen. Darüber hinaus gab es in der Hauptstadt des Banats, Veliki Bečkerek, eine unabhängige Kreiskommandantur als besondere Ausprägung des faktisch autonomen Status des Banats.[22] In dem Teil des Kosovos, der unter deutscher Herrschaft stand, erkämpfte die albanische Bevölkerung für sich ein ähnliches Maß an Autonomie wie die Volksdeutschen im Banat.[23]

Die deutschen Infanteriedivisionen, die als Besatzungstruppen in Serbien stationiert wurden, bestanden zumeist aus älteren, unzureichend ausgebildeten, Reservisten. Weder ihre Truppenstärke, noch ihre Ausrüstung entsprach dem Standard des deutschen Heeres.[24] Darin lag der Grund für die Erweiterung der bulgarischen Besatzungszone. Die bulgarischen Truppen hatten jedoch die Aufträge der deutschen Feld- und Kreiskommandanturen[25] auszuführen. Angesichts des chronischen Mangels an Truppen, wurde auf Initiative des damaligen Generalstabchefs ein Russisches Schutzkorps gegründet. Das Korps bestand zunächst aus drei Regimentern mit 6.000 Mann – Russen aus Serbien, Rumänien, Kroatien, Bulgarien und Ungarn – und wurde später durch sowjetische Kriegsgefangene verstärkt. Von November 1942 an war es der Wehrmacht untergeordnet, und war in Bezug auf Versorgung, Ausrüstung und Kleidung von ihr abhängig. Es diente primär dazu, die wichtigsten Bergwerke (Trepča, Bassin Krupanj, Majdanpek, Bor), den Schienenverkehr und die Grenze an der Drina zu schützen, wurde aber im Frühjahr 1944 auch bei Kampfoperationen eingesetzt. Vor dem Zusammenbruch der deutschen Herrschaft in Serbien hatte es im September 1944 etwa 11.000 Soldaten.[26] Laut Aussage von Georg Kiessel, benahm sich dieses Korps sehr

---

22 Vgl. 8. Lagebericht des Verwaltungsstabes beim Befehlshaber Serbien, SS-Gruppenführer Turner (undat.), in: BA-MA, RW 40, Nr. 190; Saslušanje dr Georga Kiessela, Sandbostel, den 30. Juli 1946, in: AJ, 110, Inv. Nr. 13244; Schlarp, Wirtschaft, S. 110 f.; Shimizu, Deutsche Okkupation, S. 130–134; Aleksić, Privreda, S. 131–134; Marjanović, The German Occupation System, S. 278 f.; Petranović, Srbija, S. 136.
23 Vgl. Saslušanje dr Georga Kiessela, Sandbostel, den 30. Juli 1946, in: AJ, 110, Inv. Nr. 13244; Božović/Vavić, Surova vremena, S. 49 f.
24 Vgl. Saslušanje dr Georga Kiessela, Sandbostel, den 30. Juli 1946, in: AJ, 110, Inv. Nr. 13244; Manošek, Holokaust, S. 37.
25 Vgl. Petranović, Srbija, S. 345 ff.
26 Vgl. Völkl, Der Westbanat, S. 56; Aleksić, Privreda, S. 230 f.; Shimizu, Deutsche Okkupation, S. 141; Petranović, Srbija, S. 418; Pajić, Prinudni rad, S. 159.

schlecht gegenüber der serbischen Bevölkerung, so dass die deutsche Regierung einige Male bei seinem Befehlshaber intervenieren musste.[27]

Für die Fragen der wirtschaftlichen Ausbeutung des Landes war seit dem 20. April 1941 Hermann Göring als Leiter des Vierjahresplans verantwortlich. Er ernannte den ehemaligen Generalkonsul in Jugoslawien und Landesgruppenleiter der NSDAP Franz Neuhausen zum Generalbevollmächtigten für die Wirtschaft in Serbien (GBW). Neuhausen lebte seit den zwanziger Jahren in Jugoslawien und war bestens vertraut mit den dortigen Verhältnissen. Er wurde zu einer der Schlüsselfiguren im Besatzungsapparat, über den auch der nominell übergeordnete Militärbefehlshaber keine Macht in wirtschaftlichen Fragen hatte. Neuhausens Position wurde zusätzlich durch die persönliche Freundschaft mit Göring gefestigt. Unter den Serben galt er als die am meisten verhasste Person des deutschen Besatzungsapparates und unter den deutschen Funktionären wurde er durch die undurchsichtige Art seiner Geschäfte als »kontroverse Person« betrachtet.[28] Im Dezember 1942 wurde Neuhausen auch das Büro des Generalbevollmächtigten für den Metallerzbergbau Südost anvertraut. So wurde er direkt verantwortlich für die Metallbergwerke in Serbien, Mazedonien und Griechenland, später auch in Albanien.[29] Im Oktober 1943 wurde das GBW-Büro der Verwaltungsabteilung angeschlossen, Neuhausen jedoch gelangte an die Spitze der Abteilung. An dieser Stelle blieb er bis zum Jahresende, als ihn der Leiter der Wirtschaftsbehörde, Theobald Keyser, ablöste.[30]

Der Stab des Generalbevollmächtigten für die Wirtschaft hatte 17 Referate für die verschiedenen Wirtschaftsbereiche (Preis-, Bankenkontrolle, feindliches Eigentum, Industrie, Rohstoffe, Brennstoffe, Textilien, Papier, Leder, Exporte, Importe, etc.) sowie eine Abteilung für allgemeine wirtschaftliche Fragen. Unter den Referaten befand sich auch jenes für den Arbeitseinsatz, das sich mit der Anwerbung von Arbeitskräften beschäftigte.[31] Der Stab des Generalbevollmächtigten für die Wirtschaft setzte sich einerseits

---

27 Vgl. Saslušanje dr Georga Kiessela, Sandbostel, den 30. Juli 1946, in: AJ, 110, Inv. Nr. 13244.
28 Vgl. Zapisnik o saslušanju dr Georga Kiessela, Beograd, 25. X 1946, in: ebd., F. 2603; Madajczyk, »Resterbien«, S. 458; Schlarp, Wirtschaft, S. 129. Neuhausen wurde angeblich von einem bulgarischen Gericht wegen eines betrügerischen Konkurses zu vier Jahren Gefängnis verurteilt. Dank der Freundschaft mit Göring und dessen Einfluss wurde das Urteil revidiert und Neuhausen von der Anklage freigesprochen. Vgl. Saslušanje dr Georga Kiessela, Sandbostel, den 30. Juli 1946, in: AJ, 110, Inv. Nr. 13244. Wegen seiner undurchsichtigen Geschäftstransaktionen wurde Neuhausen nach einer Anweisung Hitlers im Juli 1944 verhaftet. Vgl. Schlarp, Wirtschaft, S. 136. Eine kurze Biographie Neuhausens findet sich in: Völkl, Der Westbanat, S. 52.
29 Vgl. ebd., S. 53.
30 Vgl. Shimizu, Deutsche Okkupation, S. 135; Marjanović, The German Occupation System, S. 279; Schlarp, Wirtschaft, S. 111, 128–136; Madajczyk, »Restserbien«, S. 458; Petranović, Srbija, S. 136 f.
31 Vgl. Marjanović, The German Occupation System, S. 279 f.; Schlarp, Wirtschaft, S. 130 f.

aus Beamten der deutschen Ministerien für Wirtschaft, Ernährung und Landwirtschaft sowie Arbeit, der Reichsbank und andererseits aus den Mitarbeitern Neuhausens aus der Vorkriegszeit zusammen.[32] Zeitweise war ihm auch der Bevollmächtigte der deutschen Ämter für Rohstofferfassung und Bewirtschaftungsaufgaben angeschlossen. Darüber hinaus wirkte im Stab eine große Anzahl von privaten Geschäftsleuten mit, denen nur eines wichtig war: aus ihrer amtlichen Tätigkeit persönlichen Nutzen zu ziehen.[33] In Wirtschaftsfragen war Neuhausen auch dem von Oberst Braumüller geleiteten Wehrwirtschaftsstab Serbien untergeordnet. Dieser Stab wurde am 7. April 1941 eingerichtet, aus der Zuständigkeit des Heeres ausgegliedert und dem Wehrwirtschafts- und Rüstungsamt im Oberkommando der Wehrmacht sowie dem Bevollmächtigten für den Vierjahresplan zugeordnet. Am 7. Juni 1941 wurde dieser Stab in Wehrwirtschaftsstab Südost umbenannt. Sein Leiter war in militärischen Angelegenheiten dem Militärverwaltungskommandanten Serbien unterstellt, während er die Befehle für die Nutzung der wirtschaftlichen Kapazitäten vom Wehrwirtschafts- und Rüstungsamt im Oberkommando der Wehrmacht erhielt. In der Praxis regierte allerdings Franz Neuhausen beinahe uneingeschränkt die Wirtschaft in Serbien bis Oktober 1943.[34]

Neben den deutschen und bulgarischen militärischen Einheiten stand den deutschen Dienststellen auch der Polizeiapparat zur Verfügung, an dessen Spitze vom 24. Januar 1942 bis 15. März 1944 SS-Gruppenführer und Generalleutnant der Polizei August Meyszner stand. Sein Titel lautete Höherer SS- und Polizeiführer (HSSPF) und seine Kompetenz in Serbien entsprach der, die sein Vorgesetzter, Reichsführer-SS Heinrich Himmler in Deutschland besaß. Meyszner war der Leiter aller Polizeikräfte in Serbien, und als solcher setzte er sich für einen strengen Kurs gegenüber der serbischen Bevölkerung ein und führte selbst die Repressalien durch.[35] 1943 stand der HSSPF unter dem Kommando des Militärbefehlshabers Südost, indem er ein Teil seines Stabs wurde, aber Meyszner behielt seine unabhängige Position, dank der Rivalität zwischen Armee und Polizei.[36] Ihm folgte Hermann Behrends, der ehrgeizige ehemalige Stabschef der Volksdeutschen Mittelstelle.[37]

---

32 Es gibt Hinweise darauf, dass auch die Mitarbeiter dieser Dienststelle Neuhausens in die Unterschlagung ihres Chefs involviert waren. Vgl. Zapisnik o saslušanju Roberta Kronholza, den 19.3.1945, in: AJ, 110, F. 1012/II.
33 Vgl. Schlarp, Wirtschaft, S. 130; Aleksić, a. a. O., S. 148–150.
34 Vgl. Aleksić, Privreda, S. 145–148; Völkl, Der Westbanat, S. 53.
35 Nach seiner Ablösung gab Meyszner angeblich zu, dass seine Politik der Repressalien falsch gewesen und gescheitert sei. Vgl. Saslušanje dr Georga Kiessela, Sandbostel, den 30.7.1946, in: AJ, 110, Inv. Nr. 13244.
36 Vgl. ebd.
37 Zu dessen früherer Karriere vgl.: Lumans, Himmler's Auxiliaries, S. 51. Zu Behrends' Ruhmsucht und dessen irrealen Ehrgeiz noch kurz vor dem Ende der deutschen Besatzung in Serbien vgl.: Janjetović, Between Hitler and Tito, S. 126.

Die Polizei selbst wurde in zwei Hauptteile gegliedert: Zu Beginn des Jahres 1942 gründete Himmler beim Verwaltungsstab die Organisationsstelle für die Ordnungspolizei, die am 12. Februar 1942 in einen Stab des Befehlshabers der Ordnungspolizei beim HSSPF umgewandelt wurde. Bis September jenes Jahres gelang es Meyszner, vom Verwaltungsstabschef Turner die Polizeiverwaltungsaufgaben zu übernehmen, d. h. die Überwachung der Kreisverwaltung durch die Feld- und Kreiskommandanturen. Da zu diesem Zeitpunkt die Ordnungspolizei noch nicht ausreichend auf ihre Aufgaben vorbereitet war, wurde die Übernahme verzögert und die Kompetenzen wurden mit der Wehrmacht geteilt. Um die Ordnungspolizei zu organisieren, gründete Meyszner vier Polizeigebietskommandanturen in Belgrad, Kraljevo, Niš, Šabac, denen elf Kreisstellen untergeordnet waren. Die Ordnungspolizei bestand 1943 aus 2.500 Mann.

Den zweiten Teil der Polizei bildeten die Sicherheitspolizei (Sipo) und der Sicherheitsdienst (SD). An der Spitze dieser beiden Zweige der Polizei stand ursprünglich ein Polizeioberst, SS-Sturmbannführer Wilhelm Fuchs und seit Jahresende der SS-Oberführer Emanuel Schäfer. Im Rahmen der Sipo wurde auch die Geheime Staatspolizei (Gestapo) aktiv, die ihre Sitze in allen größeren Städten Serbiens hatte, sowie Mitarbeiter in kleineren Orten. Im Banat entstand seit 1942 auch eine Hilfspolizei (Hipo), in der zunächst nur Volksdeutsche dienten, später auch Angehörige anderer Nationalitäten, vor allem Ungarn.[38]

Neben den hier genannten polizeilichen Behörden in Serbien waren auch Militär-Sicherheitsbehörden aktiv: der Militärgeheimdienst Abwehr, die Abwehrstellen (AST), innerhalb derer auch die Geheime Feldpolizei (GFP) tätig war.[39] Ein sehr wichtiger Teil des Zwangsapparates, besonders im Hinblick auf die Durchführung der Zwangsarbeit, waren die Wachmannschaften der Organisation Todt (OT).

Ein Bestandteil des deutschen Regierungsapparates im besetzten Serbien bildete auch die Repräsentanz des Auswärtigen Amtes (AA). Am 28. April 1941 wurde mit Hitlers Befehl der Bevollmächtigte des Auswärtigen Amtes beim Militärbefehlshaber in Serbien ernannt, der sich mit allen Fragen der Außenpolitik befassen sollte. Seine besondere Aufgabe war es, »eine den politischen Interessen des Reiches abträgliche Betätigung serbischer politischer Elemente zu verhindern«.[40] Der Vertreter des AA war somit hauptsächlich mit politischen Fragen, nicht jedoch mit den Wirtschaftsproble-

---

38 Vgl. Marjanović, The German Occupation System, S. 280–281; Völkl, Der Westbanat, S. 53 f.; Shimizu, Deutsche Okkupation, S. 147–151, 154 ff.; Petranović, Srbija, S. 137. Eine erste Gruppe der Hipo-Polizisten wurde im Banat noch 1941 ausgebildet, aber kurz darauf nach Serbien versetzt. Vgl. Shimizu, Deutsche Okkupation, S. 208.
39 Vgl. Marjanović, The German Occupation System, S. 280 f.; Schlarp, Wirtschaft, S. 112, 116; Völkl, Der Westbanat, S. 53 f.
40 Vgl. Schlarp, Wirtschaft, S. 111 (Zitat ebd.); Völkl, Der Westbanat, S. 56 f.; Marjanović, The German Occupation System, S. 280; Madajczyk, »Restserbien«, S. 458.

men in Serbien befasst⁴¹ Für die Position wurde im Mai 1941 der Gesandte I. Klasse Felix Benzler ernannt. Er blieb dort bis zum Oktober 1943. Bis zu diesem Zeitpunkt war sein Stellvertreter der Gesandtschaftsrat I. Klasse Gerhart Feine. Am 24. August 1943 übernahm Hermann Neubacher als Sonderbevollmächtigter des Auswärtigen Amtes für den Südosten die Kompetenzen politischer Natur. Seine Aufgabe war es, sich um eine einheitliche Führung der politischen Fragen in der Region und um den Kampf gegen die Kommunisten zu kümmern. Der HSSPF und die anderen SS-Stellen sollten sich mit ihm in Polizeifragen beraten und mit ihm eventuelle Sühnemaßnahmen vereinbaren. Außerdem konnte er nunmehr Grundsätze für die Wirtschaftspolitik aufstellen und durchsetzen.⁴² Neubacher war in Balkan-Fragen sehr erfahren und wurde zu einem Zeitpunkt berufen, als die sich für Deutschland verschlechternde Situation bestimmte Veränderungen in der Politik in dieser Region verlangte. Diese Entwicklung führte auch zu einer partiellen Neugestaltung der deutschen Verwaltung in Serbien. Neubacher profilierte sich dabei als Unterstützer eines moderateren Kurses, mit der Absicht, die inländischen antikommunistischen Kräfte zu sammeln und die Einheimischen, durch bestimmte, zumindest scheinbare, Zugeständnisse zu gewinnen.⁴³

Der serbische Regierungs- und Verwaltungsapparat als Teil der Besatzungsmacht

Die deutsche Besatzungsmacht war sich von Anfang an der Notwendigkeit zumindest scheinbarer Zugeständnisse an die serbische Bevölkerung bewusst. Zur Erweiterung ihrer Machtbasis und zur leichteren Durchführung ihrer Befehle über den bestehenden serbischen Staatsapparat⁴⁴ setzten die Besatzer schon am 30. April 1941 einen Rat von zehn Kommissaren mit dem ehemaligen Minister für Innere Angelegenheiten, Milan Aćimović, an der Spitze ein. Der Rat hatte für die Aufrechterhaltung der Ordnung und des Friedens sowie den möglichst schnellen Wiederaufbau des wirtschaftlichen Lebens zu sorgen. Das Kommissariat für Wirtschaft wurde Milosav Vasiljević, dem Direktor der Belgrader Messe übertragen, für Ernährung war Jeremija Protić, ehemaliger stellvertretender Minister für Finanzen zuständig und für das Bauwesen der Ingenieur Stanislav

---

41 Vgl. ebd.
42 Vgl. Shimizu, a.a.O., S. 146 f.; Schlarp, a.a.O., S. 126 f.
43 Mehr über Neubachers Aktivitäten findet sich in seinen Memoiren: Neubacher, Sonderauftrag.
44 Den deutschen Behörden fehlte es einerseits an Beamten für die Erledigung aller administrativen Geschäfte; andererseits konnten sie auch einen Teil der Geschäfte auf die einheimischen Organe übertragen, darunter auch schwierige Fragen wie die Versorgung oder die Unterbringung der Flüchtlinge. Auf diese Weise wurde die Normalisierung des öffentlichen Lebens beschleunigt, die Bevölkerung wurde beruhigt und die Wirkung der Propaganda von Seiten der Widerstandsbewegung hatte wenig Erfolg. Vgl. Schlarp, Wirtschaft, S. 140.

Josifović. Alle Ernennungen von Kommissaren und Bezirksvorständen bedurften der Genehmigung des Verwaltungsstabs. Außerhalb der Zuständigkeit der Kommissariate blieben allerdings viele andere Kompetenzen, wie zum Beispiel die Entscheidungen über wichtige Fragen der Verwaltung, den Außenhandel, das Währungssystem, die Wirtschaftspolitik und so weiter. Jeder Kommissar war einem bestimmten Referat des Verwaltungsstabs untergeordnet, das wiederum dem Stabschef Turner verantwortlich war. Auf diese Weise führten die Kommissare faktisch nur Aufträge der deutschen Besatzungsbehörden aus, welche selbst nicht genug Personal hatten, um allein alle administrativen Aufgaben zu erledigen. Der Rat der Kommissare hob unter den wirtschaftlichen Fragen besonders die Förderung der landwirtschaftlichen Produktion hervor – sowohl im Interesse des serbischen Volkes als auch im Interesse des Reiches.[45] Dem Rat der Kommissare gelang es, bis Ende Mai die Morava-Banschaft mit Sitz in Niš, die Donau-Banschaft in Smederevo und die Drina-Banschaft mit Sitz in Užice einzurichten sowie die Verwaltungstätigkeit in den 110 Kreisen wiederaufzunehmen.[46]

Im Interesse des Wiederaufbaus der Verwaltung genehmigten die deutschen Behörden auch die Reorganisation der Gendarmerie. Auf Einladung des Rates der Kommissare traten schon im Mai 1941 1.779 Gendarmen und 153 Offiziere ihren Dienst an.[47] Die Gendarmerie war ein Exekutivorgan der Herrschaft in den Banschaften und Bezirkshauptmannschaften. Jede Banschaft hatte ein Gendarmerieregiment zur Verfügung. Das Gendarmeriekommando wurde am 22. Juni 1941 gegründet.[48] Zugleich mit der Gendarmerie wurde teilweise auch der Polizeiapparat erneuert. Die Spezialpolizei der Verwaltung der Stadt Belgrad erhielt den neuen Namen »Abteilung der Spezialpolizei«. Ihre Befugnisse wurden allerdings nicht wie von einigen Autoren behauptet auf das ganze Territorium des besetzten Serbiens erweitert. Ihre Hauptaufgabe war der Kampf gegen die Kommunisten. Wie die Gendarmerie erhielt die Spezialpolizei ebenfalls Anweisungen von den lokalen und von den deutschen Behörden, wobei das letzte Wort immer die deutschen Behörden und HSSPF Meyszner hatten.[49] Zu Beginn war das deutsche Misstrauen gegenüber den serbischen Polizisten so groß, dass sie nur fünf Kugeln pro Gewehr erhielten, was natürlich völlig ungenügend für die Bekämpfung des Widerstandes war.[50]

Als nach dem deutschen Angriff auf die Sowjetunion im Juni 1941 der Aufstand in Serbien ausbrach, konnten ihn der Rat der Kommissare und die deutschen Behörden

---

45 Vgl. Aleksić, Privredna, S. 137–141; Marjanović, The German Occupation System, S. 284 ff.; Schlarp, Wirtschaft, S. 140; Ristović, General M. Nedić, S. 640 f.
46 Vgl. Marjanović, The German Occupation System, S. 284.
47 Vgl. ebd., S. 286; Petranović, Srbija, S. 136.
48 Vgl. Aleksić, Privredna, S. 141; Petranović, Srbija, S. 136.
49 Vgl. Aleksić, Privredna, S. 141 f.; Vasović/Cvijić, Milan Nedić, S. 230; Ristović, General M. Nedić, S. 639.
50 Vgl. Saslušanje dr Georga Kiessela, Sandbostel, den 30.7.1946, in: AJ, 110, Inv. Nr. 13244.

nicht stoppen. Dies führte zu Repressalien gegen die Zivilbevölkerung, die von den deutschen Militärbehörden für mitverantwortlich gehalten wurde und an denen auch die serbischen Gendarmen teilnahmen, was Aćimović und seinem Rat die letzte Unterstützung, die sie im Volk hatten, raubte. Das war auch ein Grund für die Kündigungen von drei Kommissaren aufgrund der übertriebenen deutschen Forderungen zur Zahlung der Besatzungskosten (6,5 Millionen RM pro Monat), sie dankten Anfang August 1941 ab.[51]

Für die Abdankung von Aćimović und die Berufung des streng antikommunistischen Generals und ehemaligen Militärministers, Milan Nedić, der nach dem April-Krieg unter Hausarrest stand, auf die Position des Vorsitzenden einer Regierung mit etwas mehr tatsächlicher Entscheidungskompetenz, setzte sich der pro-deutsche Politiker und Führer der ultrarechten nationalen Zbor-Bewegung, Dimitrije Ljotić, ein. Nedićs Kandidatur als sein Nachfolger befürwortete vor dem Befehlshaber Danckelmann auch Aćimović selbst, ebenso der Kreis der bürgerlichen Politiker, die hofften, dass Nedić es mit seiner Autorität gelingen werde, den Aufstand der Partisanen und der Tschetniks zu stoppen. Auch General Danckelmann übte Druck auf Nedić aus, die Position an der Spitze der lokalen Regierung anzunehmen. Anderenfalls drohte er, dass das Territorium Serbiens zwischen den verfeindeten Nachbarn Serbiens, Kroatien, Ungarn und Bulgarien aufgeteilt werden würde. Nedić gab den Überredungsversuchen und dem Druck nach, und akzeptierte, eine neue Regierung zu bilden.[52] Obwohl sie sich bis zum Herbst 1944 veränderte, blieb ihr Wesen gleich: genauso wie Aćimovićs Kommissariat war sie ohne wirkliche Macht,[53] und die Tatsache, dass sie zu Beginn des Jahres 1942 ihre eigenen bewaffneten Formationen bekam, konnte weder ihre Position noch ihre Popularität im Volk stärken.[54] Trotz der personellen Veränderungen und obwohl Nedić einige Male mit Abdankung drohte, blieb seine Regierung bis zum Ende der deutschen Besatzung im Amt, auch wenn es ihr nicht gelang, ihre Befugnisse zu erweitern, oder das Vertrauen der Deutschen wirklich zu gewinnen.[55]

---

51 Vgl. Ristović, General M. Nedić, S. 642; Schlarp, Wirtschaft, S. 141.
52 Vgl. Ristović, General M. Nedić, S. 641 f.; Marjanović, The German Occupation System, S. 288; Schlarp, Wirtschaft, S. 141 f.
53 Vgl. Zapisnik o saslušanju Roberta Kronholza, den 19.3.1945, in: AJ, 110, F. 1012/II. Alle Beschlüsse der Minister musste der Ministerrat genehmigen, nach der vorherigen Genehmigung der zuständigen deutschen Behörden. Vgl. Aleksić, Privredna, S. 140.
54 Vgl. Schlarp, Wirtschaft, S. 145.
55 Vgl. Ristović, General M. Nedić, S. 647, 681, 684 f.; Shimizu, Deutsche Okkupation, S. 166. Nach der Nedićs vor dem Untersuchungsausschuss hatte Hitler bei ihrem Zusammentreffen am 19. September 1943 gedroht, er sei bereit, das ganze serbische Volk auszurotten, wenn es sein renitentes Verhalten fortsetze, vgl. Milan Nedić, in: AJ, 110, Nr. 802; Vasović/Cvijić, Milan Nedić, S. 231. Robert Kronholz stellte Hitlers Haltung während des Zusammentreffens als viel versöhnlicher dar. Vgl. Protokoll über das Verhör von Robert Kronholz, dem 19.3.1946, in: ebd., F. 1912/II. Es ist nicht ausgeschlossen, dass Nedić vor dem kommunistischen Untersuchungsausschuss das Gespräch dramatischer schilderte, als es wirklich war,

Im Dezember 1941 erfolgte eine administrative Neuordnung des Territoriums des besetzten Serbiens: Die Banschaften wurden abgeschafft und eine Einteilung in 14 Bezirke eingeführt. Dabei erhielten die Bezirksvorsteher mehr Vollmachten als sie im Königreich Jugoslawien besaßen. Das Banat wurde ein separater Bezirk, womit seine territoriale Autonomie offiziell bestätigt wurde. Die neue administrative Einteilung des Landes entsprach der Organisation der deutschen Feld- und Kreiskommandanturen.[56]

Eine der grundlegenden Voraussetzungen für die Befriedung des aufständischen Landes und für die Durchführung der repressiven Maßnahmen im Interesse und Auftrag der Besatzungsmächte war der lokale Zwangsapparat. Wie bereits erwähnt, wurde er schon im Mai 1941 durch die Schaffung der Gendarmerie reorganisiert. Im September und Oktober 1941 wurden zudem zehn Freiwilligeneinheiten unter dem Kommando von Oberst Kosta Mušicki aufgestellt. Sie setzten sich zumeist aus Schülern, Studenten aber auch Arbeitern und Angestellten, Handwerkern und Bauern sowie Flüchtlingen zusammen. Diese Freiwilligen waren Anhänger der nationalistischen Zbor-Bewegung unter dem politisch und ideologisch den Nationalsozialisten nahestehenden Dimitrije Ljotić. Darüber hinaus gab es Freiwilligeneinheiten unter dem Kommando der ehemaligen jugoslawischen Offiziere mit General Stevo Radovanović an der Spitze. Aus ihren Reihen stellte man Anfang 1943 ein serbisches Freiwilligenkorps (SFK) auf, das fünf Bataillone und 3.650 Mann umfasste. In dem darauf folgenden Jahr wuchs die Zahl der Soldaten auf etwa 4.800 an. Die Formation sollte im Kampf gegen den Kommunismus, die Tschetniks unter Draža Mihajlović, Juden, und Freimaurer eingesetzt werden und zudem die Schaffung eines unabhängigen Serbiens mit Unterstützung des Reichs absichern. Das Korps stand unter dem unmittelbaren Kommando des kommandierenden Generals in Serbien, d. h. lediglich sein Name war serbisch. Darüber hinaus stellten sich zum Zeitpunkt der Einsetzung der Nedić-Regierung auch die Tschetniks von Kosta Pećanac den deutschen und serbischen Behörden zur Verfügung.[57]

Aus der Gendarmerie entwickelte sich im Februar 1942 die Serbische Staatswache (SDS). Sie wurde in eine Stadt-, Feld- und Grenzwache aufgeteilt, und ihre Hauptziele bestanden wie bei den Einheiten der Freiwilligen im Kampf gegen den Kommunismus und die Tschetniks. Die SDS unterstand dem Minister für Innere Angelegenheiten, aber HSSPF Meyszner, der auch ihre Gründung initiiert hatte, behielt die Kontrolle über sie und befahl ihr in polizeilichen Angelegenheiten. Bis zum Mai 1942 unterstand die SDS direkt dem Kommando Meyszners, danach wurden sie in die reguläre Befehlskette von

---

um diesen von der Schwierigkeit seiner Lage als Ministerpräsident während der Besatzungszeit zu überzeugen.
56 Vgl. Petranović, Srbija, S. 459 f.; Völkl, Der Westbanat, S. 74; Marjanović, The German Occupation System, S. 289; Ristović, General M. Nedić, S. 640.
57 Vgl. Petranović, Srbija, S. 415 ff.; Vasović/Cvijić, Milan Nedić, S. 226, 230; Völkl, Der Westbanat, S. 56; Shimizu, Deutsche Okkupation, S. 143; Marjanović, The German Occupation System, S. 287 f.

Polizei-Gebietskommandanturen und Polizei-Kreisstellen eingegliedert. Damals verfügten die Einheiten der SDS über ca. 15.758 Mann.

Wegen schlechter Ernährung und Hygiene sowie mangelnder Ausrüstung, kam es zu Desertionen, so dass die SDS im Juli 1942 649 Offiziere und 14.832 Soldaten hatte. Die Ausrüstung und Verpflegung der SDS-Mitglieder lagen unter den Sätzen für die Wehrmacht, womit gezeigt werden sollte, dass das serbische Volk mit seinen Ressourcen dem Reich zu dienen hatte. Da jedoch diese Situation ab Anfang 1943 spürbare Unzufriedenheit verursachte, vermittelte Meyszner über den Generalbevollmächtigten für die Wirtschaft, dass die SDS die gleiche Ernährung wie Wehrmachtssoldaten bekam.[58] Die schlechte Behandlung der SDS-Mitglieder und ihre ungenügende Anzahl beeinflussten ihre Effizienz, auch bei der Festnahme von Menschen, die zur Zwangsarbeit gebracht werden sollten.

Der neue Ministerpräsident Nedić gehörte schon vor dem Krieg zum rechten Rand des politischen Spektrums, und als Ministerpräsident passte er seine Ansichten noch stärker der NS-Ideologie an. Den Grundsatz seines Staatsprogrammes stellte die Abkehr vom konstitutiven Prinzip des »Jugoslawismus« und die Hinwendung zum »reinen« Serbentum dar.[59] Ähnlich wie bei den Nationalsozialisten und anderen politischen rechten Gruppierungen in Europa und auf dem Balkan, die in den Bauern den gesündesten und den grundlegenden Teil ihres Volkes sahen,[60] betrachteten Nedić und seine Anhänger die Bauern als den ehrlichen Teil des Volkes, der Serbien vor der sittlichen Katastrophe retten werde.[61] Sein Ideal war daher ein autoritär und genossenschaftlich organisierter bäuerlicher Staat.[62] Es überrascht nicht, dass auch der Antikommunismus und der Kampf gegen das Freimaurertum wichtige Teile dieses Ideologems waren. Beide wurden als Produkte des Judentums betrachtet, dem es angeblich in den dekadenten Städten am besten gelang, seinen Einfluss zu erweitern. Aus diesem Grunde war die Nedić-Ideologie zugleich stark antisemitisch und antiurban orientiert.[63] Wie die ideologisch Vorbilder in Deutschland und Italien lehnten Nedić und seine Ideologen den Individualismus ab und befürworteten einen nationalen Kollektivismus.

---

58 Vgl. Völkl, Der Westbanat, S. 55; Shimizu, Deutsche Okkupation, S. 158–161; Madajczyk, »Restserbien«, S. 465.
59 Vgl. ebd., S. 645.
60 Vgl. ebd., S. 669 (mit der dort angeführten Literatur).
61 Vgl. Damnjan Kovačević, Nacionalna služba rada, in: NV vom 17.12.1941, S. 3; Ristović, General M. Nedić, S. 645, 661, 665–668.
62 Vgl. Petranović, Srbija, S. 464 ff.; »Da bi Srbija mogla da se spasi, svi moramo da budemo složni«, in: NV vom 19.7.1942, S. 3; Napredno selo – zdrava i jaka država, in: ebd. vom 15.2.1944, S. 2.
63 Vgl. Srpska omladina se sprema da se založi za opstanak svog naroda, in: ebd. vom 5.6.1942, S. 3.

Die Stellung der »Arbeit« in der Ideologie der Nedić-Regierung

Relevant für unser Thema ist, dass ein wichtiger Bestandteil der Nedić-Ideologie die Verherrlichung der Arbeit betraf. Der serbischen Gesellschaft, insbesondere der städtischen Jugend wurde vorgeworfen, sie habe sich in der Zwischenkriegszeit an ein schmarotzerhaftes und faules Leben gewöhnt, das letztlich auch zum staatlichen Zusammenbruch im April 1941 geführt habe.[64] Nach Ansicht von Nedić und seiner Ideologen sollte man unter den veränderten Verhältnissen deshalb die Jugend umerziehen und der Arbeit für das Gemeinwohl einen neuen Stellenwert geben.[65] Da die Serben militärisch wegen des unüberlegten Abenteuers eines Teils ihrer politischen Elite besiegt worden seien, sollten sie sich einen Platz im »Neuen Europa« durch fleißige Arbeit verdienen.[66] Diese Arbeit sollte sowohl ihnen als auch dem deutschen Volk Vorteile bringen, das nach Meinung von Nedić und seiner Propagandisten für alle Europäer die entscheidende Schlacht gegen die asiatische Barbarei, d. h. den Kommunismus, schlage.[67] Nedić übernahm diese These der offiziellen deutschen Propaganda: Da das deutsche Volk sein Blut opfere, um Europa vor dem Bolschewismus zu retten, leisteten die anderen Völker ihren Beitrag, indem sie für die Deutschen arbeiteten.[68] Dahinter versteckte sich die sehr durchsichtige Absicht, Arbeitskräfte aus dem besetzten Europa für die Zwecke

---

64 Vgl. Emil V. Popović, Kako da vaspitavamo omladinu, in: ebd. vom 1.6.1941, S. 8; Smirnski zejbeci, in: ebd. vom 30.9.1941, S. 3; Omladina i rad, in: ebd. vom 4.2.1942, S. 1; M. A. B., Omladina i Nacionalna služba rada, in: ebd. vom 22.2.1942, S. 3; Omladini je zabranjena šetnja po korzoima, in: ebd. vom 8.3.1942, S. 7; V.Lj., U Smederevu je izvršena zakletva obveznika Nacionalne službe, in: ebd. vom 1.5.1942, S. 4; »Kroz Nacionalnu službu, stvorićemo novog srpskog omladinca«, in: ebd. vom 11.9.1943, S. 4. Maga Magazinović se otvoreno založila za uvođenje obavezne radne službe za omladinu. Organizovanje rada u novoj stvarnosti, in: ebd. vom 1.6.1941, S. 8.
65 Vgl. Potrebno je podići čast radu do najvišeg zakona narodne zajednice – govor Stevana Ivanića, komesara Ministarstva socijalne politike i narodnog zdravlja, in: ebd. vom 6.6.1941, S. 2; Jovan Običan, Radna omladina na delu, in: ebd. vom 10.3.1942, S. 5; Reč ministra g. Jonića školskoj omladini, in: ebd. vom 11.3.1942, S. 3; »Da budete prvoborci i apostoli rada«, in: ebd. vom 18.1.1944, S. 2; Napredno selo – zdrava i jaka država, in: ebd. vom 15.2.1944, S. 2.
66 Als Erster hatte GBW Neuhausen diese Option Mitte Mai 1941 »angeboten«. Vgl. Srpski narod da bi postigao obnovu treba da stvori čvrstu zajednicu, in: ebd. vom 18.5.1941, S. 1. Ähnliche Ideen zur Rettung durch Arbeit verbreiteten die Repräsentanten des Nedić-Regimes. Vgl. Dr. Lazar Prokić, Na novom putu, in: ebd. vom 31.5.1941, S. 3; [Dušan Pantić], »Kamen na kamenu ne bi ostao!«, in: ebd. vom 10.3.1942, S. 3; »Rad u interesu naroda mora nam činiti čast i zadovoljstvo«, in: ebd. vom 13.3.1943, S. 3. Die Belgrader Rundfunkstation versicherte den Serben, dass die verstärkte Arbeit, vor allem in der Landwirtschaft der einzige Weg sei, um das Land vor dem wirtschaftlichen Zusammenbruch zu retten und die letzte Gelegenheit für die Serben, sich einen Platz im »Neuen Europa« zu sichern. Vgl. Shimizu, Deutsche Okkupation, S. 419.
67 Vgl. Vladan Sotirović, Kako se radnici osećaju na radu, in: NV vom 30.3.1943, S. 3.
68 Vgl. Preko 12 miliona stranih radnika u Nemačkoj, in: ebd. vom 1.7.1943, S. 1.

des Reiches zu verwenden. Dementsprechend erschienen sofort nach der Einsetzung der Kommissarsverwaltung Zeitungsartikel, in denen für den besonderen gesellschaftlichen Stellenwert der »Arbeit« agitiert wurde. In einigen öffentlichen Stellungnahmen wurde die dienende Rolle für das serbische Volk auch von Vertretern des deutschen Besatzungsapparates offen ausgesprochen, und die Einführung der allgemeinen Verpflichtung zur Zwangsarbeit angedeutet.[69]

Das Besatzungsregime im serbischen Banat und im deutsch besetzten Teil des Kosovos

Auf diese in groben Zügen beschriebene Weise waren das Besatzungssystem sowie der militärische, politische und administrative Apparat in Serbien eingerichtet. Indes gestaltete sich die Organisation der Macht im serbischen Banat als einem Teil des besetzten Serbiens ein wenig anders, insbesondere aufgrund der unterschiedlichen ethnischen Zusammensetzung der Bevölkerung. Nach der Besetzung Jugoslawiens fiel in diesem Gebiet die Führungsrolle den dort ansässigen Deutschen zu, die gewöhnlich als »Švabe« (Schwaben) bezeichnet wurden. Die jugoslawischen Volksdeutschen hatten während der Zwischenkriegszeit eine starke Organisation aufgebaut, deren Leitung Ende der dreißiger Jahre unter der Mitwirkung von Behörden aus dem Deutschen Reich von jungen Nationalsozialisten übernommen wurde. Ihnen gelang es in den Jahren vor Ausbruch des Krieges in Jugoslawien, den größten Teil der deutschen Minderheit des Landes als »Volksgemeinschaft« zu organisieren, die in ihrem Aufbau und Auftreten dem Reichsmodell folgend gleichgeschaltet war.[70] Die nachfolgende Zerstückelung des Landes hatte zwar auch die Zersplitterung der volksdeutschen Organisation zur Folge, doch wurde sie im Banat schnell wieder erneuert und umfasste nun sechs Hauptämter, die für verschiedene Lebensbereiche zuständig waren. Genauso wie in den letzten Jahren Jugoslawiens bauten die Volksdeutschen ihre vom Staat unabhängige Parallelorganisation auf – diese wurde nunmehr zum Hauptträger staatlicher Gewalt. Mithilfe der

---

69 So zum Beispiel der Oberkriegsverwaltungsrat Wilhelm Sparkuhle, Referent für Arbeitseinsatz im Stab des GBW. Vgl. Zadaci upotrebe radne snage u Srbiji, in: ebd. vom 10.8.1941, S. 3. Anderthalb Monate früher hatte die regimetreue Zeitung »Novo vreme« auch die Gründung des Pflichtarbeitsdienstes angekündigt. Vgl. M. N., Kako žive mladići u logoru dobrovoljne radne službe u Smederevu, in: ebd. vom 26.6.1941, S. 5. Die definitive Ankündigung erfolgte etwa zehn Tage vor dem tatsächlichen Inkrafttreten der Anordnung über die Pflichtarbeit. Vgl. Šef odeljenja Vojne uprave pri Štabu punomoćnika za privredu u Srbiji gospodin Kajzer o stanju u srpskim rudnicima, in: ebd. vom 5.12.1941, S. 5.
70 Dušan Biber, Nacizem in Nemci v Jugoslaviji 1933–1941, Ljubljana 1966, S. 207–210; Petar Kačavenda, Nemci u Jugoslaviji 1918–1945, Beograd 1991, S. 19–21; Josip Mirnić, Nemci u Bačkoj u Drugom svetskom ratu, Novi Sad 1974, S. 47–73; Zoran Janjetović, Nemci u Vojvodini Beograd 2009, S. 231–237.

Wehrmacht oder auch eigenmächtig übernahmen sie noch im Laufe des Aprilkriegs die Macht im Banat und hielten sie den gesamten Kriegsverlauf über in ihren Händen. Zugleich wahrte die deutsche Volksgruppe als Gesamtheit ihre Autonomie gegenüber der Staatsgewalt, die ihrerseits – zumal die höchsten Banater Beamten aus den Reihen der Volksdeutschen stammten und auf Einwilligung des Führers der Volksgruppe, Dr. Sepp Janko, eingesetzt wurden – zuvorderst im Interesse der Volksdeutschen und selbstverständlich auch der Besatzungsbehörden arbeitete.[71] Dies wirkte sich schon bald auf die Organisation der Zwangsarbeit für die nichtdeutsche Bevölkerung des Banats aus.

Das höchste Banater Machtorgan war die Kreiskommandantur I/823 in Petrovgrad, das kurz darauf in Bečkerek und nach dem Krieg in Zrenjanin umbenannt wurde. Aus den Reihen der deutschen Volksgruppe wurde Anfang Mai der Beauftragte für die Zivilverwaltung des Banats ernannt, der in Zusammenarbeit mit den Militärbehörden und der Leitung der Volksgruppe die Zivilverwaltungsbehörde einzurichten hatte, die unter Aufsicht der Kreiskommandantur die Verwaltung der Region übernehmen sollte.[72] Das Banat wurde zunächst in den Zuständigkeitsbereich des Vizebanus der Donau-Banschaft verlegt, der ein Deutscher sein musste und vom Kommissar des Innenministeriums in Übereinkunft mit dem deutschen Volksgruppenführer eingesetzt wurde. Die anderen höheren Funktionäre wurden von den Kommissaren der entsprechenden Ministerien auf Vorschlag des Vizebanus eingesetzt. Dieser war den deutschen Besatzungsbehörden direkt unterstellt, so dass seine Abhängigkeit vom Rat der Kommissare bloß formaler Natur war. Er allein setzte die Gemeindebeamten ein. Für das Banat wurde eine Zweigstelle der Direktion für Post und Fernmeldewesen eingerichtet, ein Sonderbeauftragter der Eisenbahndirektion eigens nach Petrovgrad abgeordnet sowie das Berufungsgericht aus Novi Sad, das wie die gesamte Bačka von Ungarn annektiert worden war, nach Petrovgrad verlegt. Deutsch wurde neben Serbisch zur Amtssprache erhoben.[73] Als schließlich am 18. Dezember 1941 mit der Reform der administrativen Einteilung die Banschaften abgeschafft wurden, wurde das Banat zu einem von vierzehn neuen Kreisen mit Sepp Lapp, bis dahin Vizebanus, als Vorsteher des Banater Kreises.[74] Als Folge dieser Maßnahmen hatten die Volksdeutschen nicht nur die absolute numerische Vormachtstellung an der Verwaltungsspitze inne, sondern dominierten auch deren Beschlüsse. Das Verhältnis selbst zwischen deutscher Volksgruppe und Regierung wurde auf einem Treffen mit den Vertretern der kommissarischen Verwaltung am

---

71 Kačavenda, a. a. O., S. 47; Sepp Janko, Weg und Ende der deutschen Volksgruppe in Jugoslawien, Graz, Stuttgart [1982.], S. 203.
72 Vegh, Le systeme, S. 507.
73 Kačavenda. a. a. O., S. 32–33; Shimizu, a. a. O., S. 175–178; Vegh, a. a. O., S. 516–518; Janko, a. a. O., S. 185–188; Völkl, a. a. O., S. 73–78; Ljubica Šijački, Teror i pljačka okupatora u Banatu 1941–1944, Istraživanja, 7, 1979, S. 224–230.
74 Vegh, a. a. O., S. 532–533.

5. Juni 1941 geregelt. Das am 14. Juni veröffentlichte Abkommen gewährte der deutschen Volksgruppe weitreichende Autonomie einschließlich des Rechts zu Disziplinarmaßnahmen gegenüber ihren Mitgliedern.[75]

Wie im gesamten Serbien so wurde auch im Banat ein Sicherheitsapparat errichtet, der mit dem Kampf gegen (hauptsächlich kommunistische) Aufständische und der Durchführung der Zwangsarbeit betraut war, die zum Teil als Strafmaßnahme gegen Mitglieder der Widerstandsbewegung und ihre Unterstützer angewandt wurde. Bereits im Mai 1941 wurde dafür der Aufbau eines Polizeiapparats eingeleitet, dem Dr. Franz Reith bis zu seinem Fortgang zur Waffen-SS vorstand.[76] Ihm folgte Ernst Pelikan, der die Banater Staatswache geleitet hatte, die wie die SDS Anfang 1942 eingerichtet worden war. Der führende Polizeibeamte der Region war der erfahrene Polizeichef von Bečkerek, Juraj (Georg) Spiller. Um die Ordnung sicherzustellen, die besonders nach dem deutschen Angriff auf die Sowjetunion gefährdet war, wurde die Hilfspolizei gegründet, in der überwiegend Volksdeutsche sowie eine geringe Anzahl Ungarn dienten. Entgegen dem Wunsch des Volksgruppenführers Janko wurde der Großteil der Hilfspolizisten im Herbst 1941 nach Serbien verlegt, so dass im Banat nur um die 500 Hilfspolizisten verblieben. Es wurden daraufhin weitere 1000 ausgebildet, von denen allerdings 749 im Januar 1942 der Wehrmacht überlassen wurden. Janko verfolgte Ende 1941 und Anfang 1942 die Absicht, mit Himmlers Unterstützung im Banat ein Polizeiregiment aufzustellen, doch übernahm die SS seine Idee und stellte stattdessen die Waffen-SS-Division »Prinz Eugen« auf.[77] Mit einem Teil der Rekruten für das angedachte Polizeiregiment wurde die Banater Staatswache eingerichtet. Anfangs noch Teil der SDS, wurde sie im Zuge des Kampfes gegen die Kommunisten der deutschen Sicherheitspolizei untergeordnet. Später wurde sie vollständig von den serbischen Organen getrennt und 1943 der SS unterstellt. Ihre Kampfstärke überschritt nie 1500 Personen, wobei die überwältigende Mehrheit von Volksdeutschen gestellt wurde.[78] Aufs Ganze besehen waren die militärischen und polizeilichen Sicherheitskräfte im Banat nicht so stark vertreten wie in Serbien. Dies schien nicht nötig, da das zu kontrollierende Territorium kleiner und die Einwohnerzahl geringer war. Zudem unterstützten die gleichgeschalteten Volksdeutschen mehrheitlich die Behörden in aktiver oder zumindest passiver Weise. Was die Ungarn und Rumänen in der Region betrifft, so war deren Loyalität nicht

---

75 Shimizu, a.a.O., S. 179–181; Kačavenda, a.a.O., S. 33–34; Janko, a.a.O., S. 98–101; Völkl, a.a.O., S. 95–97.
76 Nach Dr. Georg Kiessel wurden die Anordnungen der Militärverwaltungs- und Armeestabs im Banat nicht ausgeführt, vielmehr fassten dort die Polizeipräfektur und der SD eigenmächtig Beschlüsse. (Zapisnik o saslušanju dr Georga Kiessela, Beograd, 25. X 1946 (AJ, 110, F. 2603).
77 Shimizu, a.a.O., S. 206–211; La systeme, S. 534–535; Janko, a.a.O., S. 213–215.
78 Shimizu, a.a.O., S. 211–214; Vegh, a.a.O., S. 533; Jozo Tomasevich, War and Revolution in Yugoslavia 1941–1945. Occupation and Collaboration, Stanford 2001, S. 206.

genauso selbstverständlich gegeben, doch schienen sie jedenfalls nicht gewillt zu sein, den deutschen Behörden größere Probleme zu bereiten.[79] Aus diesen Gründen, aber auch wegen der für den Partisanenkrieg ungünstigen Geländeverhältnisse, gelang es der Widerstandsbewegung nicht einmal annähernd, ähnliche Ausmaße wie in Serbien zu erreichen, so dass die Besatzungsmächte weitaus länger die Gesamtsituation unter Kontrolle halten konnten.

Ein gewisses Maß an De-facto-Autonomie erhielten auch die Albaner in dem unter deutscher Herrschaft stehenden Teil des Kosovo. Der Kreis Kosovska Mitrovica als Teil der Drina-Banschaft umfasste fünf Bezirke. An der Spitze des Kreises sowie von vier der fünf Bezirke standen Albaner, die auch über eine eigene kosovarische Gendarmerie und Freiwilligenverbände verfügten. Das deutsche Interesse zielte darauf ab, die dortigen Chrom- und Magnesiumminen gegen expansionistische Bestrebungen Italiens und Bulgariens unter Kontrolle zu behalten, während die albanische Bevölkerung zu einem Anschluss an Großalbanien tendierte. Die Folgen dieser stillen deutsch-albanischen Übereinkunft trug die lokale serbische Bevölkerung.[80]

4. Arbeitskräfterekrutierung als Form rechtlicher und ideologischer Diskriminierung

Der »kuluk«: Fronarbeit unter den Bedingungen der Besatzung

Nach der Skizze des Systems der Besatzungsherrschaft in Serbien und im Banat sowie der Hauptziele der Besatzungspolitik wenden wir uns nun der Zwangsarbeit zu als einer der grundlegenden Erscheinungsformen der Besatzung. Die Zwangsarbeit hatte eine Reihe unterschiedlicher Funktionen, die sich manchmal überlappen konnten. Die erste entsprang in den allermeisten Fällen dem Erfordernis, irgendeine für die Besatzer oder einheimische Mächte nutzbringende Arbeit zu leisten. Zum Teil ging dies auf die Vorkriegszeit und die jugoslawische Verwaltungspraxis zurück. Es handelte sich dabei um gesellschaftlich nützliche Arbeit bei Straßenbau und -reparatur, bei der Regulierung kleinerer Flüsse usf. Diese Arbeit wurde mit dem türkischen Begriff »kuluk« für »Frondienst« bezeichnet und war für alle verpflichtend. Auf dem Dorf leistete ein Teil der Bevölkerung je nach Besitzstand mit Wagen und Gespannen den »kuluk«. Die Stadtbevölkerung kaufte sich aus praktischen Gründen von ihrer Arbeitsverpflichtung los, so dass die Abbezahlung des »kuluk« einen Teil der gesamten finanziellen Abgaben

---

79 Völkl, a. a. O., passim. O Mađarima v. i: Aleksandar Kasaš, Mađari u Vojvodini 1941–1946, Novi Sad 1996, S. 114–124.
80 Petranović, Srbija, S. 246–248.

gegenüber dem Staat ausmachte.[81] Nach der Erneuerung der serbischen Verwaltung 1941 wurde auch der von der Bevölkerung geleistete »kuluk« reorganisiert. Die gleichen Arbeitsformen wurden auch weiterhin auf Anweisung der Kreisbehörden geleistet, doch kamen nun je nach Bedarfslage auch die Anweisungen deutscher Militärorgane hinzu. In der entsprechenden Literatur ist darüber sehr wenig zu finden und selbst in Archivquellen werden allein die angestellten Arbeiter überblicksartig nach Bezirken und Kreisen aufgeführt.[82] Dies ist insofern verständlich, als der »kuluk« noch aus früherer Zeit Teil des ländlichen Alltags war, über den die lokalen Behörden knapp und routinemäßig ihren Vorgesetzten berichteten. Auch von Seiten der Bevölkerung wurde er als ein normales Phänomen erachtet, so dass er in zahlreichen Zeugnissen vor der »Staatlichen Kommission zur Ermittlungen der Verbrechen der Besatzer und ihrer Helfer« praktisch nicht erwähnt wird. Da die Arbeiten im Rahmen des »kuluk« also auch früher nicht als außergewöhnliche Unterdrückungsmaßnahme einheimischer Behörden wahrgenommen wurde, stand sie als Forschungsthema vollständig im Schatten der Pflichtarbeit in den Bergwerken und im Deutschen Reich. In Anbetracht der gesamten Leiderfahrungen während des Zweiten Weltkriegs war sie in den Augen der Forscher kaum von Bedeutung. Da es sich der Form nach um eine mildere Form der Zwangsarbeit handelte – die Arbeitspflichtigen arbeiteten nur an wenigen Tagen, wohnten in ihren Häusern und erhielten in manchen Fällen auch eine Vergütung –, galt der »kuluk« in der Terminologie der damaligen Zeit auch nicht als »Zwangsarbeit«. Dies machte ihn dennoch nicht zur freiwilligen Arbeit – egal nach welcher Definition.

Über diese Art unfreiwilliger Arbeit sind die meisten Hinweise in der Presse zu finden, die die Aufrufe zum Freikauf vom »kuluk« veröffentlichte.[83] Diese kurzen standardartigen Ankündigungen belegten, dass es sich um ein Vorgehen handelte, das sowohl den Behörden als auch den Arbeitspflichtigen wohl bekannt war. Demnach bestimmten die zuständigen Behörden den Preis des Freikaufs, der in der Höhe des Lohnes lag, den die Behörden für diese Art von Tätigkeit im jeweiligen Kreis oder Bezirk ansetzten. Dies minderte jedoch nicht den Zwangscharakter des »kuluks« unter den gegebenen Bedin-

---

81 Leider ist das Phänomen des »kuluk« im Zwischenkriegsjugoslawien nicht besonders gut erforscht. Ausführlichere Informationen darüber konnte ich nicht einmal vom besten Kenner der bäuerlichen Welt im Serbien der Zwischenkriegszeit, Dr. Momčilo Isić, bekommen. Zum »kuluk« in der Zwischenkriegszeit siehe die kurzen Ausführungen bei Vladan Jovanović, Jugoslovenska država i južna Srbija 1928–1929 [Der jugoslawische Staat und Südserbien 1918–1929], Beograd 2002, S. 203
82 V. npr. Pregled zaposlenosti na teritoriji Okruga moravskog u 1943. godini. VA, NA, k. 107, f. 3, d. 11.
83 Službene novine, 16.I 1942, 31.III 1942, 14.IV 1942, 17.IV 1942, 21.IV 1942, 24.IV 1942, 1.XII 1942, 18.XII 1942, 29.XII 1942, 26.II 1944. Die staatliche kontrollierte Presse druckte manchmal auch propagandistisches Material über den »kuluk« ab, indem sie ihn als gesellschaftlich nutzbringende Arbeit bewarb. (Siehe einen Artikel über angeblich fröhliche Kulakarbeiter, die in Belgrad Schnee räumen: Rad za svoj grad, NV, 20.I 1943, S. 4).

gungen: Nicht nur, dass es aufgrund des Mangels an Wagen und Gespannen manchmal unmöglich war, sich vom »kuluk« mit benzinbetriebenen oder Pferdewagen loszukaufen, vielmehr noch nahm der »kuluk« im Laufe des Krieges vormals unübliche Formen an.[84] So konnte unter den Bedingungen des Krieges auch derjenige Arbeitspflichtige, der innerhalb einer festgelegten Frist seinen »kuluk« abbezahlt hatte, dennoch zum Dienst einberufen werden, falls dazu die Notwendigkeit bestand und er als tauglich erachtet wurde.[85] Zudem wurden den »kuluk«-Pflichtigen auch Arbeiten auferlegt, die sie unter friedlichen Bedingungen nicht ausgeübt hätten. Während der »kuluk« auf Geheiß lokaler Behörden und zugunsten örtlicher Gemeinden und Bezirke noch als eine staatsbürgerliche Pflicht[86] entsprechend der damaligen Auffassung hätte betrachtet werden können, so war dies sicherlich nicht der Fall, wenn die Arbeit für die bewaffneten Besatzungskräfte geleistet wurde.[87] In diesem Fall lässt sich unzweideutig von Zwangsarbeit sprechen. Dies umso mehr, als darunter auch Sicherheitsaufgaben verstanden wurden. Dazu zählt beispielsweise die Anordnung des Militärbefehlshabers in Serbien, General von Schröder, aus dem Juli 1941, wonach die Bürger Belgrads die Bewachung der einzelnen Straßen zu organisieren hatten.[88] Ähnliche Beispiele dafür, wie die Verantwortung für die Einhaltung der Sicherheit an Bürger weitergegeben wurde, gibt es auch aus anderen Landesteilen.[89] In einem Bericht des Ministeriums für innere Angelegenheiten über verschiedene Arten der Zwangs- und Freiwilligenarbeit vom 24. September 1943 ist die Rede von Einwohnern, die täglich in ganz Serbien den verpflichtenden »kuluk« leisteten, indem sie Schienenwege und Straßen bewachten und als Be- und Entlader für den Bedarf der Wehrmacht arbeiteten. Die Zahl der mit diesen Tätigkeiten betrauten Menschen war nicht bekannt.[90] Aus dem Bericht des Kreisamtes

---

84 Službene novine, 17.IV, 1942, S. 3; 21.IV 1942, S. 5; 24.IV 1942, S. 9. Sofern er abbezahlt werden konnte, war der Freikauf von der Wagenarbeit um ein vielfaches teurer als von der körperlichen Arbeit.
(Službene novine, 29.XII 1942, S. 21). Es ist bezeichnend, dass durch den »kuluk« mit Wagen Holz für den größten Zwangsarbeitsort in Serbien, das Bergwerk von Bor, herangeschafft wurde (Pajić, Prinudni rad, S. 374).
85 Službene novine, 29.XII 1942, S. 21.
86 Okružno načelstvo Okruga požarevačkog Ministarstvu unutrašnjih poslova, IV odeljenju, Požarevac, 12.III 1943. (VA NA, k. 107, f. 3, d. 11/6).
87 Die »kuluk«-Arbeit wurde auch für die Organisation Todt geleistet (ebd.).
88 Naredba vojnog zapovednika u Srbiji povodom pokušaja sabotaže od strane komunista u Beogradu, NV, 19.VII 1941, S. 1. In Makedonien und Kosovo mussten Bürger in den zwanziger Jahren auch manchmal Straßen und Bahnstrecken vor Banditen schützen und an deren polizeilicher Verfolgung teilnehmen, siehe Jovanović, a.a.O., S. 204.
89 NV, 6.IX 1941.
90 Ministarstvo unutrašnjih poslova Predsedništvu vlade, Beograd 24.IX 1943. (VA NA, k. 108, f. 2, d. 16). Der Umstand an sich, dass die Zahl der »kuluk«-Arbeiter nicht bekannt war, belegt einmal mehr, dass diese Arbeit als weniger bedeutend erachtet wurde. Davon abgesehen wurde sie häufig ad hoc geleistet, d. h. also, sobald es einen Bedarf danach gab, so dass

von Leskovac wissen wir, dass die »kuluk«-Arbeiter zum Holzfällen eingesetzt wurden (einer im Übrigen häufigen Tätigkeit, sowohl im Dienste der deutschen als auch der serbischen Behörden)[91] sowie zur Bewachung der Telefon- und Eisenbahnlinien.[92] In einem anderen Bericht wird gesagt, dass die gesamte taugliche Bevölkerung je nach Bedarf zu »verschiedenen unbezahlten »kuluk«-Arbeiten auf Anordnung der deutschen oder unserer Behörden« aufgerufen werde.[93] Ein Bericht der Kreisbehörde von Požarevac erwähnt einige »kuluk«-Arbeiten: im Brückenbau, bei der Ausbesserung kommunaler Straßen, bei den deutschen Behörden und bei der Organisation Todt (gegen Bezahlung).[94] Einem Bericht der Kreisbehörden in Niš vom 25. Februar 1943 ist ebenfalls zu entnehmen, dass ein Teil der »kuluk«-Arbeiten bezahlt werden sollte. Obwohl in diesem konkreten Fall nicht ersichtlich wird, wann, wie viel und von wem gezahlt wurde, so ist doch anzunehmen, dass die Bezahlung von Seiten der Kreis- oder Bezirksbehörde zu erfolgen hatte.

Neben den Sicherheitsaufgaben kamen im Laufe der Besatzungszeit noch neue »kuluk«-Tätigkeiten hinzu, die direkt den Besatzern dienten. So wurde in Belgrad die »Arbeiterbereitschaft« (»Radnička pripravnost«) gegründet, die je nach Bedarfslage Arbeiten für die Wehrmacht zu leisten hatte.[95] Diese Arbeitspflichtigen arbeiteten für mehrere Tage im Monat ausschließlich im Dienste der Wehrmacht und ernährten sich auf eigene Kosten. Sie durften jedoch Ersatzleute für die Arbeiterbereitschaft finden, die sie für die Abgeltung ihrer eigenen Arbeitsverpflichtung bezahlten. Der Betrag für diese Abgeltung war relativ hoch, so dass sich nur wohlhabende Personen einen solchen Freikauf von der Pflichtarbeit leisten konnten. Auf der anderen Seite wurde diese Erwerbsart schnell zu einer Form des Unterhalts für einen Teil der armen Stadtbevölkerung. Die Behörden setzten dem keine Hindernisse entgegen, so dass die gleichen Ersatzleute später auch andere Arbeitspflichtige ersetzen konnten.[96] Nicht alle konn-

---

    sie oft nicht vorher geplant war und damit ebenso wenig die Zahl der Arbeiter und deren Einsatzzeiten.

91 Wie wichtig das Holzfällen für die Behörden war, zeigt auch eine Verordnung über die Pflichtarbeit im Holzfällen und Holztransport, die Mitte 1942 für alle Männer zwischen 17 und 50 Jahren erlassen wurde. (Up. Službene novine 18.VIII 1842. i NV 19.VIII 1942).

92 VA NA, k. 107, f. 3, d. 11/10.

93 Okružno načelstvo Okruga kruševačkog Ministarstvu unutrašnjih poslova, Kruševac, 18.II 1943. (VA NA, k. 107, f. 3, d. 11/5. Im diesem Dokument ist die Rede davon, dass ein Teil der Arbeitspflichtigen, die ihren »kuluk« mit Pferde-Wagen für die Wehrmacht leisteten, dafür bezahlt werde, wenngleich nicht angeführt wird, in welcher Höhe.

94 Okružno načelstvo Okruga požarevačkog, Ministarstvu unutrašnjih poslova, IV odelenju, Požarevac, 12.III 1943. (VA NA, k. 107, f. 3, d. 11).

95 Sie wurde im Oktober 1942 gegründet, bestand aus 100 Personen und unterstand dem Kommandanten der Feldkommandantur 599. Die Arbeiter wurden von der Stadt Belgrad bezahlt (VA NA, k. 38, f. 4, d. 1; f. 3, d. 1; f. 2. d. 1).

96 Pajić, Prinudni rad, S. 123.

ten jedoch Ersatzleute bezahlen und sicherlich waren auch nicht viele damit einverstanden, ohne Bezahlung zu arbeiten. Daher wurde den Belgrader Arbeitspflichtigen Anfang 1943 mit Zwangsarbeit außerhalb der Stadt gedroht, falls sie sich nicht bei den Stadtteilbehörden melden würden.[97] Ab 1943 wurden auch Belgrader Stadtbeamte zum »kuluk« verpflichtet.[98] Allem Anschein nach ließ mit der Schwächung der Besatzungsherrschaft auch die Disziplin der »kuluk«-Pflichtigen nach, so dass ihnen Anfang 1944 bei gleichzeitig verschärfter Überwachung mit einer Zwangsarbeitsstrafe von über drei Monaten Dauer gedroht wurde.[99] Auch im Banat existierte der »kuluk« als Form der Zwangsarbeit, obwohl es auch dort nach dem Zeugnis der Betroffenen zuweilen schwierig ist, Unterschiede zu kürzeren ad hoc-Zwangstätigkeiten auszumachen.[100] Bezeichnenderweise blieb die deutsche Bevölkerung von diesen Verpflichtungen verschont.[101] Die Strafe für den nicht rechtzeitig erfolgten Freikauf von der »kuluk«-Verpflichtung konnte Zwangseintreibung[102] sein bzw. Zwangsarbeit (im Sinne der Besatzungsbehörden) für das Nichterscheinen zum »kuluk«[103].

97 Naredba obveznicima ličnog rada (»kuluk«a), NV, 19.I 1943, S. 3; Gleiche oder ähnliche Verordnungen auch in: NV 20, 22. i 23. Auch in der Verordnung von 1943 wird nicht die Art der Tätigkeit erwähnt, doch kann mit Blick auf die Jahreszeit davon ausgegangen werden, dass vom Schneeräumen die Rede ist.
98 Naredba obveznicima ličnog rada (»kuluk«a), NV, 6.VI 1943, S. 3.
99 Ansonsten wohnten die Arbeitspflichtigen bei sich zuhause und meldeten sich auf Abruf zur Arbeit. Im Falle einer Verurteilung zu Zwangsarbeit hätte diese Möglichkeit nicht bestanden (Pažnja kulučarima, Novo vreme, 19.I 1944, S. 8).
100 Vgl. die Erklärungen von Rade Nikolić (11.12.1944), Joca Radosav (11.12.1944) und Pera Velimirov (20.2.1945) aus Jaša Tomić, Divna Kobolj aus Bela Crkva (8.12.1944), Ilonka Vidanović und anderen (7.12.1944) (AJ, 110, 673/724).
101 So gab es in der Gemeinde Pančevo ca. 500 »kuluk«-Pflichtige mit Wagen, wovon allerdings nur ca. 300 zur Arbeit aufgerufen wurden – Serben und einige Magyaren, während die Deutschen nicht aufgerufen wurden. (Zapisnik o saslušanju Margarete Slavinić, Pančevo, 26.I 1945. (AJ, 110, 672/723); IV grupa masovnih zločina u Banatu: Deportacija i prinudni radovi [elaborat Državne komisije za utvrđivanje zločina okupatora i njihovih pomagača], (AJ, 110, 672/723).
102 In einer Bekanntmachung über den Freikauf vom »kuluk« wird lediglich gesagt, dass im Falle einer Nichtbezahlung des »kuluk« bis zum 15. Mai 1942, die Eintreibung der Summe vom Arbeitspflichtigen »exekutiv« erfolgen werde. (Službene novine, 14.IV 1942, S. 8). Eine eventuelle Zwangsverschickung zur Ableistung des »kuluk« im Falle der Nichtbezahlung wird nicht erwähnt.
103 So wurde Bogdan Šamdar aus Banatsko Novo Selo zur Zwangsarbeit nach Belgrad geschickt, weil er sich nicht zum »kuluk« gemeldet hatte. (Prijava Bogdana Šamdara, 11.XII 1944, (AJ, 110, 673/724). Den Belgrader »kuluk«-Pflichtigen, die nicht Folge leisteten, wurde mit der Verschickung zur Zwangsarbeit gedroht. (Naredba obveznicima ličnog rada (»kuluk«a), NV, 29.XI 1942, S. 3). Anfang 1944 wurde aufgrund fehlender Rückmeldung einer erheblichen Zahl von »kuluk«-Pflichtigen aus Belgrad die Kontrolle verschärft und als Bestrafung Zwangsarbeit in Aussicht gestellt (Pažnja kulučarima, NV, 19.I 1944, S. 8).

Die Schwierigkeit bei der Erforschung des »kuluk«-Phänomens ergibt sich nicht nur aus dem bekannten Mangel an Quellen, sondern auch aus dem Umstand, dass diese den »kuluk« manchmal mit anderen Erscheinungsformen von Zwangsarbeit vermischen bzw. keinen Unterschied zwischen dem »kuluk« und der Dienstzeit im »Nationalen Dienst zur Erneuerung Serbiens« (NSOS) machen, von dem später noch die Rede sein wird.[104] Dieser Tatbestand lässt es noch einmal gerechtfertigt erscheinen, den »kuluk« tatsächlich zu den verschiedenen Formen von Zwangsarbeit zu zählen. Die kommunistischen Partisanen versuchten, die Arbeitspflichtigen mit Drohungen davon abzuhalten, dem »kuluk« Folge zu leisten, da er direkt oder indirekt dem Besatzer diene.[105] Dies zeigt, dass auch sie keinen Unterschied zwischen »kuluk« und anderen Formen der Zwangsarbeit zugunsten des Besatzers machten, die sie ebenfalls zu verhindern versuchten.

Zwangsarbeit als Strafmaßnahme

Eine andere Form der Zwangsarbeit, über deren Natur trotz unterschiedlicher Ausprägungen kein grundsätzlicher Zweifel bestand, stellte die unfreie Arbeit im Sinne einer gezielten Bestrafung dar. Eine solche gab es, in der Regel mit einer Freiheitsstrafe verbunden, auch im Vorkriegs-Jugoslawien, eine Praxis, die in nahezu allen Staaten der Welt üblich war. Nach der Zerschlagung und der Besetzung Jugoslawiens änderte sich nicht das Prinzip der Zwangsarbeit,[106] sondern vielmehr die Art der Delikte, die damit bestraft wurden. Dies betraf in erster Linie den Schwarzhandel, der unter den schlechten Versorgungsbedingungen aufblühte, sowie die Beteiligung an der Widerstandsbewegung. Beide Straftaten kamen unter den neuen Besatzungsbedingungen auf, wobei die jugoslawischen Behörden auch diejenigen verfolgten, die den gewalttätigen Umsturz der staatlichen Ordnung oder die Zerschlagung der staatlichen Einheit betrieben: Kom-

---

104   Pregled zaposlenja ljudstva u Okrugu šabačkom, Šabac [März 1943.] (VA NA, k. 107, f. 12, d. 7).
105   Sresko načelstvo Leskovac Okružnom načelstvu Leskovac, Leskovac, 14.IX 1943. (VA NA, k. 53, f. 1, d. 58); Okružno načelstvo Leskovac šefu Srpske državne bezbednosti, Petnaestodnevni izveštaj, Leskovac, 16.IX 1943. (VA NA, k. 24, f. 1, d. 32); Okružno načelstvo Požarevac šefu Srpske državne bezbednosti, Izveštaj o opštoj situaciji u okrugu požarevačkom u mesecu septembru 1943, Požarevac, 30.IX 1943. (VA NA, k. 24. f. 2, d. 2); Okružno načelstvo Kruševac šefu Srpske državne bezbednosti, Mesečni izveštaj o opštoj situaciji za mesec septembar 1943. godine (VA NA, k. 24, d. 2, d. 39).
106   Deportacija i prinudni radovi, AJ, 110, 672/723; Pajić, Prinudni rad, S. 151; D. V., Zatvorenici Uprave grada Beograda rade na utovaru drva na Adi, NV, 16.XII 1941, S. 5; J. Ob., Zatvorenici koji rade na seči drva na Adi ciganliji, NV, 21.XII 1941, S. 5. Nicht nur Sträflinge (VA NA, k. 36, f. 4, d. 11 i 12), sondern auch Häftlinge wurden zur Beseitigung der Trümmer in Belgrad der Bombardierung im April 1941 eingesetzt. (Gradsko poglavarstvo Beograd, Tehnička direkcija, Starešinama svih reona, Beograd 17.V 1941. (VA NA, k. 36, f. 1, d. 25).

munisten, Ustascha-Angehörige, albanische Separatisten, kriminelle »Banditen« (sog. Kačaken), Mitglieder der pro-bulgarischen IMRO [Innere Mazedonische Revolutionäre Organisation] und andere.[107] Im Laufe der Besatzung wurden in der Presse häufig die Namen von Schwarzmarkthändlern und Spekulanten erwähnt, die mit Zwangsarbeit bestraft wurden, nicht aber die Namen derjenigen Personen, gegen die diese Strafe aus politischen Gründen verhängt wurde.[108] Zu bemerken ist allerdings, dass nicht alle Spekulanten und Schwarzmarkthändler mit Zwangsarbeit bestraft wurden: Manche wurden mit einer Geldbuße, andere mit Geldbuße und Gefängnis und wieder andere mit Geldbuße, Gefängnis und Zwangsarbeit bestraft. Die Zwangsarbeit wurde bei Geldbußen von mehr als 20.000 Dinaren verhängt.[109] Für vermögende Personen bestand die Möglichkeit, neben der Geldstrafe auch die Zwangsarbeit abzubezahlen, was jedoch vom guten Willen der Behörden abhing.[110] In besonders schweren Fällen von Korruption im Staatsapparat wurden die Schuldigen nach Ableistung der Zwangsarbeitsstrafe ins Konzentrationslager geschickt.[111] Unter den Besatzungsverhältnissen wurde neben Spekulantentum und Schwarzmarkthandel auch die »Arbeitsscheu« mit Zwangsarbeit bestraft.[112] Leider lässt sich anhand der spärlichen Presseinformationen nicht feststellen, wie die einzelnen Strafen bemessen wurden. Es ist aber anzunehmen, dass dies von der Schwere des Vergehens, dem Ausmaß des Schadens, dem Alter des Schuldigen usw. abhing. Interessanterweise sind die meisten derartigen Pressenachrichten im Laufe des ersten und des letzten Besatzungsjahres zu finden, was darauf verweisen könnte, dass die Mehrzahl solcher Delikte in der Zeit begangen wurde, als das Besatzungs- und Kollaborationsregime noch nicht gefestigt bzw. wieder geschwächt war. Diese Annahme müsste jedoch mit Hilfe anderer Quellen überprüft werden.

107 Die Haftbedingungen politischer Gefangenen im Königreich Jugoslawien waren unvergleichlich leichter, was ebenfalls für die Zwangsarbeit gilt, zu der sie verurteilt wurden. Vgl. Phylllis Auty, Tito. A Biography, [Harmondsworth 1974.], S. 94–98; Kosta Nikolić, Boljševizacija KPJ 1919–1929. Istorijske posledice, Beograd 1994, S. 90; Ivana Dobrivojević, Državna represija u doba diktature kralja Aleksandra 1929–1935, Beograd 2006, S. 216–217, 219.
108 Im Gegensatz dazu wurden in der Presse und auf Plakaten häufig die Namen der hingerichteten politischen Straftäter veröffentlicht.
109 Državna komisija za Vojvodinu, Odluka o zločinima okupatora i njihovih pomagača, Neuhausen Franz. (AJ, 110, F. br. 959/V).
110 Aus dem Jahr 1944 ist der Fall des Belgrader Textilhändlers Dušan Pavković bekannt, der wegen Handelsdelikten zur eine Geldstrafe von 2 Millionen Dinar, zu sechs Wochen Haft und zu zwölf Monaten Zwangsarbeit verurteilt wurde. Wegen seines schlechten Gesundheitszustands erlaubte ihm die Militärverwaltung, sich von der Zwangsarbeit mit einer Million Dinar loszugaufen, wozu er angeblich nicht die Mittel hatte (BA, R 26 VI/672).
111 Povorka osuđenih ucenjivača provedena je juče kroz Beograd, NV, 19.III 1943, S. 3.
112 Novo vreme, 19.V 1941; 20.V 1941; 24.V 1941; 25.V 1941; 28.V 1941; 31.V 1941; 1.VI 1941; 4.VI 1941; 15.VI 1941; 21.IX 1941; 25.IX 1941; 31.XII 1942; 17.V 1944; 19.V 1944; 16.VI 1944; 18–19. VI 1944; AJ, 110, 607/657.

Neben der »Arbeitsscheu«[113] wurden auch Delikte mit Zwangsarbeit geahndet, die vor dem Krieg nicht auf diese Weise sanktioniert wurden. So drohte der Generalbevollmächtigte für die serbische Wirtschaft Anfang Dezember 1941 angesichts des akuten Strommangels, der mehr oder weniger die Besatzungszeit über anhielt, »denjenigen, die zu viel Strom verbrauchen, die Gelegenheit zu geben, die nötige Menge an Kohle selbst in den serbischen Bergwerken abzubauen«[114]. Desgleichen wurden Pflicht- und Zwangsarbeitsstrafen auch für solche banalen Verstöße wie die unterlassene Räumung des Schnees vor dem eigenen Haus verhängt:[115] Im Winter 1941/42 wurden 160 »gewissenlose Bürger« Belgrads mit jeweils 30 Tagen Pflichtarbeit (zur Schneeräumung) für dieses Vergehen bestraft.[116] Charakteristisch für die Zwangsarbeit als Strafmaßnahme ist der Umstand, dass sie nur teilweise durch gerichtliche Urteile verhängt wurde, während sie in den meisten Fällen lediglich auf Verordnung der Verwaltungs- oder Polizeibehörden hin erfolgte und dies sowohl bei belanglosen Vergehen wie Nichträumen des Schnees, als auch bei Bestrafungen für die Beteiligung an der Widerstandsbewegung.[117]

113 Arbeitsscheu – versinnbildlicht durch Spazierengehen, Herumsitzen im Café und durch das Tragen von Schminke im Gesicht – wurde von den Kollaborationsbehörden besonders hart verurteilt, da sie, wie bereits erwähnt, den Kult der Arbeit propagierten. Daher waren an vielen Orten das Spazierengehen auf dem Korso, der Besuch von Kaffeehäusern (besonders für die Jugend) und auch das Schminken verboten. (D. Vučković, Posle naredbe upravnika grada po beogradskim kafanama i bifeima ima mnogo manje sveta, NV, 3.XII 1941, S. 5; Naredba [M. Nedića br. 20] o zatvaranju seoskih kafana, NV, 7.XII 1941, S. 5; Besposličenje i kockanje zabranjeno, NV, 30.I 1942, S. 4; Žene u Nišu ne smeju se šminkati, NV, 31.I 1942, S. 4; Ukidanje krčmi i bifea u gradu i na selu, NV, 1.II 1942, S. 4; Ženama u Kraljevu zabranjeno šminkanje i pušenje, NV, 13.II 1942, S. 6; Omladini je zabranjena šetnja po korzoima, NV, 8.III 1942, S. 7; Zatvaranje ugostiteljskih radnji u selima, NV, 14.III 1942, S. 4; Zabranjeno pijančenje i besposličenje, NV, 17.III 1942, S. 4; Zabranjena šetnja po korzou u Čačku, NV, 31.III 1942, S. 4; Šetači na korzou smatraju se za besposličare, NV, 28.VI 1942, S. 3; Zabranjeno šetanje na korzou, NV, 20.XII 1942, S. 4; Zabranjeno posećivanje kafana za vreme rada, NV, 24.XII 1942, S. 4; Zabranjeno besposličenje, NV, 31.XII 1942, S. 4). Es ist nicht auszuschließen, dass sich hinter diesen Verboten und dem Wunsch, den Fleiß der Bevölkerung zu verstärken, auch die Angst der Besatzer vor Versammlungen und Kommunikation unter der Bevölkerung verbarg, die auf dem Balkan in der Regel durch das Politisieren im Kaffeehaus ihren Ausdruck fand. (Wuescht, a. a. O., S. 220; Schlarp, a. a. O., S. 214).
114 Šef odeljenja Vojne uprave pri štabu Generalnog punomoćnika za privredu u Srbiji g. Kajzer o stanju u srpskim rudnicima, NV, 5.XII 1941, S. 5.
115 Die Härte der Strafe lässt sich vielleicht dadurch erklären, dass den Militär- und Polizeipatrouillen eine saubere und sichere Straßendurchfahrt ermöglicht werden musste.
116 Oni koji nisu očistili sneg pred svojim kućama poslati odmah na prinudni rad, NV, 15.II 1942, S. 5.
117 Manošek, a. a. O., S. 177; Nikola Živković, Eksploatacija borskog rudnika od 1941. do 1944. godine, u: Bor i okolina, I. Prošlost, tradicija, kultura, Bor 1973, S. 209–229 (hier S. 219); Barbara N. Wiesinger, Iskustva i sećanja srpskih prinudnih radnika u nacional-socijalistič-

Ähnlich wie mit Angehörigen des Widerstands wurde auch mit Teilen der Zivilbevölkerung aus aufständischen Gebieten verfahren: Sie wurden ebenfalls zu »Aufständischen« bzw. zu »Unterstützern des Aufstands« erklärt und aus diesem Grund ins Lager geschickt und zu Zwangsarbeit verpflichtet.[118] Ein Teil der betroffenen Bevölkerung stammte aus dem Gebiet des »Unabhängigen Staates Kroatien«, wo der Aufstand die meiste Kriegszeit über weitaus heftiger ausfiel.[119] Ein besonders paradoxer Fall ereignete sich im Oktober 1941, als auf diese Art und Weise festgenommene Gefangene für den Aufbau des Konzentrationslagers Zasavica eingesetzt werden sollten. Sie wurden von Šabac nach Sremska Mitrovica gebracht, von wo aus sie periodisch in Gruppen von je 150 Mann zur Arbeit gebracht wurden. Ihr Einsatz in noch größerer Zahl für die Errichtung des überdimensionierten Lagers wurde lediglich durch den Mangel an Wachleuten im zuständigen 750. Infanterieregiment verhindert.[120]

koj Nemačkoj 1941–1945, Tokovi istorije, 3, 2006, S. 63–89 (hier S. 70, 73, 75–83); Nikola Simović wurde als Teilnehmer an der Volksbefreiungsbewegung zur Zwangsarbeit nach Bor geschickt. Čajetina, 18.IV 1945. (AJ, 110, 609/659). Das Gleiche widerfuhr auch Janko Ilić, Živojin Miloševića, Mihajlo Joksimović und noch einigen anderen. Ub, 24–25.VII 1945. (AJ, 110, 609/659). Das Gleiche behauptet von sich auch Dušan Tomić aus Novak in einer Anzeige vom 26.7 [1945?] (AJ, 110, 609/659). Ebenso auch mehrere Personen aus dem Dorf Slepčević, 2.VI 1945. (AJ, 110, 608/658), eine Gruppe von Dorfbewohnern aus Vrelo. Ub, 16.VII 1945. (AJ, 110, 609/659). Nach dem Zeugnis von Sava Petrovića, dem gewesenen Gemeindeschreiber der Gemeinde Takovo, ordnete der Bezirksvorsteher an, vor allem Kommunisten und Teilnehmer des Volksbefreiungskriegs zur Zwangsarbeit ins Bergwerk von Bor zu schicken. Zapisnik, Takovo, 14.VII 1945. (AJ, 110, 609/659).; Radiša Carević wurde ebenfalls aufgrund des gleichen Vergehens zur Arbeit geschickt. Zapisnik, Gorniji Milanovac, 19.III 1945. (AJ,110, 601/651).

118 Venceslav Glišić, Teror, S. 145–146, 175–176; Živković, Eksploatacija, S. 219; Manošek, a.a.O., S. 66.

119 Miša, Nemački, S. 199. Auf der Donauinsel Ostrovačka Ada bei Dubovac wurde 1942 ein Lager für Zwangsarbieter zum Schneiden von Holz errichtet, die auf drei Gruppen aufgeteilt waren: die Schwarzmarkthändler (die die mildeste Behandlung erfuhren), die politischen Häftlinge aus dem Konzentrationslager in Bečkerek sowie »die Bosnier«, die so genannt wurden, weil der Großteil von ihnen aus Bosnien stammte. »Das Bosnierlager« wurde am 20. August 1942 mit der Aufnahme von 800 Insassen des Belgrader Lagers Sajmište eingerichtet. Infolge von Erschöpfung, der schweren Arbeit und der brutalen Behandlung durch die volksdeutschen Wachen waren nach einem Monat nur noch 200 Menschen am Leben. Das Lager wurde im November 1943 aufgelöst und die 89 Überlebenden ins Lager Sajmište zurückgebracht. Die politischen Gefangenen arbeiteten unter ähnlich schweren Bedingungen (Kačavenda, a.a.O., S. 47; Ivković, Zatvori, S. 125–128; Miša, a.a.O., S. 200–201).

120 Manošek, a.a.O., S. 74–76. Der Bau des Lagers wurde Ende Oktober 1941 eingestellt, als beschlossen wurde, das Haupt-KZ für Serbien auf dem alten Messegelände Belgrads (serb. Sajmište) am linken Save-Ufer (also dem Gebiet des NDH-Staates) zu errichten.

Die Verschickung zur Zwangsarbeit fand als Strafmaßnahme für Schwarzhandel[121] oder politisches Aufbegehren auch im Banat ihre Anwendung[122], wobei in zahlreichen Fällen der Arbeitsdienst in Serbien – zumeist in den Bergwerken von Bor – abgeleistet wurde. Dies zeigt, dass trotz der Autonomie des Banats das Besatzungssystem als eine Einheit funktionierte, genauso wie auch die Partisanenbewegung auf dem gesamten jugoslawischen Territorium zu Recht als eine Einheit angesehen wurde. Im Banat selbst wurden die Lagerinsassen und politischen Häftlinge in der Landwirtschaft und im Gartenbau, in Lagerwerkstätten, zum Holzfällen und manchmal auch in Fabriken eingesetzt, wo sie als billige Arbeitskräfte angemietet wurden. Besonders schwer war das Holzfällen auf der Insel Ostrovačka Ada, wo unter extrem inhumanen Bedingungen gearbeitet wurde – mit wenigen und primitiven Werkzeugen, spärlicher Nahrung, ohne Medikamente und fast ohne Obdach bei brutaler Behandlung durch die hauptsächlich volksdeutschen Wachleute. Unter den dortigen Insassen waren allerdings nicht nur politische Gefangene aus den Lagern von Bečkerek und »Bosnier« aus den aufständischen Gebieten in Bosnien, sondern auch Schwarzmarkthändler.[123]

Die Deportation von Angehörigen des Widerstands

Zur Zwangsarbeit in Serbien (inklusive des Banats) traten bedingt durch die Zunahme wirtschaftlicher Vergehen und politischer Widerstände im Laufe des Kriegs zwei neue Formen der Zwangsarbeitsstrafe hinzu: zum einen die Deportation nach Deutschland, Norwegen und in andere Länder, zum anderen die Zwangsarbeit als Strafe für den Versuch, sich der »Pflichtarbeit« zu entziehen. Diese Form der Bestrafung wurde Ende 1941 eingeführt und stellte in der Tat die häufigste Form der Zwangsarbeit in Serbien während der Okkupation dar. Die Deportation kam dem Wunsch der deutschen Behörden,

---

121 Državna komisija za utvrđivanje zločina okupatora i njihovih pomagača, Odluka o utvrđivanju zločina i njihovih pomagača, dr Turner Harald (AJ, 110, inv. br. 12634); Miša, Nemački, S. 199; Ivković, Zatvori, S. 128; Prijava Nikole Višnjičkog, Pančevo, 28.X 1944; Prijava Slavka Vidovića, Borča, 27.XI 1944; Prijava Gavre Todorovića, Pančevo, 6.IV 1945. (AJ, 110, 673/724); Zapisnik, Slavko Udović, Borča, 13.IX 1945. (AJ, 110, 672/723).
122 Državna komisija za utvrđivanje zločina okupatora i njihovih pomagača, Odluka o utvrđivanju zločina i njihovih pomagača, dr Turner Harald, AJ, 110, inv. br. 12634; Miša, a.a.O., S. 194, 197–201; Ivković, a.a.O., S. 115, 122–127; eine beträchtliche Zahl von Kroaten aus Starčevo wurde zur Zwangsarbeit nach Bor geschickt, weil diese sich weigerten der Hilfspolizei beizutreten. Prijava Josifa Grgića, Pančevo, 14.III 1945; Prijava Franje Grgića, Starčevo, 15.I 1945. (AJ, 110, 673/724); Zapisnik, Franja Jambek, Starčevo, 28.XII 1945. (AJ. 100, 672/723); siehe dazu auch die Studie Deprotacija i prinudni radovi (AJ, 110, 672/723).
123 Državna komisija za utvrđivanje zločina okupatora i njihovih pomagača, Odluka o utvrđivanju zločina i njihovih pomagača, dr Turner Harald (AJ, 110, inv. br. 12634); Otpor u žicama. Sećanja zatočenika, II, Beograd 1969, S. 65–74; Ivković, a.a.O., S. 115, 122–127; Miša, a.a.O., S. 194, 197–201.

die Gebiete Serbiens (und des »Unabhängigen Staates Kroatien«) zu befrieden, ebenso entgegen wie auch dem Bedarf des Deutschen Reiches an Arbeitskräften und fügte sich damit ein in die groß angelegte nationalsozialistische Praxis der Umsiedlung gewaltiger Menschenmassen über den europäischen Kontinent hinweg. So wurden nach Aussagen des Oberkriegsverwaltungsrats Wilhelm Sparkuhle allein aus dem Lager in Banjica zwischen dem 24. April 1942 und dem 26. September 1944 über 10.000 Menschen zur Zwangsarbeit nach Deutschland verschickt.[124]

Die Zwangsarbeit als Strafe für die Flucht von der »Pflichtarbeit« war eine Maßnahme, die dem besonderen Bedarf des Reichs nach Arbeitskräften in Serbien selbst entstammte. Ihr Ziel war die geregeltere Umsetzung des Systems der »verpflichtenden« Arbeit. Auf die beiden genannten Strafarten wird an entsprechender Stelle noch zurückzukommen sein.

Das wahrscheinlich beste Beispiel für die doppelte Funktion, die die Deportation zur Zwangsarbeit hatte, stellte die Verschickung jugoslawischer (größtenteils serbischer) Partisanen nach Norwegen dar. Dazu kam es auf Initiative des Reichskommissars in Norwegen, Josef Terboven, der Anfang 1942 um mehrere tausend Widerstandskämpfer aus Jugoslawien als Arbeitskräfte zum Ausbau von Straßen- und Schienenwegen in Nordnorwegen sowie von Uferwällen ersuchte.[125] Nach Ljuba Mlađenović war die Deportation von Teilnehmern der Widerstandsbewegung der Grund für die Entsendung des HSSPF Meyszner nach Serbien im Anschluss an Terbovens Intervention bei Himmler.[126] Obwohl der Kommandierende General und Befehlshaber in Serbien, General Bader, nicht mit der Deportation einverstanden war, weil er die Auffassung vertrat, dass dies nicht zur Beruhigung des Aufstands führen werde, ordnete der Wehrmachtsbefehlshaber Südost, General Kuntze, auf Anweisung des OKW am 23. März 1943 an, diejenigen Aufständischen, die ohne Waffe in der Hand festgenommen würden, nicht mehr zu erschiessen, sondern zur Zwangsarbeit nach Deutschland oder Norwegen zu verschicken.[127] Dies war eine »salomonische« Lösung des Dilemmas, entweder das aufrührerische Land durch Repressalien zu befrieden oder die benötigte Arbeitskraft auszubeuten. Auf den ersten Blick paradox erscheinend, plädierte die Wehrmacht für die Todesstrafe und die SS für die Deportation, was Meyszner schließlich bei Himmler auch erwirkte: So befahl General Kuntze am 20. April 1942, 2.000 inhaftierte Angehörige des

---

124 Wilhelm Sparkuhle. (AJ, 110, F. br. 22265). Da die Angabe einer Aussage entstammt, die gegenüber den jugoslawischen Untersuchungsorganen nach dem Krieg gemacht wurde, ist es nicht ausgeschlossen, dass die Zahl seitens der Ermittler und Protokollführer ein wenig angehoben wurde.
125 Ljubo Mlađenović, Pod šifrom Viking. Život, borba i stradanje jugoslovenskih interniraca u logorima u Norveškoj 1942–1945. Studijsko-dokumentarna monografija, Beograd 1991, S. 12.
126 Ebda, S. 14. Leider führt Mlađenović nicht an, woher er die Angabe hat.
127 Ebd., 15.

Widerstands aus den Konzentrationslagern in Serbien zu Arbeitseinsätzen zu deportieren. Bis auf diesen ersten Transport durch die Wehrmacht wurden alle anderen von der SS organisiert.[128] Da sich in Serbien nicht die erforderlichen 10.000 Arbeiter aufbringen ließen, wurden auch die Partisanen aus dem Gebiet des »Unabhängigen Staates Kroatien« deportiert. Die deutschen Behörden erhofften sich, von dort 13.000 Mitglieder der Widerstandsbewegung zu deportieren, doch war die endgültige Zahl weitaus geringer.[129] In Norwegen wurden die Jugoslawen auf 30 Lager aufgeteilt, mehrheitlich im nördlichen und mittleren Teil des Landes. Obwohl mehrere Lagerarten bestanden, waren die Bedingungen in allen ähnlich.[130] Von den Deportierten kamen 2.386 ums Leben; zum einen wurden die Verletzten und die für die Arbeit Ungeeigneten umgebracht, zum anderen führten die schwierigen Lebens- und Arbeitsbedingungen zu einer besonders hohen Sterblichkeit der Lagerinsassen.[131]

Die Zwangsarbeit von Juden und Roma

Eine ganz eigene Form der Zwangsarbeit wurde unmittelbar nach der deutschen Besatzung eingeführt und betraf die Verpflichtung der Juden und zum Teil auch der Roma zur Zwangsarbeit – eine Maßnahme, die unmittelbar auf die nationalsozialistische Ideologie zurückzuführen war. Dabei ist anzumerken, dass sich sowohl in archivarischen Quellen als auch in veröffentlichen Zeugnissen weitaus mehr Hinweise auf die Zwangsarbeit der Juden als auf die der Roma finden.[132] Dafür gibt es zwei Hauptgründe: Zum einen wurde die Verfolgung der Juden viel systematischer und bis zur allerletzten Konsequenz durchgeführt,[133] zum anderen waren ihre gesellschaftliche Bedeutung und ihr Einfluss weitaus größer – sowohl vor als auch nach dem Krieg.[134] Im Unterschied zu den Roma, die hauptsächlich am Rand der Gesellschaft lebten, gehörten die Juden in Serbien oft der Mittel- oder Oberschicht an und übten intellektuelle oder freie Berufe aus. Daher (teils auch dank der Unterstützung aus dem Ausland) konnten sie sich nach den Gräueln des Krieges wieder als organisierte Gemeinde neu konstituieren,[135] die bis heute Mate-

---

128 Ebd., S. 16–19.
129 Aus Serbien wurden 2.287, aus dem NDH-Staat (s.o.) 1.981 Menschen verschleppt. Insgesamt wurden an die 6.000 Menschen in sechs Transporten deportiert, wovon jedoch ein Teil im Reich verblieb. (Ebd., S. 23–24).
130 Ebd., S. 84–85.
131 Mlađenović, a.a.O., S. 127–152.
132 Christian Bernadac, Zaboravljeni holokaust. Pokolj Cigana, Zagreb [1981.] (Original: L'holocauste oublié. Le massacre des Tsiganes. Paris 1979), S. 408.
133 Romano, a.a.O.; Manošek, a.a.O.; Zločini fašističkih okupatora i njihovih pomagača protiv Jevreja u Jugoslaviji, Beograd 1952; Milan Ristović, U potrazi za utočištem.
134 Bernadac, a.a.O., S. 29.
135 Mladenka Ivanković, Jevreji u Jugoslaviji (1944–1952). Kraj ili novi početak, Beograd 2009

rialien über ihre Leidenserfahrungen in der Besatzungszeit sammelt und veröffentlicht. Im Vergleich zu den Juden wurden die Roma nie in dem Maße systematisch verfolgt[136], andererseits gelang es ihnen aber aufgrund der großen Zahl an Analphabeten und ihrer fehlenden Organisiertheit auch nicht, in ähnlichem Maße Material über das Leiden ihrer Landsleute während des Krieges zu sammeln.[137]

Die Juden und Roma auferlegte Zwangsarbeit war die erste in der Besatzungszeit eingeführte Form der Zwangsarbeit. Im Unterschied zu den anderen Formen, deren Ziel allein die Erwirtschaftung eines ökonomischen Vorteils für die Kriegswirtschaft des Reiches war (auch wenn keine Rücksicht auf die Gesundheit und die Lebensbedingungen der Menschen genommen wurde), gründete die Arbeit der Roma und besonders der Juden bereits ihrem Grundgedanken nach auf der rassistischen Vorstellung, dass diese weniger wertvolle Wesen und Feinde der arischen Rasse seien, denen durch Arbeit in erster Linie Erniedrigung beigebracht und Schaden zugefügt werden müsse. Die Nützlichkeit der geleisteten Arbeit war demgegenüber nachrangig, sie bestand manchmal überhaupt gar nicht, oder aber die Arbeit fungierte allein als Peinigungsmethode. In den ersten Besatzungsmonaten in Serbien und im Banat traten diese beiden Formen von Zwangsarbeit für Juden und in geringerem Maße für Roma zu Tage. Typisch für die Behandlung der Roma war jedoch ihre Verwendung für ausgenommen »schmutzige« Tätigkeiten wie z. B. das Ausheben und Verfüllen von Gräbern für Hingerichtete oder die Abnahme der Leichen von Erhängten vom Galgen.[138] Darüber hinaus wurden Roma auch selbst in Geiselgruppen erschossen.[139]

Während die Politik den Roma gegenüber zwischen Verfolgung und Ermordung sowie zwischen ihrer Entlassung aus Gefängnissen[140] und ihrer Verwendung für »dre-

---

136 Über den etwas differenzierteren (zuweilen bizarr erscheinenden) Umgang der Nationalsozialisten mit den Roma siehe Bernadac, a. a. O., S. 29–36.
137 Die erste Geschichte der Belgrader Roma erschien erst 2009. Vgl. Dragoljub Acković, Romi u Beogradu, Beograd 2009.
138 Kačavenda, a. a. O., S. 39, 47; Kovač, a. a. O., S. 64; Miša, Nemački, S. 100, 184–185, 213; Vegh, Le systeme, S. 512, 526; Shimizu, a. a. O., S. 253. In der osmanischen Zeit waren Hinrichtungen und Beerdigungen Aufgaben, mit denen oft Roma betraut waren (Dušan J. Popović, Srbi u Vojvodini, 2. Od Karlovačkog mira 1699. do Temišvarskog sabora 1790, [Novi Sad 1990] S. 237). Diese Andersartigkeit der balkanischen Tradition zeigt sich auch darin, dass etwa der griechische Schriftsteller Nikos Kazantzakis in einem seiner Romane den Roma völlig anachronistisch die Rolle der Henker in Judäa unter der römischen Herrschaft im ersten Jahrhundert n. Chr. zuschreibt. (Nikos Kazantzakis, The Last Temptation, [London 2003], S. 51, 54., 512).
139 Acković, a. a. O., S. 243.
140 Zapisnik o saslušanju dr Georga Kiessela, Beograd 25.X 1946. (AJ, 110, F. 2603). Es sind mehrere Fälle dokumentiert, in denen Roma aus dem Gefängnis entlassen wurden, sei es, weil jemand intervenierte oder Geld bezahlt wurde oder sei es, weil sie sich als Rumänen ausgaben. (Acković, a. a. O., S. 245, 248). Es dauerte mehrere Monate, bis die Anordnung des Militärbefehlshabers vom 11.7.1941, wodurch die Vorgehensweise gegen dauerhaft sess-

ckige Aufgaben« oszillierte, wurde den Juden gegenüber durch systematische Verfolgung von Beginn an der härteste Kurs eingeschlagen. Für sie wurde fast vom ersten Besatzungstag an Zwangsarbeit verordnet. In Belgrad mussten sie sich im Laufe von vier Monaten täglich zur Arbeit melden, wobei sie selbst für ihre Ernährung zu sorgen hatten. In anderen serbischen Städten (Šabac, Novi Pazar, Niš) wurden jüdische Arbeitsbataillone für besonders schwere Tätigkeiten gebildet. Gemäß der zynischen Erklärung der Nationalsozialisten mussten die Juden »für den Schaden aufkommen, den sie dem Dritten Reich durch diesen von ihnen verursachten Krieg zugefügt haben«.[141] Der Militärbefehlshaber in Serbien, Helmut Förster, ordnete bereits am 20. April 1941 die Registrierung der Juden[142] und Anfang Mai deren Einschreibung zur Zwangsarbeit an.[143] Durch die Verordnung vom 31. Mai 1941, die in Einklang mit den Nürnberger Rassengesetzen stand, wurde genau festgelegt, wer als Jude anzusehen war. Auf Grundlage einer Liste wurde eine Kartei angelegt, die Daten über sie, ihren Besitz und ihre Ehegatten im öffentlichen Dienst enthielt. Diese Arbeit erledigte das Judenreferat bzw. die sogenannte Judenpolizei als Teil der Gestapo, die von SS-Untersturmführer Fritz Stracke geleitet wurde. Aufgrund der erwähnten Verordnung mussten sie ein gelbes Band mit der Aufschrift »Jude« tragen. Neben vielen weiteren Einschränkungen war ihnen die Ausübung nahezu aller intellektueller Berufe verboten, d. h. sie konnten weder als Beamte, Ärzte, Apotheker, Veterinärmediziner oder Anwälte, noch in Film, Presse, Theater usw. arbeiten.[144] Auf diese Weise war die Berufswahl für Juden zwangsläufig auf manuelle Tätigkeiten eingeschränkt, für die viele weder die Kenntnisse noch die Kraft hatten. Die Verordnung bezog sich auch auf Roma, wobei sie der zuletzt genannte Punkt weniger betraf, da sie in den erwähnten Berufen kaum vertreten waren.[145] Die Verordnung sanktionierte lediglich die seit den ersten Besatzungstagen durchgeführten antijüdischen Maßnahmen. Die Arbeitsverpflichtung galt für alle Männer von 14 bis 60 Jahren und für Frauen von 16 bis 40 Jahren. Es wurde täglich zwischen 17 und

---

hafte Roma sich änderte, alle Teile des besetzten Serbien erreichte. Im Bereich der Feldkommandantur 809 in Niš wurde sie bereits am 21.11.1941 an die untergeordneten Stellen weitergegeben. (Pajić, Prinudni rad, S. 78). Der Leiter des Militärverwaltungsstabs Turner ordnete am 3. November 1941 an, alle Juden und Roma als Geiseln festzunehmen, womit die Welle von Festnahmen der Roma im Inneren Serbiens ihren Anfang nahm. (Acković, a.a.O., S. 248). Daran ist zu sehen, wie inkonsequent die Politik der Nazis gegenüber den Roma in Serbien war.

141 Romano, a.a.O., S. 62, 67; Romano, Kadelburg, a.a.O., S. 677–678.
142 Shimizu, a.a.O., S. 251–252.
143 Romano, a.a.O., S. 67; Romano, Kadelburg, a.a.O., S. 677.
144 Kovač, a.a.O., S. 55; Kačavenda, a.a.O., S. 37; Vegh, Le systeme, S. 512; Miša, Nemački, S. 40; Manošek, a.a.O., S. 43; Glišić, Teror, S. 102.
145 Acković, a.a.O., S. 241–242.

18 Stunden ohne Pause gearbeitet und für ihre Ernährung mussten die Betroffenen selbst Sorge tragen.[146]

Bis Juni 1941 wurden 9.145 der ungefähr 12.000 Belgrader Juden registriert.[147] Davon wurden zwischen 3.500 und 4.000 in der Zeit von April bis Mitte Juni als Zwangsarbeiter eingesetzt.[148] Die Gestapo teilte die Stadt am 17. Mai in sieben Arbeitsbezirke ein, wobei die Gesamtzahl jüdischer Arbeiter gleichbleibend sein sollte. Es wurden permanente jüdische Arbeitsgruppen und -kommandos eingeführt und die Arbeiter erhielten ein Arbeitsbuch[149]. In der Hauptstadt, in der die größte jüdische Gemeinde im besetzten Serbien lebte, arbeiteten Juden in erster Linie bei der Schutt- und Müllbeseitigung, der Zuschüttung öffentlicher Toiletten und der Entfernung von Leichnamen – letzteres ohne Schutzhandschuhe oder -masken, die verboten waren. Die Arbeit selbst war häufig von Erniedrigungen und Misshandlungen begleitet.[150] Die Arbeiten wurden von den städtischen Behörden geleitet, doch lag alle Gewalt in den Händen der Besatzer. Die Einhaltung der Arbeitspflicht wurde täglich aufs Strengste kontrolliert.[151] Die jüdischen Arbeiterkontingente stellten ein Reservoir an Arbeitskräften dar, das die Angehörigen des deutschen Militärs und der Polizei besonders dann von den Bezirksvorstehern anforderten, wenn Arbeitskräfte mit speziellen Qualifikationen gefragt waren, wie etwa Schuster für die Anfertigung von Stiefeln oder Schneider für die Anfertigung von Offiziersuniformen.[152] Nach den unvollständig erhaltenen Listen des Arbeitsbataillons des 6. Belgrader Bezirks von Mai 1941 erschienen von 32 bis 33 aufgelisteten Personen täglich etwas weniger 30 Personen,[153] was von einer sehr hohen Arbeitsdisziplin zu diesem Zeitpunkt zeugt. In der ersten Hälfte des darauf folgenden Monats nahmen die Abwe-

---

146 Romano, a.a.O., S. 67; Romano, Kadelburg, 677.
147 Manošek, a.a.O., S. 43; Lebl, a.a.O., S. 303.
148 Manošek, a.a.O., S. 46.
149 Gradsko poglavarstvo Beograd, Tehnička direkcija, starešinama svih reona, Beograd 17.V 1941. (VA NA, k. 36, f. 1, d. 25); Lebl, a.a.O., S. 303; Manošek, a.a.O., S. 43.
150 Aufstellung über die Zahl der Arbeiter, Kriegsgefangenen und Juden beschäftigt an den Räumungs- und Wiederherstellungsarbeiten unter der Leitung der Technischen Direktion der Stadt-Gemeinde Belgrad, Belgrad, Mai 1941. (VA NA, k. 36, f. 7, d.1); Nachweis der jüdischen Arbeiter, Tagesbericht, Belgrad, 16–25.V 1941, 30–31.V 1941. (VA NA, k. 38, f. 1. d. 15–24, 31–32); Starešinama V reona, Beograd 20.V 1941; III reonu za raščišćavanje Beograda, ing. Letukov, Beograd 18.V 1941. (VA NA, k. 36, f. 4. d.1); II reon komesaru za Jevreje Jovanu Nikoliću, Beograd, 2.VI 1941. (VA NA, k. 36, f. 5, d. 44). Die Angabe über die schweren Arbeitsbedingungen und Misshandlungen entstammen nicht den Archivdokumenten, sondern den Zeugnissen überlebender Juden.
151 Požarna komanda svim rejonima, Beograd, 9.V 1941. (VA NA, k. 36, f. 6, d. 13); Starešini XV rejona, Beograd, 9.V 1941. (VA NA, k. 36, f. 6, d. 14).
152 So z.B. die Feldpost 04032 vom Leiter des 5. Bezirks vom 17. und 24. Mai 1941 (VA NA, k. 36, f. 5, d. 39); Odeljenje za Jevreje, 30. maja 1941. (VA NA, k. 36, f. 4. d. 7 i 8).
153 Nachweis der jüdischen Arbeiter, Rayon Nr. VI, Belgrad, 22–31. Mai 1941. (VA NA, k. 36, f. 4, d. 13).

senheiten stark zu,[154] weil vermutlich die schweren Arbeitsbedingungen einige dazu veranlassten, der Zwangsarbeit ohne Rücksicht auf die mögliche Strafe zu entfliehen.

Als am 5. Juni 1941 in der Festung von Smederevo ein Munitionsdepot explodierte, kamen dabei etwa 2.500 Menschen ums Leben und ein großer Teil der Stadt wurde zerstört.[155] Am nächsten Tag wurde aus Belgrad eine Gruppe von 500 Juden auf einem Lastkahn gesandt, um beim Wegräumen der Trümmer zu helfen. Einige von ihnen flohen bei dieser Gelegenheit, doch wurde die Mehrheit gefasst und im Lager Banjica umgebracht.[156] Der Arbeitseinsatz jüdischer Zwangsarbeiter spielte eine durchaus entscheidende Rolle bei Beseitigung der Trümmer nach der Bombardierung Belgrads im April desselben Jahres.[157] Als Mitte Juni 1941 die Gestapo der Technischen Direktion keine weiteren jüdischen Zwangsarbeiter mehr zur Verfügung stellte, kamen daher die Arbeiten zur Beseitigung von Trümmern, der Zuschüttung der Toiletten und dem Entfernen der Leichen praktisch zum Erliegen.[158] Interessanterweise erwähnt kein einziges Dokument, in dem von Zwangsarbeit zur Beseitigung von Trümmern und zur Instandsetzung der Stadt die Rede ist, den Einsatz der Roma, obwohl in Einzelfällen auch andere Arbeitergruppen neben den Juden angeführt werden (Freiwillige, Kriegsgefangene, Facharbeiter). Daraus lässt sich schließen, dass die Roma in diese Art von Zwangsarbeit nicht systematisch einbezogen wurden, obwohl sie für andere Tätigkeiten durchaus verwandt wurden.[159] Dragoljub Acković, der die Geschichte der Belgrader Roma erforscht, verweist auf die Feststellung der »Staatlichen Kommission zur Ermittlungen der Verbrechen der Besatzer«, wonach in jener Periode in Belgrad um die 400 Roma festgenommen und zu Minenarbeiten oder in Konzentrationslager deportiert

---

154 Tagesrapport, Beograd, 2–16.VI 1941. (VA NA, k. 36, f. 4. d. 21).
155 Die Schätzung der Opferzahl fällt unterschiedlich aus und reicht von 500 bis 2000. (Petranović, Srbija, S. 112).
156 Lebl, a.a.O., S. 304–305; Romano, a.a.O., S. 68.
157 Bei diesen Arbeiten kamen neben Juden auch etwa 1000 Freiwilligen, mehrere hundert Kriegsgefangene, 250 (wahrscheinlich bezahlte) Arbeiter und 330 Fachkräfte zum Einsatz, vgl. Die Technische Direktion der Stadtgemeinde Belgrad an die Feldkommandantur 599, Verwaltungsgruppe E, Belgrad 12.6.1941. (VA NA, k. 36, f. 1, d. 3).
158 Bis zu diesem Zeitpunkt waren diese Arbeiten lediglich in den Bezirken V, VI und VII zu Ende geführt worden, während sie in den ersten dreien noch noch nicht fertig waren (Gospodinu direktoru Tehničke direkcije, Beograd 19.VI 1941. VA NA, k. 36, f. 7, d. 5).
159 Da die Roma von nationalsozialistischer Seite als weniger gefährlich als die Juden angesehen wurden, erfolgten auch die Maßnahmen gegen sie mit geringerer Härte und Konsequenz. Auf Initiative des kommissarischen Rates in Serbien stellte der Militärbefehlshaber am 25. Juli 1941 eine Anordnung aus, in der zwischen dauerhaft sesshaften und wandernden Roma unterschieden wurde. Gegenüber der ersten Gruppe, welche die Mehrheit der ca. 150.000 Roma in Serbien ausmachte, wurde eine mildere Vorgehensweise angeordnet. (Zapisnik o saslušanju dr Georga Kiessela, Beograd, 25.X 1946. AJ, 110, F. br. 2603; Manošek, a.a.O., S. 45; Acković, a.a.O., S. 244).

wurden.¹⁶⁰ Es gibt einen Hinweis, dass die Juden zu Beginn der Besatzung auch für Arbeitseinsätze für die Organisation Todt (OT) verwendet wurden,¹⁶¹ doch ist nicht weiter bekannt, wo, wann, in welcher Zahl und für welche Tätigkeiten. Jüdische Frauen wurden ebenfalls zur Zwangsarbeit verpflichtet, so etwa zur Reinigung von Toiletten und zur Säuberung von deutschen Büroräumen und Wohnungen. Außerdem wurden sie gezwungen, mit ihrem Schal die Stiefel der deutschen Soldaten zu putzen und für sie Koffer zu tragen. Diese letztgenannten Beispiele gehören bereits deutlich in den Bereich sadistischer Maßnahmen, zumal die Arbeit in diesen Fällen keine nutzbringende Absicht verfolgte, sondern lediglich der Erniedrigung und Peinigung der Betroffenen diente.

Vorkommnisse dieser Art gab es im Banat, wo etwa 4.100 Juden lebten, anscheinend häufiger. Wie in Serbien wurden die Juden auch hier in Städten und größeren Ortschaften konzentriert: in Petrovgrad, Vršac, Velika Kikinda, Debeljača, Novi Bečej und Bela Crkva.¹⁶² Die jüdische Bevölkerung war hier ebenso vom ersten Tag an Erniedrigungen, Schikanen und erzwungener Arbeit ausgesetzt. Es galten die gleichen Dekrete wie in Serbien, wobei die Verordnung vom 31. Mai den bereits bestehenden Zustand »legalisierte«.

Da es im Banat während des Aprilkriegs nicht zu erheblichen Zerstörungen wie in den serbischen Städten kam, bestand nicht die Notwendigkeit zur Beseitigung von Trümmern. Deshalb waren die Tätigkeiten, die die Juden dort zu leisten hatten, zwar geringfügiger und weniger belastend, doch wurden diese aufgrund der antisemitischen Haltung eines guten Teils der volksdeutschen Bevölkerung unter besonders erniedrigenden Bedingungen ausgeführt. So wurde in Pančevo der damalige Rabbiner festgenommen und gezwungen, beim Waschen eines Autos hebräische Lieder zu singen, während man ihn gleichzeitig schlug. Ebenfalls in Pančevo mussten Intellektuelle Toiletten und verunreinigte Orte mit ihren bloßen Händen säubern sowie Fenster, Flure und Räume mit ihren Kleidern und sogar ihren Bärten reinigen. Sie wurden anstelle von Pferden an Ziehwagen gebunden und mussten Holz und hölzerne Gegenstände zu einzelnen Deutschen und deutschen Einrichtungen bringen bzw. über den Gefängnishof tragen. Man zwang sie, mit völlig stumpfen Sägen Holz zu schneiden und schlug sie dann ihrer »Faulheit« wegen.¹⁶³ In besonderem Maße erniedrigend waren die Arbeiten zur Ausstattung des öffentlichen Bordells, das für das deutsche Militär bestimmt war: Die Juden mussten sämtliche hierfür notwendigen Einrichtungsgegenstände am helllichten Tag durch die Stadt tragen und wurden unterwegs von den örtlichen Volks-

---

160 Acković, a.a.O., S. 248.
161 Zapisnik o saslušanju Roberta Kronholza, 19.III 1946. (AJ, 110, F. br. 1012/II).
162 Kovač, a.a.O., S. 41.
163 Kovač, a.a.O., S. 58.

deutschen verspottet.¹⁶⁴ Aus diesen Beispielen ist klar zu ersehen, dass der Hauptzweck erzwungener Arbeit hier nicht die Ausübung einer nutzbringenden Tätigkeit, sondern in erster Linie die Erniedrigung und Misshandlung der Opfer war.¹⁶⁵ Die Banater Juden waren nicht allzu lange einer solch unwürdigen Behandlung ausgesetzt. Es folgte schon bald die nächste Etappe ihrer Leidensgeschichte: Mitte August 1941 wurden sie gefangen genommen und bis September 1941 nach Belgrad deportiert.¹⁶⁶

Der Misshandlung, Verfolgung und Zwangsarbeit waren nicht nur die serbischen, sondern alle Juden ausgesetzt, die zur Zeit der Besatzung nach Serbien gelangten. Die größte Gruppe stellte der sogenannte Kladovo-Transport dar, der sich aus jüdischen Flüchtlingen aus Österreich (ca. 800), Berlin und Danzig (ca. 200) sowie der Tschechoslowakei (ca. 100) zusammensetzte. Diese waren Anfang 1939 illegal mit einem Schiff nach Palästina aufgebrochen, das aufgrund der Weigerung der rumänischen Behörden, ihnen die Weiterfahrt zu erlauben, im Hafen von Kladovo aufgehalten wurde. Dort blieb der Transport bis September 1940, um danach nach Šabac überführt zu werden, wo seine Mitglieder von der jüdischen Gemeinde Belgrads unterhalten wurden. In der Zwischenzeit war die Gruppe um weitere 200 Personen angewachsen, während es Ende März 1941, einige Tage vor dem deutschen Einfall, über 200 vorwiegend jungen Juden gelang, nach Palästina zu flüchten. Die deutschen Behörden führten am 20. Juli die übrigen Flüchtlinge von ihren Unterbringungsorten fort und internierten sie in einem Lager in Reichweite von Šabac.¹⁶⁷ Von dort aus wurden sie gruppenweise zur Zwangsarbeit ins Krankenhaus, in die Gebietskommandantur, in die Kasernen oder in Privatwohnungen deutscher Offiziere abgeführt. Die Frauen mussten sauber machen, Wäsche waschen, Kleider stopfen und Knöpfe annähen. Die Männer verrichteten ganz unterschiedliche Arbeiten, von der Demontage industrieller Objekte, dem Beladen von Fahrzeugen und Säcken, bis zu Übersetzer- und Schreibdiensten bei der Beschlagnahmung von Pferden. Für die Arbeit wurden sie mit 30 Dinaren täglich bezahlt, wovon sie 10 Dinare für Küche, Krankenversorgung und anderes abgeben mussten.¹⁶⁸ Später wurde die Mehrheit der Juden dieses Transports getötet, so dass sich ihr Schicksal letztendlich

---

164 Aleksandar Stanojlović, Tragedija banatskih Jevreja za vreme Drugog svetskog rata, Jevrejski almanah 1959–1960, 1960, S. 129–136 (hier S. 130); Kovač, a.a.O., S. 57.
165 Infolge des Aufflammens nationaler Feindschaften in den ersten Besatzungstagen wurden auch die Serben in Banatski Karlovac zur Zwangsarbeit verpflichtet. Ähnliches ereignete sich auch in Vršac und Bela Crkva. (Kačavenda, a.a.O., S. 30).
166 Lebl, a.a.O., S. 308; Kačavenda, a.a.O., S. 37–38.
167 Gabriele Anderl, Walter Manoschek, Neuspelo bekstvo. Jevrejski »Kladovo-transport« na putu za Palestinu 1939–1942. (Original: Gescheiterte Flucht. Der jüdische »Kladovo-Transport« auf dem Weg nach Palästina 1939–1942, Wien 1993), [Beograd 2004.], S. 5–151; Mara Jovanović, »Wir packen, wir auspacken...«, Zbornik, 4, 1979, S. 246–279.
168 Anderl, Manoschek, a.a.O.,220–221; Jovanović, a.a.O., S. 258, 260; Manošek, a.a.O., S. 69–70.

nicht von dem der einheimischen Juden unterschied, die größtenteils bis Frühjahr 1942 umgebracht wurden.[169]

Der »Arbeitseinsatz« von Kriegsgefangenen

Seit den ersten Tagen der Besatzung waren auch die jugoslawischen Kriegsgefangenen ein »natürlicher Quell« an Arbeitskräften für die Besatzer. Die deutschen Behörden begannen bereits von Kriegsbeginn an, Kriegsgefangene in der Wirtschaft einzusetzen,[170] da ein Großteil der arbeitsfähigen Deutschen als Streitkräfte gebraucht wurde. Obwohl dieses Schicksal bekanntermaßen auch die serbischen Kriegsgefangenen ereilte, sind ihr Leben und ihre Arbeit in Deutschland weiterhin größtenteils unerforscht. Ein großes Problem stellt allein die Ermittlung der Gesamtzahl der Kriegsgefangenen aus jugoslawischen Territorien dar und damit auch die Frage der Anzahl der Kriegsgefangenen aus dem Gebiet des besetzten Serbien. Dies ist sowohl für die Frage der Zwangsarbeit in der Gefangenschaft als auch für die Ermittlung des Arbeitskräfteverlusts in Serbien aufgrund des Fehlens dieser Männer in der heimischen Wirtschaft von Bedeutung. Nach unterschiedlichen Quellen fielen im Laufe des Aprilkriegs zwischen 375.000 und 398.000 jugoslawische Soldaten und Offiziere in die Hände der Achsenmächte und ihrer Satellitenstaaten.[171] Die jugoslawischen Nachkriegsquellen sprechen von 200.000 Soldaten und 12.000 Offizieren.[172] Außer den Serben und Slowenen wurde ein Großteil von ihnen bald nach Hause entlassen,[173] so dass eine deutsche Quelle für den 21. Juni 1941 eine Zahl von 181.258 Kriegsgefangen anführt, wovon 90 Prozent angeblich Serben waren.[174] Im Frühjahr 1942 werden andernorts 108.000 im Zwangseinsatz befindliche serbische Kriegsgefangene angegeben,[175] was allerdings nur die Zahl der einge-

---

169 Anderle, Manoschek, 242–276; Kačavenda, a. a. O., S. 38; Shimizu, a. a. O., S. 253; Manošek, a. a. O., S. 171–185; Lebl, a. a. O., S. 308–322; Romano, Kadelburg, a. a. O., S. 682–684.
170 Wiesinger, a. a. O., S. 65; Aleksić, a. a. O., S. 121.
171 Petranović, Srbija, 108; Ders., Istorija Jugoslavije, I, S. 402.
172 Die offizielle Angabe der Staatlichen Kommission zur Feststellung der Verbrechen der Besatzer und ihrer Helfer, siehe Dragan Cvetković, Stradanje pripadnika vojske Kraljevine Jugoslavije iz Hrvatske u zarobljeničkim logorima, in: Hans-Georg Fleck, Igor Graovac (Hg.) Dijalog povijesničara-istoričara, 8, Zagreb 2004, S. 371–383 (hier S. 371). Auf der Basis der – wenngleich unvollständigen – Entschädigungsliste, die 56–59 % der Betroffenen umfasst, wurde eine Zahl von jugoslawischen Kriegsgefangenen errechnet, die sich zwischen 242.037 und 255.044 bewegt (ebd., S. 375).
173 Zudem behauptete eine beträchtliche Anzahl Serben anderen Nationalitäten zuzugehören (Makedonier, Kroaten, Bunjewatzen, Rumänen, Bulgaren), um aus der Gefangenschaft entlassen zu werden (Mile Bjelajac, Između vojske i politike. Biografija Dušana Trifunovića, Beograd 1997, S. 257–258).
174 Jozo Tomasevich, Četnici u Drugom svjetskom ratu, Zagreb 1979, S. 78.
175 Schlarp, a. a. O., S. 207.

setzten und nicht die Gesamtzahl serbischer Kriegsgefangener wiedergibt. Zieht man von den angenommenen 160.000 (180.000–10 Prozent Slowenen) Mann die Zahl der eingesetzten Kriegsgefangenen ab, hieße das also, dass um die 50.000 serbische Kriegsgefangene nicht zur Zwangsarbeit verwendet wurden. Die Gründe dafür waren, abgesehen vom schlechten Gesundheitszustand, sicherheitstechnischer Natur. Denn die serbischen Gefangenen arbeiteten hauptsächlich in der Landwirtschaft, wofür nur »ein geschlossener Einsatz mit verschärfter Bewachung und nur in gut geschützten Wehrkreisen«[176] vorgesehen war. In einer Besprechung Benzlers mit Nedić im Oktober 1942 wird die Zahl von »ca. 100.000« serbischen Kriegsgefangenen genannt.[177] Wenn man berücksichtigt, dass sich nach Holm Sundhaussen und Nikola Živković unter den Kriegsgefangenen serbischer Nationalität auch um die 35.000 Mann aus dem Gebiet des »Unabhängigen Staates Kroatien« befanden,[178] wird es umso schwieriger, die tatsächliche Zahl serbischer Kriegsgefangener, d. h. der Kriegsgefangenen aus dem Gebiet des besetzten Serbien, zu ermitteln. Überdies widersprechen sich auch die zeitgenössischen Quellen. Entgegen Benzlers Angaben führte etwa das Internationale Rote Kreuz 1942 die sicherlich von deutscher Seite her stammende Zahl von 207.000 jugoslawischen Kriegsgefangenen an, während eine deutsche Quelle aus demselben Jahr von 200.000 serbischen Kriegsgefangenen im Reich spricht.[179] Es könnte sich hierbei um eine Vermischung der Begriffe jugoslawisch und serbisch handeln, die typisch für einen Teil der Nazi-Bürokratie war. Dies würde dennoch implizieren, dass die Zahl der Kriegsgefangenen näher bei der ersten Zahl von ca. 180.000 Mann als bei den 100.000, die Benzler erwähnt, läge. Nach einem Bericht des Jugoslawischen Roten Kreuzes vom 1. Mai 1944 gab es in Deutschland noch 130.750 jugoslawische Kriegsgefangene, die meisten davon Serben und Slowenen.[180] Zieht man gemäß den angeführten Schätzungen von dieser Zahl 10 Prozent Slowenen sowie ein Drittel Serben aus dem »Unabhängigen Staat Kroatien« ab, läge die Zahl der Kriegsgefangenen aus Serbien tatsächlich bei etwas weniger als 100.000. Dann stellt sich allerdings die Frage, wie der Unterschied von mehr als 100.000 Personen (und dies abzüglich der geschätzten Zahl der Slowenen) im Verhältnis zu den 200.000 von 1942 zu erklären ist. Die Zahl der Kriegsgefangenen

---

176 Schlarp, a.a.O., S. 207; Ristović, Nemački novi poredak, S. 269. Obwohl die Mehrheit der Kriegsgefangenen in der Landwirtschaft arbeitete, ist auf Basis der Stichprobe aus Kroatien zu erkennen, dass nur 63,57 % diesem Milieu entstammten; weitere 15,13 % waren Soldaten und Arbeiter, 8,54 % Polizisten und Gendarmen; 5,32 % Geschäftsleute; 4,97 % Angestellte und Fachkräfte usw. (Cvetković, a.a.O., S. 381).
177 Gedächtnisnotiz Benzlers über Besprechung mit Nedić, 19.10.1942. (BA/MA, RW 40/93).
178 Živković, Ratna šteta, S. 159; Holm Sundhaussen, Wirtschaftsgeschichte Kroatiens im nationalsozialistischen Großraum 1941–1945. Das Scheitern einer Ausbeutungsstrategie, Stuttgart 1983, S. 181.
179 Aleksić, a.a.O., S. 313.
180 Ebd.

verringerte sich im Laufe des Krieges durchaus, sei es aufgrund von Todesfällen oder von Entlassungen kleinerer Gruppen nach Hause. Neueste stichprobenartige Untersuchungen zeigen,[181] dass die Todesrate sich in etwa auf 7 Prozent belief, wobei die Hälfte der Opfer gewaltsam ums Leben kam. Auf Basis der angeführten Berechnungen starb etwa ein Drittel der Opfer in Kriegsgefangenschaft, wahrscheinlich bei der Zwangsarbeit oder während der Bombardierungen.[182] Doch auch dies kann nicht den enormen Zahlenunterschied erklären. Der Umstand, dass im Frühjahr 1944, als die Nachfrage nach Arbeitskräften noch größer war als im Frühjahr 1942, 94.000 serbische Kriegsgefangene zu Zwangsarbeiten eingesetzt wurden,[183] bringt uns wieder in die Nähe der erwähnten 100.000. Angesichts des erhöhten Bedarfs an Arbeitskräften in dieser Zeit, ist anzunehmen, dass die damalige Zahl serbischer Kriegsgefangener inklusive Offizieren in der Tat bei ungefähr 100.000 lag.

Eine noch größere Unbekannte als die eigentliche Zahl an Kriegsgefangenen stellt ihr Schicksal in den Gefangenenlagern und bei der Zwangsarbeit dar. Dieses Thema ist noch zu erforschen. Wie allerdings aus den statistischen Berechnungen der Zahl verstorbener Kriegsgefangener aus dem Gebiet der heutigen Republik Kroatien und ihrer sozialen Struktur hervorgeht, hatten Offiziere (aktiv oder in Reserve) sowie Angehörige der Polizei und Gendarmerie, die nicht zur Zwangsarbeit aus dem Lager geführt wurden, nur geringe Überlebenschancen. Die Zwangsarbeit, wie mühevoll sie auch immer gewesen sein mag, bot Gelegenheiten, an zusätzliche Nahrung zu gelangen, und trug damit zur Erhöhung der Überlebenschancen bei.[184] Da die serbischen Kriegsgefangenen zusammen mit den nichtjüdischen polnischen und sowjetischen Kriegsgefangenen am unteren Ende der Gefangenenhierarchie standen,[185] ist anzunehmen, dass viele von ihnen diese Möglichkeit für ihr Überleben zu nutzen suchten.

Wir werden sehen, dass die Zwangsarbeit mehr oder weniger die gleiche Rolle auch für andere Kategorien von Arbeitern spielte. Sicherlich darf die Zwangsarbeit, die von serbischen und anderen Kriegsgefangenen in der Landwirtschaft und teils auch in der Industrie geleistet wurde, keinesfalls idealisiert werden, waren doch die Bedingungen im Gegenteil außerordentlich beschwerlich: Die Arbeit dauerte bis zu 16 Stunden täglich und die von der Genfer Konvention vorgeschriebene Vergütung wurde nicht ausgezahlt, wodurch sich große Profite für den Arbeitgeber erzielen ließen.[186]

---

181 Die früheren Forschungen schätzten, dass ca. 30 % der jugoslawischen Kriegsgefangenen das Kriegsende nicht überlebt hatten. (Živković, Ratna šteta, S. 152–153, 158; Schlarp, a. a. O., S. 207–208).
182 Cvetković, a. a. O., S. 375–379. Das Oberkommando der Wehrmacht ordnete an, mit den serbischen Gefangenen besonders hart umzugehen (Wiesinger, a. a. O., S. 69).
183 Schlarp, nd., 208.
184 Cvetković, a. a. O., S. 382.
185 Gruenfelder, U radni stroj, S. 69.
186 Ristović, Nemački novi poredak, S. 269.

Was die in Serbien befindlichen Kriegsgefangenen angeht, so konnten nicht alle nach Deutschland gebracht werden, so dass sie mehrheitlich in provisorischer Freiheit in Serbien verblieben.[187] Ihre Zahl betrug nach deutschen Dokumenten um die 360.000.[188] Mit Blick auf die Gesamtzahl der Gefangenen, die in Gewahrsam deutscher, italienischer und übriger Streitkräfte gerieten, ist davon auszugehen, dass diese Zahl von 360.000 alle serbischen Wehrpflichtigen aus dem Gebiet des besetzten Serbien und wahrscheinlich auch diejenigen Wehrpflichtigen umfasste, die nach der Kapitulation Jugoslawiens aus anderen Landesteilen geflohen waren, da vor dem Aprilkrieg um die 600.000 Soldaten mobilisiert worden waren.[189] Dies bedeutet, dass die Mehrzahl potentieller Kriegsgefangener in der Heimat geblieben war. Darunter befand sich auch General Milan Nedić, der bis zu seiner Einwilligung, die Regierung zu bilden, als Kriegsgefangener unter Hausarrest stand.[190]

Natürlich bestand auch im Fall jugoslawischer Kriegsgefangener die Absicht zur Verwendung ihrer Arbeitskraft. Auf Anweisung der Intendantur der 2. Armee sollten alle jugoslawischen Kriegsgefangenen nicht nur nach nationaler Zugehörigkeit, sondern auch nach Berufsgruppen aufgeteilt werden, um die Arbeitskraft auf bestmögliche Weise zu nutzen. Die Gefangenen wurden so in drei Kategorien gegliedert, wobei den unterschiedlichen Nationalitäten eine unterschiedliche Behandlung zuteil wurde: Arbeiter in der Wehrindustrie und in kriegsrelevanten Betrieben; Dorfbewohner, die für landwirtschaftliche Arbeiten vorgesehen waren; sowie schließlich Arbeitskräfte für Tätigkeiten unter der Militärverwaltung, wie etwa Straßenbau, Ausbesserung der Verkehrswege und Hilfsdienste bei den Armeeeinheiten.[191] Es ist nicht bekannt, in welchem Maße sich diese Zuordnung auf das weitere Schicksal der Betroffenen ausgewirkt hat.

Leider lassen sich auch über die Verwendung von Kriegsgefangenen in Serbien nur wenige Hinweise finden. So arbeiteten etwa mehrere hundert Kriegsgefangene auf dem Gebiet der Stadt Belgrad. Einige wurden unter der direkten Aufsicht der städtischen Technischen Direktion eingesetzt, andere unterstanden der Aufsicht von Pioniereinheiten der Wehrmacht. Doch es ist weder genauer bekannt, welche Tätigkeiten sie außer dem Bau von Kanälen und Wasserwegen ausübten, noch wie lange sie für die jeweiligen Arbeiten gebraucht wurden.[192] Wir haben einen kurzen Hinweis darauf gefunden, dass die Kriegsgefangenen zu Beginn der Besatzung auch durch die Organisation Todt verwendet wurden bzw. dass sie neben Juden zu deren ersten Arbeitern gehörten,[193]

---

187 In deutschen Dokumenten ist von »beurlaubten serbischen Kriegsgefangenen« die Rede.
188 Bl. 15,16, Eintrag 26.II 1942. (BA/MA, RW 29/31).
189 Petranović, Istorija Jugoslavije, 1, S. 393.
190 Zapisnik o salsušanju dr Georga Kiessela, Beograd 25.X 1946. (AJ, 110, F. br. 2603).
191 Aleksić, a.a.O., S. 121.
192 Die Technische Direktion der Stadtgemeinde Belgrad an die Feldkommandantur 599, Verwaltungsgruppe E, Belgrad, 12.6.1941. (VA NA, k. 36, f. 1, d. 3/7).
193 Zapisnik o saslušanju Roberta Kronholza, 19.III 1946. (AJ, 110, F. br. 1012/II).

doch ließ sich weiter nichts darüber in Erfahrung bringen. Fest steht, dass auch in anderen Teilen Serbiens Kriegsgefangene zur Zwangsarbeit eingesetzt wurden. Doch da die Besatzungs- und Kollaborationsbehörden nicht über ausreichend Militär und Polizei zur Kontrolle der Bevölkerung verfügten, ist anzunehmen, dass die Arbeitskraft dieser Kriegsgefangenen »auf Urlaub« nicht in großem Stil, sondern vielmehr im Rahmen der allgemeinen Nutzung der gesellschaftlichen Arbeitskraft ausgebeutet wurde. Die Tatsache, dass in einer Stadt wie Belgrad mit ihren 400.000 Einwohnern insgesamt nur einige hundert Kriegsgefangene verwendet wurden, spricht ebenfalls dafür, dass es nicht einfach war, die Gefangenen für Arbeiten in großer Zahl einzusetzen. Davon abgesehen gab es dafür auch keinen Bedarf, weil 1941 ausreichend Arbeitskräfte für Industrie und Landwirtschaft in Serbien zur Verfügung standen.[194] Unzureichend war die Zahl der Arbeitskräfte im Bergbau, aber der Bedarf danach war, wie wir bald sehen werden, nicht annähernd so groß wie die Zahl der Kriegsgefangenen »auf Urlaub«. Im Deutschen Reich wiederum konnte die Nachfrage nach Arbeitskräften in der Wehrindustrie durch den Zustrom freiwilliger Arbeiter nicht gedeckt werden. Daher wurde Anfang 1942 parallel zur Anwerbung freiwilliger Arbeiter eine mögliche Zwangsverschickung der Kriegsgefangenen »im Urlaub« nach Deutschland erwogen. Davon nahm man schließlich Abstand, da der Oberkriegsverwaltungsrat Sparkuhle, Referent für Arbeitseinsatz beim Generalbevollmächtigten für die Wirtschaft in Serbien, der Auffassung war, dass dies die Sicherheitslage nur verschärfen und eine große Zahl von Menschen in die Wälder zu den Aufständischen treiben würde.[195] Aus den erhaltenen Zeugnissen ist nicht zu ersehen, dass gegenüber den »Dienstverpflichteten« vom Argument der Kriegsgefangenschaft als Druckmittel zur Verrichtung der Arbeitspflicht Gebrauch gemacht wurde.

5. Arbeitskräftepolitik zwischen wirtschaftlicher Effizienz und rassistischer Hierarchisierung

Die Rekrutierungspraxis für den »freiwilligen« Arbeitseinsatz im Deutschen Reich

Damit berühren wir den wahrscheinlich heikelsten Aspekt des Themas »Zwangsarbeit im besetzten Serbien während des Zweiten Weltkriegs«. Es handelt sich um die Verpflichtung von Arbeitskräften aus Serbien zur Arbeit im Deutschen Reich. Wie wir gesehen haben, hatte die Arbeitsmigration zwar seit der Vorkriegszeit schon eine gewisse Tradition, doch wurde unter Kriegsbedingungen diese Art der Einbindung von Arbeitskräften in mehrfacher Hinsicht zu einer strittigen Angelegenheit. Obwohl man

---

194 Wehrwirtschaftsstab Südosten, Zusammenfassung Monat Juni 1941. (BA/MA, RW 29/31); Aleksić, a. a. O., S. 325–327.
195 KTB 1.I-30.VI 1942, Eintrag vom 26.II 1942. (BA/MA, RW 29/31).

bei der Anwerbung freier Arbeiter für das Deutsche Reich vom Prinzip der Freiwilligkeit ausging, wurde dies nicht immer respektiert. Der postkommunistische Historiker Dragan Aleksić ist der Auffassung, dass das Prinzip der Freiwilligkeit mehr oder weniger bis zum Ende seine Gültigkeit behielt.[196] Demgegenüber vertraten einige orthodoxe kommunistische Historiker, wie etwa Milan Borković, die Auffassung, dass in Wahrheit von einer Zwangsanwerbung die Rede gewesen sei. Das einzige Dokument, das Borković als Beleg seiner These anführt, ist der Aufruf der Landeskomitees der Jugendorganisation der Kommunistischen Partei (SKOJ), in dem die Jugend angehalten wird, sich nicht für die Arbeit in Deutschland zu melden.[197] Tatsächlich aber lässt sich die Existenz eines solchen Aufrufs eher zugunsten der These einer freiwilligen Anmeldung zur Arbeit im Reich deuten. Gleich Borković spricht auch Nikola Živković über Formen der Druckausübung sowie von der Verschickung zur Arbeit nach Deutschland für verschiedene Vergehen, doch führt auch er kein einziges Dokument als Beleg an.[198] Milan Nedić bot in einem Gespräch mit Vertretern der deutschen Regierung im März 1943 ganz nach französischem Vorbild an, für jeden freigelassenen Kriegsgefangenen zwei Arbeiter nach Deutschland zu schicken.[199] In Anbetracht der großen Zahl serbischer Kriegsgefangener im Reich musste man jedenfalls Druckmittel einsetzen, um die entsprechende Zahl »freiwilliger« Arbeiter für das Reich aufzubringen. In deutschen Dokumenten vom 29. Januar 1942 ist davon die Rede, dass der »Erlass des Beauftragten für den Vierjahresplan – Geschäftsgruppe Arbeitseinsatz« die verstärkte Verwendung von Arbeitskräften aus den besetzten Gebieten vorsieht, da immer mehr Arbeitskräfte aus dem Reich zur Waffe gerufen würden. Vorgesehen war zudem, die Propaganda für den Aufbruch zur freiwilligen Arbeit ins Reich zu verstärken sowie auch den Druck durch die Verschärfung der Arbeitsdisziplin bei gleichzeitiger strafweiser Entziehung bestimmter Bürgerrechte zu erhöhen.[200]

Dies führt uns zur Frage, in welchem Maße die Meldung zur Arbeit im Reich tatsächlich freiwillig erfolgte. Was waren also die Faktoren des Unfreiwilligen und in welchem Maße entsprachen die Arbeitsbedingungen der »freiwilligen« Arbeiter den eingangs erwähnten Definitionen von Zwangsarbeit? Mit anderen Worten stellt sich einerseits die Frage nach den Gründen des Fortgangs und andererseits nach den Bedingungen der Abreise, des Aufenthalts und der Möglichkeiten zur Rückkehr. Dragan Aleksić führt folgende Motive für den Fortgang zur Arbeit ins Reich an: die gewaltige Propaganda-Kampagne in der Presse des Marionettenregimes, die Unbeliebtheit der 1942

---

196 Aleksić, a.a.O., S. 321.
197 Borković, Kontrarevolucija, S. 60.
198 Živković, Ratna šteta, S. 164.
199 Protokoll der Sitzung im Auswärtigen Amt am 17. Mai 1943, [Berlin], 18.V 1943. (BA/MA, RW 40/41).
200 KTB 1.I-30.VI 1942, Eintrag vom 26.II 1942. (BA/MA, RW 29/31).

eingeführten »Pflichtarbeit« in serbischen Bergwerken, die besseren Verdienstmöglichkeiten in Deutschland, die Vermeidung der Rekrutierung durch Partisanen- oder Tschetnik-Einheiten – und nicht zuletzt auch der Wunsch des Kollaborationsregimes, seine Loyalität unter Beweis zu stellen.[201] Auch die zeitgenössischen deutschen Analysen führten die Vermeidung des Kriegsdienstes, der Konflikte und Repressalien, die durch die Aufstände bedingt waren,[202] sowie die »Pflichtarbeit« in Serbien[203] als Gründe für die Arbeitsaufnahme im Deutschen Reich an.[204]

Im folgenden Abschnitt befassen wir uns mit der Zahl serbischer Arbeiter im Reich, der Art ihrer Anwerbung und ihren Lebensbedingungen. Wir werden dabei zu ermitteln versuchen, in welchem Maße ihr Aufenthalt in Deutschland durch wirtschaftliche Notwendigkeiten begründet war oder vielmehr auf Druck hin erfolgte und ferner, ob die Lebens-, Arbeits- und Beschäftigungsbedingungen eher denen von freier oder von Zwangsarbeit glichen.

Bei einem Treffen Franz Neuhausens mit seinen für das Problem der Arbeitskräfte zuständigen Mitarbeitern am 2. Juni 1941 kam man zu dem Schluss, dass bis Ende des Jahres aus Serbien 75.000 Arbeiter ins Reich geschickt werden müssten, die für besonders schwere körperliche Tätigkeit geeignet sind.[205] Obwohl weder die deutschen noch die serbischen Behörden gesetzliche Schritte mit Blick auf einen verpflichtenden Fortgang zur Arbeit nach Deutschland unternahmen, übten die deutschen Behörden direkten und indirekten Druck aus, um so viele Menschen wie möglich anzuwerben. Dementsprechend kamen bereits am 25. Juni 1941 sechzehn vom Reichsarbeitsministerium angeforderte Werber in Belgrad an.[206] Die Anwerbung erfolgte über die Hauptverwaltung der Arbeitsvermittlung und die Arbeitsbörsen in Belgrad, Bečkerek und Niš.[207] An die Arbeitsbörsen wurden deutsche Beamte entsandt und an mehreren Orten wurden Werbestellen des Reichsarbeitsministeriums eingerichtet. Die seitens der deutschen Beamten ausgegebenen Anordnungen mussten von der Hauptverwaltung der Arbeitsvermittlung und der Arbeitsbörse ausgeführt werden, die auch die Kosten zu tragen

---

201 Aleksić, a.a.O., S. 322–323.
202 Odluka o utvrđivanju zločina okupatora i njihovih pomagača, Krmpotić dr Mario. (AJ, 110, F. br. 789/I).
203 Zweiter Gesamtbericht des Generalbevollmächtigten für die Wirtschaft in Serbien, Juli 1942. (BA, R 26 VI/692).
204 Schlarp, a.a.O., S. 207.
205 Aleksić, a.a.O., S. 314; Borković, Kontrarevolucija, S. 62; Živković, Ratna šteta, S. 165. In der Resolution der »Staatlichen Kommission zur Ermittlung der Verbrechen der Besatzer und ihrer Helfer«, die Dr. Mario Krmpotić, den ehemalige Leiter der Hauptverwaltung der Arbeitsvermittlung zum Kriegsverbrecher erklärt, ist von einer Anfrage nach 40.000 Personen die Rede (Odluka o utvrđivanju zločina okupatora i njihovih pomagača, Krmpotić dr Mario. AJ, 110, F. 789/I).
206 Der Einsatz serbischer Arbeiter im Reich. (BA, R 26 VI/1350); Schlarp, a.a.O., S. 208.
207 Živković, Ratna šteta, S. 164.

hatten. Allein die Arbeitsbörse in Belgrad brachte dafür 15 Millionen Dinar auf.[208] Ihr wurden – trotz offensichtlicher erfolgloser Gegenwehr – Aufgaben auferlegt, welche die Auswanderungsangelegenheiten betrafen und hohe Kosten nach sich zogen.[209] An der Spitze der Hauptverwaltung, dem Aufsichtsorgan der Arbeitsbörse, stand zunächst Dr. Mario Krmpotić.[210] Im Oktober 1941 wurde er auf Beschluss des Ministeriums für Sozialpolitik und Volksgesundheit vom langjährigen Chef des Auswanderungskommissariats und Leiter der Abteilung für Migrantenschutz des genannten Ministeriums, Dr. Fedor Aranicki, abgelöst.[211]

Von deutscher Seite aus wurde der bereits erwähnte Oberstleutnant Sparkuhle mit der Leitung des Anwerbeverfahrens betraut. Sparkuhle begann am 1. Juli die Anwerbearbeit mit einer Radioansprache, die am nächsten Tag auch in »Novo vreme«, der wichtigsten Zeitung der Kollaborationsregierung, veröffentlicht wurde. In dieser Ansprache stellte er fest, dass in Serbien nach dem Aprilkrieg die Arbeitslosigkeit insbesondere unter den Intellektuellen angestiegen sei, die sich nun umschulen lassen müssten. Überdies würde den Arbeitslosen die Möglichkeit einer befristeten Beschäftigung im Reich eröffnet werden. Davon, so Sparkuhle, wären im Bergbau beschäftigte Personen ausgeschlossen und es würden auch Fälle anderer Arbeiter geprüft werden, die in Bereichen von vitaler Bedeutung für den Wiederaufbau Serbiens beschäftigt seien.[212] Bereits zwei Tage später reiste eine erste Gruppe von ca. 1.000 freiwilligen Arbeitern nach Deutschland ab, was der einheimischen Presse die Gelegenheit gab, die Öffentlichkeit mit den angeblich guten Beschäftigungsbedingungen vertraut zu machen: Gehälter von 100 Dinaren täglich bei einer Wochenarbeitszeit von 48 Stunden – das wären zwar zwei Stunden mehr als gesetzlich vorgeschrieben, doch würden dafür auch die Überstunden um 25 Prozent besser und die Arbeit über zehn Stunden um 50 Prozent besser bezahlt. Für das Essen würden täglich 11,9 Reichsmark abgezogen und für die Unterkunft weitere 50 Pfennig. Es war vorgesehen, dass die Arbeiter in Fabrikwohnungen unterkommen und sich »gut und reichlich« in Fabrikkantinen ernähren könnten. Zudem würden den Arbeitern acht bezahlte freie Tage jährlich sowie höhere Tagessätze zu Weihnachten, Ostern und Neujahr in Aussicht gestellt; zusätzlich zu den Tagessätzen sollten die Verheirateten einen Zuschlag von 1,5 Reichsmark pro Kopf für Frau und Kind erhalten.

---

208 Odluka o utvrđivanju zločina okupatora i njihovih pomagača, Krmpotić dr Mario. (AJ, 110, F. br. 789/I).
209 AJ, 110, Inv. br. 1935.
210 Odluka o utvrđivanju zločina okupatora i njihovih pomagača, Krmpotić dr Mario. (AJ, 110, F. br. 789/I).
211 Posredovanje rada za Nemačku, NV, 19.X 1941, S. 3. Aranicki leitete seit Beginn der 1920er Jahre das Generalkommissariat für Auswanderung (Aleksandar Miletić, Journey under Surveillance. The Overseas Emigration Policy of the Kingdom of Serbs, Croats and Slovenes in Global Context 1918–1928, Belgrade, 2009, S. 95).
212 Radna snaga u Srbiji, NV, 2.VII 1941, S. 3.

Mit dem ersten Arbeiterkontingent seien hauptsächlich ärmere Handwerker verschiedener Berufe mit Verträgen zwischen sechs und zwölf Monaten gegangen. Der Autor des Beitrags gab schließlich noch seinem Optimismus Ausdruck, dass diese Menschen mit ihrem Fortgang zur Arbeit nach Deutschland es schaffen würden, ihre Familien zu unterhalten.[213] Dies war der erste in einer Reihe von Propagandaartikeln über dieses Thema, die während der Besatzung in der Regime-Presse erscheinen sollten. Einige davon informierten über die Anzahl der abgereisten Arbeiter[214] (deren Zahl selbst als Reklame diente, um weitere anzuziehen), andere lobten (angeblich von Arbeiterhand selbst verfasst) die Arbeitsbedingungen im Reich und wieder andere schrieben über das Kulturleben, Feste und den freien Zeitvertreib der serbischen Arbeiter in Deutschland.[215]

---

213 M. Mar., Preksinoć otputovala prva grupa naših radnika u Nemačku, NV, 6.VII 1941, S. 6. Interessanterweise erörtert der Artikel die Abreise einer Gruppe von Handwerkern, obwohl drei Tage zuvor angekündigt wurde, dass mit dem ersten Transport hauptsächlich Landarbeiter und Traktorfahrer abfahren würden. (Sutra polazi prvi transport radnika za Nemačku, NV, 3.VI 1941, S. 4).

214 7. i 8. transport radnika prijavljenih za uposlenje u Nemačkoj, NV, 15.VII 1941, S. 3; Saopštenje radnicima prijavljenim za uposlenje u Nemačkoj, NV, 17.VII 1941, S. 3; Odlazak novih transporta na uposlenje u Nemačkoj, NV, 18.VII 1941, S. 3; Saopštenje radnicima prijavljenim za uposlenje u Nemačkoj, NV, 24.VII 1941, S. 4; Saopštenje radnicima prijavljenim za uposlenje u Nemačkoj, NV, 25.VII 1941, S. 5; Saopštenje neuposlenim radnicima koji žele da se uposle u Nemačkoj, NV, 29.VII 1941, S. 3 ; Saopštenje radnicima prijavljenim za uposlenje u Nemačkoj, NV, 31.VII 1941, S. 3; Radnici iz Leskovca odlaze u Nemačku, NV, 2.VII 1941, S. 4; Saopštenje radnicima prijavljenim za uposlenje u Nemačkoj, NV, 5.VIII 1941, S. 3; Saopštenje radnicima prijavljenim za uposlenje u Nemačkoj, NV, 6.VIII 1941, S. 3; Iz sreza beličkog javljaju se mnogi na rad u Nemačkoj, NV, 7.VIII 1941, S. 5; Nov transport radnika odlazi u Nemačku, NV, 12.VIII 1941, S. 6; Iz Velike Kikinde i okoline otišlo u Nemačku 1650 radnika, NV, 30.VIII 1941, S. 6; Iz Kraljeva je otputovala druga partija radnika za Nemačku, 6.IX 1941, S. 4; Saopštenje radnicima koji žele da idu za Nemačku, NV, 16.IX 1941, S. 3; Saopštenje radnicima prijavljenim za uposlenje u Nemačkoj, NV, 18.IX 1941, S. 4; Rad srpske radničke delegacije u Nemačkoj, NV, 22.VI 1944, S. 2.

215 Srpski radnici proslavili su Božić u Nemačkoj, NV, 24.I 1942, S. 5; S.M. Jank., Zabava za strane radnike u Berlinu, NV, 21.III 1942, S. 3; M. S. Janković, Srpski radnici na zabavi u Berlinu, NV, 2.VI 1942, S. 3;.M. Mikašinović, Izlet srpskih radnika iz Berlina, NV, 7.VII 42, S. 3; S.M. Janković, Srpski radnici na izletu u Potsdamu, NV, 10.VII 1942, S. 3; S.M. Jank., »Snaga i radost« za strane radnike u Berlinu, NV,13.XI 1942, S. 3; S.M. Janković, Filmske predstave za srpsk e radnike u Nemačkoj, NV, 20.XI 1942, S. 3; S.M. Janković, Prva predstava srpskih radnika u Berlinu, NV, 11.XII 1942, S. 3; S.M. Janković, Prelo i kolo na bini u Berlinu, NV, 26.XII 1942, S. 3; S. M. Janković, Naš Badnjak i Roždestvo u Berlinu, NV, 16.I 1943, S. 3; Naša proslava svetog Save u Nemačkoj, NV, 4.II 1943, S. 3; Slob. M. Janković, Uskršnji praznici naših u Beču, NV, 28.IV 1943, S. 3; Radoljub Ž. Ilić, Treće srpsko veče u Berlinu, NV, 19.V 1943, S. 3; S. Janković, Veseli časovi srpskih radnika na obalama Dunava, NV, 12.VI 1943, S. 3; Rodoljub Ž. Ilić, Srpsko radničko diletantsko pozorište otpočelo je da daje svoje predstave u Berlinu, NV, 20.VI 1943, S. 3; S. Janković, Duhovni napredak srpskih radnika u Nemačkoj, NV, 5.IX 1943, S. 3; S. Janković, Život naših u Beču, NV, 19.IX 1943, S. 3; Proslava Hristovog

Darin wurden die guten Arbeitsbedingungen, die den deutschen Arbeitern ebenbürtige Behandlung, die Möglichkeit zu Erholung und Vergnügen sowie zur kulturellen Erbauung im Reich hervorgehoben. Über die Einhaltung religiöser Feiertage wurde ebenfalls berichtet, um den Lesern vor Augen zu führen, dass in Deutschland auch für die religiösen Bedürfnisse der serbischen Arbeiter Sorge getragen werde. In einem Artikel wird neben dem Lob der Arbeitsbedingungen noch ein ideologisches Moment herausgestellt, das ansonsten in den Artikeln über die »Gastarbeiter« fehlt: Der Autor, Dr. M. Mladenović, schreibt, dass die Arbeiter, sobald sie an ihrem Arbeitsort ankämen, sich »des Nutzens ihrer Arbeit für den Kampf gegen den Kommunismus« bewusst würden, »insofern sie in Serbien nicht die Gelegenheit hatten, aus eigener Erfahrung zu dieser Erkenntnis zu gelangen«.[216] Eine wichtige versteckte Propagandafunktion hatten auch kurze Notizen, die gelegentlich erschienen und der serbischen Öffentlichkeit über die Geldsumme berichteten, die die serbischen Arbeiter aus Deutschland nach Serbien schickten.[217] Nach Informationen der Regimepresse stieg diese Summe von 7.884.202 Serbischen Dinaren im November 1941 auf 165.188.660 im Februar 1944. Es ist jedoch zu berücksichtigen, dass der Serbische Dinar von September 1944 auf ein Zehntel seines Wertes von 1941 gefallen war,[218] so dass der Anstieg der überwiesenen Summe aller Wahrscheinlichkeit nach nicht sehr bedeutsam war. Da außerdem in den knappen Notizen die Zahl der Arbeiter nicht angegeben war, konnte sich der gewöhnliche Leser auch nicht die durchschnittliche Höhe der Geldsendung pro Arbeiter ausrechnen. Die deutschen Behörden begrenzten ihrerseits die Überweisungen, um den Devisenabfluss aus dem Reich zu verringern.[219]

Nach Einschätzung der »Staatlichen Kommission zur Ermittlung der Verbrechen der Besatzer und ihrer Unterstützer« meldeten sich zuerst die Volksdeutschen (die bereits in der Zwischenkriegszeit häufig Arbeit in Deutschland gesucht hatten)[220] und die russischen Emigranten zur Arbeit.[221] Hierfür konnten jedoch keine weiteren Quel-

---

vaskrsenja u Berlinu, NV, 20.V 1944, S. 2; R. Ž. I., Osnivanje srpskih radničkih biblioteka u Nemačkoj, NV,15.VI1944, S. 2; Kako žive strani radnici u Beču, NV, 21.V 1944, S. 2.

216 M. Mladenović, Srbi na drugom frontu, NV, 10.IV 1943, S. 3.
217 Novčane pošiljke naših radnika iz Nemačke, NV, 22.XI 1941, S. 3; Doznake ušteda naših radnika zaposlenih u Nemačkoj, NV, 10.IV 1942, S. 4; Doznake srpskih radnika iz Nemačke, NV, 3.VI 1942, S. 5; Doznake srpskih radnika iz Nemačke, NV, 9.III 1943, S. 4; Doznake srpskih radnika iz Nemačke, NV, 24.III 1943, S. 3; Doznake srpskih radnika iz Nemačke, NV, 18.IV 1943, S. 3; Doznake srpskih radnika iz Nemačke, NV, 9.V 1943, S. 3; Doznake srpskih radnika iz Nemačke, NV, 17.VIII 1943, S. 4; Doznake srpskih radnika iz Nemačke, NV, 8.XII 1943, S. 4; Doznake srpskih radnika iz Nemačke, NV, 20.II 1944, S. 3.
218 Schlarp, a. a. O., S. 384–387, 392–394.
219 Aleksić, a. a. O., S. 316.
220 Kolar-Dimitrijević, a. a. O., S. 336–338.
221 Odluka o utvrđivanju zločina okupatora i njihovih pomagača, Krmpotić dr Mario. (AJ, 110, F. br. 789/I).

lenbelege gefunden werden und es ist auch nicht auszuschließen, dass es sich um eine unwahre Behauptung handelt, die mit dem Ziel aufgestellt wurde, das Odium der Kollaboration auf die verdammungswürdigen Volksdeutschen und die russischen Weißgardisten abzuwälzen. Dies ist um so wahrscheinlicher, als die Kommission behauptete, die Serben hätten sich erst gemeldet, als die deutschen Behörden mit den Repressalien begannen und sich die Ernährungssituation im Land 1942 verschlechterte.[222] Demnach wäre die Abwanderung nicht »freiwillig«, sondern aufgrund von ökonomischen Zwängen erfolgt. Die Behauptung der Kommission erscheint allerdings nicht überzeugend, da die massiven Repressalien im Herbst 1941 begannen und der Aufstand im größten Teil des Landes bis 1942 beruhigt war.[223] Karl-Heinz Schlarp ist der Auffassung, dass gerade die repressiven und präventiven Maßnahmen zur Niederschlagung des Aufstands es ermöglichten, eine bestimmte Anzahl von Menschen zwangsweise zur Arbeit zu entsenden.[224] Es ist nicht ausgeschlossen, dass diese letztlich in den Statistiken als Personen erschienen, die »freiwillig« zur Arbeit nach Deutschland gegangen sind. Augenscheinlich bedeutete die Einführung kriegswirtschaftlicher Maßnahmen des Reiches in Serbien im März 1943, die je nach Bedarf auch die »Pflichtarbeit« im Reich für Männer von 18 bis 45 und für Frauen von 21 bis 35 Jahren implizierte, nicht zugleich auch eine Zwangsanwerbung von Arbeitskräften für das Reich. Vielmehr blieb diese immer nur eine Möglichkeit, eine Drohung, die dazu diente, die Einwilligung zur »Pflichtarbeit« in Serbien selbst zu erreichen.[225] An keiner Stelle wird nämlich in den deutschen Dokumenten die Verschickung von Arbeitskräften nach Deutschland infolge von Verordnungen über die Einführung kriegswirtschaftlicher Maßnahmen des Reiches in Serbien erwähnt.

Den Abwerbern aus dem Reich gelang es, von Anfang Juli bis Ende August 1941 22.219 Arbeiter zu gewinnen, davon 7.328 für die Industrie und 14.909 für die Landwirtschaft.[226] Anscheinend hielt sich die Arbeiterschaft zunächst wegen der »kommunistischen Gefahr«, wie es die deutschen Behörden nannten, zurück.[227]

Die Behörden des Marionettenregimes beteiligten sich ihrerseits aktiv und nicht nur über die Presse an der Gewinnung von Freiwilligen. So eröffnete der Außerordentliche Bevollmächtigte des Kommissars für Siedler und Flüchtlinge am 16. August den Gemeinden, dass Deutschland 150.000 Arbeiter (Männer und Frauen) im Alter

---

222 Odluka o utvrđivanju zločina okupatora i njihovih pomagača, Krmpotić dr Mario. (AJ, 110, F.br. 789/I).
223 Petranović, Srbija, 242–244.
224 Schlarp, a. a. O., S. 209.
225 Mit Zwangsarbeit außerhalb Serbiens wurde jenen gedroht, die sich nicht zur »Pflichtarbeit« in Serbien meldeten (Poziv obveznika rođenih 1908–1911. godine, NV, 6.IV 1943, S. 3; siehe auch: NV, 7,8, 9, 10, 11, 13, 15.IV 1943).
226 Schlarp, a. a. O., S. 208.
227 Der Einsatz serbischer Arbeiter im Reich. (BA, R 26 VI/1350); Schlarp, a. a. O., S. 208.

von 18 bis 45 (je nach Gesundheitszustand bis 50) Jahren benötige, die zu den gleichen Bedingungen wie deutsche Arbeiter arbeiten würden, und dass die Gemeinde diese Nachricht unter den Flüchtlingen auf ihrem Gebiet zu verbreiten hätte.[228] Mit dem Ziel der Anwerbung von Arbeitskräften bereisten die Anwerbungskommissionen verschiedene Orte in der Provinz, wobei die Gemeinden Interessenten bereits im Voraus benachrichtigen sollten.[229] Später wurde die Zahl der Zweigstellen der Arbeitsbörse im Landesinneren vergrößert, so dass sie neben Belgrad, Bečkerek und Niš auch in Kruševac, Zaječar, Paraćin, Leskovac, Požarevac, Smederevo, Valjevo, Čačak und Šabac arbeiteten.[230] Über Zeitungsanzeigen versuchten zudem einige deutsche Firmen auf direktem Wege, serbische Arbeiter anzuwerben.[231]

Vor ihrer Abreise schlossen die Arbeiter Verträge mit den deutschen Bevollmächtigten an der Arbeitsbörse ab. Darin waren die Dauer des Vertrags, die Höhe des Verdienstes sowie weitere Bedingungen festgelegt. Der Vertrag konnte auf sechs Monate mit der Möglichkeit auf Verlängerung abgeschlossen werden. Die Arbeiter mussten mindestens 18 Jahre alt sein und die Kinder, falls sie mit den Eltern reisten, mindestens 16, was allerdings nicht immer respektiert wurde. So befanden sich unter den Arbeitern reichlich Minderjährige und sogar Kinder im Alter von 13 Jahren.[232] Es kam zudem vor, dass gesundheitlich ungeeignete Arbeiter nach Deutschland geschickt wurden.[233] Offensichtlich kam es den Anwerbern vor allen Dingen auf die Anzahl und nicht auf die »Qualität« der Arbeitskräfte an. Der Status der serbischen Arbeiter war formal auf Basis des Abkommens zwischen dem Königreich Jugoslawien und der Weimarer Republik von 1928 bzw. mit Österreich von 1931 geregelt, doch haben nach Borković angeblich die deutschen Arbeitgeber die sie betreffenden Klauseln verletzt.[234]

Die Ermittlung der genauen Zahl der »freiwilligen« Arbeiter, die aus Serbien nach Deutschland gegangen sind, wird erschwert durch ideologische Vorurteile einiger serbischer Autoren, die darüber geschrieben haben, aber auch durch die Tatsache, dass die deutschen Behörden nicht immer einen Unterschied zwischen freiwilligen und gezwun-

---

228 Načelstvo sreza svrljiškog opštinskoj upravi Svrljig, 21.VII 1941. (VA NA, k. 53, f. 1, d. 2).
229 Načelstvo sreza svrljiškog opštinskoj upravi Svrljig, 27.VII 1941. (VA NA, k. 53, f.1, d. 4); Iz sreza beličkog javljaju se mnogi na rad u Nemačkoj, NV, 7.VIII 1941, S. 5.
230 BA, R 26/VI/1350; Saopštenje radnicima koji putuju u Nemačku na rad, NV, 23.I 1942, S. 5; Aleksić, a. a. O., S. 314–315.
231 Pažnja radnicima, NV, 31.VIII 1941, S. 4; Nemačka traži zidare i tesare za velike novogradnje u Nirnbergu!, NV, 4.X 1941, S. 4; Radnici, koji želite da putujete na rad u Nemačku, slušajte!!!, NV, 19.X 1941, S. 4; Viner-nojšteter flugcojgverke traži radnike bez obzira na kvalifikaciju, NV, 3.XI 1942, S. 6.
232 Izveštaj delegata za srpske radnike Milana Kečića, Berlin, 16.II 1942. (VA NA, k. 34, f. 3. d. 16); Aleksić, a. a. O., S. 315.
233 Izveštaj delegata za srpske radnike Milana Kečića, Berlin, 19.II 1942. (VA NA, k. 34, f. 3, d. 18).
234 Borković, Kontrarevolucija, S. 65.

genen Arbeitern gemacht haben, zumal sie lediglich die Gesamtzahl an Arbeitskräften interessierte.[235] Es kam auch zur Vermischung von Menschen aus dem Gebiet Jugoslawiens mit Serben, ebenso wie es Menschen nicht-serbischer Nationalität mit serbischem Pass gab, was die Statistik noch weiter erschwert.[236] Deswegen finden sich auch in deutschen Akten widersprüchliche Ziffern für ein und denselben Zeitraum, aber auch alle weiteren Angaben müssen mit einem gewissen Vorbehalt gelesen werden. Bis Ende 1941 wurden nach deutschen Angaben 32.000 Arbeiter entsandt,[237] während die »Staatliche Kommission zur Ermittlung der Verbrechen der Besatzer und ihrer Helfer« die Zahl von 29.352 Arbeitern anführte.[238] Anscheinend verhinderten Transportschwierigkeiten die Entsendung einer größeren Zahl nach Deutschland.[239] Bis Mitte 1942 gingen 43.700 Menschen nach Deutschland, danach mussten weitere Anwerbungen und Entsendungen aufgrund des Arbeitskräftemangels in Serbien selbst – insbesondere in den Bergwerken von Bor – ausgesetzt werden.[240] Zu diesem Stillstand kam es ungeachtet des angestiegenen Bedarfs an Arbeitskräften im Reich und trotz der Tatsache, dass im Februar 1942 auch die Möglichkeit der Zwangsanwerbung in den besetzten Ländern ins Auge gefasst wurde.[241] Dies zeugt offensichtlich von der Relevanz der serbischen Betriebe für die deutsche Kriegswirtschaft, aber auch vom permanenten Mangel an Ressourcen für diese.

Erst im Frühjahr 1943 wurde die Anwerbung wieder aufgenommen, aufgrund derer sich 3.400 Arbeiter meldeten.[242] Dabei trug die Umsetzung der Arbeitspflicht in Serbien dazu bei, dass sich eine größere Zahl Freiwilliger meldete, die durch die Arbeit in Deutschland, von der man glaubte, sie sei leichter und einträglicher, der Zwangsarbeit in serbischen Bergwerken entkommen wollten.[243] Diese »freiwillige« Anmeldung

---

235   Schlarp, a.a.O., S. 210.
236   Izveštaj srpskog delegata o stanju srpskih radnika kod pojedinačnih firma (sic) u Nemačkoj, [Anfang 1942?]. (VA NA, k. 34, f. 3, d. 22).
237   KTB 4.4.–31.12.1941. Zusammenfassung Dezember. (BA/MA, RW 29/31); Ristović, Nemački novi poredak, S. 263. Turner govori o 34.000. (8. Lagebericht des Verwaltungsstabes beim Befehlshaber Serbien, BA/MA, RW 40/190); Schlarp zitiert aus dem 2. Gesamtbericht des GBW eine Zahl von 32.800 Arbeitern, vgl. Schlarp, a.a.O., S. 209.
238   Odluka o utvrdivanju zločina okupatora i njihovih pomagača, Krmpotić dr Mario. (AJ, 110, F. br. 789/I).
239   KTB 1.1.–30.6.1942, Zusammenfassung Januar 1942. (BA/MA, RW 29/31).
240   Wehrwirtschaftstab Südosten, KTB 1.7.–30.9.1942, Zusammenfassung Juli 1942. (BA/MA, RW 29/33); Ristović, Nemački novi poredak, S. 263; Schlarp, a.a.O., S. 209.
241   Anordnung Nr. 4 des Generalbevollmächtigten für den Arbeitseinsatz, 7.V 1942. (BA/MA, RW 19/2160); KTB 1.1.–30.6.1942. Eintrag vom 26.2 1942. (BA/MA, RW 29/31); V.O./Wi Rü Amt und Wi Stab Ost bei OKH/Gen Qu Vortragsnotiz für Herrn Major Emmerich, Berlin 13.III 1942. (BA/MA, RW 19/2160).
242   Schlarp, a.a.O., S. 209.
243   Kommandierender General und Befehlshaber in Serbien, Abt. Ia an Oberbefehlshaber Südost, Lagebericht 19.4.1943. (BA/MA, RW 40/40).

erscheint aus der Not heraus motiviert gewesen zu sein. Mit Blick auf die Heimkehr derjenigen, deren Vertag ausgelaufen war oder die ihn verletzt hatten, schätzt Schlarp die Zahl der serbischen Arbeiter im Reich zu diesem Zeitpunkt auf 35.000 bis 45.000 ein.[244] Eine deutsche Quelle spricht von 47.000 Arbeitern aus Serbien in Deutschland bis Ende Mai 1943.[245] Im Sommer dieses Jahres ging die Zahl der Freiwilligen zurück, so gab es etwa im August nur 800 Neuanwerbungen.[246] Dies war auf die Propaganda und Aktionen der Aufständischen zurückzuführen, die sogar Anwerber umbrachten und potenzielle Freiwillige einschüchterten.[247] Bis Ende des Jahres stieg die Zahl der Arbeiter aus Serbien dennoch wieder auf 63.000,[248] nach anderen Quellen sogar auf 65.743 Menschen an.[249] Aus deutschen Dokumenten lässt sich schließen, dass es sich dabei nur zum Teil um »freiwillige« Arbeiter handelte, der andere Teil jedoch aus den Konzentrationslagern kam.[250] Wahrscheinlich war dies der Grund, weshalb die »Staatliche Kommission zur Ermittlung der Verbrechen der Besatzer und ihrer Helfer« befand, dass sich zu diesem Zeitpunkt in Deutschland etwa 80.000 Arbeiter aus dem Gebiet Serbiens (inklusive des Banats) aufhielten.[251]

Im darauffolgenden Jahr ist ein weiterer Rückgang der Arbeitsaufnahmen festzustellen,[252] als nur 3.850 Personen ins Deutsche Reich reisten.[253] Die Ursachen für den dramatischen Rückgang der Freiwilligenzahlen sind – abgesehen vom Druck der Aufständischen und der im Oktober 1944 endenden Besatzung – in der Verschlechterung der Versorgungslage im Reich, in der zunehmenden Furcht vor Luftangriffen[254] (die freilich auch in Serbien, wenngleich in geringerem Maße bestand), im Wertverfall

244 Schlarp, nd., 211.
245 Wehrwirtschaftstab Südosten, Lagebericht 21.5.1943. (BA/MA, RW, 29/36).
246 Wehrwirtschaftstab Südosten, KTB 1.7.–20.9.1943, Lagebericht, 24.8.1943. (BA/MA, RW, 29/37).
247 Wehrwirtschaftstab Südosten, 15.10.1943. (BA/MA, RW, 29/37); Aleksić, a. a. O., S. 319.
248 Dritter Gesamtbericht des GBW in Serbien, Januar 1944. (BA/MA, RW 40/99; BA, R 26/VI/693).
249 Schlarp, a. a. O., S. 210.
250 So ist in einem Bericht des Wehrwirtschaftsstabs Südosten vom 15. November 1943 davon die Rede, dass im Oktober ca. 1000 Arbeiter nach Deutschland entsandt wurden, davon wurden 400 »politisch zuverlässig erscheinende« [...] »aus den Lagern des SD freigegeben«. Derselbe Bericht beklagt auch, dass es fast keine freiwilligen Einschreibungen mehr gebe. Wehrwirtschaftstab Südosten, KTB 1.10.–31-12. 1943, Lagebericht Serbien. (BA/MA, RW, 29/38).
251 Živković, Ratna šteta, S. 167.
252 Wehrwirtschaftstab Südosten, KTB 1.1.–31.3.1944, Lagebericht Serbien, 15.2.1944. (BA/MA, RW, 29/39).
253 Schlarp, a. a. O., S. 210.
254 Ab 1943 war auch Österreich, wo sich eine große Zahl serbischer Arbeiter auffhielt, den alliierten Luftangriffen ausgesetzt (Gruenfelder, U radni stroj, S. 141).

der Gehälter sowie im Verlust des Glaubens an den deutschen Sieg zu suchen.[255] Aufgrund der zunehmenden Schwäche des Besatzungsapparats wurde es außerdem immer schwieriger, an Zwangsarbeiter zu kommen, um mit ihnen die Reihen der tatsächlich »Freiwilligen« füllen zu können. Im dritten Gesamtbericht des GBW von Anfang 1944 ist von 63.000 Arbeitern die Rede, die aus Serbien nach Deutschland verschickt wurden. Tatsächlich seien davon nur 30.000 bis 35.000 Mann beschäftigt, da für die einen die Verträge ausgelaufen seien, andere wiederum diese gebrochen und eigenmächtig ihre Arbeitsplätze verlassen hätten. Man befand, dass diejenigen, die in Deutschland arbeiten, in Serbien nicht hätten verwendet werden können, da sie durch die Arbeit im Reich Sicherheit vor dem Terror suchten oder aber ihre Entsendung aus Serbien politisch erwünscht sei.[256] Neben den hier angeführten Arbeitern wurde auch eine geringere Zahl junger Leute vom Dorf nach Deutschland geschickt, um während eines einmonatigen Aufenthaltes deutsche landwirtschaftliche Techniken und Methoden kennenzulernen. Diese Gruppen umfassten jeweils um die hundert Leute. 1941 gingen sieben davon nach Deutschland, 1942 mindestens zehn, 1943 elf und 1944 nur vier Gruppen. Die jugoslawische kommunistische Nachkriegshistoriographie stellte die Reisen dieser Gruppen, die »besonders schwere landwirtschaftliche Arbeiten leisten mussten«, ebenfalls als eine Form von Zwangsarbeit dar und behauptete, dass die jungen Männer auf Gutshöfen eingesetzt wurden und überhaupt keine Berufskurse besuchten.[257]

Die Lebensbedingungen der serbischen Arbeiter im Deutschen Reich

Im folgenden Abschnitt stehen die Arbeitsbedingungen der aus Serbien stammenden Arbeiter im Deutschen Reich im Mittelpunkt und hier besonders die Frage, in welchem Maße diese den vertraglichen entsprachen oder ob sie eher den Bedingungen glichen, unter denen Zwangsarbeiter zu arbeiten hatten. Die tägliche Arbeitszeit betrug 10 bzw. 8 Stunden für Minderjährige, denen es nicht erlaubt war, Überstunden zu machen. Ungelernte volljährige Arbeiter wurden mit 0,51 Reichsmark stündlich bezahlt, was sich auch im Zeitraum 1941–1944 nicht änderte. Verheiratete Arbeiter erhielten einen Zuschlag von einer Reichsmark täglich. Erst 1944 wurde für bestimmte Tätigkeiten eine Gruppenprämie in Höhe von 10 bis 15 Reichsmark eingeführt. Es mussten 25 Tagesleistungen erbracht werden, um den Bruttomonatslohn zu erarbeiten, der 152 Reichsmark bzw. 162–167 Reichsmark inklusive Prämie betrug. Für Verpflegung wurde zusätzlich 1,5 Reichsmark täglich bezahlt, während die Unterbringung kostenlos erfolgte. Nach Abzug der Provision für Geldüberweisungen und anderer Gebühren konnte ein unge-

---

255   Aleksić, a.a.O., S. 319; Schlarp, a.a.O., S. 211.
256   Dritter Gesamtbericht des GBW in Serbien, Januar 1944. (BA/MA, RW 40/99; BA, R 26/VI/693).
257   Živković, Ratna šteta, S. 167–168.

lernter Arbeiter um die 17 Reichsmark wöchentlich verdienen.[258] Die minderjährigen Arbeiter erhielten zwischen 31 und 45 Pfennig stündlich, doch aufgrund ihrer kürzeren Arbeitszeit blieb ihnen nach Abzug des Geldes für Verpflegung, Kleider und andere Ausgaben nur wenig übrig. Manche standen sogar in der Schuld ihrer Arbeitgeber. Auch Lehrlinge wurden schlecht bezahlt und hatten zudem als Ausländer nach deutschem Recht kein Anrecht auf eine Berufsausbildung. Die Beförderung war kostenfrei; dies galt auch für Kost und Logis derjenigen, die in Belgrad auf die Abfahrt nach Deutschland warteten.[259]

Neben einer Reihe anderer Einschränkungen, die in Deutschland bestanden, war auch die Möglichkeit zur Geldüberweisung ins Ausland nur begrenzt gegeben. Fremdarbeiter durften nur 60 bis 100 Reichsmark nach Hause schicken.[260] Im Jahr 1942 lag diese Summe bei 60 Reichsmark für Arbeiter in der Landwirtschaft und bei 70 Reichsmark für Industriearbeiter. Für Kroaten wurde die Summe auf 120 Reichsmark und für Volksdeutsche auf 150 Reichsmark angehoben, während dies den Serben erst 1943 ermöglicht wurde.[261] Die serbischen Arbeiter schickten bis Herbst 1941 ihr Geld mit der halboffiziellen Reisegesellschaft »Putnik«, bis diese von der »Reise- und Auswandererzentralstelle« übernommen wurde.[262] Wegen des Preisanstiegs in Serbien waren die Überweisungen aus Deutschland zum Unterhalt der Familie nicht mehr ausreichend,[263] was sicherlich zu einem abnehmenden Interesse an freiwilliger Arbeit im Reich führte. Die Auszahlung der Rücküberweisungen in Dinar trieb nur die Inflation voran und nach einem anfänglichen Rückgang der Arbeitslosigkeit führte die Abwanderung zur Arbeit nach Deutschland (neben den Kriegsgefangenen im Reich) allmählich zu einem Defizit an Arbeitskräften in Serbien selbst.[264]

Andererseits führte die Beschränkung der Geldüberweisung auch zu Formen der Geldverschwendung: So wurde der Hang zu Alkohol und irrationalem Konsum, der bei Arbeitern aus Serbien anscheinend besonders verbreitet war,[265] durch die fehlende

---

258 Aleksić, a.a.O., S. 315.
259 Obaveštenje o odlaženju srpskih radnika na rad u Nemačku. (VA NA, k. 34. f. 1. d. 19).
260 Das heißt, dass die »Versendung von bis zu 2.000 Dinar« (= 100 RM) eine leere Versprechung blieb (Vgl. Obaveštenje o odlaženju srpskih radnika na rad u Nemačku. (VA NA, k. 34. f. 1. d. 19).
261 Schlarp, a.a.O., S. 212.
262 Aleksić, a.a.O., S. 316. Prepiska o tome u: VA NA, k. 34, f. 3, d. 11–13.
263 Schlarp, a.a.O., S. 212.
264 Ebd., 213.
265 Radoslav Marković, Pravoslavna srpska parohija u Inđiji krajem 1900. godine, Inđija 1997, S. 22, 27–28, 32–34, 64; Isti, O raskošu (modi) i ostalim štetnim običajima i navikama našim, Zagreb 1905, S. 5–6, 19–22, 26–32, 35–36; Isti, Sadašnje stanje naše agrarne privrede (prilog k temi da li naš narod propada), Letopis Matice srpske, knj. 286, Novi Sad 1912, S. 46, 50. Einen gewissen Hang der Serben zu übermäßiger Verschwendung und Alkoholkonsum bemerkten auch viele ausländische Beobachter seit dem 18. Jahrhundert. (Vgl. Dušan J.

Möglichkeit, größere Summen an die Familien in Serbien zu schicken, noch weiter verstärkt. Die deutschen Behörden stellten diesbezüglich fest, dass die Arbeiter aus dem Südosten Europas über stattliche Mengen Bargeld verfügten, was sie in die Lage versetzte, auf dem Schwarzmarkt 300 bis 500 Reichsmark für einen »punktfrei« gekennzeichneten Anzug zu bezahlen, mit einem elektrischen Wagen durch den Wiener Prater zu fahren oder in Vergnügungsstätten an einem Nachmittag 20 bis 30 Reichsmark auszugeben.[266] Nach Ansicht der Behörden sorgten sich die Serben am wenigsten von allen Fremdarbeitern um ihre Familien und nutzten die Möglichkeiten des Geldtransfers nicht in vollem Maße aus, sondern vergeudeten stattdessen einen Großteil im Reich.[267] Es wäre interessant zu ermitteln, in welchem Maße dieses Verhalten durch die Mentalität der serbischen Arbeiter und in welchem Maße durch die Reichsvorschriften bezüglich des Geldtransfers ins Ausland bedingt war.

Um ausländische Arbeitskräfte nach Deutschland anzuziehen, gab Fritz Sauckel, der am 21. März 1942 zum Generalbevollmächtigten für den Arbeitseinsatz ernannt wurde, folgende Anordnung aus: »Um diese Arbeitskräfte möglichst freiwillig für einen solchen Einsatz [im Reich] zu gewinnen, ist es geboten, die Lohn- und Arbeitsbedingungen in den besetzten oder von uns beeinflußten Gebieten so niedrig zu halten, daß die in Deutschland gültigen Bedingungen einen wirksamen Anreiz zur Arbeitsaufnahme im Reich enthalten. Lohnerhöhungen allgemeiner Art müssen daher in allen besetzten Gebieten unterbleiben.«[268] Mit anderen Worten sollte auf die Arbeitskräfte der besetzten Länder Druck ausgeübt werden, sich zur Arbeit in Deutschland zu melden, dessen eigene Kriegsindustrie selbst dann Vorrang vor dem Arbeitskräftebedarf anderer Länder hatte, wenn dessen Deckung im Interesse des Reiches lag.[269]

Sauckel verlegte sich jedoch nicht allein darauf, Druck auszuüben. So wurden seit April 1942 die Fremdarbeiter bezüglich der Essensrationen mit den deutschen gleich-

---

Popović, Srbi u Vojvodini, 2, [Novi Sad 1990.], 33–34; Isto, 3, S. 177, 183; Mariann Nagy, Nineteenth Century Hungarian Authors on Hungary's Ethnic Minorities, u: László Kontler (ed.), Pride and Prejudice. National Sterotypes in 19th and 20th Century East to West, Budapest 1995, S. 42–43; Paul Hunfalvy, Ethnographie von Ungarn, Budapest 1877; Antal Hegediš, Josif II o svom putovanju u Banat 1768, Istraživanja, 11, 1986, S. 210, 233; Gerhard Seewann, Serbische Süd-Nord Migrationen als Voraussetzung für die deutsche Ansiedlung im 18. Jahrhundert, u: A Kárpát-medence vonzásában, Pécs 2001, S. 432–433, 436, 438; Franc Štefan Engel, Opis Kraljevine Slavonije i Vojvodstva Srema, Zbornik Matice srpske za književnost i jezik, knj.19, sv. 2, 1971, S. 309; Leonhard Böhm, Geschichte des Tmeser Banats, I., Leipzig 1861, S. 213–214; Isto, II, S. 205–211, 217.

266 Wuescht, a.a.O., S. 221.
267 Schlarp, nd., 212.
268 Beauftragte für den Vierjahresplan, der Generalbevollmächtigte für den Arbeitseinsatz an das Oberkommando der Wehrmacht, Berlin, 7.IV 1942. (BA/MA, RW 19/2160).
269 Anordnung Nr. 10 des Generalbevollmächtigten für den Arbeitseinsatz über den Einsatz von Arbeitskräften der besetzten Gebiete, 22. VIII 1942. (BA/MA, RW 19/2159).

gestellt,[270] obwohl ihnen eigentlich bereits von Beginn an die gleiche Behandlung wie den einheimischen Arbeitern zugesagt worden war. Trotz des nunmehr formell gleichen Kalorienwerts der Nahrung erhielten die serbischen Arbeiter noch 1944 weniger kalorienhaltige Nahrung als die deutschen.[271] Andererseits, so ein Bericht, erfüllte ein Fünftel der serbischen Arbeiter an manchen Orten nicht die geforderte Arbeitsleistung sowie die Ansprüche an Ordnung und Sauberkeit. Es handelte sich um Bauern, die als Hilfsarbeiter eingestellt worden und an Fabrikarbeit nicht gewohnt waren.[272] An mehreren Orten gab es Beschwerden, wonach die serbischen Arbeiter faul und schmutzig seien und zum Glücksspiel neigen würden. Nach den Ermittlungen eines serbischen Regierungsvertreters sei dies zwar nur in wenigen Fällen der Fall, dennoch würden diese einen dunklen Schatten auf die gesamte serbische Arbeiterschaft im Reich werfen.[273] Allem Anschein nach erwarteten nicht einmal die deutschen Arbeitgeber von den serbischen Arbeitern die gleiche Leistung wie von den einheimischen: Selbst von qualifizierten Arbeitern erwartete man nur 50 Prozent der Leistung deutscher Arbeiter,[274] denn »im Vergleich mit den Kroaten wurde nicht nur die Eignung der Serben, sondern auch ihr ‚Arbeitscharakter' geringer eingestuft«.[275] Bei allen objektiven Umständen, die die Leistungsbereitschaft serbischer Arbeiter verringert haben könnten, handelte es sich hier offensichtlich eher um einen »politisch korrekten« Rassismus, der die Kroaten um eine Stufe höherwertiger erachtete. Interessanterweise war die Firma »Relin« in Neustadt bereit, den serbischen Arbeitern das volle Gehalt zu bezahlen, auch wenn sie nur 70 Prozent der Produktivität deutscher Arbeiter erreicht haben[276] – eventuell deshalb, weil angeblich noch weniger effiziente Albaner mit ihnen dort zusammenarbeiteten.

270 Der Beauftragte für den Vierjahresplan, der Generalbevollmächtigte für den Arbeitseinsatz an das Oberkommando der Wehrmacht, Berlin, 7.IV 1942. (BA/MA, RW 19/2160).
271 Schlarp, a.a.O., S. 212.
272 Izveštaj o poseti naših radnika kod preduzeća MAN-Nürnberg i u lageru u Fischbach-u, Milan Indić, 21.I 1944. (VA NA, k. 34, f. 3, d. 46); Aleksić, a.a.O., S. 316.
273 Izveštaj srpskog delegata o stanju srpskih radnika kod pojedinačnih firma (sic) u Nemačkoj, [oktobar 1941-januar 1942.] (VA NA, k. 34, f. 3, d. 22). Dem Bericht des serbischen Regierungsvertreters zufolge stellte sich heraus, dass innerhalb der Gruppe von Arbeitern der Firma Relin in Neustadt, über die es die meisten Beschwerden gegeben habe, die Mehrheit der verlausten und extrem schmutzigen Arbeiter nicht Serben, sondern Kosovo-Albaner seien (650 der 900 Arbeiter). Beschwerden über serbische Arbeiter, sie seien schmutzig, unordentlich und neigten zum Glücksspiel und Diebstahl, habe es in der Firma Arado in Potsdam gegeben. Im Einvernehmen mit den betroffenen Arbeitern habe man beschlossen, die 20 am schlimmsten Betroffenen nach Serbien zurückzuschicken. (ebd.)
274 Wehrwirtschaftstab Südosten, KTB 4.4.1941–30.6.1942. Zusammenfassung im Monat Juni 1941. (BA/MA, RW 29/31).
275 Schlarp, a.a.O., S. 211.
276 Izveštaj srpskog delegata o stanju srpskih radnika kod pojedinačnih firma (sic) u Nemačkoj, [oktobar 1941-januar 1942]. (VA NA, k. 34, f. 3, d. 22).

Auf der anderen Seite ist zu fragen, inwiefern die serbischen »Gastarbeiter« ihrerseits mit den Lebens- und Arbeitsbedingungen in Deutschland zufrieden waren. Freilich lässt sich darauf in Anbetracht der Art der Quellen, die uns darüber Auskunft erteilen könnten, keine definitive Antwort geben. Selbstverständlich waren die Beschreibungen in der serbischen Regime-Presse – sofern sie tatsächlich aus der Feder von Arbeitern stammten – voll des Lobes, auch wenn zuweilen die Härte der Arbeitsdisziplin angemerkt wurde. Auch die Berichte des Vertreters der serbischen Regierung zeichnen im Großen und Ganzen kein schlechtes Bild, zumindest jedoch nicht das von Zwangsarbeit. Vielmehr stellten sie die Lage der Arbeiter trotz der Unterschiede zwischen den verschiedenen Unternehmen insgesamt nicht übermäßig negativ dar: Die Unterbringung der Arbeiter erfolge, wie von den deutschen Behörden vorgesehen, in der Regel kollektiv.[277] Sie sei durchaus annehmbar, doch wäre es an einigen Orten besser angebracht, wenn die Arbeiter die Hygiene stärker einhalten würden. Auch die Nahrungsversorgung könne in den meisten Fällen als gut bewertet werden. Was die Bezahlung anbelangt, sei diese außer im Fall der Minderjährigen überwiegend zufriedenstellend. Es gäbe auch Fälle, in denen eine Lohnerhöhung gefordert werde.[278] Worüber sich die Mehrheit der Arbeiter beschwerte, sei die dürftige Versorgung mit Kleidern und Schuhen. Diese waren in Deutschland Mangelware, und der Generalbevollmächtigte für den Arbeitseinsatz, Fritz Sauckel, verlangte von den Arbeitern, die zur Arbeit nach Deutschland kamen, Kleider und Schuhe mitzubringen.[279] Zuweilen zeichnete die Propaganda die Lebensbedingungen im Reich in allzu rosigen Farben, was notwendigerweise zu Enttäuschungen führte, sobald man auf die Wirklichkeit traf. Aus diesem Grund wies der Gesandte der serbischen Regierung, der die serbischen Arbeiter im Reich noch im Oktober 1941 besuchte, darauf hin, dass bei der Anwerbung »nicht goldene Berge und

---

277 Nach Sauckels Anordnung sollten die Lager möglichst nur aus einer Nation bestehen oder aber die Angehörigen unterschiedlicher Nationalitäten sollten zumindest jeweils eigene Baracken haben. Dadurch sollten die unterschiedlichen politischen Verhältnisse berücksichtigt werden. (Anordnung Nr. 4 des Generalbevollmächtigten für den Arbeitseinsatz, 7.V 1942. (BA/MA, RW 19/2160); Gruenfelder, U radni stroj, S. 54).
278 Izveštaj srpskog delegata o stanju srpskih radnika kod pojedinačnih firma (sic) u Nemačkoj, Berlin, 13.XII 1941. (VA NA, k. 34, f. 3, d. 23); Izveštaj o poseti srpskih radnica i radnika zaposlenih kod firme Aschau-Kreis Mühldorf i kod firme Innwerk Bauabteilung Ering/Inn-Kreis Pfarrkirchen, dr Viktor Hieber, 8–10.VI 1944. (VA NA, k. 34, f. 3, d. 48); Izveštaj o poseti srpskih radnica zaposlenih kod firme Paul Hartmann A.G. Heidenheim i srpskih radnika zaposlenih kod firme Hummel und Söhne-Ehrenstein kod Ulma, dr Viktor Hieber, 20–22.VI 1944. (VA NA, k. 34, f. 3. d. 49).
279 Aleksić, a. a. O., S. 316; Anordnung Nr. 4 des Generalbevollmächtigten für den Arbeitseinsatz, 7.V 1942. (BA/MA, RW 19/2160). Eine Flugschrift von Anfang 1942 versprach auch die Bereitstellung von Schuhen vor der Reise, die später allerdings vom Verdienst in Deutschland bezahlt werden sollten (Obaveštenje o odlaženju srpskih radnika na rad u Nemačku, VA NA, k. 34. f. 1. d. 19).

die allerschönsten Bedingungen versprochen werden sollten, nur um eine möglichst große Zahl von Arbeitern anzuwerben«.[280] In seiner Anordnung Nr. 4 vom 7. Mai 1942 hielt Sauckel dazu an, bei der Anwerbung von Fremdarbeitern die Aufmerksamkeit darauf zu lenken, dass die Lebensbedingungen in Deutschland besser als im übrigen Europa seien, doch »die Unterbringung, die Verpflegung und die sonstigen Lebensverhältnisse kriegsbedingten Einschränkungen unterworfen sind«.[281]

In den (freilich nicht sehr zahlreichen) Berichten von Arbeitern an die serbischen Regierungsgesandten finden sich nur wenig Klagen über ihre Behandlung, obwohl u. a. berichtet wird, dass es bei MAN in Nürnberg öfters dazu käme, dass Arbeiter geschlagen würden, wogegen der serbische Regierungsgesandte Milan Indić angeblich erfolgreich protestiert habe.[282] Mitte 1944 wird in serbischen Dokumenten von der Festnahme von fünf Arbeitern berichtet, die sich geweigert hätten zu arbeiten, weil sie wegen unregelmäßigen Erscheinens zur Arbeit mit dem Entzug von Zigaretten bestraft worden seien.[283] Dieser Fall lag freilich fast schon im Bereich normaler Disziplinarmaßnahmen von Arbeitgebern gegenüber ihren Angestellten und entsprach den im Reich eingeführten kriegswirtschaftlichen Maßnahmen, die praktisch jede Art von Arbeit zu einer Zwangsangelegenheit machten und die Nichterfüllung der Pflicht dementsprechend hart bestraften. Schon früh nahmen die Firmen zur Disziplinierung der Arbeiter, die nach Ansicht der Arbeitgeber die Verträge gebrochen hatten, die bestehenden Arbeitserziehungslager für »gesellschaftlich abweichende Elemente« in Anspruch. Die Unternehmen förderten die Einrichtung von Arbeitserziehungslagern, um damit langen Gerichtsverfahren sowie dem Verlust der Arbeitskräfte an Konzentrationslager (die von der SS kontrolliert wurden) zu entgehen. Sie finanzierten diese und stellten in Absprache mit den lokalen Gestapobehörden Wachleute zur Verfügung. Das Regime der Arbeitserziehungslager ähnelte einem Konzentrationslager, doch war der Aufenthalt je nach Bedarf der Firma zeitlich begrenzt. Dennoch wurden diese Lager für viele sowjetische und polnische Arbeiter, die den Status von »Arbeitssklaven« hatten, zu Todeslagern, so dass die Todesrate aufgrund des brutalen Umgangs vor Kriegsende höher als in den KZ war.[284] Die verfügbaren Dokumente erwähnen keine serbischen Arbeiter in diesen Lagern, was nicht bedeutet, dass es dort keine gab. Schließlich berichten die erhaltenen

---

280 Izveštaj srpskog delegata o stanju srpskih radnika kod pojedinačnih firma (sic) u Nemačkoj, Berlin 17.X 1941. (VA NA, k. 34, f. 3, d. 23).
281 Anordnung Nr. 4 des Generalbevollmächtigten für den Arbeitseinsatz, 7.V 1942. (BA/MA, RW 19/2160).
282 Izveštaj o poseti naših radnika kod preduzeća MAN-Nürnberg i u lageru u Fischbach-u, Milan Indić, 21.I 1944. (VA NA, k. 34, f. 3, d. 46).
283 Izveštaj o poseti srpskih radnica i radnika zaposlenih kod firme Aschau-Kreis Mühldorf i kod firme Innwerk Bauabteilung Ering/Inn-Kreis Pfarrkirchen, dr Viktor Hieber, 8–10.VI 1944. (VA NA, k. 34, f. 3, d. 48).
284 Gruenfelder, U radni stroj, S. 55.

Dokumente ausreichend Negatives über die serbischen freiwilligen Arbeiter, um die Vermutung berechtigt erscheinen zu lassen, dass einige von ihnen wegen mangelhafter Arbeitsdisziplin und Hygiene sowie ihres Hangs zum Glückspiel in Arbeitserziehungslagern endeten.

Neben diesem Aspekt der Arbeit im Reich, der schon in Richtung Zwangsarbeit weist, sollte noch ein anderer, mit diesem teilweise verbundener Umstand erwähnt werden, der nach den oben angeführten Definitionen ebenfalls den Zwangscharakter von Arbeit hervortreten lässt. Es handelt sich hierbei um die Möglichkeit, die Arbeitsbeziehung von Angestelltenseite aus zu kündigen. In serbischen Dokumenten konnten keine Hinweise darauf gefunden werden, doch erlauben die von Anna-Maria Grünfelder untersuchten Erfahrungen von freiwilligen Arbeitern aus dem mit dem Reich verbündeten »Unabhängigen Staat Kroatien« Schlussfolgerungen zu ziehen, die sich möglicherweise auch auf die freiwilligen Arbeiter aus dem besetzten Serbien übertragen lassen. Aufgrund der Verschlechterung der deutschen Kriegssituation und der Einführung der totalen Kriegsmobilisierung 1943 kam es zur Verschlechterung der Situation der Fremdarbeiter, sowohl der Zwangs- als auch der freiwilligen Arbeiter. Im Falle Letzterer spiegelte sich diese darin wider, dass es ihnen nicht mehr möglich war, den Jahresurlaub zu nehmen und – schlimmer noch – nach Auslaufen des Vertrags nach Hause zurückzukehren. Aufgrund der allgemeinen Rekrutierung der Männer für die Wehrmacht erließen die deutschen Behörden 1943 das Verbot, zu reisen und den Jahresurlaub einzulösen. Das nach der Kapitulation Italiens beschlossene Heimkehrverbot für italienische Arbeiter wurde bald schon auf Arbeiter anderer Nationalitäten ausgeweitet,[285] obwohl es auch früher Fälle einer gezielten Verhinderung der Heimreise gab.[286] Erneut verfügen wir bezüglich der serbischen Arbeiter über keine konkreten Angaben, doch ist mit großer Wahrscheinlichkeit anzunehmen, dass sie das Schicksal ihrer Kollegen aus anderen Ländern teilten.[287]

Es ist nicht zu leugnen, dass das hier gezeichnete Bild der Lage der »freiwilligen« serbischen Arbeiter auf einer verhältnismäßig geringen und daher unzureichenden Zahl an Dokumenten basiert. Noch lückenhafter erscheint es, wenn man berücksichtigt, dass in den Statistiken deutscher Behörden auch Arbeiter als »freiwillig« angeführt wurden, die dies unter gar keinem Gesichtspunkt waren. In Anbetracht der Tatsache, dass die verfügbaren Dokumente einem totalitären Staat entstammen, stellt sich die Frage, inwiefern die Arbeiter dem Abgesandten eines ohnedies machtlosen serbischen

---

285 Gruenfelder, U radni stroj, S. 102, 182–183.
286 Gruenfelder, a.a.O., S. 78.
287 Es gibt lediglich eine Angabe, die besagt, dass sich die serbischen Arbeiter der Firma Aschau in Mühldorf mit der Streichung des Urlaubs abgefunden hätten. (Izveštaj o poseti srpskih radnica i radnika zaposlenih kod firme Aschau-Kreis Mühldorf i kod firme Innwerk Bauabteilung Ering/Inn-Kreis Pfarrkirchen, dr Viktor Hieber, 8–10.VI 1944. (VA NA, k. 34, f. 3, d. 48).

Staates wahrheitsgemäß über ihre Lage Auskunft geben durften. In bestimmten Berichten wird allzu Offensichtliches zwar erwähnt, doch häufig nicht in einer solchen Weise, dass es die jeweiligen Arbeitgeber in einem bestimmten Kontext diskreditieren könnte. Andererseits ist hinlänglich bekannt, dass selbst in freiheitlichen und demokratischen Staaten die Beschäftigten es durchaus nicht immer wagen, offen über ihre Arbeitgeber und ihre Arbeitsbedingungen zu sprechen. Schließlich stellt sich die Frage, was die Regierungsgesandten im Zuge ihrer kurzen Aufenthalte und Gespräche mit den Arbeitern und ihren Vorgesetzten über die tatsächlichen Lebens- und Arbeitsbedingungen der serbischen Arbeiter in Erfahrung bringen konnten. Wollten und durften sie ihren Vorgesetzten in Belgrad die volle Wahrheit sagen? Es gibt auch Hinweise, dass die Genehmigungen zum Besuch der Unternehmen selektiv erteilt wurden, d.h. vermutlich in erster Linie für jene, in denen die Lage der Arbeiter relativ günstig war.[288] All dies mag dazu beitragen, dass die Lage der serbischen Arbeiter in Deutschland in der Quellenüberlieferung besser erscheint, als sie es in Wirklichkeit war.

Die hier vorgebrachten Belege zur Arbeitssituation der Serben sind umso unvollständiger, als sie sich lediglich auf die Industriearbeiter beziehen. Wie wir wissen, war im Unterschied zu den Kriegsgefangenen[289] ein beträchtlicher, wenngleich kleinerer Teil der »freiwilligen« Arbeiter aus Serbien in der Landwirtschaft beschäftigt.[290] Über ihre Lebens- und Arbeitsbedingungen gibt es abgesehen von den Lobeshymnen in der Regimepresse noch weniger Angaben. Die Zeugnisse von Zwangsarbeitern, die deutschen Bauernfamilien als Arbeitskräfte zugeteilt wurden, deuten darauf hin, dass die Umgangsformen dort besser als im Fall der Zwangsarbeiter in der Industrie waren. Zu einer größeren Annäherung zwischen Dienstherren und Arbeiter durfte es nicht kommen, da die deutschen Vorschriften dies streng untersagten.[291] Es ist anzunehmen, dass das Verhältnis zwischen »freiwilligen« serbischen Arbeitern und ihren Arbeitgebern in der Landwirtschaft ähnlich war. In den Zeugnissen vor der »Staatlichen Kommission zur Ermittlung der Verbrechen der Besatzer und ihrer Unterstützer« wird berichtet, dass die Arbeit in der Landwirtschaft 16 Stunden täglich oder noch mehr betragen habe.[292]

---

288   Borković, Kontrarevolucija, S. 66.
289   Schlarp, a.a.O., S. 207.
290   Bis Juli 1942 waren 43.906 Arbeiter aus Serbien zur Arbeit nach Deutschland ausgereist, von denen 26.268 in der Industrie und 17.638 in der Landwirtschaft eingesetzt wurden. (Die Wirtschaftslage im Bereich des Kommandierenden Generals und Befehlshabers in Serbien. Zweiter Gesamtbericht des Generalbevollmächtigten für die Wirtschaft in Serbien, Juli 1942. (BA, R 26 VI/692).
291   Wiessinger, a.a.O., S. 74, 79, 81.
292   Živković, Ratna šteta, S. 166.

Kontrolle und »Fürsorge« durch die serbischen Behörden

Die serbischen Kollaborationsbehörden zeigten ungeachtet ihrer vollen Unterstützung der deutschen Organe bei der Anwerbung der Arbeiter auch eine gewisse Fürsorge für die »Gastarbeiter« im Reich. Wie erwähnt, besuchten die Abgesandten der Hauptverwaltung für Arbeitsvermittlung bereits im Herbst 1941 und im Winter 1941–42 einzelne Firmen, in denen serbische Arbeiter tätig waren. Daneben wurde seit April 1942 die Delegation für Wirtschafts- und Arbeitsmigration eingerichtet, an deren Spitze Milan Kečić und sein Stellvertreter Dr. Sava Kličković standen. Gemäß ihrer Satzung vom Dezember 1942 war die Gesandtschaft ein Organ des Ministeriums für Volkswirtschaft und sollte »mit allen öffentlichen Einrichtungen und interessierten Organisationen sowie Unternehmen im Land und in Deutschland zum Zwecke eines geregelteren Ablaufs von Auswanderung und Arbeitsdienst zusammenarbeiten, insbesondere bezüglich Angelegenheiten der vertraglichen Anstellung, des Transports, der Verpflegung, der Unterkunft und der Überweisung der Arbeitsersparnisse aus dem Ausland«. Sie hielt die serbischen Arbeiter dazu an, sich rechtschaffen, tüchtig und gehorsam im fremden Umfeld zu verhalten.[293] Die Mitglieder der Gesandtschaft hatten die serbischen Arbeiter an ihrem Arbeitsplatz zu besuchen, doch erhielten sie hierfür nicht immer die Genehmigung der deutschen Behörden.[294] Zudem waren die Arbeitsbesuche dadurch erschwert, dass die Arbeiter in Gruppen von einigen Dutzend bis zu einigen Hundert auf eine Vielzahl von Unternehmen und Städten in ganz Deutschland verstreut waren. Später wurde dieses Problem durch die Einrichtung von Gesandtschaftskanzleien in München, Wien und Hannover abgemildert.[295] Die Gesandtschaft kooperierte eng mit der Deutschen Arbeitsfront zusammen, von der sie finanziell und auch anderweitig abhängig war[296] und der im Übrigen auch die Betreuung der Fremdarbeiter im Reich oblag.[297] Zudem zeigte sich die Abhängigkeit der serbischen Gesandtschaft darin,

---

293 S. M. Jank., Srpska radnička delegacija u Nemačkoj, NV, 9.IV 1942, S. 3; Pravilnik o ustanovi naše privredno-iseljeničke (radničke) delegacije u Berlinu, NV, 5.XII 1942, S. 3; Borković, Kontrarevolucija, S. 65–66.
294 Borković, a. a. O., S. 66.
295 Rad srpske radničke delegacije u Nemačkoj, NV, 22.VI 1944, S. 2.
296 Borković, a. a. O., S. 66; Ministar socijalne politike i narodnog zdravlja ing. Dobrosavljević, postavljenje Milana Kečića za delegata za srpske radnike u Nemačkoj i za vezu sa Nemačkim frontom rada, Beograd 4.II 1943. (VA NA, k. 34, f. 3, d. 6). Die DAF hatte ihre Vertretung in Belgrad (Srpski radnici u Nemačkoj, NV, 12.X 1941).
297 Auf Anordnung von Fritz Sauckel war die Deutsche Arbeitsfront für alle Lager mit nicht in der Landwirtschaft beschäftigten Fremdarbeitern verantwortlich – gleichgültig wer die entsprechenden Lager eingerichtet hatte oder unterhielt. (Anordnung Nr. 4 des Generalbevollmächtigten für den Arbeitseinsatz, 7.V 1942. (BA/MA, RW 19/2160)) Über die Fürsorge der DAF für die Fremdarbeiter, schrieb, natürlich voll des Lobes, auch die »Novo vreme«.

dass sie ihre Räumlichkeiten im Gebäude der DAF in Berlin hatte.[298] Die Gesandtschaft stellte dennoch eine Art von Verbindung der Arbeiter mit der Heimat dar, obwohl sie unter den gegebenen Bedingungen kein besonders effizienter Vertreter der serbischen Interessen sein konnte. Ihre Arbeit enthielt auf jeden Fall eine Prise Demagogie – nicht zufällig waren ihre Mitglieder häufig anlässlich von Feierlichkeiten und Aufführungen serbischer Arbeiter in Deutschland zugegen.[299]

Als weitere Fürsorgemaßnahmen für die Arbeiter im Deutschen Reich sind zwei Sozialversicherungsverordnungen zu erwähnen.[300] Die erste davon betraf die ärztliche Behandlung von Rückkehrern aus Deutschland, die dort versichert gewesen waren: Ihnen wurde von den serbischen Sozialfürsorgeeinrichtungen eine Entschädigung ausgezahlt, die später von den deutschen sozialen Betreuungseinrichtungen rückerstattet werden sollte. Die zweite Verordnung betraf die Alters-, Arbeitsunfähigkeits- und Lebensversicherungen, deren Ausbezahlung auf ähnliche Weise geregelt wurde. Da Serbien in dieser Angelegenheit nur ein schwacher Verhandlungspartner war, wurden diese Verordnungen im Lauf des Krieges nie umgesetzt, und die deutsche Sozialversicherung blieb den serbischen Arbeitern beträchtliche Summen schuldig. Bezüglich ihrer Forderungen kam es erst 1959 nach über zweijährigen Vorgesprächen im Zuge des jugoslawisch-deutschen Abkommens zu einer Vereinbarung. Zu diesem Anlass wurden drei Verträge, drei Abkommen und ein Protokoll über so unterschiedliche Fragen verabschiedet wie die deutschen Schulden an die jugoslawische Eisenbahn- und Postgesellschaft, die Clearing-Schulden aus der Vorkriegszeit, die Rückgabe des jugoslawischen Kupfers sowie die genannten Forderungen der jugoslawischen Arbeiter und Kriegsgefangenen aus der Sozialversicherung. Für diese Forderungen wurden an Jugoslawien 26 Millionen DM bezahlt,[301] ein Betrag der deutlich zeigt, dass das Deutsche Reich seinen Verpflichtungen in Bezug auf die Sozialversicherung der Arbeiter auf seinem Gebiet weitgehend nicht nachgekommen war. Obwohl dieser Sachverhalt ein recht schlechtes

---

(Nemački front rada za strane radnike, NV, 5.IX 1942, S. 2; Staranje za strane radnike, NV, 30.IV 1943, S. 2).
298 S.M. Jank., Srpska radnička delegacija u Nemačkoj, NV, 9.IV 1942, S. 3.
299 S.M. Janković, Prelo i kolo na bini u Berlinu, NV, 24.XII 1942, S. 3; Rodoljub Ž. Ilić, Treće srpsko veče u Berlinu, NV, 19.V 1843, S. 3; Rodoljub M. Ilić, Proslava svetog Save u Berlinu, NV, 11.II 1944, S. 2.
300 Uredba o uređenju međusobnih odnosa u pogledu socijalnog osiguranja između Srbije i Nemačkog rajha, Službene novine, 1.IX 1942, S. 2–3; Uredba o izmeni Uredbe o uređenju međusobnih odnosa u pogledu socijalnog osiguranja između Srbije i Nemačkog rajha, Službene novine, 20.VIII 1943, S. 1; Druga uredba o uređenju međusobnih odnosa u pogledu socijalnog osiguranja između Srbije i Velikonemačkog rajha, Službene novine, 11.I 1944, S. 1–2.
301 Diplomatski arhiv (Beograd), Politička arhiva, 1954, F. 51, 62; 1955. F. 42; 1956. F. 61; Politisches Archiv des Auswärtigen Amtes, Berlin, B 86, 192, 573, 1292, 1449; Branko Pavlica, Sporna pitanja jugoslovensko-nemačkih odnosa 1945–1990, Beograd 1998, S. 44–45.

Licht auf die Arbeitsverhältnisse der »freiwilligen« Arbeiter im Reich wirft, reicht er dennoch nicht aus, um die Arbeit automatisch als Zwangsarbeit zu qualifizieren. Wie bereits erwähnt, ist die Mehrheit der Arbeiter freiwillig ausgereist und nur ein kleiner Teil der Zwangsarbeiter ist in die Statistik der Freiwilligen »hineingeschmuggelt« worden. Erst die veränderten Bedingungen (vor allem die Unmöglichkeit der Kündigung und der Heimkehr) und die unangemessenen Disziplinarmaßnahmen (das Schlagen und die Verschickung in Arbeitserziehungslager) verliehen der freiwilligen Beschäftigung im Reich einen immer stärkeren Zwangscharakter.

Weitere Einschränkungen für die serbischen Arbeiter im Reich sind auf die unterschiedlichen Lebens- und Arbeitsweisen im ländlichen Serbien und im industrialisierten, kriegführenden Deutschland zurückzuführen: Auf der einen Seite kam es in manchen Fällen zu Beschwerden der Arbeitgeber über die mangelnde Disziplin der serbischen Arbeiter und ihr unregelmäßiges Erscheinen zur Arbeit. Auf der anderen Seite aber war ein Teil der aus dem bäuerlichen Milieu stammenden serbischen Arbeiter an eine unvergleichlich größere Freiheit im alltäglichen Umgang und in der Arbeit gewohnt, als dies in Deutschland der Fall war. Sie erlebten die dort erforderliche Arbeitsdisziplin als Verletzung ihrer persönlichen Freiheit – zumal sie den mit Arbeit verbundenen Begriff Freiheit anders auffassten als ihre deutschen Arbeitgeber: Bei der Anwerbung wurde ihnen versprochen, dass sie frei sein würden (was sie in den meisten Fällen auch blieben), doch fassten sie dies als die Freiheit auf, nach ihrem eigenen Willen das Unternehmen, in dem sie arbeiten wollten, oder den Arbeitsplatz innerhalb eines Unternehmens zu wechseln.[302] Dies trug zu einer – über Gerüchte verbreiteten – Unzufriedenheit und zur abnehmenden Beliebtheit der Arbeit im Reich bei.

Alle diese Maßnahmen zur Arbeitsleistung von »Fremdarbeitern« im Deutschen Reich hatten nolens volens ihre Kehrseite in den besetzten Ländern selbst, in denen im gleichen Maße die Kontrolle über die Arbeitskraft angestrebt wurde. Wenngleich die Arbeit in der Fremde für Zwangsarbeiter, Kriegsgefangene und Deportierte sehr häufig weitaus schwierigere Lebens- und Arbeitsbedingungen als in der Heimat bedeutete, war dies für die freiwilligen Arbeiter im Reich nicht der Fall, selbst dann nicht, als die deutschen Behörden und Arbeitgeber die Vertragsbedingungen zu Ungunsten der Beschäftigten abzuändern begannen. Denn im Falle Serbiens bedeutete Zwangsarbeit im Inland häufig schlechtere Lebensbedingungen als »freiwillige« Arbeit in Deutschland. Der Vorteil der Arbeit in der Heimat bestand allein in weitaus größeren Möglichkeiten zur Flucht und Arbeitsvermeidung.

---

302 Johann Wuescht, Jugoslawien, S. 221.

6. Radikalisierung und Scheitern der Arbeitskräftepolitik für die serbische Kriegswirtschaft

»Pflichtarbeit« und »Nationaler Dienst«.
Die Steuerung des Arbeitskräfteeinsatzes 1941/42

Im kommenden Abschnitt werden zwei grundlegende Formen der Zwangsarbeit in Serbien untersucht: die sogenannte »Pflichtarbeit« und die Leistungen im »Nationalen Dienst zur Erneuerung Serbiens« (NSOS). Wir werden sehen, dass beide Formen ebenso wie alle anderen Formen der Zwangsarbeit direkt den Bedürfnissen des Dritten Reiches dienten. Im Unterschied zum »kuluk« oder zur Verwendung der Arbeitskraft der Kriegsgefangenen ist für die »Pflichtarbeit« und teilweise auch für den NSOS die Zahl der beschäftigten Menschen einigermaßen bekannt, was eine Einschätzung des Umfangs der Zwangsarbeit während der Besatzung sehr begünstigt, zumal diese beiden Formen die massivste Inanspruchnahme von Arbeitskräften darstellten. Bislang war von »Pflichtarbeit« und NSOS gemeinsam die Rede, stellten sie doch die zwei Seiten derselben Medaille dar. Dennoch wiesen sie getrennte Organisationsstrukturen auf und umfassten teilweise auch unterschiedliche Jahrgänge von Personen, die zur Arbeit aufgerufen wurden. Daher werden beide Formen der Zwangsarbeit im weiteren Verlauf der Studie separat behandelt.

Gleich von Beginn der Besatzungszeit an setzten die deutschen Behörden und ihre serbischen Kollaborateure auf die Verbreitung der Ideologie der Arbeit. Dem einfachen Menschen erschien sie unter den herrschenden Verhältnissen von Niederlage, Zerstörung und wirtschaftlichem Durcheinander als glaubhaft: Es sah nicht danach aus, als ob es für Serbien möglich wäre, sich durch Waffengewalt wieder aufzurichten und einen Ort in der »Neuen Ordnung« zu finden, gab es doch überall Probleme, die gelöst werden mussten – von der Beseitigung der Trümmer bis zur Wiederinstandsetzung der industriellen Anlagen, dem Wiederaufbau der Landwirtschaft usw. Während der ersten Monate der Besatzung schien für die deutschen Behörden die Anzahl der für diese Tätigkeiten zur Verfügung stehenden Arbeitskräfte ausreichend zu sein.[303] Für die Einrichtungen, die für die Wehrmacht arbeiteten, blieb diese Situation bis Ende 1941 auch im Großen und Ganzen bestehen.[304] Der Mangel an Arbeitskräften in der

---

303 Wehrwirtschaftsstab Südosten, KTB 4.4.1941–30.6.1942. Zusammenfassung für Monat Juli 1941. (BA/MA, RW 29/31).
304 Wehrwirtschaftsstab Südosten, KTB 4.4.1941–30.6.1942. Zusammenfassung Dezember1941. (BA/MA, RW 29/31).

Industrie begann erst im Frühjahr 1942 aufgrund des Fortgangs qualifizierter Arbeiter in ihre Heimatorte oder in das Deutsche Reich spürbar zu werden.[305]

Die Lage im Bergbau war von Anfang an eine andere: Obwohl alle Bergwerke in Serbien mit Ausnahme von Bor, das im Aprilkrieg zerstört wurde, recht bald die Produktion wieder aufnehmen konnten, litt insbesondere der Steinkohlebergbau am Mangel an Grubenholz und Arbeitskräften. Die Mehrheit der qualifizierten Arbeitskräfte, die in den Zechen arbeiteten, kam aus Kroatien, Slowenien oder dem Ausland und kehrte nach dem Zerfall Jugoslawiens in die Heimat zurück. Die umgebende Dorfbevölkerung lieferte vor allem die ungelernten Arbeitskräfte für den Bergbau. Unmittelbar nach der Kapitulation 1941 begannen die deutschen Behörden, auf deren Gebiet die wichtigsten Bergwerke lagen, d. h. die Feldkommandantur 809, die Kreiskommandantur 857 und die ihnen unterstellten Ortskommandanturen mit der Rekrutierung von Arbeitskräften. Dieser Aufgabe widmeten sich auch die neu ernannten Minenverwaltungen, die sich auf die erhaltenen Personalverzeichnisse stützen konnten. Den Bergarbeitern wurde befohlen, an ihren Arbeitsplatz zurückzukehren. Viele leisteten dem jedoch nicht Folge.[306] Eine gewisse Anzahl der Arbeiter befand sich in Kriegsgefangenschaft, doch der Großteil von ihnen hatte seinen Arbeitsplatz aufgrund der schlechten Arbeitsbedingungen und der geringen Bezahlung verlassen. Die Kritik der Bergarbeiter betraf neben der schlechten Bezahlung, mit der die grundlegenden Bedürfnisse ihrer Familien nicht gedeckt werden konnten, vor allem auch die unzureichende Lebensmittelversorgung. Besonders schlecht fiel diese in den kleinen und entlegenen Bergbauorten aus. Dies führte natürlich zum Anstieg der Lebensmittelpreise und dazu, dass die ohnehin schon geringen Löhne noch geringer erschienen. Die 1941 beschlossene Lohnerhöhung im Bergbau um 25 Prozent reichte anscheinend nicht aus, um die Lage zu verbessern. Spärlich und unregelmäßig fiel auch die Belieferung mit anderen Bedarfsartikeln wie Seife, Schuhe und Kleider aus; nicht besser war es um die Bereitstellung von Wohnraum für die Arbeiter bestellt, die nicht in unmittelbarer Umgebung der Bergwerke wohnten.[307] Die deutschen Behörden wurden sich sehr bald der schwierigen Arbeitskräftesituation in den Bergwerken bewusst und waren daher schon Anfang Juni bereit, besonders die im Bergbau qualifizierten Arbeitskräfte für Bor, dem wichtigsten serbischen Bergwerk, aus der Kriegsgefangenschaft zu entlassen. Diese Arbeiter waren weiterhin Kriegsgefangene »auf Urlaub« und konnten ins Lager zurückgebracht werden, falls sie ihren Arbeitsplatz verließen.[308] Bei der Rekrutierung von Arbeitskräften für das Deutsche Reich wurden

---

305 Wehrwirtschaftsstab Südosten, KTB 1.1.–30.6.1942. Zusammenfassung Mai 1942. (BA/MA, RW 29/31); Die Wirtschaftslage im Bereich des Kommandierenden Generals und Befehlshabers in Serbien. Zweiter Gesamtbericht des Generalbevollmächtigten für die Wirtschaft in Serbien, Juli 1942. (BA, R 26 VI/692).
306 Pajić, Prinudni rad, S. 75.
307 Aleksić, a.a.O., S. 182–183; Pajić, a.a.O., S. 78–92; Avramovski, a.a.O., S. 176.
308 Pajić, a.a.O., S. 80.

die Minenarbeiter und Schmelzer ausgeschlossen.[309] Einen zusätzlichen Faktor, der die Rekrutierung von Arbeitskräften im Bergbau erschwerte, stellten die Aufständischen – Partisanen und Tschetniks – dar, die seit 1941 die Arbeit in den Bergwerken attackierten und dadurch die Bergleute verschreckten oder aber auf ihre Seite zogen.[310]

Angesichts dieser Situation gab es schon seit Sommer 1941 die ersten Ankündigungen, einen Pflichtarbeitsdienst einzuführen. Bereits damals wurde der »Freiwillige Arbeitsdienst« des Ministeriums für Sozialpolitik eingerichtet. Anlässlich eines Arbeitsbesuchs bei den jungen Männern, die in Smederevo Ruinen forträumten, gab der Kommissar für den Wiederaufbau Smederevos, Dimitrije Ljotić, die »graue Eminenz« der kommissarischen Regierung, bekannt, dass in Bälde auch ein Pflichtdienst eingeführt und eine diesbezügliche Verordnung demnächst erlassen werde. Dadurch sollten sich die Jugendlichen unterschiedlicher Landesteile und sozialer Klassen gegenseitig kennenlernen, um zur Erneuerung Serbiens beizutragen und damit eine organische Volkseinheit zu schaffen.[311] Auch Milan Nedić kündigte in der Erklärung anlässlich seines Amtsantritts als Premierminister die Einführung eines verpflichtenden Arbeitsdiensts an, der »das Land zur disziplinierten nationalen Arbeit zurückführen« müsse und der »die große Schule der nationalen Disziplin und der Arbeit zur Einheit« sein werde.[312] Der Bedarf des Deutschen Reichs an Erzen aus Serbien wurde so als Aufbau der serbischen Nation durch physische Arbeit camoufliert. Es besteht jedoch kein Zweifel, wer hinter all diesen Ideen stand: General Bader traf bereits im August 1941 auf Initiative von Franz Neuhausen Vorkehrungen zur Einführung der »Dienstverpflichtung« für alle arbeitsfähigen Männer zwischen 17 und 45 Jahren. Neben offensichtlichen wirtschaftlichen Vorzügen hatte er auch eine Reihe von Sicherheitsaspekten vor Augen: Für ihn war dies eine Methode, die Erwerbslosen möglichst schnell von den Straßen zu entfernen und die überzählige Bürokratie Belgrads, die kleinen Geschäftsleute und die Jugend »umzuerziehen«, die »als intellektuelle Nichtstuer die Straßen und Kaffeehäuser Belgrads füllten und hier nachweisbar immer wieder kommunistischen Ideologien verfallen«. Diese müssten durch »harte Arbeit unter ungünstigen Sozialbedingungen wieder zu vernünftiger Lebensanschauung erzogen werden.« Auch der Generalbevollmächtigte für Wirtschaft in Serbien unterstrich die Bedeutung der »›Erziehungsarbeit‹, deren Voraussetzung die ›restlose Erfassung der nationalen Arbeitskräfte‹ sei, des einzigen Mittels zur ›Wirtschaftlichen und politischen Gesundung des Landes‹.«[313]

309 Radna snaga u Srbiji, NV, 2.VII 1941, S. 3; Pajić, Prinudni rad, S. 81.
310 Pajić, a.a.O., S. 97–103.
311 M.N., Kako žive mladići u logoru Dobrovoljne radne službe u Smederevu, NV, 26.VI 1941, S. 5.
312 Pajić, a.a.O., S. 118.
313 Wuescht, a.a.O., S. 220; Schlarp, a.a.O., S. 214.

Die Vorbereitungen zur Umsetzung dieser Ideen hatten begonnen, bevor Nedić an die Spitze der Regierung kam. Es ist eine Verordnung des Kommissars des Ministeriums für Sozialpolitik und Volksgesundheit erhalten, der zufolge innerhalb von 24 Stunden die gesamte männliche Bevölkerung für Arbeiten im Dienste der Öffentlichkeit und der deutschen Streitkräfte aufzulisten sei. Die Kreisvorsteher sollten Beamte und Personen mit wichtigen Funktionen im öffentlichen Dienst und in der Wirtschaft von der Arbeit freistellen. Dies galt auch für kranke Personen, die allerdings von den Amtsärzten untersucht werden sollten. Es war ferner vorgesehen, dass die Personen aus den entsprechenden Listen unter Führung und Aufsicht eines Mitglieds der Gemeindeverwaltung Arbeiten verrichten, die vom Bezirksvorsteher angeordnet werden. Dieser sollte dem Bezirksgericht Anweisungen darüber erteilen, wie viele Arbeiter welche Art von Arbeiten und zu welchem Zeitpunkt zu leisten hätten. Zu den Arbeiten sollten Personen aus den nächstgelegenen Gemeinden herangezogen werden, für länger dauernde Arbeiten konnte diese auch aus größerer Entfernung kommen. Alle Arbeitspflichtigen konnten für Arbeiten im Dienste der Wehrmacht, für öffentliche und sanitäre Tätigkeiten auf Anforderung serbischer Behörden sowie auch als Hilfskräfte für einzelne Bauernfamilien herangezogen werden, die nicht genügend Arbeitskräfte zur Verrichtung der Feldarbeit hatten. Für die letzten beiden Aufgaben sollten insbesondere junge Leute zwischen 18 und 20 Jahren aus Städten und Dörfern sowie Leute über 40 herangezogen werden, während die deutschen Behörden Arbeitskräfte vom Bezirksvorsteher und nur in Ausnahmefällen (für besonders dringende Aufgaben von kurzer Dauer) direkt von der Kreisverwaltung anzufordern hätten. Die Gerichtspräsidenten sollten die Leute zur Arbeit anweisen, ihnen sagen, welches Werkzeug, wie viel Verpflegung, Kleidung usw. sie mitzubringen haben. Bei der Festlegung der Arbeit sollten die physischen Fähigkeiten der Arbeitspflichtigen und ihre Vermögensverhältnisse Berücksichtigung finden. Erwerbslose sollten bedarfsweise, alle anderen in gleichmäßiger Weise zur Arbeit geschickt werden, so dass die landwirtschaftlichen Arbeiten unbeschadet vonstatten gehen könnten. Den Arbeitspflichtigen aus entfernteren Ortschaften sollten Unterbringung, Verpflegung, Reinigung der Wäsche und im Bedarfsfall auch medizinische Behandlung zur Verfügung gestellt werden. Die Aufseher hätten dafür Sorge zu tragen, dass die Aufgaben diszipliniert und gründlich verrichtet werden, aber auch dafür, dass die Arbeit gleichmäßig aufgeteilt wird, die Arbeitspflichtigen ausreichend Ruhe bekommen, ein gesundes und sauberes Quartier haben und ihnen das Essen geliefert wird. Die Bezirksleitungen, Gemeindegerichte und Aufsichtsorgane sollten für die Ausführung dieser Anordnung Sorge tragen und das Ministerium für Sozialpolitik und Volksgesundheit kündigte an, dass es die Umsetzung überprüfen werde.[314] Diese

---

314 Naređenje Komesara Ministarstva socijalne politike i narodnog zdravlja, bez datuma [Befehl des Kommissars des Ministeriums für Sozialpolitik und Volksgesundheit, o. D.] (VA NA, k. 34, f. 3, d. 8).

Verordnung bezog sich offensichtlich auf Bedarfsarbeiten im Auftrag der Wehrmacht und der serbischen Machtorgane. Es ist hingegen nicht bekannt, ob die Maßnahmen tatsächlich so umgesetzt und ob zum damaligen Zeitpunkt Personenlisten angefertigt wurden, die anschließend zur Einberufung der Bürger zur »Pflichtarbeit« Verwendung fanden. Die Tatsache allerdings, dass die Nedić-Regierung Ende 1942 und Anfang 1943 anordnete, Listen von Arbeitspflichtigen anzulegen, die für vier Monate auf Baustellen der Organisation Todt eingesetzt werden sollten,[315] deutet darauf hin, dass die Anordnung des Ministeriums für Sozialpolitik und Volksgesundheit nicht umgesetzt worden war. Andererseits gibt es fragmentarische Hinweise darauf, dass Arbeiten der Art, wie sie in dieser Anordnung beschrieben sind, während des gesamten Kriegsverlaufs tatsächlich geleistet wurden: So berichtet der Kreisvorsteher in Niš dem Ministerium für Inneres am 2. April 1943, dass die Einwohner seines Kreises neben der »Pflichtarbeit« in Bor auch zum Holzfällen, zu Arbeiten, die vom Ministerium für Bauwesen und der Organisation Todt organisiert werden, und auch zu Arbeiten für verschiedene deutsche Dienststellen sowie deutsche und bulgarische Einheiten in Niš eingesetzt werden.[316] Dies würde nun für die Existenz zweier getrennter Listen – einer für »Pflichtarbeit« und einer für andere Arbeitsarten – sprechen. Bezeichnenderweise fällt in diesem Schriftstück an keiner Stelle das Wort »kuluk«, was darauf hinweist, dass die Arbeiten für die erwähnten Behörden und für die Organisation Todt tatsächlich nicht in diese Kategorie von Zwangsarbeit fielen.

Die eigentliche Verordnung zur Pflichtarbeit und zur Begrenzung der Beschäftigungsfreiheit wurde am 14. Dezember 1941 erlassen und 16 Tage später veröffentlicht.[317] Hierin wurde verfügt, dass in bestimmten Betrieben keine neuen Arbeiter eingestellt und keine alten ohne behördliche Einwilligung entlassen werden durften, dass Personen zwischen 17 und 45 Jahren, die im Laufe der vorangegangenen drei Jahre mindestens vier Monate als gelernte Arbeiter in einem bestimmten Betrieb oder Landwirtschaftszweig gearbeitet hatten und zur Zeit eine andere Stelle suchten, sich zur behördlichen Registrierung zu melden hätten und dass alle Bürger zwischen 17 und 45 Jahren unabhängig von ihrer beruflichen Tätigkeit zur Pflichtarbeit in bestimmten Betrieben oder Landwirtschaftszweigen aufgefordert werden konnten. Dessen Dauer »sollte« sechs Monate nicht überschreiten. Kraft dieser Maßnahme wurde für alle Arbeitstauglichen die Pflichtarbeit eingeführt, deren Dauer nicht verbindlich festegelegt war. Denn obwohl die besagten sechs Monate nicht überschritten werden sollten, konnte dies in der Praxis doch der Fall sein. Es war vorgesehen, am Ende des Pflichtarbeitsdienstes eine

---

315 Pajić, Prinudni rad, S. 123.
316 Okružno načelstvo Okruga niškog Ministarstvu unutrašnjih poslova, Niš, 2.IV 1943. (VA NA, k. 107, f. 3, d. 18).
317 Uredba o obaveznom radu i ograničenju slobode uposlenja, Službene novine, 30.XII 1941, S. 1–2; Pajić, a.a.O., S. 297–299.

Bestätigung auszustellen, kraft derer dieser als Dienst für die erst zu gründende NSOS angerechnet werden sollte. Ferner sollten medizinische Kommissionen die Tauglichkeit der Arbeitspflichtigen feststellen. Diese sollten mit dem Arbeitsantritt ein geregeltes Arbeitsverhältnis samt Bezahlung und allen anderen Rechten von Beschäftigten gegenüber der jeweiligen Firma eingehen. Darüber hinaus war für die Arbeitspflichtigen ein Recht auf kostenlosen Transport zum Arbeitsplatz in allen staatlichen und staatlich subventionierten Verkehrsmitteln vorgesehen. Nach mindestens dreimonatiger Arbeit sollte der Arbeitspflichtige ein Anrecht auf eine viertätige bezahlte Abwesenheit erhalten. Im Fall des Nichterscheinens zur Einberufung sollte der Gemeindevorsteher eine Buße von 1000 Dinar gegen den Betreffenden verhängen und ihn polizeilich zur Arbeit bringen lassen. Die Nichteinhaltung dieser Verordnung sollte von ordentlichen Gerichten als Sabotage mit mindestens einem Jahr Haft bestraft werden. Die Umsetzung all dessen oblag dem serbischen Innenministerium.

Nur vier Monate nach Veröffentlichung dieser Verordnung zeigte die nachfolgende »Verordnung zur Pflichtarbeit und Einschränkung der Beschäftigungsfreiheit von körperlich Arbeitenden im Kohlebergbau«,[318] welche Wirtschaftszweige die deutschen Behörden vor allem im Visier hatten:[319] Hierin wurde die Entlassung von Bergarbeitern ohne Einwilligung der Bergbaubehörde untersagt, außer im Falle einer Versetzung in ein anderes Kohlebergwerk. Allein im Ausnahmefall, d.h. im Interesse der Betriebssicherheit und des Arbeitsfriedens, konnte ein Bergarbeiter entlassen und erst danach um Genehmigung ersucht werden. Wer in den vorangehenden drei Jahren mindestens vier Monate in einem Kohlebergwerk gearbeitet hatte, durfte nur in einem Kohlebergwerk angestellt werden, es sei denn, er konnte eine Ausnahmebewilligung von der Bergbaubehörde erhalten. Alle Arbeiter, die in den vorangehenden drei Jahren wenigstens vier Monate in einem Kohlebergwerk gearbeitet hatten, mussten sich bei der Sozialkasse für Minenarbeiter (Bratinska blagajna) anmelden. Die Bergbaubehörden waren autorisiert, die Einberufung zur Pflichtarbeit anzuordnen. Für alle Arbeiter, die zum damaligen oder einem vorherigen Zeitpunkt im Kohlebergbau beschäftigt waren, bedeutete dies letztlich eine dauerhafte Verpflichtung. Dass sich dies alles zeitgleich mit der Gründung des Nationalen Dienstes zur Erneuerung Serbiens (NSOS) abspielte,[320] unterstreicht nur ein weiteres Mal, dass es sich um ein allumfassendes Programm der Arbeitskräftemobilisierung

---

318 Naredba o obaveznom radu i ograničenju slobode uposlenja fizičkih radnika u rudnicima uglja, Službene novine, 6.I 1942, S. 2; Aleksić, a.a.O., S. 183.
319 Dies wurde auch vom Ministerialdirektor Bergmann in seinem Bericht vom Juli 1942 anerkannt. (Bemerkungen von Herrn Ministerialdirektor Dr. Bergmann zu seinem Bericht über Jugoslawien aus dem Jahr 1946.(BA, R 26 VI/1353).
320 Službene novine, 14. XII 1941; Đuro Kotur, Nacionalna služba za obnovu Srbije, NV, 16.XII 1941, S. 1; M.P., Nacionalna služba rada, NV, 17.XII 1941, S. 1; Nacionalna služba za obnovu Srbije, NV, 13.I 1942, S. 9; Uputstvo o sprovođenju Uredbe o Nacionalnoj službi za obnovu Srbije, NV, 25. I. 1942, S. 3.

im Dienste des Besatzungs- und des Kollaborationsregimes handelte. Die neuen Maßnahmen zur Bindung der Bergleute hatten einen gewissen Effekt und führten zur Steigerung der Produktion in den Kohlebergwerken.[321] An Bergleuten fehlte es jedoch auch weiterhin sowohl infolge der Rückkehr eines Teils der Arbeiter in die Landwirtschaft (die wegen der Versorgung der Besatzungsbehörden mit Nahrungsmitteln ebenfalls einen erhöhten Arbeitskräftebedarf hatte) als auch infolge des Fortgangs zur Arbeit ins Deutsche Reich. Davon abgesehen sank aufgrund der schlechten Verpflegung auch die Arbeitsleistung der Arbeiter, weshalb in den Bergwerken von Kostolac und Klenovik die Angehörigen des Pionierzugs »Bergbau Serbien« eingesetzt werden mussten.[322]

Ab November 1941 kam es auch zu einem Mangel an Arbeitern in Bor, dem einzigen Kupferbergwerk unter deutscher Herrschaft und dem größten seiner Art in Europa.[323] In Bor arbeiteten vor dem Krieg 6.000 Arbeiter und die Produktion belief sich auf 40.000 Tonnen Kupfer, 2,4 Tonnen Gold und 5,8 Tonnen Silber.[324] Bis Anfang 1941 war das Bergwerk im Besitz der »Compagnie française des Mines de Bor«, die nach der Kapitulation Frankreichs auf deutschen Druck hin ihren Mehrheitsbesitz an ein deutsches Firmenkonsortium verkaufte, das aus der Preußischen Bergwerks- und Hütten AG (Preußag), der Jugomontan AG (die mit staatlichen Mitteln vor dem Krieg gegründet worden war) und der Mansfeld AG für Bergbau und Hüttenbetrieb aus Eisleben bestand. Mitte 1943 wurden die Jugomontan-Aktien (d. h. ein Drittel der Bergwerksaktien) an die Südost Montan-Gesellschaft verkauft.[325] Aufgrund seiner Einzigartigkeit nahm das Bergwerk eine Ausnahmestellung unter den serbischen Bergwerken ein und war angesichts seiner Bedeutung für die deutsche Kriegsindustrie auch derjenige Ort, in den die deutschen Behörden die größte Menge an Geld und Arbeitskräften investierten.[326] Der Umfang der Arbeiten, die im und für das Bergwerk ausgeübt wurden – wie etwa in Kostolac, das die Kohle für Bor und das dazugehörige Heizkraftwerk zur Verfügung stellen musste –, ließ das Bergwerk von Bor zum Synonym für Zwangsarbeit während der Besatzungszeit werden.

Das Bergwerk erlitt während des Aprilkriegs Schäden, die im Lauf des Jahres 1941 ausgebessert wurden. Der Wiederaufbau war jedoch durch die Aktionen von Aufständi-

---

321 Aleksić, a. a. O., S. 183.
322 Wehrwirtschaftsstab Südosten, KTB, 1.1–30.6.1942, Zusammenfassung Mai 1942. (BA/MA, RW 29/31).
323 Das Bergwerk lieferte ca. 2% der weltweiten Kupferproduktion (Schönfeld, a. a. O., S. 230; Aleksić, a. a. O., S. 286).
324 Pajić, Prinudni rad, S. 14.
325 Schlarp, a. a. O., S. 53–73; Pajić, a. a. O., S. 26; Schönfeld, n.d, 254–255; Avramovski, a. a. O., S. 51–125.
326 Wie sich noch erweisen sollte, waren die deutschen Erwartungen an Bor überhöht (Schlarp, a. a. O., S. 73).

schen³²⁷ wie auch durch den ab November spürbaren Mangel an Arbeitern gefährdet.³²⁸ Im Frühjahr 1942 stieg der Bedarf an Arbeitskräften noch einmal an, als nach Abschluss der zweiten Wiederaufbauphase die Produktion von Blisterkupfer auf 40.000 Tonnen jährlich angehoben werden sollte.³²⁹ Neuhausen wollte die Gesamtproduktion von Kupfer in diesem Jahr auf 60.000 Tonnen steigern.³³⁰ Zur selben Zeit sollten sowohl die Ausweitung der Kapazitäten in Bor als auch der Ausbau des Heizkraftwerks in Kostolac mit Fernleitung nach Bor, der Anlegestelle an der Donau und der Industriebahn Bor-Kostolac in Angriff genommen werden. Allein für die Produktionssteigerung in Bor bedurfte es 2.000 bis 2.500 neuer Arbeiter, die nicht aus der Umgebung herbeigeschafft werden konnten. Daher erwog man, Arbeiter aus Bosnien und Mazedonien zu holen, wofür allerdings das Problem des Geldtransfers und der Unterkunft gelöst werden musste. Letzteres erwies sich als besonders schwierig, da der verfügbare Wohnraum vom Militär und vom Werkschutz beansprucht wurde.³³¹ Die Frage des Arbeitskräftemangels wurde seit 1942 prinzipiell durch die »verpflichtende«, d. h. also erzwungene, Arbeit der serbischen Bevölkerung in Angriff genommen. Pflichtarbeit wurde nicht nur in Bor, sondern auch in Kostolac, Trepča und anderen Bergwerken sowie an vielen weiteren Orten in Serbien geleistet. Im Bergwerk von Bor arbeiteten neben einheimischen Arbeitskräften auch Deportierte aus Polen, Griechenland, Ungarn, Italien und anderen Ländern. Im Banat verteilte sich die »Pflichtarbeit« im Wesentlichen auf zwei Bereiche, die Landwirtschaft und den Flughafenbau.

Die Rekrutierungspraxis für die »Pflichtarbeit« 1941–1943

Die Anweisung zur »Pflichtarbeit« wurde von den Behörden entlang einer von oben nach unten verlaufenden »Befehlskette« erteilt: Der Generalbevollmächtigte für die serbische Wirtschaft legte fest, wie viele Leute einberufen werden sollten. Der Minister für Inneres veranschlagte daraufhin eine bestimmte Anzahl für jeden Kreis und der Kreisvorsteher tat dies für jeden Bezirk. Die Bezirksvorsteher hatten die Aufgabe, die gesundheitlich tauglichen Personen ins Bezirkszentrum herbeizubringen, um sie von dort zur Arbeit zu schicken.³³² Auf unterster Ebene oblag die Pflicht, die Arbeiter herbeizuschaffen, den Gemeinden.³³³ Aufgrund der Verkettung diverser Umstände

---

327 Aleksić, a.a.O., S. 287–288; Avramovski, a.a.O., S. 170–171; Pajić, Prinudni rad, S. 93–114.
328 Avramovski, a.a.O., S. 175.
329 Avramovski, a.a.O., S. 181–187.
330 Aleksić, a.a.O., S. 286.
331 Pajić, a.a.O., S. 116.
332 Telegram okružnog načelnika Lukića sreskom načelniku u Ubu, 23.X 1942. (VA NA, k. 31, f. 5, d. 59).
333 Predsednik Ministarskog saveta Milan Nedić, ministru socijalne politike i narodnog zdravlja ing. Stojimiru Dobrosavljeviću, Beograd, 20.V 1943. (AJ, 110, Inv. br. 14489; VA NA, k.

wurde die Einberufung nicht vom Ministerium für Sozialpolitik und Volksgesundheit, sondern vom Ministerium des Inneren unter Mithilfe der Arbeitsbörse durchgeführt.[334] Allerdings war dies nicht einmal 1942 durchgehend der Fall. Vielmehr gingen Vertreter der Organisation Todt (OT) damals selbst in die Hauptorte der Bezirke und holten die Menschen herbei, was zu Widerständen führte. Der Kreisvorsteher von Niš rühmte sich ein Jahr später, durch sein Geschick die negativen Effekte der Rekrutierung durch die OT abzuwenden, und bat daher im April 1943 darum, erneut ihm und nicht der OT diese Aufgabe anzuvertrauen.[335] Die Organisation Todt war einer der größten Arbeitgeber, nicht nur in Bor, sondern auch an anderen Arbeitsstätten in ganz Serbien. Daher hatte sie ein selbstverständliches Interesse daran, den Prozess der Einberufung von Arbeitskräften unter ihrer Kontrolle zu haben.[336] Sie bemühte sich, durch das Versprechen guter Arbeitsbedingungen auch freiwillige Arbeiter anzuziehen,[337] während die Regimepresse ihrerseits darum bemüht war, deren Arbeit – angeblich zum Wohle Serbiens – in der Öffentlichkeit bekannt zu machen.[338] All dies war nötig, um bei Einwohnern und »Dienstverpflichteten« gleichermaßen den Eindruck zu erwecken, es würde sich um ein gewöhnliches Bauunternehmen handeln. Im Mai 1942 wurde die OT mit einer Reihe von Arbeiten beauftragt: im Tagebau von Tilava Mika in Bor, beim Aufbau der Bahnverbindung und der Strom-Fernleitung zwischen Bor und Kostolac, an der Straße von Bor nach Žagubica, bei der Herstellung von Verdickungsmitteln für die Flotation, beim Bau der Wände des Donaukais, an der Anlegestelle in Kostolac und an anderen Verkehrswegen. Die OT organisierte und beaufsichtigte die Arbeiten und beschaffte die Ausrüstung, während sie einen Teil der Aufträge an andere Unternehmen delegierte. Die Teilhaber des Konsortiums, welchem das Bergwerk von Bor gehörte, blickten wenig erfreut auf die Beteiligung der OT, doch kam es ihnen angesichts der Schwierigkeiten bei der Beschaffung von Arbeitskräften und bei der Belieferung mit

---

    34, f. 3, d. 4).
334 Predsednik Ministarskog saveta Milan Nedić, ministru socijalne politike i narodnog zdravlja ing. Stojimiru Dobrosavljeviću, Beograd, 20.V 1943. (AJ, 110, Inv. br. 14489; VA NA, k. 34, f. 3, d. 4); Ministar socijalne politike i narodnog zdravlja, ing. Stojimir Dobrosavljević Milanu Nediću, Beograd 26.V 1943. (AJ, 110, Inv. br. 14490).
335 Okružno načelstvo Niš Ministarstvu unutrašnjih poslova, Niš, 2.IV 1943. (VA NA, k. 107, f. 3, d. 18).
336 Über die Organisation Todt gibt es eine einzige Monographie, die jedoch deren Aktivitäten in Südosteuropa fast überhaupt nicht behandelt. (Franz W. Seidler, Organisation Todt. Bauen für Staat und Wehrmacht 1938–1945, Bonn 1998).
337 So heißt es in einer viertelseitigen Anzeige: »Arbeiter gesucht. Die OT benötigt eine große Zahl an Arbeitern für Arbeiten in Serbien. Alle interessierten Personen mögen sich bei der Arbeitsbörse in Belgrad melden [...] Günstige Arbeitsbedingungen, Unterkunft und Verpflegung werden bereit gestellt.« (NV, 11.VI 1942, S. 5; NV, 13.VI 1942, S. 5).
338 Hajnc Grunert, Vaspostavljanje srušenih beogradskih mostova, NV, 12.VI 1942, S. 5.

Kleidern, Schuhen und Lebensmittel durchaus entgegen, ihre Verantwortung dafür auf die OT abzuwälzen.[339]

Nach dem oben zitierten Schreiben des Kreisvorstehers von Niš wurde die Rekrutierung der Arbeitskräfte in diesem Kreis ohne die Beteiligung der OT durchgeführt. Die Arbeitspflichtigen, denen eine bestimmte Dienstzeit zugewiesen wurde, wurden aus allen Bezirken nach Niš einberufen, wo sie von einer speziellen ärztlichen Kommission untersucht wurden. Die Arbeitsuntüchtigen wurden nach Hause geschickt, während für die Arbeitsfähigen die Ausstattung (Kleider, Schuhe, Verpflegung) detailliert überprüft wurde. Nach der Kontrolle der persönlichen Ausweispapiere wurden diese abgenommen und den Leitern des Transports übergeben. Gleichzeitig erhielt jeder einsatzfähige Arbeitspflichtige einen Bescheid mit Angabe von Ort und Dauer des Pflichteinsatzes. Danach wurden die Betroffenen inklusive ihrer Kleidung einer gründlichen Desinfektion und Entlausung unterzogen. Schließlich führte ein Angestellter der Kreisleitung den Transport der »Dienstverpflichteten« nach Bor durch. Die Behörde in Bor und ein Abgesandter des Ministeriums des Inneren wurden einige Tage vor Ankunft jedes einzelnen Transports vor Ort informiert. Anfang April 1943 ersuchte der besagte Kreisvorsteher von Niš darum, dieses Verfahren nicht zu ändern, da es sich als effizient erweise.[340] Dies gelte umso mehr, als eine medizinische Kontrolle in Niš festgestellt habe, dass aus den dortigen Kreisen und Gemeinden etwa 53 Prozent für schwere und mittelschwere Arbeiten ungeeignete Arbeitspflichtige geschickt worden wären.[341] Eine zentralisiert durchgeführte Überprüfung und Verschickung hatte auf jeden Fall den Vorteil, die Möglichkeiten von Korruption und persönlicher Einflussnahme zu verringern, die auf lokaler Ebene nicht ausgeschlossen waren. Dazu kam es in Gemeinden und Dörfern, in denen die lokalen Behörden bestimmten, welche Arbeitspflichtigen zur Arbeit zu gehen hätten. Aus diesem Grund gab es viel Unmut unter denjenigen, die der Auffassung waren, dass man gerade sie zur »Pflichtarbeit« schicke, weil sie mit dem Gemeindevorsteher oder jemand anderem aneinandergeraten seien,[342] weil sie arm seien[343] oder

---

339 Avramovski, a. a. O., S. 206.
340 Okružno načelstvo Niš Ministarstvu unutrašnjih poslova, Niš, 2.IV 1943. (VA NA, k. 107, f. 3, d. 18).
341 Das Ministerium für Sozialpolitik und Volksgesundheit ging bei der Festlegung der einzuberufenden Arbeitspflichtigen davon aus, dass die ärztlichen Kommissionen ca. 30 % für arbeitsuntüchtig erklären würden. (Ministar socijalne politike i narodnog zdravlja, Ministarstvu unutrašnjih poslova, 14.III 1943. (VA NA, k. 107, f. 3, d. 1).
342 Zapisnik, Stojadin Mitić, Niš, 5.VII 1945. (AJ, 110, 607/657); Zapisnik, Dragutin (?)Vujučić, Kragujevac (?), 8.IV 1945. (AJ, 110, 601/651); Zapisnik o prijavi zločina okupatora, Stanoje S. Janković, Smederevo, 6.VIII 1945. (AJ, 110, 600/650); Zapisnik o prijavi zločina, Dobroslav Đulić, Veliko Orašje, 10.III 1945. (AJ, 110, 600/650).
343 Krivični ispit Petra Stankovića, [Donja Trnava, 20.V 1945.]; Krivični ispit Vasilija Radića, Draževica, 22.V 1945. (AJ, 110, 606/656); [Bez naslova], izjava Velimira Kostića, Čajetina, 22.III 1945; Zapisnik, Dobrosav Marić, Mionica, 23.III 1945; Prijave Janićija Pandurovića i

verdächtigt würden, Kommunisten oder Anhänger der Volksbefreiungsbewegung zu sein,[344] weil sie Zigeuner seien[345] oder aber nicht das Geld zum Schmieren hätten.[346] Es gab auch Beschwerden darüber, dass bei der Bestimmung der Arbeitspflichtigen keine Rücksicht auf die Besitzverhältnisse und die Zahl der Familienmitglieder, besonders der Kinder, genommen würde.[347] Im Kreis Kragujevac übernahm die Kreiskommandantur die Rekrutierung der Arbeitskräfte von der Arbeitsbörse und führte diese Aufgabe bis April 1943 aus.[348] Offensichtlich wurde also trotz klarer Anweisungen der Regierung die Einziehung von Arbeitskräften nicht überall im besetzten Gebiet einheitlich durchgeführt, sondern hing von der Lage und den Kräfteverhältnissen vor Ort ab.

Die Rekrutierung von Arbeitskräften zur »Pflichtarbeit« verlief im Jahr 1942 nicht nach Plan. Ein Grund dafür war das erhöhte Arbeitsvolumen sowohl in Bor als auch in der Umgebung. Darüber hinaus erhielten arbeitspflichtige Bauern mit weniger als vier Hektar Land gemäß der Verordnung die Erlaubnis, ihren Besitz zu bearbeiten. Zudem wurden rund um das Bergwerk von Bor mehrere Baustellen eröffnet, auf denen die ausführenden Firmen höhere Gehälter als das Bergwerk bezahlten.[349] Dies waren

Krste Živanovića, Ub, 14.VII 1945. (AJ, 110, 609/659); Zapisnik, Stanimir Bogojević, Belanovac, 22.VIII 1945; Zapisnik, Dragososlav Stamenković, Kragujevac, 16.IX 1945. (AJ, 110, 601/651).

344 Nikola Simović, Čajetina, 18.IV 1945; Prijava, Janko Ilić, Ub (?), 24.VII 1945; Zapisnik, Živojin Milošević i drugi, [Ub], 25.VII 1945; Prijava, Mihajlo Joksimović, [Ub], 26.VII [1945]; Prijava, Dušan Tomić, [Novaci?], 26.VII [1945?]; Zapisnik, Sava Petrović, Takovo, 14.VII 1945; Prijava, Nikola Katić, [Ub], 14.VII 1945. (AJ, 110, 609/659); Prijava, Dimitrije Živanović i drugi (Gleichlautende Aussagen – Z. J.), [Ub], 16.VII 1945. (AJ, 110, 609/659); Zapisnik, Gradišnica, 22.VII 1945; Zapisnik, Tihomir Đokić, Vlasotince 2.VIII 1945. (AJ, 110, 605/655); Zapisnik, Dobrivoje A. Novaković, Smederevo, 30.VII 1945. (AJ, 110, 600/650); Prijava, Radivoje Karić i drugi iz Slepčevića, 2.VI 1945. (AJ, 110, 608/658).
345 Zapisnik, Velisav Mitrović, Cvetanovac, 29.IV 1945; Zapisnik, Aleksandar Jovanović, Mionica, 30.V 1945; Živorad Jovanović, Mionica, 15.VI 1945; Prijava, Ilija Mitrović und andere, Kontrarevolucija Ub, 19.VII 1945. Alle Aussagen haben den gleichen Wortlaut und erscheinen daher in ihrer Glaubwürdigkeit zweifelhaft, vgl. auch die Aussage von Radisav Radosavljević, Ub, 20.VII 1945, und die wortgleichen Aussagen von Branislav Jovanović und Ljubomir Marković. Überliefert sind im Konvolut ferner Aussagen zu Personen, die als Sympathisanten der Volksbefreiungsbewegung nach Bor verbracht wurden, und die Aussage über T. Ljubomirović, der aufgrund seiner Herkunft als Roma zu Zwangsarbeit verurteilt wurde. (AJ, 110, 609/659).
346 Prijava Todora Igića, Niš, 11.V 1945. (AJ 110, 607/657). Der ehemalige Innenminister Tanasije Dinić lenkte nach dem Krieg gegenüber den Untersuchungsbehörden die Aufmerksamkeit auf diese Aussagen, vgl. Borković, S. 69).
347 Delegat Ministarstva unutrašnjih poslova dr Vidmar, Ministarstvu unutrašnjih poslova, Kostolac, 30.VI 1943. (VA NA, k. 107, f. 4, d. 26).
348 Okružno načelstvo Kragujevac Ministarstvu unutrašnjih poslova, Kragujevac, 8.IV 1943. (VA NA, k. 22, f. 7, d. 47).
349 Pajić, Prinudni rad, S. 302.

jedenfalls einige der Gründe, die Mitte des Jahres den Chef des Verwaltungsstabes veranlassten, eine Verordnung auszugeben, aus aufständischen Gebieten so viele Menschen wie möglich auszuheben und zur Zwangsarbeit zu schicken. Darin sah er eine geeignete Methode, die Aufstandsbewegung zurückzudrängen.[350] Daneben wurde am 4. August 1942 die Verordnung zur Pflichtarbeit dahingehend abgeändert, dass eine größere Zahl von »Dienstverpflichteten« herbeigeschafft werden konnte: So wurde die Altersgrenze von 45 auf 55 Jahre erhöht und die angedrohte Gefängnisstrafe in eine Zwangsarbeitsstrafe von drei Monaten bis einem Jahr umgewandelt.[351] Dies waren die Konsequenzen der unvollständigen Umsetzung der Pflichtarbeitsverordnung. Ein Teil der Arbeiter meldete sich üblicherweise nicht zur Arbeit, während ein anderer Teil nach kurzer Zeit aus dem Bergwerk davonlief. Da es den serbischen Behörden nicht möglich war, dies zu unterbinden, wurde mit dem Höheren SS- und Polizeiführer August Meyszner vereinbart, die serbischen Organe unter die ständige Kontrolle der deutschen Kreispolizeistellen zu stellen und unter deren Anweisung arbeiten zu lassen. Die Betriebe mussten den Polizeikommandanturen alle Verstöße gegen die Arbeitsdisziplin unter Angabe der Missetäter melden, die dann herbeigeschafft werden mussten. Wegen der nötigen Feldarbeiten sollten diese Maßnahmen nur auf die städtische Bevölkerung angewandt werden. Zu diesem Zweck wurde in Belgrad am 24. Juni 1942 eine Liste der männlichen Einwohner zwischen 17 und 55 Jahren angelegt. Die deutschen Behörden schätzten, dass sich dadurch der Arbeitskräftebedarf mehrfach decken lasse, auch wenn die politischen Folgen solcher Maßnahmen nicht »bedenkensfrei« seien.[352]

Die Einberufung zur »Pflichtarbeit« rief den Unmut der Bevölkerung hervor, insbesondere dann, wenn die Menschen ihretwegen von ihrer landwirtschaftlichen Erwerbstätigkeit abgeschnitten wurden.[353] Unzufrieden zeigten sich auch die deutschen Behörden, weil die serbischen Organe nicht den Erwartungen entsprachen, was die Bereitstellung von Arbeitskräften für das Bergwerk von Bor anging.[354] Dessen ungeachtet stieg die Zahl der Arbeiter in Bor im Laufe des Jahres beständig: Im Januar waren es 5.024, im März 5.414, im Juni 5.479, im September 7.854, um im Dezember die Zahl

---

350 Pajić, Prinudni rad, S. 122.
351 Uredba o izmeni člana 3 Uredbe o obaveznom radu i ograničenju slobode uposlenja, Službene novine, 4.VIII 1942, S. 1; Izmena Uredbe o obaveznom radu, NV, 5.VIII 1945, S. 3; Pajić, a. a. O., S. 304–305.
352 Bemerkungen von Herrn Ministerialdirektor Dr. Bergmann zu seinem Bericht über Jugoslawien aus dem Jahr 1946 (BA, R 26 VI/1353).
353 Izveštaj o opštoj sotuaciji (sic) u Okrugu požarevačkom u mesecu avgustu 1942. godine, Požarevac, 31.VIII 1942. (VA NA, k. 21, f. 4, d. 31); [Nedićeva ponuda ostavke, dokument bez 1. i 2. strane], Beograd 16.IX 1942. (VA NA, k. 1A, f. 2, d. 17).
354 Kommandierender General und Befehlshaber in Serbien, Verwaltungsstab an den Minister des Inneren, Belgrad, 23.XII 1942. (VA NA, k. 107, f. 3, d. 2).

von 8.694 zu erreichen.³⁵⁵ Ende des Jahres waren an den verschiedenen Standorten des Timok-Gebiets über 17.000 Arbeiter allein aus Serbien im Einsatz, während in ganz Serbien ca. 30.000 Menschen in Bergwerken arbeiteten.³⁵⁶ Für die deutschen Ansprüche reichte dies dennoch nicht aus, weshalb der Inspektor des Generalbevollmächtigten für die serbische Wirtschaft während eines Besuchs der Bergwerke anmerkte, dass die Ärzte der örtlichen Sozialkassen in den jeweiligen Bergwerken die Neuankömmlinge allzu rigoros untersuchen würden. Dementsprechend stellte die Hauptsozialkasse für Bergleute in Serbien am 18. Januar 1943 ein Rundschreiben an alle Filialen mit dem Hinweis aus:»Die Ärzte der betreffenden Kasse sollen bei der Durchführung der ärztlichen Untersuchung anlässlich des Arbeitsantritts der Bergarbeiter nicht allzu rigoros in der Bewertung der Tauglichkeit der Arbeiter sein, sofern dies nicht zu Lasten des Arbeiters und des Umsatzes geht, denn die heutigen Umstände erlauben nicht die Anwendung des gleichen Verfahrens bei der Bewertung der Tauglichkeit der Arbeiter wie in normalen Zeiten.«³⁵⁷ Um mehr Arbeitskräfte bereitzustellen, verlängerte der Generalbevollmächtigte die Dauer der »Pflichtarbeit« von vier auf sechs Monate. Der Minister für Inneres, Dinić, gab daraufhin in einem Schreiben an den Generalbevollmächtigen vom 10. Dezember 1942 seinen Bedenken Ausdruck, wonach diese Zeitspanne für Landwirte viel zu lang sei, und bat daher, die »Pflichtarbeit« für jene auf nur drei Monate zur verkürzen. Was die Arbeitspflichtigen anderer Berufe anbelangt, war er auch der Auffassung, dass sie über einen Zeitraum von sechs Monaten dienen könnten.³⁵⁸ Der Generalbevollmächtigte akzeptierte Dinić's Argumente und so wurden Anfang 1943 die Arbeiter weiterhin für vier Monate einberufen.³⁵⁹

Bezeichnenderweise hüllte sich die Propaganda in Bezug auf die »Pflichtarbeit« während des Jahres 1942 in peinliches Schweigen. Dafür war die Presse voller lobpreisender Artikel über die Arbeit in der NSOS. Der erste Artikel über die »Pflichtarbeit« erschien in der »Novo vreme«, der führenden Zeitschrift des Nedić-Regimes, erst am 30. Dezember 1942, mehr als ein Jahr also nach Einführung der »Pflichtarbeit«. Darin wurde vom Besuch des Ministers für Sozialpolitik und Volksgesundheit, Ing. Stojimir Dobrosavljević, in den Betrieben von Kostolac, Požarevac, Petrovac, Žagubica, Bor, Zaječar und Paraćin berichtet, wo die von der »Pflichtarbeit« Betroffenen zum Einsatz kamen. Den Angaben der Zeitung zufolge wollte er sich ein eigenes Bild davon machen, unter welchen Bedingungen die Menschen leben und arbeiten, und befand, dass die Arbeitspflichtigen unter guten hygienischen Bedingungen untergebracht seien, dass

---

355 Živković, Ratna šteta, S. 174.
356 Pajić, Prinudni rad, S. 164.
357 Borković, Kontrarevolucija, S. 67.
358 Innenminister an den Kdr. General und Befehlshaber in Serbien, Verwaltungsstab, Belgrad, 11.1.1943. (VA NA, k. 107, f. 3, d. 2).
359 Der Generalbevollmächtigte für die Wirtschaft in Serbien an Herrn Minister des Inneren, Belgrad, 27.2.1943. (VA NA, k. 107, f. 4, d. 32).

»sie ein nach physiologischen Bedürfnissen zusammengesetztes, schmackhaftes und vielseitiges Essen in ausreichenden Mengen« bekämen und dass sie im Einklang mit dem gültigen Tarif angemessen bezahlt würden. Auch der Umgang mit den Arbeitern wurde als gut eingeschätzt. Das Problem sei seiner Meinung nach, dass die Arbeiter nicht mit der notwenigen Aufmerksamkeit ausgewählt würden. Er bemängelte, dass die Menschen nicht ausreichend darüber informiert würden, dass es sich nicht um eine Strafverbüßung irgendeiner Art auf unbestimmte Zeit handele, sondern um eine Pflicht, ähnlich dem Militärdienst, nur dreimal kürzer. Er betonte, dass die Arbeitgeber beständig Buch führen würden, wann für wen der Arbeitsdienst beendet sei, und dass sie rechtzeitig bei den Behörden Ersatz anfordern würden. Die »Pflichtarbeit« sei, so hob er hervor, im Unterschied zum unproduktiven Militärdienst eine produktive Tätigkeit: Die Menschen würden sich beruflich und geistig fortbilden und zu konstruktiven Mitgliedern der Gesellschaft werden. So würden sie darauf vorbereitet, nach ihrem Übergang in die Planwirtschaft Verantwortung zu übernehmen. Dem Artikel zufolge habe der Minister Maßnahmen ergriffen, damit die ungeeigneten Arbeiter sofort nach Ankunft eines Ersatzes nach Hause kehren könnten und damit keine Arbeitsuntauglichen und schlecht Ausgerüsteten mehr geschickt würden. Der Minister habe angeblich auch zwei Sanitätsteams nach Bor geschickt und eine bessere Ausstattung des Krankenhauses angeordnet, um den dortigen Gesundheitsdienst mit Blick auf die anstehenden Aufgaben zu stärken.[360]

Um rechtzeitig für das neue Bergbaujahr eine ausreichende Zahl an Arbeitern zur Verfügung zu haben, begannen die Vorbereitungen bereits Ende 1942. Der Generalbevollmächtigte verlangte vom Minister für Sozialpolitik und Volksgesundheit, innerhalb des Zeitraums vom 15. Januar bis zum 1. April 1943 5.000 Menschen in die Betriebe rund um Bor zu schicken. Die Transporte sollten alle 15 Tage erfolgen, die ersten beiden mit je 500 und die übrigen mit je 1.000 Personen. Der Minister ersuchte daraufhin seinen für Inneres zuständigen Kollegen, diese Arbeiter aus der Liste der NSOS herausnehmen, und zwar diejenigen Arbeiter, die ein »geringes oder gar kein Verständnis für die Aufgaben des Nationalen Dienstes« zeigten. Es war vorgesehen, dass die Arbeitspflichtigen vier Monate lang acht Stunden täglich für eine Bezahlung nach Pauschaltarif arbeiten. Sie sollten in Trupps von je 200 Personen unter der Leitung momentan freier NSOS-Offiziere organisiert sein, die sich um Arbeit, Disziplin, Unterbringung und Bekleidung sowie um die Interessen der Pflichtarbeit zu kümmern hätten. Zwecks rechtzeitiger Verschickung der Arbeiter sollten die Kreisvorsteher die Einberufung und medizinische Untersuchung der Arbeitspflichtigen in Zusammenarbeit mit den Referenten der NSOS anordnen, welche die dafür notwendigen Angaben zur Verfügung stellen sollten. Für das erste Kontingent von 500 Personen sollten 715 Personen zur Untersuchung einberu-

---

360 Obavezni rad – škola našeg budućeg radnika, NV, 30.XII 1942, S. 3.

fen werden, da man damit rechnete, dass die medizinische Kommission ca. 30 Prozent für untauglich erachten würde. Nach Anweisung des Ministers hatten die Gemeinden sowohl die Pflicht- als auch die Zwangsarbeiter mit der nötigen Bekleidung auszustatten.[361] Mit einem Schreiben vom 27. Februar 1943 eröffnete der Generalbevollmächtigte dem Minister für Inneres Dinić, dass das Abholkommando der OT bei den Bezirksämtern eintreffen werde; diesem seien die rekrutierten Arbeiter zu übergeben.[362]

Dinić hatte bereits am 13. Dezember des vorangehenden Jahres angeordnet, die Arbeitspflichtigen, die dem Aufruf nicht Folge leisteten, festzunehmen, abzuurteilen und zur Zwangsarbeit in das hierfür vorgesehene Lager in Bor zu schicken.[363] Dadurch wurde eine Unterscheidung zwischen den »dienstverpflichteten« Arbeitern getroffen: auf der einen Seite die formal freien Leute, die gegen Bezahlung, aber ohne Möglichkeit des Wechsels oder Verlassens des Arbeitsplatzes, arbeiteten; auf der anderen Seite die Zwangsarbeiter im engeren Sinne, die als Sträflinge nicht nur unter faktischem, sondern auch unter formalem Freiheitsentzug standen und die ohne Bezahlung arbeiteten. Zwecks besserer Kontrolle der Arbeiter ernannte der Minister für Inneres am 10. Dezember 1942 seinen Berater Dr. Miloje Koča zum Ministerialgesandten in Bor mit der Aufgabe, Angaben über Arbeiter zu sammeln, die dem Aufruf nicht Folge leisteten bzw. von der Arbeit weglief. Er sollte ferner die Verbindungen zur der Organisation Todt und den Unternehmen, die in Bor tätig waren, stärken sowie über die Kreis- und Bezirksbehörden Maßnahmen einleiten, um die betroffenen Arbeiter zur Arbeit zurückzubringen. Über die zur Zwangsarbeit Verurteilten und über die Flüchtigen sollte Buch geführt sowie das Ministerium monatlich davon unterrichtet werden.[364] Um eine bessere Kontrolle über die Arbeiter in den zwei wichtigsten Produktionsstandorten des Landes zu gewährleisten, richtete der Minister für Inneres am 9. März 1943 ein Polizeikommissariat in Kostolac und in Bor ein, die für die jeweiligen Gemeindegebiete zuständig waren.[365] Dies schien umso notwendiger, als nach Angaben von Sozialkasse und Bergwerksleitung es unter einer gewissen Zahl von Arbeitern in Bor zu Unstimmigkeiten gekommen war.[366]

Die Einberufung zur Pflichtarbeit Anfang 1943 fiel in jene Phase, als die Wirtschaft im Deutschen Reich auf den totalen Krieg umgestellt wurde. Die gleichen Maßnahmen

---

361 Ministar socijalne politike i narodnog zdravlja Ministru unutrašnjih poslova, Beograd, 2. I 1943. (VA NA, k. 107, f. 3, d. 1).
362 Der Generalbevollmächtigte für die Wirtschaft in Serbien an Herrn Minister des Inneren, Belgrad, 27.2.1943. (VA NA, k. 107, f. 4, d. 32).
363 Innenminister an den Kdr. General und Befehlshaber in Serbien, Verwaltungsstab, Beograd, 11.I 1943. (VA NA, k. 107, f. 3, d. 2).
364 Ebd.
365 Uredba o obrazovanju policijskih komesarijata, Službene novine, 12.III 1943, S. 1.
366 Delegat MUP-a ministru unutrašnjih poslova, Bor, 8.V 1943. (VA NA, k. 107, f. 22, d. 20).

wurden am 20. März auch in Serbien getroffen,³⁶⁷ auch wenn sich die deutschen Organe schon früher darauf vorbereitet hatten.³⁶⁸ Die »Novo vreme« versuchte zu zeigen, dass es sich um keine Neuigkeit handele, da die Anordnung zur Pflichtarbeit schließlich schon seit längerem umgesetzt werde. In letzter Zeit seien eine Menge Leute zur Arbeit einberufen worden und auch in Zukunft, so das Blatt, würden Aufrufe erfolgen. Als einzige Neuerung wurde angekündigt, dass die Möglichkeit bestehe, dass Leute zur Arbeit nach Deutschland geschickt würden – Männer zwischen 18 und 45 und Frauen zwischen 21 und 35 Jahren. Gemäß der Einführung kriegswirtschaftlicher Maßnahmen wurden die Arbeitspflichtigen aufgerufen sich zu melden. Von dieser Verpflichtung ausgenommen waren die Besitzer landwirtschaftlicher Güter und ihre Frauen, Geistliche, Schüler und Anstaltszöglinge. Die Arbeitspflichtigen konnten bei der Anmeldung angeben, für welche Art von Tätigkeit sie sich für besonders geeignet erachteten, sie konnten aber auch außerhalb ihrer Heimatorte zur Arbeit geschickt werden.³⁶⁹ Die neuen Maßnahmen erweiterten den Kreis der potentiell Arbeitspflichtigen auch auf die öffentlichen Bediensteten³⁷⁰ und eröffneten die Möglichkeit der Zwangsverschickung nach Deutschland. Anscheinend war Letzteres nur eine Drohung, da in den Quellen keine Angaben dahingehend zu finden sind, dass neben Deportierten auch freie Personen zwangsweise zur Pflichtarbeit ins Reich verschickt wurden. Vielmehr handelte es ich also um eine Möglichkeit, von der angesichts des Arbeitskräftebedarfs in Serbien niemals Gebrauch gemacht wurde und die eher als Druckmittel und Einschüchterungstaktik diente, um die Menschen dazu zu bewegen, der Aufforderung zur »Pflichtarbeit« in Serbien Folge zu leisten. Außerdem ließ der Minister und Chef der Belgrader Stadtverwaltung, Dragi Jovanović, Anfang April verlautbaren, dass Frauen und Fachkräfte nicht zur Arbeit außerhalb Serbiens geschickt würden.³⁷¹ Diese Einschränkung erschien notwendig angesichts der Unruhe, die sich in der Öffentlichkeit breit gemacht hatte.

Die Einführung kriegswirtschaftlicher Maßnahmen im Reich war im Wesentlichen aufgrund der Verschlechterung der deutschen Situation an den Kriegsfronten nötig

---

367 Uredba o uvođenju ratno-privrednih mera Rajha, List uredaba zapovednika Srbije, 26.III 1943, S. 309–310; Srbija i totalni rat – Uredba o uvođenju ratno-privrednih mera Rajha, NV, 27.III 1943, S. 3; Schlarp, a.a.O., S. 216; Aleksić, a.a.O., S. 319; Pajić, Prinudni rad, S. 181.
368 Wehrwirtschaftsstab Südosten, Lagebericht, 12.III 1943. (BA/MA, RW 29/35).
369 Druga uredba za sprovođenje Uredbe o uvođenju ratno-privrednih mera Rajha, List uredaba zapovednika Srbije, 26.III 1943, S. 313–315; Isto, NV, 27.III 1943, S. 3.
370 Von dieser Möglichkeit wurde auch Gebrauch gemacht und öffentlich Bedienstete wurden mitunter zu besonders schweren Arbeiten für die Wehrmacht herangezogen. (Besprechung, [Belgrad], 12.10.1943. (BA/MA, RW 40/81). Über die physische Arbeit der Angehörigen des öffentlichen Dienstes (wobei die Wehrmacht nicht erwähnt wurde) schrieb auch die Regimepresse – freilich nicht ohne demagogischen Unterton. Die Arbeit der öffentlich Bediensteten aus Belgrad wurde diesen als »kuluk« angerechnet. (Naredba obveznicima ličnog rada (kuluka), NV, 6.VI 1943, S. 3).
371 Izjava ministra Dragog Lj. Jovanovića, NV, 4.IV 1943, S. 3.

geworden. Deren Einführung in Serbien hatte die nur auf den ersten Blick paradox erscheinende Folge, dass die Vorhaben zum Ausbau der Wirtschaftsobjekte von kapitaler Bedeutung reduziert werden mussten. Der Generalbevollmächtigte für die serbische Wirtschaft legte seinem Vorgesetzten Hermann Göring am 20. und 21. März 1943 die reduzierten Pläne zum Ausbau und zur Ausbeutung dar (nämlich durch intensivere Arbeit bessere Ergebnisse zu erzielen), die allerdings schon früher diskutiert worden waren. Der Beauftragte für den Vierjahresplan, Hermann Göring, der Minister für Bewaffnung und Munition, Albert Speer, die Organisation Todt, die Militärdirektion für Verkehr und die Vertreter der Bor AG einigten sich auf einen Plan. Dieser sah unter anderem vor, die tägliche Fördermenge an Kupfer in Bor auszuweiten, das Kraftwerk in Kostolac samt des dortigen Tagebaus und der Fernleitung Belgrad-Kostolac-Bor auszubauen, die Ausbesserungsarbeiten an der Straße Požarevac-Žagubica-Bor unter Einbeziehung der OT fortzusetzen, den von der OT geleiteten Aufbau der Schmalspurbahn zwischen Kostolac-Požarevac-Žagubica-Bor weiterzuführen, den Donauhafen in Kostolac auszubauen sowie mit dem Aufbau des ebenfalls von der OT gebauten Hafens in Prahovo fortzufahren.[372] Da selbst für dieses reduzierte Arbeitsprogramm allein 25.000 Arbeiter im östlichen Serbien benötigt wurden,[373] setzte man eine große Aktion zur Rekrutierung von Arbeitskräften an.

Noch zu Jahresanfang 1943 veröffentlichte die Presse eine ganze Reihe von Aufrufen an die Arbeitspflichtigen, sich für die anstehende Pflichtarbeit bei der medizinischen Untersuchung und zur Entgegennahme des Arbeitsprogramms einzufinden. Zur »Pflichtarbeit« wurden teils »Dienstverpflichtete« der NSOS, teils auch ältere Jahrgänge (vor 1908 Geborene) einberufen, wobei denjenigen, die diesen Aufrufen nicht nachkamen, mit derselben Strafe wie für Fahnenflucht gedroht wurde.[374] Was diese Drohung letztlich zu bedeuten hatte, wurde der Vorstellung der Öffentlichkeit überlassen, wenngleich natürlich unter den herrschenden Kriegsbedingungen die Assoziation mit der Todesstrafe auf der Hand lag. In einigen Aufrufen wurde offen mit der Verschickung zur Zwangsarbeit außerhalb Serbiens sowie der Inhaftierung der Familie derjenigen, die sich nicht zur Arbeit meldeten, bis zu ihrer Auffindung gedroht.[375] Es ist bekannt, dass auch »Dienstverpflichtete« der NSOS zur Arbeit in die Bergwerke geschickt wurden. Zeitgleich wurde in der Presse Propaganda für die »Pflichtarbeit« betrieben: Während im Jahre 1942 durchweg über den Nationalen Dienst geschrieben wurde, gab es ab Februar 1943 eine Reihe von Artikeln, die über die guten Lebensbedingungen in Bor berichteten und die »Pflichtarbeit« als bürgerliche Pflicht darstellten, die zum Wohle aller

---

372 Pajić, Prinudni rad, S. 183.
373 Pajić, a. a. O., S. 184.
374 Vgl. z. B. 4.II 1943, 20.II 1943, 28.II 1943, 7.III, 1943, 9.III 1943, 13.III 1943, 20.III 1943.
375 Jedan od najsnažnijih pokreta rada u našoj zemlji, NV, 6.II 1943, S. 3; Poziv obveznicima službe rada, NV, 19.II 1943, S. 3; 6.IV 1943, S. 3

erfüllte werden müsse.[376] Die Höhe der Löhne wurde ebenso lobend hervorgehoben. Allein in einem Fall entging eine Feststellung dem Zensor, aus der ein intelligenter Leser herauslesen konnte, dass die Lebensbedingungen in Bor alles andere als gut waren. Über die Verschickung der Belgrader Arbeitspflichtigen berichtend, stellte der namentlich nicht erwähnte Journalist fest: »Die Gemeinde Belgrad unternimmt alles und wird auch zukünftig alles dafür unternehmen, um die Unterkünfte und alle übrigen Arbeitsbedingungen maßgeblich zu verbessern, damit diese den *grundlegenden Ansprüchen* [Hervorhebung Z. J.] genügen.«[377] Aus diesen Worten war recht eindeutig zu ersehen, dass die Lebensbedingungen eben nicht den grundlegenden Bedürfnissen entsprachen.

Trotz der großen Aufwandes an Propaganda und Drohungen fiel die Resonanz nicht zufriedenstellend aus. Nach einer Schätzung des Ministers für Sozialpolitik und Volksgesundheit, kam es in einigen Transporten zur Flucht von 50 bis 60 Prozent der Arbeitspflichtigen noch vor Ankunft am Arbeitsort.[378] Selbst aus der staatlich kontrollierten Presse war zu ersehen, dass sich eine beträchtliche Zahl Arbeitspflichtiger nicht einmal zur Untersuchung meldete, so dass die Aufrufe mehrere Male erneuert werden mussten – einschließlich der Strafandrohungen.[379] Um die serbischen Behörden dazu zu bringen, mit größerem Diensteifer die Verschickung der Arbeitspflichtigen und die Auslieferung der materiellen Güter auszuführen, befahl General Bader am 1. Mai 1943 den Kreiskommandanten, die verantwortlichen Einrichtungen mit einer Geldstrafe von 500.000 Dinar und die Bezirke mit einer Geldstrafe von 2 Millionen Dinar zu belegen. Tatsächlich musste die Strafe von der Gemeinde getragen werden, für welche die betreffende Einrichtung zuständig war, und die verantwortlichen Beamten mussten ausgetauscht oder bestraft werden. Für jeden untauglichen oder entflohenen Arbeiter hatte die betreffende Gemeinde zwei neue zu schicken.[380] Allem Anschein nach konnte diese strenge Verordnung nicht eingehalten werden, denn auch die lokalen Behörden beschweren sich über die immer häufiger vorkommenden Fluchten vom Arbeitsort. So meldete der Kreisvorsteher von Kragujevac, dass trotz der getroffenen

---

376 Jedan od najsnažnijih pokreta rada u našoj zemlji, NV, 6.II 1943, S. 3; Kako žive radnici na obaveznom radu u Boru, NV, 19.III 1943, S. 3; Vladan Sotirović, U vozu s obveznicima obavezne službe rada, NV, 21.III 1943, S. 3; Vladan Sotirović, Prvi susret sa rudarskim gradom, NV, 23.III 1943, S. 3; Vladan Sotirović, Kako žive radnici u najvećem rudarskom gradu u Srbiji, NV, 24.III 1943, S. 3; Istina o Boru, 26.III 1943, S. 4; Vladan Sotirović, Intelektualci koji rade dobrovoljno, NV, 26.III 1943, S. 4; Vladan Sotirović, Beograđani su svojski prionuli na posao, NV, 28.III 1943, S. 4; Vladan Sotirović, Kako se radnici osećaju na radu, NV, 30.III 1943, S. 3.
377 »Obavezni rad je dužnost sviju građana«, NV, 20.II 1943, S. 3.
378 Ministar socijalne politike i narodnog zdravlja ing. Stojimir Dobrosavljević ministru unutrašnjih poslova, Beograd, 1.II 1943. (VA NA, k. 107, f. 3, d. 1).
379 Objava za naknadni pregled obveznika Obavezne službe rada rođene 1908. do 1911. godine, NV, 16.IV 1943, 15.IV 1943, 17.IV 1943, 18.IV 1943, 20.IV 1943, 22.IV 1943.
380 Abschrift der Verordnung von General Bader, 1.III 1943. (AJ, 110, F. br. 959).

Maßnahmen weder die Flüchtigen, noch deren Familien hätten gefasst werden können. Ebenso wenig hätte man Ersatz senden können, weil dies von Aktionen Aufständischer verhindert worden sei. Deren Truppen hätten eine Stärke von 100 bis 1000 Leuten, während die Serbische Staatswache weder zur Säuberung des Gebietes noch zur Festnahme der Bauern über die nötige Kraft verfüge. Der Kreisvorsteher führte dies als Grund dafür an, dass die Bezirksbehörden den deutschen Forderungen nach Arbeitskräften nicht nachkommen könnten. Er bedauerte ferner, dass die Unmöglichkeit der Bereitstellung von Arbeitskräften »zu einer recht unangenehmen Beziehung zwischen der hiesigen Kreiskommandantur und dem Kreisvorsteher« führe.[381] Auch in anderen Gegenden bedrohten Tschetniks die lokalen Behörden, damit sie keine Menschen mehr zur »Pflichtarbeit« entsandten.[382] Die deutschen Behörden beklagten ebenfalls die Aktivitäten der Tschetniks, welche die Arbeiter zum Widerstand aufwiegelten, wie auch den passiven Widerstand der serbischen Beamtenschaft.[383] Dieser zeigte sich unter anderem darin, dass die Bezirksvorsteher die entflohenen Arbeiter nicht anordnungsgemäß bestraften, sondern sie nur an die Arbeitsorte zurückbrachten und sie der OT übergaben. Dies erlaubte indes der OT, obwohl sie dazu nicht berechtigt war, willkürliche Zwangsarbeitstrafen von sechs, sieben und sogar zwölf Monaten zu verhängen.[384] Der Generalbevollmächtigte Neuhausen wies seinerseits in seinem Brief an den Wirtschaftsminister des Deutschen Reichs vom 17. März 1943 mit Bedauern darauf hin, dass der Hauptgrund für den Produktionsrückgang in Bor der Mangel an Facharbeitskräften sowie der tägliche Arbeitskraftverschleiß durch Arbeitsflucht seien. Er führte die Zahl von 25.000 beschäftigten Arbeitern an, wovon ca. 9.000 Grubenarbeiter seien, von denen jedoch im Durchschnitt nur 6.500 regelmäßig zur Arbeit kämen. Um den Mangel an qualifizierten Arbeitskräften zu lindern, schlug Neuhausen vor, ein Bergarbeiterbataillon aus dem Osten nach Bor zu verlegen oder ein solches Bataillon für den Südosten einzurichten und es auf die Bergwerke Bor, Trepča und Mačkatica aufzuteilen.[385] Der Vorschlag wurde angenommen und am 10. Mai 1943 ordnete das OKW die Einrichtung des »Wehrwirtschaftlichen Bergbaubaubataillons Südost« bestehend aus vier Truppen mit jeweils 750 Leuten an, die im Zivilleben professionelle Bergleute waren. Diese stellten das professionelle Rückgrat der wichtigsten serbischen Bergwerke dar: Sie sollten die Facharbeiten ausführen, die einheimischen Arbeiter beaufsichtigen und schulen, die Anschaffung von Materialien organisieren und die technischen Anla-

---

381 Okružni načelnik šefu Srpske državne bezbednosti, Kragujevac, 18.II 1943. (VA NA, k. 24, f. 3, d. 18).
382 Okružno načelstvo Kruševac šefu Srpske državne bezbednosti, Kruševac, 6.IV 1943. (VA NA, k. 22, f. 7, d. 12).
383 Wehrwirtschaftsstab Südosten, Besprechung mit GBW 21.1.1943. (BA/MA, RW 29/35).
384 Delegat Ministarstva unutrašnjih poslova dr Miloje Koča, ministru unutrašnjih poslova, Bor, 24.IV 1943. (VA NA, k. 108, f. 2, d. 1).
385 Borković, Kontrarevolucija, S. 68; Pajić, Prinudni rad, S. 180.

gen bedienen. Die Einheiten des Bataillons erreichten Serbien im September 1943 und wurden auf verschiedene Standorte verteilt: Bor, die Antimonbergwerke in Zajača und Lisa, die wichtigen Kohlebergwerke in Kostolac, Klenovik, Senjski Rudnik, Ravna Reka, Aleksinac und Kolubara, das Elektrizitätswerk in Vreoci und das Chrom- und Molybdänbergwerk in Mačkatica.[386]

Um mit den »Bummelschichten« Schluss zu machen, gab die Verwaltung des Bergwerks von Bor am 34. April 1943 die Entscheidung bekannt, den »Bummlern« die Essensmarken für den Folgetag und einen halben Tagelohn zu streichen. Falls ein Arbeiter drei »Bummelschichten« eingelegt hatte, würden ihm die Essensmarken für Fleisch für den gesamten nächsten Monat entzogen sowie die Hälfte des Tagelohns für jede Fehlschicht gestrichen werden. Zudem würden ihm die Fehltage vom Jahresurlaub abgezogen.[387] Dank dieser Disziplinarmaßnahmen konnte der Wehrwirtschaftsstab für den Südosten Anfang Mai 1943 berichten, dass »die Erhöhung des Arbeitseinsatzes infolge der Dienstverpflichtung eine nicht unwesentliche Steigerung der Förderung beim Erzbergbau ermöglicht« habe.[388] Oberregierungsrat Sparkuhle meldete sogar, dass der Bedarf nach Arbeitskräften in Serbien befriedigt sei.[389] Der verstärkte Einsatz der »Pflichtarbeit« führte nicht nur zu einer Produktionssteigerung in den Metall- und Kohlebergwerken, sondern auch zu einer Zunahme der Meldungen zur Arbeit in Deutschland.[390] Offensichtlich war für diese Entwicklung der Wunsch nicht unerheblich, durch »freiwillige« Arbeit im Reich der »verpflichtenden« Arbeit in Serbien zu entkommen, wenngleich sich dieser Trend als nicht sehr langfristig erweisen sollte.[391]

---

386 Schlarp, a.a.O., S. 225–226.
387 Dienstanweisung Nr. 23 an alle Betriebe und Abteilungen, Bor, 24.4.1943. (AJ, 110, 598/648). Am 10. Mai 1943 strich die Leitung des Bergwerks von Bor den Jahresurlaub für die freiwillig Beschäftigten (außer für Landarbeiten), während die Dienstverpflichteten nicht einmal Anspruch darauf hatten. (An alle Betriebe, Bor, 10.V 1943. (AJ, 110, 598/648). Im April 1944 wurde der unbezahlte Urlaub abgeschafft, die Anzahl der bezahlten Urlaubstage stark eingeschränkt (Direktion, Rundschreiben, Bor, 20.IV 1944. (AJ, 110, 598/648).
388 Wehrwirtschaftsstab Südosten, Lagebericht, KTB 1.4.–30.6.1943, 10.V 1943. (BA/MA, RW 29/36).
389 Kommandierender General und Befehlshaber in Serbien, KTB 1–30.4.1943, Eintrag vom 22.4.1943. (BA/MA, RW 40/40).
390 Kommandierender General und Befehlshaber in Serbien, KTB 1–30.4.1943, Kom. Gen. u. Bef., Abt. Ia, Nr. 1358/43 geh., an OB Südost, 19.IV 1943, Lagebericht (BA/MA, RW 40/40); Wehrwirtschaftsstab Südosten, Lagebericht, KTB 1.4.–30.6.1943, 10.V 1943. (BA/MA, RW 29/36).
391 In einem Bericht des Wehrwirtschaftsstabs ist für den April von 3.782 und für die erste Mai-Hälfte von nur noch 470 angeworbenen Arbeitern die Rede. Wehrwirtschaftsstab Südosten, Lagebericht, KTB 1.4.–30.6.1943, 21.V 1943. (BA/MA, RW 29/36).

In den Folgemonaten wurde festgestellt, dass die Arbeitskräfte nur widerwillig ihre Arbeit ausführten und es gleichzeitig eine Reihe von Arbeitsfluchten gäbe.[392] Dies habe einen Rückgang der Produktion zur Folge.[393] Doch waren nicht alle Betriebe und Unternehmen in gleichem Maße von der Arbeitsflucht betroffen: So flohen aus Bor bis Mai 1943 ungefähr 800 Arbeiter, während von den Baustellen der OT im Zeitraum von Februar bis Juli 1943 10.762 Arbeiter davongelaufen waren. Die Polizei konnte nur 1.000 von ihnen einfangen.[394] Aus dem Kontingent von 1.400 Leuten, die aus Kragujevac geschickt worden waren, seien angeblich fast 1.300 weggelaufen, obwohl die Kreisleitung darüber keinen Nachweis hatte.[395] Ähnlich verhielt es sich auch mit der Pflichterfüllung anderer Kreise: Es wurden einerseits zu wenig Leute geschickt, von denen andererseits wiederum ein Großteil während des Transports oder kurz nach Ankunft am Bestimmungsort davonlief.[396] Für diese derart massive Flucht, insbesondere von neu eingetroffenen Arbeitspflichtigen, beschuldigten die deutschen Behörden in erster Linie die unteren serbischen Verwaltungsorgane, die »immer noch überwiegend ungeeignete Personen rekrutieren. Es ist ausdrücklich festgelegt worden, dass auch solche Personen als ungeeignet zu bezeichnen sind, welche offenbar nicht gewillt sind, die ihnen auferlegte Arbeitspflicht zu erfüllen«[397], so der Generalbevollmächtigte. Es würden weiterhin gesundheitlich Untaugliche geschickt und es brächen auch nicht alle registrierten Arbeitspflichtigen von den Sammelstellen zur Arbeit auf. Zudem war die Kontrolle bei Ankunft der Arbeiter und selbst in den Lagern wohl recht schwach, was die Flucht erleichterte.[398]

Nach deutschen Schätzungen waren von ca. 25.000 Arbeitern, die für die Standorte im Osten Serbiens benötigt wurden, ca. 12.000 garantiert.[399] Davon arbeiteten in Bor 8.924 Arbeiter und in der Umgebung ca. 3.000 Menschen in Standorten der OT.[400] Alle diese Zahlen in Bezug auf die (anwesenden und davongelaufenen) Arbeiter in Bor

---

392 Okružno načelstvo okruga valjevskog, Ministarstvu unutrašnjih poslova, Valjevo, 8.V 1943. (VA NA, k. 107, f. 23, d. 32). Die Leitung des Bergwerks von Bor betrachtete jene Arbeiter als flüchtig, die sich zehn Tage lang nicht zur Arbeit meldeten, und als Bummler diejenigen, die an zwei aufeinander folgenden Tagen bzw. an zwei Tagen im Laufe einer Woche nicht arbeiteten. Bekanntmachung an alle Betriebe und Abteilungen, Bor, 17.V 1943. (AJ, 110, 598/648).
393 Wehrwirtschaftstab Südosten, KTB 1.4.–30.6.1943. Lagebericht 23.6.1943. i 22.7.1943. (BA/MA, RW 29/36).
394 Schlarp, a.a.O., S. 216.
395 Okružno načelstvo Kragujevac, delegatu MUP u Boru, Kragujevac, 24.III 1943. (VA NA, k. 22, f. 7, d. 47).
396 Pajić, Prinudni rad, S. 186–190.
397 Der Generalbevollmächtigte für die Wirtschaft an den Herrn Minister des Inneren, Belgrad, 3.6.1943. (VA NA, k. 107, f. 4, d. 24).
398 Pajić, a.a.O., S. 191.
399 Ebd., S. 184.
400 Pajić, a.a.O., S. 184; Živković, Ratna šteta, S. 174.

müssen jedoch aufgrund der nachlässigen Dokumentation, insbesondere bei der OT, unter Vorbehalt gelesen werden. Der Gesandte des Ministeriums für Inneres, Miloje Koča, wies darauf hin, dass freiwillige Arbeiter häufig als »Dienstverpflichtete« geführt würden und umgekehrt, dass Arbeiter mit genehmigter Krankmeldung als entlassen oder noch häufiger als geflohen und entlassene Arbeiter wiederum als geflohene geführt würden, dass ausgediente Arbeiter aus der Personalakte gestrichen, aber nicht nach Hause entlassen würden, obwohl ihr Wechsel schon angekommen sei, oder aber, dass sie entlassen und nicht aus der Personalakte gestrichen würden.[401] Aus den genannten Gründen sind diese Zahlen mit Vorsicht zu genießen, doch weisen einige der erwähnten Berechnungsverfahren selbst schon darauf hin, dass es an Arbeitskräften mangelte.

Die Zwangsarbeit ungarischer Juden im Kupfererzbergwerk Bor

Um wenigstens zum Teil den Mangel an einheimischen Arbeitskräfte auszugleichen, die nur widerwillig der Arbeitspflicht Folge leisteten, von der Arbeit davonliefen, sich vor ihr drückten oder sogar den Aufständischen anschlossen, beauftragte Albert Speer, Reichsminister für Bewaffnung und Munition, Ende Februar 1943 seinen Mitarbeiter Dr. Gerhard Fränk, der zugleich stellvertretender Vorsitzender der Organisation Todt war, von der ungarischen Regierung die Entsendung von 10.000 Juden zur Zwangsarbeit in Bor zu erwirken. Die ungarische Regierung lehnte dies zunächst ab, doch willigte sie auf deutschen Druck schließlich am 1. Juli 1943 ein, 3.000 Juden, die bereits als Zwangsarbeiter in Ungarn tätig waren, im Gegenzug für die monatliche Lieferung von 100 Tonnen Kupferkonzentrat nach Bor zu schicken. Daneben wurde vereinbart, dass Ungarn der OT eine gewisse Zahl an Arbeitern zur Verfügung stellen werde.[402] Die Rekrutierung und Verschickung der jüdischen Arbeiter dauerte bis Ende 1943, doch kamen die ersten Transporte mit rund 3.000 Menschen bereits im Sommer dieses Jahres an. Nicht alle nach Bor verbrachten Juden stammten aus dem Gebiet Trianon-Ungarns: Unter ihnen gab es auch einige hundert Juden aus der jugoslawischen Bačka, aus dem Übermurgebiet, aus der Slowakei und aus Transsilvanien. Mit diesen Transporten ließ

---

401 M. Koča, Ministarstvu unutrašnjih poslova, Bor, 8.V 1943. (VA NA, k. 107, f. 22, d. 20); Ministar unutrašnjih poslova T. Dinić, Generalnom opunomoćeniku za privredu, Beograd 29.V 1943. (VA NA, k. 107, f. 4, d. 23); M. Koča, Ministarstvu unutrašnjih poslova, Bor, 8.VI 1943. (VA NA, k. 107, f. 4. d. 23). Um die Personalakte zu bereinigen, ordnete der Minister für Inneres am 23. Juni 1943 an, aus jedem Kreis je einen Beamten nach Bor zu schicken, um die Pflicht- und Zwangsarbeiter aus dem jeweiligen Kreis zu verzeichnen. Belgrad, 23.6.1943. (VA NA, k. 107, f. 4, d. 23).
402 Randolph L. Brahm, The Destruction of Hungarian Jewry. A Documentary Account, New York 1963, 104–112; Vladislav Rotbart, Jugosloveni u mađarskim zatvorima i logorima, Beograd, Novi Sad 1988, S. 318–319; Pajić, Prinudni rad, S. 185–187; Romano, a. a. O., S. 84; Gruenfelder, U radni stroj, S. 191.

die ungarische Regierung auch eine kleine Gruppe Zeugen Jehovas zur Zwangsarbeit deportieren. Die Unterbringung der ungarischen Juden erfolgte in separaten Lagerteilen oder in Lagern entlang der Bahnlinie nach Crni Vrh, Žagubica und Laznica.[403] Der Großteil jüdischer Zwangsarbeiter war in den Lagern »Berlin« (ca. 2.000), »Bregenz« (600), »Ren« (200), im Dorf Ložnica (ca. 500), in den Lagern »München« (10–120), »Heidenau« (400) usw. interniert.[404] Während der Arbeit standen sie unter der Aufsicht deutscher Wachen,[405] im Lager wurden sie von Mitgliedern der ungarischen Heimwehr (bestehend aus 161 Soldaten, 37 Unteroffizieren und 28 Offizieren) bewacht. Hiermit wollte die ungarische Regierung ihre Herrschaft über ihre Staatsbürger unterstreichen,[406] auch wenn ihre Militäreinheit bei Gefahr unter deutsches Kommando gestellt werden sollte.[407] Für die jüdischen Zwangsarbeiter ergab sich insofern ein gewisser Vorteil, als sie die ungarischen Wachleute bestechen konnten, ihnen bei der Rückkehr aus dem Heimaturlaub Geld und Nahrung von ihren Familien mitzubringen. Diese Möglichkeit bestand jedoch nur bis 1944, als die deutschen Truppen Ungarn besetzten.[408] Allgemein wurde der Umgang Ende 1943 rauer, als Oberst Öde Maranyi András Balog als Kommandant ablöste. Er leitete das Lagergericht, dass die Todesstrafe schon für kleinste Vergehen verhängte, und führte das stundenlange Aufhängen an den Händen als Strafmaßnahme ein. Wiederholte Fluchtversuche wurden mit dem Tod nach vorausgehender Folter bestraft. Diejenigen, die Glück hatten, erhielten »nur« eine mehrjährige Haftstrafe.[409] Neben den ungarischen Wachleuten werden auch Bulgaren, Russen und Angehörige der Serbischen Staatswache als Wachleute erwähnt.[410]

---

403 Nach Pajić gab es 17 solcher Lager. (Pajić, Prinudni rad, S. 186).
404 Zapisnik, Jozsef Streit, Pančevo, 5.IV 1945. (AJ, 110, 608/658).
405 Es handelte sich um Wachleute der OT. Nach dem Krieg berichtete Jozsef Streit aus Veszprém, dass die Wachen, mit denen seine Gruppe in Kontakt gestanden hatte, hauptsächlich Österreicher gewesen und mit den Juden gut umgegangen seien und sie sogar mehrfach vor den ungarischen Wachen in Schutz genommen hätten. (Zapisnik, Jozsef Streit, Pančevo, 5.IV 1945. (AJ, 110, 608/658).
406 Die ungarischen Behörden führten 1938/39 den verpflichtenden Arbeitsdienst für alle Männer über 21 Jahren ein, die dauerhaft untauglich für den Militärdienst waren. 1942 wurde der Arbeitsdienst auf zwei Jahre verlängert, während für Juden eigene Lager zur Ableistung dieses Dienstes eröffnet wurden. Im Herbst wurden spezielle jüdische Arbeitsbrigaden eingerichtet. (Gruenfelder, U radni stroj, S. 191). Dies war Teil der gegen Juden und allgemein gegen Minderheiten gerichteten Maßnahmen der ungarischen Behörden. (Jürg K. Hoensch, A History of Modern Hungary 1867–1986, London, New York [1989], S. 153–154).
407 Pajić, a.a.O., S. 186–187. Ein ähnliches Regime galt auch für die im Bergwerk eingesetzten bulgarischen Einheiten.
408 Rotbart, a.a.O., S. 319.
409 Zapisnik, Avram Gotesman iz Svaljova, Ukrajina, Pančevo, 31.I 1945. (AJ, 110, 608/658); Romano, a.a.O., S. 84; Rotbart, a.a.O., S. 319; Šosberger, a.a.O., S. 227, 231.
410 Šosberger, a.a.O., S. 232.

Die ungarischen Juden arbeiteten täglich acht bis elf Stunden und wurden für die unterschiedlichsten Tätigkeiten eingesetzt: zum Bau der Eisenbahnlinie von Bor nach Žagubica, zur Regulierung des Bor-Flusses, zum Bau des Tunnels unter den Bergen Tilava Mika und Tilava Roš, zum Tagebau von Tilava Mika sowie zu qualifizierten Tätigkeiten (was einige wenige Fachleute betraf). Sie wurden vor Ort als Baggerfahrer, Minenarbeiter, Planzeichner usw.[411] unter der Leitung von Reichsdeutschen, Volksdeutschen oder Russen eingesetzt.[412] Die Arbeit verlief strapaziös und unter schlechten Bedingungen, ohne ausreichende Bekleidung oder Ausrüstung, so dass es zu zahlreichen Todesfällen durch Erschöpfung kam.[413] Die Arbeiter auf der Gleisbaustelle Bor-Žagubica arbeiteten in Fünfergruppen, die eine Wagenladung von elf Kubikmeter Erde pro Tag ausheben und abtransportieren mussten. Wer die Norm nicht erfüllte, wurde für Stunden an den Händen aufgehängt. Die gleiche Strafe wurde auch auf andere ungarische Juden, die nicht ausreichend arbeiteten, angewandt.[414] Auf den Gleisbaustellen wurden neben den Erdarbeiten auch Holzfällerarbeiten geleistet.[415] Die Zwangsarbeiter wurden bei hohen Temperaturen und Krankheit zur Arbeit gezwungen und mitunter von den deutschen Wachen geschlagen, falls sie die Arbeit unterbrachen.[416] Wie auch andernorts in Bor war die Verpflegung schlecht. Die ungarischen Soldaten stahlen manchmal Essen und verkauften es den Lagerinsassen. Um sich ernähren zu können, verkauften die Zwangsarbeiter Wertgegenstände, die sie mitgebracht hatten, wie Uhren, Schmuck und Kleider.[417]

Am besten sind die Lebensumstände der jüdischen Häftlinge im Lager »Heidenau« dokumentiert, einem Lager der OT, das Anfang 1943 von einer ungarischen Kommission besucht wurde. Im Lager waren neben Juden auch Griechen, Italiener und andere Gefangene untergebracht. Die schlechten Lebensbedingungen dort wie auch in anderen Lagern der OT trugen wesentlich dazu bei, dass die ungarische Regierung das deutsche Gesuch nach weiteren Arbeitern zunächst ablehnte. Erst der Wechsel des Verteidigungsministers führte dazu, dass die ungarische Regierung die schlechten Lebensbedingungen der Arbeiter akzeptierte.[418] Zu der Zeit, als die ungarischen Juden in »Heidenau« untergebracht waren, bestand das Lager aus sechs Baracken. Eine Baracke diente der Unterbringung der ungarischen Wachen, die anderen waren für die Arbeiter gedacht. Jede Baracke hatte mehrere Zimmer mit strohbedeckten Betten. Man

---

411 Gruenfelder, U radni stroj, S. 192; Šosberger, a.a.O., S. 229–230.
412 Šosberger, a.a.O., S. 228.
413 Romano, a.a.O., S. 84.
414 Zapisnik, Jozsef Streit, Pančevo, 5.IV 1945. (AJ, 110, 608/658); Zapisnik, Avram Gotesman iz Svaljova, Ukrajina, Pančevo, 31.I 1945. (AJ, 110, 608/658).
415 Pajić, Prinudni rad, S. 241.
416 Zapisnik, Avram Gotesman iz Svaljova, Ukrajina, Pančevo, 31.I 1945. (AJ, 110, 608/658).
417 Šosberger, a.a.O., S. 230–231.
418 Pajić, a.a.O., S. 185–186, 241.

musste um 6 Uhr aufstehen, antreten und wurde nach dem Frühstück zur Arbeitsstätte gebracht. Dort wurden die Zwangsarbeiter von den Wachleuten der OT übernommen und zur Arbeit gebracht, die bis 17 oder 18 Uhr dauerte. Zu Mittag wurden sie von einer Eskorte ungarischer Wachleute zurück ins Lager gebracht. Die Gefangenen wurden zur Waldrodung und zum Bau der Schmalspurbahn Bor-Petrovac-Požarevac herangezogen. Im Lager herrschte strengste Disziplin, der Lagerkommandant Antal Szál war allerdings darum bemüht, die sadistischen Neigungen eines Teils der Wachleute zu unterbinden. Ähnliche Lebens- und Arbeitsbedingungen herrschten auch in den anderen Lagern der ungarischen Juden vor. Es wurde nach Akkord und auf schwierigem Gelände gearbeitet, wobei die Mehrheit der Arbeiter keine Erfahrung mit schweren körperlichen Arbeiten hatte.[419]

Wie hoch die Gesamtzahl der Juden aus Ungarn war, die in und um Bor herum arbeiteten, kann nicht mit Genauigkeit ermittelt werden. Nach Pavle Šosberger wurden im Anschluss an die deutsche Besetzung Ungarns am 19. März 1944 noch weitere 3.000 Juden nach Bor geschickt, so dass ihre Zahl im Mai dieses Jahres zwischen 6.000 und 7.000 Mann betrug.[420] Nach Vladislav Rotbart wurden mit dem ersten Transport im Juli 1943 ca. 1.100 Menschen transportiert.[421] Jaša Romano wiederum behauptet, dass schon mit dem vierten Transport 1943 6.200 Menschen angekommen seien.[422] Angesichts der Tatsache, dass Juden bis Mitte 1944 eintrafen, widerspricht dies jedoch den Angaben anderer Autoren und Zeugenberichte. Nach September 1944, unmittelbar vor Beginn der Evakuierung der Bergleute, wird die Zahl von ungefähr 6.000 ungarischen Juden in Bor angegeben.[423]

Trotz der harten Lebens- und Arbeitsbedingungen in Bor begann die wahre Tragödie für viele Juden erst mit dem Verlassen des Lagers: Infolge des Rückzugs der deutschen Streitmacht aus dem Balkan und des Vormarschs der Roten Armee und der jugoslawischen Volksbefreiungsarmee wurden am 16. September ca. 3.600 Juden über Mala Krsna und Smederevo fortgeschleppt. Sie wurden von berittenen ungarischen Soldaten sowie von Tschetniks unter der Führung von Kosta Pećanac bewacht, der seit 1941 mit den Deutschen zusammenarbeitete. Als Nahrung gab man ihnen je ein Kilo Brot für den gesamten Fußmarsch mit. Unterwegs schliefen sie in Schlamm und Wasser und in

---

419 Pajić, Prinudni rad, S. 239–241; Tolnai, a.a.O., S. 20–25.
420 Šosberger, a.a.O., S. 227.
421 Rotbart, a.a.O., S. 319. Im Monat Juni waren im Bergwerk 1.040 Ungarn im Einsatz, während eine zwischen dem 13. und 22. Juli 1943 erstellte Liste 2.129 Arbeiter aus Ungarn anführt (Živković, Ratna šteta, S. 176–177), was Rotbarts Angaben erhärten würde.
422 Romano, a.a.O., S. 84.
423 Pajić, a.a.O., S. 282. Anscheinend gibt es keine Beweisgrundlage für Anna-Maria Grünfelders Behauptung, wonach etwa die Hälfte der ungarischen Juden aus Ungarn in Bor infolge der schweren Lebensbedingungen noch vor Beginn der Evakuation gestorben seien. (Gruenfelder, U radni stroj, S. 192).

Smederevo kam es zu ersten Morden. Von dort aus wurden sie per Floß über die Donau nach Pančevo geschifft, wo die Wachmannschaft durch Volksdeutsche verstärkt wurde. Unterwegs kam es zu weiteren Morden an Erschöpften oder solchen, die zu fliehen oder an Essen zu gelangen versuchten. In Novi Vrbas wurde die Kolonne von den dortigen Volksdeutschen bespuckt, verunglimpft und ausgeplündert. Nach einem Aufenthalt von einem Tag und zwei Nächten im nahe gelegenen Dorf Crvenka setzten 800 Gefangene den Weg nach Sombor fort. Zuvor waren in Crvenka ungefähr 680 Mann in einer Ziegelei durch Maschinengewehrfeuer erschossen oder von Mitgliedern der SS durch Sprengsätze und Prügelstöcke umgebracht worden. Die übrigen 1.600 setzten den Weg fort, doch wurden bis zur ungarischen Grenze, wo die Kolonne wieder von ungarischen Militärs übernommen wurde, noch weitere hundert Menschen getötet. Von der gesamten Kolonne haben etwa 1.000–1.300 Menschen den Marsch überlebt. Auch sie kamen später in den deutschen Konzentrationslager Flossenbürg und Buchenwald ums Leben. Nur sehr wenige erlebten das Ende des Kriegs.[424] Die 10. Brigade der 23. Division der Volksbefreiungsarmee verhinderte am 28./29. September 1944 den Abmarsch einer zweiten Gruppe von ca. 2.000 Juden aus Bor. Aus diesem Transport schlossen sich 39 ehemalige Zwangsarbeiter den Partisanen an.[425]

Krise und Zusammenbruch des planmäßigen Arbeitskräfteeinsatzes 1943/44

Die Herbeischaffung ungarischer Juden zur Zwangsarbeit nach Bor war eine Maßnahme, die den Mangel an Arbeitskräften an serbischen Standorten nur teilweise beheben konnte. Im Laufe des Jahres 1943 wurde ein Produktionsrückgang als Folge der abnehmenden Zahl von »Dienstverpflichteten« verzeichnet. Besonders zur Feldarbeitssaison blieben die Kleinbauern häufig fern, da sie ihr Land bearbeiten bzw. die Ernte einfahren mussten. Die Einrichtung des Bergbau-Bataillons Südost kam langsamer voran als vorgesehen. Ausgesprochen schwierig war die Situation in den Bergwerken in ländlichen Gebieten, wo die Arbeiter fernblieben und auch die Arbeitspflichtigen im Allgemeinen nicht mehr erschienen. Die Zwangsmaßnahmen reichten nicht aus, um sie zurückzuholen,[426] so dass sich im Juni 1943 auch die Hilfspolizei in Bor bei der Ergreifung der

---

424 Dr Marko Gutman Savezu jevrejskih opština, Beograd, 23.XI 1947. (Jevrejski istorijski muzej (dalje: JIM), reg. br. 2700, k. 22–16-2/2-I; Masovno streljanje u Crvenki, s.l., s.a. (JIM, reg. br. 2170, k. 22–1-1/16–1); Đorđe Fišer, Marš smrti od Bora do Crvenke i dalje..., in: Mi smo preživeli ... 2. Jevreji o holokaustu, Beograd 2003, S. 281–292; Romano, 85; Šosberger, a.a.O., S. 233.
425 Romano, a.a.O., S. 85; Šosberger, a.a.O., S. 233; Rotbart, a.a.O., S. 320–321; Venceslav Glišić, NOP u Boru i okolini od 1941. do 1944. godine, u: Bor i okolina, I. Prošlost i tradicionalna kultura, Bor 1973, S. 230–255 (hier S. 254).
426 Wehrwirtschaftstab Südosten, KTB 1.4.1943–30.6.1943. Lagebericht 23.VI i 22.VII 1943. (BA/MA, RW, 29/36); Wehrwirtschaftstab Südosten, KTB, 1.VII-20.9.1943. Überblick über

»Bummler« einschalten musste.[427] Zugleich hat es den Anschein, als ob es selbst aus den Lagern für politische Sonderhäftlinge, die von sich aus schon besser bewacht sein mussten, nicht übermäßig schwer war, zu entkommen.[428] Die Aufsicht über »gewöhnliche« »Dienstverpflichtete« war weniger streng.[429] Um der Flucht aus Bor Einhalt zu gebieten, befahl der Minister für Inneres, dass in den Fällen, in denen die Flüchtigen innerhalb eines Monats nicht gefasst werden konnten, alle männlichen Mitglieder ihrer Familie festgenommen und solange in Haft gehalten werden sollten, bis sich die Flüchtigen von alleine meldeten. Zudem verlangte er, die Aufsicht und Bewachung der Arbeiter zu verstärken, zumal »illegale Banden« sie in die Wälder fortschleppen, Bergleute töten und Propaganda verbreiten würden, um die Werktätigen zum Verlassen ihrer Arbeitsstätte zu bewegen.[430] In diesem Zusammenhang erwies es sich als ein weiteres Problem, dass die Einheiten der SDS beim Aufeinandertreffen mit den Aufständischen unzuverlässig waren – sie desertierten oder liefen zu den Partisanen bzw. Tschetniks über.[431]

Das Nichteinhalten der Arbeitspflicht und die massenhafte Flucht der Arbeitspflichtigen waren jedenfalls die Gründe dafür, dass der Generalbevollmächtigte am 20. August 1943 die einst festgelegten Bezirks- und Kreiskontingente um 25 Prozent erhöhte.[432] Um ihren Arbeitskräftebedarf sicherzustellen, verlangten die Unternehmen, die in Bor, Kostolac und andernorts tätig waren, vom Generalbevollmächtigten

das III. Quartal 1943. (BA/MA, RW 29/37); Wehrwirtschaftstab Südosten, Lagebericht, 24.VIII 1943. (BA/MA, RW 29/37); Inspekteur für den Kohlenbergbau in Serbien, Belgrad, 5.7.1943. (BA, R 26 VI/999); Okružno načelstvo Okruga kragujevačkog Ministarstvu unutrašnjih poslova, Kragujevac, 20.IX 1943. (VA NA, k. 108, f. 8, d. 2).

427 Der Generalbevollmächtigte für die Wirtschaft an Oberkriegsverwaltungsrat Sparkuhle, Bor, 9.VI 1943. (AJ, 110, 598/648).
428 So flohen am 7. Mai 1943 47 Gefangene aus dem Lager Brünn. (Ministarstvo unutrašnjih poslova, šefu Srpske državne bezbednosti, Beograd, 2.VI 1943. (VA NA, k. 107, f. 3, d. 12).
429 Delegat Ministarstva unutrašnjih poslova dr Vidmar Ministarstvu unutrašnjih poslova, Kostolac, 30.VI 1943. (VA NA, k. 107, f. 4, d. 26); Okružno načelstvo Okruga kragujevačkog Ministarstvu unutrašnjih poslova, Kragujevac, 20.IX 1943. (VA NA, k. 108, f. 2, d. 2).
430 Ministar unutrašnjih poslova Glavnom opunomoćeniku za privredu, Beograd, 21.VI 1943. (VA NA, k. 107, f. 4, d. 25); Militärverwaltungschef an den Kommandierenden General und Befehlshaber in Serbien, Belgrad, 9.7.1943. (BA, R 26 VI/999); Der Inspekteur für den Bergbau in Serbien an Herrn NSFK – Obergruppenführer Neuhausen, Belgrad, 25.8.1943. (BA, R 26 VI/999); Der Inspekteur für den Bergbau in Serbien an Herrn NSFK – Obergruppenführer Neuhausen, Belgrad, 20.9.1943. (BA, R 26 VI/999); Okružno načelstvo Okruga kragujevačkog, Ministarstvu unutrašnjih poslova, Kragujevac, 20.IX 1943. (VA NA, k. 108, f. 8, d. 2); Pajić, Prinudni rad, S. 192.
431 Der Inspekteur für den Kohlenbergbau in Serbien an NSFK-Obergruppenführer Neuhausen, Belgrad, 20.10.1943. (BA, R 26 VI/999); Der Inspekteur für den Kohlenbergbau in Serbien an NSFK-Obergruppenführer Neuhausen, Belgrad, 23.11.1943. (BA, R 26 VI/999).
432 Pajić, a. a. O., S. 188. Neuhausen schätzte im Oktober 1943 den Anteil der aus Bor Geflohenen auf sogar 70 %! (Besprechung, [Belgrad], 12.10.1943. (BA/MA, RW 40/81).

darüber hinaus, die Pflichtarbeitszeit auf mindestens sechs Monate zu verlängern.[433] Nach ihrem Dafürhalten brauche es einerseits vier bis sechs Wochen, bis sich Arbeiter an den neuen Arbeitsplatz gewöhnt hätten, und andererseits würden sie schon nach dem dritten Monat anfangen, sich auf die Heimfahrt vorzubereiten. Aus diesem Grund forderte der Generalbevollmächtigte am 27. September 1943 von Minister Dinić, die Pflichtarbeitszeit für die qualifizierten Arbeiter in Bor auf sechs Monate zu verlängern. Zwar hatte sich der Minister des Inneren vormals gegen die Verlängerung von vier auf sechs Monaten mit der Erklärung gewandt, dass eine kürzere Dauer zu einer höheren Leistung führen werde, doch musste Dinić nun nachgeben und er verordnete am 29. Dezember die erwünschte Verlängerung für gelernte Arbeiter.[434] Schwierigkeiten dieser Art hielten jedoch den ganzen Herbst über an und in einem Bericht von Mitte November 1943 ist diesbezüglich zu lesen: »Dienstverpflichtungen lassen sich kaum noch durchsetzen.«[435] Da auch der Bedarf der Streitkräfte wuchs, spitzte sich die Arbeitskräftesituation weiter zu. So arbeiteten Mitte Oktober allein für die Luftwaffe 5.000 Menschen.[436] Zugleich verschärfte das Erstarken der Widerstandsbewegung die Sicherheitslage der deutschen Behörden. Im November 1943 verfügte von allen Kohlebergwerken allein Kostolac über ausreichenden Schutz durch die Wehrmacht. Um die Flucht aus Bor zu unterbinden, verhängte die Kreiskommandantur I/857 Anfang Dezember Geldstrafen in Höhe von 10.000 Dinar für jeden Davongelaufenen, eine Summe, die ihre Herkunftsgemeinden zu entrichten hatten, falls die Flüchtigen nicht binnen vierzehn Tagen zur Arbeit zurückkehrten.[437] Für kurze Zeit erwies sich diese Maßnahme als erfolgreich, doch schon bald hatten »die Feindpropaganda und zielbewusster Bandenterror die erfreulichen Anfangserfolge weitgehend gestört«.[438] Als ein

---

433 Die Bergwerksleitung hatte anlässlich der Einführung der »Pflichtarbeit« eine Dauer von sechs und nicht von vier Monaten verlangt. Da aber viele Arbeiter nach Ablauf der vier Monate flohen und andererseits die Arbeit sichergestellt werden musste, verlangte die Bergwerksleitung im Juni 1943, die Pflichtarbeitsdauer auf ein Jahr oder sogar bis Ende des Kriegs zu verlängern (!), vgl. Avramovski, a. a. O., S. 218.
434 Innenministerium, Abschrift, 29.IX 1943. (AJ, 110, 598/648).
435 Wehrwirtschaftstab Südost, KTB, 1.10.–31.12.1943. Lagebericht Serbien 15.11.1943. (BA/MA, RW 29/38). Ähnlich auch in einem Bericht über die Kohlebergwerke: »Die Dienstverpflichteten erscheinen durchweg überhaupt nicht mehr zur Arbeit. Irgendwelche Machtmittel, die Arbeitspflicht zu erzwingen, fehlen völlig.« (Der Inspekteur für den Kohlenbergbau in Serbien, Belgrad, 20.10.1943. (BA, R 26 VI/999).
436 Besprechung, [Belgrad] 12.10.1943. (BA/MA, RW 40/81).
437 Major Müller, Zaječar, 6.XII 1943. (AJ, 110, 598/648); Zapisnik o saslušanju Petra Petrovića, službenika Gradsnog narodnog odbora u Zaječaru, Zaječar, 19.I 1947. (AJ, 110, F. br. 959); Pajić, Prinudni rad, S. 192. Geldstrafen für das Nichtverschicken von Arbeitern nach Bor und Nichtausführung der angeordneten Tätigkeiten waren periodisch schon früher erhoben worden. ([Sepp] Prager, AJ, 110, F. br. 2395).
438 Dritter Gesamtbericht des Generalbevollmächtigten für die Wirtschaft in Serbien, Januar 1944. (BA/MA, RW 40/99).

positiver Anreiz zum Verbleib am Arbeitsort wurde ab dem 1. August 1943 der Tagelohn der Grubenarbeiter erhöht,[439] doch betraf dies nur einen kleinen Teil der Beschäftigten, denen lediglich 20 Prozent mehr ausbezahlt wurden. Daneben sollte ab November für die Bergleute in Kohlebergwerken eine neue, motivierende Essensrationierung eingeführt werden, die leistungsabhängig sein sollte.[440] Als zusätzlichen Stimulus wurde ab 20. Januar 1944 eine »Treue- und Teuerungszulage« sowohl für freiwillige als auch für »Dienstverpflichtete« eingeführt, die sich über längere Zeit als tüchtige Arbeiter in den einzelnen Unternehmen auszeichneten.[441] Zur Erhöhung der Arbeitsproduktivität wurden zudem im Juni 1944 Waren-Prämien für besonders leistungsstarke Grubenarbeiter eingeführt.[442] Zwar fiel die Reaktion der Arbeiter positiv aus, doch wurden die ersten Geschäfte, in denen man mit den Warengutscheinen einkaufen konnte, erst im Juli 1944 eröffnet.[443] Für besonders tüchtige Arbeiter, die seit 1943 in Bor arbeiteten, (sowie für einige, die erst 1944 hinzugekommen waren) führte die Bergwerksleitung Mitte Juni 1944 zusätzliche Gratifikationen ein, die je nach Arbeitsdauer im Unternehmen 50 bis 75 Prozent des Lohnes betrugen.[444]

Um den Arbeitskräftemangel im Bergbau zumindest ein wenig abzumildern, wurde die Einstellung von 12.000 italienischen Militär-Internierten in Betracht gezogen. Zuvor musste jedoch das Verbot zur Einstellung von Italienern abgeschafft werden.[445] Anscheinend konnte dies schnell erledigt werden, da bereits Ende Oktober einige Gruppen

---

439 Der Inspekteur für den Kohlenbergbau in Serbien an NSFK-Obergruppenführer Neuhausen, Belgrad, 20.9.1943. (BA, R 26 VI/999). Pajić führt als falsches Datum den 1. September an, vgl. Pajić, Prinudni rad, S. 193.
440 Referat Wi 6 a, Aktenvermerk, Belgrad 1.10.1943. (BA, R 26 VI/999); Referat Wi 6a, Rundschreiben, Belgrad 29.10.1943. (BA, R 26 VI/999).
441 Bekanntmachung an alle Betriebe, 31.I 1944. (AJ, 110, 598/648).
442 Militärbefehlshaber Südost, Wehrwirtschaftstab Südost, Belgrad, 15.6.1944. (BA/MA, RW 29/40).
443 Abschlussbericht des Generalbevollmächtigten für den Metallerzbergbau Südost über die Tätigkeit dieser Dienststelle in Zeitraum von April 1941 bis Ende August 1944 [Oktober 1944?] (BA, R 26 VI/1352); Pajić, a.a.O., S. 275.
444 Direktion, An alle Betriebe, Bor 15.VI 1944. (AJ, 110, 598/648).
445 Besprechung, [Belgrad], 12.10.1943. (BA/MA, RW 40/81). Das Verbot hing wahrscheinlich mit dem Wunsch des OKW zusammen, einen Teil der italienischen Militär-Internierten für den Kampf an der Seite des Deutschen Reichs zu gewinnen. Die politisch Verdächtigen – Unterstützer der Badoglio-Regierung und des Königs (hauptsächlich Offiziere) – sollten von den anderen getrennt und streng behandelt werden. Sämtliche Vorteile sollten auch jenen vorenthalten werden, die sich geweigert hatten, der Wehrmacht die Waffen zu übergeben. (OKW, Merkblatt für die Behandlung der italienischen Militär-Internierten, Berlin, 5.11.1943. (AJ, 110, 598/648).

Italiener in Bor eintrafen.[446] Bis zum 31. Oktober waren es 3.123.[447] Zwar sank mit dem Herunterfahren der Schmelzöfen im November auch der Arbeitsumfang, doch veranlasste der weiterhin bestehende Arbeitskräftemangel im Bergbau und im Baugewerbe die Bergwerksleitung von Bor, erneut 1.500 italienische Internierte anzufordern.[448] Eine kleine Gruppe italienischer Gefangener wurde auch in das Bergwerk von Srpski Balkan gebracht, wo die serbischen Zwangsarbeiter nicht mehr zur Arbeit erschienen. Dass die zuständigen Behörden in Zaječar keine Beschwerde über das Verhalten der Serben vorbringen wollten,[449] belegt allzu deutlich das schwindende Durchsetzungsvermögen der Besatzungsherrschaft. Tomislav Pajić spricht von einem besonders grausamen Vorgehen der Deutschen gegenüber italienischen Gefangenen – wahrscheinlich, weil sie als Verräter an der gemeinsamen Sache angesehen wurden.[450]

Der erhöhte Bedarf an Arbeitskräften einerseits (als Folge der Verlagerung der Frontreparaturbetriebe und der großen Pläne der Luftwaffe zum Aufbau eines Flughafens) sowie andererseits das zunehmende Unvermögen der Besatzungsverwaltung, die »Dienstverpflichteten« bei der Arbeit zu halten, verschärften letztendlich den Arbeitskräftemangel. In Anbetracht dieser Umstände sowie der hohen Inflation wurden immer wieder Überlegungen angestellt, den Lohn der Arbeiter und Bergleute zu erhöhen, insbesondere auch deshalb, weil Landarbeiter neben den besseren Verpflegungsmöglichkeiten zehn Mal mehr verdienten als Bergleute. Der Schwarzmarktpreis eines Schweins entsprach zum Beispiel dem Jahresgehalt eines Bergarbeiters.[451] Dies hatte einen Abfluss von Arbeitskräften aus dem Bergbau in Richtung Landwirtschaft zur Folge, denn im Bergbau fehlte es an allen materiellen Reizen aber auch an der Grundausstattung mit Kleidern und Schuhen.[452]

Ende 1943 und Anfang 1944 erreichten der Arbeitskräftemangel und die damit verbundenen Schwierigkeit der Produktion ihren Höhepunkt.[453] Aus diesem Grund weitete der Militärbefehlshaber Südost am 18. Januar 1944 die Arbeitspflicht neben Männern zwischen 17 und 65 Jahren, die noch nicht zur Arbeit einberufen worden waren, auch auf Mädchen, Frauen und kinderlose Witwen aus.[454] Die große Arbeitsflucht hatte schon

---

446 Pajić, Prinudni rad, S. 196.
447 Inspektor Ministarstva unutrašnjih poslova Miloje Koča, Ministarstvu unutrašnjih poslova, Upravnom odelenju, Bor 11.XI 1943. (VA NA, k. 108, f. 2, d. 21).
448 Avramovski, a.a.O., S. 222.
449 Pajić, a.a.O., S. 197.
450 Ebd., S. 242.
451 Wehrwirtschaftliches Bergbaubataillon Südost, KTB 1.6.1943–31.3.1944, Wwi Bat. Abt. Ia, 75/44, Tätigkeitsbericht Nr. 4, für Monat Januar 1944, 25.II 1944. (BA/MA, RW 46/768).
452 Wehrwirtschaftstab Südost, KTB 1.10.–31.12.1943. Lagebericht Serbien 15.I 1944. (BA/MA, RW 29/38); Pajić, a.a.O., S. 196.
453 Pajić, a.a.O., S. 243.
454 Živković, Ratna šteta, S. 172.

mit Eintritt der kalten Jahreszeit eingesetzt: So fehlten im Oktober ca. 700 Arbeiter und Ende des Jahres waren in Bor sogar 2.600 Arbeiter weniger als im Juni im Einsatz.[455] Es wurden keine effizienten Maßnahmen getroffen, um sie zu halten. Im Bericht des GBW aus dem Januar 1944 wird erwähnt, dass mehr als die Hälfte der »Dienstverpflichteten« geflohen sei und dass von den 17.000 Davongelaufenen nur 1.000 gefangen und zur Arbeit zurückgeschickt werden konnten. Die Gemeinden würden nur sehr zaghaft oder gar keinen Ersatz schicken und kollektive Geldstrafen könnten nicht ausgesprochen werden, weil es unmöglich sei, sie einzutreiben.[456] Die Nichterfüllung der Pflicht werde nach Ansicht des Bergbaubataillons Südost nicht ausreichend streng bestraft. Auch seien die Vertreter, die von den Arbeitspflichtigen an ihrer statt zur Arbeit geschickt werden, nicht immer geeignet.[457]

In den ersten Monaten des Jahres 1944 blieb der Zustrom von Arbeitskräften an den serbischen Hauptstandort, nach Bor, ungebrochen schwach. Im Kreis Zaječar, der den größten Teil an Arbeitspflichtigen lieferte, leisteten nur 10 Prozent dem Aufruf Folge. Wieder fehlte es an Zwangsinstrumentarien, um sie herbeizuholen, weshalb der Kreiskommandant von Zaječar, Major Müller, der sich energisch für die Herbeischaffung von Arbeitskräften einsetzte, den kommandierenden General bat, ihm monatlich für je eine Woche eine Einheit von Wehrmachts- oder Hipo-Leuten für die Festsetzung von Arbeitspflichtigen zur Verfügung zu stellen, die ihre Pflicht missachtet hatten.[458] Mit der Ankunft von 2.590 italienischen Internierten und 3.000 ungarischen Juden entspannte sich die Lage etwas.[459] In diesem Jahr sollten 20.000 Arbeiter für Bor rekrutiert werden, was allerdings durch die erhebliche Beanspruchung der Arbeitskräfte bei ihrer häuslichen Landwirtschaft und durch die an ihren Wohnorten zu leistende »Pflichtarbeit« sehr schwierig wurde. Wieder ins Bergwerk gebracht werden sollten serbische Kriegsgefangene sowie davongelaufene »Arbeitspflichtige« – solche, die aus dem zentralen Lager entlassen wurden und die in einem Zeitraum zwischen vier und sechs Monaten nicht zur »Pflichtarbeit« zurückgekehrt waren. Sie sollten gefasst und zur Zwangsarbeit von mindestens einem Jahr geschickt werden.[460] Die »Pflichtarbeit« von ungelernten Arbeitern (d. i. von Hilfsarbeitern) wurde auf sechs Monate verlängert – freilich allein unter

---

455 Avramovski, a. a. O., S. 221.
456 Anmerkungen von Herrn Ministerialdirektor Dr. Bergmann aus dem Jahr 1946 zum 3. Bericht über Jugoslawien. (BA, R 26 VI/1354); Dritter Gesamtbericht des Generalbevollmächtigten für die Wirtschaft in Serbien, Januar 1944. (BA/MA, RW 40/99).
457 Wehrwirtschaftliches Bergbaubataillon Südost, KTB 1.6.1943–31.3.1944, Wwi Bat. Abt. Ia, 75/44, Tätigkeitsbericht Nr. 3, für Monat Dezember 1943, 1.I 1944. (BA/MA, RW 46/768).
458 Der Chef der Militärverwaltung, Abteilung Arbeit, Zweigstelle Bor an Militärbefehlshaber Südost, der Chef der Militärverwaltung, Abteilung Arbeit, Bor, 29.IV 1944. (AJ, 110, 598/648).
459 Pajić, Prinudni rad, S. 246.
460 Ebd., S. 248.

der Voraussetzung, dass ein Ersatz für sie rechtzeitig geschickt wurde. Für gelernte Arbeiter sollte die Dauer nach Bedarf festgelegt werden.[461]

Im April war der Zustrom nur noch ganz schwach, während der Abfluss an Arbeitskräften durch die alliierten Luftangriffe auf serbische Städte zusätzlich verstärkt wurde. Unter den Arbeitern breitete sich Angst aus, dass auch Bor bombardiert werden könnte. Daraufhin flohen ungefähr 1.500 Arbeiter, deren Verfolgungsjagd durch serbische und deutsche Einheiten nur wenig erfolgreich verlief, da die Arbeiter vor ihnen in die Berge flohen.[462] Im Laufe des Monats Mai flohen weitere 1.500 Menschen, von denen 475 gefasst wurden.[463] Die Zahl potentieller »Dienstverpflichteter« verringerte sich auch durch die Einberufung in die SDS, die durch die Kriegssituation erforderlich wurde.[464] Nach Bor sollten zwar noch weitere 2.000 ungarische Juden kommen, doch wurden sie von der OT in Beschlag genommen und den anderen ca. 3.000 Juden angeschlossen, die zum Bau der Bahnlinie Bor-Petrovac eingesetzt wurden.[465] Aus diesen Gründen sank die Produktion, und die Pläne zum Ausbau der Anlagen mussten erneut zurückgeschraubt werden, während unter dem Druck der Umstände unterdessen erkannt wurde, dass nicht Kupfer, sondern Chrom für die Kriegsproduktion umso wichtiger war.[466] Trotz weiterer Ausfälle besonders von Pflichtarbeitskräften (von 2.000 waren nur noch 500 Personen in der Arbeit) stieg die Produktion in Bor leicht an.[467] Es sollten Flüchtlinge und in Albanien (oder Kosovo? – Z.J.) angeworbene Serben eingesetzt werden.[468] Ins Molybdänbergwerk von Mačkatica brachte man im Juni 1944 800 italienische Kriegsgefangene.[469] Dennoch belief sich das Gesamtdefizit an Arbeitskräften in Bor und anderen Standorten in Serbien auf 22.000 Arbeiter.[470] Ab August verlegten

461 Pajić, Prinudni rad, S. 248; Objava – regrutovanje obveznika službe rada, NV, 15.III 1944, 17.III 1944, 18.III 1944, 19.III 1944, 22.III 1944.
462 Der Chef der Militärverwaltung, Abteilung Arbeit, Zweigstelle Bor an Militärbefehlshaber Südost, der Chef der Militärverwaltung, Abteilung Arbeit, Bor, 29.IV 1944. (AJ, 110, 598/648); Avramovski, a.a.O., S. 233; Pajić, a.a.O., S. 249.
463 Avramovski, a.a.O., S. 233. Pajić spricht von 1300 Geflüchteten, von denen nur 350 zurückgebracht wurden, vgl. Pajić, a.a.O., S. 251.
464 Militärbefehlshaber Südost, Wehrwirtschaftstab, Lagebericht Serbien, Belgrad, 15.6.1944. (BA/MA, RW 29/40).
465 Avramovski, a.a.O., S. 233.
466 Pajić, a.a.O., S. 251–252; Schlarp, a.a.O., S. 238–239.
467 Wehrwirtschaftstab Südost, KTB 1.4.–30.6.1944, Lagebericht Serbien 15.6.1944. (BA/MA, RW 29/40).
468 Militärbefehlshaber Südost, Wehrwirtschaftstab Südost, Belgrad, 15.6.1944. (BA/MA, RW 29/40).
469 Abschlussbericht des Generalbevollmächtigten für den Metallerzbergbau Südost über die Tätigkeit dieser Dienststelle in Zeitraum von April 1941 bis Ende August 1944 [Oktober 1944?] (BA, R 26 VI/1352).
470 Wehrwirtschaftstab Südost, KTB, 1.4.–30.6.1944, Lagebericht Serbien, 15.7.1944. (BA/MA RW 29/40).

die deutschen Behörden ihre Anstrengungen immer mehr auf den Abtransport bereits geförderter Rohstoffmengen an Kupfer, Chrom und Antimon aus Serbien und dem Balkan und immer weniger auf die Förderung selbst, die angesichts des Mangels an Arbeitern, Ausrüstung und Steinkohle sowie der Gefährdung durch die Widerstandsbewegung in zunehmendem Maße unmöglich wurde. Auf Görings Befehl begann man Anfang September 1944 mit der Evakuierung der Bergwerke und der Demontage der Kernstücke der Anlagen mit Ausnahme von Trepča, dessen kompletter Abriss angeordnet wurde.[471] Die anderen Bergwerke wurden lediglich produktionsunfähig gemacht, da ihre mögliche Rückführung unter deutsche Herrschaft in Betracht gezogen wurde ebenso wie der Umstand, dass eine Zerstörung der Bergwerke als »endgültiger Rückzug Deutschlands aus diesen Gebieten«[472] gedeutet würde. Der Oberbefehlshaber Südost ordnete am 11. September 1944 die Einstellung der Produktion in allen Bergwerken bis auf die besonders wichtigen an – Kostolac, Vreoci (Kohle), Zaječar (Antimon) und Korlače (Asbest).[473]

Die Lebensbedingungen der »dienstverpflichteten« Arbeiter

Die Bergwerke in Bor und Kostolac sowie die zahlreichen Baustellen in deren Umgebung wurden nicht zentral, sondern von einer ganzen Reihe hauptsächlich deutscher Unternehmen geführt. Nicht alle diese Firmen beschäftigten »Dienstverpflichtete«.[474] Die Vielfalt der Unternehmen hatte auch bestimmte, wenngleich nicht große Unterschiede bezüglich der Situation ihrer Beschäftigten – der Freiwilligen, der »Dienstverpflichteten« bzw. der Zwangsarbeiter – zur Folge. Nach den Fragen von Rekrutierung und Einsatz, die in den vorausgehenden Abschnitten behandelt wurden, stehen nun die Lebens- und Arbeitsbedingungen der »Dienstverpflichteten« im Mittelpunkt.[475] In Anbetracht der verfügbaren Quellen wird auch im folgenden von Bor (und dem damit in Verbindung stehenden Kostolac) die Rede sein, was zunächst sicherlich ein verzerrtes Bild ergibt. Anderseits aber war das Bergwerk von Bor der Ort mit dem umfang-

---

471 Avramovski, a. a. O., S. 238.
472 Schlarp, a. a. O., S. 234.
473 Pajić, Prinudni rad, S. 280.
474 In den Quellen zum Bergwerk von Bor sind folgende Firmen erwähnt: Serbische Siemens, Funke Ost, Funke West, Brown, Boveri & Cie., Rella, SBU, Arge, Porr, Heimbach & Schneider, Mickeeleit, Grell, Pozista, Rüpke, Matheas, Desnif, Placek, Gugenberger, Kutsch Ost, Kutsch West, Polensky & Zöllner, Klima, Ptaček und Adam, Kalafatović usw. (Pajić, a. a. O., S. 342–343). Leider erlauben die zugänglichen Quellen es nicht, mehr über die genaueren Tätigkeiten dieser Firmen zu sagen.
475 Von den Bedingungen, unter denen die ungarischen Juden gelebt und gearbeitet haben, wird im Weiteren nicht die Rede sein, da darauf schon an entsprechender Stelle eingegangen wurde.

reichsten Einsatz von Zwangsarbeitskräften, was von den Quellen auf dreifacher Ebene beleuchtet wird: erstens aus der »Vogelperspektive« der deutschen Behörden, die in erster Linie an der Wirtschaftsleistung der »Pflichtarbeit« interessiert waren; zweitens aus der Perspektive der serbischen Behörden, die sich zwischen den Ansprüchen der Besatzer und der Notwendigkeit bewegten, sich in der Fürsorge für den »kleinen Mann« – soweit dies überhaupt möglich war – eine gewisse Legitimität in der Bevölkerung zu verschaffen; drittens aus der Perspektive des von der Arbeitspflicht betroffenen »kleinen Mannes«. Die erste Quellensorte ist sachlich-kühl und lapidar, ermöglicht jedoch einen Überblick über die Gesamtsituation; die zweite macht uns mit der Situation in den einzelnen Lagern vertraut und die dritte mit den individuellen Schicksalen, d.h. mit den Erfahrungen Einzelner, die sicherlich nie gleich ausfielen, sondern abhängig waren von der Person, dem Arbeitsort, der Unterbringung im Lager, der Art der Tätigkeit, den Umständen, unter denen der Arbeitspflichtige herbeigeschafft worden war, usw.

Die deutschen Quellen befassen sich mit den Lebensumständen der »Dienstverpflichteten«, z.B. mit Versorgungsfragen und deren Folgen für die Arbeitsmotivation. So war die Versorgungssituation 1941 noch im Großen und Ganzen zufriedenstellend. Die Schwierigkeiten setzten erst im nächsten Jahr ein,[476] als im Mai 1942 ein Mangel an Lebensmitteln verzeichnet wurde. Dies führte, zusätzlich verstärkt durch die Migration von Arbeitskräften in die Landwirtschaft oder in das Deutsche Reich, zu einer abnehmenden Arbeitsleistung und entsprechend schlechten Resultaten.[477] Den deutschen Organen war klar, dass die Verschärfung der disziplinarischen Maßnahmen nur dann längerfristigen Erfolg haben konnte, wenn die Lebensmittelversorgung gewährleistet war.[478] Ein Jahr später wurde verkündet, dass »die Lebensmittelversorgung der kriegswichtigen Betriebe [...] auch weiterhin gesichert« sei, wenngleich auf Kosten einer Reduzierung der »Verpflegungssätze der Bevölkerung der Städte Belgrad und Nisch« um ein Drittel.[479] Dennoch wurde bereits im darauf folgenden Monat festgestellt, dass die Gemeinden nicht genug Lebensmittel ausgäben, was zur mangelhaften Ernährung der Arbeiter und ihrer Familien und zur Verringerung ihrer »Arbeitsfreudigkeit« führe.[480] Im November wurden die Essensrationen für die Familien der Arbeiter

---

[476] Zweiter Gesamtbericht des Generalbevollmächtigten für die Wirtschaft in Serbien, Juli 1942. (BA, R 26 VI/692); Bemerkungen von Herrn Ministerialdirektor Dr. Bergmann zu seinem Bericht über Jugoslawien aus dem Jahr 1946. (BA, R 26 VI/1353).

[477] Wehrwirtschaftsstab Südosten, KTB 1.1.–30.6.1942, Zusammenfassung, Mai 1942. (BA/MA, RW 29/31).

[478] Zweiter Gesamtbericht des Generalbevollmächtigten für die Wirtschaft in Serbien, Juli 1942. (BA, R 26 VI/692).

[479] Wehrwirtschaftsstab Südosten, KTB 1.4.–30.6.1943, Lagebericht, 10.V 1943. (BA/MA, RW 29/36).

[480] Wehrwirtschaftsstab Südosten, Lagebericht 23.VI 1943. (BA/MA, RW 29/36).

verringert, was natürlich großen Unmut hervorrief.[481] Im Juni 1944 wurde angemerkt, dass die »prämienmässige Ausgabe von Kartoffeln« das »Ansteigen der Leistung« der italienischen Internierten bewirkt habe.[482] Zugleich war es erwünscht, die sinkende Produktion in den einzelnen Bergwerken mit einer Reduzierung der Essensausgabe zu bestrafen, so dass die Lebensmittelmenge, welche die einzelnen Bergwerke bzw. Bergleute erhielten, von der Arbeitsleistung abhängig gemacht werden sollte.[483]

Die unzulängliche Versorgungslage in den einzelnen Lagern registrierten auch die serbischen Behörden, die Arbeitsbesuche in den Lagern der »Dienstverpflichteten« abstatteten.[484] Im Bericht des Gesandten des Innenministers vom 30. Juni 1943 aus Kostolac wird explizit darauf verwiesen, dass das schlechte Essen im Winter und Frühjahr des laufenden Jahres die Ursache für die große Zahl an Arbeitsfluchten gewesen sei.[485] Diese Einschätzungen auf Basis kurzer Arbeitsbesuche werden durch weitere Zeugenberichte aus der Nachkriegszeit ergänzt: Während die Vertreter der serbischen Regierung in Bezug auf mehrere Lager behaupteten, dass das dortige Essen gut sei, beschwerten sich die Arbeitspflichtigen sehr häufig über das nicht ausreichende und

---

481 Der Inspekteur für den Kohlenbergbau in Serbien Herrn NSFK – Obergruppenführer Neuhausen, Belgrad, 23.11.1943. (BA, R 26 VI/999); Der Inspekteur für den Kohlenbergbau in Serbien Herrn NSFK – Obergruppenführer Neuhausen, Belgrad, 24.12.1943. (BA, R 26 VI/999).

482 Wwi Bergbau-Batl. Südost, KTB 1.4.–30.6.1944, Tätigkeitsbericht Nr. 9, Juni 1944, 14.7.1944. (BA/MA, RW 46/769) Laut einem serbischen Zeugenbericht seien die italienischen Internierten im Unterschied zu den serbischen Arbeitern vom Hungertod bedroht gewesen, da sie nicht die Möglichkeit zu Tauschgeschäften mit der lokalen Bevölkerung gehabt hätten, vgl. Wiesinger, a. a. O., S. 79.

483 Wi I D 2 a, Rundschreiben, Belgrad, 30.6.1944. (BA, R, 261 / VI/999); Abschlussbericht des Generalbevollmächtigten für den Metallerzbergbau Südost über die Tätigkeit dieser Dienststelle in Zeitraum von April 1941 bis Ende August 1944 [Oktober 1944?]. (BA, R 26 VI/1352).

484 Ministar unutrašnjih poslova predsedniku Opštine grada Beograda, Beograd 13.IV 1943. (VA NA, k. 103, f. 3, d. 19); Moja zapažanja prilikom posete obveznicima radne službe na relaciji Kostolac – Bor, Beograd, 30.IV 1943. 8VA NA, k. 108, f. 2, d. 1) Ein Gemeindevorsitzender stellte fest, dass manche Köche ihre Position missbrauchten und das vorgesehene Essen nicht überall die Arbeitspflichtigen erreichte. (Delegat ministarstva unutrašnjih poslova u Kostolcu dr Vidmar ministru unutrašnjih poslova, Kostolac, 2.VI 1943. (VA NA, k. 107, f. 4, d. 26) Ein Abgesandter lobte das Essen, das sich nach seinem Einschreiten angeblich verbessert habe. (Šef srpske državne bezbednosti, Komanda javne bezbednosti, Ministarstvu unutrašnjih poslova, Beograd 8.VI 1943. (VA NA, k. 107, f. 4, d. 7) Ein Bericht erwähnt, wie im Lager beim Dorf Leskovac die Arbeitspflichtigen das ihnen zugeteilte Brot abgelehnt hätten, weil es verschimmelt gewesen sei. Eine Untersuchung zeigte, dass sie Recht hatten. Ähnliche Klagen gab es auch an anderen Orten. (Izveštaj [Ministra socijalne politiki i narodnog zdravlja], [Beograd, 16.IX 1943.] (VA NA, k. 24, f. 3, d. 50).

485 Delegat Ministarstva unutrašnjih poslova dr Vidmar, Ministarstvu unutrašnjih poslova, Upravnom odelenju, Kostolac, 30.VI 1943. (VA NA, k. 107, f. 4, d. 26).

schlechte Essen, weshalb sie es in der Umgebung kaufen oder Pakete von Zuhause bekommen müssten. Viele klagten auch, dass sie zu diesem Zweck und wegen der geringen Bezahlung einen guten Teil ihrer Ersparnisse ausgegeben hätten, um ihre Pflichtarbeitszeit zu überleben. Tatsächlich bekamen die zur »Pflichtarbeit« eingesetzten Arbeiter das Essen nicht kostenlos, vielmehr wurde eine gewisse Summe ihres Lohns für Verpflegung einbehalten.[486] Ebenso bezichtigten manche Arbeiter einige Lagerkommandanten und -köche, Lebensmittel unterschlagen zu haben.[487] Hierfür gibt es zwar keine handfesten Beweise, doch war sicherlich für viele von ihnen angesichts der allgemeinen kriegsbedingten Mängel die Versuchung nur allzu groß, dies zu tun. Bemerkenswerterweise wird stellenweise auch von gutem Essen berichtet.[488] Da allerdings bei der großen Mehrheit aller Zeugenberichte von schlechtem, wenn nicht sogar katastrophalem Essen die Rede ist, dürften die wenigen ohne Beanstandung darauf hinweisen, dass die Arbeiter viel Glück hatten oder aber von zuhause aus auf sehr spärliche Ernährung eingestellt waren. Die Arbeiter bekamen hauptsächlich eine Art Eintopf aus Erbsen, Kohl, Karotten oder Kartoffeln, 900–1000 Gramm Maisbrot bzw. Brot und zum Frühstück »Kaffee« aus gerösteter Gerste. Fleisch stand nur selten auf dem Speiseplan. Alles in allem konnte das Essen nicht den Bedarf von Menschen decken, die zwischen acht und zwölf Stunden täglich schwere körperliche Arbeiten in und um das Bergwerk oder auf Baustellen leisten mussten. In den Straflagern war das Essen mit Sicherheit noch schlechter, ebenso wie die Gelegenheiten, sich zusätzlich Essen zu beschaffen.

[486] Prijava, Radomir Vasić, Aleksinac, 6.VII 1945; Prijava, Bogomir Ristić, Draževica, 22.V 1945; Ispit svedoka, Zdravko Đurović, [Draževica], 22.V 1945; Prijava, Mihajlo Jović, Radomir Petković, Dragutin Kostadinović, Draževica, 22.V 1945; Prijava, Bogosav Milovanović, Gornji Krupac, 25.VI 1945; Prijava, Čedomir Zdravković, Katun, 27.VII 1945; Prijava, Aleksandar Ivanović, Aleksinac, 17.VII 1945; Prijava, Velibor (?) Radić, Aleksinac, 16.VI 1945; Prijava, Miodrag Dinić, Aleksinac, 13.VI 1945; Prijava, Živorad Milovanović, Borislav Đorđević, Blagoje Mladenović, Stanac, 26.VI 1945. (AJ, 110, 606/656); Zapisnik, Tihomir Radovanović, Kragujevac, 19.VI 1945; Zapisnik, Milorad Filipović, Kragujevac, 15.IX 1945. (AJ, 110, 601/651) – ein Zeuge sagte aus: »Das Essen war wie Futter fürs Vieh«; [Saslušanje Milisava Nikolića], Braljina, 21.VII 1945. (AJ, 110, 604/654); Zapisnik o saslušanju Radula Čalića, 13.VI 1945; Zapisnik, Milan Šarenac, 6.VI 1945; Zapisnik, Stevan Halas, 20.IV 1945. (AJ, 110, 599/649); Zapisnik, Ibrahim Midić, 21.IV 1945. (AJ, 110, 599/649); Zapisnik, Milan Maletić, 7.IV 1945; Zapisnik, Bogoljub Milošević, Slavko Kovačević, 6.IV 1945; Zapisnik Rade Zorić, 9.IV 1945. (AJ, 110, 599/649); Zapisnik o prijavi, Milan Rakić, Smederevo, 22.III 1945. (AJ, 110, 600/650); Pajić, Prinudni rad, S. 87–89, 166, 228–229, 231, 242, 308–309, 313; Živković, Ratna šteta, S. 178–179; Wiesinger, a.a.O., S. 79.
[487] Zapisnik o prijavi zločina okupatora i njihovih pomagača, Milivoje D. Radovanović, Mladenovac, 27.VII 1945. (AJ, 110, 660/650); Zapisnik, Pavle Lepanica, 24.V 1945; Zapisnik, Rastislav Ognjanović, 11.V 1945. (AJ, 110, 599/649); Pajić, a.a.O., S. 231, 236.
[488] Prijava, Jaško Saitović, Niš, 26.VI 1945. (AJ, 110, 607/657); Prijava, Dragomir Đorđević, Aleksinac, 4.VII 1945. (AJ, 110, 606/656).

Die Arbeiter des Bergwerkkomplexes von Bor waren in 33 Lagern untergebracht, von denen die Mehrheit die Namen deutscher Städte oder Regionen trug.[489] Das Lager »Brünn« sowie die Lager in der Nähe des Denkmals von Bor waren für politische Gefangene und Zwangsarbeiter vorgesehen, genauer gesagt: für »Dienstverpflichtete«, die wegen eines Fluchtversuchs zu drei bis zwölf Monaten Zwangsarbeit bestraft worden waren.[490] Was die Unterkunft in den Lagern angeht, war die Situation nach Einschätzung serbischer Regierungsvertreter erträglich, in manchen Fällen aber auch schlecht, so das Urteil der Vertreter der Stadtgemeinde von Belgrad über die Lager »Franken« und »Bayern«.[491] Im Lager »Vorarlberg« regnete es im Frühjahr 1943 in die Baracken hinein, doch gab es kein Material zum Verschließen der Löcher in der Decke und in den Fußbodendielen.[492] Minister Dinić wandte sich schriftlich an Spahrkuhle, um diese Mängel zu beheben.[493] Der Zustand der Baracken in Kostolac wurde im Sommer 1943 als befriedigend eingeschätzt, obwohl bemängelt wurde, dass das Stroh auf den Betten nur unregelmäßig ausgetauscht werde und die Decken schäbig seien.[494] In den Baracken lebten mehrere Dutzend und oft auch mehrere hundert Menschen zusammen. Nur wenige, wie die Arbeiter der Firma Brown, Boveri & Cie. im Lager »Westfalen«, hatten das Privileg, zu fünft oder zu sechst in einem Zimmer zu wohnen.[495] Es sind zudem Fälle erwähnt, in denen die Arbeitspflichtigen privat untergebracht waren,[496] wobei nur eine geringe Anzahl dieses Vorrecht genoss. Zur Winterszeit war die Lage aufgrund geringer oder schlechthin fehlender Heizmöglichkeiten in allen Lagern noch schwieriger. In vielen Lagern war außerdem die Wasserversorgung nicht zufriedenstellend geregelt, so dass die Möglichkeiten zur Einhaltung der Körperhygiene (zuweilen drastisch) eingeschränkt waren. Die medizinische Betreuung wurde in den meisten Fällen

---

489 Živković, Ratna šteta, S. 173–174 (Siehe dort auch die Liste).
490 Einige Sträflinge wurden auf unbestimmte Zeit zur Zwangsarbeit verschleppt.
491 Ministar unutrašnjih poslova predsedniku opštine grada Beograda, Beograd, 13.IV 1943. (VA NA, k. 107, f. 3, d. 19); Delegat MUP M. Koča, gospodinu ministru unutrašnjih poslova, Bor, 16.IV 1943. (VA NA, k. 108, f. 2, d. 1); Moja zapažanja prilikom posete obveznicima radne službe na relaciji Kostolac – Bor, Beograd, 30.IV 1943. (VA NA, k. 108, f. 2, d. 1); Ministar socijalne politike i narodnog zdravlja, Izveštaj [16.IX 1943.]. (VA NA, k. 24, f. 3, d. 50).
492 Delegat MUP M. Koča, Ministarstvu unutrašnjih poslova, Upravnom odelenju, Bor, 7.V 1943. (VA NA, k. 107, f. 20, d. 9).
493 Ministar unutrašnjih poslova, generalnom opunomoćeniku za privredu u Srbiji, za g. Sparkuhlea, Beograd, 13.IV 1943. (VA NA, k. 107, f. 3, d. 19).
494 Delegat MUP u Kostolcu dr Vidmar, Ministru unutrašnjih poslova, Kostolac, 2.VI 1943. (VA NA, k. 107, f. 4, d. 26); Ministar socijalne politike i narodnog zdravlja, Izveštaj [16.IX 1943.] (VA NA, k. 24, f. 3, d. 50).
495 Zapisnik, Mihajlo Todorović, Gornji Sinkovac, 12.VII 1945. (AJ, 110, 605/655).
496 Zapisnik, Dragojlo Ivanović, Kamenica, 2.VII 1945. (AJ, 110, 609/659); Prijava, Vojislav Paunović, Niš, 15.VI 1945. (AJ, 110, 607/657); [Izjava Milana Vasića], Novi Bačin, 7.VI 1945. (AJ, 110, 604/654); Božin Anđelković, Kruševac, 20.III 1945. (AJ, 110, 604/654).

ebenfalls als unzureichend eingeschätzt: Es fehlten die entsprechenden Räumlichkeiten, die Ärzte und das medizinische Material.[497] Viele Arbeitspflichtigen kamen bereits krank an, weil die vorhergehende medizinische Untersuchung vor der Verschickung zur »Pflichtarbeit« gar nicht oder nur flüchtig durchgeführt worden war.[498] Davon abgesehen schenkten die Unternehmensleitungen bei ihrer Suche nach Arbeitskräften den ärztlichen Empfehlungen kein Gehör. So befürchtete die Leitung des Bergwerks von Bor Ende 1943, dass dies zur Erhöhung der Krankenzahl führen werde.[499]

Wie die Bedingungen in den einzelnen Lagern variierte auch die Bezahlung der »Dienstverpflichteten«, wobei sie in den meisten Fällen auf sehr niedrigem Niveau lag.[500] Oft erfolgte die Bezahlung unregelmäßig oder in abweichender Höhe; sie verlor überdies im Laufe des Kriegs trotz nominellen Zuwachses in erheblichem Maße an realem Wert. Im April 1944 betrug der Tagelohn eines ungelernten Arbeiters zwischen 120 und 250 Dinar und eines gelernten zwischen 500 und 600.[501] Auch wurden Lohnunterschlagungen[502] durch die deutschen Unternehmen, bei denen die Arbeitspflichtigen formal beschäftigt waren, des öfteren beklagt.[503] Wie bereits erwähnt, mussten sich

---

497 Ministar unutrašnjih poslova predsedniku opštine grada Beograda, Beograd, 13.IV 1943. (VA NA, k. 107, f. 3, d. 19); Delegat MUP M. Koča gospodinu ministru unutrašnjih poslova, Bor, 16.IV 1943. (VA NA, k. 108, f. 2, d. 1); Moja zapažanja prilikom posete obveznicima radne službe na relaciji Kostolac – Bor, Beograd, 30.IV 1943. (VA NA, k. 108, f. 2, d. 1); Ministar socijalne politike i narodnog zdravlja, Izveštaj [16.IX 1943.] (VA NA, k. 24, f. 3, d. 50); Prijava, Osman Sulejmanović, Niš, 20.VII 1945. (AJ, 110, 607/657); Pajić, Prinudni rad, S. 140, 314; Živković, Ratna šteta, S. 179, 181.

498 Ministar unutrašnjih poslova, Upravi grada Beograda, pretsedniku Opštine grada Beograda, svim okružnim načelnicima (sem Banata), Beograd, 22.III 1943. (VA NA, k. 107, f. 3, d. 9).

499 Bekanntmachung an alle Betriebe, Bor, 8.XII 1943. (AJ, 110, 598/648).

500 Die Gehälter im Bergwerk von Kostolac waren im Sommer 1943 die gleichen wie im Vorjahr, was vor allen Dingen deshalb Unmut hervorrief, weil die Gehälter in Industrie und Landwirtschaft weitaus höher lagen. (Delegat ministarstva unutrašnjih poslova dr Vidmar, Ministarstvu unutrašnjih poslova, Upravnom odelenju, Kostolac, 30.VI 1943. (VA NA, k. 107, f. 4, d. 26).

501 Rutar, Arbeit, S. 20.

502 Prijava, Nadežda Radovanović, Niš, 7.IX 1945. (AJ, 110, 607/657); Prijava, Radomir Vasić, Aleksinac, 6.VII 1945; Prijava Bogosav Milovanović, Gornji Krupac, 25.VI 1945; Velibor Radić, Borislav Đorđević i Blagoje Mladenović, Aleksinac, 16.VI 1945. (AJ, 110, 606/656); Zapisnik, Luka Lukić, Kragujevac, 9.IV 1945; Zapisnik, Milorad Filipović, Kragujevac, 15.IX 1945; Dragomir Pavlović, Kragujevac, 28.V 1945; Zapisnik o ispitu svedoka-oštećenika, Dušan Milovanović, Kragujevac, 6.VII 1945. (AJ, 110, 601/651); Petar Nikolić, 31.III 1945; Zapisnik, Đura Maljković, 4.IV 1945; Đura Mićko, 5.IV 1945; Zapisnik, Milan Maletić, 7.IV 1945; Bogoljub Milošević, 6.IV 1945; Rade Zorić, 9.IV 1945; Pavle Štetić, 21.IV 1945; Vladimir Mandić, 21.IV 1945. (AJ, 110, 599/649).

503 »Mit dem Arbeitsantritt wird ein geregeltes Arbeitsverhältnis begründet« heißt es im Beschluss über die Verschickung zur »Pflichtarbeit«. Rešenje o obaveznom radu (za Živka

viele ihre Ersparnisse von zuhause schicken lassen, um zu überleben. Einige Betroffene behaupteten nach dem Krieg gegenüber der »Staatlichen Kommission zur Ermittlung der Verbrechen der Besatzer und ihrer Helfer«, dass sie überhaupt nicht für ihre Arbeit bezahlt worden seien.[504] Da ihre Aussagen allerdings in auffallend stereotyper Weise formuliert sind, ist anzunehmen, dass sie ihnen von den Ermittlungsorganen in den Mund gelegt wurden. Auf der anderen Seite gibt es Belege, dass auch manche Arbeiter im Straflager eine Art symbolischer Bezahlung erhielten.[505] Einige Betroffene berichten sogar davon, dass ihre Bezahlung hoch gewesen sei[506] – wobei diese sicherlich von der Tätigkeit und der jeweiligen Firma abhing bzw. die von den Arbeitern gewohnten Einkünfte unter freien Bedingungen in Betracht zu ziehen waren.

War die Versorgung der Arbeiter mit Lebensmitteln bereits schwierig, so stellte ihre Ausstattung mit Kleidern und Schuhen ein chronisches und nahezu unlösbares Problem für die deutschen und serbischen Behörden dar.[507] Dies galt allerdings für die gesamte Bevölkerung in Serbien und selbst im Deutschen Reich. Aus diesem Grund wurde den

---

Bodića), 15.IX 1942. (AJ, 110, 604/654). In der »Anleitung für Personen, die zur Pflichtarbeit einberufen werden« heißt es ebenfalls, dass »für die Dauer der Pflichtarbeit eine geregeltes Arbeitsverhältnis zwischen Arbeiter und Arbeitgeber besteht, d. h., die Arbeiter, die zur Pflichtarbeit einberufen werden, verfügen über die gleichen Rechte wie alle Arbeiter in Unternehmen. Ihnen steht eine Bezahlung (Tageslohn) entsprechend den örtlichen Gegebenheiten und der fachlichen Qualifikation zu.« (AJ, 110, 602/652).

504 Zapisnik, Andrija Popović, Orašac, Dragomir Mikić i dr. Orašac, 12.VII 1945; Zapisnik na licu mesta u selu Urovci, 19.VII 1945. za više lica; Zapisnik na licu mesta u Obrenovcu, 14.VII 1945, više lica iz sela Ušća. (AJ, 110, 600/650). Pajić spricht von einem Lohn von 8 Dinar pro Stunde bei einer Arbeit bis zu vierzehn Stunden täglich. Er erwähnt allerdings nicht, von wo er diese Angaben hat, noch auf welchen Zeitraum sie sich beziehen, vgl. Pajić, Prinudni rad, S. 140.

505 So z. B. Radisav Živković, der 4 Dinar pro Stunde erhielt. (Zapisnik o prijemu prijave, Radisav Živković, Rača Kragujevačka, 16.IV 1945. (AJ, 110, 602/652). Anderen Zeugnissen zufolge erhielten die »Dienstverpflichteten« 5 bis 14 Dinar pro Stunde. Zur Einordnung dieser Summen: Im August 1943 kostete auf dem Belgrader Schwarzmarkt ein Kilo Weizenmehl 500 Dinar, ein Kilo Maismehl 350 Dinar, ein Kilo Schmalz, Butter oder Rahm 1.800–2.500 Dinar, ein Kilo Zucker 1.000 Dinar, Kartoffeln 100 Dinar, Kaffee 12.000 Dinar und ein Paar Schuhe zwischen 18.000 und 20.000 Dinar (Rutar, Arbeit, S. 19).

506 [Izjava Vladimira Jovanovića], Pojate, 16.VI 1945; [Izjava Milana Dinića], Stalać, 16.VII 1945. (AJ, 110, 604/654).

507 Der Inspekteur für den Kohlenbergbau in Serbien, Herrn NSFK – Obergruppenführer Neuhausen, Belgrad, 20.10.1943. (BA, R 26 VI/999); Wehrwirtschaftstab Südost, KTB 1.10.–31.12.1943. Lagebericht Serbien 15.1.1944. (BA/MA, RW 29/38); Militärbefehlshaber Südost, der Chef der Militärverwaltung, Abteilung Arbeit, Zweigstelle Bor an Militärbefehlshaber Südost, der Chef der Militärverwaltung, Abteilung Arbeit, Bor, 29.4.1944. (AJ, 110, 598/648); Delegat Ministarstva unutrašnjih poslova u Kostolcu dr Vidmar [ministru unutrašnjih poslova], Kostolac, 2.VI 1943. (VA NA, k. 107, f. 4, d. 26); Ministar socijalne politike i narodnog zdravlja ing. St. Dobrosavljević [ministru unutrašnjih poslova], Beograd, 16.IX 1943. (AJ, 110, Inv. br. 9205); Pajić, a. a. O., S. 141, 196.

Arbeitspflichtigen bei ihrer Einberufung ausdrücklich gesagt, Kleider und Schuhe mitzubringen. Ferner waren die Gemeinden zu einer Grundausstattung verpflichtet,[508] wozu viele allerdings in Anbetracht der allgemeinen Armut und der unzureichenden Produktion dieser Güter nicht in der Lage waren.[509] Außerdem konnten Kleider und Schuhe vieler Arbeiter, die mehrere Monate lang ununterbrochen schwere Arbeit verrichteten, ohne diese reinigen zu können, nicht über die gesamte Aufenthaltsdauer halten. In einigen Berichten ist sogar von Arbeitern die Rede, die buchstäblich halbnackt oder in Lumpen umher liefen, und einige Zeugen erwähnten in ihren Berichten über die Schäden des Krieges auch so manchen Anzug, den sie während der »Pflichtarbeit« ruiniert hätten.[510] Unter solch schwierigen Umständen kam es auch zu Missbrauchsfällen.[511] So wurde etwa der Leiter des Verbindungsbüros der Gemeinde Belgrad, Vujičić, im Juli 1943 festgenommen, weil er angeblich zusammen mit zwei anderen Beamten über einen Mittelsmann Schuhe für 500 bis 600 Dinar an Arbeiter verkauft hatte.

Außer durch diese teilweise katastrophalen »materiellen« Bedingungen wurde das Leben der »Pflicht-« und Zwangsarbeiter in entscheidendem Maße durch ihre Behandlung im Lager und am Arbeitsplatz beeinflusst. Die Berichte serbischer Organe und die Zeugnisse ehemaliger Arbeiter ergeben ein diesbezüglich ziemlich facettenreiches Bild. Zu den zuvor erwähnten Schwierigkeiten der Versorgung, Unterbringung und Ausstattung kam das brutale Auftreten der Wachleute, Poliere und Baustellenleiter.[512]

---

508   Der Innenminister an den Kdr. General und Befehlshaber in Serbien, Belgrad, 11.1.1943. (VA NA, k. 107, f. 3, d. 2); Ministar unutrašnjih poslova okružnom načelniku, Beograd, 15.II 1943. (VA NA, k. 107, f. 3, d. 1).

509   Die Belgrader Stadtgemeinde war in der Lage, ihre Arbeitspflichtigen mit Schuhen, Paketen und sogar mit Wein zu Ostern zu versorgen, was die Missgunst von Arbeitspflichtigen aus ärmeren Gemeinden im Landesinneren hervorrief. (Ministar socijalne politike i narodnog zdravlja ing. St. Dobrosavljević, Izveštaj, Beograd 16.IX 1943. (AJ, 110, Inv. br. 9205). Deshalb schlug Nedić im Mai 1943 Minister Dobrosavljević vor, einen Fond zur Ausstattung der Arbeitspflichtigen und zur Unterstützung der Familien armer Arbeitspflichtiger einzurichten, solange diese in der Arbeit waren. ([Nedić ministru socijalne politike i narodnog zdravlja], Beograd 20.V 1943. (AJ, 110, Inv. br. 14489). Ähnliches regte auch Dobrosavljević selbst am 8. Mai desselben Jahres an ([Ministar socijalne poltike i narodnog zdravlja Milanu Nediću], Beograd, 26.V 1943. (AJ, 110, Inv. br. 14490).

510   Zapisnik, Ibrahim Midić, 21.IV 1945. (AJ, 110, 599/649).

511   Der Generalbevollmächtigte für die Wirtschaft in Serbien, Referat Arbeitseinsatz, Zweigstelle Bor, an Sparkuhle, 10.VII 1943. (AJ, 110, 598/648).

512   Ministar unutrašnjih poslova, pretsedniku Opštine grada Beograda, Beograd, 13.IV 1943. (VA NA, k. 107, f. 3, d. 13); Delegat Ministarstva unutrašnjih poslova, gospodinu ministru unutrašnjih poslova, Bor, 16.IV 1943. (VA NA, k. 108, f. 2, d. 1); Pretsednik beogradske opštine, Moja zapažanja prilikom posete obveznicima radne službe na relaciji Kostolac-Bor, [Beograd], 30.IV 1943. (VA NA, k. 108, f. 2, d. 1); Inspektor Ministarsatva unutrašnjihj poslova Ministarstvu unutrašnjih poslova, Bor, 7.V 1943. (VA NA, k. 107, f. 3, d. 9), vgl. Živković, Ratna šteta, S. 180.

Das Schlagen der Arbeiter war in einigen Lagern und Betrieben die Regel.[513] Einige Zeugen betonten ausdrücklich, dass sie nicht geschlagen worden seien, obwohl das nicht bedeuten muss, dass andere Arbeiter am gleichen Ort nicht geschlagen wurden.[514] Unter den Wachen, Vorarbeitern, Aufsehern und anderen, die Schläge austeilten, waren Deutsche aus dem Reich, Volksdeutsche, Rumänen (Wlachen), Kroaten, Albaner, Russen, aber auch Serben (die einigen Zeugnissen zufolge am schlimmsten zuschlugen). Obwohl das Schlagen der Arbeiter in den Straflagern (zwei in Bor – hier insbesondere das Lager »Berlin«, eines in Kostolac) Anfang 1943 verboten wurde, wurde es dennoch praktiziert und stellte einen wichtigen Teil des verschärften Regimes gegenüber bestraften »Dienstverpflichteten« und Straftätern dar.[515] Es kam zu Prügelstrafen ohne Anlass wie auch speziell für Fluchtversuche, aber auch zu physischer Gewalt zwischen den Lagerinsassen selbst. Die Prügelstrafe wurde, wenn auch anscheinend nicht häufig, innerhalb der Betriebe weiter angewandt.[516]

513 Pajić, Prinudni rad, S. 167, 194.
514 Zapisnik, Borisav Stanojević, Kamenica 31.VII 1945; Zapisnik, Dragojlo Ivanović, Kamenica, 2.VII 1945. (AJ, 110, 609/659); Miladin Filipović, Kragujevac, 15.IX 1945. (AJ, 110, 601/651). Veličko Živojinović, der drei Monate lang für die Firma Rella gearbeitet hatte, gab an, dass die Wachmannschaft von Volksdeutschen gestellt worden und dass die Behandlung in und außerhalb der Arbeit gut gewesen sei. (Zapisnik o prijavi zločina okupatora i njihovih pomagača, Veličko L. Živojinović, Amerić, 15.VIII 1945. (AJ, 110, 600/650).
515 Ein Gesandter des Innenministeriums schrieb, dass »allein der Aufenthalt in einem solchen Lager eine Strafe ist. Der Weg zur Arbeitsstätte und zurück erfolgt unter Bewachung. Es gibt weder Bewegungsfreiheit noch der Kommunikation mit der Außenwelt, außer im Geheimen. Das Essen ist minderwertig. Man fordert maximale Leistung, doch ohne Belohnung.« Delegat Ministarstva unutrašnjih poslova, gospodinu ministru unutrašnjih poslova, Bor, 16.IV 1943. (VA NA, k. 108, f. 2, d. 1); Rutar, Arbeit, S. 20–21; In Kostolac arbeiteten auch Sträflinge aus dem Gefängnis in Zabela, vgl. Saša Marković, a. a. O., S. 212.
516 Zapisnik o prijavi zločina okupatora i njihovih pomagača, Milivoje D. Radovanović, 27.VII 1945; Zapisnik o prijavi zločina okupatora i njihovih pomagača, Milan Rakić, Smederevo, 22.III 1945; Saslušanje druga-ranjenika, Petar Đorđević, Sremski Karlovci, 17.VII 1945. (AJ, 110, 600/650); Zapisnik, Ratko Nikolić, Bajina Bašta, 27.VI 1945; Zapisnik, Velimir Jovanović, [Mionica?], 20.IV 1945; Prijava, Bogoljub Đorđević, [Ub], 24.VII 1945; Prijava, Dragutin Lazarević, [Ub], 14.VII 1945; Prijava, Nikola Katić, [Ub], 14.VII 1945; Zapisnik, Radivoje Bošković, Valjevo, 8.VIII 1945. (AJ, 110, 609/659); Prijava, Jaško Saitović, Niš, 26.VI 1945; Prijava, Janko Jarendić, Niš, 27.IV 1945. (AJ, 110, 607/657); [Izjava Dragomira Mijajlovića], Vitoševac, 12.IV 1945. (AJ, 110, 604/654); Zapisnik, Nikola Filipović, Brestovac, 12.VIII 1945; Zapisnik, Mihajlo Todorović, Gornji Sinkovac, 12.VII 1945; Lazar Ristić, Jagodina, 8.IX 1945; Prijava, Vadim Nepokajčicki, Despotovac, 2.VI 1945; Prijava, Borivoje Vučković, Paraćin, 29.VI 1945; Zapisnik o ispitu svedoka-oštećenika, Ilija Stojanović, Svilanjac, 20.VI 1945; Zapisnik o ispitu svedoka-oštećenika, Milorad Nikolić, Svilanjac, 26.IX 1945; (AJ, 110, 605/655); Zapisnik o ispitu svedoka-oštećenika, Živomir Nikolić, Kragujevac, 6.VI 1945. (AJ, 110, 601/651); Zapisnik, Vitomir Savić, 6.VIII 1945; Zapisnik, Milan Tatalović, 28.V 1945; Zapisnik, Milan Šarenac, 6.VI 1945; Zapisnik, Rastislav Ognjanović, 11.V 1945; Đura Mićko, 5.IV 1945; Rade Zorić, 9.IV 1945; Pavle Štetić, 21.IV 1945. (AJ, 110, 599/649); Pajić, Prinudni

In Stari Kostolac erfolgte der Gang in die Grube in Begleitung von sechs bewaffneten Wehrmachtssoldaten, die die Arbeit beaufsichtigten und unter Androhung von Prügel die Leute zwangen, mehr zu arbeiten.[517] Brutal war der Umgang auch mit den sowjetischen und italienischen Kriegsgefangenen.[518] Darüber hinaus förderte die Verwaltung des Bergwerks von Bor die gegenseitige Denunziation der Arbeiter und teilte sie zu diesem Zweck in Arbeitsgruppen von je zehn Leuten ein, die zusammen arbeiteten und diejenigen mit zu geringer Leistung anzeigen sollten. Zur Strafe wurden diese dann zu schwereren Arbeiten eingeteilt. Auf diese Weise machte die Bergwerksleitung einen Teil der Arbeiterschaft zu ihren Komplizen.[519] Auch über die Brutalität der Wachleute der OT in Beli Potok bei Belgrad wurde berichtet[520] und sicherlich gab es noch weitere Fälle

rad, S. 230–235; Živković, Ratna šteta, S. 180. Die beiden Straflager in Bor – das »Z-Lager« des Bergwerks unter Bewachung der Hilfspolizei und das Lager der OT mit ungefähr 600 Häftlingen (November 1943) – wollten die serbischen Behörden übernehmen, um die Lage der Sträflinge zu verbessern, doch wurde dies von deutscher Seite behindert. Auf serbischer Seite fehlte die notwendige Anzahl von Wachleuten und sonstigem Personal. (Komesar policije, šefu Srpske državne bezbednosti, Bor 4.XI 1943. (VA NA, k. 24. f. 4, d. 17). Das Straflager von Kostolac unterstand bis Oktober 1943 der Leitung der deutschen Hipo, bevor es vom Kommissar des Ministeriums für Inneres übernommen wurde (Komesar policije u Kostolcu, šefu Srpske državne bezbednosti, Kostolac, 28.X 1943. (VA NA, k. 24. f. 4, d. 12). Nach Pajić waren in diesem Lager ungefähr 1000 Sträflinge interniert (Pajić, Prinudni rad, S. 162). Dagegen berichtete der Abgesandte des Ministeriums für Inneres Anfang Juni 1943, dass sich in ihm 104 Zwangsarbeiter und 105 Strafgefangene befänden, wobei letztere angeblich einen schlechten Einfluss auf die Zwangsarbeiter ausüben würden und daher von diesen getrennt werden müssten. ([Delegat Ministarstva ubnutrašnjih poslova dr Vidmar, ministru unutrašnjih poslova], Kostolac, 2.VI 1943. (VA NA, k. 107, f. 4, 26). Die Polizeikommissariate von Bor und Kostolac wurden ebenfalls dazu eingerichtet, die Arbeiterschaft zu beaufsichtigen und auch um die Straflager zu übernehmen. (Načelnik MUP, šefu Srpske državne bezbednosti, Beograd, 10.IV 1943. (VA NA, k. 22, f. 7, d. 6). Der Generalbevollmächtigte Neuhausen unterstützte seinerseits die Übernahme der Lager durch die serbischen Organe. (Viši ratni upravni savetnik Sparkuhle ministru unutrašnjih poslova, Beograd, 27.IV 1943. (VA NA, k. 22, f. 7, d. 46). Paradoxerweise wurde der Umgang roher, als die Deutschen durch Serben (bzw. Vlachen) ersetzt wurden. (Ispit svedoka, Radomir M. Janković, Smederevo, 22.VI 1945. (AJ, 110, 600/650). Milan Bućin bestätigt ebenfalls, dass die Wachleute der Serbischen Staatswache im Straflager von Bor brutaler waren als die deutschen. (Zapisnik o saslušanju svedoka, Milan Bućin, 16.V 1945. (AJ, 110, 598/648).
517 Saša Marković, a. a. O., S. 135.
518 Pajić, a. a. O., S. 234, 241.
519 Wiesinger, a. a. O., S. 82.
520 Zapisnik o saslušanju, Aleksandar Nedeljković, Beograd, 22.VI 1945. (AJ, 110, 598/648). Dennoch war es in Anbetracht der Lebens- und Arbeitsbedingungen in Bor und Kostolac ein Privileg, in der Hauptstadt zu arbeiten. Deswegen wurden Arbeitspflichtige, die bereits eine gewisse Zeit in Bor abgeleistet hatten, oder ältere Arbeitspflichtige dorthin geschickt. (Objava, NV, 25.VIII 1943, S. 3; Naredba obveznicima Obavezne službe rada iz Beograda, NV, 8.IX 1943, S. 3; Isto, 8.IX 1943, S. 3).

an anderen Orten. Aus mehreren Berichten geht hervor, dass zahlreiche Opfer unter den Schlägen umkamen und dass einige – insbesondere entflohene Arbeiter – nach ihrer Gefangennahme gezielt umgebracht wurden. Zuweilen wurden für einen nicht gefassten Entflohenen der Abschreckung halber andere Arbeiter getötet. Die »Bezirkskommission zur Ermittlung der Verbrechen der Besatzer im Bezirk Bor« stellte nach Kriegsende fest, dass mindestens 54 Menschen allein an diesem Standort ihr Leben auf diese Weise verloren hatten.[521] All dies zeigt, dass abgesehen vom Mangel an Freiheit und elementaren Lebensvoraussetzungen, das System des Zwangs mehr oder weniger überall von körperlicher Gewalt durchdrungen war. Tatsächlich stellte sie einen wesentlichen Bestandteil dieses Systems dar.

Die allgemein schlechten Bedingungen in Bor waren ein offenes Geheimnis, so dass sich die serbischen Kollaborationsbehörden gezwungen sahen, etwas dagegen zu unternehmen, selbst wenn sie in der Öffentlichkeit die Relevanz der Klagen über die dortigen Verhältnisse verharmlosten.[522] Im Herbst 1943 ordnete der Minister für Sozialpolitik und Volksgesundheit Maßnahmen zur Abhilfe an und Nedić entsandte eine Sonderdelegation mit dem zuständigen Ressortminister an der Spitze, um alle Standorte zu inspizieren. Die Gesandtschaft legte am 15. Dezember einen alles andere als rosigen Bericht vor, doch führten alle darauf folgenden Interventionen bei den deutschen Behörden zu keiner Verbesserung der Lage. Das einzige Zugeständnis, zu dem sich die deutschen Dienststellen bereit zeigten, war die Entlassung der erkrankten »Dienstverpflichteten« für den Fall, dass vorab ein Ersatz für sie gesandt würde.[523] Zwar behauptete die »Staatliche Kommission zur Ermittlung der Verbrechen der Besatzer und ihrer Helfer«, dass es das Ziel der deutschen Dienststellen gewesen sei, nicht nur die Erze zu fördern, sondern auch die Menschen zu vernichten.[524] Dies war so sicherlich nicht der Fall. Bei der Erklärung der Rücksichtslosigkeit des deutschen Vorgehens kann vom Druck der Umstände nicht völlig abgesehen werden: Die kriegswichtige Produktion musste gehalten und gesteigert werden. Da die hierfür notwendigen Mittel (Lebensmit-

---

521 Zapisnik, Vitomir Savić, 6.VIII 1945; Zapisnik, Miloš Tatalović, 28.V 1945; Zapisnik Vukosav Arambašić, 18.VIII 1945. (AJ, 110, 599/649); Saslušanje druga-ranjenika, Petar Đorđević, Sremski Karlovci, 17.VII 1945. (AJ, 110, 600/650); Zapisnik o ispitivanju svedoka-oštećenika, Ilija Stanković, Svilajnac, 20.VI 1945. (AJ, 110, 605/655); Prijava, Dragutin Lazarević, [Ub], 14.VII 1945. (AJ, 110, 609/659). Ein Zeuge berichtet von mehr als 100 Menschen, die wegen versuchter Flucht aus dem Straflager in Bor erschossen wurden, doch ist die Zahl wahrscheinlich übertrieben. Die Todesscheine, die im Arhiv Jugoslavije in Belgrad aufbewahrt werden, führen als Todesursachen Lungenentzündung, Tuberkulose, Meningitis usw. an. Allein in einem Fall ist von »erschossen« die Rede. (AJ, 110, 598/648) Das ist freilich kein Beleg für die Seltenheit von Erschießungen, zumal in den Todesscheinen auch falsche Angaben gemacht werden konnten.
522 Izjava predsednika beogradske opštine: Istina o Boru, NV, 26.III 1943, S. 4.
523 Živković, Ratna šteta, S. 181.
524 Ders., S. 182.

tel, Kleider etc.) und Arbeitskräfte nicht ausreichend vorhanden waren, kam es zu roher Ausbeutung. Die Leitung des Bergwerks von Bor bemühte sich, neben Strafandrohungen auch, positive Anreize zur Erhöhung der Arbeitsleistung zu geben, doch waren die Möglichkeiten zur Erhöhung der Löhne und zur Verbesserung der Lebensmittel- und Kleidersituation sehr begrenzt.

Abgesehen von den zuvor beschriebenen Lebens- und Arbeitsbedingungen in Bor existierte noch ein weiteres Problem, das vielleicht mehr noch als alle bislang angeführten Schwierigkeiten zur bereits erwähnten massenhaften Arbeitsflucht beitrug. So ist in den Berichten serbischer (und seltener auch deutscher) Behörden davon die Rede, dass Arbeiter über ihre eigentliche Dienstzeit hinaus einbehalten bzw. nicht durch andere Arbeiter ersetzt würden. Nach Meinung serbischer Offizieller war eben dieses Moment von großer psychologischer Bedeutung, denn hierdurch verloren die Menschen ihre Arbeitsbereitschaft und neigten dazu wegzulaufen, sobald ihnen bewusst war, dass das Ableisten der Pflichtarbeitszeit ihnen nicht die Rückkehr nach Hause garantierte. Aus diesem Grund drängten die serbischen Behörden wiederholt darauf, die ausgedienten Arbeiter zu entlassen, während die deutschen Behörden unter dem beständigen Druck des Arbeitskräftemangels dem in den meisten Fällen kein Gehör schenkten. So verblieb ein Teil der ausgedienten Arbeitspflichtigen in der Arbeit, eventuell sogar nachdem ihr Ersatz eingetroffen war.[525] Es kam auch vor, das gerade erst entlassene Arbeitspflichtige sofort wieder zur Arbeit einberufen wurden.[526] Auf diese Weise kam es zu einem Teufelskreis: Die Menschen weigerten sich, nach Bor zu gehen, oder sie flohen frühzeitig,

---

[525] Ministar socijalne politike i narodnog zdravlja ing. Stojimir Dobrosavljević, generalnom opunomoćeniku za privredu Neuhausenu, [7–16.] IX 1943. (AJ, 110, Inv. br. 9205); Delegat Ministarstva unutrašnjih poslova u Boru, M. Koča [ministru unutrašnjih poslova], Beograd, 24.IV 1943 (VA NA, k. 108, f. 2, s. 1). Der Minister für Inneres beschwerte sich beim Generalbevollmächtigten darüber, dass die OT die ausgedienten Arbeiter selbst nach Eintreffen ihres Ersatzes nicht entlasse (Ministar unutrašnjih poslova, generalnom opunomoćeniku za privredu u Srbiji, Beograd, 29.V 1943. (VA NA, k. 107, f. 4, d. 23); Siehe hierzu auch das Schreiben des Ministers vom 21. Juni 1943. (VA NA, k. 107, f. 4, d. 25); Predsednik gradske opštine, gospodinu ministru unutrašnjih poslova, Niš, 14.VII 1943. (VA NA, k. 107, 4, d. 28); Ministar socijalne politike i narodnog zdravlja St. Dobrosavljević, generalnom opunomoćeniku za privredu u Srbiji, višem grupnom vođi Fr. Nojhauzenu, Beograd, 16.IX 1943. (AJ, 110, Inv. br. 9205); [Ministar unutrašnjih poslova] gospodinu predsedniku ministarskog saveta, [Beograd, posle 4.X 1943.] (VA NA, k. 108, f. 2, d. 16). Koča hielt den serbischen Behörden vor, sich nicht genügend bezüglich eines rechtzeitigen Ersatzes anzustrengen. Die deutschen Berichte führen für gewöhnlich andere Ursachen der Massenflucht an (Unsicherheit, schlechte Versorgung, geringe Bezahlung, schlechte Arbeit der serbischen Behörden, Mangel an Wachleuten usw.), während die Zurückhaltung der Arbeiter nach Ablauf der Dienstzeit selten erwähnt wird. Als ein seltenes Beispiel dafür vgl.: Inhalt der Besprechung mit Gesandten Neubacher, [Belgrad?], 1.10.1943. (BA/MA, RW 40/81).

[526] Izveštaj [ministra socijalne politike i narodnog zdravlja, Beograd 16.IX 1943.] (AJ, 110, Inv. br. 9205).

da sie wussten, dass sie nach Ablauf der Dienstzeit nicht nach Hause entlassen würden. Dagegen hielten die deutschen Behörden die Arbeiter auch noch mehrere Monate nach Ablauf der Dienstzeit fest, da sie wussten, sie würden keinen Ersatz für diese bekommen; oder waren mitunter erst dann zur Entlassung der ausgedienten Arbeitspflichtigen bereit, wenn aus deren Gemeinden oder Bezirken Ersatz eingetroffen war.[527] All dies veranlasste einen deutschen Beamten zur Beobachtung: »Bor hat für den Serben den denkbar schlechtesten Ruf. Dienstverpflichtung nach Bor bedeutet für die Serben mehr als Gefängnis. Viele Dienstverpflichtete entziehen sich dieser Verpflichtung dadurch, dass sie lieber zu den Aufständischen überlaufen.«[528] In diesem Sinne handelten die deutschen Behörden letzten Endes zu ihrem eigenen Schaden: Die Unzufriedenheit in der Bevölkerung stieg an und die Reihen der Aufständischen füllten sich, während die Produktion allmählich sank.[529]

Die »Pflichtarbeit« im besetzten Banat

Im Banat wies die »Pflichtarbeit« einige Besonderheiten auf, doch entsprach sie im Allgemeinen dem Schema der Zwangsarbeit im besetzten Serbien, mit der sie auch zusammenhing: Die Zwangsarbeiter aus dem Banat wurden nach Serbien geschickt und umgekehrt.[530] Über den Bestrafungsaspekt der Zwangsarbeit war bereits die Rede, daher wenden wir uns im Folgenden der »Pflichtarbeit« zu. Der Pflichtarbeitsdienst wurde im Banat früher als in Serbien eingeführt. Die diesbezügliche Verordnung erließ Sepp Lapp bereits im Oktober 1941, als in Belgrad die Einführung der »Pflichtarbeit« noch erwogen wurde. Die angesprochenen Arbeiten umfassten den Bau von Straßen und Brücken, das Ausheben von Kanälen zur Be- und Entwässerung u. v. a. Die Verordnung betraf die gesamte männliche Bevölkerung im Alter von 18 bis 45 Jahren, die einen Dienst bis zu sechs Monaten dauern zu leisten hatten.[531] Als erstes wurden also im volksdeutschen Machtgebiet die Maßnahmen eingeführt, die für das gesamte Land noch anstanden.

---

527 Inhalt der Besprechung mit Gesandten Neubacher, [Belgrad?], 1.10.1943. (BA/MA, RW 40/81).
528 Militärbefehlshaber Südost, der Chef der Militärverwaltung, Abteilung Arbeit, Zweigstelle Bor an Militärbefehlshaber Südost, der Chef der Militärverwaltung, Abteilung Arbeit, Bor, 29.4.1944. (AJ, 110, 598/648).
529 Avramovski, a.a.O., S. 211–221, 227–237; Pajić, Prinudni rad, S. 252. Diese Entwicklung verlief jedoch weder im Falle des Kupfers von Bor, noch in Bezug auf die anderen Erze völlig geradlinig (Schlarp, a.a.O., S. 234–235), wenngleich die gesetzten Ziele in der Tat nicht erreicht wurden.
530 Shimizu, a.a.O., S. 426.
531 Božidar Ivković, Neki metodi ekonomske politike i privredne pljačke okupatora u Banatu 1941–1944, u: Vojvodina 1941, Novi Sad 1967, S. 192.

Zur Einführung der »Pflichtarbeit« im eigentliche Wortsinn kam es im Banat im Frühjahr 1942, d. h. zur ungefähr gleichen Zeit wie in Serbien selbst,[532] wenngleich nicht aus denselben Gründen: Dort sollten vor allen Dingen Bergleute für Bor, Kostolac und andere Bergwerke zur Verfügung gestellt werden, während im Banat, wo es keine Bergwerke gab, der Export landwirtschaftlicher Produkte verstärkt werden sollte. Hier mussten Arbeitskräfte für landwirtschaftliche Tätigkeiten als Ersatz für jene Volksdeutschen aufgebracht werden, die für die zu Jahresbeginn gegründete Waffen-SS-Division »Prinz Eugen« rekrutiert worden waren.[533] Darüber hinaus wurden die Arbeitspflichtigen, die ein Anrecht auf Tagelohn hatten, auch zu Ausbau- und Ausbesserungsarbeiten an Straßen, zum Ausheben und Säubern von Kanälen usw. eingesetzt.[534] Im Laufe des Krieges wurden ungefähr 40 Erlasse, Verordnungen, Rundschreiben und Vorschriften bezüglich der »Pflichtarbeit« auf Basis der »Verordnung der Serbischen Regierung zur Zwangsarbeit und zur Einschränkung der Beschäftigungsfreiheit« vom 14. Dezember 1941 ausgestellt.[535] Auf deren Grundlage erließ der Kreisvorsteher des Banats im Juni 1942 die »Anordnung über die Mobilisierung bestimmter Arbeiter zwecks Arbeitspflicht und Einsatz der mobilisierten Arbeiter«, um den Arbeitskraftmangel in kriegswichtigen Industrien und in der Landwirtschaft auszugleichen. Auch im Banat wurde gewissermaßen als Stütze der »Pflichtarbeit« der »Nationale Dienst zur Erneuerung Serbiens« eingerichtet.[536] Der größte Teil der Arbeitskräfte wurde anfangs in der Landwirtschaft eingesetzt. Die Möglichkeit der Gestellung eines bezahlten Ersatzes für die »Dienstverpflichteten« war nicht vorgesehen. Die Arbeit war in Schichten zu je 50 bis 60 Tagen aufgeteilt und wurde für das gleiche Jahr als Arbeit im »Nationalen Dienst zur Erneuerung Serbiens« angerechnet. Es waren Tagelöhne vorgesehen und bei Vergehen wurden Geldbußen oder Zwangsarbeitsstrafen von 5 bis 60 Tagen verhängt. Auch sollten solche Dienstherren, die mit den Arbeitern brutal umgingen, bestraft werden.[537] Die Dauer der Pflichtarbeit war formal begrenzt, doch kam mit der Zeit die Tendenz zur Verlängerung auf: auf 45 bis 60 Tage 1942, auf 138 bis 190 Tage 1943 und auf 210 Tage im Jahr 1944.[538] In der Praxis variierten Wochenzahlen und Arbeitszeiten von Gemeinde zu Gemeinde. Ein

---

532 IV grupa masovnih zločina u Banatu: deportacije i prinudni radovi, [11.VII 1946.] (AJ, 110, 672/723).
533 Die »Novo vreme« stellte dies als Freundschaftsdienst der Serben für die im Kampf begriffenen Deutschen dar. (V. S., Prijateljska saradnja Nemaca i Srba u Banatu, NV, 17.VII 1942, S. 3).
534 IV grupa masovnih zločina u Banatu: deportacije i prinudni radovi, [11.VII 1946.] (AJ, 110, 672/723).
535 Zapisnik, dr Rihard Faninger, Petrovgrad, 24.III 1945. (AJ, 110, 672/723); Vegh, Le systeme, S. 536; Shimizu, a. a. O., S. 422–423.
536 Shimizu, a. a. O., S. 419–420, 426; Völkl, a. a. O., S. 43.
537 M. A. J., Mobilizacija radne službe u Banatu, NV, 4.VII 1942, S. 3.
538 Vegh, a. a. O., S. 536; Živković, Ratna šteta, S. 183–184; Völkl, a. a. O., S. 43.

Arbeiter durfte seinen Arbeitsort nicht verlassen, solange sein Ersatz noch nicht eingetroffen war, was wie in Serbien oft mit Verspätung geschah. Die deutschen Familien, denen die »Dienstverpflichteten« zugeteilt wurden, mussten gut mit ihnen umgehen. Zudem hatten die Dienstherren die Arbeiter zu ernähren, ihre Kleider zu waschen, sie unterzubringen und ihre ärztliche Behandlung bis zu 200 Dinar zu übernehmen. Ab Mai 1943 wurden diese Kosten von der Bezirksleitung bestritten. Bei Nichteinhaltung dieser Verordnungen seitens der Dienstherren drohten eine Geldbuße und die Entziehung der Arbeitskraft. Dessen ungeachtet behandelten viele Dienstherren die ihnen zugeteilten Arbeiter nicht gut, was einer der Gründe für die massenhafte Arbeitsflucht war, die weder durch die im März 1943 eingeführte Zwangsarbeit als Form der Bestrafung (nach Ableistung der »Pflichtarbeit«), noch durch die Prügelstrafe unterbunden werden konnte.[539] 1942 arbeiteten auf den volksdeutschen Gütern 13.500 Nicht-Deutsche.[540] Im März 1943 erließ Kreisvorsteher Lapp erneut eine Verordnung, wonach alle Männer und Frauen, deren Arbeitskraft nicht völlig an die eigenen Güter oder Unternehmen gebunden war, zur »Pflichtarbeit« zu entsenden seien. Sie sollten in fremden Wirtschaftshöfen oder Betrieben eingesetzt werden. Diese Verordnung ersetzte den Standardarbeitsvertrag; der Tageslohn sollte dem Standard entsprechen oder nach den ortsüblichen Sätzen gezahlt werden. Hierdurch sollten die vom Arbeitskräftemangel bedrohten vitalen Wirtschaftszweige mit Nachschub versorgt werden. Zugleich sollten aus notorischen Alkoholikern, Nichtstuern, »Asozialen«, Sträflingen und »Zigeunern« separate Arbeitsbrigaden für öffentliche Arbeiten eingerichtet werden, die mit Ausnahme der strafweisen Zwangsarbeiter gemäß ihrer Befähigung bezahlt werden sollten. Bei der Zuteilung von Arbeitskräften bekamen diejenigen Haushalte Vorzug, deren Familienmitglieder in der Armee waren. Diese Familien konnten so viele Arbeiter erhalten, wie sie Soldaten stellten. Falls Familienmitglieder in Gefangenschaft waren, war die Zuteilung von Arbeitskräften nur dann möglich, wenn es in der Familie oder im Betrieb niemanden gab, der arbeiten konnte. Berücksichtigt wurden junge Männer zwischen 17 und 25 Jahren, wobei Angehörige des öffentlichen Dienstes, Schüler, Knechte und Alleinversorger von der Dienstpflicht befreit waren. Die Arbeitspflichtigen hatten ein Anrecht auf eine niedrige Miete, Verpflegung, Kleidung, Wäschewaschen und ärztliche Fürsorge. Wer in seinen Kleidern arbeitete, erhielt dafür eine Geldentschädigung. Die Arbeitspflichtigen hatten ein Anrecht auf kostenfreien Transport zum Arbeitsplatz und all dies sollte aus dem Fond für »Pflichtwirtschaft« des Kreisvorstehers getragen werden. Die Nichteinhaltung der Verordnung wurde mit Geldbußen oder Zwangsarbeit

---

539 Polizeipäfektur des Banats, der Polizeipräfekt von Grossbetschkerek an das Kommando der Staatswache des Banats, Kommando für öffentliche Sicherheit, Grossbetschkerek, 22.III 1943. (AJ, 110, 672/723); Shimizu, a.a.O., S. 426–429, 431–432; Živković, Ratna šteta, S. 183–184.
540 Shimizu, a.a.O., S. 428.

bis zu 20 Tagen bestraft.⁵⁴¹ Eine ähnliche Verordnung wurde noch einmal am 31. Januar 1944 erlassen.⁵⁴² Wie auch in Serbien kam es häufig zur Arbeitsflucht, die nicht energisch verfolgt werden konnte, da das Polizeipersonal nicht ausreichte. Um dem ein Ende zu bereiten, ordnete Kreisvorsteher Lapp im Januar 1944 die Bestrafung mit zwei Jahren Zwangsarbeit, mit Geldbußen oder sogar beiden Strafen an.⁵⁴³ Trotz alledem leisteten im März 1944 mehrere hundert Arbeitspflichtige der Einberufung nicht Folge, woraufhin der Kreisvorstand forderte, sie polizeilich herbeizuschaffen.⁵⁴⁴

Die in Serbien am 20. März 1943 eingeleiteten kriegswirtschaftlichen Maßnahmen des Reichs wurden im Banat erst im September 1943 durchgesetzt.⁵⁴⁵ Die erste Durchsetzungsverordnung betraf die Reichsdeutschen und die Volksdeutschen und führte die Arbeitspflicht für deutsche Männer und Frauen zwischen 16 und 65 Jahren ein. Davon ausgenommen waren ausschließlich in der Landwirtschaft tätige Personen, öffentlich Bedienstete, Geistliche, Schüler und Personen, die wenig tauglich waren für Wirtschaftstätigkeiten wie z. B. Schwangere und Mütter von Vorschulkindern.⁵⁴⁶ Kreisvorsteher Sepp Lapp schrieb vor, dass nur die Landräte, Vizelandräte, städtischen Bürgermeister, Vizebürgermeister oder deutschen Gemeindebürgermeister die Arbeitspflicht für Volksdeutsche anordnen könnten,⁵⁴⁷ um damit die Unabhängigkeit der Volksdeutschen von den serbischen Behörden in Belgrad und vom serbischen Teil der Beamtenschaft im Banat zu betonen.

Bereits seit 1941 existierte der auf sechs Monate angelegte »Arbeitsdienst der Jugend«. In diesem Jahr halfen mehrere Dutzend Jungen und Mädchen für etwa anderthalb Monate bei der Ernte. Im folgenden Jahr waren es über 800 Jugendliche, wobei Mädchen mehr gefragt waren als Jungen. Im selben Jahr wurde die Jugendarbeit in der Landwirtschaft verpflichtend, doch weigerten sich viele Jugendliche dem Folge zu leisten – unter anderem, weil deren Väter im Militärdienst waren und es niemanden zur Bearbeitung der Familiengüter gab. Um ihren Arbeitsenthusiasmus zu erhöhen, wurden ihnen in Vorbereitungslagern Propagandavorträge gehalten. Nach der Einleitung der

---

541 Okružnica, s. l. s. a. (AJ, 110, 672/723); Naredba za Banat o upućivanju na obavezni rad, NV, 21.III 1943, S. 4.
542 Rešenje, 31.I 1944. (AJ, 110, 672/723); M. A.J, Regulisanje radne službe u Banatu, NV, 27.II 1944, S. 2.
543 Shimizu, a. a. O., S. 430–433.
544 Okružno načelstvo Banat, Opšte odeljenje, Otsek za obaveznu službu rada Policijskoj prefekturi za Banat, mart 1944. (AJ, 110, 672/723); Okružno načelstvo Banat. Opšta sekcija Abteilung für den Pflichtarbeitsdienst Policijskoj prefekturi, s. l. (AJ, 110, 672/723).
545 Verordnung über die Einführung kriegswirtschaftlicher Massnahmen des Reiches, Amtsblatt für das Banat, 10.IX 1943.
546 Erste Durchführungsverordnung zur Verordnung über die Einführung kriegswirtschaftlicher Massnahmen des Reiches, Verordnungsblatt des Befehlshabers Serbien, 26.III 1943, S. 311.
547 Anordnung, Sepp Lapp, Grossbetschkerek, 4.X 1943. (AJ, 110, 672/723).

kriegswirtschaftlichen Maßnahmen kam es in den darauf folgenden zwei Monaten zur Einziehung dreier Jahrgänge für den Jugendarbeitsdienst.[548]

Außer für die Arbeiten auf den volksdeutschen Gütern und beim Bau von Straßen und Kanälen musste die Banater Bevölkerung ab Mitte 1943 auch Arbeitskräfte für die Flughäfen stellen, die die Luftwaffe nach ihrer Zurückdrängung aus dem Osten und Südosten im Banat errichten wollte. Vorgesehen waren der Bau bzw. die Erweiterung der Flughäfen in Ečka, Pančevo, Kovin, Alibunar, Bela Crkva, Vršac und Botoš. Allein für Ečka wurden 4.000 ungelernte und 600 gelernte Arbeiter benötigt. Um die notwendigen Arbeitskräfte herbeizuschaffen, wurde die entsprechende Verpflichtung auf die Stadtverwaltungen von Bečkerek und Kikinda sowie auf die Kreisbehörden von Modoš, Novi Bečej, Kovačica und Novi Kneževac übertragen.[549] Die örtlichen Behörden hatten die erforderliche Zahl an Arbeitern zu senden und sie nach drei bzw. sechs Monaten zu ersetzen, entsprechend den Möglichkeiten der städtischen, d. h. also der nicht landwirtschaftlich beanspruchten, Bevölkerung. Auch Volksdeutsche wurden zumindest als gelernte Arbeitskräfte zur Pflichtarbeit gesandt; auch sie konnten ohne eine Ablösung nicht entlassen werden.[550] Ebenso wie in Bor wurden die Arbeiten am Ausbau der Flughäfen von einer ganzen Reihe hauptsächlich deutscher Unternehmen ausgeführt.[551] Es wurde täglich zehn bis zwölf Stunden bei einer Bezahlung von 20 bis 50 Dinaren gearbeitet. Später stieg der Tageslohn auch auf 100 Dinar, zu einem Zeitpunkt allerdings, als dieser auf dem freien Markt bereits 400–500 Dinar betrug. Auch im Banat gab es Klagen über die Vorenthaltung des Lohnes und viel zu niedrige Bezahlung. Davon abgesehen wurden gewisse Beträge für Verpflegung und verschiedene Gebühren und Abgaben einbehalten.[552]

Der größte Arbeitsort dieser Art war der Flughafen in Ečka, wo im Laufe der Jahre 1943 und 1944 nach Schätzungen der »Staatlichen Kommission zur Ermittlung der Verbrechen der Besatzer und ihrer Unterstützer« 20.750 Zwangsarbeiter zum Einsatz kamen, darunter auch ca. 2.000 italienische Internierte.[553] Im Unterschied zu Bor und anderen großen Standorten in Serbien, an denen nur sehr wenig Frauen arbeiteten

---

548 Shimizu, a. a. O., S. 437–439.
549 IV grupa masovnih zločina u Banatu: deportacije i prinudni radovi, [11.VII 1946.] (AJ, 110, 672/723).
550 Opština Čestereg sreskom načelstvu, Čestereg, 19.IX 1943. (AJ, 110, 672/723).
551 Okružno načelstvo Banat, Allgemeine Sektion, Abteilung für den Pflichtarbeitsdienst, Grossbetschkerek, septembar 1943. (AJ, 110, 672/723); IV grupa masovnih zločina u Banatu: deportacije i prinudni radovi, [11.VII 1946.] (AJ, 110, 672/723).
552 Zapisnik, (Radovan Tanuševac, 25.VIII 1945. (AJ, 110, 672/723); IV grupa masovnih zločina u Banatu: deportacije i prinudni radovi, [11.VII 1946.] (AJ, 110, 672/723); Živković, Ratna šteta, S. 184.
553 IV grupa masovnih zločina u Banatu: deportacije i prinudni radovi, [11.VII 1946.] (AJ, 110, 672/723).

(hauptsächlich als Köchinnen und Zimmermädchen),[554] sind im Banat viele Fälle dokumentiert, in denen Frauen schwere Bauarbeiten leisteten oder in der Landwirtschaft beschäftigt waren. Ein Teil von ihnen musste die Arbeit jedoch zur Strafe leisten, so dass es sich bei ihnen eigentlich nicht um »Pflicht-«, sondern um Zwangsarbeiterinnen handelte.[555] Auch andere Frauen wurden im Rahmen der Flughafenarbeiten herangezogen, allerdings als Putzfrauen, Wäscherinnen usw.[556] Ein Teil der männlichen Arbeitskräfte auf den Flughäfen wurde ebenfalls zur Strafe dorthin entsandt.[557] Der Umgang mit den Arbeitern war streng – Flüche, Drohungen und Schläge waren an der Tagesordnung.[558] Die Arbeitszeit von mindestens neun bis zwölf oder mehr Stunden täglich führte zur schnellen Erschöpfung der Arbeiter. Wie in Bor war auch hier die Bezahlung gering. Die Arbeiter aus den umgebenden Ortschaften übernachteten zu Hause und wurden gewöhnlich für kürzere Zeit verpflichtet als die aus entfernteren Gebieten. Diese wiederum waren in Schuppen, Baracken und fensterlosen Zimmern in Bauernhäusern untergebracht. Die hygienischen Verhältnisse waren ausgesprochen schlecht, so dass viele schon bald Kopfläuse bekamen. Aufgrund der schweren Arbeit, der schlechten Ernährung und der mangelnden Hygiene kam es zu zahlreichen Erkrankungen, doch lehnten es die Ärzte meistens ab, den angeblichen »Simulanten« Arbeitsschonung zu gewähren.[559] In Anbetracht dieser Verhältnisse meldete sich schon ab September 1943 ein Großteil der Arbeitspflichtigen nicht zur Arbeit, weshalb der Kreiskommandant von Bečkerek, Hauptmann Amelung, forderte, zu strengen Maßnahmen (wie Geldbuße, Zuchthaus oder sogar Todesstrafe) zu greifen, wie sie in den Artikeln 30 und 31 der Verordnung des Militärbefehlshabers vom 28. Juli 1943 vorgesehen waren.[560]

In Bela Crkva wurde seit 1943 am Ausbau des kleinen, ehemals jugoslawischen Militärflughafens gearbeitet, wofür die serbische Bevölkerung der Stadt und der umliegenden Dörfer herangezogen wurde. Die ungelernten Arbeiter erhielten kein Entgelt,

---

554 Pajić, Prinudni rad, S. 315–314. Viele hatten sich Geschlechtskrankheiten zugezogen, da sie als alleinstehende Frauen in den Lagern »intensiv zu Geschlechtskontakten missbraucht wurden«.
555 Zapisnik, Dejan Sudarski, 25.VIII 1945; Zapisnik [Ljubica Kokotović], 30.V 1945. (AJ, 110, 672/723); IV grupa masovnih zločina u Banatu: deportacije i prinudni radovi, [11.VII 1946.] (AJ, 110, 672/723).
556 Prijava, Jovanka Tomić, Pančevo, 13.XI 1944. (AJ, 110, 673/724).
557 So wurde eine Gruppe Kroaten aus Starčevo zur Zwangsarbeit in Ečka gezwungen, weil sie sich im Mai 1943 geweigert hatten, der Hipo beizutreten. Zapisnik [Franjo Jambek], 28.XII 1944. (AJ, 110, 672/723).
558 Zapisnik [Milorad Putić], 17.V 1945. (AJ, 110, 672/723).
559 Zapisnik Radovan Tanuševac, 25.VIII 1945; Zapisnik Dejan Sudarski, 25.VIII 1945. (AJ, 110, 672/723); IV grupa masovnih zločina u Banatu: deportacije i prinudni radovi, [11.VII 1946.]. (AJ, 110, 672/723).
560 Kreiskommandant Amelung okružnom načelniku Banata, Bečkerek, 10.IX 1943. (AJ, 110, 672/723).

die gelernten nur eine sehr geringe Bezahlung. Wer sich der Arbeit entzog, wurde von der Polizei herbeigeführt.[561] Über die anderen Flughafenbaustellen konnten keine weiteren Angaben gefunden werden, doch ist anzunehmen, dass die dortige Situation vergleichbar war. Die Gesamtzahl der »Pflicht-« und Zwangsarbeiter im Banat während des Zweiten Weltkriegs ist aus Mangel an Quellen nur schwer zu ermitteln. Die Untersuchungskommission fürs Banat zählte lediglich 2.880 Personen.[562] Angesichts des Ausmaßes der Zwangsarbeit im Banat und des Umstandes, dass auch ein Teil der volksdeutschen Bevölkerung herangezogen wurde, erscheint diese Zahl – auch wenn die Volksdeutschen von der Untersuchungskommission nicht mitgezählt wurden – als bei weitem zu gering veranschlagt. Die Zahl von ungefähr 20. 750 Arbeitern, die für die Flughafenbaustelle von Ečka geschätzt wurde, dürfte dagegen deutlich zu hoch angesetzt sein.[563]

7. »Arbeitseinsatz« als illusionäre Autonomie: Der Nationale Dienst zur Erneuerung Serbiens (NSOS)

Nahezu zeitgleich mit der Verordnung über die Einschränkung der Beschäftigungsfreiheit wurde auch der »Nationale Dienst zur Erneuerung Serbiens« (NSOS) eingerichtet.[564] Er sollte als eine Art Hinführung zur »Pflichtarbeit« dienen.[565] Die Initiative zu seiner Gründung kam vom Leiter des Militärverwaltungsstabs, Harald Turner,[566] dessen Ziel es war, die untätigen Arbeitskräfte von der Straße zu holen und sie zu Meliorationsarbeiten im Interesse der Wehrmacht einzusetzen.[567] Als Vorbild diente natürlich der Reichsarbeitsdienst,[568] wie er auch von der staatlich kontrollierten serbi-

---

561 Državna komisija za Vojvodinu. Odluka o zločinima okupatora i njihovih pomagača. (AJ, 110, F. br. 959); IV grupa masovnih zločina u Banatu: deportacije i prinudni radovi, [11.VII 1946.]. (AJ, 110, 672/723).
562 Iskaz o broju oštećenika i o celokupnoj šteti po vrstama zločina na osnovu prijava mesnih povereništavai zapisnika Anketne komisije za Banat, 24.XII 1945. (AJ, 110, 673/724).
563 IV grupa masovnih zločina u Banatu: deportacije i prinudni radovi, [11.VII 1946.]. (AJ, 110, 672/723).
564 Đuro Kotur, Nacionalna služba za obnovu Srbije, NV, 16.XII 1941, S. 1.
565 Schlarp, a.a.O., S. 214.
566 Madajczyk, a.a.O., S. 469; Shimizu, a.a.O., S. 169. Schlarp ideju pripisuje Neuhausenu., vgl. Schlarp, a.a.O., S. 214.
567 Turner legt dies in seinem Referat vom 29. September 1942 dem Wehrmachtsbefehlshaber Südost, Generaloberst Löhr, dar. (Zbornik dokumenata i podataka o Narodnooslobodilačkom ratu naroda Jugoslavije, tom I, knj. 4, Beograd 1954, S. 269). Schlarp schreibt die Idee Neuhausen zu, vgl. Schlarp, a.a.O., S. 214.
568 Petranović, Srbija, S. 480. Obwohl der Reichsarbeitsdienst 1935 eingeführt wurde, gab es ähnliche Ideen zur Verringerung der Arbeitslosigkeit bereits zur Zeit der Weimarer Repub-

schen Presse popularisiert wurde.⁵⁶⁹ Die Leitung des neuen Dienstes gliederte sich in die Bereiche »Verwaltung« und »Geschäftsführung«, von denen jeder wiederum mehrere Unterabteilungen hatte. Im Laufe der Zeit kamen neue Abteilungen und Sektionen hinzu.⁵⁷⁰ An die Spitze der NSOS stellte Nedić Đura Kotur und Milorad Marčetić als seine Assistenten. Leiter der Organisationsabteilung war Aleksije Nedeljković.⁵⁷¹ Nach Auffassung Turners entwickelte sich der Dienst wegen der mangelhaften Organisation im Ministerium für Sozialpolitik und Volksgesundheit zunächst nicht rasch genug.⁵⁷² Die Feststellung Akiko Shimizus, wonach die Organisierung der NSOS im Banat erst Mitte 1943 begann, ist nicht zutreffend – bereits für Mitte 1942 finden wir ungefähr 4.000 auf deutschen Anwesen beschäftigte Mitglieder der Organisation.⁵⁷³

Das proklamierte Ziel der NSOS bestand darin, durch Arbeit die nationale Einheit herbeizuführen, um Serbien einen angemessenen Platz im neuen Europa zu ermöglichen. Der Arbeitspflicht in der NSOS unterstanden alle Männer zwischen 17 und 45 Jahren, in erster Linie wurden jedoch junge Männer herangezogen. Die gemeinsame Arbeit sollte die Arbeiter und die ländliche Bevölkerung sowie die Stadt- und die Dorfjugend ohne Unterschied von Klasse oder Herkunftsregion einander annähern. Der neue Arbeitsdienst hatte die ungenutzte Arbeitskraft der Jugend, insbesondere der Belgrader Jugend, nutzbar zu machen und sie vor unerwünschten ideologischen Einflüssen zu schützen. Er sollte die Entfremdeten dem Nationalismus zuführen und bessere Menschen erschaffen, die sich den Interessen der durch körperliche Arbeit herzustellenden nationalen Einheit unterordnen würden. Deshalb waren gemäß den Vorstellungen des Nedić-Regimes die Bildungsziele letztlich wichtiger als die wirtschaftlichen. Zu diesem Zweck waren neben der körperlichen Arbeit auch Propagandavorträge zu moralischen, historischen und nationalen Themen vorgesehen. Es wurden Laientheater, -orchester und -chöre, Sportsektionen und andere Kulturpropagandaeinrichtungen unter den

lik. Der Dienst wurde für sechs Monate zunächst für alle Jungen zwischen 18 und 25 Jahren und später auch für Mädchen eingeführt. Freiwillig konnte man bis zu einem Jahr dienen. Das Ziel war es, die Jungen für die Wehrmacht vorzubereiten und ihre Arbeitskraft hauptsächlich für die Landwirtschaft und für Bauarbeiten zu nutzen.

569 D.S.V, Sedam godina nemačke službe rada, NV, 1.IV 1942, S. 5; D. S. V., Nemačka radna služba – »škola naroda«, NV, 11.IV 1942, S. 2; Proslava rođendana vođe [nemačke] Radne službe Konstantina Hirla, NV, 26.II 1944, S. 3.
570 Uredba o organizaciji Nacionalne službe za obnovu Srbije, Službene novine, 17.III 1942, S. 2; Bilans rada Nacionalne službe za obnovu Srbije od dana izlaska uredbe o sprovođenju do danas, l. s. a. (VA NA, k. 71, f. 3, d. 2).
571 Dr. Đuro Kotur rukovalac NSOS, NV, 30.I 1942, S. 4.
572 11. Lagebericht des Verwaltungsstabes beim Befehlshaber Serbien, SS-Gruppenführer Turner, [Belgrad], 6.4.1942. (BA/MA, RW 40/193).
573 Zweiter Gesamtbericht des Generalbevollmächtigten für die Wirtschaft in Serbien, Juli 1942. (BA, R 26 VI/692).

Arbeitspflichtigen gegründet, die zum Teil über den Kreis der »Dienstverpflichteten« hinaus aktiv waren.[574]

Auch wenn die Beamten ihre Vorgesetzten und die Presse regelmäßig über die reale Situation bezüglich der Einsatzorte und −arten der NSOS informierten, wurde nach außen aufgrund der ideologischen Grundausrichtung des Projekts die angebliche Gleichrangigkeit von politisch-pädagogischen Zielen und tatsächlicher Arbeitsleistung immer wieder hervorgehoben. So wird in einem Bericht über »die beste Einheit in Serbien« betont, dass unter den Sektionen ihres Stabs die Sektion »Erziehung« die wichtigste sei. Neben musikalischen Programmen, Laienaufführungen usw. wurden für die Arbeitspflichtigen auch Vorträge organisiert mit Titeln wie »Weshalb und wie wir gescheitert sind«, »Das Judentum vor der Französischen Revolution«, »Das Judentum zur Zeit der Französischen Revolution« usw., wodurch sehr klar ersichtlich wird, in welche Richtung man die Jugend zu erziehen wünschte.[575] Die körperliche Arbeit wurde dabei als alleiniges Mittel zum Erreichen höherer Ziele dargestellt. In einem Artikel von September 1943 wurde die Erziehung der serbischen Jugend zum primären Zweck der NSOS verklärt: »Es ist nicht das Ziel des Nationalen Dienstes, eine Masse von ausgezeichneten Bauarbeitern (kubikaši) zu schaffen, sondern durch Arbeit einen neuen serbischen Jugendlichen zu formen, neue Menschen mit anderen Sichtweisen auf Gesellschaft, Einheit und Arbeit zu erschaffen.«[576] Zur Schulung der NSOS-Führer wurden eigene Kurse organisiert, die nicht weniger ideologisch aufgeladen und vom militärischem Geist durchdrungen waren.[577] Zu diesem Zweck wurden Anfang 1944 die Führungskandidaten zum Unterricht nach Deutschland geschickt.[578] Die Entsendung des Vertreters des Reichsarbeitsdiensts, des Oberarbeitsführers Sepp Prager, nach

---

574 Bilans rada Nacionalne službe za obnovu Srbije od dana izlaska uredbe o sprovođenju do danas, l. s. a. (VA NA, k. 71, f. 3, d. 2); Okružno načelstvo Valjevo, šefu Srpske državne bezbednosti, Valjevo, 5.XI 1943. (VA NA, k. 24, f. 4, d. 28); U Leskovcu je otpočeo rad Nacionalne službe, NV, 14.IV 1942, S. 4; M. S., Nove pozorišne priredbe Nacionalne službe, NV, 6.IV 1942, S. 5; Prosvetno-kulturna akcija Nacionalne službe u Valjevu, NV, 14.VIII 1942, S. 3; Pretstave obveznika Nacionalne službe u Smederevskoj Palanci, NV, 23.VIII 1942, S. 4; Proba 100 omladinaca, NV, 25.VIII 1942, S. 2; Poseta maturanata beogradskih gimnazija obveznicima Nacionalne službe, NV, 23.V 1943, S. 3.
575 J. M., Uspeh Nacionalne službe u Smederevu, NV, 9.V 1942, S. 5
576 »Kroz Nacionalnu službu stvorićemo novog srpskog omladinca«, NV, 11.IX 1943, S. 4.
577 Bilans rada Nacionalne službe za obnovu Srbije od dana izlaska uredbe o sprovođenju do danas, s. l. s. a. (VA, NA, k. 71, f. 3, d. 2); 11. Lagebericht des Verwaltungsstabes beim Befehlshaber Serbien, SS-Gruppenführer Turner, [Belgrad], 6.4.1942. (BA/MA, RW 40/193); M. L. M., Život u logoru za starešine Nacionalne službe, NV, 8.IV 1942, S. 3; V. J., »Vi ćete izvršiti preporod srpskog naroda«, NV, 18.VIII 1942, S. 3; U Ostružnici je održan prvi ideološko-vaspitni tečaj nacionalne službe, NV, 27.VIII 1942, S. 3; Internat budućih omladinskih starešina, NV, 6.X 1943.
578 »Da budete prvoborci i apostoli rada«, NV, 18.I 1944, S. 2.

Serbien im August 1943⁵⁷⁹ bedeutete die endgültige Anerkennung der NSOS durch die Besatzer.⁵⁸⁰

Was körperliche Arbeiten anbelangt, war die NSOS bei der Trockenlegung von Sümpfen, in der Aufforstung und Landrodung tätig, sie leistete Hilfe in der Landwirtschaft, beim Wiederaufbau zerstörter Orte, bei archäologischen Grabungen, beim Aufbau neuer Verkehrswege usw. Daneben wurden »Dienstverpflichtete« der NSOS auch zum Sammeln von Heilkräutern eingesetzt, da es unter den Kriegsbedingungen an Medizin und pflanzlichen Rohstoffen mangelte.⁵⁸¹ Im ersten Jahr ihres Bestehens arbeitete die NSOS mit 10 festen Arbeitergruppen und 15 selbständigen Einheiten. Im Winter waren 13 Einheiten aktiv, daneben gab es noch 124 lokale Einheiten auf dem Land. Deren Tätigkeiten umfassten hauptsächlich Land- und Gartenbearbeitung sowie das Einsammeln von Heilkräutern. Neben diesen eher leichten Arbeiten – die »Dienstverpflichteten« arbeiteten vormittags, am Nachmittag hatten sie politischen Unterricht – hatte die 10. Arbeitsgruppe aus Bor für die Firma »Polensky und Zöllner«, die im Umfeld des Bergwerks tätig war, das Gelände vorzubereiten und das Material für den Bau von

---

579   Prager wurde mit der Aufgabe entsandt, den Aufbau der NSOS nach dem Modell des RAD zu beschleunigen, vgl. Shimizu, a. a. O., S. 422.
580   Meyszner war ein entschiedener Gegner des NSOS, weil er der Ansicht war, dass sich unter dem Deckmantel des Arbeitsdienstes eine serbische Widerstandsbewegung herausbilde. Er verwies dabei auf die ideologisch-nationalistische Schulung insbesondere der intellektuellen Jugend (HSSPF im Bereich des Bevollmächtigten Kommandierenden Generals in Serbien an den Kommandierenden General und Befehlshaber in Serbien, Belgrad, 16.8.1942. (BA/MA, RW 40/70). General Bader lehnte es ab, die NSOS abzuschaffen, doch beauftragte er Meyszner, ihre Arbeit zu verfolgen (Der Kommandierende General und Befehlshaber Serbien an den Chef des Verwaltungsstabes Herrn Staatsrat Turner, Beograd, 9.9.1942. (BA/MA, RW 40/79). Der Reichsarbeitsführer war wiederum der Auffassung, dass die NSOS nicht zu Arbeiten von rein militärischer Bedeutung eingesetzt werden sollte (Reichsarbeitsführer an den Arbeitsführer beim Militärbefehlshaber Südost, Berlin, 22.9.1943. (BA/MA, RW 40/81).
581   Nacionalna služba za obnovu Srbije, NV, 13.I 1942, S. 9; J. Ob., Povećanje žetve za 180 miliona, NV, 22.III 1942, S. 7; J.Ob. Omladina obezbeđuje lekove bolesnima, NV, 17.VI 1942, S. 5; J. J., Obveznici Nacionalne službe rade na isušenju Mačve, NV, 2.VII 1942, S. 4; Rukovalac Nacionalne službe obišao radne čete u Mačvi i Posavini, VN, 7.VII 1942, S. 4; N. S., Zamašni radovi seoskih četa Nacionalne službe, NV, 25.VII 1942, S. 3; J.M., Život i rad smederevske SNOS, NV, 31.VII 1942, S. 3; V. R., »Ostrvo neznanih Robinzona«, NV, 22.IX 1942, S. 3; V. J., Mladići podigli most za svega pet dana, ebda., S. 4; Poseta maturantima beogradskih gimnazija obveznicima Nacionalne službe, NV, 23.V 1943, S. 3; Inspekcioni put pomoćnika rukovaoca Nacionalne službe, NV, 10.VII 1943, 3; Kako će zimovati obveznici Nacionalne službe, NV, 16.XI 1943, S. 4; Pola miliona radnih časova, NV, 21.III 1944, S. 3; V.M., Pripreme za proslavu dvogodišnjice NSR u Kostolcu, NV, 22.VII 1944, S. 2. Nach Auffassung des GBW sollte sich der NSOS vor allem mit Meliorationsarbeiten befassen; vgl. 11. Lagebericht des Verwaltungsstabes beim Befehlshaber Serbien, SS-Gruppenführer Turner, [Belgrad], 6.4.1942. (BA/MA, RW 40/193).

Baracken zur Verfügung zu stellen.[582] Im Frühjahr 1944 wurde die NSOS umorganisiert und zum »Nationalen Arbeitsdienst« (Nacionalna služba rada) umbenannt. Zugleich wurde sie damit zu einer reinen Jugendorganisation erklärt, die sich neben dem betont nationalen Geist der Förderung körperlicher Arbeit verschrieb.[583] Angesichts der veränderten Kriegssituation konzentrierten sich ihre Aufgaben in der Realität jedoch immer mehr auf das Beseitigen der Trümmer nach alliierten Bombardierungen.[584]

Neben den Arbeiten an verschiedenen lokalen Standorten wurde eine gewisse Zahl von NSOS-»Dienstverpflichteten« auch nach Bor und zu anderen Einsatzorten der »Pflichtarbeit« geschickt.[585] Dennoch sollten nach Bor bevorzugt Personen aus Gemeinden geholt werden, in denen es keine NSOS-Einheiten gab bzw. in denen nur wenige Personen hierzu einberufen worden waren (bzw. ihren Dienst nachlässig geleistet hatten).[586] Die SDS stellte fest, dass in den Orten Knjaževac und Negotin die Organisierung des Nationalen Dienstes auf völlige Verständnislosigkeit und Empörung der Jugend traf.[587] Die Fälle von Missachtung und Fluchtversuchen vor dem Dienst in der NSOS waren so zahlreich, dass selbst die staatlich kontrollierte Presse dies mehrfach anmerkte.[588]

---

582 Bilans rada nacionalne službe za obnovu Srbije od dana izlaska Uredbe o uvođenju do danas, s. l. s. a. (VA NA, k. 71, f. 3, d. 2).
583 Uredba o izmenama i dopunama Uredbe o organizaciji Nacionalne službe za obnovu Srbije, Službene novine, 25.II 1944, S. 1; Uredba o Nacionalnoj službi rada za obnovu Srbije, Službene novine, 16.V 1944, S. 1. Aufgrund der erhöhten Nachfrage nach Arbeitskräften im Rahmen der »Pflichtarbeit« wurden dem Nationalen Dienst bereits 1943 nur die Jahrgänge 1922–1925 übrig gelassen (Ministar socijalne politike i narodnog zdravlja, ministru unutrašnjih poslova, Beograd, 6.III 1943. (VA NA, k. 107, f. 3, d. 1).
584 Okružno načelstvo Niš, Izveštaj o opštem stanju u Okrugu niškom, Niš, 1.XI 1943. (VA NA, k. 24, f. 3, d. 57); V. M., Pripreme za proslavu dvogodišnjice NSR u Kostolcu, NV, 22.VII 1944, S. 2; Valjevo ostalo bez nacionalne službe rada, NV, 18.VIII 1944, S. 2.
585 Zweiter Gesamtbericht des Generalbevollmächtigten für die Wirtschaft in Serbien, Juli 1942. (BA, R 26 VI/692); Delegat MUP Ministarstvu unutrašnjih poslova, Upravnom odelenju, Bor, 1.III 1943. (VA NA, k. 107, f. 8, d. 1); Pajić, Prinudni rad, S. 351.
586 Ministar unutrašnjih poslova načelniku okruga, Beograd, 3.I 1943. (VA NA, k. 107, f. 1, d. 9); Ministar socijalne politike i narodnog zdravlja Ministarstvu unutrašnjih poslova, Beograd, 1.II 1943. (VA NA, k. 107, f. 3, d. 1).
587 Pajić, a. a. O., S. 153.
588 Zabranjuju se intervencije u upravi Nacionalne službe za obnovu Srbije, NV, 19.III 1942, S. 5; J. Ob., Obveznici Nacionalne službe na radovima u unutrašnjosti, NV, 10.VI 1942, S. 4; D. S. V., Najmlađi dobrovoljac Nacionalne službe, 18.VII 1942, S. 3. In dem letztgenannten Artikel wird über die täglichen Interventionen von Eltern berichtet, die versuchten, ihre Söhne aus dem Dienst in der NSOS zu befreien. Überraschenderweise erweckt der Lagebericht des Leiters des Militärverwaltungsstabs Turner den Eindruck, als ob er nichts davon wusste. (Vgl. 13. Lagebericht des Verwaltungsstabes beim Befehlshaber Serbien für Mai und Juni 1942, SS-Gruppenführer Turner, s. l. s. a. [Belgrad, Juni 1942.]. (BA/MA, RW 40/195).

Obwohl die Behörden behaupteten, das die NSOS kein »kuluk«, sondern eine patriotische Pflicht sei, wurden die »Dienstverpflichteten« für genau jene Tätigkeiten eingesetzt, die ansonsten von »kuluk«-Pflichtigen ausgeführt wurden. Deswegen wurde nicht zufällig all jenen, die nicht Folge leisteten, mit den entsprechenden Maßnahmen gedroht. Es konnten nur Personen vom Dienst fernbleiben, die für ihren Landwirtschaftsbetrieb unabkömmlich waren oder die andere triftige Gründe vorweisen konnten. Darüber hinaus war es ohne eine Dienstzeit von mindestens sechs Monaten in der NSOS unmöglich, sich an der Universität einzuschreiben oder eine Position im öffentlichen Dienst zu bekommen.[589] Als Köder für jene Belgrader, die sich als erste »freiwillig« in die NSOS einschrieben, wurde die Perspektive eröffnet, in der Stadt oder in deren Umgebung zu arbeiten.[590] Offensichtlich waren nicht einmal die Behörden davon überzeugt, dass die angedrohten Strafen allein ausreichen würden, um dem Aufruf zum verpflichtenden Beitritt in die NSOS hinreichend Wirksamkeit zu verschaffen.

Auch die NSOS sah sich mit dem Mangel an Kleidern und Schuhen und mit inadäquaten Unterkünften konfrontiert. Außerdem fehlte es vor der Ernte Ende 1942 auch an Lebensmitteln, was man teilweise durch eigene Produktion zu lösen versuchte. Im Jahr 1942 erhielten nur 70 Prozent der »Dienstverpflichteten« eine Arbeitskleidung, doch immerhin konnten alle mit Schuhen ausgestattet werden. Das Fehlen von Werkzeugen erschwerte die Arbeit zusätzlich. In Anbetracht der Tatsache, dass ein Großteil der »Dienstverpflichteten« von Jugendlichen aus der Stadt gestellt wurde, musste einige Zeit vergehen, bis diese sich an schwere körperliche Arbeit gewöhnt hatten.[591]

---

589 Bilans rada Nacionalne službe za obnovu Srbije od dana izlaska uredbe o sprovođenju do danas, s. l. s. a. (VA NA, k. 71, f. 3, d. 2); SS-Gruppenführer Turner, 9. Lagebericht des Verwaltungsstabes beim Befehlshaber Serbien, [6.II 1942.] (BA/MA, RW 40/191); M. P. Nacionalna služba rada, NV, 17.XII 1941, S. 1; Nacionalna služba za obnovu Srbije, NV, 11.I 1942, S. 9; Popis obveznika NSOS, NV, 8.II 1942, S. 1; V. R., Rukovalac NSOS gospodin dr Đuro Kotur na prvom starešinskom tečaju u Ostružnici, NV, 3.III 1942, S. 3; D. S. V., Plan rada nacionalne službe, NV, 15.III 1942, S. 5; B. V., »Dali smo omladini budak i motiku da zajedno sa seljakom krči polja i doline«, NV, 30.V 1942, S. 6; Poseta maturanata beogradskih gimnazija obveznicima Nacionalne službe, NV, 23.V 1943, S. 3; Ministar Dinić u krugu omladine za preporod i obnovu Srbije, NV, 25.XI 1943, S. 3.

590 Organizacija četa Nacionalne službe u Beogradu, NV, 11.III 1942, S. 3; Obaveštenje obveznicima Nacionalne službe, NV, 13.III 1942, S. 4.

591 Bilans rada nacionalne službe za obnovu Srbije od dana izlaska Uredbe o uvođenju do danas, s. l. s. a. (VA NA, k. 71, f. 3, d. 2); 13. Lagebericht des Verwaltungsstabes beim Befehlshaber Serbien für Mai und Juni 1942, SS-Gruppenführer Turner [Juni 1942] (BA/MA, RW 40/195); V. J., Rukovalac Nacionalne službe obišao radne čete u Mačvi i Posavini, NV, 7.VII 1942, S. 4; Konferencija Nacionalne službe, NV, 31.VII 1942, S. 4; Šta rade i kako žive obveznici Nacionalne službe, NV, 27.VIII 1942, S. 3.

Diejenigen Einheiten, denen Partisanen oder Kriminelle die ohnehin schon defizitäre Ausrüstung gestohlen hatten, sollten 1944 aufgelöst werden.[592]

Auf Basis der verfügbaren Dokumentation ist die Gesamtzahl der in der NSOS im Laufe des Krieges eingesetzten Personen nur schwer zu ermitteln. Für das erste Jahr ihres Bestehens, wofür die meisten Angaben vorliegen, wird für die Jahresmitte in der Presse die Zahl von 7.000 bis 9.000 angeführt.[593] In einem offiziellen Bericht der NSOS aus demselben Jahr ist davon die Rede, dass von 184.041 Arbeitspflichtigen 21.300 Jugendliche insgesamt 196 Einheiten durchlaufen hätten.[594] Es ist nicht klar, inwieweit die Zahl der tatsächlich zur Arbeit eingesetzten Menschen von den Rekrutierungsmöglichkeiten der Organisation abhing oder von der (fehlenden) Bereitschaft der Jugendlichen, dem Aufruf Folge zu leisten. Es ist anzunehmen, dass wohl beide Faktoren eine Rolle spielten, wobei mit der allmählichen Schwächung der Besatzungsherrschaft die Folgebreitschaft für die NSOS ähnlich wie für die »Pflichtarbeit« abnahm. Die NSOS sollte jedenfalls ein Arbeitskräftereservoir für die »Pflichtarbeit« sowie eine nationale Erziehungseinrichtung darstellen, die die Jugend zu einer bestimmten Geisteshaltung erziehen sollte. Die ideologische Indoktrinierung sollte die Ausbeutung der körperlichen Arbeit der Jugendlichen erleichtern, mit der bereits in der Mittelschule begonnen wurde.[595] Dennoch war die NSOS letztlich nur ein Hilfsdienst, in den gewissermaßen der Überschuss an Arbeitskraft einfloss, der nicht für die »Pflichtarbeit«, den »kuluk« oder für die planmäßige Landwirtschaft genutzt wurde.[596]

---

592 Uprava Nacionalne službe rada za obnovu Srbije, Organizaciono odeljenje, starešini V grupe Nacionalne službe rada u Kragujevcu 1944. (VA NA, k. 71, f. 4, d. 4).

593 J. Ob., Omladina obezbeđuje lekove bolesnima, NV, 17.VI 1942, S. 5; V.J., U Ostružnici je održan prvi ideološko-vaspitni tečaj Nacionalne službe, NV, 27.VIII 1942, S. 3.

594 Bilans rada nacionalne službe za obnovu Srbije od dana izlaska Uredbe o uvođenju do danas, s. l. s. a. (VA NA, k. 71, f. 3, d. 2).

595 Zur Arbeit wurden nicht nur jugendliche Dienstverpflichtete der NSOS eingesetzt, sondern auch Mittelschüler, die für leichtere landwirtschaftliche und andere Tätigkeiten herangezogen wurden. Der Bildungsminister Velibor Jonić kündigte Ende 1941 die Einrichtungen eines Arbeitsdiensts für Schüler an (M. Marković, Reforma prosvetne politike, NV, 2.XII 1941, S. 3). Zu seiner formalen Gründung kam es indes nie, vielmehr wurden Mittelschüler (und manchmal auch Grundschüler!) zu ad hoc-Arbeiten herangezogen. (Školska omladina na poljoprivrednim radovima, NV, 11.III 1942, S. 3; D. S. V., Kruševački đaci dali su časnu reč da će raditi samo za dobro Srbije, NV, 30.IV 1942, S. 5; Beogradski đaci veselo obrađuju zemlju, NV, 8.V 1942, S. 3; M., Srednjoškolci na delu, NV, 24–25.V 1942, S. 3; V.B., Mladi učitelјci (sic) u Negotinu već su obradili velike površine zemljišta, NV, 27.V 1942, S. 4; Kruševački đaci obradili 4 hektara zemlje, NV, 31.V 1942, S. 6; 15.000 srpskih đaka obrađuje zemlju, NV, 3.V 1942, S. 3; V.S., Beogradski učenici u službi obnove, NV, 7.VI 1942, S. 3; A.I., Smotra srednjoškolske radne službe u Nišu, NV, 27.VII 1943, S. 3.

596 So wurde 1943 angeordnet, dass Bauern, die in der planmäßigen Landwirtschaft zu arbeiten hatten, nicht in feste Einheiten der NSOS einberufen werden sollten. Pregled, 5.VI 1943. (VA NA, k. 107, f. 4, d. 5).

8. Fazit

Die Zwangsarbeit im besetzten Serbien umfasste das gesamte Spektrum der Tätigkeiten, die unter verschiedenen Graden des Zwangs ausgeübt wurden. Als erstes waren die Juden betroffen: Ihre Arbeit hatte nur zum Teil einen wirtschaftlichen oder gesellschaftlichen Nutzen, stattdessen wurde sie, insbesondere im Banat, lediglich um ihrer selbst willen, d. h. mit dem Ziel ausgeübt, jenseits jeglicher Nützlichkeit die Betroffenen zu quälen und zu erniedrigen. Vom ersten Tag an wurden zwangsweise auch Kriegsgefangene sowie politische und kriminelle Häftlinge herangezogen. Sie konnten zur Strafe nach Deutschland, Norwegen oder in ein anderes Land zur Zwangsarbeit deportiert werden, genauso wie Menschen aus anderen europäischen Ländern (aus Griechenland, Ungarn, Frankreich, Polen, Dänemark, Italien und der UdSSR) zur Zwangsarbeit nach Serbien deportiert wurden. Noch aus der jugoslawischen Vorkriegszeit wurde die Praxis des sogenannten »kuluk« beibehalten, doch fand sie unter den neuen Verhältnissen eher dahingehend Anwendung, dass die Arbeit für die Besatzer und deren Einrichtungen und weniger für die lokalen Gemeinschaften geleistet wurde, wie dies vor dem Krieg der Fall gewesen war. Der Mangel an Arbeitskräften führte zur Etablierung der »Pflichtarbeit«, die auf Geheiß der Besatzungsbehörden als bezahlte und zunächst zeitlich begrenzte Tätigkeit eingeführt wurde. Doch die Unmöglichkeit, die Arbeit zu verlassen – und dies häufig über die gesamte Dienstzeit hinweg –, aber auch die Nichtbezahlung der Löhne und schließlich die schweren Lebens- und Arbeitsbedingungen verliehen der Pflichtarbeit einen prägnanten Zwangscharakter. Als »Zwangsarbeit« im eigentlichen Sinne bezeichneten die Besatzungsbehörden die Strafarbeit für geflohene »Dienstverpflichtete« und für andere Straftäter. Diese Arbeit wurde nicht bezahlt, wurde unter noch schlechteren Bedingungen und manchmal auch zeitlich unbegrenzt geleistet. Als eine Art Vorbereitung auf die »Pflichtarbeit« und als Reservoir für Arbeitskräfte jüngeren Jahrgangs wurde parallel zu ihr der Nationale Dienst zu Erneuerung Serbiens (NSOS) eingerichtet, der ebenso wenig auf Initiative einheimischer Behörden, sondern vielmehr vom Leiter des Militärverwaltungsstabes, Turner, angeregt wurde. Die Arbeit im Dienste der NSOS fiel zwar etwas leichter aus, dafür war sie von intensiver Kultur-Propaganda begleitet, wodurch die Jugend von der Rechtmäßigkeit dieser Art von Arbeit und der staatlichen Politik überzeugt werden sollte. Ähnliche Zielvorstellung verfolgten auch ein Großteil der Schriften in der Presse sowie die zahlreichen öffentlichen Auftritte der Regimevertreter: Sie überhöhten die Arbeit zum Wohle Serbiens, obwohl unter den Bedingungen der Okkupation in erster Linie das Dritte Reich und erst an zweiter Stelle (und dies nicht immer) die serbische Bevölkerung von ihr profitierte.[597] Den umstrittensten Aspekt der arbeitsmäßigen Inanspruchnahme der serbischen

---

597 Selbst die Arbeit der Mittelschüler in der Bearbeitung des Landes oder die Meliorationsarbeiten der NSOS, die auf dem ersten Blick zum Nutzen der einheimischen Bevölke-

Bevölkerung stellte die Arbeit im Deutschen Reich dar. Hier ist es häufig nicht klar, wie viele Menschen tatsächlich freiwillig gingen und wie viele unter der Bezeichnung »freiwillig« deportiert wurden. Ebenso wenig ist es klar, wie viele von den »Freiwilligen« den Status freier Arbeiter (mit der Möglichkeit des Abbruchs der Arbeitsbeziehung) im Reich tatsächlich in Anspruch nehmen konnten.

Die bereits mehrfach wiederholte Maxime, wonach im Dritten Reich jede Arbeit in gewissem Sinne Zwangsarbeit war, fand auch in Serbien unter der deutschen Besatzung ihre Bestätigung. Die Regierung der Kommissare und später der Ministerrat unter Nedić, besaßen in ihrem Handeln überhaupt keine Selbständigkeit. Nicht nur, dass Minister nicht ohne Zustimmung der deutschen Behörden eingesetzt werden konnten, diese konnten auch beinahe nichts ohne Bewilligung der zuständigen deutschen Dienststellen bewirken. Letztere erließen in Bezug auf alle wichtigen Angelegenheiten die entsprechenden Verordnungen, während die serbischen Ministerien und die ihnen unterstehenden Organe diese lediglich ausführten. Die Idee zur »Pflichtarbeit« ebenso wie zur NSOS stammte nicht von serbischen, sondern von deutschen Offiziellen und hatte den Zweck, den deutschen Bedarf an Arbeitskräften zu stillen. Den serbischen Behörden wiederum fiel es zu, diese Ideen umzusetzen und sie propagandistisch ansprechend zu bemänteln, um sie für die serbische Bevölkerung akzeptabel zu machen. Im Banat, wo der deutsche Vizebanus und spätere Kreisvorsteher Sepp Lapp die Verordnungen erließ, wurden all diese Maßnahmen weniger verhohlen getroffen. Obwohl die dortige Verwaltung multiethnisch blieb, wurde ihre Spitze von Volksdeutschen gestellt, die viel direkter die Anweisungen der Besatzungsbehörden in Belgrad umsetzten als dies bei den entsprechenden serbischen Organen in Serbien der Fall war. Davon abgesehen machte allein schon die Arbeit der Serben auf volksdeutschen Gütern deutlich, wer die Befehle erteilte und wer sie umzusetzen hatte.

Die serbische Administration war teils nicht gewillt und teils nicht in der Lage, die »von oben« kommenden Aufträge vollständig umzusetzen. Neben Korruption und persönlichen Beziehungen spielten dabei auch der patriotisch motivierte, passive Widerstand eines Teils der serbischen Bediensteten und nicht zuletzt auch die Störungen der Arbeitsabläufe eine Rolle, die von bewaffneten Gruppen Aufständischer verantwortet wurden. Dies alles hatte zur Folge, dass eine unzureichende Anzahl von Arbeitern gesandt wurde bzw. dass diese gesundheitlich untauglich waren, dass die Arbeitspflichtigen der Einberufung nicht Folge leisteten oder aber von der Arbeit davonliefen. Die deutschen Behörden waren zu misstrauisch, um starke serbische

---

rung stattfanden, wurden zur Erhöhung der landwirtschaftlichen Produktion geleistet, die nicht für die einheimischen, sondern für die deutschen Bedürfnisse notwendig war. Ebenso zwang die Pflicht zur Abgabe landwirtschaftlicher Produkte die Bauern dazu, entgegen ihrem Willen die Produktion zu erhöhen und damit noch mehr zu arbeiten, als dies unter normalen Umständen wirtschaftlich erforderlich gewesen wäre.

Sicherheitskräfte aufzubauen, die in der Lage gewesen wären, die Bevölkerung zur Einhaltung der behördlichen Verordnungen zu zwingen. Anderseits waren sie ihrerseits zu schwach, um immer und überall gegen die Arbeitsflucht und gegen die sie ermutigende Widerstandsbewegung effektiv vorgehen zu können. Die deutschen Behörden drehten sich somit im Teufelskreis: Der Bedarf an Arbeitskräften musste gedeckt werden, doch verfügte man nicht über ausreichend eigene Machtmittel hierfür, während den serbischen Behörden nicht erlaubt wurde, die hierfür erforderliche Zahl und Stärke zu erreichen. Dies erleichterte die Arbeitsflucht und verhinderte die Durchsetzung der notwendigen Disziplinarmaßnahmen. Aus diesem Grunde wurden die Arbeitspflichtigen auch nach Ablauf ihrer Dienstzeit einbehalten, was wiederum die Arbeitsmoral zerstörte, zu neuen Fluchtversuchen und zur abnehmenden Rückmeldung neuer Arbeitspflichtiger führte.

Ein verlässlicheres Reservoir an Arbeitskräften stellten Gefängnisse und Konzentrationslager dar, wenngleich aus ihnen nur ein kleiner Teil der Arbeitskräfte herangezogen wurde. Die Häftlinge mussten unter besonderen Bedingungen bewacht werden und standen auch ansonsten – wurden sie doch häufig als Vergeltungsmaßnahme erschossen oder in Lager nach Deutschland und andernorts verbracht – nicht annähernd in ausreichender Zahl für die Anforderungen zur Verfügung. Ähnlich verhielt es sich mit den Juden, die zur (nicht immer produktiven) Arbeit in den ersten Monaten der Besatzung herangezogen wurden, bevor man sie ermordete. Dass die Verfrachtung von ungefähr 6.000 ungarischen Juden nach Bor in den Jahren 1943–1944 dies auf indirekte Weise noch einmal belegte, stellt gewissermaßen den Triumph des Irrationalen dar. Letztendlich scheint es so, als ob die lokale Bevölkerung, die auf Basis von ad hoc-Entscheidungen in ihren Heimatorten üblicherweise zu Arbeiten für die Wehrmacht eingesetzt wurde, eine verlässlicheres Reservoir an Arbeitskräften darstellte als die Arbeitspflichtigen, die nach Bor und an andere Standorte geschickt wurden: Die Menschen leisteten wahrscheinlich eher Folge, wenn sie wussten, dass sie für kürzere Zeit in der Nähe ihrer Häuser arbeiten würden. Diese Annahme müsste allerdings noch durch Nachforschungen in lokalen Archiven erhärtet werden, doch spricht die Tatsache dafür, dass die serbischen Behörden die Menschen mit dem Versprechen lockten, die Arbeit würde in ihren Heimatorten stattfinden. Obwohl auch diese Art von Arbeit für die Besatzer durchaus von Nutzen war, blieb der große Arbeitskräftemangel an den Schlüsselstandorten in Bor, Kostolac, Trepča usw. weiterhin bestehen.

Während die oben angeführten Arbeitsformen sich im verfügbaren Archivmaterial identifizieren lassen, ist dies nicht für alle Teilaspekte der Fall. Es gibt keinen zusammenfassenden Überblick darüber, wo überall was gearbeitet wurde und wie viele Leute insgesamt im Einsatz waren. Über den letzten Punkt gibt es partielle Daten, die sich auf einzelne Standorte, auf die Zahl der »Dienstverpflichteten« aus bestimmten Bezirken oder Kreisen bzw. auf bestimmte Organisationen beziehen. Am wenigsten existieren Angaben für das gesamte Land. Im folgenden werden einige Zahlenangaben angeführt, ohne uns dafür verbürgen zu wollen, dass diese völlig korrekt oder definitiv sind.⁵⁹⁸ Für das Jahr 1943 existiert die Zahl von 128.066 Menschen, die in diesem Jahr für unterschiedliche Arbeiten eingesetzt wurden,⁵⁹⁹ was allerdings nicht bedeutet, dass allesamt »Pflicht-« oder Zwangsarbeiter waren. Bis Mitte des Jahres wurden 20.000 »Dienstverpflichtete« zur Arbeit geschickt und in Bor hielten sich ca. 23.000 »Dienstverpflichtete« und andere Arbeiter auf.⁶⁰⁰ Da zu dieser Zeit in Bor die »Dienstverpflichteten« ohnehin bereits zwei Drittel der Arbeiter ausmachten, bedeutet dies, dass ungefähr 6.500 Arbeiter, die bis zu diesem Zeitpunkt herbeigeschafft worden waren, bereits anderweitig als »Dienstverpflichtete« eingesetzt worden waren.⁶⁰¹ In Kostolac war das Verhältnis ebenfalls zwei Drittel »Dienstverpflichtete« zu einem Drittel von »Freiwilligen«, bei einer Gesamtzahl von 3.840 Arbeitern im Juni 1943.⁶⁰² Pajić geht davon aus, dass an den Standorten der Bor- und Timok-Becken in Ostserbien im Laufe des Krieges insgesamt um die 100.000 Menschen gearbeitet haben.⁶⁰³ Andererseits kam die »Staatliche Kommission zur Ermittlung der Verbrechen der Besatzer und ihrer Unterstützer« zum Schluss, dass in Bor im Laufe des Krieges 16.500 Menschen eingesetzt worden seien.⁶⁰⁴ Folgt man den Angaben der Staatlichen Kommission würde dies bedeuten, dass in Bor im Laufe des gesamten Krieges weniger Menschen arbeiteten, als allein für das Jahr 1943 angeführt werden! Ähnlich verhält es sich mit den Angaben für das gesamte Land: Die serbische Landeskommission für Kriegsschäden befand, dass 64.291 Menschen in Zwangsarbeit

---

598 Dies ist umso schwieriger, als viele Arbeitsorte in der Forschung noch nicht bearbeitet sind. So ist z. B. bekannt, dass im wichtigen Bergwerk Trepča im Jahr 1941 bis zu 5.800 Arbeiter, in den folgenden zwei Jahren bis 7.300 und bis Mitte 1944 bis maximal 6.500 Arbeiter angestellt waren. (Živković, Ratna šteta, S. 182). Ein Teil davon waren »Dienstverpflichtete«, allerdings ist nicht bekannt wie viele. Neben Arbeitern für Trepča und die Bergwerke in der Umgebung wurden aus dem Kreis Kosovska Mitrovica 1942 1.000 Menschen nach Bor geschickt. (Up.:Okružni načelnik Okruga kosovskomitrovačkog ministru unutrašnjih poslova, Kosovska Mitrovica, 9.II 1943. (VA NA, k. 107, f. 3, d. 1).
599 Pregled uposlenog ljudstva na raznim radovima, s. l. s. a. (VA NA, k. 108, f. 3, d. 2). Schlarp führt die Zahl von 128.000 Menschen nach einem Dokument aus dem September 1943 an, woraus wir schließen können, dass das anonyme und recht fragliche Dokument aus derselben Zeit stammt; vgl. Schlarp, a. a. O., S. 219.
600 Pajić, Prinudni rad, S. 331.
601 Nach einem Überblick aus dem Juli 1943 gab es in Bor 13.331 und in Kostolac 2.941 Arbeitspflichtige. In Serbien (abzüglich der Kreise Banat, Kosovska Mitrovica, Šabac und Kraljevo) arbeiteten damals 23.728 »Dienstverpflichtete« und 627 Zwangsarbeiter (Stanje obaveznih radnika po popisu na dan 15. jula 1943. godine. (VA NA, k. 107, f. 4. d. 29).
602 Delegat Ministarstva unutrašnjih poslova, Ministarstvu unutrašnjih poslova, Upravnom odelenju, Kostolac, 12.VI 1943. (VA NA, k. 107, f. 4. d. 26).
603 Pajić, a. a. O., S. 287.
604 Tabelarni pregled po okruzima prinudno oteranih radnika na rad u Borske rudnike, s. l. s. a. (AJ, 110, 598/648); Wilhelm Sparkuhle (AJ, 110. F. br. 22265).

waren,⁶⁰⁵ wohingegen die Dokumente aus dem Jahr 1943 bis Ende September dieses Jahres von fast 130.000 Menschen in unterschiedlichen Tätigkeiten sprechen. Wie sind diese großen Unterschiede zu erklären? Es wäre zu erwarten, dass die staatlichen Organe eher ein Interesse gehabt hätten, die Zahl der Geschädigten zu vergrößern, anstatt sie zu verkleinern. Die Diskrepanz ergibt sich zum einem wahrscheinlich aus der ungenauen Verwaltungspraxis und der sich täglich verändernden Zahl der Arbeiter im Laufe des Krieges. Zum anderen lässt sie sich aus der unterschiedlichen Definition von »Zwangsarbeit« bzw. aus der gemeinsamen Auflistung unterschiedlicher Formen von Arbeit in den zeitgenössischen Quellen erklären. Davon abgesehen ist zu berücksichtigen, dass viele Arbeitspflichtige mehrfach zur Arbeit einberufen wurden, so dass manche von ihnen in den Jahresstatistiken mehrfach auftauchen konnten. Und schließlich haben sich anscheinend nicht alle Geschädigten bei den Kommissionen gemeldet, die die Kriegsschäden und Verbrechen der Besatzer ermittelten.⁶⁰⁶ Der Grund dafür könnte das mangelnde Vertrauen in die neue Staatsmacht oder die fehlende Hoffnung gewesen sein, überhaupt irgendeine Entschädigung zu bekommen. Wie dem auch gewesen sein mag, die Zwangsarbeit hatte auf dem Gebiet Serbiens eine massive Präsenz und gehörte zu denjenigen Phänomenen, die neben den Repressalien der Besatzer und dem Bürgerkrieg in ganz entscheidendem Maße das Leben im Land geprägt haben. Die Zwangsarbeit war ein grundlegender Bestandteil des ausbeuterischen Besatzungssystems und fügte sich in die gewissenlose Verwertung von Arbeitskräften durch den Nationalsozialismus in ganz Europa ein. Es bleibt zu hoffen, dass die Offenlegung neuer Quellen es ermöglicht, das Phänomen auf dem Gebiet Serbiens in seiner Gesamtheit zu überblicken und weiter zu untersuchen.

---

605 Zbirni spisak Zemaljske komisije za ratne zločine za Srbiju za štetu pričinjenu od strane Nemačke po stanju 25.VII 1945–1.III 1946. (AJ, 54, 20/46).
606 Der Stadtausschuss der Landeskommission Serbien zur Ermittlung der Verbrechen der Besatzer und ihrer Unterstützer merkte an, dass sich die Geschädigten in Belgrad kaum meldeten. (Gradsko povereništvo Zemaljske komisije Srbije za utvrđivanje zločina okupatora i njihovih pomagača Zemaljskoj komisiji Srbije za utvrđivanje zločina okupatora i njihovih pomagača, Beograd, 28.XI 1945. (AJ, 110, 598/648).

Florian Dierl
Arbeitsverwaltungen und Arbeitskräftepolitik im besetzten Polen und Serbien. Ein Vergleich

1. Fragestellung und Erkenntnisziele

»Deutschland konnte rassische Reinheit oder imperiale Vorherrschaft erreichen, aber nicht beides«[1] – so beschreibt Mark Mazower das Dilemma der nationalsozialistischen Herrschaft über das besetzte Europa während des Zweiten Weltkriegs. Dieser Widerspruch artikulierte sich besonders deutlich auf dem Gebiet der Zwangsarbeitspolitik des NS-Regimes: Als Konflikt zwischen ökonomischer Effizienz und nationalsozialistischer Rassenpolitik stellte er nach gängiger Auffassung in der Forschung das »zentrale Problem«[2] für den Einsatz ausländischer Arbeitskräfte in der Kriegswirtschaft dar. Die Verwendung von Zwangsarbeitern sei dabei, so Ulrich Herbert, »durchgängig nach politisch-ideologischen, insbesondere rassistischen Kriterien« geschehen.[3] Der »Primat der Politik«[4], der gegenüber der Wirtschaft die institutionellen Bedingungen für den Arbeitseinsatz bestimmte, zugleich aber den regionalen und lokalen Akteuren in Staat und Wirtschaft erhebliche Handlungsspielräume für die konkrete Ausgestaltung der Praxis der Zwangsarbeit eröffnete, wurde bis heute in zahlreichen Studien für das Gebiet des Deutschen Reichs bestätigt.

Dagegen ist bislang das Wissen über die strukturellen Bedingungen der Arbeitskräfterekrutierung wie auch des Einsatzes der Zwangsarbeiter in den Besatzungsgebieten selbst eher schemenhaft.[5] Insbesondere der Einfluss der regionalen Besatzungsbehörden auf den Verlauf und die Radikalisierung der Arbeitskräftepolitik ist vor dem Hintergrund der Forderungen aus dem Reich und des zunehmenden Personalbedarfs der Wirtschaft in den unterworfenen Ländern nur schwer einzuschätzen. Trotz der über Jahre mit größter Brutalität durchgeführten Verschleppung von Millionen Menschen in das Reich und eines scheinbar unentrinnbaren Zwangsregimes, das die deutschen Arbeitsämter und die kollaborierenden einheimischen Verwaltungszweige zu den am meisten gehassten Institutionen der Besatzung machte, war die Arbeitskräftepolitik keineswegs Ausdruck eines kohärenten und vom Generalbevollmächtigten für den

---

1 Mazower, Hitlers Imperium, S. 299.
2 Benz, Zwangsarbeit, S. 9.
3 Herbert, Arbeit, S. 415 f.
4 Heusler/Spoerer/Trischler, Rüstung, S. 3.
5 Siehe hierzu der Forschungsüberblick in der Einleitung.

Arbeitseinsatz und der Arbeitsverwaltung koordinierten Herrschaftswillens. Vielmehr stellte die Arbeitsverwaltung nur eine unter verschiedenen Machtgruppen in den jeweiligen Besatzungsregionen dar, die Einfluss auf den politischen Entscheidungsprozess nahmen und dabei unterschiedliche, zum Teil entgegengesetzte, Strategien verfolgten.[6] Der Kurs der Arbeitsverwaltung hatte sich dem jeweils bestehenden »Kräfteparallelogramm« anzupassen; die Politik der Arbeitskräfterekrutierung wurde demnach nicht nur nach den Vorgaben der Berliner Zentralen »vollzogen«, sondern bildete auch das Resultat der machtpolitischen Aushandlungsprozesse zwischen den Akteuren auf den unterschiedlichen regionalen Handlungsebenen. Werner Röhr regte daher bereits vor Jahren an, näher zu untersuchen, inwiefern die Rekrutierungspraxis von den grundsätzlichen Okkupationszielen in den betreffenden Ländern bestimmt war oder umgekehrt zu einer Veränderung dieser Ziele führte. Auch fragte er, wie die Tätigkeit Sauckels (bzw. des ihm unterstehenden Apparates) die Prioritäten der Okkupationspolitik auch ohne deren explizite Änderung verschoben habe.[7]

Arbeitseinsatzpolitik und Besatzungsregime bedingten einander, aber die Zusammenhänge zwischen den gegebenen Strukturen und den dominanten Kräften in diesem Politikfeld sind im Einzelnen noch nicht erforscht: Welchen Einfluss hatten das »Herrschaftsmodell« und die generellen Herrschaftsziele im Besatzungsgebiet auf die Entwicklung der Arbeitseinsatzpolitik bzw. -praxis? Wer waren die relevanten Entscheidungsträger in der Besatzungsverwaltung? Welche Funktion hatten die Kollaborationsregierungen und -verwaltungen? Wie war das Verhältnis der einheimischen Bevölkerung zu den Zwangsarbeitern, welche Handlungsspielräume standen den Betroffenen zur Verfügung? Wie wirkte sich die politische und militärische Situation auf die Radikalisierung der Politik aus? Diese Fragen zeigen bestehende Erkenntnisdefizite auf und verweisen zugleich auf Problemstellungen, die – in unterschiedlichem Ausmaß – für alle Regionen bedeutsam waren.

Der Vergleich zwischen den Besatzungsgebieten eröffnet die Möglichkeit, die Herrschaftspraxis der verschiedenen »Besatzungsmodelle« zu kontrastieren und im Hinblick auf die Organisation der Arbeitskräfterekrutierung, die Konfiguration zentraler Akteure der Täterseite und die Maßnahmen beim »Arbeitseinsatz« Unterschiede oder Parallelen aufzuzeigen. Erste Arbeiten hierzu wiesen vor allem auf die Übereinstimmungen in den politischen Prinzipien wie im Repertoire der eingesetzten Mittel hin, die nicht zuletzt auf die Vorgaben Berliner Führung und die ähnlichen Strukturen der auf Repression und Ausbeutung gerichteten Herrschaft im eroberten Europa zurückzuführen waren. Unterschiede ergaben sich dagegen aufgrund der mit dem Kriegsverlauf zusammenhängenden Verschiebung von zunächst »friedlichen«, später radikalisier-

---

6 Zur »Polykratie« im Bereich der regionalen Arbeitskräftepolitik siehe die exemplarische Studie von Plath, »Immer wieder scheiterten alle Planungen der Arbeitseinsatz-Dienststellen!«
7 Vgl. Röhr, Forschungsprobleme, S. 254 f.

ten Herrschaftsphasen in den jeweiligen Regionen, der Kollaborationsbereitschaft der Bevölkerung und dem Grad der staatlich-administrativen Durchdringung der unterworfenen Gebiete.[8]

Den staatlichen Institutionen kam somit als politischen Steuerungsorganen wie als öffentlichen Auftraggebern eine besondere Stellung innerhalb der Besatzungsregime zu. Dennoch – dies wird mit dem Blick auf die Unterschiede in den Lebensbedingungen und im sozialen Status der Zwangsarbeiter deutlich – kann man nicht verallgemeinernd von einer »Totalisierung der Zwangsarbeit durch die Behörden«[9] sprechen: Vielmehr hingen die Behandlung und damit die Überlebenschancen der Zwangsarbeiter in hohem Maße davon ab, in welchem Wirtschaftsbereich, etwa in der Landwirtschaft oder in der Industrie, sie beschäftigt waren und in welchem sozialen Umfeld sie sich befanden.[10] Mark Spoerers These, wonach die Arbeits- und Lebensverhältnisse für die Zwangsarbeiter im Reich tendenziell besser als in den Besatzungsgebieten gewesen seien, da sich der Besatzer angesichts der unsicheren Beziehungen zu den Einheimischen und der unklaren politischen Zukunftsvorstellungen für die eroberten Räume eine geringere »strategische Rücksichtnahme« auferlegen musste, wird allerdings von der künftigen Forschung noch zu überprüfen sein.[11]

Die in diesem Band vorgestellten Studien zu den Besatzungsregimen in Polen und Serbien greifen die oben skizzierten Probleme und Fragestellungen auf, wenn sie die Arbeitskräftepolitik im Kontext der jeweiligen Herrschaftsstrukturen und -ziele untersuchen. Der im folgenden angelegte Vergleich der Befunde dieser drei Studien soll die Ähnlichkeiten und die Unterschiede in den regionalen Rekrutierungspraktiken stärker voneinander abgrenzen und hierbei die Rolle der mit der Rekrutierung und dem »Einsatz« der Arbeitskräfte befassten Verwaltungen im Prozess der Herrschaftsradikalisierung klarer konturieren. Dabei interessiert vor allem, in welchem Maße die Besatzer ihre Ziele realisieren konnten und welche Handlungschancen und -grenzen ihnen durch die Zusammenarbeit mit den Kollaborationskräften gesetzt waren. Zum anderen soll herausgearbeitet werden, welchen Einfluss die NS-Rassenideologie auf die praktische Durchsetzung und die Wirkung der arbeitspolitischen Programme hatte. Dieses Vorgehen soll Aufschluss darüber geben, inwiefern die eingangs zitierte – und für die Situation im Altreich bereits weitgehend relativierte – These vom Gegensatz zwischen Ideologie und Effektivität als zentrales Merkmal der Arbeitskräftepolitik in den besetzten Gebieten zu bestätigen oder gegebenenfalls weiter zu differenzieren ist. Angesichts der unterschiedlichen inhaltlichen Schwerpunkte in den herangezogenen Regionalstudien konzentriert sich der Vergleich auf die für alle drei Arbeiten relevanten analytischen

---

8 Vgl. Lemmes, Zwangsarbeit, S. 248 f.; Spoerer, Zwangsarbeit, S. 24 ff.
9 Herbert, Zwangsarbeit, S. 33.
10 Vgl. Spoerer, Zwangsarbeitsregimes, S. 224.
11 Vgl. ebd., S. 222 ff. (Zitat: S. 226).

Ebenen der Stellung der Arbeitsverwaltungen innerhalb der Besatzungsorganisation, des Radikalisierungsprozesses in der Arbeitskräftepolitik und dessen Auswirkung auf die Lebenssituation bzw. die Handlungsmöglichkeiten der betroffenen Bevölkerung.

2. Strukturen und Ziele: Arbeitskräftepolitik als Variable der Besatzungsorganisation

Die in den drei Studien untersuchten Besatzungsregime entsprachen auf dem ersten Blick den Typen das Ordnungsmodells, das der SS-Ideologe Werner Best 1941 in einer programmatischen Schrift zur dauerhaften und kräftesparenden Herrschaft des Großdeutschen Reiches über Europa entworfen hatte:[12] Der Reichsgau Wartheland als Form der »Regierungsverwaltung« mit der Einsetzung einer reichsunmittelbaren Landesverwaltung auf allen Ebenen – das Generalgouvernement als Form der »Kolonialverwaltung« mit der Besetzung aller Führungspositionen der Landesverwaltung durch deutsches Personal – das deutsche Militärverwaltungsgebiet in Serbien als Form der »Aufsichtsverwaltung«, bei der die Regierung und Landesverwaltung des unterworfenen Landes formal eigenständig handelten, aber tatsächlich durch eine deutsche Führungsinstanz kontrolliert wurden. Wenngleich Bests Einteilung sich ursprünglich nur auf die zivil verwalteten Regionen und deren völkerrechtlichen Status als (teil-)annektierte oder vorübergehend besetzte Gebiete bezog, so suggerierte die von ihm vorgestellte Typologie abgestufter Eingriffe in die Verwaltungsstrukturen der besetzten Länder doch ein planvolles und zweckrationales Vorgehen der deutschen Hegemonialmacht. In der Realität schien die deutsche Besatzungspraxis mit ihren Improvisationen, kurzfristigen und häufig widersprüchlichen Regelungen in vieler Hinsicht eher einem »organisierten Chaos« als einem zielgerichteten Herrschaftssystem ähnlich zu sein.[13] Gleichwohl zeigten die Besatzer bei der Verfolgung ihrer zentralen Herrschaftsziele wie der Unterdrückung jeglichen politischen Widerstands oder der umfassenden Kontrolle und Ausbeutung der einheimischen Wirtschaftsressourcen durchaus Flexibilität und Durchsetzungskraft, so dass bei allen Machtkämpfen immer auch ein arbeitsteiliges Zusammenwirken der verschiedenen Besatzungsinstitutionen im Sinne der Absicherung des deutschen Herrschaftsanspruchs zu beobachten war. Als entscheidend für die Strukturen und die praktizierte Politik der Besatzungsregime erwies sich somit die Perspektive, welche der jeweiligen Besatzungsregion im Rahmen eines zukünftigen von

---

12 Vgl. Best, Grundfragen. Zur geringen analytischen Aussagekraft dieser Typologie siehe die kritische Einschätzung von Röhr, System, S. 14 ff.
13 Vgl. die Beiträge in Houwink ten Cate/Otto (Hg.), Das organisierte Chaos; Benz, Typologie; Fleischer, Nationalsozialistische Besatzungsherrschaft.

Deutschland beherrschten politischen und wirtschaftlichen »Großraums« in Europa vorbehalten war.[14]

Die Unterschiede zwischen den Besatzungsregimen in Polen und in Serbien ergaben sich somit weniger aus den formellen Strukturen des Verwaltungsaufbaus als aus den ideologischen und strategischen Zielsetzungen des NS-Regimes und den damit verbundenen Versuchen der politischen wie auch wirtschaftlichen Überformung der dortigen Gesellschaften: In den annektierten Gebieten Polens stand die Verdrängung der polnischen und jüdischen Bevölkerung unter dem Zeichen der »Germanisierung« im Zentrum der Besatzungspolitik; auch das Generalgouvernement, das anfänglich lediglich als überdimensionales Auffanglager für die Abschiebung der unerwünschten ethnischen Minderheiten und als »Arbeiterreservoir« für die deutsche Wirtschaft dienen sollte, war spätestens ab 1942 für eine dauerhafte deutsche Besiedlung vorgesehen. Demgegenüber war die Besatzungspolitik in Serbien eher »defensiv« auf die militärstrategische Absicherung des Feldzugs gegen die Sowjetunion und des Kriegsschauplatzes im östlichen Mittelmeer gerichtet, ohne dass die NS-Führung eine langfristige Beherrschung und »rassenpolitische« Umgestaltung des südosteuropäischen Raumes anstrebte. Diesen teils programmatischen, teils provisorischen Herrschaftskonzepten entsprachen Besatzungsstrukturen, die in Polen durch eine relativ starke innere Verwaltung mit direktem Zugang der Führung (Gauleiter, Generalgouverneur) zu Hitler gekennzeichnet waren, während sich die Besatzungsverwaltung in Serbien nicht zuletzt aufgrund des politischen Desinteresses in Berlin uneinheitlich und wenig durchsetzungsfähig präsentierte.

Auf der mittleren und kommunalen Besatzungsebene im Warthegau und im Generalgouvernement agierten die Instanzen der inneren Verwaltung und die Ableger der Reichsinstitutionen als »Sonderverwaltungen« sektoral voneinander getrennt, waren aber bei Erfüllung ihrer Aufgaben funktional aufeinander angewiesen. Allen Rivalitäten und permanenten Kompetenzverlagerungen zum Trotz erzwang die Realisierung zentraler politischer Ziele wie etwa der »Volkstumspolitik« ein Mindestmaß an Kooperation der Akteure vor Ort, die allerdings durch Interventionen der Berliner Zentralen, insbesondere der SS-Führung, häufig konterkariert wurde. Zudem veränderten sich durch den Kriegsverlauf auch die politischen Prioritäten von der gesellschaftlichen »Neuordnung« hin zur intensiveren Ausnutzung des wirtschaftlichen Potentials, die wiederum die machtpolitische Stellung der mit der Steigerung der Kriegsproduktion befassten zivilen und militärischen Dienststellen stärkte. Die Entscheidungsprozesse waren daher in hohem Maße von den Konstellationen der örtlichen Akteure wie auch den wechselnden Koalitionsbildungen von Interessengruppen auf allen Führungsebenen in den Regionen wie im Reich abhängig.

14 Vgl. Röhr, System, S. 31.

In Serbien war die Organisation der Besatzungsmacht vom Neben- und Gegeneinander militärischer Dienststellen und der Repräsentanten der Reichsbehörden geprägt: sich wechselseitig überschneidende normative Zuständigkeiten und außernormative Sondervollmachten führten zu einem »Kompetenzwirrwarr, das selbst für die Beteiligten kaum noch zu überschauen war«.[15] Die Schwäche der vorhandenen Kräfte und der Dissens in zentralen politischen Fragen verstärkten die Tendenz unter den Besatzern, ihre partikularen Interessen durch den direkten Zugriff auf die serbische Verwaltung oder ihnen unterstehende einheimische Hilfsverbände durchzusetzen. Verschärft wurde dieses administrative Chaos durch den sich ausweitenden Partisanenkrieg und die problematische Ernährungslage für die Industriearbeiter und die Stadtbevölkerung. Die serbische Kollaborationsregierung stand den Widersprüchen der deutschen Politik und der Zersplitterung der staatlichen Organisation weitgehend machtlos gegenüber. In der Konsequenz musste die ohnehin nur schwach ausgebaute Verwaltung des serbischen Rumpfstaates dem Druck der örtlich jeweils dominierenden Kraft nachgeben, ohne die Zivilbevölkerung vor der eskalierenden Gewalt von Besatzung und Bürgerkrieg schützen zu können.

Vor dem Hintergrund der Personalanforderungen aus dem Reich und der zunehmenden Bedeutung der ost- und südosteuropäischen Wirtschaftsstandorte waren Arbeitskräfterekrutierung und »Arbeitseinsatz« ein zentrales Politikfeld der dortigen Besatzungsregime. Im Warthegau und im Generalgouvernement hatte die deutsche Arbeitsverwaltung in kurzer Zeit ein dichtes Netz von Arbeitsämtern und Nebenstellen etabliert. Die Arbeitsverwaltung handelte allerdings nicht in alleiniger Zuständigkeit, sondern war auf die Kooperation anderer Behörden angewiesen: Die Kommunen und Landkreise waren für die Gestellung der Arbeitskräftekontingente verantwortlich; die Polizei verfügte über die physischen Zwangsmittel, um deren Aufbringung gegen den aktiven oder passiven Widerstand der Bevölkerung durchzusetzen. Die Erfüllung der Arbeitskräfteanforderungen wurde wiederum von der Arbeitsverwaltung kontrolliert. Eigenmächtigem Vorgehen einzelner Behörden oder Kompetenzstreitigkeiten suchte man durch verstärkte Koordination zwischen den Beteiligten, etwa der Einrichtung sogenannter Befehlsstäbe im Generalgouvernement, zu begegnen.[16] Über den Verlauf von »Erfassungsaktionen« wurde die Arbeitsverwaltung in jedem Falle informiert, so dass hier die Möglichkeit der Beschwerde über den Instanzenweg oder der Intervention bei künftigen Aktionen gegeben war. Die Vermittlung der Arbeitskräfte an die Arbeitgeber bzw. die Planung des »Arbeitseinsatzes« betrieb die Arbeitsverwaltung in eigener Regie. Dies galt im Warthegau auch für die Lenkung des Einsatzes jüdischer Zwangsarbeiter; Arbeitskräfte entsendende Dienststellen wie z.B. die Gettoverwaltung in Litzmannstadt wurden über den Arbeitsort oder die Einsatzdauer informiert, ohne

---

15 Sundhaussen, Improvisierte Ausbeutung, S. 62.
16 Vgl. Linne, Arbeitsverwaltung, S. 145 f., ders., Sklavenjagden, S. 214 ff.

jedoch auf die Art oder den Umfang des Einsatzes näher einwirken zu können.[17] Im Generalgouvernement übte die Arbeitsverwaltung ab 1940 die Zuweisung von Juden vor allem zu den geplanten Großbauprojekten aus; ab 1942 erlangte jedoch der SS-/Polizeiapparat im Vorfeld der beschleunigten Durchführung der »Endlösung« auch die Verfügungsgewalt über den Zwangsarbeitseinsatz der Juden.[18]

Auf der politischen Ebene der Gauleitungen bzw. der »Regierung« des Generalgouvernements formulierten die Arbeitsabteilungen in den Verhandlungen der Verwaltungsspitze mit den Vertretern der Reichsministerien, der SS, der Wehrmacht und der privaten Wirtschaft die Leitlinien für die Verbringung von Arbeitskräften in das Reich oder deren »Einsatz« in der einheimischen Wirtschaft. Der Vorrang der Volkstumspolitik im Warthegau war Grundlage für die enge Zusammenarbeit zwischen der SS und den Arbeitsämtern bei der rassenpolitischen Selektion von Arbeitern und der Durchführung der Deportationen in das Reich oder das Generalgouvernement. Als Teil der inneren Verwaltung profitierten die Arbeitsämter allerdings vom erfolgreichen Widerstand der Gauleitung gegen die »volkstumspolitischen« Ambitionen des SS, die im Zuge der stärkeren Ausrichtung der Arbeitskräftepolitik auf den Bedarf der einheimischen Wirtschaftsbetriebe ab 1943 auch die weitgehende Herauslösung der SS-Dienststellen aus dem Rekrutierungsprozess zur Folge hatte.[19] Im Generalgouvernement bestimmte außer den großen »Razzien« für das Reich vor allem die Deckung des Arbeitskräftebedarfs für die großen Infrastrukturprojekte, später für die Rüstungs- und Wehrmachtsbetriebe die politische Generallinie im Zusammenwirken der verschiedenen Besatzungsinstitutionen. Auch hier gelang es der Arbeitsverwaltung, ein insgesamt praktikables, an ökonomischen Kriterien orientiertes, Modell der Kooperation mit den anderen Herrschaftsträgern und privaten Arbeitgebern zu etablieren, wenngleich die direkten Zugriffsmöglichkeiten der Wehrmacht auf die polnische Arbeiterschaft im Zuge der wirtschaftlichen Mobilmachung für den »Totalen Krieg« ab 1944 deutlich zunahmen – ein Befund, der auch für die annektierten Gebiete zutraf.[20]

Auf dem Territorium der deutschen Militärverwaltung in Serbien wurde die Arbeitskräftepolitik auf der politischen Ebene vom Referat für Sozialpolitik beim Verwaltungsstab des Militärbefehlshabers und vom Referat für Arbeitseinsatz beim Generalbevollmächtigten für die Wirtschaft in Serbien (GBW) sowie vom serbischen Innenministerium gesteuert. Auf der Verwaltungsebene existierten nur in Belgrad und in den wenigen größeren Städten den deutschen Arbeitsämtern entsprechende »Arbeits-

---

17 Vgl. ebd., S 131 ff.; Klein, Die »Gettoverwaltung Litzmannstadt«, S. 628 f.
18 Vgl. Linne, Sklavenjagden, S. 275 ff.; Wenzel, Die deutsche Arbeitsverwaltung, S. 176 ff.
19 Vgl. Linne, Volkstumspolitik, S. 126 ff. Zum Konflikt zwischen den Gauleitungen der annektierten Gebiete und der SS siehe auch die Studie von Wolf, Ideologie.
20 Vgl. Linne, Sklavenjagden, S. 272 ff.; Kaczmarek, Die deutsche Arbeitsverwaltung, S. 105.

vermittlungen«; in den kleineren Kommunen und auf dem Lande wurden dagegen die Aufgaben der Arbeitskräfterekrutierung und des »Arbeitseinsatzes« von den Orts- und Bezirksvorstehern wahrgenommen, welche die ihnen auferlegten Kontingente zu erfüllen hatten. Sie handelten auf Anweisungen der Wehrmachts-Feldkommandanturen als der Mittelinstanz der deutschen Besatzung oder der serbischen Regierung. Zudem hatten aber von deutscher Seite der Höhere SS- und Polizeiführer mit den ihm unterstehenden einheimischen Polizeiverbänden, der Wehrwirtschaftsstab Südost und die Organisation Todt Anweisungsbefugnisse oder Zwangsmittel gegenüber der serbischen Verwaltung und serbischen Betrieben, sofern sie nicht ohnehin »wilde« Rekrutierungsaktionen für den eigenen Bedarf durchführten.

Die Vielzahl der Akteure bei den deutschen Besatzern und die organisatorische Schwäche der serbischen Verwaltung verhinderten eine koordinierte, kontinuierliche und flächendeckende Kontrolle des Arbeitsmarktes.[21] Stattdessen musste man sich darauf beschränken, neben der Aufbringung von mehr oder minder »freiwilligen« Arbeitskräften für das Reich die Verpflichtung von ausreichend Personal für die wirtschaftliche maßgebliche Industrie im Kohlen- und Erzbergbau (namentlich in Bor) und ab 1943 auch für die zunehmende Zahl von Betrieben und Baustellen der Wehrmacht sicherzustellen. In dem weitgehend landwirtschaftlich geprägten Land mit seiner wenig ausgebauten Infrastruktur bedeutete dies, dass nur in den größeren Städten und aus der unmittelbaren Umgebung der Betriebe Arbeitskräfte effektiv verpflichtet werden konnten. Die nationalkonservative serbische Regierung hatte die »Pflichtarbeit« auf Verlangen der Besatzungsmacht eingeführt, unterstützte diese Maßnahme aber auch aus ideologischen Gründen und um die hohen Arbeitslosenzahlen in den Städten zu reduzieren.[22] Angesichts der Zersplitterung der Okkupationsmacht war die regionale serbische Verwaltung der Hauptadressat der vielfach widersprüchlichen Forderungen der Besatzer, ohne jedoch über die Mittel oder die Handlungsfreiheit für deren wirksame Durchsetzung zu verfügen. Vielmehr delegitimierte ihr Lavieren zwischen Kollaboration und hinhaltendem Widerstand sie in den Augen der betroffenen Bevölkerung und sie wurde zunehmend zur Zielscheibe von Angriffen der erstarkenden Widerstandsbewegung. Ineffektive Rekrutierungsmethoden und hohe Fluchtraten bei den »Dienstverpflichteten« provozierten wiederum die eigenmächtige Intervention deutscher Dienststellen, welche in der Folge aber nur das administrative Chaos vergrößerten. Letztlich war für die Aufrechterhaltung einer halbwegs kontinuierlichen Wirtschaftsleistung in Serbien die durch die materielle Not der Bevölkerung bewirkte Bereitschaft zu einer »freiwilligen« Arbeitsaufnahme wirkungsvoller, als es die Zwangsmaßnahmen der Verwaltung zu sein vermochten.

---

21 Vgl. Schlarp, Wirtschaft, S. 213 f.
22 Vgl. Janjetović, Arbeitskräfterekrutierung, S. 334, S. 431 ff.

Auch im Bereich der politischen Entscheidungsfindung blieben die Gegensätze zwischen den deutschen Herrschaftsträgern bestimmend: Während sowohl der Militärbefehlshaber, als auch der GBW die rasche Einführung der »Dienstpflicht« vertraten, sich aber vor dem Hintergrund einer Ernährungskrise und der schleppenden Industrieproduktion nur mühsam auf eine gemeinsame Haltung zu ihrer konkreten Umsetzung verständigen konnten, suchte der Höhere SS- und Polizeiführer Meyszner die Autorität der Kollaborationsregierung durch direkte Befehle an die lokalen serbischen Dienststellen zu untergraben und eine eigenständigen Weg zur Durchsetzung der Arbeitspflicht zu etablieren.[23] Die Deportation von serbischen Partisanen zur Zwangsarbeit nach Norwegen und in das Reich im Jahre 1942 entsprach dem radikal antiserbischen Kurs der SS, wurde aber auf Betreiben der Militärverwaltung wieder eingestellt, da sie eine verschärfende Wirkung auf die Widerstandsbewegung befürchtete.[24] Auch die zwangsweise Verbringung von Arbeitskräften wie etwa ehemalige Kriegsgefangene in das Reich war aufgrund der unruhigen politischen Situation umstritten; man setzte stattdessen auf ökonomisch motivierte »freiwillige« Meldungen.[25] Selbst angesichts der militärischen Bedrohung durch die Rote Armee und die Partisanenkämpfer unter Tito im Jahre 1944 fanden Militärverwaltung und Kollaborationsregierung zu keinem einheitlichen Auftreten bei der Steuerung des »Arbeitseinsatzes« in den Bergwerksbetrieben, sondern verblieben bei ihrem Kurs aus Propaganda, »Freiwilligkeit« und Repression, der den Untergang des Besatzungsregimes allerdings eher beschleunigte als hinauszögerte.[26]

Rassen- oder volkstumspolitische Motive scheinen bei der Gestaltung der Arbeitskräftepolitik und dem Entscheidungsprozess zwischen den Besatzungsinstitutionen dagegen keine maßgebliche, zumindest keine systematische Rolle gespielt zu haben: Anders als in Kroatien, wo sich die dortige Regierung durch die gezielte Deportation von Serben zur Zwangsarbeit im Reich ihrer ethnischen Minderheit zu entledigen suchte,[27] gab es für die Arbeitskräfterekrutierung in Serbien keine offiziellen ethnischen Selektionskriterien. In der Praxis besaßen die Bürgermeister und Gemeinderäte, denen die Einberufung der »Dienstverpflichteten« oblag, einen gewissen Handlungsspielraum, der wiederum Verdächtigungen wegen unfairer Auswahlkriterien etwa persönlicher Feindschaften, politischer Neigungen oder der Zugehörigkeit zur Minderheit der Roma hervorrief.[28] Wie in den anderen eroberten Ländern wurden allerdings Juden und Roma bereits bei Besatzungsbeginn als Zeichen der öffentlichen Demütigung zur Zwangsarbeit – hauptsächlich für die Wehrmacht – verpflichtet. Aufgrund der frühzeitigen

---

23 Vgl. ebd., S. 392 f.
24 Vgl. ebd., S. 348 f.
25 Vgl. ebd., S. 361 f.; S. 379.
26 Vgl. ebd., S. 406 ff.
27 Vgl. Grünfelder, Arbeitseinsatz, S. 196; Schölzel, Verbündete, S. 205 f.
28 Vgl. Janjetović, Arbeiterrekrutierung, S. 227.

Ermordung von Juden und Roma bei den »Geiselerschießungen« zur Niederschlagung des landesweiten Aufstandes im Sommer und Herbst 1941 kam es jedoch zu keinem längerfristig organisierten Einsatz für die serbische Wirtschaft.[29]

Im Vergleich von Strukturen und Zielen der Besatzungsregime in Polen und Serbien wird deutlich, dass die Entwicklung der Arbeitskräftepolitik weniger von der Herrschaftsform und den in der Frühphase der Besatzung formulierten Primärzielen, als von der Interaktion zwischen den Besatzungsorganen, der vorhandenen Infrastruktur und der sich verändernden regionalen militärisch-politischen Situation bzw. den Machtverhältnissen zwischen Besatzern und Einheimischen bestimmt wurde. Dort, wo wie im Reichsgau Wartheland und im Generalgouvernement der Organisationsgrad der Arbeitsverwaltung hoch und diese an eine machtvolle Verwaltungsspitze angebunden war, wurden pragmatische Kompromisslösungen zwischen den Interessen der Herrschaftsträger im Sinne wirtschaftlicher Effektivität möglich; radikale Ansätze wurden, wie am Beispiel der »Volkstumspolitik« im Warthegau ersichtlich, zugunsten kurzfristiger Stabilisierungsstrategien für Politik und Wirtschaft des Besatzungsgebietes zurückgedrängt. Dort, wo wie in Serbien die politische wie administrative Verantwortung für diesen Politikbereich durch eine »Versäulung« der Organisations- und Kommunikationsstrukturen gekennzeichnet war, blieb auch die Arbeitskräftepolitik den Paradoxien bürokratischer Machtkämpfe und unklarer strategischer Präferenzen verhaftet. Zudem geriet die Durchsetzung des deutschen Herrschaftswillens aufgrund der allgemeinen ökonomischen Rückständigkeit des Landes und der auf allen staatlichen Handlungsebenen präsenten Konflikte zwischen Besatzern und Beherrschten, Kollaborateuren, Attentisten und Widerständigen an ihre faktischen Grenzen.

Eine Dominanz rassenideologischer Ziele wird im Zwangsarbeitseinsatz der Juden sichtbar: In der Frühphase der Besatzung wurden polnische wie serbische Juden demonstrativ zu diskriminierenden und häufig wirtschaftlich »sinnlosen« Tätigkeiten in der Öffentlichkeit gezwungen. Im Warthegau und in Serbien setzte die Besatzungsmacht frühzeitig durch die Deportation oder Ermordung der jüdischen Bevölkerung den Primat der »völkischen Flurbereinigung« gegenüber allen anderen Erwägungen durch. Dagegen etablierte man im Generalgouvernement mit Hilfe der Arbeitsämter ein System des »geschlossenen« Zwangsarbeitseinsatzes in Lagern, Gettos und Arbeitskolonnen, das in der Folge insbesondere von der SS zur Aufwertung ihrer machtpolitischen und wirtschaftlichen Bedeutung innerhalb der dortigen Herrschaftsstruktur genutzt wurde. Die Vernichtung der Juden im Zuge der »Aktion Reinhard« entgegen aller wirtschaftlichen Interessen offenbarte letztendlich den pathologischen Charakter der deutschen Besatzungsherrschaft.

---

29 Vgl. Janjetović, Arbeitskräfterekrutierung, S. 349 ff.

Ein gemeinsames Merkmal aller drei Besatzungsregime stellte das prinzipielle Dilemma für die Arbeitsverwaltungen angesichts der ständig steigernden Anforderungen aus dem Reich und des einheimischen Personalbedarfs dar. Zu keinem Zeitpunkt gelang ihnen die »Quadratur des Kreises«, woran allerdings nicht nur unrealistische Planungen, die brutalen Erfassungsmaßnahmen und die häufig katastrophalen Lebensbedingungen der Arbeitspflichtigen schuld waren. Vielmehr zeigte sich, dass auch nach der Kriegswende der in anderen Bereichen der Besatzungspolitik aufscheinende Assimilierungsdruck nicht wirksam wurde. Ansätze zu einem Umsteuern im Sinne eines schonenderen Umgangs mit der begrenzten Ressource »Mensch« wurden nicht energisch verfolgt, die etablierte Kultur der Ausbeutung nicht in Frage gestellt. Das Scheitern der Arbeitsverwaltungen war somit nicht nur auf strukturelle Zwänge oder institutionelle Arrangements zurückzuführen, sondern war letztlich in den Prämissen der nationalsozialistischen Herrschaft und der ihr inhärenten Eskalation der Gewalt begründet.

3. Strategien und Akteure: Begrenzte Steuerungsoptionen und Handlungsspielräume

Die Arbeitskräftepolitik war in Polen wie in Serbien Teil einer »Ausbeutungsstrategie«[30], mit der das NS-Regime das wirtschaftliche Potential Ost- und Südosteuropas für die eigenen Kriegsanstrengungen zu mobilisieren suchte. In den annektierten polnischen Westgebieten wie auch im späteren Generalgouvernement strebten die Besatzer aufgrund der »volkstumspolitischen« wie der ökonomischen Planungen von Beginn an die rücksichtslose Heranziehung der polnischen Zivilbevölkerung als der zentralen Personalreserve für die Rüstungs- und die Landwirtschaft des Großdeutschen Reiches an. Der einheimischen Wirtschaft in Polen kam hierbei im deutschen Kalkül zunächst keine größere Bedeutung zu. Auch Serbien leistete bereits unmittelbar nach der Eroberung durch die große Zahl der in deutschen Gewahrsam verbliebenen Kriegsgefangenen und der anfangs recht erfolgreichen Anwerbungen von »Freiwilligen« einen für seine Größe beachtlichen Beitrag zugunsten der Wirtschaft im Reich. Aufgrund der territorialen und politischen Zerrissenheit des Landes stand jedoch in den ersten beiden Kriegsjahren die gewaltsame Stabilisierung der Region im Vordergrund des Besatzungsinteresses, die wiederum lediglich eine punktuelle Ausnutzung der einheimischen ökonomischen und personellen Ressourcen zuließ. Die Verlagerung kriegswichtiger Betriebe in die obigen Besatzungsgebiete während der zweiten Kriegshälfte erhöhte

---

30 So der Untertitel der grundlegenden Studie von Holm Sundhaussen, Wirtschaftsgeschichte Kroatiens im nationalsozialistischen Großraum 1941–1945. Das Scheitern einer Ausbeutungsstrategie, a.a.O.

zwar deren Stellenwert innerhalb der nationalsozialistischen »Großraumwirtschaft«, ohne jedoch die beiden wichtigsten strukturellen Folgen der deutschen Besatzungspolitik abzumildern: die schlechte Versorgungslage und die wirtschaftliche Verelendung breiter Bevölkerungsteile durch die ruinöse Inflationierung der Landeswährungen. In der Folge blieben die deutschen Versuche einer zielgerichteten Wirtschaftslenkung in den selbstverursachten Widersprüchen zwischen kurzfristigen Verwertungsinteressen und einer allenfalls mittelfristig erreichbaren Steigerung der volkswirtschaftlichen Leistung der Besatzungsgesellschaften gefangen: »Neben den hohen Belastungen durch die Wehrmacht und dem Besatzungsapparat waren es die vielfältigen »Störungen« – durch Aufstand und Sabotage, Vergeltung und Flucht, Mangel und Zwang –, die schließlich an die Existenzgrundlagen rührten und auch den vom Aggressor zu entrichtenden Preis in die Höhe trieben.«[31]

Der Arbeitsmarkt reflektierte in den verschiedenen Besatzungsregionen die katastrophale Dynamik, die sich aus der Struktur der nationalsozialistischen Gewaltherrschaft und den individuellen Handlungsmöglichkeiten der Betroffenen ergab: Hohe Fluktuation der Beschäftigtenzahlen, Arbeitsflucht und ein – insbesondere auch durch Unterernährung bedingtes – allgemeines Absinken der Produktivität kennzeichneten die Arbeitssituation in allen Wirtschaftssektoren. Die durch die mangelhafte Versorgung der Bevölkerung erzwungene Abwanderung von Arbeitskräften in die Schattenwirtschaft oder in die landwirtschaftliche Selbstversorgung steigerten den Arbeitskräftemangel, ohne dass die von den Arbeitsverwaltungen betriebene Zwangserfassung der Arbeitskräfte diese Entwicklung organisatorisch oder auch nur propagandistisch auffangen und abmindern konnte. Die Besatzungsmacht reagierte auf die selbstgeschaffenen Notlagen mit einem System radikaler Kontroll- und Strafmaßnahmen, dem sich wiederum die Bevölkerung durch Flucht in den Untergrund oder teilweise auch offenen Widerstand zu entziehen suchte. Insgesamt verfolgte das NS-Regime bei der Arbeitskräfterekrutierung in den Besatzungsgebieten einen von kurzfristigen Opportunitätserwägungen bestimmten Wechselkurs des brutalen direkten Zugriffs auf das »Arbeiterreservoir« wie auch der zögerlichen individuellen Anreize, die allerdings die Möglichkeiten einer längerfristig effizienten und vor allem kontinuierlichen Bewirtschaftung des Arbeitssektors untergrub. Die hohen absoluten Zahlen der in das Deutsche Reich zur Zwangsarbeit Verbrachten wie auch der in den Besatzungsgebieten zugunsten des Reichs Beschäftigten waren letztlich nur ein Beleg dafür, welchen hohen Preis die Besatzungsgesellschaften durch die Zerrüttung ihrer wirtschaftlichen und sozialen Existenzgrundlagen für diesen »Erfolg« zu entrichten hatten.[32]

---

31 Schlarp, Ausbeutung, S. 208 f.
32 Vgl. Linne, Arbeitsverwaltung, S. 170; Seidel, Arbeitskräfteerfassung, S. 165; Schlarp, Ausbeutung, S. 212 f.; Janjetović, Arbeitskräfterekrutierung, S. 441 f.

Wie der Vergleich zu Polen und Serbien zeigt, stand den Arbeitsverwaltungen ein relativ ähnliches Instrumentarium an Steuerungsmöglichkeiten für die Arbeitskräftepolitik zur Verfügung, das – bedingt durch die politischen und ökonomischen Verhältnisse und die infrastrukturellen Gegebenheiten – in unterschiedlicher Intensität und Dauer eingesetzt wurde:

Wirtschaftliche Anreize: Die Anwerbung zur »freiwilligen« Arbeitsaufnahme im Reich spielte insbesondere in der Anfangsphase der Besetzung eine bedeutsame Rolle für die Arbeitskräfterekrutierung. Die Besatzer konnten zum einen auf die in beiden Ländern seit langem bestehende Tradition der Arbeitsmigration nach Deutschland zurückgreifen. Zum anderen erhöhten die hohe Arbeitslosigkeit und die in Aussicht gestellten Vergünstigungen wie Urlaub und Sozialleistungen – in Polen auch die für kurze Zeit gewährte Arbeitslosenunterstützung – den Motivationsdruck für eine Registrierung beim Arbeitsamt, das die Antragssteller vorrangig ins Reich vermittelte. Nachdem die Kunde über die schlechte Behandlung der »Fremdarbeiter« zu einem raschen Nachlassen der Bewerberzahlen führte, griffen die deutschen Besatzer verstärkt zu Zwangsmitteln, die in den polnischen Gebieten fortan den Rekrutierungsprozess bestimmten. In Serbien hingegen, wo man aus politischen und organisatorischen Gründen auf Massendeportationen ins Reich weitgehend verzichtete, blieb der Zustrom an »freiwilligen« Arbeitsmigranten – wenngleich auf deutlich niedrigerem Niveau – bis fast zum Ende der Besatzung bestehen. Die Gründe hierfür waren zum einen im (vom Reich bewusst aufrechterhaltenen) Lohngefälle zwischen deutschen und serbischen Betrieben zu sehen sowie in den häufig desolaten sozialen Verhältnissen im eigenen Land. Angesichts des niedrigen Lebensstandards und der vielfältigen Gefährdungen im öffentlichen Leben war für manche Serben eine Arbeitsaufnahme in Deutschland immer noch attraktiver als die Dienstverpflichtung in der oft völlig unzulänglich versorgten Provinz, die für die Partisanen leicht erkennbare »Kollaborationstätigkeit« in einem für die Besatzungsmacht tätigen serbischen Betrieb oder die mögliche Zwangsrekrutierung in eine Formation der Widerstandsbewegung.[33]

Auch in der Wirtschaft der Besatzungsregionen blieb die Sicherung des unmittelbaren Lebensbedarfs ein zentrales Motiv für die Aufrechterhaltung einer geregelten Arbeitstätigkeit in den Industrie- und Gewerbebetrieben. Die Besatzungsmacht nutzte diese Zwangslage der Einheimischen, indem sie etwa im Warthegau und im Generalgouvernement die Ausgabe von Lebensmittelkarten mit der Erfassung durch die Arbeitsämter verband.[34] Umgekehrt suchte sie eine kontinuierliche Arbeitsleistung in bestimmten Wirtschaftssektoren zu sichern, indem sie den Werkskantinen wichtiger Betriebe bevorzugt Lebensmittelkontingente zukommen ließ oder die Belegschaften durch die Ausstattung mit knappen Konsumgütern oder sonstigen Gratifikationen

---

33 Vgl. Janjetović, Arbeitskräfterekrutierung, S. 380, 399 f., S. 430 f.
34 Vgl. Linne, Arbeitsverwaltung, S. 96; ders., Sklavenjagden, S. 237 f.

»belohnte«.³⁵ In den ländlichen Gebieten mit ihrem höheren Grad der Selbstversorgung wurden die Grenzen ökonomischer Steuerung jedoch sichtbar: Für Landarbeiter aus dem Generalgouvernement lohnte sich etwa eine Arbeitsaufnahme im Reichsgebiet oft nicht, da die niedrigen Löhne nicht für die Versorgung der Familie ausreichten oder der Transfer von Lohnzahlungen nach Hause nicht funktionierte. Die Arbeitsämter waren daher gezwungen, durch Fürsorgezahlungen die Unterstützung der Angehörigen sicherzustellen.³⁶ In den serbischen Bergbaugebieten konnten die Besatzer einen geregelten Minenbetrieb aufgrund der schlechten Infrastruktur überhaupt nur mit Hilfe der in der Umgebung ansässigen Landbevölkerung aufrechterhalten, die in frühindustrieller Tradition die eigene Subsistenzlandwirtschaft durch die saisonale Arbeit im Bergbau ergänzte. Im Gegenzug mussten die Betriebsleitungen es hinnehmen, dass zur Erntezeit die Arbeiter in großer Zahl ihre Stellen verließen, um ihre eigene bäuerliche Existenz zu sichern.³⁷ Zudem verdienten die Landwirte wegen der hohen Inflation bis zu zehnmal mehr als im Bergbau, so dass eine Arbeitsaufnahme dort auch finanziell nicht attratktiv war.³⁸

Zwangsmittel: Während für die Arbeiterrekrutierung in das Reich der unmittelbare physische Zugriff der Besatzer durch Massendeportationen aus dem Generalgouvernement und im Warthegau durch die von der Polizei flankierte und von den Arbeitsverwaltungen und den RKF-Dienststellen organisierte »Erfassung« und »Schleusung« maßgeblich war, wurde bei der Steuerung des Arbeitskräftebedarfs in der polnischen Wirtschaft vor allem die Kombination von rechtlich normierten Arbeitsverpflichtungen und weitreichenden Sanktionen angewandt: Überlegungen, im Generalgouvernement ohne Rechtssystem und allein durch Polizeigewalt zu regieren, erwiesen sich als unwirtschaftlich und verwaltungstechnisch unpraktikabel.³⁹ Die Einführung von Arbeitsbüchern und -karten, die allgemeine »Arbeitspflicht« für Polen zwischen dem 14. und dem 60. Lebensjahr, Beorderungen und direkte Arbeitsbefehle stellten die administrative Voraussetzung für ein koordiniertes Vorgehen der Behörden bei der Erfassung und Zuweisung der Arbeitskräfte zu den als vorrangig angesehenen Wirtschaftsbereichen dar.⁴⁰ In der Praxis blieb die Durchsetzung der Gestellungsbefehle und Arbeitseinweisungen allerdings vielfach von den zur Verfügung stehenden Polizeikräften abhängig, die ihrerseits durch weitere Aufgaben wie der Deportation der Juden und der »Ernteerfassung« gebunden waren.⁴¹ Auf die alltäglichen Arbeitsvertragsbrüche und Arbeitsfluchten reagierte die Besatzungsverwaltung mit immer umfassenderen Repressalien –

---

35 Vgl. Janjetović, Arbeitskräfterekrutierung, S. 82, 424.
36 Vgl. Linne, Sklavenjagden, S. 249.
37 Vgl. Janjetović, Arbeitskräfterekrutierung, S. 406, 411.
38 Vgl. Janjetović, a. a. O., S. 410.
39 Vgl. Wrzyszcz, »Wirtschafts«-Rechtsetzung, S. 60.
40 Vgl. Linne, Arbeitsverwaltung, S. 100 ff.; 137 f.; ders., Sklavenjagden, S. 221 ff., 314.
41 Vgl. Linne, Sklavenjagden, S. 241.

vom Entzug der Lebensmittelkarten, Lohnkürzungen, Beschränkung der Bewegungsfreiheit, körperlichen Strafen bis zur Einweisung ins Gefängnis oder Arbeitslager –, die allerdings den Widerstandswillen der Bevölkerung nicht brechen oder ihre durch die Suche nach Überlebensmöglichkeiten erzwungene Mobilität wirksam einschränken konnten.[42] Zur Realisierung großer Bauvorhaben, später der Schanzarbeiten der Wehrmacht, aber auch um dem ab 1943 immer offener zu Tage tretenden Widerstand der polnischen Bevölkerung durch direkte physische Kontrolle wirksamer entgegnen zu können, betrieben die deutschen Besatzer zunehmend die Kasernierung von zehntausenden Arbeitskräften in den diversen Straf-, Erziehungs-, und Baudienstlagern. Mit der Errichtung von über 140 Lagern auf polnischem Besatzungsgebiet entstand eine »Lagergesellschaft«, die parallel zur marktwirtschaftlich organisierten Arbeitswelt die Ausbeutung menschlicher Arbeitskraft unter unwürdigsten Umständen verkörperte.[43]

In Serbien konzentrierte sich aufgrund der Wirtschaftsstruktur die Kasernierung von Arbeitskräften auf die Lager im Umfeld großer Bergbaubetriebe wie etwa in Bor oder in Kostolac, deren Lebensbedingungen ebenfalls völlig unzulänglich waren.[44] Neben Sträflingen oder Gefangenen wie den italienischen Militärinternierten, sowjetischen Kriegsgefangenen und den 6.000 nach Bor verbrachten ungarischen Juden waren hier vor allem Serben untergebracht, die aufgrund der seit Dezember 1941 eingeführten allgemeinen Arbeitspflicht zur Ableistung einer zeitlich begrenzten »Pflichtarbeit« gezwungen waren. Schwerstarbeit, körperliche Misshandlung, Unterernährung und die erzwungene Arbeitsleistung über die vertragliche vereinbarte Arbeitspflicht hinaus machten die Tätigkeit in den Bergwerken, namentlich in Bor, zum Symbol der Ausbeutung wie auch zum Anlass der massenhaften Arbeitsflucht.[45] Die Unfähigkeit der Besatzer wie auch der Kollaborationsregierung, die »Pflichtarbeit« mangels polizeilicher Kräfte konsequent durchzusetzen oder die – durchaus erkannten – schlechten Arbeitsbedingungen zu verbessern, bewirkten, dass die Arbeitsflucht aus der Industrie und die heimliche Abwanderung auf das Land auch den Alltag der Wirtschaft in Serbien prägten. Symbolische »Prämien« und ebenso zur Abschreckung vorgenommene Repressalien verfehlten eine nachhaltige Wirkung und offenbarten nur die Schwäche der Besatzungsmacht.

Gleichwohl war der Einsatz der »Dienstverpflichteten« ähnlich wie in Polen kein völliger Fehlschlag, sondern sicherte vielmehr ein gewisses Ausmaß kontinuierlicher serbischer Wirtschaftsleistung in der Industrie oder der Land- und Forstwirtschaft – bis hin zu gemeinnützigen Tätigkeiten.[46] Bezeichnenderweise konnten die serbischen

---

42 Vgl. Linne, Arbeitsverwaltung, S. 141 ff.; ders., Sklavenjagden, S. 237 ff.
43 Vgl. Seidel, Arbeitskräfteerfassung, S. 171.
44 Vgl. Janjetović, Arbeitskräfterekrutierung, S. 403, 417.
45 Vgl. Janjetović, a.a.O., S. 413 ff.
46 Vgl. Janjetović, a.a.O., S. 385.

Behörden gerade in den Städten, in denen Arbeitslosigkeit herrschte und Sanktionen wie der Entzug von Lebensmittelkarten unmittelbar wirkten, die »Dienstpflichtigen« leichter zur Arbeit heranziehen als auf dem Land. Umgekehrt griffen im ländlichen Bereich auf vorindustriellen Traditionen beruhende Verpflichtungen wie der Frondienst des »kuluk«, der in Art und Umfang mit den in Polen üblichen Spanndiensten vergleichbar war.[47] Die tatsächliche Ableistung der »Arbeitspflicht« hing in hohem Maße vom Grad der sozialen Kontrolle, z. B. durch den Gemeindevorsteher, und den konkreten Verhältnissen am Arbeitsort ab. Für einen »Dienstverpflichteten« in Polen oder der Ukraine bedeutete die Arbeit einen Schutz vor der befürchteten Deportation in das Altreich;[48] für einen nach Bor »dienstverpflichteten« Serben war die dortige Arbeit hingegen »mehr als Gefängnis«[49] und konnte Anlass für eine Arbeitsmeldung ins Reich sein.

Terrormaßnahmen: Die berüchtigten Razzien und »Menschenjagden«, bei denen ab 1941 Menschen ohne Ansehen des Alters, der Gesundheit oder des Geschlechts zur Deportation in das Reich verschleppt wurden, prägten das Bild der deutschen Gewaltherrschaft im Generalgouvernement bis zum Ende der Besatzungszeit und sorgten in hohem Maß dafür, dass die Arbeitsverwaltung zu den am meisten verhassten Institutionen des Besatzungsregimes zählte.[50] Die Besatzer schreckten auch nicht da vor zurück, die Geiselnahme ganzer Familien und ggf. deren Deportation ins Reich anzuordnen, um ihren Erfassungsauftrag zu erfüllen.[51] Derlei Maßnahmen, die auch unter den Besatzern selbst umstritten waren, offenbarten in ihrem Irrsinn die Unfähigkeit des Regimes, seine überzogenen wirtschaftlichen Pläne an die real gegebenen Verhältnisse anzupassen. Sie waren allerdings zunächst nicht Ausdruck einer gezielten Entvölkerungsstrategie, wie sie bereits in den besetzten sowjetischen Gebieten zur Bekämpfung der Partisanen angewandt wurde. Erst in der Schlussphase der Besatzung ab 1944 wurde diese Politik der »verbrannten Erde« zunehmend auch nach Polen übertragen und setzte hier das Fanal einer gesellschaftlichen Auflösung, der nicht nur Zehntausende in den Städten, sondern in manchen Regionen bis zu 85 Prozent der ländlichen Bevölkerung zum Opfer fielen.[52]

Bei der Partisanenbekämpfung in Serbien gab es Verschleppungen der männlichen Bevölkerung ins Reich, die allerdings nicht die Dimension der Deportationen in Polen erreichten. Stattdessen etablierte die Militärverwaltung eine Reihe von Straflagern im Lande, aus denen die Opfer für die systematisch durchgeführten Geiselerschießungen und Repressalien bestimmt wurden. Misshandlungen und Todesfälle in den Arbeits-

---

47 Vgl. Janjetović, Arbeitskräfterekrutierung, S. 338 ff.; Linne, Arbeitsverwaltung, S. 127.
48 Vgl. Seidel, Arbeitseinsatz und Zwangsarbeit, S. 283.
49 Zitat nach Janjetović, a. a. O., S. 425.
50 Vgl. Linne, Arbeitsverwaltung, S. 69, 103 ff.; ders., Sklavenjagden, S. 212, 233 ff., 301.
51 Vgl. Linne, Arbeitsverwaltung, S. 169; ders., Sklavenjagden, S. 218, 237 ff.
52 Vgl. Seidel, Arbeitskräfteerfassung, S. 165.

lagern der Bergwerke und die Verhängung willkürlicher Zwangsarbeitsstrafen, insbesondere durch die Organisation Todt, waren an der Tagesordnung. Sie entsprachen dem allgemeinen politischen Muster der Einschüchterung und Abschreckung, belegten zugleich aber auch den tatsächlichen Kontrollverlust des Militärbefehlshabers und des GBW über die Entwicklung im Lande.[53] In den letzten Monaten der Besatzung versuchten die Besatzer, trotz der Partisanengefahr die Produktion in den Bergwerksbetrieben aufrecht zu erhalten, unter anderem durch den Einsatz von etwa 12.000 italienischen Militärinternierten, die offenbar sehr grausam behandelt wurden.[54] Die Auflösung der Belegschaften war angesichts der schnellen Niederlage der Wehrmacht auf dem Balkan allerdings nicht mehr zu verhindern; für eine erzwungene »Rückführung« größerer Arbeitergruppen war im Chaos des Untergangs keine Zeit.

Gemeinsamkeiten wie Unterschiede der Steuerungsversuche in der Arbeitskräftepolitik der drei Besatzungsregionen machen deutlich, dass die Entwicklung in diesem Politikfeld nicht als linear verlaufender und nur eingeschränkt als phasenabhängiger Radikalisierungsprozess zu deuten ist. Abgesehen von der kurz andauernden, aus Sicht der Besatzer erfolgreichen, Zeit »freiwilliger« Anwerbungen war die Rekrutierung von Arbeitskräften durchwegs von der Androhung oder Anwendung von Gewalt begleitet. Die Art und Intensität der eingesetzten Methoden variierten in Abhängigkeit von den politischen Prioritäten und organisatorischen Machtmitteln der Besatzer, die häufig zugleich auf den »sanften« Zwang administrativer Anweisungen und auf den Erfolg terroristischer Aktionen setzten. Die Tendenz zur gewaltsamen Eskalation in der Vorgehensweise der Arbeitsverwaltungen entsprach der auf Ausbeutung angelegten Besatzungsherrschaft und war ein sichtbares Zeichen der organisatorischen Überforderung. Im Wechsel von zurücknehmendem Taktieren und ungehemmter Aggression traten sowohl die Interessenskonflikte zwischen den Herrschaftsträgern zu Tage, wie auch die unbewältigten Folgen einer strategisch frühzeitig gescheiterten Kriegsführung, die durch das »Mikromanagement« der regionalen und lokalen Akteure nicht aufzufangen oder gar auszugleichen waren. Bei der Erfüllung der unrealistischen Rekrutierungsvorgaben aus Berlin gerieten die Arbeitsverwaltungen so bald in Rückstand und auch der »planmäßige« Einsatz von Arbeitskräften in den Besatzungsgebieten war mehrheitlich eher ein System improvisierter Aushilfen denn die Umsetzung einer auf effiziente Ressourcennutzung ausgerichteten Strategie.

Im Vergleich fällt auf, dass die höhere Bürokratisierung Polens und die größere Anzahl der verfügbaren Polizeikräfte den Besatzern einen kontinuierlicheren und umfassenderen Zugriff auf die Bevölkerung erlaubte, während in Serbien allenfalls durch die lokale Kooperation zwischen Besatzern, Kollaborationsbehörden und Arbeitgebern eine halbwegs kontinuierliche Lenkung des Arbeitsaufkommens realisiert wer-

---

53 Vgl. Janjetović, Arbeitskräfterekrutierung, S. 399, 420 ff.
54 Vgl. Janjetović, a. a. O., S. 410, 415, 422.

den konnte. Die mangelhafte Koordination zwischen den verschiedenen Handlungsebenen der Besatzer eröffnete jedoch individuelle Handlungsmöglichkeiten für die betroffene Zivilbevölkerung: Polnische Bürger unterliefen die administrative Erfassung, indem sie sich durch häufigen Wohnortswechsel oder das Fälschen von Dokumenten für die Behörden »unauffindbar« machten, sofern sie nicht durch die Beteiligung am organisierten Widerstand oder eine permanente Arbeitsmobilität eine Existenz im Schatten der offiziellen, von der Besatzungsmacht kontrollierbaren, Arbeitswelt führten.[55] Für viele Serben war das Fernbleiben von der Einberufung zur Zwangsarbeit oder aber die Flucht vom Arbeitsplatz angesichts der Schwäche der serbischen Staatsmacht eine wirksame Möglichkeit des Widerstands, der zudem durch die rasch erstarkende Partisanenbewegung gefördert wurde.[56] In beiden Ländern gab es Formen des gewaltsamen Widerstands, der sich in Anschlägen auf Einrichtungen der Besatzungsmacht und Tötungen von Exponenten des Regimes bzw. der Kollaborationsregierung äußerte. Die spektakulären Mordanschläge auf Leiter von Arbeitsämtern in Polen oder die in beiden Ländern verbreiteten Angriffe auf einheimische Vertreter der Kommunalverwaltungen zogen verstärkte Repressalien der Besatzer nach sich, ohne die Handlungsfähigkeit des Regimes nachhaltig einzuschränken.[57]

Die Herrschaftspraxis in den drei Besatzungsregionen spiegelte die Gleichzeitigkeit und Widersprüchlichkeit der Ziele, Methoden und Handlungen der Besatzer wieder, zu denen sich wiederum die Einheimischen je nach ihrer gesellschaftlichen Stellung und ihren Möglichkeiten verhalten mussten. Aufgrund der unterschiedlichen politischen und militärischen Entwicklung in Polen und Serbien waren die Interaktionsmuster zwischen Tätern und Betroffenen zumeist von örtlichen und situativen Handlungsbedingungen geprägt und daher nur bedingt vergleichbar. Als ein auffälliges gemeinsames Merkmal wurde immer wieder die Abhängigkeit der Arbeitskräftepolitik von den Zielen eines auf politische Dominanz und kurzfristige wirtschaftliche Verwertung ausgerichteten Besatzungsregimes deutlich, dass zur Korrektur von politischen Fehlleistungen aufgrund seiner politischen Kultur und des Kriegsverlaufs nicht imstande war. Auf der anderen Seite war ebenso unübersehbar, dass die Mehrheit der arbeitsfähigen Bevölkerung zur Sicherung ihrer Überlebenschancen für das Kriegswirtschaftssystem des »Dritten Reichs« in der einen oder anderen Weise verfügbar sein musste. Der integrative Stellenwert von Erwerbsarbeit für den Zusammenhalt einer auch nur rudimentären nationalen Gesellschaft blieb selbst unter den Bedingungen gewaltsamer Fremdsteuerung ungebrochen. Dies belegte nicht zuletzt die relativ erfolgreiche Organisation nationaler »Aufbaudienste« nach dem Modell der Deutschen Arbeitsfront in

---

55 Vgl. Linne, Sklavenjagden, S. 94 ff.
56 Vgl. Janjetović, Arbeitskräfterekrutierung, S. 440, zu den unterschiedlichen Überlebensstrategien siehe auch Rutar, Arbeit und Überleben, S. 131 ff.
57 Vgl. Linne, Sklavenjagden, S. 303 ff.; Janjetović, Arbeitskräfterekrutierung, S. 327.

Serbien (»NSOS«) und ansatzweise auch in Polen (»Pflichtarbeit«), in der wirtschaftliche, ideologisch-propagandistische und pädagogische Zielsetzungen zusammengeführt wurden.[58] In mancher Hinsicht blieben zudem die formalrechtlichen Beziehungen zwischen Arbeitskräften und Okkupationsmacht jenseits der vorherrschenden Willkür auch weiterhin wirksam.[59] Trotz des enormen Machtgefälles waren so Besatzer und Unterworfene an ein Zwangssystem wirtschaftlicher Reproduktion gebunden, das erst von außen – durch die militärische Zerschlagung des nationalsozialistischen Herrschaftsbereichs – endgültig aufgelöst werden konnte.

4. Fazit

Die zwangsweise Mobilisierung von Millionen Arbeitskräften aus den europäischen Besatzungsgebieten für die deutsche Kriegswirtschaft zählte zu den zentralen Voraussetzungen für die Kriegsführung des NS-Regimes im Zweiten Weltkrieg. Vor allem die Beatzungsgebiete in Ost- und Südosteuropa waren durch Deportationen von Arbeitskräften in das Reichsgebiet, sowie durch Zwangsrekrutierungen für die einheimische Industrie und für militärische Bauprojekte betroffen. Den Arbeitsverwaltungen kam hierbei eine Schlüsselrolle bei der »Erfassung« der Arbeitskräfte und ihrer Zuweisung zum »Arbeitseinsatz« zu. Gleichwohl gestalteten sie die Arbeitskräftepolitik nicht aus eigener Machtbefugnis, vielmehr war diese das Resultat eines Entscheidungsprozesses, in dem unterschiedliche, teilweise gegenläufige, Zielsetzungen und institutionelle Interessen zwischen dem Reich und den Besatzungsgebieten, aber auch zwischen den verschiedenen regionalen Herrschaftsträgern vermittelt werden mussten. Allerdings vermochte das NS-Regime nicht die Widersprüche zwischen einer vorrangig auf die Kriegsproduktion des Reichs ausgerichteten Wirtschaftssteuerung und der notwendigen Integration der Besatzungsgebiete in den Rahmen einer europäischen »Großraumwirtschaft« auszugleichen. Die Arbeitsverwaltungen gerieten gegenüber ihren Planungen frühzeitig in Verzug und konnten zu keinem Zeitpunkt eine umfassende Kontrolle über den Arbeitsmarkt in den jeweiligen Besatzungsgebieten ausüben. Mit den von ihnen organisierten Zwangsvermittlungen bewirkten sie eine gewisse Kontinuität der Wirtschaftsleistung in den unterworfenen Ländern und trugen zugleich maßgeblich zur Destabilisierung der deutschen Besatzungsherrschaft bei.

Durch den Vergleich zwischen den Besatzungsregimen in Polen und Serbien war es möglich, strukturelle Grenzen wie auch radikalisierende Einflüsse in der Arbeitskräftepolitik näher zu bestimmen und die Rolle der Arbeitsverwaltungen als Agenturen der kriegswirtschaftlichen »Ausbeutungsstrategie« differenzierter zu beschreiben:

---

58   Vgl. Linne, Arbeitsverwaltung, S. 126 f.; Janjetović, Arbeitskräfterekrutierung, S. 431 ff.
59   Vgl. Rutar, Arbeit und Überleben, S. 120.

Die unterschiedliche Organisation der Besatzungsherrschaft hatte auf die Arbeitskräftepolitik nur geringen Einfluss, da die wesentlichen Prämissen für ihre Entwicklung in der kurzfristig maximierten kriegswirtschaftlichen Nutzung der jeweiligen Landesressourcen und dem nicht aufzulösenden Gegensatz zwischen den Arbeitskräfteanforderungen aus dem Reich und dem Bedarf der einheimischen Wirtschaft in den Besatzungsgebieten gegeben waren. Politisch-ideologische Herrschaftsziele wie etwa die »volkstumspolitische« Neuordnung des Warthelandes oder die Reduktion des Generalgouvernements auf ein bloßes »Arbeiterreservoir« des Reichs wurden an die kriegswirtschaftliche Situation nach dem Scheitern des Feldzugs gegen die Sowjetunion angepasst, ohne dass jedoch die auf Androhung oder Anwendung von Zwangsgewalt beruhenden Verfahren der Arbeitskräfterekrutierung verändert wurden. Die Priorität wirtschaftlicher Erwägungen bedingte die grundsätzliche Kooperation zwischen den Besatzungsorganen, auch wenn eigenmächtige Vorgehensweisen und wechselnde Zuständigkeiten zu zahlreichen bürokratischen Konflikten zwischen den NS-Herrschaftsträgern führten.

In den polnischen Besatzungsregionen, in denen sie mit einem starken Apparat vertreten waren, bestimmten die deutschen Arbeitsverwaltungen in Absprache mit den regionalen Vertretern des NS-Regimes weitgehend die Praxis der Arbeitskräfterekrutierung und -vermittlung, zumal auch deutsche Institutionen wie z. B. die Wehrmacht vielfach selbst als Arbeitgeber tätig waren. Dagegen überließen die deutschen Besatzer in Serbien zumeist der Kollaborationsregierung und -verwaltung die Organisation der »Dienstverpflichtungen« und die Gestellung der Arbeitskontingente für kriegswichtige Betriebe und deutsche Besatzungseinrichtungen. Die serbischen Kräfte hatten einen gewissen Handlungsspielraum bei der Auswahl der Arbeitspflichtigen und der sozialen Betreuung von »Vertragsarbeitern« im Reich; sie konnten allerdings das Ausmaß der Belastung für die Bevölkerung nicht abschwächen und den Schutz der von Zwangsarbeit Betroffenen zumeist nicht gewährleisten. Letztlich erwiesen sich die Versuche der Besatzungsmacht, den regionalen »Arbeitseinsatz« mit einer Mischung aus ökonomischen Anreizen und Zwangsmitteln zu steuern, in beiden Ländern als unzulänglich, sie veranlassten vielmehr die Bevölkerung zu verstärkter Flucht auf das Land oder zu den Partisanen. Bedingt durch die unterschiedlichen Handlungsoptionen und Überlebensstrategien der Betroffenen war die Beschäftigungspraxis in Polen wie in Serbien durch die Vielfalt von formell »freiwilligen«, d. h. vor allem auf ökonomischen Abhängigkeiten beruhenden, oder administrativ erzwungenen Beschäftigungsverhältnissen sowie von der hohen Fluktuation bei den Arbeitsstellen gekennzeichnet. Ökonomische Zwänge entfalteten hierbei teilweise eine ähnliche Wirkungsmacht wie unmittelbare Gewalt – so bestand etwa eine »freiwillige« Arbeitsmigration aus Serbien wie auch aus Polen in das Reich bis beinahe zum Ende der Besatzungszeit.

Der Verlauf der Arbeitskräftepolitik im besetzten Polen und in Serbien wurde nicht primär vom vermeintlichen Gegensatz zwischen rassistischen und ökonomischen Zielen bestimmt, sondern vielmehr von den selbstgeschaffenen politischen und ökonomischen Zwängen, den der deutschen Seite zur Verfügung stehenden Machtmitteln und nicht zuletzt der Infrastruktur des jeweiligen Landes. Bei der Durchsetzung ihrer Ziele waren die Besatzer dann erfolgreich, wenn es ihnen gelang, ihre Ressourcen für zeitlich und lokal begrenzte Aktionen zu mobilisieren oder ihre Verfügungsgewalt über die Lebensmöglichkeiten der Bevölkerung kontinuierlich zur Geltung zu bringen. Die scheinbare Überlegenheit organisierter Gewalt fand jedoch dort ihre Grenze, wo sie nicht auf die bereits etablierten Strukturen und ökonomischen Aneignungsmöglichkeiten einer industrialisierten und bürokratisierten Gesellschaft zurückgreifen konnte, sondern sich mit traditionalen Produktions- und Reproduktionsweisen zu arrangieren hatte. Insofern boten die subsistenzwirtschaftlich ausgerichteten Regionen im ländlichen Polen und Serbien gerade wegen ihrer Modernisierungsdefizite eher soziale Schutzräume als die Städte und industriellen Zentren in diesen Ländern. Gleichwohl darf nicht übersehen werden, dass auf dem Land wie in der Stadt der überwiegende Teil der Einheimischen aus wirtschaftlichen und sozialen Gründen nicht mobil war und daher dem terroristischen Zugriff der Besatzer, aber auch dem Druck durch die Partisanen ausgesetzt blieb. Bei der Hinnahme der Besatzungsherrschaft wie beim Versuch der gewaltsamen Befreiung – die zivile Bevölkerung zahlte in jedem Fall einen hohen Preis.

Abkürzungsverzeichnis

AAN	Archiwum Akt Nowych, Warszawa
AJ	Arhiv Jugoslavije, Beograd
AOK	Armeeoberkommando
API	Archiwum Państwowe w Bydgoszczy Oddział w Inowrocławiu
APK	Archiwum Państwowe w Krakowie
APLo	Archiwum Państwowe w Łodzi
APLu	Archiwum Państwowe w Lublinie
APP	Archiwum Państwowe w Poznaniu
APR	Archiwum Państwowe w Radomiu
APW	Archiwum Państwowe m. st. Warszawy
BAB	Bundesarchiv Berlin
BABay	Bundesarchiv Außenstelle Bayreuth – Lastenausgleichsarchiv
BAK	Bundesarchiv Koblenz
BAL	Bundesarchiv, Außenstelle Ludwigsburg
BA-MA	Bundesarchiv-Militärarchiv Freiburg
CdZ	Chef der Zivilverwaltung
DALO	Derzhavnyi arkhiv L'vivs'koi oblasti
Doc. Occ.	Documenta Occupationis
DTB	Diensttagebuch
DVL	Deutsche Volksliste
DWM	Deutsche Waffen- und Munitionsfabriken, Posen
EWZ	Einwandererzentralstelle
GBA	Generalbevollmächtigter für den Arbeitseinsatz
GG	Generalgouvernement
HASAG	Hugo Schneider AG, Leipzig
HSSPF	Höherer SS- und Polizeiführer
IfZ	Institut für Zeitgeschichte, München
IPN	Instytut Pamięci Narodowej, Warszawa
IZP	Instytut Zachodni, Poznań
JHI	Jüdisches Historisches Institut Warschau
KTB	Kriegstagebuch
LAA	Landesarbeitsamt
NSOS	Nacionalna služba za obnovu Srbije [Nationaler Dienst zur Erneuerung Serbiens]
NV	Novo vreme, Beograd
OKH	Oberkommando des Heeres
OKW	Oberkommando der Wehrmacht
ORR	Oberregierungsrat

OT	Organisation Todt
PB	Proces Bühlera
PG	Proces Greisera
RGBl.	Reichsgesetzblatt
RKF	Reichskommissar für die Festigung deutschen Volkstums
RSHA	Reichssicherheitshauptamt
RuSHA	Rasse- und Siedlungshauptamt
SD	Sicherheitsdienst der SS
SDS	Serbische Staatswache
Sipo	Sicherheitspolizei
SS	Schutzstaffel
SSPF	SS- und Polizeiführer
StaN	Staatsarchiv Nürnberg
USHMM	United States Holocaust Memorial Museum, Washington
UWZ	Umwandererzentralstelle
VA-NA	Vojni arhiv Srbije – Nedić Archiv, Beograd
VOBlGG	Verordnungsblatt
WVHA	Wirtschafts- und Verwaltungshauptamt
YVA	Yad Vashem Archives, Jerusalem

Ungedruckte Quellen

Archiwum Akt Nowych, Warszawa (AAN)
111	Regierung des Generalgouvernements
1335	Niemieckie władze okupacyjne 1939–1945

Archiwum Państwowe w Bydgoszczy Oddział w Inowrocławiu (API)
56	Akta Miasta Gniewkowa, II cz.
549	Landratsamt Hohensalza
550	Amtsgericht Dietfurt
552	Amtsgericht Mogilno
554	Stammlager-Strafanstalt Hohensalza

Archiwum Państwowe w Krakowie (APK)
33	Akta Miasta Krakowa, Starosta Miasta Krakowa
426	Akta niemieckich władz, instytucji i osób z czasów okupacji hitlerowskiej – zbiór szczątków zespołów
1576	Akta poniemieckie

Archiwum Państwowe w Łodzi (APLo)
176	Regierungspräsident Litzmannstadt
201	Stapostelle Litzmannstadt
202	Stapostelle Litzmannstadt, Aussendienststelle Schieratz
203	Kriminalpolizeistelle Litzmannstadt
205	Einwandererzentralstelle Litzmannstadt
206	Umwandererzentralstelle Posen, Dienststelle Litzmannstadt
216/I	Reichsstraßenbauamt Litzmannstadt
217	Arbeitsamt Litzmannstadt
220/I	NSDAP, Kreisleitung Litzmannstadt
220/VI	Volksdeutsche Mittelstelle, Einsatzstab Litzmannstadt
221/VII	Akta miasta Lodzi (Stadtverwaltung Litzmannstadt – Allgemeine Verwaltung)
221/IX	Akta miasta Lodzi (Stadtverwaltung Litzmannstadt – Ghettoverwaltung)
278	Der »Älteste der Juden« in Litzmannstadt-Ghetto

Archiwum Państwowe w Lublinie (APLu)
498	Amt des Distrikts Lublin
499	Stadthauptmannschaft in Lublin
501	Kreishauptmannschaft Lublin-Land
502	Kreishauptmannschaft Pulawy

508	Arbeitsamt Chelm
509	Arbeitsamt Lublin
513	Umwandererzentralstelle Posen – Zweigstelle Zamosc
515	Polizeibataillon Zamosc

Archiwum Państwowe w Poznaniu (APP)

282	Strafanstalt Rawitsch
298	Chef der Zivilverwaltung Posen
299	Reichsstatthalter
301	Gauselbstverwaltung
304	SS-Ansiedlungsstab Posen
305	Sicherheitsdienst Posen
449	Landratsamt Grätz
450	Landratsamt Jarotschin
456	Landratsamt Kosten
457	Landratsamt Krototschin
458	Landratsamt Lissa
465	Landratsamt Schrimm
468	Landratsamt Wollstein
800	Volksdeutsche Mittelstelle Posen
888/7	Gauleitung Wartheland der NSDAP
944	Majątek Krucz-Goraj – Hochbergowie
1008	Befehlshaber der Ordnungspolizei im Reichsgau Wartheland
1009	Umwandererzentralstelle Posen
1016	Gendarmerie Kreis Grätz
1018	Gendarmerie Kreis Kalisch
1023	Staatspolizeileitstelle Posen
1026	Polizeipräsidium Posen
1235	Gendarmerie Kreis Schrimm

Archiwum Państwowe w Radomiu (APR)

208	Kreishauptmann Radom-Land
209	Gouverneur des Distrikts Radom
251	Akta Gminy Kozienice
379	Arbeitsämter im Distrikt Radom
399	Sondergericht Radom
1192	Zbiór plakatów okupacyjnych

Archiwum Państwowe m. st. Warszawy (APW)

482	Amt des Gouverneurs des Distrikts Warschau

486	Kreishauptmannschaft Warschau-Land
489	Kreishauptmannschaft Ostrów
491	Kreishauptmannschaft Lowicz-Skierniewice

Arhiv Jugoslavije, Beograd (AJ)

54	Staatskommission für Kriegsschäden
110	Staatskommission zu Feststellung der Verbrechen der Okkupanten und ihrer Helfer

Bundesarchiv Berlin (BAB)

NS 2	Rasse- und Siedlungshauptamt der SS
NS 5 VI	Deutsche Arbeitsfront, Arbeitswissenschaftliches Institut
NS 6	Partei-Kanzlei der NSDAP
NS 19	Persönlicher Stab des Reichsführers-SS
NS 47	Allgemeine SS, SS-Oberabschnitte und SS-Abschnitte
R 2	Reichsfinanzministerium
R 3	Reichsministerium für Rüstung und Kriegsproduktion
R 5	Reichsverkehrsministerium
R 6	Reichsministerium für die besetzten Ostgebiete
R 11	Deutscher Industrie- und Handelstag/Reichswirtschaftskammer
R 19	Hauptamt Ordnungspolizei
R 26 I	Beauftragter für den Vierjahresplan (Zentrale)
R 26 IV	Beauftragter für den Vierjahresplan, Geschäftsgruppe Ernährung
R 26 VI	Beauftragter für den Vierjahresplan, Generalbevollmächtigter für die Wirtschaft in Serbien
R 43 II	Reichskanzlei
R 49	Reichskommissar für die Festigung des deutschen Volkstums
R 52 II	Regierung des Generalgouvernements, Kanzlei des Generalgouverneurs
R 52 III	Regierung des Generalgouvernements, Hauptabteilung Innere Verwaltung
R 52 IV	Regierung des Generalgouvernements, Institut für deutsche Ostarbeit
R 52 VI	Regierung des Generalgouvernements, Hauptabteilung Wirtschaft
R 58	Reichssicherheitshauptamt
R 59	Volksdeutsche Mittelstelle
R 69	Einwandererzentralstelle Litzmannstadt
R 70 Polen	Polizeidienststellen in Polen
R 75	Umwandererzentralstelle Posen
R 102 I	Gouverneur des Distrikts Warschau
R 102 II	Gouverneur des Distrikts Lublin
R 102 III	Gouverneur des Distrikts Radom
R 102 IV	Gouverneur des Distrikts Krakau

R 138 II	Behörden der allgemeinen inneren Verwaltung und der kommunalen Selbstverwaltung in den Reichsgauen Danzig-Westpreußen und Wartheland
R 1501	Reichsministerium des Innern
R 2501	Deutsche Reichsbank
R 3001	Reichsjustizministerium
R 3012	Reichsjustizprüfungsamt
R 3601	Reichsministerium für Ernährung und Landwirtschaft
R 3901	Reichsarbeitsministerium
R 3903	Reichsanstalt für Arbeitsvermittlung und Arbeitslosenversicherung
R 4601	Generalinspektor für das deutsche Straßenwesen
R 8034 II	Reichslandbund, Presseausschnittsammlung
R 8150	Reichsvereinigung der Juden in Deutschland
DO 1	Ministerium des Innern
N 2313	Nachlass Friedrich Uebelhoer

Personenbezogenes Material
Filmsammlung

Bundesarchiv Außenstelle Bayreuth – Lastenausgleichsarchiv (BABay)
Ost-Dok. 8   Berichte von Persönlichkeiten des öffentlichen Lebens aus den Gebieten östlich von Oder und Neiße 1919–1945
Ost-Dok. 13 Berichte aus dem ehemaligen Generalgouvernement

Bundesarchiv Koblenz (BAK)
Kleine Erwerbungen 709
Kleine Erwerbungen 804

ZSg. 122	Zeitgeschichtliche Sammlung Krannhals
N 1410	Nachlass Friedrich Wilhelm Krüger
N 1681	Nachlass Gerhard Scheffler

Bundesarchiv Außenstelle Ludwigsburg (BAL)
B 162   Zentrale Stelle der Landesjustizverwaltungen in Ludwigsburg
Dokumentensammlung Polen
LO Verschiedenes

Bundesarchiv-Militärarchiv, Freiburg i. Br. (BA-MA)
RH 2	Chef des Truppenamtes/Generalstabes des Heeres
RH 4	Chef des Transportwesens
RH 15	Oberkommando des Heeres, Allgemeines Heeresamt
RH 20–8	Armeeoberkommando der 8. Armee
RH 20–14	Armeeoberkommando der 14. Armee

RH 53–23	Militärbefehlshaber im Generalgouvernement
RW 4	Wehrmachtführungsstab
RW 19	Chef des Wehrwirtschafts- und Rüstungsamtes
RW 20–21	Rüstungsinspektion XXI (Posen)
RW 21–4	Rüstungskommando Berlin III
RW 21–39	Rüstungskommando Litzmannstadt
RW 21–49	Rüstungskommando Posen
RW 23	Rüstungsdienststellen im Generalgouvernement
RW 29	Wehrwirtschaftsstab Südost
RW 40	Territoriale Befehlshaber in Südosteuropa
RW 46	Dienststellen des Wehrwirtschafts- und Rüstungsamtes bei Stäben des Heeres und für besondere Aufgaben

Derzhavnyi arkhiv L'vivs'koi oblasti (DALO)

R 35	Gouverneur des Distrikts Galizien
R 37	Stadthauptmann Lemberg
R 39	Abteilung Arbeit im Distrikt Galizien
R 54	Informationsbüro zur Arbeiteranwerbung
R 1942	Sicherheitspolizei Drohobycz
R 1951	Stadtverwaltung Drohobycz
R 2042	Kreishauptmann Drohobycz

Diplomatski arhiv, Beograd
Politisches Archiv

Institut für Zeitgeschichte, München (IfZ)
Verschiedene Bestände

Instytut Pamięci Narodowej, Warszawa (IPN)

62	Reichsstatthalter Warthegau
68	Umwandererzentralstelle Posen
69	Umwandererzentralstelle Litzmannstadt
94	Regierung des Generalgouvernements
105	Kommandeur der Sicherheitspolizei Radom
164	Akta Głównej Komisji Badania Zbrodni Hitlerowskich w Polsce
196	Najwyzszy Trybunal Narodowy, Procesa Bühlera bzw. Greisera
642	Einwandererzentralstelle Litzmannstadt

Instytut Zachodni, Poznań (IZP)
Diverse Dokumente

Jüdisches Historisches Institut, Warschau [Żydowski Instytut Historyczny] (JHI)
221 Rada Zydowska w Warszawie
Ring I Archiwum Ringelbluma

Politisches Archiv des Auswärtigen Amtes, Berlin (PA-AA)
B 86, R 48696, R 48697, R 60691, R 60692

Staatsarchiv Nürnberg (StaN)
Rep. 502 Kriegsverbrecherprozesse – Anklage

United States Holocaust Memorial Museum, Washington (USHMM)
RG-11.001 M.22 Verwaltungs- und Justizeinrichtungen in den besetzten Gebieten
RG-11.001 M.76 Waffen-SS, Fürsorge- und Versorgungsstellen
RG-14.015 M Persönlicher Stab des Reichsführers-SS
RG-15.007 M Reichssicherheitshauptamt
RG-15.015 M Umwandererzentralstelle Posen
RG-15.020 M Akten aus dem polnischen Staatsarchiv in Tarnów
RG-15.068 M Akten des Kreishauptmannes in Zamosc

Vojni arhiv Srbije, Beograd (VA-NA)
Nedić Archiv

Yad Vashem Archives, Jerusalem (YVA)
Verschiedene Bestände

Literaturverzeichnis

Abfahrt ins Ungewisse. Drei Polen berichten über ihre Zeit als Zwangsarbeiter im Volkswagenwerk von Herbst 1942 bis Sommer 1945 (Historische Notate, Heft 9), Wolfsburg 2004

Jolanta Adamska, Działalność urzędów pracy dystryktu warszawskiego w zakresie werbunku robotników przymusowych do Rzeszy, in: Studia Warszawskie, 23 (1975) 4, S. 193–223

Wilhelm Adamy/Eckart Reidegeld, 60 Jahre Arbeitslosenversicherung in Deutschland, Teil III: Nationalsozialistische Arbeitsmarktlenkung, in: Soziale Sicherheit, 37 (1988) 2, S. 38–43

Michael Alberti, »Exerzierplatz des Nationalsozialismus«. Der Reichsgau Wartheland 1939–1941, in: Klaus-Michael Mallmann/Bogdan Musial (Hg.), Genesis des Genozids. Polen 1939–1941, Darmstadt 2004

Michael Alberti, Die Verfolgung und Vernichtung der Juden im Reichsgau Wartheland, Wiesbaden 2006

Dragan Aleksić, Privreda Srbije u Drugom svetskom ratu, Beograd 2002

Götz Aly, Bevölkerungspolitische Selektion als Mittel der sozialen »Neuordnung«, in: Norbert Frei/Hermann Kling (Hg.), Der nationalsozialistische Krieg, Frankfurt a. M./New York 1990, S. 137–145

Götz Aly/Susanne Heim, Vordenker der Vernichtung. Auschwitz und die deutschen Pläne für eine neue europäische Ordnung, Hamburg 1991

Götz Aly, »Endlösung«. Völkerverschiebung und der Mord an den europäischen Juden, Frankfurt a. M. 1995

Amtliche Mitteilungen der Abteilung Arbeit beim Reichsstatthalter im Warthegau, 1 (1940)

Amtliche Mitteilungen der Abteilung Arbeit beim Reichsstatthalter im Warthegau, 2 (1941)

Amtliche Mitteilungen der Abteilung Arbeit beim Reichsstatthalter im Warthegau, 4 (1943)

Amtliche Mitteilungen der Abteilung Arbeit beim Reichsstatthalter im Warthegau, 5 (1944)

Der Arbeitseinsatz im Reichs-Gau Wartheland. Mitteilungsblatt der Abteilung Arbeit beim Reichsstatthalter in Posen, Fachgebiet Landesarbeitsamt, Jg. 1941/42

Jochen August, Die Entwicklung des Arbeitsmarkts in Deutschland in den 30er Jahren und der Masseneinsatz ausländischer Arbeitskräfte während des Zweiten Weltkrieges, in: Archiv für Sozialgeschichte, Bd. 24 (1984), S. 305–353

Živko Avramovski, Treći rajh i borski rudnik, Bor 1975

Jörg Baberowski/Anselm Doering-Manteuffel, Ordnung durch Terror. Gewaltexzesse und Vernichtung im nationalsozialistischen und stalinistischen Imperium, Bonn 2006

Klaus J. Bade, Arbeitsmarkt, Bevölkerung und Wanderung in der Weimarer Republik, in: Michael Stürmer (Hg.), Die Weimarer Republik, Königstein/Ts. 1980, S. 160–187

Klaus J. Bade, »Billig und willig« – die »ausländischen Wanderarbeiter« im kaiserlichen Deutschland, in: ders. (Hg.), Deutsche im Ausland – Fremde in Deutschland. Migration in Geschichte und Gegenwart, München 1992, S. 311–324

Johannes Bähr/Ralf Banken (Hg.), Das Europa des »Dritten Reichs«. Recht, Wirtschaft, Besatzung. Frankfurt a. M. 2005

Frank Bajohr, Parvenüs und Profiteure. Korruption in der NS-Zeit, Frankfurt a. M. 2001

Peter W. Becker, Fritz Sauckel – Generalbevollmächtigter für den Arbeitseinsatz, in: Ronald Smelser/Rainer Zitelmann (Hg.), Die braune Elite. 22 biographische Skizzen, Darmstadt 1989, S. 236–245

Steffen Becker, Von der Werbung zum »Totaleinsatz«. Die Politik der Rekrutierung von Arbeitskräften im »Protektorat Böhmen und Mähren« für die deutsche Kriegswirtschaft und der Aufenthalt tschechischer Zwangsarbeiter und -arbeiterinnen im Dritten Reich 1939–1945, Berlin 2005

Wolfgang Benz/Johannes Houwink ten Cate/Gerhard Otto (Hg.), Anpassung – Kollaboration – Widerstand. Kollektive Reaktionen auf die Okkupation, Berlin 1996

Wolfgang Benz/Johannes Houwink ten Cate/Gerhard Otto (Hg.), Die Bürokratie der Okkupation. Strukturen der Herrschaft und Verwaltung im besetzten Europa (Nationalsozialistische Besatzungspolitik im besetzten Europa 1939–1945, Bd. 4), Berlin 1998

Wolfgang Benz, Typologie der Herrschaftsformen in den Gebieten unter deutschem Einfluss, in: Ders./Johannes Houwink ten Cate/Gerhard Otto (Hg.), Die Bürokratie der Okkupation, S. 11–25

Wolfgang Benz, Zwangsarbeit im nationalsozialistischen Staat. Dimensionen – Strukturen – Perspektiven, in: Dachauer Hefte 16 (2000), H. 16., S. 3–17

Tatiana Berenstein, Obozy pracy przymusowej dla Żydow w dystrykcie lubelskim, in: Biuletyn Żydowskiego Instytutu Historycznego, Nr. 24 (1957), S. 3–20

Tatiana Berenstein, Praca przymusowa żydów w warszawie w czasie ocupacji hitlerowskiej, in: Biuletyn Żydowskiego Instytutu Historycznego, Nr. 45/46 (1963), S. 42–93

Bericht über die Tätigkeit der Ausweichstelle des Gauarbeitsamtes des Warthelandes von Ernst Kendzia vom 28.2.1945, in: Die Räumung des »Reichsgaus Wartheland« vom 16. bis 26. Januar 1945 im Spiegel amtlicher Berichte, Bearb. Joachim Rogall, Sigmaringen 1993, S. 41–42

Berliner Geschichtswerkstatt (Hg.), Zwangsarbeit in Berlin 1940–1945. Erinnerungsberichte aus Polen, der Ukraine und Weißrußland, Erfurt 2000

Werner Best, Grundfragen der deutschen Großraum-Verwaltung, in: Festgabe für Heinrich Himmler, Darmstadt 1941, S. 33–60

Dušan Biber, Nacizem in Nemci v Jugoslaviji, Ljubljana 1966
Zofia Bigorajska/Wladyslawa Pietruczuk-Kurkiewiczowa (Hg.), Gdy Bylismy Litera »P«, Warszawa 1968
Ruth Bettina Birn, Die Höheren SS- und Polizeiführer. Himmlers Vertreter im Reich und in den besetzten Gebieten, Düsseldorf 1986
Biuletyn Glownej Komisji Badania Zbrodni Hitlerowskich w Polsce, Bd. XII, Warszawa 1960
Biuletyn Glownej Komisji Badania Zbrodni Hitlerowskich w Polsce, Bd. XXI, Warszawa 1970
Biuletyn informacyjny, część I, przedruk roczników 1940–1941, Warszawa 2001
Biuletyn informacyjny, część II, przedruk roczników 1942–1943, Warszawa 2002
Peter Black, Odilo Globocnik – Himmlers Vorposten im Osten, in: Ronald Smelser/ Enrico Syring/Rainer Zitelmann (Hg.), Die braune Elite II. 21 weitere biographische Skizzen, Darmstadt 1993, S. 103–115
Thomas Blanke/Rainer Erd/Ulrich Mückenberger/Ulrich Stascheit (Hg.), Kollektives Arbeitsrecht. Quellentexte zur Geschichte des Arbeitsrechts in Deutschland, Bd. 2: 1933 bis zur Gegenwart, Reinbek 1975
Nachman Blumental (Hg.), Dokumenty i Materialy, Bd. 1: Obozy, Lodz 1946
Heinz Boberach (Hg.), Meldungen aus dem Reich. Die geheimen Lageberichte des Sicherheitsdienstes der SS 1938–1945, Herrsching 1984
Marius Bochniak, Einheitliches System von Lebensmittelkarten im Generalgouvernement 1941–1945, in: International Journal of Rationing, 1 (2009) 1, S. 1–32
Jochen Böhler, Auftakt zum Vernichtungskrieg. Die Wehrmacht in Polen 1939, Frankfurt a. M. 2006
Hans-Jürgen Bömelburg/Bogdan Musial, Die deutsche Besatzungspolitik in Polen 1939–1945, in: Wlodzimierz Borodziej/Klaus Ziemer (Hg.), Deutsch-polnische Beziehungen 1939–1945 – 1949, Osnabrück 2000, S. 43–111
Włodzimierz Bonusiak, Małopolska wschodnia pod rządami Trzeciej Rzeszy, Rzeszów 1990
Włodzimierz Bonusiak, Rekrutacja, rozmieszczenie i struktura polskich robotników przymusowych do pracy w Rzeszy, in: ders. (Hg.), Polscy robotnicy przymusowi w Trzeciej Rzeszy, Rzeszów 2005, S. 35–102
Milan Borković, Kontrarevolucija u Srbiji, II. Kvislinška uprava 1943–1944, (poglavlje: Mobilisanje radne snage iz Srbije za potrebe Nemačke u Drugom svetskom ratu), Beograd 1979, S. 59–73
Włodzimierz Borodziej, Terror und Politik. Terror und Politik. Die deutsche Polizei und die polnische Widerstandsbewegung im Generalgouvernement 1939–1944, Mainz 1999
Wlodzimierz Borodziej, Zur Debatte um Kollaboration in Polen im Zweiten Weltkrieg, in: Joachim Tauber (Hg.), »Kollaboration« in Nordosteuropa. Erscheinungsformen und Deutungen im 20. Jahrhundert, Wiesbaden 2006, S. 342–352

Lars Bosse, Volksdeutsche Umsiedler im »Reichsgau Wartheland« am Beispiel der Deutschen aus dem Baltikum, Magisterarbeit Kiel 1992

Branislav Božović/Milorad Vavić, Surova vremena na Kosovu i Metohiji. Kvislinzi i kolaboracija u Drugom svetskom ratu, Beograd 1991

Branka, in: Faschismus, 9 (1941) 1 vom 6.1.1941, S. 5–6

Branka – 17 Tote, in: Faschismus, 9 (1941) 6 vom 17.3.1941, S. 49

Werner Bross, Gespräche mit Hermann Göring während des Nürnberger Prozesses, Flensburg/Hamburg 1950

Martin Broszat, Nationalsozialistische Polenpolitik 1939–1945, Frankfurt a. M. 1965 (zuerst Stuttgart 1961)

Christopher R. Browning, Vernichtung und Arbeit. Zur Fraktionierung der planenden deutschen Intelligenz im besetzten Polen, in: Wolfgang Schneider (Hg.), »Vernichtungspolitik«. Eine Debatte über den Zusammenhang von Sozialpolitik und Genozid im nationalsozialistischen Deutschland, Hamburg 1991, S. 37–51

Christopher Browning, Nazi Germany's Initial Attempt to Exploit Jewish Labor in the General Government: The Early Jewish Work Camps 1940–41, in: Helge Grabitz/ Klaus Bästlein/Johannes Tuchel (Hg.), Die Normalität des Verbrechens, Berlin 1994, S. 171–185

Christopher R. Browning, Judenmord. NS-Politik, Zwangsarbeit und das Verhalten der Täter, Frankfurt a. M. 2001

Lutz Budraß, »Arbeitskräfte können aus der reichlich vorhandenen jüdischen Bevölkerung gewonnen werden.« Das Heinkel-Werk in Budzyn 1942–1944, in: Jahrbuch für Wirtschaftsgeschichte, (2004) T. 1, S. 41–64

»Bürokratien«. Initiative und Effizienz (Beiträge zur Geschichte des Nationalsozialismus, Bd. 17), Berlin 2001

Alfred Bues, Arbeitstagung über Ostfragen, in: Reichsarbeitsblatt, T. V, 22 (1942) 4 vom 5.2.1942, S. V 84-V 85

Andrzej Chmielarz, Deportacje obywateli polskich do pracy przymusowej w III Rzeszy, in: Andrzej Budzyński/Janusz Gmitruk (Hg.), Nowożytne niewolnictwo – prace przymusowe w III Rzeszy. Materiały z konferencji naukowej, Warszawa 1997, S. 55–61

Marek Jan Chodakiewicz, Between Nazis and Soviets. Occupation Politics in Poland, Lamham u. a. 2004

Enzo Colotti, Penetrazione economica e disgregazione statale: premesse e conseguenze dell' agressione nazista alla Jugoslavia, in: Života Anić u. a. (Hg.), The Third Reich and Yugoslavia 1933–1945, Belgrade 1977, S. 279–312

John Connelly, Nazis and Slavs: From Racial Theory to Racist Practice, in: Central European History, 32 (1999) 1, S. 1–33

Gustavo Corni, Hitler and the Peasants. Agrarian Policy of the Third Reich, 1930–1939, New York/Oxford/Munich 1990

Gustavo Corni/Horst Gies, Brot – Butter – Kanonen. Die Ernährungswirtschaft in Deutschland unter der Diktatur Hitlers, Berlin 1997

Leposava Cvijetić, The Ambitions and Plans of the Third Reich with regard to the Integration of Yugoslavia into its so-called Grosswirtschaftsraum), in: Života Anić u. a. (Hg.), The Third Reich and Yugoslavia 1933–1945, Belgrade 1977, S. 184–196

Bogdan Cybulski, Przenoszenie polskich jeńców wojennych na status cywilnych robotników przymusowych, in: Praca przymusowa w Trzeciej Rzeszy w latach II wojny światowej. Stan i potrzeby badawcze, Olsztyn 1979, S. 31–51

Szymon Datner, Wywóz ludności polskiej na roboty niewolnicze do niemiec, in: Biuletyn Głównej Komisji Badania Zbrodni Hitlerowskich w Polce, 16 (1967), S. 17–64

Emilia Denkiewicz-Szczepaniak, Polska siła robocza w Organizacji Todta w Norwegii i Finlandii w latach 1941–1945, Toruń 1999

Denkschrift Himmlers über die Behandlung der Fremdvölkischen im Osten (Mai 1940), in: Vierteljahrshefte für Zeitgeschichte, 5 (1957) 2, S. 194–198, hier S. 198

Deutschland-Berichte der Sozialdemokratischen Partei Deutschlands, Salzhausen 1980 (Reprint)

Der Dienstkalender Heinrich Himmlers 1941/42, bearbeitet, kommentiert und eingeleitet von Peter Witte/Michael Wildt/Martina Voigt/Dieter Pohl/Peter Klein/Christian Gerlach/Christoph Dieckmann/Andrej Angrick, Hamburg 1999

Waclaw Dlugoborski/Czeslaw Madajczyk, Ausbeutungssysteme in den besetzten Gebieten Polens und der UdSSR, in: Friedrich Forstmeier/Hans-Erich Volkmann (Hg.), Kriegswirtschaft und Rüstung 1939–1945, Düsseldorf 1977, S. 375–416

Waclaw Dlugoborski, Einleitung: Faschismus, Besatzung und sozialer Wandel. Fragestellung und Typologie, in: ders. (Hg.), Zweiter Weltkrieg und sozialer Wandel. Achsenmächte und besetzte Länder, Göttingen 1981, S. 11–61

Waclaw Dlugoborski, Die deutsche Besatzungspolitik und die Veränderungen der sozialen Struktur Polens 1939–1945, in: ders. (Hg.), Zweiter Weltkrieg und sozialer Wandel. Achsenmächte und besetzte Länder, Göttingen 1981, S. 303–363

Documenta Occupationis Teutonicae, Bd. IV (Karol Marian Pospieszalski, Niemecka Lista Narodowa w »Kraju Warty«, Poznan 1949)

Documenta Occupationis, Bd. VI (Karol Marian Pospieszalski, Hitlerowskie »Prawo« Ocopacyjne w Polsce, Bd. II, Poznan 1958)

Documenta Occupationis, Bd. VII (Karol Marian Pospieszalski, Sprawa 58000 »Volksdeutschow«, Poznan 1959)

Documenta Occupationis, Bd. IX (Czeslaw Luczak, Polozenie Polskich Robotnikow Przymusowich w Rzeszy 1939–1945, Poznan 1975)

Documenta Occupationis, Bd. X (Alfred Konieczny/Herbert Szurgacz, Praca Przymusowa Polakow Pod Panowaniem Hitlerowskim 1939–1945, Poznan 1976)

Documenta Occupationis, Bd. XI (Waclaw Dlugoborski, Polozenie Ludnosci w Rejencji Katowickiej w Latach 1939–1945, Poznan 1983)

Documenta Occupationis, Bd. XII (Eugeniusz Kozlowski/Piotr Matusak, Eksploatacja Sily Roboczej i Grabiez Ziem Polskich Przez Wehrmacht w Koncowym Okresie II Wojny Swiatowej, Poznan 1986)

Documenta Occupationis, Bd. XIII (Czeslaw Luczak, Polozenie Ludnosci Polskiej w Tzw. Kraju Warty w Okresie Hitlerowskiej Okupacji, Poznan 1990)
Stephan Döring, Die Umsiedlung der Wolhyniendeutschen in den Jahren 1939 bis 1940, Frankfurt a. M. 2001
Max Domarus, Hitler. Reden und Proklamationen 1932–1945, Bd. 3: 1939–1940, Leonberg 1973
Dietrich Eichholtz, »Großgermanisches Reich« und »Generalplan Ost«, in: Zeitschrift für Geschichtswissenschaft, 28 (1980) 9, S. 835–841
Dietrich Eichholtz, Die Vorgeschichte des »Generalbevollmächtigten für den Arbeitseinsatz« (mit Dokumenten), in: Jahrbuch für Geschichte, 9 (1973), S. 339–383
Markus Eikel, »Weil die Menschen fehlen«. Die deutschen Zwangsarbeiterrekrutierungen und –deportationen in den besetzten Gebieten der Ukraine 1941–1944, in: Zeitschrift für Geschichtswissenschaft, 53 (2005) 5, S. 405–433
Der Eilmarsch der Arbeitseinsatzverwaltung in Polen, in: Reichsarbeitsblatt, Teil V, 20 (1940) 7 vom 5.3.1940, S. V 106
Gerhard Eisenblätter, Grundlinien der Politik des Reichs gegenüber dem Generalgouvernement, 1939–1945, Diss. Frankfurt a. M. 1969
Lothar Elsner/Joachim Lehmann, Ausländische Arbeiter unter dem deutschen Imperialismus 1900–1985, Berlin (-Ost) 1988
Catherine Epstein, Model Nazi. Arthur Greiser and the Occupation of Western Poland, New York 2010
Erinnerung bewahren. Sklaven- und Zwangsarbeiter des Dritten Reiches aus Polen 1939–1945, hg. von der Stiftung »Polnisch-Deutsche Aussöhnung« und dem Dokumentationszentrum NS-Zwangsarbeit Berlin-Schöneweide der Stiftung Topographie des Terrors, Berlin 2007
Michael Esch, Kolonisierung und Strukturpolitik. Paradigmen deutscher und polnischer Bevölkerungspolitik 1939–1948, in: Besatzung und Bündnis. Deutsche Herrschaftsstrategien in Ost- und Südosteuropa (Beiträge zur nationalsozialistischen Gesundheits- und Sozialpolitik, Bd. 12), Berlin 1995, S. 139–179
Michael G. Esch, »Gesunde Verhältnisse«. Deutsche und polnische Bevölkerungspolitik in Ostmitteleuropa 1939–1950, Marburg 1998
Michael G. Esch, Migrationssteuerung im totalen Staat: die Umwandererzentralstelle im besetzten Polen 1939–1944, in: Jürgen Oltmer (Hg.), Migration steuern und verwalten. Deutschland vom späten 19. Jahrhundert bis zur Gegenwart, Göttingen 2003, S. 177–206
Tadeusz Esman/Wlodimierz Jastrzebski (Hg.), Pierwsze Mieslace Okupacji Hitlerowskiej w Bydgoszczy. Wswietle Zródel Niemieckich, Bydgoszcz 1967
Richard J. Evans, Das Dritte Reich. Bd. III: Krieg, München 2010 (zuerst London 2008)
Faschismus – Getto – Massenmord. Dokumentation über Ausrottung und Widerstand der Juden in Polen während des zweiten Weltkrieges, hg. vom Jüdischen Historischen Institut Warschau, Berlin (-Ost) 1960

Hagen Fleischer, Nationalsozialistische Besatzungsherrschaft im Vergleich: Versuch einer Synopse, in: Wolfgang Benz/Johannes Houwink ten Cate/Gerhard Otto (Hg.), Anpassung – Kollaboration – Widerstand. Kollektive Reaktionen auf die Okkupation, Berlin 1996, S. 257–302

Michael Foedrowitz, Auf der Suche nach einer besatzungspolitischen Konzeption. Der Befehlshaber der Sicherheitspolizei und des SD im Generalgouvernement, in: Gerhard Paul/Michael Mallmann (Hg.), Die Gestapo im Zweiten Weltkrieg. »Heimatfront« und besetztes Europa, Darmstadt 2000, S. 340–361

Guenter Fonck, Die Entwicklung der Berliner Textil-Großhandelsverbände, Diss. jur. Rostock 1926

Hans Frank, Deutsche Ordnung und polnische Wirtschaft, in: Der Schulungsbrief, 8 (1941) 5/6, S. 88–90

Max Frauendorfer, Aufgaben und Organisation der Abteilung Arbeit im Generalgouvernement, in: Reichsarbeitsblatt, Teil V, 21 (1941) 4 vom 5.2.1941, S. V 68 – V 71; Fortsetzung ebd., Nr. 5 vom 15.2.1941, S. V 93 – V 96

Max Frauendorfer, Neuordnung auf dem Gebiet der Arbeit, in: Max Freiherr du Prel (Hg.), Das Generalgouvernement, Würzburg 1942 (2. Aufl.), S. 135–140

Florian Freund/Bertrand Perz/Karl Stuhlpfarrer, Das Getto in Litzmannstadt (Lodz), in: »Unser einziger Weg ist Arbeit«. Das Getto in Lodz 1940–1944, Redaktion Hanno Loewy/Gerhard Schoenberner, Wien 1990, S. 17–31

Martin Friedenberger/Klaus-Dieter Gössel/Eberhard Schönknecht (Hg.), Die Reichsfinanzverwaltung im Nationalsozialismus, Bremen 2002

Klaus-Peter Friedrich, Über den Widerstandsmythos im besetzten Polen in der Historiographie, in: 1999. Zeitschrift für Sozialgeschichte des 20. und 21. Jahrhunderts, 13 (1998) 1, S. 10–60

Klaus-Peter Friedrich, Zusammenarbeit und Mittäterschaft in Polen 1939–1945, in: Kooperation und Verbrechen. Formen der »Kollaboration« im östlichen Europa, Göttingen 2003 (Beiträge zur Geschichte des Nationalsozialismus, Bd. 19), S. 113–150

Elke Fröhlich (Hg.), Die Tagebücher von Joseph Goebbels. Sämtliche Fragmente, Teil II Diktate 1941–1945, München etc. 1993

Hans Fuhrmann, Arbeitseinsatz in den neuen Ostgebieten, in: Arbeitseinsatz und Arbeitslosenhilfe, 9 (1942) 3/6 vom Februar/März 1942, S. 33–35

Geraubte Leben. Zwangsarbeiter berichten, hg. von der Stiftung »Erinnerung, Verantwortung und Zukunft«, bearb. von Kathrin Janka, Köln/Weimar/Wien 2008

Christian Gerlach, Kalkulierte Morde. Die deutsche Wirtschafts- und Vernichtungspolitik in Weißrußland 1941 bis 1944, Hamburg 1999

The German New Order in Poland, ed. by the Polish Ministry of Information, London 1943

Marek Getter, Władze niemieckie okupowanej Warszawy, in: Straty Warszawy 1939–1945 – Raport, Warszawa 2005, S. 213–239

Simone Glatz, Rekrutierung und Arbeitseinsatz polnischer Arbeiter in Deutschland während des Zweiten Weltkriegs, Diplomarbeit Fachhochschule des Bundes für öffentliche Verwaltung Mannheim 2002

Venceslav Glišić, Teror i zločini nacističke Nemačke u Srbiji 1941–1944, Beograd 1970

Dieter Gosewinkel, Einbürgern und Ausschließen. Die Nationalisierung der Staatsangehörigkeit vom Deutschen Bund bis zur Bundesrepublik Deutschland, Göttingen 2001

Arthur Greiser, Aufbau im Warthegau, in: Der Schulungsbrief, 8 (1941) 5/6 vom Mai/Juni 1941, S. 68–73

Helmuth Groscurth, Tagebücher eines Abwehroffiziers 1938–1940, hg. von Helmut Krausnick/Harold C. Deutsch, Stuttgart 1970

Anna Maria Gruenfelder, »U radni stroj Velikoga njemačkog Reicha!« Prislini radnici i radnice iz Hrvatske, Zagreb 2007

Anna Maria Grünfelder, Arbeitseinsatz für die Neuordnung Europas. Zivil- und ZwangsarbeiterInnen aus Jugoslawien in der »Ostmark« 1938/1941–1945, Wien u. a. 2010

Wolf Gruner, Die Organisation von Zwangsarbeit für Juden in Deutschland und im Generalgouvernement 1939–1943: Eine vergleichende Bestandaufnahme, in: Die Festung Glatz und die Verfolgung in der Zeit des Nationalsozialismus, Hg. Stiftung Topographie des Terrors, Berlin 1995, S. 43–58

Wolf Gruner, Jewish Forced Labor as a Basic Element of Nazi Persecution: Germany, Austria, and the Occupied Polish Territories (1938–1943), in: Forced and Slave Labor in Nazi-Dominated Europe, Hg. Center for Advanced Holocaust Studies USHMM, Washington 2004, S. 35–47

Wolf Gruner, Jewish Forced Labor Under the Nazis. Economic Needs and Racial Aims, 1938–1944, New York 2006

Ernst von Gschliesser, Der Arbeitseinsatz im Generalgouvernement, in: Soziale Praxis, 49 (1940) 24 vom Dezember 1940, Sp. 739–746

Ernst von Gschliesser, Arbeitsrecht und Arbeitseinsatz im Generalgouvernement, in: Josef Bühler (Hg.), Das Generalgouvernement. Seine Verwaltung und seine Wirtschaft, Krakau 1943, S. 225–239

Aleksandr Gurjanow, Transporty deportacyjne z polskich kresów wschodnich w okresie 1940–1941, in: Hubert Orłowski/Andrzej Sakson (Hg.), Utracona ojczyna. Przymusowe wysiedlenia deportacje i przesiedlenia jako wspólne doświadczenie, Poznań 1996, S. 75–92

Ingo Haar, Biopolitische Differenzkonstruktionen als bevölkerungspolitisches Ordnungsinstrument in den Ostgauen. Raum- und Bevölkerungsplanung im Spannungsfeld zwischen regionaler Verankerung und zentralstaatlichem Planungsanspruch, in: Jürgen John/Horst Möller/Thomas Schaarschmidt (Hg.), Die NS-Gaue. Regionale Mittelinstanzen im zentralistischen »Führerstaat«, München 2007, S. 105–122

Norbert Haase (Hg.), Die Waldheimer »Prozesse« – 50 Jahre danach, Baden-Baden 2001

Handbuch für die Dienststellen des Generalbevollmächtigten für den Arbeitseinsatz und die interessierten Reichsstellen im Großdeutschen Reich und in den besetzten Gebieten, Bd. 1, Berlin 1944

Georg Hansen, »Damit wurde der Warthegau zum Exerzierplatz des praktischen Nationalsozialismus.« Eine Fallstudie zur Politik der Einverleibung, in: Christoph Kleßmann (Hg.), September 1939. Krieg, Besatzung, Widerstand in Polen, Göttingen 1989, S. 55–72

Elizabeth Harvey, Management and Manipulation: Nazi Settlement Planners and Ethnic German Settlers in Occupied Poland, in: Caroline Elkins/Susan Pedersen (Ed.), Settler Colonialism in the Twentieth Century. Projects, Practices, Legacies, New York/London 2005, S. 95–112

Elizabeth Harvey, »Der Osten braucht dich!« Frauen und nationalsozialistische Germanisierungspolitik, Hamburg 2009 (zuerst New Haven 2003)

Ulrich von Hassell, Vom andern Deutschland. Aus den nachgelassenen Tagebüchern 1938–1944, Zürich 1948 (4. Auflage – zuerst 1946)

Isabel Heinemann, »Rasse, Siedlung, deutsches Blut«. Das Rasse- und Siedlungshauptamt der SS und die rassenpolitische Neuordnung Europas, Göttingen 2003

Isabel Heinemann, »Deutsches Blut«. Die Rasseexperten der SS und die Volksdeutschen, in: Jerzy Kochanowski/Maike Sach (Hg.), Die »Volksdeutschen« in Polen, Frankreich, Ungarn und der Tschechoslowakei. Mythos und Realität, Osnabrück 2006, S. 163–182

Adam Hempel, Pogrobowcy klęski. Rzecz o policji »granatowej« w Generalnym Gubernatorstwie 1939–1945, Warszawa 1990

Ulrich Herbert, Fremdarbeiter. Politik und Praxis des »Ausländer-Einsatzes« in der Kriegswirtschaft des Dritten Reiches, Bonn 1999 (zuerst Berlin 1985)

Ulrich Herbert, Der »Ausländereinsatz«. Fremdarbeiter und Kriegsgefangene in Deutschland 1939–1945 – ein Überblick, in: Herrenmensch und Arbeitsvölker. Ausländische Arbeiter und Deutschland 1939–1945 (Beiträge zur nationalsozialistischen Gesundheits- und Sozialpolitik, Bd. 3), Berlin 1986, S. 13–54

Ulrich Herbert, Geschichte der Ausländerbeschäftigung in Deutschland 1880 bis 1980. Saisonarbeiter – Zwangsarbeiter – Gastarbeiter, Berlin/Bonn 1986

Ulrich Herbert, Arbeit und Vernichtung. Ökonomisches Interesse und Primat der »Weltanschauung« im Nationalsozialismus, in: Dan Diner (Hg.), Ist der Nationalsozialismus Geschichte? Zu Historisierung und Historikerstreit, Frankfurt a. M. 1987, S. 198–236

Ulrich Herbert, Arbeit und Vernichtung. Ökonomisches Interesse und Primat der »Weltanschauung« im Nationalsozialismus, in: ders. (Hg.), Europa und der »Reichseinsatz«, a. a. O., S. 384–426

Ulrich Herbert (Hg.), Europa und der »Reichseinsatz«. Ausländische Zivilarbeiter, Kriegsgefangene und KZ-Häftlinge in Deutschland 1938–1945, Essen 1991
Ulrich Herbert, Der »Ausländer-Einsatz« in der deutschen Kriegswirtschaft, in: ders., Arbeit, Volkstum, Weltanschauung. Über Fremde und Deutsche im 20. Jahrhundert, Frankfurt a. M. 1995, S. 121–135
Ulrich Herbert, Best. Biographische Studien über Radikalismus, Weltanschauung und Vernunft 1903–1989, Bonn 1996
Ulrich Herbert, Zwangsarbeit im »Dritten Reich«. Kenntnisstand, offene Fragen, Forschungsprobleme, in: Wilfried Reininghaus/Norbert Reimann (Hg.), Zwangsarbeit in Deutschland 1939–1945. Archiv- und Sammlungsgut, Topographie und Erschließungsstrategien, Bielefeld 2001, S. 16–37
Volker Herrmann, Vom Arbeitsmarkt zum Arbeitseinsatz. Zur Geschichte der Reichsanstalt für Arbeitsvermittlung und Arbeitslosenversicherung 1929 bis 1939, Frankfurt a. M. u. a. 1993
Andreas Heusler/Mark Spoerer/Helmuth Trischler, Rüstung und Zwangsarbeit im »Dritten Reich«: Eine Einführung, in: dies. (Hg.), Rüstung, Kriegswirtschaft und Zwangsarbeit im »Dritten Reich«, München 2010, S. 1–13
Hans-Paul Höpfner, Deutsche Südosteuropapolitik in der Weimarer Republik, Frankfurt a. M./Bonn 1983
Alexander Hohenstein, Wartheländisches Tagebuch aus den Jahren 1941/42, Stuttgart 1961
Edward L. Homze, Foreign Labor in Nazi Germany, Princeton 1967
Gordon J. Horwitz, Ghettostadt. Łódź and the Making of a Nazi City, Cambridge 2008
Martyn Housden, Hans Frank. Lebensraum and the Holocaust, New York 2003
Johannes Houwink ten Cate/Gerhard Otto (Hg.), Das organisierte Chaos. »Ämterdarwinismus« und »Gesinnungsethik«: Determinanten nationalsozialistischer Besatzungsherrschaft (Nationalsozialistische Besatzungspolitik in Europa 1939–1945, Bd. 7), Berlin 1999
Hundert Jahre staatliche Sozialpolitik 1839–1939. Aus dem Nachlaß von Geheimrat Dr. Friedrich Syrup, hg. von Julius Scheuble, bearb. von Otto Neuloh, Stuttgart 1957
Božidar Ivković, Zatvori, koncentracioni i radni logori u Banatu 1941–1944, in: Zbornik Matice srpske za društvene nauke, 39 (1964)
Dirk Jachomowski, Die Umsiedlung der Bessarabien-, Bukowina- und Dobrudschadeutschen. Von der Volksgruppe in Rumänien zur »Siedlungsbrücke« an der Reichsgrenze, München 1984
Wolfgang Jacobsmeyer, Die polnische Widerstandsbewegung im Generalgouvernement und ihre Beurteilung durch deutsche Dienststellen, in: Vierteljahrshefte für Zeitgeschichte, 25 (1977) 4, S. 658–681
Wolfgang Jacobmeyer, Der Überfall auf Polen und der neue Charakter des Krieges, in: Christoph Kleßmann (Hg.), September 1939. Krieg, Besatzung, Widerstand in Polen, Göttingen 1989, S. 16–37

Tadeusz Janicki, Wieś w Kraju Warty (1939–1945), Poznań 1996
Tadeusz Janicki, Die deutsche Wirtschaftspolitik in den eingegliederten polnischen Gebieten 1939–1945, in: Jacek Andrzej Młynarczyk (Hg.), Polen unter deutscher und sowjetischer Besatzung 1939–1945, Osnabrück 2009, S. 79–102
Zoran Janjetović, Between Hitler and Tito. The Disappearance of the Vojvodina Germans, Belgrade 2005
Zoran Janjetović, 27. ožujak 1941.: uzroci, akteri, ideologija i posljedice, in: Časopis za suvremenu povijest, 18 (2006) 3, S. 1013–1028
Zoran Janjetović, Od Auschwitza do Brijuna. Pitanje odštete žrtvama nacizma u jugoslavensko-zapadnonjemačkim odnosima, Zagreb 2007
Zoran Janjetović, Nemci u Vojvodini, Beograd 2009
Zoran Janjetović, Arbeiterrekrutierung unter deutscher Militärverwaltung in Serbien 1941–1944, in: Karsten Linne/Florian Dierl (Hg.), Arbeitskräfte als Kriegsbeute. Der Fall Ost- und Südosteuropa 1939–1945, Berlin 2011, S. 210–238
Christian Jansen/Arno Weckbecker, Eine Miliz im »Weltanschauungskrieg«: der »Volksdeutsche Selbstschutz« in Polen 1939/40, in: Wolfgang Michalka (Hg.), Der Zweite Weltkrieg. Analyse – Grundzüge – Forschungsbilanz, München/Zürich 1990 (2. Aufl.), S. 482–500
Christian Jansen/Arno Weckbecker, Der »Volksdeutsche Selbstschutz« in Polen 1939/40, München 1992
Włodzimierz Jastrzębski, Warunki pracy i życia robotników przymusowych, in: Włodzimierz Bonusiak (Hg.), Polscy robotnicy przymusowi w Trzeciej Rzeszy, Rzeszów 2005, S. 103–126
Lars Jockheck, »Banditen« – »Terroristen« – »Agenten« – »Opfer«. Der polnische Widerstand und die Heimatarmee in der Presse-Propaganda des »Generalgouvernements«, in: Bernhard Chiari (Hg.), Die polnische Heimatarmee. Geschichte und Mythos der Armia Krajowa seit dem Zweiten Weltkrieg, München 2003, S. 431–471
Lars Jockheck, Propaganda im Generalgouvernement. Die NS-Besatzungspresse für Deutsche und Polen 1939–1945, Osnabrück 2006
Petar Kačavenda, Nemci u Jugoslaviji 1918–1945, Beograd 1991
Ryszard Kaczmarek, Die deutsche Arbeitsverwaltung in Oberschlesien. Zwischen Volkstumspolitik und Wirtschaftsrealität, in: Karsten Linne/Florian Dierl (Hg.), Arbeitskräfte als Kriegsbeute. Der Fall Ost- und Südosteuropa 1939–1945, Berlin 2011, S. 75–106
Helmut Kaestner, Der Einsatz ausländischer, insbesondere polnischer landwirtschaftlicher Arbeitskräfte im Jahre 1940, in: Arbeitseinsatz und Arbeitslosenhilfe, 7 (1940) 3–6, Februar/März 1940, S. 24–27
Horst Kahrs, Verstaatlichung der polnischen Arbeitsmigration nach Deutschland in der Zwischenkriegszeit. Menschenschmuggel und Massenabschiebungen als Kehrseite des nationalisierten Arbeitsmarktes, in: Arbeitsmigration und Flucht. Vertreibung

und Arbeitskräfteregulierung im Zwischenkriegseuropa (Beiträge zur nationalsozialistischen Gesundheits- und Sozialpolitik, Bd. 11), Berlin 1993, S. 130–194

Horst Kahrs, Die ordnende Hand der Arbeitsämter. Die deutsche Arbeitsverwaltung 1933 bis 1939, in: Arbeitsmarkt und Sondererlaß. Menschenverwertung, Rassenpolitik und Arbeitsamt (Beiträge zur nationalsozialistischen Gesundheits- und Sozialpolitik, Bd. 8), Berlin 1990, S. 9–61

Jozef Kasperek, Metody werbunku do przymusowych robót w III Rzeszy na terenie dystryktu lubelskiego w latach 1939–1944, in: Zeszyty Majdanka, 8 (1975), S. 53–104

Jozef Kasperek, Początki organizacji i działalności urzędów pracy na lubelszczyźnie (październik 1939 – styczeń 1940), in: Zeszyty Majdanka, 6 (1972), S. 130–154

Jozef Kasperek, Wywóz na przymusowe roboty do Rzeszy z dystryktu lubelskiego w latach 1939–1944, Warszawa 1977

Jozef Kasperek, Zarys organizacyjny Arbeitsamtów w dystrykcie lubelskim w latach 1939–1944, in: ebd., 7 (1973), S. 94–120

Ernst Kendzia, Die Tat: Mehrleistung!, in: Amtliche Mitteilungen der Abteilung Arbeit beim Reichsstatthalter im Warthegau, 5 (1944) 14 vom 31.7.1944, S. 169

Ian Kershaw, Arthur Greiser – Ein Motor der »Endlösung«, in: Ronald Smelser/Enrico Syring/Rainer Zitelmann (Hg.), Die braune Elite II. 21 weitere biographische Skizzen, Darmstadt 1993, S. 116–127

Ernst Klee, Das Personenlexikon zum Dritten Reich. Wer war was vor und nach 1945, Frankfurt a. M. 2003

Peter Klein, Kulmhof/Chelmno, in: Wolfgang Benz/Barbara Distel (Hg.), Der Ort des Terrors. Geschichte der nationalsozialistischen Konzentrationslager, Bd. 8, München 2008, S. 301–328

Peter Klein, Die »Gettoverwaltung Litzmannstadt« 1940 bis 1944. Eine Dienststelle im Spannungsfeld von Kommunalbürokratie und staatlicher Verfolgungspolitik, Hamburg 2009

Volkhard Knigge/Rikola-Gunnar Lüttgenau/Jens-Christian Wagner (Hg.), Zwangsarbeit. Die Deutschen, die Zwangsarbeiter und der Krieg, Weimar 2010

Eva Kobler, Die Rekrutierung von Zwangsarbeitern im Distrikt Warschau. Eine mikrohistorische Untersuchung, Magisterarbeit Humboldt-Universität zu Berlin 2007

Robert L. Koehl, RKFDV: German Resettlement and Population Policy 1939–1945, Cambridge 1957

Martin Költzsch, Jüdische Arbeitnehmer im Generalgouvernement unter besonderer Berücksichtigung der Verhältnisse bei der Ostbahn, Ms. 2008

Mira Kolar-Dimitrijević, Movement of Labor Force Between the Third Reich and Yugoslavia (1933–1941), in: The Third Reich and Yugoslavia 1933–1945, Belgrade 1977, S. 331–362

Alfred Konieczny, Krajowy urząd pracy Śląska i jego rola w budowie administracji okupacyjnej na ziemiach polskich w 1939 r., in: Studia nad faszyzmem i zbrodniami hitlerowskimi VIII (Acta Universitatis Wratislaviensis, Nr. 638), Wrocław 1982, S. 309–328

Alfred Konieczny, »Organizacia Schmelt« i jej obozy pracy dla żydów na Śląsku w latach 1940–1944, in: Studia nad faszyzmem i zbrodniami hitlerowskimi XV (Acta Universitatis Wratislaviensis, Nr. 1207), Wrocław 1992, S. 281–314

Alfred Konieczny, Die Zwangsarbeit der Juden in Schlesien im Rahmen der »Organisation Schmelt«, in: Sozialpolitik und Judenvernichtung. Gibt es eine Ökonomie der Endlösung? (Beiträge zur nationalsozialistischen Gesundheits- und Sozialpolitik, Bd. 5), Berlin 1987, S. 91–110

Teodor Kovač, Banatski Nemci i Jevreji, in: Zbornik [Jevrejskog istorijskog muzeja], knj. 9

Bohdan Koziełło-Poklewski, Rozmiary przymusowego zatrudniania obywateli polskich w gospodarce Prus Wschodnich w latach 1939–1944, in: Studia nad faszyzmem i zbrodniami hitlerowskimi II (Acta Universitatis Wratislaviensis, Nr. 281), Warszawa/Wrocław 1975, S. 45–74

Bohdan Koziełło-Poklewski, Zagraniczni robotnicy przymusowi w Prusach Wschodnich w latach II wojny światowej, Warszawa 1977

Shmuel Krakowski, Das Todeslager Chelmno/Kulmhof. Der Beginn der »Endlösung«, Göttingen 2007

Andreas Kranig, Arbeitsrecht im NS-Staat. Texte und Dokumente, Köln 1984

Andreas Kranig, Lockung und Zwang. Zur Arbeitsverfassung im Dritten Reich, Stuttgart 1983

Hanns von Krannhals, Der Warschauer Aufstand 1944, Frankfurt a. M. 1962

Helen Kubica, The Extermination at KL Auschwitz of Poles Evicted from the Zamość Region in the Years 1942–1943, Oświęcim 2006

Birthe Kundrus, Regime der Differenz. Volkstumspolitische Inklusionen und Exklusionen im Warthegau und im Generalgouvernement 1939–1944, in: Frank Bajohr/Michael Wildt (Hg.), Volksgemeinschaft. Neue Forschungen zur Gesellschaft des Nationalsozialismus, Frankfurt a. M. 2009, S. 105–123

Zbigniew Landau/Jerzy Tomaszewski, Wirtschaftsgeschichte Polens im 19. und 20. Jahrhundert, Berlin (Ost-) 1986

Ženi Lebl, Do »Konačnog rešenja«. Jevreji u Beogradu 1521–1942, Beograd 2001

Silvester Lechner (Hg.), Schönes, schreckliches Ulm. 130 Berichte ehemaliger polnischer Zwangsarbeiterinnen und Zwangsarbeiter, die in den Jahren 1940 bis 1945 in die Region Ulm/Neu-Ulm verschleppt worden waren, Ulm 1997 (2. Aufl.)

Joachim Lehmann, Ausländerbeschäftigung und Fremdarbeiterpolitik im faschistischen Deutschland, in: Klaus J. Bade (Hg.), Auswanderer – Wanderarbeiter – Gastarbeiter. Bevölkerung, Arbeitsmarkt und Wanderung in Deutschland seit der Mitte des 19. Jahrhunderts, Ostfildern 1984, S. 558–583

Stephan Lehnstaedt, Die deutsche Arbeitsverwaltung im Generalgouvernement und die Juden (Gutachten vom 23.11.2008)

Stephan Lehnstaedt, Okkupation im Osten. Besatzeralltag in Warschau und Minsk 1939–1944, München 2010

Stephan Lehnstaedt, »Ostnieten« oder Vernichtungsexperten? Die Auswahl deutscher Staatsdiener für den Einsatz im Generalgouvernement Polen 1939–1944, in: Zeitschrift für Geschichtswissenschaft, 55 (2007) 9, S. 701–721

Stephan Lehnstaedt/Kurt Lehnstaedt, Fritz Sauckels Nürnberger Aufzeichnungen. Erinnerungen aus seiner Haft während des Kriegsverbrecherprozesses, in: Vierteljahrshefte für Zeitgeschichte, 57 (2009) 1, S. 117–150

Fabian Lemmes, Zwangsarbeit im besetzten Europa. Die Organisation Todt in Frankreich und Italien 1940–1945, in: Andreas Heusler/Mark Spoerer/Helmut Trischler (Hg.), Rüstung, Kriegswirtschaft und Zwangsarbeit im »Dritten Reich«, München 2010, S. 219–252

Markus Leniger, »Heim ins Reich«? Das Amt XI und die Umsiedlerlager der Volksdeutschen Mittelstelle, 1939–1945, in: »Bürokratien«. Initiative und Effizienz (Beiträge zur Geschichte des Nationalsozialismus, Bd. 17), Berlin 2001, S. 81–109

Markus Leniger, Nationalsozialistische »Volkstumsarbeit« und Umsiedlungspolitik 1933–1945. Von der Minderheitenbetreuung zur Siedlerauslese, Berlin 2006

Karl Liedke, Gesichter der Zwangsarbeit. Polen in Braunschweig 1939–1945, Braunschweig 1997

Karsten Linne/Florian Dierl (Hg.), Arbeitskräfte als Kriegsbeute. Der Fall Ost- und Südosteuropa 1939–1945, Berlin 2011

Karsten Linne, Volkstumspolitik und Arbeiterrekrutierung im Reichsgau Wartheland, in: Linne/Dierl, a.a.O., S. 107–138

Vejas Gabriel Liulevicius, Kriegsland im Osten. Eroberung, Kolonisierung und Militärherrschaft im Ersten Weltkrieg, Hamburg 2002

Andrea Löw, »Wir wissen immer noch nicht, was wir machen sollen.« Juden in Krakau unter deutscher Besatzung bis zur Errichtung des Ghettos, in: dies./Kerstin Robusch/Stefanie Walter (Hg.), Deutsche – Juden – Polen. Geschichte einer wechselvollen Beziehung im 20. Jahrhundert, Frankfurt a.M./New York 2004, S. 119–136

Andrea Löw, Juden im Getto Litzmannstadt. Lebensbedingungen, Selbstwahrnehmung, Verhalten, Göttingen 2006

Peter Longerich (Hg.), Die Ermordung der europäischen Juden. Eine umfassende Dokumentation des Holocaust 1941–1945, München/Zürich 1989

Ingo Loose, Kredite für NS-Verbrechen. Die deutschen Kreditinstitute in Polen und die Ausraubung der polnischen und jüdischen Bevölkerung 1939–1945, München 2007

Czesław Łuczak, Arthur Greiser – hitlerowski władca w Wolnym Mieście Gdańsku i w Kraju Warty, Poznań 1997

Czesław Łuczak, »Kraj Warty« 1939–1945. Studium historyczno-gospodarcze okupacji hitlerowskiej, Poznań 1972

Czesław Łuczak, Pod niemieckim jarzmen (Kraj Warty 1939–1945), Poznań 1996

Czeslaw Luczak, Polnische Arbeiter im nationalsozialistischen Deutschland während des Zweiten Weltkrieges. Entwicklung und Aufgaben der polnischen Forschung, in: Ulrich Herbert (Hg.), Europa und der »Reichseinsatz«. Ausländische Zivilarbeiter, Kriegsgefangene und KZ-Häftlinge in Deutschland 1938–1945, Essen 1991, S. 90–105

Czesław Łuczak, Polacy w okupowanch niemczech 1945–1949, Poznań 1993

Czesław Łuczak, Polityka ludnościowa i ekonomiczna hitlerowskich Niemiec w okupowanej Polsce, Poznań 1979

Czesław Łuczak, Polscy robotnicy przymusowi w Trzeciej Rzeszy podczas II wojny światowej, Poznań 1974

Czesław Łuczak, Praca przymusowa polaków w Trzeciej Rzeszy, Warszawa 1999

Czesław Łuczak, Praca przymusowa polaków w Trzeciej Rzeszy i na okupowanych przez nią terytoriach innych państ (1939–1945), Poznań 2001

Czeslaw Luczak, Die Wirtschaftspolitik des Dritten Reiches im besetzten Polen, in: Studia Historiae Oeconomicae, 14 (1979), S. 87–103

Dušan Lukač, Treći rajh i zemlje jugoistočne Evrope, Beograd 1982, 2 Bde.

Valdis O. Lumans, Himmler's Auxiliaries. The Volksdeutsche Mittelstelle and the German National Minorities of Europe 1933–1945, London 1993

Czeslaw Madajczyk, Die Besatzungssysteme der Achsenmächte. Versuch einer komparativen Analyse, in: Studia Historiae Oeconomicae, 14 (1979), S. 105–122

Czeslaw Madajczyk (Hg.), Vom Generalplan Ost zum Generalsiedlungsplan, München/New Providence/London/Paris 1994

Czeslaw Madajczyk, Die Okkupationspolitik Nazideutschlands in Polen, Berlin (-Ost) 1987

Czeslaw Madajczyk, Kann man in Polen 1939–1945 von Kollaboration sprechen?, in: Okkupation und Kollaboration (1938–1945). Beiträge zu Konzepten und Praxis der Kollaboration in der deutschen Okkupationspolitik, zusammengestellt und eingeleitet von Werner Röhr (Europa unterm Hakenkreuz, Ergänzungsband 1), Berlin/Heidelberg 1994, S. 133–148

Czesław Madajczyk, Polityka III Rzeszy w okupowanej Polsce, Warszawa 1970

Czeslaw Madajczyk, »Restserbien« unter deutscher Militärverwaltung, in: Života Anić u. a. (Hg.), The Third Reich and Yugoslavia 1933–1945, Belgrade 1977, S. 458–476

Czesław Madajczyk, Zamojszczyzna – Sonderlaboratorium SS: zbiór dokumentów polskich i niemieckich z okresu okupacji hitlerowskiej, Warszawa 1977

Dieter Maier, Arbeitsverwaltung und nationalsozialistische Judenverfolgung in den Jahren 1933–1939, in: Arbeitsmarkt und Sondererlaß. Menschenverwertung, Rassenpolitik und Arbeitsamt (Beiträge zur nationalsozialistischen Gesundheits- und Sozialpolitik, Bd. 8), Berlin 1990, S. 62–136

Dieter Maier, Arbeitseinsatz und Deportation. Die Mitwirkung der Arbeitsverwaltung bei der nationalsozialistischen Judenverfolgung in den Jahren 1938–1945, Berlin 1994

Dieter Maier, Beteiligung der Arbeitsverwaltung am Zwangsarbeitereinsatz 1939–1945 (Dokumentensammlung), Weimar o. J. (2000)

Dieter G. Maier, Arbeitsverwaltung und NS-Zwangsarbeit, in: Ulrike Winkler (Hg.), Stiften gehen. NS-Zwangsarbeit und Entschädigungsdebatte, Köln 2000, S. 67–84

Dieter G. Maier, Anfänge und Brüche der Arbeitsverwaltung bis 1952. Zugleich ein kaum bekanntes Kapitel der deutsch-jüdischen Geschichte, Brühl/Rheinland 2004

Dieter G. Maier, Die deutsche Arbeitsverwaltung im polnischen Generalgouvernement 1939–1945 (Gutachten für das Landessozialgericht Nordrhein-Westfalen vom 20.8.2008)

Diemut Majer, »Fremdvölkische« im Dritten Reich. Ein Beitrag zur nationalsozialistischen Rechtssetzung und Rechtspraxis in Verwaltung und Justiz unter besonderer Berücksichtigung der eingegliederten Ostgebiete und des Generalgouvernements, Boppard a. Rhein 1981

Klaus-Michael Mallmann, »... Missgeburten, die nicht auf diese Welt gehören«. Die deutsche Ordnungspolizei in Polen 1939–1941, in: ders./Bogdan Musial (Hg.), Genesis des Genozids. Polen 1939–1941, Darmstadt 2004, S. 71–89

Klaus-Michael Mallmann/Jochen Böhler/Jürgen Matthäus, Einsatzgruppen in Polen, Darmstadt 2008

Walter Manoschek, »Serbien ist Judenfrei«. Militärische Besatzungspolitik und Judenvernichtung in Serbien 1941/42, München 1993

Valter Manošek, Holokaust u Srbiji. Vojna okupaciona politika i uništavanje Jevreja 1941–1942, Beograd 2007

Jerzy Marczewski, Hitlerowska koncepcja kolonizacyjno-wysiedleńczej i jej realizacja w »Okręgu Warty«, Poznań 1979

Jerzy Marczewski, Zagadnienie dyskryminacji polaków na terenie Okręgu Warty w dziedzinie stosunków między ludnością polską a niemiecką. (»Zasada« rodziału polaków od niemców), in: Stanisław Kubiak/Lech Trzeciakowski (Hg.), Rola Wielkopolski w dziejach narodu Polskiego, Poznań 1979, S. 365–376

Jovan Marjanović, The German Occupation System in Serbia in 1941, in: Les systèmes d'occupation en Yougoslavie, Red. Petar Brajović, Belgrade 1963, S. 263–301

Saša Marković, Stazama smelih. Monografija Narodnooslobodilačkog rata na području opštine Požarevac, Požarevac 1979

Józef Marszałek, Obozy pracy w Generlnym Gubernatorstwie w latach 1939–1945, Lublin 1998

Timothy W. Mason, Arbeiterklasse und Volksgemeinschaft. Dokumente und Materialien zur deutschen Arbeiterpolitik 1936–1939, Opladen 1975

Timothy W. Mason, Innere Krise und Angriffskrieg 1938/1939, in: Friedrich Forstmeier/Hans-Erich Volkmann (Hg.), Wirtschaft und Rüstung am Vorabend des Zweiten Weltkrieges, Düsseldorf 1975, S. 158–188

Dariusz Matelski, Polityka germanizacji Kraju Warty 1939–1944, in: Hubert Orłowski/Andrzej Sakson (Hg.), Utracona ojczyna. Przymusowe wysiedlenia deportacje i przesiedlenia jako wspólne doświadczenie, Poznań 1996, S. 129–142

Mark Mazower, Hitlers Imperium. Europa unter der Herrschaft des Nationalsozialismus, München 2009
Stanisław Meducki, Przemysł i klasa robotnicza w dystrykcie radomskim w okresie okupacji hitlerowskie, Warszawa/Kraków 1981
Stanisław Meducki, Wieś kielecka w czasie okupacji niemickiej, 1939–1945. Studium historyczno-gospodarcze, Kielce 1991
Elżbieta Mikos-Skuza, Deportacje i praca przymusowa polaków w świetle norm prawa międzynarodowego, in: Włodzimierz Bonusiak (Hg.), Polscy robotnicy przymusowi w Trzeciej Rzeszy, Rzeszów 2005, S. 127–150
Josip Mirnić, Nemci u Bačkoj u Drugom svetskom ratu, Novi Sad 1974
Branislav Popov Miša, Nemački zatvori i koncentracioni logori u Banatu 1941–1944, Beograd 1992
Andrej Mitrović, Nacistička ideja velikog privrednog prostora i jugoistočna Evropa 1940, in: Zbornikm Filozofskog fakulteta, knj. XI-1
Andrej Mitrović, Kontinuität und Diskontinuität in der deutschen Südosteuropa-Politik, in: Balcanica, 8 (1973)
Andrej Mitrović, Nemački privredni prostor i jugoistočna Evropa 1933, in: Istorijski časopis, 21 (1974)
Andrej Mitrović, Ergänzungswirtschaft: Theory of an Integrated Economic Area of the Third Reich and Southeast Europe (1933–1941), in: Života Anić u. a. (Hg.), The Third Reich and Yugoslavia 1933–1945, Belgrade 1977, S. 7–45
Max Mitschke, Die neue Uniform der Angehörigen der Arbeitseinsatzverwaltung, in: Der Arbeitseinsatz. Informations- und Nachrichtenblatt des Generalbevollmächtigten für den Arbeitseinsatz, 1 (1943) 6, vom 15.11.1943, S. 29–31
Jacek Andrzej Młynarczyk, Die zerrissene Nation. Die polnische Gesellschaft unter deutscher und sowjetischer Herrschaft 1939–1941, in: Klaus-Michael Mallmann/ Bogdan Musial (Hg.), Genesis des Genozids. Polen 1939–1941, Darmstadt 2004, S. 145–169
Jacek Andrzej Młynarczyk, Judenmord in Zentralpolen. Der Distrikt Radom im Generalgouvernement 1939–1945, Darmstadt 2007
Martin Moll (Hg.), »Führer-Erlasse« 1939–1945. Edition sämtlicher überlieferter, nicht im Reichsgesetzblatt abgedruckter, von Hitler während des Zweiten Weltkrieges schriftlich erteilter Direktiven aus den Bereichen Staat, Partei, Wirtschaft, Besatzungspolitik und Militärverwaltung, Stuttgart 1997
Ingo von Münch/Uwe Brodersen (Hg.), Gesetze des NS-Staates. Dokumente eines Unrechtssystems, Paderborn u. a. 1982
Bogdan Musial, Deutsche Zivilverwaltung und Judenverfolgung im Generalgouvernement. Eine Fallstudie zum Distrikt Lublin 1939–1944, Wiesbaden 1999
Bogdan Musial, Das Schlachtfeld zweier totalitärer Systeme. Polen unter deutscher und sowjetischer Herrschaft 1939–1941, in: Klaus-Michael Mallmann/Bogdan Musial (Hg.), Genesis des Genozids. Polen 1939–1941, Darmstadt 2004, S. 13–35

Bogdan Musial, Ursprünge der »Aktion Reinhardt«. Planung des Massenmordes an den Juden im Generalgouvernement, in: ders. (Hg.), »Aktion Reinhardt«. Der Völkermord an den Juden im Generalgouvernement 1941–1944, Osnabrück 2004, S. 49–85

Bogdan Musial, Die Zivilverwaltung und der Holocaust. Verfolgung und Vernichtung der Juden im Generalgouvernement, in: Andrea Löw/Kerstin Robusch/Stefanie Walter (Hg.), Deutsche – Juden – Polen. Geschichte einer wechselvollen Beziehung im 20. Jahrhundert, Frankfurt a. M./New York 2004, S. 97–117

Bogdan Musial, Recht und Wirtschaft im besetzten Polen 1939–1945, in: Johannes Bähr/Ralf Banken (Hg.), Das Europa des »Dritten Reichs«. Recht, Wirtschaft, Besatzung, Frankfurt a. M. 2005, S. 31–57

Walter Naasner, Neue Machtzentren in der deutschen Kriegswirtschaft 1942–1945. Die Wirtschaftsorganisation der SS, das Amt des Generalbevollmächtigten für den Arbeitseinsatz und das Reichsministerium für Bewaffnung und Munition/Reichsministerium für Rüstung und Kriegsproduktion im nationalsozialistischen Herrschaftssystem, Boppard a. Rhein 1994

Stanisław Nawrocki, Hitlerowska okupacja Wielkopolski w okresie zarządu wojskowego, wrzesień – październik 1939 r., Poznań 1966

Stanisław Nawrocki, Policja hitlerowska w tzw. Kraju Warty w latach 1939–1945, Poznań 1970

Stanisław Nawrocki, Terror policyjny w »Kraju Warty« 1939–1945, Poznań 1973

Stanisław Nawrocki, Wysiedlanie polaków z Kraju Warty w latach 1939–1945, in: Hubert Orłowski/Andrzej Sakson (Hg.), Utracona ojczyna. Przymusowe wysiedlenia deportacje i przesiedlenia jako wspólne doświadczenie, Poznań 1996, S. 119–127

Nazibeamte in Warschau erschossen, in: Aufbau, 9 (1943) 19 vom 7.5.1943

Hermann Neubacher, Sonderauftrag Südost. Bericht eines fliegenden Diplomaten, Göttingen/Berlin/Frankfurt a. M. 1956

Franz L. Neumann, Behemoth. Struktur und Praxis des Nationalsozialismus 1933–1944, Frankfurt a. M. 1977 (zuerst New York 1942)

Johannes Nichtweiss, Die ausländischen Saisonarbeiter in der Landwirtschaft der östlichen und mittleren Gebiete des Deutschen Reiches. Ein Beitrag zur Geschichte der preußisch-deutschen Politik von 1890 bis 1914, Berlin (Ost-) 1959

Edmund Nowak, Polnische Kriegsgefangene im »Dritten Reich«, in: Günter Bischof/Stefan Karner/Barbara Stelzl-Marx (Hg.), Kriegsgefangene des Zweiten Weltkrieges. Gefangennahme – Lagerleben – Rückkehr, München 2005, S. 507–520

Julian Oleg Nowak, Von Lager zu Lager. Erinnerungen an die Zwangsarbeit bei der Bremer Baumwollkämmerei in Blumenthal, in: Christoph U. Schminck-Gustavus (Hg.), Hungern für Hitler. Erinnerungen polnischer Zwangsarbeiter im Deutschen Reich 1940–1945, Reinbek 1984, S. 32–67

Jürgen Oltmer, ›Schutz des nationalen Arbeitsmarkts‹: transnationale Arbeitswanderungen und protektionistische Zuwanderungspolitik in der Weimarer Republik, in:

ders. (Hg.), Migration steuern und verwalten. Deutschland vom späten 19. Jahrhundert bis zur Gegenwart, Göttingen 2003, S. 85–122

Hubert Orlowski, »Polnische Wirtschaft«. Zum deutschen Polendiskurs der Neuzeit, Wiesbaden 1996

Kurt Pätzold (Hg.), Verfolgung – Vertreibung – Vernichtung. Dokumente des faschistischen Antisemitismus, Leipzig 1984

Tomislav Pajić, Prinudni rad i otpor u logorima Borskog rudnika 1941–1944, Beograd 1989

Tanja Penter, Arbeiten für den Feind in der Heimat – der Arbeitseinsatz in der besetzten Ukraine 1941–1944, in: Jahrbuch für Wirtschaftsgeschichte, (2004) 1, S. 65–94

Tanja Penter, Kohle für Stalin und Hitler. Arbeiten und Leben im Donbass 1929 bis 1953, Essen 2010

Tanja Penter, Zwangsarbeit – Arbeit für den Feind. Der Donbass unter deutscher Okkupation (1941–1943), in: Geschichte und Gesellschaft, 31 (2005) 1, S. 68–100

Tanja Penter, Zwangsarbeit im Donbass unter stalinistischer und nationalsozialistischer Herrschaft, 1929 bis 1953, in: Hans-Christoph Seidel/Klaus Tenfelde (Hg.), Zwangsarbeit im Europa des 20. Jahrhunderts. Bewältigung und vergleichende Aspekte, Essen 2007, S. 227–252

Tanja Penter, Zwischen Hunger, Terror und einer »glücklichen Zukunft«. Der Arbeitseinsatz im Steinkohlenbergbau des Donezbeckens unter deutscher Besatzung 1941 bis 1943, in: Klaus Tenfelde/Hans-Christoph Seidel (Hg.), Zwangsarbeit im Bergwerk. Der Arbeitseinsatz im Kohlenbergbau des Deutschen Reiches und der besetzten Gebiete im Ersten und Zweiten Weltkrieg, Band I: Forschungen, Essen 2005, S. 433–466

Calel Perechodnik, Bin ich ein Mörder? Das Testament eines jüdischen Ghetto-Polizisten, Berlin 1999

Jan-Henrik Peters, Zwischen Lohnarbeit und Deportation. Juden bei der Ostbahn im Generalgouvernement 1939–1943, in: Zeitschrift für Geschichtswissenschaft, 58 (2010) 10, S. 816–837

Branko Petranović, Istorija Jugoslavije, 1918–1988, Beograd 1988, 2 Bde.

Branko Petranović, Srbija u Drugom svetskom ratu 1939–1945, Beograd 1992

Aleksandra Pietrowicz, Die Widerstandsbewegung in den eingegliederten polnischen Gebieten 1939–1945, in: Jacek Andrzej Młynarczyk (Hg.), Polen unter deutscher und sowjetischer Besatzung 1939–1945, Osnabrück 2009, S. 427–451

Jan Pietrzykowski, Łowy na ludzi. Arbeitsamt w Częstochowie, Katowice 1968

Czeslaw Pilichowski, Es gibt keine Verjährung, Warszawa 1980

Tilman Plath, »Immer wieder scheiterten alle Planungen der Arbeitseinsatz-Dienststellen!« Arbeitsverwaltung in den baltischen Generalbezirken des Reichskommissariats Ostland, in: Karsten Linne, Florian Dierl (Hg.), Arbeitskräfte als Kriegsbeute. Der Fall Ost- und Südosteuropa 1939–1945, Berlin 2011, S. 241–269

Dieter Pohl, Die Ermordung der Juden im Generalgouvernement, in: Ulrich Herbert (Hg.), Nationalsozialistische Vernichtungspolitik 1939–1945. Neue Forschungen und Kontroversen, Frankfurt a. M. 1998, S. 98–121

Dieter Pohl, Von der »Judenpolitik« zum Judenmord. Der Distrikt Lublin des Generalgouvernements 1939–1944, Frankfurt a. M. u. a. 1993

Dieter Pohl, Nationalsozialistische Judenverfolgung in Ostgalizien 1941–1944. Organisation und Durchführung eines staatlichen Massenverbrechens, München 1996

Dieter Pohl, Die großen Zwangsarbeiterlager der SS- und Polizeiführer für Juden im Generalgouvernement 1942–1945, in: Ulrich Herbert/Karin Orth/Christoph Dieckmann (Hg.), Die nationalsozialistischen Konzentrationslager, Bd. 1, Frankfurt a. M. 2002, S. 415–438

Dieter Pohl, Die Stellung des Distrikts Lublin in der »Endlösung der Judenfrage«, Bogdan Musial (Hg.), »Aktion Reinhardt«. Der Völkermord an den Juden im Generalgouvernement 1941–1944, Osnabrück 2004, S. 87–107

Dieter Pohl, Die Reichsgaue Danzig-Westpreußen und Wartheland: Koloniale Verwaltung oder Modell für die zukünftige Gauverwaltung?, in: Jürgen John/Horst Möller/Thomas Schaarschmidt (Hg.), Die NS-Gaue. Regionale Mittelinstanzen im zentralistischen »Führerstaat«, München 2007, S. 395–405

Die polnische Arbeiterin, in: Faschismus, 10 (1942) 5 vom 9.3.1942, S. 43

Wiesław Porzycki, Posłuszni az do smierci. Niemieccy urzednicy w kraju Warty 1939–1945, Poznań 1997

Werner Präg/Wolfgang Jacobmeyer (Hg.), Das Diensttagebuch des deutschen Generalgouverneurs in Polen 1939–1945, Stuttgart 1975

Pro Memoria (1941–1944). Raporty Departamentu Delegatura Rządu RP na Kraj o zbrodniach na narodzie polskim, Warszawa/Pultusk 2004/2005

Milan Putnik, Ada smrti, in: Otpor u žicama. Sećanja zatočenika, II, Beograd 1969

Babette Quinkert, Propaganda und Terror in Weißrussland 1941–1944. Die deutsche »geistige« Kriegführung gegen Zivilbevölkerung und Partisanen, Paderborn/München/Wien/Zürich 2009

Babette Quinkert, Terror und Propaganda. Die »Ostarbeiteranwerbung« im Generalkommissariat Weißruthenien, in: Zeitschrift für Geschichtswissenschaft, 47 (1999) 8, S. 700–721

Günther Rachner, Arbeitseinsatz und Arbeitseinsatzverwaltung in den besetzten Gebieten, in: Reichsarbeitsblatt, T. II, 19 (1939) 29 vom 15.10.1939, S. II 370-II 372

Mikloš Radnoti, Borska beležnica, Bor 1979

Steffen Raßloff, Fritz. Sauckel. Hitlers »Muster-Gauleiter« und »Sklavenhalter«, Erfurt 2008 (3. Aufl.)

Barbara Ratyńska, Ludność i gospodarka Warszawy i okręgu pod okupacja hitlerowską, Warszawa 1982

Dieter Rebentisch, Führerstaat und Verwaltung im Zweiten Weltkrieg. Verfassungsentwicklung und Verwaltungspolitik 1939–1945, Stuttgart 1989

Regierungsrat Diez, Warthegau mit Arbeitsbuch, in: Warthegau-Wirtschaft, 3 (1942) 1 vom Januar 1942, S. 5–7

Reichsminister Dr. Goebbels, Der kulturelle Aufbau im Osten wird vom Gesamtreich getragen, in: Wartheland, 1 (1941) 4 vom April 1941, S. 1–4

Reichsminister Seldte über die Aufgaben der Arbeitseinsatzverwaltung, in: Reichsarbeitsblatt, T. V, 20 (1940) 4 vom 5.2.1940, S. V 53-V 55

Eckart Reidegeld, Staatliche Sozialpolitik in Deutschland. Band II: Sozialpolitik in Demokratie und Diktatur 1919–1945, Wiesbaden 2006

Volker Rieß, Die Anfänge der Vernichtung »lebensunwerten Lebens« in den Reichsgauen Danzig-Westpreußen und Wartheland 1939/40, Frankfurt a. M. u. a. 1995

Milan D. Ristović, Nemački novi poredak i jugoistočna Evropa 1940/41–1944/45. Planovi o budućnosti i praksa, Beograd 1991

Milan Ristović, General M. Nedić – Diktatur, Kollaboration und die patriarchalische Gesellschaft Serbiens 1941–1944, in: Erwin Oberländer (Hg.), Autoritäre Regime in Ostmittel- und Südosteuropa 1919–1944, Paderborn 2001, S. 633–687

Milan Ristović, Položaj žena u ideološko-propagandnom rečniku kolaboracionističkog režima u Srbiji u Drugom svetskom ratu, in: Tokovi istorije, 3 (2009), S. 20–31

Milan Ristović, U potrazi za utočištem. Jugoslovenski Jevreji u bekstvu od holokausta 1941–1945, Beograd 1998

Werner Röhr (Hg.), Die faschistische Okkupationspolitik in Polen (1939–1945) (Europa unterm Hakenkreuz, Bd. 2), Berlin (Ost-) 1989

Werner Röhr, Die faschistische Okkupationspolitik in Polen 1939 bis 1945 und die Stellung dieses Landes in den Plänen für eine »Neuordnung Europas«, in: 1999. Zeitschrift für Sozialgeschichte des 20. und 21. Jahrhunderts, 7 (1992) 3, S. 43–63

Werner Röhr, Forschungsprobleme zur deutschen Okkupationspolitik im Spiegel der Reihe »Europa unterm Hakenkreuz«, in: Europa unterm Hakenkreuz. Band 8, Analysen – Quellen – Register, zusammengestellt und eingeleitet von Werner Röhr, Heidelberg 1996, S. 25–343

Werner Röhr, Terror und Politik. Über die Funktionen des Terrors für die faschistische Okkupationspolitik in Polen 1939–1945, in: Zeitschrift für Geschichtswissenschaft, 43 (1995) 1, S. 27–54

Werner Röhr, System oder organisiertes Chaos? Fragen einer Typologie der deutschen Okkupationsregime im Zweiten Weltkrieg, in: Robert Bohn (Hg.), Die deutsche Herrschaft in den »germanischen« Ländern 1940–1945, Stuttgart 1997, S. 11–45

Werner Röhr, Zur Wirtschaftspolitik der deutschen Okkupanten in Polen 1939–1945, in: Dietrich Eichholtz (Hg.), Krieg und Wirtschaft. Studien zur deutschen Wirtschaftsgeschichte 1939–1945, Berlin 1999 (Nationalsozialistische Besatzungspolitik in Europa, Bd. 9), S. 221–251

Werner Röhr, »Reichsgau Wartheland« 1939–1945. Vom »Exerzierplatz des praktischen Nationalsozialismus« zum »Mustergau«, in: Bulletin für Faschismus- und Weltkriegsforschung, Heft 18 (2002), S. 28–54

Jaša Romano/Lavoslav Kadelberg, The Third Reich: Initiator, Organizer and Executant of Anti-Jewish Measures and Genocide in Yugoslavia, in: Života Anić u. a. (Hg.), The Third Reich and Yugoslavia 1933–1945, Belgrade 1977, S. 670–690

Jaša Romano, Jevreji u Jugoslaviji 1941–1945. Žrtve genocida i učesnici NOR, Beograd 1980

Karl Heinz Roth, Ärzte als Vernichtungsplaner: Hans Ehlich, die Amtsgruppe III B des Reichssicherheitshauptamts und der nationalsozialistische Genozid 1939–1945, in: Michael Hubenstorf u. a. (Hg.), Medizingeschichte und Gesellschaftskritik. Festschrift für Gerhard Baader, Husum 1997, S. 398–419

Karl Heinz Roth, »Generalplan Ost« und der Mord an den Juden. Der »Fernplan der Umsiedlung in den Ostprovinzen« aus dem Reichssicherheitshauptamt vom November 1939, in: 1999. Zeitschrift für Sozialgeschichte des 20. und 21. Jahrhunderts, 12 (1997) 2, S. 50–70

Markus Roth, Herrenmenschen. Die deutschen Kreishauptleute im besetzten Polen – Karrierewege, Herrschaftspraxis und Nachgeschichte, Göttingen 2009

Heribert Rottenecker/Jürgen Schneider, Geschichte der Arbeitsverwaltung in Deutschland, Stuttgart/Berlin/Köln 1996

Runderlasse des Reichsarbeitsministeriums für die Arbeitseinsatz-, Reichstreuhänder- und Gewerbeaufsichtsverwaltung, 3 (1941) und 4 (1942)

Sabine Rutar, Arbeit und Überleben in Serbien: Das Kupfererzbergwerk Bor im Zweiten Weltkrieg, in: Geschichte und Gesellschaft, 31 (2005) 1, S. 101–134

Sabine Rutar, Arbeit unter deutscher Besatzung. Die wirtschaftliche Ausbeutung des Braunkohlenreviers Trbovlje, in: Gerhard Jochem/Georg Seiderer (Hg.), Entrechtung, Vertreibung, Mord. NS-Unrecht in Slowenien und seine Spuren in Bayern 1941–1945, Berlin 2005, S. 205–222

Sabine Rutar, Zwischen Volkstumspolitik und Volksbefreiungskampf. Braunkohlenabbau im deutsch besetzten Slowenien, in: Klaus Tenfelde/Hans-Christoph Seidel (Hg.), Zwangsarbeit im Bergwerk. Der Arbeitseinsatz im Kohlenbergbau des Deutschen Reiches und der besetzten Gebiete im Ersten und Zweiten Weltkrieg, Essen 2005, S. 537–569

Sabine Rutar, Arbeit und Überleben in Serbien: Das Kupfererzbergwerk Bor im Zweiten Weltkrieg (Ms. 2010)

Phillip T. Rutherford, Prelude to the Final Solution. The Nazi Program for Deporting Ethnic Poles, 1939–1941, Lawrence 2007

Maria Rutowska, Lager Glowna. Niemiecki obóz przesiedleń Czy na Głównej w Poznaniu dla ludności polskiej (1939–1940) (Documenta Occupationis, Bd. 16), Poznań 2008

Maria Rutowska, Wysiedlenia ludnosci polskiej z Kraju Warty do Generalnego Gubernatorstwa 1939–1941, Poznan 2003

Thomas Sandkühler, »Endlösung« in Galizien. Der Judenmord in Ostpolen und die Rettungsinitiativen von Berthold Beitz 1941–1944, Bonn 1996

Fritz Sauckel, Arbeitseinsatzmänner sind fanatische Nationalsozialisten (Rede anlässlich der Tagung der Arbeitsamtsleiter Großdeutschlands am 12. September 1942 in Weimar), in: Handbuch für die Dienststellen des Generalbevollmächtigten für den Arbeitseinsatz und die interessierten Reichsstellen im Großdeutschen Reich und in den besetzten Gebieten, Bd. 1, Berlin 1944, S. 221–226

Annette Schäfer, Zwangsarbeiter und NS-Rassenpolitik. Russische und polnische Arbeitskräfte in Württemberg 1939–1945, Stuttgart 2000

Helmut Schaller, Der Nationalsozialismus und die slawische Welt, Regensburg 2002

Holger Schatz/Andrea Woeldike, Freiheit und Wahn deutscher Arbeit. Zur historischen Aktualität einer folgenreichen antisemitischen Projektion, Hamburg/Münster 2001

Wolfgang Scheffler, Das Getto Lodz in der nationalsozialistischen Judenpolitik, in: »Unser einziger Weg ist Arbeit«. Das Getto in Lodz 1940–1944, Redaktion Hanno Loewy/Gerhard Schoenberner, Wien 1990, S. 12–16

Dieter Schenk, Hans Frank. Hitlers Kronjurist und Generalgouverneur, Frankfurt a. M. 2008

Zdenka Šimončić, The Influence of German Trade Policy on Economic Development in Croatia in the Period from the Great Depression to the Second World War, in: Života Anić u. a. (Hg.), The Third Reich and Yugoslavia 1933–1945, Belgrade 1977, S. 363–382

Karl-Heinz Schlarp, Wirtschaft und Besatzung in Serbien 1941–1944. Ein Beitrag zur nationalsozialistischen Wirtschaftspolitik in Südosteuropa, Stuttgart 1986

Karl-Heinz Schlarp, Ausbeutung der Kleinen: Serbien in der deutschen Kriegswirtschaft 1941–1944, in: Johannes Bähr/Ralf Banken (Hg.), Das Europa des »Dritten Reichs«. Recht, Wirtschaft, Besatzung. Frankfurt a. M. 2005, S. 187–215

Thomas Schlemmer, Grenzen der Integration. Die CSU und der Umgang mit der nationalsozialistischen Vergangenheit – der Fall Dr. Max Frauendorfer, in: Vierteljahrshefte für Zeitgeschichte, 48 (2000) 4, S. 675–742

Thomas Schlemmer, Löcher im Mantel des Vergessens. Die gebrochene Karriere des Dr. Max Frauendorfer zwischen NSDAP und CSU, in: Stefanie Hajak/Jürgen Zarusky (Hg.), München und der Nationalsozialismus. Menschen, Orte, Strukturen, Berlin 2008, S. 335–365

Christoph U. Schminck-Gustavus, Zwangsarbeitsrecht und Faschismus. Zur »Polenpolitik« im »Dritten Reich«, in: Der Unrechts-Staat, Bd. II. Recht und Justiz im Nationalsozialismus, Hg. Redaktion Kritische Justiz, Baden-Baden 1984, S. 115–204

Hans-Walter Schmuhl, Arbeitsmarktpolitik und Arbeitsverwaltung in Deutschland 1871–2002. Zwischen Fürsorge, Hoheit und Markt, Nürnberg 2003

Christian Schölzel, Verbündete als Zwangsarbeiter. Arbeiter aus dem »Unabhängigen Staat Kroatien« im »Großdeutschen Reich« 1941–1945, in: Karsten Linne/Florian Dierl (Hg.), Arbeitskräfte als Kriegsbeute. Der Fall Ost- und Südosteuropa 1939–1945, Berlin 2011, S. 199–209

Roland Schönfeld, Deutsche Rohstoffsicherungspolitik in Jugoslawien 1934–1944, in: Vierteljahrshefte für Zeitgeschichte, 24 (1976) 3, S. 215–258

Pavle Šosberger, Kažnjavanje uz ropski rad, in: Mi smo preživeli ... Jevreji o holokaustu, Beograd 2001

Hans-Jürgen Schröder, Südosteuropa als »Informal Empire« NS-Deutschlands: das Beispiel Jugoslawiens, in: Života Anić u. a. (Hg.), The Third Reich and Yugoslavia 1933–1945, Belgrade 1977, S. 240–258

Rainer Schulze, »Der Führer ruft!« Zur Rückholung der Volksdeutschen aus dem Osten, in: Jerzy Kochanowski/Maike Sach (Hg.), Die »Volksdeutschen« in Polen, Frankreich, Ungarn und der Tschechoslowakei. Mythos und Realität, Osnabrück 2006, S. 183–204

Wolfgang Schumann, Aspekte und Hintergründe der Handels- und Wirtschaftspolitik Hitler-Deutschlands gegenüber Jugoslawien), in: Života Anić u. a. (Hg.), The Third Reich and Yugoslavia 1933–1945, Belgrade 1977, S. 221–239

Sonja Schwaneberg, Die wirtschaftliche Ausbeutung des Generalgouvernements durch das Deutsche Reich 1939–1945, in: Jacek Andrzej Młynarczyk (Hg.), Polen unter deutscher und sowjetischer Besatzung 1939–1945, Osnabrück 2009, S. 103–129

Eva Seeber, Zwangsarbeiter in der faschistischen Kriegswirtschaft. Die Deportation und Ausbeutung polnischer Bürger unter besonderer Berücksichtigung der Lage der Arbeiter aus dem sogenannten Generalgouvernement (1939–1945), Berlin (Ost-) 1964

Hans-Christoph Seidel, Arbeitseinsatz und Zwangsarbeit im europäischen Steinkohlenbergbau unter deutscher Herrschaft, in: Johannes Bähr/Ralf Banken (Hg.), Das Europa des »Dritten Reichs«. Recht, Wirtschaft, Besatzung. Frankfurt a. M. 2005, S. 259–286

Robert Seidel, Deutsche Besatzungspolitik in Polen. Der Distrikt Radom 1939–1945, Paderborn/München/Wien/Zürich 2006

Stanisław Senft, Jeńcy wojenni i robotnicy przymusowi zatrudnieni w rolnictwie śląskim 1939–1945, Opole 1978

Akiko Shimizu, Deutsche Okkupation des serbischen Banats 1941–1944 unter besonderer Berücksichtigung der deutschen Volksgruppe in Jugoslawien, Münster 2003

Wolfgang Siebert, Die Entwicklung der staatlichen Arbeitsverwaltung, in: Reich, Volksordnung, Lebensraum, 2 (1942), S. 227–303

Wolfgang Siebert, Die Entwicklung der staatlichen Arbeitsverwaltung, Darmstadt 1943

Franciszek Skalniak, Stopa życowa społeczeństwa polskiego w okresie okupacji na terenie Generalnego Gubernatorstwa, Warszawa 1979

Slavery under Hitler's »New Order«, New York 1942

Milan Spasojević, Preživeo je svaki deseti, in: Otpor u žicama. Sećanja zatočenika, II, Beograd 1969

Mark Spoerer, Zwangsarbeit unterm Hakenkreuz. Ausländische Zivilarbeiter, Kriegsgefangene und Häftlinge im Deutschen Reich und im besetzten Europa 1939–1945, Stuttgart/München 2001

Mark Spoerer, Recent Findings on Forced Labor under the Nazi Regime and an Agenda for Future Research, in: Annali dell' Istituto storico italo-germanico in Trento/Jahrbuch des italienisch-deutschen historischen Instituts in Trient, 28 (2002), S. 373–389

Mark Spoerer, Zwangsarbeitsregimes im Vergleich. Deutschland und Japan im Ersten und Zweiten Weltkrieg, in: Hans-Christoph Seidel, Klaus Tenfelde (Hg.), Zwangsarbeit im Europa des 20. Jahrhunderts. Bewältigung und vergleichende Aspekte, Essen 2007, S. 187–226

Staatssekretär Dr. Syrup 60 Jahre, in: Reichsarbeitsblatt, T. V, 21 (1941) 28 vom 5.10.1941, S. V487-V 488

Valentina Maria Stefanski, Zwangsarbeit in Leverkusen. Polnische Jugendliche im I. G. Farbenwerk, Osnabrück 2000

Sybille Steinbacher, »Musterstadt« Auschwitz. Germanisierungspolitk und Judenmord in Ostoberschlesien, München 2000

Katharina Stengel (Hg.), Vor der Vernichtung. Die staatliche Enteignung der Juden im Nationalsozialismus, Frankfurt a. M./New York 2007

Die Steuerung der polnischen Arbeitskraft im Warthegau, in: Warthegau-Wirtschaft, 4 (1943) 1 vom Januar 1943, S. 12

Alexa Stiller, Artikel »Reichskommissar für die Festigung deutschen Volkstums«, in: Ingo Haar/Michael Fahlbusch (Hg.), Handbuch der völkischen Wissenschaften. Personen – Institutionen – Forschungsprogramme – Stiftungen, München 2008, S. 531–540

Jerzy Stoch, »Polenreservate« w Warthegau, in: Biuletyn Glównej Komisji Badania Zbrodni Hitlerowskich w Polsce, 17 (1967), S. 153–169

Walter Stothfang, Der Arbeitseinsatz an der Jahreswende, in: Monatshefte für NS-Sozialpolitik, 8 (1941) 1/2 vom Januar 1941, S. 4–6

Walter Stothfang, Die Aufgaben des Arbeitseinsatzes im Jahre 1939, in: Monatshefte für NS-Sozialpolitik, 6 (1939) 1/2 vom 20.1.1939, S. 9–11

Walter Stothfang, Vier Monate Kriegsarbeitseinsatz, in: Monatshefte für NS-Sozialpolitik, 7 (1940) 1/2 vom 25.1.1940, S. 4–6

Walter Stothfang, Zur Errichtung der Gauarbeitsämter, in: Der Arbeitseinsatz. Für den Sieg des Führers und Großdeutschlands. Informations- und Nachrichtenblatt des Generalbevollmächtigten für den Arbeitseinsatz, 1943, Nr. 2 vom 22.9.1943, S. 11–12

Andreas Strippel, Artikel »Einwandererzentralstelle Litzmannstadt«, in: Ingo Haar/Michael Fahlbusch (Hg.), Handbuch der völkischen Wissenschaften. Personen – Institutionen – Forschungsprogramme – Stiftungen, München 2008, S. 160–168

Holm Sundhaussen, Wirtschaftsgeschichte Kroatiens im nationalsozialistischen Großraum 1941–1945. Das Scheitern einer Ausbeutungsstrategie, Stuttgart 1983

Holm Sundhaussen, Improvisierte Ausbeutung – der Balkan unter deutscher Okkupation, in: Johannes Houwink ten Cate/Gerhard Otto (Hg.), Das organisierte Chaos. »Ämterdarwinismus« und »Gesinnungsethik«: Determinanten nationalsozialistischer Besatzungsherrschaft, Berlin 1999, S. 55–75

Tomasz Strzembosz, Akcje Zbrojne Podziemnej Warszawy 1939–1944, wyd. 2, Warszawa 1983

Tomasz Szarota, Warschau unter dem Hakenkreuz. Leben und Alltag im besetzten Warschau 1.10.1939 bis 31.7.1944, Paderborn 1985

Stefan Szende, Der letzte Jude aus Polen, Zürich/New York 1945 (zuerst Stockholm 1944)

Larry V. Thompson, Friedrich-Wilhelm Krüger – Höherer SS- und Polizeiführer Ost, in: Ronald Smelser/Enrico Syring (Hg.), Die SS: Elite unter dem Totenkopf. 30 Lebensläufe, Paderborn/München/Wien/Zürich 2003 (2. Aufl.), S. 320–331

Max Timm, Der landwirtschaftliche Arbeitseinsatz im Kriege gesichert, in: Der Vierjahresplan, 4 (1940) 3 vom Februar 1940, S. 98–100

Max Timm, Der Einsatz ausländischer Arbeitskräfte in Deutschland, in: Reichsarbeitsblatt, T. V, 22 (1942) 1 vom 5.1.1942, S. V 5-V 15

Gabor Tolnai, Strme staze, in: Zbornik građe, H. XXXIII, Bor 1984

Adam Tooze, Ökonomie der Zerstörung. Die Geschichte der Wirtschaft im Nationalsozialismus, München 2007

Totaler Arbeitseinsatz für den Sieg. Kernsätze aus einer Rede anläßlich der ersten Tagung der Arbeitseinsatzstäbe (6. Januar 1943, Weimar), in: Handbuch für die Dienststellen des Generalbevollmächtigten für den Arbeitseinsatz und die interessierten Reichsstellen im Großdeutschen Reich und in den besetzten Gebieten, Bd. 1, Berlin 1944, S. 227–234

Trial of the Major War Criminals before the International Military Tribunal, Nuremberg 1947

Isaiah Trunk, Lodz Ghetto. A History, Bloomington 2006

Hans Umbreit, Nationalsozialistische Expansion. Strukturen der deutschen Besatzungsverwaltungen im Zweiten Weltkrieg, in: Michael Salewski/Josef Schröder (Hg.), Dienst für die Geschichte. Gedenkschrift für Walther Hubatsch, Göttingen/Zürich 1985, S. 163–186

Hans Umbreit, Auf dem Weg zur Kontinentalherrschaft, in: Das Deutsche Reich und der Zweite Weltkrieg, Bd. 5,1, Stuttgart 1988, S. 1–345

Hans Umbreit, Die deutsche Herrschaft in den besetzten Gebieten 1942–1945, in: Das Deutsche Reich und der Zweite Weltkrieg, Bd. 5,2, Stuttgart 1999, S. 1–272

Milenko Vasović/Anđelka Cvijić, Milan Nedić: život, govori, saslušanja, Beograd 1991

Sandor Vegh, Le système du pouvoir d'occupation allemand dans le Banat yougoslave 1941–1944, in: Les systèmes d'occupation en Yougoslavie 1941–1945, Belgrade 1963

Ute Vergin, Die nationalsozialistische Arbeitseinsatzverwaltung und ihre Funktionen beim Fremdarbeiter(innen)einsatz während des Zweiten Weltkriegs, Phil. Diss. Universität Osnabrück 2008

Verordnungsblatt des Chefs der Zivilverwaltung beim Militärbefehlshaber von Posen, 1939

Verwaltungs-Jahrbuch für die Beamten und Angestellten der Arbeitseinsatzverwaltung 1938, Berlin 1938

Verwaltungs-Jahrbuch für die Beamten und Angestellten der Arbeitseinsatzverwaltung 1939, Berlin 1939

Verwaltungs-Jahrbuch für die Beamten und Angestellten der Arbeitseinsatzverwaltung 1941, Berlin 1941

Verwaltungs-Jahrbuch für die Beamten und Angestellten der Arbeitseinsatzverwaltung 1942/43, Berlin 1942

Vuk Vinaver, Svetska ekonomska kriza u Podunavlju i nemački prodor 1929–1935, Beograd 1987

Ekkehard Völkl, Der Westbanat 1941–1944. Die deutsche, die ungarische und andere Volksgruppen, München 1991

Hans-Erich Volkmann, Zwischen Ideologie und Pragmatismus. Zur nationalsozialistischen Wirtschaftspolitik im Reichsgau Wartheland, in: Ulrich Haustein/Georg W. Strobel/Gerhard Wagner (Hg.), Ostmitteleuropa. Berichte und Forschungen, Stuttgart 1981, S. 422–441

Die Volkstumsneuordnung. Litzmannstadt Mittelpunkt der Umsiedlung, in: Hubert Müller (Hg.), Der Osten des Warthelandes, Litzmannstadt 1941, S. 282–297

Maria Wardzynska (Hg.), Deportacje na roboty przymusowe z Generalnego Gubernatorstwa 1939–1945, Warszawa 1991

Bruno Wasser, Himmlers Raumplanung im Osten. Der Generalplan Ost in Polen 1940–1944, Basel/Berlin/Boston 1993

Bruno Wasser, Die »Germanisierung« im Distrikt Lublin als Generalprobe und erste Realisierungsphase des »Generalplans Ost«, in: Mechtild Rössler/Sabine Schleiermacher (Hg.), Der »Generalplan Ost«. Hauptlinien der nationalsozialistischen Planungs- und Vernichtungspolitik, Berlin 1993, S. 271–293

Bruno Wasser, Die Umsetzung des Generalplans Ost im Distrikt Lublin, in: Gert Gröning (Hg.), Planung in Polen im Nationalsozialismus, Berlin 1996, S. 15–61

Albert Weh (Hg.), Das Recht des Generalgouvernements. Nach Sachgebieten geordnet mit Erläuterungen und einem ausführlichen Sachverzeichnis, Krakau 1941

Manfred Weißbecker, Fritz Sauckel – »Wir werden die letzten Schlacken unserer Humanitätsduselei ablegen ...«, in: Kurt Pätzold/Manfred Weißbecker (Hg.), Stufen zum Galgen. Lebenswege vor den Nürnberger Urteilen, Leipzig 1996, S. 297–331

Weiterer Ausbau der Arbeitseinsatzverwaltung, in: Arbeitseinsatz und Arbeitslosenhilfe, 7 (1940) 3–6, Februar/März 1940, S. 33–34

Birgit Weitz, Der Einsatz von KZ-Häftlingen und jüdischen Zwangsarbeitern bei der Daimler-Benz AG (1941–1945). Ein Überblick, in: Hermann Kaienburg (Hg.), Konzentrationslager und deutsche Wirtschaft 1939–1945, Opladen 1996, S. 169–195

Mario Wenzel, Ausbeutung und Vernichtung. Zwangsarbeiterlager für Juden im Distrikt Krakau, in: Dachauer Hefte, Bd. 23: Nationalitäten im KZ, Dachau 2007, S. 189–207

Mario Wenzel, Die deutsche Arbeitsverwaltung und der Arbeitszwang für Juden im Distrikt Krakau 1939–1944, in: Karsten Linne/Florian Dierl (Hg.), Arbeitskräfte als Kriegsbeute. Der Fall Ost- und Südosteuropa 1939–1945, Berlin 2011, S. 172–196

Christian Westerhoff, Deutsche Arbeitskräftepolitik in den besetzten Ostgebieten, in: Nordost-Archiv, 17 (2008), S. 83–107

Michael Wildt, Generation des Unbedingten. Das Führungskorps des Reichssicherheitshauptamtes, Hamburg 2002

Eduard Willeke, Der Arbeitseinsatz im Kriege, in: Jahrbücher für Nationalökonomie und Statistik, Bd. 154 (1941), S. 177–201 und S. 311–348

Gerhard Wolf, Artikel »Deutsche Volksliste«, in: Ingo Haar/Michael Fahlbusch (Hg.), Handbuch der völkischen Wissenschaften. Personen – Institutionen – Forschungsprogramme – Stiftungen, München 2008, S. 129–135

Gerhard Wolf, Die deutschen Minderheiten in Polen als Instrument der expansiven Außenpolitik Berlins, in: Jerzy Kochanowski/Maike Sach (Hg.), Die »Volksdeutschen« in Polen, Frankreich, Ungarn und der Tschechoslowakei. Mythos und Realität, Osnabrück 2006, S. 41–75

Gerhard Wolf, Rassistische Utopien und ökonomische Zwänge: die rassischen Selektionen polnischer Arbeitskräfte durch die SS in den Lagern der Umwandererzentralstelle, in: Jah Akim/Christoph Kopke/Alexander Korb/Alexa Stiller (Hg.), Nationalsozialistische Lager. Neue Beiträge zur NS-Verfolgungs- und Vernichtungspolitik und zur Gedenkstättenpädagogik, Münster 2006, S. 125–148

Mśisław Wróblewski, Służba budowlana (Baudienst) w Generalnym Gubernatorstwie 1940–1945, Warszawa 1984

Andrzej Wrzyszcz, Die deutsche »Wirtschafts«-Rechtsetzung im Generalgouvernement 1939–1945, in: Johannes Bähr/Ralf Banken (Hg.), Das Europa des »Dritten Reichs«. Recht, Wirtschaft, Besatzung. Frankfurt a. M. 2005, S. 59–80

Johann Wuescht, Jugoslawien und das Dritte Reich. Eine dokumentierte Geschichte der deutsch-jugoslawischen Beziehungen von 1933 bis 1945, Stuttgart 1969

Jürgen Zarusky (Hg.), Ghettorenten. Entschädigungspolitik, Rechtsprechung und historische Forschung, München 2010

Zehn Jahre Reichsanstalt für Arbeitsvermittlung und Arbeitslosenversicherung 1927–1937, hg. von der Hauptstelle der Reichsanstalt, Berlin 1937

Kurt Ziesel, Der deutsche Selbstmord. Diktatur der Meinungsmacher, Breitbrunn 1965 (3. Aufl.)

Anna Ziółkowska, Obozy pracy przymusowej dla Żydów w Wielkopolsce w latach okupacji hitlerowskiej (1941–1943), Poznań 2005

Anna Ziółkowska, Zwangsarbeitslager für Juden im Reichsgau Wartheland, in: Jacek Andrzej Młynarczyk/Jochen Böhler (Hg.), Der Judenmord in den eingegliederten polnischen Gebieten 1939–1945, Osnabrück 2010, S. 179–202

Nikola Živković, Ratna šteta koju je Nemačka učinila Jugoslaviji u Drugom svetskom ratu, Beograd 1975

Martin Zschucke, Das Reichsarbeitsministerium, Berlin 1940

Ortsregister

Erwähnungen in den Anmerkungen sind *kursiv* gesetzt.

Aleksinac 400, *416, 418*
Alibunar 429
Argenau (Gniewkowo) 66, 102, 144, *148*
Auschwitz (Oświęcim) 23, 167, 176–178, 219, 239, 473, 483, 485, 497
Bečkerek (Groß-Betschkerek/Zrenjanin) 325, 336, 337, *346*, 347, 362, 367, 427–430
Będzin (Bendzin) 64
Bela Crkva 342, 354, *355*, 429, 430
Beli Potok 422
Bentschen (Zbąszyń) 112
Belgrad (Beograd) 12, 23, 24, 323–326, 328–330, *334*, 337, 339–346, *350*–353, 355, 359, 360, 362, 363, 367, 371, 377, *378*, *379*, 383, *388*, *389*, 392, *393*, 395–398, 402, *406*–409, 412, 414, *415*, 417–420, 422–425, 428, *431*–*437*, 439, *442*, 449, 465, 466, 469, 471, 472, 485
Berlin 7, 11, 19, 21, 24, 32, 40, 41, 71, 74, 79, 80, 83, 86, 96, 144, 177, 201, 202, 209, 252, 300, 301, 355, *361*, *364*, 365, 367, 368, 372, 373, 374, 375, *378*, 379, 403, *409*, *434*, 444, 447, 459, 465, 469, 471, 472, 474, 478, 479, 500
Beuthen (Bytom) 182
Biala-Podlaska, (Biała Podlaska) *179*, 242, 249, 308
Bialoleka (Białołęka) 313
Bielsko (Bielitz) 64
Bierzow (Pirschau) 77
Boimstorf 78
Bojanica 323

Bor 22, 24, 320, 321, 323, 325, *340*, 345–347, 368, 382, 385, 387–395, 397–402, 404–413, *415*, 417–426, 429, 430, 434, 435, 440, 441, 450, 457, 458, 473, 492, 494
Bornhagen (Koźminek) *141*
Bosiljgrad 323
Botoš 429
Bozen 198
Brandenburg 152
Braszczyk 313
Bregenz *300*, 403
Breslau (Wrocław) 58, 83, 88, 182
Bromberg (Bydgoszcz) 65, *68*, 69
Budzyn 313
Bulawywow 307
Čačak 367
Caribrod 323
Czarny-Dunajec *298*
Celle 84
Čestereg 429
Chełmno siehe Kulmhof
Chodziez siehe Kolmar
Cholm (Chełm) 183, 179, 183, *254*, 303, 309
Ciechanów siehe Zichenau
Ciechocinek siehe Hermannsbad
Crni Vrh 403
Crvenka 406
Czarnków siehe Scharnikau
Danzig (Gdańsk) 50, 54, 63, 65–69, 71, 72, 83–87, 91, 111, *117*, 152, 355, 470, 486, 492, 493
Debeljača 354
Deblin (Dęblin) 234
Dirschau (Tczew) 65
Dobrzyń 313
Drohobycz 184, 228, 233, *285*, 471

Eberswalde 78
Ečka 429–431
Eisleben 387
Erfurt 79, 97, 102, 199
Erlangen 201
Finow 79
Forst 200
Frankfurt/Oder 88, 151, 153
Freihaus (Zduńska Wola) 102, 142, 144, 156, 163
Gdańsk siehe Danzig
Glatz (Kłodzko) 250, 480
Gnesen (Gniezno) 66, 67, 69, 70, 75, 100, 106, 107, 110, 125, 141, 149, 150
Gniewkowo siehe Argenau
Gnjilane 323
Gorzno (Górzno) 240
Gostynin siehe Waldrode
Gračanica 323
Grätz (Grodzisk Wielkopolski) 93, 99, 153, 468
Grojec 245
Groß-Betschkerek siehe Bečkerek
Halberstadt 199
Hamburg 7, 252
Hannover 87, 158, 378
Heidenau 403, 404
Heidenheim 374
Helmstedt 78
Hennigsdorf 83
Hermannsbad (Ciechocinek) 75
Hohensalza (Inowrocław) 19, 48, 63, 66, 67, 69, 70, 76, 90, 98, 102, 110, 114, 123, 125, 127, 140, 142, 144, 146, 150, 160, 162, 298, 467
Hrubieszow (Hrubieszów) 176, 251, 289,
Ilza (Iłża) 257, 283,
Innsbruck 198
Inowrocław siehe Hohensalza
Iwano-Frankiwsk siehe Stanislau
Jaroslau (Jarosław) 215

Jarotschin (Jarocin) 66, 67, 69, 112, 89, 90, 112, 125, 128, 136, 137, 143, 468
Jasło (Jaslo) 181, 289,
Jastkow (Jastków) 279
Jedrzejów (Jędrzejów) 308
Karczew 313
Kalisch (Kalisz) 48, 64, 65–67, 69, 90, 98, 101, 102, 105, 110, 114, 141, 142, 148, 149, 161, 468
Karwin (Karviná) 64
Kassel 197, 234
Kattowitz (Katowice) 64, 66, 90,
Kempen (Kępno) 64, 66, 77, 118
Kielce 64, 182, 227, 232, 246, 260, 309
Kladovo 355
Klenovik 387, 400
Kłodzko siehe Glatz
Klucksdorf (Kluki) 102
Koblenz 197, 465, 470
Köln 102
Königsbach (Bukowiec) 116
Königshütte (Chorzów) 64
Kolmar (Chodziez) 66, 67, 69, 79, 115, 125, 126, 128,
Koło siehe Warthbrücken
Kolubara 400
Konskie (Końskie) 64, 231, 251, 252, 275
Konstantynow (Konstantynów Łódzki) 57, 58, 113, 118
Korlače 413
Kosovska Mitrovica 324, 332, 338, 441
Kosten (Kościan) 96, 118, 157, 167, 468
Kostolac 387–389, 391, 393, 395, 397, 400, 407, 408, 413, 415, 417, 418–422, 426, 440, 441, 457
Kovačica 429
Kovin 429
Koźminek siehe Bornhagen
Kragujevac 323, 390, 391, 398, 399, 401, 407, 416, 418, 419, 421

Krakau (Kraków) 7, 9, 19, 47, 49, 67, 118,
    171, 179, 181, *182*, 184–186, *187–189*,
    198, 199, 201, *205*, 209, *210*, *211*, 215,
    216, *226*, 234, 236, *238*, 240, 242,
    243, 245, 250, 254, *255*, *258*, 263,
    265, 270, 272, 278, 280, *281*, 282,
    286–290, 292, 298, 300, *301*, 303,
    469, 486, 499
Kraljevo 325, 328, *441*
Krasnik (Kraśnik) 185, 313
Krasnystaw 252, 253
Kreisau (Krzyżowa) 99
Kreising (Krzesiny) 156, 160
Kreuzburg 80
Krotoschin (Krotoszyn) 64, 66, 71, *89*,
    90, 99, 112, *127*, 137, 143, *148*,
Krupanj 323, 325
Kruševac *341*, *343*, 367, *399*, *417*, *437*
Kulmhof (Chełmno) *87*, 156, 166, 167,
    484, 485
Lapovo 3$23
Lask (Łask) 97, *150*, *155*
Laznica 403
Leipzig 58, 80, 99, 465
Lemberg (Lwów/Lwow/Lʻviv) 19, 171,
    184, 195, *210*, *211*, 212, *232*, *233*, 278,
    284, 286–288, 292, 471
Lentschütz (Łęczyca) 70, 71, 101
Leslau (Włocławek) 67, 69, *110*, 127, *159*
Liegnitz (Legnica) 143
Lisa 400
Lissa (Leszno) 64–66, 67, 69, *96*, 102,
    125, *143*, *148*, *153*, *157*, *161*, 167, 468
Litzmannstadt siehe Łódź
Łódź (Lodsch/Lodz) 19, 47, 48, 51, 55,
    57, 58, *62–65*, 67, 69–71, *77*, *78–83*,
    88, *91–94*, 96, 99, *100*, 102–105,
    108, 110–122, 124, *127–135*, *137*, *138*,
    140–145, 148, 149–153, 155–167, 170,
    177, 179, 298, 313, 448, 449, 465,
    467, 469, 471, 479, 482, 484, 486,
    497, 499
Lowicz (Lowitsch/Łowicz) *217*, 222, *231*,
    237, *245*, 469
Ložnica 403
Lubartow (Lubartów) 185, 217, 228, 229,
    237
Lubelski siehe Tomaszów Lubelski
Lublin 7, 19, 21, 150, 171, 175, 176, 178,
    179, *181*, 183–186, 194, 207, 209,
    210, 212, 214, *217*, 221–223, 228, 229,
    232–240, 250, 252–256, 261, 262,
    264, 272, 273, 278, 279, 281–285,
    287, 290, 292, 293, 296–300,
    303, 305, 307, 309, 310, 313, 465,
    467–469, 489, 492, 499
Lubliniec (Lublinitz) 64
Lukow (Łuków) 194, 209, *210*, *214*, 217,
    229, 237, 239, 254, 284, 299, 304
Ludźmierz (Luzmierz) 218
Lužica 323
Lwówek siehe Neustadt (bei Pinne)
Mačkatica 399, 400, 412
Majdanpek 325
Marburg 199
Masurica 323
Miechow (Miechów) *302*, *303*
Minsk 468
Minsk Mazowiecki (Mińsk Mazowiecki)
    224, 308
Modoš 429
Mogilno 142, 467
Moosburg (Przedecz) 127
Moschin (Mosina) 136
München 201, 204, 378, 403, 465, 471,
    495
Mühldorf *374–376*
Mysłowice (Myslowitz) 64
Naumburg/Saale 200
Nerodimlje 323
Neubabelsberg 199

Neumarkt (Nowy Targ) 218, 222, 224, 240, 298, 300
Neu-Sandez (Nowy Sącz) 181, 205, 279, 295, 300
Neustadt 373
Neustadt (bei Pinne) (Lwówek) 97
Neuwied 197
Niš (Nisch) 323, 325, 328, 330, 341, 345, 351, 362, 367, 389–391, 414, 416–418, 421, 435, 437
Nova Varoš 322
Novak 346
Novi Bečej 354, 429
Novi Kneževac 429
Novi Pazar 351 Novi Sad 336
Novi Vrbas 406
Nowy Tomyśl (Neutomischel) 66, 67
Nürnberg 41, 302, 351, 373, 375, 466, 472, 476, 486, 499
Offenbach 80
Ohlau (Oława) 99
Olkusz 64
Opalenitza (Opalenica) 99
Opatow (Opatów) 64, 185, 282, 296
Orlova Čuka 322
Ostrowitz (Ostrowiec Świętokrzyski) 185, 194, 223, 238, 282
Ostrow-Mazowiecki (Ostrów Mazowiecka) 215, 295
Ostrowo (Ostrów Wielkopolski) 64, 66, 67, 69, 71, 95, 114, 144, 145, 148
Ostrzeszów siehe Schildberg
Oświęcim siehe Auschwitz
Pabianitz (Pabianice) 149
Palanka 323
Pančevo 342, 347, 354, 403, 404, 406, 429, 430
Paraćin 367, 393, 421
Pčinj 323
Petrikau (Piotrków Trybunalski) 275
Petrovac 367, 405, 412

Petrovgrad 336, 354, 426
Pfarrkirchen 374–376
Pinne (Pniewy) 97
Pirot 323
Pleß (Pszczyna) 64, 68
Poddebice (Poddębice) 105
Poljanice 323
Poremba 313
Posen (Poznań) 7, 19, 41, 47, 48, 51, 54–58, 63, 65–72, 74, 76, 82, 84–86, 88–99, 103, 104, 106–108, 110, 111, 113–115, 118–127, 129, 130, 132–135, 137, 139–145, 147, 148, 150, 151, 153–162, 164–167, 177, 234, 465, 467–469, 471–473, 494, 498
Potsdam 71, 83, 86, 364, 373
Požarevac 340, 341, 343, 367, 392, 393, 397, 405, 488
Praga 271
Preševo 323
Preußisch-Stargard (Starogard Gdański) 65
Priboj 322
Priština 322
Pruszkow (Pruszków) 246, 247, 271
Przedecz siehe Moosburg
Przemysl (Przemyśl) 179, 288, 292
Pszczyna siehe Pleß
Pulawy (Puławy) 257, 258, 296, 299, 305, 467
Radom 7, 19, 20, 64, 171, 182, 184, 189, 191–193, 206, 210, 216, 220, 223, 225–227, 231, 232, 238, 241, 242, 245, 246, 250–252, 255, 256, 267, 268, 272, 273, 275, 282, 283, 289, 292, 297, 299, 300, 308, 309, 311, 465, 468, 469, 471, 489, 496
Radomsko 64, 219, 230, 251
Radzymin 313
Radzyn (Radzyń Podlaski) 229, 237, 296, 310

Ratibor (Racibórz) 80
Ravna Reka 400
Rawitsch (Rawicz) 64, 66, 67, 143, *149*, 468
Reichshof (Rzeszów) 181, 260, 278, 288, 291, 295, 475, 483, 489
Rom 202
Rostock 80
Roznow (Rożnów) 281, 282
Rudo 322
Rybnik 63, *64*
Šabac 325, 328, 343, 346, 348, 351, 355, 367, *441*
Salzburg 198
Sandbostel 325–327, *330*
Szamotuły (Samter) 66, 67, 69, *70*
Sandomierz (Sandomir) 64
Scharnikau (Czarnków) 115, *128*
Schieratz (Sieradz) 64, 66, 67, 69, 98, 141, 144–*148*, 155, 467
Schildberg (Ostrzeszów) 77, 78
Schrimm (Śrem) 105, *112*, 126, *127*, 136, *144*, 468
Schroda (Środa Wielkopolska) 69, 115, 116
Senjski Rudnik 400
Siedlce 178, *186*, 201, 219, 226, 237, 244, 254, *255*, 271, *292*, 296, *304*, 308, 311
Sjenica 322
Skarzysko-Kamienna (Skarżysko-Kamienna) 267, 308
Skierniewice 214, *215*, 245, 272, *282*, 308, 469
Skopje 323
Slobow 313
Smederevo 325, 330, *334*, 353, 367, 383, *390*, *391*, 405, 406, *416*, *421*, 422, 425
Sokolów (Sokolow/Sokołów) *218*, *221*, 223, *245*, 296, 297, 308
Sombor 406
Sopot *siehe* Zoppot

Sosnowiec (Sosnowitz) *64*, 299
Sremska Mitrovica 346
Stanislau (Stanisławów/Stanislaw) 184, 289
Starogard Gdański *siehe Preußisch Stargard*
Stolp (Słupsk) 300
Suhl 199
Sulmierschütz (Sulmierzyce) *99*
Takovo *346*
Tarnopol (Ternopil) 184, 189, 210
Tarnow (Tarnów) 181, 216, 276, *278*, 472
Tarnowskie Góry (Tarnowitz) *64*
Teschen (Cieszyn) 64
Timok 323, 393, 441
Tomaszow 176, 215, 252, 304
Tomaszów Lubelski 176, 474, 484
Tomaszów Mazowiecki 229, 251
Trepča 322, 323, 325, 388, 399, 413, 440, *441*
Treuensiegen (Ceków) *101, 105*
Trier 197
Tschenstochau (Częstochowa) *64*, 182, 191, 212, 226, 230, *232*, 234, *238*, 239, 241, 250, 262, 276, 292
Uroševac 322
Užice 325, 330
Valjevo 323, 367, *401*, *421*, *433*, *435*
Velika Kikinda 354
Veliki Bečkerek *siehe Bečkerek*
Veszprém *403*
Vlasotince 323, *391*
Vranje 323
Vrelo *346*
Vreoci 400, 413
Vršac *355*, 429
Waldrode (Gostynin) 70
Waldwasser (Brzeziny) 114
Warschau (Warszawa) 7, 19, 21, 129, 164, 171, 173, 178, 180, 184–186, 190, 191, 195, 196, *199*, 200, 207,

208, *210–212*, 215–218, 220–222,
224, 227, 229–236, 240, 243–247,
250, *252–255*, 258, 261, 265, 266,
271–274, 278–282, 285, 286, 292,
293, 295–298, *302–304*, 306,
307, 309–313, 315, 465, 467–469,
471–474, 478, 479, 497, 484–486,
490, 492, 498
Warthbrücken (Koło) 69, 70, 79, 97
Welun (Welungen/Wieluń) *64*, 67, 71,
75, 77–79, 97, 102, 114, *118*
Wengrow 291
Wien 67, 181, *184*, 192, 198, 372, 378
Wierschky (Wierzchy) *141*
Wlochy (Włochy) 312
Wloclawec (Włocławek) *siehe Leslau*

Wollstein (Wolsztyn) 115, *116*, 468
Wrocław *siehe Breslau*
Wyszkow (Wyszków) 272
Żabikowo (Zabikowo) 66
Žagubica 389, 393, 397, 403, 404
Zajača 400
Zaječar 24, 323, 367, 393, *408*, 410, 411,
413
Zamość (Zamosc) 175–178, 194, 226, *254*,
282, 295, 304, 314, 468, 472, 485
Zbąszyń *siehe Bentschen*
Zduńska Wola *siehe Freihaus*
Zichenau (Ciechanów) 90
Zierenberg 199
Zoppot (Sopot) 84
Zychlin (Żychlin) 131, *132*

Personenregister

Erwähnungen in den Anmerkungen sind *kursiv* gesetzt.

Aćimović, Milan 329, 331
Acković, Drgoljub 353
Aleksić, Dragan 361
Aly, Götz *58*
Andrzejewska, Maria 105
Aranicki, Fedor 363, *363*
Backe, Herbert 35, 42, 208, 215, *215*
Bączkiewicz, Kazimierz 58
Bader, Paul 324, 348, 383, 398, *434*
Balog, András 403
Banas, Julian 234
Barckhausen, Franz 266
Bauder, Theodor 271
Behrends, Hermann 327, *327*
Benzler, Felix 329
Bergmann (Ministerialdirektor) *386*
Best, Werner 446
Biebow, Hans 153, 162 f.
Block, Fritz 122 f., *123*
Böhme, Franz 324
Börger, Wilhelm 85, 204
Bonk, Else 77 f.
Bonner, Egon 324
Bonusiak, Włodzimierz *95, 103*
Borković, Milan 361
Braumüller (Oberst) 327
Broszat, Martin 15, 171
Browning, Christopher 276, 292
Budin, Paul 267
Bühler, Josef 171, 232, 242
Büsing, Konrad 289
Burgsdorff, Carl Ludwig Ehrenreich von 245 f.
Carević, Radiša *346*
Craushaar, Harry von 150
Cvetković, Dragiša 321
Danckelmann, Heinrich 324, 331
Darré, Richard Walther 38, 41
Derichsweiler, Albert 138
Dietz, Hugo 306, *307*, 310
Dinić, Tanasije *391*, 393, 395, 408, 417
Dobrosavljević, Stojimir 393, *420*
Döpke, Walter 82
Ehlich, Hans 55, 111
Ehrhardt, Hermann 197
Eichholtz, Dietrich 14
Eichmann, Adolf 111, 165
Feine, Gerhart 329
Fischer, Ludwig 225, 247, *306*, 309, 311 f.
Fonck, Günther 79 f.
Förster, Helmuth 324, 351
Fränk, Gerhard 402
Frank, Hans 171 ff., 179, 202 f., 207, *207*, 209, *211*, 215, 217, 225, 227, 243 f., 257, 259, 261 f., 264, 266 ff., 270, 274 ff., 280, 290
Frauendorfer, Max 184, 189, *190*, 197, 201 ff., 214 f., 218, 248, 252 f., 259, 263, *266*, 267, 276 f., 280, 283, 286, 291
Freudenfeld, Herta 80
Freudenthal, Carl Ludwig 191
Fuchs, Wilhelm 328
Gabriel, Karl *117*
Gärtner, Friedrich 181
Gajda, Irena 96, 108
Geist, Fritz 310
Gerlach, Christian 20
Globocnik, Odilo 255, 284, 313
Goebbels, Joseph 76
Göring, Hermann 28 ff., 38, 40 f., 49, 88, 91 f., 94, 152, 154, 203, 257, 326, *326*, 397, 413

Goralczyk, Maria 107, *107*
Gramß, Ernst 191
Greiser, Arthur 50 f., 60 ff., 66 f., 72, 74, 84 ff., 88, 101, 109, 118, 122, 125, 136, 138 ff., 152 ff., *154*, 157, 166
Grünfelder, Anna Maria 376, *405*
Gruenfelder, Anna Maria siehe Grünfelder, Anna Maria
Gschließer, Ernst von 65, 190, 196, 198 f., 216, 220, 231, 255, 281 f., 290
Hassell, Ulrich von 203
Heinemann, Isabel 175
Heinrich, Melitta 84
Herbert, Ulrich 42, *228*, 443
Heydrich, Reinhard 55 f., 166
Himmler, Heinrich 51 ff., 55, *55*, 61, 85, 126, 155, 166, *167*, 175, 203 f., 224, 235, 246, 256, 266, 290, 292 ff., 304, 327 f., 337, 348
Hitler, Adolf 15, 29, 47, 52, *52*, 71 f., 86, 152 f., *154*, 171 f., 174, 243, 248, 268, 292, 314, 319, *322*, 323, *326*, 328, *331*, 447
Höller, Egon 287
Höppner, Rolf-Heinz 58 f., 165
Hoffmann, Curt 280, 306, 309
Homze, Edward L. 42
Huwald, Alfred 78 f.
Ilić, Janko *346*
Indić, Milan 375
Isić, Momčilo *339*
Jäger, August 75
Janicki, Tadeusz 87, *95*, *119*
Janko, Sepp 336
Jelinek, Aleksandra 247
Joksimović, Mihajlo *346*
Jonić, Velibor *437*
Josifović, Stanislav 329 f.
Jovanović, Dragi 396
Kaestner, Helmut 111
Kasperek, Jozef 21

Kazantzakis, Nikos *350*
Kečić, Milan 378
Keitel, Wilhelm 292
Kendzia, Ernst 67, 72 f., 83 ff., 88, 92 f., 96, 107, 109, 111, 113 f., *117*, 121 f., 132, 134 f., 137, 139, 141, 143, 151, *154*, 158 ff.
Kerrl, Hanns 201
Keyser, Theobald 326
Kiessel, Georg 324 f., *337*
Klein, Peter *167*
Kleiner, Josef 289
Kličković, Sava 378
Klusak, Blanka 118
Koča, Miloje 395, 402, *424*
Kokólka, Jan 233
Kolodziej, Halina 105
Kolodziej, Krystyna 102
Kosanowska, Kazimiera 101
Kotur, Đura 432
Kraft, Martin 196, 199 f.
Krmpotić, Mario *362*, 363
Krohn, Johannes 184, 202
Kronholz, Robert *331*
Krüger, Friedrich-Wilhelm 224, 275, 277, 289, 292, 304
Krumey, Hermann 92 f.
Kunde, Wilhelm 288
Kundt, Ernst 245
Kuntze, Walter 348
Kurth, Bruno 310
Lapp, Sepp 336, 425, 427 f.
Lepieszka, Wladyslaw 222
Ley, Robert 197, 202
Liedke, Karl 103
Listwon, Mieczyslaw 234
Ljotić, Dimitrije 331 f., 383
Losacker, Ludwig 235
Łuczak, Czesław *95*, 103, 206 f.
Lübbert (Arbeitsamt Warschau) 311
Maček, Vladko 321

Madajczyk, Czesław 107, 192
Maier, Dieter G. 310
Mansfeld, Werner 159
Maranyi, Öde 403
Marčetić, Milorad 432
Masny, Stanislaw 236 f.
Mason, Timothy W. 37
Mazower, Mark 443
Mehlhorn, Herbert 74, 84 f.
Meyszner, August 324, 327 f., 330, 332 f., 348, 392, *434*, 451
Mihajlović, Draža 332
Miloševića, Živojin *346*
Mlađenović, Ljuba 348
Mladenović, M. 365
Moser, Walter 164
Musial, Bogdan 194, 279, 289
Mušicki, Kosta 332
Mützner (Arbeitsamt Łódź) 78
Natysiak, Stanislawa 80
Nedeljković, Aleksije 432
Nedić, Milan 23, 24 f., *25*, 318, 323, 331 ff., *331, 334*, 359, 361, 383 ff., *393, 420*, 423, 432
Neubacher, Hermann 329, *329*
Neuhausen, Franz 326 f., *326 f., 334*, 362, 383, 388, 399, *422*
Nitsche, Richard 278
Nitschke, Georg 95, *95*
Nowak, Julian Oleg 108
Ohlendorf, Otto 111
Owczarek, Franciszka 102
Pajić, Tomislav *409*, 410, *419*, 441
Pancke, Günther 53
Pavković, Dusan *344*
Pavlu, Rudolf 240
Pećanac, Kosta 332, 405
Pehle, Heinrich 240 f.
Pelikan, Ernst 337
Perechodnik, Calel 287
Petrovića, Sava *346*

Pohl, Dieter 274, 287
Prager, Sepp 433, *434*
Protić, Jeremija 329
Radovanović, Stevo 332
Rapp, Albert 54, 89
Reichert (Stabsleiter) 251
Reith, Franz 337
Renz, Lucie 78
Ribbe, Friedrich Wilhelm 162
Röhr, Werner 14 ff., 444
Romano, Jaša 405
Rotbart, Vladislav 405
Rumkowski, Chaim 161
Rutar, Sabine 318
Šamdar, Bogdan *342*
Sandkühler, Thomas *210*
Sauckel, Fritz 18, 30 ff., 187, 203 f., 243 f., 259, 266, 268, 315, 372, 374 f., *374, 378*, 444
Saur, Karl-Otto *211*
Schäfer, Emanuel 328
Scheffler, Gerhard 69, 104
Schlarp, Karl-Heinz 366, 369
Schmelt, Albrecht 151
Schröder, Ludwig von 324, 340
Schüssler, Otto 309
Seidel, Robert 20, 231
Seldte, Franz 29
Shimizu, Akiko 432
Siebert, Wolfgang 74, *74*
Sikorski, Władysław Eugeniusz 295
Simon, Gustav 198
Simović, Nikola *346*
Sledzinska, Zofia 108
Sorge, Manfred 196, 200 f.
Šosberger, Pavle 405
Sparkuhle, Wilhelm *335*, 348, 360, 363, 400
Speer, Albert 203, *211*, 292, 397, 402
Spiller, Juraj (Georg) 337
Spoerer, Mark 317, 445

Stadler (Arbeitsamt Krakau) 181 f.
Stierling, Griffion 106 f., *106 f.*
Storch, Werner 81, 133
Stothfang, Walther 30
Stracke, Fritz 351
Streckenbach, Bruno 276
Streit, Jozsef *403*
Struve, Wilhelm 184, 187, 189, 196 ff., 204, 210 f., *210*, 232, 270, 306 f., *306*
Stüber (Arbeitsamt Hrubieszów) 289
Sundhaussen, Holm 357
Syrup, Friedrich 27 ff., 34, 36 ff., 215, *215*
Szál, Antal 405
Szepessy, Adalbert 289 f.
Terboven, Josef 348
Tettenborn, Werner 67
Timm, Max 227, 249

Tito, Josip Broz 23, 451
Tomić, Dušan *346*
Turner, Harald 324 f., 328, 330, 431 f., *431*, *434 f.*
Ucińska, Izabela 234
Uebelhör, Friedrich 158, 165
Umbreit, Hans 14
Vasiljević, Milosav 329
Volkmann, Hans-Erich 51
Vujičić (Verbindungsbüro Belgrad) 420
Wächter, Otto 218, 241
Weber, Heinz 278
Ziółkowska, Anna *154*
Živković, Nikola 357, 361
Živojinović, Veličko *421*
Zörner, Ernst 178, 255